Hilfe zur Selbsthilfe

D1721052

Reihe »Globalgeschichte«
Band 16

Herausgegeben von Sebastian Conrad, Andreas Eckert und Margrit Pernau

Hubertus Büschel ist Juniorprofessor für Kulturgeschichte am International Graduate Centre for the Study of Culture (GCSC) und an der Justus-Liebig-Universität Gießen.

Hubertus Büschel

Hilfe zur Selbsthilfe

Deutsche Entwicklungsarbeit in Afrika 1960–1975

Campus Verlag
Frankfurt/New York

Gedruckt mit freundlicher Unterstützung der FAZIT-STIFTUNG, der Geschwister Boehringer Ingelheim Stiftung für Geisteswissenschaften und der Deutschen Forschungsgemeinschaft

Bibliografische Information der Deutschen Nationalbibliothek:
Die Deutsche Nationalbibliothek verzeichnet diese Publikation in der Deutschen National-bibliografie. Detaillierte bibliografische Daten sind im Internet unter http://dnb.d-nb.de abrufbar.
ISBN 978-3-593-50074-4

Das Werk einschließlich aller seiner Teile ist urheberrechtlich geschützt. Jede Verwertung ist ohne Zustimmung des Verlags unzulässig. Das gilt insbesondere für Vervielfältigungen, Übersetzungen, Mikroverfilmungen und die Einspeicherung und Verarbeitung in elektronischen Systemen.
Copyright © 2014 Campus Verlag GmbH, Frankfurt am Main.
Umschlaggestaltung: Campus Verlag GmbH, Frankfurt am Main
Umschlagmotiv: FDJ-Experte mit afrikanischen Lehrlingen auf der Baustelle Bambi, um 1965
© Bundesarchiv Berlin Lichterfelde, SAPMO, Bildersammlung
Druck und Bindung: Beltz Bad Langensalza GmbH
Gedruckt auf Papier aus zertifizierten Rohstoffen (FSC/PEFC).
Printed in Germany

Besuchen Sie uns im Internet: www.campus.de

Inhalt

I. Das Konzept

Einleitung

»Wir sind [...] hergekommen auf der Suche nach den letzten Überresten einer alten, überlebten Kultur eines Nomadenvolkes. Wir fanden ihre Kinder. Wir fanden sie rechnend, lesend, schreibend. Lernend und singend. Singend von der Zukunft der freien Jugend Tansanias.«[1]

Mit diesen Worten beschrieben die ostdeutschen Reiseschriftsteller Fritz Rudolph und Percy Stulz ihren Besuch in einer Internatsschule für Massai-Kinder im Norden Tansanias im Jahr 1968. Sie fuhren fort:

»Selbst die Zeigerstellung der Uhren muß [im Schulunterricht] erst erklärt werden, denn in den Hütten der Hirtennomaden hat eine Uhr noch Seltenheitswert; doch die Kinder lernen schon, was die Stunde geschlagen hat, und die selbstgebastelten Häuschen aus Papier haben schon die Form von morgen. Die hier lernen, werden es selber verwirklichen, daß aus den kindlich geformten Modellen die Wohnstätten ihrer zukünftigen Familien werden. Ihre Kinder werden nicht mehr in Erdhütten aufwachsen und sich nicht mehr mit Rinderurin waschen.«[2]

Diese Sätze sind geradezu typisch für Diskurse der 1960er- und 1970er-Jahre über ›alte, überlebte Kulturen‹, über sogenannte ›Unterentwicklung‹ und die Notwendigkeit zur eigenständigen und selbstbestimmten Arbeit von Afrikanern an ihrer Zukunft, ob sie nun von Ost- oder Westdeutschen, von Briten, Franzosen und Nord-Amerikanern stammten. Sie stehen für eine Vielzahl von Annahmen, die Zeitkonzepte und Entwicklung in Zusammenhang brachten mit Termini wie ›Wandel‹, ›Fortschritt‹ und ›Selbstbestimmung‹.[3]

Hier findet sich immer auch das Bild von der vermeintlichen Zeitlosigkeit und Zeitunkenntnis als unterentwickelt angesehener Gesellschaften. In

---

1 Rudolph/Stulz, *Jambo Afrika!*, S. 205.

2 Ebd.

3 Vgl. Petersson, »Zeitkonzepte der Entwicklungspolitik«, S. 90f.; Speich-Chassé, »Fortschritt und Entwicklung«; Kadelbach, »Einführung«, S. 18–22. Zur kolonialen Tradition von Zeitkonzepten: Eckert, »Zeit«.

Broschüren, Büchern, Tagebuchaufzeichnungen oder Radiosendungen war die Rede davon, dass viele Afrikaner allmählich erst »lernen« oder »begreifen« müssten und tatsächlich auch würden, dass für sie die »Stunde geschlagen« habe, sich endlich selbst zu entwickeln.[4] Von durch die Regierung Tansanias bereits verwirklichter Selbsthilfe beeindruckt hatte sich bereits 1964 der Vorsitzende der CDU in der DDR, Gerald Götting, nach einem Aufenthalt in Dar es Salaam geäußert:[5]

»Was mir besonders auffiel, waren die neuen großen Hütten, die, in bunten Farben getüncht, sauber und einladend an den Straßen am Stadtrand erst in letzter Zeit entstanden sind. Vor ihnen wickelt sich das tägliche Leben der Familie ab, so wie es nach Tradition und Klima jahrhundertelang geschah. Alle diese Häuser wurden in Selbsthilfe errichtet. […] Nur die Materialien wurden von der Regierung geliefert, alles andere machen die Einwohner in freiwilliger, unbezahlter Arbeit selbst«.[6]

Götting berichtete auch vom ersten Präsidenten des unabhängigen Tansania, Julius Nyerere, der Selbsthilfe als tragendes Entwicklungsprinzip des Landes ausgerufen hatte, die »Selbsthilfe im Kampf gegen Armut, Unwissenheit und Krankheit«.[7] Überall seien Tansanier »zu Hunderttausenden« jenem »Ruf zu den Waffen der friedlichen Selbsthilfe« gefolgt. Nicht nur Wohnhäuser, sondern auch Schulen, Krankenstationen, feste Straßen und Wasserleitungen seien in gemeinschaftlicher, unentgeltlicher und freiwilliger Arbeit der Menschen vor Ort errichtet worden. So habe man alles gebaut, »was jetzt im Interesse der Afrikaner notwendig [sei], weil es die Kolonialherren dem Volk bisher vorenthalten« hätten. Man handele in der »Gewissheit«, nun endlich nur für sich selbst zu arbeiten und zu bauen. Entsprechend gebe es sehr viel Freude und Dankbarkeit.[8]

---

4 Vgl. hierzu auch bspw. die westdeutschen Publikationen: Bonn, *Afrika*, insb. S. 15–25; Kaufmann, *Afrikas Weg*, S. 381–389.

5 Vgl. PA AA Berlin DDR MfAA Abteilung Afrika A 15067 Bemühungen der DDR um Aufnahme der Entwicklung staatlicher Beziehungen zu Tanganjika und Sansibar bzw. Tansania, ad 62ff. Beschluss der Außenpolitischen Kommission des Ministeriums für Auswärtige Angelegenheiten zur Entsendung von Gerald Götting vom 16.10.1962; ad 65ff. Gottfried Lessing, Entsendung der Delegation vom 16.10.1962; BA Berlin Lichterfelde SAPMO DY 30 IV 2/2053, Otto D., Bericht über die Betreuung des Präsidenten der Union der Kamerunischen Bevölkerung, Gottfried Lessing Vorschlag zur Entsendung Gerald Göttings vom 1.8.1962.

6 Götting, *Land*, S. 11f.

7 Ebd., S. 12. Vgl. Nyerere, »The President's Inaugural Address«, S. 176f., Ders., »Speech«. Vgl. zu Nyerere: Eckert, »Julius Nyerere«; Ders., »An African Statesman«.

8 Götting, *Land*, S. 11.

Dabei brauche es allerdings auch oft Impulse von außen, sprich aus der DDR. So betonte man immer wieder den eigenen Beitrag zur Entwicklung Afrikas in *Hilfe zur Selbsthilfe*, die in der Regel unter dem Begriff *Internationale Solidarität* subsummiert wurde.[9] Beispielsweise hieß es im Bericht einer Delegation der Sozialistischen Einheitspartei (SED), die 1965 Tansania einschließlich der Insel Sansibar[10] besucht hatte: Es sei unbedingt notwendig, dass die Tansanier sich erst einmal grundsätzlich ihrer »erbärmlichen und lebensunwürdigen Lage« bewusst würden; mit Hilfe von Beratern der DDR sollten sie erkennen, dass sie »wie die Tiere leben«. Daraus würden sie überall in ihrem Land den Antrieb gewinnen, durch eigene Arbeit entschlossen ihr Leben zum Besseren zu verändern.[11]

Dieser Logik folgend wurde 1969 von Sansibar berichtet, dass DDR-Entwicklungsexperten, Brigaden der Freien Deutschen Jugend (FDJ) und afrikanische Jugendliche eine ganze Stadt in *Hilfe zur Selbsthilfe* aufbauen würden: »Hand in Hand«, einvernehmlich, »ohne Bedingungen« und mit der »Schöpferkraft« eines vom »Kolonialismus befreiten Volkes« entstünde dort die Siedlung Bambi, ein wahres »Kind der Freundschaft«.[12]

Ähnlich wie Autoren der DDR priesen auch Westdeutsche die Bedeutung ihrer *Hilfe zur Selbsthilfe* für die Entwicklung Afrikas: So schrieb der Theologe und Entwicklungsexperte Jochen Schmauch, durch dieses Entwicklungskonzept könnten sich in jenem am wenigsten entwickelten Kontinent »objektiv ablesbare Fortschritte« einstellen, die den »Namen ›Entwicklung‹« verdienen würden, wie

»der Schritt von der Wurfsaat zur Reihensaat, von der Hacke zum Ochsenpflug, oder: der Wechsel vom Holzfeuer zum Elektroherd, vom Regenmacher zur Bewässerung, vom Trampelpfad zur Asphaltstraße, vom Geheimniskrämer zum Arzt. Oder: der Übergang von der Selbstversorgung zur Marktproduktion, von der wirt-

---

9 Vgl. zur Terminologie: ZK der SED, *Dokumente*, S. 70; Solidaritätskomitee, *Solidarität*; Das., *Internationale Solidarität*. Vgl. zur allgemeinen Begriffsdefinition: Calhoun, »Imagining«;. Gould, »Transnational Solidarities« Wildt, »Solidarität«. Eine griffige Definition von *Hilfe zur Selbsthilfe* wiederum bietet: Hollands-Fox/Spengler, »Was heißt«, insb. S. 19f.; Asam u.a., *Hilfe zur Selbsthilfe*, S. 16–24.

10 Die Inseln Sansibar und Pemba, die gemeinhin als Sansibar auftraten, waren seit 1890 britisches Protektorat. Sie wurden am 10.12.1963 unabhängig und am 26.4.1964 mit Tanganjika zur Vereinigten Republik Tansania zusammengefasst. Vgl. Claytron, *The Zanzibar Revolution*.

11 BA Berlin Lichterfelde SAPMO DY 30 IV A 2/20 957, Bericht über den Aufenthalt in der Volksrepublik Sansibar, Tansania, vom 12.1. bis 26.1.1965.

12 Richter, »Entdeckungen«.

schaftlichen Abhängigkeit zur wirtschaftlichen Unabhängigkeit, von der politischen Fremdbestimmung zur politischen Selbstbestimmung.«[13]

Nach einer Stippvisite in den Usambara-Bergen Tansanias Mitte der 1970er-Jahre berichtete Lenelotte von Bothmer, Mitglied des Bundestages für die SPD, begeistert von einem entsprechenden deutsch-tansanischen Entwicklungsprojekt. In einer Landwirtschaftsschule sollten Mädchen und Jungen wirtschaftliches Haushalten, Feldanbau und Viehhaltung lernen. Hier sei wirklich erreicht worden, was man oft nur »in schönen Reden« höre. Denn es sei den »Menschen die Möglichkeit gegeben worden, sich selber zu helfen.« Jeder Deutsche arbeitete gleichrangig mit einem *Counterpart* zusammen, der alsbald »fähig sein sollte, die Stelle alleine auszufüllen.«[14] In der Tat war es häufig die Konzeption dieses einheimischen Partners – des *Counterparts* –, an der sich der Beifall für *Hilfe zur Selbsthilfe* entzündete.[15]

Der Theologe Wilfried Warnek, der 1962 für die West-Berliner Arbeitsgemeinschaft *Weltfriedensdienst* im südkamerunischen Dorf Nkpwang tätig gewesen war, konnte mit einer ähnlichen Erfolgsgeschichte aufwarten. Warneck hatte sich einem seit 1958 bestehenden internationalen Aufbaulager für ein Musterdorf mit landwirtschaftlichem Ausbildungszentrum angeschlossen, zu der die kamerunische Jugendorganisation *Action Paysanne* junge arbeitslose Männer und Frauen verpflichtete. Entwicklungshelfer aus der Bundesrepublik Deutschland, anderen europäischen Staaten und den USA waren als Straßenbauingenieure, Architekten, Statiker, Vermessungstechniker, Mechaniker, Facharbeiter, Ärzte oder Seelsorger beratend tätig. Die jungen Afrikaner sollten angeregt werden, ihr Leben in die Hand zu nehmen, engagiert über ihre Probleme nachzudenken, Lösungsstrategien für die ›Verbesserung‹ ihrer Lebenssituation zu entwickeln und diese weitgehend selbstständig in die Tat umzusetzen. Auch hier wurde *Hilfe zur Selbsthilfe* geübt. Als das Schulungszentrum schließlich eingeweiht werden

---

13 BA Koblenz B 213 BMZ 329, Auswahl und Vorbereitung der GAWI-Experten und Entwicklungshelfer, Überlegungen zur Vorbereitungskonzeption von Jochen Schmauch, 10/1971.

14 Bothmer, *Projekt Afrika*, S. 40. Zur Visitationsreise von Bothmers: BA Koblenz B 213 BMZ Technische Hilfe Tansania 7678, Evaluationen der Entwicklungshilfe, Betreuerbericht vom 8.12.1973. Vgl. ähnliche Äußerungen in: Ebd. B 213 BMZ Technische Hilfe Tansania 1342, Reise von Minister Erhard Eppler nach Ostafrika, Bericht der Botschaft Dar es Salaam an das AA und das BMZ vom 15.4.1970.

15 Vgl. Fürstenberg, »Vom Duplikat«, S. 8f.

konnte, berichtete Warneck: Den »Weißen und Schwarzen als Freunde und Brüder« sei in der Tat gelungen, »gemeinsam etwas Neues« zu schaffen.[16] Die zitierten Berichte aus dem Feld west- und ostdeutscher Entwicklungsarbeit in Afrika sind nur einige Beispiele für die überall in der Welt in den 1960er- und 1970er-Jahren aufgestellte Behauptung, dass *Hilfe zur Selbsthilfe* ein ›gutes‹, wenn nicht gar das einzig geeignete Entwicklungskonzept für die sogenannte Dritte Welt sei.[17] Bereits im Jahr 1949 verkündete der Präsident der USA Harry Truman in seinem berühmten »Point-Four-Program«, das vielfach als Gründungsdokument moderner Entwicklungspolitik angesehen wird: Entwicklungsarbeit müsse künftig vor allem darin bestehen, »underdeveloped nations« darin zu helfen, »to help themselves«.[18] Und auch im Weltbankreport zu Tanganjika[19] von 1961 ist beispielsweise zu lesen: Es sei nur zu hoffen, dass die Menschen in diesem ostafrikanischen Land möglichst schnell »begreifen« würden, dass sie vor allem durch ihre eigenen Anstrengungen ihre Lebensbedingungen »verbessern« könnten.[20]

Die Etikettierung von *Hilfe zur Selbsthilfe* als Garant ›guter‹ Entwicklung war so wirkungsmächtig, dass es sogar zur Gründung von Entwicklungsagenturen kam, die sich schon ihrem Namen nach ausschließlich dieser Form von Entwicklungsarbeit[21] verschrieben. Nur ein Beispiel ist die *Kübel-Stiftung für Hilfe zur Selbsthilfe* des hessischen Möbelfabrikanten Karl Kübel aus Bensheim, die 1966 ins Leben gerufen wurde.

---

16 Warneck, »Kameradschaft«, S. 101f.
17 Vgl. Büschel/Speich, »Einleitung«, S. 15; Büschel, »Eine Brücke«. Man sprach auch von *Grass Roots Development* oder *Development from Below*, Begriffe die der europäischen und nordamerikanischen Sozialarbeit seit der Jahrhundertwende entstammten und für Mobilisierung ›von unten‹ standen. http://www.oed.com/view/Entry/80912?rskey= D1Pvkg&result=5&isAdvanced=false#. Zum Begriff der Dritten Welt, der zu jener Zeit entsteht: Kalter, *Die Entdeckung der Dritten Welt*.
18 Truman, *Years of Trial*, S. 227.
19 Der nach dem Ersten Weltkrieg als Völkerbundsmandat durch Großbritannien verwaltete Teil des ehemaligen Deutsch-Ostafrika wurde Tanganjika genannt. Nach der Unabhängigkeit von Sansibar am 10.12.1963 verbanden sich Tanganjika und Sansibar. Aus dieser Verbindung entstand am 26.4.1964 die Vereinigte Republik Tansania.
20 World Bank Report, *Tanganyika*, S. 3. Zu Rhetorik der *Hilfe zur Selbsthilfe* bei der Weltbank: Ellerman, *Helping People*.
21 Die vorliegende Studie verwendet den Begriff »Entwicklungsarbeit« anstatt »Entwicklungshilfe« oder »Entwicklungszusammenarbeit«, um hiermit entwicklungspolitische Konzepte zu bezeichnen, die vor allem auf Praktiken gemeinschaftlicher Arbeit abgestellt waren.

Dabei wurde häufig vermittelt, dass noch viel zu wenig *Hilfe zur Selbsthilfe* praktiziert würde: So war im 1969 im Auftrag der Weltbank angefertigten »Pearson-Bericht« davon die Rede, dass man mehr partizipatorische Entwicklungsprojekte – wie die der *Hilfe zur Selbsthilfe* – schaffen müsse. Mit ihnen könne man die Krise der Entwicklungshilfe lindern, die sich deutlich an einem kaum vorhandenen Wirtschaftswachstum in den Ländern der Dritten Welt und an den dort nach wie vor herrschenden katastrophalen Lebensbedingungen zeige.[22] Ähnlich wie der »Pearson-Bericht« hatte zu dieser Zeit die päpstliche Enzyklika »Populorum progressio« Zweifel an den humanitären Motiven und Erfolgen der Entwicklungspolitik angemeldet, was zumindest unter Katholiken einen Anstieg der Popularität von alternativen, an lokale Belange der Empfänger rückgebundenen Ansätzen beförderte.[23]

In der Tat sprechen weltweit statistisch erhobene Daten Ende der 1960er-Jahre auf den ersten Blick für sich: Die Entwicklungspolitik hatte bis dato kaum dazu beigetragen, dass weniger Menschen an Hunger oder Krankheiten starben. Auch konnte die Analphabetenrate nicht wesentlich gesenkt werden. Das war bereits den Zeitgenossen wohl bekannt. Nicht von ungefähr haben jüngst so prominente Autoren wie der Weltbankökonom William Russell Easterly das Scheitern entwicklungspolitischer Eingriffe seit ihrem Anbeginn bis heute konstatiert. Die »Bürde des weißen Mannes« und sein Verantwortungshandeln in der Entwicklung Afrikas – um einen Buchtitel von Easterly aufzugreifen – hätten sich als Desaster erwiesen.[24]

Man hätte mehr *Hilfe zur Selbsthilfe* leisten müssen, heißt es auch heute noch. Denn diese allein fördere die Unabhängigkeit und Eigenständigkeit der Menschen in der Dritten Welt und sei damit wirkungsvoll.[25]

---

22 Pearson, *Der Pearson-Bericht.* Vgl. zur Einführung in Entwicklungspolitik und Entwicklungshilfe bspw.: Andersen, »Entwicklungspolitik/-hilfe«; Büschel, »Geschichte«; Brokensha, »Development«; Thibaut, »Entwicklung«; Nuscheler, »Entwicklungspolitik«; Nohlen, »Entwicklung«; Nohlen/Nuschler, »Was heißt«; Goulet, *Development;* Hopper, Understanding; Rapley, Understanding; Sen, »The Concept«. Zu Geschichte und Dimensionen der Begriffe: Kößler, *Entwicklung.*
23 Vgl. Nuscheler, *Sicherheitsinteressen.*
24 Easterly, *The Elusive Quest;* Ders., *The White Man's Burden.*
25 Vgl. bspw. die Forderung der Bundeskanzlerin Angela Merkel im Vorfeld des UN-Gipfel in New York zu den Milleniumszielen 2010: Pressestatements Angela Merkel und Kofi Annan in Berlin, 10.9.2010, http://www.bundeskanzlerin.de/content/DE/Mitschrift/Pressekonferenzen/2010/09/2010-09-10-merkel-annan.html. Vgl. auch: Grawert, »Self-Help«; Hartwig, »Economic Self-Help«, S. 57; Waschkuhn, »Empowerment«,

Hilfe zur Selbsthilfe in den afrikanischen Postkolonien

Hilfe zur Selbsthilfe fand auch bei den Regierungen zahlreicher in den 1960er-Jahren gerade unabhängig gewordener afrikanischer Staaten großen Anklang. Diese suchten nach Wegen von Entwicklung, die möglichst weit von allem entfernt waren, was mit Kolonialismus in Verbindung gebracht werden konnte. In Selbsthilfe und *Self Reliance* sollten die Selbstständigkeit, der Willen und die Wünsche aller nun freien Staatsbürger zum Ausdruck kommen. Das wurde nicht zuletzt als ein Menschenrecht angesehen.[26] Die ersten Regierungen solcher Postkolonien[27] verfolgten in der Regel das Ziel, nicht nur die Wirtschaftskraft des Landes und damit den Wohlstand der Einwohner zu heben, sondern auch unter einer Vielzahl von Bevölkerungsgruppen nationale Identitäten zu stiften.[28] Hierfür brauchte es verbindende Projekte, wofür das verlangte kollektive Engagement in der Selbsthilfe nützlich erschien. Durch die gemeinsame Arbeit aller an der eigenen Zukunft sollte der Zusammenhalt gestärkt werden.

In diesem Sinne verkündete Nyerere 1961 anlässlich der Unabhängigkeit Tanganjikas: Nun sei die Zeit gekommen, dass »ausnahmslos alle Einwohner an der Entwicklung ihres Landes arbeiten – und zwar mit vollem Einsatz all ihrer Kräfte.«[29] Nyereres Innenminister Oscar Kabona pflichtete ein Jahr darauf seinem Regierungschef mit den Worten bei: »We want to awaken those who slept during colonial rule.«[30] Auch die Bewohner noch so abgelegener Dörfer sollten in für den Staatsaufbau zuträglichen Entwicklungsprojekten tätig werden.[31] Als erster Präsident des 1963 aus

---

S. 119f.; Ihne/Wilhelm,»Grundlagen«, S. 12. Vgl. zur Debatte über Abhängigkeit im Entwicklungszusammenhang bspw. auch: Kaapor,»Capitalism«.

26 Vgl. Eckert,»Afrikanische Nationalisten«, S. 332–336; Vgl. Ders.,»We are all planners now««.

27 Die Bezeichnung ›Postkolonien‹ für afrikanische Staaten nach der formellen Unabhängigkeit hat sich seit längerem in der Afrikanistik und Geschichtswissenschaft eingebürgert. Er steht zum einen für die Bemühungen der Regierungen, sich im Sinne eines ›Post‹ vom Kolonialismus abzusetzen. Er soll aber auch bezeichnen, wie stark jene Staatsgefüge noch von kolonialen Strukturen getragen waren. Vgl. Mbembe, *On the Postcolony*. Zu Entwürfen von Staatlichkeit im postkolonialen Afrika: Eckert,»Nation«; Ders.,»Anti-Western Doctrines«; Ders.,»Wohlfahrtsmix«; Ders.,»Widerstand, Protest und Nationalismus«.

28 Ranger,»The Invention of Tradition«; Eckert,»Tradition«.

29 Vgl. Nyerere,»Ten Years«, S. 1; Ders.,»President's Inaugural Address«.

30 Zitiert nach: Ruthenberg, *Agricultural Development*, S. 112.

31 Ingle, *From Village to State*, S. 74.

Tanganjika und den Inseln Sansibar und Pemba hervorgegangenen Staates
Tansania erklärte Nyerere im Jahr 1974: »People cannot be developed; they
can only develop themselves.«[32] Diese Proklamationen scheinen aufgegangen
zu sein: Bereits 1964 wurden nach offiziellen Schätzungen allein auf
dem Festland Tansanias mehr als eine Million Menschen registriert, die
sich unentgeltlich und – wie betont wurde –»freiwillig und selbstbestimmt«
an Selbsthilfe-Programmen beteiligten.[33] Historiker der staatstragenden
School of History Dar es Salaam[34] wie John Iliffe bestätigten auf der
Grundlage von Interviewstudien, dass die »ordinary people« von Tansania
nun restlos überzeugt seien, dass sie sich »einen Platz in einem neuen und
besseren Leben« schaffen müssten.[35]

Auch Abeid Karume, Regierungschef der 1963 ausgerufenen Volksrepublik
Sansibar, forderte, jeder Einwohner müsse eintreten für die »Entwicklung
des Landes und um einen Ausgleich der im Kolonialismus erlittenen
Nachteile kämpfen«; jeder sollte daran mitarbeiten, dass »menschenwürdige
Wohnungen« gebaut würden und »dauerhaft für ausreichende
Ernährung« gesorgt sei.[36] Ähnlich äußerten sich der erste Präsident des
westafrikanischen Staates Togo Silvanus Olympio[37] und Amadou Ahidjo,
der Ministerpräsident von Kamerun.[38]

Solche Proklamationen waren bisweilen explizit gegen europäische Geberländer
und hier besonders die einstigen Mandats-, Treuhand- oder Kolonialmächte
gerichtet. So verlautbarte 1964 der kamerunische Abgeordnete
und spätere Vizepräsident Gaston Médou:

»Wir selber bauen unser Land Kamerun zu einem glücklichen Staate auf! Wir brauchen
nicht darauf zu warten, daß uns Ausländer etwas bringen, wir wollen aus

---

32 Nyerere, »Freedom and Development«, S. 60.
33 Ruthenberg, *Agricultural Development*, S. 117.
34 Vgl. McCrackers, »Terence Ranger«; Eckert, »Dekolonisierung der Geschichte?«; Ders.,
   »Historiker«; Ders., »Nationalgeschichtsschreibung«.
35 Iliffe, *Modern Tanzanians*. Mwapwele, *A Decade of Progress*; Slater, »The Production«.
36 Vgl. Mapuri, *The 1964 Revolution*, S. 49–68.
37 »Présentation par le président Sylvanus Olympio«, S. 170–175, 188–195, 201–206.
38 Vgl. zur Regierungszeit Ahidjos aus legitimistischer Sicht seines ehemaligen Landwirt-
   schaftsministers: Eboua, *Ahidjo*. Ahidjo, *Contribution*, S. 61–72. Vgl. Ministry of Planning
   and Territorial Development, *IIIrd Five Year Economic and Social Development Plan*, S. 3. Die
   treuhänderische Verwaltung für Französisch-Kamerun war 1960 ausgelaufen. Es entstand die unabhängige Republik Kamerun, zu der 1961 der südliche Teil von Britisch-
   Kamerun hinzukam. Der nördliche Teil des britischen Treuhandgebietes trat nach einer
   Volksabstimmung Nigeria bei. Vgl. zum Überblick: Eyongetah/Brain, *A History of the
   Cameroon*, S. 128–181; Le Vine, *The Cameroon Federal Republic*, S. 152–185.

eigener Kraft etwas schaffen, daß die anderen auch Hoffnung schöpfen und mittun, einen Schritt weiter zu einem lebensfähigen Afrika.«[39]

Die Aufforderung an Staatsbürger zur Selbsthilfe war somit Teil von Diskursen zum Aufbau unabhängiger Gesellschaften im Prozess der inneren Dekolonisierung und Emanzipation von Europa.[40] Aus der Sicht vieler Regierungseliten sollte der Entwicklungsstand Europas allerdings durchaus Richtschnur allen Handelns sein, wenn man auch spezifisch afrikanische Wege einschlagen wollte. Und für diese Verbindung galt *Hilfe zur Selbsthilfe* wieder als wirkungsvolles Rezept, denn mit dieser könne der »Fortschritt Europas mit der Seele und dem Wesen der Afrikaner« verbunden werden, schrieb beispielsweise Anfang der 1970er-Jahre Fernand Vincent, Direktor des Kameruner *Institute Panafricain pour le Développement* (IPD).[41]

Hilfe zur Selbsthilfe schien zumindest nach diesen offiziellen Proklamationen jenen Motivationsbündeln zu entsprechen, die Clifford Geertz als kennzeichnend für die jungen unabhängigen Nationalstaaten Afrikas bezeichnete:»the desire to be recognized as responsible agents whose wishes, acts, hopes, and opinions matter« und »the desire to build an efficient, dynamic and modern state.«[42]

Ein alternatives Entwicklungskonzept

Die Lobpreisungen der *Hilfe zur Selbsthilfe* in Europa, Nordamerika, Afrika und auch in anderen Regionen der sogenannten Dritten Welt in den 1960er-Jahren als ›gutes‹, ja sogar als einzig zielführendes Entwicklungskonzept schien unstrittig und geradezu zwangsläufig überzeugend.[43]

Dies rührte nicht zuletzt von der Kritik an herkömmlichen ›top down‹ angelegten Entwicklungskonzepten, zu denen *Hilfe zur Selbsthilfe* eine echte Alternative sein sollte: Hier könne die Machtasymmetrie zwischen Gebern

---

39 Zitiert nach: Warneck, *Kameradschaft*, S. 99.
40 Die Dekolonisierung afrikanischer Staaten wird gemeinhin nicht als Zäsur der formellen Unabhängigkeit gesehen, sondern als langfristiger Prozess, der bisweilen bis heute anhält. Betts, *Decolonization*, S. 1. Vgl. Eckert,»Spätkoloniale Herrschaft«, S. 4; Reinhard, *Geschichte der europäischen Expansion*, S. 187; Jansen/Osterhammel, Dekolonisation, S. 7–28.
41 Vincent,»Formation des Hommes et Développement«, S. 88ff.
42 Geertz, *The Interpretation of Culture*, S. 258.
43 Herzfeld,»Developmentalism«, S. 161ff.

und Nehmern von Entwicklungshilfe aufgelöst oder zumindest in Frage gestellt werden.[44]

So wurde bereits in ihren Anfängen postkoloniale Entwicklungshilfe gerade auch unter ihren Praktikern kritisch bewertet. Man war kontinuierlich auf der Suche nach Verbesserungen. Schon lange bevor beispielsweise die SPD-Abgeordnete Brigitte Erler aus der Perspektive ihrer Tätigkeit als Entwicklungsexpertin 1985 von »tödlicher Hilfe« sprach und damit die Entwicklungsarbeit insgesamt als zerstörerisch anprangerte,[45] kritisierten westliche Entwicklungsexperten ihre Richtlinien.[46] Auch in der Praxis seien Rassismus und koloniale Attitüden, Überheblichkeit und Besserwisserei an der Tagesordnung, war allenthalben bereits in den 1960er-Jahren zu vernehmen.[47] Immer wieder prangerten Praktiker auch die »schizophrene« Verbindung von »Investitionen« mit »Repressionen« in der Entwicklungshilfe an.[48] Man kann dies als eine Vorwegnahme der Gedanken Edward Saids ansehen, der gerade diese Verbindung als kennzeichnend für koloniale Machtübung bezeichnete.[49] Und diese asymmetrische Konstellation des Kolonialismus beanspruchte Entwicklungshilfe ja gerade zu überwinden.

Weiter gab es schon ein kritisches Bewusstsein für die Sprache von Entwicklungskonzepten und ihren hier vollzogenen dichotomen Setzungen von ›entwickelt‹ und ›unterentwickelt‹, die – wie es hieß – jegliches Miteinander im Keim ersticken würden.[50] Auch herrschten fundamentale Zweifel an der Grundlage von Planungen, der scheinbar unantastbaren Überzeugungskraft und Autorität von Statistiken über Unterentwicklung und Elend.[51] Es gab somit schon unter den Zeitgenossen ein Bewusstsein für die diskursive Konstruktion hegemonialer Entwicklungskonzepte und Praxisanweisungen, wie sie beispielsweise von Jonathan Crush und James Ferguson in jüngerer Zeit als »selbst evident« und über jegliche Kritik er-

---

44 Vgl. Büschel, »Eine Brücke«, S. 177f.
45 Erler, *Tödliche Hilfe*.
46 Vgl. bspw. Koos, »Irgendwie«, S. 156f.
47 Vgl. bspw. Lederer/Burdick, *The Ugly American*; Sperling, *Die Rourkela-Deutschen*; Tendler, *Inside Foreign Aid*; Dassio, »Einen Blinden«. Vgl. Lepenies, »Lernen vom Besserwisser«, S. 35.
48 Bspw. Krugmann-Randolf, »Von der Schizophrenie«; Ascroft, »Konspiration«.
49 Said, *Orientalismus*, S. 15.
50 Vgl. bspw. Pawelzik, *Was einem Afrikaner*; Kühl/Weyers, *Was wollt ihr von uns?* Vgl. Beispiele in: Kößler, *Entwicklung*; Zurmühl, Der »Koloniale Blick«.
51 Kühl/Weyers, *Was wollt ihr von uns?*

haben beschrieben wurden.[52] Entwürfe und Planungen der *Hilfe zur Selbsthilfe*, so viele Entwicklungsexperten der 1960er-Jahre, seien hier wesentlich ergebnisoffener.[53] Ein weiterer Kritikpunkt war die fehlende Nachhaltigkeit: Ohne Rücksicht auf lokale Verhältnisse in Afrika implantierte entwicklungspolitische Großprojekte, sogenannte »weiße Elefanten«[54], würden oft nicht den Vorstellungen der Einheimischen entsprechen, daher nur wenig angenommen, gepflegt und schließlich verrotten.[55] Der Bau von Schulen, Straßen, Brücken, Wasserleitungen, Krankenstationen aus eigener Kraft hingegen, die Einrichtung von Wohlfahrtsdiensten, Mütterberatung, Hygieneaufklärung oder die Einführung neuartiger Dünge- und Anbaumethoden würden regelrecht automatisch »nachhaltig« sein.[56] Was man selbst gewünscht, geplant und geschaffen – so die Vorstellung –, das werde man auch künftig pflegen und erhalten.

Dabei sollte in *Hilfe zur Selbsthilfe* eine Form von Arbeit eingeübt werden, wie sie Hannah Arendt im Gegensatz zu herkömmlicher Tätigkeit beschrieben hat, eine Arbeit nämlich, deren Ergebnisse dauerhaften Bestand hätten.[57] Afrikaner – so wurde gemeinhin vertreten – müssten diese Form von Arbeit erst erlernen.[58] Überhaupt müsse man ihnen erst beibringen, an die Zukunft zu denken und damit das dringende Bedürfnis zu fühlen, sich für die »Verbesserung ihrer Lebensumstände durch Tätigkeit und Fleiß« einzusetzen.[59]

---

52 Crush, »Introduction«, S. 3. Vgl. außerdem zur Bedeutung von Wissen in Entwicklungskonzepten und -praktiken: Cooper/Packard, *Introduction*. Zu kritischer Geschichtsschreibung zu Entwicklung: Cooper, »Writing«, insb. S. 5. James Ferguson, *The Anti-Politics Machine*, S. xii.

53 Vgl. bspw. Warneck, *Kameradschaft*.

54 Vgl. van Laak, *Weiße Elefanten*.

55 Vgl. bspw. Dankwortt, *Zur Psychologie*.

56 Vgl. bspw. Hartwieg, »Entwicklungshilfe«, S. 14. Bereits in den 1960er-Jahren wurde somit Nachhaltigkeit in Entwicklungskonzepten debattiert. Bislang wurde sie in der Regel erst mit dem sogenannten Brundland-Bericht von 1987 in Zusammenhang gebracht und der hier formulierten These, dass »nachhaltige Entwicklung« zunächst die »Grundbedürfnisse aller befriedigen« müsse. Vgl. Kößler, *Entwicklung*, S. 176. Vgl. zur Datierung von »partnership« in der Entwicklungshilfe erst ab dem Ende der 1980er-Jahre: Crewe/Harrison, *Whose Development?*, S. 70. Zur heutigen Grundlagenforschung in diesem Zusammenhang: Dückers, »Nachhaltiges Wohlbefinden«.

57 Arendt, *Vita activa*, S. 76ff.

58 Bspw. Hartwieg, »Entwicklungshilfe«.

59 Bspw. BA Koblenz BMZ 213 Technische Hilfe Togo 4111, Tätigkeitsbericht über die Musterdörfer Agou-Nyongbo und Nuatja-Agbalebemé vom Dezember 1963, S. 9.

Das gelte besonders für Männer, die meist einer dem »Schicksal ergebenen Untätigkeit« frönen würden.[60] Für Frauen hingegen, denen üblicherweise die Feldarbeit oblag, könnte *Hilfe zur Selbsthilfe* emanzipatorisch wirken, indem sie selbstbestimmte Wege der Arbeitsorganisation und Bildung eröffne.[61] Häufig wandten sich Vertreter von *Hilfe zur Selbsthilfe* überdies gegen die vielen Entwicklungskonzepten immanente Vorstellung der Vorbildhaftigkeit industrialisierter Länder: Sie vertraten hingegen, dass Entwicklung nicht auf einer Zeitachse linear fortschreitende Modernisierung[62] nach europäischen Maßstäben bedeuten müsse, sondern auch die Wiederherstellung ursprünglich intakter Wirtschafts-, Sozial- und Kulturpraktiken meinen könne, die durch den Kolonialismus in Vergessenheit geraten oder gar zerstört worden seien. Entwicklung als »Hinführung zum Besseren durch einen Fortschritt«[63] sollte zumindest teilweise transferiert werden in Praktiken der Wiederkehr und Wiederbelebung des verlorenen Guten.

Insgesamt wurde immer wieder betont, dass im Gegensatz zu herkömmlichen Entwicklungskonzepten in *Hilfe zur Selbsthilfe* zwei verheißungsvolle Prinzipien zeitgemäßer Sozialarbeit zusammenkommen würden: zum einen Subsidiarität, eine Form der Unterstützung, die auf Entfaltung der Fähigkeiten, auf Selbstbestimmung und Eigenverantwortung der jeweiligen Empfänger abgestellt war;[64] und zum anderen das Prinzip der Solidarität, der möglichst gleichberechtigten Zusammenarbeit aller an Entwicklung Beteiligten.[65]

60 Bspw. BA Koblenz BMZ 213 Technische Hilfe Togo 4111, Tätigkeitsbericht über die Musterdörfer Agou-Nyongbo und Nuatja-Agbalebemé vom Dezember 1963, S. 9.

61 Vgl. Davison, *Agriculture, Women, and Land.*

62 Gemeint war hiermit in der Regel ein Prozess, der auf einen vorgegebenen Standard oder Endpunkt ausgerichtet war und mit der Vorstellung der Steigerung von Funktions- und Leistungsfähigkeit sowie Lebensqualität einherging. Eine zeitgenössische griffige Definition bietet: Inkeles, »The Modernization«. Vgl. Mergel, »Modernisierungstheorie«.

63 Rottenburg, *Weit hergeholte Fakten*, S. 1.

64 Vgl. zum Prinzip der ›Subsidiarität‹ allgemein: Nörr/Oppermann, *Subsidiarität*; Blickle/Hüglin/Wyduckel, *Subsidiarität*; Buck, »Aspekte der historischen Herausbildung des Subsidiaritätsprinzips«.

65 Vgl. zum Prinzip der ›Solidarität‹ allgemein: Rauscher, »Solidarität«; Valdés, »Ringen«.

Hilfe zur Selbsthilfe als Forschungsgegenstand

Es liegt wohl an der Etikettierung der *Hilfe zur Selbsthilfe* als ›gutes‹ Entwicklungskonzept, dass hierzu bislang keine ausführlicheren historischen Untersuchungen vorliegen. Hier scheint es all das nicht zu geben, was man herkömmlicher Entwicklungshilfe vorhalten könnte und weshalb diese für Forschungen interessant war: Der *Hilfe zur Selbsthilfe* fehlt scheinbar jegliche Asymmetrie von Macht und Verfügungsgewalten, die Bevormundung der Empfänger durch westliche Entwicklungsexperten und auch die Tendenz, lokale Traditionen zu vernichten.

So fiel *Hilfe zur Selbsthilfe* aus dem Rahmen des von James Ferguson entworfenen Interpretationsmodells einer auf strikte Ziele programmierten »Entwicklungsmaschine«, die das zu entwickelnde Feld durchpflüge – und zwar ohne jegliche Rücksicht auf den Willen und die Vorstellungen der Betroffenen.[66] Auch scheint die von Arturo Escobar herkömmlicher Entwicklungshilfe attestierte Starrheit von Entwicklungs- und Modernisierungstheorien der Ersten Welt in *Hilfe zur Selbsthilfe* nicht zu finden sein.[67]

Nicht zuletzt stand *Hilfe zur Selbsthilfe* in den 1960er-Jahren für einen neuartigen innovativen Entwicklungsweg, der für zeitgemäß und für äußerst wirkungsvoll gehalten wurde.[68]

Warum sollte man dieses scheinbar recht junge, über jegliche Fallstricke und Widersprüche erhabene Entwicklungskonzept dann einer kritischen historischen Analyse unterziehen? Würde ein solches Unterfangen nicht zwangsläufig in eine schier endlose Reihe von Erfolgsgeschichten münden?

Ausgangspunkt der vorliegenden Arbeit sind hier wenige kritische Stimmen, die bislang in historischen Untersuchungen zu Entwicklungshilfe[69] nicht rezipiert wurden: So schrieb die Sozialwissenschaftlerin Marianne Gronemeyer, trotz aller Verheißungen, aus dem Dilemma asymmetrisch-reziproker Entwicklungshilfebeziehungen herauszuführen, bleibe auch *Hilfe zur Selbsthilfe* Entwicklungshilfe. Auch sie setzte auf »Fortschritt« und neige lediglich ein wenig verhaltener als andere Ansätze dazu, das zu zerstören, was vorgeblich zur Geltung gebracht oder bewahrt werden

---

66 Ferguson, *Anti-Politics Machine*.
67 Escobar, *Power and Visibility*. Vgl. Büschel, »Eine Brücke«, S. 177f.
68 Vgl. Galtung, *Towards Self-Reliance*; Müller, *Gesellschaftliche Konzeptionen*. Eine kritische Perspektive, die das Konzept allerdings auch erst für die Zeit nach 1945 verortet schlägt ein: Ellermann, *Helping Others*.
69 Vgl. Unger, »Histories«; Frey/Kunkel, »Writing«; Lepenies, »An Inquirys«; Rist, *The History*.

sollte. Damit sei auch diesem Entwicklungskonzept zu eigen, ganzen Welt-regionen, Gesellschaften, den Einwohnern eines Dorfes oder auch einer einzigen Familie abzusprechen, ein lebenswertes Dasein nach eigenen Kräften zu führen und zu erhalten.[70] Zweifellos sei *Hilfe zur Selbsthilfe* eine »elegantere« Form der Intervention und genieße daher auch eine größere moralische Legitimität. Doch sei sie »halbherzig«, da sie nur anderen For-men von Entwicklungshilfe misstraue, nicht aber der Vorstellung von Unterentwicklung und Entwicklung selbst.[71] Selten sprachen auch Zeit-genossen der 1970er-Jahre von einer »humanitären Alibifunktion« der *Hilfe zur Selbsthilfe.*[72] Solche Kritik war allerdings die Ausnahme.

Diese wenigen Positionen, die der scheinbaren Unantastbarkeit der *Hilfe zur Selbsthilfe* entgegentreten, dienen als Hintergrund für die vorlie-gende Studie, die sich an einer kritischen Geschichte dieses Entwicklungs-ansatzes versucht. Denn die bis heute andauernden Lobpreisungen haben in unserem gegenwärtigen »Post-Development«-Zeitalter schon etwas äußerst provokantes, wird doch häufig jeglicher Entwicklungsbemühung der Ersten in der Dritten Welt – mit welchen Argumenten auch immer – ein Scheitern attestiert und gefordert, man müsse viel grundsätzlicher glo-bale Umverteilungen ökonomischen, ökologischen, sozialen und politi-schen Kapitals einleiten, wolle man überhaupt dem himmelschreienden Elend in den meisten Teilen dieser Welt ein Ende bereiten.[73]

So wird im Folgenden für deutsche Projekte im Afrika der 1960er-Jahre gefragt werden, was es denn auf sich hat mit der scheinbar unangefochten guten und seiner Zeit neuartigen *Hilfe zur Selbsthilfe.* Teilte die *Hilfe zur Selbsthilfe* die Probleme älterer möglicherweise sogar kolonialer Entwick-lungskonzepte? Stand sie vielleicht gar unmittelbar in kolonialen Traditio-nen und war damit gar nicht so neuartig wie oft propagiert wurde? Gab es zwischen Deutschen und Afrikanern eine wirkliche Zusammenarbeit oder Missverständnisse und Konflikte? Inwiefern handelte es sich bei *Hilfe zur Selbsthilfe* letztlich doch auch um ein Entwicklungskonzept, das Afrikaner entmündigte und Macht über sie ausübte bis hin zu sozialem Druck, Erpressung oder gar physischer Gewalt, wenngleich auch noch so oft

---

70 Gronemeyer, »Helping«, S. 70.

71 Ebd.

72 Pätzold, »Revolution«, S. 73f.

73 Vgl. zu entsprechenden Positionen: Escobar, »Post-Development«;. Rahmena, *The Post-Development Reader,* Agostino, »Post-Developement«; Zur Kritik: Ziai, »The Ambiva-lence«.

Gleichberechtigung und Freiwilligkeit gepredigt wurden? Gerade bei einem Konzept wie dem der *Hilfe zur Selbsthilfe*, das ostentativ als machtfrei bezeichnet wurde, ist es notwendig, auch nach impliziten Symboliken von Macht, Ritualen,[74] wiederkehrenden Verhaltensweisen oder bürokratischen Normsetzungen zu fragen.

Legitimierte *Hilfe zur Selbsthilfe* nicht vielleicht sogar viel tiefgreifendere Repressalien als herkömmliche Entwicklungskonzepte, wie die dauerhafte soziale Exklusion[75] all derer, die sich an Projekten nicht beteiligen wollten oder konnten? Inwiefern zählten letztlich doch europäische Vorstellungen von Modernisierung, obwohl immer wieder auf die Bewahrung oder Wiederherstellung lokaler Verhältnisse bestanden wurde? Kann man vielleicht gar von einem strukturellen Dilemma der *Hilfe zur Selbsthilfe* sprechen, einerseits auf die Wünsche und Möglichkeiten der Menschen vor Ort eingehen zu wollen und andererseits strikte im vornherein festgelegte Entwicklungsziele zu verfolgen?

Der zeitliche Schwerpunkt der Arbeit liegt – abgesehen von einigen für das Verständnis wichtigen Rückblenden in den Kolonialismus hinein – auf den »langen 1960er-Jahren«[76]. Damals galt *Hilfe zur Selbsthilfe* als etwas Neues. Für jene Zeit ist daher besonders deutlich, wie man sich an Leitlinien, der Auswahl von Akteuren und der Gestaltung von Projekten abmühte. Außerdem wurde dieses Entwicklungskonzept zu jener Zeit – wie schon angesprochen – für afrikanische Staaten besonders intensiv angewandt, entsprach es den Wünschen afrikanischer Regierungen in den ersten Dekaden nach der Dekolonisierung und schien es überdies die Emanzipation der einst Kolonisierten und ihr Engagement für den Aufbau ihres Staates voranzutreiben.[77]

Aus der Fokussierung auf Initiativen der Bundesrepublik Deutschland und der DDR in Zusammenarbeit mit afrikanischen Staaten verspricht sich die Studie besondere Aufschlüsse: Denn kaum irgendwo auf der Welt wurde so stark um vermeintlich ›gute‹ Entwicklungspolitik gerungen wie in den beiden deutschen Staaten. Es gab einen intensiven entwicklungs-

---

74 Vgl. Turner, *The Ritual Process*, insb. S. 94–95.

75 Zum Begriff: Castel, »Die Fallstricke des Exklusionsbegriffs«.

76 Vgl. Marwick, *The Sixties*.

77 Vgl. Nuscheler, *Entwicklungspolitik*, S. 432; Korff, »Der Stellenwert der Entwicklungspolitik der BRD«, S. 42. Das Jahr 1975 als ein Eckpunkt der Untersuchung resultiert zum einen aus der Sperrfrist von Projektakten, die eine genauere Analyse für jüngere Zeiträume noch nicht möglich macht. Zum anderen gelten die späten 1970er-Jahre als Phase einer zunehmenden Ökonomisierung der bundesdeutschen Entwicklungspolitik, die weniger auf die Ausdifferenzierung alternativer Entwicklungskonzepte ausgelegt war.

politischen Wettlauf. Um internationale Anerkennung zu erringen, versuchte man, sich immer wieder gegenseitig auszustechen und hierbei auch Ziele zur Blockbindung durchzusetzen.[78] Vieles, was *Hilfe zur Selbsthilfe* bedeutete, wurde somit in deutsch-deutscher Konkurrenz stärker reflektiert und verfolgt als anderswo. Außerdem führten die Zeitgenossen zentrale Elemente der *Hilfe zur Selbsthilfe* – wie beispielsweise Genossenschaften – auf deutsche Ursprünge zurück.[79] Und nicht zuletzt ist manches an der postkolonialen *Hilfe zur Selbsthilfe* – wie noch ausführlich zu zeigen sein wird – in seinen Grundlinien bereits in Konzepten gerade des deutschen Kolonialismus zu finden – besonders in seiner ›Erziehung des Negers zur Arbeit‹.[80]

Für Afrika wird der Blick vor allem auf die Schwerpunktländer west- sowie ostdeutscher Projekte gerichtet: Tansania bzw. Tanganjika, Togo und Kamerun. Hierbei handelt es sich um Staaten, die aus Gebieten ehemaliger deutscher Kolonien hervorgegangen sind, welche nach dem Ende des Ersten Weltkrieges durch den Völkerbund an die Mandatsmächte Frankreich und Großbritannien übertragen worden waren. Mit der Mandatsverwaltung war wiederum ein Entwicklungsauftrag verbunden, der Wege für die dereinstige Selbstständigkeit der Gebiete eröffnen sollte. Ähnlich verhielt es sich nach dem Ende des Zweiten Weltkrieges, nachdem 1946 der Völkerbund und das Mandatssystem aufgelöst worden waren. Nun übertrugen die Vereinten Nationen die betreffenden Territorien als Treuhandgebiete. Ein Wechsel zwischen Mandats- und Treuhandherrschaft fand nicht statt.[81]

Die Mandats- bzw. Treuhandgebiete konnten nicht ungebremst der Bewirtschaftung zugusten der Metropolen dienen. So sahen sich – wie noch ausführlich zu zeigen sein wird – gerade hier Großbritannien und Frankreich veranlasst, kostengünstige Entwicklungsprojekte in die Wege zu

---

78 Hierfür grundlegend: Winrow, *The Foreign Policy of the GDR in Africa*; Engel/ Schleicher, *Die beiden deutschen Staaten in Afrika*; Engel, *Die Afrikapolitik der Bundesrepublik Deutschland*.
79 Vgl. Teil I, Kapitel 3.
80 Vgl. ebd., Kapitel 4.
81 Versailler Friedensvertrag vom 28.06.1919, Art. 22, Abs. 1, zitiert nach: Osterhammel, *Kolonialismus*, S. 41. Die Kontrolle dieses Entwicklungsauftrages lag bei der Permanenten Mandatskommission des Völkerbundes, die allerdings keinen nennenswerten Einfluss nahm. Zum Mandatssystem nach wie vor grundlegend: Albertini, *Dekolonisation*, S. 16ff.; vgl. Callahan, *Mandates and Empire*; Ders., *A Sacred Trust*. Vgl. in diesem Zusammenhang zu Kamerun: Gardiner, »The British in the Cameroons«, S. 525. Vgl. zu den Auswirkungen des Mandatssystems: Manela, *The Wilsonian Moment*.

leiten, die auf die Arbeitskraft der Afrikaner setzten. Dabei waren wiederum Formen kolonialer Entwicklungsarbeit zentral, für die zu fragen sein wird, inwiefern sie Vorbilder waren für die postkoloniale *Hilfe zur Selbsthilfe*.[82] Überdies zählten Tansania, Togo und Kamerun zu den sogenannten *Least Developed Countries*, den am wenigsten entwickelten Regionen der Welt. So scheint es, dass dort die Visionen, Zielsetzungen und Probleme der Entwicklungsarbeit aufgrund des immensen Handlungsdrucks, der auf diese Staaten projiziert wurde oder tatsächlich lastete, deutlicher als anderswo zutage traten. Entsprechend wurden dort Projekte favorisiert, die der Deckung von Grundbedürfnissen wie Ernährung und Wasserversorgung dienen sollten. So galten auch die meisten *Hilfe zur Selbsthilfe*-Projekte in diesen Staaten landwirtschaftlichen Entwicklungen und dem Ausbau der Infrastruktur, weshalb auf solchen Unternehmungen im Folgenden das Augenmerk liegt.

Besondere Schwerpunkte werden im Rahmen dieser Studie immer wieder auf Tansania gelegt, was nicht nur der dortigen im Vergleich zu Togo und Kamerun ein wenig dichteren Quellenüberlieferung geschuldet ist. Sansibar als Teilrepublik von Tansania war erstens das Land, in dem sich die DDR in den 1960er-Jahren am intensivsten in größeren Projekten engagierte. Zweitens wurde *Hilfe zur Selbsthilfe* beispielsweise im Rahmen von Dorfgründungen von der tansanischen Regierung intensiver als in Togo und Kamerun verfolgt, was auch auf die hier besonders engagierte Staatsführung und dem Präsidenten Nyerere zurückzuführen ist.

Positionen zur Geschichte der Entwicklungsarbeit

Mit den genannten Fragen und Schwerpunkten gliedert sich die Arbeit in den Forschungskontext mittlerweile zahlreicher neuerer Untersuchungen zur Geschichte von Entwicklungspolitik und -hilfe ein.[83] Eine erste zentrale Debatte vorliegender Studien kreist um die Frage, wann überhaupt *moderne* Entwicklungshilfe ihren Anfang nahm. Lange Zeit wurde hier von einem schroffen Bruch zwischen kolonialen Entwick-

---

82 Vgl. Van Laak,»Deutschland in Afrika«; Büschel,»In Afrika helfen«, S. 348ff.
83 Vgl. als Überblick: Unger,»Histories of Development«; Büschel/Speich,»Einleitung«; Büschel,»Geschichte der Entwicklungspolitik«.

lungsbemühungen und postkolonialer Entwicklungshilfe ausgegangen und eine zeitlich fortschreitende Humanisierung und Moralisierung des Helfens konstatiert.[84] Neuere Studien haben diese Sichtweise allerdings relativiert und weit stärkere und tiefgreifendere Traditionslinien der Entwicklungspolitik seit den 1960er-Jahren in den Kolonialismus hinein eingeräumt.[85] Im Anschluss an diese Arbeiten wird im Folgenden dezidiert auch nach etwaigen kolonialen Vorläufern der *Hilfe zur Selbsthilfe* gefragt werden. Diese Frage ist umso relevanter, schloss dieses Entwicklungskonzept *per definitionem* ein solches Fortschreiben kolonialer Entwicklung aus und proklamierte ganz im Gegenteil Neuansätze und eine Ferne zu allem, was mit Kolonialismus in Verbindung gebracht werden konnte.

Der Kalte Krieg

Viele Studien verorten die nordamerikanische und europäische Entwicklungspolitik in Lateinamerika, Asien und besonders Afrika auch im Rahmen des Ringens um Blockbildung im Kalten Krieg. Hier wurde das Engagement in »Schwarzafrika«, so der zeitgenössische, heute mit Recht umstrittene Terminus für die Länder südlich der Sahara,[86] als politische Machtpolitik interpretiert, und zwar als überschattender Wettlauf konkurrierender Blöcke.[87] Ganz besonders stellte man dies immer wieder für die beiden deutschen Staaten bis 1989 heraus.[88] Aber auch von anderen

---

84 Zum Überblick: Cooper, »Modernizing Bureaucrats«.

85 Morgan, *The Official History*; Cohen, »Early Years«; Sieberg, *Colonial Development*; Wilder, *French Imperial Nation-State*; Herth, *Koloniale Entwicklungspolitik in Kamerun*; Osswald, *Frankreichs Entwicklungshilfe*. Zur französischen Entwicklungspolitik nach dem Zweiten Weltkrieg: Vgl. die Selbstdarstellung: Ministère de la Coopération, *L'assistance*. Van Beusekom, *Negotiating Development*; Dies., »Colonisations«; Callahan, *Mandates and Empire*; Ders., *A Sacred Trust*.

86 Attikpoe, »Folgenschwere Konstrukte«.

87 Vgl. Gifford/Louis, *France and Britain*.

88 Van der Heyden/Schleicher/Schleicher, *Die DDR und Afrika*; Andersen, »Deutschlands Entwicklungspolitik«; Balsen/Rössl, *Zur Geschichte der Dritte-Welt-Bewegung*; Booz, »Hallsteinzeit«; Borstelmann, *The Cold War*; Engel/Schleicher, *Die beiden deutschen Staaten in Afrika*; Engel, *Afrikapolitik*; Grote, »Von der Entwicklungshilfe zur Entwicklungspolitik«; Korff, *Stellenwert*; Van Laak, *Deutschland in Afrika*; Lamm/Kupper, *DDR und Dritte Welt*; Lorenzini, *Due Germanie*; Möller, *DDR und Dritte Welt*; Schleicher, »Entwicklungszusammenarbeit und Außenpolitik der DDR«; Schmidt, »Pushed to the Front«; Schneppen, *Sansibar*; Schulz, *Development Policy*; Spranger/Brock, *Die beiden deutschen Staaten*; White,

Geberländern sei unter dem Druck nationaler Interessen und bisweilen projizierter Kalter-Kriegs-Szenarien der Boden bereitet worden für die fatale Hybris, dass die ganze Dritte Welt nicht nur modernisiert werden *müsste*, sondern auch *könnte*.[89] So sind infrastrukturelle Entwicklungsruinen beschrieben worden, die aufgrund imperialer Großmannssucht oder politischer Interessenslagen entstanden.[90] Ob man nun Erfolg oder Scheitern konstatiert: Weitgehend herrscht heute unter Historikern ein Konsens, dass Entwicklungshilfe bis 1989 durch die Konkurrenz der Blöcke der industrialisierten Welt untereinander oder durch nationale Interessenslagen geleitet war. Und hierauf werden auch Misserfolge und Scheitern zurückgeführt. Mit dem Ende des Kalten Krieges, so die Annahme, sei daher ein missliches Kapitel der Entwicklungszusammenarbeit abgeschlossen worden.[91]

Eine solche Interpretation birgt – trotz aller Plausibilität – zahlreiche Probleme: Erstens tendiert sie dazu, Leitlinien, Ideologien und Praktiken als vorrangig innen- bzw. blockpolitisch motiviert zu interpretieren, wobei Aushandlungsprozesse vor Ort ebenso wie Handlungszwänge gar nicht in den Blick geraten. Zum zweiten proklamiert sie zumindest implizit, dass die strukturellen Probleme der Entwicklungshilfe mit dem Ende des Kalten Krieges abgeschlossen seien. Dem widersprechen neuere Studien, die sich im Rahmen von Post-Development-Diskursen[92] verorten, ob man ihrer Argumentation im Einzelnen nun folgen möchte oder nicht.[93] Drittens wird die Topografie der Zentren und Peripherien der Entwicklungsarbeit als gegeben angesehen. Es wird ausgeklammert, dass die Einteilung der Welt in Geber und Nehmer, Zentren und Peripherien, Nord und Süd erst

---

German Aid; Westad, *The Global Cold War*. Zum blockbildenden Hintergrund USA bzw. UdSSR in diesem Zusammenhang: Leimgruber, *Kalter Krieg*; Andrew/Mitrokhin, *The KGB*; Hilger, *Die Sowjetunion und die Dritte Welt*.

89 Vgl. Eckert/Wirz, »Wir nicht«.

90 Van Laak, *Weiße Elefanten*. Vgl. Unger, »Rourkela«.

91 Vgl. bspw. Leimgruber, *Kalter Krieg*; Borstelmann, *The Cold War*; Westad, *The Global Cold War*.

92 Vgl. Rahnema, *The Post-Development Reader*; Moyo, *Dead Aid*.

93 Vgl. bspw. Kabou, *Weder arm noch ohnmächtig*; Shikwati, »Fehlentwicklungshilfe«. Die Argumentation von Axelle Kabou und James Shikwati ist hier zweifellos strittig, gehen sie insgesamt davon aus, man habe in der sogenannten Dritten Welt keine Steigerung von landwirtschaftlicher Produktivität oder die Senkung der Kindersterblichkeit erreicht, weil den Empfängern von Entwicklungshilfe die eigene Verantwortung abgenommen und somit Handlungsimpulse im Keim erstickt worden wären. Zum Scheitern der Solidaritätsbewegung: Kößler/Melber, »Globale Solidarität?«.

durch Entwicklungsdiskurse und -praktiken hervorgebracht und ständig verändert werden konnte.[94] Es wird im Rahmen dieser Arbeit somit kritisch nach dem Faktor des Kalten Krieges im Entwicklungszusammenhang gefragt werden. Dieser wird gleichzeitig aber nicht überzubetonen zu sein, um weitere Perspektiven nicht zu verstellen.

Moderne und Modernisierung

Viele Historiker räumen überdies einem vorbehaltslosen Streben nach Modernisierung nach europäischem Maßstab in entwicklungspolitischen Konzepten und Praktiken und einem daraus resultierenden Machtgefälle einen überaus wichtigen Stellenwert ein.[95] Es hätten in der Entwicklungshilfe der 1960er-Jahre so dominante und statische Modernisierungskonzepte geherrscht, dass bisweilen die Verfehlung der Projektziele regelrecht vorprogrammiert war.[96] Aufgrund einer alles andere hintanstellenden Modernisierungseuphorie sei man geradezu fahrlässig blind und taub für lokale Traditionen oder eigene Wege von Modernisierung gewesen.[97] Schon in den 1970er-Jahren kamen zu einem ähnlichen Befund Forschungen, die explizit für sich beanspruchten, afrikanische Perspektiven einzunehmen: Ein Beispiel sind die Analysen Walter Rodneys, der im Rahmen der so genannten Dar es Salaam School of History die »Entwicklung der Unterentwicklung« in Afrika analysierte.[98]

Große Resonanz löste in diesem Zusammenhang die Arbeit von James C. Scott zu Umsiedlungsprojekten in Tansania Anfang der 1970er-Jahre

---

94 Vgl. zur Kritik an statischen Konzepten von Zentrum und Peripherie: Hall, *Civilising Subjects*, S. 7; Hall, »The Question of Cultural Identity«; Fiske, *Power Plays*, S. 52. Zu den Wechselwirkungen zwischen Rand und Mitte imperialer Strukturen auch: Maier, *Among Empires*. Burback/Cooper, *Empires*.

95 Vgl. Zurmühl, *Der »Koloniale Blick«*; Kößler, *Entwicklung*; Aram Ziai, *Zwischen Global Governance und Post-Development*, S. 33–41.

96 Vgl. als Forschungsüberblick: Unger, »Histories of Development«. Vgl. Tipps, »Modernization Theory«; So, *Social Change*, S. 21–68; Knöbl, *Spielräume*; Gilman, *Mandarins*; Engerman, *Staging Growth*; Latham, »Introduction«; Gilman, »Modernization Theory«.

97 Vgl. Escobar, *Power and Visibility*; Ferguson, *Anti-Politics Machine*. Vgl. zur diskursiven Machtsymmetrie des Entwicklungsansatzes: Herzfeld, *Developmentalism*. Vgl. hingegen schon für die Zwischenkriegszeit zur Suche nach Alternativen zur europäischen Moderne: Sachsenmaier, »Searching«.

98 Rodney, *How Europe Underdeveloped Africa*; Amin, *Accumulation*.

aus, den sogenannten *Ujamaa*-Dörfern, in der Scott zeigte, wie massiv hier im Namen von Modernisierung der Widerstand der betroffenen Bevölkerung – bisweilen durch Anwendung brachialer Gewalt – gebrochen wurde.[99] Scotts Arbeit ist nur ein Beispiel für zahlreiche Untersuchungen, die immer wieder ein geradezu unabänderliches und wenig flexibles Machtgefälle in der Entwicklungsarbeit konstatiert haben: So ging Arturo Escobar sogar so weit, die seiner Meinung nach jedem Entwicklungsunternehmen inhärente Asymmetrie von Verfügungsgewalten als Unterdrückung per se zu kennzeichnen.[100] Diese Unterdrückung, so stellte James Ferguson heraus, konnte in der mehr oder minder offensichtlichen Fortführung kolonialer Institutionen und Praktiken der Geberländer in den dekolonisierten Empfängerländern bestehen oder in der brachialen Durchsetzung von Interessen der »Entwicklungsmaschinerie« gegen lokale Belange.[101]

Jene kritische Einschätzung wurde mehr oder minder explizit von Shmuel N. Eisenstadts Vorschlag inspiriert, Moderne als analytisches Konzept vielfältiger zu sehen. Nicht ein einheitlicher, auf ein klares Ziel gerichteter Prozess des sozioökonomischen Wandels tauge als Grundlage für die sozialwissenschaftliche Beschreibung besonders außereuropäischer Gesellschaften, sondern ein multiples Modell, das lokale Entwicklungen als eigenständige Ausprägungen begreife, anstatt deren Abweichung von der europäischen Norm zu messen.[102] Man müsse die Vielfalt von eigenen Zukunftsentwürfen auch in der Dritten Welt wahrnehmen und damit erst einmal anerkennen.

Eisenstadts Ansatz war überaus wichtig und hat zahlreiche globalhistorische Debatten angestoßen.[103] Er eignet sich allerdings nur wenig, wenn es darum geht, Entwicklungs- und Modernisierungspraktiken historisch zu analysieren: So bleibt bei Eisenstadt unklar, ob sein vornehmlich kulturell

---

99 Scott, *Seeing*, insb. S. 103–146, S. 223–261. Vgl. zu diesem Trend: Cowen/Shenton, »The Invention of Development«; Dies., (Hg.), *Doctrines of Development*, London 1996.

100 Escobar, *Power*.

101 Ferguson, *Anti-Politics Machine*.

102 Eisenstadt, »Multiple Modernities«; Ders., *Die Vielfalt der Moderne*. Vgl. zur Anwendung dieses Konzepts in der Globalgeschichte: Conrad/Eckert, »Globalgeschichte, Globalisierung, multiple Modernen«, S. 18ff.

103 Vgl. als Zusammenfassung: Conrad, *Globalgeschichte*, S. 130–135. Bisweilen wird in der Globalgeschichte auch von »Alternative Modernities« gesprochen: Goankar, »On Alternative Modernities«; Taylor, »Two Theories«. Vgl. zu Modernitätskonzepten und Kolonialismus: Eckert, »Kolonialismus, Moderne und koloniale Moderne«.

angelegtes Konzept von Moderne überhaupt gesellschaftliche und ökonomisch messbare Ausprägungen haben kann. Auch ist der Entwurf »mul-
tipler Modernen« relativ geschlossen, für sich hermetisch gedacht und
rückt kaum transkulturelle sowie globale Aushandlungen und Dynamiken
in den Blick.[104] Das Konzept der »multiplen Modernen« kann somit für die vorliegende
Arbeit allenfalls eine Anregung sein. Hier wird es hingegen eher ganz konkret um die Frage gehen, was denn die jeweils an einem Entwicklungsprojekt Beteiligten meinen konnten, wenn sie von Moderne oder Modernisierung sprachen. Am ehesten kann man diese unterschiedlichsten Definitionen und Visionen, die von normativen Setzungen bis hin zu völliger
Offenheit reichte, als eine Art »Sozialmythos« beschreiben,[105] der häufig
recht vage und in ferner Zeit eine messbare ›Verbesserung‹ von Lebensbedingungen in Aussicht stellte. Akteure, die sich modernen bzw. entwickelten Gesellschaften zugehörig fühlten, schöpften nicht zuletzt Deutungshoheit dadurch, dass sie der Vernunft in ihrem Reden und Handeln einen
zentralen Ort zuwiesen, was sie auch immer darunter verstanden.[106]

So wird im Folgenden zu fragen sein, ob nicht diese Vernunft auch eine
zentrale Kategorie war, mit der Leitlinien und Praktiken der *Hilfe zur Selbsthilfe* plausibel gemacht und legitimiert wurden, ob sie sich nun auf Planung,
Durchführung oder Auswertung von Erfolg und Scheitern der Entwicklungsprojekte bezogen. Inwiefern und wie waren solche Vernunftargu-
mente allerdings äußerst unterschiedlich? Welche Konzepte von Modernisierung wurden von wem jeweils verfolgt? Und kann man vorbehaltslose
Huldigungen gegenüber europäischen Modernitätskonzepten ohne weiteres Vertretern des globalen Nordens auf der einen Seite und des Südens
auf der anderen Seite zuordnen?

---

104 Vgl. Ferguson, »Decomposing Modernity«. Zur allgemeineren Kritik am Konzept:
     Knöbl, *Die Kontingenz der Moderne*; Schmidt, »Multiple Modernities«; Dirlik, *Global Moder-*
     nity; Mitchell, »Introduction«; Conrad, *Globalgeschichte*, S. 133ff.
105 Vgl. Wehling, *Die Moderne als Sozialmythos*. Vgl. zur Kritik an Moderne als analytische
     Kategorie: Cooper, *Colonialism in Question*, S. 113–149.
106 Vgl. Raphael, »Die Verwissenschaftlichung des Sozialen«.

Die statische Übermacht des globalen Nordens?

Ein weiteres Forschungsfeld, auf das sich die vorliegende Studie bezieht, ist somit das der Frage nach der entwicklungspolitischen Übermacht des globalen Nordens über den Süden.

Für Entwicklungsunternehmungen seit den 1960er-Jahren wird hier weitgehend einhellig von einer strikten Dichotomie der Interessenslagen zwischen Gebern und Empfängern ausgegangen: Die Bestimmungsgewalt über den Einsatz von Geld, Material und Personal, über die Art und Weise des Vorgehens, über Ziele und Bemessungskategorien für Gelingen und Scheitern hätte eindeutig auf der Seite der Ersten Welt gelegen.[107] Besonders in Afrika sei die Selbstständigkeit von Staaten keinesfalls mit ihrer juristischen Unabhängigkeit hergestellt worden. Bis heute würden starke Abhängigkeiten und Ungleichheiten herrschen, was nicht zuletzt mit einer Dominanz europäisch-nordamerikanischen Wissens zusammenhänge. Dieses Wissen sei in seinen Kernen äußerst langlebig gewesen: Nur oberflächlich hätten sich nordamerikanische und europäische Vorstellungen über den vermeintlich rückständigen afrikanischen Kontinent seit dem 19. Jahrhundert verändert.[108] Seit dem Ende des Ersten Weltkriegs und der Installierung des Mandatssystems mit seinen Entwicklungsversprechen hätte man zwar weniger von »Eingeborenen«, sondern mehr von »Bedürftigen« gesprochen.[109] Das hätte allerdings bedeutet, dass man sich sogar noch mehr über die Afrikaner erhob, sah man sich künftig in der Pflicht, ihnen zu helfen und auch aufgrund eigenen Wissens dazu als befähigt an.[110]

Ab den 1950er-Jahren hätte sich Entwicklung als ein auf Modernisierung nach europäischen Maßstäben abzielendes, miteinander verwobenes Wissens-Macht-Konzept kaum noch verändert. Immer wieder sei es gelungen, durch scheinbar objektive Wissenspraktiken Deutungshoheiten zu erlangen und Kategorien zu etablieren bzw. aufrechtzuerhalten wie ›Fortschritt‹ versus ›Rückschritt‹ oder ›Bewegung‹ versus ›Stillstand‹. Soziale Schichtungen, wie man sie aus den Kolonien kannte, seien damit nur sehr geringfügig verändert worden. Armut, Hunger, Überbevölkerung und an-

107 Vgl. bspw. Osterhammel, »The Great Work«; Steinmetz, »Decolonizing German Theory«; Schmidt, »Pushed to the Front«; Hein, *Die Westdeutschen*; Cooper/Packard, »Introduction«; van Beusekom/Hodgson, »Lessons Learned?«.
108 Vgl. Sachs, *The Development Dictionary*; Escobar, *Encountering Development*; Cooper/Packard, *International Development*.
109 Leclerc, *Anthropologie und Kolonialismus*, S. 130f.
110 Zurmühl, *Der »Koloniale Blick«*.

gebliche typisch afrikanische Mentalität hätten sich als Erklärungsmodelle für Elend erhalten.[111] Die Praxis der Entwicklungsarbeit könne bis in die 1980er-Jahre hinein als schlichte Verlängerung kolonialer Planung und Projektentwicklung beschrieben werden: Kaum hätte es wirkliche Neuerungen und Veränderungen gegeben. Selbst Kritiker hätten sich letztlich den Bestimmungsmonopolen und Deutungshoheiten der vom globalen Norden her dominierten Entwicklungskonzepte nur wenig entziehen können.[112] In Anlehnung an Michel Foucault war die Rede von einem weltweit etablierten Entwicklungs-Dispositiv, indem »Gesagtes und Ungesagtes«, ausformulierte »Entscheidungen, wissenschaftliche Aussagen, moralische und philanthropische Leersätze« mit »Institutionen« oder sogar »architektonischen Einrichten« eine übermächtige Allianz eingegangen seien, die manches an traditionellen sogenannten einheimischen Wissensbeständen verdrängt oder vernichtet hätte.[113] Diese europäische Wissenshegemonie hätte im »Glauben an die Vorbildlichkeit des eigenen Entwicklungsweges« und die Geringschätzung des lokalen Wissens«[114] besonders in Afrika ein meist erzwungenes Ende traditioneller Wirtschafts- und Sozialpraktiken eingeläutet.[115] Produzenten und Hüter dieses Wissens seien überdies eine Reihe nordamerikanischer und europäischer Entwicklungsagenturen gewesen, wie die Weltbank, die Internationale Arbeitsorganisation (IAO) oder der Deutschen Entwicklungsdienst (DED), in deren Händen letztlich auch das notwendige ökonomische und personelle Kapital lag.[116]

---

111 Ziai, »Imperiale Repräsentationen«; Menzel, »Das Ende«; Ders., *Das Ende der Dritten Welt*; Rauch, »Von Basic Needs«; Spittler, »Armut«. Vgl. zur historischen Herleitung dieser kritischen Debatte: Büschel, »Sparzwang«; Ders., »»The Native Mind««, insb. S. 40f. Vgl. zur Emphase auf Gleichberechtigung abzielender Entwicklungspolitik, den Armen Respekt entgegen zu bringen: Sen, *Development*; Dübgen, »Respects«.

112 Vgl. Escobar, *Encountering Development*; Zurmühl, »Der koloniale Blick«. Zu europäischen Kritikern des Kolonialismus grundlegend: Stuchtey, *Die europäische Expansion*.

113 Vgl. Foucault, *Dits et Ecrits*, S. 392–395. Vgl. Agamben, *Was ist ein Dispositiv?*

114 Eckert/Wirz, »Wir nicht, die Anderen auch«.Vgl. Cooper/Packard, *International Development*; Rist, *The History of Development*. Vgl. als zeitgenössische Quelle der Präsident der Deutschen Afrika-Gesellschaft: Gerstenmaier, »Das neue Afrika«.

115 Long/Long, *The Battlefields of Knowledge*; Pottier/Bicker/Sillitoe, *Negotiating Local Knowledge*. Hier Bezug auf: Geertz, *Local Knowledge*.

116 Vgl. Finnemore, »Redifining Development at the World Bank«; Sikkink, »Development Ideas in Latin America«; Maul, *Menschenrechte*; Haase, *Geschichte und Gegenwart des Deutschen Entwicklungsdienstes*; Hein, *Die Westdeutschen*; Raden, *Christliche Hilfswerke*.

Die Studien, welche die These von einer Übermacht des globalen Nordens in Entwicklungszusammenhängen des Südens vertraten, analysierten freilich vor allem nordamerikanische und europäische Absichtserklärungen, Institutionen und Wissenskonstrukte. Denn hier ließen sich die wichtigsten Ingredienzen für eine Geschichte von Entwicklungspolitik zusammentragen, die Fragen zum Zusammenhang von Modernisierung, Macht und Gewalt zu beantworten suchte.

Die Verflechtungen zwischen koordinierenden Zentren und ausführenden Peripherien der Entwicklungshilfe, etwaige Aushandlungen und Brechungen zwischen Konzepten und Praktiken rückten dabei konsequenterweise nur wenig in den Blick. Entsprechend wurde auch kaum nach konkreten Vorgängen in Entwicklungsprojekten sowie nach den Wahrnehmungen und Praktiken der Beteiligten gefragt.[117] Hierauf wird wiederum die vorliegende Studie besondere Akzente setzen.

Mittlerweile liegen so zahlreiche und umfassende Studien zur Geschichte der Entwicklungsarbeit vor, so dass man von einem ausdifferenzierten und avancierten Forschungsfeld sprechen kann, an dem sich auch die vorliegende Studie zu orientieren hat. Doch bergen viele Arbeiten das tiefgreifende Problem, dass sie die Havarien des Entwicklungsunternehmens auf Systemkonflikte reduzieren. Sie lasten Versagen Versuchen zur Installierung einer neokolonialen Herrschaftsstruktur an oder führen es zurück auf übermächtige Strategien eurozentrischer Modernisierungsbemühungen. So werden Grundprobleme zwar keineswegs verharmlost und Ausbeutungsmechanismen nicht entschuldigt. Sie werden mit der Bezugnahme auf den Kalten Krieg allerdings zu einem abgeschlossenen Teil der Geschichte erklärt und mit der Reduktion auf neokoloniale Strukturen zumindest stark vereinfacht; überdies wird vermittelt, dass die Fixierung auf Moderne Grund allen Übels gewesen sei. Die Mehrdimensionalität des Phänomens Entwicklungsarbeit steht der kritischen Analyse nicht mehr offen.[118]

Geht man – wie viele der bislang vorliegenden Arbeiten – von einer Übermacht eurozentrischer Konzepte und Institutionen aus, dann wird auch das Bild von aktiven Gebern und vermeintlich nur passiven Empfängern vermittelt, wenn diese überhaupt in den Blick rücken.[119] Sicherlich

---

117 Ausnahmen sind: Hodge, *Triumph of the Expert*; Maß, »Die Ausbildung deutscher Entwicklungshelfer und -helferinnen«; Büschel, »In Afrika helfen«.

118 Vgl. Büschel/Speich, »Einleitung«, S. 16–20.

119 Vgl. Cooper, »Conflict and Connection«, S. 15.17.

reichte beispielsweise der Arm der Weltbank auch schon in den 1960er-Jahren selbst in abgelegene Dörfer Afrikas, die man nur über mehrere Tagereisen auf holprigen Pisten erreichte. Doch ist nicht gesagt, dass dort alles im Sinne der Washingtoner Zentrale umgesetzt wurde. Eher ist davon auszugehen, dass das Zusammenspiel zwischen Theorie und Praxis der Entwicklungsarbeit über weite räumliche Distanzen sowie zwischen immensen sozialen und kulturellen Unterschieden äußerst brüchig war. So haben Historiker die Rolle der Praktiker vor Ort durchaus als sehr wichtig eingeschätzt, sie aber bislang nur wenig konkret untersucht.[120]

Im Bezug auf Afrika hat dies eine besondere Pointe: Hier entsprechen Studien zur dort geübten Entwicklungshilfe weitgehend jenem »makrohistorischen Narrativ«, das Steven Feierman als grundlegend für die koloniale wie postkoloniale Geschichte Afrikas beschrieben hat. So hat es Tradition, dass Afrikaner häufig nur als hinnehmende, allenfalls als widerständige ›Locals‹ bezeichnet werden.[121] Damit gerät allerdings letztlich die Praxis der Entwicklungsarbeit in ihren Brüchen und ihrer Vielschichtigkeit gar nicht in den Blick ebenso wie beispielsweise die schlichte Tatsache, dass auch »Unterdrückte unterdrücken können«.[122] So bergen die Versuche, das postkoloniale Entwicklungsunternehmen als globales, aber gleichzeitig ausschließlich von der Ersten Welt dominiertes Modernisierungsphänomen zu analysieren, bisweilen auch die Gefahr, die Praktiken gar nicht in den Blick zu bekommen wie auch die unbeabsichtigten Auswirkungen der Entwicklungsplanung und -steuerung zu übersehen.

Eine Verflechtungsgeschichte

An dieser Forschungslage setzt die vorliegende Arbeit an und rückt mit *Hilfe zur Selbsthilfe* ein Entwicklungskonzept in den Mittelpunkt, das – nimmt man seinen Kern ernst – gar nicht anders als durch Perspektiven auf globalen Austausch und dessen lokale Brechungen gefasst werden kann.

---

120 Vgl. Hoffman, *All you need is Love*; Iriye, »Culture«, S. 100. Ausnahmen sind in diesem Zusammenhang: Hodge, *Triumph of the Expert*; Maß, »Die Ausbildung deutscher Entwicklungshelfer und -helferinnen«; Büschel, »In Afrika helfen«.
121 Feierman, »The Comaroffs«, S. 26; vgl. Ders., »African Histories«.
122 Vgl. Hall, »Kulturelle Identität«, S. 166.

Hilfe zur Selbsthilfe – so eine zentrale Ausgangsthese der Arbeit – kann nie nur als Handeln seitens der Geber und Hinnehmen der Empfänger aufgefasst werden. Und somit ist sie auch unter Berücksichtigung der Handlungsmacht und Wahrnehmung der afrikanischen Zeitgenossen zu analysieren. Nur wenn man Entwicklungsprojekte als gemeinsamen Kommunikations- und Handlungszusammenhang von Europäern und Afrikanern in den Blick nimmt, erschließen sie sich in ihrer ganzen Komplexität, Vielschichtigkeit und auch Widersprüchlichkeit.

Damit sind die folgenden Kapitel (wann immer es möglich ist) verflechtungsgeschichtlich angelegt und rücken das »entanglement«[123] von Konzepten der *Hilfe zur Selbsthilfe*, von der Auswahl, den Erfahrungen,[124] den Aushandlungen und den konkreten Praktiken möglichst aller Beteiligten ins Zentrum der Betrachtungen. Es sind die gemeinsamen, die – mit Shalini Randeria gesprochen – »verflochtenen, geteilten Geschichten« möglichst aller am Entwicklungsgeschehen Beteiligten zu schreiben.[125]

Sebastian Conrad hat jüngst drei Perspektiven von Globalgeschichte auf den Punkt gebracht, die auch für das Folgende grundlegend sind:[126] So ist erstens mit einem Bewusstsein für globale Zusammenhänge nicht nur nach dem Anteil der Deutschen an Leitlinien und Praktiken der *Hilfe zur Selbsthilfe*, sondern auch nach dem der Afrikaner zu fragen. Auch werden französische und britische Vorläuferkonzepte zu betrachten sein.

Zweitens sollen verflechtungsgeschichtlich der Austausch, die Brechungen, »Hybridisierungen«[127] und die »Übersetzungen«[128] von Entwicklungskonzepten, die Ausbildung von Akteuren und nicht zuletzt die Aushandlungen in Projekten vor Ort untersucht werden.

---

123 Randeria, »Entangled History«; Dies., »Geteilte Geschichte«; Conrad/Randeria, »Geteilte Geschichten«. Vgl. auch: Conrad, »Doppelte Marginalisierung«.

124 Vgl. zur Verknüpfung diskursiver und praxeologischer Ansätze in der historischen Kategorie ›Erfahrung‹: Canning, »Problematische Dichotomien«.

125 Vgl. Randeria, »Entangled Histories«; Dies., »Geteilte Geschichte«. Vgl. im Zusammenhang mit der Analyse von Entwicklungsvorhaben auch das Plädoyer von: Allen, »Taking Culture Seriously«, S. 337. Vgl. zu solchen alle Beteiligten berücksichtigenden Globalgeschichten: Chakrabarty, »Place«, insb. S. 56–61. Zur deutsch-afrikanischen Verflechtungsgeschichte bspw.: Eckert, »Germany and Africa«; Ders., »Fitting«.

126 Vgl. Conrad, *Globalgeschichte*, S. 11f.

127 Vgl. Bhabha, *The Location of Culture*; Ders., »Culture's In-Between«.

128 Hierbei wird ein weitgefasstes, gegenwärtig für die Geschichtswissenschaft als zentral debattiertes Konzept von »Übersetzung« angelegt, das eben nicht nur sprachliche Übertragungen, sondern auch kulturelle und gesellschaftliche in spezifische lokale Kontexte meinen kann. Vgl. Lässig, »Übersetzungen«.

Drittens ist nach der Integration globaler Ziele der *Hilfe zur Selbsthilfe* in lokale Kontexte und nach deren jeweiligen Bewertungen als Gelingen oder Scheitern zu fragen.[129] Globales Geschehen – so wurde schon vor längerer Zeit beispielsweise von Natalie Zemon Davis vertreten – lässt sich in seinen ganzen Facetten besonders dann erfassen, wenn man es im Rahmen von Lokalgeschichten erzählt.[130]

Insgesamt soll letztlich das Zusammenspiel zwischen Anspruch und Praxis der Entwicklungsarbeit deutlicher fassbar werden, als dies in bisherigen Studien meist der Fall war.

Daher wird die vorliegende Arbeit auch besondere Akzente auf das Handeln der – mit Akira Iriye und Charles S. Maier gesprochen – ›kleinen Leute großer Entwicklungspolitik‹[131] legen, somit auf deutsche Experten, Berater, Entwicklungshelfer, Brigademitglieder und ihre jeweiligen afrikanischen *Counterparts*, die jeweils vieles selbst und ganz individuell aushandelten und gestalteten.

Wie zu zeigen sein wird, nahmen nämlich Ost- und Westdeutsche bisweilen auch Einfluss auf die Leitlinien der sie entsendenden Institutionen, gingen mit ihnen Konflikte ein und hegten eine »eigensinnige« Distanz zu Anordnungen und Vorschriften, weil sie diese beispielsweise für nicht praktikabel hielten.[132] Das Arbeiten und Leben im Feld der Entwicklungsarbeit zeitigte nicht zuletzt bei vielen auch ganz grundlegende Zweifel an Konzepten oder am Sinn von Entwicklungspolitik überhaupt.[133] Manche Praktiker hoben in ihren Berichten auf verfehlte Moral und Menschlichkeit ab, andere gaben sich zweckopportunistisch, voller neokolonialer Überheblichkeit oder auch von regelrecht rassistischer Abscheu zerfressen.[134]

---

129 Robertson, *Glokalisierung*; Epple, »Lokalität«. Vgl. zu Afrika: Cooper, »What is the Concept of Globalization Good For?«.

130 Zemon Davis, »Global History«.

131 Iriye, »Culture«, S. 100; Maier, »Introduction«.

132 Zum Konzept des ›Eigensinns‹: Lüdtke, »Eigen-Sinn«. In der Forschung zur DDR: Lindenberger, »Die Diktatur der Grenzen«.

133 Vgl. bspw. Eich/Frevert, *Freunde*; Kühl/Weyers, *Was wollt ihr von uns?*; Ries, *Entwicklungshelfer*; Pater, *Etwas geben – viel nehmen*. Auf den nicht zu unterschätzenden Faktor konkreter interkultureller Erfahrungen für Einstellungswandel und daraus resultierende Praktiken weist auch hin: Clifford, *The Predicament of Culture*, S. 344.

134 Vgl. bspw. Ries, Entwicklungshelfer. Vgl. zu neokolonialen Attitüden bspw. Van Laak, »Afrika vor den Toren«. Zu Rassismus und Entwicklungshilfe: White, »Thinking Race«; Sonderegger, »Rasse und Rassismus«; Ziai, »Rassismus und Entwicklungszusammenarbeit«.

Wenn man somit der Frage nachgehen will, was von den Vorgaben der Geber von Entwicklungshilfe vor Ort überhaupt umgesetzt wurde, ist es unumgänglich, gerade jene »komplexe wechselseitige Beziehung zwischen umfassenden Strukturen und der Praxis der Subjekte«[135] zu analysieren, die besonders ein Entwicklungskonzept wie das der *Hilfe zur Selbsthilfe* ausmacht, dass so stark auf Flexibilität und die Geltendmachung lokaler Verhältnisse setzt.

Afrikanische Postkolonien wiederum investierten – wie im Folgenden noch genauer zu zeigen sein wird – viel in die Ausbildung einer eigenen Garde von Entwicklungsexperten. Und diese brachten sich auch durchaus souverän in Projekte der *Hilfe zur Selbsthilfe* ein, ob nun in ihrer Stellung als Ministerialbeamte, *Chiefs*, Dorfschullehrer, Krankenschwestern, Ingenieure oder Helfer. Auch die eigentlichen Empfänger von Hilfe, die Menschen vor Ort in Stadtvierteln oder Dörfern, waren keineswegs – wie in Studien fälschlicherweise häufig vermittelt wird – passive Objekte einer ›Entwicklungsmaschinerie‹. Sie gestalteten hingegen Projekte mit, und zwar durch bisweilen massive Widerstände, Kritik, engagierte Arbeit oder gar über das Ziel hinausschießende Verhaltensweisen.

Dem häufig in kulturwissenschaftlichen oder historischen Studien angenommenen Gegensatz zwischen »the West and the Rest«[136] soll damit eine deutliche Absage erteilt werden: Auch Deutsche konnten durchaus auch im Sinne von »the Rest« handeln und agieren, ebenso wie Afrikaner sich bisweilen ganz selbstverständlich als Teil von »the West« ansahen.

Deutlich erweist sich hier Mary Louise Pratts Interpretationsmodell der »contact zone« als »social space where disparate cultures meet, clash, and grape with each other«[137] als unbrauchbar. Wenngleich durchaus auch die Beziehungen der Beteiligten an *Hilfe zur Selbsthilfe* im Sinne von Pratt asymmetrisch verlaufen konnten und von »Beherrschung und Unterordnung«[138] strukturiert waren, wäre es verfehlt, von relativ homogen gedachten disparaten Kulturen zu sprechen, die etwa Deutschland oder Afrika zuzuordnen wären und die von vornherein in Konflikt miteinander gestanden hätten.

Denn meist war *Hilfe zur Selbsthilfe* zweifellos eine »Praxis der Vielen«, in der ständig auch transkulturell Ziele und Vorgehensweisen debattiert, aus-

---

135 Medick, »Missionare im Ruderboot«?, S. 50.
136 Hall, »Der Westen und der Rest«.
137 Pratt, *Imperial Eyes*, S. 4.
138 Ebd.

gehandelt und auch verworfen wurden.[139] Und trotz dem nicht zu vernach-
lässigenden Ungleichgewicht an Verfügungsgewalten und Bestimmungsres-
sourcen stand *Hilfe zur Selbsthilfe* auch für eine »Kunst der [scheinbar]
Schwachen«[140], in der vieles weit mehr als in stärker *top down* und europäisch gesteuerten Entwicklungsvorhaben angeeignet und in lokale Verhältnisse übersetzt werden konnte.

Entwicklungsprojekte selbst werden im Folgenden gewissermaßen als
»Mikro-Räume[141] globaler Vergesellschaftung«[142] gesehen: Dabei wird nach
der historischen Kontingenz des Globalen und Lokalen, von entwick-
lungspolitischem Zentrum und Peripherie sowie von Planhaftem und Zu-
fälligem zu fragen sein. Auch wurden – wie zu zeigen sein wird – in Entwicklungspraktiken weit über konkrete Planungen und Praxisschritte hin-
ausreichende »Prozesse sozialer Reproduktion« und »kulturelle Repräsentationen« entworfen sowie Identitäten von Experten- und Praxiskulturen
des Helfens ausgehandelt.[143] Kurzum konnten Projekte der *Hilfe zur Selbsthilfe* auch Arenen eigener Selbstbestimmung und Befindlichkeit sein.

Lokalhistorische Fallstudien werden dabei als »normale Ausnahmefälle«
im globalen Geschehen der *Hilfe zur Selbsthilfe* angelegt:[144] So werden Entwicklungsprojekte analysiert, die aufgrund ihrer schon von den Zeitgenossen zugeschriebenen Beispielhaftigkeit besonders dicht überliefert sind; sie
galten als außergewöhnlich und standen für überdurchschnittliches Gelingen und im weiteren Verlauf für unerwartetes drastisches Scheitern. Für
Historiker scheint die Analyse gerade solcher Projekte sinnvoll, weil hier
die Dynamiken von Verhandlungen im Entwicklungszusammenhang besonders deutlich und umfangreich dokumentiert sind und sich damit auch
die Bildung zeitgenössischer Kategorien für Gelingen und Scheitern erforschen lässt.

---

139 Vgl. zum Begriff: Lüdtke, »Stofflichkeit«, S. 72.
140 Vgl. zum Begriff: Füssel, »Die Kunst der Schwachen«.
141 Vgl. in Anlehnung an die Mikrogeschichte: Ginzburg, »Mikro-Historie«; Medick,
   »Mikro-Historie«. Zu den makrohistorischen Verbindungen von mikrohistorischen
   Analysen: Peltonen, »Clues, Margins, and Monads«.
142 Büschel/Speich, »Einleitung«, S. 22; Vgl. Büschel, »Geschichte«.
143 Vgl. Bright/Geyer, »Globalgeschichte«, S. 58.
144 Vgl. zu diesem mikrohistorischen Terminus: Medick, »Entlegene Geschichte?«; Grendi,
   »Micro-analisi«.

Quellen

Auf welche Quellen können sich die oben skizzierten Ansätze beziehen? Eingangs wurde schon deutlich, wie zentral zeitgenössische Publikationen zur *Hilfe zur Selbsthilfe* für die Erforschung von Konzeption, Erfahrung und Bewertung dieses Entwicklungsprinzips und seiner Praktiken sind. Die einschlägigen Veröffentlichungen der Entwicklungsdienste wurden entsprechend ausgewertet wie afrikanische Zeitschriften, vor allem das Parteiorgan »Uhuru« aus Tansania, die bürgerliche »Togo Presse« und unterschiedlichste kirchliche wie weltliche Gazetten aus Kamerun. Besonderes Augenmerk wurde auf publizierte Erfahrungsberichte von Experten, Entwicklungshelfern, Brigademitgliedern und ihren *Counterparts* gelegt.[145] Solche Ego Dokumente sind freilich nicht als Abbild wie auch immer gearteter authentischer Erfahrungen und Gedanken zu interpretieren, so sehr sie das auch vermitteln bzw. beanspruchen.[146] Vielmehr wird deutlich zu machen sein, dass auch jene scheinbar besonders glaubwürdigen Augenzeugenberichte aus dem Feld der Entwicklungsarbeit Traditionen ihres Genres unterliegen, Strategien beinhalten und einen spezifischen, bisweilen nur projizierten Leserkreis bedienten.[147] Dennoch sind sie bis-weilen überaus aufschlussreich für die Selbstentwürfe, Selbstbeschreibungen oder Positionierungen ihrer Verfasser.[148] Im An-schluss an erweiterte Definitionen von Ego-Dokumenten, die auf bislang noch weitgehend unausgeschöpfte Forschungsmöglichkeiten hinweisen,[149] werden im Folgenden auch Aufzeichnungen, die im bürokratischen Bereich verfasst wurden, nach Äußerungen zu persönlichen Wahrnehmungen und Erfahrungen untersucht werden: Gerade in der Evaluation, im Bericht oder im Antrag boten sich nämlich Möglichkeiten für Akteure, explizit Positionen zu beziehen und ihre Arbeit in den Kontext ihrer Wahl zu stellen.

---

145 Vgl. Müller, *Ärzte*; Eich/Frevert, *Freunde*; Kühl/Weyers, *Was wollt ihr von uns?*; Le Coutre, *Unterwegs zur einen Welt*; Ries, *Entwicklungshelfer*; Pater, *Etwas geben – viel nehmen*; Sollich, *Probezeit ausgeschlossen*; Adelhold/Becker/Landmann, *Komm wieder, Doktor!*; Beetz, *Visite*; Leskien, *Ondjango*; Ders., *Das Brot der Tropen*; Ders., *Shilumbu*; Ders., »Schreiben über das nahe Fremde«.

146 Vgl. Schulze, »Ego-Dokumente«; Krusenstjern, »Was sind Selbstzeugnisse?«.

147 Vgl. Eifert/Schaser, *Erinnerungskartelle*.

148 Vgl. auch so die Grundaussage des Sammelbandes: Greyzer/Medick/Veit, *Von der dargestellten Person zum erinnerten Ich*.

149 Vgl. Niethammer, *Egohistoire*.

Der Ansatz der Verflechtungsgeschichte bedingte Forschungen in europäischen – vornehmlich deutschen – wie afrikanischen Archiven gleichermaßen. Wichtige ungedruckte deutsche Quellen sind Akten im Bundesarchiv Koblenz (BA Koblenz), im Bundesarchiv Berlin-Lichterfelde und dort vornehmlich der Stiftung Archiv Parteien und Massenorganisationen (BA Berlin Lichterfelde SAPMO) und im Politischen Archiv des Auswärtigen Amtes (PA AA Berlin). Sie erhalten vereinzelt auch Äußerungen afrikanischer Praktiker. Im Bundesarchiv waren Akten des BMZ einzusehen, wie Unterlagen der Personalauswahl und -ausbildung des Entwicklungsexpertendienstes der Bundesrepublik Deutschland der *Garantie-Abwicklungs-Gesellschaft* (GAWI) mit Sitz Frankfurt am Main, die seit den 1960er-Jahren Förderungsgesellschaft für Entwicklungsländer genannt wurde, der privaten *Kübel-Stiftung für Hilfe zur Selbsthilfe*, Bensheim, und des größten bundesdeutschen Dienstes für Entwicklungshelfer, dem *Deutschen Entwicklungsdienst* (DED). Dort fanden sich auch Unterlagen zu den konfessionellen Entwicklungsdiensten, der evangelischen *Dienste in Übersee* (DÜ), der katholischen *Arbeitsgemeinschaft für Entwicklungshilfe* (AGEH) oder des Friedensdiensts *Eirene*. Überdies sind im PA AA Berlin umfangreiche Projektakten im Bestand »technische Hilfe« überliefert, die die Bildung von Fallstudien ermöglichten. Wichtig waren weiter die Akten der Botschaften Dar es Salaam, Lomé und Jaunde, enthalten sie besonders für die 1960er-Jahre beispielsweise auch Duplikate von Personalakten der Entwicklungsdienste, die in den Hausarchiven der Dienste selbst nicht mehr vorhanden oder nur schwer zugänglich sind. So konnten die ersten Entsendungen des DED nach Tansania nebst Unterlagen zur personellen Auswahl, zur Ausbildung und zu psychologischen Einstellungsgutachten komplett rekonstruiert werden.[150] Ähnlich umfangreiche Materialien finden sich im PA AA Berlin für die DDR, und zwar in Länderakten des Außenministeriums.

In der SAPMO waren vor allem die Akten des Solidaritätskomitees relevant wie auch Unterlagen der FDJ und des *Freien Deutschen Gewerkschaftsbundes* (FDGB) zur Personalauswahl und -entsendung. Länderberichte, die Möglichkeiten und Probleme der *Internationalen Solidarität* absteckten, sind zentral für die Frage, vor welchem jeweiligen Hintergrund politischer Rhetorik Akteure handelten. Einzelrecherchen wurden überdies in der Bundeszentrale für die Unterlagen der Staatssicherheit (BStU Berlin) durchgeführt.

---

150 Zum Schutz von Persönlichkeitsrechten werden im Folgenden Namen abgekürzt und abgeändert.

Die Zusammenarbeit mit Hausarchiven der bundesdeutschen Entwicklungsdienste selbst gestaltete sich hingegen schwierig. Hier scheint vieles im Umbruch zu sein, was sicherlich auch mit der Verschmelzung von DED und der *Gesellschaft für Technische Zusammenarbeit* (GTZ) zur *Deutschen Gesellschaft für Internationale Zusammenarbeit* (GIZ) 2011 und deren Anbahnung zu tun hatte. Generell scheint es allerdings so, als würde die Überlieferungslage – nicht zuletzt bedingt durch Umzüge und damit zusammenhängende Kassierungen – mehr auf die Geschichte der Institutionen selbst als auf die der Projekte bezogen zu sein. Auch gehörte es lange Zeit wohl zum Selbstentwurf einer auf Zukunft gerichteten Institution wie einem Entwicklungsdienst, dass nur wenig auf den Aufbau eines kritischen institutionellen Gedächtnisses geachtet wurde. In Zeiten der chronischen Mittelknappheit wurden jedenfalls nur recht lückenhafte Hausarchive aufgebaut. So wurde vor allem mit den oben genannten Parallelüberlieferungen gearbeitet, die für die Fragestellungen der Studie völlig hinreichend erscheinen.[151]

Die kolonialen Traditionslinien der *Hilfe zur Selbsthilfe* wurden anhand Akten zu den Mandats- bzw. Treuhandgebieten Tanganjika, Togo und Kamerun untersucht, die in den British National Archives in Kew bei London (BNA Kew), im Rhodes House Oxford (RH Oxford) und im Centre des Archives d'Outre-Mer in Aix-en-Provence (CAOM Aix-en-Provence) sowie im Bestand »Reichskolonialamt« im BA Berlin Lichterfelde lagern.

Wie sehr *Hilfe zur Selbsthilfe* ein globales Unterfangen war, ließ sich anhand von Beständen des Archives der United Nations (UN Archives) in New York erkennen.

In Afrika wurden Forschungen in den Tanzania National Archives (TNA), Dar es Salaam,[152] den Zanzibar National Archives (ZNA), Stone Town, den Archives National du Togo (ANT), Lomé, und in den Archives National du Cameroun (CAN), Jaunde, durchgeführt. Die Mittel und die Ausstattung der Archive sind äußerst gering. Das tropische Klima und besonders die Luftfeuchtigkeit machen sehr aufwendige Methoden der Lagerung und Konservierung notwendig, wofür kein Budget zur Verfügung steht. Entsprechend lückenhaft sind manche Bestände und entsprechend schlecht ist der Zustand mancher Akten. Dennoch konnten in allen

---

151 Ausführlich mit Hausarchiven gearbeitet hat hingegen: Hein, *Die Westdeutschen*. Auf diese konzise Studie wird im Folgenden häufiger Bezug genommen.

152 Vgl. zur Einführung: Schneider, »The Tanzania National Archives«.

der genannten Archiven umfangreiche Aktenmaterialien gesichtet werden. Die Unterlagen sind durch Findbücher gut erschlossen. So war es generell möglich, die Entwicklungsbürokratie in Tansania, Togo und Kamerun in den 1960er-Jahren zu rekonstruieren. Quellen über afrikanische Entwicklungsexperten, deren Auswahl und Ausbildung konnten genauso ausgewertet werden wie Verträge über die Einstellung deutscher Experten und Berater. In allen Archiven konnten Akten aus den Bereichen der zuständigen Behörden, wie den präsidialen Planungsbüros für Entwicklung (dem *Office of the Vice President for National Development* in Tansania und dem jeweiligen *Bureau de Développement* in Togo und Kamerun), Unterlagen der betreffenden Ministerien (Außenministerium, Landwirtschaftsministerium, Gesundheitsministerium, Bildungsministerium) und nicht zuletzt Akten von Entwicklungskomitees auf der Ebene von Distrikten, Landkreisen, Städten und Dörfern erforscht werden, auf die im Rahmen von Fallstudien zurückgegriffen werden konnte. Hier sind auch die Einschätzungen, Wahrnehmungen und Erfahrungen der unmittelbar Beteiligten vor Ort erhalten, wenngleich oft lediglich durch die Aufzeichnungen der Entwicklungsbürokratie. Die immer wieder von Historikern für die Zeit des Kolonialismus attestierte Spärlichkeit von Dokumenten, die von Afrikanern selbst verfasst wurden,[153] gilt nicht unbedingt für den in der vorliegenden Studie untersuchten Zeitraum. Man sollte allerdings nicht davon ausgehen, dass über afrikanische Archivalien – wie durch Aktenbestände überhaupt – ein authentischer Zugang zum Sprechen der ›kleinen Leute‹ und damit zu subalternen Perspektiven möglich wäre.[154] Vieles wurde von Schreibern für Analphabeten verfasst, bewegt sich in narrativen Gesetzen, wird aus dritter Perspektive berichtet oder bedient Interessenslagen und Erwartungen. Nichtsdestotrotz finden sich Einschätzungen – Lob und Beschwerden – von afrikanischen Dorfbewohnern zu Projekten der *Hilfe zur Selbsthilfe*.

Bei der Auswertung postkolonialer Akten in Afrika ist außerdem immer wieder auch nach dem Zustandekommen der Bestände zu fragen. Hier gilt besonders das, was Jacques Derrida zum Archiv schrieb, dass es nämlich keine »politische Macht ohne Kontrolle über die Archive« gebe.[155] Gilt dies für Archivbestände allgemein, ist bei der Arbeit mit den genannten afrikanischen Nationalarchiven auf den Konstruktionscharakter der Bestände

---

153 Vgl. Sebald, »7,5 Kilogramm westafrikanische Korrespondenz«, S. 267.
154 Vgl. hierzu ausführlicher: Büschel, »Das Schweigen der Subalternen«.
155 Derrida, »Archive Fever«, S. 11. Vgl. Dirks, »Colonial Histories«; Stoler, »Colonial Archives«; Dies., *Along the Archival Grain*.

besonderes Augenmerk zu legen: Diese Archive stehen allesamt in der Tradition von Kolonialarchiven und folgen den deutschen, britischen und französischen Methoden der Aufbewahrung, Kassation und Verzeichnung.

Wie im kolonialen Archiv dezidiert das überliefert wurde, was man von der eigenen Kolonialverwaltung für künftige Generationen aufbewahrt wissen wollte,[156] setzten auch Archivare der postkolonialen Zeit ganz entschieden auf die Vermittlung eines bestimmten Bildes der Vergangenheit. Sie waren und sahen sich als Teil eines sich neu erfindenden afrikanischen Nationalstaats, von dessen Entwicklung man einen opportunen Eindruck abzugeben hatte. Überdies waren Tansania, Togo und Kamerun im Untersuchungszeitraum von autoritären Präsidenten mit Einparteienherrschaft regiert. Kritik wurde hier in der Regel eher unterdrückt und ein verheißungsvolles Bild von der eigenen Nation und deren Fortschritt vermittelt. Dies sollte man berücksichtigen, wenn es darum geht, die durchaus auch vorhandene Überlieferung kritischer Stimmen zu *Hilfe zur Selbsthilfe* einzuordnen. Neben Aktenmaterialien konnte bisweilen auch auf publizierte Akten der betreffenden afrikanischen Archive zurückgegriffen werden.[157]

Ergänzend wurden Interviews mit einzelnen Experten, Entwicklungshelfern oder *Chiefs* geführt. Hier konnten allerdings so geringe Erkenntnisse für das Geschehen in den 1960er-Jahren gewonnen werden, so dass sie in die Studie nicht eingeflossen sind. Man sprach in der Regel aus heutiger Perspektive und sehr in Diskursen der aktuellen postkolonialen Debatten unseres Post-Development-Zeitalters verhaftet.

Zum Aufbau

Die skizzierten methodisch-theoretischen Prämissen der vorliegenden Studie, die Forschungen, auf die Bezug genommen wird, die Quellenbe-

---

156 Stoler, *Along the Archival Grain*; Dirks, »Annales of the Archives«, S. 61; Büschel, »Das Schweigen der Subalternen«, S. 73; Dening, »A Poetic for Histories«, S. 43; Chakrabarty, »Romantic Archives«; Jenkinson, »Reflections of an Archivist«; Esch, »Überlieferungs-Chance«; Zimmermann, »Quelle als Metapher«; Pompe/Scholz, *Archivprozesse*.

157 Vgl. hierzu auch Editionen zur Entwicklungshilfe aus tansanischer Perspektive: Niblock, *Aid*; Mwama, *The Foreign Policy*; Nnoli, *Self-Reliance*. Wichtige Quellen zu Distriktsoffizieren in Tansania, die heute teilweise verloren sind, zitiert: Ingle, *From Village to State Tanzania*.

stände und nicht zuletzt der Untersuchungsgegenstand selbst bringen den Aufbau der Arbeit hervor.

Die Untersuchung gliedert sich in drei aufeinander aufbauende Teile, die das Konzept, die Praktiker und die Praxis vor Ort nebst ihren sozialen Auswirkungen der *Hilfe zur Selbsthilfe* analysieren.

Im *ersten Teil* sind die Leitlinien des Entwicklungskonzepts zu untersuchen. Das Konzept ist dabei in das Beziehungsfeld der deutsch-deutschen Konkurrenz im Kalten Krieg einzuordnen, wobei gezeigt werden wird, wie entscheidend jener entwicklungspolitische Wettlauf für kreative Potenziale bei der Konzeption scheinbar integrer, nicht neo-kolonialer und hingegen nachhaltiger, weil auf afrikanische Partizipation abhebender Formen der Entwicklungszusammenarbeit war. Anschließend wird untersucht werden, wie mit dem konzeptionellen Entwurf von *Hilfe zur Selbsthilfe* psychologische, ethnologische und soziologische Erwägungen verbunden waren. Zentral ist hier die der *Hilfe zur Selbsthilfe* inhärente Kategorisierung und Differenzierung in für Entwicklungen gute wie schlechte und vermeintlich originär afrikanische Traditionen, wie Genossenschaften, die häufig als Urform der Selbsthilfe propagiert wurden. Denn wie bereits erwähnt, setzte gerade *Hilfe zur Selbsthilfe* keineswegs auf vorbehaltlose Modernisierung, sondern häufig auch auf die Restauration oder Bewahrung angeblich für das Sozialwesen förderlicher Institutionen oder als originär lokal angesehener Arbeitspraktiken.

Sodann ist nach der langen Geschichte der *Hilfe zur Selbsthilfe* zur fragen, die schon im 19. Jahrhundert als globales Phänomen nachgezeichnet werden kann. Besondere Schwerpunkte werden auf dem Kolonial-Konzept der ›Erziehung zur Arbeit‹ und auf den spätkolonialen Entwicklungsansätzen des britischen *Community Development* und der französischen *Animation Rurale* liegen. Denn nur wenn dieser Beginn der *Hilfe zur Selbsthilfe* in Afrika berücksichtigt wird, kann die *longue durée* von Konzepten, Strategien und Praktiken oder die Brüche zwischen Kolonialismus und Postkolonialismus sichtbar werden.

Es schließt sich der *zweite Teil* zu Praktikern an: Hier empfahl sich eine Zweiteilung in deutsche und afrikanische Experten und Entwicklungshelfer bzw. Mitglieder der FDJ-*Freundschaftsbrigaden*, da jüngere Mitglieder des Entwicklungspersonals die Tätigkeit der älteren Spezialisten gerade in Projekten der *Hilfe zur Selbsthilfe* häufig ergänzen und als Jugendliche unter Jugendlichen enthusiastisch und unbefangen für nachhaltige Entwicklung sorgen sollten. Wie zu zeigen sein wird, war nämlich eine tief greifende

Krise der Entwicklungsexpertise seit den 1950er-Jahren besonders prägend für den Aufstieg der *Hilfe zur Selbsthilfe* zu dem weitgehend ohne Vorbehalte als gut gepriesenen Entwicklungsprinzip und zu Reformen in der Vorbereitung von Experten. In jener Krise gerieten Experten aus Europa, den USA *und* Afrika unter massive Kritik, was wiederum als Hintergrund für den Entwurf späterer Idealbilder der Akteure anzusehen ist. Es sind die erstaunlich stark aufeinander bezogenen Erwartungen zu erforschen, die von Seiten der deutschen und afrikanischen Regierungen, der Ministerialbürokratie, von Parteikreisen und von den entsendenden Institutionen an die Fertigkeiten, Einstellungen und Gefühle der künftigen Praktiker herangetragen wurden, wobei auch die jeweils globalen Leitlinien hierfür zu berücksichtigen sind. Wie sollte ein idealer Experte, Berater, Entwicklungshelfer, Brigadist und *Counterpart* beschaffen sein? Welche Fertigkeiten, Einstellungen und Gefühle sollten mitgebracht oder in der Vorbereitung eingeübt werden? An dieser Stelle schon vorwegzunehmen ist, dass es vor allem zwischenmenschliche Qualifikationen waren, die für *Hilfe zur Selbsthilfe* und *Internationale Solidarität* als grundlegend angesehen wurden und auf die man die Auswahl und Vorbereitung ausrichtete.

Es werden jeweils die auf diesen Erwartungen aufbauende Auswahl und Ausbildung der beteiligten Akteure, ihre gesellschaftliche Herkunft und ihre Motive erforscht. Auch hier wird herauszustellen sein, dass die Auswahl und Ausbildung in Afrika wie auch in beiden deutschen Staaten erstaunliche Parallelen aufwies und trotz unterschiedlicher politischer Systeme durch vergleichbare politische, pädagogische, soziologische und psychologische Prämissen bestimmt waren. Wie zu zeigen sein wird, wurde die Vorbereitung von Entwicklungsexperten und -helfern häufig selbst nach den Prämissen der *Hilfe zur Selbsthilfe* durchgeführt.

Nachdem die Akteure untersucht sind, werden im *dritten Teil* deren Erfahrungen und Aushandlungen in Praktiken der *Hilfe zur Selbsthilfe* anhand von drei aufeinander bezogenen Fallstudien analysiert. Zunächst wird hier allerdings nach den Quellen zu fragen sein, die explizit über Praktiken Auskunft geben. Hierbei wird es auch um die Frage gehen, wie Berichte, Anträge und Tagebücher angemessen zu analysieren sind – nämlich keineswegs ohne weiteres als ungebrochener Zugang zu Praktiken. Anhand von Antragsrhetorik, Bildpolitik, Begutachtungs- und Planungspraktiken werden die Rahmenbedingungen der *Hilfe zur Selbsthilfe*-Praktiken zu erörtern sein.

In den Fallstudien selbst werden die bundesdeutschen Projekte »drei Musterdörfer in Togo«, das landwirtschaftliche Ausbildungszentrum Wum in Kamerun und das ostdeutsche Projekt zum Bau der Mustersiedlung Bambi auf Sansibar mikrohistorisch »dicht beschrieben«[158] und miteinander verglichen.

Alle drei Projekte wurden auf den ersten Blick mehr oder weniger strikt nach den Leitlinien und Prämissen der *Hilfe zur Selbsthilfe* mit der lokalen Bevölkerung konzipiert, wurden zunächst allseits sehr gelobt, avancierten so zu Vorzeigeprojekten, erregten aber in ihrem Verlauf große Widerstände und Kritik bei jenen Afrikanern, die Nutzen aus der lokalen Entwicklung ziehen sollten. Hierbei werden Dynamiken bei der Verhandlung von Entwicklungszielen und -praktiken zu untersuchen sein – bis hin zu offen ausgetragenen Konflikten. Dabei sind auch die west- wie ostdeutschen Projekte durchaus vergleichbar. Denn trotz aller Unterschiede in sowohl politisch-ideologischer Hinsicht zwischen west- und ostdeutschen Entwicklungspraktiken als auch in den lokalen Verhältnissen sind die Aushandlungspraktiken und deren Einschätzung erstaunlich ähnlich. Entsprechende Rückschlüsse auf die Differenzen zwischen Entwicklungsplanung und -praktiken werden gezogen.

Ausgehend von diesen Fallstudien wird nach den zeitgenössischen Kategorien von Scheitern und Gelingen der *Hilfe zur Selbsthilfe* aus Sicht möglichst aller an Projekten Beteiligten gefragt. Nicht zuletzt wird gezeigt, dass und inwiefern dieses ›gute‹ Entwicklungskonzept – entgegen erklärter Absichten – auch oder gerade mit stark asymmetrischen Machtverhältnissen, sozialer Exklusion oder gar Gewalt einhergehen konnte. Zentral ist hier die Analyse von Prozessen, in denen Gruppen von Menschen als nicht zu entwickelnd gekennzeichnet und dann aus dem Angebot von Infrastrukturen (Schulen, Krankenhäusern etc.) ausgeschlossen wurden mit dem Argument, sie hätten sich nicht in Selbsthilfe an deren Aufbau beteiligt. Es ist zu fragen, welchen Stellenwert auch deutsche *Hilfe zur Selbsthilfe* an der Ausbildung prekärer moderner Staatlichkeit in Afrika hatte.

Das Schlusskapitel fasst die Befunde der Studie zusammen und zieht aus ihnen Rückschlüsse auf Möglichkeiten und Grenzen der Theoriebildung im Zusammenhang mit globalhistorischen Analysen von Entwicklungszusammenarbeit.

---

158 Geertz, »Dichte Beschreibung«.

I. Das Konzept

1. Die Suche nach der ›besseren‹ Entwicklungshilfe: Deutsch-deutsche Konkurrenzen im Kalten Krieg

Am 27. April 1960 eröffnete die Bundesrepublik in der togoischen Hauptstadt Lomé eine Auslandsvertretung.[1] Der Zeitpunkt spricht für die Bedeutung, die Togo für die bundesdeutsche Afrikapolitik zugemessen wurde. Es war der Tag der formellen Unabhängigkeit des westafrikanischen Landes aus der französischen Treuhandherrschaft, an dem die Bundesregierung sofort eine Botschaft einrichtete.

Der frisch bestellte Botschafter Alexander Török erhielt eine geheime Dienstanweisung, in der es unter anderem hieß: Togo sei als ein Hauptempfängerland der bundesdeutschen Entwicklungshilfe vorgesehen, denn dort seien das »Niveau der Arbeitsproduktivität« und damit der Stand der wirtschaftlichen Entwicklung außerordentlich gering.[2] Mit entwicklungspolitischen Maßnahmen verfolge man nicht zuletzt das Ziel, die Togoer wie andere »junge afrikanischen Völker« vor einer »systematischen Beeinflussung durch den Kommunismus zu bewahren« und »für die freie Zusammenarbeit mit dem Westen zu gewinnen.«[3] Es gebe in Afrika nämlich bereits »auffällige Versuche des Kommunismus«, die Regierungen der jungen selbstständigen Staaten zu »infiltrieren« und ihnen die »angebliche Freundschaft« anzudienen.[4] Auch nur über die geringsten Anzeichen dieser Art in Togo sollte Török unverzüglich Bericht erstatten.[5]

---

1 Eine Botschaft in Kamerun war schon am 1. Januar des gleichen Jahres eingerichtet worden. Tanganjika folgte am 9. Dezember 1961. Vgl. Engel/Schleicher, *Die beiden deutschen Staaten in Afrika*, S. 37.

2 PA AA Berlin B 34 188, Instruktionen für den Botschafter von Togo Alexander Török, April 1960, S. 1. Vgl. ebd., Bericht über eine Afrikareise von Walter S., Entwicklungsmöglichkeiten der Landwirtschaft in Guinea und Togo, S. 28.

3 Ebd., Instruktionen für den Botschafter von Togo Alexander Török vom April 1960, S. 2.

4 Ebd., S. 3, 12.

5 Ebd., S. 10.

Töröks Arbeit wurde durch einige Spezialisten der *Deutschen Afrika-Gesellschaft* unterstützt, die sich in Togo umhörten, wie es denn dort mit der Haltung gegenüber den Deutschen stehe: Sie attestierten eine »echte Zuneigung zu Deutschland«, die in Togo wie nirgendwo anders in Afrika ausgeprägt sei.[6] Man spreche überall noch von der deutschen Kolonialherrschaft wie von einem »glücklicheren Zeitalter«.[7] Und das durchaus zu Recht: Im Gegensatz zu den französischen Mandats- bzw. Treuhandherren hätten die Deutschen viel für die Entwicklung ihres ›Schutzgebietes‹ getan. Sie hätten es verstanden, »aus den Schwarzen ohne Zwang beträchtliche Gemeinschaftsleistungen zur Hebung des Lebensniveaus herauszuholen«.[8] Die Regierung in Lomé wisse genau, dass man den einstigen deutschen Bemühungen um die »Musterkolonie« zu verdanken habe, dass man trotz aller Probleme wirtschaftlich wesentlich weiter als andere westafrikanische Länder entwickelt sei.[9] In Kenntnis solcher Berichte schrieb das Auswärtige Amt an Török, man könne ohne Befangenheit an die »guten kolonialen Traditionen« in Togo anknüpfen, um »wirksame und verständnisvolle Aufbauhilfe« zu leisten.[10]

Dabei sei es die Aufgabe der Botschaft, in Togo immer wieder zu verdeutlichen, dass es zwei deutsche Staaten gebe. Denn es falle dort oft schwer, »Deutsche von Deutschen zu unterscheiden.«[11] Man müsse dem hinlänglich »bekannten Bild des Deutschen Reiches das der freien Bundesrepublik hinzu fügen« und immer wieder auf die Lage der Deutschen in der DDR hinweisen, »die in einem System der Unfreiheit und Ausbeutung leben, das selbst früheren Kolonialvölkern unvorstellbar sein muß.«[12]

---

6 BA Koblenz B 161 Deutsche Afrika-Gesellschaft e. V. 93, Kamerun-, Marokko-, Togo-Ausschuss 1959–1960, Wolfgang T., Bericht über Togo bei der Sitzung des Togo-Ausschusses vom 17.5.1960, S. 3.

7 Vgl. Ebd., S. 5.

8 Ebd., S. 7.

9 Ebd., S. 1, 13. Vgl. zu ähnlichen Diskursen über die vermeintlich gute Erinnerung an die deutsche Kolonialzeit in Tansania, Togo und Kamerun: TNA Dar es Salaam Acc. 593, C 1/3/7 Federal German Mission, The Treasury Dar es Salaam vom 18.3.1965, Rundschreiben über einen Besuch deutscher Delegationen. Vgl. Bayerisch-Togoische Gesellschaft, *1884–1984*; Schmidt Soltau, »Postkoloniale Konstruktion«; Derrick, »The »germanophone« Elite«; Joseph, »The German Question«; Stoecker, »Loyality to Germany«; Ders., »Germanophilie«. Zu den kolonialrevisionistischen Bemühungen in der Zeit des Nationalsozialismus, Togo zurückzugewinnen: Bakoubayi Billy, *Musterkolonie*.

10 PA AA Berlin B 34 188, Instruktionen für den Botschafter von Togo Alexander Török, April 1960, S. 1.

11 Ebd., S. 3, 11.

12 Ebd., S. 3.

Einige Monate nach seinem Dienstantritt warnte Török: Gerade sei es noch gelungen,»sowjetzonale Infiltrationsversuche« in Togo abzuschirmen. Experten aus der DDR seien offensichtlich eingereist und hätten Angebote für Entwicklungshilfe gemacht. Man dürfe sich daher nicht wundern, wenn der Kommunismus alsbald auch in Togo eindringen würde, falls die Bundesrepublik nicht schleunigst Angeboten aus der DDR attraktive Entwicklungsvorhaben entgegenhalten würde.[13] Zwei Jahre später war nach Auffassung des Botschafters offensichtlich noch nicht genug an solcher ›guten‹ Entwicklungshilfe gewährt worden: Török drang erneut auf entsprechende Maßnahmen und verwies darauf, dass man auf den Ministerpräsidenten Sylvanus Olympio nicht ohne Vorbehalte zählen könne. Wenn diesem auch der »Kommunismus denkbar unsympathisch« sei, so müsse man mit seinem »politischen Kalkül rechnen, auch auf ostzonale Offerten« einzugehen.[14]

Diese Äußerungen sind nur Beispiele für die große entwicklungspolitische Bedeutung der Frontstellung der Bundesrepublik zur DDR in Zeiten des Kalten Krieges: Gerade in den Ländern Afrikas südlich der Sahara, die als besonders»arm und unterentwickelt« und als anfällig dafür eingeschätzt wurden, leicht zu einer»willfährigen Beute der Kommunisten« zu werden,[15] sollte westdeutsche Entwicklungshilfe maßgeblich der»Eindämmung der roten Gefahr« – wie es hieß – dienen.[16] Damit verortete sich die Bundesregierung ausdrücklich im westlichen Block und nicht zuletzt auf Seiten der USA: Nicht von ungefähr gab der nordamerikanische Ökonom und Politologe Walt Rostow sein Gründungsdokument westlicher Ent-

13 PA AA Berlin B 34 188, Schreiben des Botschafters Alexander Török an das AA vom 23.8.1960.

14 BA Koblenz B 213 BMZ Technische Hilfe/Togo 11894, Allgemeines, Schreiben der Botschaft Lomé an das AA vom 18.5.1962, S. 4.

15 Vgl. Fritz, *Entwicklungspolitik.* Dieser Diskurs hielt bis in die 1970er-Jahre hinein an: Vgl. Bischof,»Die Entwicklungshilfe der DDR«, S. 8. Vgl. zur eher theoretisch-konzeptionellen Kritik der Verbindung von Leninismus und Marxismus mit Entwicklungspolitik: Bräker,»Lenin«. Mit der Ausbreitung von Sozialismus und Kommunismus befasste sich auch die Konferenz bundesdeutscher Botschafter in Entebbe 1962: PA AA Berlin B 34 390 Botschafter Konferenz Entebbe 1962, Manuskript des Botschafters in Tanganjika und Übersicht über die Verhältnisse im Land 1962. Vgl. auch zu Vorstellungen manipulierbarer Staatlichkeit in Afrika: Eckert,»Schwacher Staat«; Ders.,»Only Bad News«.

16 Breyer, *Moskaus Faust,* S. 266f.

wicklungsökonomie 1960 mit dem Untertitel »A Non-Communist Manifesto« heraus.[17] Die deutsch-deutschen Konkurrenzen während des Kalten Krieges wurden in vorliegenden Studien zur Geschichte deutscher Entwicklungspolitik vielfach herausgestellt.[18] Wenig berücksichtigt wurde hierbei allerdings, dass bundesdeutsche Diplomaten und Experten nicht nur in Bezug auf Togo, sondern auch auf Tansania, Kamerun und andere Staaten des tropischen Afrika ständig ›bessere‹, das andere Deutschland übertrumpfende Entwicklungskonzepte anmahnten.[19]

Was diese ›bessere‹ Entwicklungshilfe bedeuten könnte, blieb Anfang der 1960er-Jahre noch recht unklar: Man konzentrierte sich zunächst auf die genaue Beobachtung der entwicklungspolitischen Aktivitäten der DDR, anderer Länder des Ostblocks und auch der Frankreichs oder Großbritanniens, um von dort Anregungen zu erhalten.[20] Offizielle Vertreter der Bun-

---

17 Rostow, *The Stages*.
18 Vgl. bspw. Engel, *Afrikapolitik*, S. 39–56; Lorenzini, *Due Germanie*.
19 Vgl. bspw. BA Koblenz B 161 Deutsche Afrika-Gesellschaft e. V. 93 Kamerun-, Marokko-, Togo-Ausschuss 1959–1960, diverse Ausschussberichte zu Entwicklungshilfe; Ebd. B 58 943 Entwicklungshilfe der Ostblockländer einschließlich der DDR 1966–1970, Aktenvermerk Organisation für wirtschaftliche Zusammenarbeit und Entwicklung über die Wirtschaftshilfe der sozialistischen Länder an die Entwicklungsländer vom 29.1.1970; Ebd. B 58 945 Entwicklungshilfe der Ostblockländer einschließlich der DDR Afrika südlich der Sahara, Botschaft Dar es Salaam an das AA, Aktivität der Sowjetzone auf dem Gebiet der Entwicklungshilfe vom 16.9.1971; Ebd. B 58 1685 Vergleich der Entwicklungshilfeleistungen BRD–DDR 1971–1973, Aktenvermerk vom 11.6.1971; Ebd. B 58 1688 Entwicklungshilfe der DDR. Einsatz der Experten in Entwicklungsländern 1972, Schreiben des BMZ an das AA vom 9.2.1972; Ebd. B 58 1689 Entwicklungshilfe der DDR in Tansania 1972, Schreiben der Botschaft Dar es Salaam an das AA vom 20.9.1971; Ebd. B 58 Allgemeine Grundsätze der Entwicklungshilfe 924 Deutsch-amerikanische Besprechungen über Entwicklungshilfe des Ostblocks 1966–1967, Besprechungsprotokoll von Vertretern des BMZ in der Deutschen Botschaft in Washington DC vom 22.5.1967; Ebd. B 213 Technische Hilfe Tansania 7678, Evaluationen der Entwicklungshilfe, Aktenvermerk des BMZ und des AA vom 1.12.1965.
20 Ebd. B 58 784 Entwicklungshilfe Beobachtung SBZ 1966–69, Ref. III B 1 an das AA, Überprüfung von Entwicklungsprojekten des Ostblocks vom 30.7.1966; Ebd. B 58 947 Entwicklungshilfe der DDR 1965–1970 Aktenvermerk über SBZ-Offensive vom 23.4.1965; Ebd. B 58 949 Beobachtung der Hilfe der Ostblockländer – einschließlich DDR 1967–70, DDR Sansibar/Ungarische Experten in Tansania, Schreiben der Botschaft Dar es Salaam an das AA vom 11.6.1970; Ebd. B 58 925 Deutsch-amerikanische Besprechungen über Entwicklungshilfe des Ostblocks 1966–1968, Aktenvermerk der Deutschen Botschaft in Washington DC vom 10.12.1966; Ebd. B 213 BMZ Technische

desrepublik wurden dabei angehalten, keinerlei ungenehmigte Kontakte zu Bürgern der DDR vor Ort zu pflegen, um unerwünschtem Austausch über Entwicklungsvorhaben[21] und möglicher »Sabotage« von Planungen und Projekten vorzubeugen.[22] Auch seitens der DDR gab es die Anweisungen, intensiv auf die Aktivitäten des anderen Deutschlands zu achten.[23] Potentiellen Empfängern von Entwicklungshilfe gegenüber sei von vornherein zu betonen, dass nur die DDR »als einziger friedliebender und demokratischer Staat Deutschlands auf Seiten der afrikanischen Völker« stünde.[24] Denn allein die DDR und ihre verbündeten Staaten würden dafür eintreten, dass Afrika frei werde von den »neokolonialen Bestrebungen der kapitalistisch-imperialistischen Staaten«[25] und unabhängig von deren »Druckmittel Entwicklungshilfe«.[26] In der Tat überwachten die Ländervertretungen und das Ministerium für Staatswissenschaft jede entwicklungspolitische Aktivität der Bundesrepublik äußerst genau: Man berichtete immer wieder über »restriktive, neokolonialistische und imperialistische« Entwicklungshilfe. Dabei folgte man der Anweisung, dass persönliche Kontakte zu Westdeutschen

Hilfe Tansania 7673, Allgemein, Schreiben der Botschaft Dar es Salaam an das AA vom 23.4.1970.

21 BA Koblenz B 213 BMZ 7678, Evaluationen der Entwicklungshilfe, Aktenvermerk des BMZ und des AA vom 1.12.1965.

22 Vgl. im Zusammenhang zu DDR-Experten: »Auch schon Verräter«.

23 PA AA Berlin, DDR MfAA Ausschuss für auswärtige Politik LS-A 342, 12 Sitzung des Ausschusses für auswärtige Politik vom 24.8.1959, Beschlussfassung. Vgl. hierzu Reisen, die die Aktivitäten der Bundesrepublik Deutschland unter die Lupe nahmen: BA Berlin Lichterfelde SAPMO DY 30 IV 2/2053, MfAA, Vorlage für das Sekretariat des ZK der SED, Reise des Genossen Maximilian Scheer nach Ostafrika vom 23.2.1960, S. 2.

24 PA AA Berlin, DDR MfAA Ausschuss für auswärtige Politik LS-A 342, 12 Sitzung des Ausschusses für auswärtige Politik vom 24.8.1959, Beschlussfassung; BA Berlin Lichterfelde SAPMO DY 30 IV 2/2053, ZK der SED Beschluss des Politbüros zur massenpolitischen Arbeit vom 27.9.1960 zum Thema: Der Neokolonialismus, ein Wesenszug des widererstandenen deutschen Imperialismus, Die Entwicklung der Beziehungen der Deutschen Demokratischen Republik zu den afrikanischen Staaten im Jahr 1961 vom 19.4.1962, S. 5f., Richtlinien für die Afrika-Arbeit des FDGB 1962, S. 1.

25 Vgl. ebd. DY 30 IV 2/2053, Beschluss des ZK der SED zu den Entwicklungen der Beziehungen der DDR zu den afrikanischen Staaten vom 23.2.1962.

26 Vgl. als Quellen bspw.: Etinger, *Bonn*; Friedländer/Schilling, *Kolonialmacht Westdeutschland*; Tillmann/Kowalski, *Westdeutscher Neokolonialismus*; Tillmann/Solidaritätskomitee, *Der Neokolonialismus*; Kowalski, *Westdeutscher Neokolonialismus*; Czaya, *Die alt- und neokolonialistischen Propagandaorganisationen*. Vgl. Van Laak, »Entwicklungspolitik«, S. 168f.

zu unterbleiben hätten.[27] Weiter wurde betont, man werde wirkungsvolle praktische »Gegenmaßnahmen« ergreifen gegen die westdeutsche »neokolonialistische Politik«.[28] Doch auch in der DDR blieb häufig unklar, wie solche Gegenmaßnahmen entwicklungspraktisch aussehen sollten.

Westdeutsche *Hilfe zur Selbsthilfe* gegen ostdeutsche *Internationale Solidarität*

Im Verlaufe der 1960er-Jahre fiel dann in öffentlichen west- bzw. ostdeutschen Verlautbarungen zunehmend das Wort *Hilfe zur Selbsthilfe* bzw. *Inter-*

---

27 Vgl. bspw.: PA AA Berlin MfAA DDR C 1437/75, Kommentierte Zeitungsmeldungen über entwicklungspolitische Aktivitäten der Bundesrepublik in Afrika; Ebd. MfAA DDR C 1461 71 Monatsbriefe des Konsulats auf Sansibar 1969, Konsultat Sansibar, Monatsbrief Mai 1969; Ebd. MfAA DDR C 1436/75, Aktenvermerk Analyse der westdeutschen Afrikapolitik 1970; Ebd. MfAA DDR C 1438/75 Aktenvermerk zur verstärkten Aktivität des westdeutschen Imperialismus in Tansania 1969; Ebd. MfAA DDR C 1164/77, Übersicht über Kamerun 1969, 41 ff. Beziehungen Westdeutschlands zu Kamerun; BStU Zentralarchiv Berlin, MfS-HA II 29698, ad 133–153 »Entwicklungshilfe durch die BRD-Mittel zur Durchsetzung neokolonialistischer Bestrebungen des westdeutschen Imperialismus«; Ebd. MfS-Hauptverwaltung Aufklärung 141 Einzelinformation über die Entwicklungspolitik der Bundesregierung gegenüber Tansania Nr. 92/96 vom 4.2.1969; Ebd. MfS-Hauptverwaltung Aufklärung 148, ad 128–138, Nr. 645/8 Einzel-Information über einige außen- und innenpolitische Probleme Tansanias vom 26.6.69, hier ad 131ff.; Ebd. MfS-Hauptverwaltung Aufklärung 163, ad 283–293 Mr- 341/70 Informationen über die wirtschaftliche Entwicklung Tansanias und die westdeutsche Entwicklungshilfe vom 30.3.1970; Ebd. MfS-Hauptverwaltung Aufklärung 211, Nr. 346/65 ad 309f. Einzel-Information über die Haltung der westdeutschen Bundesregierung zu den Beziehungen zwischen Tansania und der DDR vom 12.4.1965; Ebd. MfS-Hauptverwaltung Aufklärung 231 Nr. 1107/67 Einzel-Information über außen- und innenpolitische Probleme Tansanias vom 15.12.1967, hier ad 131f.; Ebd. MfS-Hauptverwaltung Aufklärung Nr. 267 Auskunft über die Wirtschaftspolitik und einige andere Maßnahmen der westdeutschen Bundesrepublik in den Ländern Schwarzafrikas vom 1.10.1969; Ebd. MfS-Hauptverwaltung Aufklärung 221 Nr. 101/67 ad 118–121 Einzelinformation über die politische Konzeption Westdeutschlands bei der Vergabe von Entwicklungshilfe vom 3.2.1967; Ebd. MfS HA XX/4 2977, ad 82–90 Zusammenfassung des Paket- und Päckchenversandes von kirchlichen Kreisen aus der DDR nach Tansania und Kamerun vom 17.2.1970, hier ad 86.

28 BA Berlin Lichterfelde SAPMO DY 24/10658 Arbeitsgruppe Auslandsinformation bei der Agitationskommission des Politbüros, Vorlage an das Politbüro über Aufbau und Entsendung von »Brigaden der Freundschaft« der DDR in andere Länder, S. 4.

nationale Solidarität im Sinne solcher ›besseren‹ und konkurrenzfähigen Entwicklungsansätze.

Aus Bonn hieß es, dass man strikt darauf achten müsse, nicht durch aufoktroyierte oder autoritäre Formen von Entwicklungshilfe den Eindruck bei den Empfängern zu wecken, bevormundet zu werden. *Hilfe zur Selbsthilfe* sei hierfür ideal, denn sie lasse nicht nur Raum für eigene Entscheidungen, sondern fördere auch die Eigeninitiative.[29] Gleiches beanspruchte Ost-Berlin für seine Variante von *Hilfe zur Selbsthilfe*. Hier wurde verlautbart, dass das Grundprinzip der *Internationalen Solidarität* wirklich gleichberechtigte Partnerschaft sei.[30] In jeder Entwicklungsarbeit müssten daher die Wünsche der Afrikaner um Willen ihrer Eigenständigkeit im Vordergrund stehen.[31] Entwicklungsspezialisten oder die Mitglieder von sogenannten *Freundschaftsbrigaden* der Freien Deutschen Jugend (FDJ) dürften nur beratend und unterstützend eingreifen.[32] Man verstehe sich zusammen mit den Afrikanern als ein »Kollektiv«, in dem »kameradschaftliche Hilfe und Unterstützung« zum Ausdruck kämen.[33]

Wie erklärt sich diese Schwerpunktsetzung auf Selbstbestimmung und Zusammenarbeit in solchen vermeintlich ›besseren‹ Entwicklungsansätzen? Sie reagierte sicher nicht zuletzt auf Regierungsverlautbarungen gerade unabhängig gewordener afrikanischer Staaten, mit Entwicklung zu *Self reliance* (Selbstständigkeit) zu gelangen, damit ganz frei zu werden von Europa und besonders den einstigen Kolonialmächten: Vorrangig seien nun Unabhängigkeit und Selbstbestimmung; diese sollten ganz besonders auch in Entwicklungsvorhaben zum Ausdruck kommen, stünden diese doch geradezu modellhaft für die Zukunft Afrikas.[34] Europa und die USA müss-

---

29 Osner, »Bedingungen und Grundsätze personeller Entwicklungshilfe«, S. 5.

30 Bspw. in: Ullrich, *Afrika im Aufbruch*, S. 263.

31 Hierbei ging es meist zunächst um die Dekolonisierung in Afrika und die ›Solidarität‹ mit den nationalen Befreiungsbewegungen: BA Berlin Lichterfelde SAPMO DY 30 IV 2/2055, Büro des Präsidiums des Nationalrats der Nationalen Front des demokratischen Deutschlands, Internationale Verbindungen, Vorlage für die außenpolitische Kommission des Zentralkomitees der SED über die Bildung eines Komitees der Solidarität für den nationalen Befreiungskampf Afrikas vom 17.6.1960, Arbeitsplan für die Zeit von August bis September 1960 des Komitees der DDR für Solidarität mit den Völkern Afrikas.

32 Ebd.

33 Wörterbuch der Ökonomie des Sozialismus, S. 170. Vgl. Kessler, »Kollektivität«. Vgl. allgemein zu Brigaden in der DDR: Reichel, *Die Brigadebewegung*.

34 Vgl. die Einleitung dieser Arbeit und hier Verweis auf: Vgl. Nyerere, »Ten Years«, S. 1; Ders., »President's Inaugural Address«; Ders., »Freedom and Development«, S. 60;

ten endlich die »Wünsche, Handlungsweisen, Hoffnungen und Meinungen« Afrikas achten und dürften nicht mehr wie dereinst bevormundend sein.[35] Gerade in diesem Zusammenhang fiel die Entwicklungspolitik der Bundesrepublik wie auch die der DDR allerdings immer wieder negativ auf. So nahmen afrikanische Regierende sehr wohl wahr, dass hieran vieles an die deutsch-deutsche politische Wetterlage gebunden war. Immer wieder wurde das ständige Beobachten und Taktieren moniert sowie die andauernden Bemühungen, die Afrikaner auf die eigene Seite zu ziehen oder gar zu zwingen.[36] Nur einen Höhepunkt einer seit Beginn der 1960er-Jahre andauernden Kritik stellen die Äußerungen des tansanischen Präsidenten Nyerere dar, der 1965 in einem Rundschreiben an sein Kabinett eröffnete: Er würde auf keinen Fall zulassen, dass sein Land aufgrund »absurder innerdeutscher Konflikte zu einem Marionettenstaat« ausländischer Interessen verkomme. Denn dafür habe man nicht so hart für die Unabhängigkeit gekämpft.[37] Unmittelbaren Anlass boten die Versuche der DDR, Nyerere dazu zu bringen, die Einrichtung einer Botschaft in Dar es Salaam zu erlauben, und die entsprechende Gegenreaktion der Bundesrepublik auf der Grundlage der sogenannten »Hallstein-Doktrin«.[38] Die Bundesregierung drohte nämlich – wie auch schon vorher und andernorts – mit der Einstellung jeglicher Beziehungen, sollte die tansanische Regierung daran festhalten, ihre offiziellen Verbindungen zur DDR zu vertiefen.[39] Schließlich hatten die bundesdeutsche Botschaft in Dar es Salaam

---

Ruthenberg, *Agricultural Development*, S. 117; »Présentation par le président Sylvanus Olympio«, S. 170–175, 188–195, 201–206.; Ministry of Planning and Territorial Development, *IIIrd Five Year Economic and Social Development Plan*, S. 3; Warneck, *Kameradschaft*, S. 99.

35 Geertz, *The Interpretation of Culture*, S. 258. Vgl. Nyerere, »Ten Years«, S. 1; Ders., »President's Inaugural Address«.

36 TNA Dar es Salaam Acc. 469, CIC 2/18/095, East-West-German Political Relations, ad 1, Zusammenstellungen und Bewertungen 1961–1965.

37 Ebd., ad 2, Kabinettrundschreiben vom 19.3.1965, S. 3. Vgl. Julius K. Nyerere, Principles and Development, in: Ders., *Freedom and Socialism/Uhuru na Maendeleo. A Selection from Writings and Speeches, 1968–1973*, Dar es Salaam u.a. 1973, S. 187–206, hier S. 190.

38 Booz, *Hallsteinzeit*; Kilian, *Die Hallstein-Doktrin*; Gray, *Germany's Cold War*; Engel, *Afrikapolitik*, S. 117–145.

39 Vgl. Eckert, *Herrschen und Verwalten*, S. 220. Zur Außenpolitik des unabhängigen Tansania: Niblock, *Aid*; Nnoli, *Self-Reliance*; Hoskyns, «Africa's Foreign Relations«; John, »Tanzania«; Meyns, «Grundsätze«; Pratt, *The Critical Phase*, S. 121–171; Aumüller,

und der Bundesnachrichtendienst den Nachweis erbracht, dass Tansania in Richtung Sozialismus tendiere und womöglich bald zustimmen würde, eine Vertretung der DDR zuzulassen.[40] Daraufhin wurde sämtliche westdeutsche Entwicklungshilfe eingestellt.[41] Nyerere konterte, ein solches Vorgehen sei nicht hinnehmbar;[42] man werde künftig auf keinen Fall mehr von irgendwo her aus politischen Absichten gewährte oder auch sonst irgendwie bevormundende Entwicklungshilfe annehmen.[43]

Wenngleich auch der Bundesnachrichtendienst die Exekution der »Hallstein-Doktrin« gegen Tansania als ein »wirkungsvolles Warnsignal« an andere afrikanische Staaten pries,[44] hatten auch westdeutsche Entwicklungsexperten und Diplomaten zunehmend Bedenken. Selbst linientreue Diplomaten argwöhnten, ob man nicht der DDR angesichts solcher brachialer Methoden Argumente in die Hand geben würde. Ein weit über Afrika hinausreichender Schaden am internationalen Ansehen der Bundesrepublik müsse jedenfalls unbedingt ausgeschlossen werden.[45] Umso dringlicher schienen sanftere, nicht so offensichtliche und daher umso wirkungsvollere Instrumente der politischen Beeinflussung durch Entwicklungshilfe. *Hilfe zur Selbsthilfe* konnte mit ihrem Anspruch auf Partnerschaft ein solches Instrument sein, zerstreute sie doch jeden Verdacht einer Bevormundung.[46]

Schon zu Beginn der 1960er-Jahre hatten sich Entwicklungsexperten aus der DDR über ihre Variante von *Hilfe zur Selbsthilfe* verständigt, die *Internationale Solidarität*.[47] So wurde bereits 1960 verkündet: *Internationale*

Dekolonisation, S. 110–133; Lohmeier, *Tanzania*, S. 211ff.; Hofmeier, »Möglichkeiten«, S. 215ff.

40 BA Koblenz Bundeskanzleramt 136/3001 Vermerk für die Kabinettssitzung vom 4.5.1965 betreffend Entwicklungshilfe für Tansania. Hier wurde auch Bezug genommen auf Absichten zur Verstaatlichung ausländischer Unternehmen und Banken. Vgl. Nyerere, »Arusha Declaration«. Vgl. Lohmeier, *Tanzania*, S. 211ff.

41 Engel, *Afrikapolitik*, S. 117–145; Ders., »Anerkennungsdiplomatie«.

42 Mit Bezug auf Äußerungen von Mitte der 1960er-Jahre: Nyerere, »Wir fordern«.

43 Ders., »Speech at the Opening«.

44 BA Koblenz Bundeskanzleramt 136/3001 Vermerk für die Kabinettssitzung vom 4.5.1965 betreffend Entwicklungshilfe für Tansania. Erst 1969 entspannte sich die Lage und Tansania stieg zu einem der Hauptempfängerländer westdeutscher Entwicklungshilfe auf: Vgl. Hofmeier, »Möglichkeiten«, S. 215ff.

45 Ebd.

46 Böll, »Konzeption«, S. 12f., 16f., 21f.

47 Vgl. bspw. BA Berlin Lichterfelde SAPMO DY 30 IV 2/2055, Büro des Präsidiums des Nationalrats der Nationalen Front des demokratischen Deutschlands, Internationale Verbindungen, Vorlage für die außenpolitische Kommission des Zentralkomitees der

Solidarität sei »wirkliche Zusammenarbeit von Freunden gemeinsam mit Freunden«, fern jedweder entwicklungspolitischer »Erpressung«.[48] Politische Einflussnahme durch solche auf aktuelle afrikanische Forderungen nach Selbstbestimmung angepassten Entwicklungskonzepte wurde fortan wesentlich weniger eingestanden: Nur vereinzelt schrieben Autoren aus der Bundesrepublik, es ginge auch darum, Afrika »Moskaus Faust« zu entreißen.[49] Eher in internen Papieren lenkten Entwicklungsexperten der DDR ein, dass man mit *Internationaler Solidarität* in Afrika freilich die Hoffnung verbinde, dem Sozialismus als einzig richtigen, Gerechtigkeit, Wohlstand und Glück verheißenden Weg zum Durchbruch zu verhelfen.[50] Zwar äußerte man immer wieder als Ziel ein weltweites »Aufblühen der sozialistischen Nationen«.[51] Doch verband man diesen Wunsch häufig weniger mit Entwicklungshilfe in Afrika, sondern zunächst mit der logistisch-militärischen und ökonomischen Unterstützung afrikanischer Freiheitsbewegungen.[52] *Internationale Solidarität* habe vorrangig das Ziel zu der ergebnisoffenen »inneren Befreiung« der Afrikaner beizutragen.[53] »Menschlichkeit« wurde ein zunehmend beanspruchtes Argument, besonders als sich zunehmend auch kirchliche Institutionen in der DDR, wie das *Ökumenisch-Missionarische Amt* engagierten. Zwar sagte man auch von dort – wie beispielsweise im Jahr 1970 – dem »Imperialismus« als »Hauptschuldigen am Hunger und Elend der Menschen in den Entwicklungsländern« den Kampf an. Doch wurde ausdrücklich betont, dass man hier um Willen der Humanität und sogar aus Christenpflicht handele und weniger aus politischen Motiven heraus.[54]

SED über die Bildung eines Komitees der Solidarität für den nationalen Befreiungskampf Afrikas vom 17.6.1960, Arbeitsplan für die Zeit von August bis September 1960 des Komitees der DDR für Solidarität mit den Völkern Afrikas.

48 Büttner, »Zum apologetischen Charakter«, S. 196. Vgl. Kühne, *Politik*, S. 17f.

49 Breyer, *Moskaus Faust*, S. 266f.; Fritz, *Entwicklungspolitik*.

50 Vgl. entsprechende Zitate in: Lamm/Kupper, *DDR und Dritte Welt*, S. 63–81.

51 Bruns, *Die Außenpolitik der DDR*, S. 33.

52 So der Gründungsbeschluss zur Bildung eines Soliaritätsfonds mit den Befreiungsbewegungen in Afrika, in den durch den FDGB zunächst 2 Millionen Mark eingezahlt wurden: BA Berlin Lichterfelde SAPMO DY 30/J IV 2/2/682, Beschluss des Politbüros der SED vom 4.1.1960, Fassung vom 17.2.1960. Zur Anweisung der Geldzahlung: Ebd. DY 30/J IV 2/3/676, Sekretariatsbeschluss vom 17.2.1960.

53 Ebd.

54 BStU Archiv der Zentralstelle Berlin, MfS ZATG 1861, Informationen über eine Ausarbeitung des Ökonomischen Instituts Berlin zur »Problematik der Entwicklungsländer« aus der Sicht der sozialistischen Staaten, Studiendokument zur Vorbereitung der Konsultation des Ökumenischen Instituts vom 22.–24.5.1970, S. 2, 7. Im Übrigen wurde

In offiziellen Papieren wurde überdies häufig die Position der neuen afrikanischen Regierungen eingenommen und erklärt, es gehe der DDR darum, den »revolutionären Kampf des europäischen Proletariats« mit dem »Aufstand der Kolonialvölker« zu vereinigen und gegen die »Kräfte des Neokolonialismus eine neue Zukunft aufzubauen«.[55] Von Sozialismus war hier weniger die Rede.

Eher betonten Entwicklungsexperten beider deutscher Staaten, man wolle durch partnerschaftliche Entwicklung das Engagement der Afrikaner wecken und damit Nachhaltigkeit sichern. Die Sprache solcher Verlautbarungen war bisweilen erstaunlich überheblich,[56] wenn beispielsweise 1965 die (West-)*Deutsche Stiftung für Entwicklungsländer* (DSE) schrieb: Man müsse bei Afrikanern erst einmal die »geistige Bereitschaft zum Mitdenken« über Entwicklung fördern.[57] Die DDR hielt sich mit öffentlichen Äußerungen in dieser Weise eher zurück. Doch auch hier hieß es in internen Akten, es gehe bei der *Internationalen Solidarität* auch um die Förderung der Selbsterkenntnis der Afrikaner über das eigene Elend, denn nur diese könnte engagiertes Handeln hervorrufen.[58]

Die Berufung auf das jeweils eigene neuartige und bessere, weil auf wirkliche Partnerschaft angelegte Entwicklungskonzept wurde nicht zuletzt mit einer grundsätzlichen quasi humanitären politischen Haltung unterfüttert. Nicht ohne mehr oder minder expliziten Verweis auf das andere Deutschland schrieben bundesdeutsche Entwicklungsexperten, dass *Hilfe zur Selbsthilfe* den freiheitlich-demokratischen Prinzipien des Grundgesetzes entspreche[59] ebenso wie der von der Bundesregierung vertretenen »Ablehnung der Rassendiskriminierung«.[60] Das für Entwicklungshilfe in der DDR organisatorisch verantwortliche *Komitee für die Solidarität mit den Völkern Afrikas* führte wiederum das »brüderliche Zusammenwirken« als Kernkonzept der *Internationalen Solidarität* auf den Status der DDR als »frei-

dieses Dokument vom MfS »im Wesentlichen als positiv und zustimmend zur Politik der sozialistischen Staaten« eingestuft.

55 Ullrich, *Afrika im Aufbruch*, S. 262.

56 Vgl. Zurmühl, *Der koloniale Blick.*

57 DSE, *Jahresbericht* 1965, S. 7.

58 BA Berlin Lichterfelde SAPMO DY 30 IV A 2/20 957, Bericht über den Aufenthalt in der Volksrepublik Sansibar, Tansania, vom 12.1. bis 26.1.1965.

59 Böll, »Konzeption«, S. 12f., 16f., 21f. Vgl. BA Koblenz B 213 BMZ Technische Hilfe/Tansania 7675 Projektleitertagung Dar es Salaam Unterlagen, Bulletin der Bundesregierung vom 17.2.1971, S. 263.

60 *Bulletin des Presse- und Informationsamtes der Bundesregierung vom 17.5.1968*, S. 210.

heitlichem Staat« zurück. [61] Mit einem Seitenhieb gegen die Blockgebundenheit der Bundesrepublik wurde verkündet: Schon Karl Marx hätte
sehr richtig gesagt, dass »ein Volk, das andere Völker unterdrückt« nicht
»selbst frei« sein könne.[62]

Beide deutsche Staaten nahmen überdies für sich in Anspruch, durch
die Hilfe ihrer Verbündeten nach dem Zweiten Weltkrieg wirtschaftlich
hoch entwickelt zu sein und diesen nunmehr erreichten Stand verantwortlich im Sinne der ärmeren Mitglieder der Weltgemeinschaft einzusetzen. So
erklärten schon in den 1950er-Jahren bundesdeutsche Politiker, man werde
auch durch Taten »Dankbarkeit« für die Unterstützung durch den Marshall-Plan zeigen und einen Teil des eigenen Wohlstandes der »ärmeren
Weltgesellschaft« zugute kommen lassen.[63] Die DDR hingegen beteuerte,
dass ihre *Internationale Solidarität* eine »moralische Verpflichtung« sei, mit
der man die nach dem Zweiten Weltkrieg vor allem von der Sowjetunion
empfangene Hilfe wieder gut machen wolle.[64]

Auch hier fußten alle solche Aussagen auf einer deutlichen öffentlichen
Diskreditierung der Entwicklungshilfe aus dem jeweils anderen Teil
Deutschlands: Jegliche Entwicklungspolitik aus der DDR wurde von westdeutschen Autoren als »sowjetzonale Indoktrination« und »geschickte Einflussnahme für den Kommunismus« abgetan.[65] Aus der DDR war hingegen zu vernehmen, die neue Rede von entwicklungspolitischer »Partnerschaft« in der Bundesrepublik sei nur eine neue Floskel für »Kolonialwirtschaft«.[66] Auch Ansätze wie *Hilfe zur Selbsthilfe* seien zutiefst »neokolonialistisch«. [67] Sie seien nichts anderes als eine »imperialistische Augen-

61 Hierbei ging es meist zunächst um die Dekolonisierung in Afrika und die ›Solidarität‹ mit
den nationalen Befreiungsbewegungen: BA Berlin Lichterfelde SAPMO DY 30 IV
2/2055 Büro des Präsidiums des Nationalrats der Nationalen Front des demokratischen
Deutschlands, Internationale Verbindungen, Vorlage für die außenpolitische Kommission des Zentralkomitees der SED über die Bildung eines Komitees der Solidarität
für den nationalen Befreiungskampf Afrikas vom 17.6.1960, Arbeitsplan für die Zeit von
August bis September 1960 des Komitees der DDR für Solidarität mit den Völkern
Afrikas. Vgl. auch rückblickend auf die 1960er-Jahre: Bruns, Die Außenpolitik, S. 33.
62 Ulrich, *Afrika im Aufbruch*, S. 262.
63 Erhard, »Wir helfen«.
64 Ulrich, *Afrika im Aufbruch*, S. 263.
65 Breyer, *Moskaus Faust*, S. 266f.
66 Büttner, »Zum apologetischen Charakter«, S. 196.
67 Vgl. bspw.: Breyer, *Moskaus Faust*, S. 266f.; Fritz, *Entwicklungspolitik*. Afro-Asiatisches
Solidaritätskomitee in der DDR, *Der Neokolonialismus*; Büttner/Rachel, *Zehn Lügen über
Afrika*.

wischerei«.[68] Hinter allen Phrasen sei gar keine Absicht zu erkennen, die Selbstständigkeit der Afrikaner zu achten oder zu fördern. Die Afrikaner hätten dies schon längst erkannt, gebe es dort doch ein neues Sprichwort, das da heiße:

»Die Entwicklungshilfe kapitalistischer Länder gleicht dem Fisch, an dem man sich einmal satt ißt, um dann wieder zu hungern. Die sozialistischen Länder aber geben uns Angeln und lehren uns, den Fisch selbst zu fangen, so dass wir immer satt werden.«[69]

Insgesamt kann man somit festhalten: Ein integrales Element der west- wie ostdeutschen entwicklungspolitischen Rhetorik über Zusammenarbeit und Freundschaft in Afrika zur Zeit des Kalten Krieges war die signifikante Feindschaft mit dem jeweils anderen Block, mit besonders ausgeprägten Stoßrichtungen gegen die vermeintliche »kommunistische Einvernahme«[70] der DDR bzw. den angeblichen »Neokolonialismus« der Bundesrepublik.[71]

Machen solche Verlautbarungen auch deutlich, wie zentral Entwicklungspolitik im Rahmen deutsch-deutscher Frontstellungen war,[72] erklärt sich hieraus allerdings noch nicht hinreichend die Frage, was die Regierungen in Ost-Berlin und Bonn dazu trieb, sich gerade in Afrika so intensiv zu engagieren.

Warum in Afrika?

Zunächst ist nicht zu unterschätzen, wie viel Bewegung in den 1960er-Jahren gerade in der Staatenlandschaft Afrikas südlich der Sahara lag. Nahezu alle Kolonien bzw. Treuhandgebiete wurden unabhängig. In welches politische Lager die Wege führen würden, war unklar.[73] Wie kaum irgendwo auf

---

68 Afro-Asiatisches Solidaritätskomitee in der DDR, *Der Neokolonialismus*, S. 3.

69 Michel, »Solidarität«, S. 276.

70 Breyer, *Moskaus Faust*, S. 266f.; Fritz, *Entwicklungspolitik*.

71 Vgl. Afro-Asiatisches Solidaritätskomitee in der DDR, *Der Neokolonialismus*; Büttner/ Rachel, *Zehn Lügen über Afrika*. Zur integralen Funktion von Feindbildern in Entwürfen von ›Völkerfreundschaft‹ in der DDR: Satjukow/Gries, »Feindbilder«, S. 14f.

72 Studien zur deutsch-deutschen Entwicklungspolitik reduzieren hier tendenziell, wie bereits eingangs bemerkt, das Engagement in Afrika auf Konkurrenzen im Rahmen des Kalten Krieges: Engel/Schleicher, *Die beiden deutschen Staaten in Afrika*; Engel, *Die Afrikapolitik der Bundesrepublik Deutschland*.

73 Vgl. zum Überblick über die afrikanische Zeitgeschichte: Cooper, *Africa since 1945*.

der Welt boten die Regionen des tropischen Afrikas somit eine geradezu ideale Bühne, mehr oder weniger offensichtlich politische Einflussnahme auszuüben. Die Bundesrepublik und die DDR konnten damit über entwicklungspolitisches Engagement besonders in Afrika zeigen, wie wichtig sie für ihre jeweiligen Verbündeten hinsichtlich weltpolitischer Weichenstellungen waren.[74] Nicht unentscheidend war in diesem Zusammenhang ihre im Vergleich mit anderen Staaten des jeweiligen Blocks hohe ökonomische Potenz. Die deutschen Staaten konnten sich Entwicklungshilfe für Afrika schlichtweg leisten, die zu jener Zeit nicht zuletzt auch als ökonomisch sinnvolle Investition galt. Für viele Politiker war die Entwicklung Afrikas ein lukratives Unterfangen, das sich auszahlen sollte für die Europäische Wirtschaftsgemeinschaft (EWG)[75] bzw. den Rat für gegenseitige Wirtschaftshilfe (RGW)[76]. Die Bundesregierung folgte generell den Prämissen der »Modernisierungstheorie«, wie sie in den USA vor allem von Walt W. Rostow entwickelt worden war.[77] Diese besagte, dass die ganze Welt in »Stadien des wirtschaftlichen Wachstums« vermessen werden könnte, wobei wirtschaftliche Entwicklung in diesen Stadien besonders zurückliegenden Regionen unmittelbar auch der Prosperität der vorne liegenden Nationen nützen würde.[78] Afrika galt als der am weitesten zurückliegende Kontinent – und zwar besonders seine ländlichen Regionen südlich der Sahara. Hier müssten zunächst möglichst kostengünstig Infrastrukturen und soziale Netze aufgebaut werden.[79] In diesem Zusammenhang galt die Bundesrepublik im internationalen Vergleich als Spezialist und gleichzeitig als ein ökonomisch potenter Partner, der dergleichen Unterfangen auch stemmen könnte. *Hilfe zur Selbsthilfe* stand dabei wiederum für eine kostengünstige, sich auf Dauer auszahlende Lösung, da sie ja auf eine starke Eigenbeteiligung der Afrikaner setzte.

Auch in der Propaganda der UdSSR, die betonte, dass sich alle Länder des Ostblocks durch Entwicklungsvorhaben am »Kampf gegen Kolonia-

---

74 Vgl. Engel/Schleicher, *Die beiden deutschen Staaten in Afrika*; Lorenzini, *Due Germanie*.

75 Hierzu ausführlich: Vahsen, *Eurafrikanische Entwicklungskooperation*, insb. S. 198–233; vgl. Van Laak, »Entwicklungspolitik, Entwicklungshilfe und Entwicklungskooperation in der Ära Adenauer«, S. 161ff.

76 Vgl. Lorenzini, *Due Germanie*, S. 9ff.

77 Rostow, *Stadien*. Zur Rezeption in der Bundesrepublik: Oppenheimer, »Grundbedingungen«.

78 Vgl. Rostow, *Stadien*; Latham, *Modernization*; Gilman, *Mandarins*.

79 Vgl. Eckert, »Exportschlager«.

lismus« und die »Befreiung« Afrikas einsetzen müssten, lag eine Hoffnung auf wirtschaftliche Vorteile für die Gemeinschaft sozialistischer Staaten.[80] Besonders die DDR als ein in den 1960er-Jahren ökonomisch recht stark angesehener Staat, konnte mit quasi entwicklungspolitischen Investitionen in Afrika nicht hintanstehen.[81] Jenseits politischer Blockbildung war es überdies vor dem Hintergrund weltweiter Forderungen nach Unterstützung der Ersten Welt bei der Verwirklichung der Menschenrechte nicht denkbar, sich aus dem Engagement in Afrika herauszuhalten, wurde doch immer wieder auf die dortige Not hingewiesen und betont, dass es sich hierbei um den ärmsten und am meisten unterentwickelten Kontinent des Globus handele.[82] Wenngleich auch die UNO zu jener Zeit das Handeln der DDR nicht unmittelbar tangierte, musste sich auch Ost-Berlin in Afrika humanitär engagieren, wollte es künftig auf dem internationalen diplomatischen Parkett bestehen.

Nicht zuletzt war die eigene koloniale Vergangenheit ein entscheidender Faktor für Entwicklungshilfe. Der Gedanke, koloniales Unrecht und Ausplünderung wieder gut zu machen, lag den meisten Politikern und Entwicklungsexperten in den 1960er-Jahren allerdings fern. In der Bundesrepublik gab es eher die Sichtweise, koloniale »Zivilisierungsmissionen«[83] durch Entwicklungshilfe in Afrika fortführen zu müssen, was häufig gewissermaßen als »Bürde des weißen Mannes« beschrieben wurde.[84] Der Tenor war, man fühle sich »wie eine Mutter für die heranwachsende Tochter Afrika verantwortlich.«[85] Die (west-)deutsche Entwicklungshilfe sei ein »Segen« für die »eingeborene Bevölkerung«.[86] Der deutsche Kolonialismus

---

80 Das sowjetische Komitee für Internationale Solidarität wurde im Mai 1956 gebildet. BA Berlin Lichterfelde SAPMO DY 30 IV 2/2055, Übersicht über die Tätigkeit des sowjetischen Solidaritätskomitees mit den Ländern Asiens und Afrikas, Oktober 1960 bis Februar 1961.
81 Vgl. Lorenzini, *Due Germanie*, S. 9ff.
82 Vgl. bspw. Bonn, *Afrika*; Kaufmann, *Afrikas Weg*; Beetz, *Visite*.
83 Vgl. Barth/Osterhammel, *Zivilisierungsmissionen*.
84 Vgl. mit Bezug auf diese älteren Diskurse der 1960er-Jahre: Easterly, *The White Man's Burden*; Die Vorstellung formulierte erstmals 1899 der amerikanische Schriftsteller Rudyard Kipling. Das Gedicht gilt als ein zentrales Zeugnis westlicher Imperialismen, forderte es nach Eroberung der Philippinen und anderer spanischer Kolonien auf, die Bürde um die Fürsorge und Entwicklung der ›Eingeborenen‹ zu übernehmen. Kipling, »The United States«.
85 Lüders, »Zur Einführung«.
86 Vgl. bspw. in: BA Koblenz Bundeskanzleramt 136/3001, Vermerk für die Kabinettssitzung vom 4.5.1965 betreffend Entwicklungshilfe für Tansania über die »segensreiche« Wirkung deutscher Entwicklungshilfe.

war nicht nur ein verhältnismäßig kurzes Unterfangen, da er bereits 1918 endete, sondern wurde zu jener Zeit im Vergleich mit dem britischen, französischen oder belgischen auch von internationalen Experten als recht marginal eingeschätzt. In der Bundesrepublik spielte er in der Selbstsicht vieler Protagonisten allerdings eine große Rolle, besonders wenn es darum ging, Ausgaben für Entwicklungshilfe öffentlich zu rechtfertigen. So mancher Entwicklungspolitiker und -experte hatte unmittelbare persönliche Beziehungen zu den ehemaligen deutschen Kolonien, war in Afrika geboren oder aufgewachsen.[87] Auch wenn offizielle Diskurse nur selten explizit an koloniale Traditionen anknüpften, fokussierte sich die Rede in der Bundesrepublik über Afrika und Entwicklungshilfe in den ausgehenden 1950er- und beginnenden 1960er-Jahren doch deutlich auf die ehemaligen Kolonien Tanganjika, Togo und Kamerun im Sinne von Regionen, für die man besonders in der Verantwortung stehe.[88] Es blieb nicht in ostentativen Bekenntnissen, die auf paternalistische Fürsorge und traditionelle Verbundenheit anspielten:[89] Koloniale bzw. kolonialrevisionistische Institutionen zu Afrika (wie der 1922/23 gegründete *Übersee-Club*) bestanden in Westdeutschland fort und gewannen in den 1950er-Jahren an Zulauf.[90] Unter dem evangelischen Theologen und Bundestagspräsidenten Eugen Gerstenmaier wurde wiederum 1956 die *Deutsche Afrika-Gesellschaft* ins Leben gerufen.[91] Mit Gerstenmaier engagierte sich nur einer unter vielen für Afrika vor dem Hintergrund explizit betonter christlicher Nächstenliebe und karitativer Fürsorge,[92] wobei es nicht zuletzt darum ging, in

---

87 Ein Beispiel ist der in Deutsch-Ostafrika geborene CDU-Abgeordnete Kai-Uwe von Hassel, 1963–1966 Bundesminister der Verteidigung. Von Hassel wurde in Deutsch-Ostafrika geboren. Vgl. Van Laak,»Entwicklungspolitik«, S. 164.

88 Vgl. bspw. Bonn, *Afrika*; Viering, *Togo*; Wülker, *Togo*; Bayerisch-Togoische Gesellschaft, *1884–1984*; Schramm, *Kamerun*. Das ehemalige ›Schutzgebiet‹ Südwestafrika, ein Teil der südafrikanischen Union, blieb hiervon ausgespart.

89 Zurmühl, *Der koloniale Blick*. Vgl. zu den Traditionslinien solcher deutscher Diskurse bis in die Weimarer Republik: Pogge von Strandmann,»Der Kolonialrevisionismus«; Rüger, »Der Kolonialrevisionismus«; Schwarz,»Der Diskurs des kolonialen Begehrens«; Ders., »Exotismus«; Van Laak,»Der imaginäre Ausbau«, S. 75.

90 Weitere Vereinigungen waren der Afrika-Verein Hamburg-Bremen, der 1934 gegründet worden war. In Berlin wurde 1952 eine Gesellschaft der Freunde Afrikas ins Leben gerufen, in der sich zahlreiche Kolonialrevisionisten engagierten: Vgl. Ebd.

91 Ebd.

92 Vgl. bspw. Gedat, *Europas Zukunft*. Vgl. Van Laak,»Entwicklungspolitik«, S. 164.

der Tradition kolonialer Missionsgesellschaften durch Entwicklungshilfe islamische Einflüsse in Afrika abzuwehren.[93] In der DDR legte man größeren Wert als in der Bundesrepublik darauf, *offiziell* jedes Anknüpfen an den Kolonialismus zu vermeiden. Selbst die eher christlich orientierte *Deutsche Afrikanische Gesellschaft* unter dem Vorsitz des ostdeutschen CDU-Abgeordneten Götting war hier ausgesprochen vorsichtig und blieb zu deutschen Missionsgesellschaften in Afrika auf Distanz.[94] Dagegen bot die in der Bundesrepublik in den 1960er-Jahren nicht von der Hand zu weisende relativ bruchlos vollzogene Fortführung kolonialer »Zivilisierungsmissionen« durch »Entwicklungsmissionen«[95] eher Stoff für Neokolonialismus-Vorwürfe.[96]

Ostdeutsche Entwicklungspolitiker gaben sich mit ihrem Konzept der *Internationalen Solidarität* entsprechend fernab jeder kolonialen Tradition. Doch auch in der Bundesrepublik beteuerte man immer wieder, *Hilfe zur Selbsthilfe* sei neu, habe mit Kolonialismus nichts zu tun und schlage eben gerade innovative, nicht unterdrückende und bevormundende Wege ein. Zumindest auf der Ebene von Diskursen sieht man somit, dass die deutsch-deutschen Konkurrenzen durchaus als maßgeblicher Hintergrund für eine ständige Suche nach neuartiger, den aktuellen Forderungen auf Selbstbestimmung entsprechender, alternativer und nicht zuletzt über jeden Neo-Kolonialismus-Verdacht erhabener Entwicklungshilfe war. Wie weit es mit dieser Ferne zu kolonialen Traditionen bestellt war, wird im Folgenden noch näher untersucht werden. Zunächst soll aber erst gefragt werden, wie es denn ganz konkret dazu kam, dass *Hilfe zur Selbsthilfe* und ihre ostdeutsche Variante, die *Internationale Solidarität*, im Verlauf der 1960er-Jahre auch in der Entwicklungspraxis beider deutschen Staaten in Afrika konkrete Formen annahmen.

---

93 Vgl. Van Laak, »Entwicklungspolitik«, S. 164.
94 BA Berlin Lichterfelde SAPMO DY 30 IV 2/2053, Entsendung des Abgeordneten Gerald Götting nach Afrika vom 1.8.1962.
95 Vgl. Dimier, »French Decolonization«; Ziai, »Imperiale Repräsentationen«.
96 Afro-Asiatisches Solidaritätskomitee in der DDR, *Der Neokolonialismus*; Büttner/Rachel, *Zehn Lügen über Afrika.*

Wie die bundesdeutsche Entwicklungspolitik zur *Hilfe zur Selbsthilfe* kam

Im November 1963 erteilte das BMZ dem Bonner Institut für Agrarpolitik und Marktforschung und dem Institut für Entwicklungshilfe, Saarbrücken, den Auftrag, ein praktikables Modell für eine künftig verbesserte Praxis der Entwicklungsarbeit zu entwerfen. Man sollte sich hierfür am als äußerst vielversprechend gepriesenen britischen *Community Development*[97] orientieren und entsprechende Projekte im Westen und Norden von Kamerun in Feldstudien untersuchen.[98] Vor Ort sollten »teilnehmende Beobachtungen« angestellt und hierdurch ein praxisnaher, valider und ungeschönter Blick auf die Realität der Entwicklungsarbeit jenseits aller Rhetorik gewonnen werden.[99]

Das spezifische Interesse des BMZ kam nicht von ungefähr: Bereits seit Ende der 1940er-Jahre propagierte die UNO britisches *Community Development* als einen fundamentalen Ausgangspunkt für die »Verbesserung von Lebensbedingungen« überall auf der Welt und gab Studien zu Indien, Ägypten und Nigeria in Auftrag, um die Möglichkeiten dieses Entwicklungsansatzes aufzuzeigen.[100] Im Ergebnis sprachen Experten von einem »dramatisch neuartigen« Weg, soziale Entwicklungen in Gemeinschaften anzustoßen: Hygiene und Gesundheitsfürsorge könnten ebenso wirkungs-

---

97 Vgl. Joerges, »Community Development«; Ders., *Community Development in Entwicklungsländern*. Zu britischen Projekten des *Community Development* in Tanganjika: BNA PRO Kew CO 859/1365 Social Service Department Community Development 1960f. Vgl. zum Begriff und Konzept allgemein: Vogel/Oel, *Gemeinde*. Smyth, »The Roots«; Sieberg, *Colonial Development*, S. 653–655.

98 Grundlegend zur postkolonialen Geschichte Kameruns: Mveng, *Histoire du Cameroun*; LeVine/Nye, *Historical Dictionary of Cameroon*; Illy, *Politik und Wirtschaft*; Owona, *Souveränität und Legitimität*.

99 Lindorf, *Modell*, S. 6. Hierbei bezog man sich auf das heuristische Konzept des polnischen Ethnologen Bronislaw Malinowski: Vgl. Malinowski, *Myth*, S. 126f.; Ders., *Geschlechtsleben*, S. XV, XVI; Ders., *Argonauten*, S. 28, 30, 49. Vgl. Moore, *Anthropology and Africa*, S. 12. Malinowski war auch noch Anfang der 1960er-Jahre eine Autorität unter Afrikaexperten. Mit seiner Direktorenstelle am Londoner IIALC, die er 1926 angetreten hatte, galt er besonders auch für Afrika als ausgewiesen. Vgl. L'Estoile, »Internationalization«. Zu kolonialen Entwicklungsforschungen in Afrika grundlegend: Tilley, *Africa as a Living Laboratory*.

100 UN, Official Records, 9th Session, Supplement 1. Vgl. UN Archives New York S-0441-0504 Branch Registries, Volume I–IV, 1946–1959, Community Development Employment, UN, Interoffice Memorandum vom 12.11.1952, Field Surveys on Community Organization and Development in Asia, Middle East and Africa vom 15.7.1952.

voll wie der gemeinsame Aufbau von Infrastruktur oder die Einführung moderner landwirtschaftlicher Techniken auf den Weg gebracht werden.[101] Auf der International Conference of Social Work in Toronto 1954 würdigten schließlich Abgesandte der UNO *Community-Development* als in der Praxis wirkungsvollstes Prinzip des »social building«, das vor allem auf *Hilfe zur Selbsthilfe* setzen würde.[102]

Seit Mitte der 1950er-Jahre publizierte die UNO auch zu Afrika verlockende Berichte: Für afrikanische Menschen sei *Hilfe zur Selbsthilfe* im Rahmen von *Community Development* besonders gut geeignet.[103] Denn hier könnten sich sogar die vielen nicht einmal des Lesens und Schreibens mächtigen »Schwächeren« gewinnbringend engagieren und gleichzeitig vom Einsatz der wenigen »Stärkeren« profitieren.[104] Auch hinsichtlich der psychosozialen afrikanischen Bedingungen galt *Community-Development* als das Mittel der Wahl schlechthin: So galten Afrikaner zu jener Zeit gemeinhin als besonders »primitiv«, weil unbedarft, überkommenen Traditionen verhaftet und jeglichen Neuerungen gegenüber äußerst ängstlich und abwehrend. Noch dazu seien viele von ihnen eigensinnig, stolz, misstrauisch und würden sich

---

101 UN Archives New York S-0441-0505 Branch Registries – Volume I–IV, 1946–1959, Aktenvermerk zur Ausbildung von *Health- and Socialworkers im Community Development*, 1956. Ebd. S-0441-0506 Branch Registries – Volume I–IV, 1946–1959, Training of Social Welfare Per-sonnell in Under-Developed Areas, Section Sub-Saharan Africa, Bericht und Aktenvermerk vom 31.7.1953; Ebd. S-0441-1545 Branch Registries – Volume I–IV, 1946–1959, Memorandum zum Training for Social Planning vom 16.9.1949 mit Übersicht über das Kursangebot durch die UNO; Ebd. S-0441-0508 Branch Registries – Volume I–IV, 1946–1959, Checklist on Training of Auxiliary Social Welfare Personnell vom 16.9.1953.

102 Ebd. S-0441-1119 Branch Registries, Volume I–IV, Social Welfare Activities Conferences and Meetings, International Conference of Social Work Toronto 1954, UN Interoffice Memorandum vom 5.2.1954. Zur großen Bedeutung von *Hilfe zur Selbsthilfe* und *Community und Development* für die UNO in den 1950er Jahren: Department of Public Information United Nations, Yearbook 1953, S. 451–456; Das., Yearbook 1954, S. 261f.; Das., Yearbook 1955, S. 208f.; Das., Yearbook 1956, S. 251f.

103 BNA PRO Kew CO 1045/1376 Suzy Milburn, Community Development Clearing House, Institute of Education, University of London, Methods and Techniques of Community Development in the United Kingdom Dependent and Trust Territories for the United Nations, New York 1954, United Nations General Assembly, Committee on Information from Non-Self-Governing Territories, Sixth Session, Community Development Policy and Administration in Non-Self-Governing Territories (Report prepared by the Secretary), New York 1955.

104 UN Archives New York S-0175-1929-07 Technical Assistance-Missions UN Mission in Tanzania, General Description of the Experimental Project of Self-Help Housing in Dar es Salaam now in Progress, its Evaluation, and some Conclusions vom 27.7.1963, S. 2.

von Fremden rein gar nichts sagen lassen.[105] *Community-Development* wiederum breche nicht vollkommen mit Traditionen; es vermittle unter den Ängstlichen Sicherheit, weil es innerhalb gewohnter sozialer Beziehungen in Dörfern und Stadtvierteln ansetze; und es zerstreue nicht zuletzt Vorbehalte, fremdbestimmt und bevormundet zu werden. Hingegen könnten alle ihre Wünsche und Belange äußern. Das lasse selbst bei dem kritischten Afrikaner Stolz und Misstrauen verfliegen.[106]

Besonders viele Erfolge hätten freilich Bauprojekte der *Hilfe zur Selbsthilfe*, wie neue Häuser, Straßen oder Brücken, würden sie allen Beteiligten unübersehbar vor Augen führen, was sie mit ihrer eigenen Kraft für die Erleichterung ihres Lebens schaffen könnten.[107] Solche Bauwerke würden

---

105 Vgl. bspw. Brain,»A Bridge in Meru«; Forster, *Traditional Cultures*, S. 6, 69; Spicer, *Human Problems*, S. 18. Vgl. Büschel,»Eine Brücke«, S. 175f.

106 UN Archives New York S-0175-1929-07 Technical Assistance-Missions UN Mission in Tanzania, Memorandum vom 14.8.1953; Vgl. Ebd. S-1021-0183-15 Publications Welfare Self-Help-Plan vom Januar 1949.

107 UN Archives New York S-0441-1545 Branch Registries – Volume I–IV, 1946–1959, Jacob L. C., Huts and Houses for the Tropics vom 8.4.1949, insb. S. 6f.; Information on the United Nations Activities in the Fields of Building. Seit den 1960er-Jahren wurde das Bauen von Häusern in Selbsthilfe zum zentralen Hilfsprogramm der UNO, besonders auch Tansania: Ebd. S-0441-0085 Branch Registries – Volume I–IV, 1946–1959, United Nations Technical Assistance Mission in Tanzania, Urban Self-Help Housing, Basic Substantive Data, Memorandum vom 1.3.1960, J. L. Arrigone, Progress Report, Prepared for the Government of Tanzania vom Juni 1966; Ders., Housing Programme and Design for Aided Self-Help Housing vom Januar 1965; Expertenbericht aus Tansania über die Programme an die Technical Cooperation Section der UNO, Centre for Housing, Building and Planning vom 31.1.1973; Ebd. S-0175-1944-09 Technical Assistance-Missions UN Mission in Tanzania, Urban Self-Help Housing, Basic Substantive Data, Bericht aus einem Projekt in Magomeni, Tansania, vom 20.5.1964, Bericht aus einem Projekt in Kinondoni-Dar es Salaam, Tansania, vom 14.8.1964; Ebd. S-0175-1929 Technical Assistance-Missions UN Mission in Tanzania, General Description of the Experimental Project of Self-Help Housing now in Progress, its Evaluation, and some Conclusion vom 27.7.1963 in Dar es Salaam; Ebd. S-0175-0080-01 Technical Assistance-Missions UN Mission in Tanzania, Self-Help Housing Basic Substantive Data 1973–1974, Bericht über Tätigkeiten in Tansania und Kenya vom 23.5.1973, Ablaufplan Housing Building and Planning Activities vom Dezember 1966, Arrangement of Information on Housing Building and Physical Planning in African Countries vom Dezember 1966. Weitere Quellen zu Self-Help Housing der UNO in Tansania in: Ebd. S-0175-0079-02 Self-Help Housing Africa 1962–1964; Ebd. S-0175-0079-03 Self-Help Housing Africa 1965; Ebd. S-0175-0079-04 Self-Help Housing Africa 1967–1968; Ebd. S-0175-0080-02 Self-Help Housing Africa 1973–1974; Ebd. S-0175-0081-01 Self-Help Housing Africa 1974–1976; Ebd. S-0175-0081-03 Self-Help Housing in Africa 1974–1976; Ebd. S-0175-1945-01 Urban Self-Help Housing Tanzania, Planungen und Evaluationen 1965–1966; Ebd. S-0175-1945-02 Urban Self-Help Housing Tanzania, Planungen und

dann auch geschätzt, gepflegt und erhalten, weil ihre Bewohner ihre Vorstellungen eingebracht und schließlich viel an eigener Arbeitskraft investiert hätten.[108]

Angesichts der Bedeutung, die *Community Development* seitens der UNO
zugeschrieben wurde, war es nicht verwunderlich, dass sich 1963 das BMZ
auf der Suche nach neuen Ansätzen für die Entwicklungsarbeit für entsprechende Projekte der Briten interessiert. Dabei ging es auch darum, in
der einstmals deutschen Kolonie Kamerun möglichst viele Daten für die
künftige eigene Arbeit zusammenzutragen: So sollten nicht nur landwirt-
schaftlich-ökonomische Informationen gesammelt werden. Ein Ethnologe
und ein Diplompsychologe sollten auch »Erkenntnisse über die afrikanischen geistigen Voraussetzungen« zusammenstellen und dabei eine »möglichst weitgehende Erfassung der Mentalität und Psyche der eingeborenen
Bevölkerung« liefern.[109]

Zur Vorbereitung nahmen die Experten vermutlich die zu dieser Zeit
für Kamerun unter Deutschen einschlägige durch die *Deutsche Afrika-Gesellschaft* in Bonn herausgegebene Broschüre des Geographen und Landes-
kundlers Josef Schramm zur Hand.[110] Schramm hatte in den 1950er-Jahren
unter der britischen Treuhandverwaltung in Kamerun Erfahrungen gesammelt und galt als der am meisten ausgewiesene westdeutsche Experte
für die Region. Hier konnte man nachlesen, dass man in Kamerun einen
für das ganze tropische Afrika recht repräsentativen Querschnitt gesellschaftlicher Verhältnisse vorfinden könnte, der Rückschlüsse auf andere
Regionen zuließ. In Kamerun gebe es nämlich wie anderenorts nur sehr
wenig »zivilisierte« Afrikaner, sogenannte »Évolués«[111], die »mit den Ge-
pflogenheiten des ganzen Weltballs vertraut« und daher recht offen gegenüber Fremden seien. Weit zahlreicher seien »Kleinbauern«, die »im
Busch fern der modernen Zeit und im engen Horizont ihres Stammes« ihr
Dasein fristen würden.[112] In ihrem »starken Zusammenhalt« könne man

---

Evaluationen 1965; Ebd. S-0175-1945-03 Urban Self-Help Housing Tanzania, Planungen und Evaluationen 1973–1977.
108 Vgl. Turner, »Architecture that Works«; Ders., »The Squatter Settlements«, S. 355; Ders.,
   Housing by People; Ders./Fichter (Hg.), *Freedom to Build*.
109 Lindorf, *Modell*, S. 12.
110 Schramm, *Kamerun*.
111 Ebd., S. 111. Vgl. zum Begriff: Cooper, *Africa Since 1940*, S. 40f. In diesem Zusammenhang zu Kamerun: Rubin, *Cameroun*, S. 51f.
112 Ebd., S. 47.

solchen Leuten mit aufoktroyierter Modernisierung und »theoretischen Ratschlägen« nicht beikommen.[113]

Ausgestattet mit diesem oder ähnlichem in kolonial arroganter Rhetorik dargebotenen Wissen,[114] brachen die Rechercheure im Auftrag des BMZ im Dezember 1963 auf. Mitte März des darauffolgenden Jahres waren die Vorbereitungen vor Ort abgeschlossen und alle notwendigen Verhandlungen mit den Briten und Afrikanern geführt worden. Es folgten ein halbes Jahr lang Beobachtungen der britisch-kamerunischen Projekte, statistische Erhebungen und Interview-Studien mit all jenen, die Erfahrungen mit *Community Development* gemacht hatten.[115]

Dabei kamen die Forscher aus Deutschland zum Ergebnis, dass man bei wirkungsvoller Entwicklungsarbeit in der Tat nur sehr wenig von außen einwirken dürfe.[116] Die Leitlinie der britischen Projekte, auf der Ebene von Dörfern anzusetzen, sei äußerst gewinnbringend: Die Bewohner seien vertraut miteinander, so dass man leicht über Wünsche und Pläne reden könnte. Ein paar Hindernisse gelte es allerdings zu überwinden: Ab und an würden »Abhängigkeiten, Prestige- und Machtstreben, Egoismus und Eifersüchteleien« das einvernehmliche Miteinander erschweren.[117] Hier müsse der »weiße Mann« geschickt taktieren.[118] Man solle sich vor allem an junge Leute halten. Denn diese seien generell offener für »Entwicklungsanreize«, weil sie noch nicht so »festgefahren« seien.[119] Doch auch schon die Jungen würden »strengen Sitten und Gebräuchen« folgen und in Traditionen sehr verwurzelt seien. So halte man auf den Feldern an einer »kaum fortentwickelten jahrtausendalten Hackkultur« fest.[120] Daher müsse man sehr vorsichtig mit jedem Vorschlag zu einer Neuerung sein: Ein Bruch mit Traditionen könnte zu »Entwurzelungen« führen, deren »Schaden« kaum abschätzbar sei.[121] Man müsse sich somit genau auf die jeweiligen Verhältnisse vor Ort einstellen und nur sehr sanft und langsam

---

113 Schramm, *Kamerun*, S. 91f.

114 Vgl. zu kolonialem Wissen zu Kamerun grundlegend: Gouaffo, *Wissens- und Kulturtransfer*. Zu kolonialer Rhetorik in postkolonialer Entwicklungsarbeit: Zurmühl, *Der Koloniale Blick*.

115 Lindorf, *Modell*, S. 6f.

116 Ebd., S. 63.

117 Ebd., S. 12.

118 Ebd., S. 85.

119 Ebd., S. 66.

120 Ebd., S. 65.

121 Ebd., S. 64.

Veränderungen anstoßen.[122] Besonders schwierig sei dies hinsichtlich der Einstellung der Afrikaner zu Arbeit. Treffe man zwar viele »fleißige Bauern«, so gebe es doch viel »mangelhafte schöpferische Geisteskraft« und »Initiativlosigkeit«.[123] Durch von den Experten nicht näher beschriebene »geeignete Maßnahme« müsste so manchen »Eingeborenen« erst einmal klar gemacht werden, »daß ein besseres Leben nur durch Arbeit zu erreichen« sei.[124] Dabei sei neben »besten fachlichen Qualifikationen« und »robuster Gesundheit« an künftigen deutschen Experten vor allem auch »pädagogische Begabung und Einfühlungsvermögen« gefragt.[125]

Von der Entwicklungshilfe zur Entwicklungsarbeit: Handlungsanweisungen für die Praxis

In Anlehnung an die oben beschriebene Feldstudie und andere Untersuchungen, formierte sich in der Bundesrepublik Deutschland der 1960er-Jahre eine Theorie idealer Formen der *Hilfe zur Selbsthilfe*.[126]

Der Soziologe Bernward Joerges sprach in diesem Zusammenhang von drei grundlegenden, das Entwicklungskonzept tragenden »Idealen«: Als erstes gebe es da ein »stark emotional aufgeladenes karitatives Ideal«, das in Verbindung mit einer »apolitischen Einstellung« und im »Sinne einer Pädagogik des guten Beispiels« auf eine »spirituelle Erneuerung« des Hilfsbedürftigen abziele.[127] Zweitens beschrieb Joerges ein »romantisches Ideal«, das sich der »Erhaltung oder Wiederherstellung der heilen Welt traditioneller solidarischer Gemeinwesen« verschreibe, die »von den Einflüssen der modernen wirtschaftlichen und technischen Entwicklung zerstört« zu werden drohe. Sodann folge *Hilfe zur Selbsthilfe* einem dritten »demokratischen Ideal«: Denn allein dieses Entwicklungskonzept basiere auf der »uneingeschränkten Anerkennung der Fähigkeit und des Rechts« jedes Individuums und jeder Gruppe, die »eigenen Probleme zu erkennen, zu

---

122 Lindorf, *Modell*, S. 83.
123 Ebd., S. 85.
124 Ebd., S. 83.
125 Ebd., S. 85.
126 Als ein immer wieder gelungenes Länder-Beispiel der Selbsthilfe als Entwicklungsprinzip wurde Israel gepriesen. Vgl. Schaafhausen, *Entwicklung*.
127 Joerges, *Community Development*, Sp. 1063ff.

lösen und sich produktiv an veränderte Umweltbedingungen anzupassen.«[128] Jenes letzte »Ideal« habe allerdings bisweilen seine Schattenseiten. Denn hier würde auch geradezu »sozialistisch« die »aktive Teilnahme aller Glieder eines Gemeinwesens am Aufbau einer besseren Gesellschaft« als unerlässlich angesehen. Häufig werde mit »Nachdruck« eine unerlässliche »Verpflichtung zur Teilnahme« gefordert. Freiwilligkeit könnte leicht Zwängen weichen.[129] Im Folgenden wird noch zu sehen sein, dass hier tatsächlich ein Kernproblem von Praktiken der *Hilfe zur Selbsthilfe* lag.

Diese Ideale wären wiederum mit vier nacheinander ablaufenden Schritten prototypischer *Community Development-* bzw. *Hilfe zur Selbsthilfe-*Projekte verbunden, die im Rahmen eines »selbst tragenden Prozesses« mehr oder weniger gleich ablaufen sollten. Der erste Schritt müsse von den deutschen Entwicklungsexperten oder -helfern in Zusammenarbeit mit afrikanischen *Counterparts* ausgehen. Sie sollten im Idealfall eine »systematische Diskussion« innerhalb eines Dorfes über die Probleme des alltäglichen Lebens beginnen. Hierfür müsste eine lokal gebräuchliche Form einer solchen Debatte gewählt werden. In Afrika sei dies das sogenannte »Palaver«: Möglichst alle Dorfbewohner sollten sich mitten im Dorf versammeln, zusammen sitzen und miteinander reden. Jeder einzelne sollte im Gespräch »erkennen«, unter welchen Missständen er lebe. Jene »Kritik der eigenen Lage« sollte sich einen »Überblick über die Natur und Ursachen« der Probleme der vor Ort herrschenden Unterentwicklung verschaffen. Dann erst dürften auswärtige Experten »Lösungsmöglichkeiten und Entwicklungswege anstoßen«. Erst nach einer weiteren ausführlichen Debatte sollte man zu einem möglichst einstimmigen Entschluss kommen, das Selbsthilfeprojekt in Angriff zu nehmen.[130] Solche Diskussionen seien umso wirkungsvoller, da »Umgang mit der Sprache [...] dem schwarzen Afrikaner [...] ein ureigenes Vergnügen sei.«[131]

Ein zweiter Schritt sollte der Planung der praktischen Umsetzung gelten: Dabei müssten Afrikaner häufig erst lernen, ihre »menschlichen und materiellen Reserven zu beurteilen, zu organisieren und die Grenzen der eigenen Leistungsfähigkeit zu erkennen.«[132]

128 Joerges, *Community Development.*
129 Ebd, Sp. 1065.
130 Ebd., Sp. 1068ff.
131 Carl Schumacher, »Die Genossenschaften in Afrika«, S. 338.
132 Joerges, *Community Development*, Sp. 1068ff.

Erst wenn alle praktische Arbeit auf die »Schultern der Gemeinde« verteilt sei, könne in einem dritten Schritt die materielle Unterstützung durch eine deutsche Hilfsorganisation erfolgen. Das würde dann von den Afrikanern meist als erster Erfolg eingeschätzt – mit dem positiven Effekt, dass sie ein »erhöhtes Selbstbewußtsein« und »ein Bedürfnis nach weiteren Projekten« bekämen.[133] Mit der Verteilung der Arbeit sei dies allerdings noch nicht geleistet. Die »Erfahrung« zeige, dass es in Afrika immer wieder einer gegenseitigen »Mobilisierung der körperlichen, wirtschaftlichen und psychologischen Reserven« bedürfe.

In einem vierten Schritt sollten sich Familienmitglieder, Freunde und Nachbarn immer wieder gegenseitig anspornen und sich die Vorteile des Einsatzes für Entwicklung vor Augen halten.[134]

Joerges Ausführungen wurden in der Bundesrepublik Deutschland ausgiebig rezipiert. So war beispielsweise 1967 in der Zeitschrift der DSE zu lesen: Man dürfe in Afrika nur solche Projekte fördern, die »wirklich dazu angetan [seien], die Grundbedürfnisse des Gemeinwesens abzudecken« – und zwar nur »auf ausdrücklichen Wunsch der Bürger« hin. »Sanft und aus der Gemeinschaft« heraus müsse man dauerhaft »eine Art Gesinnungswandel bei den Einwohnern« hervorrufen. Es müsste erreicht werden, die »Anteilnahme« jedes Einzelnen zu fördern, indem man »ermutigend« und durch »Ausbildung« auf ihn einwirke. Besonders Frauen müsste man einbeziehen, würden sie ja vor allem die Arbeit auf den Feldern verrichten. So seien sie die potenziellen Träger landwirtschaftlicher Entwicklung. Und auch hier wurde wieder betont, dass man vor allem Jugendliche einbinden solle, würden diese doch die »Dauerhaftigkeit des Projekts« gewährleisten.[135]

Internationale Solidarität als organische und naturgemäße Zwangsläufigkeit

Auch die DDR machte ihr entwicklungspolitisches Engagement davon abhängig, dass Selbstständigkeit gefördert würde und zwar dadurch, dass

---

133 Joerges, *Community Development*, Sp. 1068ff.
134 Ebd.
135 Hartwieg, *Entwicklungshilfe*, S. 14.

möglichst »alle Menschen« vor Ort an der »Verwirklichung« von Entwicklung mitarbeiten würden.[136]

Die *Internationale Solidarität* der DDR war allerdings bei weitem nicht ein so zentraler Gegenstand wissenschaftlicher Debatten und bezog sich auch nicht auf einen ausländischen Vorläufer wie die bundesdeutsche *Hilfe zur Selbsthilfe* auf das *Community Development*. Auch gab es keine prominenten psychologisch-soziologischen Modelle, die Schritte dieser Art von Entwicklungshilfe prototypisch beschrieben. Das war durchaus Programm: Denn *Internationale Solidarität* galt als regelrecht »naturgemäß«, als ein zwangsläufig sich aus Lebenspraxis und »wahrer Freundschaft, gleichberechtigter Zusammenarbeit und gegenseitiger Hilfe« ergebenes Konzept, über das man nicht viel theoretisieren müsse.[137]

Als wichtig galten hingegen die eigenen biographischen Erfahrungen der Entwicklungsexperten: So beriefen sich auch die Leiter des Solidaritätskomitees der DDR, wie der erste Vorsitzende Horst Brasch, dessen Nachfolger Heinz H. Schmidt oder Achim König, verantwortlich für technische und materielle Belange, allesamt auf ihre persönlichen guten Erfahrungen mit der Solidarität der Genossen in der Arbeiterbewegung. Selbst in der politischen Verfolgung sei man sehr unterstützt worden. Und so sei man sich der Notwendigkeit und Selbstverständlichkeit bewusst, nun auch gemeinsam mit Afrikanern gegen Rassismus, Neokolonialismus und Unterentwicklung solidarisch zu kämpfen.[138] Es sei nur »natürlich«, hier »Herz und Hände« sprechen zu lassen.[139]

Auch die hier bemühten Bilder bezogen sich quasi auf Naturphänomene: So war von einem »Schneeballsystem« die Rede, wenn gesagt wurde, dass Experten der DDR nur beraten würden wie »Freunde zu Freunden«;

---

136 PA AA Berlin DDR MfAA Abteilung Afrika TAN C 1460/72, Arbeit einer Wirtschafts und Expertengruppe der DDR in Sansibar 1965–67, ad 9–13, Klaus T., Expertengruppe der DDR zu Planungsfragen in Zanzibar, Einschätzung zum Abschluss der Arbeit der Expertengruppe an das Ministerium für Auswärtige Angelegenheiten, Entwurf vom 11.5.1967, hier ad 12, 4; BA Berlin Lichterfelde SAPMO DY 30 IV 2/2053, ZK der SED, 4. Auslandspolitische Abteilung Plan zu den Entwicklungen der Beziehungen zwischen der DDR und den afrikanischen Staaten 1961 vom 13.2.1961, S. 14.

137 Vgl. auch rückblickend auf die 1960er-Jahre: Bruns, *Die Außenpolitik der DDR*, S. 33.

138 Vgl. zu entsprechenden biographischen Hinweisen und Aussagen: Schleicher, *Zwischen Herzenswunsch und politischem Kalkül*, S. 8ff. Schleicher geht allerdings weniger von rhetorischen Figuren und der ostentativen Konstruktion von Handlungsprämissen und Leitlinien der *Internationalen Solidarität*, sondern von einem verinnerlichten Bekenntnis infolge der Sozialisation der Pioniere der DDR-Solidarität aus.

139 FDGB-Bundesvorstand, *Unser Herz*.

sozusagen würde man sich gegenseitig die Bälle zuspielen und dann eine regelrechte Lawine der Mitarbeit unter den Afrikanern auslösen wollen.[140] Freilich verbarg sich hinter all der Rhetorik des Lebenspraktischen und Natürlichen auch ein theoretisches Konzept: Beispielsweise bezog man sich auf den französischen Soziologen und Ethnologen Émile Durkheim und vor allem auf dessen Schrift »Über die soziale Arbeitsteilung« von 1893.[141] Hier betonte Durkheim eine »solidarische Gruppenhaltung« als Grundlage aller gesellschaftlicher Organisationen. Dabei differenzierte er in eine »mechanische Solidarität«, die vormodernen, somit sogenannten »primitiven« Gesellschaften anhaften würde, und in eine moderne »organische« Arbeitsteilung.[142] In der »mechanischen Solidarität« würden alle alles machen müssen, was häufig nur wenig Arbeitsproduktivität mit sich bringe. Die »organische Solidarität« hingegen sei nach Können und Möglichkeiten der Mitglieder einer Gesellschaft ausgerichtet; wie die verschiedenen Organe eines Körpers so würden nun Menschen Funktionen besonders produktiv wahrnehmen können.[143] Man könnte soweit gehen zu behaupten, dass in diesen Gedanken Durkheims moderne Arbeitsteilung sozusagen als Naturzustand verabsolutiert wird. Diese Vorstellungen im Hintergrund konnte *Internationale Solidarität*, die Arbeitsteilung anregen wollte, als quasi naturgemäßes Entwicklungskonzept erscheinen.

Historiker und Ethnologen aus der DDR behaupteten überdies, dass in Afrika schon immer ausgeprägte Formen von Solidarität geherrscht hätten, die – wenn überhaupt – nur durch den Kolonialismus verloren gegangen seien. Geradezu in einer Art afrikanischen ›Ursozialismus‹ hätten sich die Afrikaner südlich der Sahara in Solidargemeinschaften und genossenschaftsähnlichen Verbünden von Großfamilien, Dörfern und ›Stämmen‹ organisiert.[144] Hier könne man ansetzen und lediglich Arbeitsteilungen anstoßen in Richtung »organischer« und damit besonders zielführender

---

140 BA Berlin Lichterfelde SAPMO DY 24/19210 Korrespondenz zwischen dem Zentralrat der FDJ und der Brigade der Freundschaft in Sansibar 1970, Aktennotiz über die Durchführung eines ›Filmcocktails‹ mit der TANU-Jugendliga vom 22.6.1970, S. 3.
141 Ebd.; Hier zu: Durkheim, *De la Division du travail social*, S. 100f.
142 Ebd. Vgl. zu diesem Ansatz Durkheims: Hahn, »Durkeim«; Ders., *Ethnologie*, S. 130f. »Primitiv« hatte hier nicht unbedingt eine abwertende oder pejorative Bedeutung. Es markierte eher ein Mehr an Naturverbundenheit und ein Weniger an Zivilisierung und Entwicklung. Zum Terminus: Kaufmann, »»Primitivismus««; Dies., »Zur Genese«. Zum ethnologischen Diskursstrang in diesem Zusammenhang grundlegend: Fabian, *The Time and the Other*, S. 17f.
143 Vgl. Hahn, *Ethnologie*, S. 130f.
144 Vgl. bspw.: Büttner, *Geschichte Afrikas*, S. 123f.

Solidarität. Nicht nur aufgrund der vorherrschenden Traditionen würde das auf Solidarität gegründete entwicklungspolitische Handeln der DDR von Afrikanern auch besonders gut angenommen. Es entspreche eben auch der »Natur« afrikanischer »Kultur und Sitte« und sei geradezu etwas Zwangsläufiges.[145] Die Leitlinien und Ansprüche der *Internationalen Solidarität* der DDR beanspruchten damit weniger als bundesdeutsche Texte zum *Community Development* bzw. zur *Hilfe zur Selbsthilfe* Gültigkeit und Autorität durch wissenschaftliche ethnologische, soziologische und sozialpsychologische Erwägungen. Sie beriefen sich letztlich vor allem auf eigene Erfahrungen mit solidarischen Genossen und betonten die gewissermaßen natürliche Selbstverständlichkeit, den Unterprivilegierten auf der Welt zu helfen, sich selbst zu helfen. Auch die Art und Weise dieser spezifischen *Hilfe zur Selbsthilfe* brauche keine Vorbilder oder großartigen theoretisch-methodischen Erörterungen: Man berief sich auf gesellschaftliche Naturgesetze sowie afrikanische ›Sitten‹ und ›Gebräuche‹ und beugte damit jedem Verdacht sozialpsychologischer und entwicklungspolitischer Planung und Manipulation vor.

Sind damit die Grundprämissen der entwicklungspolitischen Konzepte *Hilfe zur Selbsthilfe* und *Internationale Solidarität* in der Bundesrepublik und der DDR sowie ihre jeweilige Bedeutung in den deutsch-deutschen Konkurrenzen des Kalten Krieges beschrieben, geht es nun darum, einen Schritt weiter zu gehen. So wird im Folgenden gefragt werden, gegen welch tiefer liegende Vorstellungen von Entwicklungsarbeit sich *Hilfe zur Selbsthilfe* eigentlich richtete, woher die Stoßrichtung der Argumente kam und was mit ihnen angestrebt und erzielt werden sollte.

---

145 BA Berlin Lichterfelde SAPMO DY 30 IV 2/2053, ZK der SED, 4. Auslandspolitische Abteilung Plan zu den Entwicklungen der Beziehungen zwischen der DDR und den afrikanischen Staaten 1961 vom 13.2.1961.

2. Die globalen Versprechen der *Hilfe zur Selbsthilfe*

So galt in den 1960er-Jahren *Hilfe zur Selbsthilfe* weit über die Bundesrepublik und die DDR hinaus nicht nur als Mittel zur Bedürfnisbefriedigung anderer,[1] sondern auch als das wirkungsvollste entwicklungspolitische Instrument überhaupt: Es könne jedweder Unterentwicklung ein Ende setzen und damit nicht zuletzt die Menschen in der Dritten Welt von den Nachwehen kolonialer Unterdrückung und Ausplünderung befreien. Es galt als fern von der zerstörerischen und lähmenden Macht des globalen Nordens über den globalen Süden. Es stand nicht für Bevormundung und Vorschriften sondern für geduldige Gespräche, friedvollen Umgang, Vertrauen und Freude. Vieles sollte sich aus der Entwicklungsarbeit vor Ort ergeben. Daraus sollte sich – in Anlehnung an Pierre Bourdieu gesprochen – in unterentwickelten Regionen eine dauerhafte »systematische Disposition« ergeben, die Entwicklung nachhaltig mache.[2] Dreh- und Angelpunkt war ein ständiges Reflektieren und Überlegen zwischen Gebern und Nehmern, was denn das Beste sei und wie man dies umsetzen könne. Man sprach von »Brain Storming«, einem zu jener Zeit gerade erst aufgekommenen psychotechnischen Konzept, das weit mehr als bloße Überlegungen und Debatten meinte; es stand hingegen für einen wirklichen sozialen Austausch, der auch Gefühle füreinander aufkommen lassen sollte.[3]

---

1 So die Definition für Hilfe von Niklas Luhmann: Luhmann, *Soziologische Aufklärung*, S. 66.

2 Bourdieu, *Entwurf einer Theorie der Praxis*, S. 191.

3 Jones, »Rural Development«.

Vom schlechten Wesen des Schenkens

Diese Vorstellungen entstanden nicht von heute auf morgen. Sie sind in Bezug zu setzen mit einer länger anhaltenden kritisch-soziologischen Auseinandersetzung mit dem Wesen des Schenkens überhaupt, die vor allem mit zwei berühmten Studien in Zusammenhang gebracht werden kann: Georg Simmels 1908 erschienenen »Untersuchung über Formen der Vergesellschaftung«[4] und Marcel Mauss' Essay »Die Gabe« von 1923.[5] Man kann diese Schriften trotz ihrer Unterschiedlichkeit auf ein paar normative Formeln bringen: Sie behaupteten nämlich, Geschenke seien eine vertrackte, bisweilen gar ungute Angelegenheit. So würden Geschenke leicht ein Ungleichgewicht an Macht entstehen lassen, eine asymmetrische Reziprozität: Sie würden Erwartungen auf Dankbarkeit oder Gegenleistung beinhalten, was zu Druck, Unzufriedenheit und zu zahlreichen sozialen Konflikten führen könnten.[6]

Bereits im Jahr 1889, somit schon lange vor Mauss und Simmel, hatte der deutsche Bestsellerautor Hugo Schramm-Macdonald behauptet, dass von Hilfe in Form von Geschenken noch eine weitere Gefahr ausgehe: Sie mache nämlich »eigene Anstrengung überflüssig«. Damit »lähme und ersticke sie im Menschen nur allzu leicht die Willens- und Thatkraft, wie jeden Trieb zur Selbstthätigkeit.« Sie liefere den Hilfsbedürftigen damit erst recht der »Hilflosigkeit« aus.[7]

Diese Vorstellungen bezogen viele Soziologen, Psychologen, Ethnologen oder Ökonomen in den 1960er-Jahren auf die Frage nach fruchtbringenden Entwicklungskonzepten in der Dritten Welt: Entwicklungshilfe sei letztlich allzu häufig ein unheilvolles Danaer-Geschenk und für alles, was sie eigentlich bewirken solle, nahezu kontraproduktiv. Sie sei bevormundend, reziprok auf Gegengaben ausgelegt und wiege die Empfänger im Glauben, nicht mehr für sich selbst sorgen zu müssen. Sie sei daher desillusionierend, lähmend und verhindere nachhaltige Entwicklung regelrecht.[8] So herrschte im Rahmen einer gewissermaßen soziologisch fundierten

---

4 Simmel, *Untersuchungen*, insb. S. 667f.

5 Mauss, »Die Gabe«. Vgl.: Därmann, *Theorien der Gabe*, S. 12–35; Liebersohn, *The Return of the Gift*, S. 139–163.

6 Simmel, *Untersuchungen*, S. 667f.; Mauss, »Die Gabe«.

7 Schramm-Macdonald, *Weg zum Erfolg*, S. 3f.

8 Bspw.: Pearson, *Der Pearson-Bericht*. Vgl. Nuscheler, *Sicherheitsinteressen*. Vgl. Büschel/Speich, »Einleitung«, S. 15; Büschel, »Eine Brücke«. Vgl. unter Zusammenfassung zahlreicher älterer Positionen: Erler, *Tödliche Hilfe*; Moyo, *Dead Aid*.

Diskreditierung des Helfens ein tiefes Misstrauen gegenüber herkömmlicher Entwicklungshilfe.[9] Misstrauisch waren nicht zuletzt auch die Regierungen afrikanischer Postkolonien: Dort wollte man schlichtweg keine ausländischen Alimentierungen, die irgendwelche Gegenleistungen nach sich ziehen sollten, ebensowenig wie unter den eigenen Leuten passiv gelähmte Almosenempfänger.[10]

Hilfe zur Selbsthilfe mit ihren Ansprüchen auf Selbstbestimmung und Eigenbeteiligung galt hier als sinnvolle und einzige Alternative: In ihr gebe es keine machtvolle Asymmetrie. Derjenige, der sich selbst helfe, trage denn auch den Hauptverdienst am Ergebnis. Er sei niemandem etwas schuldig. Überdies sei alles angemessen, sinnvoll und auf die Bedürfnisse der sich selbst Helfenden abgestimmt. Erstmals in der Geschichte der Fürsorge könnten nun auch die Menschen in der Dritten Welt ihr Leben nach ihren eigenen Vorstellungen anpacken. Bevormundung weiche Selbstbestimmung; passives Hinnehmen würde in aktiv engagiertes Handeln überführt.[11] Damit würde *Hilfe zur Selbsthilfe* nicht zuletzt auch »die Sorge um sich selber« befördern.[12] Sie würde durch den Kolonialismus unterdrückte und stillgestellte Menschen allmählich zu mündigen, anpackenden Staatsbürgern reifen lassen. Diese Vorstellung war wiederum für die Staatsführungen der jungen afrikanischen Postkolonien ungemein attraktiv.

Selbstständigkeit durch Selbsthilfe in Afrika

So gehörte Selbsthilfe zu den wohl grundlegendsten Programmatiken beim Aufbau postkolonialer Staatlichkeit in Afrika. Und auf jene Selbsthilfe im

---

9 Bspw.: Pearson, *Der Pearson-Bericht.* Vgl. Nuscheler, *Sicherheitsinteressen.* Vgl. Büschel/Speich, »Einleitung«, S. 15; Büschel, »Eine Brücke«.

10 Vgl. die Regierungen von Tansania, Togo und Kamerun in diesem Zusammenhang in den 1960er-Jahren: Nyerere, »Ten Years«, S. 1; Ders., »President's Inaugural Address«; Ders., »Freedom and Development«, S. 60; Mwapwele, *A Decade of Progress;* Slater, »The Production«; »Présentation par le président Sylvanus Olympio«, S. 170–175, 188–195, 201–206; Ministry of Planning and Territorial Development, *IIIrd Five Year Economic and Social Development Plan,* S. 3; Vincent, »Formation des Hommes et Développement«, S. 88ff. Vgl. Ruthenberg, *Agricultural Development,* S. 112; Ingle, *From Village to State,* S. 74.

11 Vgl. ebd. und bspw.: Richter, »Entdeckungen«; Bothmer, *Projekt Afrika,* S. 40; Fürstenberg, »Vom Duplikat«, S. 8f.; Warneck, »Kameradschaft«, S. 101f.

12 Vgl. Foucault, *Die Sorge um sich,* S. 55–75. Fisch, »Zivilisation, Kultur«, S. 684.

Sinne von Selbstständigkeit sollten auch Entwicklungshilfe-Programme aus dem Ausland abgestellt sein: So beriefen sich viele Regierungen der Postkolonien darauf, dass künftig jede Entwicklungshilfe, die man von außen annahm, *Hilfe zur Selbsthilfe* sein solle.[13] In der Tat wurden in den 1960er-Jahren auch in Tanganjika bzw. Tansania, Togo und Kamerun Entwicklungsvisionen mit Freiheits- und Befreiungsansprüchen, aber auch mit Pflichten für jeden einzelnen Bürger verknüpft. Man kann sagen, dass eine aktive Mitarbeit an Selbsthilfe-Projekten zur Staatsbürgerpflicht erklärt wurde. Damit sollte jeder Bürger zur freiwilligen und unentgeltlichen Mitarbeit vor allem am Bau von Brunnen, Straßen, Krankenhäusern und Schulen mobilisiert werden, und zwar nicht zuletzt weil die Mittel für bezahlte Arbeitskräfte fehlten.[14]

Entsprechend sagte Nyerere gleich zu seinem Dienstantritt als Präsident von Tanganjika am 9. Dezember 1962, dass Freiheit auch Verantwortung bedeute. Jeder Bürger habe nun»die gleiche Pflicht, die Arbeit zu leisten, die ihm anvertraut sei«, um sich damit»ausschließlich dem Aufbau [der] neuen Republik [...] zu widmen.«[15] Auch in den Richtlinien der Regierungspartei *Tanganyika African National Union* (TANU) wurden Freiheit, selbstbestimmte Entwicklung, innere Befreiung jedes Einzelnen und Pflicht zur Arbeit miteinander verbunden.[16] Jeder müsse nun um seiner selbst willen arbeiten und für Entwicklung des ganzen Landes kämpfen:

»Any action that gives the people more control of their own affairs is an action for development; even if it does not offer them better health or more bread. Any action that reduces their say in determining their own affairs or running their own

---

13 Vgl. bspw. zu Tansania: TNA Dar es Salaam Acc. 257, 26/060, 1960–1963, Overseas Aid General, Briefwechsel zwischen dem Ministry of Agriculture Tansania und der Organization for Economic Development and Cooperation vom 25.9.1963; Ebd. Acc. 257, 26/077 a External Aid from West Germany 1964, Schreiben des Ministry of Agriculture an die bundesdeutsche Botschaft Dar es Salaam vom 27.4.1968, o. S.; Ebd. Acc. 257, 26/077 b External Aid from West Germany 1965, Fifth Agreement to the Agreement of 6th September 1962 between the Government of the Federal Republic of Germany and the Republic of Tanganyika, regarding Technical Cooperation vom Januar 1965, S. 2.

14 Lewis, *Politics in West Africa*, S. 54.

15 Nyerere, »Inaugural Address«; Ders., »Education«; vgl. Na/Mwathojo u.a., »Heko vikongozi wa nyumba kumi kumi Temeke«.

16 Governement of Tanziania, TANU Guidelines, o. S. Vgl. Auger, *Tanzania Education*; Ng'wanakilaa, *Mass Communication*.

lives is not development and retards them even if the action brings them a little better health and a little more bread.«[17]

Da offensichtlich der Arbeitseinsatz in Selbsthilfe in der Praxis nicht allzu großen Zuspruch fand, betonte das Büro des tansanischen Präsidenten 1967, zunächst müssten die Staatsbeamten»Vorbilder für alle Bürger« sein, sich für die *Self Reliance* des Landes einsetzen und sich in Selbsthilfe und ausländischen Entwicklungsprojekten der *Hilfe zur Selbsthilfe* einbringen.[18] Doch wurde bei allem Reden über Pflichten zumindest rhetorisch darauf geachtet, dass die Richtschnur allen Handelns Freiwilligkeit bleiben müsse. In diesem Sinne zitierte die tansanische regierungsnahe Zeitschrift»The Standard« im Januar 1969 eine Rede Nyereres, in der er gesagt hatte: »Force could not be used to develop the mind of the people.«[19] Hingegen sollte Überzeugungsarbeit geleistet werden, beispielsweise gegen»Aberglauben«, der häufig die Menschen dazu bringe, sich gegen jede Veränderung zu stellen.[20]

Solche Aussagen beschränkten sich keineswegs auf die ersten Jahre nach der Unabhängigkeit. Sie stehen für einen längeren Prozess der Dekolonisierung, der mit Befreiungs- und Entwicklungsrhetoriken seitens der jungen postkolonialen Regierungen einherging. So verkündete Nyerere im September 1971 rückblickend auf knapp zehn Jahre Unabhängigkeit, dass es eben gerade durch die freie Entscheidung aller Bürger und ihre daraus erwachsene Eigeninitiative gelungen sei, das Land in den vergangenen Jahren mehr zu entwickeln als es die Kolonialherren in den letzten vierzig Jahren vermocht hätten.[21]

Auch der Vizepräsident von Tansania und Präsident Sansibars Abeid Karume äußerte sich mehrfach über den unschätzbaren Wert und die Bedeutung der»Selbsthilfe, die vom Volk geleistet« werde.[22] Ähnliches sagten

---

17 Government of Tanzania, *TANU Guidelines*, o S.

18 Vgl. Ebd.; TNA Dar es Salaam Acc. 520, P 1/61 1951–65 Self Help Schemes, Rundschreiben vom 4.11.1964.

19 The Standard, 22.1.1968, S. 1, zitiert nach: Ingle, *From Village to State*, S. 89.

20 Ebd.

21 Nyerere, *Ten Years After Independence*, S. 1.

22 So die Äußerung in einem Interview gegenüber der tansanischen Zeitung»The Standard«, gedruckt am 26.4.1969, Übersetzung durch die Freundschaftsbrigade der DDR, S. 4, in: BA Berlin Lichterfelde SAPMO DY 24/19208 Brigade der Freundschaft Sansibar an den Zentralrat der FDJ 1969. Zur Dekolonisierung Sansibars: Aumüller, *Dekolonisation*, S. 110–118.

1969 der Präsident von Kamerun Amadou Ahidjo[23] oder 1973 der Präsident von Togo Étienne Gnassingbé Eyadéma[24]: Zum 13. Jahrestag der Unabhängigkeit Togos von Frankreich würde man doch überdeutlich sehen, dass es den Einwohnern von Togo gelungen sei, die Entwicklung ihres Landes als in jeder Hinsicht »freie Menschen« voranzutreiben.[25]

Selbsthilfe und *Self Reliance* wurden bei solchen Stellungnahmen immer wieder als Ausdruck, Ergebnis und Essenz des »Volkswillens« ausgegeben, was zur Konsequenz hatte, dass sich jeder, der sich hier nicht einbringen wollte, auch als »Feind des Volkes« angesehen werden konnte.[26] Die Angebote des Auslands zu *Hilfe zur Selbsthilfe* wurden entsprechend begrüßt. Und trotz aller Vorbehalte gegen die politischen Hintergedanken beider deutscher Staaten erschienen Offerten aus der Bundesrepublik und der DDR häufig hinsichtlich neokolonialer Einflussnahme unverdächtiger als die der Treuhandmächte Frankreich oder Großbritannien, von denen man sich ja durch Entwicklungen ausdrücklich emanzipieren wollte.[27]

---

23 Ahidjo, *Nation*.

24 Vgl. zur Regierungszeit Éyadémas: Toulabor, *Le Togo*, insb. S. 15–52.

25 Éyadéma, »Discours«. Vgl. »Nuatja. Vers la réfection de la route Atchave-Kouve«, in: *Togo Presse* vom 11.6.1968, o. S.; »Nous sommes tous victimes de tabous alimentaires«, in: Ebd. vom 10.7.1968, o. S.; »Agouegan un habitat rural verra bientôt le jour«, in: Ebd. vom 2.4.1968, o. S.

26 TNA Dar es Salaam, Acc. 518, D 30/9, Village Development Committee, ad 1, Rundschreiben des Vizepräsidenten von Tanganjika vom 23. Mai 1963, S. 3f. Zu einem solchen Nation-Building-Scheme in der tansanischen Iringa Region 1964: Ebd. Annual Report Regional Commission 1964, Iringa Region, S. 31.

27 Vgl. bspw. zu Tansania: Ebd. Acc. 257, 26/060, 1960–1963, Overseas Aid General, Briefwechsel zwischen dem Ministry of Agriculture Tansania und der Organization for Economic Development and Cooperation vom 25.9.1963.

3. Hilfe zur Selbsthilfe als >bestes< Entwicklungskonzept für Afrika

Hilfe zur Selbsthilfe in Afrika basierte dabei auf drei grundlegenden spezifischen Vorannahmen, die immer wieder unterstrichen, dass es sich bei diesem Entwicklungskonzept als das für Afrikaner geeignetste handele: Eine erste Prämisse war, dass die meisten Afrikaner durch zu rasche und tiefgreifende Modernisierung überlastet, erschreckt und gelähmt würden, was für Entwicklungen eher kontraproduktiv sei. *Hilfe zur Selbsthilfe* mit ihrem Anspruch, auf lokale Traditionen aufzubauen, könne hier Abhilfe schaffen. Mit diesem Gedanken war zweitens die Vorstellung verbunden, dass es gerade in Afrika eine ganze Reihe >guter<, aber durch den Kolonialismus vielfach verlorener oder vernichtender Traditionen gebe, die man durch *Hilfe zur Selbsthilfe* wieder beleben könne. Und drittens wurde als eine besonders wichtige dieser Traditionen die Genossenschaft angesehen, eine Form des gemeinschaftlichen, auf Entwicklungen abgestellten Wirtschaftens, die früher in Afrika sehr weit verbreitet und damit letztlich nur wieder herzustellen sei.

Entwicklung als Trauma und das Heilmittel *Hilfe zur Selbsthilfe*

In den 1950er-Jahren teilten Ethnologen und Entwicklungsexperten überall auf der Welt nahezu einhellig die Auffassung, dass allzu rasche Modernisierung und damit verbundenen lebensweltlichen Umbrüche besonders bei Afrikanern psychische Verunsicherung bis hin zu traumatischen Erfahrungen hervorrufen würden. Die Folge wäre eine Schockstarre und mentale Lähmung weiter Bevölkerungskreise, die für ein engagiertes Eintreten für Entwicklungen kontraproduktiv seien. Eine vorbehaltlose und zu rasche Modernisierung könnte Gesellschaften »on the verge of catastrophe« entstehen lassen. Sie seien nicht nur gelähmt apathisch und jeglicher Entwicklung fern, sondern hätten auch nicht zu unterschätzende soziale und politische Sprengkraft, weil Armut immer zu Aggressionen gegenüber den Vermögenderen führen könne.[1] Von einer unter allen Vertretern von Entwicklungspolitik geteilten Modernisierungseuphorie, wie sie von historischen Untersuchungen in den letzten Jahren immer wieder hervorgehoben wurde,[2] kann man zumindest in diesem Zusammenhang keineswegs sprechen.

So warnte beispielsweise bereits 1952 der nordamerikanische Anthropologe Edward Spicer generell für Entwicklungsländer vor einem Verlust des Gefühls von Sicherheit in Folge zu raschen Wandels:

»People resist change that appear to threaten basic securities; they proposed change they do not understand; they resist being forced to change.«[3]

1955 schrieb auch die renommierte US-amerikanische Ethnologin Margaret Mead, man müsse psychische und damit soziale Schäden durch Entwicklung und Modernisierung abwenden. Die »Heilsgewissheit schneller Veränderungen«, beispielsweise durch die Einführung von technischen Gerätschaften in der Landwirtschaft, habe ihre Schattenseiten. Lärmende und von Abgasen stinkende Traktoren könnten in den Entwicklungsländern bei den »traditionelles Leben gewohnten Bauern« zu Erschrecken, Schockzuständen und gar zu Depressionen führen. So sei der unerwünschte Nebeneffekt mancher Entwicklungsarbeit Untätigkeit aufgrund von Überforderung. Nachhaltige Entwicklung würde eher verhindert, denn befördert.[4] Mead war zu jener Zeit für die 1948 gegründete *World Federation for Mental Health* (WFMH) tätig,[5] einer von der UNO anerkannten Körperschaft.[6] In ihren Empfehlungen für Entwicklungsprogramme verfolgte die WFMH den Kurs, sanfte Formen der Entwicklungsarbeit – wie *Hilfe zur Selbsthilfe* – um Willen der psychischen Gesundheit der Empfänger zu pro-

---

1 Vgl. Mahone, »East African Psychiatry«, S. 53.

2 Vgl. als Forschungsüberblick: Unger, *Histories of Development*. Hingegen zur Suche nach Alternativen zur europäischen Modernisierung bereits in der Zwischenkriegszeit: Sachsenmaier, »Searching«.

3 Spicer, *Human Problems*, S. 18. Vgl. Büschel, »Eine Brücke«, S. 175.

4 Mead, »Preface«.

5 Zum Überblick von Meads Selbstdeutung der WFMH: Mead, »Mental Health«. Vgl. zu Mead grundlegend: Metraux, »Margaret Mead«; Howard, *Margaret Mead*; Lutkehaus, *Margaret Mead*, insb. S. 149.

6 Vgl. zur Einführung: Brody, »The World Federation for Mental Health«.

pagieren. So pflichtete beispielsweise auch der Direktor der WFMH, der ehemalige Militärpsychiater John Rawling Rees,[7] Mead bei:

»Sometimes great harm can be done to the people of [a development] country, especially through the creation of social psychological stresses and the disorganization of family and community life.«[8]

Im gleichen Jahr, in dem Mead und Rees ihre Positionen veröffentlichten, erschien die einflussreiche Studie des Anthropologen Claude Lévi-Strauss, in der er auf der Grundlage von Feldforschungen im brasilianischen Amazonas entscheidend und weitreichend das Bild von durch Modernisierungserfahrungen zerbrochenen oder zerbrechenden Lebenswelten in den »Traurigen Tropen« prägte.[9] Das ›primitiven‹ Menschen ureigene auf Assoziationen und Gefühle aufbauende »wilde Denken«[10] sei durch den Rationalisierungsanspruch europäischer Zivilisierungsmissionen bedroht, was Furcht, Verunsicherung und Trauer mit sich brächte.

Wenn man überhaupt über Entwicklung nachdächte – so die Konsequenz dieser Sichtweise – dann müsse sie entschleunigte, auf die Verhältnisse vor Ort angepasste Wege gehen. Bereits 1949 hatte die UNO in diesem Sinne »Guiding Principles« für Entwicklungshilfe veröffentlicht, die weltweit gültig sein sollten und an lokale Verhältnisse angepasste Entwicklungsarbeit propagierten, die Traumata und Überforderungen auszuschließen versprach.[11] Dergleichen wurde 1953 durch das Programm der UNO für technische Zusammenarbeit unterstrichen, das gemeinsam mit dem *International Labour Office* (ILO) entwickelt worden war und unter dem Motto stand »Durch Hilfe zur Selbsthilfe«.[12]

Dass die Vorstellung, Menschen würden durch zu rasante Modernisierung ihres Lebensumfeldes schlichtweg verrückt, besonders für Afrika maßgeblich sein könnte, hatten Ethnologen bereits seit dem Fin de Siècle immer wieder herausgestellt. Auf der Grundlage ausführlicher Feldfor-

7 John Rawlings Rees war Officer der britischen Armee, tragendes Mitglied und seit 1934 Direktor des *Tavistock Institute of Medical Psychology*, London, die zentrale Institution des *British National Health Service* zur Trauma-Therapie. Rees war psychiatrischer Gutachter von Rudolf Hess. Nach dem Zweiten Weltkrieg verfügte Rees über mehrere Forschungsgruppen für Übersee, die von der *Rockefeller Foundation* finanziert worden waren. Vgl. Triest, *The Social Engagement*; Dicks, *Fifty Years of the Tavistock Clinic*.
8 Rees, »Introductory Note«.
9 Lévi-Strauss, *Traurige Tropen*.
10 Ders., *Das wilde Denken*.
11 UN, *Economic and Social Council. Official Records, 9th Session*.
12 Dies., *Durch Hilfe zur Selbsthilfe*.

schungen wurde behauptet, in Afrika hätte es ursprünglich ausbalancierte Sozialbeziehungen gegeben, welche soziale Not und die Folgen von Hungersnöten eindämmen hätten können. Ein Beispiel sei die gegenseitige traditionelle Fürsorge innerhalb von Familien und Dorfverbänden.[13] Diese Sozialstrukturen wären durch Kontakte mit der europäischen Moderne im Kolonialismus in Vergessenheit geraten oder gar vernichtet worden. Das Resultat seien weitreichende psychische und soziale Probleme der Afrikaner, die aus selbstbestimmt wirtschaftenden Menschen lethargisch gelähmte Sklaven werden ließen.[14] Das habe sich unmittelbar negativ auf die Arbeitskraft der Afrikaner ausgewirkt.[15]

Ein Pionier in dieser Hinsicht war der französische Ethnologe und Kolonialbeamte Lucien Lévy Bruhl, der bereits 1927 die Auffassung publizierte, dass jeder der westafrikanischen Azande, der mit den Kolonialherrn in Berührung gestanden und eine von »seinen Stammesgenossen verschiedene Mentalität« erworben hätte, den Platz in »seiner Heimat« verloren hätte. Viele Azande seien »entwurzelt« und daher psychisch instabil.[16] Auch für andere Regionen wurde behauptet, dass durch Kontakte mit Europäern und ihrer Moderne Afrikaner gemütsschwer und lethargisch würden; besonders Menschen auf dem Land seien hier betroffen.[17] Gerade das scheinbare Vorbild der europäischen modernen »Individualisierung«, so der britische Ostafrika-Ethnologe Dauncey Tongue 1935, führe zu »Streß« und »Orientierungslosigkeit«. So seien ostafrikanische ›Bauern‹ grundsätzlich an Entscheidungen und Arbeiten in Gemeinschaft gewöhnt. Die Vorstellung, dass jeder Einzelne auf sich allein gestellt sei, würde sie zutiefst verunsichern.[18]

---

13 Vgl. Moore, *Changing Perspectives*, S. 14ff. Vgl. zu solchen bisweilen völlig imaginären Vorstellungen: Eckert, »Soziale Sicherung«.

14 Vgl. zur Verflechtung von Psychologie und deutschem Kolonialismus: Grosse, »Psychologische Menschenführung«; Tißberger, »Die Psyche der Macht«, S. 21f.

15 Vgl. Spittler, »Ethnologische Arbeitsforschung«.

16 Lévy Bruhl, *Die Seele*, S. 59.

17 Vgl. McCulloch, *Colonial Psychiatry*, S. 7. Die Thesen Lévy-Bruhls wurden durch den britischen Psychologen und Anthropologen Charles Gabriel Seligman für Papua-Melanesien bestätigt, der 1929 schrieb, dass zahlreiche der dortigen »Eingeborenen« durch allzu häufigen und intensiven Kontakt mit den »Weißen« an Neurosen erkrankt seien. Seligman, »Temperament, Conflict and Psychosis«. Seligmans Aussagen wurden in den 1950er-Jahren wiederlegt und gingen als »Seligman's Error« in die Geschichte ein: Littlewood, »Introduction«.

18 Tongue, »The Contact of Races«.

Zahlreiche Ethnologen sprachen daher bereits vor dem Zweiten Weltkrieg davon, dass es ein zentrales Anliegen künftiger Forschungen zu Afrika sein solle, wie dem Kontinent am besten in diesem Zusammenhang geholfen werden könne. So schrieb der britische Experimentalpsychologe Frederic Charles Barlett 1937 beispielhaft für viele andere Kommentare: »How may the African be best aided to adapt himself to the inevitable invasion of rapid change?«[19] Der prominente Ethnologe Bronislaw Malinowski oder die Politologin und Afrikanistin Lucy Mair unterstrichen diese Auffassung in den Folgejahren. Sie forderten selbst gegenüber dem britischen *Colonial Office*, man müsse nicht nur die »Kultur und Sitten« von Afrikanern bewahren, sondern auch aktiv gegen Verfallserscheinen eintreten oder so manches bereits Verlorene wiederherstellen.[20] Hierfür plädierte nach dem Zweiten Weltkrieg auch der französische Ethnologe Marcel Griaule, der 1948 in Zusammenhang mit Feldforschungen zu den Dogon in Westafrika behauptete, die Ursachen für die unter den Dogon herrschende Bedürftigkeit sei auf Kulturkontakte mit Europäern zurückzuführen. Wenn es künftig Entwicklungen dort geben solle, müsse man sich auf das Alte zurückbesinnen.[21]

Die Kolonialregierungen reagierten auf solche Stellungnahmen: So gab beispielsweise 1948 das *Colonial Office* eine groß angelegte Studie in Auftrag, die die afrikanischen Reaktionen auf »Westernization« auf der Grundlage von Gruppenpsychologie erforschen sollte.[22] Für die französischen Kolonien und Treuhandgebiete in Afrika kamen die Ethnologen André Leroi-Gourhan und Jean Poirier 1953 schließlich zur Empfehlung, am Anfang von jeder Entwicklungsarbeit müsse eine systematische Auseinandersetzung mit der Psyche der »Eingeborenen« stehen; diese verhelfe zu einer maßvollen Einschätzung, was an Entwicklungsinitiativen sinnvoll und machbar sei.[23]

Auch richtete man Sonderabteilungen in psychiatrischen Anstalten ein, die sich mit der Kur vermeintlich an der Moderne erkrankter Afrikaner befassten. Federführend war hier der britische Psychiater John C. Caro-

---

19 Bartlett, »Psychological Methods«, S. 403.

20 Malinowski, »The Anthropology«; Mair, »What Anthropologists are After«.

21 Dabei wandte sich Griaule allerdings nie explizit gegen den Kolonialismus: Griaule, *Dieu d'Eau*. Vgl. Wertmann, »Marcel Griaule«; Clifford, »Power and Dialogue«.

22 BNA PRO Kew, CO 927/172/4 Use of Group Psychology, re: native attitudes toward Europeans (1948/50). Zu imperialen psychologischen Entwicklungsforschungen: Vgl. Tilley, *Africa as a Living Laboratory*, S. 217–260.

23 Leroi-Gourhan/Poirier, *L'Ethnologie*, S. 897f.

thers, der seit 1938 die Leitung des psychiatrischen Mathari Hospitals in Nairobi innehatte.[24] Carothers behauptete, besonders afrikanische Frauen würden zunehmend an Depressionen erkranken, denn sie würden ja für das alltägliche Leben der Familie sorgen und wären daher Neuerungen besonders ausgesetzt.[25] Man bräuchte in Afrika neuartige psychiatrische Behandlungsmethoden und Krankenhäuser, die sich auf solche afrikanischen »Zivilisationserkrankungen« spezialisierten.[26] In seinen auf Krankenbeobachtungen und Feldstudien beruhenden Texten entwickelte Carothers auch aus ärztlicher Sicht die Vorstellung vom »African Mind« als einer durch Erfahrungen der Moderne zutiefst trauernden und depressiven Psyche.[27] Bei Männern könnte dieser Zustand – so warnte der Psychiater im Zusammenhang mit dem Mau Mau Aufstand in Kenia 1954 – in »wilde Aggression« gegen alles Westliche umschlagen. Man solle solchen Konflikten durch sanfte und nicht allzu einschneidende Modernisierungen vorbauen.[28]

Die wohl einflussreichsten Studien zu Kulturkontakt, -zerfall und Entwicklung publizierte in den 1950er-Jahren schließlich der amerikanische Afrikanist Melville J. Herskovits.[29] Er hatte ein Modell für »Akkulturationsprozesse«[30] im Sinne von »Kulturwandel« entworfen und legte 1958 mit »The Human Factor in Changing Africa« ein Standardwerk vor, das letztlich das westliche anthropologische und psychologische Wissen jener Zeit für ein breiteres Publikum zusammenfasste.[31] Hier entwickelte Herskovits die These, dass »Akkulturation« immer mit Zerstörung der weniger dominanten Kultur einhergehe. In den kolonial asymmetrischen Beziehungen zwischen Europäern und Afrikanern würde bei den »Einge-

---

24 Zur Biographie: McCulloch, *Colonial Psychiatry*; Prince, »John Colin D. Carothers«; Sadowsky, *Imperial Bedlam*, S. 104–110; Ders., »Psychiatry and Colonial Ideology«.

25 Carothers, »Some Speculations«.

26 Ebd.

27 Carothers, *The African Mind*, S. 8.

28 Ders., *The Psychology of Mau Mau*, S. 5.

29 Herskovits wurde vor allem auch mit seinen ökonomisch-anthropologisch-psychologischen Studien zu indigenen afrikanischen Kulturen bekannt, wie durch seine Dissertation »The Cattle Complex in East Africa« von 1923, auf die und auf deren Wirkung im Folgenden noch näher einzugehen sein wird. Herskovits, »The Cattle Complex«; Ders., *The Economic Life*; Ders, *Acculturation*. Zu Leben und Werk: Merriam, »Melville Herskovits«; Simpson, *Melville J. Herskovits*; Jackson, »Melville Herskovits«; Fernandez, »Tolerance«.

30 Zur Begriffsdefinition: Dupront, »De l'acculturation«.

31 Vgl. Herskovits, *The Human Factor*.

borenen« ganz automatisch eine starke Veränderung charakteristischer Verhaltens- und Denkformen hervorgerufen, die meist negativ und unproduktiv seien. Vor allem würden viele Afrikaner im Zuge von »Akkulturation« traumatische Verlustempfindungen erleiden.[32]

Die Zerstörung afrikanischer, als intakt imaginierter Sozialstrukturen wurde schließlich auch ein zentrales Thema der postkolonialen Klassiker Octave Mannoni, Frantz Fanon und Albert Memmi. So schrieb 1950 der französische Ethnologe und Psychoanalytiker Mannoni von »neurotischen« Konstellationen und Selbst-Vernichtungen, die sich bei Afrikanern aufgrund von Erfahrungen europäisch-kolonialer Übermacht einstellen würden.[33] Ähnlich äußerte sich Frantz Fanon, Arzt und Psychiater aus Martinique, der 1953 zum Leiter der psychiatrischen Abteilung von Blida-Joinville berufen wurde.[34] Er führte 1952 in »Schwarze Haut, weiße Masken« aus, dass das Leben des »schwarzen Menschen« in »weißer Gesellschaft« neurotisch und von »Selbst-Entfremdung« und »Auslöschung« geprägt sei.[35] Denn der »Schwarze« müsse eine »weiße Maske« tragen, um in einer kolonisierten Welt ernst genommen zu werden und bestehen zu können.[36]

Der in Tunesien geborene Soziologe Memmi[37] legte 1957 mit seiner Studie »Der Kolonisator und der Kolonisierte. Zwei Porträts« eine vergleichbare auf Fallgeschichten basierende Abhandlung zu psychischen Problemen bei Afrikanern vor. Auch er führte diese Probleme weniger auf brachiale Gewalterfahrungen zurück, sondern auf den allgemeinen »Kulturverlust«, der zwangsläufig durch die Begegnung mit der europäischen Moderne eintrete.[38]

Für Entwicklungspraktiker der 1960er-Jahre äußerst einflussreich war auch die Studie von Margaret Field zu ländlichen Gesellschaften in Ghana,

---

32 Herskovits, *Man in his Works*, S. 216.
33 Mannoni, *Pospero et Caliban*.
34 Zu Werk: Zahar, *Kolonialismus und Entfremdung*; Münkler, »Perspektiven der Befreiung«; McEnnerney, »Frantz Fanon«; Kalter, »Dekolonisierung«, S. 108–116. Zu Leben: Maceay, *Frantz Fanon*; Cherki, *Frantz Fanon*; Martin, »Revisiting Fanon's Life«.
35 Fanon, *Schwarze Haut – weiße Masken*. Vgl. nach wie vor grundlegend beschrieben in: Bhabha, »Remembering Fanon«; Vergès, »Chains of Madness«. Fanon war nicht der erste, der diese Vorstellung hegte. Sie kam vermutlich in der Psychiatriereform-Bewegung in Algerien bereits im Jahr 1911 auf: Keller, »Taking Science«.
36 In seinem weit bekannteren Werk »Les Damnés de la Terre« von 1961 behandelte Fanon entsprechend Fallgeschichten von Patienten, die in Folge der kolonialer ›Erfahrungen‹ unter Neurosen litten. Fanon, *Die Verdammten dieser Erde*.
37 Zu Werk und Biographie: Kelly, *Autobiographie and Indepence*; El-Houssie, *Albert Memmi*.
38 Memmi, *Der Kolonisator*.

die mit finanzieller Unterstützung der WFMH entstanden war. Hier sprach Field von einem geradezu »zwanghaften Festhalten« der Landbewohner an ihren gewohnten Sicherheiten in einer Welt, die von ständigem Wandel und Umbrüchen bestimmt sei.[39] Zu ähnlichen Ergebnissen kamen schließlich die sogenannten Ethno-Psychoanalytiker aus der Schweiz Fritz Morgenthaler, Goldi Parin-Matthey und Paul Parin. Wie schon vorher der französische Ethnologe Griaule unternahmen sie zwischen 1955 und 1971 Reisen zu den Dogon in Westafrika.[40] Sie hielten dort psychoanalytische Einzel- und Gruppensitzungen ab und betonten, dass Afrikaner fundamental anders als Europäer seien in Bezug auf moderne Zweckrationalität, Zeitverständnis und Einstellungen zu Arbeit und Vorsorge. Und diese Andersartigkeit führe zu zahlreichen psychischen Konflikten. So seien gerade die »Entwickelten« unter den Dogon häufig »schwer gestört«.[41] Das 1963 erschienene Buch der Schweizer Psychoanalytiker »Die Weißen denken zuviel« liest sich denn auch wie ein Plädoyer für alternative, nicht »kulturfremde« Wege von Entwicklung.[42]

In den 1960er-Jahren entstanden schließlich in vielen afrikanischen Krankenhäusern psychiatrische Sonderabteilungen und psychosoziale Anlaufstellen, in denen *Hilfe zur Selbsthilfe* propagiert und eingeübt wurde.[43] Vor dem Hintergrund der genannten anthropologischen, psychologischen und psychiatrischen Expertisen galt *Hilfe zur Selbsthilfe* gewissermaßen als Heilsmittel und Prophylaxe gegen Entwicklungs-Traumata und damit einhergehende soziale Lähmung, Depressionen oder Aggressionen. Das Ziel war eine therapeutische Wiederherstellung des als verloren geglaubten Ich und Wir der Afrikaner. Ein zentraler Ansatzpunkt war hier die Rückbesinnung und Erneuerung auf vermeintlich verlorene ursprünglich intakte und ›gute‹ afrikanische Traditionen.

---

39 Field, *Search for Security*, insb. S. 149–274. Vgl. ähnlich zu Tanganjika: Jilek, »Geisteskrankheiten«, insb. S. 217, 223.

40 Als Überblick: Reichmayr, *Ethno-Psychoanalyse*; Erdheim, »Fritz Morgenthaler«. Vgl. auch unter Rückgriff auf Studien aus den 1970er-Jahren: Staewen, *Kulturelle und psychologische Bedingungen*, insb. S. 59–74, S. 185–188.

41 Parin/Morgenthaler/Parin-Matthèy, *Die Weißen denken zu viel*, S. 488.

42 Ebd.

43 Vgl. bspw. im Irente Mental Hospital in Lushoto: TNA Dar es Salaam Acc. 562, M 1/13 1949–1963 Irente Mental Hospital, Bericht über Ausbauplanungen und Finanzierung vom 6.11.1963. Vgl. Mahone, *East African Psychiatry*, S. 61.

Die Wiederbelebung verlorener ›guter‹ afrikanischer Traditionen

In Anlehnung an Terence Ranger kann man sagen, dass Anthropologen afrikanische vermeintliche Traditionen, wie gegenseitige Fürsorge und Solidarität, weitgehend »erfanden« und keineswegs auf unanfechtbare wissenschaftliche Erkenntnisse stellten.[44] Eine Kernvorstellung war in diesem Zusammenhang, Afrikaner seien schon in vorkolonialer Zeit in ›Stämmen‹ organisiert gewesen, die soziale Sicherheit bedeuteten. Solche ›Stämme‹ – darauf hat beispielsweise John Iliffe hingewiesen – entstanden allerdings meist erst als Reaktion auf koloniale Gegebenheiten, wie auf das britische Herrschaftssystem des *indirect rule*. Sollten hier *Chiefs* eingebunden werden, brauchten sie letztendlich einen ›Stamm‹ hinter sich, für den sie handeln konnten.[45] Die Formierung afrikanischer ›Stämme‹ als Reaktion auf den Kolonialismus wurde in Diskursen über vermeintlich durch koloniale Erfahrungen verlorene ›gute‹ Traditionen‹ allerdings konsequent ausgeblendet, wenn sie sie denn überhaupt bekannt war.

Hier war hingegen zu lesen: In »Schwarzafrikas Stämmen« hätte es vor dem Kolonialismus keinen Hunger gegeben.[46] Denn hier hätte gegenseitige Fürsorge regiert.[47] Man habe ein Pflicht-Anspruch-Verhältnis zum Wohle aller gelebt und sich gegenseitig beim Häuserbau, beim Hacken der Felder oder bei Brandrodungen geholfen.[48]

Freilich waren solche Vorstellungen harmonischer und einvernehmlicher Selbsthilfe mehr oder weniger reine Fiktion. In den an Ressourcen äußerst knappen Gesellschaften Afrikas dominierten vielmehr Verstrickungen von Leistungserwartungen, Verpflichtungen, soziale Kontrollen und Sanktionen, die keineswegs konfliktfrei waren. Wenngleich auch gemeinsame und gegenseitige Für- und Vorsorge gelebt wurde, ging es immer wieder um die Durchsetzung von Ansprüchen der stärkeren Allgemeinheit zu Lasten einzelner Schwächerer.[49] So zeigen sich in Diskursen über vermeintlich intakte vorkoloniale Lebenswelten in Afrika beispielhaft

---

44 Ranger, »The Invention of Tradition«. Vgl. die Forschungsüberblicke: Lentz, »Tribalismus«; Spear, »Neo-Traditionalism«; Fried, *The Notion of Tribe*, insb. S. 1–10.

45 Iliffe, *A Modern History*, S. 318.

46 So bspw. der südafrikanische Herausgeber von »Bantu-World« Selope Thema am 12.5.1934, zitiert nach: Iliffe, *The African Poor*, S. 3.

47 Stocking Jr., »Maclay, Kubary, Malinowski«, S. 56.

48 Trappe, *Die Entwicklungsfunktion*, S. 159.

49 Vgl. Neubert, »Von der traditionellen Solidarität«; Eckert, »Exportschlager«, S. 470.

die Grenzen des Vorstellungsvermögens zahlreicher Feldforscher, die – mit Johannes Fabians Worten gesprochen –»fieberhaft« versuchten, ihre Eindrücke im Rahmen ihres Kosmos einzuordnen.[50] In diesem Zusammenhang ist wohl auch die europäische Vorstellung zu sehen, dass Selbsthilfe ein im 19. Jahrhundert verloren gegangenes, urafrikanisches Phänomen sei. Als einer der ersten äußerte sich hierzu der Hamburger Zoologe Franz Stuhlmann, der mehrfach Expeditionen nach Ostafrika unternahm und 1908 als Sekretär an das Hamburger Kolonialinstitut berufen wurde. 1910 schrieb Stuhlmann über den Häuserbau in Ostafrika in Selbsthilfe:

»Die Hütten werden für den eigenen Bedarf von der Familie selbst hergestellt, aber auch hier helfen Freunde und Stammesgenossen fast stets mit, die durch Verpflegung, reichliches Bier und Gegenleistung in gleichen Bedarfsfällen entlohnt werden.«[51]

Lévy-Bruhl schloss wiederum 1927 aus seinen Ausführungen zur »Seele der Primitiven«, dass hier eine zutiefst »verankerte soziale Einstellung« zu finden sei. So stehe die Frage nach gegenseitiger Hilfe gar nicht zur Disposition.[52] Geradezu christliche Nächstenliebe gegenüber Nachbarn glaubte der protestantische Missionar Bruno Gutmann unter den Chagga als »traditionelle Sitte« zu erkennen. Er schrieb 1932 über deren einvernehmliches »Stammesleben« und über Verhaltensregeln gegenüber der Nachbarschaft, die gegenseitige Hilfe für selbstverständlich nahmen:

»Wenn eine Frau während Deiner Abwesenheit erkrankt, wird ihr die Nachbarin ein Stück Brennholz zum Wärmen ins Haus bringen, und mit diesem Stück Brennholz kocht sie dem Kinde das Essen. Das ist der Beistand, den eine Nachbarin der anderen leistet.«[53]

Ähnlich äußerte sich der seinerzeit wohl bekannteste deutschsprachige Afrika-Experte Diedrich Westermann, der seit 1926 ein Direktor des *International Institute for African Languages and Culture* (IIALC) in London war.[54] 1931 hatte sich Westermann dafür ausgesprochen, dass bei Expertisen des IIALC auch die zerstörerische Wirkung kolonialer und europäi-

50 Fabian, *Im Tropenfieber.*
51 Stuhlmann, *Handwerk*, S. 2f.
52 Bruhl, *Die Seele der Primitiven*, S. 59, 83.
53 Gutmann, *Stammesleben*, S. 414. Vgl. ähnlich ebd., S. 191–194, S. 219, S. 287ff., S. 407–410, S. 410–413.
54 Vgl. de L'Estoile, »Internationalization«; Brahm, *Wissenschaft*, S. 43ff.

scher Einflüsse in Afrika hervorgehoben werden müsste. Denn in deren Folge seien ›kulturelle Eigenarten‹ verloren gegangen, »that better be kept alive, either in its present or in some new form.«[55] In diesem Sinne entwarf Westermanns Forschungsinstitut einen 5-Jahres-Plan, der »Kulturkontakt, Akkulturation und Detribalization« in ihrer Wirkungsverflechtung auf die Agenda setzte.[56] Und 1934 kam Westermann schließlich zu dem Schluss, dass die »traditionelle gegenseitige Hilfe in afrikanischen Stämmen« eine unbedingt zu bewahrende soziale Form sei:

»Der soziale Aspekt ist bei der Feldbestellung ebenso bedeutsam wie bei religiösen und magischen Handlungen […]. Die jungen Leute bearbeiten zusammen die Landstücke der Gruppenmitglieder in erforderlicher Reihenfolge; […] und täglich wird eine solche ›cooperation‹ durch ein gemeinsames Mahl gefeiert, wozu das Biertrinken gehört, welches mit Gesang und Tanz beschlossen wird. Im Fall einer größeren Arbeitsgruppe wird ein Trommler am Rande des Feldes aufgestellt, und der Rhythmus seiner Trommel reguliert die Arbeit und facht die Arbeitssuchenden an.«[57]

Aus diesen Zitaten wird der klischeehafte, stereotype, wenn nicht gar rassistische Duktus klar, welche die Gemeinschaftsarbeit der Afrikaner in Selbsthilfe als eine Art Ritual zeichnete, das mit Trinken, Tanz und Musik begleitet würde und damit der Psyche und der Körperlichkeit des ›Wesens des Afrikaners‹ entspreche.[58]

Entsprechend ihrer Bindung an die Vorstellung von ›Stämmen‹ wurden besonders förderliche Traditionen diesen auch zugeordnet. So berichtete Hans Cory 1953 von den Sukuma, dass es hier vier soziale Gruppen gäbe, die die gemeinsame Feldarbeit »sehr geschickt« organisieren würden: Die Elika würden die gemeinsame Arbeit auf dem Feld, das Haken und Pflanzen ausüben; die Isalenge würden diese Arbeiten als gegenseitige Hilfe organisieren und für Ausgleich sorgen; die Ilima seien für das Roden zuständig; die Nyida würden die Pflicht haben, Transporte und Umzüge zu organisieren. Cory ging hierbei sogar soweit zu behaupten, dass sich bei den Sukuma schlichtweg alles um Selbsthilfe gedreht hätte.[59] Der eingangs erwähnte deutsche Experte für Kamerun Schramm pries 1958 wiederum

55 Westermann, »The Missionary«, S. 165.
56 Redfield, »Melville Herskovits«.
57 Westermann, *The African Today*, S. 22. Vgl. Richards, *Hunger*, S. 30, 85.
58 Vgl. Eckert, »Regulating«, S. 475.
59 Cory, *Sukuma Law*, S. 120. Zu Gewaltgeschichte dieser Zuordnungen: Eckert, »Ethnizität«; Ders., »Historiography«.

die Bewohner des Graslandes als »besonders fleißig«. Er lobte ihre »Achtung der Traditionen« und das daraus resultierende »Zusammengehörigkeitsgefühl in gegenseitiger Hilfe«.[60] Und John L. Brain erzählte 1962 von den Kwere in der Ostprovinz von Tanganjika, dass sie »Kiwili« halten würden, eine gemeinsame Arbeit bei der Feldbestellung, bei der alle Nachbarn zusammen helfen und nach getaner Arbeit tanzen, singen und trinken würden.[61] Als Vorbilder für Selbsthilfe und *Self Reliance* galten überdies die Chagga am Mount Meru im Norden Tansanias, die Pare in den tansanischen Pare Mountains, die Ewe am Berg Meru in Togo, und die Bamiléké in Kamerun: Diese ›Stämme‹ würden besonders ausgeprägt gegenseitige Formen der Selbsthilfe von Alters her kennen. Sie hätten überdies eine große Affinität zu Land und Boden, eine überaus hohe Arbeitsmoral und eine deuliche Spar- und Investitionsneigung – alles Voraussetzungen, die für künftige Entwicklungen sehr wichtig seien.[62] Sie könnten daher Vorbilder für alle Afrikaner sein.

Auch in den Entwicklungsdiskursen der 1960er-Jahre fanden sich diese Auffassungen.[63] Allerdings schieden sich die Geister signifikat zwischen den Blöcken und so auch zwischen west- und ostdeutschen Entwicklungsexperten an der Vorstellung von der ›guten Sitte‹ des gemeinschaftlichen Boden- und Naturbesitzes in Afrika. Während Experten aus der DDR mit Rekurs auf Karl Marx die »sozialökonomische und ökonomische Grundbeziehung der traditionellen afrikanischen Dorfgemeinde« priesen,[64] die durch die kolonialen Verhältnisse untergegangen sei, verhielten sich ihre westlichen Kollegen hierzu – wie zu erwarten – äußerst kritisch.

Ein immer wieder rezipierter Schlüsseltext ist in diesem Zusammenhang Garrett Hardins Essay »Tragedy of the Common«, das 1968 in der Zeitschrift »Science« erschien. Hardin vertrat hier die These, dass Gemeinschaftsbesitz an Naturressourcen zwangsläufig in die Katastrophe der Ressourcenverknappung und Naturvernichtung führen müsse, weil sich

---

60 Schramm, *Kamerun*, S. 40.

61 Brain, »The Kwere«.

62 Zu den Chagga und Meru: Spear, *Mountain Farmers*. Zu den Pare: Kimambo, *Penetration*. Zu den Ewe: Pauvert, »L'évolution«. Zu den Bamiléké in Kamerun: Illy, *Politik und Wirtschaft*, S. 39; Diziain/Cambon, *Berufswahl*, S. 8f.

63 Vgl. bspw.: Ernst, *Traditionen*, S. 65; Bienen, *Tanzania*, S. 212 ff.,

64 Vgl. Ernst, *Tradition*, S. 65. Hier Bezug auf: Marx/Engels, *Werke*, Bd. 23, S. 378.

erst aus individuellem Besitz heraus Eigenverantwortung und Ressourcensicherung entwickeln könnte.[65] Es wäre allerdings verfehlt, davon auszugehen, dass die Vorstellung von ehemals intakten sich gegenseitig helfenden Gesellschaften im tropischen Afrika nur eine Projektion der westlichen Anthropologie und Entwicklungsexpertise gewesen sei. Sie wurde rasch von den postkolonialen Regierungen angeeignet bzw. von diesen sogar mit angestoßen. So sprach Nyerere in seiner Schrift »Ujamaa« von »idealen« vorkolonialen Gesellschaften: Hier seien Respekt voreinander, gegenseitige Fürsorge, Verpflichtung zur gemeinschaftlichen Arbeit ebenso selbstverständlich gewesen wie Gemeinschaftseigentum an Land und Saatgut.[66]

In einer Art Selbsthilfe durch Selbstvergewisserung sollten sich denn auch diejenigen ›Stämme‹ Tansanias, die angeblich nicht mehr einstmals förderlicher Lebensweisen anhingen, ihrer verlorenen Vergangenheit vergegenwärtigen. Und über diese Erinnerung an ihre ›guten Traditionen‹ sollten sie in Entwicklungsarbeit letztlich wieder zu diesen zurückfinden.[67] Bereits 1945 waren die Wagogo von der britischen Mandatsverwaltung in Tanganjika über das *East African Literature Bureau* aufgefordert worden, ihre »Stammesgeschichte« aufzuzeichnen, um daraus für die Gegenwart und Zukunft zu lernen.[68] Jene Geschichte sollte vor allem dazu dienen als ›gut‹ angesehene soziale und landwirtschaftliche Traditionen ›wiederzubeleben‹, die den Gogo in der Unwirtlichkeit ihres Siedlungsgebiets in der Zentralprovinz schon oft zum Überleben verholfen hätten[69] und über die sie aufgrund »kolonialer Unterdrückung« nicht mehr verfügen könnten.[70] Ähnliche Direktiven zur historischen Selbstvergewisserung ergingen in den 1960er-Jahren im Namen Nyereres an zahlreiche *Chiefs* im ganzen Land.[71]

---

65 Hardin, »The Tragedy«. Zur Bedeutung von Hardins Thesen für Experten und Organisationen: McCay/Acheson, »Human Ecology«.

66 Nyerere, »Ujamaa«, S. 164ff. Vgl. Stöger-Eisig, »Ujamaa Revisted«; Bienen, *Tanzania*, S. 212ff.; McHenry, *Limited Choices*, S. 15–28; Benzig/Schadeberg, »Zur Interpretation«; Blommaert, »Ujamaa«.

67 Vgl. zu den Verflechtungen von ›Ethnien‹, Tradition und moderner Staatsbildung in Afrika: Eckert, »Tradition«.

68 Die Geschichte der Gogo wurde 1954 vom East African Literature Bureau in Nairobi veröffentlicht. Vgl. Maddox, »The Ironies«; Mascarenhas, »The Wagogo«; vgl. Eckert, *Herrschen und Verwalten*, S. 175; Ders., »Historiker«. Vgl. ähnlich zu Kenia: Peterson, Creative Writing.

69 Maddox, *Ironies*.

70 Rigby, *Cattle*; Maddox, *Famine and Survival*.

71 Geider, »Swahilisprachige Ethnographien«, S. 58.

Vergleichbare Maßnahmen gab es auch in Togo und Kamerun. Hier organisierten sich Afrikaner im Rahmen von *Associeteés Folklorique* und verschrieben sich der Wiederbelebung bzw. Pflege von Traditionen.[72] Solche Initiativen dienten denn auch dem Entwurf eines Tableaus lokaler Traditionen, die eine Einteilung in für Entwicklungen ›gute‹ und ›schlechte‹ Lebensweisen ermöglichte, die wiederum sogenannten ›Ethnien‹ zugeschrieben wurden.[73] So vollzog sich hier implizit eine hierarchisierende Einteilung als traditionell etikettierter Lebensweisen in ›normale‹ und ›deviante‹, in für Entwicklung begrüßenswerte, akzeptable und inakzeptable.[74]

Die Auseinandersetzung über vermeintlich ›gute‹ und ›schlechte‹ Traditionen ist ein deutliches Beispiel für die »politisch imaginäre« Modellbildung afrikanischer Zivilgesellschaften seitens postkolonialer Regierungen.[75] Denn mit dem Entwurf solcher Gesellschaften waren zwangsläufig Prozesse von Inklusion und Exklusion verbunden. In Anlehnung an Foucault könnte man sagen, dass hier »Dispositive« wirkten im Sinne »dringender Aufforderungen«, in für Entwicklungen Förderliches oder Hinderliches zu unterscheiden und festzulegen, was in *Hilfe zur Selbsthilfe* wieder »belebt« werden sollte, weiter »leben« konnte und »sterben« musste.[76] Es sollte sich – mit Pierre Bourdieu gesprochen – eine »pädagogische Vernunft« hin zu für alle zuträglicher Entwicklung durchsetzen – eine »Vernunft«, die durchaus sozialdisziplinierend gedacht war.[77] Denn Traditionen sollten mit Errungenschaften der Moderne – wie beispielsweise produktive Landwirtschaftsorganisation, Medizin oder Hygiene – vereinbar sein.

Zählten ›Stämme‹ Praktiken wie ›unmoderne‹ und ›primitive‹ Beschneidungsriten zu ihren wichtigen Traditionen, urteilten afrikanische Regierungsbeamte, dass diese nicht zu den Traditionen zu rechnen wären, die »desirable for a Nation to retain« seien. Viele ›Stammesobere‹ beharrten weiterhin auf ihrer Meinung, dass solche alten Riten gemeinschaftsbildend

---

72 Vgl. für Kamerun: CAN Jaunde 1 AC 2362, Demande de subventions pour l'Association Folklorique du Cameroun, Erklärung zur Tätigkeit der Association Folklorique du Cameroun »Afrocafra« in Douala vom 29.6.1951.

73 Vgl. BNA PRO Kew Co 822/654 Community Development in Tanganyika, Tanganyika Devevolpment Scheme 1952, S. 6ff.

74 Vgl. Hall, »Das Spektakel«, S. 144.

75 Vgl. Comaroff/Comaroff, *Civil Society*.

76 Foucault, *In Verteidigung*, S. 295, 397.

77 Vgl. Bourdieu, *Entwurf*, S. 200.

und somit auch für die Selbsthilfe förderlich seien.[78] Wurden in ›traditioneller‹ Gemeinschaftsarbeit in Dörfern Rundhäuser aus Lehm errichtet und mit Gras eingedeckt, galten diese künftig als unhygienisch und auch unwirtschaftlich, da sie nach einigen Jahren immer wieder erneuert werden mussten. Die Selbsthilfe sollte sich nunmehr modernen Praktiken des Häuserbaus zuwenden – so beispielsweise ein Erlass der tansanischen Regierung von 1966. Es sollten Wasser- und Stromleitungen verlegt und die Rundhäuser allmählich ersetzt werden durch Behausungen im »Swahili-Stil«, worunter man gemauerte Häuser verstand, die mit Wellblech gedeckt wurden.[79]

In diesem Sinne war die Rückbesinnung auf vermeintlich ›gute‹ Traditionen durchaus auch von obrigkeitsstaatlichen Erlassen durchsetzt und von einem nicht friktionsfreien Prozess begleitet, der aushandelte, was künftig wünschenswert und was abzustellen sei.

Manche ›Stämme‹ galten nämlich auch als Träger durchwegs negativ besetzter Traditionen: In Tansania waren dies die Massai, in Togo die Kotokoli und in Kamerun die Baka.[80] Sie galten als »Überflüssige« für Entwicklung[81] – wenn nicht gar als deren Störenfriede. War im Kolonialismus die angebliche Wildheit, Unzivilisiertheit und mangelnde Sauberkeit der Massai immer wieder hervorgehoben worden,[82] wurde ihnen nun immer wieder attestiert, dass sie »fundamentally constrain development initiatives.«[83] Damit wurde die Geschichte der Massai kontinuierlich mit einer Geschichte des Scheiterns von *Hilfe zur Selbsthilfe* verwoben: Sie könnten sich aufgrund ihrer Traditionen einfach nicht selbst helfen. Bereits in den 1920er-Jahren hatten Anthropologen den Massai immer wieder attestiert,

---

78 TNA Dar es Salaam, Annual Report Regional Commission 1964, Coast Region, undatiert, S. 10, 21.

79 Ingle, *From Village to State*, S. 52.

80 Einen guten Überblick über den aktuellen ethnologischen Forschungsstand zu den Massai bietet: Spencer, *Time*. Zu den Kotokoli: BA Koblenz B 213 BMZ Technische Hilfe Togo 4111, Musterdörfer, Bericht Hofmeier, Joseph, Kehrein, Lähne, Schnellbach und Zillich an die GAWI vom 14.11.64, S. 2. Vgl. Heimer, *Die Pygmäen*; Ballif, *Les Pygmées*.

81 Zum Begriff: Imbusch, »Überflüssige«.

82 Bspw.: Muthesius, *Die Afrikanerin*, S. 139f.; Mähler, *Mit den wilden Massai*; Merker, *Die Masai*; Aurelio Rossi, *Zwischen Elefanten und Pygmäen*. Vgl. mit Hinweisen zur kolonialen und postkolonialen Umsiedlungspolitik: Hughes, *Moving*; Hodgson, *Once Intrepid Warriors*; Heimer, *Die Pygmäen*.

83 Evangelou, *Livestock*, S. 125. Vgl. Goldschmidt, »The Failure«, S. 157–164, hier S. 102; vgl. Hughes, *Moving The Maasai*.

es sei ihr »tiefsitzender Glaube«, der es »diesem Stamm« verbiete, den Boden zu öffnen und etwas anzubauen. Auch seien die Massai »zu stolz, um zu arbeiten«.[84] Nicht zuletzt würden sie den »Cattle Complex« hegen, so Herskovits; ihr ganzes Fühlen und Trachten sei auf den Besitz möglichst vieler Kühe ausgerichtet – ein psychischer Komplex, dem sie nicht entrinnen könnten und der sie daran hindere, die Weidewirtschaft aufzugeben, sich sesshaft zu machen und Ackerbau zu betreiben, wie es für die Entwicklung der Region notwendig wäre.[85] Entsprechend galten die Massai bereits der Mandats- und später auch Treuhandverwaltung als schädlich für Entwicklungen.[86] In den 1960er-Jahren ging die postkoloniale Regierung von Tansania gar so weit zu behaupten, die Massai würden sich durch ihre »unhygienische« und »unanständige« Kleidung von der Gemeinschaft moderner Staatsbürger selbst ausgrenzen.[87] Und so wurde den Massai – wie bisweilen auch den Gogo[88] – eine mangelnde »Entwicklungsfähigkeit« und ein mangelnder Wille, sich selbst zu helfen, attestiert.[89]

Die Baka in Kamerun galten wiederum seit ethnologischen Zuschreibungen des frühen 20. Jahrhunderts bis hinein in die Unabhängigkeit Kameruns als ›Pygmäen‹ und ›primitive Waldmenschen‹, fernab von jeglicher Zivilisation. Aufgrund ihrer kulturellen Traditionen könnten sie sich nicht einmal Entwicklungsinitiativen öffnen, wenn sie dies auch noch so wollen würden.[90]

Die Kotokoli in Togo wiederum würden wie die Massai eher Handel treiben und Vieh züchten,[91] hätten wenig Sinn für Handarbeit auf Feldern und in Werkstätten und seien daher aufgrund ihrer traditionellen Prädisposition völlig unempfänglich für ländliche *Hilfe zur Selbsthilfe*.[92]

Diesen ›überflüssigen Stämmen‹ wurde vorgehalten, sie müssten sich mehr an den Trägern ›guter‹ Traditionen orientieren. Wenn nötig müsste

---

84 Vgl. zu einer Übersicht dieser Diskurse: Evangelou, *Livestock Development*, S. 125.

85 Herskovits, »The Cattle Complex«.

86 TNA Dar es Salaam, Secretariat Files 1733/1, Annual Report Regional Commission Arusha District, 1925, S. 9.

87 Schneider, »The Massai's New Clothes«, S. 105; vgl. Galaty, »Exclusion«.

88 Maddox, *Ironies*.

89 Vgl. Eckert, *Regulating*, S. 478.

90 Heimer, *Die Pygmäen*; Ballif, *Les Pygmées*; vgl. Turnbull, *Wayward*; Hallet/Pelle, *Pygmy Kitabu*.

91 BA Koblenz B 213 BMZ Technische Hilfe Togo 4111, Musterdörfer, Bericht Hofmeier, Joseph, Kehrein, Lähne, Schnellbach und Zillich an die GAWI vom 14.11.64, S. 2.

92 Ebd. Abschlussbericht Schnellbach vom Dezember 1965, 12. Vgl. Alexandre, »Organisation politique des Kotokoli du Nord-Togo«.

man sie mit Druck und Gewalt umerziehen. Als ein wirksames Instrument solcher Umerziehung galten Genossenschaften, die vermeintliche institutionelle Urform der Selbsthilfe in Afrika.[93]

Genossenschaften in Afrika: Zurück zur Urform der Selbsthilfe?

Gerade deutsche Soziologen und Ethnologen lobten immer wieder genossenschaftsähnliche Zusammenschlüsse als Kernelement urafrikanischer guter Traditionen.[94] Dabei zogen sie häufig Parallelen zwischen Deutschland als dem Ursprungsraum des modernen Genossenschaftswesens und Afrika als der Weltregion, in der genossenschaftliches Wirtschaften lange schon vor der europäischen Moderne entstanden sei. Vor dem Hintergrund deutscher Expertise gelte es, diese verloren gegangene ›gute‹ Tradition im Rahmen von *Hilfe zur Selbsthilfe* wieder herzustellen. So förderte das Konzept der *Hilfe zur Selbsthilfe* den nach der Sicht vieler Entwicklungsexperten *Wieder*aufbau von Genossenschaften in Afrika und setzte gleichzeitig – wie im Folgenden noch verschiedentlich zu zeigen sein wird – nahezu ausnahmslos auf genossenschaftliche soziale Organisation, sozusagen als Nukleus gemeinschaftlich engagierten Handelns, ob es nun um Kreditfinanzierung, Erntehilfe, dem Absatz von Erzeugnissen auf Märkten oder dem gemeinschaftlichen Ankauf von Dünger und Saatgut ging.

Ein westdeutscher Repräsentant der Diskurse über afrikanische Genossenschaften war beispielsweise der Vorsitzende des Zentralverbandes (bundes-)deutscher Konsumgenossenschaften, der 1962 schrieb: Gerade in Afrika, wo »Menschen aus ihren alten Stammesverbänden und Gemeinschaften« gerissen würden, würden sie eines »Gemeinschaftsraumes« bedürfen, den die Genossenschaften bieten könnten. Dabei handele es sich beim »deutschen Genossenschaftswesen« um einen der »besten Exportartikel«, den man »den jungen, um politische und wirtschaftliche Selbst-

---

93 Vgl. Saul, »Marketing«, S. 361.
94 Vgl. Schiller, »Das genossenschaftliche Prinzip«; Seibel, »Genossenschaften«; Ders., »Landwirtschaftliche Entwicklung«; Dore, »Modern Cooperatives«; Brinkschulte, *Formen und Funktionen.*

ständigkeit bemühten Völkern« anbieten könne. Überdies könne man hier wirkungsvoll an »alte afrikanische Sitten« anschließen.[95] Der westdeutsche Soziologe Paul Trappe sprach von Tansania sogar vom »Musterland« des Genossenschaftswesens überhaupt.[96] Dort – so Trappe wiederum – würden sich »Aktionsgemeinschaften«, die »gemeinsam« um ein »konkretes Ziel« ringen würden, besonders um die »Mobilisierung der ländlichen Massen« verdient machen.[97] Auf »freiwilliger Basis im Sinne der Selbsthilfe« organisiert, würden sie einen »äußersten Integrationsgrad« auf ihre Mitglieder ausüben und damit gemeinschaftliches Handeln im Sinne von Entwicklung fördern.[98] Vor allem könne man dies an der überall im Land anzutreffenden »shamba« sehen, einem Feld, das von allen Dorfbewohnern gemeinsam bewirtschaftet würde und dessen Erträge in Notzeiten dann auch allen helfen sollte.[99] Und diese Genossenschaften seien so wirksam, weil sie auf uraltem »gewohnheitsrechtlichem Stammesrecht« der gegenseitigen Hilfe basieren würden, das den Leuten geradezu »naturgemäß« erscheine.[100]

In der DDR gab es ähnliche Positionen. So schrieb der ostdeutsche Afrikahistoriker Jürgen Herzog, dass es in Tanganjika eine genossenschaftliche Bewegung »ohne Beispiel im tropischen Afrika« gebe.[101] Thea Büttner, die Autorin des wohl am meisten verbreiteten Standardwerks zur afrikanischen Geschichte in der DDR, ging gar so weit, die These zu vertreten, dass europäische Genossenschaften von »ihrer Form her« auf afrikanische – mittlerweile vergessene – Ursprünge zurückgehen würden. Die »Urzelle« des Genossenschaftswesens liege in afrikanischen und asiatischen Räumen.[102]

Mehr oder minder explizit beriefen sich diese deutschen Autoren auf die bekannten Thesen des amerikanischen Anthropologen Guy Hunter, der 1962 Genossenschaften als die typischen und traditionellen Formen afrikanischer Arbeitsorganisation beschrieben hatte.[103]

---

95 Schumacher, »Genossenschaften in Afrika«, S. 336, 342.
96 Trappe, *Entwicklungsfunktion*, insb. S. 159.
97 Ders., »Genossenschaften«, S. 1179ff.
98 Ebd.
99 Ders., *Entwicklungsfunktion*, S. 186f.
100 Ders., »Stammesrecht«, S. 1566; Ders., »Genossenschaften«, S. 1179.
101 In Zusammenfassung schon in den 1970er-Jahren veröffentlichter Aufsätze: Herzog, *Geschichte Tansanias*, S. 122f.
102 Büttner, *Geschichte Afrikas*, S. 123f.
103 Hunter, *The New Societies*, S. 115, 320.

Die Vorstellung von Afrika als Ursprungsort genossenschaftlicher Organisation war nicht neu: So schrieb bereits 1926 der protestantische Missionar Bruno Gutmann, die Chagga im Norden Tanganjikas würden es »geschickt« verstehen, die Bewässerung ihrer Felder »genossenschaftlich« zu organisieren.[104] Wenige Zeit später bestätigte diese Beobachtung der Ethnologe, Völkerpsychologe und Soziologe Richard Thurnwald.[105] Er hatte eine Feldstudie in Gutmanns Missionsgebiet unternommen und berichtete, vieles an quasi genossenschaftlich organisierte Nachbarschafts und Dorfhilfe dort »noch« angetroffen zu haben.[106] Die britische Ethnologin Audrey Richards[107] betonte sogar, dass alle »südlichen Bantu« sich durch Anbau-, Lagerungs-, Zubereitungs- und Vertriebsgenossenschaften vor Hungersnöten zu schützen wüssten.[108]

Im Zuge von Entwicklungsbemühungen der 1950er-Jahre rückte das Thema afrikanischer Arbeitsorganisation in Genossenschaften immer mehr ins Interesse: Auch hier konzentrierte man sich im Gefolge Gutmanns und Thurnwalds vor allem auf Tanganjika. So attestierte Donald W. Malcom den Sukuma traditionelle genossenschaftsähnliche Organisationsformen, die sogenannten »village societies«.[109]

Wenn nun in den 1960er-Jahren Verfechter der *Hilfe zur Selbsthilfe* in Afrika Genossenschaften im Sinne einer Wiederbelebung ›guter‹ Traditionen propagierten, dann waren sie durchaus auf der Höhe der Zeit empirischer Forschung. Deutsche sahen sich als besonders geeignet dafür an, Genossenschaften in Afrika aufzubauen, sei doch das moderne Genossenschaftswesen in Deutschland entstanden und könne nun zu einem wichtigen »Exportartikel« für Afrika werden.[110] Auch diese Sichtweise war weit älter: Bereits in den 1920er-Jahren war zu lesen, Genossenschaften nach deutschem Vorbild könnten überall auf der Welt Selbsthilfe vorantreiben.[111]

104 Gutmann, *Das Recht*, S. 414f., 421.
105 Zu Werk und Biographie: Lowie, »Richard Thurnwald«; Adam, »In Memoriam«; Melk-Koch, *Auf der Suche*; Juillerat, »Richard Thurnwald«.
106 Thurnwald, *Economics*, S. 267. Vgl. Ders., *Der Mensch*.
107 Vgl. zur Person: Firth, »Audrey Richards«; La Fontaine, »Audrey Isabel Richards«; Gladstone, »Significant Sister«.
108 Richards, *Hunger*, S. 30ff., 85f.
109 Malcom, *Sukumaland*, S. 33ff.
110 Schumacher, *Genossenschaften in Afrika*, S. 342.
111 Bspw.: Müller, *Der Grundgedanke*, S. 9ff.

Wichtig in diesem Zusammenhang war der über den deutschsprachigen Raum hinaus geschätzte Sozialwissenschaftler Werner Sombart, der 1922 schrieb: Die »Stärke der Genossenschaft als eines sozialen Umgestaltungsprinzips« liege darin, dass sie »den kanaillesken Menschen« auf eine »höhere, edlere Gesellschaftsform« hebe und aus ihm einen »Gemeinschaftsmenschen« forme.[112]

Ähnlich prominent waren die Thesen Franz Oppenheimers,[113] der bereits 1899 vertreten hatte, dass Genossenschaften das soziale Werkzeug schlechthin seien, auch noch die »allertiefste soziale Schicht« aus ihrer eigenen Kraft heraus zu heben. Denn eine Genossenschaft vermittle einerseits ein soziales Aufgehobensein und übe andererseits Druck aus, dass sich auch jeder für seine Gemeinschaft einbringe.[114] Der Landwirtschaftsökonom Otto Rabe wiederum hob 1913 hervor, dass ländliche Genossenschaften die »eigentlichen Pforten zum Herzen der ländlichen Bevölkerung« öffnen würden. So würde die »rechte Arbeit in der Genossenschaft auch die Liebe zur Heimat« fördern und bilde sich zur »Hegerin und Pflegerin all der schönen und edlen Regungen aus, welche die wahre Heimatliebe« umfasse.[115] Kirchlich-missionarische Entwicklungsbemühungen stützten sich außerdem auf Konzepte der römisch-katholischen Sozial-[116] bzw. der protestantischen Leistungsethik[117] und auf Texte von Hermann Schulze-Delitzsch, Gerhart von Schule Gävernitz oder – wenn es um Mittelverteilung ging – auf Friedrich Wilhelm von Raiffeisen und seine Ausführungen zu Darlehenskassenvereinen.[118]

In der Tat deckten sich auch noch sozialpsychologische Äußerungen von Theoretikern des Genossenschaftsprinzips in der entwicklungspolitischen *Hilfe zur Selbsthilfe* der 1960er-Jahre mit Hermann Schulze-Delitz-

112 Sombart, »Sinn«, S. 275.

113 Oppenheimer war ursprünglich praktischer Arzt aus dem Berliner Wedding. Das dortige Arbeiterelend führte zu seiner Beschäftigung mit sozialpolitischen Problemen. 1921 wurde er dann auf den ersten Lehrstuhl für Soziologie an der Universität Frankfurt am Main berufen wurde. Vgl. Kruck, *Franz Oppenheimer.*

114 Oppenheimer, *Die soziale Bedeutung,* insb. S. 1ff.

115 Rabe, »Landwirtschaftliches Genossenschaftswesen«, S. 335f.

116 Bspw. auf die päpstlichen Sozialenzyklika »Quadrogesimo anno«, 1931 formuliert und durch den jesuitischen Sozialethiker Gustav Gundlach verbreitet worden waren. Gundlach, *Die sozialen Rundschreiben.*

117 Weber, *Die Protestantische Ethik,* S. 131.

118 Schmauch, *Herrschen,* S. 42; Dülfer, »Aufgaben und Struktur«. Vgl. Schulze-Delitzsch, »Das Genossenschaftsprinzip«, S. 2–5; Raiffeisen, »Die Darlehenskassen-Vereine«, insb., S. 59–64.

schs Diktum, dass die gemeinschaftliche Arbeitskraft in Genossenschaften und ihre kollektive Selbsthilfe »Sicherheit« für Vorankommen generieren und die »Zufälligkeiten« abmildern könne, »welchen der einzelne ausgesetzt« sei.[119] Auch Gerhard von Schulze-Gävernitz' 1890 aufgebrachtes »Prinzip der Einigung«, das er unter Genossenschaftlern als produktives Mittel der »Selbstverleugnung« im Gegensatz zur »Selbstsucht« sah,[120] findet in Theorien zur entwicklungspolitischen *Hilfe zur Selbsthilfe* Resonanz: Hier war ebenso von einem »kollektiven Handlungsantrieb« genossenschaftlicher Sozialformen die Rede.[121] Und nicht zuletzt waren Raiffeisens Ausführungen in der aus der Perspektive europäischer Entwicklungsexperten unsicheren Zeit der afrikanischen Dekolonisation interessant, dass genossenschaftliches Wirtschaften aus »Dankbarkeit und gegenseitiger Zuneigung« in seiner »natürlichen Folge« den »sozialen Frieden« stifte und erhalte.[122]

Von diesen deutschen Ansätzen könnten entsprechend auch *Hilfe zur Selbsthilfe* und Genossenschaften in Togo, Tansania und Kamerun profitieren, wobei sich freilich vieles nicht ohne weiteres auf Afrika übertragen lasse.[123] So müsse, erklärte beispielsweise der Entwicklungsexperte Jochen Schmauch, jedweder genossenschaftliche Ansatz in Projekten der *Hilfe zur Selbsthilfe* den »afrikanischen Verhältnissen« angepasst werden oder besser noch aus diesen selbst heraus entstehen.[124] Wann immer auch Reste traditioneller genossenschaftlicher Organisation in Afrika erhalten seien, seien diese wiederzubeleben.[125]

Dabei müsse man allerdings darauf achten, dass der Kolonialismus das Genossenschaftsprinzip in vieler Weise nicht ganz zerstört, sondern eher pervertiert habe: Man habe dort unter den Afrikanern ein »Chef-Prinzip« gefördert, was dem strikten Sinn eines gleichberechtigten Zusammenarbeitens in einer Genossenschaft zuwiderlaufe.[126] Künftig dürfe nichts mehr

119 Dülfer, »Aufgaben und Struktur«. Vgl. Schulze-Delitzsch, *Das Genossenschaftsprinzip*, S. 101.
120 Vgl. Schulze-Gävernitz, Das *Glaubensbekenntnis*, hier S. 109.
121 Schmauch, *Herrschen*, S. 42.
122 Ebd., 222. Dülfer, »Aufgaben und Struktur«. Vgl. Raiffeisen, *Darlehenskassen-Vereine*, hier S. 60.
123 Trappe, *Genossenschaften*, Sp. 1180.
124 Schmauch, *Herrschen*, S. 42, 222.
125 Trappe, *Genossenschaften*, Sp. 1180.
126 Dülfer, »Aufgaben und Struktur«. Auch in einem 1966 von der tansanischen Regierung angeforderten deutschen, britischen und französischen Expertengutachten hieß es: »Societies were organized from ›on top‹ without genuine local demand or even under-

der Ägide und Verantwortung solcher einzelner Führer überlassen werden. Hingegen müsse man *Hilfe zur Selbsthilfe* üben, damit Afrikaner zu ihrem »naturgemäßen Zusammenhalt« und dem Engagement aller in Genossenschaften zurückzufinden könnten.[127] Durch diese Argumentationsweise begründete man schließlich kontinuierlich, dass es auch beim Aufbau bzw. bei der Wiederherstellung von afrikanischen Genossenschaften *Hilfe zur Selbsthilfe* von außen bedürfe, obwohl es sich hierbei um ein angeblich urafrikanisches Phänomen handelte.

Für besonders geeignet, Expertise in den Wiederaufbau von Genossenschaften zu leisten, sahen sich Experten aus der DDR an, wo Genossenschaften schon allein aufgrund ihrer Verankerung in der Verfassung einen überaus hohen Stellenwert hatten.[128] Anders als in der Bundesrepublik verwiesen ostdeutsche Autoren in diesem Zusammenhang oft auf den Urvater sozialistischer Genossenschaftsprinzipien Ferdinand Lassalle und sein Konzept der Arbeitervereine, das in Form von Arbeiter-, Bauern- oder Produktionsgenossenschaften für Afrika überaus nützlich wäre.[129] Dabei müsse man Afrikanern verdeutlichen, dass die Genossenschaften, die sie aus den Zeiten des Kolonialismus kennen würden, nichts mit den Prinzipien Lasalles zu einem gleichberechtigten Aufbau gemein gehabt, sondern lediglich der ökonomischen Ausplünderung gedient hätten.[130]

In der Tat setzten die Regierungen Tansanias, Togos und Kameruns sehr rasch auf Genossenschaften und deren Ausbau im Rahmen deutscher *Hilfe zur Selbsthilfe*: In Tansania konnten Gelder zu Selbsthilfe-Projekten nahezu ausschließlich von Genossenschaften beantragt werden.[131] Ein

---

standing.« Hier: United Republic of Tanzania, *Report*, S. 5; Erdmann, *Jenseits des Mythos*, S. 172.

127 Trappe, *Stammesrecht*, Sp. 1566; Ders., *Entwicklungsfunktion*. Vgl. auch: Cliffe u.a., *Rural Cooperation*.

128 Vgl. zu den landwirtschaftlichen Produktionsgenossenschaften: Art. 46 Abs. 1. Verfassung der DDR vom 9. April 1968, in: Verfassungen der Deutschen Demokratischen Republik, 17.01.2014, http://www.verfassungen.de/de/ddr/ddr49-i.htm.

129 Vgl. bspw.: PAA A Berlin, MfAA, Abteilung Afrika A 15077, ad 185ff. Botschaft der DDR auf Sansibar an den Minister für Bauwesen vom 6.11.1964. Hier Verweise auf: Lasalle, »Offenes Antwortschreiben«.

130 Vgl. Herzog, »Geschichte Tansanias«, S. 122.

131 TNA Dar es Salaam Acc. 521, D3/6/A, Village Development Committee, Cabinet Office, Rundschreiben des Permanent Secretary C. D. Mauya vom 17.9.1962 an die Distriktverwaltungen; Ebd. Acc. 520, P 1/61 1951–65 Self-Help Scheme, Cabinet Office, Rundschreiben des Permanent Secretary C. D. Mauya an die Distriktsverwaltungen.

1961 gegründeter Dachverband, die *Cooperative Union of Tanganyika* (CUT), versuchte die Gründung von Genossenschaften anzuregen und zu regeln.[132] Und hier gab es durchaus euphorische Erfolgsmeldungen: So berichteten Mitte der 1960er-Jahre Experten der DDR von Sansibar, dass es schon gelungen sei, durch Produktionsgenossenschaften die Bevölkerung in einer »vor der Revolution undenkbaren Weise« zu mobilisieren.[133] Vom tansanischen Festland sprachen afrikanische Regierungsbeamte von einem »Rausch des Freiheitsgefühls« bei der Arbeit in Genossenschaften.[134] Und im Jahr 1965 berichtete der Kommissar des Bezirks Tanga, viele würden gar nicht auf die Regierungsinitiativen warten, sondern sich von sich aus in Gruppen und bäuerlichen Kooperativen organisieren.[135]

Auch in Togo und Kamerun setzte man auf die gesellschaftliche Kohäsionskraft von Kooperativen: So erließ das togoische Landwirtschaftsministerium 1961 eine Direktive, in der es hieß, besonders landwirtschaftliche Entwicklung mache nur Sinn, »wenn an die Stelle individueller Untätigkeit eine Gruppendynamik« trete, die »einen Gemeinschaftssinn« stifte. Man müsse sich mehr als bislang Produktionsmittel und Absatzwege im Sinne von Genossenschaften teilen.[136] In Folge dessen fand im März 1962 beispielsweise in der Stadt Palime ein Treffen von Regierungsvertretern und lokalen Eliten – wie Landräten oder Dorfvorstehern – statt, um Fragen rund um den Aufbau und die Entwicklung der Genossenschaftsbewegung in Togo zu debattieren. Erste Pilotversuche für landwirtschaftliche Produktions- und Absatzgenossenschaften in Akposso und Klouto seien »erfolgsversprechend« verlaufen. Und so könne man guten Gewissens alle Togoer dazu einladen, sich in Genossenschaften zusammenzufinden, die in der Tat ein essentielles Instrument der »promotion économique et social« im ganzen Land sein könnten.[137] Man könnte hier Aktivitäten der *Hilfe zur*

---

132 Eckert, *Herrschen und Verwalten*, S. 246; Saul, »From Marketing«, hier S. 287f.
133 BA Berlin Lichterfelde SAPMO DY 30 IV A 2/20 962 ZK der SED Internationale Konsulat der DDR auf Sansibar, Vermerk über die Besichtigung einer Genossenschaft der Abteilung der Frauen der Afro-Shirazi-Party in Mtoni am 9.10.1965.
134 Tanzania, *Report*, S. 5.
135 TNA Dar es Salaam, Annual Report Regional Commission 1964, Tanga Region, Regional Commissioner R. Kundya, 21.5.1965, S. 24. Vgl. Smyth/Seftel, *Tanzania*, S. 137.
136 ANT Lomé FA Atakpamé 221: Agriculture 1963, Ministère de l'agriculture, Direction de l'agriculture, Note de présentation d'un avant-projet d'Etudes de la planification de l'agriculture togolaise, 30.6.1961, o. S.
137 ANT Lomé FA Atakpamé 221: Agriculture 1963, Ministère de l'agriculture, Direction de l'agriculture, Note de présentation d'un avant-projet d'Etudes de la planification de l'agriculture togolaise, 30.6.1961, o. S., FA Atakpamé 283: L'expérience de la jeunesse

Selbsthilfe organisieren, Kredite günstig gewähren, Maschinenringe aufbauen, Düngemittel in größeren und damit günstigeren Mengen anschaffen, gemeinschaftlich und somit effektiver für den Anbau auf den Feldern sorgen und Wege für gemeinsame, für alle vorteilhafte Absatzmöglichkeiten finden. In Genossenschaftszentren sollte die Ausbildung der »unwissenden Bauern« geleistet werden.[138] An die Mitglieder bereits bestehender Kooperativen wurde appelliert, dass sie ihre Richtlinien und Vorgehensweisen verschriftlichen, ihre Verwaltungsstrukturen weiter entwickeln und sich Versammlungshäuser bauen sollten. All das sollte die »enge Zusammenarbeit« untereinander fördern; Genossenschaften sollten dabei als »gute Beispiele« auf das ganze Land ausstrahlen.[139]

Ganz ähnlich verhielt es sich in Kamerun:[140] Dort bestanden im französisch verwalteten Teil bereits Mitte der 1950er-Jahre zahlreiche Landwirtschaftsgenossenschaften, die im Sinne gleichberechtigter Zusammenarbeit umgeformt und weiter ausgebaut werden sollten.[141]

Insgesamt war damit die Wertschätzung von Genossenschaften für *Hilfe zur Selbsthilfe* ein Brennpunkt deutsch-deutsch-afrikanischer Verflechtungsgeschichte: Hier wie dort wurde die große Bedeutung von Genossenschaften für die gesellschaftliche Mobilisierung gepriesen. Gerade weil es sich hierbei um ein traditionelles, lediglich verlorenes Element von Solidarität handele, könne man von breiter Anerkennung und damit von Erfolgen für den Zusammenhalt und die Arbeitsproduktivität ausgehen.

Mit der Förderung von Genossenschaften wie auch mit konzeptionellen Überlegungen zu *Hilfe zur Selbsthilfe* und *Internationaler Solidarität* wurden gleichermaßen die Objekte von Entwicklungsbemühungen hervorgebracht.

---

pionnière agricole du Togo (Monographie); Résolution des délègues des coopératives agricoles du Togo réunis en congrès à Palime (7.3.1962), Résolution des délègues des coopératives agricoles du Togo réunis en congrès à Palime vom 7.3.1962, S. 2.

138 Ebd.

139 Ebd., Togo Ministère du Agriculture, Direktive zur Gründung und Behandlung von Genossenschaften vom 14.4.1967; »L'intervention du B.D.P.A. dans le plan quinquennal«, in: *Togo Presse* vom 27.4.1968, o. S.; »Palime: La coopération agricole et artisanale d'Agou. Nyongo a tenu sa séance constitutive«, in *Togo Presse* vom 27.11.1964, o. S.

140 Vgl. Gabelmann, *Die Genossenschaften.*

141 CAOM Aix-en-Provence Fonds ministériels (FM) 2 Fides 808, Aufstellung Cooperation Agricole 31.3.1955; Ebd. FM Fides 18 G 232, Création et organisation des collectives rurale, Cameroun: Circulaires et instructions sur l'organisation générales des communes, présentation du budget (modèles et tenue du livre de comptabilité). Exemplaire No. 9 Septembre 1955–Septembre 1956.

Da Entwicklungszusammenarbeit in den 1960er-Jahren sich vor allem auf die als besonders unterentwickelt eingeschätzten ländlichen Regionen Afrikas konzentrieren sollte, war hier immer wieder die Rede von afrikanischen ›Bauern‹.

Von ›Eingeborenen‹ zu afrikanischen ›Bauern‹

So vertraten Experten aus der Bundesrepublik, dass es vor allem die ›Bauern‹ in Afrika zu sein hätten, die sozusagen von unten her Entwicklungen vorantreiben müssten. Sie seien es ja auch, die die Grundlage jedes Fortschritts sichern würden: die Ernährung.[142] Gerade das solidarische Wirtschaften in ›bäuerlichen Sippen‹ sei unter ›Bauern‹ noch sehr ausgeprägt und damit ein Ansatzpunkt für jegliche Selbsthilfe.[143]

Afrikanisten aus der DDR sahen in den ›Bauern‹ Afrikas gar die Trägerschicht der Urformen menschlich solidarischen Handelns. Ihre ›Sitten‹ und ›Gebräuche‹ gelte es unbedingt zu bewahren, zu fördern und weiter zu entwickeln.[144]

Auch die Regierungen der Postkolonien hielten die ›Bauern‹ für die Träger von Entwicklung schlechthin und die Dörfer für Keimzellen von *Self Reliance* und Selbsthilfe. Man war sich dabei wohl bewusst, dass es sich bei den Landbewohnern ohnehin um den weit größten Anteil an der Bevölkerung handelte. So wurde der Anteil von ›Bauern‹ an der Bevölkerung in den Ländern Afrikas südlich der Sahara zu Beginn ihrer Unabhängigkeit durchwegs auf über 80 Prozent geschätzt.[145]

In Tansania erklärte Präsident Nyerere mehrfach, dass Dörfer die »Motoren« aller Entwicklung seien und dass »moderne« Düngemittel, neue Arbeitstechniken, Maschinen, aber auch »alt bewährte Traditionen« den Ertrag »verbessern« und den Hunger eindämmen könnten.[146] Man förderte

---

142 Gutkind, »Are the Poor Politically Dangerous?« Vgl. zu vergleichbaren Positionen in der britischen und US-amerikanischen Literatur: Kearney, *Reconceptualizing the Peasantry*; Ders., »Peasants«.

143 Gutkind, »Are the Poor Politically Dangerous?«. Vgl. Foster, »Peasant Society«; Saul/ Woods, »African Peasants«, S. 104.

144 Büttner, *Geschichte Afrikas*, S. 123f. Vgl. auch: Chodak, »The Birth of an African Peasantry«.

145 Tordoff, *Government*, S. 184.

146 Nyerere, »Socialism and Rural Development«.

entsprechend dörfliche Selbsthilfeinitiativen.[147] Auch wurde die Auszeichnung »bester Bauer« an alle verliehen, die Neuerungen gegenüber als besonders aufgeschlossen galten, aber auch als Hüter ›guter‹ Traditionen, als fleißig, sauber und vor allem in Selbsthilfe-Projekten engagiert.[148] In Togo setzte man auf den angeblichen »urwüchsigen Gemeinschaftssinn« der Landbevölkerung. Aus ihm müsse eine »Gruppendynamik« innerhalb der Entwicklungsarbeit entstehen, so das Landwirtschaftsministerium 1961.[149] Die Regierung gründete zusammen mit ausländischen Entwicklungshilfeagenturen sogenannte »Musterdörfer«, in denen »gute bäuerliche Traditionen mit modernen Errungenschaften« verbunden werden sollten.[150] Manche »überkommene Sitte« (wie das Abbrennen der Felder oder die Aversion gegen tierischen Dünger) solle mit der Zeit aufgegeben werden. Andere »gute Sitten« – wie das gemeinschaftliche Wirtschaften – wurden beibehalten und gefördert.[151]

Die ›Bauern‹ – so auch der Kameruner Präsident Ahidjo – sollten an den Grenzen der großen »Musterbetriebe« angesiedelt werden und dort moderne Anbaumethoden und -techniken erlernen. Gleichzeitig sollten die großen Betriebe aber von der »Weisheit« der ›Bauern‹ profitieren.[152] Es war allerdings keineswegs selbstverständlich, in Tansania, Togo und Kamerun in den 1960er Jahren von afrikanischen ›Bauern‹ zu sprechen.[153] Zentral waren hier europäische, von afrikanischen Regierungen durchaus geteilte Projektionen, was ›Bäuerlichkeit‹ bedeuten könnte, die mit der Lebensweise

---

147 Vgl. United Republic of Tanzania, Ministry of Lands, Settlement and Water Development, The Rural Settlement Commission, *Report on the Village Settlement Commission 1965*.

148 TNA Dar es Salaam, Acc. 518, D 30/14 II Village Development Commitee, ad 5, Minutes 94/95 Best Farmer of the Region.

149 ANT Lomé FA Atakpamé 221: Agriculture 1963, Ministère de l'agriculture, Direction de l'agriculture, Note de présentation d'un avant-projet d'étude de la planification de l'agriculture togolaise, 30.6.1961; Ministère de l'agriculture, Commandant de cercle, Note pour les chefs de canton, 31.1.1969.

150 Ebd. FA 283, L'Expérience de la Jeunesse Pionnière Agricole du Togo, Résolution des deléqnés des corperatives agricoles du Togo réunis en congrès à Palime (7/3/1962) 1962.

151 Ebd. FA Atakpamé 221: Agriculture 1963, Ministère de l'agriculture, Direction de l'agriculture, Ministère de l'agriculture, Commandant de cercle, Note pour les chefs de canton, 31.1.1969.

152 Zitiert nach: Maurice Fongang, Case Study: The Cameroon Develeopment Corporation and the ›Smallholders Scheme‹, CNA Buea, RPAID/WA Student Report 1981/82.

153 Vgl. Middleton, »Peasants«; Fallers, »Are African Cultivators«.

und Selbstsicht der Afrikaner in ländlichen Gebieten – soweit man diese überhaupt rekonstruieren kann – kaum etwas gemein hatten.[154] Wenn sich Afrikaner überhaupt jemals selbst als ›Bauern‹ bezeichneten, reagierten sie eher auf Erwartungshaltungen von außen. So konnte es durchaus vorkommen, dass man sich beispielsweise in Tansania kurz nach der Unabhängigkeit bei Dorfversammlungen als ›Bauern‹ in Szene setzte, weil Bäuerlichkeit zu einem Paradigma geworden war, das Aussichten auf materielle Unterstützung, wie Düngemittelkredite oder Beihilfen für die Gründung von Genossenschaften eröffnete.[155]

Dabei war das Reden über afrikanische ›Bauern‹ zutiefst ambivalent, was zum einen die Notwendigkeit von Entwicklungsarbeit legitimierte wie auch ihre Form vorgab, die eben nicht befohlen und zu schnell modernisierend sein durfte, sondern sich auf Mitbestimmung der ›Bauern‹ wie auf deren vermeintlich ›gute‹ Traditionen gründen sollte: Denn die ländliche Bevölkerung galt Neuerungen gegenüber als äußerst kritisch eingestellt, widerständig vis-a-vis jeglichen Obrigkeiten, die über ihre Dorfvorsteher herausreichten.[156] Das mache *Hilfe zur Selbsthilfe* notwendig. Aber gerade auch aufgrund ihrer »Mentalität« seien ›Bauern‹ immun gegenüber modernisierenden Einflüssen und damit als Hüter guter Traditionen.[157] So hätten Bauern auch Solidarität und Selbsthilfe weit mehr bewahren können als afrikanische Städter, woran *Hilfe zur Selbsthilfe* besonders gut anknüpfen könne.[158] Und nicht zuletzt dürfe man nicht vergessen, wie dringend gerade in den Dörfern Entwicklungsarbeit notwendig sei, wären diese doch auch Horte des Elend, des Schmutzes und abergläubischer Beschränktheit.[159]

Wie die Rede über Traditionen und Genossenschaften so war auch die über afrikanische ›Bauern‹ kein neues Phänomen der 1960er-Jahre: Europäische Ethnologen, Missionare und Kolonialbeamte sprachen bereits seit dem frühen 20. Jahrhundert von afrikanischen ›Bauern‹, womit sie alle Landbewohner bezeichneten, die in Dörfern sesshaft lebten und

---

154 Fallers, »Are African Cultivators«; vgl. Welch Jr., »Peasants«. Zur Konstruktion von Bauern in Deutschland und Europa vgl. Münkel, »Bilder«.

155 TNA Dar es Salaam, Annual Report Regional Commission 1964, Tanga Region, Regional Commissioner R. Kundya, 21.5.1965, S. 24.

156 Vgl. Feierman, *Peasant Intellectuals*; Scott, *Weapons of the Weak*; Hobsbawm, »Peasants and Politics«; Migdal, *Peasants*; Spittler, »Passivität«.

157 Bernstein, »African Peasantries«.

158 Vgl. Oppen, »Dorf«.

159 Vgl. zu Tansania: Jennings, »We must Run While Others Walk«, S. 164.

verhältnismäßig autonom Felder bewirtschaften, entweder um sich selbst zu versorgen oder um ihre Produkte auf Märkten feilzubieten. [160] Diese Begriffsbildung war eingebettet in einen längerfristigen Prozess, in dem Europäer allmählich davon abkamen, Afrikaner als inferiore homogene Masse im Sinne von ›Eingeborenen‹ zu sehen. Künftig klassifzierte man Afrikaner eher nach den bereits erwähnten ›Stämmen‹ sowie nach Lebensräumen und Tätigkeitsfeldern. Hiermit verbunden war letztlich ein diskurs- und wissenshistorisch klar nachzeichenbarer paradigmatischer Wechsel: Dieser führte weg von einer als statisch und untergeben angesehenen Eingeborenengesellschaft und hin zu einer sozial differenzierten zunehmend dynamisch gedachten, zu entwickelnden Bedürftigengesellschaft. ›Bauern‹ wurden in den 1960er-Jahren schließlich gleichzeitig als Objekt von Entwicklungshilfe wie auch als Subjekt der Selbsthilfe konstruiert. [161]

Die Verklärung afrikanischer ›Bauern‹ schob beispielsweise 1931 der französische Kolonialbeamte und Anthropologe Robert Delavignette mit der Veröffentlichung seines bald äußerst einflussreichen Romans »Les Paysans Noirs« an. [162] Ein auf der Grundlage dieses Textes entstandener Film wurde gar bei der Ausbildung französischer Kolonialbeamter gezeigt. [163] Delavignette bestand entschieden darauf, aus eigenen Erfahrungen zu schöpfen: Er war 1919 in die Kolonialadministration gelangt und hatte Auslandseinsätze in Dakar, in Niger und in Obervolta absolviert. [164] In seinem Roman zeichnete er das idealisierte Leben eines vor dem Einbrechen des Kolonialismus ursprünglich intakten und gesunden afrikanischen ›Bauernstandes‹. So schrieb Delavignette vom »Stolz der Bäuerinnen« über ihre »vollen Vorratskammern« und von den »alten Bräuchen« der Fürsorge, bei denen jeder Bauer immer ein »Quäntchen« für die Armen übrig gehabt und man sich auch häufig gegenseitig ausgeholfen hätte. [165]

160 Bernstein, »African Peasantries«.

161 Vgl. Leclerc, *Anthropologie*, S. 130f.

162 Vgl. Delavignette, *Les Paysans Noirs*. Zur Biographie Delavignettes: Cohen, »Introduction«; Cohen, *Rulers*, S. 100–104; Mouralis, *Robert Delavignette*.

163 Cohen, *Rulers*, S. 100f.

164 Vgl. Ders., »Introduction«.

165 Delavignette, *Les Paysans Noirs*, S. 26f., 156f., 214f. Delavignette, der selbst aus einer ländlichen Region in Burgund stammte, hatte in Dijon bei dem Historiker Gaston Roupnel studiert. Roupnel verklärte in seinen Schriften das französische Bauerntum und führte beispielsweise in seiner »Histoire de la campagne française« von 1932 aus, dass die »ländliche Seele« überaus »reich sei«. Denn sie stehe »der Natur« besonders nahe und sei daher besonders »menschlich«. Letztlich findet sich jene Sichtweise bei Delavignette übertragen auf Afrika wieder. Vgl. Roupnel, *Histoire*, S. 305.

Wichtig waren auch die Veröffentlichungen des russischen Agrarökonomen Alexander Tschajanow, der 1923 die Bedeutung von gemeinsamen familiären Wirtschaften als Grundstruktur bäuerlicher Gesellschaften hervorgehoben hatte.[166] Der deutsche Nationalökonom Wilhelm Röpke schrieb 1942 – ganz auf der Linie der nationalsozialistischen Blut-und-Boden-Ideologie – gar von der »bäuerlichen Welt« als einer »letzte[n] große[n] Insel«, die noch nicht »von der Flut der Vermassung« ergriffen worden sei. Diese »Welt« stünde für einen »letzten großen Bereich menschlicher Lebens- und Arbeitsform, die innere Stabilität besitz[e] und vital befriedigend« sei.[167] Etwas stärker als Delavignette, Tschajanow und Röpke in wissenschaftlichempirischen Diskursen der Zeit verankert, argumentierte der Ethnologe Henri Labouret auf der Grundlage von Feldstudien in seinem Buch »Paysans d'Afrique Occidentale«. Labouret schriebt, dass die »Bauern des schwarzen Afrika« keineswegs »primitiv, nicht entwickelbar und unrettbar verloren« seien. Sie seien nur in einer Art »rudimentären«, aber auch sehr »stabilen« und »fruchtbaren« Entwicklungsstadium stehen geblieben.[168] Sie müssten in Zukunft sicher einiges von ihren »Eigenheiten« aufgeben, andere »Traditionen« aber unbedingt bewahren.[169] Labouret unterrichtete wie Delavignette seit 1926 an der französischen École Coloniale, so dass ihre Sichtweisen bald zum Ausbildungskanon von Kolonialexperten gehörten.[170]

Auch Herskovits warnte 1940 vor der besonders für afrikanische ›Bauern‹ bedrohlichen zerstörerischen Wirkung modernisierender Entwicklungen.[171] Damit sei nicht zuletzt das Dorf als »Ursprungsform« afrikanischer Siedlungen und die dort gepflegten »sehr wertvollen Traditionen und Sitten« des Ackerbaus und der »solidarischen Fürsorge« vom Untergang bedroht.[172] Man müsse hier unbedingt vieles bewahren.

Nach dem Zweiten Weltkrieg war immer häufiger von jener »höheren Kultur der Bauern« im Gegensatz zu »entwurzelten« Städtern in Afrika die Rede, wenn es um die Sicherung des alltäglichen Auskommens gehe – so

---

166 Tschajanow, *Die Lehre*. Vgl. Spittler, »Tschajanow«.
167 Röpke, *Gesellschaftskrise*, S. 3.
168 Labouret, *Paysans*, S. 54.
169 Ebd.
170 Cohen, *Rulers*, S. 87, 92–95, 102.
171 Herskovits, *Man in his Works*, S. 216.
172 Ders., *Human Factor*, S. 101, 107.

beispielsweise der US-amerikanische Ethnologe Alfred Louis Kroeber im Jahr 1948.[173] Ein implizites Plädoyer für *Hilfe zur Selbsthilfe* unter ›Bauern‹ artikulierte weiter der US-amerikanische Politikwissenschaftler Edward C. Banfield 1958 in seiner Studie »The Moral Basis of a Backward Society«. Vor allem stellte Banfield hier die »Konservativität« und »Verschlossenheit« süditalienischer Bauern heraus, ihre angebliche »Lethargie« und ihren »Fatalismus«.[174] Für Afrika wurde diese Vorstellung relevant, da Banfield einer derjenigen war, die die These vertraten, dass Eigenheiten unter Landbevölkerungen stärker ausgeprägt zu finden seien je südlicher auf der Welt sie leben würden. Afrikaner seien also noch »lethargischer« und »störrischer« als Süditaliener.[175]

Die schon bei Herskovits und anderen zu findende Vorstellung von ursprünglich gesunden afrikanischen ›Bauern‹-Gesellschaften, fand sich wieder in der Ende der 1950er-Jahre zu einem Klassiker aufgestiegenen Studie »Peasant Society and Culture«[176] des nordamerikanischen Ethnologen Robert Redfield.[177] Bezog sich Redfield hier auch auf Feldstudien, die er in mexikanischen Dörfern durchgeführt hatte, vertrat er gleichermaßen, dass überall auf der Welt ›Bauern‹ ähnlich seien und deren Gesellschaften »rural dimension of old civilisations« inkorporieren würden. Die Traditionen jener »old civilisations« müsse man schützen.[178]

Auch Kolonialbeamte und Entwicklungsexperten sprachen sich seit den 1930er-Jahren für eine »Haltung der Bewahrung« gegenüber bäuerlichen Lebenswelten aus.[179] Entwicklungsprojekte könnten überdies gerade mit den vermeintlich unzugänglichen ›Bauern‹ beispielhaft für den zugänglicheren, weil bereits entwickelten Rest der Bevölkerung erprobt werden. Vielen Experten galt die Devise: Was man auf dem Land ausrichten könne, das würde in den Städten umso leichter fallen. So müsse man zuerst einmal sehr gründlich die »Mentalität, Angewohnheiten, Sitten« und Arbeitsmethoden afrikanischer ›Bauern‹ studieren. Denn diese seien »unverfälscht« und würden zu den Wurzeln afrikanischer Kultur führen, was

173 Kroeber, *An Anthropologist*, S. X.
174 Banfield, *The Moral Basis*, insb. S. 47ff. Vgl. ähnlich zu einem Dorf im Süden Frankreichs die bereits 1957 veröffentlichte Studie: Wylie, *Dorf*, insb. S. 301f.
175 Ebd. Vgl. diese These auch bei: Field, *Search for Security*.
176 Redfield, *Peasant Society*.
177 Zu Redfield: Cole/Eggan, »Robert Redfield«.
178 Redfield, *Peasant Society*, S. 20, 25.
179 Vgl. zahlreiche Beispiele in: Anderson, »Depression«.

wiederum für Selbsthilfe nützlich sein könne – so beispielsweise der französische Generalgouverneur in Algerien Jules Brévié 1936.[180] Vereinzelt priesen in den 1950er-Jahren Kolonialbeamte gerade afrikanische ›Bauern‹ als wichtige Träger und gleichzeitig Adressaten von Selbsthilfe. Ein Beispiel ist der Bericht der *Overseas Food Corporation* zu Tanganjika von 1955, in dem es hieß, die Grundlage jeglicher Entwicklung und so auch der in *Self Help* liege in einer »healthy, prosperous, yeoman farmer class«.[181]

Wie keine Gesellschaftsschicht sonst wurden somit ›Bauern‹ in den 1960er-Jahren als Objekte von Entwicklungen und Träger der *Hilfe zur Selbsthilfe* gleichermaßen in den Blick genommen. Wie beschrieben, standen die Vorstellungen über ›Bauern‹ in einer langen bis in das Fin de Siècle zurückreichenden Traditionslinie, wenngleich auch viele Ethnologen und Entwicklungsexperten ihre Plädoyer für die Förderung und Bewahrung der Lebenswelt afrikanischer ›Bauern‹ in entwicklungspolitischen Diskursen als neuartig ausgaben.

Wie im Folgenden zu zeigen sein wird, verhielt es sich mit dem Konzept der *Hilfe zur Selbsthilfe* ähnlich. Dieses war nämlich keineswegs eine Innovation der postkolonialen Entwicklungsarbeit, sondern war tief verwurzelt in der europäischen Aufklärung, im abendländischen Christentum, in der Sozialarbeit des 19. Jahrhunderts sowie wie in missionarischen und kolonialpädagogischen Bemühungen zu Afrika.

---

180 Brévie, »Science et Colonisation«.
181 Overseas Food Corporation, *Report and Accounts*, S. 159.

4. Die lange Geschichte der *Hilfe zur Selbsthilfe*

Wenn deutsche Theoretiker und die Regierungen junger afrikanischer Staaten in den 1960er-Jahren *Hilfe zur Selbsthilfe* als einen neuartigen innovativen Entwicklungsansatz priesen, dann irrten sie sich schlichtweg gewaltig. *Hilfe zur Selbsthilfe* war ganz im Gegenteil ein recht altes Konzept. Es war tief in den Ordnungsentwürfen der europäischen ›Moderne‹, in der inneren und äußeren Mission sowie im Kolonialismus verankert.

Hunger als Antrieb in der Aufklärung

Eine wichtige Traditionslinie liegt in der aufgeklärten Reformpädagogik seit dem 18. Jahrhundert. Hier gab es vor allem zweierlei Argumente, die mit den späteren Prämissen der *Hilfe zur Selbsthilfe* in der postkolonialen Entwicklungspolitik nahezu deckungsgleich waren: Zum einen findet sich schon in europaweiten Diskursen um 1700 die Auffassung, dass Almosen Eigeninitiative verhindern würden. Hingegen solle man Arme kurz halten und sie zur Arbeit ›erziehen‹. Zum anderen dürfe diese ›Erziehung‹ nicht durch Druck und Zwang erfolgen. Sie müsse zugewandt und freundlich sein. Nur dann könne sie zur notwendigen Einsicht bei den Bedürftigen führen, wie wichtig ihr eigenes Handeln für eine Verbesserung ihrer Lebensbedingungen sei. Das würde sie dann dazu bringen, ihr Leben auch in die Hand zu nehmen.[1]

So schrieb beispielsweise 1704 der englische Kaufmann und Essayist Daniel Defoe, der sich wie viele seiner Zeitgenossen auch mit sozialpolitischen Fragen befasste: Die Alimentierung der Armen habe lähmende Auswirkungen, die jegliche Eigeninitiative verhindere. Man müsse hingegen

---

1 Vgl. zur Geschichtlichkeit von sozialen Praktiken der Subjektivierung: Alkemeyer/ Budde/Freist, »Einleitung«, S. 23.

mit Gefühl und Verstand Anleitungen zur Selbsthilfe geben.[2] Ein »öffentlicher Geist« florierender Gemeinwesen könne nur aus einem »menschenfreundlichen Sinn für Partnerschaft« zwischen allen entstehen, so äußerte sich 1714 auch der Moralphilosoph Antony Ashley-Cooper von Shaftesbury.[3] Jean-Jacques Rousseau hob wiederum 1762 heraus, dass die ›Erziehung‹ des Menschen dahin, sich selbst zu helfen, nur durch eigene Erfahrungen und keinesfalls durch Befehle und Vorschriften fruchtbar sein könne.[4] Der Schweizer Pädagoge Johann Heinrich Pestalozzi schrieb 1787, mit den Armen verhalte es sich wie mit den Kindern; man müsse sie immer wieder zu Herzens- und Verstandesbildung anleiten, damit sie sich dereinst in ihrem Leben selbst helfen könnten.[5] Eher auf volkswirtschaftliche Aspekte der *Hilfe zur Selbsthilfe* zielte 1786 der britische Vikar und Armenarzt Joseph Townsend ab, der behauptete, dass letztlich nur Hunger den Menschen zur Arbeit treibe; wolle man diesen Antrieb zum Wohle aller fördern, dann dürfe man die Armen nicht satt machen; denn dadurch würden sie zwangsläufig untätig.[6] Der schottische Kaufmann und Richter Patrick Colquhoun sprach 1806 sogar von einer »Pflicht zur Arbeitserziehung«: Er unterschied Menschen in prekären Lebenslagen in »Arme« und »Bedürftige«. »Bedürftigkeit« sei dabei häufig selbst verschuldet, denn sie betreffe solche, die nur selten ihren Lebensunterhalt nicht selbst verdienen könnten. Den Betroffenen fehle es oft am Willen und an der Liebe zur Arbeit. Sie seien häufig kriminell. Daher sei es regelrecht eine »Pflicht«, sie zu »Fleiß und Strebsamkeit zu erziehen«.[7]

Die Reihe solcher und ähnlicher Aussagen könnte noch lange fortgeführt werden. Sie verdichteten sich im Verlauf des 18. Jahrhunderts in vielen Regionen des globalen Nordens zu einem regelrecht unausweichlichen biopolitischen »Dispositiv«: Es entstand ein Geflecht aus Wissen,

---

2 Defoe, *Giving*, insb. S. 4ff. Vgl. auch Defoes Roman Robinson Crusoe aus dem Jahr 1719, in dem vorgeführt wird, wie auf einer Insel im Mündungsgebiet des Orinoco der ›Eingeborene‹ Freitag durch den britischen Seemann Robinson Crusoe auf freundschaftlich-paternalistische Weise an das Christentum und europäische Werte herangeführt wird: Defoe, *Robinson*.

3 Shaftesbury, *Charakteristicks*, S. 106f.

4 Rousseau, *Emile*, S. 70.

5 Pestalozzi, *Lienhard*, S. 260f. Vgl. die Rezeption dieses Ansatzes der *Hilfe zur Selbsthilfe* in der Kindererziehung nach Maria Montessori Anfang des 20. Jahrhunderts: Montesorri, *Grundlagen*.

6 Vgl. Townsend, *An Essay*, insb. S. 2. Vgl. hierzu: Polanyi, *The Great Transformation*, S. 156ff.

7 Colquhoun, *A Treatise*, S. 7ff., 110ff.

Anleitungen, Ansprüchen und Durchsetzungspraktiken,[8] das auf eine konsequente Ausmerzungspolitik ›schlechter‹ Untätigkeit und die Beförderung ›guter‹ Selbsthilfekräfte abhob.[9] Hier wurden die grundlegenden Rezepturen formuliert, die einen auf volkswirtschaftliche Prosperität ausgelegten Umgang mit Armen garantieren sollten. Die Armenfürsorge durch Almosen wandelte sich allmählich zur Armenerziehung durch *Hilfe zur Selbsthilfe*.[10]

Zentral war neben solchen aufklärerischen Ideen das abendländische Christentum mit seiner ›protestantischen Ethik‹ und dem katholischen Subsidiaritätsprinzip.[11]

Die ›protestantische Ethik‹, das katholische Subsidiaritätsprinzip und die Kritik an der Moderne

Eine Prämisse der ›protestantischen Ethik‹, die sich bereits seit dem 17. Jahrhundert ausgehend von den Niederlanden ausgebreitet hatte, lautete, dass »Gott dem hilft, der sich selbst hilft«.[12] Vor dem Hintergrund dieser Vorstellung galt Armut um 1800 als soziale Krankheit und religiöse Krise gleichermaßen: Sie gelte es durch Förderung der Eigenanstrengung der Betroffenen zu therapieren und somit zu überwinden.[13] Treibende Kräfte waren in diesem Zusammenhang vor allem solche Protestanten, die sich in Mittel- und Westeuropa sowie in den USA zum Pietismus und den Erweckungsbewegungen bekannten. Sie teilten die Auffassung, dass sich ein gottgefälliges Dasein in der Praxis des alltäglichen Lebens zeigen müsse.[14]

---

8 Vgl. Foucault, *Dits et Ecrits*, S. 392–395; Agamben, *Was ist ein Dispositiv?*

9 Vgl. Foucault, *In Verteidigung*, S. 295.

10 Vgl. Linder, »Unterschicht«, S. 13f.

11 Zur Bedeutung christlicher Religiosität für die Sozialgeschichte Europas des 19. Jahrhunderts: Nipperdey, *Religion*; Smith/Clark, »The Fate of Natan«; Schieder, »Sozialgeschichte der Religion«; Ders., »Säkularisierung«.

12 Weber, *Die Protestantische Ethik*, S. 131. Vgl. hierzu auch Luthers Lehrsatz »Von der Freiheit eines Christenmenschen«: Luther, *Freiheit*.

13 Vgl. Traue, *Das Subjekt*, S. 118–128. Vgl. zur Bedeutung von Christentum und sozialen Engagement bspw. auch: Przyrembel, *Verbote*, insb. S. 147ff.

14 Zum Überblick: Benrath/Deichgräber/Hollenweger, »Erweckung«. Dabei verschränkte sich von vornherein innere mit äußerer Mission: Vgl. Wellenreuther, »Pietismus und Mission«.

Armut wurde als Resultat innerer Lähmung und eines unmoralischen Lebens gesehen, das sich von Gott entfernt habe. Aus diesem Zustand müssten die ›Gefallen‹ errettet werden. Denn eingefleischte Protestanten konnten sich schlichtweg nicht vorstellen, dass Gott christliche Lebensweise, Fleiß und Geschäftigkeit nicht durch eine Errettung aus dem Elend belohnen könnte.

Auch die in entwicklungspolitischen Diskursen der 1960er-Jahre über *Hilfe zur Selbsthilfe* tragende Prämisse, dass Unterstützung nur durch sanfte Anstöße erfolgen dürfe, war unter diesen Protestanten seit dem 18. Jahrhundert bereits zu finden. Sie entsprach dem Kern einer auf Handeln abgestellten ›protestantischen Ethik‹: Denn nur wenn sich die Armen mit Verstand und ganzem Herzen selbst helfen würden, dann werde ihr Weg aus der Bedürftigkeit heraus auch von Gott begünstigt und sei somit von Erfolg gekrönt. Hier verschränkten sich deutlich Bemühungen um die »Vitalisierung der Religiosität«[15] mit Anregungen für ein tätiges, strebsames und sparsames Leben, das nicht zuletzt wiederum christlich motiviert sein sollte.

Mit welch starken Worten sich Rezepturen zur Selbsthilfe an die Bedürftigen richteten und wie eng lebenstechnische Impulse mit religiösen verbunden waren, zeigt sich wohl am deutlichsten anhand einiger Selbsthilfe-Ratgeber. Diese wurden Mitte des 19. Jahrhunderts allmählich zu Bestsellern und bereiteten ältere Auffassungen sozusagen als Anleitungen für Individuen auf: So überschrieb beispielsweise der bereits erwähnte deutsche Publizist Schramm-Macdonald seine 1889 veröffentlichte, weit verbreitete Schrift »Der Weg zum Erfolg durch eigene Kraft« mit den Worten: »Gott hilft denen, die sich selber helfen!«[16] Seine darin formulierten Lehrsätze zur Selbsthilfe nannte er in deutlicher Anspielung auf ihren quasi-religiösen Charakter ein »Evangelium«.[17]

Hier lehnte sich Schramm-Macdonald an den erstmals 1859 durch den schottischen Moralschriftsteller Samuel Smiles publizierten Ratgeber »Self-Help« an.[18] Smiles war ein Arzt in der Kleinstadt Haddington, wo er zahlreiche verarmte Arbeiter behandelte. Ihr Elend führte er in vielerlei Hinsicht auf die Effekte der Industrialisierung zurück. In seinem Ratgeber

---

15 Schieder, *Sozialgeschichte*, S. 24. Vgl. Ders., *Säkularisierung*.
16 Schramm-Macdonald, *Der Weg zum Erfolg*, S. 3. Vgl. auch: Teil I, Kapitel 3.
17 Schramm-Macdonald, *Der Weg zum Erfolg*, S. 1.
18 Smiles, *Self-Help*. Bspw. auch: Schramm-Macdonald, *Weg zum Wohlstand*. Vgl. Metz, »Selbsthilfe«.

stellte Smiles ›Self-Made-Men‹ aus Geschichte, Mythologie und Gegenwart vor, die es allesamt geschafft hätten, sich selbst zu einem ›besseren‹ Leben zu verhelfen. Das sollte zum Vorbild, Ansporn und Orientierung dienen.[19] Schramm-Macdonald wiederum behauptete Ende des 19. Jahrhunderts: Die Selbsthilfe gründe sich auf die »unerschütterliche tausendjährige Erfahrung«, dass das Streben des Menschen nicht nur nach dem Notwendigen, sondern auch dem Wünschenswerten die »Quelle alles wahren Gedeihens der Einzelnen und somit auch der Völker« sei.[20] »Fremde Hilfe« sei hingegen fatal:

»Dadurch, daß sie eigene *Anstrengung* überflüssig macht, lähmt und erstickt sie im Menschen nur allzu leicht die Willens- und Thatkraft, wie jeden Trieb zur Selbstthätigkeit und giebt ihn damit erst recht der Hilflosigkeit preis.«[21]

Solche Aussagen finden sich immer wieder in einer aufklärerisch und christlich motivierte Ratgeberliteratur, die seit der Mitte des 19. Jahrhunderts Anleitungen gab, wie man selbst Bedürftigkeit überwinden, ja sogar reich werden könne. Auch hier wurden keine neuartigen Gedanken verbreitet: Bereits im 18. Jahrhundert waren in vielen Regionen Europas und der USA die Leitsätze der christlichen *Hilfe zur Selbsthilfe* in protestantischen Broschüren, Kirchenblättern und Ordnungen zur Armenfürsorge zu lesen. Sie waren – wie im Folgenden noch genauer zu zeigen sein wird – auch Gegenstand praktischer Unternehmungen.

Katholische Ansätze zur *Hilfe zur Selbsthilfe* waren etwas jünger. Bis zum Ende des 19. Jahrhunderts dominierte die Sozialarbeit und Armenhilfe von Weltkirche, Orden und Laienorganisationen in Europa und Nordamerika die ›Caritas‹, wobei es eher als unchristlich und unbarmherzig galt, die Bedürftigen auf ihre eigenen Kräfte zu verweisen.[22] Erst in den 1890er-Jahren kam unter römisch-katholischen Sozialethikern das Subsidiaritätsprinzip auf, das ebenfalls auf Selbstbestimmung, Eigenverantwortung und damit auf die Entfaltung der Fähigkeiten und Mobilisierung der Kräfte der Armen abgestellt war.[23] So hob beispielsweise 1891 Papst Leo XIII. in seinem

---

19 Calder, »Livingstone«, S. 85f.
20 Schramm-Macdonald, *Weg zum Erfolg*, S. 1, 3.
21 Ebd., S. 3f.
22 Vgl. Wendt, *Geschichte der sozialen Arbeit*, S. 75ff.; Frie, »Katholische Wohlfahrtskultur«.
23 Vgl. Nörr/Oppermann, *Subsidiarität*; Nuscheler, *Sicherheitsinteressen*.

Rundschreiben »Rerum Novarum« das Gottesgeschenk und damit auch die Verpflichtung des bedürftigen Menschen hervor, sich selbst zu helfen.[24]

Im Krieg gegen die Bedürftigkeit im langen 19. Jahrhundert

Es blieb nicht bei solchen Theorien. Der auf Praktiken abgestellte soziale Interventionismus, der als kennzeichnend für die ›Hochmoderne‹ des 20. Jahrhunderts gilt,[25] wurzelt zweifellos auch in der *Hilfe zur Selbsthilfe* im langen 19. Jahrhundert, damit dem Zeitraum der 1770er-Jahre bis zum Beginn des Ersten Weltkriegs.[26] Alle, die nicht nach den Prinzipien der bürgerlichen Leistungsethik lebten, die als lethargisch, faul, ziellos, somit sozial deviant, verarmt und elend galten, rückten zunehmend in den Fokus tätiger Sozialarbeit. Hier sollten nun Einstellungen und Verhaltensweisen dieser ›Wilden vor der eigenen Haustür‹ tiefgreifend und auf Dauer in Richtung Selbsthilfe verändert werden, ob es sich nun um – wie es bisweilen hieß – »entartete«[27] Prostituierte, Trunksüchtige, Landstreicher oder auch nur um Arbeiter, Knechte, Mägde und Dienstboten in prekären Lebenslagen handelte.[28] Das karitative Handeln im Sinne von *Hilfe zur Selbsthilfe* gegenüber den Unterschichten wurde in historischen Untersuchungen häufig als Selbstbestimmung und -versicherung bürgerlicher Eliten über ihre aufgeklärten Bildungsideale, Leistungsethik und religiösen Beweggründe interpretiert.[29]

Es waren allerdings auch unübersehbare überall auf der Welt herrschende soziale Probleme, die Anlass boten, dass ganze Armeen von Pfarrern, Missionaren und Philanthropen Armut und Elend innerhalb und allmählich auch außerhalb der nördlichen Hemisphäre »den Krieg« an-

---

24 Leo XIII., Rerum Novarum Pius XI., 01.12.2011, Punkt 28. http://www.uibk.ac/theol-/leseraum/texte/320.html. Zur Selbsthilfe vgl. Ebd., Punkt 79, 80.
25 Vgl. Scott, *Seeing*; Herbert, »Europe«; Raphael, »Ordnungsmuster«.
26 Zum Begriff bspw. Kocka, *Das lange 19. Jahrhundert.*
27 Dieser Begriff fällt beispielsweise in den Hamburger ›Fliegenden Blättern‹ aus dem Jahr 1850, S. 206f., zitiert nach: Habermas, »Wie Unterschichten«, S. 116.
28 Vgl. Ebd., S. 115ff.
29 Vgl. bspw. Koven, *Slumming*; Scotland, *Squires*; Colini, *Public Moralists*; Weber, »Wohlfahrt«; Grilrichst/Jeffs, *Settlements*; Lindner, *Die Settlementbewegung*; Humphreys, *Poor Relief*; Wietschorke, *Arbeiterfreunde*; Metz, »Selbsthilfe«.

sagten.[30] Seit der zweiten Hälfte des 18. Jahrhunderts bis zum Beginn des Ersten Weltkriegs hatte es in Indien, China, Nordamerika, Afrika und auch in Europa so massive Hungerkrisen gegeben, dass sie außerhalb Europas nicht selten Millionen Menschen das Leben kosteten. Auch Europa war immer wieder von Zehntausenden Hungertoten betroffen. Ganze Landstriche wurden entvölkert.[31] In Mittel- und Westeuropa wurde überdies bereits in der Frühindustrialisierung deutlich, dass weite Teile der Bevölkerung trotz Beschäftigung nicht mehr in der Lage waren, für ihr Auskommen zu sorgen. Man sprach von »Pauperismus« als einem bislang neuen Phänomen der Massenarmut trotz Arbeit, dem man nur beikommen könne, wenn man die Unterschichten zu Sparsamkeit, Vorsorge, Zeit- und Kraftökonomie in Selbsthilfe erziehe.[32] Auch die Zeiten der Massenarbeitslosigkeit nach der Gründerkrise 1873[33] wurden mit Aufforderungen zu *Hilfe zur Selbsthilfe* beantwortet.[34]

Häufig sahen sich staatliche, kirchliche und private Fürsorgeeinrichtungen bei der Alimentierung der Armen schlichtweg ökonomisch überfordert, wenngleich sie öffentlich vor allem humanitäre Beweggründe vorschoben und behaupteten, ihnen gehe es nur darum, das Leben der Bedürftigen nach deren Vorstellungen und damit auch auf Dauer verbessern zu wollen.[35] Vielfach warnten Sozialtheoretiker auch vor der Gefahr von Hungerrevolten oder Revolutionen der Armen, vor dem Aufstieg der Arbeiterbewegung und des Sozialismus sowie vor den fatalen Folgen des volkswirtschaftlichen Bankrotts.[36] Und nicht zuletzt priesen Sozialisten *Hilfe zur Selbsthilfe* als einzig wirkungsvolles Konzept, das dazu dienen

---

30 Vgl. Katz, *The Undeserving Poor*; Gans, *The War Against the Poor*.
31 Zu nennen sind hier massive Hungerkrisen 1769–1770 und 1866 in Bengalen, 1770 in Osteuropa, 1771/1772, 1816/17 und 1844/49 in Mittel- und Westeuropa, 1837/38 in Nordwestindien, 1845–49 in Irland, 1866–69 in Finnland und Schweden, 1874 in Kleinasien, 1876–79, 1892–94, 1920 und 1928–1929 in China, 1876–1878 in Südostasien, 1876–1878, 1896–1897, 1899–1900 in Indien. Vgl. als Überblick: Davis, *Geburt*; Vernon, *Hunger*; Osterhammel, *Die Verwandlung*, S. 253–334; Bayly, *Die Geburt der modernen Welt*, S. 195–199.
32 Vgl. Wendt, *Geschichte der sozialen Arbeit*, insb. S. 36. Zur sozialhistorischen Deutung der Hintergründe und Auswirkungen des »Pauperismus« grundlegend: Kocka, *Das lange 19. Jahrhundert*, S. 74; Ders., *Weder Stand noch Klasse*, S. 109–158.
33 Vgl. Habermas, »Wie Unterschichten«, S. 110ff.
34 Vgl. Metz, »Selbsthilfe««.
35 Vgl. Vernon, *Hunger*, S. 38ff.; Bayly, *Die Geburt der modernen Welt*, S. 332–336.
36 Vgl. Wendt, *Geschichte der sozialen Arbeit*, S. 73–93.

könne, durch Stärkung der eigenen Kräfte der Armen und Elenden die Klassengegensätze einzuebnen.[37] Dabei war man sich quer durch alle politischer Lager häufig einig, dass Massenarbeitslosigkeit und -armut auch Kriseneffekte der europäisch-nordamerikanischen Moderne seien,[38] was auch immer die Zeitgenossen jeweils unter dieser Moderne verstanden.[39] Spätestens in der zweiten Hälfte des 19. Jahrhunderts war in dieser Hinsicht ein »Zeitalter der Angst« angebrochen:[40] Kritiker der Moderne bezogen sich nicht nur auf die unerwünschten Effekte der Industrialisierung und der Mechanisierung der Landwirtschaft, wie die Verschärfung von Klassengegensätzen. Sie betonten auch – so beispielsweise Émile Durkheim im Jahr 1893 –, dass die Moderne Gesellschaftsstrukturen »mit einer Geschwindigkeit und in einem Ausmaß verändert« habe, so dass die »Moral« der alten Gesellschaften »verkümmert« sei. Allenthalben könne man die »Anomie« von sozialer Individualisierung und Desintegration feststellen, welche die »organische Solidarität« der Bevölkerungsschichten untereinander fatalerweise abgelöst habe. Und dieses Zusammengehörigkeitsgefühl müsse wieder gefördert werden.[41] Damit war mit der Vorstellung von *Hilfe zur Selbsthilfe* bereits zu jener Zeit auch das Ziel verbunden, vermeintlich ›gute‹ und durch die Moderne verlorene Traditionen der gegenseitigen Fürsorge wiederherzustellen.[42]

So schien es in vielen Regionen der nördlichen Hemisphäre seit dem ausgehenden 18. Jahrhundert geradezu unvermeidlich, auch durch Taten verarmte Bauern, Arbeiter, Stellungs- und Obdachlose dazu zu bringen, sich selbst zu helfen und damit aus eigener Kraft ihren Lebensunterhalt zu sichern und ihren Alltag zu ›verbessern‹.

---

37 Mit Verweisen auf frühsozialistische Positionen in diesem Zusammenhang: Beer, *Geschichte des Sozialismus*, insb. S. 186ff.

38 Vgl. bspw. Maier, »Leviathan«, S. 161; Blackbourn, *The Long Nineteenth Century*, S. 302–310; Berman, *All That*, S. 15ff.

39 Zum Plädoyer, die Moderne nicht als Kategorie oder Epochenbezeichnung zu verstehen, sondern als Selbstentwurf historischer Akteure: Cooper, »Moderne«.

40 Bayly, *Die Geburt der modernen Welt*, S. 582.

41 Durkheim, *De la Division*, S. 182f. Vgl. in diesem Zusammenhang auch den deutschen Liberalen Ferdinand Tönnies, der 1887, einen Unterschied zwischen »Gesellschaft« und »Gemeinschaft« hervorhob. Sei eine »Gesellschaft« ein »mechanisches Aggregat und Artefakt«, so sei eine »Gemeinschaft« geprägt von gegenseitigem Verständnis und Eintracht ihrer Mitglieder. Tönnies, *Gemeinschaft und Gesellschaft*, insb. S. 4ff., S. 16ff.

42 Vgl. hierzu in der Entwicklungsarbeit der 1960er-Jahre mit Afrika: Teil I, Kapitel 1, 2 und 3.

Eine erste karitative Einrichtung dieser Art, die sich ausdrücklich der Bekehrung zur Selbsthilfe verschrieb, war die 1780 gegründete Baseler *Christentumsgesellschaft.*[43] Ab den 1790er-Jahren entstanden dann in England, den Niederlanden, Schweden und in den deutschen Staaten ganz ähnliche protestantische Gesellschaften zur ›Inneren Mission‹, die sich allesamt der ›Erziehung der Armen‹ zu einem gottgefälligen und damit selbstbestimmten tätigen Leben verschrieben.

Es lag wohl in der kritischen Haltung gegenüber der industriellen Moderne, dass sich frühe Praktiken der *Hilfe zur Selbsthilfe* vor allem auch dem Tätigkeitsfeld der Landwirtschaft zuwandten. Dabei verschmolzen Ansichten über Potenziale und Dringlichkeit miteinander. Denn das Leben der ›Bauern‹ galt einerseits als Hort vermeintlich ›guter‹ Tradition und andererseits himmelschreiender Rückständigkeit.[44] So betätigte sich der Berner Patrizier, Agronom und Pädagoge Philipp Emmanuel von Fellenberg seit 1799 auf Gut Hofwyl als Musterlandwirt und errichtete eine Armenerziehungsanstalt.[45] Dort wurden »bedürftige« Jungbauern und »verwahrloste Kinder« darin unterwiesen, wie sie mit den einfachsten Ressourcen und Mitteln selbstständig ihre Ernährung und ihr Auskommen sichern könnten.[46]

1818 eröffnete der einstige Generalgouverneur von Niederländisch-Indien Johannes van den Bosch[47] im holländischen Frederiksoord eine Armenkolonie, in der städtische Obdach- und Stellungslose zwangsweise eingewiesen, doch mit einer auf Überzeugung und Einfühlung setzenden Pädagogik zu Kleinbauern umgeschult werden sollten.[48] Dabei handelte es sich um den vermutlich frühesten Versuchs, Erfahrungen in der kolonialen ›Eingeborenenpädagogik‹ in die Sozialarbeit des Mutterlandes einzubringen.[49]

Als ein Erfinder des *Community Development* kann wiederum der schottische Frühsozialist und Unternehmer Robert Owen gelten.[50] Owen stellte sich häufig selbst dar als einer, der es vermocht hätte, sich selbst zu hel-

---

43 Vgl. Brecht, *Die Basler Christentumsgesellschaft.*
44 Vgl. Münkel, *Bilder.*
45 Zur Biographie: Guggisberg, »Fellenberg«; Wittwer, *Die Familie von Fellenberg.*
46 Fellenberg, *Darstellung*, S. 1ff. Vgl. Ders., *Vues relatives.*
47 Zur Biographie: Legêne, »Bosch«.
48 Vgl. Berends, *Arbeid.*
49 Vgl. Bosma, »Dutch Imperial Anxieties«, S. 72.
50 Zur Biographie: Cole, *The Life of Robert Owen*; Harrison, *Robert Owen.*

fen.[51] Als nahezu mittelloser Sohn eines Sattlers, der kaum die Schule besucht hatte, stieg er 1799 zum Fabrikleiter der Baumwollspinnerei New Lanark bei Glasgow auf. Dort reduzierte Owen die Arbeitszeit und schränkte die Kinderarbeit ein. Auch zahlte er Fürsorge im Krankheitsfall, eröffnete günstige Läden für die Arbeiter und schuf ein Bildungs- und Freizeitprogramm, das sich auf die Hebung der Moral und die Arbeitshaltung günstig auswirken sollte. Nicht zuletzt plädierte er für eine Reform der Fürsorgepolitik: Bislang würden die »Arbeitslosen auf Staatskosten unterhalten, während ihre körperlichen und geistigen Kräfte unproduktiv« bleiben würden. »Unwissenheit und Müßiggang« würden bei »ihnen schlechte Gewohnheiten und Sitten« erzeugen. Man solle jegliche Almosen einstellen; hingegen solle man »Erziehung« zu und durch Arbeit üben.[52] Solche Aussagen entsprachen dem allgemeinen philanthropisch-aufgeklärten Diskurs der ›Hebung und Erziehung‹ der Unterschichten zu einem christlichen Leben, zu Moral und Arbeit. So war Owen geprägt von Pestalozzis Ansätzen, den er selbst auf einer Reise durch die Schweiz kennen und schätzen gelernt hatte.[53] Neu war allerdings Owens Plan aus dem Jahr 1819, in Anlehnung an Agrarkolonien wie Hofwyl »Villages of Unity and Cooperation« gemeinsam mit ihren künftigen Bewohnern zu errichten. Die Bedürftigen sollten ihre Vorstellungen einbringen, um alsbald zu Glück, Harmonie und Wohlstand finden. Gegenseitige Fürsorge und Selbsthilfe sollte Konkurrenz und Selbstsucht ersetzen, was Owen als einen Weg zurück zur Natur des Menschen verstand.[54] In England scheiterte Owen mit seinen Bemühungen, da das notwendige Kapital und Grundeigentum nicht aufzubringen waren. So ging er 1824 nach Nordamerika, übernahm von der radikalpietistischen Bewegung der Rappisten in Indiana die Siedlung New Harmony, um dort die Vision eines kooperativen Gemeinschaftslebens in Selbsthilfe zu verwirklichen.[55] Obwohl Owen 1828 einsah, dass seine Pläne nicht auf Dauer Bestand hatten, und sich daraufhin unter großen finanziellen Einbußen zurückzog, setzten seine Theorien Maßstäbe für viele ähnlichen Gemeinschaftssiedlungen in den

---

51 Vgl. Owen, *The Life*.
52 Robert Owen, *Report of the Poor from the year 1817*, zitiert nach: Beer, *Geschichte des Sozialismus*, S. 186f.
53 Vgl. Wendt, *Geschichte der sozialen Arbeit*, S. 53.
54 Vgl. Ebd.; Harrison, *Robert Owen*, S. 11, 47ff., S. 57ff.
55 Vgl. Hahn, *New Harmony*; Arndt, *Georg Rapp's Harmony*.

USA und Europa.[56] In ihnen liegt auch eine maßgebliche Wurzel für den entwicklungspolitischen Ansatz des *Community Development*, wie er seit den 1950er-Jahren irrtümlicherweise als völlig neuartig propagiert wurde. Hofwyl, Fredericksoord und New Harmony waren streng calvinistisch bzw. pietistisch geprägt: Hier wurde die ›protestantische Ethik‹ nicht nur gepredigt, sondern Tag für Tag durch gemeinsame Arbeit mit den Bedürftigen eingeübt. Ähnlich aufgeklärt-religiös motiviert waren in den Städten sogenannte »Friendly Societies«. Dabei handelte es sich um Ende des 18. Jahrhunderts vor allem in England aufkommende genossenschaftliche Vereinigungen von Handwerkern und Arbeitern, die der gegenseitigen Absicherung dienten.[57] Diese ›Freundschaftsgesellschaften‹ wandten sich allmählich auch der christlich-moralisch motivierten Armenpflege und der inneren Mission zu, die es ab dem frühen 19. Jahrhundert nahezu überall in West- und Mitteleuropa sowie in Nordamerika gab.[58]

Das »Slumming« als informativer und gleichzeitig die Bedürftigen belehrender Spaziergang durch Armenviertel kam als moralisch-karitative Praktik seit den 1830er-Jahren groß in Mode.[59] Die »Armenbesucher« beließen es nicht dabei, detailliert Wohn- und Hygieneverhältnisse, Praktiken des sozialen Umgangs und ökonomischen Wirtschaftens sowie Religion und Moral aufzuschreiben. Sie versuchten sich auch in die Lage der ›Armen‹ einzufühlen,[60] Verbesserungen der Lebensbedingungen anzuregen und übten damit *Hilfe zur Selbsthilfe*. Bereits zu dieser Zeit hieß es: Zunächst sollten die Armen in Gesprächen ihre missliche Lage erkennen und ergründen und sodann den Willen erlangen, sich aus dieser herauszuarbeiten.[61]

---

56 Nach 1840 verbreitete vor allem der Pädagoge und Theologe John Minter Morgen. Vgl. Harrison, *Robert Owen*, S. 35f. Zur Verbreitung in den USA: Bestor, *Backwoods Utopians*. Zu religiösen Gemeinschaftssiedlungen im Gefolge Owens allgemein: Schempp, *Gemeinschaftssiedlungen*.

57 Vgl. Wendt, *Geschichte der sozialen Arbeit*, S. 31f.

58 Neben einer ganzen Reihe vor allem von Frauen getragenen philanthropischen Vereinen entstand beispielsweise im Londoner East-End 1865 die Heilsarmee. Vgl. zu den Frauen-Vereinen: Prochaska, *Women*; Ders., *Christianity*. Zur Heilsarmee: Horridge, *The Salvation Armee*; Gnewekow/Hermsen, *Die Geschichte der Heilsarmee*.

59 Vgl. Koven, *Slumming*.

60 Vgl. zum sozialpädagogischen Prinzip des Hineinversetzen in andere ›Klassen‹ den Anderen im 19. Jahrhundert: Schockert, »Undercover«.

61 Vgl. Dießenbacher, »Der Armenbesucher«. Vgl. Habermas, »Wie Unterschichten«, S. 109.

Der Hamburger Theologe und Lehrer Johann Hinrich Wichern[62] kam über solche Spaziergänge durch die »Höhlen der Armen«[63] – wie er sich ausdrückte – zu seinen Praktiken von *Hilfe zur Selbsthilfe*. Er gründete 1833 das Rauhe Haus und nahm dort »verwahrloste« Kinder der Unterschichten auf. Wichern erklärte, nur durch »feine zarte Führung« in »Liebe« und »Geduld« würden die Kinder ihren »Sinn« ändern.[64] Dabei müsse man ihnen zunächst die Augen öffnen, um zu sehen, welch »verfaultes Leben« sie geführt hätten und wie sehr sie der »Rettung« aus der Bürde der »verwilderten Sündenmasse« bedürften.[65] Die Knaben und Mädchen sollten wie in einer »Familie« mit den Erziehern zusammen leben, denn so komme das »individuelle und individuellste Leben zu seinem vollen Rechte«, während gleichzeitig eine »liebende, fürsorgende Pflege« herrsche.[66] In wöchentlichen Gesprächen solle der »Standpunkt jedes Einzelnen« zur Geltung kommen.[67] Fleiß und Strebsamkeit würden ganz von selbst innerhalb einer solchen Familie vermittelt werden: Alle würden einen »trägen Cameraden« als »große Schande« empfinden und »die Befleckung des guten Namens ihrer besonderen Familie« fürchten, so dass man sich wechselseitig untereinander helfen und erziehen werde.[68] So war es der Kern von Wicherns Konzept der *Hilfe zur Selbsthilfe*, dass »alles von allen und jeder von jedem beaufsichtigt«[69] würde. Nur unter der Mitwirkung aller könne es gelingen, »fleißige, ehrenhafte, geschickte, stille, gewissenhafte Arbeiter« zu erziehen.[70] Das diene – so behauptete Wichern – unmittelbar dem Wohle des Staates, denn ohne diese *Hilfe zur Selbsthilfe* würden die Armen ihn wie einen »Krebsschaden« befallen.[71]

In Hamburg betätigte sich seit 1831 ganz ähnlich auch Amalie Sieveking im Rahmen ihres *Weiblichen Vereins für Armen- und Krankenpflege*. Sie

---

62 Zu Wichern allgemein: Vgl. Przymbel, *Verbote*, S. 156–180; Schmuhl, *Senfkorn*; Gerhardt, *Wichern*.
63 So Wichern in einem Schreiben vom 18.8.1837, vgl. Przyrembel, *Verbote*, S. 172. Wichern verfasste 1833/32 eine ausführliche Studie über seine Spaziergänge unter den unteren Schichten Hamburgs: Wichern, *Hamburgs wahres und geheimes Volksleben*. Vgl. Habermas, »Wie Unterschichten«, S. 109.
64 Wichern, *Sämtliche Werke*, Bd. 4/1, S. 119; Ebd., Bd. 7, S. 433.
65 Wichern, *Sämtliche Werke*, Bd. 4/1, S. 327.
66 Ebd., Bd. 4/2, S. 253.
67 Ders., *3. Jahresbericht*, S. 35.
68 Ders., *12. Jahresbericht*, S. 60.
69 Ders., *5. Jahresbericht*, S. 21.
70 Ders., *14.–17. Jahresbericht*, S. 58.
71 Ders., *Sämtliche Werke*, Bd. 4/1, S. 412.

sorgte für die hauswirtschaftliche und krankenpflegerische Ausbildung ›gefallener‹ Mädchen, damit sie künftig selbst einen Weg zu einem ehrlichen und moralischen Leben finden könnten.[72] Wie Sieveking so nahm sich im französischen Anger die katholische Nonne Maria Euphrasia Pelletier den weiblichen Unterschichten durch *Hilfe zur Selbsthilfe* an. Sie gründete 1835 die Kongregation der »Frauen vom Guten Hirten«, die bald weltweit expandierte und beispielsweise bereits 1843 in Louisville, USA, ein Schwesternhaus eröffnete. Pelletier setzte auf eine grundlegende moralisch-religiöse wie praktische Ausbildung der Mädchen, die sie als Grundlage für ein selbstbestimmt christliches Leben ansah.[73]

Auf die Idee von eigenständiger Bildung als Weg heraus aus Unmoral und Bedürftigkeit gründeten sich auch die Volkshochschulen in Europa: 1844 eröffnete der dänische Philosoph und Pädagoge Nicolai Grundtvig in Rødding die erste »Heimvolkshochschule«, in der bedürftige Handwerker und Arbeiter in Rechnen und Schreiben, aber auch Hygiene und Gartenbau unterrichtet wurden. Er verfolgte ein aufklärerisches Pädagogik-Konzept, dessen Kern der freie Dialog und Austausch zwischen Schülern und Lehrern war. Alle Beteiligten sollten ihr Leben lang voneinander lernen – und dies vor allem durch praktische Erfahrungen.[74]

Die deutschen Volkshochschulen folgten dem gleichen Prinzip.[75] Sie wurden 1844 ausgehend von der preußischen Rheinprovinz durch den liberalen Unternehmer Friedrich Harkort ins Leben gerufen. 1844 gründete er den »Verein für die deutsche Volksschule und für Verbreitung gemeinnütziger Kenntnisse«, mit dem er den »Geist der Bruderliebe«, des »Gemeinsinns« und der »Selbsthilfe« unter dem Industrieproletariat fördern wollte.[76]

Das Konzept des Lernens voneinander findet sich beispielsweise in den 1880er-Jahren bei den sogenannten Chicagoer Laborschulen des nordamerikanischen Pädagogen John Dewey[77] wieder. Dewey benannte den

---

72 Sieveking sah allerdings noch keine Notwendigkeit darin, dass ledige Frauen ihren Lebensunterhalt verdienen würden. Vgl. Baumann, *Protestantismus*, insb. S. 44.
73 Vgl. Wendt, *Geschichte der sozialen Arbeit*, S. 76.
74 Vgl. Bautz, »Grundtvig«.
75 Harkort, *Bemerkungen*.
76 Ebd. Vgl. Köllmann, »Harkort«.
77 Vgl. bspw. Bohnsack, *John Dewey*.

Ansatz »Learning by Doing« als erster[78] und propagierte ihn als einzig wirkungsvolles Instrument der Selbsthilfe für »Self-Made-Men«.[79] Als der wohl prominenteste Praktiker der *Hilfe zur Selbsthilfe* in der aktivierenden Fürsorge im Deutschen Reich gilt schließlich der westfälische Pastor Friedrich von Bodelschwingh.[80] 1882 eröffnete Bodelschwingh in Wilhelmsdorf bei Bielefeld eine Kolonie für Obdach- und Arbeitslose für die er die Devise »Arbeit statt Almosen« ausrief: Bei ihm würden die Bedürftigen nur ein einziges Geschenk bekommen, das allerdings »ein köstliches Gut« sei, »nämlich die Arbeit selbst«.[81] Wie seine Vorgänger hing Bodelschwingh der ›protestantischen Ethik‹ an und verfolgte den Ansatz eines tätigen Christentums: »Gebet und Arbeit« zusammen würden »selige Frucht« tragen.[82] Die Arbeit müsse aber aus freien Stücken geschehen: Daher möge man in Wilhelmsdorf »auch nicht eine einzige Stunde einen unfreiwilligen Arbeiter« bei sich haben. Zwang führe nämlich zu nichts.[83]

Es findet sich somit schon im langen 19. Jahrhundert die in den 1960er-Jahren für durchwegs neu gehaltene Vorstellung, dass *Hilfe zur Selbsthilfe* die lähmenden Begleiterscheinungen der Alimentierung vermeiden helfe, die Hilfsbedürftigen zu eigenen Aktivitäten ansporne und damit auch nachhaltig sei. Auch wurde bereits an die sich dynamisierende Kraft von Familien bzw. Dorfgemeinschaften gedacht. Und nicht zuletzt galt bereits den Aufklärern, Reformpädagogen und christlichen Sozialtechnologen um 1800 *Hilfe zur Selbsthilfe* als ein der vorbehaltslosen Moderne kritisch gegenüber stehendes Instrument sozialer Entwicklung, das auch auf ›gute‹ Traditionen und ›Sitten‹ Rücksicht nehme und diese wieder herstellen könne.

---

78 Vgl. Dewey, *Democracy.*
79 Vgl. Ders./Tufts, *Ethics*, S. 3ff. Vgl. ähnlich: Phelps Stokes, *Readings.*
80 Zur Biographie: Adam, »Bodelschwingh«; Bautz, »Bodelschwingh«; Schmuhl, *Friedrich von Bodelschwingh*, Bodelschwingh, *Friedrich von Boldelschwingh.*
81 Bodelschwingh, *Ausgewählte Schriften*, Bd. 2, S. 431; Ders., *Die Wanderarmen.* Vgl. Conrad, *Globalisierung und Nation*, S. 74.
82 Bodelschwingh, *Ausgewählte Schriften*, Bd. 2, S. 432f.
83 Ebd.

Die ›Erziehung des Negers zur Arbeit‹ als *Hilfe zur Selbsthilfe*: Von Alabama nach Togo

Hilfe zur Selbsthilfe ›wanderte‹[84] schließlich auch nach ›Übersee‹ und hielt Mitte des 19. Jahrhunderts in Afrika Einzug.[85] Seit den Anfängen der christlichen Missionierung des Kontinents in den 1850er-Jahren und seiner kolonialen Erschließung Ende des 19. Jahrhunderts beschäftigte Briten, Belgier, Franzosen und vor allem auch Deutsche die Frage, wie man denn die durchwegs als nicht in die Zukunft denkend, planlos und arbeitsscheu imaginierten Afrikaner zum zielgerichteten Arbeiten bringen könne, und zwar – so die Rhetorik – »um ihrer Selbst willen«.[86]

Man war sich über das ›Humankapital‹ – sprich die Arbeitskraft der Afrikaner – für die Wirtschaftlichkeit der Kolonien bewusst. Besonders in den deutschen Kolonien Ostafrika, Togo und Kamerun avancierte der »rassistisch-kulturmissionarische Diskurs«[87] der »Erziehung des Negers zur Arbeit«[88] zum zweifellos zentralen Kern kolonialer Zivilisierungsmission.[89]

---

84 Zum Begriff und zur Globalisierung kolonial-missionarischem Wissens im 19. Jahrhundert bspw.: Przyrembel, »Wissen auf Wanderschaft«; Habermas, »Wissenstransfer«; Conrad, »Wissen«. Zur Entstehung eines transkulturell veränderten Wissens am Beispiel von Indien: Fischer-Tiné, *Pidgin-Knowledge*.

85 Dieser Prozess sollte freilich nicht einseitig verstanden werden. Auch im Bezug auf Konzepte und Praktiken der *Hilfe zur Selbsthilfe* war Afrika ein Laboratorium, das auf Europa und Nordamerika zurückwirkte. Da dieses Kapitel allerdings als Vorgeschichte der Entwicklungsarbeit der 1960er-Jahre in Afrika zu lesen ist, wird der Wissenstransfer nach Europa und in die USA vernachlässigt. Vgl. hierzu generell: Van Laak, »Kolonien«, insb. S. 261; Tilley, *Africa*, insb. S. 115–168.

86 Bspw.: Kratzenstein, »Erziehung«. Vgl. für die deutschen Kolonien grundlegend: Conrad, »Globalisierung und Nation«, S. 76–109; Ders., »Education««; Ders., »Eingeborenenpolitik««; Ders., *Deutsche Kolonialgeschichte*, S. 57f.; Van der Heyden, »Rassistische Motivationen«; Eckert, »Zeit«. Zu den Potenzialen, die Geschichte der Arbeit globalhistorisch zu schreiben: Ders., »Aspekte«.

87 Conrad, *Deutsche Kolonialgeschichte*, S. 58.

88 Vgl. Markmiller, »Die Erziehung des Negers zur Arbeit«.

89 Vgl. zum Begriff: Osterhammel, »Zivilisierungsmission«. Die europäische Missionierung und Kolonisierung Afrikas gründete sich auch auf dem Anspruch, die formell bereits abgeschaffte Sklaverei einzudämmen. Es ließ sich somit nicht mehr ohne weiteres auf Sklaven für die koloniale Plantagenwirtschaft zurückgreifen. In den deutschen Kolonien Afrikas verwarf man Überlegungen zur Einführung einer Arbeitspflicht; Hütten- und Kopfsteuern sollten die Afrikaner zur Lohnarbeit in den Plantagen bringen, was immer wieder zu Widerständen und Konflikten führte. Der Import billiger Arbeitskräfte aus den pazifischen Kolonien und hier vor allem chinesische Kontraktarbeiter erwies sich als gleichermaßen schwierig und nicht hinreichend. Vgl. Conrad, *Deutsche Kolonialge-*

Im Reden über die Hebung der Einstellung der Afrikaner zur Arbeit gingen – wie Sebastian Conrad pointiert schreibt – kolonialwirtschaftliche, religiöse und vorgeblich humanitäre Anliegen eine »brüchige Koalition zwischen Kolonialregierung, Unternehmern und Mission« ein.[90] Freilich plädierten auch Vertreter anderer Kolonialmächte in Afrika für eine gewaltlose Hinführung der ›Eingeborenen‹ zur Arbeit, da nur diese effizient sei und ein dauerhaftes Ergebnis verspreche. Ein zur Arbeit geprügelter Afrikaner würde gleich wieder die Hände in den Schoß legen, wenn man wegschaue oder mit der Zwangsmaßnahme nachlasse.[91]

Deutsche Arbeit und die ›Erziehung‹ zu ihr galten allerdings als etwas Besonderes: So war im Fin de Siècle mancher sogar in den USA davon überzeugt, dass die deutsche Art, »Neger in Afrika zu behandeln« ein »Modell für andere Nationen« sein könne, so bekundete beispielsweise Booker T. Washington.[92] Die Deutschen würden nicht danach trachten, die Afrikaner »zu unterdrücken«. Sie würden ihnen hingegen »helfen, mehr nützlich für sich selbst und für die Deutschen zu werden.« Und das wiederum würde äußerst gute Ergebnisse in der Arbeitsproduktivität der Kolonien zeitigen.[93]

In der Tat wurde es auch von deutschen Kolonialbeamten zunehmend um Willen der Effizienz und wohl auch aus humanitären Gründen kritisch gesehen, »Arbeitszwang« auf die Afrikaner mit Geldbußen oder Prügeln auszuüben.[94] Auch hatte brachiale Gewalt in den deutschen ›Schutzgebieten‹ gegenüber Afrikanern zu regelrechten Kolonialskandalen geführt und zu kritischen Debatten im Reichstag.[95] Bald hieß es nun auch offiziell in kolonialen Dekreten, wie beispielsweise 1912 für Deutsch-Ostafrika: Es sei auf »freiwillige Arbeit der Afrikaner« zu achten. Gewaltanwendung sei unbedingt zu vermeiden.[96] Geprügelt und erpresst wurde in der kolonialen

---

schichte, S. 57f.; Eckert, »Familie«; Ders., »Europa«. Zum Potenzial einer solchen globalhistorischen Betrachtung von Arbeit: Ders., »Globale Perspektiven«; Ders., »What is«; Ders., »Arbeitergeschichte«,

90 Ebd., S. 58. Zur Forderung, Mission und Kolonialregierung auseinanderzuhalten und auch auf die Brüchigkeit von Allianzen hinzuweisen bspw.: Loth, »Christian Mission«.

91 Vgl. bspw. für Frankreich: Harmand, *Domination*.

92 Zitiert nach: Zimmerman, *Alabama in Africa*, S. 182. Zu Washington, seinem Tuskee-Projekt und dessen Übertragung auf Togo siehe weiter unten.

93 Zitiert nach ebd.

94 Eine Ausnahme ist: Rohrbach, *Das deutsche Kolonialwesen*, S. 36.

95 Vgl. Habermas, »Der Kolonialskandal Atakpame«; Bösch, *Öffentliche Geheimnisse*, S. 275–328.

96 Zitiert nach: Eberlie, »The German Achievement«, S. 205.

Praxis freilich auch weiterhin.[97] Nur hatten sich offizielle Redeweisen geändert: Der Verteidigung kolonialer Praktiken des Überwachen und Strafens als einzig wirkungsvolle Mittel, den Afrikanern zu begegnen und sie zum Arbeiten zu bringen,[98] wurde ein unter Kolonialbeamten neuartiger Diskurs an die Seite gestellt. Seit der Jahrhundertwende war zunehmend die Rede von einer ›Erziehung‹ zur Arbeit aus Menschenfreundlichkeit, die als *Hilfe zur Selbsthilfe* in ein fleißiges, selbstbestimmtes, den Afrikanern letztlich selbst zuträgliches Leben etikettiert wurde.

Wie sah diese von Sebastian Conrad angesprochene »brüchige Koalition« zwischen Missionaren und Kolonialbeamten genau aus?[99] Von welchen unterschiedlichen und einvernehmlichen Motiven und Auffassungen war sie geleitet? Und inwiefern kann man hier von einer ›Wanderschaft‹ des Konzepts der *Hilfe zur Selbsthilfe* von den ›Wilden‹ im Deutschen Reich zu denen in Afrika sprechen?

Hintergrund des ostentativ humanitären Paradigmenwechsels vom Strafen zum Erziehen war zunächst ein gewisses Umdenken in Bezug auf ›die Neger‹ als ›Rasse‹. Ihr Verhalten wurde nun weniger als an körperliche Anlagen gebunden gesehen.[100] Es schien somit überhaupt erst änderbar: So schrieb beispielsweise der Theologe und Kolonialbeamte in Deutsch-Südwestafrika Paul Rohrbach, der für einen sogenannten ›ethischen Imperialismus‹ eintrat,[101] »die Neger« seien nur »noch nicht so weit entwickelt« wie die Deutschen. Vielmehr handele es sich bei ihnen um »eine Rasse«, die als »vorläufige Endprodukt unermesslich langer Entwicklungsreihen einen inferioren Typus« ausgebildet habe.[102] Es sei hingegen die ›Kultur‹ und auch das heiße Klima Afrikas, das die Afrikaner auf dieser »niedrigen und primitiven« Entwicklungsstufe habe stehen lassen, so betonten andere deutsche Kolonialbeamte.[103] Ganz besonders gelte dies für die völlig fehlende Einsicht in den Wert körperlicher Arbeit: Es falle einfach schwer, Anstrengungen zu unternehmen, wenn »eine üppige Tropennatur« oftmals wie ein »Füllhorn ihre Früchte« einfach ausschütte.[104] Daher glaube »der

---

97 Vgl. Müller, *Kolonien*; Trotha, »Beobachtungen«.

98 Vgl. bspw. Rohrbach, *Das deutsche Kolonialwesen*, S. 36.

99 Vgl. Conrad, *Deutsche Kolonialgeschichte*, S. 58.

100 Zu diesen somatischen Rassentheorien bspw. Zimmerman, *Anthropology*.

101 Vgl. Rohrbach, *Deutschland unter den Weltvölkern*. Zur Biographie: Anker, »Rohrbach«.

102 Rohrbach, *Das deutsche Kolonialwesen*, S. 40f.

103 Vgl. Schneider, *Die Culturfähigkeit*. Zu »primitiv« im Sinne von weniger zivilisiert und daher unterlegen: Kaufmann, »›Primitivismus‹«; Dies., »Zur Genese«.

104 Acker, »Die Erziehung«, S. 120. Vgl. ähnlich: Mirbt, *Mission und Kolonialpolitik*, S. 102.

Afrikaner« häufig daran, auch ohne Arbeit »ein reicher Mann« zu sein.[105]
Auch hätten die Afrikaner bislang nur Sklaven- und Zwangsdienste
kennengelernt, was auch ihre Abscheu gegen Arbeit bedinge.[106]
Vor dem Hintergrund eines solchen historisch-kulturelle Prägungen,
Mentalität und klimatische Bedingungen anführenden und damit gewissermaßen auf Entwicklungsperspektiven abgestellten »Othering«[107] konnte
sich letztlich erst der Gedanke entfalten, dass es überhaupt Sinn mache, auf
Afrikaner erzieherisch einzuwirken und hier sogar Parallelen zu in Europa
und Nordamerika gemachten Erfahrungen in der *Hilfe zur Selbsthilfe* zu
ziehen.[108]

Jene Sinnhaftigkeit wurde in der Regel gar als »sittliche Pflicht« der
Deutschen beschrieben:[109] Sie *könnten* nicht nur aufgrund ihrer eigenen
hoch entwickelten Zivilisation, den Afrikanern dabei helfen, ihre irrigen
Einstellungen zur Arbeit zu überwinden. Die Deutschen *müssten* die Afrikaner sogar »kulturell emporheben« und sie zur Einsicht in den Wert von
Mühe und Fleiß erziehen.[110] Und dies solle nicht allein daher geschehen,
damit die Kolonien durch den Anstieg der Arbeitskraft der ›Eingeborenen‹
möglichst viel Nutzen brächten. Geradezu zwangsläufig würden sich durch
Arbeit auch die Lebensbedingungen der Afrikaner ›verbessern‹ und entwickeln.[111]

Daher dürfe man es auch nicht bei herkömmlichen Formen der ›Ein-
geborenen-Pädagogik‹ – wie Strafen und Schläge – belassen: Es bedürfe
»besonderer Methoden« und eines »uneigennützigen und wirklich päda-

---

105 Merensky, *Wie erzieht man*, S. 6.
106 Vgl. bspw. Kratzenstein, »Erziehung«.
107 Der Begriff des »Othering« wird hier im Sinne von Gayatari Spivak und Stuart Hall
    gebraucht als ein typisch koloniales und imperialistisches Phänomen, mit dem Koloni-
    almächte ihre vermeintliche eigene zivilisatorische Überlegenheit gegenüber der Unter-
    legenheit der Kolonisierten hervorhoben. Entscheidend war hierbei ein Argumentieren in
    Stereotypen und Kollektiven, somit *den* Deutschen und *den* Afrikanern. Spivak, »The
    Rani«; Hall, »Das Spektakel«.
108 Auf die Verflechtung von Kolonie und Metropole in Diskursen des »Otherings« im
    britischen Zusammenhang verweisen bspw: Cooper/Stoler, *Tensions*.
109 Bspw.: Merensky, *Deutschlands Pflicht*, insb. S. 10; Külz, »Blätter und Briefe«. Diese
    Pflichtrhetorik wird meist erst auf die Rezeption eines Gedichts des Nordamerikaners
    Rudyard Kipling aus dem Jahr 1899 zurückgeführt, war allerdings grundlegend für Zivi-
    lisierungsmissionen in Afrika seit Mitte des 19. Jahrhunderts. Vgl. Kipling, »The United
    States«.
110 Schneider, *Die Culturfähigkeit*.
111 Ebd.

gogischen Standpunkts«[112]. Ziel aller Bemühungen müsse künftig sein, bei den Afrikanern eine wirkliche »Liebe zur praktischen Arbeit« anzufachen.[113] Damit dieses Gefühl auch entstehen könne, müsse man darauf sehen, dass lieb gewonnene »alte Lebensordnungen« nicht zerstört würden.[114] Nur wenn man die Afrikaner unter Rücksicht auf ihre »Eigenarten« und sanft zu Einsicht und Gefühl »hinführe und anleite«, dann könnten »sogar sie den sittlichen Wert der Arbeit« verinnerlichen.[115] Und erst wenn sie diese innere Umgestaltung aus freien Stücken vorgenommen hätten, könnte sich ihr Leben auf Dauer zum ›Besseren‹ wenden.[116]

Eine solche ›besondere‹ Methode für solche Ziele schien für deutsche Kolonialbeamte das sogenannte Tuskegee-Institut in Alabama bereitzustellen, das zu dieser Zeit durch den bereits erwähnten Afroamerikaner Booker T. Washington[117] geleitet wurde.[118] Der Versuch, die Erfahrungen mit ›Rassenbeziehungen‹ in den Südstaaten der USA auf die ›Erziehung‹ von Togoern zur Arbeit zu übertragen, zeigt auch, wie viel Glauben an körperliche ›Rassenunterschiede‹ in noch so reformerisch anmutenden Ansätzen zur ›Eingeborenenpädagogik‹ in *Hilfe zur Selbsthilfe* steckte. 1901 hatten sich auf eine Anfrage des deutschen Kolonialwirtschaftlichen Komitees vier Absolventen des Instituts von Alabama in die deutsche ›Musterkolonie‹ Togo begeben, um die dort einheimischen Ewe für den Baumwoll-Anbau im Dienste der deutschen Kolonialbehörde anzuspornen. Washington hatte der Entsendung vor dem Hintergrund seiner Bewunderung für das, was er über deutsche Ansätze der ›Erziehung‹ von Afrikanern zu Arbeit wusste,[119] bereitwillig zugestimmt. Er war selbst noch in der Sklaverei geboren, verstand sich als ›Self-Made-Man‹ und lehrte am Tuskegee-Institut nicht nur handwerkliche oder landwirtschaftliche Fähigkeiten, sondern verfolgte einen ganzheitlichen Ansatz der Selbstfindung: Damit

---

112 Bspw.: Kratzenstein, »Erziehung«.
113 So der kaiserliche Kommissar von Togo Jesko von Puttkammer in einem Schreiben vom 10.2.1888 an Reichskanzler Otto von Bismarck, zitiert nach: Zimmerman, »A German Alabama«, S. 1391.
114 Vgl. Norris, *Die Umerziehung*, S. 86.
115 Vgl. Buchner, »Die Mithilfe der Mission«, S. 429.
116 Kratzenstein, »Erziehung«; Schneider, *Culturfähigkeit*.
117 Zur Biographie: Harlan, »Booker T. Washington and the White Man's Burden«; Ders., *The Making of a Black Leader*; Ders., *The Wizard of Tuskegee*.
118 Hierzu ausführlich: Zimmermann, »A German Alabama«; Ders., *Alabama in Africa*. Vgl. bspws. auch: Conrad, *Deutsche Kolonialgeschichte*, S. 108ff.; Napo, *Togo*; West, »The Tuskegee Model«.
119 Vgl. Zimmerman, *Alabama in Africa*, S. 182. Vgl. Beckert, »Von Tuskegee nach Togo.«

einstige afroamerikanische Sklaven freie Bürger der USA werden könnten, müsse man sie zunächst an ein christliches Leben heranführen und dann durch kontinuierliche Übungen zur Wertschätzung der Handarbeit, die eben künftig nicht wie in der Sklaverei als aufgezwungen verstanden werden dürfe, sondern als freiwillig.[120] Denn grundsätzlich – so hatte ihm schon sein Vorgänger Samuel Armstrong mitgegeben – würden »die Neger Arbeit nicht mögen, weil sie immer nur zu ihr gezwungen worden seien.« Sie würden nur unter »Druck« arbeiten, und das eben entsprechend unwillig und schlecht. Daher müsse man ihre »Haltung« tiefgreifend ändern.[121] Mit seinen Ansichten zur ›Rassenfrage‹ stellte Washington die Ordnung der Kolonien nicht in Frage. Er befürwortete hingegen ein langsames und schrittweises Vorgehen, bei dem sich die ›Schwarzen‹ selbst moralisch und arbeitsethisch zu bilden hätten.[122] Waren damit Washingtons Ansätze für die deutschen Kolonialbeamten in Togo akzeptabel, wurden sie wirklich interessant durch seine sozialen Techniken,[123] den ›Neuen Neger‹, der fleißig, engagiert und beherzt zur Arbeit schreiten würde, heranzubilden: Am besten geschehe dies durch viele Gespräche, eine Verknüpfung von Spiel, Sport, Gesang mit Arbeit sowie nicht zuletzt eine Politik des guten Beispiels, die besonders wirkungsvoll sei, wenn man innerhalb der gleichen ›Rasse‹ für einander ein Vorbild an Moral und Fleiß abgebe.[124] Diese Ansätze entsprechen durchaus weitgehend schon den Sozialtechniken, die in den späteren entwicklungspolitischen Diskursen der 1960er-Jahre als neuartig und grundlegend für *Hilfe zur Selbsthilfe* gepriesen wurden.[125]

Ebenso verhielt es sich mit dem Umgang mit vermeintlich ›guten‹ Traditionen: So erklärten die Kolonialbeamten und die Gesandtschaft aus

120 Zimmermann, *Alabama in Africa*, insb. S. 48.

121 Armstrong, »Industrial Training«, S. 13. Vgl. Zimmerman, »A German Alabama«, S. 1370.

122 Vgl. bspw. Washington, *The Future*; Ders., *Character Building*; Ders., *Tuskegee and its People*; Ders., *Working with the Hands*. Das brachte ihm teilweise harsche Kritik afroamerikanischer Linker, wie beispielsweise durch William E. B. Dubois ein. Vgl. Hawkins, *Booker T. Washington*.

123 Nahezu alle Schriften Washingtons wurden rasch ins Deutsche übersetzt und jeweils mit einem würdigenden Vorwort versehen: Zimmerman, »A German Alabama«, S. 1378. Zur Debatte von Washingtons Ansätzen in der deutschen Kolonialpublizistik weiter bspw.: Schanz, »Negererziehung«; Ders., »Die Negerfrage«; Anonym, »Amerikanische Neger«.

124 Zimmerman, *Alabama in Africa*, insb. S. 40–60. Hierzu Washington selbst: Washington, *Character Building*; Ders., *Tuskegee and its People*.

125 Vgl. Teil I, Kapitel 1, 2 und 3.

Alabama bei der Förderung des Baumwollanbaus in Togo um 1900 auch, schon lange gängige Formen der Ewe-Landwirtschaft, die sie »Volkskultur« nannten, nur wenig antasten zu wollen. Auch sollte nur wenig Druck auf die Produzenten ausgeübt werden. Beides komme der »Mentalität der Neger« und damit ihrem Engagement entgegen.[126] Die Praxis der Kolonialwirtschaft sah häufig allerdings anders aus: Man setzte Monokulturen durch, was zu Widerständen unter den Ewe führte, so dass man künftig wieder auf mehr Zwang setzte und das Experiment, ein »Deutsches Alabama in Afrika« zu etablieren 1909 wieder einstellte.[127]

Nicht nur in Togo blieb es in der Praxis gewaltfreier und auf Überzeugung gründender kolonialer ›Eingeborenenpädagogik‹ meistens bei Absichtserklärungen. Physische und psychische Gewalt waren bei der Durchsetzung von Arbeit in den afrikanischen Kolonien das ganze lange 19. Jahrhundert hindurch die Regel.[128] Ein wenig anders verhielt es sich bei den Ansätzen der Missionare.

Mission und afrikanische Arbeitsethik: Von Bethel nach Lutindi

Mehr noch als Kolonialbeamte fühlten sich protestantische Missionare für die Heranbildung einer »sittlichen Haltung« der Afrikaner zur Arbeit zuständig.[129] Sie sahen sich zumindest rhetorisch aufs engste mit den Einheimischen verbunden. So schrieben die meisten Missionsgesellschaften vor, dass ihre Entsandten die lokalen Sprachen lernen müssten und »ein enges Band« mit den Einheimischen knüpfen sollten, so dass sie deren »Vertrauen« gewinnen, ihre »Sitten« kennenlernen und vielleicht gar als »Stammesgenossen« angesehen würden.[130] Viele Missionare betätigten sich wie später Ethnologen: Sie fotografierten, zeichneten und beschrieben afrikanisches Alltagsleben und Feste; sie sammelten Informationen über An-

---

126 So der Bericht der Atakpame Kolonialstation an die Kaiserliche Regierung in Lomé vom 7.8.1900, zitiert nach: Zimmerman, »A German Alabama«, S. 1379.

127 Vgl. Zimmerman, »A German Alabama«, S. 1395ff., Vgl. Sebald, S. 437; Conrad, *Deutsche Kolonialgeschichte*, S. 109.

128 Vgl. bspw. Markmiller, »Die Erziehung«.

129 Vgl. Buchner, »Die Mithilfe der Mission«, S. 429.

130 So bspw.: Missions-Ordnung, S. 16ff.

bau- und Handelspraktiken, über die Mechanismen sozialen Handels; sie zeichneten die Erfahrungen und Wahrnehmungen der Einheimischen auf oder trugen Objekte zusammen, die darauf Rückschlüsse zuließen.[131] Sie verfügten somit über ein im Gegensatz zu Kolonialbeamten wesentlich umfangreicheres Wissen,[132] das ihnen für die enge Zusammenarbeit mit den Afrikanern nur zuträglich sein konnte. Dies war auch nötig. Denn bei ihren Ansätzen zur ›Arbietserziehung‹ ging es um nichts Geringeres als um eine »innere Wandlung« und »Läuterung der Eingeborenen«.[133]

Sebastian Conrad hat am Beispiel Bodelschwinghs und der Bethel-Mission gezeigt, wie eng wiederum die ›Arbeitserziehung‹ in den deutschen Kolonien Afrikas durch evangelische Missionare mit den Prämissen der ›protestantischen Ethik‹ ebenso wie mit deutschen Reformkonzepten der *Hilfe zur Selbsthilfe* verflochten war.[134] Hierbei handelte es sich keineswegs um bloße Ähnlichkeiten: So wie in Texten immer wieder Beziehungen mit den ›Wilden‹ im eigenen Land und denen in ›Übersee‹ hergestellt wurden,[135] so verhielt es sich auch mit Praktiken der *Hilfe zur Selbsthilfe*.

Das lässt sich recht gut an der Person Bodelschwinghs selbst festmachen: Dieser war 1890 in den Vorstand der *Evangelischen Missionsgesellschaft für Ostafrika* eingetreten, die Missionsstationen auf dem ostafrikanischen Festland in Daressalam und auf der Insel Sansibar unterhielt.[136] Bodelschwingh folgte dabei durchaus persönlichen Interessen; bereits als junger Mann hatte er mit der Basler Mission nach Indien gehen wollen, was zweifellos auch sein späteres Engagement für Afrika beförderte.[137] In der 1886 zur Kolonie-Ostafrika verbundenen Territorien Tanganjika, Burundi und

131 Vgl. zur Basler Mission in Südostafrika die Pionierstudie in diesem Zusammenhang: Harries, *Butterflies and Barbarians*. Siehe auch: Kohler, »Finders«; Nagel, »Der Missionar«; Habermas, »Wissenstransfer«; Dies./Hölzl, »Mission global«; Przyrembel, »Britische Missionare«.
132 Kolonialer Erwerb wurde auf der Grundlage solchen Wissens von Missionaren bisweilen unmittelbar vorbereitet. Vgl. bspw. Van der Heyden, »Zu den politischen Hintergründen«.
133 Kratzenstein, »Erziehung der Naturvölker«. Ähnlich auch: Warneck, »Nachwort«; Mirbt, *Mission und Kolonialpolitik*, S. 103f. Vgl. Schubert, *Der schwarze Fremde*, S. 141; Conrad, »Eingeborenenpolitik«, S. 110.
134 Conrad, *Globalisierung und Nation*, S. 74–123; Ders., »Eingeborenenpolitik«.
135 Vgl. Habermas, »Wie Unterschichten«, S. 115.
136 Diese Gesellschaft war 1886 auf Initiative Carl Peters als Deutsch-Ostafrikanische Missionsgesellschaft gegründet worden. Nachdem Peters sie bereits im Jahr darauf verlassen hatte, wurde sie in »Evangelische Missionsgesellschaft für Deutsch-Ostafrika« umbenannt. Vgl. Altena, »Missionare«, S. 2–8.
137 Schmuhl, *Bodelschwingh*, S. 114–122.

Ruanda sollten nun gerade ›seine‹ Missionare einen maßgeblichen Beitrag bei der ›Erziehung der Eingeborenen zur Arbeit‹ leisten.[138] Ab 1890 entsandte Bodelschwingh Diakone und Diakonissen direkt aus seiner ›inneren Mission‹ in Bielefeld-Bethel nach Afrika.[139] Dabei wurden künftig die Ansätze der ›inneren Mission‹ und vor allem die zur Wilhelmsdorfer ›Arbeitserziehung‹ nahezu eins zu eins auf Ostafrika übertragen.[140] In diesem Sinne gründete Bodelschwingh 1893 den *Evangelischen Afrikaverein* zur »sittlichen und soziale Erziehung Afrikas«.[141] Vier Jahre später begannen Betheler Missionare in der ostafrikanischen Hafenstadt Tanga, afrikanische Kinder und Jugendliche aus der Sklaverei freizukaufen. Nach Bodelschwinghs Plänen hatte man in den Usambarabergen die Sklavenfreistätte Lutindi errichtet. Dort wurden dann die jungen Afrikaner zu freiwilliger und selbstständiger Arbeit erzogen. Sie sollten schließlich auf andere ›Eingeborenen‹ einwirken und sie mit ihrem Fleiß anspornen.[142]

Es war nicht verwunderlich, dass es vor allem die Missionare aus Bethel waren, die nicht müde wurden, den Wert der *Hilfe zur Selbsthilfe* in der Erziehung der Afrikaner zur Arbeit hochzuhalten: Man war überzeugt, dass die westfälisch-protestantische Vorstellung von Fleiß und Strebsamkeit, »den Schwarzen so manche Linderung ihrer Not bringen« könne.[143] Dabei brauche es nicht viel Zutun, denn die »geistigen Anlagen« seien beim »Neger ebenso vorhanden wie beim Europäer«; es komme nur darauf an, dass sie »geweckt und gepflegt« würden.[144] So erklärte der Missionar Ernst Johansson:

»Unsere Schwarzen sollen ihre Kräfte und Fähigkeiten gebrauchen lernen. Das Arbeiten soll ihnen nicht mehr als Last erscheinen, die nur der Arme tragen muß,

---

138 Pointiert nachzulesen bei: Conrad, *Deutsche Kolonialgeschichte*, S. 57ff.

139 1906 verlegte Bodelschwingh dann ganz das Mutterhaus der Mission nach Bielefeld und gründete die *Bethel-Mission*, die nunmehr nahezu vollständig das deutsche Personal für den protestantisch-missionarischen Einsatz in Ostafrika stellte. Vgl. Altena, »Missionare«, S. 1ff.

140 Zu den Zusammenhängen äußerte sich Bodelschwingh selbst: Bodelschwingh, »Die ostafrikanische Mission«.

141 Schnee, *Deutsches Koloniallexikon*, Bd. 3, S. 572.

142 Vgl. zu Lutindi: Altena, »Ein Häuflein Christen«, S. 94. Zum Umgang mit der Sklaverei in den deutschen Kolonien in Afrika: Eckert, »Abolitionist Rhetoric«; Ders., »Der langsame Tod«; Ders., »Europa«.

143 Döring, *Morgendämmerung*, S. 153.

144 Delius, *Grüße*, S. 3.

sondern als Freude, die jedem zugedacht ist, und zugleich als Pflicht, der sich niemand entziehen darf.«[145]

Die *Hilfe zur Selbsthilfe* hinein in diesen Lernprozess sollte in »gemeinsamer Arbeit« mit den Afrikanern geschehen, denn dabei lerne man »den Eingeborenen erst recht kennen«. Dann könne man ihn auch »anders auf seine Schwächen und Unarten aufmerksam machen [...] und ihm helfen, im Lichte Gottes sie als Sünde und Untreue zu erkennen.«[146] In Lutindi bedeutete dies, dass die Missionare gemeinsam mit Afrikanern arbeiteten, um die ›körperliche‹ Tätigkeit als Wert einzuüben; jede Arbeit wurde mit Liedern und Gebeten begonnen. Und immer wieder wurde darauf hingewiesen, dass Arbeit Gott gefalle.[147]

Die Diakone aus Bethel waren freilich nicht die einzigen Missionare, die sich zu den diffizilen Kniffen der Erziehung der Afrikaner zur Arbeit äußerten: Im Jahr 1886 hatte die koloniale *Deutsch-ostafrikanische Gesellschaft*[148] die Preisfrage ausgeschrieben »Wie erzieht man am besten den Neger zur Plantagenarbeit?« Der Gewinner war der evangelische Berliner Missionar Alexander Merensky, der seit 1859 im südafrikanischen Transvaal wirkte.[149] Auch Merensky empfahl ähnlich wie die Betheler, die Afrikaner ganz grundlegend zum »produktiven Leben zu erziehen«. Im Gegensatz zu Druck, Zwang und Prügeln könne hier eine »gewisse Freiheit« nicht schaden; sie sei sogar unabdingbar.[150] Dabei sah er die Rolle eines Missionars einerseits als »Anwalt der Eingeborenen«, der jeglichen »Ungerechtigkeiten, Schändlichkeiten« und »Grausamkeiten«, die an ihnen verübt würden, entgegen treten müsste.[151] Andererseits könne erst ein Missionar, der es verstehe, die »sittlichen Anschauungen des Volkes, unter dem er arbeitet, zu schonen und zu achten«, den notwendigen Zugang zum »Ge-

145 Johannsen, *Ruanda*, S. 157.
146 Ebd.
147 Vgl. Altena, »Ein Häuflein Christen«, S. 94.
148 Die Gesellschaft war im März 1884 von Felix Graf Behr-Bandelin und Carl Peters in Berlin unter dem Namen *Gesellschaft für deutsche Kolonisation* und mit dem Ziel gegründet worden, vor allem in Ostafrika deutsche Handels- und Landwirtschaftskolonien einzurichten. Schnee, *Deutsches Koloniallexikon*, Bd. 1, S. 718.
149 Zur Biographie: Damann, »Merensky«; Van der Heyden, »Der Missionar«; Ders., »Alexander Merensky«.
150 Merensky, *Wie erzieht man*. Vgl. Ders., »Zur Frage der Negererziehung«; Ders., *Welches Interesse*; Ders., *Deutsche Arbeit*, S. 325 Vgl. Schubert, *Der schwarze Fremde*, S. 115.
151 Merensky, »Die Mission«; Ders., »Schreckliche Grausamkeiten«.

müts- und Geistesleben seines Volkes« finden.[152] Ein striktes Befolgen dieser Empfehlungen könnte den Deutschen in ihren Kolonien auch gegenüber anderen Kolonialmächten einen großen Vorteil einbringen.[153] 1883 war Merensky zum Inspektor der ältesten deutschen bereits 1824 gegründeten *Berliner Missionsgesellschaft* ernannt worden und erlangte somit eine gewisse Deutungshoheit.[154] Sein Einfluss auf die ›Eingeborenen‹-Pädagogik in Afrika ist nicht zu unterschätzen.[155]

Entsprechend in deutlicher Anlehnung an Merensky veröffentlichte der Ausbildungsinspektor im Berliner Missionsseminar Eduard Kratzenstein[156] eine Schrift, in der es hieß, jede »Erziehung der Naturvölker« zur Arbeit müsse auf »inneren Wandlungen« der Einstellungen der »Eingeborenen« basieren. Denn nur so sei sie fruchtbar und dauerhaft.[157]

Man könnte die Beispiele für die intensive Auseinandersetzung von Kolonialbeamten und besonders Missionaren um eine auf Verstand und Gefühl sich gründende Einvernahme der Afrikaner für Arbeit im langen 19. Jahrhundert beliebig fortsetzen. Die wichtigsten Ansätze zur späteren Aktivierung von den Adressaten postkolonialer Entwicklungspolitik im Rahmen der *Hilfe zur Selbsthilfe* waren hier schon angedacht: Einvernehmen, Überzeugungsarbeit, Gewaltlosigkeit, die Bewahrung oder Wiederbelebung sogenannter ›guter Traditionen‹ waren alles Elemente, die auch die koloniale bzw. missionarische Arbeitserziehung schon kannte. Freilich wurde auch bei den Missionaren nicht alles, was verlautbart wurde, umgesetzt. Auch dort gab es bisweilen Beschimpfungen, Kürzungen von Verpflegung und Stockschläge, wenn die ›Erziehung zur Arbeit‹ bei den Afrikanern aus der Perspektive der ›Weißen‹ zu wenig fruchtete.[158] Das

---

152 Merensky, *Die Stellung der Mission.*

153 Ders., *Was lehren uns.*

154 Vgl. Heyden, »Zu den politischen Hintergründen«.

155 Bodelschwingh kannte Merensky persönlich aus der *Berliner Missionsgesellschaft.* Er schätze Merenskys Thesen vermutlich sehr, trafen sie in vielerlei Hinsicht seine eigenen Auffassungen. Ab 1894 gaben beide gemeinsam die Zeitschrift »Afrika« heraus. Vgl. Van der Heyden, »Die Berliner Missionsgesellschaft«; Schnee, *Deutsches Koloniallexikon,* Bd. 1, S. 224. Etwas verallgemeinernd und den Einfluss Merenskys zu hoch veranschlagend: Markmiller, *Die Erziehung,* S. 146–158, 163–172. Vgl. hingegen: Sippel, »Ideologie«, S. 311f., 320; Sadji, *Bild,* S. 83–87; Van der Heyden, »Alexander Merensky«; Sicard, *Understanding,* S. 25; Altena, »Ein Häuflein Christen«, S. 110.

156 Kratzenstein, »Kratzenstein«, S. 363.

157 Kratzenstein, »Erziehung«, S. 169ff. Vgl. Warneck, »Nachwort«; Mirbt, *Mission,* S. 103f. Vgl. Schubert, *Der schwarze Fremde,* S. 141; Conrad, »Eingeborenenpolitik«, S. 110.

158 Vgl. bspw. Damann, »Gedanken«; Pakendorf, »Mission«; Roller, »Statt dessen««.

sollte sich auch in Zukunft nicht ändern als der deutsche Kolonialismus nach dem Ersten Weltkrieg untergangen war und die meisten Missionare des Landes verwiesen wurden. Zu dieser Zeit allerdings war *Hilfe zur Selbsthilfe* weltweit aktueller denn je.

Hilf Dir selbst! Globale Krisen und die Rettung der Welt durch die Techniken des Selbst

Vor dem Hintergrund der Existenzkrisen, in der mehr oder weniger die meisten Menschen der Welt in den Zeiten des Ersten Weltkrieges,[159] der Jahre des Wiederaufbaus und nach der Weltwirtschaftskrise 1928[160] gestürzt wurden,[161] erhielt das *Empowerment*-Paradigma ›Hilf Dir selbst!‹ eine neue Brisanz.[162]

Die Industriestaaten der nördlichen Hemisphäre, die mit Großbritannien, Belgien und Frankreich noch koloniale Imperien in Afrika unterhielten, gerieten in so prekäre ökonomische Ausnahmezustände, dass man sich ständig am Rande des wirtschaftlichen Staatsbankrotts wähnte.[163] Eine hinreichende Sozial- und Fürsorgepolitik von öffentlicher Hand wurde mit großen Fragezeichen versehen.[164] Denn in den industriellen Ballungsräumen Deutschlands und Österreichs, im Norden Englands, im landwirtschaftlich geprägten Süden Frankreichs oder im mittleren Westen der USA war im Umfeld der Weltwirtschaftskrise Massenarbeitslosigkeit und -armut aufgetreten. Menschen in prekären Lebenslagen konnten durch die Fürsorge der öffentlichen Hand wie der Kirchen schlichtweg nicht mehr ali-

---

159 Vgl. bspw. Osterhammel, *Die Verwandlung der Welt*, S. 692–707. Zu den desaströsen Auswirkungen des Ersten Weltkrieges in Ostafrika bspw.: Pesek, *Das Ende eines Kolonialreiches*.

160 Vgl. Pressler, *Die erste Weltwirtschaftskrise*.

161 So hatte es während des Ersten Weltkrieges immense Hungersnöte in Westeuropa, der Levante und Afrika gegeben, von 1921–24 in der Ukraine, von 1929–32 in Teilen Nordamerikas sowie von 1932–33 in der Ukraine und der Sowjetunion. Diese Hungerkrisen führte man nicht allein auf aktuelle Versorgungsengpässe während und nach dem Krieg zurück, sondern auch auf soziostrukturelle Ursachen. Vgl. als Überblick: Davis, *Geburt*; Vernon, *Hunger*; Osterhammel, *Die Verwandlung*, S. 253–334; Bayly, *Die Geburt der modernen Welt*, S. 195–199.

162 Vgl. Wendt, *Geschichte der sozialen Arbeit*, S. 263–298.

163 Vgl. Maier, »Leviathan«, S. 201–282.

164 Vgl. zum globalen Kollaps von Arbeitslosenversicherungen bspw.: Pressler, *Die erste Weltwirtschaftskrise*, insb. S. 132.

mentiert werden.[165] Mehr als jemals zuvor galt es als unabdingbar, die vermeintlichen Ursachen struktureller Not auf Seiten der Armen anzugreifen. So erklärten nunmehr ganze Heerschaaren staatlicher und kirchlicher Sozialarbeiter wie auch selbsternannte private Philanthropen den vermeintlichen Ursachen struktureller Not »den Krieg«.[166] Sie sahen es als unabdingbar an, die aufgrund ihrer vermeintlichen Rückständigkeit verarmten Bauern und Arbeiter durch Bildung und Erziehung dazu zu bringen, ihr Leben aus eigener Kraft nachhaltig zu ›verbessern‹. Allein mit solcher *Hilfe zur Selbsthilfe* könne der soziale und ökonomische Kollaps Europas, der USA und damit der ganzen Welt abgewendet werden.[167]

Diese Vorstellung fand durchaus auch Resonanz bei den konservativeren Trägern von Sozialnetzen, wie der katholischen Kirche. So hatte bereits 1931 unter dem Eindruck der Weltwirtschaftskrise Papst Pius XI. in seiner Enzyklika »Quadragesimo Anno« *Hilfe zur Selbsthilfe* zum wichtigsten Prinzip der katholischen Sozialarbeit erklärt.[168]

Der aus ökonomischen Krisen resultierende Zugzwang mag neben originär wissenschaftlichen Interessen entscheidend gewesen sein, dass sich nun vermehrt auch Ethnologen, Soziologen, Psychologen und Ökonomen intensiv mit den vermeintlich tiefer liegenden Ursachen struktureller Armut befassten. Nicht nur mit Tabellen und Statistiken wurde versucht, den Schrecken der Unwissenheit über die Mechanismen global wirtschaftlicher Ungleichheit zu bannen und daraus Rettungsutopien zu formulieren.[169] Es ging schließlich darum, nun endlich auch empirisch fundiert und damit wissenschaftlich fassbar die lähmenden Gifte aufzuspüren, die man als Ursachen an einem Mangel an Selbsthilfekräften ansah. In den Fokus der Betrachtung rückte all das, was Wissenschaftler der Zeit landläufig für die

---

165 Zur besonders drastischen Entwicklung in Großbritannien nach dem Ersten Weltkrieg und deren globalen Effekten: Darwin, *The Empire Project*, insb. S. 410.

166 Katz, *The Undeserving Poor*, S. 12; Ganz, *The War Against the Poor*.

167 Vgl. Buck, »Die Entwicklung der Freien Wohlfahrtspflege«. Nicht von ungefähr waren es die Deutschen Gustav Gundlach und Oswald von Nell-Breuning, die die oben erläuterte Sozialenzyklika Pius' XI., »Quadrogesimo anno« von 1931 mit verfasst hatten. Vgl. Pieter, *Systematische Einführung*, S. 61ff.; Henecka, »Nell-Breuning«.

168 Dort heißt es in Punkt 79: »Jede Gesellschaftstätigkeit ist ihrem Wesen und Begriff nach subsidiär, sie soll die Glieder des Sozialkörpers unterstützen, darf sie aber niemals zerschlagen oder aufsaugen.« Pius XI., Quadrogesimo Anno, 01.12.2011, Punkt 29. http://www.uibk.ac/theol/leseraum/texte/319.html. Zur Selbsthilfe vgl. Ebd., Punkt 79, 80. Vgl. Pieter, *Systematische Einführung*.

169 Vgl. bspw. Speich Chassé, »The Use«; Ders., »Statistische Größen«; Ders., *Die Erfindung*, insb. S. 82ff.

›Kultur‹ oder die ›Mentalität‹ von Klassen, Bevölkerungen oder auch sogenannten ›Ethnien‹[170] hielten. Bis hinein gar in die psychischen Mechanismen des Einzelnen ging diese Suche nach den Gründen von Faulheit, Lethargie und Fatalismus trotz oder gerade aufgrund ›schlechter‹ Lebensumstände. So knüpften sich seit den 1920er-Jahren immer enger global agierende Netzwerke von Spezialisten,[171] die man unter dem Oberbegriff Entwicklungswissenschaftler bezeichnen könnte.[172] Mehr oder weniger intensiv befassten sich alle diese Forscher mit der Frage, woher es denn komme, dass viele Menschen sich nicht selbst helfen würden aus all ihrem Elend heraus. Der Weg aus fatalen Lebenslagen sei ihnen wohl verstellt. Hier müsse man möglichst rasch und effizient Hilfestellungen geben. Dabei ging man durchaus davon aus, dass dies auch leicht möglich sei: Denn in letztlich jedem Menschen gebe es einen »Urtrieb der Selbstverwirklichung«, den genau *Hilfe zur Selbsthilfe* nicht nur achte, sondern bewahre und fördere.[173]

Die in Europa wohl am meisten bekannt gewordene wissenschaftliche Unternehmung in dieser Hinsicht war der »soziographische Versuch« der jungen Soziologen Marie Jahoda, Paul Felix Lazarsfeld und Hans Zeisel aus dem Jahr 1933, dessen Ergebnisse unter dem Namen »Marienthal-Studie« veröffentlicht wurden. Die Nachwuchswissenschaftler hatten sich für einige Monate zu einer Langzeitbeobachtung in den nahe Wiens gelegenen Industrieort Marienthal begeben, dessen Bevölkerung von Arbeitslosigkeit stark betroffen war. Auf der Grundlage von ›teilnehmenden Beobachtungen‹ und Befragungen kamen die Forscher zum Ergebnis, dass die Arbeitslosen von Marienthal auf ihre auferlegte Untätigkeit mit Apathie und Resignation antworten würden. Sie fänden keine Auswege aus diesem Dilemma.[174] In dieser »müden« Marienthaler Gesellschaft nehme daher kaum noch jemand sein Leben in die Hand und mache Pläne für die Zukunft.[175] Jahoda, Lazarsfeld und Zeisel verfolgten hierbei den Ansatz einer teilnehmenden Soziographie. Das bedeutete, dass sie über Sozialprojekte versuchten, Zugang zu den Arbeitslosen zu finden und gleichzeitig Praktiken für die Marienthaler zu entwickeln, damit diese sich selbst aus ihrer missli-

170 Zum Konzept der Ethnizität als Konstruktion: Lentz, *Die Konstruktion.*
171 Zu seit den 1850er-Jahren sich verdichtenden globalen Expertennetzwerken allgemein: Rosenberg, *Transnationale Strömungen,* S. 921–962.
172 So bei: Büschel, »*The Native Mind*«.
173 Vgl. zusammenfassend: Bang, *Hilfe zur Selbsthilfe,* S. 35–61.
174 Jahoda/Lazarsfeld/Zeisel, *Die Arbeitslosen,* S. 18ff., 55ff., 64ff.
175 Ebd., S. 55f.

chen Lage heraushelfen könnten. Bei Erziehungsberatungen, Turnstunden oder Schneiderkursen galt als oberste Prämisse *Hilfe zur Selbsthilfe*, was zu »viel Beifall« geführt hätte, befriedigten solche Maßnahmen doch das »Tätigkeitsbedürfnis der Arbeitslosen«.[176]

Die weit rezipierte Marienthal-Studie schien einmal mehr zu bestätigen, dass man die ›Kriege gegen die Armut‹ nur gewinnen könne – so die nahezu einmütige Vorstellung von Sozialtheoretikern der späten 1920er- und frühen 1930er-Jahre –, wenn man die innere Einstellung der Bedürftigen von verzweifelter Lähmung in engagiertes Selbsthelfen überführen könnte. Etiketten wie Faulheit, Verderbtheit oder Verschwendungssucht, wie sie noch um die Jahrhundertwende für die Insassen von Obdachlosenasylen und Arbeitshäusern verwendet wurden,[177] verschwanden in öffentlichen Auseinandersetzungen allmählich. Es formierte sich eine Rhetorik des Vertrauensvorschusses, der Machbarkeit und der hoffnungsvollen Vision, dass es Menschen aus ihrem Menschsein heraus gelingen könne, ihr Leben zum Guten zu wenden. Die Alimentierung als Ursache für Selbstzufriedenheit und Lethargie sollte schrittweise abgeschafft werden. Die schwächsten Gesellschaftsschichten sollten aus eigener Kraft nachhaltig an ihrer Entwicklung arbeiten. Um sie dazu zu bringen, brauche es wiederum *Hilfe zur Selbsthilfe* wie die Unterweisung in Praktiken der Selbsthilfe im alltäglichen Leben, der gegenseitigen Landwirtschaftshilfe und -vorsorge oder im Aufbau kommunaler Infrastruktur.[178]

So war es in den 1930er-Jahren unter europäischen und nordamerikanischen Sozialtheoretikern ein regelrechter Allgemeinplatz geworden, dass durch *Hilfe zur Selbsthilfe* – mit Foucault gesprochen – »die Sorge um sich«[179] gefördert werden könnte.

Auch in dieser Zeit und nicht nur in Marienthal sollten auf Reden Taten folgen: Als nun in Europa und Nordamerika sich viele staatlichen Organe, Kirchen, Sozialversicherungen oder auch vermögende Privatpersonen schlichtweg außer Stande sahen, für das Überleben in Not geratener Hunderttausender Invaliden, Waisen oder Arbeitslosen aufzukommen, kamen praktische auf Aktivierung der Betroffenen setzende biopolitischsozialer Konzepte auf: Begriffe wie *Welfare*[180] und *Humanitarian Develop-*

---

176 Jahoda/Lazarsfeld/Zeisel, *Die Arbeitslosen*, S. 29.
177 Vgl. Lindner,»Unterschicht«, S. 12f.
178 Vgl. Leeuwies, *Communication*.
179 Vgl. Foucault, *Die Sorge um sich*.
180 Vgl. Eckert,»Exportschlager«, S. 478.

ment[181] wurden mit Leben gefüllt, in dem man Bauern unterwies, organischen Dünger zu verwenden, wenn sie kein Geld hatten, chemischen anzuschaffen, Arbeitslose zu Handarbeiten und dem Verkauf der Erzeugnisse auf Märkten anleitete und nicht zuletzt soziale und medizinische Institutionen einrichtete, die durch die Eigeninitiative der Anwohner in Selbsthilfe mit am Laufen gehalten wurden.[182]

Im Zweiten Weltkrieg erlebten Ansätze der *Hilfe zur Selbsthilfe* erneut an Brisanz: Weltweit kosteten nicht nur die unmittelbaren Kriegshandlungen Millionen Menschen das Leben, sondern auch Folgeerscheinungen wie Krankheiten, Seuchen und Hunger. Zwischen 1939–1946 waren die vom Krieg betroffenen Länder Europas und Südostasiens regelrechte Notstandsgebiete. 1943 kam es in Ruanda und 1943–1944 in Indien zu Hungersnöten. Diese wurden zwar auch auf klimatische Umstände, wie Trockenheit zurückgeführt. Es war allerdings den Belgiern, die in der Verantwortung für Ruanda standen, ebenso wie den Briten im Bezug auf Indien aufgrund des Weltkrieges nicht möglich, mit Hilfslieferungen die Auswirkungen der Missernten in ›Übersee‹ in Grenzen zu halten. Mittel waren für kriegswichtige Zwecke oder für das Überleben der eigenen Bevölkerung gebunden. Hier war nun Selbsthilfe angesagt.

In dieser Zeit entstand beispielsweise *Oxfam,* eine Initiative, die 1942 als *Oxford Committee for Famine Relief* von einer Gruppe von Quäkern, Sozialaktivisten und Oxforder Universitätsgelehrten gegründet wurde. Konkreter Anlass war eine immense Hungersnot in Griechenland, die von der deutschen Besetzung und der Seeblockade der Alliierten ausgelöst worden war. Hierfür sammelte man Hilfsgüter wie Mais, Mehl und Milchpulver. In der Folgezeit unterstützte das Komitee durch Sammlungen, politische Bildungsarbeit und auch durch eigene Experten vor allem *Community Development*-Programme in Großbritannien, Europa und auch in den Kolonien und Mandats- bzw. Treuhandgebieten. So kann man hier von einer der ersten Nichtregierungsorganisationen (NRO) für Entwicklungshilfe sprechen, die eine Alternative zu den kolonialen Entwicklungsinitiativen bilden sollte. *Oxfam* unterhielt beispielsweise im indischen Bihar Projekte zur Linderung und Vorbeugung von Hungersnöten. Ein Spezifikum von *Oxfam* waren überdies Geschäfte, in denen seit 1949 durch Freiwillige ge-

---

181 Vgl. Cohen, *Rulers,* S. 64f., 108f.; Wilder, *The French Imperial Nation-State,* S. 54.
182 Sehr bekannt war in diesem Zusammenhang das sogenannte »Peckham Experiment« mit einem Ende der 1920er-Jahre eingerichteten »Pioneer Health Centre«. Kuchenbuch, *Das Peckham Experiment.*

brauchte und gespendete Haushaltsartikel, Kleidung und Büchern verkauft wurden. Damit sollte den Armen in Europa geholfen werden, die sich keine teureren neuen Produkte kaufen konnten, wenn sie zu dieser Zeit überhaupt auf dem Markt waren, und gleichzeitig Mittel für die Hilfs- und Entwicklungshilfeaktionen aufgetrieben werden.[183] Selbsthilfe war somit nicht nur Programm der Entwicklungsinitiativen von *Oxfam*, sondern auch das Prinzip des Fundraisings ebenso wie ein Angebot an die potenziellen Käufer der vertriebenen Waren.

Nach dem Zweiten Weltkrieg war die Eigenbeteiligung der Bevölkerung am Wiederaufbau in vielen Ländern Europas und so auch in Deutschland unabdingbar. Fürsorge-Ressourcen waren überaus knapp, wenn sie überhaupt vorhanden waren. In der Bundesrepublik wie in der DDR formierten sich erst allmählich sozialstaatliche Instrumente. Nur ein Beispiel einer allgemein im gesamten globalen Norden vorherrschenden Haltung waren die Worte des Bundestagspräsidenten Eugen Gerstenmaiers, des Gründers des *Evangelischen Hilfswerks* der Diakonie, der 1956 sagte:»Alle Hilfe sollte Hilfe zur Selbsthilfe sein oder werden, denn sie soll aus Objekten fremder Fürsorge so schnell als möglich Subjekte eigenen Handelns, eigener Verantwortung machen.«[184] Zu dieser Zeit war *Hilfe zur Selbsthilfe* allerdings schon längst zu einem festen Bestandteil spätkolonialer Entwicklungspolitik geworden.

Die spätkoloniale Entwicklungspolitik in Afrika: *Hilfe zur Selbsthilfe* als ›heilige Aufgabe der Zivilisation‹

Unter dem Eindruck des Endes des Ersten Weltkriegs und mehr noch der Weltwirtschaftskrise hatte nämlich auch im Bezug auf Afrika eine Wende eingesetzt: So entstanden Redeweisen, Gesetze, Konzepte, Institutionen und Praktiken, die man zusammen genommen als ›moderne‹ Entwicklungspolitik bezeichnen kann – und zwar als eine, die stark auf die Eigenbeteiligung der Afrikaner setzte.

Nun ging es weniger wie in der kolonialen ›Eingeborenenpädagogik‹ gewissermaßen durch die Hintertür um die Steigerung des Werts der Kolo-

---

183 Black, *A Cause*; Blackburn, *Practical Visionaries*.
184 Zitiert nach: Röper/Jüllig, *Die Macht*, S. 253.

nien über die Arbeitserziehung des Humankapitals. Jetzt sollten – zumindest erklärtermaßen – die Kolonien grundlegend entwickelt werden, um sie allmählich auch in die Unabhängigkeit entlassen zu können. Die Steigerung der landwirtschaftlichen Produktion, der Aufbau eines Netzes zur medizinischen Versorgung, die Anlage von Straßen, Wasserleitungen und bisweilen auch Elektrizität sollten – so wurde immer wieder betont – vorrangig der ›Verbesserung‹ der Lebensbedingungen der Bevölkerung dienen. Auch galt es, eine nach europäischen Maßstäben effektive Verwaltung und auch Institutionen zur zumindest teilweisen politischen Partizipation der Einheimischen aufzubauen.

»Welfare« [185] und »Humanitarian Development« [186] avancierten zu Schlagwörtern der Kolonial- und Mandatsverwaltungen. Die Kolonialarchive sind entsprechend voller Akten über Maßnahmen, welche die Lebensbedingungen der ›Eingeborenen‹ durch Förderung ihrer eigenen Kräfte heben sollten.[187] So ist die Zwischenkriegszeit treffend als Periode des Wandels beschrieben worden, in der zumindest rhetorisch aus passiv imaginierten »Eingeborenen« aktiv handelnde »Bedürftige« wurden.[188]

Das hatte zum einen staats- und völkerrechtliche Hintergründe: Nach dem Ersten Weltkrieg und mit dem Versailler Friedensvertrag vom 28. Juni 1919 wurden die Kolonien des Deutschen Reichs in Afrika an den Völkerbund übertragen. Der Völkerbund transferierte wiederum den einstigen Teil von Deutsch-Ostafrika Tanganjika als sogenanntes »Mandat« an Großbritannien. Togo und Kamerun wurden geteilt. Ein schmaler westlicher Streifen Togos wurde britisches, der restliche Teil französisches Mandat. Der Südwesten von Kamerun wurde unter britische Mandatsherrschaft, der Rest unter französische gestellt. Man hat diesen Prozess auch als »zweite koloniale Besetzung« bezeichnet.[189]

Die Satzung des Völkerbundes sah die »Übertragung der Vormundschaft« über Bevölkerungen vor, die sich »noch nicht selbst zu leiten vermögen«, an ›fortgeschrittene‹ Nationen. Damit war dem Völkerbund nur die übergeordnete Verantwortung vorbehalten. Alle praktische Verwaltungsarbeit lag bei den Mandatsmächten. Die von Deutschland

185 Vgl. Eckert, »Exportschlager«, S. 478.
186 Vgl. Cohen, *Rulers*, S. 64f., 108f.; Wilder, *The French Imperial Nation-State*, S. 54.
187 Cohen, *Rulers*, S. 74–79, S. 115–118; Crowder, *Colonial West Africa*; Conklin, *A Mission to Civilize*, S. 110–118, S. 182–202.
188 Leclerc, *Anthropologie*, S. 130f.
189 Low/Lonsdale, »Introduction«, S. 12.

übernommenen Mandatsgebiete sollten rascher als die Kolonien entwickelt und dereinst in die Unabhängigkeit entlassen werden. An die Mandatsmächte appellierte der Völkerbund: Sie sollten nur eine Zeit lang die »Vormundschaft« über die »unterentwickelten Völker« ausüben, die »unter den anstrengenden Bedingungen der modernen Welt zur Selbstständigkeit noch nicht fähig« seien. »Die Entwicklung dieser Völker« sei hierbei oberstes Ziel; sie galt als »heilige Aufgabe der Zivilisation.«[190]

Die ständige Mandatskommission überwachte die Einhaltung der Mandatsverträge, veröffentlichte Leitlinien und Handlungsanweisungen, entsandte Prüfungskommissionen vor Ort und war Adressat der Rechenschaftsberichte, welche die jeweilige Mandatsverwaltung alljährlich zu verfassen hatte. An die Kommission konnten auch von den Einwohnern der Mandatsgebiete Beschwerden, Vorschläge und Forderungen gerichtet werden.[191] Tanganjika, Togo und Kamerun wurden als B-Mandate klassifiziert und sollten nach ihrer jeweiligen Entwicklung »mittelfristig« in die Unabhängigkeit entlassen werden.[192]

Relativ zeitgleich mit der Gründung des Völkerbundes fand in Paris 1919 der *Panafrikanische Kongress* unter der Leitung des US-amerikanischen Soziologen, Historiker und Freiheitskämpfer William E.B. du Bois statt, an dem auch zahlreiche afrikanische Eliten teilnahmen. Hier wurde deutlich, wie sehr die Vertreter Afrikas mit der Einrichtung des Mandatssystems Hoffnungen auf Selbstständigkeit verbanden. Doch selbst sie waren sich einig, dass es dafür noch einiges an wirtschaftlicher, kultureller, sozialer und politischer Entwicklungsarbeit brauche.[193]

Selbst aus Richtungen, von denen man es nicht erwarten würde, war dergleichen zu vernehmen: Auch wenn Josef Stalin sich als Sprachrohr des Kommunismus noch 1924 für die sofortige Entlassung aller Kolonien und Mandatsgebiete in die Freiheit eingesetzt hatte,[194] plädierte er 1927 gemeinsam mit den Teilnehmern des (sozialistischen) »Internationalen Kongresses gegen koloniale Unterdrückung und Imperialismus« für einen angeleiteten, nur vorsichtig Schritt für Schritt gehenden Übergang in die

---

190 Versailler Friedensvertrag vom 28.6.1919, Art. 22, Abs. 1, zitiert nach: Osterhammel, *Kolonialismus*, S. 41.

191 Hall, *Mandates*, S. 171.

192 Pointiert in: Marx, *Geschichte Afrikas*, S. 158. Vgl. Callaham, »Mandated Territories««.

193 Vgl. Van Laak, *Imperiale Infrastruktur*, S. 208f. Zur Geschichte des Panafrikanismus immer noch grundlegend: Ansprenger, *Auflösung*, S. 132; Geiss, *Panafrikanismus*. Vgl. neuere Ansätze: Eckert, »Bringing«; Ders., »Panafrikanismus«.

194 Vgl. Van Laak, *Imperiale Infrastruktur*, S. 209.

Unabhängigkeit. Unbedingt müsse man die Kolonien durch ausgiebige Entwicklungsarbeit zunächst vorbereiten.[195]

Diese Stellungnahmen wurden durch ein breites Presseecho begleitet, das überall im globalen Norden anerkannte, dass die ›Verbesserung‹ der Lebensbedingungen auf dem »schwarzen Kontinent« ein dringliches Anliegen sei. Denn erst dann, wenn man Entwicklungsarbeit geleistet habe, könnten die »armen Afrikaner« auch selbstständig ihre Länder führen.[196] Die koloniale Denkfigur, dass es eine »moralische Verpflichtung« sei, die ›Eingeborenen‹ zur Arbeit anzuhalten,[197] wurde somit seit Ende des Ersten Weltkrieges wiederaufgelegt, moralisiert und zugleich an eine wichtige Bedingung geknüpft: Nur wenn die Afrikaner aufstünden und zunehmend eigenständig an Entwicklungen zumindest *mit*arbeiten würden, dann könnten sie in unabhängigen Staaten für sich selbst sorgen.

Der Prozess der Dekolonisierung Afrikas wurde hierbei eingeleitet. Doch erst in den 1960er-Jahren wurden die meisten Staaten südlich der Sahara de facto unabhängig. Nach dem Zweiten Weltkrieg und der Auflösung des Völkerbundes am 18. April 1946 hatten zunächst die Vereinten Nationen die Oberhoheit über die Mandatsgebiete.[198] Die Herrschaft vor Ort übten weiterhin die Mandatsmächte aus. Nur sollte künftig nicht mehr von Mandaten gesprochen werden, sondern von Treuhandgebieten, was noch einmal den Willen der internationalen Gemeinschaft zur Entwicklung dieser Länder und zur baldigen Dekolonisation bekräftigte.[199]

Die von Frankreich verwalteten Teile Kameruns und Togos wurden schließlich 1961 in die Unabhängigkeit entlassen. Großbritannien hatte den Osten Togos bereits 1957 aufgegeben. Das Territorium vereinigte sich mit der Goldküste zum unabhängigen Ghana. 1961 wurden auch die Treuhandgebiete Großbritanniens in Kamerun und Tanganjika selbstständig.

Ein zweiter maßgeblicher Grund hatte den Gedanken an die Entlassung der Kolonien und Mandatsgebiete sowie die damit verbundenen Entwicklungen bereits in den 1920er-Jahren attraktiver werden lassen: Die Schäden der Kampfhandlungen des Ersten Weltkriegs vor allem in Ostafrika und die Auswirkungen der globalen Krise der 1930er-Jahre auf die

---

195 Vgl. Van Laak, *Imperiale Infrastruktur*, S. 209.
196 Vgl. Ansprenger, *Auflösung*, S. 20; Albertini, *Dekolonisation*, S. 126.
197 Vgl. die vorhergehenden Ausführungen dieses Kapitels und bspw. Conrad, *Globalisierung und Nation*, S. 80ff.
198 Vgl. zum Völkerbund: Herren, *Internationale Organisationen*, S. 54–64.
199 Vgl. Ingle, *From Village to State*, S. 42.

Kolonien ließen nun unübersehbar werden, dass für die Metropolen jede einträgliche Gewinn- und Verlustrechnung im Bezug auf die ›überseeischen‹ Gebiete südlich der Sahara in weite Ferne gerückt war. Das Prinzip der *Colonial Self-Sufficiency* ging offenkundig zu Ende.[200] Das tropische Afrika wurde ein Zuschussgeschäft, was besonders brisant in den Mandatsgebieten war, wo man keine so ungebremste Ausplünderungspolitik wie in den Kolonien betreiben konnte und überdies auch noch zu Entwicklungsprojekten gehalten war. Die Mandatsgebiete galten somit – aus der Perspektive ihrer Verwalter – weitgehend als unwirtschaftliche Räume, die Investitionen verschlingen würden, was nicht zuletzt an ihrem völkerrechtlich unter internationaler Kontrolle stehenden Transit-Status lag.[201] So kommt in den Papieren der Mandatsverwaltungen häufig eine Furcht zum Ausdruck, dass man neben allen Problemen im eigenen Land nun auch noch die Gebiete in ›Übersee‹ alimentieren müsse.[202] Eine etwas andere doch gleichermaßen wirtschaftliche Position unterstrich hingegen der deutsche 1933 in die USA emigrierte Ökonom Moritz Julius Bonn, der den Begriff »Decolonization« erfand.[203] Besonders nach der Erlangung der Unabhängigkeit – so seine Vision – könnten die einstigen Kolonial- und Mandatsmächte Vorteile aus afrikanischen Ländern ziehen, wenn man nur erst richtig in ihre volkswirtschaftliche Entwicklung investiert hätte. An prosperierenden unabhängigen Räumen in ›Übersee‹ ließe sich letztlich mehr verdienen als an ständig zu alimentierenden Kolonien und Mandatsgebieten.[204]

Durch *Hilfe zur Selbsthilfe* – so eine gängige Argumentation – helfe man den Einheimischen, aus eigener Kraft ihre Volkswirtschaften aufzubauen.[205] Diese Sichtweise gewann zunehmend Befürworter unter afrikanischen *Chiefs* und anderen Angehörigen der Führungseliten: Aktionen zur Mobilisierung der Bevölkerung boten einerseits Foren zur Stimmungsmache in Richtung politischer Partizipation. Andererseits war den afrikanischen Eliten wohl auch jedes Mittel recht, das half, Versorgungsverpflichtungen von sich selbst abzuwenden.[206]

---

200 Vgl. Cooper, »Modernizing Bureaucrats«, S. 68.

201 Pointiert in: Marx, *Geschichte Afrikas*, S. 158. Vgl. Callaham, »Mandated Territories«.

202 Vgl. zum Zusammenhang mit europäischer Krisen und Entwicklungsplanungen in Afrika: Hargreaves, *Decolonization*, S. 38–42.

203 Zitiert nach: Reinhard, *Geschichte der europäischen Expansion*, S. 187.

204 Martonne, *Le Savant Colonial*, S. 164.

205 Mc William, *The Development Business*, S. 42.

206 Vgl. Ranger, »Kolonialismus«, S. 32.

Zum dritten sensibilisierte sicher auch die eigene Erfahrung des Hungers in Europa in der Zwischenkriegszeit und nach dem Zweiten Weltkrieg für die Not in Afrika und ließ Abhilfen umso dringender erscheinen.[207] Und viertens sollten Entwicklungen auch Widerstände und Revolten in den Kolonien und Mandatsgebieten beilegen, abschwächen oder vorbeugen, zielten sie auf die Zufriedenheit der Einheimischen durch ›Hebung‹ des Lebensstandards ab. Sie erweckten weiter den Eindruck, die Europäer würden die ›Errungenschaften‹ ihrer ›Zivilisation‹ nicht mehr den Afrikanern vorenthalten und vermittelten nicht zuletzt, dass man in der Tat einiges unternehme, die Unabhängigkeit vorzubereiten:[208] Die rhetorische Frage »Are the poor [in Africa] politically dangerous« bot Anlass zu zahlreichen Erörterungen unter Kolonialexperten. So wurde immer wieder überlegt, wie man am schnellsten der Landflucht und einer polarisierten afrikanischen Arbeiterschaft oder gar renitenten Arbeitslosen in den Städten entgegenwirken könnte.[209] Gerade in den ehemals deutschen ›Schutzgebieten‹ war es in den ersten Jahren der Mandatsherrschaft immer wieder zu antibritischen und antifranzösischen Ressentiments und – wie bereits angesprochen – zur Verklärung der einstigen deutschen Kolonialherrschaft gekommen.[210] Gesten der Partizipation – auch auf der Ebene von wirtschaftlichen Entwicklungen und damit der Einebnung der ökonomischen Unterschiede zwischen kolonialer Metropole und Peripherie – sollten für bessere Stimmung sorgen.[211] *Hilfe zur Selbsthilfe* galt wiederum hier als das Instrument par excellence, vermittelte es doch zumindest auf dem Papier deutlich, dass man nach den Wünschen und Vorstellungen der Afrikaner ohne Druck und Zwang an Entwicklungen arbeite.

Insofern kann man die spätkoloniale Entwicklungspolitik und auch ihr Instrument der *Hilfe zur Selbsthilfe* in Afrika durchaus als zumindest indirektes Festhalten am imperialen Engagement in den kolonisierten Gesellschaften interpretieren, als Strategie, den Status Quo zu stabilisieren und Konflikte abzuwenden.[212] Damit war die ›moderne‹ Entwicklungshilfe

---

207 Vgl. Ehrlich, »Some Aspects«.

208 Vgl. zur Revolutionsprophylaxe solcher Bestrebungen: Altmann, *Abschied vom Empire*, S.64f.

209 Gutkind, »Are the Poor«.

210 Vgl. Stoecker, »Germanophilie«. Vgl. hierzu ausführlicher: Teil I, Kapitel 1.

211 Vgl. hierzu verschiedentliche Memoranda der Mandatsverwaltung des britischen Teils von Kamerun: BNA PRO Kew CO 967/108, Memoranda on Mandates and Arguments against surrendering Mandates.

212 Lewis, »Some Contradictions in Colonial Office Welfare Initiatives«, S. 42.

zweifellos ein »Kind des Spätkolonialismus und der Krise der großen Kolonialreiche Englands und Frankreichs seit den 1930er-Jahren«.[213] Wie wurde der Prozess dieser Entwicklungspolitik nun in Gang gebracht? In Großbritannien verabschiedete 1929 das Parlament ein erstes Gesetzeswerk zur Entwicklung in den Kolonien und Mandatsgebieten – den »Colonial and Development Welfare Act«.[214] Absichtserklärungen über »Colonial Development« und »Trusteeship«, also Konzepte zur treuhänderische Verwaltung der ›überseeischen‹ Gebiete zum Wohl der ›Eingeborenen‹, [215] wurden zunehmend miteinander verknüpft. [216] Durch die Gründung des *Fabian Colonial Bureau*, das eng mit der Labour-Partei zusammenarbeitete, wurde die Bedeutung von ›überseeischer‹ Entwicklung noch einmal unterstrichen.[217] Der ökonomische Nutzen für die Metropole wurde dabei als maßgeblich eingeschätzt.[218] Auch die so genannten »Colonial Office's White Papers« sprechen vom Bemühen um soziale wie wirtschaftliche Entwicklungen in den Kolonien und Mandatsgebieten.[219] 1940 wurde dann mit der »Colonial and Welfare Bill« eine Aufstockung der Mittel für Entwicklungen in ›Übersee‹ verabschiedet.[220] In der Kolonialgeschichte erstmals wurde hier mit der Emphase von Rechtsverbindlichkeit

213 Eckert/Wirz, »Wir nicht«, S. 377.
214 Der »Colonial Development and Welfare Act«, der jährlich £ 1.000.000,- für Entwicklungsvorhaben in den Kolonien und Mandatsgebieten bereitstellte, war durch den konservativen Kolonialpolitiker Leopold Amery vorbereitet worden, der in Indien geboren war und auch als Korrespondent für koloniale Belange der Londoner »Times« gearbeitet hatte. Zur Gesetzesvorlage kam der »Colonial Development and Welfare Act« durch den Labour Minister James Henry Thomas. Vgl. als Überblick: Morgan, *The Official History of Colonial Development*; Sieberg, *Colonial Development*, S. 653; Hetherington, *British Paternalism*, S. 156; Constantine, *The Making*, S. 260. Zu Amery: Rubinstein, »The Secret«.
215 Vgl. Hyam, »Bureaucracy«; Rimmer, »African Development«.
216 Dabei wurde allerdings auf die genaue Überwachung der Investitionen und die Anleitung durch britische Entwicklungsexperten bestanden. Vgl. Cooper, »Modernizing Bureaucrats«, S. 68.
217 Albertini, *Dekolonisation*, S. 125. Vgl. RH MSS Brit. s. Emp. 365 Box 78/2, ad 9 21.1.1946 Memorandum on Agriculture in West Africa, item 10 20.2.1941 Planning and Development in the Colonies; ebd. Box 89/1 ad 16–20 Corresponcence with the Secretary Cultural, Togoland Movement 30.9.1949, 5.4.1950, ad 42–2 July 1946 Trusteeship Togoland and the Cameroons under United Kingdom Mandate, ad 50–7 Togoland-A British Trust Territory.
218 Vgl. Hardy, »Rapport«.
219 RH MSS Brit. s. Emp. 365 Box 78/2, Papers of the Fabian Colonial Bureau relating to colonial development 1940ff.
220 Es wurde zunächst eine Summe von £ 5.000.000,- jährlich auf 10 Jahre festgelegt.

verkündet, dass es nun das vorrangige Ziel der Kolonialpolitik sein müsste, für den »Schutz und das Wohlergehen« der Kolonisierten einzutreten.[221] Im Jahr 1945 erneuerte Großbritannien den »Colonial Development and Welfare Act«, richtete 1946 das *Colonial Economic Development Council* und 1947 die *Colonial Development Corporation* (CDC) ein, die auch in Tanganjika und im britischen Teil von Kamerun auf die Umsetzung von Entwicklungsplanungen hinwirken sollte.[222] Nach dem »Overseas Resources Development Act« von 1948 sollten künftig ausdrücklich die Anliegen, Interessen und Nöte der Menschen vor Ort im Vordergrund stehen.[223] In der Praxis förderte man auch in den Treuhandgebieten allerdings weiterhin Projekte, die auf den Export von *Cash Crops* gerichtet waren. Das sollte den Ernährungsnotstand in Europa nach dem Zweiten Weltkrieg lindern[224] und Gewinne für die britische Staatskasse einbringen.[225] Im Jahr 1948 wurden schließlich in den Behörden der Kolonien und Treuhandgebiete Abteilungen für *Social Welfare* eingerichtet, deren Aufgabe es war, sich nun vermehrt auch um den Ausbau der Infrastruktur zu bemühen – und zwar nicht zuletzt in Selbsthilfe der Afrikaner.[226]

In Frankreich unternahm 1921 Kolonialminister Albert Sarraut eine erste Initiative für ein Gesetzt zur »Verbesserung eingeborener Lebensverhältnisse«.[227] Zunehmend forderten nun auch französische Journalisten und Studenten, dass mit der Ausbeutung in ›Übersee‹ ein Ende gemacht werden müsste.[228] Es sollte allerdings zehn Jahre dauern, bis erste Gesetze erlassen wurden, nicht ohne Hinweis darauf, dass Entwicklungen ja auch der »mise en valeur« der Kolonien und Mandate dienen würden und damit ökonomisch dem Mutterland nützlich seien.[229] 1934 verkündete man auf

---

221 Zitiert nach: Albertini, *Dekolonisation*, S. 137. Dafür sollten jährlich £ 500.000,- in Forschungen vor Ort investiert werden. Vgl. Mills, »Anthropology«, S. 135.

222 Ein Ziel war hier nicht zuletzt, dass die Länder des Commonwealth – bspw. durch den Anbau von Fett liefernden Erdnüssen – beim Wiederaufbau des Mutterlandes beitragen sollten. Vgl. Rothermund, *Dehli*, S. 214–219; Iliffe, *A Modern History of Tanganyika*, S. 439–442.

223 Dumpleton, »Colonial Development«, S. 294.

224 Vgl. bspw. formuliert in: NA Kew CO 852/867/1, Colonial Economic Development Committee (47) 7, Papier vom 10.3.1947.

225 Cooper, »Decolonization«, S. 202ff.; Cohen, »Early Years«.

226 Mc William, *The Development Business*, S. 7

227 Vgl. Van Laak, *Imperiale Infrastruktur*, S. 212.

228 Vgl. Liauzu, *Aux origins*.

229 Beispielsweise in: Sarraut, *La Mise En Valeur*, S. 19, S. 87f. Vgl. Albertini, *Dekolonisation*, S. 307–322; Ders., *Europäische Kolonialherrschaft*, S. 279–287.

der Wirtschaftskonferenz des französischen Kolonialreichs einen Entwicklungsplan über 15 Jahre, der auch infrastrukturelle Maßnahmen in Togo
und Französisch-Kamerun vorsah.[230] Die Finanzierung, praktische Durchführung und die Anstellung von Togoern und Kamerunern als Mitarbeitern in Entwicklungsprojekten besorgte die *L'Agence Economique des Territoires Africains sous Mandate* (AGEFOM).[231]
  Auf der Konferenz von Brazzaville, Kongo, trafen am 30. Januar 1944
unter der Ägide Charles de Gaulles und des Kolonialministers René Pleven
Vertreter des Freien Frankreichs mit hohen Kolonialbeamten zusammen
und erklärten das »endgültige Ende des ausbeuterischen Charakters« der
Beziehungen zwischen Frankreich und seinen Kolonien bzw. Mandatsgebieten.[232] Mit Bezug auf die Beschlüsse von Brazzaville wurden 1946 die
Gesellschaften *Commission de Modernisation et d'Equipment des Territoires
d'Outre-Mer* gegründet, im gleichen Jahr der *Fonds d'Investissements pour le
Développement Économique et Social (Fides)*[233] und die *Caisse Centrale de la France
d'Outre-Mer*, die ähnliche Aufgaben wie die AGEFOM übernahmen.[234]

---

230 Van Laak, *Imperiale Infrastruktur*, S. 297; Semjonow, *Glanz*, S. 504f.
231 CAOM Aix-en-Provence Fonds ministériels AGEFOM 882/2471, Rundschreiben Le
    Ministre des Colonies über Anstellungsmodalitäten von Afrikanern in Kamerun vom
    18.8.1931, Rundschreiben Le Ministre des Colonies über AGEFOM in Togo und Ka-
    merun und die Besetzung mit Afrikanern vom 19.9.1932.
232 Vgl. grundlegend zur Konferenz von Brazzaville: Cooper, *Africa since 1940*, S. 40ff.
233 Vgl. Atangana, *French Investment*. Fides bestand bis in die ersten Jahre der Dekolonisie-
    rung und stellte unter anderem Übersichten über das deutsche Engagement in der Ent-
    wicklungshilfe her: CAOM Aix-en-Provence Fonds ministériels 2 Fides 883, Rapport:
    M. Walter Scheel, Ministre de la cooperation economique, parle de la coordination de
    l'aide Allemande aux pays sous-développe vom 12.2.1962. Vgl. zu Fides in Togo: Ebd.
    Fonds ministériels 1 Fides 54 Comite Directeur du Fides, Societes indigenes de
    prevoyande du Togo vom 23.7.1953; Ebd. Fonds ministériels 2 Fides 500, Rapport au
    Comite Directeur du Fides, Section locale du Fides – Programme du Togo, Tranche
    1955–1956; Ebd. Fonds ministériels 2 Fides 501, Zusammenstellung der französischen
    Experten für Fides in Togo vom 1.10.1956; Ebd. Aix-en-Provence Fonds ministériels 2
    Fides 548, Etude definissant les conitions d'achivement et d'exploitation de l'hôpital de
    Lome vom 11.1.1951. Zu Fides in Kamerun: Ebd. Fonds ministériels 1 Fides 13, Rap-
    port au comite directeur du fides 22.5.1950; Ebd. Fonds ministériels 1 Fides 7,
    Réorganisation financière de la Société »Les Bois du Cameroun«, Michel Jacquier, Rap-
    port: Le Parc a Materiel Lourd de Bassa et les probleme des engines routiers au
    Cameroun 4.5.1959, Jean Mozodier, Rapport 36/D, Le secteur de Modernisation de
    l'Est 1958, Jean Mazodier, Raport 37/D, Le secteur de Modernisation des Cultures
    d'Altitude; Ebd. Fonds ministériels 1 Fides/13 Rapport au comite directeur du Fides
    22.5.1950; Ebd. Fonds ministériels 2 Fides 808, Organigramme de l'inspection générale
    de l'agriculture 31.3.1955; Ebd. Fonds ministériels 1 Fides 66, Rapport de Presentation

Seit den 1940er-Jahren verfolgten Großbritannien und Frankreich das Ziel, Entwicklungen in Tanganjika, Togo und Kamerun dezidert auch mit *Hilfe zur Selbsthilfe* voranzubringen. Man rief die »The New Native Policy« bzw. »La Nouvelle Politique Indigène«[235] aus, die Bildungsprogramme für Afrikaner, die vor allem auf ihre Mobilisierung zur Arbeit abzielten, vorsahen.[236] Beide Phasen dieser kolonialen Entwicklungspolitik – die Zeit der Mandate bis zum Ende des Völkerbunds und die fünfzehn Jahre nach 1946 bis zur Dekolonisation – waren von einer ständigen Suche nach wirkungsvollen und gleichzeitig kostengünstigen Entwicklungskonzepten geprägt. *Hilfe zur Selbsthilfe* schien hierfür ideal. Sie wurde zum tragenden Prinzip des

au comite directeur du Fides, Section locale du Fides – Programme du Cameroun – Tranche 1957–1958, Tranche 1955–1956; CAN Jaunde 1 AL/510/20 Arrête No. 1949 Jaunde vom 19.4.1951, Investitionsplan von Fides; Ebd. 1 AC 506/1 Fides Tranche 1949f. Travaux urbains et ruraux vom 30.9.1949; Ebd. 1 AC 511/2 Approbation par Fides Tranche 1950–51, Note par la Direction du Plan 12.7.1950; Ebd. 1 AC/501 Fides Programme du Cameroun 1950–1951, Aktenvermerk zur Societé des Bois du Cameroun; Ebd. 1 AC 510/1 Fides Programme du Cameroun, Note par la direction du plan vom 15.7.1950 und vom 17.1.1951 über Landwirtschaftsprojekte; Ebd. 1 AL/510/3 Tranches du Fides 1950–1951, 8 Vermerke über die Bedeutung landwirtschaftlicher Entwicklung; Ebd. 1 AC 511/1 Fides Tranche 1950–1951, Programme 1950; Ebd. 1 AC/7553 Subvention du Cameroun Fides 1950ff.

234 Cooper, »Modernizing Bureaucrats«; Van Laak, *Imperiale Infrastruktur*, S. 343; Harding, *Geschichte*, S. 45, 62; Eckert, »Exportschlager«, S. 480.

235 Eboue, *La Nouvelle Politique Indigène*, S. 44.

236 Vgl. zu Tansania: Eckert, *Herrschen und Verwalten*, S. 133f. Zu Togo: CAOM Aix-en-Provence Fonds ministériels 1 Fides 54 Rapport au Comité directeur du Fides avance de 4 Millions de Francs CFA a la societé indigene de prevoyance de Palime (Togo) 1948; Ebd. Rapport périodique gouvernement general 14 MIOM 1832 Togo-Inspection de l'Agriculture, Rapports agricoles; Ebd. Rapport périodique gouvernement general 14 MIOM 2691 Service de l'enseigment rapport annual 1941, 1846 Togo-Service de l'Agriculture annual 1942, 1847 Togo Service Politiques et Administrative 1944, 1857 Togo Servicede l'agridulture rapport annuel 1944. Zu Kamerun: CNA Jaunde Archives Politiques et Administrative (APA) 11984 Plaintes et reqiêtes indigénes 1930–32; Ebd. Archives Politiques et Administrative (APA) 11168 Centres Cantonaux Ruraux 1948–1949; Ebd. Archives Politiques et Administrative (APA) 11552 Plan de l'équipement et développement économique et sociale. Programme modificatife du programme 1949; Ebd. Archives Politique et Administrative (APA) 12056 Plan de développement économomique et social. Rapport d'execution au 31 décembre 1950; Ebd. Archives Politique et Administrative (APA)11015/0 Infrastructure rurale 1949; Ebd. Archives Politique et Administrative (APA) 10431/F Rapport annuel 1942 Agriculture. Vgl. Fonkeng, *The History*, S. 77.

britischen Ansatzes des *Community Development*,[237] der – wie gezeigt – Vorbild für die bundesdeutsche Entwicklungsarbeit in den 1960er-Jahren war.[238] Sie war auch das Herzstück der französischen *Animation Rurale*.[239] Diese beiden kolonialen Entwicklungskonzepte rekurrierten wiederum auf ›Heilmittel‹ gegen europäische Entwicklungshemmnisse der Zwischenkriegszeit wie das *Agricultural Extension Work* oder das *Communal Social Work*. Sie bauten nicht zuletzt auf älteren Modellen der Kolonialpädagogik auf. Wie bereits von den Missionaren der 1850er-Jahre und später den Beamten des Hochkolonialismus wurde behauptet, einzig allein durch die eigene Kraft und Arbeit der Afrikaner könne es gelingen, ihre Lebensbedingungen zu ›verbessern‹.

Nun sollte die Arbeit der Afrikaner zunehmend ausschließlich sein. Auf die Unterstützung der Kolonial-, Mandats- bzw. Treuhandherren sollten sich die ›Einheimischen‹ nicht mehr verlassen, sondern beweisen, dass sie bald eigenständig ihre Länder selbst führen und weiter entwickeln könnten.[240]

Um allerdings *Hilfe zur Selbsthilfe* wirkungsvoll üben zu können, musste man erst einmal – so die einhellige Meinung – die Afrikaner und ihre ›Sitten und Gebräuche‹ näher kennenlernen. Denn Wissen galt auch in diesem Zusammenhang als Grundlage jeder Beeinflussung.

Das ›Innere des Afrikaners‹ kennen: Ethnologisches Wissen als Grundlage von *Hilfe zur Selbsthilfe*

So verkündete 1919 der französische Kolonialbeamte, Ökonom und Ethnologe Louis Vignon[241], in Anbetracht der aktuellen Ereignisse sei es künf-

---

237 Zum Konzept des britischen *Community Development* in Afrika allgemein: Smyth, »The Roots«; Sieberg, *Colonial Development*, S. 653–655. Vgl. Zu Agrarentwicklung in Tansania nach dem Zweiten Weltkrieg: Eckert, »Britische Agrarpolitik«.

238 Vgl. Teil I, Kapitel 1.

239 Vgl. Beck, *Theorie*. Beck setzt allerdings den Beginn der *Animation Rurale* erst in den 1960er-Jahren an. Vgl. Bureau International du Travail, *L'animation rurale*.

240 Cohen, *Rulers*, S. 74–79, S. 115–118; Crowder, *Colonial West Africa*; Conklin, *A Mission to Civilize*, S. 110–118, S. 182–202.

241 Vignon schrieb bspw. das seinerzeit weit verbreitete Standardwerk zu französischen Kolonien: Vignon, *Les Colonies*. Vgl. hierzu und zum Folgenden auch: Büschel, »Rassismus«, S. 35ff.

tig wohl eine »unverzichtbare Kunst, die Eingeborenen sanft und nach ihrer eigenen Gangart« auf einen »höheren sozialen, politischen und ökonomischen Entwicklungsstand« zu bringen. Man müsse hierbei nicht zuletzt auch ihre »Interessen und Wünsche zufrieden stellen«. Dazu sei es aber notwendig, erst einmal mehr darüber herauszufinden.[242] Ethnologen achteten dabei durchaus auf ihre Pfründe: So erklärte Marcel Mauss bereits 1910, Ärzte, Missionare oder Verwaltungsbeamte könnten sich den ›Eingeborenen‹ niemals richtig annähern, seien sie doch Teil des kolonialen Establishments. Allein Ethnologen mit ihren wissenschaftlichen Methoden der Beobachtung und Auswertung könnten diese schwierige Arbeit leisten.[243]

Ins gleiche Horn stieß der Kolonialbeamte und Ethnologe Maurice Delafosse 1923: Wenn man künftig mehr »Tätigkeit« in den afrikanischen Kolonien und Mandatsgebieten Richtung Entwicklung erzielen wolle, müsse man auf wissenschaftlichen Grundlagen die »Mentalität« der Menschen vor Ort und ihre »Bedürfnisse, Wünsche [...] und das, was sie sind, was sie sein wollen und was sie sein können«, erst einmal kennen.[244] Delafosse war einer der ersten, der sich für die Erforschung der vorkolonialen Geschichte Afrikas aussprach, denn vieles mittlerweile ›Vergrabene‹ an den Einstellungen und ›Sitten‹ der Afrikaner könne man hier deutlicher sehen als in der Gegenwart kolonialer Beherrschung.[245]

Der österreichisch-deutsche Anthropologe und Spezialist für Ostafrika Richard Thurnwald meinte wiederum, dass man manches anders machen solle, befasse man sich in den Entwicklungsbemühungen um Afrika (wie schon seit langem) erneut mit der »Erziehung der Afrikaner zur Arbeit«. Wenn es wie schon bei den ersten Missionaren das vorrangige Ziel ist und bleibe, die Afrikaner »arbeitsfreudig« zu machen, dann müsse man darüber nachdenken, warum dies trotz aller bisherigen Bemühungen so lange nicht geglückt sei. Man müsse einfach durch ausführliche Feldforschungen herausfinden, was genau die Freude an Arbeit unter Afrikanern verstelle, wie

242 Vignon, *Un programme*, S. 191f., 212ff., 257, 275.
243 Zitiert nach: Sibeud, »The Elusive Bureau«, S. 49. vgl. James, »The Treatment«, S. 193–207.
244 Delafosse, *Broussard*, S. 107. Vgl. zu Biographie und Werk: Cohen, »Maurice Delafosse«.
245 Bspw. Delafosse, *Les civilisations disparues*.

man dies alles aus dem Weg räume und wie man daraufhin wirkliche Arbeitsbegeisterung verbreite.[246] Das alles müsste dann den Kolonialbeamten vermittelt werden, damit sie sich bei ihrer Entwicklungsarbeit daran halten könnten, so äußerten ausgewiesene Ethnologen wie Marcel Mauss[247] und Arnold van Gennep, ein enger Freund und Vertrauter des Kolonialbeamten Delafosse.[248] In der Tat sah der Lehrplan der französischen Kolonialschule seit den 1940er-Jahren ausführliche Kenntnisse von lokalen »Sitten, Gebräuchen und der Mentalität der Afrikaner« vor, ebenso wie Fertigkeiten einer »auf die Kolonialverhältnisse angewandten Psychologie«.[249] Auch in Großbritannien wurden Kolonialbeamte zu dieser Zeit erstmals in ethnologischen Wissensfeldern unterwiesen, damit sie denn auch die »wahren Nöte und Probleme« der ›Eingeborenen‹ erkennen könnten.[250]

Selbst nationalsozialistische Kolonialrevisionisten waren hier ganz d'accord: So verlautbarte der Leiter des 1938 eingerichteten Referats »Koloniale Sozialpolitik« im nationalsozialistischen *Arbeitswissenschaftlichen Institut* Wilhelm Rothaupt, man solle erforschen, warum der »afrikanische Arbeiter« häufig gut gemeinte »Betreuung als Zwang« empfinde und wie man bei ihm das Gefühl reifen lassen könne, »freiwilliger Helfer« seiner selbst zu sein.[251]

Die Briten galten den Deutschen in dieser Hinsicht durchaus als Vorbild: So berichtete beispielsweise der deutsche Experte für afrikanische Kunst Eckart von Sydow 1938 von einer Reise an die britische Kolonie Goldküste an das Auswärtige Amt, er habe ein paar beispielhafte Maßnahmen der »native education« kennengelernt, wo man sich wissenschaftlich fundiert mit dem »Gedankengut der Afrikaner« auseinandersetze. Die

---

246 Thurnwald, »Kolonialwirtschaftliche Betriebe«, S. 60. Vgl. Zimmerer, *Deutsche Herrschaft*, S. 283. Vgl. grundlegend zur deutschen Ethnologie und Kolonialismus: Zimmerman, *Anthropology*.

247 Mauss, »L'Ethnographie«.

248 James, »The Treatment«; Sibeud, »The Elusive Bureau«, S. 53ff.

249 L'Estoile, »Rationalizing«, S. 46f.

250 Fortes, »Anthropological Training«, S. 94.

251 Arbeitswissenschaftliches Institut, »Die eingeborenen Lohnarbeiter«. Vgl. Hamburger Stiftung für Sozialgeschichte des 20. Jahrhunderts, Sozialstrategien, Bl. 485ff. Zu Rothaupt: Linne, *Deutschland*, S. 64; Van Laak, »NS-Colonialism«. Vgl. hierzu bereits 1935 der Lehrplan der Deutschen Kolonialschule im nordhessischen Witzenhausen: BA Berlin Lichterfelde R 2301/6840, Bl. 2–20. Prüfungsbericht des Rechnungshofes des Deutschen Reiches über die Deutsche Kolonialschule GmbH Witzenhausen vom 1.4.1935.

Forschungen würden die Briten bei ihrer Arbeitserziehung geschickt zu verwerten verstehen. Besonders gut komme dabei bei den bisweilen sehr kritischen Einheimischen an, dass »der Neger nicht zu einem Europäer gemacht«, sondern in seiner »kulturellen Entwicklung bestärkt« würde.[252] In der Tat hatte schon Anfang der 1930er-Jahre Bronislaw Malinowski in seiner Funktion als Mitglied des *Colonial Office* unter dem Schlagwort *Native Education* ausgeführt: Es sei nun endlich die Zeit gekommen, der »kolonialen Unmündigkeit« in Afrika ein Ende zu bereiten. Man müsse den Afrikanern mehr zuhören und sie ernster nehmen.[253] In ihrer viel beachteten Rede vor der *Royal Society of Arts* in London führte auch die durchaus konservative Oxforder Kolonialexpertin Margery Perham 1934 aus, dass man in den Kolonien und Mandatsgebieten künftig »real co-operation and real understanding« brauche, um überhaupt daran denken zu können, wirkungsvolle Entwicklungen voranzutreiben.[254]

Der Zweite Weltkrieg legte diese Erörterungen zunächst auf Eis. Doch unmittelbar nach Ende des Krieges und der Umwandlung der Mandate in Treuhandgebiete, knüpfte man da an, wo man aufgehört hatte. Jetzt meldete sich Malinowskis Mitarbeiterin Audrey Richards zu Wort. In einem Gutachten an das *Colonial Social Welfare Advisory Committee* schrieb sie, es sei immer noch unklar, wie tatsächlich die Bedürfnisse und Wünsche der Afrikaner aussehen würden.[255] Auch Ende der 1940er-Jahre hatte man hier offensichtlich noch offene Fragen: Die »stolzen Bantu« müssten immer »das Gefühl« haben, ihre Lebensbedingungen nach ihren eigenen Vorstellungen zu »verbessern«, sonst würden sie sich schlichtweg weigern, überhaupt etwas zu tun. Nur wüssten sie oft gar nicht, was ihre Wünsche seien und würden bisweilen irrige Vorstellungen über afrikanisch-traditionelle ›Sitten‹ hegen. Denn vieles sei den Afrikanern genauso unbekannt wie den Europäern. Auch hier müsse nun geforscht werden.[256]

---

252 BA Berlin Lichterfelde Reichskolonialamt R 1001/3327, Forschungsreise Dr. Eckart von Sydow, Juli 1937–August 1939, ad 38, ad 66 von Sydow und die Kolonialabteilung des AA vom 4.12.1938.

253 Malinowski, »Native Education«.

254 Perham, »Some Problems«, S. 110.

255 Colonial Social Welfare Advisory Commitee: Minutes of the 27th Meeting, 3 December 1946, Colonial Office 859/158/12531/47/2, zitiert nach: Iliffe, *The African Poor*, S. 200f.

256 *Mass Education Bulletin* 1 (1949), S. 2. Hierzu auch unter Zusammenfassung älterer Diskurse: Raum, *Umgang*, insb. S. 14; Brain, »A Bridge«.Vgl. Büschel, »Eine Brücke«, S. 175.

Besonders schwierig sei dies bei den in Dörfern lebenden Menschen auf dem Land. Diese würden ohnehin Argwohn gegenüber jeder Veränderung hegen.[257] Auch wüsste man kaum, wie man ihnen irgendwelche validen Aussagen zu ihren Vorstellungen entlocken könne. Daher benötige es dort ganz spezifischer ethnopsychologischer Techniken, wenn man Vorbehalte sowie Argwohn zerstreuen und die ›Bauern‹ überhaupt zum Reden bringen wolle.[258]

Entsprechend schwärmten seit den 1940er-Jahren Psychologen und Ethnologen in die britischen und französischen Kolonien und Mandats- bzw. Treuhandgebiete aus, die Entwicklungsproblematiken im Zusammenhang mit angeblichen afrikanischen Arbeitshemmnissen untersuchten und »Psychotechniken« erprobten, um die vermeintliche Unproduktivität einzudämmen.[259]

Hierbei verdichtete sich unter Ethnologen und Kolonialbeamten immer mehr die Vorstellung: Was in den Vorstädten von Birmingham, auf den kargen Feldern Idahos oder in den Arbeiterkaten Yorkshires an Sozialtechniken als wirkungsvoll für die Hebung von Wohlstand und ›Verbesserung‹ der Lebensbedingungen an Selbsthilfe propagiert wurde, das könnte auch in Afrika zu Entwicklungen beitragen. Nun ging es nur noch darum, praktische und für Afrika passende Mittel und Wege zu finden, gegen »vermeintlich afrikanische Lethargie und Rückständigkeit« zu kämpfen, die ›Fortschritt‹ und ›Entwicklungen‹ im Weg zu stehen schienen.[260]

Maßgeblich für die Vorstellung, dass es legitim sei, in Europa und Nordamerika gewonnene Erkenntnisse aus der Sozialarbeit auf Afrika zu übertragen, war wiederum Malinowski: In seiner Theorie des »Funktionalismus« wies er immer wieder auf die Zusammenhänge aller menschlichen »Kulturphänomene« hin. Jenseits aller regionalen Unterschiede sei die »Mechanik« der Ursachen von Not in England ebenso wie die Auswege

---

257 Forster, *Traditional Cultures*, S. 59.

258 Ebd., S. 7.

259 Vgl. bspw. CAOM, Fonds ministériels 2, Fides 4, Ministère de la France d'Outre-Mer: Note pour le Comité Directeur du Fides: Prévisions des dépenses des missions psychotechniques, 1951–1952, 29.6.1951; Compte-rendu des activités de la mission d'études psychotechniques de Juin 1951 à Juin 1952, 20.6.1952; Bilan d'activité de la mission d'étude des problèmes du travail en A.E.F. de 1950 à 1955, 10.5.1955; Rapport au Comité Directeur du Fides: Missions psychotechniques, 29.7.1955. Für entsprechende Aktivitäten in Kamerun: CNA Jaunde 1, AC 506/1, Fides, Tranche 1949–1950, ad 53 Centres psychotechniques.

260 Eckert, »Exportschlager«, S. 479.

hieraus mit der von »Unterentwicklung« in Afrika durchaus vergleichbar.[261] Diese Sichtweise untermauerte 1934 die nordamerikanische Anthropologin Ruth Benedict mit dem Begriff »Patterns of Culture«, die ihrerseits die Vergleichbarkeit aller Kulturen postulierte.[262] Was als entwickelt bzw. unterentwickelt zu gelten habe, lag freilich – trotz aller Betonung der Wünsche und Vorstellungen von Afrikanern – zunächst in der Definitionshoheit der Kolonialbeamten. Sie zogen ständig in Richtung Entwicklungspraktiken eine Trennlinie zwischen dem was – mit Foucault gesprochen – »weiter leben« dürfe oder »sterben« müsse.[263] Damit trifft auch für die Generierung ethnologischen, für Entwicklungen als relevant angesehenen Wissens wie für die spätkoloniale Entwicklungspolitik insgesamt zu, dass es sich hier keineswegs um eine Aufgabe sondern lediglich um einen »Konstellationswandel der ›kolonialen Situation‹« handelte.[264] Entwicklungserwägungen sollten nämlich nicht nur »moralisch« opportun sein, sondern nach wie vor ökonomische Effekte für die Metropolen haben, die zumindest entlastend von Investitionen wirken könnten.[265]

Bevor die Entstehung der Entwicklungskonzepte *Community Development* und *Animation Rurale* und ihre praktische Umsetzung näher betrachtet wird, ist somit deutlich herauszustellen: Trotz aller hehren Absichten solcher Anthropologen und anderer Exponenten der spätkolonialen Entwicklungshilfe sollte man nicht vergessen, wie stark hier Kosten-Nutzen-Kalkulationen aufgemacht wurden. So sollte *Hilfe zur Selbsthilfe* zwar allmählich die Unabhängigkeit der Mandats- bzw. Treuhandgebiete über Entwicklung vorbereiten, nicht zuletzt aber auch, um die drohende Alimentierung in Not geratener Einheimischer durch die Treuhänder abzuwenden. *Hilfe zur Selbsthilfe* war überdies billig. Sie baute auf die kostenlose Arbeitskraft der Bedürftigen auf und ließ größere infrastrukturelle sowie personelle Investitionen vermeiden und Ansprüche darauf kaschieren.[266]

Ein konkreter Anlass dafür, dass *Hilfe zur Selbsthilfe* in Afrika so attraktiv wurde, war nicht zuletzt das Verbot kolonialer Zwangsarbeit und deren globale Diskreditierung seit den 1930er-Jahren.

---

261 Malinowski, »Die Funktionaltheorie«, S. 19–44.
262 Benedict, *Patterns*.
263 Foucault, *In Verteidigung*, S. 295, 397.
264 Van Laak, *Imperiale Infrastruktur*, S. 211. Vgl. Cooper, »Development«.
265 Vgl. Hardy, *Rapport Général*, S. 164.
266 Vgl. Büschel, »Eine Brücke«.

Das Ende der kolonialen Zwangsarbeit und die neue Konjunktur der *Hilfe zur Selbsthilfe*

Beamte bekundeten bereits von Anbeginn der Mandatsherrschaft an, man fühle sich »wie in einem Glashaus«, wenn es um Fragen der Arbeitsverpflichtung der Afrikaner gehe.[267] Dieses Unbehagen verschärfte sich nachdem 1930 die *International Labour Conference* eine Konvention erlassen hatte, die koloniale Zwangsarbeit ausdrücklich verbot.[268] Großbritannien stimmte zu. Die französische Regierung weigerte sich zunächst. Auf der Konferenz von Brazzaville im Januar 1944 wurde dann auch von dort beschlossen, dass man die Kolonisierten nicht mehr zur Arbeit verpflichten werde.[269] Nun musste man die Afrikaner – so die Sicht der Kolonialbeamten – gewissermaßen mit moralischen Argumenten zum Arbeiten anspornen. Denn es stellte sich die Frage, wie man denn künftig Straßen ausbauen, Wasserleitungen verlegen oder Hospitäler errichten solle. Jede abverlangte kostengünstige oder gar unentgeltliche Arbeit von Afrikanern könnte als Verletzung des Verbots der Zwangsarbeit und somit als ausbeuterisch und inhuman angesehen werden. Allzu hohe Eigeninvestitionen schlossen sich wiederum aus.

So wurde von Briten künftig unentgeltliche oder minder bezahlte afrikanische Arbeit als »gemeinnützig« und für Entwicklungen zuträglich etikettiert.[270] Französische Mandatsbeamte nannten afrikanische Arbeitspflichten in Togo oder Französisch-Kamerun künftig »Présentation« und setzten sie gemeinsam mit afrikanischen »Évolués« zum »Willen des Besten der Eingeborenen« mit Überzeugungsarbeit durch.[271]

Und so entstanden vor allem in den britischen Mandaten Tanganjika und Britisch-Kamerun sowie in den französischen Mandaten Togo und

---

267 BNA PRO Kew CO 649/18, Schreiben Alfred John Harding, Staatssekretär im Foreign Office in kolonialen Belangen vom 18.11.1919 an den Colonial Office.

268 Cooper, *Decolonization*, S. 29ff.

269 Vgl. Ders., *Africa since 1940*, S. 40ff. Vgl. hingegen zu kolonialer Zwangsarbeit im Mandatsgebiet Togo: CAOM Aix-en-Provence ANOM 91COL431 Rapport du gouverneur des colonies, commissaire de la République française au Togo au ministre des Colonies, en date du 2 juin 1925, concernant la construction d'une voie ferrée en prolongement de la ligne *Lomé-Agbonou*.

270 Besonders deutlich in diesem Zusammenhang zu Nigeria: BNA Kew CO 859/352 Relation of Work Camps to Community Development, Alec Dickson, Work Camps and Community Development 1954.

271 Buell, *The Native Problem*, S. 312–326. Vgl. bspw. zu Togo: CAOM Aix-en-Provence 14 MI 2407/176348 Direction des travail publique Togo 1931–1937.

Französisch-Kamerun zwei Entwicklungsprinzipien, die Selbsthilfe als moralische Pflicht eines jeden verantwortungsvollen, um den Willen seines Landes besorgten Afrikaners deklarierten: *Community Development* und *Animation Rurale*.[272] *Hilfe zur Selbsthilfe* war damit nicht zuletzt auch ein bevorzugtes Mittel, an der Rekrutierung unentgeltlicher afrikanischer Arbeit festzuhalten, wenngleich auch unter den Vorzeichen der Freiwilligkeit, des Aufbaus, der Entwicklung und des Nutzens für die Einheimischen.[273]

Das britische *Community Development*

Am 6. Januar 1927 sagte der amtierende Gouverneur von Tanganjika Donald Cameron[274] bei der Eröffnung des Meru Native Council, einer Einrichtung zur afrikanischen Mitbestimmung:

»Government wishes to teach you to grow food plentifully in order that there may be no more famine among you; it wishes you also to earn money by growing crops which you can export and it wishes your young men to work outside the Reserve in order to earn money to erect dispensaries to improve your health and schools to improve your mind. In all these things Government will help you but it cannot help you unless you help yourselves.«[275]

Schon kurz nach seiner Ankunft in Dar es Salaam 1925 hatte Cameron erklärt, dass man künftig die Bewohner von Tanganjika vor allem zu Selbsthilfe anregen wolle. Auf keinen Fall solle die »afrikanische Atmosphäre« im Mandatsgebiet durch »Modernisierungen« gestört werden. Man beabsichtige nicht, die Afrikaner zu einer zu einer »schlechten Imitation der Europäer zu machen«, sondern zu »guten Afrikanern«.[276]

---

272 Vgl. einführend: Büschel, »Eine Brücke«.

273 Lewis, »Tropical East Ends«, S. 42.

274 Zur Biographie: Gailey, *Sir Donald Cameron*.

275 BNA PRO Kew Co 533/370/1 Opening of the Meru Native Council, ad 4 Minutes of Proceedings by his Excellency the Governor 6.1.1927.

276 TNA Dar es Salaam 7777/20, Donald Cameron, Report on Native Administration, Dar es Salaam 16.7.1925. Zitiert nach: Andreas Eckert, »Disziplin und Tränen«, S. 187. Vgl. Iliffe, *A Modern History of Tanganyika*, S. 321. Vgl. zur Selbstdeutung Camerons: Cameron, *My Tanganyika Service*. Vgl. das Selbstzeugnis eines *District Officers*: Lumley, *Forgotten Mandate*, insb. S. 14–20. Zunehmend geriet außerdem das Prinzip der Colonial »Self-Suffiency« in den kolonialen Behörden in Misskredit. Man plädierte 1923 im Staatssek-

Es sollte allerdings fast zwanzig Jahre dauern bis dann in größerer Anzahl Entwicklungsprojekte der *Hilfe zur Selbsthilfe* anliefen. Ab den 1940er-Jahren sprach man dann von solchen Vorhaben mit dem Begriff *Community Development*. Im Mai 1941 hatte sich ein Unterausschuss des Londoner Erziehungsbeirats zusammengefunden, in dem auch Margaret Read, später die Leiterin des *Department of Education in Tropical Areas* (DETA), und Cameron mitwirkten, der zwischen 1924 und 1931 als Gouverneur in Tanganjika Erfahrungen gesammelt hatte.[277] 1943 erließ dieser Ausschuss ein Dokument, in dem es hieß: Früher hätten die Menschen in Afrika durch »Fatalismus und Resignation Unrecht, unglückliche Lebensumstände, Hunger und Armut geduldig« ertragen. Diese Zeiten seien nunmehr vorbei. Auch in Afrika würde man zunehmend »Ansprüche auf ein besseres Leben« äußern und man müsse die Menschen dort unterstützen, »sich selbst zu helfen.«[278] Künftig müsse eine gesamte »Community« von Grund auf und aus sich selbst heraus entwickelt werden; und es sei Aufgabe, nun in den Dörfern Afrikaner zu finden, die bei der Entwicklung ihrer Gemeinschaft mitwirken könnten und wollten.[279] Nach dem Zweiten Weltkrieg bürgerte sich schließlich der Begriff *Community Development* als gängiger Terminus ein für solche dörflichen Entwicklungsprojekte.[280] Im Sommer 1945 legten britische Kolonialexperten schließlich fest:

---

retariat des Kolonialministeriums für »public utilities«, die die Entwicklung der Kolonien befördern sollten: Vgl. Albertini, *Dekolonisation*, S. 127 und S. 129.

277 Vgl. Gailey, *Sir Donald Cameron*.

278 Adult and Mass Education Sub-Committee, *Mass Education*, S. 11ff.

279 So eine Stellungnahme des *State's Advisory Committee on Education* mit dem Titel: Mass Education in African Society, London 1944, zitiert nach: Colonial Office, Community Development, S. 1. Vgl. zur Rekrutierung von Afrikanern: BNA PRO Kew Co 583/ 316/4 Cameroons Development Corporation Staff Problems, Aktenvermerk zur Development Corporation British Cameroon vom 22.4.1950.

280 Im Laufe der Jahre nach dem Zweiten Weltkrieg wurde der Begriff »Mass Education« zunehmend durch *Community Development* ersetzt, da dieser Begriff mehr den Anspruch auszudrücken schien, die Menschen vor Ort in die Entwicklung ihrer Gemeinschaft einzubinden. Dieser Begriffswandel lässt sich deutlich durch die Umbenennung der Zeitschrift »Mass Education Bulletin« in »Community Development Bulletin« im Jahr 1951 sehen. Vgl. Sieberg, *Colonial Development*, S. 649ff. Die Entwicklung von *Community Development* wird oft mit der bisweilen entschieden sozialistischen Terminologie der britischen Labour Partei in Zusammenhang gebracht: Vgl. Saville, *The Politics of Continuity*.

»Community Development is a movement designed to promote better living for the whole community with the active participation and on the initiative of the community.«[281]

Die Cambridge Summer Conference of African Administration 1948 ergänzte diese Ausführungen dahingehend, dass die Initiative, sich »bessere Lebensbedingungen« zu schaffen, grundsätzlich durch freiwillige Beteiligung der Menschen vor Ort geschehen müsse. Wenn diese nun nicht gegeben sei, dann müsse man sie entsprechend »stimulieren« – durch Überzeugungsarbeit, Lehrfilme und Schautafeln.[282] Niemals sollten fertige Konzepte von außen angeboten werden. Die Afrikaner seien hingegen dahin zu bringen, ihre eigenen Probleme zu erkennen und zu empfinden, Lösungen zu überlegen und diese dann selbst in die Tat umzusetzen.[283] Vor allem die »kleinen Leute« sollten »aktiviert« werden.[284] Denn erst durch ihr Engagement würde *Community Development* »effizient und nachhaltig« sein.[285] Habe man erst einmal selbst investiert an Arbeit und Kraft und etwas geschaffen, dann habe man das Ergebnis der eigenen Mühen und Anstrengungen vor Auge. Man wolle das Erreichte dann auch bewahren, damit die Arbeit nicht vergebens war. Das gelte besonders für die Armen, für die aufgrund ihres alltäglichen Existenzkampfes solche Kraftanstrengungen besonders groß seien.[286] Führende Theoretiker waren in diesem Zusammenhang der südafrikanisch-britische Psychologe Oscar Adolph Oeser und der australische Soziologe und Psychologe Frederick Edmund Emery.[287] Man sieht: In der Tat waren die Grundlagen des späteren Ansatzes der postkolonialen *Hilfe zur Selbsthilfe* zu dieser Zeit (zumindest gedanklich) schon entworfen.[288]

---

281 Vgl. Zitiert in: Colonial Office, *Community Development*, S. 2.
282 BNA PRO Kew Co 323/1356/4 Films Intl. Missionary Council and Circular of Educational Films for Native of South, Central East Africa (Bantu Educational Kinema Experiment), ad 1f. Schreiben des Colonial Office, Bantu Educational Kinema Experiment Nr. 4804/6 vom 27.2.1936, ad 56ff. Aktenvermerk Bantu Educational Cinema Experiment vom 28.11.1936. BNA PRO Kew CO 885/130 Colonial Office, Visual Aids in Education and Community Development. Reports of a Conference held at colonial Office from 5th – 11th July 1956, S. 44.
283 *Mass Education Bulletin* 1 (1949), S. 2.
284 Ebd.
285 Vgl. Biddle, »The ›Fuzziness‹«; Brokensha/Hodge, *Community Development*, S. 25–40.
286 Colonial Office, *Community Development*, S. 2f.
287 Oeser, *Frederick Edmund Emery*.
288 Vgl. hierzu ausführlicher: Teil I, Kapitel 1, 2 und 3.

Auch die Vorstellung der Erhaltung oder Wiederbelebung ›guter‹ Traditionen war schon grundgelegt. So hieß es: Das vorrangige Ziel müsse die Rückkehr zu dereinst »solidarischen, friedfertigen Gemeinschaften« sein, in denen sich die Afrikaner in jeder »Notlage« geborgen fühlten.[289] Damit war eine Rhetorik geboren, die bis zum Ende der Treuhandschaft von britischen Kolonialbeamten und Entwicklungsexperten gebetsmühlenartig wiederholt wurde[290] und dann recht unverändert Eingang fand in die postkoloniale *Hilfe zur Selbsthilfe*.

In der Praxis sollte *Community Development* grundsätzlich in kleinen, überschaubaren, möglichst armen und bedürftigen Dörfern und Stadtteilen stattfinden, die dann Modell- und Mustercharakter für Entwicklungen andernorts haben sollten. Hier sollten die Afrikaner beginnen, etwas »selbst zur Verbesserung ihrer Lebensbedingungen« zu unternehmen, wie den Bau von Schulen oder Gemeinschaftszentren.[291] In der Dorfgemeinschaft – »the heart of Community Development« – würden sich denn auch alle die Kräfte bündeln, die den Zusammenhalt für die gemeinschaftliche Arbeit ausmachen sollten.[292] *Community Development* sei in diesem Sinne auch »nationbuilding from the grass roots«.[293] So konnte *Community Development*

---

289 Colonial Office, *Community Development*, S. 2f.

290 Vgl. Ebd., S. 2–6.

291 BNA PRO Kew CO 822/654, Community Development in Tanganyika, Usambara Scheme, Annual Report 1952, S. 1ff., Tanganyika Development Scheme 1952, 6ff., Staff Problems, Aktenvermerk Development Corporation British Cameroon 22.4.1950; Ebd. 859/308, Housing and Town Planning. Memo on Aided Self-Help Housing, Assisted Home Owner Housing: A Checklist vom 9.5.1952. Zu solchen Vorhaben in den 1960er-Jahren: Ebd. OD 17 366, Community Development Clearing House-Policy 1964–1966, Aktennotiz Head of Department of Education in Tropical Areas, University of London Institute of Eduation vom 17.6.1964. ZNA Stone Town BA 16/19, Provincial Adminstration Report, Session Paper 4, 1947. Über diverse *Self Help Schemes* in den 1950er Jahren: ZNA Stone Town BA 31/2 1. Annual Report of Central Province Zansibar 1959, 11, 59. Vgl. zu Tanganjika der 1950er-Jahre: Jennings, »We Must Run While Others Walk««, S. 164f.

292 Community Development Review, International Co-Operation Administration, Washington, D.C., December 1956, zitiert nach: Colonial Office, *Community Development*, S. 72. Vgl. Bspw.: BNA PRO Kew CO 859/169/3 Mass Education and Local Government, Local Government and Community Development vom 16.1.1951, S. 3; Ebd. 1045/1376 Suzie Milburn, Community Development Clearing House, Institute of Education, University of London, Methods and Techniques of Community Development in the United Kingdom Dependent and Trust Territories for the United Nations, New York 1954.

293 Colonial Office, *Community Development*, Deckblatt, S. 5. Vgl. BNA Kew CO 859/ 1362 Community Development Symposium for East and Central Africa 1960–1962, Bericht:

schlichtweg alles umfassen, was – freilich aus der Perspektive der Briten und aus den hier (mehr oder weniger projizierten) Wünschen der Menschen vor Ort – zur ›Hebung‹ der alltäglichen Lebensqualität beitragen konnte. Vorrang hatte die Sicherung der Ernährungslage durch »better methods of soil conservation, better methods of farming and better care of livestock.«[294] Im Bereich von Gesundheit sollte vor allem zunächst auf »Sauberkeit« in Dörfern und Häusern hingewirkt werden. Ziel sei hierbei auch »better sanitation and water supplies, proper measures of hygiene, infant and maternity welfare.«[295] Wenn Abfall nicht mehr einfach herumliege, sondern die Straßen und Felder davon frei seien, und wenn Wasser nicht mehr braun und stinkend, sondern klar und gutschmeckend sei, dann würde schnell das Interesse der Anwohner geweckt, selbst dazu beizutragen.[296] Entsprechend begeistert berichteten 1954 beispielsweise britische Treuhandbeamte aus Tanganjika von der Frau eines *Chiefs*, die nach einem durch die Treuhandverwaltung organisierten Kurs für Selbsthilfe in ihr Dorf zurückgekehrt sei und zwar »fired with the will to put her village right«. Sie habe dann auch rasch bewirkt, dass dort »gefegt worden« sei »wie nie zuvor«. Schafe und Ziegen hätten bald nicht mehr die Häuser der Menschen geteilt. Und die Frauen hätten aufgehört, nur Klatsch und Tratsch auszutauschen, sondern sich nun zusammengesetzt, um zu beraten, wie sie ihren Alltag ›besser‹ bewältigen könnten.[297]

Community Development konnte aber auch koloniale Infrastrukturprojekte umfassen – wie den Bau von Straßen, Schulen, Krankenhäusern. So wurden Dörfer häufig verpflichtet, für die Instandhaltung ihrer Zufahrtsstraßen in Selbsthilfe künftig selbst verantwortlich zu sein – und zwar mit dem Argument, dass dies dem Handel diene und allen Bewohnern der umliegenden Dörfer unmittelbar nutze.[298]

Selbst die Schritte, wie sie für *Hilfe zur Selbsthilfe* in den 1960er-Jahren auch im deutschen Kontext grundlegend waren,[299] wurden von britischen

---

Second Symposium on Community Development Central and Eastern Africa, November/December 1961, Punkt 7.

294 Colonial Office, *Community Development*, S. 2.

295 Ebd. Vgl. Eckert, »Sauberkeit«.

296 Colonial Office, *Community Development*, S. 12.

297 Tanganyika Annual Report von 1954, zitiert nach: Brokensha, »Handeni Revisited«, S. 160.

298 Ingle, »Compulsion«, S. 93f.

299 Vgl. Teil I, Kapitel 1.

Vertretern des *Community Development* schon erfunden: Zunächst reisten Entwicklungsexperten durch ein abgestecktes Gebiet und führten ein *Social Mapping* durch. Hierbei wurden soziale ›Fakten‹, Entwicklungslücken und mögliche Entwicklungsziele erhoben. Forschungsgegenstände waren die Analphabetenquote und das sozio-ökonomische Verhalten von Gruppen der Bevölkerungen untereinander. Auch Daten zu struktureller Armut in der Region und deren vermeintliche Ursachen, wie Überweidung und Monokulturen, waren von Interesse. Hintergründe von Kriminalität und ›Aberglauben‹ waren ebenso relevant. Immer wieder auftretende Krankheiten versuchte man auf kulturell bedingte mangelnde Hygiene zurückzuführen, die nicht zuletzt für die Durchseuchung mit Parasiten verantwortlich gemacht wurden, wie die Tse-Tse-Fliege oder die Anopheles, die Überträger der Schlafkrankheit bzw. Malaria. In einem nächsten Schritt wurden potenzielle *Counterparts* ausgewählt, deren Aufgabe es vor allem war, die Dorfbewohner in Gesprächen dazu zu bewegen, Unterentwicklungen zu erkennen, Wünsche zuzulassen und diese öffentlich auszusprechen. Denn Afrikaner müssten erst einmal lernen, ihre Bedürfnisse zu spüren, zu artikulieren und in die Zukunft zu denken, hätten sie ein von Europäern grundverschiedenes Zeitempfinden.[300] Durch die Rekrutierung und Ausbildung afrikanischer Experten versprach man sich letztendlich Synergieeffekte. Denn es falle wohl leichter, untereinander zu sprechen und zu handeln.[301]

Bei den Maßnahmen schließlich sollten – meist an Sonntagen – alle Bewohner einer Gemeinschaft nach besten Kräften zusammenarbeiten. Ausgenommen von körperlicher Arbeit waren nur Alte, Gebrechliche, Kranke, kleine Kinder und *Chiefs*, die verwaltende und leitende Funktionen im Projekt übernehmen sollten.[302] Nützlich erweise sich hier vor allem der »natürliche Zusammenhalt« kleinerer abgegrenzter Gesellschaften: Er sei die Grundlage dafür, Dorfbewohner auf »spontane Selbsthilfeaktionen und ihre freiwillige Teilnahme« einzuschwören.[303] Kontinuierlich hatten afrikanische oder britische *Community Development Officers* Bericht zu erstatten:

---

300 *Mass Education Bulletin* 1 (1949), S. 2; BNA Kew Co 822/654 Community Development in Tanganyika, Tanganyika Development Scheme 1952, 12ff.

301 Colonial Office, *Community Development*, S. 2–7.

302 Vgl. TNA Dar es Salaam Acc. 304, A2/49 Gepräche zwischen dem *District Commissioner* von Handeni und dem *Provincial Comissioner*, Tanga, 27.3.1956.

303 Bspw. James McAuley, Review of »Approaches to Community Development«, zitiert nach: *Mass Education Bulettin* 1 (1949), S. 2.

Aus Fehlern und Errungenschaften sollte für die Zukunft gelernt werden.[304] Erste Evaluationen fielen durchweg positiv aus. Ein Fernziel der Entwicklungsarbeit – der »make-people-happy-approach« – schien schon recht rasch einzutreten.[305] So wurde beispielsweise Anfang der 1950er-Jahre aus den Pare Bergen in Nordtanganjika berichtet, dass es sich für die »Verbesserung der Lebensbedingungen in der Region« als sehr förderlich erwiesen habe, wenn man den Menschen vor Ort als »Freund und nicht als Diktator« begegne. Alle Einwohner seien sehr zufrieden, dass sie nun ein dichtes Netz an Krankenstationen, gut ausgebaute Straßen, funktionierende Brunnen und auch ein paar Schulen mehr hätten.[306]

Die französische *Animation Rurale*

Das französische Pendant zum britischen *Community Development* war das Konzept der *Animation Rurale*, das seit den späten 1930er-Jahren sukzessive auch in den Mandatsgebieten Togo und Kamerun etabliert werden sollte. Ähnlich wie *Community Development* war dieser Ansatz von vielfachen Versatzstücken geprägt – wie der katholischen Soziallehre, der sozialistischen Klassensolidarität und aus Erfahrungen mit Selbsthilfeprojekten der französischen Sozialarbeit.[307]

Auch die *Animation Rurale* sollte – zumindest erklärtermaßen – der Bewahrung oder Wiederherstellung ›guter‹ afrikanischer Sozialstrukturen dienen: So schrieb Robert Delavignette im Jahr 1946 über seine Erfahrungen als Hochkommissar in Kamerun, man hätte immer versucht, die gerade in der dörflichen Arbeitsteilung herrschende traditionelle »grass roots democracy« zu bewahren und auf deren Grundlage alle in Richtung Entwicklungsarbeit zu »animieren«.[308]

---

304 TNA Dar es Salaam Acc. 304, A2/49 Gepräche zwischen dem *District Commissioner* von Handeni und dem *Provincial Comissioner*, Tanga, 27.3.1956.

305 Vgl. Kuitenbrower, *Continuity*, S. 2.

306 TNA Dar es Salaam Papers of the Government of Tanganyika 3894/II H. Mason, Social Development Officer, Progress in Pare. An Interim on Experiments in Community Development in North Pare, Tanganyika 1951. Vgl. Büschel, »Eine Brücke«, S. 177.

307 Vgl. Meister, *Participation*.

308 Delavignette, *Service Africain*, S. 235, 240ff.

Der Entwicklungssoziologe Yves Goussault, der als Direktor am *Institute de recherches et d'applications des méthodes de développement* (IRAM) das Prinzip der *Animation Rurale* propagierte, wenn nicht gar erfand, vertrat die Auffassung, dass es sich hierbei um den einzigen Weg handele, der Afrikaner überhaupt zur Selbsthilfe bewegen könne.[309] Während die Bewohner der britischen Kolonien und Mandatsgebiete schon erste Erfahrungen mit Partizipation an öffentlichen Belangen durch das Konzept des *Indirect Rule* hätten sammeln können, sei dies in den französischen Gebieten anders. Hier erlaube nun die *Animation Rurale* Afrikanern erstmals, sich in öffentliche Belange und die Entwicklung des Landes einzubringen.[310]

Ergänzend führte der Ethnologe Roland Colin aus, der an Goussaults Forschungsinstitut arbeitete: Während *Community Development* sehr rasch und bisweilen unvorbereitet auf Selbsthilfe setze, versuche das Prinzip der *Animation Rurale* jeden Afrikaner als Einzelnen und als Teil einer Gruppe »sanft zur willigen Teilnahme« an Entwicklungen »anzuregen«, ja sogar im strikten Sinn der Wortbedeutung von »animer« zu beleben, zu beseelen und aus einer Art Totenstarre zu erwecken. *Animation Rurale* gehe hierbei langsamer vor als *Community Development*. Es sei aber das effizientere Entwicklungsprinzip, gebe es den Menschen doch genügend Zeit, sich umzustellen und auf die neue Selbstbestimmung einzulassen. Auch zu rasche Eigenständigkeit könne ein Trauma auslösen.[311]

Ein dritter im Bunde jener Theoretiker war der Soziologe Pierre Chantran. Dieser vertrat wiederum die These: Man sollte sich nicht zu sehr auf die Bedürfnisse der »kleinen Leute« vor Ort verlassen, denen der Weitblick für »sinnvolle Ziele« von Entwicklung fehle. Afrikanische *Animateure* sollten hingegen die lokale Bevölkerung für die für sie nützlichen Neuerungen aufschließen.[312] In wesentlich kleineren Schritten als im *Community Development* sollte die Verantwortung an der Entwicklung auf die Bedürftigen selbst übergehen.[313]

Damit pflegten Goussault, Colin und Chantran freilich die klassische koloniale Attitüde, dass Afrikaner sich kaum in öffentliche Belange einbringen würden, dass ihnen freiwillige Arbeit generell fremd sei und dass

---

309 Einen ersten konzeptionellen Bericht gibt: Meister, *Participation*, S. 210; es Leveugle, »Institutionalisation«. Vgl. Richard/Paquet, *L'Education*, S. 35.

310 Goussault, »Rural Animation«; Ders., *Report*; Ders., *Interventions*.

311 Colin, »Animation««.

312 Vgl. beispielsweise: CNA Jaunde 1 AC 8924 Demande de subvention pour la construction du dispensaire à Tala, Besetzungsliste für Animateure zur Hygieneaufklärung 1955.

313 Chantran, *La Vulgarisation*. Vgl. zu Togo: Toulabor, *Le Togo*, S. 194ff.

sie oft sinnlose Ziele verfolgen würden – alles Vorstellungen, die – wie noch genauer zu zeigen sein wird – auch die Akteure in der Praxis der postkolonialen *Hilfe zur Selbsthilfe* hegen konnten.[314] Ähnlich wie in Projekten des *Community Development* ging es bei der *Animation Rurale* um die Einführung von Hygienevorschriften, Anbau- und Düngepraktiken, um Alphabetisierung oder um infrastrukturelle Bauprojekte in kleineren, überschaubaren und meist ländlichen Gemeinden.[315] In den 1940er-Jahren entstanden außerdem ›Musterdörfer‹, deren Bewohner andere dazu »animieren« sollten, es ihnen gleich zu tun.[316] Für die *Animation Rurale* war – entsprechend der bereits beschriebenen späteren Wertschätzung für Genossenschaften im Rahmen der *Hilfe zur Selbsthilfe* – zunächst meist die Gründung einer Kooperation vorgesehen, die den Gedanken der Selbsthilfe »propagieren« und dann auf eine tiefgreifende »soziale Umerziehung« hinwirken sollten.[317] In allen Projekten der *Animation Rurale*

---

314 Vgl. hierzu vor allem: Teil II, Kapitel 1.4.

315 Vgl. zu Projekten der *Animation Rurale* in Togo: CAOM Aix-en-Provence Affaires politiques fonds moderne 17692 Synthése de l'activité animation aux Togo; CAOM Aix-en-Provence Affaires politiques fonds moderne 17611 Développemt aux Togo 1940f.; Ebd. 176140 Politique Indigenes Togo (1944–1945); Ebd. Fonds ministériels 667 L3/55 Cameroun et Togo Traveaux Publics; Ebd. 675 L3/65 Cameroun-Togo FAC Traveaux publics. Vgl. zu Projekten der *Animation Rurale* in Kamerun: CAN Jaunde 2 AC 5930 Travail Indigéne Règlementation 1938–1944, Aufstellung über Maßnahmen der Animation; Ebd. 2526 Travail publics, Rapport animation 8229, 8518, 8521 1956; Ebd. 1 AC 656 Travaux Publies 1947; Ebd. 2 AC 8060 Andanoua, Centres rureux construit 1955; Ebd. 1 AC 1267 Villages Écoles primaire. Construction des écoles primaire par les chefs de village 1952; Ebd. 2 AC 6276 Maiganya (Cameroun) Alphabetisation 1957; Ebd. 5995 Adamaoua Cours d'alphabetisation creation 1956.

316 CAN Jaunde APA 10416/6 Création de nouveaux village à M'Balmayo 1939; Ebd. 11176/L Instruction pour la creation des villages à Marroua 1947; Ebd. 1 AC 3849 Jaunde Village Modernization 1948–1949, Creátion des villages modeles au Cameroun, Aktenvermerk 15.3.1949. Correspondence de 6 Janvier relative à la modernization des villages, 1948–1949, Le Chef de subdivision de Bafia à Monsieur le Chef de Region du M'Bam à Bafia du Villages modèles vom 6.1.1949; Ebd. 2 AC 53 MAKAP, diverse »villages pilotes«, Aufstellung vom 12.2.1953. Vgl. zu französischer *Animation Rurale* in Kamerun in den 1960er-Jahren: Ebd. Vt 29/249 Travail publique, Demands d'emploi 1961; Ebd. Vt 33/33 Travails Demands d'emploi 1961f.; Ebd. 1 AA 770 Contrôleur des Travail, Recruitment 1967.

317 Ebd. 1 AC 3849 Village Modernization 1948–1949, Creátion des villages modeles au Cameroun, Aktenvermerk 15.3.1949. Correspondence relative à la modernization des villages, 1948–1949, Le Chef de subdivision de Bafia à Monsieur le Chef de Region du M'Bam à Bafia du Villages modèles vom 6.1.1949.

sollten sich Afrikaner ein oder mehrere Tage die Woche unentgeltlich einbringen.[318]

Afrikanische Jugend – Träger der Zukunft

Für beide Entwicklungskonzepte – für *Community Development* wie für *Animation Rurale* – sollten afrikanische Jugenddienste eine besondere Bedeutung haben, die mit Billigung oder gar Förderung der jeweiligen Mandats- bzw. Treuhandverwaltung gegründet wurden: Die Jugend galt einerseits als wenig belastet von Traditionen, die für Entwicklungen als hemmend eingeschätzt wurden, andererseits auch als besonders gefährdet durch drohende psychische und soziale Entwurzelung. Denn vor allem afrikanische Jugendliche wurden als überaus aufgeschlossen gegenüber Einflüssen der europäischen Moderne eingeschätzt. Man müsse sich ihrer somit besonders annehmen – so der Gedanke –, dass sie nicht auf die schiefe Bahn der verschwenderischen und körperlichen Arbeit abgeneigten ›Nachäfferei‹ der Europäer gerieten.[319]

Seit den 1920er-Jahren rekrutierten daher beispielsweise britische Missionarinnen junge Afrikanerinnen für die *Tanganyican Women's League*[320]

---

318 Goussaut, *Interventions*, S. 198. Vgl. CAOM Aix-en-Provence ANOM 61COL2689, Travail, Fourniture et utilisation de la main d'oeuvre indigène, 1923/1939. Zu einzelnen Projekten in Kamerun beispielsweise: Ebd. 92COL248, Alimentation en eau potable par la Société Eau et Assainissement (1949/1953), Kribi (plans), 1949; Ebd. 91COL423 Constructions sanitaires de la région Nord (12.7.1933) Maternité de Garoua, Maternité pour Maroua et Mokolo, Pavillon d'hospitalisation de la circonscription de Garoua-Maroua, Pavillon d'hospitalisation (petit modèle) Mokolo, Fort Foureau, Maison de médecin type A, Maison de médecin type B, Dispensaire de circonscription, Dispensaire de subdivision; Ebd. 91COL1111 Plan de campagne (1924/1927).

319 TNA Dar es Salaam 7777/20, Donald Cameron, Report on Native Administration, Dar es Salaam 16.7.1925. Zitiert nach: Andreas Eckert, »Disziplin und Tränen«, S. 187. Vgl. Iliffe, *A Modern History of Tanganyika*, S. 321. Vgl. zur Selbstdeutung Camerons im Bezug auf afrikanische Jugendliche: Cameron, *My Tanganyika Service*. Vgl. das Selbstzeugnis eines *District Officers*: Lumley, *Forgotten Mandate*, insb. S. 14–20. Man plädierte 1923 außerdem im Staatssekretariat des Kolonialministeriums für »public utilities« und Jugendarbeit, die die Entwicklung der Kolonien befördern sollten: Vgl. Albertini, *Dekolonisation*, S. 127 und S. 129.

320 Eckert, *Herrschen*, S. 152.

oder die *Social Service League* auf Sansibar.[321] Letztere war zunächst von indischen Migranten in Mombasa gegründet worden und ging auf die Arbeit deutscher Diakonissen zurück, die 1890 nach Sansibar geschickt worden waren.[322] In den *Leagues* setzte man sich zum Ziel, jedem weiblichen »unglücklichen Mitglied« dörflicher oder städtischer Gemeinden »unabhängig von Rasse, Farbe oder Glauben« zu helfen – und zwar durch nachhaltige selbstbestimmte Entwicklungen in Haushaltsführung, Hygiene, Kinderpflege oder Gartenbau.[323] Bei solchen Wohlfahrts-Initiativen versuchten schon weiter entwickelte Afrikanerinnen ihren bisweilen uneinsichtigen, und damit als ›primitiv‹ etikettierten ›Schwestern‹ den ›Community Spirit‹ der Selbsthilfe nahe zu bringen.[324] Junge Männer sollten beispielsweise seit Ende der 1930er-Jahre im französisch verwalteten Teil von Kamerun als Pioniere der *Jeunesse Camerounaise Française* moderne Anbau- und Düngemethoden verbreiten.[325]

Die Jugendlichen in diesen Diensten wurden in der Regel zunächst alphabetisiert. Das sollte ›funktional‹ vor sich gehen, was bedeutete, dass das Lesen nicht auf das Verstehen komplexer Texte, sondern auf Regierungsverlautbarungen und einfache Handlungsanweisungen zur Selbsthilfe ausgerichtet war. Die damit erworbene Lese- und Schreibkompetenz stand somit nicht für literarisches Schaffen, sondern für eine sehr begrenzte, auf die Bedürfnisse von Entwicklungspraktiken fokussierte Anwendbarkeit.[326]

Die ›funktionale‹ Alphabetisierung diente nach den Worten des West-Afrika-Ethnologen Henri Labouret von 1935 dem Ziel zu verhindern, dass eine »Kaste von Entwurzelten, Unzufriedenen und Rebellen« entstünde.[327] Denn unkontrolliertes Lesen und Schreiben lernen galt auch als Gefahr, »ungenügsame, lebenshungrige und habgierige Geister heranzüchten«, die auf der »Suche nach dem schnellen Glück« nur noch den Wunsch hegten, sobald als möglich vom Land in die Stadt zu ziehen.[328] Hier wurden auch

---

321 Sie unternahm *Hilfe zur Selbsthilfe* vor allem Aufgaben im Bereich Hygiene und medizinischer Versorgung: ZNA Stone Town BA 108/27 Morten John Garssen, *A History of Health Care in Tanzania*, MA masch. London 1991, S. 47, 53, 56ff.
322 Conrad, *Globalisierung*, S. 106.
323 Iliffe, *The African Poor*, S. 197.
324 Vgl. Eckert, *Herrschen*, S. 143ff.
325 Joseph, »The German Question«.
326 Vgl. Prass, »Das Kreuz«, S. 388.
327 Labouret, *L'Éducation*.
328 Vgl. Faure, *Wie wir leben lernen*, S. 92.

Vorkehrungen geschaffen, dass afrikanische politisch aufwieglerische Schrifen nicht rezipiert werden konnten. Gängige Praxis war zu jener Zeit die Methode des nordamerikanischen Missionars Frank C. Laubach, der auf den Philippinen Lesen und Schreiben anhand von Schlüsselbegriffen aus der Alltagswelt der ›Eingeborenen‹ lehrte und der von sich behauptete, begabten Schülern innerhalb eines einzigen Tages das Lesen beizubringen. Die ›Laubach-Methode‹ gelangte Ende der 1930er-Jahre mit Hope Hay, der Frau eines britischen Missionars in Rhodesien, nach Afrika. Hay passte Laubachs Fibel an das an, was sie für afrikanische Verhältnisse hielt, und nahm für Entwicklungen relevante Stoffe auf, wie Kinderpflege oder Hygiene. Immer sollten in Alphabetisierungskursen auch Genossenschaften oder moderne landwirtschaftliche Methoden propagiert werden.[329] Erfolge versprach man sich aus Gruppendynamiken, aus dem Ehrgeiz, der aus den Schamgefühlen der Alten erwachsen würde, dass die Jungen ihnen das Lesen und Schreiben beibrächten, und nicht zuletzt aus bunten Wimpeln, Urkunden und Anstecknadeln, mit denen die Erfolgreichen belohnt wurden.[330]

Auch in den Primärschulen sollten junge Afrikaner Selbsthilfe üben und dabei Techniken der *Hilfe zur Selbsthilfe* lernen: So war mit der Afrikanisierung der Lehranstalten auch die Anlage von Schulgärten und -küchen verbunden, in denen Jungen und Mädchen vermittelt wurde, wie sie sich und ihre Familie gegen Krankheit und Hunger selbst schützen könnten.[331] Diese Praxis wurde in den Postkolonien bis in die 1970er-Jahre hinein beibehalten.[332]

---

329 Vgl. »A Survey of Mass Education«, S. 12.
330 Adult and Mass Education Sub-Committee, *Mass Education*, S. 11–17.
331 Advisory Commitee on Education in the Colonies, Memorandum, S. 5.
332 TNA Dar es Salaam Acc. 578, E 10/24, 1962–1970 Development and Education, ad 4 Durchschrift des Berichts Bericht des Njombe District Council über das Primärschulwesen in der Region an das Sekretariat des Erziehungsministers in Dar es Salaam vom 18.4.1964; vgl. Ebd. Acc. 481, A 3/63, 1960–67 Famine Relief Handeni District, Anweisungen zur Vorbeugung von Hungersnot durch den Commissioner der Tanga Provinz vom 20.6.1961.

Hilft das alles? Die frühen Zweifel an der *Hilfe zur Selbsthilfe* in Afrika

Hilfe zur Selbsthilfe in Afrika in Form von *Community Development* oder *Animation Rurale* war unter den Zeitgenossen allerdings keineswegs unumstritten. Bereits 1912 äußerte der Leipziger Philosoph und Psychologe Wilhelm Wundt massive Bedenken gegen das – wie er es nannte – »Moralprinzip« der Selbsthilfe. Dies sei durchaus »vortrefflich für den, der den Willen und die Kraft« habe, sich selbst zu helfen. Es sei gleichzeitig völlig »wertlos« für alle, die zu »schwach« seien. Und man dürfe nicht vergessen: Das Reden über die Bedeutung und Verpflichtung zur Selbsthilfe sei ein regelrechtes »Verbrechen im Munde desjenigen, der es auf andere anwendet, denen er nicht mehr helfen will.«[333]

Solche – freilich seltenen – kritischen Stimmen, die *Hilfe zur Selbsthilfe* als Überforderung oder Beschönigung der Tatsache auswiesen, sich nicht mehr um die Bedürftigen kümmern zu wollen, blieben weitgehend ungehört. Konkrete Zweifel beim *Colonial Office* kamen erst auf, als sich praktische Misserfolge auftaten. So wurde in den 1930er-Jahren bekannt, dass in einigen Dörfern Yorkshires *Hilfe zur Selbsthilfe*-Aktionen vollkommen im Nichts verpufft waren. Es hatte keineswegs etwas geholfen, sich mit stellungslosen Landarbeitern zusammenzusetzen, Sozialstunden abzuhalten oder Wege aus der Misere durch kleine Gründungsdarlehen zu suchen. Die Arbeitslosigkeit und Not hatte sogar noch zugenommen. Die Betroffenen zogen sich zurück, in Gemeinschaftsarbeit errichtete *Community Centres* standen leer und verfielen allmählich, weil sich niemand um ihren Unterhalt und ihre Wartung kümmerte. Die Vorstädte beispielsweise von Glasgow galten wegen marodierender Jugendbanden nach wie vor als unsicher, trotz aller Versuche von *Community Development Workers* bzw. *Animateuren*, hier durch Gemeinschaftsarbeit Abhilfe zu schaffen.[334]

Aufgrund dessen breitete sich auch unter Kolonialbeamten eine Skepsis aus, dass *Hilfe zur Selbsthilfe* doch nicht ein so unantastbares Entwicklungskonzept für ›Übersee‹ sei. Wenn in Großbritannien oder Frankreich *Community Development* bzw. *Animation Rurale* scheitere, müsse man auch in den Usambara-Bergen oder am Küstenstreifen Togos mit Schwierigkeiten

---

333 Wundt, *Ethik*, S. 274.
334 Colonial Office, *Community Development*, S. 6.

rechnen, so die Befürchtung auch vieler Verfechter partizipativer Entwicklungsarbeit bereits in den 1950er-Jahren.

Als ein maßgeblicher Grund für dieses Scheitern wurden auch Schwächen der theoretischen Anlage des Konzepts angesehen: Theoretiker würden allzu vorschnell mit einer »geradezu mystischen« Heilsgewissheit auftreten, wenn sie in einem »sehr spezialisierten Jargon« von »felt needs«, »indirect approach« und »working within a culture« sprächen.[335] Häufig zeige sich doch, dass Angehörige des *Community Development Staff* bzw. *Animateure* ihre Zeit vor allem damit verschwenden müssten, den Menschen in den Dörfern die Bedeutung von *Hilfe zur Selbsthilfe* zu vermitteln, was keineswegs zu vermehrtem Engagement führe.[336] Auch würden Gemeinden häufig einfach mehr Geld wünschen oder »möglichst auffällige Gebäude«, wie ein großes Hospital. Das müsse ihnen dann möglichst geschickt ausgeredet werden, was häufig nicht so recht gelinge.[337]

Nicht zuletzt galten die Ansprüche der *Hilfe zur Selbsthilfe* in menschlicher Hinsicht als überzogen und für Afrika als zu verfrüht: So schrieb beispielsweise der britische Treuhandbeamte Nelson Rounce noch Mitte der 1950er-Jahre an den *Colonial Office* in London, dass man »Afrikaner nun mal häufig auch mit Strafen dazu zwingen müsse, sich selbst zu helfen«. Sie seien es genau so gewohnt.[338] Während »technisches Wissen« von Afrikanern einfach angeeignet werden könnte, verhalte es sich ganz anders mit »Verantwortung, Zielstrebigkeit, Ehrlichkeit und Vertrauenswürdigkeit«. Diese Eigenschaften könne man eben nicht so ohne weiteres erlernen. Sie würden daher meist noch fehlen, schrieb 1926 der Leiter der britischen Kolonialmedizinadministration Kenia in einem Rundschreiben.[339] Nicht zu

---

335 Colonial Office, *Community Development*, S. 6.

336 Vgl. mit Verweis auf ältere Vorgänge aus dem Spätkolonialismus: TNA Dar es Salaam, Annual Report Regional Commission 1963 Mwanza Region, S. 28.

337 Colonial Office, *Community Development*, S. 23f.

338 Zitiert nach: Maguire, *Toward ›Uhuru‹*, S. 24. Rounce war der Leiter des sogenannten *Sukumaland Scheme* südlich des Viktoria-Sees. Dort sollten seit 1952 im Rahmen von *Community Development* koloniale Monokulturen in Anbauflächen für die Ernährung der lokalen Bevölkerung umgewandelt und ›Musterdörfer‹ aufgebaut werden. 1.200 afrikanische *Officers*, die eine kurze Ausbildung genossen hatten und ungelernte *Instructors* strömten in die Dörfer, um die Bewohner zur tatkräftigen Mitarbeit zu bringen. Sie musste feststellen, dass trotz aller zähen Überzeugungsbemühungen kaum ›Bauern‹ bereit waren, sich an der unentgeltlichen Arbeit freiwillig zu beteiligen. So habe man schließlich beschlossen, die Menschen »zu ihrem Besten zwingen«. Ruthenberg, *Agricultural Development*, S. 50. Vgl. Iliffe, *A Modern History*, S. 443.

339 Zitiert nach: Beck, *A History*, S. 90f.

übersehen sei überdies, dass in Afrika schon viele für die Selbsthilfe »guten Seiten« – wie das traditionelle »Zusammengehörigkeitsgefühl« – zugunsten des »vulgären Individualismus des Westens« verloren gegangen sei. Auch das stelle in Frage, ob *Hilfe zur Selbsthilfe* wirklich so effektiv wirken könne, wie immer wieder behauptet werde.[340]

Letztlich dominierte allerdings eine Überzeugung, die in Leitlinien zu *Community Development* und *Animation Rurale* zum Ausdruck kam, dass nämlich mit diesen Entwicklungskonzepten besonders gut Projekte den lokalen Verhältnissen angepasst, kostengünstig und dauerhaft umgesetzt werden könnten. Die in Würdigungen dieser Ansätze verwendete Sprache, die mit Begriffen wie ›besser‹, ›Verbesserung‹ oder ›Sicherung‹ operierte, macht deutlich, dass die Mandats- bzw. Treuhandbeamten vor allem einen effizienten und kostengünstigen Weg suchten, Entwicklungsziele vor Ort durchzusetzen – jenseits aller Visionen, dass die Bevölkerung sich hier selbst verwirklichen könnte.

Dabei hingen bereits die Vertreter des *Community Development* und der *Animation Rurale* einem psychosozial-mechanistischen Verständnis von kollektiver Dynamisierung an. Engagement würde zu Erfolgen führen; diese würden wiederum geradezu automatisch erneutes Engagement und erneute Erfolge hervorrufen.[341] All diese Prämissen fanden sich – wie gezeigt – weitgehend ungebrochen in den Leitlinien der postkolonialen deutschen Entwicklungskonzepte für Afrika *Hilfe zur Selbsthilfe* und *Internationaler Solidarität* wieder.[342]

Zusammenfassend ist festzuhalten: Es kann somit bei *Hilfe zur Selbsthilfe* keineswegs von einem innovativen und neuartigen Ansatz postkolonialer Entwicklungsarbeit der 1960er-Jahre die Rede sein.

Doch wäre es auch verfehlt, dieses Konzept schon allein aufgrund seiner Wurzeln in den eurozentrischen Denkmodellen der Aufklärung, im abendländischen Christentum, in der Sozialarbeit des 19. Jahrhunderts, der Mission und dem Kolonialismus als zweifelhaft und diskreditiert anzusehen. Auch die von den Zeitgenossen vorher beschriebenen Zweifel an der Nützlichkeit und Wirkungsmächtigkeit der *Hilfe zur Selbsthilfe* sagen nur wenig aus. Sie sind zum einen kolonial-überheblicher Skepsis zuzurechnen.

---

340 John Blumer, Education for Citizenship [in Tabora School], 13.5.1949, zitiert nach: Eckert: *Herrschen und Verwalten*, S. 162f.
341 The Secretary General of the United Nations to the Trusteeship Council, 19th June 1956, zitiert nach: Ebd., S. 70.
342 Vgl. Teil I, Kapitel 1.

Und mögen sie auch zum anderen bisweilen plausibel erscheinen, kann sich vieles geändert haben von der kolonialen Zwischenkriegszeit bis zum Postkolonialismus.

So überzeugend und alternativlos das Entwicklungskonzept der *Hilfe zur Selbsthilfe* für Afrika in den 1960er-Jahren auf den ersten Blick den Zeitgenossen erschienen ist, sollte man schon bei seinen theoretischen Prämissen genauer hinsehen: Denn bereits in der Grundkonsistenz dieses Ansatzes lag eine tiefgreifende Widersprüchlichkeit.

5. Die strukturellen Paradoxien des vermeintlich ›besten‹ Entwicklungskonzepts aller Zeiten

Hilfe zur Selbsthilfe hing – wie bereits zu Zeiten von Mission und Kolonialismus im 19. Jahrhundert – auch in den 1960er-Jahren von der freiwilligen und engagierten Beteiligung der Einheimischen ab. So war mit all jener Rhetorik von Freiheit und Selbstbestimmung die über Appelle weit herausreichende dringende Aufforderung verbunden, sich auch darauf einzulassen: Künftig galt es schlichtweg als unmoralisch, kontraproduktiv und unerwünscht, in vermeintlicher Selbstgenügsamkeit, bedürfnislos und schicksalsergeben im Elend zu verharren oder wie ein Bettler die Hand aufzuhalten. Man dürfe sich nicht nur, sondern müsse sich mit dem Unbill des eigenen Daseins, mit dem Status der Unterentwicklung, in der man lebe, befassen. Und auf diese Reflexionen *müssten* auch Taten folgen, wenn man als selbstverantwortlicher Mensch gelten wolle. In dieser Anlage – das sollte man ausdrücklich herausstellen – lag etwas ungemein Gewaltsames im Kern des Gewaltlosigkeit proklammierenden Entwicklungskonzepts.

Ohne sich unmittelbar mit *Hilfe zur Selbsthilfe* zu befassen brachte Jean-François Lyotard dieses strukturelle Dilemma auf den Punkt, indem er die Worte des »Bürokraten« aus George Orwells Roman »1984« paraphrasierte:

»Wir geben uns nicht zufrieden mit negativem Gehorsam, auch nicht mit der kriecherischen Unterwerfung. Wenn sie sich uns am Schluß beugen, so muß es freiwillig geschehen.«[1]

In Anlehnung an Lyotard kann man somit sagen: Jenseits aller Rhetorik von Freiheit, der Geltendmachung von Wünschen und Vorstellung sowie Selbstständigkeit, *verlangte* das Konzept der *Hilfe zur Selbsthilfe* gerade alle diese Aspekte. Damit war jener entwicklungspolitische Ansatz zutiefst unfrei. Er ließ keinen Platz für alle diejenigen, die sich ihm verweigerten,

---

1 Lyotard, *Das postmoderne Wissen*, S. 184f. Vgl. zu dieser Stelle und vielen anderen weiterführenden Gedanken: Rottenburg, *Weit hergeholte Fakten*, S. 255. Vgl. ähnlich: Applbaum, »Forcing«; Nardin, »Humanitarian Imperialism«, insb. S. 21f.

aus welchen Gründen auch immer. Hingegen forderte er in an Ressourcen knappen Gesellschaften von Menschen, die mit der Kraft aller ihrer Arbeit, ihr Leben überhaupt – so wie es war – bestreiten konnten, einen Überschuss dieser Kraft, der in ›Verbesserungen‹ und Entwicklungen investiert werden sollte. Wurde dieser Überschuss nicht erbracht, dann bot *Hilfe zur Selbsthilfe* die durchaus moralisch gedachte Legitimation, ihre Verweigerer als Asoziale und ›Schädlinge‹ zu brandmarken. Auf die fatalen Konsequenzen dessen wird im Folgenden noch genauer zurückzukommen sein.[2]

Zu dieser Paradoxie freiwilliger Unterwerfung kam ein zweiter struktureller Widerspruch: Der Anspruch nicht zu planen und die Unentrinnbarkeit von gerade solchen Planungen.[3] So wurde immer wieder proklamiert, eben nicht vorgefasste Entwicklungsziele zu verfolgen, sondern alles auf die Bedürfnisse der Menschen vor Ort und an die lokalen Gegebenheiten abzustellen. Doch wie diese Bedürfnisse hervorgebracht, geäußert, ausgehandelt und dann in die Praxis der Entwicklungsarbeit umgesetzt werden sollten, das unterlag wiederum ausgefeilten Planungen. So lassen sich aus den Texten von Theoretikern der *Hilfe zur Selbsthilfe* generell deutliche Bemühungen ablesen, ihre komplexen sozialpädagogischen, ethnologischen und psychologischen Erwägungen zu ordnen und Leitlinien zu entwickeln. Gerade mit solchen Rezepturen wurde genau festgelegt, was als *Hilfe zur Selbsthilfe* gelten könne, ja sogar dürfe und was nicht. Erst eine standardisierte Struktur ließ *Hilfe zur Selbsthilfe* als Entwicklungskonzept erkennen und damit etablieren. Dabei wurde in den kontinuierlichen Versuchen, Prämissen und Praktiken festzulegen sowie jede individuellen Wünsche und Ziele vorherzusehen, sie zu schematisieren und in ihrer Konsequenz zu denken, gerade jene Flexibilität ad absurdum geführt, die *Hilfe zur Selbsthilfe* für sich beanspruchte. Hier wurde – in Anlehnung an Michel de Certeau gesagt – eine ständig kontrollierte und neu formatierte »Kunst des Handelns« entworfen, die sich durch fortwährende Planungen mit dem paradoxen Unterfangen abmühte, die Umsetzung des Anspruches nicht zu planen aufrecht zu erhalten.[4]

Ein dritter Aspekt der Widersprüchlichkeit des Konzepts der *Hilfe zur Selbsthilfe* lag darin, einerseits statische Rollen und Beziehungen zwischen Geber und Nehmer zu vermeiden, diese aber gerade im Bemühen hierum

---

2 Vgl. Teil III.
3 Zur Planungseuphorie im 20. Jahrhundert: Van Laak, »Planung«; Ders., »Planung, Planbarkeit«; Eckert, »We are all planners now««.
4 Certeau, *Kunst*, S. 16.

zu unterstreichen. Das Reden und Theoretisieren über *Hilfe zur Selbsthilfe* machte letztlich erst Sinn, ging man von der Existenz klar zu unterscheidender Positionen von Helfern und Hilfsbedürftigen aus. Hieraus wurde denn auch eine regelrecht unerlässliche Pflicht abgeleitet, die Menschen in den Entwicklungsländern auch wirklich dazu zu bringen, sich selbst zu helfen.[5] Es musste somit ›Herren‹ in diesem Konzept geben. Ein Miteinander auf Augenhöhe zwischen Helfern und Hilfsbedürftigen schloss sich trotz aller Rhetorik in dieser Hinsicht aus.

Diese strukturellen Dilemmata der *Hilfe zur Selbsthilfe* werden im Folgenden mitzudenken und in ihren praktischen Konsequenzen zu analysieren sein. Sie zeigen sich bereits sehr deutlich bei dem im nächsten Teil dieser Studie zu untersuchenden Personal, das *Hilfe zur Selbsthilfe* in die Praxis umsetzen, um nicht zu sagen bewältigen sollte: den Entwicklungsexperten und -helfern.

---

5 Vgl. Gronemeyer, »Helping«, S. 70.

II. Die Praktiker

1. Die Experten

Im Frühjahr 1973 schrieb der westdeutsche Entwicklungsexperte Wolfgang E. Fischer in der Fachzeitschrift für Entwicklungshilfe »E+Z« rückblickend über seine langjährige Tätigkeit in Kenia und Tansania: Die Arbeit der Experten in Afrika wäre seit Ende der 1950er-Jahre immer schwieriger geworden. Besonders in den unabhängigen Staaten würden die einheimischen Beamten entweder gar keine Ausländer mehr dulden oder immer »größere Mitspracherechte« bei der Auswahl der Experten einfordern und hierbei ihre – bisweilen äußerst problematischen – eigenen Kriterien anlegen.[1] Beispielsweise würden gerade junge, hoch qualifizierte Spezialisten abgelehnt, die mit dem neuesten Stand von Wissenschaft und Technik vertraut seien, weil »die Afrikaner dem Alter traditionsgemäß mehr Weisheit und Autorität« zumessen würden.[2] Häufig würden sich afrikanische Regierungen gar nicht mehr mit ausländischen Beratern befassen wollen. Man sage deutlich, dass man keineswegs gewillt sei, sich ferner Rat von hochmütigen, machtgierigen, nicht integren, inkompetenten und bisweilen gar gewalttätigen »weißen Ausländern« zu holen.[3] Auf die »Einmischung« solcher »Erben des Kolonialismus« könne man gut verzichten.[4] Im

---

1 Fischer, »Probleme«, S. 9. Vgl. hierzu und zum Folgenden auch: Büschel, »Die Moral«.
2 Fischer, »Probleme«, S. 10. Vgl. zu ähnlichen Erfahrungen anderer west- und ostdeutscher Experten: TNA Dar es Salaam Acc. 469, CIC 64/010, Part A, Report of German Expert Delegation – Medical Service, Report of the German Expert Delegations on the Possibilities and Potentialities of Development Aid for Tanganyika an das Ministry of Commerce and Cooperatives Tanganjika vom 15.6.1961. Dabei scheint es den afrikanischen Regierungen bei ihren Anforderungen von Experten eher darum gegangen zu sein, technisch erfahrene Spezialisten zu rekrutieren: ZNA Stone Town DA 2/17 GDR and other Foreign Offering on Contract in Zanzibar, ad 179 Anschreiben der Regierung Sansibars an das Konsulat der DDR vom 7.10.1966 über die Anforderung von Architekten und Bauingenieure. Vgl. auch zu Indonesien in den 1980er-Jahren: Krause, *Weiße Experten*.
3 Fischer, »Probleme«, S. 10.
4 Ebd. Vgl. Holzer, »Westafrika«.

sozialistischen Tansania, wo viele Planstellen für Experten nicht besetzt
seien, kursiere der Vorwurf, dass ein »kapitalistischer Volkswirt« doch gar
nicht in der Lage sei, den »richtigen methodischen Ansatz« zur
Entwicklung einer afrikanischen Gesellschaft hin zu *Self Reliance* zu verfolgen. Künftig wolle man die Zukunft selbst in die Hand nehmen und die
»Sendboten des Neokolonialismus« – wenn überhaupt – dann nur noch als
»Berater« akzeptieren.[5] Doch auch in den nicht-sozialistischen afrikanischen Staaten seien die Tage der ausländischen Experten gezählt. Sie würden häufig von heute auf morgen entlassen und des Landes verwiesen,
ohne dass sie sich irgendetwas zuschulden hätten kommen lassen.[6] Komme es nicht so weit und dürfe man bleiben, dann sei die alltägliche Arbeit
wahrhaftig kein Zuckerschlecken. Man müsse ständig diskutieren, ver-
handeln und feilschen, was äußerst Zeit raubend sei und oft auf »faule
Kompromisse« hinauslaufe.[7] Viele Länder würden nur mehr noch aus »Bequemlichkeit« an ausländischen Spezialisten festhalten.[8] Insgesamt müsse
man von einer tiefgreifenden »Krise der Experten« in Afrika sprechen. Ob
diese je überwunden werden könne, sei fraglich.[9]

Solche Klagen und Einschätzungen waren kein Einzelfall. Immer wieder war von Geringschätzung, Druck und Missachtung zu lesen, die ausländischen Entwicklungsexperten gerade in den ersten Jahren nach der
formellen Unabhängigkeit afrikanischer Staaten entgegengebracht würden.[10]

5 Fischer, »Probleme«, S. 10. Vgl. Eckert, *Herrschen und Verwalten*, S. 231–242.
6 Fischer nennt zum Jahresende 1968 eine Zahl von 469 offenen Planstellen. Für das
  Jahresende 1969 wären 683 offene Stellen gezählt worden. Er bezieht sich hier auf:
  OECD, Review 1971, S. 180, zitiert nach: Fischer, *Probleme*, S. 8. Zum Ersatz ausländischer Experten durch eigene Fachkräfte in Tansania: Holzer, »Manpower-Planung«.
7 Fischer, *Probleme*, S. 10.
8 Ebd., S. 9f.
9 Ebd., S. 11. Vgl. Pflaumer, »Die Krise«. Zum Ersatz ausländischer Experten durch
  eigene Fachkräfte in Tansania: Holzer, »Manpower-Planung«; »Häßliche Deutsche«.
  Aram Ziai datiert diese Krise erst für die 1980er-Jahre: Ziai, *Globale Strukturpolitik*, S. 66f.
10 Vgl. bspw. Stolper, *Planning*; Stirling, *Missionsarzt*; »Häßliche Deutsche«; Pflaumer, »Die
  Krise«; BA Koblenz B 213 BMZ Technische Hilfe/Kamerun 12112, Gustav K., Bericht
  aus Poli an die GAWI vom Oktober 1966, S. 2, Thomas S., *Tätigkeits- und
  Erfahrungsbericht für das Jahr 1965 des Beraters an der Kamerunischen Entwicklungsbank an das
  BMZ vom 25.3.1966*, S. 4, 6; Ebd. 1338 Berichte über Dienstreisen nach Kenia, Tansania,
  Malawi, Bericht über eine Evaluationsreise in der Zeit vom 30.9. bis 20.10.1969, hier S.
  5; Ebd. 5483 Bericht über die Fachkräfte der Technischen Hilfe an das BMZ von
  Referat III vom 24.5.1971; Ebd. 7678 Evaluationen der Entwicklungshilfe, Botschaft

Die Kritik an westlichen Experten war wiederum keineswegs auf Afrika begrenzt: Im Jahr 1958 erregte der Roman der nordamerikanischen Autoren William J. Lederer und Eugene Burdick mit dem sprechenden Titel »The Ugly American« nicht nur in Expertenkreisen Aufsehen. Lederer und Burdick erzählten von einem fiktiven asiatischen Entwicklungsland namens Sarkhan, das zwischen die Fronten der USA und der UdSSR geraten war. Die dort tätigen Entwicklungsexperten wurden als arrogant, selbstherrlich, ignorant gegenüber der ansässigen Bevölkerung, als naiv, dilettantisch und als typisch neokolonialistisch beschrieben.[11]

Nach einem ähnlichen Muster gestrickt erschien 1965 der Tatsachen-Bericht »Die Rourkela Deutschen« von Jan Bodo Sperling. Sperling bestand explizit darauf, dass er keinen Roman vorlege, sondern dass seine Schilderungen sich auf persönliche Erfahrungen beim Aufbau des Stahlwerkes Rourkela im indischen Bundesstaat Orissa (1957–61) gründen würden.[12] Hierbei handelte es sich um eines der größten Projekte deutscher Entwicklungspolitik überhaupt.[13] Sperling war seiner Zeit Leiter des »German Social Centre« auf der Baustelle gewesen. In seinem Zuständigkeitsbereich lagen somit sozial-psychologische Betreuungen und Auswertungen sowie die Freizeitgestaltung der Deutschen. Er listete eine ganze Reihe »typischer Eigenschaften« (west-)deutscher Experten auf, wie einen übersteigerten Zwang zur Organisation, manischen Ordnungssinn, Schulmeisterei, mangelnde Toleranz, Grobheit und Unduldsamkeit gegenüber den indischen *Counterparts*.[14]

Der Algerienkrieg fachte die Kritik an europäischen Experten auch in Afrika aufs Neue an: 1961 erschien Fanons Klassiker postkolonialer Kritik »Les damnés de la terre«, in dem er die sozialpsychologischen Ursachen und Auswirkungen dieses Krieges und des Kolonialismus auf Algerier durchleuchtete. Jene Schrift bot fundamentalen Zweifeln an der Arbeit europäischer und nordamerikanischer Experten Stoff.[15] Denn Fanon

---

Dar es Salaam an das AA vom 19.7.1973; BA Berlin Lichterfelde SAPMO DY 30 IV A 2/20956, Bericht zum Verhältnis DDR/Sansibar vom 12.5.1970.

11 Lederer/Burdick, *The Ugly American*.

12 Sperling, *Die Rourkela-Deutschen*. Vgl. eine Kurzfassung: Ders., »Verhaltensweisen«. Bereits 1969 erschien Sperlings Studie in englischer Sprache: Ders., *The Human Dimension*. Zur Rezeption im deutschsprachigen Raum: Wildhagen, »Deutsche Ingenieure«; »Rourkela: Sieg der Deutschen«; Pflaumer, »Die Krise«.

13 Unger, »Rourkela«.

14 Sperling, *Die Rourkela-Deutschen*.

15 Zur sehr intensiven Rezeption: Liauzu, »Intellectuels«; Eckert, »Predigt der Gewalt«.

schrieb auch zynisch über die »guten Seelen«, die den Menschen in der Dritten Welt die »Reichtümer der westlichen Welt« vor Augen hielten und an die Vernunft appellierten, sich doch zu entwickeln.[16] Dabei würden genau auch die Probleme nach Afrika gebracht, die Europa für sich nicht habe lösen können.[17] Jede »fratzenhafte und obszöne Nachahmung« müsse ein Ende haben. Es gehe um ein »neues Denken«, dass ohne ausländische Experten auskomme.[18] Kein geringerer als Jean Paul Sartre schrieb für die Erstausgabe von Fanons Buch ein Vorwort, in dem er noch einmal herausstellte: Westliche Experten würden durch »rücksichtslose Operationen« letztlich nur Zerstörung bewirken und keinesfalls Entwicklung.[19]

Ähnlich wie Fanon und Sartre äußerte sich auch der senegalesische Autor Léopold Sédar Senghor, der 1960 Präsident seines Landes wurde[20] und 1964 den Klassiker zur »schwarzafrikanischen« Identitätsstiftung »Négritude et humanisme« herausbrachte.[21] Der Dichter Aimé Césaire aus Martinique[22] hatte bereits 1950 in seinem »Discours sur le colonialsme« die perfide Verschleierung kolonialer Machtausübung durch Entwicklungsberater angeklagt.[23]

All diese kritischen Diskurse fasste noch einmal Ivan Illich 1970 zusammen, der die seiner Einschätzung nach vollkommen verfehlte Entwicklungsexpertise in Lateinamerika anprangerte.[24] Seine Zweifel an der »Wahrheit und Gültigkeit« von Expertenwissen wiederholte er vielfach.[25] Die ganze zweite Hälfte des 20. Jahrhunderts sei eine einzige Epoche der »entmündigenden Expertenherrschaft«.[26] Vor allem ginge es den Experten darum, »Mangel« zu definieren und diesen »moralisch« – somit auch durchaus selbstverschuldet – zu bewerten. Sie würden qua Amt »aus eigener Rechtsvollkommenheit heraus« sich als einzig berechtigt dazu ansehen, die »Bedürfnisse von Menschen zu bestimmen« und ihnen »Rezepte« an die Hand zu geben.[27] Mit Selbstbestimmung habe dies nichts zu tun. Auch von

---

16 Fanon, *Die Verdammten*, S. 36.

17 Ebd., S. 265.

18 Ebd., S. 266.

19 Sartre, »Vorwort«, S. 14.

20 Zur Biographie: Riesz, *Senghor*.

21 Senghor, *Négritude et humanisme*.

22 Vgl. Filostrat, »La Négritude«.

23 Césaire, *Discours*, , insb. S. 11f.

24 Illich, *Almosen und Folter*.

25 Vgl. bspw. Ders., *Fotschrittsmythen*, insb. S. 39.

26 Ders., »Entmündigende Expertenherrschaft«, S. 7.

27 Illich, »Entmündigende Expertenherrschaft«, S. 13ff.

der nordamerikanischen Ökonomin Judith Tendler und zahlreichen anderen wurde die »institutionalisierte Besserwisserei«[28] von Experten verurteilt.[29]

Der Zweifel an ausländischer Entwicklungsexpertise war allerdings in Afrika am vehementesten: Dort war Ende der 1950er-Jahre eine Zeit angebrochen, in der sich viele afrikanische Politiker gegen alle »Selbstentäußerung afrikanischer Kultur« wehrten. Besonders oft und vehement richtete sich dieser Widerstand gegen Ausländer, die im Dienste der Kolonialregierungen und Mandats- bzw. Treuhandverwaltungen in Entwicklungsprojekten arbeiteten.[30] Als dann die Unabhängigkeit erreicht war, mussten von heute auf morgen hunderte von ihnen die Koffer packen. Bisweilen wurden sie gar mit Polizeigewalt aus dem Land geworfen.[31] Zunehmend übernahmen nun Afrikaner ihre Positionen.[32]

Die Wellen um den Einsatz ausländischer Experten schlugen so hoch, dass Wissenschaftlicher und Politiker ihre Zweifel äußerten, ob man überhaupt noch eigenes Personal nach Afrika schicken solle. Besonders intensiv wurde dies beim gerade erst anlaufenden Aufbau der Entwicklungspolitik der Bundesrepublik Deutschland bzw. der DDR debattiert. So plädierte beispielsweise der Ökonom Klaus Billerbeck dafür, gar keine Experten oder nur ganz wenige in die unabhängigen Staaten südlich der Sahara zu entsenden.[33] Auch ostdeutsche Entwicklungspolitiker hatten ihre Zweifel über den Einsatz von Spezialisten aus der DDR in Afrika, wollte man sich auf keinen Fall in den Kreis von westlichen »Neokolonialisten« stellen.[34]

---

28 Vgl. Lepenies, »Lernen«, S. 1.

29 Tendler, *Inside Foreign Aid.*

30 Touré, »Der politische Führer«, S. 87. Vgl. Teil I, Kapitel 1 und Teil III, 1.1., 1.2.

31 Vgl. bspw. BNA Kew PRO CO 583/316/4 Development Corporation Staff Problems, Aktenvermerk vom 22.4.1950; CAN Jaunde 2 AC 6821 Bafia, Buea. Colonialisme et Racisme employeé indigenes troublés par leur patrons européens 1957. CAN Jaunde 1 AA 694 (2) Expulsions 1961ff. Correspondance relative aux expulsions en République Fédérale du Cameroun 1961f.

32 Vgl. bspw. Van Velzen, *Staff*, S. 6 und Teil I, Kapitel 4.

33 Billerbeck, *Reform*, S. 61.

34 PA AA Berlin, DDR MfAA Ausschuss für auswärtige Politik LS-A 342, 12 Sitzung des Ausschusses für auswärtige Politik vom 24.8.1959, Beschlussfassung; BA Berlin Lichterfelde SAPMO DY 30 IV 2/2053, ZK der SED Beschluss des Politbüros zur massenpolitischen Arbeit vom 27.9.1960 zum Thema: Der Neokolonialismus, ein Wesenszug des widererstandenen deutschen Imperialismus. Die Entwicklung der Beziehungen der Deutschen Demokratischen Republik zu den afrikanischen Staaten im Jahr 1961 vom 19.4.1962, S. 5f., Richtlinien für die Afrika-Arbeit des FDGB 1962, S. 1; EBD. 2/20957,

Solche kritischen Bedenken dauerten allerdings nicht lange an. Letztlich war man sich im globalen Norden, auch in der Bundesrepublik Deutschland und der DDR jenseits aller Systemunterschiede einig, dass Afrika weiterhin Expertise von außen brauche, damit der Kontinent überhaupt entwickelt werden könne.[35] Man hoffte in Westdeutschland auf ein baldiges »Abklingen der augenblicklichen Psychose« gegenüber ausländischen Experten in Afrika, denn gerade dort könne man wohl nicht verzichten auf die »organisatorischen Fähigkeiten des aufbauwilligen deutschen Menschen mit seinem Fleiß, seiner Ordnungsliebe und fachlichen Tüchtigkeit.«[36] Ohne Hilfe der Experten, so verkündete 1962 Friedrich Karl Vialon, Staatssekretär des BMZ, sei Entwicklung in afrikanischen Ländern schlichtweg aussichtslos.[37] Auch war zu lesen, dass deutsche Experten doch bei vielen Afrikanern erst einmal die »geistige Bereitschaft mitzudenken« wecken müssten.[38]

Ähnliches konnte man in der DDR vernehmen: Es seien letztlich Berater aus der DDR unverzichtbar, um den Menschen in Afrika ihre »erbärmliche und lebensunwürdige Lage« bewusst zu machen, damit diese erkennen könnten, dass sie »wie die Tiere leben«. Erst aus diesem Erkenntnisprozess würde nämlich Eigeninitiative entstehen.[39]

Klar war jedoch, dass an herkömmlichen Konzepten und Praktiken ausländischer Expertise nicht mehr festhalten konnte. So blieb die »Expertenmüdigkeit«[40] in Afrika nicht ohne Folgen: Es kam zu einem tiefgreifenden Umdenken. Man reflektierte und reformierte die institutionelle Einbindung der Experten. Erwartungen an das eigene Personal der Entwicklungshilfe wurden formuliert und verbindlich festgelegt. Es wurden Richtlinien für die Auswahl und Ausbildung geschaffen. Erstmals entsandte man auch junge Leute als sogenannte ›Entwicklungshelfer‹. Sie wurden den älteren und erfahreneren Experten, die über akademische Abschlüsse und

---

Regierungsgutachten an den Minister für Handel und Versorgung vom 5.11.1965. Vgl. ausführlicher hierzu: Teil I, Kapitel 1.

35 Vgl. hierzu für das westliche Lager auch auf globaler Ebene: Truman, *Years of Trial and Hope*, S. 227.

36 Archiv des Deutschen Instituts für tropische und subtropische Landwirtschaft GmbH Reinhold Köster, Die Deutsche Kolonialschule GmbH, Witzenhausen. Rückblick und Ausblick [masch.] Witzenhausen 1946, S. 14f. Vgl. Schnurer, »Nationalismus«, S. 25.

37 Vialon, *Die Kunst*, S. 6f. Vgl. Ders., *Entwicklungspolitik*, S. 35. Vgl. Sonnenhol, »Glanz«.

38 DSE, Jahresbericht 1965, S. 7.

39 Vgl. Schleicher, *Zwischen Herzenswunsch*, S. 8f.

40 Ceasar, »Experten-Müdigkeit«.

meist auch Auslandserfahrung verfügten, an die Seite gestellt. Viele der Entwicklungshelfer hatten – wenn überhaupt – gerade einmal eine Berufsausbildung abgeschlossen. Meistens bedeutete ihre Ausreise zum Projekteinsatz den ersten Kontakt mit einem Entwicklungsland. Entwicklungshelfer wurden daher auch anders als Experten ausgewählt und ausgebildet. Bei ihrer Rekrutierung konnte man nicht auf Personalnetzwerke zurückgreifen. Es gab hingegen Ausschreibungen, Bewerbungsverfahren und Einstellungstests. Entwicklungshelfer waren außerdem häufig an die Weisungen ihnen vorgesetzter Experten gebunden. Das bedeutet jedoch nicht, dass ihnen in der Praxis der Entwicklungsarbeit eine nachgeordnete Funktion zukam. Ganz im Gegenteil galten sie aufgrund ihres jungen Alters auch als unvoreingenommener wie ihre älteren Kollegen und daher als besonders geeignet für die interkulturelle Verständigung im Rahmen von *Hilfe zur Selbsthilfe*. So sollten Entwicklungshelfer bisweilen auch Probleme und Defizite ausgleichen, die in der Zusammenarbeit von ausländischen und einheimischen Experten auftraten. Alle diese Neuerungen orientierten sich an den einheimischen Akteuren der Entwicklungsarbeit in Afrika.[41]

Der Aufbau der personellen Entwicklungshilfe in der Bundesrepublik Deutschland und der DDR gibt besonders deutliche Hinweise auf dieses Umdenken und die Neuerungen bei der personellen Entsendung nach Afrika. Anders als beispielsweise in Frankreich oder Großbritannien musste man auf Strukturen kolonialer Entwicklungspolitik keine Rücksicht nehmen, da es diese aufgrund des Verlusts der deutschen Kolonien nach dem Ersten Weltkrieg schlichtweg nicht gegeben hatte. Auch gab es nicht wie bei den Franzosen und Briten eine umfangreiche Garde kolonialer Entwicklungsexperten, die man irgendwie versorgen musste.[42] In den beiden deutschen Staaten konnte man grundlegend Neues aufbauen.

Hierbei sind wiederum die deutsch-deutschen entwicklungspolitischen Konkurrenzen nicht zu unterschätzen.[43] Debatten über geeignete Institutionen für die Entwicklungsarbeit wie auch die Bildung eines »Stamms von Experten« wurden befeuert durch den Blick nach Ost-Berlin oder Bonn.[44] Nicht nur bei den Konzepten der Entwicklungsarbeit – sprich

---

41 Afrikaner waren in Entwicklungsprojekten bereits in den letzten Dekaden des Kolonialismus intensiv eingesetzt. Vgl. Teil I, Kapitel 4. Es macht daher Sinn, die in historischen Arbeiten häufig vollzogene Schwerpunktsetzung auf Europäer oder Nordamerikaner um Afrikaner zu erweitern. Vgl. bspw.: Hodge, *Triumph of the Expert*.
42 Vgl. Teil I, Kapitel 4.
43 Zum Einfluss auf die Konzeption: Ebd., Kapitel 1.
44 Vgl. zum Begriff: Hüsken, *Stamm*.

Hilfe zur Selbsthilfe bzw. *Internationale Solidarität* – wollte man ›besser‹ sein als das andere Deutschland sondern auch hinsichtlich der Praktiker, die unmittelbar für die Umsetzung verantwortlich sein sollten. Es lohnt sich somit auch in diesem Zusammenhang, den Blick besonders auf die deutschen Verhältnisse zu richten, weil bei diesen gewissermaßen wie durch ein Brennglas Debatten und Reformen, die in anderen Regionen des globalen Nordens in den langen 1960er-Jahren stattfanden, besonders deutlich sichtbar werden.

Welche Entwicklungsdienste entstanden nun in der Bundesrepublik Deutschland und der DDR vor dem Hintergrund dieser Krise? Wie sollten Entwicklungsexperten künftig aufgestellt sein? Welche Erwartungen wurden an sie herangetragen? Wie wurden sie ausgewählt und ausgebildet? Führten alle diese Bemühungen tatsächlich dazu, dass die Deutschen Widerstände und Bedenken in Afrika zerstreuen konnten? Und wie verhielt sich dies alles zu den einheimischen afrikanischen Experten?

Zunächst sollte aber gefragt werden, über welche Größenordnung man überhaupt spricht, befasst man sich mit Experten aus der Bundesrepublik Deutschland und der DDR in Afrika in den 1960er-Jahren. Denn unbenommen aller Widerstände und Kritik seitens der afrikanischen Postkolonien blieben Experten ein maßgeblicher Faktor der dort betriebenen Entwicklungsarbeit des globalen Nordens. Gerade im sozialistischen Tansania, das sich – wie aus dem Bericht des Entwicklungsexperten Fischer hervorgeht – besonders gegen Ausländer als »Sendboten des Kolonialismus« in der Entwicklungsarbeit des Landes sträubte,[45] waren Ende der 1960er-Jahre fast zweitausend Ausländer in der Branche tätig. Dort leisteten vor allem Briten Dienst in verschiedenen Ministerien und Behörden. Sie befassten sich mit Fragen der Ausbildung, Gesundheit oder Landwirtschaft.[46] Der einstige Missionar und im Dienste der Mandatsverwaltung stehende britische Arzt Leader Stirling beispielsweise gewann das besondere Vertrauen des tansanischen Präsidenten Nyerere, steuerte nahezu jegliche tansanische Entwicklungspolitik in Bereichen von Gesundheit und Hygiene und stieg 1975 schließlich zum Gesundheitsminister auf.[47]

Die Bundesrepublik Deutschland hatte seit Beginn der Unabhängigkeit des Landes bis 1971 bereits rund fünfhundert Experten entsandt, die vor

---

45 Fischer, »Probleme«, S. 8, 10.
46 Pratt, *The Critical Phase*, S. 57ff.
47 Vgl. die Selbstbeschreibung: Stirling, *Missionsarzt*.

allem auf dem Festland Tanganjika eingesetzt waren.[48] Auf der Insel Sansibar arbeiteten hingegen mehr als fünfzig Spezialisten aus der DDR.[49] Diese Experten prüften Theorien und Methoden der Entwicklungsarbeit häufig erst auf ihre Brauchbarkeit, arbeiteten aktiv an der Gestaltung von Projekten mit, schrieben Berichte und wirkten auch auf Veränderungen von Konzepten ein.[50] Um dem Anspruch auf Selbstständigkeit der postkolonialen Regierungen gerecht zu werden und um deutlich zu machen, dass *Hilfe zur Selbsthilfe* und *Internationale Solidarität* Zusammenarbeit bedeute, wurden deutsche Experten häufig mit Begriffen wie ›Berater‹ oder ›Spezialisten‹ bezeichnet.[51] Eine offizielle Benennung als ›Experten‹ wurden eher vermieden.[52]

Dabei galten solche ›Berater‹ nicht nur als grundlegend für die Entwicklungsarbeit, sondern geradezu als unverzichtbar. Der britische Politikwissenschaftler Timothy Mitchell stellt in seiner Studie »Rule of Experts« am Beispiel Ägyptens heraus, dass Experten selbst intensiv an dieser Aura von Unverzichtbarkeit mitarbeiteten. Er zeigt, wie vehement Entwick-

---

48 Vgl. entsprechende Aufstellungen in: PA AA Berlin Auslandsvertretungen Dar es Salaam, Tansania, 8210 20 IIIB2-80 Technische Hilfe allgemein, Bd. 41, 1963–1965, Liste über den Einsatz von Experten in Tansania 1963–1965; BA Koblenz B 213 BMZ Technische Hilfe Tansania 7675, BMZ, Aufstellung der tätigen Experten 1971. Dazu kamen ungefähr hundert Entwicklungshelfer.

49 Dazu kamen ungefähr einhundert Entwicklungshelfer der FDJ-*Freundschaftsbrigaden*: BA Berlin-Lichterfelde SAPMO DY 24/19206 Brigade der Freundschaft Sansibar an den Zentralrat der FDJ 1968, Aufstellung des Personals. Vgl. Berger, »Die Entwicklungszusammenarbeit«; Hein, *Die Westdeutschen*, S. 46ff.; Schloz, *Deutsche Entwicklungspolitik*; Martinek, *Die Verwaltung*.

50 Dabei knüpften westdeutsche Experten bisweilen an koloniale Traditionen an. Sie eröffneten unter anderem deutsche Forschungsinstitute in Afrika wieder, die nach dem Ersten Weltkrieg geschlossen worden waren. Ein Beispiel war die landwirtschaftliche Versuchsstation Amani in Tansania: BA Koblenz B 213 BMZ Technische Hilfe Tansania 7656 Amani, Endabrechnung zur Gutachtertätigkeit hinsichtlich der Wiedereröffnung der landwirtschaftlichen Versuchsstation Amani vom 17.10.1964.

51 Vgl. hierzu ausführlicher: Kapitel I, Teil 1. Vgl. bspw: Osner, »Bedingungen und Grundsätze personeller Entwicklungshilfe«, S. 5; BA Koblenz B 213 BMZ Technische Hilfe/ Togo 4112, Musterdörfer, Abschlussbericht Schnellbach vom Dezember 1965, S. 4; BA Berlin Lichterfelde, SAPMO, DY 30 IV A 2/20857, A 2/20965, A 2/20966, diverse Berichte über den Einsatz von Experten auf Sansibar 1964–1965. Vgl. Hillebrand, *Das Afrika-Engagement*, S. 194f. Dabei wurden gezielt gewerkschaftliche Beziehungen zu den Einsatzländern hergestellt. Vgl. PA AA Berlin MfAA DDR Abteilung Afrika A 15081 FDGB-Tanganjika, Sansibar, Tansana 1960–1965.

52 Vgl. hierzu für das westliche Lager auch auf globaler Ebene: Truman, *Years of Trial and Hope*, S. 227.

lungsexperten wissenschaftliche Deutungshoheit beanspruchten und versuchten, sie auch für Einflüsse in politisch-staatliche Bereiche zu nutzen. Einen Bruch zwischen kolonialen und postkolonialen Aktivitäten vermag er hierbei nicht festzustellen.[53] Dabei verstanden es nach Mitchell Experten oft, sich auf die aktuellen Anforderungen von Projekten sehr flexibel einzustellen und sich gerade in das Kerngeschäft der Entwicklungsarbeit, den Aufbau ›moderner‹ Staatlichkeit und Sozialsysteme unterentwickelter Länder, einzubringen.[54] Ähnlich verhielt es sich mit den Experten, die in den 1960er-Jahren aus der Bundesrepublik Deutschland und der DDR nach Afrika entsandt wurden. Wie noch genauer zu zeigen sein wird, waren Demonstrationen dieser scheinbaren ›Unverzichtbarkeit‹ ein Kerngeschäft ihrer Tätigkeit.

Aus diesem Streben nach Einflussnahme lässt sich auch die Bedeutung von *Hilfe zur Selbsthilfe* erklären, in deren Dienst sich zahlreiche Entwicklungsexperten ausdrücklich stellten. Gerade dieses Konzept schien vielen Spezialisten zeitgemäß, erfolgsversprechend und zukunftsträchtig zu sein, nicht zuletzt weil es mit den Ansprüchen der afrikanischen Postkolonien auf Selbstständigkeit einherging.[55] *Hilfe zur Selbsthilfe* zerstreute viele Bedenken und schien damit auch den Weg in politisch wichtige Kreise zu eröffnen, die Ausländern gegenüber eher reserviert waren. Wenn man sich für *Hilfe zur Selbsthilfe* aussprach oder sich sogar als ein Experte gerade dieses Entwicklungsansatzes auswies, dann galt man somit nicht nur als zeitgemäß. Man konnte auch rasch Einfluss gewinnen. Davon waren auch afrikanische Experten nicht ausgenommen. Sie konnten sich als loyal und nützlich für künftige Entwicklungen erweisen, wenn sie sich für die Selbsthilfeansätze ihrer Regierungen einsetzten.[56]

Zum Ausdruck kam diese Schwerpunktsetzung auch durch die institutionelle Einbindung der Experten. Denn sie arbeiteten selten als Freelancer, sondern standen meist bei Ministerien oder Diensten unter Vertrag, die ihrerseits in den 1960er-Jahren Schwerpunkte in der *Hilfe zur Selbsthilfe* bzw. *Internationalen Solidarität* setzten.

---

53 Mitchell, *Rule of Experts*, S. 312, Fußnote 77.
54 Ebd., S. 43f. Vgl. ähnlich für britische Landwirtschaftsexperten in Afrika zur Zeit des Kolonialismus: Hodge, *Triumph of the Expert*.
55 Vgl. hierzu ausführlicher: Einleitung und Teil I, Kapitel 1, 2 und 3.
56 Vgl. Van Velzen, *Staff*, S. 6.

1.1 Expertendienste: Institutionen der *Hilfe zur Selbsthilfe*

Spezielle Expertendienste entstanden in den 1960er-Jahren vor allem innerhalb des westlichen Blocks und so auch der Bundesrepublik Deutschland. Ihre Gründung war zum einen eine Folge der dort nach dem Zweiten Weltkrieg vorherrschender Strategien, technisches, ökonomisches und soziales Wissen zu institutionalisieren, zu professionalisieren und nicht zuletzt zu vermarkten.[57] Zum anderen handelte es sich bei der institutionellen Einbindung der Experten wieder um einen Teil der intensiven Bemühungen beider deutschen Staaten, ›Expertenmüdigkeit‹ und Widerständen in Afrika vorzubeugen.

Die Erfindung der Nichtregierungsorganisationen

Man war sich allerdings bewusst, dass staatliche Entsendung unter den Regierungen der unabhängigen Staaten Afrikas letztlich als Verlängerung kolonialer Entwicklungsaktivitäten und als politische Einflussnahme angesehen werden könnte. So wurden sogenannte Nichtregierungsorganisationen (NRO) geschaffen, die scheinbar staatlich unabhängig waren. Sie schienen allein den humanitären Zielen der Entwicklungsarbeit verpflichtet und über alle politischen Belange erhaben. Bei näherer Betrachtung entstanden solche NROen aus dem Bemühen heraus, zumindest implizit über den Einsatz von Experten auch politisch weiterhin Einfluss zu nehmen.[58] Denn fast alle diese Institutionen wurden finanziell und logistisch durch Ministerien unterstützt und waren damit meist doch von staatlichen Weisungen abhängig.

Diesen Umstand kommentierten die Länder des Ostblocks wiederum als Augenwischerei und geschickte neokolonialistische Strategie des ›imperialistischen‹ Westens. Sozialistische Staaten, die ihre Entwicklungspolitik grundsätzlich als ›Solidarität‹ gegenüber gleichberechtigten ›Bruderstaaten‹ etikettierten, lehnten die Gründung solcher NROen ausdrücklich ab. Hier stand man zur staatlichen Entsendung eigener Experten. Denn die staatliche *Internationale Solidarität* – so die offizielle Doktrin – habe mit Neokolonialismus nichts gemein. Ganz im Gegenteil, unterstützte sie ja die Regie-

---

57 Vgl. zu wissenschaftlich-politischen Praktiken von deutschen Experten allgemein: Szöllösi-Janze, »Wissensgesellschaft in Deutschland«; Dies., »Wissensgesellschaft – ein neues Konzept«; Nützenadel, *Stunde der Ökonomen*, S. 13ff; Lepenies, »Lernen«.
58 Vgl. bspw.: Pratt, *The Critical Phase*, S. 57ff.

rungen der unabhängigen Nationalstaaten, die Nachwirkungen des Kolonialismus zu überwinden.[59] Experten aus der UdSSR, Polen, der CSSR und auch der DDR wurden daher direkt von zuständigen Ministerien, von Parteikomitees, die sich mit Entwicklungsarbeit befassten, von sozialistischen Massenorganisationen und Gewerkschaften entsandt.

Weltweite und blockübergreifende Parallelen zwischen den Organisatoren der Expertenentsendung finden sich allerdings im Bemühen, sich an Komitees, Organisationen und Gremien anzulehnen, die man in den afrikanischen Einsatzländern schon seit den letzten Dekaden kolonialer Herrschaft vorfand: So entstanden auch in der Bundesrepublik Deutschland wie in der DDR institutionelle Rahmenbedingungen für Experten, die mit denen Tansanias, Togos, Kameruns bzw. Sansibars kompatibel schienen. Fand man dort beispielsweise Experten in leitenden Funktionen von Jugendorganisationen vor, wurde genau dieser Hierarchie zwischen vorgesetzten Experten und untergebenen Entwicklungshelfern auch in west- bzw. ostdeutschen Institutionen der Entwicklungsarbeit entsprochen. Das Zusammenarbeiten zwischen Afrikanern und Deutschen in der *Hilfe zur Selbsthilfe* und *Internationalen Solidarität* sollte durch eine möglichst starke Nähe auch auf institutionellen Ebenen flankiert werden.[60]

Will man damit die Entsendung deutscher Experten und die damit verbundenen Institutionen verstehen, kommt man nicht umhin, hier eine global- und verflechtungsgeschichtliche Perspektive einzuschlagen.[61] Nicht nur deutsch-deutsche Konkurrenzen und eine entsprechende Beobachtung des anderen Deutschlands waren hierbei maßgeblich, sondern eben auch Blicke auf Nordamerika, die UdSSR, Großbritannien, Frankreich und nicht zuletzt Afrika.

Es bietet sich damit ganz besonders an, die deutsch-afrikanische institutionelle Einbindung von Entwicklungsexperten global- und verflechtungsgeschichtlich zu betrachten, war diese durch die deutsch-deutsche Konkurrenz *und* die Behördenstruktur in Afrika stark aufeinander

---

59 Vgl. hierzu ausführlicher: Teil I, Kapitel 1.

60 Da bislang kaum neuere Forschungen zu den institutionellen Rahmenbedingungen afrikanischer Experten vorliegen, werden solche vor allem aus der Archivüberlieferung rekonstruiert. Das gleiche gilt für die DDR. Im Bezug auf die Expertendienste der Bundesrepublik kann hingegen auf eine Reihe neuerer Arbeiten zurückgegriffen werden: Schmidt, »Pushed to the Front«; Hein, *Die Westdeutschen.*

61 Dieser Aspekt wird in bisherigen Forschungen weitgehend ausgeklammert: Vgl. Ebd. und Engel, »Anerkennungsdiplomatie«; Ders., *Afrikapolitik*; Ders./Schleicher, *Die beiden deutschen Staaten.*

bezogen. Welche Expertendienste gab es nun und inwiefern setzten sie Schwerpunkte in der *Hilfe zur Selbsthilfe?*

Die westdeutschen Expertendienste im Dienste der *Hilfe zur Selbsthilfe*

Der größte Expertendienst in der Bundesrepublik Deutschland war die *Garantie-Abwicklungs-Gesellschaft* (GAWI) mit Sitz in Frankfurt am Main, die seit 1964 *Deutsche Förderungsgesellschaft für Entwicklungsländer* genannt wurde.[62] Bei der GAWI handelte es sich um eine privatrechtliche Organisation des Bundes, somit um eine ›Quasi-NRO‹, die stärker wie andere Gesellschaften ihrer Art an Leitlinien der Bundesregierung gebunden war. Die GAWI war eine Tochter der 1923 gegründeten, vormals reichseigenen *Deutschen Revisions- und Treuhand AG.* 1957 beauftragte das Auswärtige Amt die GAWI mit der Bearbeitung von technischen Fragen zur Praxis der Entwicklungshilfe. Die Gesellschaft sollte durch die Entsendung von Experten den »Gedanken- und Erfahrungsaustausch« mit den »materiell zurückgebliebenen Ländern« vorantreiben.[63] Bereits das Wort »Austausch« verweist darauf, dass es hier auch um *Hilfe zur Selbsthilfe* gehen sollte, nämlich – so betonte das BMZ bei der Bewilligung von Mitteln für die GAWI – »in Form von echter Partnerschaft« mit den Menschen in Entwicklungsländern.[64] Einige Zeit später wurde der GAWI die *Deutsche Stiftung für Entwicklungsländer* (DSE) an die Seite gestellt, die vor allem den Bildungsbereich bedienen sollte.[65]

Anfang der 1970er-Jahre befanden sich mehr als tausend Experten im Auftrag der GAWI im Ausland; darunter waren ungefähr zweihundert Spezialisten, die in Tansania, Togo und Kamerun eingesetzt waren. Nur ein Drittel dieser Experten war in land- und forstwirtschaftlichen Projekten tätig. Der weit größere Anteil befasste sich mit Struktur- und Politikberatung in Feldern der Entwicklungsarbeit, versuchte somit die vorher

---

62 GAWI-Rundbrief, Zusammenfassung, S. 1f.; Thöne, »Arbeitsmöglichkeiten«, S. 18.

63 PA AA Berlin B 34 107, Memorandum des AA vom 1.10.1958 Zusammenarbeit mit den Entwicklungsländern.

64 BA Koblenz B 213 BMZ 5496 GAWI-Mitarbeiter, Laufzeit, allgemein, Bildung eines Stamms von Entwicklungshilfefachkräften, Entwurf einer Kabinettsvorlage 1964–1970, BMZ: Richtlinien für die Verwendung der Mittel für die technische Hilfeleistung an Entwicklungsländer 1961.

65 Vgl. Vogel, *Entstehung.* Zu Forschungsaufträgen des BMZ an die DSE: PA AA Berlin B 58 B 1 868 BMZ Forschungsaufträge DSE, BMZ Referat II B 5 Zusammenstellung der beim Referat II B 5 vorliegenden Forschungsberichte und der laufenden Forschungsaufträge 19.4.1967.

angesprochen Einflüsse auf die Kernelemente der Ausbildung afrikanischer Staatlichkeit auszuüben.[66] Die GAWI stellte die Experten in der Regel über befristete Arbeitsverträge ein. Sie orientierte sich hierbei an Bedarfsmeldungen des Auswärtigen Amtes und des BMZ, woraus wiederum die indirekte staatliche Bindung der Gesellschaft zu erkennen ist. Meist schloss die GAWI zunächst einen Vertrag über zwei Jahre, der allerdings häufig verlängert wurde.

Daneben betreute die Gesellschaft auch so genannte »integrierte Fachkräfte«, die ihre Verträge direkt mit den Regierungen der Einsatzländer schlossen. Für sie konnte die GAWI Sozialleistungen übernehmen, wie die Beiträge für die Arbeitslosen-, Renten- oder Krankenversicherung.[67] Der Bundesminister für Wirtschaftliche Zusammenarbeit Erhard Eppler sprach von diesen Fachkräften als den »Experten der Zukunft«.[68] »Integrierte Fachkräfte« sollten dem »zunehmenden Selbstbewusstsein der Entwicklungsländer« entsprechen, denen Experten immer »schwerer akzeptabel« schienen; denn sie würden den Weisungen ausländischer Regierungen unterstehen.[69] Auch würden »integrierte Fachkräfte« in der Regel in engerem Kontakt mit einheimischen Fachkräften arbeiten und daher die »Eigenarten« und »Anliegen« des Gastlandes besser kennen.[70] Sie galten damit als besonders geeignet für die Umsetzung von *Hilfe zur Selbsthilfe*. Allzu unabhängig waren aber auch solche »integrierten« Experten nicht. Die Bezuschussung ihres Gehalts war für bundesdeutsche Behörden ein Mittel, auch sie zu Linientreue, Loyalität und Wohlverhalten zu verpflichten.[71]

---

66 Thöne, »Arbeitsmöglichkeiten«, S. 18.

67 GAWI-Rundbrief, Zusammenfassung, S. 9. Am 31.12.1970 betrug die Zahl der »integrierten Fachkräfte« mit Gehaltszuschüssen 36, mit Versicherungszuschüssen 54: BA Koblenz B 213 5483 Berichte über Fachkräfte der technischen Hilfe 1971, Bericht über die Fachkräfte der technischen Hilfe, BMZ III B 4-T 4100-28/71 vom 24.5.1971, S. 31.

68 Erhard Eppler zitiert in: Krugmann-Randolf, »Neue Trends«, S. 3.

69 BA Koblenz B 213 5483 Berichte über Fachkräfte der technischen Hilfe 1971, Bericht über die Fachkräfte der technischen Hilfe, BMZ III B 4-T 4100-28/71 vom 24.5.1971, S. 31.

70 Ebd. Damit reagierte diese Art von Experten auch auf eine allgemeine Krise nördlicher Entwicklungsexpertise, auf die im Folgenden noch genauer einzugehen sein wird.

71 Vgl. bspw. einen Entwurf für Musterverträge zwischen der Zentralstelle für Arbeitsvermittlung bei der Bundesanstalt für Arbeit und dem Bundesministerium für wirtschaftliche Zusammenarbeit vom 14.4.1970, in dem das Bundesministerium den betreffenden Experten eine besondere »Schweigepflicht« gegenüber den Behörden des Einsatzlandes auferlegen wollte. BA Koblenz B 213 12680 Integrierte Fachkräfte in

Hilfe zur Selbsthilfe war nicht nur theoretisch ein Kerngeschäft der GAWI. Auf Empfehlung des Auswärtigen Amtes entsandte die Gesellschaft ihre Experten vor allem, um die »Eigeninitiative« vor Ort zu fördern.[72] In diesem Sinne wurden Verwaltungsschulen, Ausbildungsstätten für Handwerker sowie landwirtschaftliche Zentren eingerichtet, die als »Mustereinrichtungen« zur Nachahmung anregen sollten.[73] Der Landwirtschaftsexperte Hans Ruthenberg beispielsweise erforschte 1961 im Auftrag der GAWI die Bedingungen von Genossenschaften und Mustersiedlungen in Tanganjika[74] während der Ingenieur Otto Schnellbach seit 1962 das Projekt ›drei Musterdörfer‹ im Rahmen ländlicher Selbsthilfe in Togo aufbaute;[75] unter der Ägide der GAWI wurde seit 1964 auch in der Nähe von Wum in Kamerun ein ländliches Ausbildungszentrum und Siedlungsvorhaben errichtet, das sich ebenfalls der Förderung von Selbsthilfe verschrieb.[76]

Weiter arbeiten Entwicklungsexperten in Projekten der Kirchen, die seit Juni 1961 von der Bundesregierung verstärkt finanziell unterstützt wurden. In Anlehnung an die über hundert Jahre andauernde Tradition deutscher Missionen[77] verschrieben sich kirchliche Projekte fast ausnahmslos *Hilfe zur Selbsthilfe*.[78] Auch hier war die GAWI vermittelnd tätig. Die evangelische und römisch-katholische Kirche hatten allerdings auch zur Rekrutierung und Entsendung eigener Experten die *Zentralstellen für Entwicklungshilfe* eingerichtet.[79]

Entwicklungsländern, Grundsätze zur Förderung, Zuschüsse, Richtlinien (Entwurf) vom 14.4.1972.

72 PA AA Berlin B 34 107, Memorandum des AA vom 1.10.1958 Zusammenarbeit mit den Entwicklungsländern.

73 Vgl. hierzu die Rede des Bundesministers des Auswärtigen Heinrich von Brentano vor einem Münchner Kongress zur Förderung des Gewerbes in Entwicklungsländern am 8.6.1961, zitiert nach: Hein, *Die Westdeutschen*, S. 48.

74 Berichte paraphrasiert in: GTZ, *Gutachten*, S. 402.

75 Ebd., S. 423f.

76 Ebd., S. 188ff. Vgl. zu den genannten Projekten ausführlicher: Teil III, Kapitel 3 und 4. Als im Dezember 1974 die GAWI mit der *Bundesstelle für Entwicklungshilfe* (BfE) unter dem Vorsitz des damaligen Entwicklungshilfeministers Egon Bahr zur *Gesellschaft für Technische Zusammenarbeit* (GTZ) GmbH mit Sitz in Eschborn bei Frankfurt fusionierte, blieb *Hilfe zur Selbsthilfe* ein zentrales Anliegen.

77 Vgl. Teil I, Kapitel 4.

78 PA AA Berlin B 2 1160 Kirchenprojekte Tansania 1962–71, Rundschreiben des Auswärtigen Amtes an die Botschaften vom 26.2.1962.

79 Vgl. bspw. zu kirchlichen Projekten der *Hilfe zur Selbsthilfe* in Tansania, in denen Mitarbeiter der GAWI tätig waren: Ebd. 1161, Kirchenprojekte Tansania 1962–72,

Ausschließlich *Hilfe zur Selbsthilfe* betrieb die private *Kübel-Stiftung* in Bensheim. Sie wurde 1966 durch den Möbelfabrikanten Karl Kübel als private gemeinnützige und rechtsfähige Stiftung gegründet. Die Stiftung blieb Aktionär der Karl Kübel AG, Worms und Bensheim, der Firma »3K-Möbel«, und erhielt auch kontinuierlich finanzielle Zuwendungen des Unternehmens. Sie trug schon im Namen den Zusatz »für Hilfe zur Selbsthilfe« und verfolgte nach ihren Leitlinien das Ziel, den »Gedanken der ›Hilfe zur Selbsthilfe‹ bei der Lösung sozial- und gesellschaftspolitischer Probleme, insbesondere in Entwicklungsländern, zu verwirklichen«.[80] So gab die *Kübel-Stiftung* Studien in Auftrag, finanzierte Seminare und Publikationen, um – so die offizielle Devise – »Lösungsmöglichkeiten in Form beispielhafter Modelle zu erarbeiten«. Auch befasste sich die *Kübel-Stiftung* mit der Aus- und Weiterbildung von rückkehrenden Experten und Entwicklungshelfern und deren Wiedereingliederung in den deutschen Arbeitsmarkt. Die Entsendung von Experten in Projekte, die vor allem auch wirtschaftliche Entwicklung vor Ort befördern sollten, wurde von der von der *Kübel-Stiftung* geschaffenen *Gemeinnützigen Gesellschaft für wirtschaftliche und soziale Entwicklung mbH* (GFE) in Bensheim durchgeführt. Weiter schrieb die *Kübel-Stiftung* seit 1969 auch den sogenannten *Bensheimer Preis für Internationale Zusammenarbeit* aus. Der erste Preis wurde an das Projekt zur »Erforschung und Verbesserung der Gesundheits- und Ernährungssituation im Raum Bumbuli, Tansania« vergeben, das auf die Initiative des Direktors des Max-Planck-Instituts für Ernährungsphysiologie, Karl Kraut, zurück-

---

Zentralstelle für Entwicklungshilfe an das AA, Antrag auf Beihilfe zur Durchführung von Maßnahmen auf dem Gebiet des Gesundheits- und Ausbildungswesens in Entwicklungsländern vom 19.3.1963; Ebd. 1163, Kirchenprojekte Tansania 1966–72, Antrag der Zentralstelle für Entwicklungshilfe an die Bundesregierung vom 13.6.1966 zur Errichtung eines District Traning Centres in Kasulu; Ebd. 1164 Kirchenprojekte Tansania 1964–1973, Antrag der Zentralstelle für Entwicklungshilfe an die Bundesregierung vom 29.6.1971 auf Aufbau und Einrichtung eines landwirtschaftlichen Beratungsdienstes an verschiedenen Plätzen in der Massai Mara; PA AA Berlin B 92 322 Kirchliche Hilfe 1963–1965, Botschaft Dar es Salaam an das AA zur Beihilfe für deutsche christliche Missionsstationen in Nord-Tansania vom 25.4.1968; Ebd. B 58 1128 Kirchenprojekte Kamerun 1963–1972, Antrag der Zentralstelle für Entwicklungshilfe an die Bundesregierung vom 29.5.1965 auf Einrichtung eines landwirtschaftlichen Ausbildungszentrums bei Diang/Kamerun.
80 Dams, *Motivierung*, S. 173. Vgl. zu Aktivitäten der Stiftung allgemein: BA Koblenz B 213 BMZ 1943 Kübel-Stiftung für Hilfe zur Selbsthilfe, Bensheim 1970–1976, Fachgespräch 4/69 Technologische Anpassung vom 13.–14. November 1969.

ging.[81] Ein Gutachten zur Preisverleihung attestierte dem Projekt eine »offensichtlich lückenlose Anwendung« der »Weckung von Eigenverantwortung und Selbsthilfe« – etwa durch Mithilfe der Dorfbewohner beim Bau einer Wasserleitung oder ihrer finanziellen Beteiligung an den Kosten der Schulspeisungen. Das Vorhaben sei schließlich als »Eigentum und Leistung des Dorfes« angenommen und damit als »integraler Bestandteil des dörflichen Lebens« betrachtet worden.[82] Nicht zuletzt engagierten sich politische Stiftungen in der *Hilfe zur Selbsthilfe*. Besonders die *Friedrich-Ebert-Stiftung* (FES), die sich an entwicklungspolitische Prämissen des Deutschen Gewerkschaftsbundes (DGB) sowie der SPD anlehnte, setzte auf eine Förderung der Verbesserung von Lebensbedingungen der ›Proletarier‹ als gleichberechtigte Partner in Tansania, Togo und Kamerun und unterstützte beispielsweise den Aufbau von Genossenschaften.[83]

Die staatliche Entsendung aus der DDR

Wenn die DDR Experten nach ›Übersee‹ entsandte, dann bezeichnete man sie nach offizieller Sprachregelung *ausschließlich* als »Berater, Freunde oder Genossen«, nicht zuletzt, um von vornherein zu vermitteln, dass man mit der ›Besserwisserei‹ der Experten des Westens[84] nichts zu tun habe und es

81 Der Preis war mit 20.000,- DM dotiert. Dreesmann, »Bensheimer Preis 1969«. Vgl. BA Koblenz B 213 BMZ Technische Hilfe Tansania 7676 Länderhilfeprogramm/Allgemein, Kübel Stiftung, Bericht: Integriertes ländliches Entwicklungszentrum für den Distrikt Lushoto/Tansania, Stand 1. Juli 1970; Ebd. 7672 Länderhilfeprogramm/Allgemein, Vermerk über das Gespräch am 12. Januar 1970 im BMZ über die Zusammenarbeit mit den an der Entwicklungshilfe in Tansania beteiligten Organisationen vom 20.1.1970, S. 8. Ein Bericht aus dem Jahr 1974 attestierte dem Projekt, dass das »Experiment« schon lange »den medizinischen Rahmen gesprengt« hätte. Es sei dort auch gelungen, »in freiwilliger Arbeit« Brunnen zu graben: Ebd. 1330 Reisen von Bundestagsabgeordneten nach Ostafrika, Alwin Brück BMZ an Erwin Stahl und Kurt Wawrizik, Mitglieder des Bundestages, vom 24.10.1974. Zu Krauts Forschungen in Bumbuli: Kraut, »Entwicklungshilfe«. Aus dem Projekt Bambuli wurde 1971 das *Lushoto Integrated Development Project* (LIDEP) gebildet, das *Hilfe zur Selbsthilfe* im Bereich der Ernährungs- und Gesundheitsberatung oder Agrarhilfe übte: Bricke, »Probleme«.
82 Vermutlich war dem Preisgremium nicht bekannt, dass Kraut im Natioalsozialismus eine steile Karriere gemacht hatte. Vgl. hierzu mehr: Teil II, Kapitel 1.4.
83 Bardeleben, *Grundsätze*, S. 7–11. Vgl. Mühlen, »Entwicklungspolitische Paradigmenwechsel«, hier S. 414ff.
84 Vgl. zur Beschreibung von Experten als ›Besserwisser‹ Lepenies, »Lernen«.

den eigenen Fachkräften ganz besonders um Freiheit und Gleichberechtigung gehe.[85]

Einen gesonderten Dienst für jene Experten gab es entsprechend der Ablehnung von NROen als vermeintlich westliches Produkt neokolonialer Einflussnahme und Ökonomisierung solidarischen Handelns nicht. In der DDR waren entweder direkt Ministerien, der *Freie Deutsche Gewerkschaftsbund* (FDGB), das *Afro-Asiatische Solidaritätskomitee*, das seit 1973 Solidaritätskomitee der DDR hieß, oder die *Freie Deutsche Jugend* (FDJ) zuständig.[86] Man trat selbstbewusst auf, stand zu staatlicher Entsendung und bekräftigte immer wieder, dass der Staatsentwurf der DDR per se gegen Kolonialismus und Imperialismus gerichtet sei, weshalb sich eben auch die Einrichtung staatlich unabhängiger Expertendienste erübrige.[87]

Ab 1964 arbeiteten Experten der DDR auch auf Sansibar und der Nachbarinsel Pemba als Ärzte, Krankenschwestern,[88] Lehrer,[89] Agrarspezialisten, Architekten[90] oder Ökonomen.[91] Letztere berieten beispielsweise beim Aufbau von staatlichen Handelsunternehmen, wie dem der sansibarischen Binnenhandelsgenossenschaft *Bizanje*.[92]

---

85 BA Berlin Lichterfelde, SAPMO, DY 30 IV A 2/20857, A 2/20965, A 2/20966, diverse Berichte über den Einsatz von Experten auf Sansibar 1964–1965. Vgl. Hillebrand, *Das Afrika-Engagement*, S. 194f. Dabei wurden gezielt gewerkschaftliche Beziehungen zu den Einsatzländern hergestellt. Vgl. PA AA Berlin MfAA DDR Abteilung Afrika A 15081 FDGB-Tanganjika, Sansibar, Tansana 1960–1965.

86 Berger,»Interview«, S. 336; Schulz,»Development Policy«, S. 271; Büschel,»Die Moral«, S. 39.

87 Vgl. hierzu ausführlicher: Teil I, Kapitel 1.

88 PA AA Berlin MfAA DDR, Abteilung Afrika C 1671/67, ad 100–106, Bericht der leitenden Ärzte des Krankenhauses Chake-Chake, Pemba vom 4.5.1965. Zur *Internationalen Solidarität* der DDR auf dem Gebiet der Medizin: Hong,»International Solidarity«.

89 PA AA Berlin MfAA DDR, Konsulat Sansibar C 881/81, Zirkular der Abteilung Internationale Verbindungen an das Ministerium für Außenwirtschaft über Lehrer auf Sansibar vom 14.10.1968.

90 Ebd. Abteilung Afrika A 15077, ad 185ff. Botschaft der DDR auf Sansibar an den Minister für Bauwesen vom 6.11.1964.

91 ZNA Stone Town DA 2/16 Foreign Officers on Conduct in Zanziabar 1969–1974, Schreiben des Konsulats der DDR an das Ministry of Works and Power vom 30.10.1969 mit einer Zusammenstellung der Experten, ad 99ff. Contracts with GDR-Experts vom 28.7.1970.

92 BA Berlin Lichterfelde SAPMO, DY 30 IV A 2/20956, Bericht über DDR-Experten auf Sansibar vom 12.4.1970. Vgl. zu Bizanje als Entwicklungsorganisation: ZNA Stone Town DO 2/1/1964–67 Bizanje ad 46 Bericht des Managing Director of Bizanje an den Principal Secretary of Trade and Industries 22.4.1965, ad 153f. Managing Director of Bi-

Auch die Leiter von *Freundschaftsbrigaden* waren letztlich Entwicklungsexperten.[93] Man entsandte sie meist zunächst nur für zwei Jahre. Grundsätzlich konnten Familienangehörige mit ausreisen.[94] Die Brigadeleiter waren verantwortlich für die Finanzen, das Funktionieren des Zusammenlebens in der Brigade, für das Verhältnis zur jeweiligen afrikanischen Jugendorganisation und schlichtweg für die Vertretung der DDR vor Ort. Sie hatten nicht zuletzt darauf zu achten, dass die Mitglieder einer Brigade auch politisch auf Linie blieben. So hatten sie gegen alle »Erscheinungen des Einzelgängertums, Verstöße gegen die Normen des gesellschaftlichen Zusammenlebens, und Subjektivismus« vorzugehen. Und dies sollte durchaus durch Selbsthilfe-Praktiken geschehen, nämlich durch »offene Diskussionen«.[95] Ähnlich gemeinschaftlich mit allen Brigademitglieder und den beteiligten Afrikanern sollten die Leiter die Arbeit planen. Berichte hatten sie freilich allein zu verfassen.[96]

Man stellte den Brigadeleitern einen Vize an die Seite, der vor allem für die politische Agitation vor Ort verantwortlich war, den Außenpolitischen Offizier (APO). Die Aufgabe der sogenannten »APO-Leitung« war, »die Brigade zur politischen Heimat aller Mitglieder zu machen«. Und auch hier sollte Selbsthilfe geübt werden: Die Parteibeschlüsse sollten gemeinschaftlich diskutiert werden; alle sollten sich gegenseitig anspornen, ein »Höchstmaß an politischer Wachsamkeit zu entwickeln«. Und nicht zuletzt hatte die »APO-Leitung« darauf zu achten, bei den Brigademitgliedern »Selbstbeherrschung« und »Geduld« zu wecken, dass sie »Verständnis für die Belange und Mentalität des Partners« hätten.[97] Unter den Brigadeleitern und der »APO-Leitung« arbeiteten meistens Gruppenleiter, denen einzelne

zanje, My Statement for Bizanje 26.7.1965; Ebd. DO 2/2 Bizanje Volume II. 1966–1967, Aktenvermerk des Managing Directors of Bizanje vom 17.9.1966.
93 Vgl. BA Berlin Lichterfelde SAPMO, DY 24/10658, Arbeitsgruppe Auslandsinformation bei der Agitationskommission des Politbüros, Vorlage an das Politbüro über Aufbau und Entsendung von »Brigaden der Freundschaft« der DDR in andere Länder, S. 7.
94 Vgl. bspw. PA AA Berlin MfAA DDR Konsulat Sansibar C 771/71 ad 651 Einsatz von Lehrern aus der DDR in Sansibar und Pemba 1966–1968, ad 60ff. Abkommen zwischen der DDR und Sansibar über die Entsendung von Lehrern 1968, Anhang über Einstellungsbedingungen.
95 Ebd., Arbeitsprogramm der Brigade Sansibar für das Jahr 1969, Oktober 1968, S. 8.
96 BA Berlin Lichterfelde SAPMO DY 24/19212, Zentralrat der FDJ an Jürgen P., Brigadeleiter auf Sansibar vom 25.11.1971, S. 2.
97 BA Berlin Lichterfelde SAPMO DY 24/19211 Korrespondenz zwischen dem Zentralrat der FDJ und der Brigade der Freundschaft in Sansibar 1970, 2. Halbjahr, APO-Bericht vom November 1970 an den Zentralrat der FDJ.

Projekte zugeteilt waren, im Rahmen derer sie sich besonders intensiv mit Praktiken der Selbsthilfe befassten.[98] Das Verhalten der Experten vor Ort stand unter kontinuierlicher Beobachtung: Die Vertretungen der DDR wie auch afrikanische Institutionen erstatten regelmäßig Bericht.[99]

Wie bereits erwähnt, orientierte sich die Expertenentsendung aus der Bundesrepublik Deutschland und der DDR an dem, was man an Entwicklungsbürokratie in Afrika vorfand.

Afrikanische Expertendienste: Die Erben des Kolonialismus

Hier gab es schon vor dem formellen Beginn der Unabhängigkeit afrikanischer Staaten und damit auch in Tansania, Togo und Kamerun eigene Entwicklungsinstitutionen, im Rahmen derer einheimische Experten tätig waren.[100] Immanuel Wallersteins Diktum von einem »konservativen Pfad« postkolonial-afrikanischer Staatlichkeit, deren Wurzeln häufig im Spätkolonialismus liegen würden,[101] findet man hier besonders deutlich bestätigt.

Bereits seit den 1950er-Jahren hatten afrikanische Distriktbeamte an Projekten des *Community Development* und der *Animation Rurale* mitgearbei-

---

98 BA Berlin Lichterfelde SAPMO 24/19207 Brigade der Freundschaft Sansibar an den Zentralrat der FDJ 1968, 2. Halbjahr, Arbeitsordnung der Brigade der Freundschaft Zanzibar.

99 Bspw. PA AA Berlin MfAA DDR Abt. Afrika C 1671/67, Beziehungen der DDR und Sansibar auf dem Gebiet des Gesundheitswesens, ad 337 Botschaft der Deutschen Demokratischen Republik an das MfAA vom 28.9.1964 Bericht über Ärzte der DDR als Gesundheitsexperten auf Sansibar; Ebd. MfAA DDR C 772/74, Technische Zusammenarbeit zwischen der DDR und Tansania 1966, 1968–1972, ad 25–42 Generalkonsulat der DDR in der Vereinigten Republik Tansania Einschätzung der Tätigkeit der in der VRT langfristig im kulturellen und wissenschaftlichen Bereich eingesetzten DDR Experten vom 11.1.1971; Ebd. A 15077, Experten der DDR auf Sansibar, Botschaftsbericht Sansibar an das Ministerium für Bauwesen vom 24.9.1964; Ebd. A 15078, Einsatz von DDR-Experten und Regierungsberatern der DDR in Sansibar 1964–1966, Bericht der Botschaft Sansibar an das Ministerium für Volksbildung vom 1.12.1964; ZNA Stone Town DA 2/16 Foreign Officers on Conduct in Zanzibar 1969–1974, Aktenvermerk des Principal Secretary Ministry of Communication Works and Power Sheikh Mohamed vom 23.3.1970.

100 Vgl. bspw. Van Velzen, *Staff*, S. 6. Hierzu auch: Teil I, Kapitel 4.

101 Wallerstein, »The Range of Choice«, S. 28. Vgl. aber zum Umbau der politischen Strukturen in Tansania nach der Unabhängigkeit: Deutsch, »Vom Bezirksamtmann zum Mehrparteiensystem«.

tet;[102] sie schlugen neue Vorhaben vor, koordinierten ihre Ausführung und evaluierten die Ergebnisse. Die Handlungsspielräume jener Akteure waren häufig sehr weit gesteckt; bisweilen handelten sie in ihrem Zuständigkeitsbezirk nach eigenem Gutdünken und legten fest, wie *Hilfe zur Selbsthilfe* vor Ort auszusehen habe und wer sich daran beteiligen müsse.[103]

In den 1960er-Jahren stammten die afrikanischen *Counterparts* deutscher Entwicklungsexperten somit meist aus Familien, die bereits in der Spät-Kolonialzeit Zugang zu Behörden der Wirtschafts-, Landwirtschafts- und Industrieplanung gehabt hatten: Sie waren verwandt mit *Chiefs* und hohen Beamten oder gehörten der Schicht wohlhabender Grundeigentümer an.[104] Im Zuge der Afrikanisierung von Behörden, die als Weg zur Eigenständigkeit aufgefasst wurde, wurden solche Experten häufig aus »Stämmen« rekrutiert, die als besonders fleißig, aufgeschlossen gegenüber Entwicklungen und dem Staat loyal gegenüber galten.[105] Vieles war hier freilich völlig aus der Luft gegriffen und ist typischen Strategien zuzurechnen, nationale Identitäten auf der Grundlage von »imagined communites« und »invented traditions« zu stiften.[106] Solche afrikanischen Experten repräsentierten in den Postkolonien das der Zukunft zugewandte soziale Kapital des neuen unabhängigen Staates. Entsprechend wurden sie auch hofiert, was bei vielen einen »Habitus«[107] förderte, im Sinne eine Korpsgeistes, der zwischen Dankbarkeit und Verpflichtungen gegenüber dem Staat und Förderern einerseits sowie Paternalismus gegenüber den zu Entwickelnden andererseits hin- und herschwang. Jener Habitus führte bisweilen zu massiven Problemen in der Projektarbeit, diente er nicht zuletzt sozialen Distinktionen.[108] Man erhob sich gerne über andere, gab sich als ›zivilisierter‹ und ›entwickelter‹, woraus zahlreiche Konflikte entstehen konnten. Solche Konflikte sollten bisweilen durch die institutionelle Einbindung dieser Experten aufgefangen werden. So lag nahezu allen Regierungen unabhängiger Staaten in Afrika viel daran, ihre Akteure über Institutionen

---

102 Vgl. hierzu ausführlicher: Teil I, Kapitel 4.

103 Vgl. Liebenow, *Colonial Rule*.

104 Vgl. bspw. zu Tansania: Schaffer, »Comparisons«; Ingle, *From Village To State*, S. 128; Sperber, *Public Administration*, S. 35; Freyhold, *Government Staff*, S. 4f.; Baldus, *Zur operationalen Effizienz*, S. 105.

105 Vgl. hierzu ausführlicher: Teil I, Kapitel 3 und 4.

106 Vgl. zu diesen Ansätzen: Anderson, *Imagined Communities*; Ranger/Hobsbawm, *Invention of Tradition*.

107 Vgl. Bourdieu, *Entwurf*, S. 344.

108 Vgl. Bourdieu, *Die feinen Unterschiede*.

stark an sich zu binden. Auch in Tanganjika, auf Sansibar, in Togo und Kamerun waren daher Experten in straffen Hierarchien eingebunden, wobei auch immer wieder betont wurde, letztlich müssten alle Beamten als ›gutes‹ Beispiel vorangehen und sich für die Entwicklung des Landes einsetzen.

Tanganjika und Sansibar: Die Entwicklungskomitees und der »Wille des Volkes«

Entsprechend hieß es auf dem tansanischen Festland Tanganjika recht rasch nach der Unabhängigkeit, dass in allen Behörden der »Wille des Volkes«, das Land gemeinschaftlich und zielstrebig »voranzutreiben«, zum Ausdruck kommen und gefördert werden sollte.[109] Für die Planung von Leitlinien und Strategien der künftigen Entwicklungsarbeit wurde das *National Executive Committee* (NEL) neu gegründet. Das NEL sandte seine Mitarbeiter auf Forschungsreisen im ganzen Land, wobei vor allem Entwicklungsrückstände in abgelegenen Regionen erhoben werden sollten. Hier ermittelten Inspektoren nach vorher festgelegten Kriterien – wie Trockenheit des Bodens, Kindersterblichkeit oder Epidemien – Gründe und Grade von Unterentwicklung und hielten Ausschau nach möglichen Projekten. Sie erarbeiteten zusammen mit Dorfvorständen regionale Entwicklungspläne und legten schließlich dem Büro des Vizepräsidenten entsprechende Anträge vor.[110]

In Rundschreiben betonte der für die Entwicklungsarbeit zuständige Vizepräsident gegenüber den Provinzverwaltungen überdies, dass sich in Entwicklungskomitees Leute voller »Energie und Enthusiasmus« zusammenfinden sollten, die auch diejenigen »mitreißen« könnten, die eher »lethargisch« seien. Allmählich sollten damit alle Staatsbürger lernen, »endlich ihren eigenen Weg bestimmen zu können«.[111] Den Menschen sollte *Ujamaa*

---

109 TNA Dar es Salaam Acc. 518, D 30/9 Village Development Committee, ad 1 Rundschreiben des Vizepräsidenten von Tanganyika vom 23. Mai 1963, S. 3–4. Zu einem solchen *Nation-Building-Scheme* in der tansanischen Iringa Region 1964: Ebd. Annual Report Regional Commission 1964, Iringa Region, S. 31.

110 Vgl. Max, *The Development*; Liviga, »Local Development«; Ders., »The Over-Centralized State«; Mwaikusi, »Local Government«; Ngware/Haule, *The Forgotten Level*; Eckert, *Herrschen und Verwalten*, S. 167.

111 TNA Dar es Salaam Acc. 518, D 30/9 Village Development Committee, ad 1 Rundschreiben des Vizepräsidenten von Tanganyika vom 23. Mai 1963, S. 6.

vermittelt werden, was in der Swahili-Sprache so viel bedeutet wie »Gemeinschaftssinn«.[112] Die Staatssekretäre des Vizepräsidenten, die sich mit der praktischen Umsetzung dieses Zieles zu befassen hatten, erklärten allerdings, dass es häufig erst einmal darum gehen müsse, Fehlinvestitionen bei Entwicklungsprojekten zu vermeiden und Arbeitskräfte für Selbsthilfeprojekte dauerhaft zu rekrutieren.[113] Gemäß der Bedeutung, die den landwirtschaftlichen Entwicklungen zugemessen wurde, war für diese Aufgabe das Agrarministerium besonders wichtig.[114] In Tanganjika bestand es aus einem *Agricultural Department*, das verantwortlich war für Soforthilfen bei Missernten und Hungersnot sowie für die Einführung zeitgemäßen Saatgutes, chemischer Düngemittel und »moderner« Bodenbearbeitungsmethoden. Weiter gab es ein *Veterinary Department*, dem die Überwachung der Hygiene in Schlachthäusern oder die Bekämpfung der Tsetsefliege oblag. Das *Department of Water Development and Irrigation* hatte den Ausbau der Trinkwasserversorgung, den Damm- und Brunnenbau voranzutreiben.[115] Hier wurden jeweils Afrikaner als koordinierende *Specialists* eingesetzt, die in den Städten Schreibtischarbeit erledigten. Auf dem Land arbeiteten *Field Officers, Field Assistants* oder nicht ausgebildete Hilfskräfte, so genannte *Instructors*.[116] Die in der britischen Man-

---

112 Westerlund, *Ujamaa*. Vgl. entsprechende Ansprachen des Präsidenten: Nyerere, »Education«; Ders., »Freedom«; Ders., »Ujamaa«.

113 So war bei öffentlichen Baumaßnahmen durch die Gemeinde häufig die Unterhaltung durch Selbsthilfemaßnahmen auf Jahre zu garantieren. TNA Dar es Salaam Acc. 521, D3/6/A, Village Development Committee, Cabinet Office, Rundschreiben des Permanent Secretary C. D. Mauya vom 17.9.1962 an die Distriktverwaltungen; Ebd. Acc. 520, P 1/61, 1951–65 Self-Help Scheme, Cabinet Office, Rundschreiben des Permanent Secretary C. D. Mauya an die Distriktsvewaltungen zu ›Funds for Buildings‹.

114 In den 1930er-Jahren hieß das Ministerium zunächst Ministry of Natural Resources, dann Ministry for Agriculture and Co-operative Development und schließlich seit 1962 Ministry of Agriculture.

115 Ruthenberg, *Agricultural Development*, S. 48.

116 Die Zahl der *Agricultural Officers* wuchs von 39 (1950) auf 74 (1960), während 1950 insgesamt 17 und 1960 insgesamt 33 so genannte *Specialists* tätig waren. An *Field Officers* wurden im Jahr 1950 insgesamt 71 und im Jahr 1960 insgesamt 125 ermittelt. 1954 wurden erstmals *Field Assistants* in einer Stärke von 414 eingestellt. 1960 sollten bereits 815 ausgebildete Afrikaner als *Field Assistants* arbeiten. Die Zahl der *Agriculural Instructors* wuchs von 756 (1950) auf 1212 (1960): Ruthenberg, *Agricultural Development*, S. 49. Vgl. World Bank, Report on Tanganyika, S. 61. Zum Vergleich: 1961 waren von 184 Ärzten in Tanganjika nur 16 Afrikaner, von 84 Ingenieuren einer, von 57 Rechtsanwälten zwei. Vgl. Iliffe, *Modern History*, S. 573.

datszeit gegründete *Tanganyika Agricultural Cooperation* sollte weiter bestehen und Entwicklungsprojekte koordinieren.[117] Überdies unterhielt das *Tanzanian National Agricultural Department* (TNAD) Niederlassungen in jeder Region des Landes. Bereits in den ersten Monaten nach der Unabhängigkeit begann das TNAD Druck auf Bürgermeister und Dorfvorsteher auszuüben, Entwicklungsplanungen zur »Verbesserung der Ernährungslage« vorzulegen und erste praktische Schritte nachzuweisen. Hiervon versprach man sich, Entwicklungen »from the bottum up« anzukurbeln.[118]

Diese neuen Institutionen und die damit verbundenen Erwartungen sollten allerdings nicht darüber hinwegtäuschen, dass die eigentliche Umsetzung der Entwicklungsinitiativen auf mittlerer Behördenebene in Tanganjika den *Community Development Centres* (CDCs) überlassen war, die bereits während der Zeit des Völkerbund- bzw. des darauf folgenden UN-Mandats in den 1940er- und 1950er-Jahren eingerichtet worden waren. Das hier tätige einheimische Personal wurde in der Regel nicht ausgetauscht. Die *Centres* wurden lediglich dem *Department for National Development* (DND) unterstellt, das wiederum vom Vizepräsidenten geleitet wurde.[119] Überdies arbeiteten in den CDCs zahlreiche hochrangige Mitglieder der Einheitspartei *Tanganyika National Union* (TANU) mit.[120]

Nur Menschen mit zumindest minimaler Bildung könnten sich für die Entwicklung ihres Landes einsetzen, wurde diesen Komitees mitgegeben.[121] Wie bereits in der Spätzeit des Kolonialismus, so erklärten nun Landräte des unabhängigen Tanganjikas der »Dummheit und Unwissenheit« der ›Bauern‹ den Krieg.[122] 1968 wurde Tansania für das *Experimental World Literacy Programme* (EWLP) ausgewählt, wobei die UNESCO bis 1972 Experten zur Ausbildung von Dorflehrern Lehrmaterialen und Geldmittel

---

117 BNA Kew PRO CO 822/1716 The Future of Tanganyika Agricultural Corporation, Aktenvermerk vom Januar 1960.

118 Seit 1962 übernahm die Institution eine mehr koordinierende Funktion: Ruthenberg, *Agricultural Development*, S. 116.

119 Neben dem Vizepräsidenten hier war seit Januar 1962 auch der Premierminister Rachidi Karawa engagiert: Eckert, *Herrschen und Verwalten*, S. 232.

120 Vgl. bspw. TNA Dar es Salaam Annual Report Regional Commission 1964, Mbeya *Region*, S. 13.

121 Vgl. Ruthenberg, *Agricultural Development*, S. 66.

122 TNA Dar es Salaam Acc. 563 Regional Office Pagani 30, 4, 1 Bericht des Landrates im Bereich Limbangaa vom 1.12.1971. Vgl. auch: Teil I, Kapitel 4.

zur Verfügung stellte. [123] Dabei verwendete man in mobilen Alphabetisierungseinheiten häufig noch die gleichen Ausrüstungsgegenstände an Pulten, Tafeln, Filmprojektoren, Filmen und Fibeln, die schon seit Mitte der 1940er-Jahre eingesetzt worden waren. [124] Neben dem kolonialen Lehrfilm »How Yields could be improved, Better homes and general Cleanliness« liefen nun auch neue Produktionen, die zur *Self Reliance* anregen sollten, wie beispielsweise »How our Nation became a Nation«. [125] Die kolonialen Alphabetisierungsbemühungen waren lokal allerdings sehr begrenzt geblieben. [126] In den unwegsamen Regionen im Süden oder Westen Tanganjikas war in den 1960er-Jahren nach wie vor der größte Anteil der ländlichen Bevölkerung des Lesens und Schreibens nicht kundig. In gerade diese Dörfer zogen nun die im Rahmen der CDCs rasch angelernten Hilfslehrer. [127] Sie hatten in der Regel die klassische Fibel »Schibukeni!« (»Wach auf!«) des amerikanischen Missionars Laubach im Gepäck, die auf funktionale Alphabetisierung mit Schlüsselbegriffen setzte. [128] Wenngleich weit umfangreicher als zur Mandatszeit, so wurde auch im unabhängigen Tanganjika Lesen und Schreiben lediglich auf praktische Zwecke hin orientiert vermittelt. Eine Alphabetisierung, die auch das Studium komplexerer Texte erlaubt hätte, fand für die meisten Staatsbürger nicht statt. Hingegen wurden immer auch Grundqualifikationen zur alltäglichen Selbsthilfe gelehrt, beispielsweise in Haushaltsführung, Ernährung, Kinderfürsorge oder Anbautechniken. [129] Diese Selbsthilfe wurde

123 Unesco, *The Experimental World Literacy Programme*, S. 75. Vgl. Kalinjuma, »Literacy«, S. 24–27. 1970 verkündeten die UNO überdies das »International Education Year«. Zu dieser Kampagne kam die tansanische National Literacy Campaign von 1971, die in sechs Distrikten durchgeführt wurde. Kassam, *The Voices*, S. viif.

124 Sieberg, *Colonial Development*, S. 648. Ein erstes Großprojekt war der Beginn der Alphabetisierung in Nord Pare 1951, ungefähr fünfzig Meilen südöstlich des Mount Kilimanjaro. Als Alphabetisierungs-Personal arbeiteten jeweils ein Europäer und sechs afrikanische *Welfare Officers* zusammen in einem Team. Nach anfänglich zögerlicher Resonanz schlossen sich innerhalb eines Jahres 1.500 Personen – meist Frauen und Mädchen – der Kampagne an und besuchten regelmäßig Kurse: Eckert, *Herrschen und Verwalten*, S. 151. Vgl. Unesco, *Analphabétisme*, S. 7ff.

125 TNA Dar es Salaam, Annual Report Region Commission 1964, West Lake Region, S. 8.

126 Vgl. Mason, »Progress«.

127 Zu dieser Bilanz beispielsweise: Kassam, *The Voices*, S. viif.

128 Laubach, »The Key Method«. Hierzu ausführlicher: Teil I, Kapitel 4. Vgl. DSE, *Alphabétisation*. Vgl. Knall, *Grundsätze*, S. 234; Gmelin, »Neue Impulse«, S. 12; »A Survey of Mass Education«, S. 12.

129 TNA Dar es Salaam, Annual Report Regional Commission 1964, West Lake Region, S. 2. Ebd. Annual Report Regional Commission 1964, Tanga Region, Regional Commis-

ideologisch mit *Uhuru* (Freiheit) in Verbindung gebracht und somit als
›Befreiung‹ und ›Selbstständigkeit‹ verstanden.[130] Auch didaktisch folgte
man den Prämissen der *Hilfe zur Selbsthilfe*: In Gruppen sollte über Lehrinhalte diskutiert und diese gemeinsam beschlossen werden.[131] Ein Ziel war
häufig ein kollektives »Brainstormings«, das immer auch pädagogisch-
didaktische Selbstreflexionen beinhalten sollte.[132]

Anregungen für diese Ansätze boten die Konzepte des brasilianischen
Pädagogen Paulo Freire, der seit 1947 in Brasilien an Alphabetisierungs-
kampagnen gearbeitet hatte und auch die Programme der UNO seit den
1960er-Jahren maßgeblich prägte.[133] Für Freire stand Alphabetisierung für
Bewusstseinsbildung von hoher sozialpolitischer Relevanz: Die »Kultur des
Schweigens« der analphabetischen Armen am Rande der Gesellschaft sollte
durchbrochen werden. 1970 erschien Freires Hauptwerk »Pädagogik der
Unterdrückten«, in der er ausführte, dass Lesen- und Schreiben-Lernen vor
allem bedeute, sich selbst zu befreien und »mehr Mensch zu werden.«[134]
Mit Rekurs auf die Theorien des Wissenssoziologen Karl Mannheim vertrat er, dass alle Menschen durch und durch von »gesellschaftlichen Wirklichkeiten« geprägte Wesen seien, die sich in einem Zustand von »nachin-
dividueller Gruppensolidarität« befänden.[135] Diese Solidarität sei besonders
bei Übergängen im eigenen Leben nötig, wie eben der Übergangsphase
von Unfreiheit hin zu Freiheit nötig: Kurzum sei die einzig mögliche Praxis
der Alphabetisierung die der gleichberechtigten, voneinander lernenden
Gruppe. Hier müsse die »herrschende Passivität« der Menschen gemeinschaftlich aufgebrochen und ein »neues Leben« für die ganze Gemeinschaft und jeden Einzelnen geschaffen werden.[136]

Die Vorstellung der »befreienden Wirkung« der Alphabetisierung
machte Freire gerade auch für das tansanische Konzept der Selbsthilfe als
Self Reliance und Weg zu *Ujamaa* (Gemeinschaft) und *Uhuru* (Freiheit)
attraktiv. Entsprechend wurde Freires Bestreben, den »Menschen ohne

---

sioner R. Kundya, 21.5.1965, S. 54; Ebd., Annual Report Regional Commission 1964,
   Iringa Region, S. 30.
130 Vgl. Nyerere, »Education«.
131 Bergvin, *Adult Education*, S. 74; Stanford/Roark, *Human Interaction*.
132 Bergvin, *Adult Education*, S. 74; Morgan, *Methods*, S. 139. Zur Anwendung dieser Modelle
   seit den 1960er-Jahren in Tansania: Bwatwa, *Adult Education*.
133 Figueroa, *Paulo Freire*; Hernández, *Pädagogik*; Peter, *Politische Bildung*.
134 Freire, *Pädagogik der Unterdrückten*.
135 Figueroa, *Paulo Freire*, S. 37f. Zur Rezeption in Tansania: Callaway, *Research*.
136 Brown, »Literacy«.

Stimme« Worte zu verleihen, auch in der *National Literacy Campaign* immer wieder zitiert, in der die Regierung Tansanias 1971 erklärte, bis zum Jahr 1975 den Analphabetismus völlig abzuschaffen.[137]

Hilfe zur Selbsthilfe sollte ferner von denen geleistet werden, die sich schon erfolgreich selbst geholfen hätten: So wurden *Mass Literacy Supervisors* aus dem Kreis der gerade Alphabetisierten ausgewählt. Ihnen wurde eingeschärft, den »uninformierten und unwissenden« Menschen in den Dörfern auch zu vermitteln, dass die Regierung immer »gute Gründe für ihre Gesetze und Maßnahmen« hätte, besonders wenn es um die Aufforderung zur Selbsthilfe in der Entwicklungsarbeit gehe.[138] Eine gewisse Kontrolle über jene staatstreue Durchformung übte wohl auch der Auftrag an alle jüngst Alphabetisierten aus, ihre Erfahrungen des neuen Lebens mit Lesen und Schreibens aufzuzeichnen. Entsprechende Textsammlungen wurden verbreitet, öffentlich verlesen und dienten als Übungsmaterialien bei den Kampagnen. Sie sollten Beispiel geben für alle diejenigen, die noch nicht alphabetisiert waren.[139] Auch über äußere Formen sollte eine Bindung an die Alphabetisierung hergestellt werden: Während aller Kampagnen in den langen 1960er-Jahren war es üblich, durch Ansteckmadeln, farbige Urkunden und Abzeichen Erfolge zu belohnen. Das Lesen- und Schreibenlernen sollte zum Sozialprestige werden.[140]

Die *Mass Literary Supervisors* unterstützten auch Schullehrer bei der funktionellen Alphabetisierung. Kindern wurde neben Lesen und Schreiben sozusagen *en passant* eine ganze Reihe von Praxiswissen für die alltägliche Selbsthilfe gelehrt: Viele Schulen hatten eine Krankenstation, in der praxisnaher Unterricht in Erster Hilfe erteilt wurde. In schuleigenen Gärten übten sich die Jungen und Mädchen in der Landwirtschaft.[141]

Besonderes Augenmerk legte die Staatsführung bei der Tätigkeit der einheimischen Entwicklungsexperten auch auf den Bereich der Gesundheitsversorgung. Jegliche eigenständige Entwicklung – so die Devise – könne nur aufkommen, wenn die Menschen auf dem Land weniger mit Seuchen, Krankheiten und Kindersterblichkeit zu kämpfen hätten und

137 Das Programm hatte – gemessen an Zahlen – nur wenig Effekte. Lediglich 2 Millionen Tansanier über 10 Jahre lernten lesen und schreiben. Die Rate der Analphabeten stand 1975 noch bei 39 Prozent. Kassam, *The Voices*, S. viif. Vgl. Ders., *The Adult Education*.
138 Vgl. Iliffe, *The African Poor*, S. 204.
139 Kassam, *Illiterate No More*.
140 Laubach, »The Key Method«.
141 Government of Tanganyika, Ten Year Plan, zitiert nach: Eckert, *Herrschen und Verwalten*, S. 155. So verhielt es sich auch schon Spätkolonialismus: Vgl. Teil I, Kapitel 4.

wenn sie aus ›besserer‹ – das hieß in der Regel eiweißreicherer – Ernährung mehr Kraft schöpfen könnten. DND und NEL arbeiteten in diesem Sinne mit dem Gesundheitsministerium unter der Anleitung des britischen Arztes, einstigen kolonialen Entwicklungsexperten und nunmehr Nyerere-Vertrauten Stirling zusammen.[142] Das Ministerium setzte auch eigene *District Medical Officers* (DMOs) ein, die den Versorgungsbedarf der ländlichen Regionen hinsichtlich Gebäuden, Personal, Medizintechnik, Medikamenten und Nahrungsergänzungsmitteln erhoben und Pläne entwarfen, um das Netz der medizinischen Versorgung auszubauen und die »Hygiene in den Dörfern zu heben«.[143] Die DMOs sollten gegen Heiler in den Dörfern einschreiten und für ›moderne‹ Medizin werben, ähnlich wie es schon seit den 1940er-Jahren Ärzte, Krankenschwestern oder Hebammen im Dienste der britischen Mandatsverwaltung versucht hatten. Der Kampf galt vor allem dem sogenannten ›Animismus‹, jenem nach kolonial-ethnologischer Terminologie ›primitiven‹ Glauben an die Beseeltheit der Natur, an Geisterwelten, Fetische und krankmachende Flüche von missgünstigen Nachbarn.[144] ›Animismus‹ unter der Landbevölkerung galt nämlich in Tanganjika wie anderswo im tropischen Afrika als Haupthindernis jeglicher selbstbestimmten Entwicklung.[145] Denn mit dem Glauben an Geister, Flüche und übermächtige Naturgewalten gebe man das Heft aus der Hand, lebe fremdbestimmt und damit fatalistisch. Ein eigenständiges Arbeiten für Entwicklungen sei unmöglich.[146] Diesen ›Mißstand‹ sollten nun die DMOs durch ihre Überzeugungsarbeit vor Ort ein Ende bereiten.

Den oberen und mittleren Entwicklungsbehörden in Tanganjika waren zahlreiche Institutionen bis in die unterste Ebene der Dörfer zugeordnet, die Selbsthilfe vor Ort anregen sollten. Den TNAD unterstanden *Regional Development Committees* (RDCs), deren Mitarbeiter wiederum in Dörfer und Städte ausschwärmten, mit Gesprächen der Oberen Möglichkeiten der

---

142 Vgl. die Selbstbeschreibung: Stirling, *Missionsarzt*. Zur Beziehung Nyereres zu Stirling: Nyerere, »Einleitung«. Vgl. zum Medizinalwesen in Tansania auch: Bruchhausen, *Medizin*.

143 TNA Dar es Salaam Acc. 563, M 20/9, 1968–71 Medical and Health Rural Health Services, Health Staff Community, Development Staff Training, ad 70 Rundschreiben des Gesundheitsministeriums an alle District Medical Officers vom 10.7.1970.

144 Zur Defintion durch britische Ethnologen des 19. Jahrhunderts: Tylor, *Primitive Culture*, S. 424f.

145 Vgl. Wilder, *The French Imperial Nation-State*, S. 57–75.

146 Cooper, »Modernizing Bureaucrats«, S. 68.

Entwicklungshilfe erarbeiteten und Distrikt-Entwicklungspläne erstellten, die über das TNAD dem Büro des Vizepräsidenten vorgelegt wurden.

Einem RDC arbeiteten wiederum jeweils für einen Landkreis *District Development Committees* (DDCs) zu, die gemeinsam mit den *District Councils* vor allem Anbaupläne für landwirtschaftliche Produkte erarbeiteten und kalkulierten, wie Entwicklungsprojekte mit den lokal aufgebrachten Steuern zumindest teilweise finanziert werden könnten.[147] Auch jene DDCs wurden schon von der britischen Mandatsregierung gebildet und seit den 1950er-Jahren sukzessive dann mit afrikanischen Ärzten, Hebammen, Ingenieuren oder Verwaltungsbeamten besetzt.[148] Es gab sogar einen *Film Research Officer*. Denn vor Ort gedrehte Filme, die einheimische Szenen und Menschen in den Mittelpunkt stellten, galten als didaktisch besonders wirkungsvoll.[149] Expertinnen in Hygiene und Haushaltsführung unterrichteten ihre Mütter, Töchter, Schwestern und Nachbarinnen. Außerdem arbeiteten in den DDCs auch Hilfskräfte, die beispielsweise Schautafeln und Bänke für Unterricht auf- und abbauten. Bisweilen oblagen ihnen auch die Verteilung von Aufgaben im Rahmen der Selbsthilfe und die Überwachung der Arbeiten. Sie wurden *Field Staff* genannt.[150] Tausende von Helfern waren in den Dörfern ohne Entgelt eingebunden.[151]

Die DDCs planten auch die Anlage von ›Musterdörfern‹ und die Ansiedlung der Bewohner.[152] Besonders viele solcher Siedlungen entstanden um die Stadt Dar es Salaam herum als Pilotprojekte. Sie sollten Heim- und Arbeitsstätte für Mittellose sein.[153] Nach einer Umsiedlungsmaßnahme beschloss das zuständige DDC in der Regel ein *Slum Clearing*, bei dem die

---

147 The Nationalist vom 31.1.1968, zitiert nach: Ingle, *From Village to State*, S. 225. Vgl. Picard, »Attitudes«.

148 Tordoff, *Government*, S. 118ff.; Bienen, *Tanzania*, S. 322; Dryden, *Local Administration*, S. 47ff.; Ingle, *From Village to State*, S. 138.

149 Eckert, *Herrschen und Verwalten*, S. 151f.

150 Das heißt allerdings nicht, dass sie eine gute Resonanz bei der Bevölkerung gehabt hätten. Eckert verweist auf jährliche Reporte der Treuhandregierung an die UNO Anfang der 1950er-Jahre, aus denen hervorgeht, dass die Zentren nur wenig Anklang fänden: Ebd., S. 145, 147, 150.

151 Ebd., S. 151.

152 Vgl. Ruthenberg, *Agricultural Development*, S. 120. Vgl. auch zu den sogenannten *Ujamaa*-Dörfern: Teil III, Kapitel 7.

153 Allein in Dar es Salaam wurde die Zahl der Arbeitslosen auf 25.000 geschätzt: Ruthenberg, *Agricultural Development*, S. 120.

Hütten der umgesiedelten Familien niedergebrannt oder niedergerissen wurden, um Rückwanderungen oder Zuzüge zu verhindern.[154] Die Mitglieder der DDCs, die 1967 in *District Development and Planning Committees* (DDPCs) unbenannt wurden, sollten mindestens einmal im Monat zusammen treffen, um die bereits verrichtete Arbeit auszuwerten und über künftige Vorhaben diskutieren.[155] Ab 1963 sollte nach Anweisung des Ministry of Local Government jeweils ein DDPC die alleinige Verantwortung für die Entwicklungsvorhaben in einem Zuständigkeitsbereich übernehmen, da ein Nebenher von DCs und örtlichen Planungskomitees eine »unökonomische Verschwendung« notwendiger Ressourcen an menschlicher Arbeitskraft und Geld bedeute.[156]

Auswertungen der Beamten des NEL hatten nämlich ergeben, dass sich gerade in den ländlich abgelegenen Regionen die Lebensbedingungen der Menschen in den ersten Jahren nach der Unabhängigkeit keineswegs verbessert hatten. So hatten sich sogar verschlechtert: Die Zahl der Arbeitslosen war rapide angewachsen. Aufgrund von Dürrekatastrophen gab es massive Ernährungsengpässe. Um die Wasserversorgung stand es schlecht. Überdies wurde die medizinische Versorgung immer prekärer, nicht zuletzt weil die Ärzte der britischen Mandatsverwaltung das Land weitgehend verlassen hatten und nicht rasch genug durch einheimisches Personal ersetzt werden konnten.[157] Eine Straffung der Entwicklungsbürokratie sollte künftig eine stärkere Nähe zu den Verhältnissen vor Ort gewährleisten und sicherstellen, dass Selbsthilfe-Aktionen effizienter angeregt würden.

So entstanden 1963 die so genannten *Village Development Committees* (VDCs),[158] die bald als die wichtigsten »Motoren der Entwicklung von

---

154 Vgl. den Abschlussbericht: United Republic of Tanzania, Ministry of Lands, Settlement and Water Development, *A Report.*

155 TNA Dar es Salaam, Tanga District Development and Planning Committee, Minutes 5. Mai 1967, zitiert nach: Ingle, *From Village to State,* S. 140.

156 TNA Dar es Salaam, Ministry of Local Government, LG Circular 20/63, 28. Februar 1963, zitiert nach: Ingle, *From Village to State,* S. 139.

157 Government of Tanganyika, *Development Plan for Tanganyika 1961/62*; vgl. Pratt, *The Critical Phase,* S. 174ff.

158 Mitte der 1960er-Jahre gab es ungefähr 7.000 dieser Komitees in Tanganjika. Lemarchand, »Village by Village«. Die Mitglieder waren nahezu ausnahmslos Parteivertreter: Mawhood, »The Search«. Vgl. als Lokalstudie zur Kilimanjaro-Region: Samoff, *Tanzania.* Vgl. zu den Aufgaben: TNA Dar es Salaam, Acc. 518 Reg. Office Kilimanjaro, Pare District, Station Moshi D 30/9 Village Development Committee, ad 1 Rundschreiben des Vizepräsidenten von Tanganyika vom 23. Mai 1963; ad 10 Self Help Project Funds, 3. November 1964, Schreiben T. Mweri, Administrative Secretary, Kilimanjaro

unten« gepriesen wurden.[159] In der Tat lagern im tansanischen National-
archiv Dar es Salaam hunderte von Akten über Entwicklungsplanungen
und -aktionen der VDCs.[160]

Im Rahmen dieser Dorfkomitees engagierten sich in der Regel der Bürgermeister oder Dorfvorstand, diverse Parteisekretäre, die Vorsitzenden
der Kooperativen, Dorfschullehrer, Krankenschwestern, Pfarrer und die
Agricultural Field Assistants, die ebenfalls häufig schon von der britischen
Mandatsverwaltungsbehörde rekrutiert worden waren, um landwirtschaftliches *Community Development* anzuregen, durchzusetzen und zu überwachen.[161] Regelmäßig sollten sich die Mitglieder der VDCs überdies über
Förderungsmöglichkeiten des Staates informieren. Nach einem Rundschreiben des Vizepräsidenten vom Mai 1963 sollten die Komitees die
Aufgabe haben, die »Menschen vor Ort in ihren lokalen Entwicklungs-
anliegen zu repräsentieren« und ihnen bei Planungen zu helfen.[162] So sollte
es bewerkstelligt werden, dass auch die »einfachsten, primitivsten Leute«
die große Verantwortung erkennen und übernehmen würden, die sie für
ihre eigene Entwicklung nunmehr hätten.[163] Andererseits sollten die VDC-
Vertreter dafür sorgen, dass niemand denke, der Staat wolle sich durch
Konzepte der *Hilfe zur Selbsthilfe* aus der Verantwortung für die »Ärmsten

---

Region, Ref.No.C.5/5/1/41 vom 24. September 1963, ad 46, 19. Oktober 1964, Schreiben des Area Commioners von Kilimanjaro und Same über VDC-Meetings.

159 Ruthenberg, *Agricultural Development*, S. 115f. Die VCDs sollten die Ebene der Entwicklungsplanungen der Kreise in den *Community Development Divisions* allmählich ablösen.
Denn die Mitglieder der *VDCs* seien mittlerweile gewohnt »Hand in Hand harmonisch
zu arbeiten«– so stellte 1965 der Regionalkommissar von Tanga beispielsweise heraus.
TNA Dar es Salaam, Annual Report Regional Commission 1964, Tanga *Region*, S. 5.

160 In der Region Iringa wurden bereits im Jahr 1964 142 VDCs gezählt: TNA Dar es
Salaam, Annual Report Regional Commission 1964, Iringa Region, S. 30; vgl. Ebd. Acc.
513, P 4/10/1, 1963–69 Village Development Committee, Unterlagen über Beschlussfassungen und Briefwechsel mit der TANU, National Headquarter; Ebd. Acc. 518, D
30/11 Development Committee Other Regions; Ebd. D 30/14/II Village Development
Committee. Außerdem gab es diverse *Urban Self Help-Commitees*: Ebd. Acc. 556, TC 28/3
Urban Self Help-Committee Moshi.

161 Ebd. Acc. 467, C 5/22, 1963–68, Village Development Committee, Protokoll Büro des
Unterbezirks Madanga vom 3.1.1968; Ebd. Acc. 518, D 30/11 Development Committees Other Regions, Regionalentwicklungsplan der Region Morogoro vom 30.9.1966.

162 Ebd. Acc. 518, D 30/9 Village Development Committee, ad 1, Rundschreiben des
Vizepräsidenten von Tanganyika vom 23. Mai 1963, S. 1.

163 Ebd. ad 3, Rundschreiben des Vizepräsidenten vom 21.5.1963 zu Village Development
Committee Training, Advice to Supervisors and Trainers, S. 4.

der Armen« stehlen.[164] Das sei besonders notwendig in den am wenigsten »entwickelten« Regionen des Landes, wo es am Nötigsten fehle. Hier sei überdies große Überzeugungsarbeit zu leisten, denn es würden große Vorbehalte unter der Bevölkerung gegen Entwicklungen auf der Grundlage unentgeltlicher Arbeit herrschen.[165] Daher sollten sich die Mitglieder der VDCs besonders hier dafür einsetzen, Verständnis für *Hilfe zur Selbsthilfe* zu wecken.[166]

Die Experten aller VDCs standen mit der übergeordneten Regierungsbehörde *Community Development Division* (CDD) in Verbindung, die »Inspiration, Anleitung« und »praktische Hilfe« all denen zukommen lassen sollte, die »notwendige Verbesserungen an ihren Häusern, ihrer Wasserversorgung, ihrer Grundausbildung, ihren Straßen und Brücken« in »Selbsthilfe« durchführen wollten.[167] In der Regel forderte man bei Dorfversammlungen jede Familie auf, freiwillige Arbeitskräfte zu stellen.[168]

Prägend für die Diskurse und Praktiken jener *Self-Reliance*-Initiativen war außerdem das bereits aus der kolonialen Zeit bekannte Reden über Sauberkeit, die als eine weitere eng mit Gesundheit und Ernährung verbundene Grundlage für künftige Entwicklungen angesehen wurde. Meist weibliche Mitglieder des jeweils zuständigen Dorfkomitees besuchten – wie eine Generation vor ihnen schon die Gattinnen der britischen Kolonialbeamten oder Missionare[169] – Hausfrauen, die man als noch nicht auf der Höhe der Zeit stehend identifiziert hatte. Sie wurden nun aufgeklärt, welch große gesundheitliche Bedeutung »saubere Luft und Licht im Haus« hätten und welche »Vorteile eine Küche« hätte, die einen funktionierenden

---

164 TNA Dar Es Salaam Acc. 518, D 30/9 Village Development Committee Ebd. ad 1, Rundschreiben des Vizepräsidenten vom 21.5.1963 zu Village Development Committee Training, Advice to Supervisors and Trainers, S. 4.

165 Ebd. Annual Report Regional Commission 1963, Southern Region, S. 10.

166 Ebd. Annual Report Regional Commission 1963, Mwanza *Region*, S. 23, Punkt 4.

167 Ebd. Acc. 481, R 3/2, 1967–69, Annual Reports 1965 über Community Development und National Culture vom 26.2.1966, S. 6.

168 Ebd. Acc. 467, C 5/22, 1963–68 Village Development Commitee, Bericht des Unterbezirks Madanga vom 15.1.1969, Bericht vom 29.2.1967, vom 17.3.1968, Bericht des TANU-Büros, Madanga vom 22.8.1967, Bericht des Unterbezirks Madanga vom 3.1.68; Ebd. Acc. 518, D 30/9 Zusammenstellungen des VDC vom 17.2.1965 und 31.10.1964, dass die Straßen und die Wasserversorgung verbessert werden müssten.

169 Vgl. Teil I, Kapitel 4.

Schornstein habe und nicht völlig verräuchert sei.[170] Auch in Stadtvierteln beriet man über gemeinschaftliche Arbeit »zur Verbesserung der Lebensbedingungen und Hygiene«. Man plante das Graben von Latrinen und Abwasserkanälen, informierte über Müllentsorgung, Reinigungsaktionen und das Sammeln von Lumpen.[171] Auch *Usafii waa vijiji* (»Tage der Sauberkeit«) wurden veranstaltet, an denen alle Hausbesitzer ihre Häuser ausfegen und wischen mussten, um anschließend in *Kazi Za Ushirika* (»einvernehmlicher Gemeindearbeit«) allen Unrat und Schmutz aus dem Dorf zu bringen.[172]

Die Experten der VDCs kümmerten sich außerdem in Zusammenarbeit mit den Alphabetisierungs-Beauftragten um die ›Verbesserung‹ der Schulausbildung. Gemeinsam mit staatlichen Schulinspektoren hospitierte man den Unterricht, lobte den Fleiß der Lehrer, beanstandete auch Mängel, wobei immer wieder betont wurde, dass der Schulunterricht mehr praktisch sein und Kenntnisse in Hygiene, Gesundheitsvorsorge, Haushalten, Anbau- und Düngemethoden vermitteln sollte.[173]

Bisweilen waren die Mitglieder der VDCs auch in gewerkschaftlichen Organisationen engagiert, die sich ihrerseits für Selbsthilfe einsetzten. So hielten auch Vertreterinnen der *Union of Tanganyika Women* (UWT) Kurse in Dorfhygiene ab und gaben Ratschläge für Unterrichtsmethoden. Mitglieder der 1964 gegründeten Einheitsgewerkschaft *National Union of Tanganyika Workers* (NUTA) setzten sich für Gemeinschaftsarbeit und Maschinenringe ein. Eltern, die in der *Tanganyika African Parents' Association* (TAPA) organisiert waren, renovierten Schulen und sammelten für die Bezahlung von Lehrern, wenn der staatliche Sold ausblieb oder zu spärlich ausfiel. Und die

---

170 TNA Dar es Salaam Acc. 481, P 4/11 1962–66, Tanga District, Development Committee, Bericht vom 23.11.1970 der Beschlussfassung eines VDC über Aufklärungskampagnen im Dorf Rugemnda.

171 Ebd. Acc. 556, TC 28/3 Urban Self Help-Committee, Bericht des Town Clerk von Moshi vom 20.11.1962.

172 Ebd. Acc. 467, C 5/22, 1963–68, Village Development Committee, Bericht Büro des Unterbezirks Madanga vom 1.2.1968. Vgl. bereits im Spätkolonialismus: Teil I, Kapitel 4.

173 TNA Dar es Salaam Acc. 578, IRG/2/VI 1969–72, Inspection Education General in der Region Moshi vom Januar 1969, in dem vermerkt ist, dass die visitierenden Mitglieder des VDC bemängelt hätten, dass die Schüler zu wenig »mit dem Kopf rechnen« üben und zu wenig das Gelernte »laut wiederholen« würden. Außerdem seien die Räume zu klein und es fehle Papier.

Mitglieder der *District Working Committees* (DWCs) mahnten Säumige zur Mitarbeit bei Projekten der Selbsthilfe.[174] Kontrollmöglichkeiten für all diese insgesamt recht vielfältigen und geradezu verwirrenden Initiativen bot das sogenannte »Zellsystem« der TANU. Im ganzen Land wurden die jeweils zehn am nächsten zusammen stehenden Häuser zu »Ten House Cells« zusammengefasst,[175] denen jeweils ein *Cell Leader* vorstand.[176] Jene *Cell Leader* hatten die Entwicklungsaktivitäten und Detailplanungen vor Ort zu koordinieren und alle zur Arbeit zu bewegen, die sich entziehen wollten.[177]

Alles in allem verfügte das Festland Tansanias über eine straff organisierte Entwicklungsbürokratie, die ausgehend vom Büro des Vizepräsidenten bis hinunter in die Dorfkomitees und *Cell Leaders* eine Vielzahl von Institutionen unterhielt, in denen einheimische Entwicklungsexperten den ›top down‹ verordneten Auftrag zu einer Entwicklung ›from the bottom up‹ durchzusetzen versuchten. Hierbei wurde allerdings immer strikt darauf geachtet, die Selbsthilfe zu fördern und den Eindruck von Befehl und Gehorsam zu vermeiden.

Ähnlich verhielt es sich auf Sansibar. Dort wurden allerdings Entwicklungsinstitutionen meist erst neu geschaffen und knüpften nicht wie in Tanganjika an koloniale Vorläufer an. *Village Development* hatte es hier bislang kaum gegeben, waren die spätkolonialen Aktivitäten der *Zanzibar Voluntary Welfare Society* vor allem auf Projekte der Armenfürsorge, damit eher auf Alimentierung und nicht auf Entwicklung konzentriert gewesen.[178]

---

174 Ingle, *From Village to State*, S. 135; Tordoff, *Government and Politics*, S. 79–86.

175 Ingle, »The Ten-House Cell System«; O'Barr, »Cell Leaders«; Ders./Samoff, TANU *Cell Leaders*.

176 Alle zur Wahl stehendenden Kandidaten mussten durch die lokale TANU-Führung vorgeprüft und die nationale Parteiführung bestätigt werden: Levine, »The TANU-Ten-House Cellsystem«; Tordoff, *Government and Politics*, S. 95ff.; Picard, »Attitudes and Development«.

177 Government of Tanganyika, *Tanganyika Five Years Plan for Economic and Social Development 1964*, S. 35. Ende der 1960er-Jahre fiel diese Aufgabe weitgehend weg. Vgl. zu solchen Planungen, die mit den Mitgliedern der VCDs zusammen durchgeführt wurden: TNA Dar es Salaam, Acc. 513, P4/10/1, 1963–69 Village Development Committee, Weisungen zu solchen Planungen und Bestätigungsschreiben über den Eingang vom TANU Headquarter an den Bezirk Handeni vom 28.8.1968.

178 ZNA Stone Town AJ 15/54 Government Funds 1955–1973, ad 33 Finanzierungsplan des Government Poor Funds für die Zanzibar Voluntary Welfare Society vom 28.3.1962. Vgl. Zanzibar, Social Welfare Report 1949, S. 7; Clyde, *History of the Medical Services*, S. 10. Ausführlicher auch in: Teil I, Kapitel 4.

Die Staatspartei Sansibars, die *Afro-Shirazi-Party* (ASP),[179] unter der Führung des Präsidenten Abeid Karume und des Premierministers Abdullah Kassim Hanga schrieb sich nunmehr eine »gerechte Entwicklung« des Landes nach dem »Sieg über den Kolonialismus« auf die Fahnen – und zwar im Sinne eines stringenten Staatssozialismus, der auf Fortschritt und ›Verbesserung‹ der Lebensbedingungen aller setzte. Damit sollten auch umfangreiche Maßnahmen zur »Entwicklung einer anti-rassischen, gerechten und egalitären Gesellschaft« eingeleitet werden, wofür Konzepte der *Hilfe zur Selbsthilfe* ganz zentral waren, versprachen sie, auch den Willen der ›kleinen Leute‹ zu berücksichtigen.[180]

Ähnlich wie auf dem Festland Tanganjika sollte somit *Hilfe zur Selbsthilfe* zum Staatsanliegen werden. Gemeinschaftsvorhaben wurden seit Oktober 1963 durch das *Community Development Central Co-Ordinating Committee* organisiert.[181] Im Juni 1964 begann die sansibarische Regierung zunächst mit Verstaatlichungen der Elektrizitätsversorgung, des Groß- und Einzelhandels und von Landgütern. Große Ackerflächen wurden auf einzelne Familien übertragen. Landwirtschaftliche Selbsthilfe-Projekte sollten die Ernährung vor Ort verbessern. Die staatliche Handelsgesellschaft kaufte die überschüssige Ernte auf, organisierte den Export aufs Festland oder nach Europa und sollte damit den Familien ein Geldeinkommen sichern.[182] Es engagierten sich hierbei wiederum zahlreiche Mitglieder der ASP.[183]

Auf Sansibar gab es damit wie auf dem tansanischen Festland Tanganjika in den 1960er- und 1970er-Jahren ein dichtes obrigkeitsstaatlich organisiertes Netz an Entwicklungsinstitutionen, die für Selbsthilfe einstanden.

---

179 Die ASP war aus der *Zanzibar National Party* (ZNP) hervorgegangen. Diese Partei war 1955 unter der Führung A. Mushin Barwanis, arabischer Kreise, afrikanische Bauernvereine und so genannter ›multi-ethnischer Städtebewegungen‹ in Stone Town gegründet worden. Abeid Karume, der seit 1953 neuer Präsident der *African Association* auf Sansibar war, schloss diese Organisation 1957 zudem mit der seit 1939 afrikanisch-sansibarischen *Shirazi Assocziation* zusammen. Die *Afro-Shirazi-Partei* (ASP) wurde gebildet.
180 Vgl. hier die Erinnerungen des ASP-Aktivisten: Mapuri, *The 1964 Revolution*, S. 49–58.
181 ZNA Stone Town DA 2/35 Community Development Central Co-Ordinating Committee, ad 1 Rundschreiben der Regierung über die Gründung vom 11.10.1963, ad 3 Community Development Paper No. 1 Ref. HLA/P39/1/4 No. 3 Self-Help-Shemes Committee, ad 7 Rundschreiben des Directors of Medical Service über die künftige Organsiation von *Community Development* und den Aufbau von entsprechenden Zentren vom 10.10.1963.
182 Vor allem wurde hier die Nelken-Landwirtschaft weitergeführt: Clayton, *The Zanzibar Revolution*, S. 140ff.
183 Vgl. hier die Erinnerungen des ASP-Aktivisten: Mapuri, *The 1964 Revolution*, S. 49–68.

Togo und Kamerun: Gesellschaften verordneter Selbsthilfe

Vergleichbar verhielt es sich in Togo: Auch hier war die Hierarchie von Entwicklungsinstitutionen von oben nach unten straff organisiert. Auch hier standen an oberster Stelle der Staatspräsident und sein Vize.[184] Vergleichbar mit Tanganjika hatten Entwicklungsinstitutionen koloniale Wurzeln: Die übergeordnete Behörde für landwirtschaftliche Selbsthilfe, war die *Société Publique d'Action Rurale* (SPAR). Sie war während der französischen Mandatsherrschaft zur Förderung der *Animation Rurale* gegründet worden. Die *SPAR* und seit 1963 ihre Nachfolgeorganisationen, die *Sociétés Regionales d'Aménagement et de Développement* (SORAD) hatten Zweigstellen überall im Land und waren mit der Planung, Anregung und mit Fragen zur Durchführung lokaler Entwicklungsprojekte der *Hilfe zur Selbsthilfe* betraut.[185]

Ähnlich wie in Tanganjika der 1960er-Jahre wurde auch in Togo die Alphabetisierung der ländlichen Bevölkerung als grundlegende Aufgabe eigener Entwicklungsexperten angesehen, wobei man im Gefolge der französischen Mandatsverwaltung auf funktionale Alphabetisierung setzte, um nicht durch Bildung die Landflucht noch zu verstärken.[186] Häufig verband man die Alphabetisierung, die oft selbst als ein »geistiger Heilungsprozess« beschrieben wurde, mit medizinischer Aufklärung und Impfkampagnen beispielsweise gegen Masern oder Pocken.[187]

In Überlegungen zur Entwicklung der Landwirtschaft setzte man weiterhin auf enge Zusammenarbeit mit französischen Forschungsinstitutionen. Togoische Feldforscher – so das Landwirtschaftsministerium in Lomé 1961 – sollten mit französischen Einrichtungen zur Entwicklungsplanung zuarbeiten, wie dem *Office de la recherche scientifique d'outremer* (ORSTOM), dem *Institut de recherches agronomiques tropicales* (IRAT) und der *Compagnie*

---

184 Erst 1974 wurde in Togo ein Ministère de l'Économie Rural geschaffen, das 1975 in ein Ministère du Développement Rural und ein Ministère de l'Equipement Rural aufgeteilt wurde. Zweiteres hatte zahlreiche Regionalbüros, die die Einrichtung ländlicher Infrastrukturen überwachten. Vgl. Verdier, »Le Rassemblement«; Olschewiski, *Landwirtschaftspolitik*, S. 109. Vgl. ANT Lomé FA Atakpame 175 Travail et lois socials, Création d'un service d'Africanisation de Cadres 1962–1963, Anweisung des Präsidenten zur Gründung von Selbsthilfeorganisationen vom 27.6.1961.

185 Roudie, »Aspects du développement«; Olschewiski, *Landwirtschaftspolitik*, S. 109.

186 Vgl. allgemein zur Bildungsreform in den französischen Mandats- bzw. Treuhandgebieten und Kolonien in Afrika nach 1940: Manning, *Francophone Sub-Saharan Africa*, S. 164–168.

187 »La campagne de vaccination«.

française pour le développement des fibres textiles (CFDT). Jene Institute hatten die Aufgabe, »aus ihrer Kenntnis der Lage heraus« eine möglichst »objektive Beurteilung der Probleme der Landwirtschaft in Togo« zu gewährleisten. Auch sollte eine landesweite *Coopération Agricole* ins Leben gerufen werden. Ihr Ziel war die »technische, psychologische und politische Erziehung der ländlichen Massen« und damit besonders die »Mobilisierung von Freiwilligen«. Denn die Rentabilität der Landwirtschaft Togos hänge letztlich von der »réceptivité« der ›Bauern‹ ab, betonten Beamte des togoischen Landwirtschaftsministeriums.[188] Man sei sich zwar sicher, dass aufgrund des Mangels von »ausreichend qualifizierten afrikanischen Personal« in den nächsten Jahren noch keine »großartigen Ergebnisse« erwartet werden könnten. Doch sei es an der Zeit, »erste Schritte« zu gehen.[189] Die für afrikanische Landwirte neu in Lomé gegründete *École supérieure de l'agriculture* sollte den Weg bahnen für den Übergang der »traditionellen Bauernschaft« zu einer »ausgebildeten«.[190] Unter der Ägide des Erziehungsministeriums war außerdem eine afrikanische Expertengruppe tätig, bestehend aus einem Lehrer, einem Agrarwissenschaftler und einem Filmemacher. Die Experten sollten überall im Land herumreisen, beispielhaft *Hilfe zur Selbsthilfe*-Projekte anregen und durch Filmaufnahmen die Erfolge der Initiativen dokumentieren. Jegliche Entwicklung mache nämlich nur Sinn, wenn an der Stelle der »individuellen Untätigkeit eine Gruppendynamik« trete, die »einen Gemeinschaftssinn stifte«. Dabei sei zur Mobilisierung der ›Bauern‹ darauf zu achten, dass sie bei allen Projekten umgehend Profit erwirtschaften würden. Wenn sie mehr produzieren sollten, dann müssten sie auch mehr verdienen. Nur ein solches Prinzip würde von den Leuten auf dem Land verstanden. Somit hätten die eingesetzten Experten auch Geschäftsleute zu sein.[191]

In Dorfkomitees wurden von ausländischen und allmählich auch inländischen Experten – wie in den tansanischen VDCs – Meinungen zu Bedürfnissen der Dorfbewohner zusammengetragen sowie Beschlüsse zu gemeinsamer Selbsthilfe gefasst. Deren Umsetzung musste wie dereinst im kolonialen Prinzip der *Animation Rurale* mit den staatlichen Planungen ab-

---

188 ANT Lomé FA Atakpame 221: Agriculture 1963, Ministère de l'agriculture, Direction de l'agriculture, Note de présentation d'un avant-projet d'étude de la planification de l'agriculture togolaise, 30.6.1961.
189 Ebd.
190 Ebd.
191 Ebd.

gestimmt und durch Regierungsbehörden genehmigt werden.[192] Bei positivem Bescheid wurde dann in der Regel ein Arbeitsdienst in die Dörfer geschickt, der gemeinsam mit den Bewohnern vor Ort die anstehenden Aktionen durchführen sollte. Alle Einwohner waren verpflichtet, jede Woche mehrere Stunden nach besten Kräften gemeinsame Arbeit zu verrichten und beim Bau von Straßen, Schulen oder Dispensarien mitzuwirken.[193] Auch Greise und Kinder sollten beitragen. Ausnahmen blieben nur Kranke, Schwangere und so genannte »für das Gemeinwesen unabkömmliche Personen« – wie Lehrer, Dorfoberhäupter, Pfarrer und Ärzte.[194] Alle Mitarbeiter der *Animation Rurale* erhielten außerdem Subventionen, wenn sie sich als ›Kleinbauern‹ niederließen.[195]

Auch in Kamerun waren die Institutionen der *Hilfe zur Selbsthilfe* zentral organisiert und führten koloniale Verhältnisse fort: Seit Beginn der Unabhängigkeit erließ dort eine staatliche Planungsbehörde unter der Ägide des Entwicklungsexperten Hubert Otable Richtlinien,[196] die vorgaben, wie spätkoloniale Konzepte von *Community Development* und *Animation Rurale* zum Nutzen postkolonialer Entwicklung weitergeführt werden sollten.[197] In der während der 1950er-Jahre durch französische Mandatsbeamte gegründete *Societé publique du Cameroun* sollten sich Afrikaner der Verbreitung des »Geists der Animation« widmen.[198] Im postkolonialen Kamerun er-

---

192 Vgl. hierzu ausführlicher: Teil I, Kapitel 4.

193 Vgl. bspw. »Nuatja«.

194 Verdier, »Le Rassemblement«; Olschewiski, *Landwirtschaftspolitik*, S. 109. Vgl. ähnlich in Obervolta in den 1960er-Jahren: Bernard-Ouedraogo, »Une expérience«.

195 TNA Lomé FA Atakpame 283, L'Expérience de la Jeunesse Pionnière Agricole du Togo, Résolution des delégnés des corperatives agricoles du Togo réunis en congrès à Palime (7/3/1962) 1962.

196 Im Jahr 1970 wurde die *Animation Rurale* vom Planungsministerium zum Ministerium für Jugend und Sport und 1972 in das Landwirtschaftsministerium übertragen. Von ursprünglich über 1.000 Mitarbeitern waren 1970 noch 70 tätig. Albert Ottou, Ministère de la Jeunesse et des Sports, Aperçu sur l'animation, August 1971, S. 18, zitiert nach: Illy, *Politik und Wirtschaft*, S. 338.

197 In Britisch-Kamerun, das 1961 mit Französisch-Kamerun verbunden worden war, sollten bis in die 1980er-Jahre *Animation Rurale* und *Community Development* nebeneinander bestehen. Im Jahr 1970 wurde die *Animation Rurale* vom Planungs- zum Ministerium für Jugend und Sport und 1972 in das Landwirtschaftsministerium übertragen. Ebd.

198 CAN Jaunde 1 AC/8145 Societé publique du Cameroun. Construction de solidarité sociale 1953, Aktenvermerk vom 3.11.1953; Ebd. 2 AC 2637 Direction des Affaires Economiques et du Plan. Territoire du Cameroun, Aufstellung vom 22.12.1956; Ebd. 2 AC 9494 Nord (Cameroun) Service sociale creation 1950, Rundschreiben des Directeur du service social au Cameroun 1950.

stellte das 1963 gegründete *Comité technique National pour le Développement* Entwicklungspläne und holte hierfür Vorschläge aus der Bevölkerung ein.[199] Ein Aktionsprogramm war der Regierung vierteljährlich vorzulegen.[200]

Der Aufgabenbereich der *Animation Rurale* wurde 1970 vom Planungsministerium an das Ministerium für Jugend und Sport übertragen, um wohl die Bedeutung junger Aktivisten zu betonen und hier das Ziel zum Ausdruck zu bringen, die Landflucht der Jugendlichen zu verhindern, staatsbürgerliches Wohlverhalten anzuerziehen und für sinnvolle Freizeitgestaltung durch *Hilfe zur Selbsthilfe* zu sorgen.[201]

Ähnlich wie die jeweilige Staatsführung Tanganjikas und Togos favorisierte auch die Regierung Kameruns in den ersten Jahren der Unabhängigkeit die funktionale Alphabetisierung, die das Verständnis für Selbsthilfe – aber nicht zu viele kritische Geister – wecken sollte.[202]

Durch die Übertragung in das Landwirtschaftsministerium 1974 gingen die Zeit der *Animation Rurale* und damit auch die Bedeutung der *Hilfe zur Selbsthilfe* im französisch sprachigen Teil von Kamerun allmählich zu Ende. Man baute darauf, eher »unverbundene Interventionsmuster im ländlichen Raum« wieder stärker zu koordinieren und setzte künftig vermehrt auf Massenproduktion durch Plantagen.[203]

In Westkamerun, das unter britischer Mandatsverwaltung gestanden hatte, gab es auch nach Ablauf des Treuhandvertrages 1960 ein mit britischen Beratern besetztes *Community Development Department*, das unmittelbar dem Staatssekretariat des Inneren unterstand.[204] Auch die *Colonial Development Corporation* (CDC), eine agrarindustrielle Institution, die 1946/47 von der britischen Mandatsverwaltung gegründet worden war,[205] sollte ›Fortschritt‹ bei den ›Kleinbauern‹ in der Nachbarschaft der Plantagen bewirken.[206] Otable sprach sich ähnlich wie seine Kollegen in Tansania und Togo dafür aus, dass die Hierarchien zwischen staatlicher Planung, den

199 Jeunesse rurale, »S'intégrer«.
200 Vgl. Illy, *Politik und Wirtschaft*, S. 338.
201 Ebd.
202 Vgl. Manning, *Francophone Sub-Saharan Africa*, S. 164–168.
203 Illy, *Politik und Wirtschaft*, S. 338.
204 Ebd. S. 339.
205 Konings, *Labour Resistance*, S. 36.
206 Ebd., S. 36.

Départements und den Dörfern vor Ort möglichst niedrig gehalten werden müssten.[207] Auch in Kamerun hatten Institutionen, in denen einheimische Entwicklungsexperten tätig waren, die Aufgabe, den Menschen das Gefühl zu geben, dass das Prinzip der Selbstbestimmung wirklich umgesetzt würde und man sich jederzeit eigenständig »materiell wie moralisch« einbringen könnte.[208] Das jeweilige *Comité d'Action Rurale* sollte im Landkreis die Planziele der Regierung weitergeben und für die technische, moralische, hygienische und ökonomische *Animation* der ›Bauern‹ hin zu ihrer »eigenständigen Entwicklung« sorgen.[209]

Durch die während der französischen Mandatsverwaltung gegründeten *Centres de Formation d'Animateurs Rurale* (CFAR) sollte gewährleistet werden, dass die Landbevölkerung sich möglichst rasch, freiwillig und engagiert in Arbeiten für die Gemeinschaft einbrächte.[210] Hier wurden auch *Animateure* ausgebildet, die über die Dörfer reisten und Berichte verfassten über Entwicklungsplanungen und die Fortschritte bei deren Umsetzung.[211] Dabei sollten – ebenfalls ganz ähnlich wie in Tanganjika und Togo – nicht zuletzt die Gründung von dörflichen Entwicklungs-Komitees (*développement communautaire*) und Genossenschaften gefördert, sowie die Bevölkerung angeregt werden, ihre eigenen Vorschläge zu erarbeiten.[212] In größeren Städten sollten Komitees der *animation urbaine* für den gemeinschaftlichen Ausbau der Wasserversorgung und Kanalisation sorgen.[213] Wie eine Art Aufsichtsinstitution agierten die *Equipes mobiles d'animation* (EMAR), in die besonders verdiente *Animateure* aufgenommen wurden. Als Leiter fungierte der *Chef de Poste Agricole*. Für Ernährungs- und Gesundheitsfragen der *Animateure* und der Mitwirkenden in Dorfprojekten war ein *Aide-de-Sociale* zuständig, während sich ein *Moniteur d'Education* der »staatsbürgerlichen Erziehung« widmete.[214]

---

207 Otable, »Rôle des Régionaux«; Ders. »Structure«.

208 Ebd., S. 5.

209 Commission Economique pour l'Afrique, *Rapport*, S. 153.

210 Government du République du Cameroun, *Circulaire Nr 004458/MINPD/ADR du 28 Setembre 1967*. Vgl. Teil I, Kapitel 4.

211 Ebd. Insgesamt entstanden lediglich neun Zentren: Ottou, *Aperçu sur l'animation*, zitiert nach: Illy, *Politik und Wirtschaft*, S. 337.

212 Governement du République du Cameroun, *Décret No. 63/DF/138 du 24 avril 1963*, *Art. 19*. Vgl. Teil I, Kapitel 3.

213 Ekoum, »L'Animation«; Lippens, »Réflexions«.

214 Commission Economique pour l'Afrique, *Rapport*, S. 153.

Ähnlich wie in Togo zahlte es sich aus, wenn man sich in der EMAR besonders hervorgetan hatte. Zeigte man sich für das Landleben geeignet und willig, dann wurde man vom Nationalfond für ländliche Entwicklung FONANDER durch günstige Kleinkredite gefördert, erhielt Subventionen oder gar Ackerland unentgeltlich.[215]

In Westkamerun engagierten sich zahlreiche britische Experten auch nach der Unabhängigkeit in spätkolonialen Institutionen des *Community Development*.[216] Unter ihnen war beispielsweise Elizabeth O'Kelly, die schon in den 1950er-Jahren mit Frauen in den Dörfern des südlichen Kamerun zusammengearbeitet hatte[217] und 1975 ein Standardwerk für britische *Hilfe zur Selbsthilfe* vorlegte.[218]

Auch nach der Vereinigung mit der Republik Kamerun arbeiteten die ursprünglich kolonial-britischen *Local Councils* im Prinzip des *Community Development* weitgehend unverändert weiter. Hier waren in der Kolonialzeit eingesetzte *Chiefs* tätig, die die Hälfte der Steuereinnahmen nach eigenem Gutdünken für die Entwicklungen in ihrem Zuständigkeitsbezirk verwenden konnten.[219] Entsprechend wurden vor allem sichtbare Infrastrukturmaßnahmen in Selbsthilfe durchgeführt, wie der Bau von Straßen, Wasserleitungen, Schulen oder Gesundheitszentren.[220] Durch die häufig enge soziale Bindung zwischen *Chiefs* und Dorfbewohnern erwartete man sich ein besonders hohes Engagement.[221]

In allen Regionen engagierten sich außerdem Mitglieder der Einheitspartei in Kamerun, der *Cameroon National Union* (CNU), und gingen ihren Landleuten mit gutem Beispiel in der Selbsthilfe voran. Auch in der Einheitsgewerkschaft *Union des Travailleurs Camerounaise* (UTC) organisierte Arbeiter sollten konkrete Projekte der Selbsthilfe voranbringen.[222] Seit 1968

---

215 Vgl. Breuer, »Weltwirtschaft«.
216 Adams, »Colonial Policies«.
217 O'Kelly, »Corn Mill Societies«.
218 Dies, *Aid and Self Help*.
219 September 1972 wurde entschieden, dass die Organe des *Community Development* vom Staatssekretär des Innenministeriums an das Landwirtschaftsministerium übertragen würden. Andererseits wurden Teile der Behörde in das Ministerium für territoriale Entwicklung eingegliedert. Décret No. 72/438 du 1er septembre 1972, portant organisation du Ministère de l'Agriculture, Art. 11, zitiert nach: Illy, *Politik und Wirtschaft*, S. 339f. Vgl. Seely, »Community Development«, S. 16.
220 Vgl. Department of Community Development, *West Cameroon. Annual Report 1968–1969*.
221 Ministry of Co-Operatives and Community Development, *Policy Statement*, S. 7.
222 Die Gewerkschaft wurde 1973 durch die Zusammenfassung von drei bestehenden Gewerkschaften gegründet.

wurden auch im frankophonen Teil des Landes immer mehr Projekte des *Community Development* begonnen – und zwar mit der Bildung sogenannter *Zones d'Activités Culturelles et Communautaires* (ZACC). [223] Es wurde erneut die Parole ausgegeben, dass die Entwicklung Kameruns »für die Menschen« sei und »von den Menschen« ausgehen müsse.[224] 1974 wurden schließlich die Institutionen des *Community Developments* wie auch der *Animation Rurale* unter die Ägide des Landwirtschaftsministeriums gestellt. Entwicklungen sollten künftig stärker koordiniert werden.[225] Das Ministerium für Jugend erklärte gemeinsam mit zehn weiteren Ministerien und der Einheitspartei, dass nun endlich »eine wirksame Waffe im Kampf gegen die Unterentwicklung« geschaffen sei.[226]

Im Vergleich verweisen die Institutionen, die Selbsthilfe in Tansania, Togo und Kamerun in den langen 1960er-Jahren vorantreiben sollten, auf koloniale Traditionslinien und – entgegen der häufig gepflegten Rhetorik – auf eine straffe, durch staatliche Stellen gesteuerte Hierarchie: Institutionen der *Animation Rurale* und des *Community Development* wurden wie schon in der Mandatszeit als Instrumente übergeordneter, keineswegs von ›unten‹ ausgehender‹ Entwicklungsinitiativen begriffen.[227]

In Tanganjika, auf Sansibar, in Togo und Kamerun wurde somit vieles an Entwicklungsinstitutionen, die bereits im Spätkolonialismus eingerichtet worden waren, weiterhin fortgeführt. Der Gedanke der *Hilfe zur Selbsthilfe* galt nunmehr allerdings nicht mehr nur als effektives Konzept der Durchsetzung von Entwicklung, sondern wurde geradezu als Leitmetapher postkolonialer Unabhängigkeit ideologisiert. Kontinuierlich arbeiteten die postkolonialen Regierungen an der Rekrutierung eigener einheimischer Experten, nicht zuletzt um weniger auf die Beratung von Ausländern angewiesen zu sein. Hierauf reagierten wiederum die Geberländer der Entwicklungshilfe und nicht zuletzt die Bundesrepublik Deutschland und die DDR mit ihren spezifischen Konzeptionen der institutionellen Rahmung der Expertenentsendung. Doch mit institutionellen Reformen war es nicht getan. Von Experten wurde geradezu Übermenschliches erwartet, sollten sie nicht nur im deutsch-deutschen Konkurrenzkampf und im internationalen

---

223 Vgl. Göser, »Förderung« S. 85.

224 DeLancey, *Historical Dictionary*, S. 238f.

225 CAN Jaunde, Décret No 72/438 du 1er septembre 1974, Portant organisation du Ministère de l'Agriculture, Art. 11.

226 Vgl. Breuer, »Weltwirtschaft«.

227 Wie im Folgenden gezeigt wird, hatte das unmittelbare Auswirkungen auf die Projekte. Vgl. bspw. Teil III, Kapitel 4.

Wettbewerb, sondern auch in den Zeiten der Kritik an ausländischer Expertise in Afrika bestehen können.

1.2. Vom Experten zum Berater: Zuschreibungen und Anforderungen

1949 formulierte das *Economic and Social Council* der UNO einige Erwartungen an Entwicklungsexperten, die weltweit gültig sein sollten.[228] Wenn man als ausländischer oder auch einheimischer Spezialist in einem Land der Dritten Welt arbeiten wolle, dann müsse man nicht nur über fachliche Qualifikationen und Erfahrungen verfügen, sondern vor allem auch über psychische und soziale Kompetenzen. Geduld, Einfühlungsvermögen, Idealismus, eine moralische Haltung und Offenheit gegenüber »fremden Kulturen« seien unverzichtbar.[229] Vor allem Gefühle wurden hier großgeschrieben; und wenn sie nicht vorhanden waren, dann sollten sie eingeübt werden.[230]

Für Projekte der *Hilfe zur Selbsthilfe* bräuchten Experten diese und sogar ein paar weitere Qualifikationen, um ihre »sanfte Regierung« etablieren, ausbauen und aufrecht erhalten zu können.[231] Aufgrund der hier geforderten besonders engen Zusammenarbeit mit den Empfängern der Hilfe[232] müssten Experten menschliche Nähe zulassen und mit ihr auch professionell umgehen können. Gefragt waren auch ethnologische Kenntnisse über die ›Sitten‹ und ›Mentalität‹ der Leute vor Ort. Dieses Wissen müsste man aber auch einsetzen können. So sollten Experten alle möglichen (ethno-)psychologischen Kenntnisse haben, um Widerständen gegen die Projekte überwinden, Missverständnisse aus dem Weg räumen und sonstige Konflikte vermeiden zu können. Ein »weltoffenes und vorbehaltsloses Wesen«, das sich in die Lage des auch »kulturell Anderen« hineinzusetzen vermöge,

---

228 United Nations, Economic and Social Council, *Official Records 9th Session, Supplement 1.* Vgl. hier und auch zum Folgenden: Büschel, »Die Moral«.

229 United Nations, Economic and Social Council, *Official Records 9th Session, Supplement 1.*

230 Vgl. als konziser neuerer Überblick in Emotionen als Gegenstand der Geschichtsschreibung: Plamper, »Vergangene Gefühle«.

231 Vgl. zum Begriff und zur Analyse »sanfter Regierungstechniken«: Foucault, »Die Geschichte der Gouvernementalität«, S. 174, 186f., 192.

232 Vgl. hierzu ausführlicher: Teil I, insb. Kapitel 2 und 3.

sei unabdingbar.[233] Für *Hilfe zur Selbsthilfe* brauche man somit vor allem
»Sozialexperten«, die sich sensibel, anpassungsfähig und doch zielgerichtet
auf die »Motivationslage von Gruppen« einstellen könnten.[234]
Unerwünscht sei distanziertes, arrogantes oder gar neokolonialistisches
Gehabe: Die Zeit galt definitiv als vorüber, als noch Missionare und Kolonialbeamte über die ›Eingeborenen‹ wie ein Hirte über seine Herde wach-
ten.[235] Dabei waren auch diese bereits erklärtermaßen seit der Jahrhundertwende zu »edler Gesinnung« und »Selbstbeherrschung« gehalten.[236] So
hatten beispielsweise die französischen Kolonialexperten Julies Harmond
und Louis Vignon 1919 betont, man müsse über ein besonderes Verständnis für die »Psychologie der Eingeborenen« ebenso wie über »einfühlsame
Führungsqualitäten« verfügen.[237] Auch die britische Politologin und Afrikanistin Margery Perham hob in den 1930-Jahren immer wieder hervor,
wie wichtig vor allem »menschliche Qualitäten« in Afrika seien,[238] während
der Ethnologe Diedrich Westermann 1931 gar von der unverzichtbaren
»Zuneigung« von Europäern und Afrikanern schrieb, die zweite vor allem
ernst nehmen solle.[239] Selbst der Leiter des 1938 eingerichteten Referats
»Koloniale Sozialpolitik« im nationalsozialistischen *Arbeitswissenschaftlichen
Institut* Wilhelm Rothaupt betonte, dass ein Experte vor allem über »Herz
und die Gabe der Menschenführung« verfügen müsse, denn »heftige und
schreiende Anrede« würden »den Neger entweder störrisch oder gleichgül-
tig machen«.[240] In den 1950er-Jahren wurde für die britischen Treuhandgebiete immer wieder erklärt, dass *Community-Development*-Experten als
»Freunde« und nicht als »Diktatoren« auftreten sollten, um möglichst viel

233 United Nations, Economic and Social Council, *Official Records 9th Session, Suppelement 1.*
Vgl. zur Betonung ethnologischen Wissens schon im Spätkolonialismus: Teil I, Kapitel 4.
234 Vgl. DSE, *Inhalt und Methodik.*
235 Vgl. zu diesem Führungsmodell: Foucault, »Omnes«, S. 225f.
236 Schanz, »Die Kolonialschule«.
237 Harmand, *Domination*, S. 152, 158–163; Vignon, *Un programme*, S. 212ff. Vgl. zu diesem Wissen ausführlicher: Teil I, Kapitel 4.
238 RH Oxford, MSS Afr. s. 685 Margery Perham 9.
239 Westermann, »The Missionary«, S. 165.
240 Arbeitswissenschaftliches Institut, »Sozialpolitik«, S. 583, 634. Vgl. ähnlich auch: BA Berlin Lichterfelde R 2/2978, ad 7-14 Kolonialpolitisches Amt, Richtlinien für die kolonialpolitische Schulung, Berlin 1940, hier ad 13. Vgl. Hamburger Stiftung für Sozialgeschichte des 20. Jahrhunderts, *Sozialstrategien*, S. 583, 634.

Kräfte für die Selbsthilfe freizusetzen.[241] Ein *Community-Development-Officer*, so ist in einem Handbuch des *Colonial Office* von 1958 zu lesen, sollte der »Geburtshelfer für die neue Gemeinschaft sein, nicht die Vaterfigur der alten.«[242]

In den 1960er-Jahren sollte schließlich ein klar festgelegter global gültiger Erwartungskanon nicht zuletzt Hilfestellung bieten für Experten, sich selbst zu solchen Tugenden zu verhelfen.[243] Die Messlatte war so hochgehängt, dass man ihr vermutlich nie von vornherein entsprechen konnte. In der Anschauung dieser Erwartungen sollten Anwärter für den Dienst in ›Übersee‹ oder auch schon entsandte Praktiker sich kontinuierlich eigenen Defiziten bewusst werden und daran arbeiten, sie abzustellen.[244]

Die Auseinandersetzung über solche Erwartungen war in der Bundesrepublik Deutschland und der DDR wiederum besonders intensiv: Hier galt es, jeglichen Misserfolg in der Entwicklungsarbeit auszuschließen, wollte man die Häme Bonns bzw. Ost-Berlins vermeiden, blockpolitischen Einfluss in Afrika gewinnen und auch sonst auf dem internationalen Parkett bestehen.[245] So gab es in West- und Ostdeutschland gleichermaßen intensive Debatten über notwendige fachliche und soziale Eigenschaften von Experten. Und auch diese Vorstellungen deckten sich frappierend mit dem, was die Regierungen der neuen unabhängigen Nationalstaaten Afrikas von ihren einheimischen Entwicklungsspezialisten erwarteten.

Deutsche Experten als Freunde und Partner

Ende Mai 1961 trafen sich einige bundesdeutsche Entwicklungsexperten, um miteinander zu besprechen, welche Eigenschaften künftige Kollegen haben sollten. Man war sich rasch vor allem darüber einig, wer für einen Experteneinsatz nicht geeignet sei: »Sture Menschen, Prinzipienfanatiker, Pedanten oder trockene Spezialisten« könne man ebenso wenig brauchen

---

241 So der Bericht des verantwortlichen britischen Offziers: TNA Dar es Salaam 3894/II H. Mason, Social Development Officer, Progress in Pare. An interim on Experiments in Community Development in North Pare, Tanganyika, 1951, zitiert nach: Eckert, *Herrschen und Verwalten*, S. 151.

242 Colonial Office, *Community Development*, S. 86.

243 Vgl. kritisch zum sozialen Druck von Diskursen über Selbstsorge: Foucault, *Die Sorge um sich*.

244 »Entwicklungshilfe als Beruf«. Vgl. zu Techniken der ›Selbsterziehung‹: Foucault, *Hermeneutik*, S. 544.

245 Vgl. Teil I, Kapitel 1.

wie »fernwehige Romantiker« oder »egozentrische, selbstbezogene Erfolgsmenschen«.[246] Einige »ältere Kollegen« würden noch einem »irrigen
Gefühl überlegener Kultur, Technik oder Persönlichkeit« anhängen. Das
müssten sie augenblicklich abstellen.[247] Eine »ausgeprägte Fähigkeit zur
Empathie« und »echtes soziales Interesse« seien hingegen sehr gefragt.
Auch ein »warmherziger Humor« könnte nicht schaden.[248] »Absolute Tropentauglichkeit« meine künftig, dass Experten über die »seltene Mischung«
von »psychischer Offenheit und Immunität« verfügen müssten, um sich
einerseits gut einbringen zu können, andererseits durch negative, bisweilen
gar traumatisierende Erfahrungen nicht unterzugehen.[249]

Auswertungen der GAWI ebenso wie Vorwürfe aus der DDR und einiger afrikanischer Regierungen bezüglich des autoritären und neokolonialen
Auftretens westdeutscher Experten nahm der Soziologe und Spezialist für
das Entwicklungskonzept der *Hilfe zur Selbsthilfe* Joerges[250] 1962 zum Anlass für seine Empfehlungen: Es brauche unbedingt einen verbindlichen
»moralischen Kodex« für Experten aus der Bundesrepublik Deutschland.
Die »Ansprüche« der »jungen Nationalstaaten« in Afrika würden immer
mehr steigen. Ein bundesdeutscher Experte, der hier bestehen könnte,
müsse mit außerordentlichen »moralischen und ethischen Prinzipien« ausgestattet seien.[251] Breites Wissen, exzellente Ausbildung und praktische Erfahrungen würden bei weitem nicht mehr ausreichen.[252] »Idealismus« und
eine »echte Haltung« zu den Menschen im Einsatzland seien unabdingbar.[253] »Lethargie« und »Betriebsblindheit« seien hingegen unerwünscht.[254]
Manche Experten würden sehr weltoffen sein, was sie für eine Arbeit mit
»fremden Kulturen« durchaus eigne. Sie würden aber gerade zu ein wenig
überschießendem Verhalten neigen und müssten sich daher darum bemühen, »sittsam« und »ausgeglichen« zu sein. Denn ein wie auch immer geartetes Aus-der-Rolle-Fallen würde schnell Misstrauen und Ablehnung unter

---

246 DSE, *Inhalt und Methodik*, S. 10f.
247 Ebd. Vgl. BA Koblenz B 213 BMZ 5483 Berichte über Fachkräfte der technischen Hilfe
    1971, Entwurf zu einem GAWI-Rundbrief zur Billigung vorgelegt beim BMZ Referat
    III B 4 vom 9.2.1971; Ebd. 1357, Reiseberichte Ostafrika, Bericht vom 12.12.1968.
248 DSE, *Inhalt und Methodik*, S. 10f.
249 Ebd. Vgl. Böll, »Vorwort«.
250 Vgl. Teil I, Kapitel 1.
251 Joerges, »Experten«, Sp. 1133.
252 Ebd.
253 Ebd.
254 Ebd., Sp. 1127, 1133.

den *Counterparts* provozieren.[255] Andere Experten seien recht distanziert, hätten nur wenig »Mitleid« mit den Menschen im Einsatzland. Sie müssten sich wiederum um mehr Empathie kümmern.[256] Für alle Experten aus der Bundesrepublik Deutschland müsse gelten, dass künftig nichts mehr an das »paternalistische Erscheinungsbild des Kolonialbeamten« erinnere.[257] In den Zeiten von *Self Reliance* sei besonders in Afrika »autoritäres Gehabe« vollkommen unangebracht.[258]

Experten selbst berichteten aus ihren praktischen Erfahrungen ähnliches: Koloniale Attitüden und arrogantes Gehabe müsse man besonders in Afrika schleunigst ablegen. Man dürfe nur noch als ein »aufrichtiger Freund« der Afrikaner auftreten. Diese seien häufig voller Misstrauen und »Minderwertigkeitsgefühle«, weshalb man sich sehr bemühen müsse. Man dürfe weder nur Befehle erteilen, noch vor lauter Ungeduld die Arbeit selbst erledigen, denn auch dies würde leicht als Herabsetzung ausgelegt.[259] Deutsche Experten müssten an die Fähigkeiten ihrer afrikanischen *Counterparts* glauben, ihnen Selbstbewusstsein geben, sie aufrütteln, damit sie Vorbilder für die Selbsthilfe würden.[260] Auf keinen Fall dürfe man Standesdünkel haben: Ein »guter« Experte müsse für den »hohen Beamten« ebenso ein offenes Ohr haben wie für den »armen analphabetischen Bauern«. Doch solle man auch Führungsstärke und Urteilsvermögen zeigen: Oft seien die Beamten in den Entwicklungsländern voreilig und würden Ziele erreichen wollen, die man nicht in der erwartet kurzen Zeit erreichen könnte. Bei dem Rest der Bevölkerung gebe es wiederum viel »Lähmung, Ziellosigkeit und Verzweiflung«. Hier müsse ein ausländischer Experte ständig vermitteln und das rechte Maß im Auge haben.[261] Insgesamt müssten Experten über einen »ganz besonderen Charakter«, über »psychische

255 Joerges, »Experten«, Sp. 1127, 1133.
256 Ebd. Vgl. auch: Golovensky, »The Marginal Man Concept«, S. 333. Aufgegriffen in der Debatte zu Entwicklungsexperten: Nickel, »Marginalität«.
257 Joerges, »Experten«, Sp. 1133.
258 Ebd., Sp. 1128. Vgl. Sanders, »The Contribution«; Borel, *Kommunikationsprobleme.*
259 BA Koblenz B 213 BMZ Technische Hilfe/Togo 4112, Musterdörfer, Abschlussbericht Schnellbach vom Dezember 1965, S. 4.
260 Ebd. Vgl. hierzu den pädagogischen Ansatz Freires in seiner »Pädagogik der Unterdrückten«. Hier spricht sich Freire für einen »intensiven Glauben an die Fähigkeiten des Schülers« aus. Freire, *Pädagogik der Unterdrückten*, S. 72, 74.
261 So bspw. zu lesen bei: Jacobs, »Die Pläne«, Sp. 656f. Vgl. DSE, *Inhalt und Methodik*; BA Koblenz B 213 BMZ 5483 Berichte über Fachkräfte der technischen Hilfe 1971, Entwurf zu einem GAWI-Rundbrief zur Billigung vorgelegt beim BMZ Referat III B 4 vom 9.2.1971.

Kraft« und »Willensstärke«[262] verfügen, um sich mit Herz und Verstand völlig auf die »Gegebenheiten und Notwendigkeiten« des Einsatzlandes einlassen zu können.[263] »Improvisationskunst und Einfühlungsvermögen«, so erklärte 1965 der Minister für wirtschaftliche Zusammenarbeit Walter Scheel, seien ebenso nötig wie eine »robuste physische und nervliche Konstitution«.[264]

Je nach Tätigkeitsfeld der Experten gab es noch spezifische Erwartungen: Die »ärztliche Arbeit in den Tropen«, ist 1969 von einem Amtsarzt des Auswärtigen Amtes – sicherlich nicht ohne seine eigene Bedeutung herausstellende Attitüde – zu lesen, »gehöre zu den härtesten Leistungen in den Gesundheit gefährdenden Gebieten überhaupt.« Sie sei besonders »reich an Entsagungen und Enttäuschungen.«[265] So müsste man bei medizinischen Experten auf eine »ausgeprägte Opferbereitschaft« achten. Denn sie hätten unter den »widrigsten technischen, hygienischen und menschlichen Bedingungen« zu arbeiten. Der alltägliche »Kampf gegen Aberglauben und Medizinmänner« brauche besonders durchsetzungsfähige Persönlichkeiten. Geduld sei gefragt, wenn es darum gehe, die *Counterparts* in Projekten der *Hilfe zur Selbsthilfe* für »moderne medizinische Methoden und Hygiene aufzuschließen«.[266]

Agrarexperten wiederum müssten ohne Probleme »Einsamkeit mitten im Busch ertragen«. Sie müssten geradezu stoisch sein, hätten sie doch oft »sehr verstockte und zögerliche« Dorfbewohner in zähen Gesprächen von den Vorteilen der Entwicklungsarbeit zu überzeugen.[267] Ein tropischer Landwirt dürfe sich trotz Studium »nicht zu fein sein«, selbst einen Pflug durch steinigen Boden zu führen und eng mit den »einfachsten Leuten«

---

262 BA Koblenz B 213 BMZ Technische Hilfe/Togo 4112, Musterdörfer, Abschlussbericht Schnellbach vom Dezember 1965, S. 4.

263 Ebd. 5483 Berichte über Fachkräfte der technischen Hilfe 1971, Bericht über die Fachkräfte der Technischen Hilfe an das BMZ von Referat III B 4-T 4100-28/71 vom 24.5.1971.

264 Scheel, »Entwicklungspolitik«. Vgl. hier und zum Folgenden: Büschel, »Die Moral«.

265 BA Koblenz B 213 BMZ 5459 Einsatz von Ärzten, Krankenschwestern und medizinisch-technischen Fachkräften 1964ff., Stellungnahme des Regionalarztes des Auswärtigen Amtes für West- und Zentralafrika vom 1.9.1969 an das BMZ.

266 Ebd. Vgl. in diesem Sinne auch publizistische Außendarstellungen wie: Siebert, »Deutsche Krankenschwestern«.

267 BA Koblenz B 213 BMZ 5496, Bildung eines Stamms von Entwicklungshilfefachkräften, Besprechung der Staatssekretäre am 14.8.1969.

vor Ort zusammenzuarbeiten.[268] Ein Lehrer müsse auch ohne Tafel, Kreide und Bücher unterrichten können.[269] Das Anforderungsprofil für Experten schlug sich unmittelbar in den Stellenanzeigen der bundesdeutschen Dienste nieder. So ist 1969 beispielsweise von der GAWI zu lesen:

»Wir haben nichts gegen Leute, die neugierig sind auf ferne Länder und fremde Völker. Bei der Arbeit im Projekt blättert der Reiz des Neuen rasch genug ab. Der Alltag ist hart und unromantisch. Ein Schlepper ist im Schlamm steckengeblieben – wer zieht ihn heraus? Die Pumpe der Beregnungsanlage streikt – und das mitten in der Trockenzeit. Von Idealismus reden wir nicht. Wir setzen lieber auf Können, Nüchternheit und Tatkraft. Aber irgendwo steckt in jedem unserer Fachleute auch ein Idealist…ein Mann, der mit Leidenschaft bei der Sache ist, weil er gegen Hunger und Elend kämpft.«[270]

Auch die Regierung der DDR stellte ganz besondere Erwartungen an ihre Spezialisten. In vielerlei Hinsicht waren diese ähnlich den westdeutschen: Auch ostdeutsche Experten sollten ein »Verständnis für die Belange und Mentalität des Partners« mitbringen und selbstbeherrschte sowie geduldige Zeitgenossen sein.[271] Dabei war allerdings weit mehr Gemeinschaftssinn gefragt als in der Bundesrepublik Deutschland. Nach den Leitlinien der *Internationalen Solidarität* lebten Experten untereinander und mit den Mitgliedern der Solidaritätsbrigaden in einem möglichst einvernehmlichen Kollektiv.[272] Diese als harmonisch imaginierte Arbeits- und Lebensgemeinschaft sollte ihre Kraft aus sich selbst schöpfen und gleichzeitig als Beispiel auf die Afrikaner »ausstrahlen«.[273] Daher sollten Brigadeleiter über die »psychische und soziale Stabilität« verfügen,[274] »Gemeinschaftssinn« her-

---

268 BA Koblenz B 213 BMZ 5496, Bildung eines Stamms von Entwicklungshilfefachkräften, Besprechung der Staatssekretäre am 14.8.1969.

269 Ebd.

270 Ebd. 5456 Personalplanung, allgemein 1964–1970, Stellenanzeige 1969.

271 BA Berlin Lichterfelde SAPMO DY 24/19211 Korrespondenz zwischen dem Zentralrat der FDJ und der Brigade der Freundschaft in Sansibar 1970, 2. Halbjahr, APO-Bericht vom November 1970 an den Zentralrat der FDJ.

272 Vgl. hierzu grundlegend: Kessler, »Woran denken Sie«.

273 Vgl. PA AA Berlin MfAA DDR Konsulat Sansibar C 771/71, ad 651 Einsatz von Lehrern aus der DDR in Sansibar und Pemba 1966–1968, Schreiben des Konsulats Sansibar vom 18.10.1968.

274 BA Berlin Lichterfelde SAPMO DY 30 IV/20961, Diverse Berichte über Kaderauswahl.

zustellen, zu bewahren und auch nach außen zu tragen.[275] Der einem
Kollektiv vorstehende ältere Experte sollte als Vorgesetzter jüngerer Brigademitglieder über »Jugendführerqualitäten« verfügen und ein »echtes
Vorbild und ein echter Kamerad« sein.[276] Aus der Praxis der Arbeit der
Freundschaftsbrigaden berichteten Experten häufig, es bedürfe schon einer
starken Persönlichkeit, damit Zweifel im Kollektiv zerstreut[277] und immer
wieder aus Neue Verständnis »für die Belange und Mentalität« der Afrikaner geweckt werden könnten.[278]

Nicht zuletzt müsse ein Brigadeleiter politisch ein Vorbild sein: Er
müsse es mit »ideologischer Festigkeit« verstehen, alle »Angriffe« auf den
Sozialismus erfolgreich abzuwehren.[279] Experten müssten hier aber auch
maßhalten könne. Aus »rein afrikanischen Angelegenheiten« sollten sie sich
raushalten, um Streitereien mit den *Counterparts* nicht erst aufkommen zu
lassen.[280]

Um jenen Anforderungen auch nur annähernd gerecht zu werden,
wurde vorgesehen, dass die Brigadeleiter mindestens 25 Jahre alt sein sollten. Sie sollten zumindest über Fachabschlüsse oder akademische Examina
verfügen und bereits erste Erfahrungen in der Leitung von Kollektiven in
der DDR gemacht haben.[281]

Vergleicht man die Anforderungen, die an Experten aus der Bundesrepublik Deutschland und der DDR gestellt wurden, so dominierte hier vor

---

275 BA Berlin Lichterfelde SAPMO DY 24/10658, Arbeitsgruppe Auslandsinformation bei
    der Agitationskommission des Politbüros, Vorlage an das Politbüro über Aufbau und
    Entsendung von »Brigaden der Freundschaft« der DDR in andere Länder, S. 7.
276 Ebd. 30 IV/20961 Diverse Berichte über Kaderauswahl FDJ-Freundschaftsbrigaden.
277 Ebd. 24/19212 Schreiben des Zentralrats der FDJ an Jürgen P., Brigadeleiter auf Sansi-
    bar vom 25.11.1971, S. 2.
278 Ebd. 19211 Korrespondenz zwischen dem Zentralrat der FDJ und der Brigade der
    Freundschaft in Sansibar, 1970, 2. Halbjahr, APO-Bericht vom November 1970 an den
    Zentralrat der FDJ.
279 Vgl. Ebd. 24/10658 Arbeitsgruppe Auslandsinformation bei der Agitationskommission
    des Politbüros, Vorlage an das Politbüro über Aufbau und Entsendung von »Brigaden
    der Freundschaft« der DDR in andere Länder, S. 7; Ebd. 30 A 2/20963, Schreiben des
    Generalkonsulats der DDR in Tansania an das MfAA vom 27.8.1968.
280 Ebd. 20957 Bericht an das ZK der SED über den Stand der Hilfsmaßnahmen für Sansi-
    bar vom 19.12.1964 der Abteilung internationale Verbindungen. Unterstreichungen im
    Zitat. Vgl. Ebd. 20961, Bericht der Arbeitsgruppe »Brigaden der Freundschaft« Berlin,
    18.3.1969, S. 3f.
281 Ebd. 24/10658 Arbeitsgruppe Auslandsinformation bei der Agitationskommission des
    Politbüros, Vorlage an das Politbüro über Aufbau und Entsendung von »Brigaden der
    Freundschaft« der DDR in andere Länder, S. 7, 9.

allem Moral und soziale wie psychologische Fähigkeiten.[282] Man wollte keine kolonialen Rassisten haben, sondern postkoloniale Kosmopoliten, welche die notwendigen Voraussetzungen mitbrachten für die interkulturellen und zwischenmenschlichen Herausforderungen der Zusammenarbeit im Rahmen der *Hilfe zur Selbsthilfe*.[283] Die Regierungen afrikanischer Postkolonien bemühten sich gegenüber ihren eigenen Entwicklungsexperten häufig zunächst um Disziplin. So obrigkeitsstaatlich die Entwicklungsbürokratie organisiert war, so sollten auch die in ihr tätigen Beamten auf den Staat und sein Vorankommen ausgerichtet sein.

Postkoloniale Erwartungen an afrikanische Experten

Die Regierung Tansanias sah es als ihre Pflicht an, die neue Ära der Unabhängigkeit auch mit Ermahnungen an ihre Beamten einzuläuten. Ende der 1960er-Jahre stand es mit der Disziplin mancher tansanischer Staatsdiener offensichtlich nicht zum Besten. Jedenfalls erklärte die tansanische Regierung ihren Beamten gegenüber den »Kampf gegen Schmarotzertum und Ausbeutung«. Jeden Morgen sollten sie sich selbstkritisch fragen, ob sie nicht durch irgendwelche »Nachlässigkeiten oder Gehässigkeiten« die »koloniale Ausbeutung« weiterführen würden. Gemeint waren unpünktliches Erscheinen am Arbeitsplatz, üble Nachrede gegenüber Kollegen, Nepotismus oder Bestechung. Alle Beamten sollten auch gegenseitig darauf achten, dass solches, die Entwicklung des Landes verhindernde Verhalten nicht vorkomme. Es müsste dringend abgestellt werden.[284] Bei solchen Aufrufen zu Disziplin und gegenseitiger Überwachung sollte es nicht bleiben.

Im Mai 1963 formulierte der Vizepräsident von Tanganjika in einem Rundschreiben, welches Rüstzeug denn die Leiter der Dorfkomitees bei ihrer Entwicklungsarbeit bräuchten: Hier sei Teamgeist gefragt, gegenseitige kollegiale Unterstützung und Offenheit gegenüber Veränderungen und Problemen.[285] Indem die Entwicklungsexperten eine Art Bindeglied zwi-

---

282 Vgl. Büschel, »Die Moral«.

283 Vgl. Apphia, *Der Kosmopolit*.

284 Namata, *Huduma Serikalini*. Ausführlich zu entsprechenden Kampagnen in Tansania der 1960er- und 1970er-Jahre: Hinze, *Erwachsenenbildung*. Vgl. zu Erwartungen an tansanische Bürokraten: Eckert, *Herrschen und Verwalten*; Ders., »We must«.

285 TNA Dar es Salaam Acc. 518, D 30/9 Village Development Committee, ad 1 Rundschreiben des Vizepräsidenten von Tanganjika vom 23.5.1963, S. 2.

schen in- und ausländischen Akteuren, zwischen bürokratischen und technischen Elementen der Entwicklungsprojekte seien, müssten sie ständig alle möglichen Faktoren »vorsichtig« gegeneinander abwägen.[286] Das Interesse an den Menschen vor Ort müsse echt sein. Empathie dürfe man nicht nur zur Schau stellen.[287] Wirklich »einfühlsam« sollten die Experten den Dorfbewohnern dabei helfen, ihre Entscheidungen über Entwicklungen selbst zu fällen.[288] Man könne die Leute nur »zu ihrem Besten beeinflussen«, wenn man »aufrichtig, ehrlich, ernsthaft und freundlich« sei. »Gesunder Menschenverstand« sei hier unverzichtbar.[289] Die Experten dürften sich auch nicht wie Vorgesetzte aufführen, da »Erwachsene es nicht mögen würden, wie Kinder behandelt zu werden.«[290] So brauche es Bescheidenheit, große Geduld und ein ausgeglichenes fröhliches Wesen, um die »Moral« der Leute in den Dörfern für Selbsthilfe einzunehmen.[291] Nur durch »Einfühlungsvermögen« und »sanfte Beeinflussung« könne man die Dorfbewohner zur Selbsthilfe bringen.[292] Dazu gehöre auch Rücksicht auf die lokalen »Gebräuche«.[293]

Präsident Nyerere appellierte 1968 in diesem Sinne an tansanische Entwicklungsexperten: »You do not lead people by yapping at their heels like a dog herding cattle.«[294] Gutes »Leadership« bedeute nicht, Leute anzuschreien oder sie zu demütigen, wenn man nicht mit ihnen übereinstimme. Auch dürfe man nicht befehlen, sondern müsse »diskutieren, erklären und überzeugen.«[295] Nichts würde »Arroganz und Überheblichkeit« rechtfertigen.[296] Hingegen müssten Experten für die Entwicklungsarbeit begeistern und dürften sich nicht zu schade sein, auch bei unangenehmen Arbeiten allen voran zu gehen.[297]

---

286 TNA Dar es Salaam Acc. 518, D 30/9 Village Development Committee, ad 1 Rundschreiben des Vizepräsidenten von Tanganjika vom 23.5.1963, S. 4f.

287 Ebd., S. 2.

288 Ebd., S. 4.

289 Ebd.

290 Ebd., S. 7.

291 Ebd., ad 10 Self Help Project Funds, Schreiben T. Mweri, Administrative Secretary, Kilimanjaro Region vom 3.11.1964.

292 Vgl. Ebd., ad 1 Rundschreiben des Vizepräsidenten von Tanganjika vom 23.5.1963, S. 1, 4.

293 Ebd.

294 Nyerere, »Good Leaders«.

295 Ders., »Freedom and Development«, zitiert nach: Ingle, *From Village to State*, S. 99.

296 Nyerere, »The Varied Paths«, S. 89f.

297 Ders., »Good Leaders«.

Vergleichbar mit deutschen Experten, so sollten auch tansanische Spezialisten moralisch leben und hierin ein Vorbild für alle Staatsbürger sein. Wenn sie dies nicht taten, dann wurde entsprechend hart durchgegriffen. So entließen beispielsweise staatliche Inspektoren von einem auf den anderen Tag unverheiratete schwangere Lehrerinnen mit dem Argument, sie könnten kein gutes Beispiel für die Jugend Tansanias abgeben.[298] Lehrer und Ausbilder, die sich mit minderjährigen Schülerinnen eingelassen hatten, wurden sofort vom Dienst suspendiert und zu Gefängnisstrafen oder Arbeitslager verurteilt.[299] Um Bestechlichkeit vorzubeugen, durften Experten keine privaten Unternehmen haben, nicht mehrere Gehälter beziehen, keine Häuser besitzen oder vermieten.[300]

Mit der Vorstellung von *Self Reliance* war somit auch das Konzept einer sozial qualifizierten akademischen Elite verbunden, die sich in den »Dienst der Massen« stellen sollte.[301] Ausgebildet an neu gegründeten Hochschulen wurden Akademiker zu einer »Nationaldienstzeit« verpflichtet, in der sie *Hilfe zur Selbsthilfe* bei den »einfachen Leuten« leisten sollten.[302] Das entspräche – so Nyerere – letztlich nur der »guten alten Landessitte«. Denn vor dem Kolonialismus hätten selbst die »Stammesältesten« hart gearbeitet und den Jüngeren ein respektables Beispiel gegeben.[303]

Ähnlich wie von deutschen Medizinern, so wurde auch von tansanischen *Rural Medical Assistants,* die abgelegene Medizinstationen zu betreuen hatten, Belastbarkeit, Durchhaltevermögen und Entbehrungsfähigkeit erwartet.[304] Sie müssten überdies geradezu eine »Freude« daran haben, Menschen von »Aberglauben und Magie« abzubringen.[305] Frühere »Medizin-

298 TNA Dar es Salaam Acc. 481, S 1/2, 1958–66, Rural Social Development, Social Development Assistants, Social Development and Welfare, Schreiben des Ministry of Education vom 11.8.1965, Maternity Leave Miss Beatrice K. M., Bericht der Erziehungsinspektion.

299 Ebd. Acc. 562, E1/13, 1947–1971 Education Staff, Schreiben des Ministry of Education, Regional Education Office, Tanga, an das Verwaltungssekretariat, Tanga vom 19.11.1965. Ref. No. 608/VII/94.

300 Nyerere,»Arusha Declaration«, S. 249.

301 Ders., »Education«; Ders., »The Intellectual needs Society«. Vgl. Eckert, *Herrschen und Verwalten*, S. 249ff.

302 Nyerere,»The Intellectual needs Society«, S. 23ff.

303 Ders., »Ujamaa-Grundlage«, S. 12.

304 Vgl. TNA Dar es Salaam Acc. 450, HL 46/75, ad 105 Schreiben eines Medizinalassistenten an das Ministerium vom 19.7.1961.

305 Ebd. HET 30/20 Rural Medicine Aid Training Centre Arusha, Confidential Questionaire to Medical Graduates 1972.

männer« oder »dem Hexenglauben anhängende Hebammen« seien daher für den Dienst ungeeignet, so hieß es auch für die Mitglieder der *Rural Health Services* auf Sansibar.[306] Über besondere psychosoziale Fähigkeiten sollten auch *Animateure* in Togo verfügen. Denn die Überzeugung der »ländlichen Massen« sei »eine schwere psychologische Aufgabe«, die viel Fingerspitzengefühl brauche.[307] »Ruhe« und »Rücksicht« schärfte man wiederum landwirtschaftlichen Experten in Kamerun ein. Eine Dorfversammlung voller Eile und Hetze würde nur »kritische Blicke« hervorrufen.[308] Man müsse geduldig sein und sich Zeit nehmen für die »vorsichtige Annäherung und den Dialog« über künftige Selbsthilfe-Projekte.[309]

Diese Vorstellungen deckten sich somit weitgehend mit denen, die an deutsche Experten herangetragen wurden. Wenngleich sich auch keine direkten Hinweise darauf finden lassen, dass die Erwarten an Experten transnational aufeinander bezogen war, so scheint doch, dass sich afrikanische Regierungen an dem orientierten, was auch für die Spezialisten des Auslands galt. Die eingangs zitierte Stellungnahme der UNO[310] mag ebensolche Impulse gegeben haben wie die konkrete Wahrnehmung der jeweiligen Entwicklungsexperten vor Ort. Auch gab es hier spätkoloniale Vorläufer. So hatten beispielsweise afrikanische *Counterparts* aus der Perspektive der Treuhandverwaltung in Tanganjika 1957 – über »health, cleanliness and smartness« zu verfügen.[311] Afrikanische *Community Development Worker* sollten wiederum über eine »herausstechende Persönlichkeit« verfügen, »energiegeladen, taktvoll und zuverlässig« sein.[312] Denn afrikani-

---

306 ZNA Stone Town AJ 15/365 Foreign Aid, ad 74–110, Rural Health Services, Medical Department of Zanzibar, September 1975, hier ad 110; Ebd. AJ 15/169 Training Rural Health Assistants 1965–1973, Prüfungsunterlagen zu Examina 1968, ad 92 Proposed Syllabus for primary schools, Unterricht der Medical Assistents vom 17.3.1967.

307 NAT Lomé FA Atakpame 221: Agriculture 1963, Ministère de l'agriculture, Direction de l'agriculture, Note de présentation d'un avant-projet d'étude de la planification de l'agriculture togolaise vom 30.6.1961; vgl. Ebd. 174 Travail et lois socials, Fragebogen zur Einstellung von Animateuren vom 4.7.1964.

308 Rapport de tournée effectuée par les animateurs ruraux de l'arrandissement de Yoka-douma dans le canton de Konabembe (route Moloundou) vom 30.10.1965, S. 3, zitiert nach: Illy, *Politik und Wirtschaft*, S. 336.

309 Ebd.

310 United Nations, Economic and Social Council, *Official Records 9th Session, Supplement 1.*

311 John Macer-Wright, Notes for Agricultural Instructors, 1957, S. 2f., zitiert nach: Eckert, *Herrschen und Verwalten*, S. 162.

312 TNA Dar es Salaam 33143/III: Social Welfare Officer and Member for Local Government, 17.10.1950, zitiert nach: Eckert, *Herrschen und Verwalten,* S. 150.

sche Experten sollten schon in den letzten Jahrzehnten vor der Unabhängigkeit ausdrücklich als ›kulturelle Makler‹ fungieren:[313] Denn es sei
gerade die Mischung zwischen europäischem Wissen und »Sitten« mit
afrikanischen »Gebräuchen und Werten«, welche die Arbeit der Afrikaner
so wertvoll mache. Sie würden nämlich ihre »Brüder und Schwestern«
gleichermaßen wie die Europäer erreichen.[314] Somit müssten die afrikanischen Experten ein »Gefühl haben für traditionelle Sitten«, gute Beziehungen zu den Autoritäten vor Ort unterhalten, zu Entwicklungen anregen,
doch nie mit Druck und Gewalt.[315] Eine produktive »Arbeitsethik« müsse
von ihnen mit »Harmonie« gefördert oder aufrecht erhalten werden.[316]

Auch die Anforderungen an afrikanische Experten hatten somit koloniale Traditionslinien. Gleichermaßen glichen sie denjenigen der europäischen Experten in den 1960er-Jahren auf bemerkenswerte Art und
Weise. Ähnlich global aufeinander abgestimmt verhielt sich die Auswahl
und Ausbildung von Experten.

1.3. Verständnis trainieren: Die Auswahl und Vorbereitung
   von Experten

Die an deutsche und afrikanische Experten gestellten Anforderungen
schlugen sich in Konzepten und Praktiken zu ihrer Auswahl und Ausbildung nieder. Hier rückten Entwicklungsexperten ganz konkret selbst in
den Fokus von Entwicklungsstrategien.[317]

Allerdings konnten es sich weder die Bundesregierung noch die Staatsführung der DDR leisten, besonders wählerisch bei der Auswahl von Experten zu sein. Der auch nur annähernd passende Bewerberkreis war nicht
allzu groß. Kenntnisse der englischen Sprache – in der Regel Mindestvo-
raussetzung für einen Einsatz in ›Übersee‹ – waren zu jener Zeit in beiden
deutschen Staaten bei weitem keine Selbstverständlichkeit. Ärzte, Krankenschwestern, Lehrer, Ökonomen oder Agrarwissenschaftler, die allesamt

---

313 Vgl. Eckert, *Herrschen und Verwalten*, S. 168; Cooper, »Conflicte«, S. 1539; Ders.,
   »Modernizing Bureaucrats«. Vgl. Teil I, Kapitel 4.
314 Carins, *Bush*, S. 149f.
315 Fosbrooke, »Government«.
316 Carins, *Bush*, S. 79.
317 Vgl. Maß, »Die Ausbildung«; Rempe, »Crashkurs«.

als Experten für die *Hilfe zur Selbsthilfe* in Afrika sehr gefragt waren, fanden auf dem heimischen Arbeitsmarkt mühelos lukrative Anstellungen. Finanziell zahlte sich die Entwicklungsarbeit kaum aus. Auch galt die in den Tropen erworbene Erfahrung in der Bundesrepublik Deutschland lange nicht als berufliche Qualifikation. Unter vielen westdeutschen Experten herrschte sogar Unsicherheit, ob man überhaupt wieder eine angemessene Anstellung nach der Rückkehr bekommen würde.[318] Besonders Ärzte machten sich Sorgen über eine »berufliche Entwurzelung«.[319] Ein Aufenthalt im tropischen Afrika galt überdies als gesundheitsgefährdend und für eine Familie mit kleinen Kindern als ungeeignet. Vorbehalte gegen die Lebensverhältnisse vor Ort hinderten viele an einer Bewerbung.

Für ostdeutsche Fachkräfte war dies ähnlich, wenn auch in afrikanischen Ländern bisweilen eine im Vergleich zur DDR bessere Versorgungslage herrschte, Zugang zu Devisen gegeben war und man Reisen unternehmen konnte, die unter den regulären Umständen niemals erlaubt worden wären.[320] Ein Einsatz in Afrika hatte somit durchaus gewisse Vorteile. Finanziell zahlte er sich jedoch ähnlich wie in der Bundesrepublik Deutschland kaum aus. Auch konnte man von keinen nennenswerten beruflichen Vorteilen aufgrund einer Arbeit in Afrika ausgehen. Allenfalls taten sich bei »Bewährung« Perspektiven auf höhere Positionen in der FDJ oder der SED auf.[321] Viele lehnten den Einsatz im tropischen Afrika mit dem Hinweis auf gesundheitliche Einschränkungen ab, obwohl er ihnen dringend über ihre Partei- oder FDJ-Gruppe nahegelegt worden war.[322]

Folglich verfügte man weder in der Bundesrepublik Deutschland noch in der DDR über einen umfangreichen Bewerberkreis für den Experteneinsatz, so dass Auswahlverfahren kaum Sinn machten. In Tansania, Togo und Kamerun hatte man ohnehin mit Nachwuchsproblemen zu kämpfen.

---

318 Vgl. BA Koblenz B 213 BMZ 5456, Personalplanung allgemein 1964–1970.

319 Ebd. B 213 BMZ 5459, Stellungnahme des Regionalarztes des Auswärtigen Amtes für West- und Zentralafrika vom 1.9.1969 an das BMZ.

320 Vgl. zum Kreis der »Reisekader« in der DDR: Niederhut, *Die Reisekader*; Wolle, *Die heile Welt*, S. 282f.

321 Er belief sich bei einem verheirateten Experten auf 100,- Mark, so dass in der Regel 600,- Mark Gehalt gezahlt wurden. BA Berlin Lichterfelde SAPMO DY 24/19214 Korrespondenz zwischen der Abteilung »Brigaden der Freundschaft« und der Abteilung Finanzen im Zentralrat der FDJ zur Vergütung der Mitglieder in den Brigaden der Freundschaft in Sansibar 1967–1968, Personalblatt Josef S.

322 Vgl. Schulz, *Development Policy*, S. 284ff.

So gab es in den frühen 1960er-Jahren keinerlei standardisierte Verfahren für die Auswahl von Experten.[323] Expertendienste, Fachvorgesetzte, Ausbilder oder Parteifreunde mussten hingegen intensiv für den Dienst in ›Übersee‹ werben und alle, die man für geeignet hielt, ansprechen.[324]

Gegen Rassismus und Arroganz: Die Auswahl und Vorbereitung westdeutscher Experten

Bundesdeutsche Experten wurden häufig aus der Personalkartei des *Deutschen Afrika-Vereins* und der *Deutschen Afrika-Gesellschaft* rekrutiert, die – wie bereits angesprochen – für konservative, bisweilen an koloniale Traditionen anknüpfende Netzwerke standen und damit den Ansprüchen an das gewünschte ›moderne‹ und weltoffene Personal der *Hilfe zur Selbsthilfe* streng genommen zuwider liefen.[325] Ärzte und Krankenschwestern warb man in der Regel über den medizinischen Dienst des Auswärtigen Amtes und die Tropeninstitute an, wobei meist Kriterien der fachlichen Spezialisation ausschlaggebend waren. Ein Studium der Afrikanistik oder am 1956 aus der Kolonialschule Witzenhausen hervorgegangenen *Deutschen Institut für tropische und subtropische Landwirtschaft*[326] war eine regelrechte Garantie für den Einsatz in ›Übersee‹[327], häufig ungeachtet etwaiger sozialer oder psychologischer Kompetenzen.

---

323 Das wurde häufig als Manko beschrieben: Joerges, »Experten«, Sp. 1134; Torre, *The Selection*.

324 Joerges, »Experten«, Sp. 1134.

325 Vgl. BA Koblenz B 161 Deutsche Afrika-Gesellschaft e. V. 93 Kamerun-, Marokko-, Togo-Ausschuss 1959–1960, Ergebnisprotokoll der Sitzung des Togo-Ausschusses vom 17.5.1960 und Empfehlung von Experten. Vgl. van Laak, »Entwicklungspolitik«, S. 164; Krämer, »Die Chronik«, S. 11; Heinrich, »Zehn Jahre«.

326 Die Deutsche Kolonialschule wurde am 18. Mai 1898 gegründet. Als staatlich anerkannte Fachschule für tropische Landwirtschaft wurden hier auch während des Nationalsozialismus Tropenlandwirte für ›Übersee‹ ausgebildet. 1943 wurde der Lehrbetrieb zunächst eingestellt. Vgl. eher im Sinne würdigender Selbstdarstellungen: Wolff, »Die Lehranstalt«; Ders., *Tropenlandwirtschaftliche Ausbildungsstätten*; d'Angelo, *Die »Witzenhäuser« feiern*; Wolff, »Deutsche Ingenieurschule«; Baum, *Daheim und überm Meer*. Vgl. zum Abgleich unabhängigere Forschungen: Linne, *Deutschland jenseits des Äquators?* S. 33f.; Ders., »Koloniale Infrastruktur«; Esaje, »Eine Bildungsstätte«; Pryswitt, *Die Funktion*; Rusch, *Politische Stellung*; Böhlke, *Zur Geschichte der Deutschen Kolonialschule*; Hennemuth, *Tropenlandwirtschaftliche Ausbildung*.

327 Zur Selbstdarstellung in den 1960er-Jahren: Tasch, »Tropendienst«.

Als 1971 eine Evaluation aller bis dahin in der bundesdeutschen Entwicklungshilfe vorgekommenen »Projektkrisen« Probleme aufgezeigt hatte, die auf das »persönliche Versagen« der deutschen Experten zurückgeführt wurden,[328] sollte deren Auswahl zur Sicherung »moralischer, sozialer und psychologischer Qualitätsmerkmale« zumindest teilweise standardisiert werden.[329] Der Weg zu einer Entsendung sollte künftig verbindlich die Etappen »Gewinnung, Vorauswahl und engere Auswahl« beinhalten: Es sollte weniger durch angestammte Netzwerke und »unter der Hand« vermittelt werden, sondern durch Broschüren, Zeitungsannoncen und Werbeveranstalten »gewonnen« werden. Ziel war der Ausbau der zentralen Bewerberkartei der GAWI, die zu jener Zeit allerdings bereits etwa 6.000 Namen und Lebensläufe umfasste.[330]

Die »Vorauswahl« sollte allein der GAWI obliegen, wobei zaghafte Schritte in Richtung psychologischer Überprüfung gemacht wurden. Zu Gesprächen sollten etwa Ehefrauen mit eingeladen werden, wovon man sich ein deutliches »Bild der Persönlichkeit« des Bewerbers versprach. Außerdem sollten »Vorurteilshaltungen« zur anvisierten Einsatzregion und die »Arbeitshaltung« überprüft werden.[331]

Auch die Vorbereitung der Experten sollte intensiviert werden: Bereits 1963 hatte der US-amerikanische Ökonom Max F. Millikan in einem Gutachten die »bemerkenswert schwachen Leistungen« westdeutscher Experten in Afrika mit ihrer schlichtweg fehlenden psychologischen und sozialen Ausbildung in Zusammenhang gebracht.[332]

Das BMZ sah hier dringenden Nachholbedarf[333] und veranlasste Beobachter der DSE zu einer Studienreise in die USA, um Näheres über die

---

328 BA Koblenz B 213 BMZ 5483 Berichte über Fachkräfte der technischen Hilfe 1971, Bericht über die Fachkräfte der Technischen Hilfe an das BMZ von Referat III B 4-T 4100-28/71 vom 24.5.1971.

329 Ebd. B 213 BMZ 329 Auswahl und Vorbereitung der GAWI-Experten und Entwicklungshelfer, DSE an das BMZ vom 28.6.1971, Regelungsbedarf.

330 Ebd. B 213 BMZ 5483 Berichte über Fachkräfte der technischen Hilfe 1971, Bericht über die Fachkräfte der Technischen Hilfe an das BMZ von Referat III B 4-T 4100-28/71 vom 24.5.1971.

331 Ebd. Bisweilen waren bei solchen Gesprächen auch Vertreter des AA oder des Bundesministeriums für Landwirtschaft anwesend.

332 Millikan, Bericht. Nach diesem Bericht nahm die US-Regierung von ihrem ursprünglichen Plan Abstand, mit 10 Millionen US-Dollar eine Ausbildungseinrichtung von Fachkräften aus Entwicklungsländern in Berlin zu unterstützen.

333 Joerges, »Experten«, Sp. 1134.

dort übliche Vorbereitung von Entwicklungsexperten zu erfahren.[334] Die DSE schien für die Einholung solcher Expertisen für besonders geeignet, hatten ihre Mitglieder bereits 1961 erklärt, man müsse dem künftigen leitenden Personal bundesdeutscher Entwicklungshilfe »Anpassungsvermögen, Geduld und die Bereitwilligkeit zur Rücknahme des eigenen Geltungsbedürfnisses« antrainieren, da es bei dem in Frage kommenden Personenkreis hiermit nicht allzu gut bestellt sei.[335]

Als vorbildhaft sahen deutsche Beamte außerdem das von Ivan Illich[336] 1956 an der Universität von Puerto Rico gegründete *Center of Intercultural Communications* (CIC) an, in dem westliche Experten und *Counterparts* über vermeintliche »Kulturkonflikte« debattierten, woraus gegenseitiges Verständnis, Respekt und Lernen erwachsen sollte.[337]

In Anlehnung an die Worte der Soziologin Eva Illouz könnte man sagen, dass die Ausbildung der Experten künftig eine Art »Therapie« für die »Seele« sein sollte[338] – einer »Seele«, die als wenig kompatibel mit den Leitlinien der *Hilfe zur Selbsthilfe* galt, weil man ihr Karrierestreben, Egoismus und Eurozentrismus zuschrieb.

In der Praxis fielen die Vorbereitungsseminare meist sehr knapp aus. Seit Ende der 1950er-Jahre konnte man einwöchige Kurse an der Ausbildungsakademie Arnoldsheim besuchen, die allerdings vor allem auf Indien oder arabische Länder »einstimmten«.[339] 1961 wurde dann die DSE von der Bundesregierung offiziell mit der Experten-Vorbereitung betraut.[340] Am Uhlhof bei Bad Honnef, seit Mitte der 1960er Jahre die zentrale Ausbildungsstätte für die »auslandskundlichen Vorbereitung«,[341] fanden allerdings erst Ende der 1960er Jahre länger dauernde Kurse statt.[342] Bis dahin

---

334 PA AA Berlin B 58 Allgemeine Grundsätze der Entwicklungshilfe, 868, BMZ, Zusammenstellung der beim Referat II B 5 vorliegenden Forschungsberichte und laufenden Forschungsaufträge vom 1.3.1967, insb. S. 13.

335 DSE, *Auswahl und Vorbereitung*, S. 1, 3.

336 Zu Werk und Leben: Hoinacki/Mitcham, *The Challenges*.

337 PA AA Berlin B 58 Allgemeine Grundsätze der Entwicklungshilfe, 868, BMZ, Zusammenstellung der beim Referat II B 5 vorliegenden Forschungsberichte und laufenden Forschungsaufträge vom 1.3.1967, insb. S. 13. 1961 wurde das Zentrum in Center of Intercultural Formation (CIF) umbenannt. Vgl. Mitcham, »The Challenges«, S. 20f.

338 Vgl. Illouz, *Die Errettung*.

339 DSE, *Inhalt und Methodik*, S. 4ff.

340 Vgl. DSE, *Jahresbericht 1962*, S. 12.

341 Edding, »Expertenvorbereitung«; Krugmann-Randolf, »Ein Experten-Mutterhaus«.

342 DSE, *Jahresbericht 1968*, S. 19.

hatte man sich lediglich über wenige Tage mit Tropenmedizin und »kulturellen Anpassungsproblemen« befasst. [343] In einer in der Regel dreimonatigen Ausbildung sollte nunmehr den »Ausreisenden der Kontakt mit der Bevölkerung und mit der in den meisten Fällen andersartigen Kultur des Gastlandes erleichtert« werden. [344] Ab 1971 stand der Uhlhof auch den politischen Stiftungen, den Kirchen und der *Kübel-Stiftung* zur Vorbereitung ihrer Experten offen. [345]

Die Dringlichkeit des Ausbildungsbedarfs hatte keineswegs abgenommen. Das hatte die bereits angesprochene Auswertung und andere Evaluationen zum Verhalten der Experten deutlich gezeigt. So erklärte der BMZ-Referent Hansjörg Elshorst, [346] man müsse gerade älteren Experten den nach wie vor »allzu weit verbreiteten Irrglauben austreiben«, dass »soziale Erscheinungen rassisch begründet« seien. [347] Elshorst meinte hiermit nicht zuletzt Landwirtschaftsexperten, die häufig als wenig auf der Höhe der Zeit galten. Die für ihre Ausbildung vor allem zuständige Institution, das *Deutsche Institut für tropische und subtropische Landwirtschaft* in Witzenhausen, [348] widmete sich nunmehr vermehrt der Ausbildung »menschlicher Qualifikationen« [349] und hielt Seminare ab über »psychologische Menschenführung« und »kulturelle Differenzen«. [350] Hierbei sollten die

343 Dies., *Auswahl*; Dies., *Jahresbericht 1962*, S. 12; Dies., *Jahresbericht 1965*, S. 33; Dies., *Jahresbericht 1966*, Anhang/Tabelle XII; Dies., *Jahresbericht 1967*, S. 67.

344 Dies., *Jahresbericht 1968*, S. 19.

345 BA Koblenz B 213 BMZ 329 Auswahl und Vorbereitung der GAWI-Experten und Entwicklungshelfer, Klausurtagung des BMZ am 26.10.1971.

346 Elshorst, 1970–1974 Referent des BMZ, wurde Mitbegründer der GTZ, deren Geschäftsführer er bis 1995 blieb.

347 BA Koblenz B 213 BMZ 329 Auswahl und Vorbereitung der GAWI-Experten und Entwicklungshelfer, Vorlage BMZ III A 1-T 402253/71, »Elshorst-Papier«. Vgl. zur Verbesserung der Auswahl und Ausbildung von Experten: Dittmann, »Sind wir«.

348 Vgl. Schmaltz, »75 Jahre Ausbildungsstätte«; Tröscher, »Witzenhausen«, S. 113. Zwischen 1957–1978 gab es 640 Absolventen in Witzenhausen. Darunter waren ca. 29 Prozent aus Entwicklungsländern. 1972 waren von den 650 Agrarexperten, die im Auftrag der Bundesrepublik Deutschland in der landwirtschaftlichen Entwicklungshilfe tätig waren, etwa 100 Witzenhausener Absolventen

349 Riebel, »Die Ausbildung«, S. 12. Bereits bei der Wiederaufnahme des regelmäßigen Lehrbetriebs 1957 erklärte die Institutsleitung, dass man sich der Bedeutung einer »Erziehung zur besonderen Verantwortung« einer Arbeit in den Entwicklungsländern bewusst sei. »Landwirtschaftsausbildung«; »Ausbildung für die Tropenlandwirtschaft«. Entsprechende Lehrveranstaltungen wurden allerdings lange hinter die Fachausbildung gestellt.

350 Riebel, »Die Ausbildung«, S. 12.

künftigen Experten lernen, die Afrikaner auch »innerlich als Partner« in der Entwicklungsarbeit zu akzeptieren.[351] Ähnlich verhielt es sich beim 1963 gegründeten *Beraterseminar für ländliche Entwicklungshilfe*.[352] Im April 1965 eröffnete mit Unterstützung der USA das *Deutsche Institut für Entwicklungspolitik* (DIE) in Berlin, in dem »endlich« – so der damalige Bundesminister für wirtschaftliche Zusammenarbeit Scheel – »Menschen ausgebildet würden, die im Stande seien, eine Begegnung der Kulturen zu vermitteln«.[353] Auch am DIE ging es darum, »wichtige Verhaltensregeln« für die Arbeit im »Bereich einer fremden Kultur« einzuüben.[354] Hier wurden allerdings weniger Experten für die *Hilfe zur Selbsthilfe* ausgebildet, sondern solche, die an oberster Stelle Einflüsse auf Planungen in den Entwicklungsländern nahmen.[355]

Methodisch wurden in der Expertenvorbereitung seit 1971 die neuesten didaktischen Ansätze der »emanzipatorischen Erwachsenenbildung« favorisiert, um möglichst effizient zu sein: In Planspielen und Diskussionsrunden sollten Selbstkritik und die »Entwicklung von Empathie« eingeübt werden. Elshorst hatte hierzu ein ausführliches Papier vorgelegt, das sich für möglichst weitgehende Eigeninitiative und »gruppendynamische Prozesse« aussprach, die »innere Einstellungen« bei jedem Teilnehmer hervorbringen oder verändern sollten.[356]

Eingebundene Afrikaner sollten eine möglichst »authentische Simulation« der Projektarbeit bewirken und so auf alle möglichen »Kulturkonflikte« vorbereiten.[357] Hierbei ging es häufig um eine ganz gezielte »Pro-

351 Riebel, »Spezifische Berufsvorbereitung«; Ders., »Das Seminar«, S. 272.
352 Ebd.
353 Scheel, *Entwicklungspolitik*, S. 6. Vgl. DIE, *Tätigkeitsbericht 1964–1968*, S. 7.
354 Ebd. Das Institut wurde international positiv evaluiert und damit weit über die Landesgrenzen hinaus bekannt. Vgl. Rhinesmith, *An Analysis*. Rhinesmith veröffentlichte fünf Jahre darauf einen Klassiker der internationalen Expertentheorie: Ders., *Bring Home the World*. Von 1966–77 hatten allerdings nur insgesamt 259 Experten die Kurse des DIE erfolgreich absolviert. Sie waren dauerhaft in gehobenen Positionen der Entwicklungspolitik untergekommen: DIE, *Tätigkeitsbericht 1977*, S. 9.
355 White, *German Aid*, S. 194.
356 BA Koblenz B 213 BMZ 329 Auswahl und Vorbereitung der GAWI-Experten und Entwicklungshelfer, Vorlage BMZ III A 1-T 402253/71, »Elshorst-Papier«, 11f. Vgl. DSE, *Jahresbericht 1968*, S. 20.
357 DSE, *Jahresbericht 1969*, S. 28. So war der Volkswirtschaftler Samuel Kodjo aus Togo seit 1970 wissenschaftlicher Angestellter am Institut für Entwicklungsforschung und Entwicklungspolitik der Ruhr-Universität Bochum und nahm regelmäßig als Coach an Vorbereitungskursen teil. Vgl. Kodjo, *Probleme*, S. 1ff. Auch der Kameruner Kum'a Ndumbe III. war seit Ende der 1960er in zahlreichen Entwicklungsorganisationen als

vokation« von Missverständnissen und Streit, von der ausgehend Deeskalationstechniken und »Zivilcourage gegen Rassismus« eingeübt wurden, so beispielsweise der damalige Leiter des Uhlhof Günther Oldenbruch.[358] Das vorrangige Ziel sollte sein, die »eigene Kultur« über Erfahrungen »fremder Kultur« schrittweise zu hinterfragen und starre Vorurteile abzubauen.[359]

Die Experten in der Vorbereitung lehnten dergleichen allerdings häufig ab: Sie weigerten sich schlichtweg, an »neumodischen« Lernformen teilzunehmen. Elshorst musste einräumen, dass viele eher Frontalunterricht bevorzugen würden.[360] Bei Planspielen mit Afrikanern käme es überdies häufig zu Streitereien. Man würde solche Übungen eher als »lästige Störung« denn als Anreiz für die Einübung von Konfliktlösungsstrategien sehen.[361] In der Tat brachen viele künftige Experten ihre Vorbereitung ab und verzichteten auf einen Einsatz. Sie gaben an, verunsichert und überfordert zu sein.[362] Viele ältere Lehrende, die noch im Nationalsozialismus sozialisiert worden waren, bezweifelten überdies den Sinn der neuen psychosozialen Ansätze und vertraten die Ansicht, man solle lieber fundiertes Wissen vermitteln.[363] Die Afrikaner waren wiederum unzufrieden, da sie sich nicht ausreichend genug eingebunden fühlten. Schließlich gehe es um einen Einsatz in ihrem Land.[364]

So wurde bereits 1975 von der »emanzipatorischen Erwachsenenbildung« wieder Abstand genommen. Künftig sollten mit dem Lehrkonzept »Verfahren und Probleme der Zusammenarbeit« (VPZ) Team-Management, Planung, Durchführung und Gesprächstechniken eher theoretisch

---

Berater für die Expertenvorbereitung tätig. Vgl. Ndumbe III., *Was will Bonn in Afrika?*, S. 4ff.

358 Oldenbruch, »Emanzipatorische Erwachsenenbildung«. Vgl. »Barrieren«.

359 BA Koblenz B 213 BMZ 329 Auswahl und Vorbereitung der GAWI-Experten und Entwicklungshelfer, Überlegungen zur Vorbereitungskonzeption von Jochen Schmauch, 10/1971, S. 11f.

360 BA Koblenz B 213 BMZ 329 Auswahl und Vorbereitung der GAWI-Experten und Entwicklungshelfer, Elshorst, Seminarkritik beim Vorbereitungskurs für deutsche Fachkräfte im Uhlhof bei Bad Honnef, 25.11.1971.

361 Ebd. Rudolf J. Gramke, Exemplarisches Lernen und Entwicklung historischer Phantasie, Gutachten und Vermerke vom Januar 1971.

362 Ebd. BMZ an GAWI vom 10.8.1971; DSE, *Jahresbericht 1972*, S. 28ff.

363 Vgl. Archiv des Deutschen Instituts für tropische und subtropische Landwirtschaft GmbH, Witzenhausen Reinhold Köster, Die Deutsche Kolonialschule GmbH, Witzenhausen. Rückblick und Ausblick (Masch.) Witzenhausen 1946, S. 14f. Köster war ehemals der Leiter der nationalsozialistischen Fachschule gewesen und noch in den 1960er-Jahren in Witzenhausen tätig.

364 Wald, »Plädoyer«, S. 12.

erlernt werden, ohne häufig als Zumutung empfundene allzu starke Bezüge zur eigenen Person herstellen zu müssen.[365] Außerdem verlagerte man Teile der Ausbildung zunehmend in die Einsatzländer, um auf die dort herrschenden »Empfindlichkeiten« und »Bräuche« besser vorbereitet zu sein.[366] Ein besonderes Augenmerk galt mitausreisenden Ehefrauen. Diese seien nämlich besonders von sozialen und kulturellen Umstellungen betroffen, sei die Haushaltsführung in den Tropen und die Versorgung der Kinder doch um vieles anders und schwieriger als zuhause. Ihnen müsse man »neue Interessensgebiete« erschließen, denen man auch in Afrika nachgehen könne. Überdies – so hieß es ganz in der noch in den 1960er-Jahren vorherrschenden androzentrischen Perspektive der Entwicklungsexpertise – müsse man sie mit dem »Sinn und Zweck des Auslandsaufenthalts« vertraut machen und damit »Einsicht in die Bedeutung und Komplexität der Tätigkeit des Mannes« wecken. Durch »Verständnis« könnten die Ehefrauen denn auch zur »Entlastung« ihrer Männer[367] und zum »guten Klima« des ganzen Projektteams beitragen. Unterweisungen in die kulturellen Gegebenheiten vor Ort seien zentral für einen »taktvollen Umgang mit den Einheimischen«, der ja oft sehr eng sei, würden viele Afrikaner als Dienstboten im Haushalt beschäftigt.[368]

Eine Vorbereitung war für bundesdeutsche Experten in den 1960er-Jahren allerdings in der Regel keine Pflicht. Häufig wurde sehr kurzfristig über eine Entsendung entschieden, weshalb man es bei wenigen Stunden Unterweisungen beließ.[369]

---

365 DSE, *Lernziele*. Dieser Ansatz wurde angeblich besser angenommen. Es hieß, kaum einer hätte die Kurse zumindest »ohne Betroffenheit« und »Nachdenken über seine Verhaltensweisen« verlassen: Interview von Walter K. H. Hoffmann mit Günther Oldenbruch am 27.9.1978 in Bad Honnef, zitiert nach: Hoffmann, *Vom Kolonialexperten*, S. 224f.

366 BA Koblenz B 213 BMZ Technische Hilfe Kamerun 8914 DSE, Zentralstelle für Auslandskunde, Erläuterungen zum Seminar »Interkulturelle Kommunikation« in Buea/Kamerun vom 6.–13. Dezember 1974, Bericht vom Dezember 1974, S. 2. Vgl. Wald, »Vorbereitung«.

367 BA Koblenz B 213 BMZ 329 Auswahl und Vorbereitung der GAWI-Experten und Entwicklungshelfer, Referat Oldenbruch auf einem Seminar des BMZ und der DSE vom 1.1.1970.

368 Krugmann, »Die ideale Experten-Ehefrau«.

369 Insgesamt hatte die DSE bis 1968 über 200 Kurse abgehalten, die nur als Angebot ausgeschrieben waren: DSE, *Jahresbericht 1965*, S. 33; Dies., *Jahresbericht 1966*, Anhang/Tabelle XII; Dies., *Jahresbericht 1967*, S. 67

Außerdem gab es auch Skepsis an den Möglichkeiten zur Ausbildung von Experten überhaupt: So vertrat bereits 1967 der Entwicklungsökonom und Soziologe Peter Arbens die These, dass Experten streng genommen überhaupt nicht vorbereitet werden könnten. Erst in der »Projektrealität« komme es zu einem ständigen und langwierigen Lernprozess.[370] Der US-amerikanische Soziologe und Entwicklungstheoretiker Bernard B. Schaffer sprach gar von »Trainingism«. Mit viel zu hoch gesteckten und abstrakten Zielen verhüte man lediglich nur »schlimme Fehlschläge«. Angemessen vorbereiten könne man Experten nicht.[371]

›Kader‹ für die ›Völkerfreundschaft‹: Die Auswahl und Ausbildung von Experten in der DDR

Die Auswahl von Leitungs-›Kadern‹ für die *Brigaden der Freundschaft* wurde durch eine Direktive des Politbüros vom 14.9.1963 geregelt.[372] Vorschläge erteilten der Volkswirtschaftsrat, der Landwirtschaftsrat, das Ministerium für Gesundheitswesen und das Ministerium für Volksbildung.[373] Ab und an bewarben sich auch DDR-Bürger aus eigener Initiative um eine Führungsposition in einer Brigade.[374]

Mitte der 1960er-Jahre hatte es vor allem auf Sansibar mit der angeblich mangelnden »politischen Gesinnung« und psychologischen wie sozialen Inkompetenz von Brigadeleitern Probleme gegeben. Fortan sollte ein Mit-

---

370 Arbenz, »Gedanken«. Vgl. Wald, »Plädoyer«; Ders., »DSE-Zentralstelle«.

371 Schaffer, *Administrative Training*, S. 12. Vgl. ähnlich: Breier, »Das Thema«.

372 BA Berlin Lichterfelde SAPMO DY 24/13292, Direktive zur Auswahl und Vorbereitung der Kader für einen Einsatz bei den »Brigaden der Freundschaft« vom 14.9.1963. Vgl. Gödeke, *Zwischen brüderliche Hilfe*, S. 39–42.

373 BA Berlin Lichterfelde SAPMO DY 24/10658, Verantwortlichkeiten für die Kadersuche.

374 Man hatte einen ausführlichen Lebenslauf, einen Fragebogen für Funktionäre der FDJ, ein Passbild, eine Beurteilung des eigenen Arbeitsbetriebes und dessen Einverständnis für den Einsatz im nichtsozialistischen Ausland, eine Lohnbescheinigung sowie ein Tropentauglichkeitszeugnis bei der Arbeitsgruppe »Brigaden der Freundschaft« beim FDJ-Zentralrat einzureichen. Hier mussten neben biographischen Daten Angaben zur Mitgliedschaft in Parteien und Massenorganisationen, die Teilnahme an politischen Schulungen, Armeedienst, etwaige Strafen, Zukunftspläne und Angaben zu Verwandten ersten Grades angeführt werden. Eine Verwandtschaft im nicht sozialistischen Ausland führte in der Regel zum Ausschluss aus dem Bewerberkreis. BA Berlin Lichterfelde SAPMO E 8034 Fragebogen bei der Bewerbung für die »Brigaden der Freundschaft« 1964ff. Vgl. zu den üblichen Voraussetzungen für ›Reisekader‹: Niederhut, *Reisekader*.

glied der FDJ-Arbeitsgruppe »Brigaden der Freundschaft« ein längeres Gespräch mit den Vorgesetzten in den jeweiligen Arbeitsstellen und den leitenden Funktionären der zuständigen FDJ-Ortsgruppe über die »Eignung des Freundes« führen.[375] Wenn es hier nichts zu beanstanden gab, die SED-Bezirksleitungen die Kadervorschläge bestätigt oder eine Selbstbewerbung für gut befunden hatten, führten die FDJ-Bezirksleitungen eine erste Unterredung mit dem Kandidaten. Sodann mussten die Anwärter an einer zweitägigen Auswahltagung teilnehmen. In Vorstellungsgesprächen und einem schriftlichen Test wurden Kenntnisse über die Entstehungsgeschichte der SED und FDJ, über die Außenpolitik der DDR und der Bundesrepublik Deutschland sowie Allgemeinwissen abgeprüft. Schließlich war ein Aufsatz zu verfassen, in dem die Motivation darzulegen war, als leitender Experte im Rahmen einer *Freundschaftsbrigade* der FDJ zu arbeiten.[376] Es wurde ein Votum des MfS eingeholt, wer für den Vorbereitungslehrgang in Frage kam.[377]

Auch in der DDR wurde betont, dass man die Experten besser mit dem Einsatzgebiet »vertraut« machen und sie »schon zuhause gründlicher auf ihren Einsatz vorbereiten« müsse.[378] Das Lehrprogramm und der Unterrichtsplan für diese Vorbereitung basierten auf Richtlinien der Abteilung »Internationale Verbindungen« im Zentralrat der FDJ. In einem dreimonatigen Lehrgang in Bärenklau bei Berlin wurden unter der Direktion von Otto Gebhardt die künftigen Experten meist zusammen mit den für den Einsatz ausgewählten Brigademitgliedern in der Landessprache, in Englisch, in Landeskunde, Sport, in medizinischen und technischen Kenntnissen ausgebildet. Lehrinhalte waren außerdem die Rolle der DDR und ihrer Außenpolitik, die »Prinzipien der friedlichen Koexistenz und ihrer Anwendung«, die »Bedeutung der nationalen Befreiungsbewegungen in Afrika«, das »sozialistische Weltsystem« und die Geschichte der Arbei-

---

375 BA Berlin Lichterfelde SAPMO DY 24/19208 Brigade der Freundschaft Sansibar an den Zentralrat der FDJ 1969, Bericht der Arbeitsgruppe »Brigaden der Freundschaft« Wolfgang Böhme an den Zentralrat der FDJ vom 18.3.1969, S. 6f.

376 Ebd. 24/10658, Unterlagen über Auswahltage für die »Brigaden der Freundschaft« 1964ff.

377 Ebd.

378 PA AA Berlin DDR MfAA Abteilung Afrika A 15078, ad 91f., Schreiben der Botschaft der DDR an das Ministerium für Volksbildung vom 1.12.1964.

ter- und Gewerkschaftsbewegung.[379] Anfang der 1970er-Jahre wurde der Vorbereitungslehrgang mit der Begründung, die »auslandsinformatorischen, politischen und sprachlichen Anforderungen« seien gestiegen, auf sechs Monate verlängert.[380] Das Brigadekollektiv sollte schon in der DDR »zusammengefasst« werden. Dies sollte menschliche Probleme am Einsatzort prognostizieren und verhindern helfen.[381] Mit den in der Bundesrepublik üblichen Kursen der emanzipatorischen Erwachsenenbildung vergleichbare Ansätze gab es in der DDR nicht. Hier leistete man eher informell »Völkerverständigung«, indem man beispielsweise zu Staatsfeiertagen Afrikaner einlud, sich aufeinander einschwor und gemeinsam feierte.[382]

Auch Exkursionen waren obligatorisch – beispielsweise »zum Gedenken an die Opfer des Faschismus« in die nahegelegene KZ-Gedenkstätte Sachsenhausen. Die Mahnung der Abgründe der Geschichte sollte die Wertschätzung gegenüber ›Völkerfreundschaft‹ festigen.[383] In Betriebspraktika wurden die künftigen Experten mit den Gerätschaften und Maschinen vertraut gemacht, die in Afrika zum Einsatz kamen.[384]

Nach Abschluss des Vorbereitungslehrganges entschied die Direktion der FDJ-Jugendhochschule »Wilhelm Pieck« über eine Empfehlung zur Entsendung oder eben eine Ablehnung.[385] Immer wieder kam es im Bewerbungsverfahren oder während der Ausbildung vor, dass Kandidaten zurücktraten. Wenn hier in der Regel familiäre Probleme, wie die Unklarheit, ob der Ehepartner und die Familie mit ausreisen könnten, vorge-

379 PA AA Berlin DDR MfAA Abteilung Afrika A 15078, ad 91f., Schreiben der Botschaft der DDR an das Ministerium für Volksbildung vom 1.12.1964.

380 BA Berlin Lichterfelde SAPMO DY 24/10658, Unterrichtspläne für die Ausbildung in Bärenklau bei Berlin 1964ff.

381 PA AA Berlin DDR MfAA C 1671/67, ad 100–106 Bericht der leitenden Ärzte des Krankenhauses von Chake Chake, Pemba, vom 5.4.1965, S. 7.

382 BA Berlin Lichterfelde SAPMO DY 24/10658, Unterrichtspläne für die Ausbildung in Bärenklau bei Berlin 1964ff.

383 Ebd.

384 Ebd. 24/744, Bericht über die Entsendung von »Brigaden der Freundschaft« und ihren Einsatz im Jahre 1965, S. 18f. Daneben gab es Speziallehrgänge – beispielsweise in tropischer Landwirtschaft beim Institut für Pflanzenzucht Bernburg/Neugattersleben. Ebd. 30 IV/2/2053, Otto Danek, Bericht über die Betreuung des Präsidenten der Union der Kamerunischen Bevölkerung in der Zeit vom 19.–27.11.1959, S. 3.

385 Ebd. 24/10658, Unterrichtspläne für die Ausbildung in Bärenklau bei Berlin 1964ff. Zur Jugendhochschule: Berkholz, Goebbels' Waldhof, S. 98–151.

bracht wurden,[386] mögen auch die Anforderungen bei der Ausbildung mit entscheidend gewesen sein, die man allerdings nicht als Hinderungsgrund zu formulieren wagte.

Experten, die nicht direkt im Rahmen einer *Freundschaftsbrigade* entsandt wurden, erhielten in der Regel lediglich eine Vorbereitung an universitären Instituten, wie dem Institut für Afrikanistik oder dem Institut für Tropenmedizin der Universität Leipzig.[387]

Vor der eigentlichen Entsendung musste jeder Experte eine Verpflichtungserklärung unterzeichnen, in der er zusicherte, immer nach den Prämissen der ›Völkerfreundschaft‹ und der Außenpolitik der DDR zu handeln.[388]

Die Auswahl und Vorbereitung afrikanischer Entwicklungsexperten

Auch afrikanische Regierungen waren auf die Auswahl ihrer Entwicklungsexperten bedacht, wenngleich es in der Regel keine besonderen Verfahren gab.

So hieß es beispielsweise bei der Rekrutierung von Leiterinnen für ein ländliches Ausbildungszentrum in Tansania im Dezember 1968: Man solle darauf achten, diese Position nicht mit Leuten zu besetzen, die man »irgendwo auf der Straße« aufgelesen habe. Viele würden aufgrund ihrer »Persönlichkeit« und ihres gesellschaftlichen Status nicht als Führungspersönlichkeiten anerkannt.[389]

Allerdings verhielt es sich in Tansania, Togo und Kamerun in den ersten Jahren nach der Unabhängigkeit – wie bereits angesprochen – meistens so, dass Experten aufgrund ihrer gesellschaftlichen Stellung im Kreis lokaler Honoratiorenfamilien oder nach Parteizugehörigkeit angeworben wurden und weniger etwa vor dem Hintergrund ihrer fachlichen und mensch-

---

386 BA Berlin Lichterfelde SAPMO E 8034, Unterlagen über Bewerbungen zu den »Brigaden der Freundschaft« und Rücknahmen 1964f.

387 Müller, »Als DDR-Tierarzt«; Schulz, *Development Policy*, S. 268.

388 BA Berlin Lichterfelde SAPMO DY 24/106, diverse Verpflichtungserklärungen für den Einsatz im Rahmen der »Brigaden der Freundschaft«. PA AA Berlin DDR MfAA Abteilung Afrika A 14583, Entwurf einer Erklärung für den Einsatz im Rahmen der »Brigaden der Freundschaft«.

389 TNA Dar es Salaam Acc. 563, T 40/4, 1968 Health Care Staff Community, Development Staff Training, Bericht über die vierte Ausbildung von weiblichen Leitern vom 31.12.1968, S. 1–5.

lichen Qualifikationen.[390] Gerade in Tansania, wo 1963 die administrativ-politischen Befugnisse der *Chiefs* maßgeblich eingeschränkt worden waren,[391] tendierte man dazu, zum Ausgleich Familienmitglieder dieser Honoratioren in die Entwicklungselite aufzunehmen. Zumindest um den Anschein einer formellen Auswahl zu wahren gab es – beispielsweise in Kamerun – auch Aufnahmetests für die Vorbereitung, in denen man Lese-, Schreib- und Ausdrucksfähigkeit sowie Grundkenntnisse in Landwirtschaft unter Beweis zu stellen hatte.[392] Häufig war das Ergebnis solcher Text allerdings nicht entscheidend für die Einstellung.[393]

Vor dem Hintergrund von Nepotismus, Klientelwirtschaft oder auch arroganter Besserwisserei bzw. Rassismus herrschte unter Deutschen hinsichtlich der Ausbildung afrikanischer Experten – trotz aller Gewichtung der Prämissen von *Hilfe zur Selbsthilfe* – die Vorstellung vor, dass man sich nur auf diejenigen Afrikaner verlassen könne, die »durch die Hände« zumindest europäischer aber besser noch deutscher Ausbilder gegangen seien.[394] Man sah hier offensichtlich lange Zeit wesentlich mehr Aus-

---

390 A. Ottou, Ministère de la Jeunesse et des Sports, Aperçu sur l'animation, August 1971, S. 18, zitiert nach: Illy, *Politik und Wirtschaft*, S. 337.

391 Vgl. Brokensha, »Handeni«, S. 166.

392 CAN Jaunde Vt 6/90 Agriculture Conours professionel des conducteurs – Avis d'ouveture candidates 1964; Ebd. Vt 39/112 Agriculture Concours professionell 1955; Ebd. Vt 39, 476 Personell Retraite, Decissions 1957–1965.

393 Ebd.

394 Dankwortt, *Zur Psychologie*, S. 163. Vgl. Küsken, »Counterparts«; PA AA Berlin B 2 Technische Hilfe 670 Tansania, Bundesminister des Inneren an das BMZ zur Fortbildung von gehobenen Fach- und Führungskräften aus Entwicklungsländern in der Bundesrepublik vom 26.2.1969; Ebd. B 2 Technische Hilfe 585 Togo Praktikantenausbildung und Programm 1962–1966, Botschaft Lomé Aktenvermerk über die Fortbildung von togolesischen Staatsangehörigen Juni 1965. Vgl. ähnlich zur DDR: ZNA Stone Town AU 16/180 Scholarship from GDR and other Socialist Countries, ad 8 Chief Agricultural Officer of Zanzibar Rundschreiben mit Ausschreibung aus der DDR vom 28.5.1965, ad 16 Schreiben VEB »Albert Kunz« Wurzen an Außenministerium von Sansibar vom 10.2.1967; BA Berlin Lichterfelde SAPMO DY 30 IV/2/2053, Aufstellung von Studenten aus Afrika in der DDR zum 1.1.1962 vom 31.1.1962; Ebd. 2/2056 Studienabteilung an die SED Grundorganisation des Instituts für Ausländerstudium, Hinweise zur Situation unter den Studierenden aus dem transsaharischen Afrika vom 11.10.1960; 2/2057 Entwurf für die Kommission »Berufliche Ausbildung von Arbeitern und Technikern aus den antiimperialistischen Nationalstaaten« vom 19.5.1959, Schreiben des Comite National Department de l'organisation national Togolaise vom 15.10.1959 über die Entsendung von Togolesen zum Studium in die DDR, Anzahl der ausländischen Studierenden in der DDR 1/1967, Bericht über die Ausbildung von Bürgern im 1. Quartal 1961.

bildungsbedarf als bei den eigenen Experten, was sich schon an der Dauer der DSE-Kurse für Afrikaner zeigt, die mit 12 bis 18 Monaten wesentlich länger als die für Deutsche angelegt waren und die neben Fachunterricht auch deutsche Sprache, deutsche Landeskunde und »Lebensart« enthielten.[395] Auch in Afrika bildeten westdeutsche Experten ihre *Counterparts* aus; hier wurden bisweilen gar deutsche Berufsbezeichnungen übertragen: So unterrichtete man im Distrikt Lushoto, Tansania, in den 1960er Jahren »Dorfhelferinnen«, die *Hilfe zur Selbsthilfe* in »Gemeinden« üben und Familien darin unterstützen sollten, »besser« ihren Haushalt zu führen. Hierbei wurden auch Gesprächstechniken vermittelt, um Wöchnerinnen in der Kinderpflege anzuleiten oder selbst Männer zum Kochen zu bringen, wenn ihre Frau bei Krankheit einmal ausfiel.[396] Büroangestellte wurden in Schreibmaschinenschreiben, Stenographie, Buchführung und »angemessenem Verhalten« unterrichtet.[397]

Die legendären *Tanganyika Nurses* wiederum, Krankenschwestern und Hebammen, die in den Jahren der Dekolonisierung als die tragenden Kräfte der Gesundheitsversorgung in Tanganjika angesehen wurden, bildeten britische Lehrkrankenschwestern zunächst ausschließlich in London aus, wobei immer auch eine Rolle spielte, wie man mit »einfachen medizinischen Mitteln« und fehlender Medizin improvisieren könne.[398] Nachdem

---

395 DSE, *Jahresbericht 1964*, S. 13f. Vgl. TNA Dar es Salaam Acc. 597, FA/E 90/10 (Part A) Foreign Service 1962–1971. German Institute for Developing Countries, ad 126 Schreiben der DSE an das Ministry of External/Foreign Affairs Dar es Salaam über diverse Seminare in Deutschland vom 1.5.1964 mit Kursplänen, ad 25 Ministry of External/Foreign Affairs, Listen von Kursteilnehmern vom 25.5.1963; ZNA Stone Town AH 72/78 Ministry of Finance and Development 1963–1964, Assistance from German Foundations for Development Countries, Bericht über ein Seminar »The Woman in family« and public life«, an dem Frauen aus Sansibar teilgenommen hatten, vom 29.11.1963.

396 TNA Dar es Salaam Acc. 481, R 3/3, 1967–69 Annual Reports, ad 34 Annual Report 1965, S. 8f.

397 Ebd. Acc. 597, FA/F 1/5/4 International Cooperation, Administration Training Aid Programmes, ad 1 The Treasury, Dar es Salaam, External Aid-Procedure, Rundschreiben Nr. 64/1961 vom 9.9.1961.

398 Ebd. Acc. 450, HE 1008/2 Vol. I: 1959–1963 UK Training of Tanganyika Nurses, ad 681 Schreiben des Tanganyika Students Office, London, an das Ministry of Health Dar es Salaam vom 12.2.1963, ad 559 Schreiben des Queens's Institute of District Nursing an das Ministry of Health and Labour Dar es Salaam vom 7.8.1962; Ebd. Acc. 450 HE 1008/2 Vol. II: 1959–1962 UK Training of Tanganyika Nurses, Bericht des Ministry of Health and Labour vom 26.5.1962. Vgl. zu dieser Praxis in der Spätzeit der Treuhandverwaltung: BNA Kew PRO CO 691/208 Development in Tanganyika. Development

auch die *World Health Organization* (WHO) in Europa und am Muhibili Hospital in Dar es Salaam Vorbereitungskurse durchgeführt hatte,[399] wurde ab 1970 die Ausbildung der *Nurses* allmählich vollends afrikanisiert. *Hilfe zur Selbsthilfe* leisteten hierbei die DÜ, der evangelische Entwicklungsdienst in der Bundesrepublik Deutschland.[400] Die examinierten *Tanganyika Nurses* arbeiteten nun zusammen mit *Health Inspectors* als Entwicklungsexperten am Ausbau von *Rural Medical Aid Training Centres* und vermittelten Hilfskrankenschwestern und -pflegern Kenntnisse der medizinischen Selbsthilfe, die diese in abgelegenen Regionen ohne Ärzte und Krankenschwestern anwenden sollten.[401]

Kameruner Entwicklungsexperten wurden seit den 1950er-Jahren häufig nach Frankreich zur Ausbildung in tropischer Landwirtschaft, Buchführung und Personalführung geschickt.[402]

Die DDR hielt immer wieder Lehrgänge für die »afrikanischen Freunde« an der FDJ-Hochschule »Wilhelm Pieck« am Bogensee bei Berlin oder in Fachbetrieben ab.[403]

Plan, Legislative Council of Tanganyika, Sessional Paper Nr. 2 -1949, A Review of the Medical Policy of Tanganyika 1949, S. 4.

399 TNA Dar es Salaam Acc. 450, HEU 2021, 1962–1972 WHO Project Nursing Teaching, Draft Plan for the Information of Public Health Principles into General Nursing – Midwifery Four Year Program at Muhimbili School of Nursing Dar es Salaam von Januar 1962.

400 Ebd. Acc. 597, FA/H 10/2 (Part A) Medical and Health Research, Übersicht des Ministry of Health and Labour über Ausbildungsprojekte und –stätten vom 16.10.1972.

401 Ebd. Acc. 450, HET 40/46 Rural Medical Aid Training Centre Arusha, Bericht an das Ministry of Health and Labour vom 14.2.1974; Ebd. HET 30/20 Rural Medicine Aid Training Centre Arusha, Confidential Questionaire to Medical Graduates 1972, Entwicklungsplan vom 13.9.1972; Ebd. Acc. 563, M 20/11 1968–1972 Health Inspectors, ad 62 Ausbildungsplan über Kurse im Bezirk Pagani vom 11.4.1971; Ebd. Acc. 580, E 10/21 Nursery School, Stellenplan und Besetzung in einer Schule für Hilfskrankenschwestern vom 21.1.1967.

402 Vgl. CAN Jaunde 1 AC 3262 France Racisme 1955, Diverses correspondances du President de l'assembleé territorial du Cameroun a monsieur le Haut-Commissaire de la Republique Française au Cameroun, et au Ministre de la France a Outre-Mer à propos de la discrimination don't sont victims certains étudiants Camerounaise en France 1955.

403 TNA Dar es Salaam, Acc. 597, FA/E 160/11 (Part C) External Aid and Scholarship GDR 1974–1979, ad 249 Ministry of External/Foreign Aid Informations about the admission of courses in the GDR and course offers, 30.7.1974; ZNA Stone Town AJ 15/166 Training in GDR 1964–1977, ad 7 Liste von Auszubildenden, die von Sansibar in die DDR geschickt wurden, nebst Ausbildungsorten vom 17.8.1964, ad 8 Brief des Chief-Medical-Officer von Sansibar an den Seminar Medical Officer, Pemba, über den

Die Regierungen der Postkolonien bildeten ihre afrikanischen Entwicklungsexperten freilich auch selbst aus: Aus Tansania wurden künftige Landwirtschaftsspezialisten ans Department of Agriculture des University College, Makerere, Uganda, gesandt. Am Anfang der 1960er-Jahre mit Unterstützung der USA errichteten Agricultural College im tansanischen Morogoro konnte ein *Cambridge Certificate in Agriculture* erworben werden, wofür auch »menschliche Überzeugungs- und Führungstechniken« vermittelt worden waren.[404] Ähnlich verhielt es sich in den staatlichen Landwirtschaftsschulen in Tengeru, Nordtansania, und Ukiriguru, Lake Region, die bereits in den 1950er-Jahren unter der britischen Treuhandregierung gegründet worden waren,[405] sowie auf sogenannten »Musterfarmen«[406] oder in *Rural Development District Training Centres*.[407] Tansanische Ärzte wurden bereits seit den 1930er-Jahren in der Makarere Medical School in Kampala, Uganda, unterrichtet und erhielten hier auch Unterweisungen, wie den Menschen auf dem Land möglichst effizient Praktiken der »Ersten Hilfe« und Hygiene nahegelegt werden könnten.[408]

Für die Mitglieder der tansanischen VDCs wurden regelmäßig Trainingsseminare abgehalten.[409] Hier sollten zunächst bürokratische Qualifikationen vermittelt werden, die die Experten befähigen sollten, den Menschen in den Dörfern bei örtlichen Planungen oder bei Anträgen zu helfen. Weiter sollte eingeübt werden, wie Wissen über die Einstellungen und Vorstellungen der Leute vor Ort erworben werden könnten, um eine enge

---

Besuch einer Lehrschwester aus der DDR, um künftige Auszubildende für Berlin auszuwählen vom 27.8.1964.

404 Ruthenberg, *Agricultural Development*, S. 49.

405 Ebd.

406 Ebd., S. 156f.

407 TNA Dar es Salaam Acc. 567, R 20/8/11, 1966–71 Rural Development District Training Centre, Rundschreiben des District Officers über Aufbau und Ausbildungskurse solcher Zentren vom 13.2.1966; vgl. Ebd. Acc. 516, 8 Voluntary Agency Schools, ad 64 Aufstellung des District Education Officers Lehrinhalte und Klassenaufteilung vom 26.4.1966.

408 Vgl. Odonga, *The First Fifty Years*. Zu den Ausbildungsplänen und Bedingungen: Trowell, »The Medical Training«. Vgl. BNA Kew PRO CO 691/208 Development in Tanganyika. Development Plan, Legislative Council of Tanganyika, Sessional Paper Nr. 2 -1949, A Review of the Medical Policy of Tanganyika 1949, S. 4; Olumulaa, *Disease*, S. 230; Croizer, *Practicing*, S. 191. Zum Überblick über die Ausbildung von Afrikanern als Ärzte: Iliffe, *East African Doctors*.

409 TNA Dar es Salaam Acc. 518, D 30/9 Village Development Committee, ad 10 Self Help Project Funds, 3.11.1964, Schreiben T. Mweri, Administrative Secretary, Kilimanjaro Region.

Zusammenarbeit mit den Dorfbewohnern zu gewährleisten. Techniken der Gesprächsführung und Grundkenntnisse in ethnologischer Erhebung wurden gelehrt. Als Ziele der Kurse galt, Wege aufzuzeigen, wie man die Leiter der VDCs in die Arbeit einbinden könnte, wie man die Dorfbewohner unter Druck setzten könnte, auch wirklich an den Dorfversammlungen teilzunehmen, wie man mit Rückschlägen umgehe und Vereinbarungen treffe, die für so viele Leute wie möglich passend seien.[410]

Weibliche Entwicklungsexperten wurden vorbereitet, nicht nur die Vorteile »von sauberer Luft in Haus und Hof« zu vermitteln, sondern auch für die sichtbare Überzeugung einzustehen, dass »das Haus ein Hort der Freude und des Friedens« sein könne, wenn man es nur sauber und luftig halte. Auch ihnen wurden psychologische Kenntnisse in zielgerichteter Gesprächsführung beigebracht. Man führte außerdem an pädagogische Lehrmittel heran, wie Schaubilder und Filme.[411]

Sansibarische Volksschullehrer wurden in *Hilfe zur Selbsthilfe* am *Mkrumch Teacher's Training College* unterwiesen. Sie lernten auf Versuchsfeldern landwirtschaftliche Techniken und mussten sich weitgehend selbst versorgen, um daraus Erfahrungen zu sammeln, die sie an ihre Schüler weitergeben sollten.[412]

In Togo wurden seit der Verabschiedung des Fünfjahresplans für Entwicklung im Juli 1967[413] jährlich zehn *Animateurs Rureaux* in der Schule Tové ausgebildet.[414] Diese sollten als Junglandwirte in die Dörfer gehen und dort eine umfassende Erneuerung und Modernisierung der Landwirt-

---

410 TNA Dar es Salaam Acc. 518, D 30/9 Village Development Committee, ad 10 Self Help Project Funds, 3. November 1964, Schreiben T. Mweri, Administrative Secretary, Kilimanjaro Region, ad 7 Regional Community Development Office, Kilimanjaro Moshi vom 20.8.1963.

411 Ebd. Regional Office Pagani T 40/4, 1068 Health Care Staff Community, Development Staff Training, Bericht über die Ausbildungsjahrgänge vom 29.9.68, S. 1ff. und 31.12.1968, S. 1–5. Übersetzung aus dem Kiswahili.

412 ZNA Stone Town, DA 1/229 Town Planning, New Villages, ad 12 Rundschreiben der Regierung von Sansibar vom 4.6.1963.

413 République Togolaise, *Plan Quinquennal*; NAT Lomé FA Klouto 164, Rapports sur les activités pionnière (JPA) 1965, Rundschreiben des Chefs Instructeurs de circonscription vom 27.1.1965.

414 Ebd. Atakpame 171 Concours de recrutement des éléves, Centre d'Appentissage Agricole de Tové, Infirmiers et enfirmieres Educateurs des Masse 1960–1964, Übersicht über Bewerbungen und Einschreibungen vom 10.2.1964, Plan über Ausbildungseinheiten und der Abschlussprüfung, die neben Sprach- auch Wissenstests zu Gesundheit, Hygiene und Landwirtschaftstechniken umfasste, vom 19.2.1964.

schaft vorantreiben.[415] Bereits Mitte der 1960er-Jahre war eine erste nur von afrikanischen Experten geleitete »Mustersiedlung« in Ost-Mono errichtet worden, die sich auf die Entwicklung des ganzen Landes als Beispiel auswirken sollte.[416]

In Douala, Kamerun, wurde im März 1965 der Unterricht am *Institute Panafricain pour le Développement* aufgenommen, an dem westafrikanische Entwicklungsexperten aus vielen Ländern ausgebildet werden sollten. Träger war ein internationaler privater Verein mit Sitz in Genf, der sich der »apolitischen und nicht konfessionellen« Ausbildung von afrikanischen *Counterparts* verschrieb und »an der Entwicklung Afrikas interessierte Persönlichkeiten schwarzer und weißer Hautfarbe« vereinte.[417] Aufnahmevoraussetzung war ein mittlerer Bildungsabschluss und das Bestehen eines Auswahlwettbewerbs, bei dem Fragen zu Entwicklungshilfe schriftlich und mündlich zu bearbeiten waren. Das Durchschnittsalter der Studierenden lag bei 26 Jahren. Sie sollten nicht zu jung sein, da sie auch ältere Dorfobere durch ihre *Animation Rurale* erreichen oder mit gesetzten Landräten zusammen arbeiten sollten. Dozenten waren Volks- und Betriebswirte, Juristen, Soziologen und Agrarwissenschaftler aus der Schweiz, Frankreich, Belgien, Österreich, Deutschland, Angola und auch Kamerun. Die zweijährige Ausbildung zielte auf unmittelbare Praktiken der *Hilfe zur Selbsthilfe* ab. In einem ersten Jahr verband man theoretischen Unterricht in Wirtschaftskunde, Soziologie, Landwirtschaft, Pädagogik mit Forschungen anhand von »Feldstudien«, wobei es erklärtermaßen darum ging, »abstrakte Konzepte am praktischen Geschehen zu verifizieren«.[418] Entsprechend der Prämissen der *Hilfe zur Selbsthilfe* hatten die Studierenden mit Dorfbewohnern zu diskutieren und sie zu »Maßnahmen zu animieren, die ihre Lage verbessern« könnten. Für die eigene Herkunftsregion sollte als Abschlussarbeit dieses ersten Jahres eine Regionalstudie erstellt werden, die die »Potentiale und Schwächen für die Entwicklung erkennen« lassen sollte.[419] Auch sollten sich die Studierenden in der hauseigenen Konsumgenossenschaft des Instituts engagieren. Im zweiten Ausbildungsjahr erfolgten eine Spezialisierung in Bereichen der Regionalplanung und die Ausbildung zum *Agent Régional de Développement*. Man konnte auch *Animateur Ru-*

---

415 République Togolaise, *Plan Quinquennal*, S. 106.
416 Ebd.
417 Illy, »Ausbildung«; Vincent, »Formation«.
418 Illy, »Ausbildung«, S. 36.
419 Ebd.

rale et Urbaine werden und später überregional *Hilfe zur Selbsthilfe* organisieren. Weiter stand der Weg zum Manager von Genossenschaften offen. Durch Praktika sollte das Wissen jeweils durch ›learning by doing‹ erworben werden. Den Abschluss bildete eine Diplomarbeit, die Entwicklungsmöglichkeiten für das jeweilige Heimatland skizzieren sollte.[420]

Die Experten der EMAR in Kamerun wurden durch Beamte angeworben, ohne ein Auswahlverfahren zu durchlaufen. Sie wurden zu einem Drittel gar nicht ausgebildet. Der Rest absolvierte in der Regel nur einen in Minkama von der *Compagnie Internationale pour le Développement Rurale* (CIDR) abgehaltenen 6-monatigen Vorbereitungskurs in Landeskunde und moderner Landwirtschaftstechnik oder hatte eine Ausbildung zum »Jugendführer« am *Institute national de Jeunesse et des Sports et de l'Education Populaire* in Jaunde bestanden.[421] Im Verlauf der 1960er-Jahre wurden weitere neun Ausbildungszentren für *Animateure* eingerichtet, die innerhalb von drei Jahren durch landwirtschaftliche Eigenproduktion zu autarken Siedlungen werden sollten.[422] Seit 1963 konnte man an der *École Fédérale Supérieure* in Jaunde, ab 1966 an Schulen in Mazona, Ebolowa, Bafang und Abong-Mbang und ab 1969 am *Collège National d'Agriculture* in Dschang moderne Landwirtschaft studieren.[423] Auch in Kamerun wurden Grundschullehrer

---

420 Illy, »Ausbildung«, S. 36.
421 Ministère de la Jeunesse et des Sports, Aperçu sur L'animation, S. 18.
422 Ebd. S. 11f.
423 CAN Jaunde Journal Officiel Matière 68/25 Décret [...] modifiant le décret No. 63DF/157 du 16.5.1963 créant l'École Fédérale Supérieure d'Agriculture de l'université Fédérale du Cameroun (In: J.O. No. 3 du 1.1.1968, 212); Ebd. 68/236 Arrête No. 236/B1/76 du 12.10.1968 finant modalités d'attribution d'indemnitée d'études aux éléves de l'école féderal supérierre d'agriculture (In: JO No 20 du 15.10.1968 1909f.), Ebd. 70/219 Decret portant création et organisation de l'Institut de pédagogie Aplique à Vocation rurale (In: J. O. No. 24 du 15.12.1970, S. 992f.); CAN Jaunde Journal Officiel Matière 69/211 Décret [...] réorganisant le Collège National d'Agriculture de Dschang (In: J.O. Nr. 24 du 15.2.1969, 868); Ebd. 69/157 Décret portant création et organisation de l'Institut de Pédagogie Appliquee á Vocation Rurale (In: J.O. No. 17 du 1.9.1969, 650ff.); Ebd. 77/194 Arrête No. 77/194 du 28.9.1977 portant création et organisation de l'Institut des Techniques Agricoles du Centre Universitaire de Dschang (In: J.O. No. 19 du 1.10.1972, 1888–1891); Ebd. 69/214 Décret No. 69/214 /COR du 12.11.1969 modifiant le décret No. 66–291 du 15.11.1966 les Écoles Techniques d'Agriculture de Mazona, Ebolowa, Bafang et Abong-Mbang (In: J.O. No. 24 du 15.12.1969, 875). Die Institute in Jaunde und Ebolowa waren aus spätkolonialen Ausbildungsanstalten für tropische Landwirtshaft hervorgegangen: CAOM Aix-en-Provence Fonds ministériels 2 Fides 808, Le Centre de perfectionnement et d'application Agricoles vom 31.3.1955; CAN Jaunde 1 AC 510/1 Fides Programme du Cameroun, Tranches 1950/51, 10; Ebd.

in einem eigenen Institut für ländliche und landwirtschaftliche Elementar-
bildung in Jaunde darauf vorbereitet, auf Schulfeldern Kinder in Praktiken
der ländlichen Selbsthilfe zu unterweisen. [424] Jeweils konnte man ein
Zertifikat erwerben, das besagte, dass man »technische und menschliche
Qualifikationen« für die *Animation Rurale* erworben habe. [425]
  Gleiche Qualifikationen wurden den Westkameruner *Community Development Fieldworkers* bescheinigt, die entweder vor Ort in sogenannten »leadership courses« oder in einem eigenen Institut in Kumba vorbereitet
worden waren.[426]

Ratgeber für *Hilfe zur Selbsthilfe*

Eng verbunden mit der Vorbereitung von Experten, ob sie nun aus der
Bundesrepublik, der DDR, Tansania, Togo oder Kamerun stammten, war
die Entstehung einer Ratgeber-Literatur, die eine zweifache Funktion hatte:
Zum einen diente sie dem Selbststudium in Selbsthilfe. Zum anderen sollte
sie Formen und Techniken der *Hilfe zur Selbsthilfe* vermitteln.[427]
  Jene Ratgeber gründeten auf einer fundamentalen Grundannahme: In
ihrer häufig strikten Trennung der Adressaten in Europäer und Nordamerikaner einerseits und in Afrikaner andererseits unterstrichen sie gewissermaßen die vermeintliche Dichotomie zwischen »The West and the Rest«.[428]
Sie hoben damit immer wieder das Gefälle zwischen Entwicklung und
Unterentwicklung hervor, indem sie es vorgeblich zu überwinden trachte-
ten. Andererseits unterstellten sie den Experten – vergleichbar mit den
Ausbildungsprogrammen –, dass sie eine Art Selbst-»Therapie« zur »Errettung ihrer modernen Seele« bräuchte.[429] Erst durch diese »Therapie« sollten Akteure in den Stand gesetzt werden, Praktiken der *Hilfe zur Selbsthilfe*
korrekt umzusetzen. So wurden neben fachlichen Inhalten immer auch

---

1 AC 4522 Enseignement Pratique de Modernization Rurale Tropicale 1953; Ebd. 2 AC
  8708 École Rurale de MEFO (Ebolowa) 1956.
424 Das Institut wurde 1969 in *Ländliches Institut für angewandte Pädagogik* (IPAR) umbenannt
  und bekam 1974 eine Zweigstelle in Buea.
425 A. Ottou, Ministère de la Jeunesse et des Sports, Aperçu sur l'animation, August 1971, S.
  18, zitiert nach: Illy, *Politik und Wirtschaft*, S. 337.
426 Ministry of Co-Operatives and Community Development, Department of Community
  Development, *Policy Statement*.
427 Vgl. hierzu auch: Büschel, »Sparzwang«, insb. S. 55ff.
428 Hall, »Der Westen und der Rest«.
429 Illouz, *Die Errettung*.

gruppendynamische Prozesse und grundlegende Phänomene des menschlichen interkulturellen Zusammenseins behandelt. Hinsichtlich afrikanischer Rezipienten zeugten diese Selbsthilferatgeber vom Verdacht einer tiefen wirtschaftlichen, sozialen und psychischen Unzulänglichkeit, die auf einem allseits als legitim angesehenen dichotom-kulturellen Grundmodell fußte, das häufig ›afrikanisch‹ gegen ›europäisch‹, ›primitiv‹ gegen ›zivilisiert‹ und ›unterentwickelt‹ gegen ›entwickelt‹ setzte.[430] Haarklein wurden hier die Schritte der Selbsthilfe hin zu einem planhaften, organisierten und Entwicklungen zuträglichen Leben erläutert und mit Bildern sowie kurzen Texten pädagogisch wirksam auch den ›einfachen Leuten‹ nahegebracht.

Eine Art kurz gefasstes Manual, das auf globaler Ebene Entwicklungsexperten vermitteln sollte, was überhaupt *Hilfe zur Selbsthilfe* sei, welche Leitlinien und Prämissen hiermit verbunden wären und welche Voraussetzungen ihre Akteure mitbringen sollten, stellte eine 1953 erschienene, in viele Sprachen übersetzte Schrift der UNO dar mit dem Titel »Durch Hilfe zur Selbsthilfe. Die Technische Hilfe der Vereinten Nationen«.[431] Hier wurden die Leitlinien für Praktiken der *Hilfe zur Selbsthilfe* allgemeinverständlich und für ihre sofortige praktische Umsetzung aufbereitet.

Ein Klassiker, der das psychosoziale Einvernehmen gegenüber Fremden bei europäischen Experten wecken sollte, war beispielsweise der 1957 in der Reihe »Umgang mit Völkern« erschiene Band zu »Bantu« des Missionars und Erziehungswissenschaftlers Otto F. Raum, mit dem dieser versuchte, Vorurteile abzubauen. Die Vorurteile der »Weißen« über »die Bantu« – so Raum –, dass diese nämlich »faul, dumm dreckig, geil, frech, unzuverlässig, stumpf« seien, würden von einer »Verurteilung des Europäers selbst« zeugen. Denn er habe »dem Schwarzen den Umgang mit ihm anerzogen.«[432]

Eine weitere Selbsthilfeschrift zum »einvernehmlichen Zusammenleben und -arbeiten« war die Arbeit des Meinungsforschers und Gründers des *Emnid*-Instituts Karl Georg von Stackelbergs »Alle Kreter Lügen« von 1955. Hier rügte von Stackelberg die »überall erhobenen Zeigefinger« von »Weißen« in Afrika und plädierte dafür, sich zunächst »Zeit zu lassen«, die

430 Kuper, *The Invention*, S. 240.
431 UNO, *Durch Hilfe zur Selbsthilfe*. Vgl. zur technischen und organisatorischen Seite von Hilfe zur Selbsthilfe: Rhinesmith, *Bring Home*.
432 Raum, *Umgang mit Völkern*, S. 7.

»ökonomischen, soziologischen oder ethnologischen Bedingungen« vor Ort kennenzulernen oder zumindest die Landessprache zu erlernen.[433] Eher klassisch koloniale Stereotypen schrieb die Publikation des Heidelberger Ethnologen Hans Himmelberger mit seiner Schrift »Der gute Ton bei den Negern« von 1957 fort, die über »Höflichkeit« und »Moral« von Afrikanern Auskunft zu geben versuchte, um auf die Kontakte mit der »fremdartigen Gesittung« dieser Menschen vorzubereiten.[434]

Zahlreiche Sammlungen von »Erfahrungsberichten« von Missionaren, Entwicklungsexperten und -helfern, die einerseits für Entwicklungsdienste werben sollten und andererseits auch von fundamentalen Zweifeln und Problemen berichteten, boten Beispiele gelebter Entwicklungszusammenarbeit und künftige Orientierungshilfe.[435] Bisweilen wurde hier mehr oder minder suggeriert, dass die Wahrnehmung afrikanische *Counterparts* zur Sprache käme – und zwar als eine Art Korrektiv für eurozentrische Selbstbespiegelung.[436] Von eigenen »Erfahrungen mit Afrikanern […], um beispielhaft Verständnis für das Andersartige zu wecken« berichtete in diesem Sinne Rudolf Gäbel, der von 1962–64 ein Krankenhaus in den Usambarabergen im Nordosten von Tansania geleitet und dort afrikanische »Hilfsärzte« ausgebildet hatte.[437] Gäbel wolle nicht »verschweigen«, dass bei einer solchen Tätigkeit die »Grenzen des Einfühlungsvermögens recht deutlich erlebt« würden. Immer wieder erfahre man bei der Zusammenarbeit in Afrika, dass die »Kluft, die durch die völlig verschiedenen Prägungen im Kindesalter entstanden« sei, »nur in den seltensten Fällen« überbrückt werden könne. Man sei mit »Wesenszügen« konfrontiert, die auch »jetzt noch das Leben des einzelnen Afrikaners bestimmen« würden. Die »Bedürfnislosigkeit des einzelnen, sein schwach entwickeltes Zeitverhältnis mit einem auffallenden Mangel an planender Vorsorge für die Zukunft und sein stark ausgeprägter sozialer Sinn« könnten »als zweckvolle Anpassung an die unsicheren Lebensverhältnisse verstanden werden.« Andererseits würde sich aber diese »Genügsamkeit auf eine Hebung des Lebensstan-

433 Stackelberg, *Vorurteile über Menschen*, S. 117ff.
434 Himmelheber, *Der gute Ton*, S. 6, Klappentext.
435 Vgl. bspw.: Müller, *Ärzte*; Eich/Frevert, *Freunde*; Zimmer/Funkenberg, *Deutsche*; Namgalies, *Schwarzer Bruder*; Viering, *Togo*; Le Coutre, *Unterwegs*; Ries, *Entwicklungshelfer*; Sollich, *Probezeit*. Zur DDR: Adelhold/Becker/Landmann, *Komm wieder Doktor*; Beetz, *Visite*. Vgl. auch die Klassiker: White, *Doktor*; Pater, *Etwas geben*; Werner, *Shamba Letu*; Stirling, *Missionsarzt*.
436 Vgl. BMZ, *Wie sie die Deutschen sehen*; Kühl/Weyers, *Erlebnisse*.
437 Gäbel, »Erfahrungen«, S. 59, 62.

dards hemmend« auswirken, »da ein Anreiz für vermehrte Arbeit über das notwendige Mindestmaß hinaus kaum vorhanden« sei. Das benötige wiederum Einfühlungsvermögen bei den westlichen Experten.[438] Es scheint, als würden hier uralte Stereotypen von ›edlen Wilden‹ fortgeführt, die angeblich von der Natur begünstigt und daher nicht einem vorsorgenden, auf Entwicklungen bedachten Leben aufgeschlossen seien.[439] Gäbels Schrift war nur ein Beispiel für ähnliche Erfahrungsberichte jener Zeit, die rassistische Zuschreibungen perpetuieren konnten, in dem sie beanspruchten gerade diese überwinden zu wollen.

Für Experten aus der DDR, die im Rahmen der *Freundschaftsbrigaden* zu arbeiten hatten, galten außerdem das »Handbuch des Jugendleiters« und das »Handbuch des FDJ-Gruppenleiters«.[440] Hier konnte man die Statuten der FDJ nachlesen, die »Grundrechte der jungen Generation«, die das »Recht auf Erholung« und das »Recht auf Freude und Frohsinn« enthielten.[441] Außerdem wurden Hinweise gegeben, wie es durch »Lob für gute Arbeit«, »einheitliches Auftreten«, das Eingehen auf persönliche Sorgen, Offenheit, persönliche Gespräche und Aufträge gelingen könne, »alle jungen Leute« – auch in Afrika – in die FDJ-Arbeit einzubeziehen.[442]

Ein Klassiker der medizinischen Selbsthilfe war »Where there is no Doctor« des US-amerikanischen Arztes David Werner, der vor allem Dorfentwicklungsprogramme in Mexiko leitete.[443] Das US-amerikanische *Peace Corps* führte das Buch über Gambia nach Afrika ein. 1975 gründete Werner die *Hesperian Foundation*, die »Where there is no Doctor« und andere Bücher über *Community Health Care* herausgab. So wurde die Schrift in Teilen auch ins Swahili übersetzt und kam 1978 durch die Unterstützung des Rotary Clubs Dar es Salaam erstmals unter dem Titel »Mahali Pasipo na Daktori. Kutabu cha Mafunzo ya Afye Vijijini« für den Leserkreis tansanischer Dorfentwickler heraus.[444] Die Verbreitung von »Where there is no Doctor« verweist deutlich auf die Vorstellung philanthropischer Zirkel afrikanischer Eliten, wie künftige Gesundheitsvorsorge und -versorgung aussehen sollte,

---

438 Gäbel, »Erfahrungen«, 61. Vgl. Huber, »Über den Umgang«.
439 Vgl. hierzu: Teil I, Kapitel 4.
440 FDJ, *Handbuch 1961* und *1975*.
441 Dies., *Handbuch 1961*, S. 18f.
442 Dies., *Handbuch 1975*, S. 12f.
443 Werner, *Where there is no Doctor*.
444 Ders., *Mahali Pasipo Na Daktari*; vgl. Balldin u.a., *Child Health*; TNA Dar es Salaam Acc. 597, FA/H19/2, Famine and Health Care for Children, Illustrated Self-Help-Brochure for Rural Health Workers, Dar es Salaam 1971.

nämlich weniger als Aufgabe organisierter Staatlichkeit, sondern mehr als von den Menschen vor Ort eigenständig getragene Selbsthilfe. Diese Sicht folgte zweifellos Kostenerwägungen, zahlte sich das freiwillige Engagement von medizinischen Laien immer aus.

Die westdeutschen Varianten zu »Where there is no Doctor« waren das »Gesundheitsbüchlein für die Tropen«, das der Tropenmediziner und Entwicklungsexperte Ernst von Haller verfasst hatte[445] sowie die Schriften des einstigen ›Rassenhygienikers‹ und Kolonialarztes in Togo Ernst Rodenwaldt.[446] Vermutlich nicht zuletzt aufgrund der allenthalben bekannten rassistischen Implikationen der Schriften Rodenwaldts fungierte in der DDR ein eigenes »Gesundheitstaschenbuch für die warmen Länder« als medizinischer Selbsthilferatgeber.[447] Da man schlichtweg nicht hinreichend medizinisches Personal für die Entwicklungshilfe gewinnen konnte, sollten auch Experten, die Laien in dieser Hinsicht waren, sich selbst und anderen helfen können. In diesem Sinne erteilten auch deutsche Experten in Publikationen medizinische Ratschläge zum Leben in den afrikanischen Tropen gegenüber ihren Nachfolgern.[448]

In einer Art ausgeprägt zivilisierungsmissionarischem Sendungsbewusstsein wandten sich europäische Autoren außerdem exklusiv an Afrikaner: Seit den 1950er-Jahren richtete sich der Verlag »Les Classiques Africains« von Versailles aus an ›Evolués‹ im frankophonen Afrika, um ihnen Ansätze zu bieten, ihr Leben selbst zu organisieren und sich zu entwickeln. In diesem Sinne erschien eine Broschüre mit dem Titel »Le Budget du Foyer« (»Der Haushalt der Familie«).[449] Hier wurde erklärt, was Geld überhaupt sei. Es wurden Empfehlungen gegeben, wie man sparsam und umsichtig wirtschafte. Auch ökonomische Gefahren waren ein Thema. Afrikaner seien den Umgang mit Geld ja nicht gewöhnt – so die Unterstellung. Daher würden sie zu übermäßigen Ausgaben neigen. Auch kann man Ratschläge nachlesen, wie afrikanische Hausfrauen etwas dazu verdienen

---

445 Haller, *Gesundheitsbüchlein*. Zum Einsatz Ernst von Hallers als ärztlicher Experte in Westafrika: PA AA Berlin B 92 Kirchliche Entwicklungshilfe 366 Gesundheitswesen 1960–1963, Botschaft Accra an den Senat von Hamburg, Zeugnis des Herrn Dr. Ernst von Haller vom 15.10.1962.
446 Rodenwaldt, *Tropenhygiene*. Zu Rodenwaldt: Eckart, »Generalarzt Ernst Rodenwaldt«; Kiminius, *Ernst Rodenwaldt*. Zur Selbstdeutung: Rodenwaldt, *Ein Tropenarzt*. Vgl. außerdem: Röllinghoff, »Erhaltung«.
447 Horn u.a., *Gesundheitstaschenbuch*, S. 70.
448 Röllinghoff, »Gesundheitliche Vorbereitung«; Knayer, »Nahrung«.
449 Erny, *Le Budget*. Vgl. Büschel, »Sparzwang«, S. 55ff.

könnten. Und nicht zuletzt wurden Techniken der Haushaltsplanung erläutert, wie das Führen von Ausgabebüchern.[450] In dieser auch in Togo und Kamerun weit verbreiteten Schrift wurde der deutliche Eindruck vermittelt, dass Afrikaner vor allem eines nicht könnten: Sparsam mit ihnen zur Verfügung stehenden Mitteln umgehen.

Im Verlag »Les Classiques Africains« erschienen weiterhin Selbsthilferatgeber zu Gesundheit und Gesundheitsvorsorge,[451] zu Kindererziehung und -krankheiten,[452] zur Frage, wie man einen Garten in den afrikanischen Tropen möglichst ertragreich anlegen, bepflanzen uns düngen könnte[453] sowie welche Kleintiere zur Zucht besonders geeignet seien.[454] Selbst bei diesen grundlegenden Dingen attestierte man Afrikanern offensichtlich Nachhol- und Informationsbedarf.

Auch afrikanische Entwicklungsexperten publizierten im Auftrag ihrer Regierungen solche Selbsthilferatgeber: 1967 erschien unter der Autorschaft von Joseph A. Namata in Dar es Salaam eine Broschüre zu Sozialtechniken des Zusammenarbeitens im Sinne von *Self Reliance*: Täglich sollte sich jeder Experte fragen, was er zur Verwirklichung des »afrikanischen Sozialismus« beitrage, hieß es da. »Gute Gespräche« untereinander seien sehr zuträglich, Qualifikationen für *Hilfe zur Selbsthilfe* einzuüben.[455]

Auf die Überzeugungskraft von Augenzeugenberichten setzte denn auch eine Broschüre, die die Erfahrungen von tansanischen *Community Development Workers* enthielt. Sie sollte unter anderem bei der Frage weiterhelfen: »How to plan their villages«.[456] Im Juli 1964 legte die Regierung von Tansania außerdem eine Schrift zur Unterstützung von Familien auf, die vorhatten, in »Selbsthilfe« ihr eigenes Haus zu bauen.[457]

All diese Ratgeber vermittelten soziale Techniken der Selbsthilfe und waren gleichzeitig Medien der Selbsthilfe. Wie stand es nun mit dem Resultat all dieser Bemühungen? Führten Zuschreibungen, Auswahl und Ausbildung dazu, dass im Verlauf der 1960er-Jahre die Krise ausländischer Expertise in Afrika überwunden werden konnte und Experten verfügbar

---

450 Erny, *Le Budget*. Vgl. Büschel, »Sparzwang«, S. 55–59.
451 Nijs, *Santé*.
452 Goarnisson/Blanc, *Guide de Puériculture*.
453 *Les jardin*.
454 *La Brasse-Cour*.
455 Namata, *Huduma Serikalini*.
456 ZNA Stone Town DA 1/229 Town Planning, New Villages, ad 12, Rundschreiben der Regierung von Sansibar vom 4.6.1963.
457 United Republic of Tanganyika and Zanzibar, *Wewe na familia*.

waren, die umsichtig und professionell *Hilfe zur Selbsthilfe* in der Praxis umsetzen konnten?

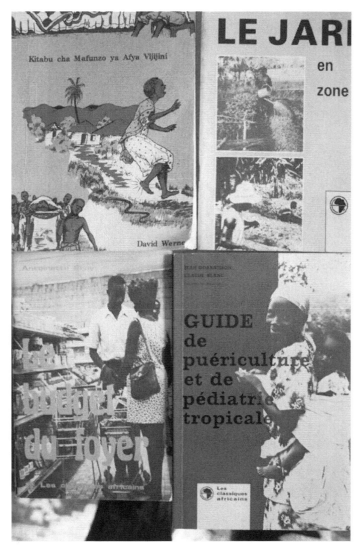

Abbildung 1: Selbsthilferatgeber

1.4. Die Experten in der Praxis

Im Oktober 1966 berichtete der Entwicklungsexperte und Arzt Gustav K. an die GAWI von seiner Tätigkeit in Afrika.[458] Man hatte ihn in die Kleinstadt Poli im unwegsamen Norden Kameruns geschickt. Dort betreute K. mehrere Krankenstationen. Er unterwies Pfleger und Schwestern, wie sie mit der oft knappen medizinischen Ausstattung arbeiten könnten. Auch fuhr K. durch die Dörfer und übte *Hilfe zur Selbsthilfe*, indem er die Bewohner aufklärte, wie sie schwerwiegende Erkrankungen erkennen, Notfallbehandlungen durchführen oder durch Hygiene so mancher Seuche vorbeugen könnten. Seine Schilderungen lesen sich wie eine einzige Tirade des Entsetzens, der Abscheu und man könnte sogar sagen des rassistischen Hasses: Poli selbst sei ein »Ort ohne Vitalität«. Dort sei definitiv schon lange die Zeit stehengeblieben. Auch in den umliegenden Dörfern würde jede Entwicklung von den Bewohnern gleich »im Keim erstickt«. So »ungewöhnlich schön und reizvoll die Landschaft« sei, so »flach und voll Bosheiten« sei die dort lebende Bevölkerung. »Dickschädel« hätten überall das Sagen. Stets treffe man als Experte auf »Indolenz sowie fast feindselige Konservativität«. Die Leute seien die »dreckigsten und zerlumptesten«, die K. jemals getroffen habe. Es sei unmöglich, sie »zur Arbeit zu stimulieren«. Auch der Jugend mangele es an »jeglichem Schwung, geistiger Regsamkeit und Interesse an Neuem.[459]

Dieser Bericht ist repräsentativ für zahlreiche ähnliche Schilderungen nordamerikanischer, britischer, französischer und so auch deutscher Experten von ihren Einsätzen in Afrika während der 1960er-Jahre.[460] Immer wieder klagte man über die Verhältnisse, die Unverständigkeit und den Unwillen der Menschen vor Ort, sich endlich selbst zu helfen. Dabei scheuten sich die Experten auch nicht, sich selbst als geniale Macher in Szene zu setzten. Es schien für sie unverzichtbar zu betonen, dass man das schier Unmögliche aufgrund der eigenen Ausbildung und Erfahrung sowie

---

458 Der Name wurde geändert. Vgl. zu den folgenden Ausführungen auch: Büschel, »The Native Mind««; Ders., »Die Moral«; Ders., »In Afrika helfen«.

459 BA Koblenz B 213 BMZ Technische Hilfe/Kamerun 12112, Gustav K., Bericht aus Poli an die GAWI vom Oktober 1966, S. 2.

460 Vgl. bspw. Ebd. 4112, Musterdörfer Togo, Abschlussbericht Schnellbach vom Dezember 1965; Schnellbach, »Probleme«.

mit einem großen Quantum Geschick und Improvisation verwirklichen könnte.[461] Solche Äußerungen verweisen auf einen spezifischen Habitus,[462] den viele ›weiße‹ Experten pflegten,[463] nicht zuletzt, um sich von den Afrikanern und so auch den ›schwarzen‹ *Counterparts* abzusetzen. Man schmiedete häufig transnational »Allianzen«, versicherte sich gegenseitig der eigenen Bedeutung und war sich einig, dass man hauschoch allen überlegen sei, die noch Entwicklung bedürften.[464] Die Einmütigkeit solcher Texte lässt darauf schließen, dass sich hier in der Tat eine Art neuer »Stamm« von Experten formierte,[465] der nicht müde wurde hervorzuheben, wie unantastbar und unverzichtbar er sei. Damit begegneten Experten nicht zuletzt den Zweifeln, ob man sie denn überhaupt noch in den postkolonialen Staaten Afrikas benötigen würde. In diesen Äußerungen lag eine – gemessen an dem Klima der Zeit – fatale Paradoxie: Einerseits betonten die Spezialisten immer wieder, dass ihnen Neokolonialismus gleich welcher Art fremd sei.[466] Andererseits kultivierte man allenthalben eine regelrechte ›Besserwisserei‹,[467] unbenommen der flachen Hierarchien, für die *Hilfe zur Selbsthilfe* an sich stehen sollte. Es scheint, als sahen es diese Experten als einzig denkbare Legitimation ihres Handelns an, wenn sie sich selbst bzw. das ›Eigene‹ als entwickelt und die Afrikaner

---

461 Paradebeispiele im internationalen Vergleich sind die 1966 erschienenen Aufzeichnungen des nordamerikanischen Ökonomen Wolfgang F. Stolper, der als Experte für den Aufbau eines Staatshaushalts in Nigeria tätig war, und die Memoiren des britischen Kolonialarztes und späteren Gesundheitsministers von Tansania Leader Stirling: Stolper, *Planning*; Stirling, *Missionsarzt*. Vgl. zu Stirling auch: Nyerere, »Einleitung«.
462 Vgl. Bourdieu, *Entwurf*, S. 344. Vgl. Ders., *Die feinen Unterschiede*.
463 Vgl. zum Distinktionscharakter des ›Weißseins‹: Lüdtke, »Race in der Geschichtswissenschaft«; Lipsitz, *The Progressive Investment*; Wollrad, »Der Weißheit letzter Schluss«; Tißberger, »Vorwort«.
464 Dieses Verhalten hatte deutliche koloniale Traditionslinien. So schrieb bspw. 1946 Robert Delavignette, der Leiter der französischen Expertenausbildung: Experten seien von ihrem Auftreten her immer ausdrücklich Europäer in den Kolonien. Dabei würden sie »eifersüchtig« an ihren alten Pfründen festhalten und danach streben, sich immer wieder unentbehrlich zu machen. Delavignette, *Service Africain*, S. 41. Vgl. Hirschmann, *The Strategy*, S. 11; Lepenies, »Lernen«, S. 42f. Zur rassistischen Dimension solcher Verständigungsgemeinschaften: Hall, »Rassismus«. Vgl. Miles, *Geschichte des Rassismus*, S. 10.
465 Hüsken, *Der Stamm*. Vgl. Hannerz, »Cosmopolitans«; Appadurai, *Modernity*; Sklair, »The Transnational Capitalist Class«.
466 So bspw. auch selbst Gustav K.: BA Koblenz B 213 BMZ Technische Hilfe/Kamerun 12112, Gustav K., Bericht aus Poli an die GAWI vom Oktober 1966, S. 3.
467 Vgl. Lepenies, »Lernen«.

als das unterentwickelte ›Andere‹ definierten.[468] So gingen die Experten des globalen Nordens auch davon aus, über die einzig wirksamen Kniffe und Methoden zu verfügen, die ›kleinen Leute‹ in Afrika zur Selbsthilfe zu bewegen.[469] Daher sei es geradezu ein »Wahnsinn«, dass die »harte Arbeit der Experten« in den Postkolonien zunehmend unerwünscht sei. Eine solche Haltung stürzte die jungen Nationalstaaten noch ins »Verderben«, erklärten beispielsweise bundesdeutsche Spezialisten gegenüber dem BMZ.[470] Besonders die Deutschen mit ihrer »Ordnungsliebe und Tüchtigkeit« könne man wohl kaum entbehren.[471]

Rassismus als Existenzprinzip

Die Art und Weise, wie dieses ›Besserwissen‹ demonstriert wurde, und wie sich Experten hierüber verständigten, konnte bisweilen in blanken Rassismus umschlagen.[472] Auch noch in den 1960er-Jahren spielten hierbei durchaus körperlich gedachte ›Rasse‹-Kategorien keine geringe Rolle. So ist wie beim kolonialen Rechtfertigungsdiskurs für Sklaverei nicht selten die Rede davon, dass ›Weiße‹ eben besser geistig und ›Schwarze‹ besser körperlich arbeiten könnten. Afrikaner seien nämlich »tropenfest«. Sie könnten selbst schwere körperliche Arbeiten in »dumpfer Schwüle, sengender Hitze und stechender Sonne« verrichten.[473] Europäer müssten sich hingegen schonen. Sie dürften sich nicht zermürben lassen und ihre »besten Lebenskräfte« nicht sinnlos vergeuden. Denn gerade diese bräuchten sie für die geistigen Arbeiten, auf deren Unterstützung Afrikaner angewiesen seien.[474]

Diese Vorstellung war zumindest unter bundesdeutschen Experten so autorisiert, dass sie Eingang fand in die tropenmedizinischen Handreichungen, mit denen man zum Einsatz ausreiste: Der Arzt für Tropenhygiene Ernst von Haller sprach in seinem 1951 aufgelegten »Gesundheits-

---

468 Vgl. zu Selbstbestätigung bei Festlegungen des ›Eigenen‹ und ›Anderen‹ Hall, »Das Spektakel«, S. 144.

469 Zu diesen Methoden ausführlicher: Teil I, Kapitel 1, 2 und 3.

470 BA Koblenz B 213 BMZ 5483 Berichte über Fachkräfte der technischen Hilfe 1971, BMZ III B 4-T 4100-28/71 vom 24.5.1971, S. 31.

471 Schnurer, »Nationalismus«, S. 25.

472 Vgl. ausführlicher: Büschel, »The Native Mind«. Zu Rassismus als Phänomen sozialer Inklusion: Hundt, *Negative Vergesellschaftung*, S. 119.

473 Zischka, *Afrika*, S. 246f.

474 Drascher, *Schuld der Weißen*, S. 273.

büchlein für die Tropen« von einer »gewisse Indolenz« der Afrikaner nicht nur gegenüber Hitze und Schwüle, sondern auch gegenüber Schmutz und Bakterien.[475] Europäer seien hiergegen sehr anfällig und dürften daher nicht auf staubigen Feldern oder Baustellen selbst Hand anlegen.[476]

In solchen Schriften lässt sich auch eine Art kultureller Rassismus erkennen,[477] der sich als langlebiger als die zunehmend in Misskredit geratenen biologischen Rassismen erweisen sollte, zumal er subtil auftrat und im Gewand humanitärer Beflissenheit.[478] So schrieb von Haller ganz im kolonialen Duktus der Warnungen vor ›Verkafferung‹ und Tropenkoller,[479] dass die Experten auch »seelische Hygiene« walten lassen sollten. Daher sollten sie auch nicht zu häufigen und engen Umgang »mit den Einheimischen« pflegen, denn der gehe auf die Nerven. In den Tropen gebe es doch nur wenig »Bindung an Gesetze und Sitten« Europas. Das könne bei jedem Europäer einen »geistigen Verfall begünstigen.« Und diese geistigen Ressourcen brauche man eben, um Afrikanern überhaupt helfen zu können.[480]

Auch der seinerzeit weltweit führende Spezialist für Malaria Ernst Rodenwaldt warnte vor zu engem Kontakt mit den ›Einheimischen‹.[481] Währenddessen sollten die ›Weißen‹ in den Tropen das Leben untereinander intensiv pflegen. In seinem tropenmedizinischen Standartwerk von 1957 empfahl er Europäern, das »Zusammengehörigkeitsgefühl« in den Tropen zu stärken. Denn das helfe ihnen zur »Abwehr lebensbeschädigender Einflüsse« inmitten eines »rassefremden Klimas«.[482]

Solche Ratschläge waren freilich nicht gerade nützlich für die Praxis der *Hilfe zur Selbsthilfe*, sollte es ja besonders bei diesem Entwicklungsansatz zu äußerst enger Zusammenarbeit, zum Lernen voneinander und zum Einfühlen in den anderen kommen. Gleichzeitig brachte gerade die intensive Auseinandersetzung mit den ›Anderen‹ kulturrassistisches Denken ans Tageslicht: Viele Experten wussten einfach keine andere Antwort auf die

---

475 Haller, *Gesundheitsbüchlein*, S. 7. Vgl. zu den kolonialen Denkansätzen in diesem Zusammenhang: Leo, »Die Arbeiterfrage«. Vgl. hierzu schon 1886 auch der Anthropologe und Bakteriologe Rudolf Virchow: Conrad, *Globalisierung*, S. 17; Grosse, *Kolonialismus*, insb. S. 53ff. Hierzu und zum Folgenden auch: Büschel, »Die Moral«.

476 Haller, *Gesundheitsbüchlein*, S. 4.

477 Zur Definition: Hall, »Rassismus«; Ders., »Die Frage des Multikulturalismus«, S. 204; Hundt, *Negative Vergesellschaftung*, S. 119.

478 Vgl. Pieterse, *White on Black*, S. 14; Appiah, *In My Fathers House*, S. 13.

479 Vgl. Axter, »Die Angst«; Büschel, »Im Tropenkoller«; Ders., »»The Native Mind««.

480 Ebd.

481 Rodenwaldt, *Tropenhygiene*, S. 135–149.

482 Ebd., S. 150.

Frage, warum sich die Afrikaner nicht selbst aus ihrer Misere heraus helfen würden, als dass dies eben an ihren ›Wesen‹ und ihren ›Sitten‹ liege.[483] Von solchen Einschätzungen waren auch Spezialisten aus der DDR nicht ausgenommen: In internen Papieren sprachen auch sie häufig von schier unüberwindbaren »Rassenproblemen« der Afrikaner.[484] Arroganz, Überheblichkeit und Rassismus bezogen sich vor allem auf die afrikanischen *Counterparts*, die einheimischen Entwicklungsexperten: Man ist erinnert an die Abwehr vieler Kolonialbeamter gegen Afrikaner, die sich »erdreisteten«, den »ihnen zugehörigen Platz« zu verlassen, um »europäische Kulturwerte« anzunehmen oder wie die ›Weißen‹ zu leben.[485] So gehörte zu den Selbstentwürfen west- wie ostdeutscher Experten in den 1960er-Jahren auch die bisweilen offensichtliche, bisweilen versteckte Diskreditierung oder Verballhornung afrikanischer Entwicklungspolitiker und -experten, die »viel zu hastig und unüberlegt und mit viel zu schnellen Schritten nach Selbstständigkeit« streben würden.[486] Man sprach Afrikanern häufig Sachverstand ebenso wie die Grundqualifikationen der Entwicklungsarbeit Fleiß und Einfühlsamkeit ab. Da ihnen dergleichen aufgrund ihrer ›Kultur‹ und Sozialisation fehle, würden sie noch lange ›Outsider‹ einer wirklich wirkungsvollen Entwicklungsarbeit bleiben.[487] Daher sei der Einsatz von ausländischen Experten auch ein geradezu humanitär unerlässliches Unterfangen, eine Art »Pflicht« wie im Kolonialismus so auch weiterhin eine gewisse »Vormundschaft« auszuüben.[488] Unbenommen etwaiger ›guter‹ Absichten, die ›weiße‹ Experten mit ihren Bemühungen durchaus hegen konnten, ist festzuhalten: Selbst ausgewiesene Anti-Rassisten konnten sich kaum Kulturrassismen entziehen, waren sie doch aufs engste mit Vorstellungen von Entwicklung und Unterentwicklung und der Legitimierung ausländischer Expertise in Afrika verbunden.[489]

---

483 Vgl. bspw. Schnellbach, »Probleme«.

484 BA Berlin Lichterfelde DY 30 IV A 2/20957, Bericht über eine Visite auf Sansibar vom 9.2.1965.

485 Vgl. Marx, *Geschichte*, S. 175.

486 Vialon, *Die Kunst*, S. 6f.

487 Vgl. Ebd. und bspw. Sonnenhol, »Glanz«; Schnellbach, »Probleme«. Vgl. zur rassistischen Dimension solcher Exklusionsdiskurse: Hall, »Das Spektakel«, S. 144. Ders., »Rassismus«; Ders., »Die Konstruktion«, S. 158; Ders., »Der Westen und der Rest«, S. 180ff. Vgl. zu den Mechanismen sozialer Exklusion grundlegend: Castel, »Die Fallstricke«.

488 Bspw. Drascher, *Schuld der Weißen*, S. 273; Vialon, *Die Kunst*, S. 6f. Vgl. zu vergleichbaren Vorstellungen im Kolonialismus: Osterhammel, *Kolonialismus*, S. 112–115.

489 Vgl. Zia, »Postkoloniale Perspektiven«, S. 403f.

Expertenbilder: Ins Zentrum der *Hilfe zur Selbsthilfe* gerückt

Besonders deutlich kommt die abgehobene Stellung ›weißer‹ Experten gegenüber ›schwarzen‹ vermeintlichen Nicht-Experten in Fotografien zum Ausdruck. In gedruckten Projektberichten sowie Fach- und Tageszeitungen fällt selbst bei einer kursorischen Durchsicht auf, dass vor allem westdeutsche Experten geradezu prototypisch in Szene gesetzt wurden: Sie werden meist im Zentrum der Bilder und in der Kleidung ihres Berufsstandes – als Arzt oder Lehrer – bzw. in der klassisch hellen Tropenkleidung gezeigt. Meist fehlen auch nicht Dinge, die als Platzhalter ›moderner‹ technischer oder bürokratischer Entwicklung fungieren – wie Drehbänke, Telefone oder Schreibmaschinen.[490]

Abbildung 2: Freiwilliger des DED beim praktischen Unterricht am Technical College in Dar es Salaam, Tansania

(Quelle: DED, Erster Bericht, S. 40f.)

---

490 DED, *Erster Bericht*, S. 25f., 40f., 32f., 72f. Vgl. Büschel, »In Afrika helfen«, S. 351.

Die ›weißen‹ Experten unterweisen und erklären. Die Afrikaner hören und schauen aufmerksam zu. Hier kommt kein Zweifel auf, wer Lehrer und Schüler ist. Zunächst nur durch Aufmerksamkeit gegenüber den deutschen Experten – so die Botschaft dieser Bilder – könnten sich Afrikaner in Entwicklungen einbringen. »Weiße Herrlichkeit« – könnte man in Anlehnung an Birthe Kundrus sagen – dominiert das Geschehen dieser Szenen.[491]

Die unmittelbaren Intentionen solcher Fotografien sind hierbei wenig entscheidend, wenn sie überhaupt historisch rekonstruierbar sind. Solche Bilder sind vielmehr mit Pierre Bourdieu und Luc Boltanski als »soziales Protokoll« zu lesen, als Ausdruck und Symptom der Abbildung, Herstellung und Aufrechterhaltung sozialer Beziehungen.[492] Auch oder gerade in den Zeiten afrikanischer *Self Reliance* und Abwehr gegen ausländische Experten wird bekräftigt, wie unverzichtbar sie doch seien. Gleichberechtigtes Zusammenwirken und Einvernehmen, wie man es von *Hilfe zur Selbsthilfe* erwarten würde, werden hier jedenfalls kaum in Szene gesetzt.

Publikationen aus der DDR verfolgten eine grundlegend andere Bildpolitik: Hier kursierten Bilder, die Afrikaner ins Zentrum der Entwicklungsarbeit rückten. Die Mitglieder der *Freundschaftsbrigaden* werden hingegen nur wohlwohlwollend beobachtend und allenfalls bei unterstützenden Tätigkeiten gezeigt. Auffällig an diesen Fotografien ist auch, dass DDR-Akteure häufig neben Afrikanern am Boden knien[493] oder unter ihnen stehen.[494]

Man kann davon ausgehen, dass hier – nicht zuletzt auch in Absetzung zu westlichen Darstellungen – der Eindruck neokolonialer Hierarchien explizit vermieden werden sollte.[495] Die Spezialisten der DDR – so die Botschaft – seien wahre ›Freunde‹ und ›Berater‹. Sie würden nur unterstützen, niemals bestimmen.

---

491 Vgl. im Zusammenhang mit kolonialen Praktiken: Kundrus, »»Weiß und herrlich««.
492 Bourdieu/Boltanski, *Eine illegitime Kunst*, S. 20.
493 Vgl. Abbildung auf dem Cover der vorliegenden Studie.
494 Vgl. Abbildung 3.
495 Vgl. hierzu Teil I, Kapitel 1.

Abbildung 3: Ausbilder der DDR mit afrikanischem Lehrling auf der Baustelle Bambi um 1964

(Quelle: BA Berlin Lichterfelde SAPMO, Bildersammlung)

Die Bilder solcher ›weißer Experten‹ korrespondierten wiederum mit denen afrikanischer Entwicklungspolitiker bzw. -spezialisten, die sich ostentativ als ›Gleiche unter Gleichen‹ an Selbsthilfe-Projekten beteiligten. Jene Fotografien gehörten wiederum zum Selbstentwurf postkolonialer Regierungen in Afrika. Sie waren bisweilen auch beliebte Motive in Veröffentlichungen der DDR, beispielsweise zum »freiwilligen Aufbauwerk« Tansanias, wie die umseitig gezeigte Abbildung des Junior-Ministers für Landwirtschaft beim Häuserbau.[496]

---

496 Götting, *Land*, S. 111.

Abbildung 4: Junior-Minister für Landwirtschaft bei der Arbeit im Rahmen des »freiwilligen Aufbauwerks« in Barongo

(Quelle: Götting, Land, S. 111)

Wenngleich die genannten bundesdeutschen Fotografien auch eine deutliche ›Schwarz-Weiß-Metaphorik‹ transportieren und damit mit vielen Selbstaussagen der Experten übereinstimmen, sollte man freilich nicht unterstellen, dass Experten aus der Bundesrepublik Deutschland in Afrika auf Schritt und Tritt einem uneingeschränkten (Kultur-)Rassismus huldigten. Auffällig ist jedoch, dass manche westdeutschen Entwicklungsexperten bereits im Nationalsozialismus steile Karrieren gemacht hatten. Ob sie hinsichtlich rassistischer Auffassungen in den 1960er-Jahren eine gänzliche Läuterung hinter sich hatten, ist fraglich.

Von der SS in die Entwicklungshilfe

Allen voran ist hier die ›graue Eminenz‹ des BMZ zu nennen, Staatssekretär Friedrich Karl Vialon: Selbst nie praktisch in Afrika tätig, wurde Vialon in zahlreichen Schriften nicht müde hervorzuheben, wie wichtig europäische und besonders bundesdeutsche Experten für die dortige Entwicklungsarbeit seien, da die Afrikaner auf sich gestellt ihre Länder nicht voranbringen könnten.[497] Vialon hatte von 1937 bis 1942 verschiedene hochrangige Ämter im Reichsfinanzministerium inne gehabt. Zwischen 1942 und 1944 war er Abteilungsleiter für Finanzen im sogenannten ›Reichskommissariat Ostland‹. Zu dieser Zeit erließ er unzählige Verfügungen zum Einzug des Vermögens ermordeter Juden. Auch noch während Vialons Zeit im BMZ ermittelte die Generalstaatsanwaltschaft der DDR aufgrund seiner Machenschaften im ›Dritten Reich‹ gegen ihn.[498]

Um die Vergangenheit von Vialons Kollegen im BMZ Ministerialdirektor Gustav Adolf Sonnenhol stand es ähnlich. Dieser ließ 1966 verlauten, die Afrikaner hätten zu wenig Geduld mit ihrer Unabhängigkeit. Sie seien auch künftig auf die strikte Anleitung von Europäern und ganz besonders Westdeutschen angewiesen, denn diese verständen wirklich etwas von Arbeit.[499] Sonnenhol war 1930 der SA beigetreten, ein Jahr später der NSDAP. Er wurde Mitglied der SS und stieg zum Obersturmführer auf. 1944/45 war Sonnenhol als Vize des deutschen Konsulats in Genf Abschnittsreferent des Reichssicherheitshauptamtes (RSHA) für die romanische Schweiz. Er war eng befreundet mit dem ehemaligen Sturmbannführer Heinz Felfe, der nach dem Krieg für den Bundesnachrichtendienst arbeitete bis er 1961 als Agent des KGB enttarnt wurde. Aufgrund seiner belasteten Vergangenheit wurde Sonnenhol in der Bundesrepublik nicht im Auswärtigen Amt weiterbeschäftigt. Als Mitglied der FDP erhielt er bald den Posten des persönlichen Referenten des Entwicklungshilfeministers Scheel und einen festen Beamtensessel im BMZ.[500]

1960 schrieb der sich des öfteren zum Thema Entwicklungshilfe äußernde Publizist Wahrhold Drascher: Deutsche Experten seien wie schon in kolonialen Zeiten gezwungen,»die Afrikaner immer wieder zur Arbeit anzuhalten«. Diese würden nämlich viel lieber »singen und tanzen und

497 Vgl. Vialon, *Die Kunst*; Ders., *Entwicklungspolitik*.
498 Vgl. Hein, *Die Westdeutschen*, S. 41f., Anm. 26; Afro-Asiatisches Solidaritätskommitee, *Der Neokolonialismus*, S. 183f.
499 Sonnenhol,»Glanz«.
500 Vgl. Conze/Hayes/Zimmermann, *Das Amt*, S. 307f.; Schafstetter,»A Nazi Diplomat«.

frohe Feste feiern«.[501] Drascher, dessen Schriften in der Bundesrepublik hohe Auflagen erreichten, hatte bereits im Nationalsozialismus mit rassistisch-kolonialrevisionistischen Publikationen Aufmerksamkeit erregt.[502] Der Heidelberger Tropenmediziner Ernst Rodenwaldt, der noch 1957 von »rassefremdem Klima« sprach,[503] hatte eine besonders steile Karriere in Kolonialismus und Nationalsozialismus hinter sich. Zunächst war er in der deutschen Kolonie Togo als Arzt tätig gewesen;[504] später wurde er Leiter des dortigen »Nachtigal-Krankenhauses« in Lomé.[505] Nach 1933 war Rodenwaldt Mitglied der Auslandsorganisation der NSDAP geworden. Seit seiner Berufung auf den Lehrstuhl für Hygiene in Heidelberg 1935 hielt er auch Vorlesungen in ›Rassenhygiene‹. Bis 1945 verfasste er zahlreiche Schriften zu dieser Thematik,[506] gründete 1940 ein militärtechnisches NS-Tropeninstitut und soll auch an Menschenversuchen zur Malariaforschung in Konzentrationslagern beteiligt gewesen sein. Rodenwaldt war Ende 1945 von der amerikanischen Militärregierung aufgrund seiner nationalsozialistischen Belastung als Ordinarius entlassen worden. Er wurde allerdings 1948 in einem Entnazifizierungsverfahren freigesprochen und erhielt seinen Lehrstuhl zurück. Bis zu seinem Tod 1965 engagierte sich Rodenwaldt in der Entwicklungshilfe, war Berater zahlreicher Expertendienste und im Beirat des BMZ. Er galt in den 1960er-Jahren als *die* Koryphäe der bundesdeutschen Tropenmedizin.[507]

Der ›Bensheimer-Preis‹ der *Kübel-Stiftung* für *Hilfe zur Selbsthilfe* 1969 galt – wie bereits gesagt – auch dem Direktor des Max-Planck-Instituts für Ernährungsphysiologie Karl Kraut, der das Projekt Bumbuli mit geplant hatte. [508] Vermutlich war dem Preisgremium nicht bekannt, dass das

---

501 Drascher, *Schuld der Weißen*, S. 279f.
502 Ders., *Die Vorherrschaft*.
503 Rodenwaldt, *Tropenhygiene*, S. 150.
504 Ders., *Ein Tropenarzt*, S. 59ff.
505 Eckart, »Generalarzt«; Ders., *Medizin*, S. 141.
506 Rodenwaldt, »Das Geschlechtsleben«; Ders., »Vom Seelenkonflikt«; Ders., »Wie bewahrt«; Ders., »Das Rassenmischungsproblem«; Ders., »Die Anpassung«, Ders., »Die Rückwirkung«; Ders., »Rassenbiologische Probleme«; Ders., »Rassenhygiene«; Ders., »Allgemeine Rassenbiologie«; Ders., »Rassenbiologische Probleme«.
507 Vgl. Eckart, »Generalarzt«.
508 Vgl. Teil II, Kapitel 1.1. Dreesmann, »Bensheimer Preis 1969«. Vgl. BA Koblenz B 213 BMZ Technische Hilfe Tansania 7676 Länderhilfeprogramm/Allgemein, Kübel Stiftung, Bericht: Integriertes ländliches Entwicklungszentrum für den Disktrikt Lushoto/Tansania, Stand 1. Juli 1970; Ebd. 7672 Länderhilfeprogramm/Allgemein, Vermerk über das Gespräch am 12. Januar 1970 im BMZ über die Zusammenarbeit mit den an der

NSDAP-Mitglied Kraut für seine ernährungsphysiologischen Forschungen das Kriegsverdienstkreuz zweiter Klasse erhalten hatte und nach Kriegsende legitimistische Gutachten für die Verteidigung in den Nürnberger Prozessen erstellte. Dabei gab Kraut im März 1948 eine schlichtweg erlogene eidesstattliche Erklärung zur angeblich ausreichenden Ernährung im Konzentrationslager der IG-Farben Auschwitz-Monowitz ab.[509] Diese Vergangenheit verhinderte offensichtlich ebenso wenig Krauts Karriere bei der Max-Planck-Gesellschaft als auch die Tatsache, dass er einer der am höchsten dekorierten Experten der *Hilfe zur Selbsthilfe* in Afrika in Sachen Grundlagenernährung wurde.

Die Reihe der Beispiele ließe sich um weniger prominente Namen erweitern. Denn bei den bundesdeutschen Entwicklungsexperten der 1960er-Jahre handelte es sich häufig um Angehörige einer konservativen, rechtsgerichteten Elite, die zumindest keine besondere Sensibilität oder Abwehr gegenüber rassistischen Vorstellungen hegten. Wenn man auch keine Kolonialexperten aufgrund des Verlusts der Kolonien 1919 hatte, so gab es hinreichend Spezialisten, die in Unternehmungen des Kolonialrevisionismus im Nationalsozialismus mitgewirkt hatten und nun als ›erfahrene‹ Experten nach Afrika reisten. Dies hatte schon allein strukturelle Ursachen. Denn Institutionen der nationalsozialistischen Kolonialrevisionisten waren in der Bundesrepublik Deutschland nach 1945 keineswegs aufgelöst worden. Sie wurden hingegen in den 1960er-Jahren durchaus wieder belebt. So versammelten sich alt gediente Wirtschaftsexperten, Juristen und Ethnologen auch noch in den 1960er-Jahren in den Räumen des 1934 gegründeten Hamburger *Afrika-Vereins*. Ehemalige Kolonialoffiziere und ihre Söhne trafen sich regelmäßig als *Bund deutscher Togoländer*. Agrarexperten oder Wirtschaftsjuristen, die sich im Nationalsozialismus auf Regionen südlich der Sahara spezialisiert hatten, kamen durch die *Deutsche Afrikagesellschaft* zu Aufträgen.[510] Viele Spezialisten waren in den 1940er-Jahren in der Kolonialschule Witzenhausen ausgebildet worden, die zu jener Zeit in eine kolonialrevisionistische NS-Fachschule für tropische Landwirtschaft um-

Entwicklungshilfe in Tansania beteiligten Organisationen vom 20.1.1970, S. 8; Ebd. 1330 Reisen von Bundestagsabgeordneten nach Ostafrika, Alwin Brück BMZ an Erwin Stahl und Kurt Wawrizik, Mitglieder des Bundestages, vom 24.10.1974. Zu Krauts Forschungen in Bumbuli: Kraut,»Entwicklungshilfe«; Bricke,»Probleme«.
509 Klee, *Personenlexikon*, S. 337. Vgl. Raehlmann, *Arbeitswissenschaft*, S. 107; Kühn,»Heinrich Kraut«.
510 Vgl. Van Laak, *Entwicklungspolitik*, S. 164.

gewandelt worden war. Dort waren sie im Zuge der sogenannten ›Lebensraumpolitik‹ ausgiebig rassistisch indoktriniert worden.[511]

In der DDR waren Solidaritäts-Experten mit rechtsgerichtetem oder nationalsozialistischem Hintergrund zumindest offiziell nicht vertreten. Doch auch unter den Spezialisten der DDR war man sich – wie gesagt – häufig über ›Rassenunterschiede‹ zischen *den* Afrikanern und *den* ›Weißen‹ einig.[512]

Insgesamt finden somit in den Selbstäußerungen west- wie ostdeutscher Experten deutliche Hinweise auf überhebliche ›Besserwisserei‹, die auch rassistische Züge annehmen konnte.[513] Hier wurde immer wieder eine scharfe Trennlinie zwischen dem ›Eigenem‹ und dem ›Anderem‹ gezogen, Abschottung propagiert und damit kontinuierlich das für *Hilfe zur Selbsthilfe* grundlegende Zusammenwirken zwischen Deutschen und Afrikanern unterlaufen.

Der Habitus afrikanischer Experten

Man sollte allerdings – wie bereits angesprochen – nicht davon ausgehen, dass Expertengemeinschaften so ohne weiteres zwischen ›weiß‹ und ›schwarz‹ und somit auch nicht zwischen deutschen, tansanischen, kamerunischen und togoischen Experten getrennt waren. Hier nutzten auch sämtliche Abschottungsbemühungen der ›Weißen‹ nichts. Man hatte letztendlich eng zusammenzuarbeiten, was zu zahlreichen Konflikten, aber auch bisweilen zu Verständigungen und Einvernehmen führte. Afrikanische Entwicklungsexperten hatten sich dabei einen ganz eigenen – recht westlichen – Habitus zugelegt, so dass man keineswegs von einer Dichotomie von »the West and the Rest« in der Entwicklungsexpertise in den 1960er-Jahren sprechen kann.[514]

Dabei waren sich afrikanische Experten ihrer herausgehobenen Bedeutung für den Aufbau eines prosperierenden postkolonialen Staatswesens in der Regel wohl bewusst. Ihnen wurde von ihren Regierungen meist recht freie Hand gelassen. Man übertrug ihnen die Verantwortung für Planung, Leitung und Kontrolle auch von Projekten der *Hilfe zur Selbsthilfe*.

511 Vgl. bspw. Linne, *Deutschland jenseits des Äquators?* S. 33; Ders., »Koloniale Infrastruktur«.

512 BA Berlin Lichterfelde DY 30 IV A 2/20957, Bericht über eine Visite auf Sansibar vom 9.2.1965. Vgl. Schleicher, *Zwischen Herzenswunsch*, S. 8f.

513 Vgl. Schwarz, »Kolonialer Ekel«.

514 Hall, »Der Westen und der Rest«. Vgl. hierzu auch: Büschel, »»The Native Mind««.

Sie nutzten ähnlich intensiv Möglichkeiten zur Selbstdarstellung wie ihre Kollegen aus dem globalen Norden. In Zeitungen, wie der tansanischen Staats- und Parteigazette »Uhuru« oder der »Mwafrika«, erschienen immer wieder von einheimischen Experten selbst verfasste Artikel, die *ihren* Beitrag zur Entwicklung ihres Landes hervorhoben. Hier präsentierte man sich als distinguierte und exklusive Gruppe,[515] als ›Mittler zwischen den Welten‹.[516] Man trat auf als ›Évolué‹ und somit als Vorbild für alle anderen Afrikaner.[517] Vergleichbar mit den ›weißen‹ Experten sparte man auch nicht mit Beschreibungen, wie mühevoll die Entwicklungsarbeit sei und wie viel man einsetzen müsse, um die anderen Afrikaner dazu zu bewegen, sich endlich selbst zu helfen.[518] Die ›einfachen Leute‹ würden einfach nicht glauben, wie wichtig es für sie wäre, ihr Leben durch eigene Anstrengungen zu ›verbessern‹.[519]

Die Ausmalung der eigenen Rolle afrikanischer Experten als »kultureller Makler« war geradezu ein Stereotyp.[520] Dabei handelte es sich um eine Rolle, die (bisweilen nur projizierte) Gegensätze zwischen ›alt‹ und ›neu‹, zwischen ›indigen‹ und ›westlich‹ oder zwischen ›Tradition‹ und ›Moderne‹ zu überbrücken versprach. Man gab sich als versiert in beiden Welten, was immer auch meinte, dass man den ausländischen Kollegen einiges voraus hätte. Denn diese konnten gar nicht auf die Schnelle den Wissensvorsprung der Einheimischen in lokalen Gegebenheiten einholen.

Aus dieser Rolle schöpften afrikanische Experten durchaus Deutungshoheiten und Macht: Ethnologen der Zeit attestierten ihnen, dass sie in ihrer Vermittlerrolle sich recht gut wieder fänden und hier regelrecht aufblühen würden.[521] Das Leben und Arbeiten »in between« schien – mit Frederick Cooper gesprochen – »as much a place to be home as any other.«[522] Das lag wohl nicht zuletzt daran, dass afrikanische Eliten häufig eine besondere Affinität zu europäischen Lebensweisen hegten, wie die Selbst-

515 In der Tat lag die Anzahl der akademisch ausgebildeten einheimischen Entwicklungsexperten beispielsweise in Tansania 1964 bei ungefähr einhundert Personen: Lloyd, »The Study of the Elite«.

516 Für Tansania besonders deutlich: Eckert, *Herrschen und Verwalten*, S. 167–216.

517 Vgl. Cooper, *Africa since 1940*, S. 40f. In diesem Zusammenhang zu Kamerun: Rubin, *Cameroun*, S. 51f.

518 Vgl. Ingle, *From Village to State*, S. 57.

519 Vgl. Zolberg, »The Structure«.

520 Eckert, *Herrschen und Verwalten*, S. 168; Ders., »Cultural Commuters«; Ders., »Kulturelle Makler«; Ders., »Koloniale und administrative Eliten«.

521 Vgl. Herskovits, *Man*, S. 216.

522 Cooper, »Conflict and Connection«, S. 1539. Vgl. Cooper, *Modernizing Bureaucrats*.

darstellungen der Experten zeigen: Wenn es darum ging, von der eigenen alltäglichen Entwicklungsarbeit zu berichten, so wurde mit Vorliebe überaus detailgetreu von mit Europa in Zusammenhang gebrachten bürokratischen Tätigkeiten, wie Schreibmaschineschreiben oder dem Ausfüllen und Abstempeln von Formularen erzählt. Die eher dem traditionellen afrikanischen Leben zugeschriebenen körperlichen Arbeiten wurden kaum erwähnt.[523]

Freilich ist bei solchen Selbstdarstellungen immer mit zu berücksichtigen, dass Männer und Frauen, die mit Büroarbeit betraut waren, leichter in Zeitungen zur Sprache kamen, weil sie in den Hauptstädten lebten und damit über Netzwerke mit Redakteuren Zugang zu diesen Publikationen haben konnten. Dennoch scheinen sich allerdings gerade diejenigen in Szene gesetzt zu haben, deren Arbeiten besonders distinktive Praktiken im Gegensatz zur ländlichen Bevölkerung umfassten – wie eben Schreiben, Lesen, Rechnen, Berichten oder Dokumentieren. Unaufhörlich wurden die eigenen, die Experten vom Rest der Bevölkerung unterscheidenden Fähigkeiten herausgestellt.[524] Besonders auffällig sind hier Selbstdeutungen aus den ehemals französischen Treuhandgebieten Togo und Kamerun.[525] Hierin mag durchaus ein Beleg für die These liegen, dass die strikten politischen und sozialen Grenzen, die den ›Évoluée‹ in den französischen Kolonien und Mandats bzw. Treuhandgebieten gesetzt worden waren, die Demonstration europäischer Lebensweisen nach der Unabhängigkeit beförderte.[526]

In britischen Treuhandgebieten waren die Grenzen für afrikanische Eliten seit den 1940er-Jahren schon etwas weiter gesteckt gewesen: So trafen sich schon zu jener Zeit in Tanganjika afrikanische Staatsdiener, um sich gezielt europäische Lebensweisen anzueignen. Es gab sogenannte »Knife and Fork Parties« ebenso wie Kurse zu europäischer Mode und westlichen

---

523 Eckert, *Herrschen und Verwalten*, S. 168; Feierman, *Peasant Intellectuals*, S. 238; Martin Sturmer, *Sprachpolitik*, S. 78f.

524 Vgl. Scott, *Seeing*, S. 232.

525 Vgl. bspw. ANT Lomé Klouto 378, Administration générale et politique. Fiche de village et agglomératives Agou-Nyogbo 1960; CAN Jaunde 1 AA 694 (2) Expulsions 1961ff., Correspondance relative aux expulsions en République Fédérale du Cameroun 1961f.

526 Vgl. Genova, *Colonial Ambivalence*, insb. S. 179–222. Vgl. in diesem Zusammenhang zur Zeit des Vichy-Regimes in Westafrika: Ginio, *French Colonialism*, S. 87–157.

Verhaltensweisen.[527] Nach Eintritt der Unabhängigkeit markierten Entwicklungsexperten, wenn sie sich zur neuen Elite ihres Landes rechneten, häufig ihren Status durch demonstrativen Konsum – wie etwa durch die Anschaffung europäischer Möbel, Kleidung, eines Autos oder Radios.[528] Entsprechend gab es auch Konkurrenzen der Experten untereinander; Konflikte um Einkommensklassen, Arbeitszeiten und möglichst lukrative Einsatzgebiete wurden rigoros durchgefochten. Immer wieder versuchte man zudem, Verwandte oder Freunde bei der Rekrutierung zu Selbsthilfe-Projekten außen vor zu lassen und damit zu begünstigen.[529]

Der europäische Habitus der afrikanischen Experten sollte nicht an der Oberfläche bleiben. So war in Selbstdarstellungen auch die Rede von der Bedeutung europäischer Tugenden – wie Sauberkeit und Pünktlichkeit.[530] Um diese in Selbsthilfe-Projekten durchzusetzen gab man sich – vergleichbar mit den deutschen Experten – freundschaftlich und jovial.[531]

Stießen Bemühungen allerdings nicht auf die erwünschte Gegenreaktion, dann wurden unliebsame Kollegen, Dorfvorsteher, Dorfschullehrer oder Ärzte häufig als besonders ›primitiv und rückständig‹ diffamiert.[532] Man empörte sich über angeblich unverständige ›Bauern‹[533] und darüber, dass die Dorfvorstände häufig nicht einmal lesen oder schreiben könnten. Dabei müssten sie doch in Selbsthilfeprojekten für die Verteilung der Arbeit ein Gemeinderegister führen und für die Mittelverwaltung ein Kassenbuch anlegen.[534]

Das Überwinden von Widerständen mit Gewalt, galt in der Regel afrikanischen Experten nicht als Problem: Offen wurde darüber berichtet,

---

527 Vgl. Eckert, *Herrschen und Verwalten*, S. 174. Vgl. zum Habitus afrikanischer Bürokraten: Ders., »Vom Segen«; Ders., »Die Verheißung«.

528 Ders., *Herrschen und Verwalten*, S. 172; Brokensha, »Handeni Revisited«, S. 166.

529 Vgl. Oppen, »Bauern«. Zu Widerstandsformen afrikanischer ›Bauern‹: Hyden, *Beyond Ujamaa*; Ders., *No Shortcuts*; Donner-Reichle, *Ujamaa-Dörfer*, S. 25–40.

530 Vgl. Eckert, *Herrschen und Verwalten*, S. 182.

531 Vgl. Ebd.

532 Fosbrooke, *Government Sociologists*, S. 103ff.; vgl. Eckert, *Herrschen und Verwalten*, S. 182, 191. Eine im Auftrag der tansanischen Regierung durchgeführte Studie, für die man Personallisten von Entwicklungsinstitutionen ausgewertet hatte, kam zum Ergebnis, dass ›einfache Leute‹, wie Landwirte, nicht einmal ein halbes Prozent Anteil an der Gruppe afrikanischer Entwicklungsexperten hatten. Vgl. zu diesem Forschungsprojekt mit der Schilderung der Forschungsstrategien und -methoden: Wilson, »The African Elite«. Die Daten wurden beispielsweise veröffentlicht in: Gowan/Bolland, *The Political and Social Elite*.

533 Vgl. Van Velzen, *Staff*.

534 Mang'enya, »Muheza«, S. 103.

dass man bei der Durchsetzung ›freiwilliger‹ Arbeit in den Dörfern Stockschläge, Haftstrafen oder den Einzug von Eigentum androhe.[535] Trotz aller
Rhetorik von Gewaltlosigkeit und Selbsthilfe galt als Devise: »In fact, we
have to use force.«[536] Das Verhalten dieser afrikanischen Eliten wird in Forschungen häufig
durch ihre bereits im Kolonialismus vollzogene Sozialisation erklärt:[537] In
der Tat verfügte die Mehrzahl der afrikanischen Entwicklungsexperten in
den ersten Jahren nach der Dekolonisation über Erfahrungen in kolonialen
Diensten und über eine entsprechende Ausbildung.[538] Wie einst koloniale
Beamte mit den *Chiefs* gingen seit den 1940er-Jahren afrikanische Entwicklungsexperten mit ihren ausländischen Kollegen Allianzen ein. Sie bildeten
recht einvernehmlich eine Front gegenüber den zu entwickelnden ›Bauern‹,
die einfach ungemein »langsam« mit »traditionellen Methoden« arbeiten
würden.[539] Daran änderte sich kaum etwas mit Erreichen der formellen
Unabhängigkeit. Eine bisweilen äußerst aggressive Verurteilung so genannter besonders ›primitiver‹ traditioneller ›Stammessitten‹ der Landbevölkerung wurde denn auch – wie bereits erwähnt – zu einem Grundprinzip der
postkolonialen Entwicklungspolitik afrikanischer Staaten.[540] Die einheimischen Entwicklungsexperten rechneten sich selbst meist ›Ethnien‹ zu, die
›modernen Entwicklungen‹ gegenüber als besonders aufgeschlossen galten,
wie die Chagga am Mount Kilimandscharo und die Bamiléké in Kamerun.[541] ›Primitive‹ und unterentwickelte ›Stämme‹ – so die gleichzeitig ge-
pflegte Vorstellung – könnten sich nur gut und von ihrem Inneren heraus

---

535 Ingle, *From Village to State*, S. 46. Vgl. NA Dar es Salaam Acc. 304 L5/8a/29, Sitzung
   vom 2.7.1962.
536 So die Aussage eines Development-Officers in Handeni 1968, zitiert nach: Ingle, *From
   Village to State*, S. 70.
537 Freyhold, *Government Staff*, S. 4 f. Vgl. Baldus, *Zur operationalen Effizienz*, S. 105. Vgl. auch
   Teil II, Kapitel 1.1.
538 Im postkolonialen Tansania der 1960er-Jahre betrug der Anteil der einheimischen Entwicklungsexperten, der bereits unter der Treuhandregierung beschäftigt gewesen war,
   etwa 90 Prozent. Vgl. zu einzelnen wichtigen Akteuren: Eckert, *Herrschen und Verwalten*,
   S. 238; Stahl, *The History*, S. 308ff.
539 NA Dar es Salaam Acc. 304 A2/12, Ufungilo, Zigua Tribal Council, Minutes 15–19
   vom Oktober 1956.
540 Vgl. Teil I, Kapitel 3.
541 Vgl. zu den Bamiléké in Kamerun: Illy, *Politik und Wirtschaft*, S. 39. Diziain/Cambon,
   Berufswahl, S. 8f.

in die Selbsthilfe einbringen, wenn sie ihre ›unanständigen‹ und ›unmodernen‹ Traditionen ablegen würden.[542] Die Argumente der Entwicklungsexperten waren dabei bisweilen durchaus emanzipatorisch und postkolonial gedacht. Und paradoxer Weise zeichnete sich gerade in dieser Frontstellung afrikanischer Experten zu ihren eigenen Landsleuten ein allmählicher Bruch zu den alten Allianzen mit westlichen Kollegen ab. Man war nämlich in einer maßgeblichen Sache grundsätzlich anderer Meinung – und zwar bezüglich des Wertes afrikanischer Traditionen: Die ›Weißen‹ würden nämlich in ihrer *Hilfe zur Selbsthilfe* Traditionen überbetonen und dafür eintreten, dass die Menschen weiterhin ›primitiv‹ und rückständig lebten. Dagegen entstünde doch erst mit moderner Lebensweise das Bewusstsein für Freiheit, für Selbstbestimmung und eigenständige Selbsthilfe.[543]

Insgesamt fällt bei einer Betrachtung des Habitus' deutscher Experten und ihren *Counterparts* in Tansania, Togo und Kamerun auf, dass es sich hierbei durchaus um ein aufeinander bezogenes und miteinander verflochtenes globales Phänomen handelte: In den Selbstbeschreibungen gleichen sich Praktiken und Distinktionen, Allianzen und Absetzungen, wobei es immer auch zu einer regelrecht unantastbaren, moralischen Absicherung der Tätigkeit als Experte kam. Auch oder gar gerade in Projekten der Selbsthilfe, so das allgemeine Credo, komme man ohne Experten nicht aus, die ab und an auch einmal hart durchgreifen müssten.

Insofern war der Beruf des Experten auch in den 1960er-Jahren eine Art Berufung; er gewann aus Deutungshoheiten gesellschaftliches Prestige und beanspruchte mit Vehemenz, allein dafür prädestiniert zu sein, Entwicklungsziele auch durchzusetzen.

Abgebrochen, gekündigt, ausgewiesen: Wenn Experten untragbar wurden

Wie verhielten sich nun Experten ganz konkret in der alltäglichen Praxis? Zeigte sich hier allenthalben Besserwisserei, Arroganz oder Rassismus? Lässt sich das Reden über die Krise der Experten bestätigen? In der Tat kam es oft vor, dass in Tansania, Togo und Kamerun der 1960er-Jahre Verträge ausländischer Spezialisten vorzeitig gekündigt, unerwartet nicht

---

542 Vgl. Lentz, »Tribalismus«
543 Vgl. im Zusammenhang mit Entwicklungsbemühungen gegenüber den nordtansanischen Massai: Hodgson, *Once Intrepid Warriors*, S. 100–138. Zur kolonialen Tradition solcher Entwicklungsvorhaben: Hughes, *Moving The Maasai*.

verlängert und bisweilen gar Ausreiseempfehlungen oder Ausweisungen erteilt wurden.[544]

Zu massiver Kritik und Widerständen der beteiligten Afrikaner führte beispielsweise ein Arbeitsexperiment der GAWI im Frühling 1968, das in einer Ziegelei in Jaunde, Kamerun, durchgeführt worden war: Die bundesdeutschen Experten gingen von der These aus, dass Afrikaner eine »dem Europäer fremde Einstellung zur Arbeit« hätten, die von »wenig Pflichtgefühl« getragen sei. Nun sollte ergründet werden, ob diese vermeintlich psychisch-kulturell verankerte niedrigere Arbeitsproduktivität der Afrikaner mit einer physisch den Europäern überlegenen korrelierte. So hatte man je eine Gruppe europäischer und afrikanischer Arbeiter einen Brennofen füllen und wieder leeren lassen. Man kam zum Ergebnis, dass die Afrikaner weitaus weniger als die Europäer geleistet hätten. Sie seien nach getaner Arbeit überdies völlig erschöpft und auch am nächsten Tag kaum einsatzfähig gewesen. Auch um die körperliche Leistungsfähigkeit der Afrikaner sei es somit nicht besser bestellt.[545] Dieser zweifellos von rassistischen Kategorien ausgehende Menschenversuch[546] führte bei den beteiligten Afrikanern zu massiven Widerständen und Kritik an den beteiligten deutschen Experten. Es war die Rede davon, die Experten des Landes zu verweisen.[547]

Ähnlich gelagert war der Fall des Landwirtschaftsexperten Siegfried S.,[548] der in Kamerun arbeitete. Die Regierung von Kamerun wandte sich im Juli 1969 an die bundesdeutsche Botschaft in Jaunde und forte die sofortige Ausreise des Experten. S. war vielfach wegen »diskriminierenden Verhaltens« und einer »kolonialen Art des Umgangs« gegenüber seinen *Counterparts* aufgefallen. Selbst gegen einflussreiche Staatsbeamte, Landräte

---

544 Büschel, »Die Moral«, S. 34.

545 BA Koblenz B 213 BMZ Technische Hilfe Kamerun 8911 Einrichtung einer Handelsschule, Wum, Ziegeleiprojekt, Lieferung landwirtschaftlicher Produktionsmittel, Gutachten des Deutschen Afrika Vereins von Georg H. zur Ziegel-Fabrik LAIC vom Mai 1968, S. 6. Zu den kolonialen Hintergründen dieser Vorstellung: Haller, *Gesundheitsbüchlein*, S. 7; Leo, »Die Arbeiterfrage«. Vgl. Conrad, *Globalisierung*, S. 17; Grosse, *Kolonialismus*, insb. S. 53ff.

546 Instruktiv zur Geschichte von Menschenversuchen: Griesecke, *Kulturgeschichte*; Pethes, *Menschenversuche*.

547 BA Koblenz B 213 BMZ Technische Hilfe Kamerun 8911 Einrichtung einer Handelsschule, Wum, Ziegeleiprojekt, Lieferung landwirtschaftlicher Produktionsmittel, Gutachten des Deutschen Afrika Vereins von Georg H. zur Ziegel-Fabrik LAIC vom Mai 1968, S. 6.

548 Der Name wurde geändert.

und Dorfvorstände habe er sich mehrfach »anmaßend und wegwerfend« verhalten.[549] Auch unter ostdeutschen Spezialisten kam es zu solchen Vorfällen. Der Vertrag des Wirtschaftsexperten Walter W.[550] für seinen Einsatz in Sansibar wurde beispielsweise im Juli 1966 nicht verlängert. Die Begründung war: Mehrfach hätte es Spannungen zwischen W. und den Afrikanern gegeben. Er war bekannt wegen seiner rassistischen Ausfälle und wüsten Beschimpfungen.[551] Anderen Experten aus der DDR wurde von den Behörden Sansibars »kleinliches und egoistisches Denken« vorgehalten, was »Fortschritte in der gemeinsamen Sache« geradezu verhindere.[552]

Die Besserwisserei der Experten, ihr Habitus und Auftreten erregte vielfach Kritik, so dass man in der Tat von einer die gesamten langen 1960er-Jahre andauernden Krise deutscher Experten sprechen kann. In Printmedien der Bundesrepublik war häufig die Rede von arroganten, sich selbst überschätzenden, ja sogar korrupten Experten:[553] In Berichten fielen Bezeichnungen wie »hässliche Entwicklungsexperten«, »verbohrte Rezeptemacher« oder »hörige Adlaten«.[554]

---

549 PA AA Berlin, B 58 Allgemeine Grundsätze zur Entwicklungshilfe 749 Technische Hilfe Kamerun 1967–1969, Fernschreiben der Botschaft Jaunde an das AA vom 2.7.1969, Berichte der Botschaft Jaunde an das Auswärtige Amt vom 2.7.1969 und 16.7.1969. Zu weiteren Abschiebungen europäischer Experten aufgrund von Konflikten und rassistischen Ausfällen aus Kamerun: CNA Jaunde 1 AA 694 (2) Expulsions 1961ff., Correspondence relative aux expulsions en Republique Fédérale du Cameroun 1961f. Vgl. auch den Fall eines westdeutschen Tierarztes, der sich gegenüber höheren tansanischen Regierungsbeamten »unhöflich benommen« habe und versucht habe, ihnen den Zutritt zu einem Gesellschaftsklub in Dar es Salaam zu verwehren. Der Arzt wurde daraufhin abberufen: BA Koblenz B 213 BMZ Technische Hilfe Tansania 7655 Zentrales Veterinär-Institut Dar es Salaam, Deutsche Botschaft Dar es Salaam an das Bundesministerium für Ernährung, Landwirtschaft und Forsten und das AA vom 15.3.1968.
550 Der Name wurde verändert.
551 Vgl. BA Berlin Lichterfelde SAPMO DY 30 IV A 2/20965, Abschlussbericht über den Einsatz als Berater für Binnenhandel bei der Regierung Sansibar an das Ministerium für Handel und Versorgung, 1.7.1966, S. 5 f.; Ebd. DY 30 IV A 2/20966 Bericht an das Außenministerium, 5.11.1965, S. 2, 4, Bericht an den Konsul der DDR vom 28.11.1965, S. 2 f.
552 Ebd. DY 30 IV A 2/20957 Expertenbericht über den Einsatz in Sansibar, 5.11.1965, S. 6.
553 Dolph, »Von teuren Geschenken«; Ders., »Die ungeliebten Experten«; Ders., »Entwicklungshilfe«.
554 Wald, »Der häßliche Entwicklungsexperte«; Ders., »Kritik an Experten«.

Auch untereinander übten Experten Kritik. So schrieb Fritz Pawelzik, ein Mitarbeiter des *Christlichen Vereins junger Menschen*, in der Fachzeitschrift der DÜ in der fiktiven Perspektive eines afrikanischen *Counterparts*:

»Unsere Gemeinde kennt die Deutschen nur ganz hoch über sich, erlebt sie aus Koch-, Gärtner-, Fahrer-, Schreiberperspektive. Wir möchten sie als Brüder neben uns haben. Inspektoren erscheinen auch aus Deutschland, sehen zu, ob wir ihr Geld richtig verwenden und die Leute geschickt einsetzen. Sonntag war einer da, der [...] wußte, wie alles geregelt werden müßte. Der redete von Quittungssystemen, Produktionsmaximalen und Kirchenstrategie.«[555]

Die Menschen, denen die Entwicklungsarbeit zugute kommen sollte, seien für jenen Experten »Rohmaterial seiner Denkmaschine« gewesen.[556]

Manfred Dassio, der Anfang der 1960er-Jahre für den DED in Togo tätig gewesen war, schrieb: Er sei mehrfach Experten begegnet, die wenig »Verständnis für die Probleme in der Dritten Welt« gehabt hätten und »häufig nur wegen des dicken Geldes in die Tropen« gegangen seien.[557] Einmal sei ihm sogar ein ausgewiesener Sadist begegnet: So habe ein deutscher Werkstattvorsteher »Lehrlinge, die sich seiner Meinung nach ungebührlich benahmen, von anderen Lehrlingen mit einem Stück Gartenschlauch verprügeln« lassen.[558]

Auch in internen Papieren des BMZ war ganz unverblümt vom Fehlverhalten bundesdeutscher Experten die Rede: So stellte 1971 der Soziologe Jochen Schmauch als Resümee seiner langjährigen Erfahrungen in der Lektüre von Expertenberichten in einer Vorlage an das Ministerium fest, dass es sehr viele Spezialisten gebe, die sich »schlecht« über ihre afrikanischen *Counterparts* auslassen würden. Da sei von Krankenschwestern zu lesen, die angeblich »sich keinen Deut um Hygiene kümmern«, von Landwirtschaftsberatern, die aus »Habgier auf ihrem Kunstdünger sitzen« bleiben würden oder von Lehrern, die »ältere Schüler zum Einpauken des kleinen Ein-Mal-Eins heranzögen«, während sie selber außerhalb des Klassenzimmers Mangofrüchte kauen« würden. Es sei irritierend, wie sehr Hochnäsigkeit und Rassismus aus diesen Texten spreche: Wenn hier immer wieder die Rede davon sei, wie »dumm, faul und gefräßig« die

555 Pawelzik, »Was einem Afrikaner so auffällt«.
556 Ebd.
557 Dassio, »Einen Blinden«.
558 Ebd.

Afrikaner wären, dann möge man sich nicht vorstellen, was tatsächlich vor Ort in der Projektarbeit geschehe.[559]

1971 legte das BMZ schließlich ein Gutachten vor, das besagte: Trotz aller Bemühungen um die Rekrutierung und Ausbildung von Entwicklungsexperten sei das Verhalten deutscher Spezialisten nach wie vor geradezu katastrophal. Das wirke sich sehr negativ auf die Zusammenarbeit mit den Afrikanern und letztlich äußerst unproduktiv für die *Hilfe zur Selbsthilfe* aus. Autoritäres Gehabe führe bei afrikanischen *Counterparts* oft zu regelrechten »Unterdrückungs- und Abhängigkeitsneurosen«. Wenn die Deutschen für ihre Bemühungen auch noch »Dankbarkeit« erwarten würden, dann führe das bei den Afrikanern ab und an gar zu offener »Aggressivität«.[560]

In ostdeutschen Publikationen dominierte vor dem Hintergrund des Kalten Krieges der Vorwurf des Neokolonialismus und Imperialismus gegenüber bundesdeutschen und nordamerikanischen Experten.[561] Selbstkritische Stimmen gegenüber den eigenen Fachleuten findet man hier nicht. In internen, als vertraulich eingestuften Papieren der zuständigen Ministerien oder der FDJ war allerdings häufig von cholerischem Verhalten und fehlenden »Führungsqualitäten« der eigenen Experten die Rede.[562] »Arroganz und Sturheit« würden den »Freunden in Afrika« sehr zu schaffen machen.[563] Auch mit der für die Ausübung der *Internationalen Solidarität* grundlegenden politischen Haltung stehe es nicht zum Besten. Man habe es häufig mit »kleinbürgerlichen Charaktereigenschaften und Verhaltensweisen« zu tun. Bisweilen komme es gar zur »Republikflucht«.[564]

---

559 BA Koblenz B 213 BMZ 329 Auswahl und Vorbereitung der GAWI-Experten und Entwicklungshelfer, Überlegungen zur Vorbereitungskonzeption von Jochen Schmauch, 10/1971, S. 12. Vgl. ähnlich: Ebd. Vorlage BMZ III A 1-T 402253/71, »Elshorst-Papier«, S. 3.
560 Ebd.
561 Vgl. bspw. Büttner/Rachel, *Zehn Lügen*. Vgl. auch Teil I, Kapitel 1.
562 BA Berlin Lichterfelde SAPMO DY 30 IV A 2/20958 ZK der SED Internationale Verbindungen, Ministerium für Arbeit, Bericht des Konsulats der DDR auf Sansibar über den Einsatz von Experten vom 10.7.1969. Vgl. Ebd. 2/20960 ZK der SED Internationale Verbindungen, Bericht über den Aufenthalt des Vertreters der National Union of Tanganyika Workers vom 11.3.1968, S. 17; 2/20957, 20965, 20966, diverse Berichte über den Einsatz von Experten in Sansibar 1964f.
563 Ebd. 2/20958 ZK der SED Internationale Verbindungen, Ministerium für Arbeit, Bericht des Konsulats der DDR auf Sansibar über den Einsatz von Experten vom 10.7.1969.
564 Ebd. 2/20960 ZK der SED Internationale Verbindungen, Konsulat Tansania ZK der SED Einschätzungen und Lageanalyen, Generalkonsulat der DDR Dar es Salaam vom

Auch afrikanische Intellektuelle und *Counterparts* meldeten sich kritisch zu Wort: Wilbert Chagulla, in den 1960er Jahren Rektor des *University College Dar es Salaam*, prangerte mehrfach die »selbstsüchtige, diskriminierende Haltung« an, die US-amerikanische, europäische und auch bundesdeutsche Experten gegenüber Afrikanern an den Tag legen würden.[565] Samuel Kodjo, ein Volkswirtschaftler aus Togo schrieb: Die »Überheblichkeit des weißen Mannes [und] sein nahezu institutionalisiertes Rassenbewusstsein« seien für eine wirkliche Zusammenarbeit in Entwicklungsprojekten fatal. Der »weiße Mann« behaupte immer wieder, dass er alles wisse, während »die Eingeborenen des Gastlandes Ignoranten seien«. und keinen Beitrag zur Entwicklung ihres Landes leisten könnten.[566] Letztendlich könnten sich Experten aus Europa oder den USA nicht vom »Gedanken der zivilisatorischen Mission von Geberländern« lösen. Hier zeige sich, dass jede Entwicklungsexpertise »fremdherrschaftlich« sei.[567] Die ausländischen Experten seien für Afrikaner nur »eine Bürde«.[568]

Ähnlich äußerte sich auch Maurice l'Abbé Fondjo, Leiter des römisch-katholischen Schulwesens in Kamerun: Für die Kameruner sei und bleibe der »weiße Mann« letztlich ein »Kolonisator«. Er sei es eben gewohnt zu befehlen. Daher sei man auch sehr im Zweifel, ob es das angebliche »Gute« überhaupt gebe, das Entwicklungsexperten tun wollen würden.[569] Freilich würden die ausländischen Entwicklungsexperten nun »menschlicher« sein. Sie seien durchaus »interessiert«, was die Afrikaner wollen und machen würden. Doch sollten sie sich mehr hüten, ständig vorschnelle und negative Urteile über die Afrikaner zu fällen.[570]

Alexandre Kum'a Ndumbe III, ein Kameruner Prinz und Politikwissenschaftler, meinte wiederum: Der Rassismus sei im Verhalten ›weißer‹ Experten so inhärent, dass sie ihm nie entrinnen könnten. Gerade das Gerede über Freundschaft oder gar »Liebe« zu Afrikanern sei nur eine Strategie, um nicht verdächtig zu erscheinen. Es geschehe nur aus einer »Furcht«

27.8.1968, S. 74. Vgl. zum Phänomen der ›Republikflucht‹: Wolle, *Die heile Welt*, S. 283f.; Van Melis, *Republikflucht*.

565 Chagulla, *The Role*, S. 9.

566 Kodjo, »Wenn der weiße Mann«.

567 Ders., »Die gefährlichen Aspekte«.

568 Zitiert nach: Krugmann-Randolf, »Von der Schizophrenie«. Vgl. Ashcroft, »Konspiration«.

569 Fondjo, »Douala/Kamerun«.

570 Ebd.

vor der Abneigung der Afrikaner, die »tausendfachen Grund« hätten, die ›Weißen‹ »nicht zu lieben«.[571]

Jene Kritik an ›weißen‹ Entwicklungsexperten wurde in historischen und anthropologischen Untersuchungen bisweilen fortgeschrieben, die hier auch eine Ursache für das Scheitern der Entwicklungspolitik gesehen haben. Afrikanische Experten wurden hierbei bislang nur wenig berücksichtigt. Leitend war hingegen die Feststellung, dass es das Fehlverhalten der Experten des globalen Nordens gewesen sei, das Entwicklungen verhindert hätte. Die Experten hätten dabei ohne Vorbehalte eurozentrischen Wissensbeständen gehuldigt in Unkenntnis und Geringschätzung lokaler Verhältnisse. Sie hätten dabei unbeirrt, vorbehalts- und rücksichtslos gehandelt, auf Planerfüllung ihrer »Modernizing Missions« ausgerichtet.[572] Sie seien im ›Dschungel‹ der Entwicklungsgeschäfte ein »eigener Stamm«, der sich immer wieder selbst legitimiere und dabei die der Entwicklungsarbeit immanente Asymmetrie von Macht und Verfügungsgewalten aufrecht erhalte.[573] Damit seien Experten – so könnte man in Anlehnung an Ferguson diese Forschungen subsummieren – diejenigen gewesen, die regelrecht »gewaltsam« die »Entwicklungsmaschine« immer wieder aufs Neue anwarfen und auf Kurs hielten – eine Maschine, die die Länder der so genannten Dritten Welt rigoros durchpflügte.[574]

Betrachtet man praktische Konflikte um Experten, dann zeigt sich, dass der ursächliche Faktor ihres Verhaltens für das Scheitern von Entwicklungsprojekten nicht von der Hand zu weisen ist, wenngleich es nicht unbedingt – wie noch genauer zu zeigen sein wird – um die von Ferguson angesprochenen Konflikte im Zusammenhang mit wie auch immer gearteten Modernisierungen gehen musste.[575]

Afrikanische Entwicklungsexperten im Kreuzfeuer der Kritik

Auch an afrikanischen Entwicklungsexperten wurde vehemente Kritik geübt. Diese glich stark derjenigen, die sich gegen ihre Kollegen aus Nordamerika und Europa richtete. Wenn jemand in Tansania, Togo oder Kame-

---

571 Kum'a N'dumbe III, »Die Flucht«, S. 110.
572 Vgl. Eckert/Wirz, »Wir nicht«.
573 Büschel, »In Afrika helfen«, insb. S. 363; Hüsken, *Der Stamm der Experten*.
574 Vgl. Ferguson, *The Anti-Politics Machine*.
575 Vgl. hierzu ausführlicher: Teil III.

run in den 1960er-Jahren von der »Entwicklungsfront«[576] sprach, wusste man gleich, dass hiermit keineswegs nur ausländische Experten gemeint waren, sondern auch einheimische.

1964 hatte beispielsweise die Regierung von Tansania eine Erhebung durchgeführt, wie denn das einheimische *Development Staff* in den Dörfern aufgenommen würde. Das Ergebnis war niederschmetternd. Selbsthilfe könnten diese Spezialisten nicht anregen. Denn die meisten ›Bauern‹ hätten von einem »them-and-us-feeling« gegenüber den Entwicklungsexperten gesprochen. Die Spezialisten hätten nämlich mit den ›kleinen Leuten‹ rein gar nichts gemein.[577] Eine weitere Erhebung hatte 1969 ergeben, dass die Weigerung vieler Leute in Tansania, sich an Selbsthilfe-Projekten zu beteiligen, vor allem auf das »taktisch unkluge« Verhalten der einheimischen Experten zurückzuführen sei.[578]

Im Detail bemängelten die Vorsteher von Dörfern in Tansania, Togo und Kamerun durchwegs auch an den einheimischen Experten »Inkompetenz«.[579] Von »unwissenden Schwätzern« war beispielsweise in Tanganjika die Rede.[580] Dieses Manko würden die Experten durch Arroganz, Überheblichkeit und bisweilen sogar körperlicher Gewalt kompensieren.[581] Selbst die kleinsten Lichter würden meinen, über den *Chiefs* zu stehen.[582] Sogar einfache Dorfschullehrer oder angelernte Krankenschwester würden es als unter »ihrer Würde betrachten, mit einfachen Menschen« Umgang zu haben. Sie würden sich für die Garanten des Fortschritts halten und anstatt zu diskutieren und überzeugen, lediglich anordnen, so schrieb der Rektor des *University College* Dar es Salaam.[583]

Auch aus Togo wurde berichtet, dass die Leute, die man an sich zu eigenständiger Entwicklungsarbeit bringen sollte, häufig nur wie »dumme Kinder behandelt« würden.[584]

---

576 Cliffe/Saul, *The District Development Front*, S. 1.
577 So bspw. im besonders armen Bezirk Handeni: Cliffe/Cunningham, »Ideology«, S. 136.
578 Kamugisha, *Factors*.
579 Vgl. hier zu Tansania: Ingle, *From Village to State*, S. 174; Ruthenberg, *Agricultural Development*, S. 125. Zu Kamerun: Vgl. Commission Economique, *Rapport*, S. 153, 155; *Rapport du Stage-Terrain*. Zu Togo: Zolberg, *Creating Political Order*, S. 159.
580 Vgl. Ruthenberg, *Agricultural Development*, S. 125.
581 Vgl. Ingle, *From Village to State*, S. 174.
582 Ebd.
583 Chagulla, *The Role of the Elite*, S. 7.
584 Zu Togo: Zolberg, *Creating Political Order*, S. 159.

Die Kritik an einheimischen Experten hatte eine lange Tradition: Schon in der Mandats- bzw. Treuhandzeit galten sie nicht nur als arrogant und besserwisserisch, sondern auch als bestechlich und gewalttätig. So wurde in Tanganjika bereits den ersten Afrikanern, die in den 1940er-Jahren als *Officers* und *Instructors* im Rahmen größerer spätkolonialer *Community-Development*-Projekte arbeiteten, von Dorfoberen vorgeworfen, sie würden Bestechungsgelder annehmen, mit denen sich Einwohner aus der Selbsthilfe-Arbeit freikaufen könnten. Man nannte solche korrupten Experten »matumatu« (»Heuschrecken«).[585] Selbst unter Ausländern erregte dieses Verhalten Missfallen: So hatte 1949 der britische Gewerkschaftler Norman Pearson afrikanischen *Counterparts* in Tanganjika vorgehalten, dass sie gegenüber ihren eigenen Landsleuten undankbar seien. Sie würden sich nur eigene Vorteile auf Kosten der Armen verschaffen wollen. Das würde zwangsläufig große Widerstände hervorrufen und die eigenständige Entwicklung im Land gefährden.[586]

Noch Ende der 1960er-Jahre wurden tansanische Entwicklungsexperten selbst in Kreisen der Regierung Nyereres ob ihres Auftretens als »Schergen« des Kolonialismus bezeichnet.[587] Spezialisten, die aus Familien der lokalen *Chiefs* stammten, galten als überkommenes Überbleibsel eines rückständigen, moderner Entwicklung entgegenstehenden Systems paternalistischer Klientelbeziehungen.[588] Diese Netzwerke – so die Kritiker – würden sich in einem europäisch wirkenden opulenten Lebensstil niederschlagen. Man argwöhnte, dass die Experten sich diese Lebensweise nicht ohne Unterschlagungen, Korruption oder lukrative Nebengeschäfte leisten könnten.[589] Gerade *Hilfe zur Selbsthilfe* würde Gelegenheiten bieten. Man könne gut daran verdienen, wenn man zur unentgeltlichen Arbeit Verpflichtete von der Liste streiche.[590]

›Bauern‹ protestierten vielfach, dass die ländliche Entwicklung stagniere, während es den Experten immer besser gehe: Ganz offensichtlich würden sich die Leiter von landwirtschaftlichen Entwicklungs-Kooperati-

585 Ruthenberg, *Agricultural Development*, S. 56.
586 Norman Pearson, Trade Unionist on Safari, o. D. [1949], S. 87, 123, zitiert nach: Eckert, *Herrschen und Verwalten*, S. 173.
587 Scott, *Seeing*, S. 247; Eckert, *Herrschen und Verwalten*, S. 256.
588 Eine sehr aktive lokale Gruppe war in dieser Beziehung die Ugogo Union im Siedlungsgebiet der Gogo in Zentraltanganjika: Eckert, *Herrschen und Verwalten*, S. 176.
589 Dikoumé, *Les Obstacles*, S. 83ff.; Commission Economique, *Rapport*, S. 153, 155; *Rapport du Stage-Terrain*.
590 Commission Economique, *Rapport*, S. 153, 155; *Rapport du Stage-Terrain*.

ven als »privilegierte Mittelklasse« freimütig an Gütern, Geld, Saatgut und Maschinen bedienen.[591] Auch gab es Vorwürfe, es würden Genossenschaftsbeiträge über Gebühr eingetrieben und Gelder veruntreut; Vorstände zahlten sich für Ehrenämter hohe »Aufwandsentschädigungen«.[592] In den ländlichen Regionen Tansanias fielen gegenüber den einheimischen Experten entsprechend Begriffe wie »wasitafu« (»korrupte Staatsschergen«),[593] die die Armen wie Vampire nur »aussaugen« würden.[594] Auch machte das abschätzige, mit Vorbehalten besetzte Wort »wazungu weusi« (»schwarzhäutige Weiße«) die Runde.[595] Weitere Beschimpfungen waren »mnyonyaji« (»diejenigen, die vom Schweiß anderer leben«),[596] »wahuni« (»unerwünschte Schmarotzer«),[597] »wahunu« (»Nutzlose«), »wavuvi« (»Faulpelze«) und »naizesheni« (»Ausbeuter«) sowie »unyonyaji« (»Parasiten«).[598]

Immer wieder war die Rede von »Entwicklungsdiktatoren«, die mit unpassender Rigorosität und Strenge auf Kosten von Traditionen und gegen den Willen der ›Bauern‹ Entwicklungsziele durchzusetzen versuchten.[599] Viele Experten würden nur auf ein Signal aus der Hauptstadt warten, dass gewalttätige Zwangsumsiedlungen, Razzien und Strafen erlaubt seien.[600]

Auch im französisch verwalteten Teil Kameruns war bereits in den 1940er-Jahren über einheimische *Animateure* in Selbsthilfe-Projekten zu lesen: Sie seien mehr »schwarze Franzosen« als »französische Afrikaner«. Denn sie würden ohne Unterlass danach trachten, »sich von ihren Brüdern

---

591 Erdmann, *Jenseits des Mythos*, S. 272.

592 Vgl. Adholla, »Power Differentiation«, S. 50; Erdmann, *Jenseits des Mythos*, S. 251ff.

593 Van Velzen, *Staff*, S. 6; Boesen/Störgad Madsen/Moody, *Ujamaa*; Freyhold, *Ujamaa*; Scott, *Seeing*, S. 103–146, S. 223–261.

594 Der Metapher des Aussaugens unterlag eine Doppeldeutigkeit: Sie bezog sich zum einen auf Afrikaner, die angeblich ›Trägheit‹ und ›Rausch‹ dem Aufbau der Nation vorzogen oder auf Afrikaner und Nichtafrikaner, die arme ›Bauern‹ und Arbeiter ›aussaugten‹. Dabei knüpften solche Vorstellungen am traditionellen Bild des ›blutsaugenden Fremden‹ an und grenzten auch diejenigen aus der Gesellschaft als Fremde aus, die sich als Afrikaner nicht an Entwicklungsarbeit beteiligen wollten bzw. konnten. Vgl. Brennan, »Blood Enemies«; White, *Speaking*.

595 Blommaert, »Intellectuals«; Ders., *State Ideology*, S. 72–82.

596 Namata, *Huduma Serikalini*, S. 1.

597 Vgl. Eckert, *Herrschen und Verwalten*, S. 225; Burton, »The ›Heaven of Peace‹ Purged«; Ders., *African Underclass*.

598 Brennan, »Blood Enemies«.

599 Ebd.; Scott, *Seeing*, S. 103–146, S. 223–261.

600 Ruthenberg, *Agricultural Development*, S. 137

und Schwestern« abzusetzen.[601] Auch im unabhängigen Kamerun rätselten Regierungsbeamte, warum sich Entwicklungsexperten große Autos, protzige Häuser und einen geradezu schändlich hohen Lebensstandard leisten könnten – ganz nach dem Motto »pour vivre heureux, vivons cachés«.[602] Man frage sich, woher das Geld stamme, wenn nicht aus Unterschlagungen und Bestechungen.[603] Auch würden einheimische Entwicklungsexperten Projekte der *Hilfe zur Selbsthilfe* nicht um Willen der Allgemeinheit anregen. Sie würden vor allem das anraten, was möglichst augenfällig ihrem eigenen Prestige nütze – wie beispielsweise der Bau imposanter Brücken oder riesiger Krankenhäuser.[604]

Die Motivation der Kameruner Experten, über die Dörfer zu ziehen, und *Animation Rurale* zu predigen, wurde hingegen als nur gering eingeschätzt: Es sei abscheulich, wie sehr man das einfache Leben auf dem Lande und die weiten beschwerlichen Strecken scheue, die man zurücklegen müsse.[605] Besonders im unzugänglichen Norden Kameruns fänden daher Entwicklungsinitiativen kaum statt. Dabei seien sie dort am nötigsten.[606]

Die in Kamerun zuständige Entwicklungsbehörde für Selbsthilfe kam 1966 schließlich zum Ergebnis, dass die Experten in der Tat zu wenig psychologisch bzw. soziologisch geschult seien. Autoritär und bisweilen mit überschießendem Engagement würden sie die bestehenden Gesellschaftsstrukturen in den Dörfern nicht zu nutzen wissen, sondern sie eher überwinden und verändern wollen.[607]

Besondere Kritik wurde an einheimischen Entwicklungsexperten im Grasland von Westkamerun geübt. Hier wurden die Praktiker des *Community Development* von den *Local Councils* benannt. Mit dieser Besetzung war häufig der Auftrag verbunden, auch Steuern einzutreiben. Die Zahlungen konnten wiederum durch besondere Arbeitsleistungen in Projekten der Selbsthilfe ersetzt werden. Dorfbewohner warfen den Experten hierbei mehrfach Unregelmäßigkeiten vor. Es gab Proteste von Leuten, die sich

---

601 Vgl. Crowder, »Independence«.
602 Dikoumé, »Les Obstacles«, S. 83ff.
603 Chagulla, *The Role*, S. 5.
604 Vgl. Illy, *Politik und Wirtschaft*, S. 339.
605 Commission Economique, *Rapport*, S. 153.
606 *Rapport du Stage-Terrain*, S. 7.
607 Direction de l'Animation, *Notes et observations 1967*, S. 13.

übervorteilt sahen. Auch beschwerte man sich über rigide Gewalt, mit der man zu »Frondiensten« gezwungen werde.[608] Überdies würden Experten mit Argusaugen darauf achten, dass niemand ohne weiteres in ihren Kreis aufgenommen werde. Es sei geradezu unmöglich, ohne »Beziehungen« zum Experten aufzusteigen.[609]

Der Widerstand gegen afrikanische Entwicklungsexperten konnte dabei so weit gehen, dass er in physische Gewalt mündete. So äußerten Spezialisten in Tansania, Kamerun und Togo mehrfach Befürchtungen, man würde ihnen die Häuser anstecken, Steine nach ihnen werfen oder ihnen Schläge androhen, weil man ihre Maßnahmen zur Durchsetzung der Gemeindearbeit ablehne.[610]

Die afrikanischen Regierungen registrierten die Probleme um die eigenen Experten mit großer Aufmerksamkeit und Sorge, ging es schließlich um die Fundamente der Entwicklung des ganzen Landes: Der tansanische Präsident Nyerere verurteile alle aufs Schärfste, die sich als »Schmarotzer« gerade dort »eingenistet« hätten, wo sie helfen sollten, das Land zu entwickeln.[611] Im April 1968 ließ schließlich der tansanische Minister für ländliche Entwicklung in der Regierungszeitung »The Nationalist« einen Aufruf an alle seine Mitarbeiter veröffentlichen, der lautete: »Stop intriguing and undermining [other] workers!«[612] Anscheinend verhallten solche Aufrufe ungehört. So rügte Nyerere im Dezember des gleichen Jahres, dass viele an Projekten der Selbsthilfe beteiligte Experten nicht zu Besprechungen erscheinen würden, da sie völlig miteinander zerstritten seien.[613]

Auch die Regierungen von Togo und Kamerun zogen negative Bilanzen in Fragen der Effizienz ihrer Entwicklungsexperten: Die Spezialisten verstünden einfach nicht, die Bevölkerung zur Mitarbeit und zu Eigenengagement zu bringen.[614] Viele Experten seien mittlerweile mit der Bevölke-

608 Seely, »Community Development«.

609 Illy, *Politik und Wirtschaft*, S. 337.

610 So bspw. der *Senior Ward* von Handeni in einem Protokoll gegenüber dem Handeni District Council vom 15.–17.2.1968, zitiert nach: Ingle, *From Village to State*, S. 89.

611 Nyerere, *Ujamaa*, S. 165.

612 The Nationalist 1.4.1968, zitiert nach: Ingle, *From Village to State*, S. 225.

613 Nyerere, »Things«, S. 72f.

614 Zu Kamerun: A. Ottou, Ministère de la Jeunesse et des Sports, Aperçu sur l'animation, August 1971, S. 13, zitiert nach: Illy, *Politik und Wirtschaft*, S. 337. Zu Togo: Zolberg, *Creating Political Order*, S. 159.

rung vor Ort regelrecht verfeindet.[615] Die Ineffizienz afrikanischer wie europäischer Experten sollte nicht ohne Konsequenzen bleiben.

Erklärungen, Analysen und Rechtfertigungen

Europäische und nordamerikanische Publizisten, Soziologen, Ethnologen, Psychologen und Ärzte suchten für das Fehlverhalten von Experten intensiv nach Erklärungen, um hiervon ausgehend eine Änderung der Lage herbeiführen zu können.[616] Auch in diesen Bemühungen lässt sich die Bedeutung ablesen, die den Experten des globalen Nordens in den afrikanischen Postkolonien zugeschrieben wurde.

Nur selten wurde behauptet, dass die Kritik an den ausländischen Experten in Afrika unberechtigt und überzogen sei.[617] Auch platte Legitimierungsversuche waren die Ausnahme: Nur vereinzelt waren Aussagen zu lesen, dass man den »weißen« Experten in den Tropen ihre »Gewalttätigkeit«, ihren »Mangel an Selbstbeherrschung« und ihre »Ausschweifungen« doch nachsehen müsse, handele es sich hierbei um lebensnotwendige »Zerstreuungen« in der schweren Lage des alltäglichen Arbeitens in Afrika.[618] Solche geradezu zynisch anmutenden Thesen waren aber sehr selten.

Bereits zu Beginn der 1960er-Jahre nahm man hingegen die Kritik an Entwicklungsexperten durchaus ernst und begann nunmehr wissenschaftlich, den Ursachen für Phänomene wie Arroganz, Abschottung, Gewaltsamkeit und (mehr oder minder explizitem) Rassismus nachzugehen. Diese Forschungsvorhaben waren freilich von der recht mechanistischen Vorstellung geleitet, durch auf Daten beruhende Erkenntnisse könnte es zu grundlegenden Einsichten und so zu Strategien der Verbesserung kommen. Man hatte jedenfalls in der Regel zahllose Expertenberichte ausgewertet und intensive Gespräche geführt. Die afrikanischen *Counterparts* hatte man meist nicht gehört.

Einer der führenden bundesdeutschen Psychologen, die sich mit den Problemen Experteneinsatz, praktischer Entwicklungsarbeit und *Hilfe zur Selbsthilfe* befassten, war Ernst Eduard Boesch von der Universität des

---

615 O'Kelly, »Administrative Problems«. Zu Togo: Zolberg, *Creating Political Order*, S. 159.
616 Vgl. hierzu und zum Folgenden: Büschel, »Die Moral«, S. 35f.
617 Schnurer, »Nationalismus«.
618 Drascher, *Schuld der Weißen*, S. 273.

Saarlandes.[619] Er betonte in seiner Arbeit – mit mehr oder weniger deutlichem Rekurs auf Klassiker der Anthropologie –, dass die auf Feldstudien basierende Analyse von gesellschaftlichen Umbrüchen in Afrika für das Gelingen künftiger Projekte unverzichtbar sei. Denn in diesen Umbrüchen sah Boesch die Ursachen, dass Experten nicht mehr in der Art und Weise wie im Kolonialismus arbeiteten könnten. Boesch entwickelte eine »symbolische Handlungstheorie« der Entwicklungsarbeit, in der Erfahrungshorizonte, Reibungsflächen und Reaktionsmöglichkeiten von Experten und ihren *Counterparts* prototypisch analysiert werden sollten. Ein Einsatz in Afrika sei letztlich ein kontinuierlicher Ausnahmezustand. Zwangsläufig seien Europäer abgeschottet vom alltäglichen Leben der Afrikaner. So seien die ausländischen Experten im Vergleich zu ihren afrikanischen *Counterparts* durch ihr »höheres Einkommen und soziale Privilegien« einerseits im Vorteil. Andererseits seien sie auch benachteiligt durch ihre – mit den Worten Boeschs – unvermeidliche »rassische, sprachliche und kulturelle Isolierung«. Vieles bleibe den Experten »undurchsichtig«, was sie wiederum untereinander enger zusammenrücken ließe. Die Pflege eines gemeinsamen »besonderen Lebensstils« vermittle scheinbar Sicherheit, was harmlos sei, wenn er sich im Tragen des »Tropen-Smokings« erschöpfe. Probleme entstünden aber dann, wenn diese Lebensweise zu »kollektiven Vorurteilen« gegenüber der »fremden Umwelt« beitrage.[620] Zu starke Abschottung verhindere letztendlich eine »wirkliche Verbindung« zwischen europäischen Experten, afrikanischen *Counterparts* und der jeweiligen Bevölkerung vor Ort. Man müsse für mehr Begegnungen sorgen.[621]

Boesch lehnte sich bei diesen Ausführungen unter anderem an den amerikanisch-israelischen Soziologen Eric Cohen an. Cohen nannte den Lebens- und Arbeitsraum von Experten eine »twilight zone of two cultures«, die ein ständiges Hin- und Hergerissensein zwischen den Kulturen mit sich bringe. Das bedeute Stress, Gefühle der »Verunsicherung und Bedrohung« und ziehe manchmal ungewollte Überreaktionen nach sich.[622]

---

619 Boesch war während seines Psychologiestudiums in Genf in den 1950er-Jahren mit der beginnenden Ethno-Psychologie und der Kulturpsychologie konfrontiert. Er leitete von 1955–58 das *International Institute for Child Study* in Bangkok. Die Erfahrungen aus seiner dortigen Tätigkeit veranlassten ihn zur Publikation einer ausgesprochen kritischen Studie über seine thailändischen Counterparts: Boesch, *Zwiespältige Eliten*. Zu Leben und Werk Boeschs: Lonner/Hayes, *Discovering*.

620 Boesch, *Zwiespältige Eliten*.

621 Ebd. Vgl. DSE, *Inhalt und Methodik*, S. 14.

622 Cohen, »Expatriate Communities«.

In Erwägungen der GAWI hieß es wiederum: Rassistische Ausfälle seien doch immer mit »Gefühlen des Verlorenseins« und unentrinnbaren vertrauten kulturellen »Verhaltensmustern« verbunden. Sie seien oft eine Art »Verteidigungsstrategie«. Man müsse Experten unterstützen, aus dieser defensiven Position herauszukommen.[623] Diese Vorstellungen bezogen sich mehr oder weniger explizit auf das Modell des »Kulturschocks«, das von der US-amerikanischen Ethnologin Cora Dubois 1951 eingeführt worden war.[624] Ihr finnisch-amerikanische Kollege Kalervo Oberg hatte Mitte der 1950er-Jahre dieses Modell erweitert und es in vier gleichförmig nacheinander ablaufende Phasen eingeteilt: Auf eine Phase der Begeisterung über die neue fremde Umgebung (die sogenannte »Honeymoon«-Phase) folge eine Zeit der Krise, dann eine Phase allmählicher Entspannung und schließlich die Anpassung.[625] Jenen als statisch und gleichförmig ablaufenden Phasen könnte sich kaum ein Praktiker der Entwicklungsarbeit bei der Erfahrung fremder Kulturen entziehen. Und gerade in der Krisen-Phase könne es zu Aggressionen und überschießenden Reaktionen kommen.[626] Es heiße letztlich nur Abwarten, denn dieses Fehlverhalten gehe bei der Eingewöhnung schon vorüber.[627]

Hysterie und Wut wurden von bundesdeutschen Tropenärzten wiederum auch auf psychosomatische Ursachen zurückgeführt. Vor allem Frauen sei aufgrund ihrer körperlichen Verfasstheit generell von längeren Aufenthalten in den Tropen abzuraten,[628] wurde in der diskursiven Tradition der Kolonialmedizin ausgeführt.[629] Nur wenige hätten hier keine Schwierigkeiten, was mit den weiblichen Hormonen zusammenhänge, die durch das Tropenklima durcheinander geraten würden.[630] Schwerwiegender sei noch die psychische Anfechtbarkeit der Frau: So würde das »schwache Geschlecht« besonders rasch und intensiv am »Tropenkoller« erkranken. Frauen könnten weniger den »sittlichen Anfechtungen« fernab jegli-

---

623 BA Koblenz B 213 BMZ 329 Auswahl und Vorbereitung der GAWI-Experten und Entwicklungshelfer, Überlegungen zur Vorbereitungskonzeption von Jochen Schmauch, 10/1971, S. 12.

624 Dubois, »Culture Shock«.

625 Oberg, *Culture Shock*. Vgl. Maintel, »Strangers«.

626 Vgl. Röllinghoff, »Psychische Probleme«. Vgl. Sperling, »Verhaltensweisen«, S. 121.

627 BA Koblenz B 213 BMZ 329 Auswahl und Vorbereitung der GAWI-Experten und Entwicklungshelfer, Überlegungen zur Vorbereitungskonzeption von Jochen Schmauch, 10/1971, S. 12.

628 Haller, *Gesundheitsbüchlein*, S. 3f.

629 Vgl. Axter, »Die Angst«; Büschel, »Im Tropenkoller«.

630 Haller, *Gesundheitsbüchlein*, S. 3f.

cher »Zivilisation« widerstehen.[631] »Nervöse Reizbarkeit« und »moralisches Absinken« seien an der Tagesordnung.[632] Bald käme es zu »Ausschweifungen«, Zank oder zu einer »ungebührlichen Nähe zu den Eingeborenen.«[633] Auch falle es Frauen weit schwerer, ihre heimatliche »Milieukruste« zu überwinden: Sie würden an völlig »unzweckgemäßen Lebensstilen und Verhaltensweisen« festhalten.[634] Würden sie mit ausreisen, würden sie für ihren Ehemann häufig nur zur Last. Als Experten selbst seien sie wiederum nur sehr eingeschränkt geeignet.[635]

In der DDR gab es – so jedenfalls die Überlieferungslage – wesentlich weniger vergleichbare Forschungen zum Fehlverhalten der eigenen Experten. Das hatte sicher nicht zuletzt damit zu tun, dass man sich offiziell dieses gar nicht eingestand. Hier wurde hingegen immer wieder von nur schwer überbrückbaren kulturellen und »rassischen« Unterschieden zwischen Deutschen und Afrikanern gesprochen, die eben eine besondere Herausforderung für jeden Spezialisten seien. Dieser müsse man sich jeden Tag aufs Neue stellen.[636]

Auch die Probleme um afrikanische Entwicklungsexperten waren Gegenstand wissenschaftlicher Reflexion. Hier gehörte es zur nordamerikanisch-europäischen Dominanz in Wissenschaftsfeldern wie der Psychologie, Ethnologie, Soziologie und Medizin der 1960er-Jahre, dass sich vor allem Nicht-Afrikaner zu Afrikanern äußerten.

Gewissermaßen durch die Hintertür wurde immer auch in Frage gestellt, dass Afrikaner als Entwicklungsexperten schon eigenständig arbeiten könnten. So hieß es in einem Expertenpapier des BMZ: Es würden doch allzu häufig sehr beharrliche »vertraute Verhaltensmuster« in der »Kultur der Afrikaner« dominieren. So sei es in Afrika schlichtweg üblich, dass jeder, der etwas erreicht habe und auf sich halte, andere für sich arbeiten ließe. Ein produktives Zusammenarbeiten zwischen afrikanischen Experten und den Adressaten der Entwicklungsbemühungen sei daher kaum möglich.[637]

631 Bandmann, »Akklimatisierung«, S. 8.
632 Haller, *Gesundheitsbüchlein*, S. 3f.
633 Bandmann, »Akklimatisierung«, S. 1.
634 Reisch, »Vorbereitung«, S. 12.
635 Ebd.
636 BA Berlin Lichterfelde SAPMO DY 30 IV A 2/20956, Bericht über die DDR-Experten auf Sansibar vom 12.5.1970.
637 BA Koblenz B 213 BMZ 329 Auswahl und Vorbereitung der GAWI-Experten und Entwicklungshelfer, Überlegungen zur Vorbereitungskonzeption von Jochen Schmauch,

Die Zweifel an den Handlungsmöglichkeiten afrikanischer Experten wurden wiederum auf die zerstörerischen Auswirkungen der Erfahrung von Kolonialismus und Europäisierung zurückgeführt. Das stellte durchaus ein grundlegendes Dilemma dar, denn diese sollten ja an sich durch die Entwicklungsarbeit überwunden werden. In diesem Sinne wusste die bundesdeutsche Botschaft in Togo beispielsweise auf der Grundlage von zahlreichen Feldstudien zu berichten, dass die Togoer in den Zeiten des Kolonialismus und der Mandats- bzw. Treuhandverwaltung über Jahrzehnte erfahren hätten, wie man ihnen Entscheidungen abnahm. Sie hätte somit einfach das »eigenständige Organisieren« und das »systematische Arbeiten« in Selbstverantwortung nie gelernt. Daher gebe es so viele Probleme mit den einheimischen Experten, die über solche Grundlagenqualifikationen der Entwicklungsarbeit schlichtweg nicht verfügen würden.[638] Was Deutsche an ihren *Counterparts* häufig als »mangelndes Verantwortungsbewusstsein« beklagten, sei einfach nie gefordert gewesen und jetzt nicht so schnell zu erlernen.[639]

Die wissenschaftlichen Hintergründe für solche Äußerungen sind auch schon im Kolonialismus selbst zu finden: Einen Anfang in der sogenannten ›Elitenforschung‹ zu Afrika machten bereits in den 1940er Jahren die Sozialanthropologen Meyer Fortes und Edward E. Evans-Pritchard. Die beiden vertraten anhand der Gesellschaft der britischen Kronkolonie Sierra Leone die These, dass die »Aneignung westlicher Lebensstile und Werte« ein Mittel des sozialen Aufstiegs für viele Afrikaner sei. Entsprechend würden individuelle Interessen politischer, sozialer und ökonomischer Art verfolgt und durch Abschottung und Distinktion verteidigt.[640] Das würde wiederum unter Afrikanern zu Neid, Missgunst, Begehrlichkeiten, Arroganz und Herabsetzung führen.[641]

Im Gefolge zu Fortes und Evans-Pritchard wurde auch noch in den 1960er-Jahren den »neuen Eliten« in den unabhängig gewordenen Ländern Afrikas eine starke Tendenz zur Europäisierung zugeschrieben, die vom

---

10/1971, S. 12. Vgl. ähnlich: Ebd. Vorlage BMZ III A 1-T 402253/71, »Elshorst-Papier«, S. 3.

638 BA Koblenz B 213 BMZ 11895 Technische Hilfe Togo, Bericht der Botschaft Lomé an das BMZ vom 15.7.1969.

639 Ebd. 3977 Dienstreisen Togo, Bericht über eine Reise nach Senegal, Togo, Dahomé und Obervolta Ministerialrat vom 29.3.1968, S. 5f.

640 Fortes/Pritchard, *African Political Systems*, S. 19.

641 Ebd. Vgl. Paulme, »Adornment and Nudity in Tropical Africa«; Porter, *Creoldom*; Spitzer, *The Creoles*; Cohen, *The Politics*.

Rest der Gesellschaft sehr kritisch betrachtet würde. Auf diese Kritik würden die Eliten mit Abschottung reagieren, was wiederum ein wirkungsvolles Zusammenwachsen der Gesellschaft – wie es für die Entwicklungsarbeit wünschenswert wäre – verhindere.[642]

Ein Klassiker der sozialpsychologischen Erforschung der (vermeintlichen) Hintergründe dieser Europäisierung war die 1950 erschienene Schrift »Prospero et Caliban. Psychologie de la Colonisation« des französischen Psychoanalytikers Octave Mannoni,[643] der zwanzig Jahre lang Feldstudien auf Madagaskar betrieben hatte. Hier prägte Mannoni die Vorstellung des kulturellen Missverständnisses als Grundlage kolonialer Machtbeziehungen, wobei Kolonisierte vieles ganz automatisch von ihren Kolonialherren übernähmen. Sie würden angeeignete Denk- und Lebensweisen allerdings häufig ganz anders auslegen oder »übertreiben«. Daraus würden Spannungen auch in postkolonialen Gesellschaften erwachsen.[644]

Der Ethnologe Georges Balandier, der über langjährige Erfahrungen als französischer Kolonialexperte in Afrika verfügte, ergänzte diese These: In seiner »Sociologie des Brazzavilles Noires« von 1955 sprach er von afrikanischen ›Évolués‹, die aufgrund ihrer »Verlorenheit zwischen den Kulturen« ein geradezu zwanghaftes Streben nach moderner Lebensweise hätten.[645] Das würde zu einer zweifachen Polarisierung führen: Bei Afrikanern, die nicht so privilegiert seien, würde dieses Streben Kritik und Unwillen hervorrufen. Bei Europäern wiederum würden »heftige Gefühle« der Ablehnung aufkommen. Sie würden nämlich rasch den Eindruck gewinnen, einer Art »Parodie ihrer eigenen Sitten und Gebräuche beizuwohnen.«[646] Bei näherer Betrachtung seien allerdings auch die ›Évoluée‹ zutiefst »zerrüttet«. Sie seien ihrer eigenen kulturellen Herkunft entfremdet und in der Welt der Europäer nicht ganz angekommen. Das Resultat wären Herrschaftsphantasien und gesteigerte Bereitschaft zu psychischer und physischer Gewalt.[647]

Gewissermaßen als Antwort auf die Kolonialexperten Mannoni und Balandier ging Fanon jener angeblichen »Zerrüttung« näher nach. In »Les dammnès de la terre« von 1961 sprach er nicht zuletzt von den psychi-

642 Vgl. Meisel, *The Myth*, S. 4.
643 Mannoni, *Prospero et Caliban*.
644 Ebd.
645 Balandier, »Sociologie«; Ders., »Gemeinsame Merkmale«.
646 Ebd., S. 201.
647 Ebd., S. 209f.

schen, »inneren« und entwicklungsgeschichtlichen Prädispositionen der neuen afrikanischen Führungseliten und damit indirekt auch der afrikanischen Entwicklungsexperten. Hier sei eine auffällige Deckungsgleichheit im Verhalten zwischen Kolonialbeamten und postkolonialen afrikanischen Funktionsträgern festzustellen, die sich in Arroganz und Machtgebaren manifestiere; sie sei ein deutliches Zeichen dafür, dass die Afrikaner (noch) keine eigenständigen Wege finden könnten.[648] Aufgrund ihrer Kolonialerfahrungen seien viele Afrikaner »psychisch verstümmelt«. Sie seien »Heimatlose ohne Ufer, ohne Grenze, ohne Farbe und ohne Wurzeln«.[649]

Besonders die Thesen Fanons, der als ein ausgewiesener Kritiker des Kolonialismus als integer und fernab jedes Neokolonialismus-Verdachts galt, waren für die postkolonialen Debatten der 1960er-Jahre zu afrikanischen Entwicklungsexperten prägend. Sie dienten vermutlich auch konservativeren Kreisen als Legitimations- und Argumentationshilfe, wie beispielsweise der britischen Politologin und einstigen Kolonialexpertin Margery Perham. Ähnlich wie Fanon behauptete Perham, dass die ihrer »Kultur« entfremdeten und sozial zerbrochenen Generationen Afrikas an einer ständigen Identitätskrise leiden würden. Sie seien so stark auf der Suche, dass sie schlichtweg noch lange nicht im Stande seien, florierende Gemeinwesen nach ihren eigenen Vorstellungen aufzubauen. Denn sie wüssten nicht einmal, was diese Vorstellungen seien.[650]

Der bundesdeutsche Soziologe und Afrikanist Gerhard Grohs befasste sich in den 1960er-Jahren in diesem Sinne näher mit der Elite des unabhängigen Tansania.[651] Nahezu alle »gebildeten« Tansanier seien beeindruckt von der christlichen Lehre und den Ideen der Französischen Revolution. Sie würden nach Gerechtigkeit und Gleichberechtigung streben, im Bewusstsein lange benachteiligt und ausgebeutet worden zu sein. Dabei würden sie auch daran glauben, durch Arbeit diese Nachteile ausgleichen zu können. Vieles gehe allerdings nicht so schnell wie erwünscht. Besonders der »ungebildete« Rest der Bevölkerung sei nur schwer zu überzeugen, wie wichtig Selbsthilfe für das Land sei.[652] Das Dilemma einer Lebensbiographie »zwischen den Welten« führe damit – so Grohs – regelrecht

---

648 Fanon, *Die Verdammten*, S. 167.
649 Ebd. Vgl. Teil I, Kapitel 4.
650 Perham, *Bilanz*, S. 34. Vgl. Lloyd, *The Study of the Elite*, S. 9, 82f.
651 Grohs, *Tanzania*. Dabei bezog er sich auf empirische Daten von Afrikanisten wie Bonno Thoden van Velzen: Van Velzen, *Staff*, insb. S. 153–179. Vgl. als Überblick zu den soziologischen Studien zu Tansania dieser Zeit: Stein, »Theories«.
652 Grohs, *Stufen*, S. 41.

automatisch zu polarisierenden Reaktionen: Viele afrikanische Experten würden daher einerseits eine übersteigerte Faszination gegenüber meist nur zusammen phantasierten ›guten‹ Traditionen einer vorkolonialen afrikanischen Vergangenheit hegen. Sie würden alles daran setzen, dass beispielsweise gegenseitige Fürsorge in Afrika wiederbelebt würde, glaubten sie doch fest daran, sie sei nur durch die kolonialen Verhältnisse vernichtet worden und könne daher leicht auferstehen.[653] Andererseits würden sie ›schlechte‹ Traditionen, wie den Glauben an Vorbestimmtheit, für ›primitiv‹ und für die Entwicklung des Landes unproduktiv halten und daher zutiefst ablehnen. Überdies sei für viele Experten jede »Begegnung mit europäischer Überlegenheit« – ob nun real oder projiziert – eine »Quelle schmerzhafter Demütigungen«. Denn sie würden in den Europäern einerseits den Ursprung allen Übels sehen und andererseits auch Vorbilder, die es geschafft hätten, in Wohlstand ohne Not zu leben.[654]

Mit dem Mikrokosmos der sozialen Auswirkungen solcher angeblichen »Demütigungen« befasste sich der britische Ethnologe und Psychologe Gustav Jahoda am Beispiel Ghanas: »Gebildete Afrikaner« würden oft ein »Schuldgefühl« gegenüber der eigenen Familie hegen. Durch die örtliche und kulturelle »Entfernung« würden sie nämlich alltäglich spüren, dass sie nicht mehr in der Lage seien, alle »traditionellen Verpflichtungen« zu erfüllen, deren »Rechtmäßigkeit« sie allerdings – bewusst oder unbewusst – noch anerkennen würden.[655] Dies erschwere die Verschmelzung der bisweilen immensen Unterschiede des »vorherigen, gegenwärtigen und zukünftigen Lebensstils« zu einer starken und stabilen Persönlichkeit, die den alltäglichen Herausforderungen der Entwicklungsarbeit gewachsen sein könnte.[656]

In Europa äußerten sich im Gefolge solcher Thesen vehemente Kritiker jeglicher »Akkulturation«. Jenes »scheußliche und neokolonialistische Wort«, solle besser mit »Kulturverlust« übersetzt werden, ist bei dem Sozial- und Ethnopsychologen Erich Wulf zu lesen. Gerade der Wunsch nach Zugehörigkeit zu den »modernen«, fortschrittlichen, den »elitären« Gruppen der Gesellschaft führe ganz automatisch zur Aufgabe des eigenen

---

653 Grohs, *Stufen*, S. 117. Vgl. ähnlich: Perham, *Bilanz*, S. 35. Vgl. zu diesen Traditionen im Rahmen der Ansätze von *Hilfe zur Selbsthilfe* ausführlicher: Teil I, Kapitel 3.
654 Grohs, *Stufen*, S. 117.
655 Jahoda, »Social Aspirations«, S. 208.
656 Ebd. Vgl. Lloyd, »Introduction«, S. 30.

Lebens.[657] Hier vollziehe sich eine geradezu zwanghafte »Verwestlichung der Ich-Identität«, der bei den davon »betroffenen Menschen einen Erschütterungsprozeß« verursache, so schrieb der Jesuit Hans Zwiefelhofer, Mitglied des wissenschaftlichen Beirats des BMZ.[658] Auch hieraus ließ sich ablesen: Ein eigenständig kompetentes Handeln afrikanischer Experten könne es zumindest so lange nicht geben, so lange Entwicklung nach Kategorien der europäischen ›Moderne‹ gemessen wurde. Diese Vorstellung hatte – zumindest in Kreisen des BMZ – einige Beharrungskraft. Noch 1971 hieß es in einem internen Papier des Ministeriums: Viele Afrikaner würden sich nun durch forcierte »Akkulturation« und durch Überengagement »ihrer kollektiven Unterdrückungs- und Abhängigkeitsneurosen [...] entledigen.« Manches Verdrängte breche unvermutet hervor. Hieraus entstünden in der Entwicklungsarbeit zahlreiche Konflikte.[659]

Es steht außer Frage, dass solche Interpretationen auf der Vorstellung von äußerst anfechtbaren Annahmen von der statisch gedachten kulturellen Prägung eines imaginären ›Anderen‹ beruhten. In den 1960er-Jahren sprach man ethnologischen Erhebungen und Statistiken gerade dann große Erklärungskraft zu, wenn sie mit prototypischen Kategorien argumentierten.[660] Damit näherte man sich allerdings afrikanischer Gesellschaftswirklichkeit kaum an und zeichnete diese bestenfalls holzschnittartig nach.

Aus heutiger Perspektive können solche Analysen freilich keineswegs als Erklärungsansätze für das Verhalten afrikanischer Experten dienen. Hingegen wurde aus der vorhergehenden historischen Analyse deutlich, dass die Krise um Experten, welche die Entwicklungsarbeit der 1960er-Jahre prägte, durch Selbst- und Fremdbeschreibungen, habituellen Handlungen und bisweilen gar gewaltsamen Praktiken immer wieder aufs Neue angefacht wurde. Hier unterschieden sich deutsche Experten kaum von afrikanischen. Nicht zuletzt handelte es sich hierbei um Individuen, die auf ihre Karriere und Vorteile bedacht waren und vor allem auch darauf, dass ihr Berufsstand ob aller Anfechtungen nicht abgeschafft würde. Damit lässt sich die Krise der Entwicklungsexperten keinesfalls aus sozialwissenschaftlichen Erklärungsmodellen der Zeit heraus erklären.

---

657 Wulff, *Psychiatrie*, S. 161.

658 Zwiefelhofer, »Modernisierung«.

659 BA Koblenz B 213 BMZ 329 Auswahl und Vorbereitung der GAWI-Experten und Entwicklungshelfer, Vorlage BMZ III A 1-T 402253/71, »Elshorst-Papier«, S. 3.

660 Eine gute Selbstbeschreibung findet sich in: Gluckman, »Ethnographic Data«.

Festzuhalten ist allerdings: Entwicklungsexperten, ob sie nun aus Großbritannien, Frankreich, der Bundesrepublik Deutschland, der DDR, Tansania, Togo oder Kamerun stammten, verband eine zweifach fluide Erfahrung. Diese war zum einen, dass Entwicklungsunternehmungen zur ständigen Disposition standen in einer Zeit, in der sich afrikanische Postkolonien erst in der Phase ihrer Formatierung befanden. Sie hatten zum anderen besonders in Projekten der *Hilfe zur Selbsthilfe* ständig mit Ansätzen europäischer Modernisierung im Konflikt mit wieder herzustellenden vermeintlich typisch afrikanischen ›guten‹ Tradition zu arbeiten.[661] So hatte Robert Delavignette noch 1945 europäischen Experten zugeschrieben, dass diese die »Werte der Eingeborenen besser kennen« würden »als die Eingeborenen untereinander«.[662] Für die 1960er-Jahre könnte man sagen, dass nun zunehmend afrikanische Experten die Überzeugung teilten, ihrerseits die Werte und Lebensweisen der europäischen Moderne besser zu kennen und mehr zu schätzen als deren Repräsentanten. Kurzum lag ein Grundkonflikt zwischen Experten des globalen Nordens und Afrikas darin, dass Europäer gerade in Praktiken der *Hilfe zur Selbsthilfe* Modernisierung nach europäischem Maßstab nur wenig für gut hießen, während Afrikaner – wie noch genauer zu zeigen sein wird – bisweilen meinten, die Annehmlichkeiten der europäischen Moderne würde ihnen vorenthalten.[663]

Die Krise der Entwicklungsexpertise in den 1960er-Jahren war somit ein bereits den Beginn der deutschen Entwicklungsarbeit in Afrika überschattendes globales Phänomen, das alle beteiligten Experten gleichermaßen betraf. Selten wurde hier Fachliches bemängelt, sondern der Lebensstil und Habitus der Experten sowie ihre zu wenig ausgebildeten menschlichen und psychologischen Qualifikationen.

Von zeitgenössischen Ethnologen, Soziologen, Psychologen und Politologen wurde diese Krise nicht zuletzt in ihrem Kern als Generationenproblem bewertet.[664] Ob es nun die Sozialisation der deutschen Experten in den Zeiten von Rassismus und Nationalsozialismus war oder die Nachwirkungen von Unterdrückung und Entmündigung durch den Kolonialismus bei ihren afrikanischen Kollegen: Den durchwegs über 30jährigen traute man nur wenig Kompetenzen in der einvernehmlichen Zusammenarbeit der *Hilfe zur Selbsthilfe* zu.

---

661 Vgl. hierzu ausführlicher: Teil I, Kapitel 3.
662 Delavignette, *Service Africain*, S. 53.
663 Vgl. hierzu ausführlicher: Teil III, Kapitel 3.
664 Vgl. Weisbrod, *Historische Beiträge*.

Abhilfe sollten Jugendliche schaffen, die als Entwicklungshelfer den Experten zur Seite gestellt wurden. Sie galten – wie bereits im Spätkolonialismus[665] so auch in den 1960er-Jahren – als wesentlich offener und unbelasteter als die Generation der älteren Experten und schienen daher für die *Hilfe zur Selbsthilfe* besonders geeignet.

---

665 Vgl. Teil I, Kapitel 4.

2. Die Entwicklungshelfer

Im Februar 1961 hielt der Brite Alec Dickson vor deutschen Entwicklungsexperten der DSE einen Vortrag: Er erzählte der aufmerksamen Runde von Jugendlichen aus Schottland, Irland und England, die als Freiwillige »frisch und fröhlich« in die Länder der Dritten Welt reisen würden. Dort würden sie sich ganz unkompliziert unter die »örtliche Jugend« mischen und mit ihr in Entwicklungsprojekten zusammenarbeiten. Das würde den Horizont der jungen Leute aus dem Vereinigten Königreich enorm erweitern. Die Empfänger der Entwicklungshilfe wiederum würden sich durchwegs über die Unterstützung freuen. Sie würden sich bei der hier geleisteten Entwicklungsarbeit völlig eigenständig und als Herr der Lage fühlen – ganz anders als wenn sie mit ausländischen Experten zu tun hätten.[1]

Jugendliche als Retter in der Not

Die DSE hatte die kritischen Debatten über den Einsatz von Experten frühzeitig zum Anlass genommen und dachte darüber nach, auch aus der Bundesrepublik Deutschland Jugendliche nach ›Übersee‹ zu entsenden. Besonders von Afrika wusste man, dass dort vor allem junge Leute in Selbsthilfe-Projekten arbeiten würden. Dort bahnten sich schon von vornherein aufgrund der Altersunterschiede immense Probleme mit Experten an.[2] Man war sich allerdings einig, dass die Entsendung junger Männer und Frauen einen nationalen Dienst benötige – vergleichbar mit der GAWI für Experten. Dieser könne dann auch ein Gegenstück für die – im Folgenden noch genauer zu beschreibenden – zahlreichen Jugenddienste sein, die seit

---

1 Zitiert nach: DSE, *Probleme der Entsendung*, S. 11f.
2 Vgl. bspw. Ruthenberg, *Agricultural Development*, S. 116.

den 1950er-Jahren in Afrika für die Selbsthilfe gegründet worden waren und vielfach als Kaderschmieden der künftigen Elite der Länder galten.[3] Sollte Entwicklungsarbeit wirkungsvoll sein, konnte man somit gar nicht auf die Entsendung von Jugendlichen und die Einrichtung eines bundesdeutschen Entwicklungsdienstes verzichten. Mit Dickson hatte man einen absoluten Spezialist in diesem Metier geladen. Zusammen mit seiner Ehefrau Mora hatte er 1958 den ersten nationalen ›modernen‹ Jugenddienst für ›Übersee‹ gegründet, den britischen *Voluntary Service Overseas* (VSO).[4] Er verfügte überdies bereits seit den 1940er-Jahren über ausführliche Erfahrungen bei der Ausbildung junger Afrikaner für die Entwicklungsarbeit. Jahrelang hatte er auch an der Goldküste, in Nigeria und Kamerun an der Einrichtung afrikanischer Jugenddienste für Selbsthilfe gearbeitet. Schon zu dieser Zeit hatte er auch immer wieder britische Jugendliche mit nach Afrika genommen, weil er sich aus der Zusammenarbeit zwischen jungen Menschen besonders viel versprach.[5] Auch galten die Dicksons als entschiedene Verfechter des *Community Development* und der dörflichen Selbsthilfe in Afrika.[6] Beschwerden über die Jugendlichen des VSO hatte es bis dato keine gegeben: Ganz im Gegenteil galten die »jungen Freiwilligen« aus Großbritannien auch bei den besonders kritischen Regierungen des postkolonialen Afrika – wie der Tanganjikas – als äußerst »hilfreich«.[7] Sie seien sich nicht zu schade, kräftig

---

3 Vgl. ausführlicher hierzu: Teil I, Kapitel 4.

4 Vgl. an Selbstdeutungen: Dickson, *A World*; Dies./Dickson, *Count us in*; Dickson, A *Chance*. Zum VSO grundlegend: BNA Kew OD 10/3 Voluntary Service Overseas Policy 1961–1963, ad 44 Alec Dickson, A Great Voluntary Movement, Voluntary Service Overseas Placing of Volunteers 1961/62; Ebd. 10/6 Overseas Administration of Volunteers, Qualified Volunteer Scheme 6.1.1961; Ebd. DO 163/22 Voluntary Service Overseas Movement, Appendix: Voluntary Youth Organisations in the United Kingdom concerned with giving young people opportunities for service abroad 1961; Ebd. 3842 British Volunteer Programme Camp Department 1967–1969, The Minister of Overseas Development Circular Savingramm RG 354/016 vom 10.11.1969; Ebd. 163/23 Voluntary Service Overseas, Informationsmaterial, Auzeichnungen zu Einstellung und Personal 1960.

5 Ebd. CO 968/2719 Bericht des Foreign Office über die britische Sektion von Freiwilligen in Französisch-Kamerun vom 13.9.1941.

6 Dickson, *A World*. Vgl. mit Bezug auf *Hilfe zur Selbsthilfe*-Programme des VSO in den frühen 1960er-Jahren: BNA Kew BW 9324 Ghana, Positionen und Beschäftigungsverträge zu britischen Freiwilligenprogrammen, Bericht über eine Rundreise durch Ghana vom 7.6.1973, S. 3ff.

7 TNA Dar es Salaam Acc. 593 ED/5/7 Voluntary Service Overseases Scheme, ad 14 The Treasure Dar es Salaam, External Aid-Procedure, Rundschreiben vom 9.9.1961.

mit anzupacken. Immer wären sie mit dem Herz dabei. Auch würden sie
viel enger mit der Bevölkerung vor Ort zusammen leben und arbeiten als
die älteren Experten. Sie hätten wirkliches Interesse und würden keinerlei
koloniale Attitüden an den Tag legen.[8] Die DSE hätte somit keinen besseren Spezialisten für Überlegungen finden können, wie man bald auch mit
einem Entwicklungsdienst der Bundesrepublik Deutschland Jugendliche
nach ›Übersee‹ und besonders nach Afrika entsenden könnte.

Neben Dickson war 1961 der Leiter des *Weltfriedensdienstes* Siegfried
Krause vor die Experten der DSE geladen worden. Auch Krause riet vehement zur Entsendung junger Leute. Denn ihre Begeisterung und ihr
»ungestümes Wesen« seien gerade in *Hilfe zur Selbsthilfe* wichtig, gehe es hier
doch um besonders enge menschliche Bindungen und darum, die Menschen vor Ort wirklich mitzureißen. Mehr noch: In Afrika könnten überhaupt nur Jugendliche wirklich wirkungsvoll arbeiten, seien dort tatsächlich vor allem junge Männer und Frauen als »Träger der Zukunft« an der Basis
der Entwicklungsarbeit tätig. Sie würden älteren Experten gegenüber oft
große Vorbehalte hegen. So könnten junge Entwicklungshelfer allein
schon aufgrund ihrer Anwesenheit Spannungen mit den älteren Experten
abfangen, ausgleichen oder gar von vornherein verhindern.[9]

Weiter sei die »Grenze zwischen den Hautfarben« – so war man sich
bei dem Treffen der DSE rasch einig – zwischen jüngeren Leuten wesentlich weniger verinnerlicht als bei älteren.[10] Ihnen fehle weitgehend die
Erfahrung von Kolonialismus und Rassismus. Daher würden sie auch

---

8 Vgl. mit Auswertungen zu Projekten seit 1960: ZNA Stone Town DA 2/54 Ministry of
   Works Communications and Land, Service Overseas by Volunteers to Zansibar, ad 3
   Schreiben der britischen Vertretung auf Sansibar an das Secretary for Technical Co-
   Operation vom 2.11.1962, ad 7 Übersicht über die Bedingungen des Einsatzes, ad 18
   Assistant Secretary des Ministry for Works Communication and Land, Aktenvermerk
   vom 14.10.1963; Ebd. AJ 14/12 Ministry of Health, Service Overseas by Volunteers for
   Britain 1961–1964, ad 1 Rundschreiben an die lokalen Medizinalbehörden vom
   19.11.1962. TNA Dar es Salaam Acc. 599 Ministry of Natural Resources and Wildlife
   Department GD 1/19 Volume V. German Volunteers 1972, Aktenvermerk des *Game
   Warden* Arusha vom 5.7.1974 mit Lob für den Einsatz der VSO seit 1960.
9 DSE, *Probleme*, S. 18. Vgl. mit entsprechenden Rückblicken auf die beginnenden 1960er-
   Jahre: Böll, »25 Jahre«, S. 37; Dankwort, »Die Zukunft«, S. 28; BA Koblenz B 213 BMZ
   1357 Reiseberichte Ostafrika, Evaluationsreise nach Kenia und Tansania vom 12.2. bis
   7.3.1971, Bericht vom 28.5.1971.
10 DSE, *Probleme*, S. 18. Vgl. bspw. Ries, »Vorwort«; DED, *Was sie wissen müssen*.

Gegensätze zwischen ›Schwarz‹ und ›Weiß‹ leichter überwinden oder gar nicht erst wahrnehmen.[11] An anderer Stelle hatte der prominente deutsch-amerikanische Sozialphilosoph, Theologe und Rechtshistoriker Eugen Rosenstock-Huessey wiederum die Auffassung vertreten, dass gerade Projekte der *Hilfe zur Selbsthilfe* Jugendliche »verschiedener Kulturen« zusammenschweißen würden, weil man »gemeinsam unter der schweren Arbeit gelitten und sich immer wieder zusammengerauft« habe. Das käme dann der interkulturellen Verständigung ebenso wie dem Gelingen der Vorhaben zugute. Denn man sporne sich auf Augenhöhe gegenseitig an.[12]

Nicht zuletzt verbinde Jugendliche überall auf der Welt ein von Kreativität, Visionen und Gefühlen getragenes »wildes Denken«, das noch nicht durch die Frustrationen, die viele Erwachsene bereits durchlebt hätten, abgemildert sei.[13] Man sei schlichtweg offener für Zukunftspläne und damit verbundene soziale Veränderungen als die Älteren. So könnte Entwicklungsarbeit zwischen Jugendlichen einen weltumspannenden jugendlich unbedarften »Humanismus in einer globalen Welt« aufbauen und diesen gleichsam immer mehr einüben und verinnerlichen helfen.[14]

Durch alle diese Grundeigenschaften könnten junge Entwicklungshelfer – so glaubte man nicht nur in Kreisen der DSE – den älteren Experten beistehen und vieles von deren Problemen lösen oder von vornherein vorbeugen.

Die Wertschätzung von Jugendlichen für interkulturelle Verständigung und für engagiertes Arbeiten im Rahmen von Selbsthilfe war in den 1960er-Jahren allerdings nichts Neues.[15] Sie ist fast so alt wie das Konzept der *Hilfe zur Selbsthilfe*.[16] Deutlich greifbar wird sie bereits zu Beginn des Ersten Weltkrieges.

---

11 DSE, *Probleme*, S. 18.
12 Rostenstock-Huessey, *Dienst*, S. 45.
13 Vgl. Ries, »Vorwort«; Rostenstock-Huessey, *Dienst*, S. 73. Zum Begriff: Lévi-Strauss, *Das wilde Denken*.
14 Vgl. DSE, *Probleme*, S. 18; Ries, »Vorwort«. Zum Begriff: Chakrabarty, »Humanismus«.
15 Vgl. bspw. schon 1903 zur Offenheit gegenüber Menschen anderer Hautfarbe: Du Bois; *Of the Dawn*, S. 13.
16 Vgl. Teil I, Kapitel 4.

Von Verdun nach Bihar: Jugendliche für ›Völkerverständigung‹, Frieden und Entwicklung

Im August 1914 schworen sich der deutsche protestantische Pfarrer Friedrich Siegmund Schultze[17] und der britische Quäker Henry Hodgkin,[18] dass man Krieg und Gewalt niemals für gut heißen und sich nicht gegeneinander aufhetzen lassen werde. Beide hatten an einer christlichen Friedenskonferenz in Konstanz teilgenommen, wo man darüber diskutierte, wie man etwas gegen die immer stärker werdende Kriegseuphorie unter jungen Männern unternehmen könne. Schultze, Hodgkin und andere gründeten den *Internationalen Versöhnungsbund* (IFOR),[19] der bald Zweige in Großbritannien, den USA und im Deutschen Reich ausbildete. Dies taten sie in der Annahme, das gegenseitige Hilfe Konflikten und Kriegen künftig vorbeugen würde. Zunächst versuchte man durch Linderungen des Kriegselends junge Soldaten für pazifistisches Gedankengut und für ›Völkerverständigung‹ einzunehmen. So sammelten Unterstützer in England Nahrung und Kleidung für Kriegsgefangene und brachten sie in die Lager. Nach dem Ende des Krieges wollte man diese karitative Tätigkeit in praktische Selbsthilfe überführen. 1919 übernahm der Schweizer Lehrer Pierre Cérésole das Generalsekretariat des IFOR. Er gründete 1920 den *Internationalen Zivildienst.*[20]

Noch im gleichen Jahr fand das erste Aufbaulager des Dienstes statt: Junge Männer und Frauen aus den einst verfeindeten Nationen fuhren in die Nähe des Schlachtfelds von Verdun und bauten dort zerstörte Dörfer eigenständig wieder auf. Der Dienst wie die Jugendlichen selbst erhielten dafür keine staatliche Unterstützung. Man hatte die Fahrt- und Lebenskosten über Spenden aufgebracht, eine Zeltstadt errichtet und in Selbsthilfe Baumaterialien organisiert.[21]

Der Gedanke der Wirkungsverflechtung von jugendlichem Engagement, Selbsthilfe und ›Völkerverständigung‹ war erstmals in die Tat umgesetzt worden und würde künftig immer wieder aufgelegt.

Auch der vermutlich erste Einsatz von international zusammengesetzten Jugendgruppen in einem Entwicklungsland ging vom *Internationalen*

---

17 Zur Biographie: Grotefeld, »Siegmund-Schulze«.
18 Zur Biographie: Wood, *Henry T. Hodgkin.*
19 Brittain, *The Rebel*, S. 19–36; Berndt, »Frieden«, S. 70ff.
20 Vgl. Bernet, »Pierre Ceresole«.
21 International Archives, *Der erste internationale Zivildienst.*

Zivildienst aus: 1934 hatte es in der indischen Region Bihar ein starkes Erd-
beben gegeben, das mehr als zehntausend Todesopfer forderte. Hundert-
tausende wurden obdachlos. Cérésole fuhr mit einigen Jugendlichen aus
der Schweiz, aus Deutschland, den Niederlanden und Frankreich in das
Krisengebiet und führte in einem zerstörten Dorf über drei Jahre ein Auf-
baucamp. Noch in den 1960er-Jahren bezogen sich Autoren auf diesen
Ursprung der jugendlichen *Hilfe zur Selbsthilfe* in ›Übersee‹: Céresole und
seine Begleiter hätten gerade dort, »wo der Europäer sonst nur als ›Herr‹
auftrat«, eine ganz andere Haltung an den Tag gelegt. Sie hätten nicht »mit
Geld und großen Worten« geholfen, sondern selbst »mit ihren eigenen
Händen«. Das hätte am Anfang durchaus Verständnislosigkeit und Argwohn unter den Indern ausgelöst. Diese seien auch sonst ganz hilflos gewesen, hätten untätig abwartend in Zeltlagern gesessen. Denn auch unter
ihnen sei die »in Asien weit verbreitete Meinung« geteilt worden, »körperliche Arbeit beschmutze den Menschen und hemme den Aufstieg der
Seele«. Bald hätten allerdings die Jungen unter den Indern bei der Arbeit
der Europäer mitgemacht. Sie seien rasch überzeugt worden, dass »körperliche Mühe ehrenvoll und verdienstvoll« sein könne. Gemeinsam wären
dann die Häuser des völlig zerstörten Dorfes wieder aufgebaut worden. So
hätten die Jugendlichen des *Internationalen Zivildienstes* erstmals erfolgreich in
einem Entwicklungsland und Krisengebiet *Hilfe zur Selbsthilfe* geübt.[22]

Der bereits erwähnte Rosenstock-Huessey wiederum hatte im Deutschland der 1920er-Jahre Arbeitslager ins Leben gerufen, bei denen junge
Männer Wälder für den Ausbau von Straßen rodeten sowie Heime oder
Sanitätsstationen in Selbsthilfe bauten.[23] Er orientierte sich dabei an der
deutschen Jugendbewegung, die als ein Vorläufer seiner Idee gelten kann.[24]
Bekannt wurde vor allem eine 1927 von ihm mit gegründete Initiative im
niederschlesischen Löwenberg im Waldenburger Land, die später *Löwen-
berger Arbeitsgemeinschaft* oder *Boberhauskreis* genannt wurde – nach dem
Volkshochschulheim, wo man sich traf. Ziele waren die Verbesserung der
Wohnsituation in einer der nach dem Ersten Weltkrieg ärmsten Gegend
Mitteleuropas, die Pflege von Kontakten von Jugendlichen mit Auslands-
deutschen, zwischen Deutschen und der polnischen Minderheit, die Verständigung zwischen sozialen Schichten und nicht zuletzt *Hilfe zur Selbsthilfe*

---

22 Eich/Frevert, *Freunde*, S. 257.
23 Dudek, *Erziehung*, S. 124–133. Vgl. Huppuch, *Eugen Rosenstock-Huessey*; Böckelmann u.a.,
   Eugen Moritz Friedrich Rosenstock-Huessey; Dudek, *Erziehung*.
24 Vgl. bspw. Stambolis, »Jugendbewegung«.

für arme Arbeiter, Bauern, Kleinhäusler oder Arbeits- und Obdachlose. In gemeinsamer Projektarbeit sollte vermittelt werden, wie man sich selbstständig aus sozialem Elend herausarbeiten könnte und hierbei gleichzeitig ›ethnische‹ Konflikte überbrückt werden könnten.[25] Nach dem Ersten Weltkrieg war Schlesien zwischen dem Deutschen Reich und Polen geteilt worden, wobei ein Großteil des Industriereviers an Polen ging. Der Steinkohleabbau in der Gegend um Waldenburg geriet in eine Absatzkrise. Breite Bevölkerungsschichten im deutschen Teil der Region verelendeten, was wiederum massive Konflikte mit Polen nach sich zog. Dem Notstand war mit staatlicher Wirtschafts- und Sozialpolitik nicht beizukommen. Insgesamt fanden zwischen 1928 und 1930 drei Lager statt, bei denen neben gemeinsamen Leibesübungen und Arbeiten immer auch ausführliche Aussprachen über die eigene Lebenssituation stattfanden, die Vorurteile und Ressentiments abbauen sollten.[26]

Nach seiner Emigration in die USA wurde Rosenstock-Huessey von Präsident Franklin D. Roosevelt gebeten, ein Ausbildungsprogramm für junge Amerikaner im Rahmen der *Civilian Conservation Corps* (CCC) zu gründen.[27] Hierbei handelte es sich vor allem um eine von der US-Regierung von 1933–42 organisierte Arbeitsbeschaffungsmaßnahme für jugendliche Arbeitslose, die teilweise von der US-Armee in semi-militärischer Ausbildung getragen wurde. Roosevelt hatte sich an Rosenstock-Huesseys schlesischen Arbeitslagern, am *Freiwilligen Arbeitsdienst* (FAD) der Weimarer Republik und schließlich auch am nationalsozialistischen *Reichsarbeitsdienst* (RAD) orientiert.[28] Mit Unterstützung von Eleanor Roosevelt und der Journalistin Dorothy Thomson gründete Rosenstock-Huessey 1940 in Turnbridge, Vermont, *Camp William James*, das seitdem als Prototyp eines Jugenddienstes galt, der sich vor allem *Community Development* und damit der Selbsthilfe verschrieb.[29] Bei den CCC gab es allerdings strikt getrennte Camps für ›Weiße‹, ›Indigene‹ und Afroamerikaner.[30] Die Idee der ›Völkerverständigung‹ unter Jugendlichen, die Rosenstock-Huessey bereits in der

25 Dudek, *Erziehung*, S. 124–133.
26 Rosenstock-Huessey, »Das Arbeitslager«; Ders.,/Trotha, *Das Arbeitslager*; Reichwein, »Ein Arbeitslager«.
27 Salmond, *The Civilian Conservation Corps*; Page, *The Civilian Conservation Corps*; Patel, »*Soldaten der Arbeit*«, insb. S. 159–187.
28 Ebd., S. 31–40.
29 Vgl. Preiss, *Camp*; Smith, *Killing*, S. 7ff.
30 Brown, *The CCC and Colored Youth*.

Weimarer Republik im Bezug auf Deutsche und Polen verfolgt hatte, ließ sich hier nicht verwirklichen.

Umso vehementer griff Rosenstock-Huessey 1946 diese Vision wieder auf, als er schrieb, dass Wiederaufbau, Frieden und Entwicklung in allen Regionen der Welt von *Camps* getragen sein müssten, wo junge Menschen von überall her zusammen kommen und gemeinsam arbeiten sollten. Daraus könnten sowohl eine sich auf den Werten christlicher Nächstenliebe gründende stabile Friedensordnung, als auch eine dauerhafte Entwicklung der armen Regionen der Welt entstehen.[31] Diese und ähnliche Stellungnahmen brachten Rosenstock-Huessey schließlich den Ruf eines interkulturellen »Brückenbauers« und damit eines der wichtigsten Vordenker der Jugenddienste für Entwicklungshilfe ein.[32]

Nach dem Zweiten Weltkrieg waren es dann auch christliche Friedensdienste aus Großbritannien und den USA, die zusammen mit deutschen Jugendlichen in den westlichen Zonen Deutschlands Aufbauhilfe leisteten, wie verschiedene »Relief Teams« aus England oder die nordamerikanische *Quäkerhilfe*. Explizit wurde hier auch ›Völkerverständigung‹ geübt und versucht, bei der jungen Generation von Deutschen auf den Abbau von Feindbildern hinzuwirken.[33] Solche Initiativen regten dann wiederum die Gründung christlicher Freiwilligen- und Friedensdienste in der Bundesrepublik Deutschland an, die zunächst Jugendliche für die Aufbauarbeit in Europa nach 1945 entsandten und sich allmählich auch der Entwicklungshilfe in ›Übersee‹ annahmen.[34]

2.1. Die Jugenddienste

So wurde bereits 1946 der *Christliche Friedensdienst* (CFD) gegründet. Es folgten 1948 die deutsche Sektion von *Pax Christi*,[35] 1949 der *Internationale Jugendgemeinschaftsdienst in Deutschland* (IJGD), 1953 der *Internationale Bauorden*

---

31 Rosenstock-Huessey, *The Christian Future*, S. 236.
32 Simmons, »The Bridge Builder«, S. 138.
33 Dieses Thema ist noch recht unerforscht. Vgl. daher nur zum Überblick: Sommer, *Humanitäre Auslandshilfe*. Zu Heranwachsenden in den Westzonen nach 1945 als »Jugend ohne Jugend«: Schildt/Siegfried, *Deutsche Kulturgeschichte*, S. 27.
34 Vgl. auch zum Selbstentwurf der Entwicklungspolitik der Bundesrepublik Deutschland und der DDR, Hilfen für den Wiederaufbau nach 1945 zurückzugeben: Teil I, Kapitel 1.
35 Vgl. Kevelaer Pfarrgemeinderat, *Pax Christi*.

(IBO),[36] 1957 *Eirene*,[37] 1958 die *Aktion Sühnezeichen*[38] sowie 1959 schließlich der *Weltfriedensdienst*, eine Organisation innerhalb des Vereins *Versöhnungsdienste e.V.*[39]

Schon seit Mitte der 1950er-Jahre reisten Zimmerleute und Maurer aus der Bundesrepublik Deutschland mit dem *Internationalen Bauorden* (IBO) nach Afrika, der 1953 durch den niederländischen Pater Werfenfried van Straaten gegründet wurde. Als Zeichen »humanitärer und christlicher Solidarität« verschrieb sich der IBO der Aufgabe, gemeinsam mit der Bevölkerung vor Ort Krankenhäuser, Schulen und Sozialstationen zu bauen. Was bei einem »Versuchslager« in Nienberge bei Münster mit einer Gruppe Jesuitenschüler begonnen hatte, die deutschen Flüchtlingsfamilien beim Bau von Eigenheimen half, avancierte allmählich zu einer der größten Organisationen des *Co-Ordination Committees for Voluntary Work Camps* der UNESCO mit Einsätzen überall auf der Welt. Dauerten internationale »Baulager« in Europa, zu denen auch nicht ausgebildete Jugendliche als Handlanger hinzukamen, nur wenige Wochen, so sollten sich die sogenannten »Baugesellen« mindestens für ein Jahr in ›Übersee‹ verpflichten.[40]

Besonders aber der West-Berliner *Weltfriedensdienst* wurde für seine Work-Camps in Afrika bekannt. Treibende Kraft war hier der in der Einleitung dieser Studie schon erwähnte Theologe Wilfried Warnek.[41] Dieser hatte seit 1958 in einem südkamerunischen Dorf ein internationales Aufbaulager eingerichtet, das ab 1962 dann dem *Weltfriedensdienst* zugeführt wurde. Dort arbeiteten Jugendliche aus den USA, Frankreich, Großbritannien und der Bundesrepublik Deutschland zusammen mit jungen Kamerunern am Aufbau eines Schulungszentrums, um die in der Region frappierende Arbeitslosenquote und Landflucht einzudämmen.[42] Wie häufig in Projekten des *Weltfriedensdienstes* arbeiteten alle Freiwilligen interkulturell gemischt in einer Dienstgruppe zusammen, die über den Weg »gegenseitiger Hilfe« zur »spontanen Selbsthilfe« ermutigen sollte.[43]

36 Fischer-Barnicol, *Handlanger Gottes*.
37 Vgl. Thamm, *Friedensdienst*. Zur Selbstdeutung: Eirene, *40 Jahre*.
38 Kammerer, *Aktion Sühnezeichen*; Staffa, »Die ›Aktion Sühnezeichen‹«.
39 Voß, »Geschichte«, S. 127ff.
40 Fischer-Barnicol, *Handlanger Gottes*.
41 Vgl. Einleitung.
42 Warneck, *Kameradschaft*, S. 101f.; Luig, »Weltfriedensdienst«, S. 4.
43 Ries, »Die deutschen Entwicklungsdienste«, S. 45.

Unter den ersten bundesdeutschen Entwicklungshelfern, die für einen kirchlichen Entwicklungsdienst[44] nach Afrika ausreisten, war im Januar 1961 die gelernte Kindergärtnerin Hildegard Thomas. Sie hatte einen Vertrag mit der protestantischen Gemeinde in Limbaba, Kamerun, geschlossen. Auftrag war, einen »Versuchskindergarten« mit aufzubauen, der Modell für andere Einrichtungen im ganzen Land sein sollte. Selbst noch jung, sollte sie auf Augenhöhe kamerunische Mädchen anlernen und ihnen »Eigenverantwortung und Selbsthilfe« beibringen.[45]

Thomas war vermittelt worden durch die 1960 gegründeten *Dienste in Übersee* (DÜ), dem protestantischen Entwicklungsdienst für Jugendliche aus der Bundesrepublik Deutschland.[46] Dieser Dienst verschrieb sich vor allem der Ausbildung »moralisch engagierter einheimischer Fachkräfte« und zwar ganz im Sinne der *Hilfe zur Selbsthilfe* durch »Förderung« ihrer eigenen »Kreativität«.[47] Lange genug habe man über die Menschen in ›Übersee‹ entschieden und »nicht mit ihnen«. Damit solle jetzt Schluss sein.[48] Daher sollten sich die Entwicklungshelfer »so schnell wie möglich überflüssig« machen.[49]

Bereits ein Jahr vor den DÜ war als katholischer Jugenddienst die *Arbeitsgemeinschaft für Entwicklungshilfe* (AGEH) ins Leben gerufen worden, die sich ähnlichen Zielen verpflichtet sah.[50] Wie der DÜ schloss auch die AGEH keine Arbeitsverträge mit den Entwicklungshelfern ab. Die beiden Dienste übernahmen die Anwerbung und bisweilen die Ausbildung der Entwicklungshelfer. Ansonsten trat man nur in vermittelnder und betreuender Funktion auf. Träger der Projekte in den Einsatzländern waren ausschließlich die einheimischen Kirchengemeinden, Diözesen und Dekanate, die auch die Anträge auf Entwicklungsprojekte zu stellen hatten. Die Kirchlichen Hilfswerke *Misereor* und *Brot für die Welt* waren beratend tätig und wirkten bei der Finanzierung der Projekte mit.

Beide Dienste bezogen sich vor allem auf das christliche Subsidiaritätsprinzip, der Maxime, dass die individuellen Fähigkeiten des Menschen,

---

44 Vgl. zum Überblick bspw.: Heidtmann, *Die personelle Zusammenarbeit*; Raden, *Christliche Hilfswerke*.

45 Vgl. die Selbstdarstellung: Thomas, »Kinder sind interessant«, S. 135.

46 Heinrich, »Zehn Jahre«. Staatlich anerkannt wurden die DÜ allerdings erst 1970. Vgl. »Dienste in Übersee‹ anerkannt«.

47 Vgl. Linnenbrink, *Kirchlicher Entwicklungsdienst*, S. 103.

48 Heinrich, »Zehn Jahre«.

49 Conring, »So fing es an«, S. 17.

50 Zu Gründung und Leitlinien: Hein, *Die Westdeutschen*, S. 62–70.

seine Selbstbestimmung und Eigenverantwortung gefördert werden sollten.[51] Dabei knüpften man nicht nur theoretisch an die arbeitspädagogischen Ansätze der Missionen[52] an: So wurden die rund 150 Entwicklungshelfer, die durch Vermittlung der AGEH oder der DÜ zwischen 1960 und 1975 nach Tansania, Togo und Kamerun ausreisten,[53] in die ehemals deutsch-kolonialen Missionsgebiete, wie die der *Bethel-Mission* in den tansanischen Usambara-Bergen und die der *Norddeutschen Mission* am Berg Agou in Togo entsandt.[54]

Gegenüber missionarischen Bestrebungen verhielten sich die kirchlichen Dienste allerdings recht zurückhaltend: Wurden die Entwicklungshelfer anfangs durchaus auf »apostolische Verantwortung« und christliche Ideale verpflichtet, stellte sich im Verlauf der 1960er-Jahre eine gewisse Distanz zum Missionsgedanken ein.[55] Die DÜ setzten seit Ende der 1960er-Jahre sogar ganz dezidiert auf die Vermeidung jeglicher »christlich-missionarischen« Äußerungen, um nicht den Verdacht aufkommen zu lassen, man würde ein wie auch immer geartetes »neues deutsches Sendungsbewußtsein« hegen.[56]

Vereinzelt beteiligten sich an *Hilfe zur Selbsthilfe*-Projekten auch kleinere Institutionen wie das *Advent-Wohlfahrtswerk* (Darmstadt), die *Quäkerhilfe* (Neustadt a. R.) und die in der *Arbeitsgemeinschaft privater Entwicklungs-Dienste* (APED) zusammengefaßten privaten Dienste, wie der *Albert-Schweitzer-Freundeskreis* (Düsseldorf) oder der *Deutsche Freiwilligendienst in Übersee* (Bonn).[57]

Die »Soldaten des Friedens«: Der DED

Mit dem Bekanntwerden der Erfolge des britischen VSO, vor dem Hintergrund der entwicklungspolitischen Konkurrenzen mit der DDR im Kalten

---

51 Giesecke, »Überlegungen«, S. 42f.
52 Vgl. hierzu ausführlicher: Teil I, Kapitel 4.
53 Ries, »Die deutschen Entwicklungsdienste«, S. 36.
54 Die Vergütung war recht gering: Entwicklungshelfern der AGEH wurde neben freier Kost und Logis ein Taschengeld von 100,-- DM und ein monatliches ›Spargeld‹ gezahlt. Die Vergütung bei den DÜ war ein wenig höher und orientierte sich am Bundesangestelltentarif: Ries, »Die deutschen Entwicklungsdienste«, S. 34.
55 Vgl. Hein, *Die Westdeutschen*, S. 69.
56 Conring, »So fing es an«, S. 16.
57 Kurze Überblicke bei: Eich/Frevert, *Freunde*, S. 241–262; Ries, »Die deutschen Entwicklungsdienste«.

Krieg[58] sowie den Problemen um ältere Experten in Afrika[59] wurde deutlich, dass nun auch die Bundesrepublik Deutschland einen nationalen Jugenddienst für Entwicklungshilfe haben musste. Bereits 1959 hatte der Geschäftsführer des *Deutschen Bundesjugendrings* Heinz Westphal ein paar Experten und Sozialarbeiter um sich geschart mit der Zielsetzung, für einen solchen Dienst zu werben.[60] 1961 war auch das amerikanische *Peace Corps* eingerichtet worden.[61] Rasch sprach sich herum, dass die Amerikaner recht schnell gehandelt hätten und zahlreiche Freiwillige nach ›Übersee‹ schicken würden. Die meisten von ihnen hätten erst das College absolviert und würden über keine Berufsausbildung verfügen. Die Freiwilligen sollten weltweit für die USA, für Demokratie und für ›Völkerverständigung‹ werben. Entwicklungsprojekte waren zwar wichtig, doch nicht das zentrale Anliegen. Es ging zunächst vor allem um Imagepolitik in Zeiten des Kalten Krieges.[62]

Unter bundesdeutschen Entwicklungspolitikern erregte die Gründung des *Peace Corps* große Aufmerksamkeit. Man überlegte, ob man sich bei der Einrichtung eines eigenen Dienstes eher an den Amerikanern oder den Briten orientieren solle. Nachdem man vom VSO schon hinreichend überzeugt worden war, begab sich im Sommer 1961 nun eine Gruppe von Spezialisten unter der Leitung des Ökonomen Klaus Billerbeck auf eine dreimonatige ›teilnehmende Beobachtung‹ in das Washingtoner Headquarter des *Peace Corps*, um von dort auch einige Interna zu erfahren.[63] Billerbeck, der später der Leiter des bundeseigenen Forschungsinstitutes für Entwicklungshilfe, des *Deutschen Instituts für Entwicklungspolitik* (DIE) wurde, war bereits durch zahlreiche Publikationen zur »Auslandshilfe des Ostblocks« und zur »Mobilisierung des asiatischen und afrikanischen Arbeitskräfte-Potenzials« aufgefallen,[64] womit er hochaktuelle Themen der bundesdeutschen Konzeption von *Hilfe zur Selbsthilfe* bediente.[65] Billerbeck und sein Team kamen zum Schluss, dass das Grundkonzept des *Peace Corps* – die Zusammenarbeit von Jugendlichen mit Jugendlichen – zwar gut sei,

---

58 Vgl. Teil I, Kapitel 1.
59 Vgl. Teil II, Kapitel 1 und 1.4.
60 Hein, *Die Westdeutschen*, S. 77.
61 Vgl. Cobbs Hoffman, *All you need*; Fischer, *Making*; Amin, *The Peace Corps*; Ders., »Serving«.
62 Vgl. auch die Selbstdarstellungen: Viorst, *Making*; Redmon, *Come*.
63 Vgl. Ebd., S. 82.
64 Billerbeck, *Deutscher Beitrag*; Ders., *Die Auslandshilfe*; Ders., *Mobilisierung*.
65 Vgl. ausführlicher hierzu: Teil I, Kapitel 1, 2 und 3.

dass man allerdings ähnlich wie die Briten stärker auf die fachliche Qualifikation der Entwicklungshelfer achten müsse.[66] Zu einem ähnlichen Ergebnis kamen die Besucher einer Konferenz im Oktober 1952 in San Juan, Puerto Rico. Dort hatten sich Delegierte von mehr als vierzig Staaten versammelt, um sich über die Entsendung von Jugendlichen in Länder der Dritten Welt zu verständigen.[67] Hier sollen Vertreter der USA westdeutsche Abgesandte dazu gedrängt haben, bei der Bundesregierung für eine personelle und finanzielle Beteiligung am amerikanischen *Peace Corps* zu werben.[68] Man kam überein, sich zumindest auch künftig auszutauschen und gründete dafür das *International Peace-Corps-Secretary* mit Sitz in Washington (DC),[69] dem seit Juni 1963 auch ein Mitglied des bundesdeutschen Auswärtigen Amtes angehörte. Das Sekretariat machte sich zur Aufgabe, die Leitlinien, Vorhaben und Ziele von westlichen Jugenddiensten in der Dritten Welt auf einer globalen Ebene aufeinander abzustimmen, wobei immer wieder *Hilfe zur Selbsthilfe* als zentrales Entwicklungskonzept für gut geheißen wurde.[70]

In San Juan wurde auch der wenig später gegründete bundesdeutsche *Arbeitskreis Lernen und Helfen in Übersee* vorgestellt,[71] der die Organisationsstruktur, die Leitlinien und Ziele des DED mit erarbeitete.[72] Dem »Gesprächskreis Entwicklungshelfer« gehörten mehr als zwanzig Organisationen an, dabei neben den bereits bestehenden konfessionellen Diensten beispielsweise der wieder belebte *Boberhauskreis*, den Rosenstock-Huessey ins Leben gerufen hatte, *Eirene*, der *Weltfriedensdienst* oder die *Aktion Sühnezeichen*.[73] Bewusst hatten sich die Beteiligten den programmatischen Namen *Lernen und Helfen in Übersee* gegeben, um sich von jedem zivilisierungs- und neokolonialistischen Impetus zu distanzieren, welcher dem bundesdeutschen Entwicklungspolitik in In- und Ausland und besonders seitens der DDR unterstellt wurde.[74] Es sollte deutlich werden, dass Entwicklungsar-

---

66 Vgl. Billerbeck, *Reform*, insb. S. 3ff. Auch der VSO verglich sich immer wieder mit den *Peace Corps* in dieser Hinsicht: BNA Kew OD 371/185049, VSO und *Peace Corps*, Aktenvermerk des Ministry of Overseas Development vom 27.9.1966.

67 Vgl. Godwin, *The Hidden Force*.

68 Haase, *Zwischen Lenkung*, S. 20.

69 Vgl. Godwin, *The Hidden Force*.

70 Ebd. Vgl. PA AA Berlin Auslandsvertretungen Dar es Salaam, Tansania, 8209 DED 1963–1965, Rundschreiben des AA an alle Botschaften vom 15.8.1963, S. 2.

71 Godwin, *The Hidden Force*.

72 Vgl. Hein, *Die Westdeutschen*, S. 80ff.

73 Ebd., S. 78, Fußnote 225.

74 Vgl. hierzu: Teil I, Kapitel 1.

beit unter Jugendlichen als gegenseitiger Prozess aufzufassen sei, bei dem die jungen Deutschen viel Neues erfahren und – so vor allem das Anliegen der *Aktion Sühnezeichen* – Wiedergutmachung für die Verbrechen Hitler-Deutschlands an der Menschlichkeit üben sollten.[75] Treibende Kräfte wurden allerdings Vertreter des BMZ wie der dort tätige Referent Winfried Böll.[76] Böll und seine Kollegen drängten – teilweise gegen das Votum der anderen Beteiligten[77] – auf die rasche Bildung eines nationalen und nicht konfessionell gebundenen Entwicklungsdienstes.[78]

Am 24. Juni 1963 schließlich wurde der DED feierlich gegründet.[79] Bundespräsident Heinrich Lübke, der die Entwicklungshilfe zum besonderen Anliegen seiner Amtszeiten machte, hatte Bundeskanzler Konrad Adenauer und den ›Schöpfer‹ des *Peace-Corps*, den amerikanischen Präsidenten John F. Kennedy, zu einem Staatsakt in seinen Amtssitz, die Villa Hammerschmidt, eingeladen.[80] Kennedy wurde später in deutschen Medien zitiert, gesagt zu haben, er könne sich statt der Deutschen »kein Volk denken«, dass die Einrichtung eines solchen Entwicklungsdienstes und dann die Arbeit vor Ort »mit größerem Erfolg und größerer Hingabe lösen« könne.[81] Kaum deutlicher als durch eine solche bundespräsidiale Feier konnte unterstrichen werden, wie sehr der DED ein Staatsanliegen war.

Rechtlich-institutionell und wohl nicht zuletzt um keinen Argwohn zu erregen, ein verlängerter Arm bundesdeutscher Einflussnahme in Entwicklungsländern zu sein, trat der DED als gemeinnützige Gesellschaft

---

75 Hein, *Die Westdeutschen*, S. 78; Staffa, »Die ›Aktion Sühnezeichen‹«.

76 Zur Biographie: Hein, *Die Westdeutschen*, S. 79, Fußnote 231.

77 Hier setzte man eher auf Eigenständigkeit und Pluralität. Besonders die Vertreter der kirchlichen Dienste sahen ihre Handlungsmacht durch die Gründung eines nationalen Dienstes bedroht. Hein, *Die Westdeutschen*, S. 79.

78 Ebd.

79 Damit schuf die Bundesrepublik Deutschland noch vor Frankreich einen solchen Entwicklungsdienst für Jugendliche. Dort wurden die *Les Volontaires du Progrès* im November 1963 eingerichtet. Zur Geschichte des DED vgl. entsprechende Selbstdarstellungen: PA AA Berlin Auslandsvertretungen Dar es Salaam, Tansania, 8209 DED 1963–1965, Rundschreiben des AA an alle Botschaften vom 15.8.1963, S. 2; DED, *Was Sie wissen müssen*; DED, *10 Jahre*; DED, *40 Jahre*; DED, *Mit anderen Augen*; DED, *Entwicklungshilfe*; »40 Jahre DED«.

80 DED, *40 Jahre*, S. 4.

81 »DED – Immer bescheiden«, S. 56.

und als NRO auf.[82] Hauptgesellschafter und Geldgeber war allerdings der Bund.[83]

Mit Böll wurde 1964 überdies ein ausgewiesener Gewährsmann staatlicher Interessen zum vorläufigen Geschäftsführer des Dienstes. Böll war über zwei Jahre Referent für Entwicklungshilfe beim BMZ gewesen und kannte somit die Zielsetzungen der bundesdeutschen Entwicklungspolitik genau.[84] Außerdem war er firm in der Welt der Experten, welchen der DED ja die Entwicklungshelfer an die Seite stellen sollte. Er stand nämlich auch auf der Gehaltsliste der *Carl-Duisberg-Gesellschaft*,[85] die sich zum Ziel setzte, Nachwuchskräfte für internationale Kooperationen und Tätigkeiten sowie ganz besonders für Maßnahmen des *Community Developement* zu qualifizieren.[86] Es konnte somit kaum jemand geben, der prädestinierter schien für die Umsetzung der Leitlinien der staatlichen Entwicklungspolitik im DED und gleichzeitig für die Fragen der Rekrutierung qualifizierter junger Fachkräfte für den neuen Dienst.

Rasch wurde der DED zum größten Entsendedienst für Jugendliche im Rahmen der bundesdeutschen Entwicklungshilfe: Zwischen 1964 und 1970 reisten in seinem Auftrag mehr als 3.000 junge Männer und Frauen in 25 Entwicklungsländer aus. Darunter waren 14 Staaten Afrikas.[87] Lübke nannte die Entwicklungshelfer – wohl ein wenig ungeschickt – seine »Soldaten des Friedens«. Die Jugendlichen würden überall auf der Welt einen »Feldzug nüchterner Bescheidenheit« gegen Elend, Not, Unterentwicklung und Ungerechtigkeit führen, zitierte der »Spiegel« den Bundespräsidenten.[88] Die »entschlossene Bereitschaft« der jungen Menschen verband Lübke mit der Hoffnung, dass sie dereinst »in den Herzen der notleidenden Völker« schwerer wiege als die »auch dringend notwendigen finanziellen Hilfen.«[89] Diese wollte man offensichtlich – nicht zuletzt durch *Hilfe zur Selbsthilfe* – in Grenzen halten.

---

82 Vgl. Teil I, Kapitel 1 und Teil II, Kapitel 1.1.

83 Gesellschafter des DED war zu 95 Prozent die Bundesrepublik Deutschland. Einen Anteil von 5 Prozent trug der Verein und Arbeitskreis *Lernen und Helfen in Übersee.* Die Mittel des DED wurden durch das BMZ gestellt. 1963 wurde lediglich ein Betrag in Höhe von 0,3 Millionen DM überlassen. 1970 betrug das Budget bereits 30 Millionen DM im Jahr 1970. Ries, »Die deutschen Entwicklungsdienste«, S. 21.

84 Hein, *Die Westdeutschen*, S. 79, Fußnote 231.

85 Ebd.

86 Eich/Frevert, *Freunde*, S. 246f.

87 Ries, »Die deutschen Entwicklungsdienste«, S. 21.

88 »DED – immer bescheiden«, S. 55.

89 Ebd., S. 54.

Die ersten 14 Entwicklungshelfer wurden am 20. August 1964 nach Tansania gesandt.[90] Ihr Einsatz sollte »unabhängig von weltanschaulicher oder religiöser Prägung« und ausdrücklich in Form von *Hilfe zur Selbsthilfe* erfolgen.[91] Gleiches galt für nachfolgende Entsendungen nach Kamerun[92] und Togo.[93]

In offiziellen Verlautbarungen wurde der DED nicht müde zu betonen, dass es dem Dienst um »Partnerschaft« und die »Förderung von Eigenständigkeit« in den Ländern der Dritten Welt gehe. Dabei sollte an »vorhandenem Wissen und Verhalten und an den traditionellen Gesellschaftsstrukturen angesetzt« werden. Diese sollten nur verändert werden, wenn jene »Traditionen« einer »gerechteren Entwicklungspolitik« widersprächen.[94] Aus »konkreten Projektsituationen« sollten die jungen Leute voneinander lernen.[95]

Erwünscht waren zu der Zeit vor allem Absolventen von Ausbildungsberufen, die über eine gewisse Praxiserfahrung verfügten: Berufsgruppen

---

90 PA AA Berlin Auslandsvertretungen Dar es Salaam, Tansania, 8209 DED 1963–1965, Schreiben der Botschaft Dar es Salaam an The Permanent Secretary of the Treasury Dar es Salaam vom 2.12.1963, Botschaft Dar es Salaam über den Aufenthalt einer Sondierungskommission zur Entsendung von Entwicklungshelfern nach Tansania vom 26.3.1964, Liste der am 17.8.1964 in Dar es Salaam eintreffenden Entwicklungshelfer mit Vermerken, Rahmenabkommen über die Entsendung von Entwicklungshelfern vom 18.8.1964, »Germany sends 15 Experts to U. Republic« Zeitungsausschnitt »The Nationalist« vom 5.7.1964, »The German Peace Corps« Zeitungsausschnitt »Tanganyika Standard« vom 22.8.1964. Vgl. Ebd. Technische Hilfe 548 Tansania DED 1964–1967 Liste der am 17.8.1964 in Dar es Salaam eintreffenden Entwicklungshelfer.
91 Vgl. Hein, *Die Westdeutschen*, S. 155–159.
92 Vgl. bspw. PA AA Berlin B 58 Ref. III B 2 Technische Hilfe 547 Kamerun Deutscher Entwicklungsdienst 1964–1968, Rundschreiben des Landesbeauftragten für Kamerun an die eingesetzten Entwicklungshelfer vom 25.6.1966; Ebd. B 58 Ref. III B 2 Technische Hilfe 1067 DED Kamerun 1970–72 DED ans AA Übersicht der Entwicklungshelfer des DED in Kamerun Stand 15.7.1971; Ebd. B 58 Ref. III Technische Hilfe 1028 DED Kamerun 1970–1972, Übersicht der Entwicklungshelfer des DED in Kamerun Stand 15.7.1972 mit Einsatzorten und Projekten; CAN Jaunde JO 72/365 Décret No. 72/365 du 27.7.1972 portant publication de l'Accord entre le governement de la Rep. Fed. d'Allemagne et le governement de la Rep. Unie du Cameroun sur l'envoi des voluntaires du service des voluntaires allemands (In: J.O. No. 4 du 1.8.1972, 161ff.)
93 PA AA Berlin B 58 Ref. III B 2 Technische Hilfe 698 Togo DED, Entsendung von Freiwilligen nach Togo vom 29.6.1965. Vgl. zur Evaluation von diesen Einsätzen: BA Koblenz B 213 BMZ 5396 Wirkungsbeobachtung von Freiwilligeneinsätzen, Kosten-Nutzenanalyse über Einsätze in Tansania und Togo vom 20.1.1972.
94 Ries, »Die deutschen Entwicklungsdienste«, S. 25.
95 Ebd., S. 21.

wie Krankenschwestern, Kindergärtnerinnen, Landmaschinentechniker, Landwirte, Gärtner, Maurer oder Molkereifachleute waren besonders gefragt. Mit diesem Fokus auf nicht akademische Berufe sollte nicht nur der Prämisse des jugendlichen Alters der Entwicklungshelfer entsprochen werden. Sie ging zum einen mit der Zusammensetzung der afrikanischen Jugenddienste einher, die – wie schon erwähnt – das Gegenüber für den DED bildeten und allesamt aus Nichtakademikern bestanden. Zum anderen sollte die bei- bzw. untergeordnete Position der Entwicklungshelfer zu den in der Regel universitär gebildeten Experten klar sein, denen man keine Konkurrenz machen, sondern eben Unterstützung bieten wollte. Und nicht zuletzt hatten Akademiker in den Zeiten der Vollbeschäftigung wenig Interesse an einer Arbeit in ›Übersee‹, waren gut bezahlte Arbeiten in den Entwicklungsdiensten nicht zu finden und galt auch ein Aufenthalt in einem Entwicklungsland als nicht gerade karrierefördernd.[96]

Entsprechend der entwicklungspolitischen Schwerpunktsetzungen der Bundesrepublik Deutschland[97] und der Arbeit der Experten lagen die Tätigkeitsbereiche des DED im *Rahmen der Hilfe zur Selbsthilfe* beim Aufbau von Infrastrukturen, der medizinischen Versorgung, in der Landwirtschaft, im Gemein-, Sozial und Bildungswesen. Ein Haupttätigkeitsfeld war das *Community Development*, wo die Entwicklungshelfer in übersichtlichen dörflichen Tätigkeitsfeldern »praktische Mithilfe, Demonstration und Beratung zur Selbsthilfe anregen« sollten.[98] Dabei waren die Jugendlichen häufig in Selbsthilfe-Projekte der GAWI integriert, wie das der ›drei Musterdörfer‹ in Togo, das im Folgenden noch ausführlich analysiert werden wird.[99]

Die Anfrage zu einem Einsatz von Entwicklungshelfern des DED musste grundsätzlich vom Gastland ausgehen, das wiederum bilaterale Rahmenvereinbarungen über den Bezug von Entwicklungshilfe mit der Bundesrepublik Deutschland geschlossen haben musste. Explizit ausgeschlossen waren Vorhaben, die mit anderen Mitteln als der »personellen Hilfe« bestritten werden konnten, die nicht den »marginalen, unterprivilegierten Gesellschaftsgruppen« nützen oder die vom Militär, der Polizei oder paramilitärischen Jugendverbänden getragen würden.[100] Ende 1967

---

96 Erst im Verlauf der 1970er-Jahre wurden durch den DED vermehrt auch Ingenieure, Ärzte, Stadtplaner und Managementexperten entsandt. Ries, »Die deutschen Entwicklungsdienste«, S. 22.

97 Vgl. Teil I, Kapitel 1.

98 Ries, »Die deutschen Entwicklungsdienste«, S. 23.

99 GTZ, *Gutachten*, S. 423f. Vgl. auch die entsprechende Fallstudie: Teil III, Kapitel 3.

100 Ries, »Die deutschen Entwicklungsdienste«, S. 28.

berichtete der »Spiegel« nach ihm vorliegenden Daten, der DED hätte schon 1.400 Projekt-Vorschläge aus mehr als zwanzig Ländern geprüft, wobei ungefähr ein Viertel der Anträge angenommen worden seien.[101] Erst verhältnismäßig spät kam es zu einer gesetzlichen Regelung der Entsendung von Entwicklungshelfern aus der Bundesrepublik: Am 18. Juni 1969 wurde schließlich das *Entwicklungshelfergesetz* (EhfG) im Bundesgesetzblatt veröffentlichte.[102] Mit diesem Gesetz wurden die jungen Leute vor allem gegen Risiken bei ihrem Einsatz und bei ihrer Rückkehr abgesichert. Der Bund übernahm die Beiträge zu den gesetzlichen Sozialversicherungen. Die Erstattung der Reisekosten wurde festgeschrieben wie die Übernahme von Pflichten nach dem Bundesurlaubs- und dem Mutterschutzgesetz. Auch sollten männliche Freiwillige nach ihrem Einsatz nicht mehr zur Bundeswehr oder zum Ersatzdienst einberufen werden. Als Entwicklungshelfer sollten allerdings nur Personen gelten, die »ohne Erwerbsabsicht« für mindestens zwei Jahre freiwillig in einem Entwicklungsland arbeiteten.[103] Die Tätigkeit vor Ort für einen Entwicklungshelfer dauerte üblicherweise 24 Monate, konnte aber auf bis zu sechs Jahre ausgedehnt werden.[104] Um eine enge Verbindung zu den Jugendlichen im Einsatzland herzustellen, sollten die jungen Deutschen möglichst wie diese leben. Man verfügte zwar in der Regel über Einzelzimmer, fließendes Wasser und Moskitonetze, wohnte aber in den gleichen Häusern wie die *Counterparts*.[105] Bis zur Grenze der Gesundheitsgefährdung sollte man »als Eingeborener unter Eingeborenen« leben und arbeiten, um die menschliche Nähe herzustellen, die für *Hilfe zur Selbsthilfe* als grundlegend erachtet wurde.[106] Der »Spiegel« schrieb ironisch, man lebe mit »Mäusen, Kakerlaken und Skorpionen«. Bisweilen ziehe man auch mit »Kerzen und Brennholz« im Gepäck wochenlang durch unwegsames Gelände, wobei man sich nur von »Wurzeln

---

101 »DED – Immer bescheiden«, S. 55.
102 Deutscher Bundestag, *Verhandlungen Bd. 119*; Ders., *Verhandlungen Bd. 127*. Vgl. Händel, »Vorwärts«; »Entwicklungshelfer-Gesetz«.
103 Vgl. Hein, *Die Westdeutschen*, S. 155–159.
104 Ries, »Die deutschen Entwicklungsdienste«, S. 30.
105 Mit der Entlohnung verhielt es sich allerdings anders: Das Unterhaltsgeld war nach den deutschen Verhältnissen durchaus angemessen und schwankte je nach Einsatzland in den 1960er und 1970er Jahren zwischen 500,-- und 700,-- DM. Außerdem wurde ein Betrag von 800,-- DM zur persönlichen Ausstattung, wie der Anschaffung von Tropenkleidung bezahlt. Pro Einsatzmonat wurde jedem Entwicklungshelfer überdies ein Betrag von 200,-- DM als Rückgliederungshilfe zugestanden: Ebd.
106 Krugmann-Randolf, »Die Zukunft«, S. 12.

und Blättern aus den Wäldern« ernähre.[107] Die Ausrüstung der Entwicklungshelfer wurde vom Dienst gestellt, der darüber wachte, dass alles dem Einsatzort angemessen, zweckmäßig und nicht zu luxuriös sei, was bisweilen als »Überfürsorglichkeit« kritisiert wurde, die ihrerseits nur wenig mit *Hilfe zur Selbsthilfe* im alltäglichen Leben der Helfer zu tun hätte.[108]

Der DED versuchte auch, die Beziehungen zwischen Entwicklungshelfern und *Counterparts* zu regeln: Im Mai 1965 gründete der Dienst eine Arbeitsgemeinschaft zum »Verhalten der Freiwilligen«, die »moralischen Verfehlungen« vorbeugen sollte.[109] Hier wurde beispielsweise festgelegt, dass die Breite der Betten für Entwicklungshelfer höchstens 1,20 Meter betragen dürfte, damit die jungen Leute ihr Schlaflager mit niemandem teilen könnten.[110]

Überdies gab es eine Dienstordnung, die »politische Enthaltsamkeit« im Gastland vorschrieb.[111] »Übermäßiger Alkoholgenuss« waren ebenso wie »rufschädigendes Verhalten gegenüber dem anderen Geschlecht« untersagt.[112] Dass alles vor Ort mit rechten Dingen zuging, überwachte im Auftrag des DED ein sogenannter »Landesdirektor«. Dieser konnte bei Verstößen gegen die Dienstordnung Disziplinarverfahren einleiten, die zur Strafversetzung, Kündigung und Rücksendung führen konnten.[113]

Zu beanstanden gab es offensichtlich wenig: Die Entwicklungshelfer des DED wurden in Evaluationsberichten häufig ob ihrer »Begeisterungsfähigkeit und ihres guten Willens« gelobt.[114] So wurde beispielsweise aus Tansania berichtet, dass das »fröhliche und weltoffene Wesen« der jungen Deutschen bewirke, dass die Einheimischen viel »ungehemmter« auf die Helfer zugehen würden als auf die älteren Experten. So mancher Fehlschlag und Misserfolg in den Projekten sei damit viel leichter verziehen.[115] Was zähle, das seien die »Begeisterung« und der »gute Wille« der jungen

---

107 »DED – Immer bescheiden«, S. 54.

108 Hein, *Die Westdeutschen*, S. 90.

109 Ebd.

110 Beblo/Frahm/Wöhlk, »Bei Allah«, S. 49.

111 PA AA Berlin Auslandsvertretungen Dar es Salaam, Tansania, 8209 DED 1963–1965, Vorläufige Ordnung für Freiwillige des Deutschen Entwicklungsdienstes vom 6.8.1964 und vom 1.12.1965.

112 Ebd.

113 Ebd.

114 Vgl. bspw. BA Koblenz B 213 BMZ Technische Hilfe Tansania 7671, Gerd P., Bericht vom 14.10.1966 über eine Dienstreise nach Tansania vom 24.9.–3.10.1966, S. 5.

115 BA Koblenz B 213 BMZ 1357 Reiseberichte Ostafrika, Evaluationsreise nach Kenia und Tansania vom 12.2. bis 7.3.1971, Bericht vom 28.5.1971.

Leute.[116] In der Tat seien es die Entwicklungshelfer des DED, die als
»friedliche Revolutionäre gesellschaftliche Veränderungen in der Dritten
Welt« bewirken könnten. Sie würden es wirklich vermögen, »Bewußtseins-
prozesse« in Gang zu setzen und die »unterprivilegierte Bevölkerung zur
Selbsthilfe« zu ermuntern.[117]

Kritik löste allerdings bisweilen aus, dass es auch die Jugendlichen bisweilen nicht verständen, ein Denken in vermeintlich ›rassischen‹ Gegen-
sätzen abzustellen, was durch die Außendarstellung des DED unglück-
licherweise befördert würde: So mokierte sich der »Spiegel« 1967 über eine
Krankenschwester, die öffentlich darüber berichtete, wie sie sich in einem
afrikanischen Hospital einfand, um den Afrikanern »einmal zu zeigen, was
Arbeiten ist«.[118]

Eher ungeschickt war auch eine Foto-Ausstellung des DED, die 1966
in Tansania unter dem Motto »Jugend von heute hilft Jugend von morgen«
gezeigt wurde. Bereits der Slogan der Ausstellung vermittelte, dass deutsche Jugendliche für eine moderne Gegenwart stünden, in die sie ihre tansanischen *Counterparts* erst hinein verhelfen müssten, damit diese zur »Jugend von morgen« würden. Hier wurde unter anderem das umseitig
gezeigte Profilbild eines tansanischen und eines deutschen Entwicklungshelfers präsentiert.[119] Gemeinsam blickten hier ›Schwarz‹ und ›Weiß‹ in die
Zukunft – so die Botschaft. Man teilte gewissermaßen die Vision, dass man
Entwicklungen mit Tatkraft vorantreiben könnte, wenngleich auch der
deutsche Entwicklungshelfer ein wenig skeptischer und ängstlicher schien
als sein afrikanischer Kollege. Steht damit diese Fotografie einerseits für
das immer wieder jungen Leuten in der Entwicklungszusammenarbeit
zugeschriebene besonders produktive humanitäre Potenzial in einer geteilten Welt, erinnert sie anderseits auch deutlich an vergleichbare Abbildungen kolonialer »Rassenkunde«[120]: In der dort etablierten Manier von
kontrastierenden Profilbildern, die Hautfarbe wie Schädelformen gleichermaßen zueinander und gegeneinander stellten, wurde Vergleichbarkeit,

---

116 PA AA Berlin Auslandsvertretungen Dar es Salaam, Tansania, 8209 DED 1963–1965,
Rundschreiben des AA an alle Botschaften vom 15.8.1963, S. 2; DED, *Was Sie wissen
müssen*.
117 Ries, »Vorwort«, S. 8f.
118 »DED – Immer bescheiden«, S. 56.
119 DED, *Erster Bericht*, S. 8f. Vgl. Büschel, »In Afrika helfen«, S. 350.
120 Vgl. Hundt, »Die Körper«, S. 39–42.

Ähnlichkeit, Kontrast und letztlich eine unüberwindbare Andersartigkeit in Szene gesetzt.[121]

Solche Selbstdarstellungen unterliefen bisweilen den partnerschaftlichen Anspruch des DED, der auf das gleichberechtigte Arbeiten von Jugendlichen untereinander setzte. Sie waren allerdings eher selten zu finden.

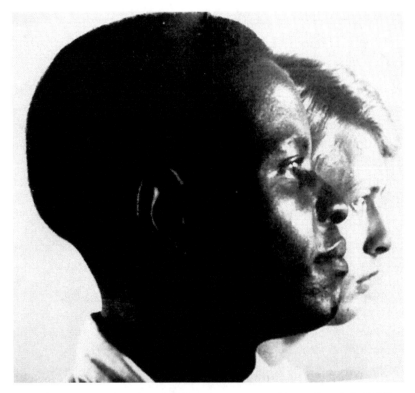

Abbildung 5: »Jugend von heute hilft Jugend von morgen.« Fotowettbewerb des DED in Tansania 1966

(Quelle: DED, Erster Bericht, S. 8f.)

Die »Botschafter im Blauhemd«: Die FDJ-*Freundschaftsbrigaden*

Der ostdeutsche Jugenddienst für Entwicklungshilfe bestand aus den *Freundschaftsbrigaden* der FDJ.[122] Erich Honecker nannte deren Mitglieder

---

121 Vgl. Wallis, »Black Bodies«.

die »Botschafter im Blauhemd«.[123] In der Zeitung »Neues Deutschland« sprach er gar von »Internationalisten der Tat«.[124] Anlässlich des »Afrikanischen Jahres« 1960, in dem viele afrikanische Staaten unabhängig geworden waren, setzten sich die Mitglieder des Zentralrats der FDJ zum Ziel, die Beziehungen mit »der afrikanischen Jugend« weiter zu intensivieren, handelte es sich hierbei ja um die Zukunftsträger Afrikas. Man entsandte eine Delegation der FDJ in das westafrikanische Land Mali, um zunächst nur dort Einsatzmöglichkeiten auszuloten.[125] Die sogenannte Mali-Föderation war im Juni 1960 unabhängig geworden. Es gab Konflikte verschiedener Territorien untereinander, so dass der Senegal aus der Föderation wieder austrat und im September 1960 die Republik Mali entstand. Modibo Keïta, der erste Präsident des Landes, schlug einen eindeutig sozialistischen und gegen Frankreich gerichteten antikolonialen Kurs ein, was das Land für die ›Bruderhilfe‹ der DDR besonders attraktiv machte.

War die Jugend generell für die DDR-Führung beim Aufbau des Sozialismus von großer Bedeutung,[126] sollten die FDJ-*Freundschaftsbrigaden* ihr Engagement und ihre Gesinnung nach ›Übersee‹ tragen. Die dort gesammelten Erfahrungen sollten die Jugendlichen – vergleichbar mit ihren Kollegen aus der Bundesrepublik Deutschland – wiederum charakterlich reifen lassen und ihnen nach ihrer Rückkehr in die DDR zugute kommen. Damit waren die FDJ-*Freundschaftsbrigaden* nicht zuletzt auch ein Erziehungsinstrument für junge Menschen, auf welche die SED-Führung einerseits baute, diese allerdings andererseits auch immer als Gefahrenpotenzial für soziale Unruhe und Regimekritik einschätzte.[127]

Nach dem IV. Parteitag der SED im Januar 1963 entschied schließlich das Politbüro, dass künftig Gruppen junger Bürger aus der DDR nach Afrika geschickt werden sollten.[128] Der Zentralrat der FDJ erarbeitete

---

122 Vgl. allgemein zur FDJ: Gotschlich, *»Links und links«*; Mählert/Stephan, *Blaue Hemden*; Mc Dougall, *Youth Politics*.
123 Honecker, *Zur Jugendpolitik*, S. 210.
124 Ders., »Zu den Brigaden der Freundschaft«.
125 BA Berlin Lichterfelde SAPMO DY 30 IV/2053, Information an das Sekretariat der FDJ über »Die Entwicklung der Beziehungen der FDJ zu den Jugend- und Studentenorganisationen Afrikas, S. 13ff.; Ebd. 24/19209 Rundschreiben der FDJ Rudi Danek vom 16.0.1969, S. 1–5.
126 Vgl. Skyba, *Vom Hoffnungsträger*, insb. S. 36–40.
127 Vgl. zur kritischen Perspektive der SED auf Jugendliche: Wierling, »Youth«.
128 PA AA Berlin DDR MfAA A 14583, Entscheidung des Politbüros des Zentralkomitees der SED zur Entsendung von Brigaden vom Januar 1963. Vgl. BA Berlin Lichterfelde

einen Plan zur Entsendung von *Freundschaftsbrigaden* und ließ ihn vom Ministerium für Auswärtige Angelegenheiten genehmigen. Ähnlich wie die Expertenkommission, die den DED entworfen hatte, wurden hierbei auch organisatorische Überlegungen zu den *Peace Corps* angestellt und akribisch Erfahrungen aus deren ersten Auslandseinsätzen ausgewertet. Auch hier kam man zum Schluss, dass man auf berufliche Qualifikationen achten müsse.[129] Träger der *Freundschaftsbrigaden* waren offiziell die FDJ und der FDGB. Die Planung, Organisation und Leitung der Brigaden hatte allerdings eine Arbeitsgruppe inne, die der Abteilung Internationale Verbindungen des Zentralrats der FDJ untergeordnet war.[130] Die Aufgaben unter den Mitgliedern wurden in der Regel in ›Kaderfragen‹, ›Materialwirtschaft‹ und ›Auslandsinformation‹ aufgeteilt. Den ersten Vorsitz der Arbeitsgruppe übernahm Wolfgang Böhme, der seit 1962 in der Abteilung Internationale Verbindungen im Zentralrat der FDJ tätig war. 1971 wechselte Böhme in das Vorbereitungskomitee der Internationalen Weltfestspiele und wurde von seinem bisherigen Stellvertreter Rudolf Danek abgelöst, der vorher Lehrer an der FDJ-Jugendhochschule »Wilhelm Pieck« am Bogensee gewesen war.[131] Kontrolliert wurde die Arbeitsgruppe durch die sogenannte »Agitationskommission« des Politbüros, die sich vor allem um die politische und »auslandsinformatorische« Wirkung der Brigaden sorgte. Letztlich oblag allerdings der Arbeitsgruppe recht eigenständig die Organisation, Entsendung und Evaluation der Brigaden: Sie pflegte einen regen Briefwechsel mit den Brigadeleitern, besuchte die Projekte vor Ort und

---

SAPMO, DY 24/10658, Abteilung Internationale Verbindungen, 10.12.1064 Information an Erich Rau über Beschlussfassungen des ZK der SED.

129 Ebd., Arbeitsgruppe Auslandsinformation bei der Agitationskommission des Politbüros, Vorlage an das Politbüro über Aufbau und Entsendung von »Brigaden der Freundschaft« der DDR in andere Länder vom 14.9.1963.

130 Die Arbeitsgruppe war mit »leitenden Persönlichkeiten« der FDJ, des Bundesvorstandes des FDGB, des Ministerium für Auswärtige Angelegenheiten, des Volkswirtschaftsrates, des Landwirtschaftsrates, des Staatssekretariats für das Hoch- und Fachschulwesen, der Ministerien für Volksbildung, Finanzen und Gesundheitswesen und – innoffiziell – der Staatssicherheit zusammengesetzt: Ebd. Beschluss des Politbüros vom 14.9.1963, Arbeitsgruppe Auslandsinformation bei der Agitationskommission des Politbüros, Vorlage an das Politbüro über Aufbau und Entsendung von »Brigaden der Freundschaft« der DDR in andere Länder vom 14.9.1963, S. 5f.

131 1975 ging das Amt von Danek an Emil Krompholz über.

entsandte einen Beauftragten des Zentralrates der FDJ ins Einsatzland, wenn dort mehr als eine Brigade tätig war.[132] Am 14.9.1963 schließlich beschloss das Politbüro endgültig den »Aufbau und die Entsendung von ›Brigaden der Freundschaft‹ der DDR.«[133] Im Juli 1964 reiste die erste Brigade nach Mali aus.[134] In den 1960er-Jahren arbeiteten die ›Blauhemden‹ außerdem in Ghana, Algerien und auf Sansibar. Der Aufenthalt sollte ursprünglich nicht länger als acht bis zwölf Monate dauern.[135] In der Praxis waren Brigaden allerdings meist über mehrere Jahre tätig. Als Aufgaben sah man ursprünglich »technische Hilfe« beim Bau und bei der Einrichtung von Betrieben, Werkstätten, Schulen, Klubs vor, bei der Ausbildung von Fachkräften, medizinischer Betreuung in Erster Hilfe und Seuchenbekämpfung. Auch Film- und Musikabende, Ausstellungen und Vorträge sollten organisiert werden. Nicht zuletzt sollten die Mitglieder der Brigaden in der Landwirtschaft, bei der »Pflege und Einführung ertragreicher landwirtschaftlicher Kulturen«, bei Fragen der Arbeitsorganisation, Bewässerung und Schädlingsbekämpfung mitwirken. [136] Wie die älteren Experten, sollten die jungen Brigadisten im Kollektiv zusammen arbeiten und sich hierbei »fachlich und menschlich gegenseitig ergänzen«.[137] Aufgrund »mangelnder Erfahrungen« der DDR in der tropischen Landwirtschaft und einiger »Fehlschläge« in Afrika leisteten die *Freundschaftsbrigaden* ab 1965 kaum noch Agrarhilfe. Sie wurden hingegen vor allem bei der Berufsausbildung, im Gesundheitswesen und ganz besonders bei Projekten zum Wohnungs- und Schulbau eingesetzt.[138]

Die Finanzierung der *Freundschaftsbrigaden* erfolgte nach alljährlichen Plänen über die Spenden, die das Solidaritätskomitee gesammelt hatte und über den Staatshaushalt. Seit Anfang der 1970er-Jahre übernahmen auch

---

132 BA Berlin Lichterfelde SAPMO DY 24/19205 Brigade der Freundschaft Sansibar an den Zentralrat der FDJ 1967, Hinweise für die auslandsinformatorische Tätigkeit (Sansibar) 1967.

133 Ebd. 24/10658, Beschluss des Politbüros vom 14.9.1963.

134 Ebd. 24/744, Bericht über die Entsendung von Brigaden und ihren Einsatz im Jahre 1965, S. 8.

135 Ebd. 24/10658, Arbeitsgruppe Auslandsinformation bei der Agitationskommission des Politbüros, Vorlage an das Politbüro über Aufbau und Entsendung von »Brigaden der Freundschaft« der DDR in andere Länder, S. 5.

136 Ebd., S. 4f.

137 Ebd., S. 8.

138 Ebd.

Betriebe und Schulen Patenschaften für einzelne Projekte.[139] In der Regel waren den *Freundschaftsbrigaden* Partnerbrigaden in der DDR zugeordnet. Man tauschte sich über die jeweiligen Projekte und ihren Fortschritt aus und berichtete gegenseitig von guten und schlechten Erfahrungen.[140]

Anfänglich zeigte sich das ZK der SED ein wenig pikiert, dass Einsatzländer »nur bereit« seien, »Teilkosten für den Aufenthalt der Brigademitglieder im Land zu übernehmen«, wie für deren Unterbringung. Entsprechend der Prinzipien der Selbsthilfe versuchte man bei den Entsendungsverträgen immer wieder heraus zu handeln, dass die Einsatzländer auch für ein Taschengeld der Brigademitglieder aus der DDR aufkommen würden und außerdem für Saatgut, Viehfutter, Zement oder Benzin. Ein Einverständnis mit solchen Auflagen wurde als Indiz für Engagement und Interesse ausgelegt. Meist hatte man dabei aber keinen Erfolg.[141]

Ältere politikwissenschaftliche oder historische Untersuchungen haben häufig die politisch-ideologische Wirkungsabsicht der *Freundschaftsbrigaden* der DDR herausgearbeitet. So wurde die These vertreten, dass die Brigaden im Sinne einer Politisierung von innen nach außen abstrahlen sollten und die Herstellung einer sozialistischen Weltgesellschaft zum Ziel hatten.[142] In der Tat hatte jede Brigade eine Parteigruppe, die Seminare zu sozialistischen Themen abhielt, Pressestudien und Wandzeitungen organisierte, die Außendarstellung der Brigade vorantrieb und die Aufnahme von Brigademitgliedern in die SED forcierte. Dabei sollte alles dran gesetzt werden, bislang »parteilose Brigademitglieder« für die SED zu gewin-

---

139 Man bezifferte 1963 den 12-monatigen Aufenthalt einer Brigade in Afrika mit 6 Mitgliedern mit 100.000,- DM und 60.000,- DM-Valuta. Die Kalkulation der Entsendung von fünf Brigaden im Jahr, damit insgesamt 30 bis 40 Personen ergab die Summe von 800.000,- bis 1 Million DM und 200.000,- bis 300.000 Valutamark. Dabei wurde berücksichtigt, dass jedes Mitglied pro Monat 400,- DM-Valuta und in der DDR eine Summe von 300,-- monatlich zusätzlich erhalten sollte. Zwischen 1971 und 1977 wurden insgesamt 38,5 Millionen Mark für die Einsätze der Brigaden aufgewendet, von denen 21,6 Millionen Mark das Solidaritätskomitee aufbrachte: Schleicher, »Elemente«, S. 121, 126. Vgl. BA Berlin Lichterfelde SAPMO DY 24/10658, Arbeitsgruppe Auslandsinformation bei der Agitationskommission des Politbüros, Vorlage an das Politbüro über Aufbau und Entsendung von »Brigaden der Freundschaft« der DDR in andere Länder, S. 8.

140 Vgl. Ebd. 24/19212 Korrespondenz zwischen dem Zentralrat der FDJ und der Brigade der Freundschaft in Sansibar 1971, Schreiben Jürgen P. an das VEB Landbaukombinat Schwerin, Ludwigslust, vom 27.4.1971.

141 Ebd.

142 Vgl. Lamm, »Methoden«, S. 73ff.

nen«.[143] Tatsächlich traten die ohnehin wenigen Jugendlichen ohne Parteibuch während ihres Einsatzes nahezu ausnahmslos der SED bei.[144] Im Rahmen der »auslandsinformatorischen Tätigkeit« sprachen die Parteigruppen auch über aktuelle Themen der Einsatzländer und knüpften Verbindungen mit afrikanischen Parteien und Jugendorganisationen. Die Mitglieder erfolgreicher *Freundschaftsbrigaden* nahmen auch Kontakte mit Jugenddiensten in Ländern auf, wo die DDR noch wenig vertreten war – wie im Januar 1967 mit der tansanischen *Youth League*.[145] Dennoch pflegte man – vergleichbar mit den bundesdeutschen Entwicklungsdiensten – den Gestus einer tagespolitischen Enthaltsamkeit in den Belangen des Einsatzlandes.[146]

Gemäß der Leitlinien der DDR-Entwicklungspolitik und der hier propagierten *Internationalen Solidarität*[147] sollten auch die Jugendlichen in den Freundschaftsbrigaden *Hilfe zur Selbsthilfe* üben: In »Überwindung des schweren Erbes imperialistischer und kolonialer Herrschaft«, beim Aufbau und der Entwicklung der Länder hatten die Brigaden »freundschaftliche, brüderliche Hilfe« leisten, die auf den Prinzipien »Gleichberechtigung, gegenseitige Achtung und Freundschaft« fußen musste.[148] Um jenen Anspruch der *Hilfe zur Selbsthilfe* in die Praxis umzusetzen, sollten die Brigaden mit einem »breitem Kreis von Jugendlichen und Erwachsenen« vor Ort zusammenarbeiten, um »Hilfe bei der Ausbildung eigener nationaler Kader

---

143 BA Berlin Lichterfelde SAPMO DY 24/19206 Brigade der Freundschaft Sansibar an den Zentralrat der FDJ 1968, 1. Halbjahr, Bewusstseinsanalyse Parteigruppe 6 an den Zentralrat der FDJ, Anfang 1968, S. 4.

144 Ebd. 24/19205 Brigade der Freundschaft Sansibar an den Zentralrat der FDJ 1967, Informationsbericht Günther F. vom 3.7.1967. 1968 waren unter den Brigademitgliedern auf Sansibar 83 Prozent Mitglied der SED. Alle waren Mitglied der FDJ: Ebd. 24/19206 Brigade der Freundschaft Sansibar an den Zentralrat der FDJ 1968, 1. Halbjahr, Bewusstseinsanalyse Parteigruppe 6 an den Zentralrat der FDJ, Anfang 1968, S. 1.

145 Ebd. 24/19205 Brigade der Freundschaft Sansibar an den Zentralrat der FDJ 1967, Helmut H. an die Abteilung Internationale Verbindungen im ZK der SED vom 12.1.1967 über die Tätigkeit der Delegation des Zentralrats der FDJ in Tansania und Sansibar.

146 Ebd., Bericht über die auslandsinformatorische Tätigkeit der Freundschaftsbrigade Sansibar vom 3.7.1967.

147 Vgl. Teil I, Kapitel 1.

148 BA Berlin-Lichterfelde SAPMO DY 24/10658, Beschluss des Politbüros vom 14.9.1963.

auf den verschiedensten Gebieten« zu leisten.[149] Ein vorrangiges Ziel in der Arbeit von Kollektiven war die enge herzliche Verbindung von »Jungen und Mädchen [aus der DDR], mit Arbeitern, Bauern und der Intelligenz des Einsatzlandes.«[150] Auch für die Brigadisten der DDR war vorgesehen, diese Verbindung im Lebensstil vor Ort zum Ausdruck zu bringen: Die Unterkünfte waren einfach, die Vergütung nicht besonders üppig.[151]

Welche Bedeutung auch das ZK der SED den *Freundschaftsbrigaden* zumindest rhetorisch zuwies, lässt sich besonders aus einem 1969 ausgeschriebenen Wettbewerb anlässlich des 20. Jahrestages der DDR um den »Ehrentitel ›Kollektiv der sozialistischen Arbeit‹« erkennen. Hier wurde betont, dass sich die Brigaden nunmehr »zu einem festen und wirksamen Bestandteil der Außenpolitik der DDR entwickelt« hätten: »Oft unter schwierigen und komplizierten Bedingungen« würden sie einen

»nicht unwesentlichen Beitrag bei der Vermittlung der Erfahrungen des sozialistischen Aufbaus, bei der Entwicklung und Vertiefung der freundschaftlichen Beziehungen, bei der Überwindung des kolonialen Erbes und der Festigung und Entwicklung der nationalen Unabhängigkeit der Nationalstaaten sowie bei der Stärkung der Kräfte des Friedens und der Zurückdrängung des Imperialismus leisten.«[152]

Brigaden, die diese Punkte sehr gut in der Praxis umgesetzt hatten, sollte der Ehrentitel zugesprochen werden.[153]

Wie bereits gesagt, orientierten sich die Jugenddienste der beiden deutschen Staaten an Organisationen afrikanischer Jugendlicher, die sich seit den 1950er-Jahren für Selbsthilfe einsetzten.

---

149 BA Berlin-Lichterfelde SAPMO DY 24/10658, Arbeitsgruppe Auslandsinformation bei der Agitationskommission des Politbüros, Vorlage an das Politbüro über Aufbau und Entsendung von »Brigaden der Freundschaft« der DDR in andere Länder, S. 4 und 6.

150 Ebd. 24/10659, Arbeitsgruppe Auslandsinformation bei der Agitationskommission des Politbüros, Vorlage an das Politbüro über Aufbau und Entsendung von »Brigaden der Freundschaft« der DDR in andere Länder, S. 4. Vgl. Berger, »Die Entwicklungszusammenarbeit«, S. 346.

151 Die Vergütung der Brigademitglieder berechnete sich aus dem letzten Nettogehalt, von dem 20 Prozent des Bruttogehalts abgezogen wurden, somit in der Regel auf 400,-- M. Sozialbeiträge, Reisebeihilfen und ein monatlicher »Tropenzuschlag« von 100,-- M. wurden außerdem gezahlt. Vgl. diverse Berechnungen in: BA Berlin Lichterfelde SAPMO DY 24/19214 Korrespondenz zwischen der Abteilung »Brigaden der Freundschaft« und der Abteilung Finanzen im Zentralrat der FDJ zur Vergütung der Mitglieder in den »Brigaden der Freundschaft in Sansibar«, 1967f.

152 Ebd. 24/19209, Rundschreiben der FDJ Rudi Danek vom 16.01.1969, S. 1–5.

153 Ebd.

Jugenddienste der Staatsparteien in Tanganjika und auf Sansibar

Im postkolonialen Tanganjika sollte die TANU-*Youth-League*, eine Organisation der Staatspartei, die bereits in der Mandatszeit 1954 gegründet worden war, Enthusiasmus für Selbsthilfe wecken. Von ihren Mitgliedern wurde erwartet, allen Staatsbürgern mit »gutem Beispiel« voranzugehen:[154] Jeder Jugendliche hatte bei der Aufnahme zu schwören: »I shall educate myself to the best of my ability and use my education for the benefit of all.«[155] Auch noch so »primitive Dorfbewohner« sollten – in der Sprache der Zeit – aus ihrer »Apathie und Lethargie« erweckt und zu »aktiven und engagierten Staatsbürgern« erzogen werden, die sich am Aufbau und der Entwicklung ihrer Heimat beteiligten.[156] So sollte einerseits »massenpolitische Beeinflussung« geübt und andererseits »international Brücken« geschlagen werden, um Unterstützung in der Entwicklungszusammenarbeit aus dem Ausland zu bekommen.[157] Entsprechend wurden Kooperationen mit Entwicklungsdiensten aus Dänemark, Großbritannien und Westdeutschland wie auch mit Missionsgesellschaften eingegangen.[158]

Wurde die *Youth League* bereits im Spätkolonialismus gegründet, hatte sie auch hinsichtlich ihrer Tätigkeitsfelder Vorläufer: Wie schon in den 1920er-Jahren, als die von britischen Missionarinnen in Dörfern rekrutierten Aktivistinnen der *Tanganyican Women's League*[159] durch das Land gereist und Selbsthilfe gepredigt hatten, so hielt man auch in den 1960er-Jahren Kurse ab, die »Clean Homes«, »General Cleanliness«, »Occasional Work in a House«, »Preventive Medicine« oder »Personal Hygiene« genannt wurden.[160]

Frauen, die sich bei solchen Veranstaltungen als besonders eifrig bewiesen hatten, sollten in ihren Dörfern als *Multiplikatoren* wirken und ihre Nachbarinnen in Nähen, Stricken, Häkeln unterrichten oder davon erzählen, wie man sich durch abgekochtes Wasser vor Ruhr und Cholera, durch Moskitonetze vor der Malaria schützt.[161] Ausgehend von diesen

154 *TANU Constitution 1954*, S. 2.
155 Ebd.
156 Ruthenberg, *Agricultural Development*, S. 116.
157 *TANU Constitution 1962*, S. 2.
158 TNA Dar es Salaam, Annual Report Regional Commission, 1964 West Lake Region, S. 10. Vgl. auch: Teil I, Kapitel 4.
159 Eckert, *Herrschen und Verwalten*, S. 152.
160 TNA Dar es Salaam, Annual Report Region Commission 1964, West Lake Region, S. 4, 24.
161 Eckert, *Herrschen und Verwalten*, S. 152f.

Fraueninitiativen sollte sich allmählich auch bei Männern ein »Community Spirit of Self Help« entzünden.[162] Auf Sansibar agierte ein ähnlicher von der Staatspartei getragener Jugenddienst wie auf dem Festland, die *Afro-Shirazi-Party-Youth-League* (ASYL). Die ASYL wurde 1959 gegründet. Ihre Ursprünge lagen in seit den 1930er-Jahren entstandenen Jugendbewegungen, die *Young African Associations* genannt worden waren.[163] Die Aktivisten der ASYL waren in den 1960ern vor allem in Siedlungen entlang der großen Nelkenplantagen der Insel unterwegs und leisteten dort *Hilfe zur Selbsthilfe* beim infrastrukturellen Ausbau. Die Anlage von Zufahrtsstraßen, die Verlegung von Wasserleitungen und das Graben von Latrinen sollte vor allem der ›schwarzen‹ im Kolonialismus besonders unterdrückten Bevölkerung helfen, allmählich eigenständig für Entwicklungen aufzustehen.[164] Entsprechend lautete die Parole der ASYL:»Uhuru na kazi« (»Freiheit und Arbeit«).[165] In Versammlungen schworen sich die Jugendlichen untereinander ein, dass das »Bewußtsein geändert« und das »Prinzip der Gemeinschaftsarbeit« überall angewandt werden müsse.[166]

Die ASYL war eng mit der Regierungsspitze Sansibars verbunden: Als Präsident der Jugendorganisation amtierte Seif Bakari, der gleichzeitig Mitglied im Revolutionsrat war. Der Vizepräsident war Abbas Hussein, der Leiter der Abteilung ›Bauern‹ in der Afro-Shirazi-Party (ASP). Generalsekretär war Rajab Kheri, ebenfalls ein hochrangiges Parteimitglied.[167] Mitglieder der ASYL konnten allerdings alle sansibarischen Bürger im Alter

---

162 Zitiert nach: Eckert, *Herrschen und Verwalten*, S. 145.

163 BA Berlin Lichterfelde SAPMO DY 24/19207 Brigade der Freundschaft Sansibar an den Zentralrat der FDJ 1968, 2. Halbjahr, Abschrift: ASYL – die Jugendorganisation Sansibars, S. 1f. Vgl. Teil I, Kapitel 4.

164 ZNA Stone Town AK 4/99 Youth Brigade Zanzibar, Aktenvermerk über Tätigkeitsfelder vom 1.10.1968. Vgl. die Erinnerungen des ASP-Aktivisten: Mapuri, *The 1964 Revolution*, S. 49–68.

165 ZNA Stone Town AK 4/111 Young Pioneers, Briefe und Aktenvermerke unter dieser Parole.

166 BA Berlin Lichterfelde SAPMO DY 24/19207 Brigade der Freundschaft Sansibar an den Zentralrat der FDJ 1968, 2. Halbjahr, Bericht über ein Treffen mit der ASYL in Bambi am 13.9.1968.

167 Ebd. 24/19203 Brigade der Freundschaft Sansibar an den Zentralrat der FDJ 1964–1965, Bd. 1, Rudi Danek u.a. Bericht über die Tätigkeit der Delegation des Zentralrates der FDJ in Tansania – Sansibar – Tanganjika vom November 1964, S. 2.

von 14 bis 35 Jahre werden, unabhängig davon, ob sie nun der Partei angehörten oder nicht. Es wurde aber auf einen Parteieintritt hingewirkt.[168] Ein Engagement in der ASYL war durchaus attraktiv: Man bekam meist unentgeltlich Mahlzeiten, Kleidung, Abzeichen und konnte durch Enteignungen der Plantagen sogar zu einem Stück eigenen Land kommen. Dennoch kam die ASYL nicht umhin, Zwangsrekrutierungen durchzuführen. So wurden Lehrlinge für die Ausbildung in Entwicklungsprojekten verpflichtet oder Schüler für landwirtschaftliche Camps und »freiwillige Arbeit« herangezogen.[169]

Die *Jeunesse Pionnière Agricole* in Togo

Vergleichbar aufgestellt war die *Jeunesse Pionnière Agricole* in Togo, die 1962 von der Regierung in Lomé im Rahmen eines Landwirtschaftsplans mit Unterstützung von UNICEF und bundesdeutscher *Hilfe zur Selbsthilfe* gegründet worden war.[170] Auch in Togo sollten Jugendliche, die dort *Animateurs Rureaux* genannt wurden, Impulse für Selbsthilfe-Projekte geben.[171] Das Ziel der JPA sollte sein, besonders »Jungbauern landwirtschaftliche Verfahren und eine Verbundenheit zum Boden nahezubringen«.[172] De facto wurde hier allerdings weniger Vermittlung als praktische Arbeit ge-

---

168 Das oberste Gremium war das von Bakari berufene *Central Committee*, bestehend aus 15 Personen. Darunter stand das *National-Executive-Committee*, zu dem neben den Mitgliedern des *Central Committees* noch weitere 19 Personen angehörten. BA Berlin Lichterfelde SAPMO DY 24/19205 Brigade der Freundschaft Sansibar an den Zentralrat der FDJ 1967, Bericht des Vizekonsuls der DDR über ein Gespräch mit dem Generalsekretär der ASYL am 1.12.1967.

169 Ebd. 24/19207 Brigade der Freundschaft Sansibar an den Zentralrat der FDJ 1968, 2. Halbjahr, Abschrift: ASYL – die Jugendorganisation Sansibars. S. 5.

170 ANT Lomé, FA Atakpame 283, L'experience de la jeunesse pionnière agricole du Togo (Monographie), Résolution des délégues des coopératives agricoles du Togo réunis en congrès à Palime (7.3.1962), L'expérience de la jeunesse pionnière agricole du Togo, Lomé 1962, S. 2f.; BA Koblenz B 213 BMZ Technische Hilfe Togo 4124 Förderung der Fischerei, Wilhelm S., Landwirtschaftsplan Sylvanus Olympio, Bericht zum Landwirtschaftsplan in Togo Januar 1963. Vgl. Toulabor, *Le Togo*, S. 6, 91, 103, 203; »Présentation par le président Sylvanus Olympio«, S. 171. Zu den Vorläufern, den »Brigades des travailleurs«: Olympio, »Allocution«, S. 201f.

171 Besonders seit der Billigung des 5-Jahresplans: République Togolaise, *Plan Quinquennal*

172 »La jeunesse togolaise«.

leistet. Da es zunächst meist wenig Resonanz gab, erledigten die Jugendlichen der JPA die geplante Arbeit meist selbst.[173] Präsident Grunitzky pries entsprechend die Angehörigen der JPA vielfach als »Pioniere der neuen Landwirtschaft«. Und Landwirtschaftsminister Firmin Abalo lobte den Jugenddienst, dass er sich der Landflucht entgegenstellte, die jedes Jahr erheblich zunehme. Die JPA würde wirkungsvoll gegen die »Deserteure« antreten, die ihre Dörfer verlassen hätten, obwohl sie wertvolle Arbeit vor Ort leisten könnten; denn auch unter ihnen seien »wertvolle Menschen«, die es nun zurückzugewinnen galt.[174]

Neben der UNESCO und der Bundesrepublik leistete vor allem Israel vor dem Hintergrund seiner eigenen Erfahrung in der Kibbuz-Bewegung technische Hilfe beim Aufbau der JPA.[175] Westdeutsche Beobachter verglichen den Jugenddienst mit einer Pfadfindervereinigung. Man lobte, dass hier in einer »die Jugend ansprechenden Form die Liebe zum Lande, zum ländlichen Leben und zur Landwirtschaft wachgerufen und gepflegt« würde.[176] Auch sollte die JPA im Rahmen des »nationalen Aufbauwerks« neue Schulen errichten, Straßen in Stand halten und Dorfplätze, Märkte sowie Friedhöfe vom Unrat säubern. Letztere wurden nämlich häufig als Mülldeponien zweckentfremdet.[177] Eine maßgebliche Aufgabe der JPA war es außerdem, die Bildung ländlicher Kooperativen als Fundament der *Hilfe zur Selbsthilfe* zu fördern.[178] In vielen Dörfern eröffnete man einen *Club Agricole*, in dem Aktivitäten geplant, gemeinsam mit geladenen Dorfbewohnern Entwicklungsmöglichkeiten erörtert und erste Erfolge gefeiert

---

173 »La jeunesse togolaise«.

174 ANT Lomé FA Atakpame 283, L'experience de la jeunesse pionnière agricole du Togo (Monographie), Résolution des délégues des coopératives agricoles du Togo réunis en congrès à Palime (7.3.1962), L'expérience de la jeunesse pionnière agricole du Togo, Lomé 1962, S. 3.

175 BA Koblenz B 213 BMZ Technische Hilfe Togo 4124 Förderung der Fischerei, Wilhelm Steinhausen, Organisation einer Bewegung der landwirtschaftlichen Pionierjugend in Togo, Aktenvermerk undatiert.

176 Ebd., Wilhelm S., Bericht zum Landwirtschaftsplan in Togo Januar 1962, S. 4.

177 ANT Lomé, FA Atakpame 283 L'experience de la jeunesse pionnière agricole du Togo (Monographie); Résolution des délégues des coopératives agricoles du Togo réunis en congrès à Palime (7.3.1962), L'expérience de la jeunesse pionnière agricole du Togo, Lomé 1962, S. 1.

178 Ebd. 164 Rapport ou les Activités de la Jeunesse Pionniere Agricole, Rapport vom 25./26.2.1965. Zur durchweg positiven Evaluation solcher Einrichtungen: Ebd., Kloto 165 Rapport de George B. sur le functionnement du centre agricole de Dzogbegan Opération d'animation rurale et d'encadrement 1969–1971, Bericht George B. 1971.

wurden.[179] Jugendliche reisten auch als *Communautè Artisanale* herum und bildeten Dorfbewohner zu Handwerkern aus.[180]

Ähnlich wie der tansanische so war auch der togoische Jugenddienst autoritär organisiert: Jeder Arbeitseinsatz begann mit einem Morgenappell und paramilitärischen Übungen. Es gab strikte Verhaltensregeln und ständige Überwachung. Wie auf Sansibar, so sollte auch in Togo enteignetes Land allen ehemaligen Mitgliedern der Jugendorganisation unentgeltlich zur Verfügung gestellt werden, die sich nach ihrer Dienstzeit als Siedler niederließen.[181]

Die Jeunesse Rurale in Kamerun

Auch der Kameruner Entwicklungsdienst, der *Jeunesse Rurale* genannt wurde, hatte Vorläufer in der Mandatszeit, nämlich in der seit den 1940er Jahren im ganzen Land als Multiplikator für *Animation Rurale* wirkenden *Jeuneusse Camerounaise Française* (JEUCAFRA).[182]

Nach offizieller Lesart sollten die Mitglieder der *Jeunesse Rurale* »spielerisch« Entwicklungspraktiken lernen.[183] In einer Art vorauseilendem Ge-

---

179 ANT Lomé FA Atakpame 286 Formation du Club Agricole du mouvement de la Jeunesse Pionnière Agricole d'Atakpame (J.P.A.), Fonction des Clubs agricoles 1962–65, Zusammenstellung von Aktivitäten und Einschätzungen 23.1.1964. Vgl. PA AA Berlin B 58 Ref. III B 2 Technische Hilfe 615 Togo Projekte, Wolfgang B., Beobachtung der deutschen Entwicklungshilfe in Togo. Musterdorf Kambolé, Juni 1968, S. 7.

180 Sie waren Mitte der 1960er-Jahre vor allem getragen von der *Communauté Artisanal* in Lomé, die 60 arbeitslose Jugendliche handwerklich ausbildete, ihnen Lesen und Schreiben beibrachte und dann als Ausbilder über Land schickten: Wülker, *Togo*, S. 150.

181 ANT Lomé FA Klouto 164 Rapports sur les activités de la jeunesse pionnière agricole (JPA) 1965, Conseiller technique Gaudy, Note sur le centre de formation agricole de Dzogbagan – Installation des jeunes stagiaires du centre vom 26.2.1965.

182 CAN Jaunde 2 AC 6510 Mouvement de Jeunesse Organisation 1959. Vgl. Joseph, »The German Question«.

183 CAN Jaunde JO 68/2328 Arrête No. 2328 du 22.6.1968 portant creation du caisse d'avance à la direction du secteur experimental de mornenisation rurale du Nord-Cameroun (Semnord) à Garoua. (J.O. No. 13 du 1.7.1968, 1295f.); Ebd. 70/85 Decret portant publication de l'Institut de pédagogie appliqué à vocation Rural signé le 26.2.1969 entre le governement de la Republique Federal du Cameroun et le programme des Nation Unies pour le Développement (Fonds special). J.O. N. 20 du 1.11.1970, S. 1039–1060; Ebd. 69/302 Décret […] portant modification du décret […] due 21.11.1967 portant reorganisation des mouvements de jeunesse et d'éducation populaire (In. JO No. 15 du 15.8.1969, S. 1480f.); Ebd. 78/21 Arête No. 78/21 du 21.1.1978 portant statut des centres de formation des jeunes agricultans (In: J.O. No. 2 du 1.2.1978, S. 154ff.). Vgl.

horsam meldeten sich bisweilen Jugendleiter der Organisation zu Wort, um ihre Eigeninitiative zu betonen. Anlässlich des durch den Präsidenten ausgerufenen »Jahres der Bauern« erklärte ein Vertreter der *Jeunesse Rurale*, dass man »nicht alles von der Regierung erwarten [dürfe], sondern dass jeder »selbst dazu aufgerufen [sei], zum Allgemeinwohl beizutragen.« So hätte man nun schon zahlreiche Entwicklungsprojekte auf den Weg gebracht und hierbei auch viel Unterstützung von offiziellen Stellen erhalten.[184]

Solche Bekenntnisse waren Element und Ausdruck eines wie in Tansania und Togo gepflegten autoritären Führungsstils. Westdeutsche Experten kommentierten die Arbeit der *Jeunesse Rurale* als »Erziehung zurück zur Landwirtschaft«.[185]

In der Zeit rapide ansteigender Arbeitslosigkeit, Landflucht und dem kontinuierlichen Rückgang landwirtschaftlicher Produktion wurde in Kamerun im Juli 1973 der mit den tansanischen und togoischen Jugenddiensten vergleichbare *Service civique national de participation au développement* gegründet.[186] Die Regierung erklärte, dass nun »eine wirksame Waffe im Kampf gegen die Unterentwicklung« geschaffen sei.[187] Jeder Bürger im Alter von 16 bis 55 Jahren konnte künftig auch zwangsweise für Infrastrukturarbeiten eingezogen werden, wobei kontinuierlich die Prämissen der freiwilligen Selbsthilfe unterlaufen wurden. So mussten alle arbeitslosen Jugendlichen einen zweijährigen Pflichtdienst antreten.[188] Nach Beendigung des Dienstes wurde man allerdings mit Geldprämien, Kleinkrediten und Geräten des Nationalfonds für ländliche Entwicklung FONANDER ausgestattet.[189]

Die lokale Bevölkerung stand den Jugendgruppen meist sehr kritisch gegenüber. Man sagte, es sei regelrecht absurd, dass ›Asoziale‹ und Außenseiter ein Beispiel für eigenständige Entwicklungswege abgeben sollten.[190]

Insgesamt ist für die Jugenddienste in Tansania, Togo und Kamerun festzuhalten: Die dort herrschenden Rekrutierungs- und Führungsstrategien waren meist von strikter postkolonialer »Gouvernementalität«[191]

Göser, »Förderung«, S. 85. Zur landwirtschaftlichen Ausbildung im Primärschulwesen Kameruns: Bude, »Ruralisation«, S. 33.

184 »Jeunesse rurale«.
185 Axt, »Ein Freiraum«, S. 8.
186 Vgl. als Überblick: Nestvogel, »Der kamerunische Nationaldienst«.
187 Vgl. Ebd.
188 Vgl. Ebd.
189 Ebd.
190 Vgl. Teil III, Kapitel 4.
191 Vgl. Foucault, «Gouvernmentality«, insb. S. 13.

geprägt, die letztlich in vielerlei Hinsicht Formen kolonialer Zwangsarbeitslager fortschrieb:[192] Ein Kommissar als Jugendleiter übte in der Regel eine Art »intime Tyrannei«[193] aus, die auf freundschaftliche Nähe gleichermaßen wie auf Disziplinierung und Erziehung ausgerichtet war.[194] In einer kameradschaftlichen und doch paternalistischen Führung[195] stifteten solche Kommissare stellvertretend für den Staat und die Gesellschaft aller seiner Bürger ein gegenseitiges Treue- und Fürsorgeverhältnis.[196] Aus Pflicht und Druck sollte Verantwortlichkeit und eigenständiges Streben nach Entwicklung entstehen. Denn viele Jugendliche hätten noch nicht die »Notwendigkeit einer harten und angespannten Arbeit erkannt«; und da man sich letztlich nicht »auf Hilfe von außen verlassen« dürfe, müssten sie erkennen, dass sie selbst den »größten Anteil« beim Aufbau des Landes zu tragen hätten.[197] Dies eröffnet die Frage, welche Erwartungen eigentlich an jene Entwicklungshelfer gestellt wurden. Unterschieden sich diese zu den Vorstellungen und Idealbildern, die man von Experten hatte?

2.2. Die idealen Entwicklungshelfer

Eine sicherlich an die deutschen wie afrikanischen Entwicklungshelfer bzw. Brigademitglieder gleichermaßen herangetragene psychosoziale Erwartungshaltung brachte Rostenstock-Huessey auf den Punkt. Dieser sprach von »Piraten« und zwar nach dem strengen Sinn des griechischen Wortes »peira«, was »Versuch« meint. Keineswegs – so schrieb er – seien mit jener »Piraterie« Abenteuer oder Romantik gemeint, sondern ein »Opfer an Lebenszeit« – gerade dann, wenn die Weichen für das Weiterkommen gestellt würden, weshalb ein solches »Opfer« besonders prägend für

192 Vgl. Teil I, Kapitel 4. Vgl. zu kolonialen Strukturen in postkolonialen Staatsinstitutionen Afrikas: Mbembe, *On the Postcolony*, insb. S. 128ff.
193 Ebd., S. 148. Hier Bezug auf: Sennet, *Les Tyrannies*.
194 BA Berlin Lichterfelde SAPMO DY 24/19205 Brigade der Freundschaft Sansibar an den Zentralrat der FDJ 1967, Erwin S., Bericht der Baugruppe Bambi vom 17.7.1967, S. 1.
195 Foucault, »Omnes«; Ders., »Für eine Kritik«.
196 Vgl. Stonus, »Do ut des««.
197 Vgl. bspw.: BA Berlin Lichterfelde SAPMO DY 24/19207 Brigade der Freundschaft Sansibar an den Zentralrat der FDJ 1968, 2. Halbjahr, Abschrift: ASYL – die Jugendorganisation Sansibars, S. 5.

die eigene Persönlichkeit sei. Man »versuche«, aus dem eigenen Leben etwas zu machen.[198] Die in der Einleitung der vorliegenden Studie bereits zitierte Bundestagsabgeordnete Lenelotte von Bothmer, eine Referentin für Entwicklungspolitik, schrieb in diesem Sinne nach ihrem Besuch Anfang der 1970er-Jahre in der Ausbildungsstätte des DED:

> »Als ich bei den künftigen Entwicklungshelfern [...] war, haben wir einmal alle die Eigenschaften zusammengetragen, von denen wir glauben, daß ein Entwicklungshelfer sie haben solle. Dabei haben wir die schwierigen Arbeitsbedingungen im Entwicklungsland bedacht, die ihn in fremder Umgebung unter fremden Menschen erwarten. Es gab eine lange Liste: Anpassungsfähigkeit, Charakterfestigkeit, Bereitschaft, sich dauernd mit Konflikten auseinanderzusetzen, Kompromißbereitschaft, pädagogisches Geschick im Umgang mit anderen Menschen, Einfühlungsvermögen, Bescheidenheit, Nicht-Überheblich-Sein, Einfallsreichtum, Gesprächsbereitschaft, Organisationsfähigkeit...«.[199]

Diese Liste ist letztlich auch repräsentativ für die nationalen und globalen Idealvorstellungen und Leitbilder, die sich an Entwicklungshelfer richteten – ob sie nun aus afrikanischen Ländern, aus den USA, Großbritannien, der Bundesrepublik Deutschland oder der DDR stammten. Sie deckte sich außerdem stark mit dem vorhergehend beschriebenen moralischen Kodex, der an Experten herangetragen wurde.

Stärker noch betont als bei Experten wurde allerdings, dass autoritäres Gehabe, Materialismus und Besserwisserei bei Entwicklungshelfern absolut unerwünscht seien; was in der Gestaltung der Lebensbedingungen durch die Entwicklungsdienste vorgegeben war, das sollte sich auch im Denken, Fühlen und Verhalten ihrer Akteure vor Ort abbilden.[200]

Bei den bundesdeutschen kirchlichen Diensten wurde außerdem noch konfessionelle Zugehörigkeit und christliche Gesinnung erwartet. Entsprechend des Paradigmenwechsels, den die beiden kirchlichen Dienste vollzogen, verschob sich im Verlauf der Zeit auch die Anfang der 1960er-Jahre noch stark betonte Bedeutung »religiöser Verankerung«[201] in Richtung psychologischer und sozialer Fähigkeiten. In signifikanter Absetzung von Missionsdiskursen, die von Tugenden wie Barmherzigkeit und

---

198 Rostenstock-Huessey, *Dienst*, S. 73.

199 Bothmer, *Projekt Afrika*, S. 107.

200 DED Merkblatt, 1963, in: PA AA Berlin Auslandsvertretungen Dar es Salaam, Tansania 8209, DED 1963–65.

201 Kurrath, »Ein Weg«, S. 39.

Nächstenliebe sprachen, wurden zunehmend christliche Solidarität und religiös motivierte zwischenmenschliche Qualifikationen gefordert. So verlangte man auch bei den konfessionellen Diensten seit Ende der 1960er-Jahre explizit Weltoffenheit, Kritikfähigkeit und im Sinne der Prämissen von *Hilfe zur Selbsthilfe* »Toleranz gegenüber andersartigen Traditionen« und auch Religionen.[202]

In Selbstbeschreibungen artikulierten bundesdeutsche Entwicklungsdienste allerdings auch eine signifikante Melange aus Elitendenken und der Stilisierung praktischer Entwicklungszusammenarbeit als eine Art Heldentat, die kaum unterscheidbar ist zu den Erwartungen, die an Experten herangetragen wurden. So wurde auch hier einerseits die angebliche Andersartigkeit und Inferiorität der Entwicklungsbedürftigen hervorgehoben und andererseits das Ziel proklamiert, *Hilfe zur Selbsthilfe* auf Augenhöhe zu praktizieren.[203] Beispielsweise ist in einer Werbebroschüre des DED von 1963 zu lesen, dass der Einsatz als Entwicklungshelfer »harte Arbeit« und ein »sehr nüchternes Abenteuer« sei, bei dem man auf »manche gewohnte Bequemlichkeit« verzichten müsste.[204] Ähnlich stellte die AGEH unabdingbare »Opferbereitschaft und Selbstlosigkeit«[205] heraus und wies darauf hin, dass diese besonders gefragt sei, wenn man sich der »Leitung von [bisweilen recht autoritären] Afrikanern unterordnen und ihre Vorstellungen und Pläne« respektieren müsse.[206] Die DÜ ließen hingegen verlautbarten, dass ein Entwicklungshelfer über einen »solchen Grad von charakterlicher Reife, Kameradschaftlichkeit und Zuverlässigkeit« verfügen müsse, dass sichergestellt sei, dass er »drei Jahre unter schwierigsten klimatischen und menschlichen Bedingungen inmitten einer fremden Kultur aushalte«.[207]

Entsprechend waren auch der Kampf gegen die angebliche Lethargie der Afrikaner und um die Aufrechterhaltung von Arbeitsproduktivität und -effizienz zentrale Themen: So gab der Entwicklungsexperte und Soziologe Jochen Schmauch 1971 dem BMZ zu Protokoll, dass Entwicklungshelfer mit einer großen »persönlichen Reife« ausgestattet sein müssten. Sie müssten psychisch stabil genug sein, sich nicht in die »häufig lethargischen

202 »Katholische personelle Entwicklungshilfe«; Gugeler, »Auswahl«, S. 50f.
203 Eine Zusammenfassung in: Ebd.; Kurrath, »Ein Weg«.
204 DED, Merkblatt, 1963, in: PA AA Berlin Auslandsvertretungen Dar es Salaam, Tansania 8209, DED 1963–65.
205 Kurrath, »Ein Weg«, S. 39.
206 Zitiert nach: Gugeler, »Auswahl«, S. 50.
207 Zitiert nach: Ebd.

Verhältnisse vor Ort verstricken zu lassen«, wenn sie sich – wie ja erwünscht – »den örtlichen kulturellen, politischen und gesellschaftlichen
Bedingungen« anpassen würden.[208]

Fast deckungsgleiche Erwartungen wie an die westdeutschen Entwicklungshelfer wurden an die jungen FDJ-*Freundschaftsbrigadisten* gestellt, obwohl ostentativ immer wieder auf den Unterschied zu *Peace Corps* und
DED hingewiesen wurde, deren Aktivisten »Neokolonialismus und Imperialismus« huldigen würden:[209] So sollten die »Botschafter im Blauhemd«[210] offen, zuverlässig, verbindlich und fröhlich sein; sie sollten sich
immer um Nähe mit den Menschen vor Ort bemühen und doch die Ziele
ihrer Arbeit vor Augen behalten.[211] Zu fachlichen Qualifikationen[212] trat
»Opferbereitschaft, Freude und Begeisterung«.[213]

Auch seelisch sollte alles zum Besten stehen. So schloss man beispielsweise die Entsendung nach einer Ehescheidung aus, da hier »psychische
Probleme« zu erwarten seien, welche die Arbeit negativ beeinträchtigen
könnten.[214] »Rassenhaß, Chauvinismus und nationale Überheblichkeit«
seien unerwünscht, wobei man aber die Arbeitstugenden der DDR hochzuhalten habe, wie »Fleiß, Tüchtigkeit und deutsche Wertarbeit«.[215] Und
nicht zuletzt wurde auch großer Wert darauf gelegt, dass in die FDJ-
Freundschaftsbrigaden nur »junge Bürger der DDR« gelangten, die durch »ihr

208 BA Koblenz B 213 BMZ 329 Auswahl und Vorbereitung der GAWI-Experten und
    Entwicklungshelfer, Berichte Jochen Schmauch 1971, S. 12; vgl. Ebd. 18304 Sitzungen
    der Arbeitsgruppe »Auswahl und Vorbereitung der Entwicklungshelfer« des DED Ver-
    waltungsrates 1971ff., DED an das BMZ Gesichtspunkte für die Beurteilung und Selbst-
    einschätzung der Entwicklungshelfer 8.12.1971.
209 BA Berlin Lichterfelde SAPMO DY 24/10658, Beschluss des Politbüros vom 14.9.1963,
    Vorlage an das Politbüro über Aufbau und Entsendung von »Brigaden der Freund-
    schaft« der DDR in andere Länder, S. 4.
210 Honecker, *Zur Jugendpolitik*, S. 210.
211 BA Berlin Lichterfelde SAPMO DY 30 IV A 2/20961 Zentralkomitee der SED,
    Internationale Verbindungen, vertraulicher Bericht über den Besuch einer FDJ-De-
    legation in der Volksrepublik Sansibar und Pemba vom 1.6.1964.
212 In der Regel lag der Anteil bei Hoch- und Fachschulabsolventen in den 1960er- Jahren
    bei 40 Prozent. Vgl. Ebd.
213 Ebd. 24/10658, Arbeitsgruppe Auslandsinformation bei der Agitationskommission des
    Politbüros, Vorlage an das Politbüro über Aufbau und Entsendung von »Brigaden der
    Freundschaft« der DDR in andere Länder, S. 6f.
214 Ebd. 24/19209 Brigade der Freundschaft Sansibar an den Zentralrat der FDJ 1969, 2.
    Halbjahr, Jürgen P., Schreiben der Brigade der Freundschaft Sansibar vom 20.12.1969,
    S. 1.
215 Ebd., S. 3.

bisheriges Verhalten ihre Treue zum Staat« bewiesen hätten.[216] Mehr oder weniger im Verborgenen gehegte Auswahlkriterien waren, dass man keine Verwandten ersten Grades in Westdeutschland, West-Berlin oder anderen »kapitalistischen Ländern« haben durfte.[217] Entsprechend dem autoritären und strengen Reglement der afrikanischen Jugenddienste wurden in Tansania, Togo und Kamerun härtere Töne angeschlagen. So hieß es gegenüber den Mitgliedern der TANU *Youth League*: »Faulheit« und »Herumtrödeln« seien unerwünscht und aufs strengste untersagt.[218] Ähnlich war an die Entwicklungshelfer der JPA in Togo gerichtet zu lesen: Sie müssten die »Arbeit lieben, diszipliniert, ordentlich, gehorsam und respektvoll sein« und nicht »störrisch und unempfänglich für die Autoritäten des Landes«.[219] Überdies hätten sie ein »natürliches Interesse« für Landwirtschaft mitzubringen und dürften keinen »Standesdünkel« hegen, der sie daran hindere, die schwere Ackerarbeit zu verrichten.[220] Junge *Community Development Worker* in Kamerun sollten »ruhig, bestimmt, freundlich und vor allem begeisternd« sein, um die »Flamme des Geistes der Entwicklung« entzünden zu können.[221] Jene Vorschriften wurden bisweilen mit auch gegenüber Experten gepflegten mehr oder weniger erfundenen ethnischen Zuschreibungen [222] verbunden: So empfahlen Ministerien in Kamerun, man solle die jungen Entwicklungshelfer vor allem aus »aufgeschlossenen und modernen Stämmen des Landes« rekru-

---

216 BA Berlin Lichterfelde SAPMO DY 24/19209 Brigade der Freundschaft Sansibar an den Zentralrat der FDJ 1969, 2. Halbjahr, Jürgen P., Schreiben der Brigade der Freundschaft Sansibar vom 20.12.1969, S. 6f.

217 Ebd. 24/10658, Arbeitsgruppe Auslandsinformation bei der Agitationskommission des Politbüros, Vorlage an das Politbüro über Aufbau und Entsendung von »Brigaden der Freundschaft« der DDR in andere Länder, S. 6f.

218 »Uhuru« vom 21.1.1965, zitiert nach: Brennan, *Blood Enemies*.

219 NAT Lomé FA Klouto 164 Rapports sur les activités de la jeunesse pionnière agricole (JPA) 1965, Chef-Instructeur de Circonscription de la JPA de Palimé an Agent de l'information Palimé, 9.6.1965, »d'aimer le travail en général puis être plus tard des citoyens disciplinés et ordonnés, [...] des citoyens obéissantes et respectueux et non des citoyenes rigides et réfractaires envers les lois et les autorités de leur pays.«

220 Ebd. Atakpame 283 L'experience de la jeunesse pionnière agricole du Togo (Monographie); Résolution des délégues des coopératives agricoles du Togo réunis en congrès à Palime vom 7.3.1962, L'expérience de la jeunesse pionnière agricole du Togo, Lomé 1962.

221 Ministry of Co-Operatives and Community Development, Policy Statement.

222 Vgl. Lentz, »Tribalismus«.

tieren wie den Fulbe aus dem Norden, keineswegs aber aus »primitiven Stämmen« wie den Baka im Südosten.[223]

Die mit Entwicklungshelfern verbundenen Erwartungen strukturierten deren Auswahl und Ausbildung. Wenn die artikulierten Tugenden nämlich als zu wenig vorhanden eingeschätzt wurden, dann sollten sie durch die Vorbereitung vermittelt oder gar anerzogen werden – und zwar bisweilen auch in *Hilfe zur Selbsthilfe*.

2.3. Schulen des engagierten Mitgefühls: Die Auswahl, Motive Ausbildung von Entwicklungshelfern

Ähnlich wie die Auswahl und Vorbereitung der bundesdeutschen Entwicklungsexperten so war auch die der Entwicklungshelfer der 1960er-Jahre von einer zunehmenden Verwissenschaftlichung und Standardisierung in Verfahren der Psychologie, Pädagogik, Soziologie, Ethnologie und Sprachschulung geprägt. Allmählich zog man Sozialarbeiter, Soziologen, Ethnologen und Psychologen zu Auswahlgesprächen und -tests hinzu. In der Ausbildung wurden Methoden der Erwachsenenbildung und die praktische Einübung der Projektarbeit anhand von Fallstudien und Simulationen üblich.

Bis weit in die 1970er-Jahre hinein war hier überdies ein geradezu alles dominierender Glaube präsent, dass Vorbereitung auch mit Erziehung zusammenhänge und dass zur Vermittlung von Techniken der *Hilfe zur Selbsthilfe* auch menschliche Reife gehöre, die – gewissermaßen ebenso im Rahmen von Selbsthilfe – aus dem Inneren des künftigen Entwicklungshelfers heraus erwachsen sollte. Die Vorbereitung für den Einsatz sei somit immer ein Akt der »Umerziehung«, den man durch »soziales Lernen in der Gruppe« am besten vorantreiben könnte, hieß es beispielsweise von psychologisch versierten Seiten in einem Evaluationsbericht für die DÜ von 1971.[224] Denn die meisten Anwärter würden von vornherein nur über sehr

---

223 Illy, *Politik und Wirtschaft*, S. 373. Vgl. zu diesem Vorgehen bereits im Spätkolonialismus: Teil I, Kapitel 4.

224 BA Koblenz B 213 BMZ 329 Auswahl und Vorbereitung der GAWI-Experten und Entwicklungshelfer, Neue Impulse für DÜ-Kurse, Rudolf J. Gramke, Exemplarisches Lernen und Entwicklung historischer Phantasie, Gutachten und Vermerke vom Januar 1971.

»mangelhafte Fähigkeiten« verfügen, andere zu verstehen und mit ihnen zusammenzuarbeiten.[225] Die Freiwilligen würden überdies – so der DED – in der Regel aus einer »persönlichen, familiären oder beruflichen Krisensituation« kommen. Der Wunsch nach einem Auslandseinsatz gründe daher oft auf dem »Versuch [...] einer Verarbeitung, Überwindung oder Distanzierung von bestehenden Verhältnissen«.[226] Daher sei für das Verhalten der Freiwilligen häufig eine »verstärkte Unsicherheit« charakteristisch und der »Verlust der Orientierung über die eigene Situation, die eigenen Möglichkeiten, Wünsche und Ziele des weiteren Lebens«.[227] Die Ausbildung zur *Hilfe zur Selbsthilfe* müsse somit selbst eine Art *Hilfe zur Selbsthilfe* sein, das aus dieser »Unsicherheit« resultierende Verhalten zwischen »Autoritätsabhängigkeit« und »übertriebenen Individualismus« zu überwinden.[228]

So formierten sich mit den Ausbildungsstätten in der Bundesrepublik Deutschland aber auch in der DDR Institutionen, die mit den in Anlehnung und Weiterführung an Michel Foucaults »Überwachen und Strafen«[229] aufgebrachten Worten Bernhard Stieglers als »Systeme der Sorge«[230] beschrieben werden können: Bei der Vorbereitung für den Auslandseinsatz war man kontinuierlich bemüht, die Beziehungen der einzelnen Auszubildenden zu sich selbst und zu anderen zu regulieren; auf einer unterschiedlichen Skala von Autoritätsgraden organisierte sich jene Vorbereitung als »Dispositiv der Überwachung [und] Kontrolle« anhand von Regeln, Sanktionen aber auch gruppenpsychologischen Übungen, die zu »Desindividualisierung« führen und zur Stabilisierung von Gruppen beitragen sollten.[231]

225 BA Koblenz B 213 BMZ 329 Auswahl und Vorbereitung der GAWI-Experten und Entwicklungshelfer, Mitbestimmung in der Vorbereitung, DED Vorbereitungsstätte Wächtersbach I. Quartal 1971, Erfahrungen bei DÜ.

226 Ebd. B 213 BMZ 18304 Sitzungen der Arbeitsgruppe »Auswahl und Vorbereitung der Entwicklungshelfer« des DED Verwaltungsrates 1971ff., Burkhard Schade, Einige psychologische und soziologische Bedingungen für das Verhalten der Freiwilligen in der Ausbildung. Referat anlässlich der Quartalskonferenz der Ausbildungsabteilung des DED, Wächtersbach, Januar 1969, S. 8.

227 Ebd.

228 Ebd., Uwe Luck, Zur Vorbereitung von Entwicklungshelfern: Diskussion von Zielen, Methoden und Problemen der Vorbereitung sowie Untersuchung über die Wirkung zweier Vorbereitungskurse auf die Teilnehmer, Diplomarbeit am Psychologischen Institut der Universität Mannheim, Sommersemester 1972, Auszüge, S. 77.

229 Foucault, *Überwachen*.

230 Stiegler, *Von der Biopolitik*, S. 91.

231 Ebd.

Die Auswahl

Den elitären Gestus von Entwicklungshilfe gewissermaßen als Heldentat schrieb der DED auch in seinen Merkblättern zum Auswahlverfahren fort. So ist für das Jahr 1963 zu lesen: »Erst wenn wir wissen, was Sie leisten, können wir entscheiden, für welche Aufgaben Sie geeignet sind.«[232] Allerdings beklagten viele Mitarbeiter auch, dass es beim DED wie bei den anderen bundesdeutschen Entwicklungsdiensten nicht hinreichend standardisierte Verfahren zur Auswahl gebe. Wie für Experten, so wurde auch für Entwicklungshelfer moniert, dass vieles doch recht »informell« ablaufe und Entscheidungen unter der Beteiligung von »Nicht-Fachleuten« getroffen würden. Erst allmählich würden »Anstrengungen unternommen, psychologische Auswahlverfahren zu verwenden und auf ihre Gültigkeit hin zu prüfen«.[233]

Seit Mitte der 1960er-Jahre wurden die Auswahlverfahren bei den westdeutschen Entwicklungsdiensten schließlich zunehmend formalisiert: Dabei ging es nicht zuletzt darum, die Biographien der Bewerber zu durchleuchten und sie psychologisch zu beurteilen. Denn ihre Lebensweise im »Heimatland« gebe »wertvolle Hinweise auf das Verhalten im Entwicklungsland«.[234] So sollten Psychologen die spätere »Bewährung« der Entwicklungshelfer hinsichtlich ihres »Verhältnisses zu den Menschen des Gastlandes«, ihres »Teamverhaltens« und ihres »Arbeitsverhaltens« prognostizieren. Auch sollte ausgeschlossen werden, dass den jungen Leuten »ihre neue soziale Stellung« und die Tatsache, dass sie oft ihre *Counterparts* anleiten müssten, zu Kopf steige. Denn dies sei kontraproduktiv für das partnerschaftliche Zusammenarbeiten in der *Hilfe zur Selbsthilfe*.[235]

In der Regel waren Zeugnisse, drei Referenzen und Auskünfte über private und finanzielle Verhältnisse einzureichen.[236] War man erfolgreich, wurde man zu einem »Vorstellungstag« oder zu »Auswahlseminaren« eingeladen und dann einem Team aus Psychologen und Mitarbeitern des

---

232 PA AA Berlin Auslandsvertretungen Dar es Salaam 8209 DED 1963–1965, Merkblatt: Entwicklungshelfer im Deutschen Entwicklungsdienst, Bonn-Bad Godesberg 1963.

233 Joergens, »Experten«, Sp. 1134. Vgl. auch die Positionen des Sammelbandes: Torre, *The Selection.*

234 DSE, *Probleme*, S. 41; BA Koblenz B 213 BMZ 5376 Arbeitsgruppe »Auswahl und Vorbereitung der Entwicklungshelfer« 1972–1976, Verwaltungsratssitzung des DED vom 27.2.1976, Gegenüberstellung der Auswahlmodalitäten der Entwicklungsdienste.

235 Umbach, »Vorschläge«. Vgl. Pscherer, »Gibt es den idealen Entwicklungshelfer?«

236 Britsch, »Verfahren«, S. 63f.

Dienstes vorgestellt.[237] In Gesprächen wurden auch länderspezifische Aspekte berücksichtigt, denn in den 1960er-Jahren wurde beim DED die Auswahl vor allem an den geplanten Projekten orientiert.[238] Und für die ›besondere‹ Herausforderung, ins tropische Afrika zu gehen, wurden die Wenigsten für geeignet erachtet. Es folgten Gruppengespräche, Einzelarbeit – wie die Abfassung eines Aufsatzes zu einem entwicklungspolitischen Thema – und Teamarbeit, beispielsweise die Planung eines *Hilfe-zur-Selbsthilfe*-Projekts. Hierbei wurden die Bewerber mit Noten und nach Kategorien wie »Teamfähigkeit, Zielstrebigkeit, Einfühlungsvermögen und produktiven Enthusiasmus« bewertet.[239] Die Veranstaltungen waren hochoffiziell, zumindest nach vom DED in Selbstdarstellungen veröffentlichten Bildern von Auswahlverfahren zu urteilen, die – wie die hier abgebildete Fotografie – junge Männer in Anzug und Krawatte beim angestrengten Nachdenken und Lösen von Aufgaben zeigen.

Abbildung 6: Bewerber in der Auswahltagung beim schriftlichen Test
(*Quelle: DED, Erster Bericht, S. 44f.*)

---

237 DSE, *Probleme*, S. 9. Dabei orientierte man sich auch an länderspezifischen Eignungskriterien: DED, *Erster Bericht*, S. 42.
238 Hein, *Die Westdeutschen*, S. 89.
239 DSE, *Probleme*, S. 9f., 13.

Aufgrund des um 1970 kontinuierlich ansteigenden »Bewerberandranges« beim DED[240] plädierten die Verantwortlichen dafür, vermehrt die »Beweggründe« für Bewerbungen festzustellen, um eine Vorauswahl treffen zu können.[241] Dieses Anliegen erhielt im Mai 1972 aufgrund eines aktuellen Anlasses eine neue Brisanz: In Bolivien waren Entwicklungshelfer des DED inhaftiert worden, die sich an Demonstrationen gegen die dort herrschenden politischen Verhältnisse beteiligt hatten. Der Entwicklungsdienst geriet ins Kreuzfeuer konservativer Kritik: Er sei »eine Zufluchtsstätte von linksrevolutionär Programmierten« geworden, welche »aktiv zugunsten linker Systemumstürzler in die innerpolitischen Auseinandersetzungen der Entwicklungsländer« eingreifen wollen würden.[242]

Doch stellten Psychologen in Auswahlverfahren eher häufig fest, dass gerade die mangelnde politische Motivation unter den Entwicklungshilfe-Anwärtern ein Problem sei.[243] Oft gehe es gar nicht um die Sache der Entwicklungshilfe an sich. Hingegen würden persönlich-biographische Motive dominieren, wie die »Flucht aus einem strengen Elternhaus.«[244] Manchmal sei überdies ein regelrecht »gefährlicher Intellektualismus« vorhanden; dort, wo »einfachstes mitmenschliches Verhalten geboten« wäre, würden die jungen Leute »komplizierteste gedankliche Gebäude« entwickeln.[245] Psychologen der AGEH bemängelten hingegen mangelnden Idealismus. Vielen gehe es beim Auslandseinsatz um »Sicherheit, beruflichen Aufstieg,

---

240 Bis 1967 hatten insgesamt 58.000 Bundesbürger eine Bewerbung an den DED gerichtet. Vgl. »DED – Immer bescheiden«, S. 56. Allein im Jahr 1974 lag dann die Bewerberzahl schon bei knapp über 50.000, was vermutlich nicht zuletzt mit den ansteigenden Arbeitslosenquoten zu tun hatte. BA Koblenz B 213 BMZ 5376 Arbeitsgruppe »Auswahl und Vorbereitung der Entwicklungshelfer« 1972–1976, Verwaltungsratssitzung des DED vom 27.2.1976, Gegenüberstellung der Auswahlmodalitäten der Entwicklungsdienste.

241 Ebd. 329 Auswahl und Vorbereitung der GAWI-Experten und Entwicklungshelfer, Protokoll der DED Regionalkonferenz in Asien November 1970.

242 Ebd. 5376 Arbeitsgruppe »Auswahl und Vorbereitung der Entwicklungshelfer« 1972–1976, III B 4-T 8480 BMU Bonn, 17.5.1971, Nachrichten aus der CSU-Landesgruppe im Deutschen Bundestag vom 18.7.1972.

243 Ebd., Aktennotiz 1974, psychologisches Gutachten zur Motivation künftiger Entwicklungshelfer. Vgl. hierzu bereits 1968: Umbach, »Über Motivation«, S. 28.

244 BA Koblenz B 213 BMZ 5376 Arbeitsgruppe »Auswahl und Vorbereitung der Entwicklungshelfer« 1972–1976, Aktennotiz 1974, psychologisches Gutachten zur Motivation künftiger Entwicklungshelfer.

245 Ebd., Berichte Jochen Schmauch 1971, S. 14.

materielle Anreize« und einen »persönlichen Gewinn«.[246] Die »soziale und kreative Intelligenz« der Bewerber sei »bedenklich unterentwickelt«; man habe »nette Leute, aber wenig gute«, denn meist sei die »persönliche und soziale Reife nicht ausreichend«.[247]

Aufgrund der »menschlichen Defizite«, die Psychologen der bundesdeutschen Entwicklungsdienste auch bei bereits angenommenen Bewerbern immer wieder konstatierten, plädierten die Gutachter seit 1974 nahezu einhellig dafür, dass die Vorbereitung der Entwicklungshelfer einen »gemeinsamen sozialen Lernprozess« beinhalten müsse. Man müsse die »gesellschaftliche Bedingtheit von Konflikten« vermitteln. »Individualismus« sollte dem Gemeinschaftssinne weichen. Als besonders »therapiebedürftig« galten »Schuldkomplexe«, die Kindern autoritärer Eltern attestiert wurden. Sie würden ihre Komplexe dann leicht auf die Menschen im Einsatzland übertragen. Das fatale Resultat sei, dass vieles an der dort erfahrenen Unterentwicklung auf das »Verschulden« der lokalen Bevölkerung zurückgeführt würde.[248] Im Durchschnitt kann man sagen, dass in den 1960er-Jahren beim DED alljährlich ungefähr 5.000 Bewerber zum Auswahlverfahren zugelassen wurden, von denen etwa ein Fünftel dann die Ausreisepapiere erhielt.[249]

Die Auswahl der jungen Mitglieder der FDJ-*Freundschaftsbrigaden* war deckungsgleich mit der Auswahl der Experten: Es galt die Direktive des Politbüros vom 14.9.1963.[250] Entsprechend wurden Vorschläge durch den Volkswirtschafts- bzw. Landwirtschaftsrat sowie diverse Ministerien eingereicht.[251] Freie Bewerbungen waren an die »Arbeitsgruppe Brigaden der Freundschaft« beim FDJ-Zentralrat zu richten. Seit Mitte der 1960er-Jahre wurden Gespräche eines Mitglieds der Arbeitsgruppe mit den Vorgesetzten an den Arbeitsstellen und den Funktionären der zuständigen FDJ-Orts-

246 BA Koblenz B 213 BMZ 5376 Arbeitsgruppe »Auswahl und Vorbereitung der Entwicklungshelfer« 1972–1976, Modellentwurf für die künftige Vorbereitung der AGEH, AGEH-Vorstand Vorlage 18 c/71 vom 4.10.1971.
247 Ebd.
248 Ebd. Aktennotiz 1974, psychologisches Gutachten zur Motivation künftiger Entwicklungshelfer.
249 »DED – Immer bescheiden«, S. 56.
250 BA Berlin Lichterfelde SAPMO DY 24/13292, Direktive zur Auswahl und Vorbereitung der Kader für einen Einsatz bei den »Brigaden der Freundschaft« vom 14.9.1963. Vgl. Gödeke, *Zwischen brüderlicher Hilfe*, S. 39–42.
251 BA Berlin Lichterfelde SAPMO DY 24/10658, Verantwortlichkeiten für die Kadersuche.

gruppe geführt, um zu erörtern, ob sich »der Freund« oder »die Freundin« zur Entsendung eigne.[252] Anwärter nahmen in der Regel an einer zweitägigen Auswahltagung teil. Hier wurden Prüfungsdebatten und Wissenstests zur Geschichte der SED und FDJ sowie zu außenpolitischen Fragen abgehalten. Auch Motive spielten eine große Rolle; sie mussten in einem Aufsatz niedergeschrieben werden, der meist dem MfS zur Begutachtung weitergereicht wurde.[253]

Die afrikanischen Jugenddienste kannten weder einen Bewerberandrang noch Auswahlverfahren. Hierfür waren in der Frühzeit der Postkolonien solche Dienste viel zu unbekannt und vermutlich auch zu unattraktiv. In den letzten Jahren vor dem formellen Eintreten der Unabhängigkeit hatte man meist die Kinder von einheimischen Experten rekrutiert. Diese Praxis wurde durchaus beibehalten. Weiter sprach man potenzielle Entwicklungshelfer in ihren Schulen und Arbeitsstellen, während der Zeit ihres Wehrdienstes und bisweilen auch in Strafanstalten an, in denen sie für kleinere Delikte (wie Diebstahl und Betteln) Haftstrafen verbüßten.[254] Gerade solche jungen Straftäter sollten durch Selbsthilfe in der Entwicklungsarbeit ›gebessert‹ werden und zu einem der Allgemeinheit zuträglichen Leben finden.

Wie sah nun die Vorbereitung in den Entwicklungsdiensten aus?

Hilfe zur Selbsthilfe beim Lernen: Die Vorbereitung in den westdeutschen Entwicklungsdiensten der 1960er-Jahre

Der DED bildete zwischen 1965 und 1977 auf Schloss Wächtersbach im Spessart, das die Fürsten von Ysenburg und Büdigen günstig zur Verfügung gestellt hatten, und seit 1966 zusätzlich in Berlin-Kladow aus.[255] Entwicklungshelfer der AGEH wurden – je nach Berufsgruppe – als Landwirte an der Deutschen Landjugendakademie vorbereitet, als Handwerker

252 BA Berlin Lichterfelde SAPMO DY 24/19208 Brigade der Freundschaft Sansibar an den Zentralrat der FDJ 1969, Bericht der Arbeitsgruppe »Brigaden der Freundschaft« Wolfgang Böhme an den Zentralrat der FDJ vom 18.3.1969, S. 6f.

253 Ebd. 24/10658, Unterlagen über Auswahltage für die »Brigaden der Freundschaft« 1964ff.

254 Zu Kamerun bspw.: Illy, *Politik und Wirtschaft*, S. 337. Vgl. auch: Teil I, Kapitel 4.

255 BA Berlin Lichterfelde SAPMO DY 24/10658, Neue Impulse für DÜ Kurse Januar 1971, Vermerk. Während ihrer Vorbereitung erhielten die Freiwilligen neben Kost und Logis ein Taschengeld von 150,-- DM im Monat: Ries, »Die deutschen Entwicklungsdienste«, S. 30.

am Köln-Deutzer *Institut für Entwicklungshelfer* oder, wenn sie aus sozialen Berufen kamen, am Freiburger *Seminar für Sozialarbeit in den Entwicklungsländern*, das vom Deutschen Caritasverband getragen wurde.[256] Die DÜ schickten zur Vorbereitung ans *Studentische Überseekolleg* in Hamburg und an die *Großnerschen Missionsgesellschaft* in Mainz.[257]

Vertragliche Grundlagen waren jeweils eine »Ausbildungsvereinbarung«, die »Vorläufige Ordnung für Freiwillige« und dann letztlich bei absolvierter Ausbildung der »Überseedienst-Vertrag«. Die Dokumente schrieben jeweils Rechte, Pflichten sowie Ausbildungsprinzipien fest.[258] Im Einsatzland wurde die Ausbildung bisweilen durch mehrwöchige Einweisungen vor Ort abgeschlossen.[259]

In den beim DED in der Regel ein halbes Jahr dauernden Vorbereitungskursen wurde manch Praktisches quer der Berufsausbildungen und Geschlechterrollen vermittelt: Sekretärinnen lernten das Zimmern von Regalen, Krankenschwestern, wie man einen Mopedmotor wieder in Gang bringt, und Techniker, wie man in selbstgemauerten Öfen Brot backt.[260] Weiter wurde sprachliches, länderkundliches, psychologisches und sozialwissenschaftliches Wissen vermittelt. Nicht zuletzt sollten projektbezogen »zielführende Einstellungen und Verhaltensweisen« gelehrt werden.[261]

Es galten die Prinzipien »Lernen durch Tun« sowie »Selbstverantwortung«: Wie beim Konzept der *Hilfe zur Selbsthilfe* selbst sollte das »Schüler-Lehrer«-Verhältnis vermieden werden, um keine »falsche Hierarchie« aufkommen zu lassen. Hingegen sollten die künftigen Entwicklungshelfer »selbstverantwortlich« in die Pflicht genommen werden. Ein weiteres und nicht weniger maßgebliches Ausbildungsprinzip war »Selbstbeherrschung«. Hier sollte der Wert der Disziplin im Umgang mit Alkohol, sexuellen Beziehungen und etwa bei der Verarbeitung einer Lebens- und Arbeitskrise vermittelt werden.[262] Nach jedem Ausbildungslehrgang erstellten Psychologen wiederum Kurzgutachten und Beurteilungen, die auch deutliche

---

256 Hein, *Die Westdeutschen*, S. 90.
257 BA Koblenz B 213 BMZ 329 Auswahl und Vorbereitung der GAWI-Experten und Entwicklungshelfer, Neue Impulse für DÜ Kurse Januar 1971, Vermerk mit Protokollen der DÜ-Archiv Bonn, Bd. Mitgliederversammlung 1–21, Protokoll der AG DÜ vom 8.11.1960 bis 5.10.1961, 5.10.1961.
258 DED, *Erster Bericht*, Anhang B und C.
259 Kuhn, »Einführungskurse«.
260 »DED – Immer bescheiden«, S. 56.
261 DED, *Erster Bericht*, S. 48.
262 Ebd., S. 59f.

Einschätzungen erhielten wie »Intelligenz mittelmäßig«, »gutes intellektuelles Niveau«, »ruhig und strebsam«, »gleichmäßig freundlich« oder »geeignet für Führungsaufgaben«.[263]

Gerade im Länderkunde-Unterricht wurden Stereotypisierungen und Pauschalisierungen häufig mehr gepflegt als korrigiert:[264] Ein zentraler Lehrinhalt war beispielsweise die »Psychologie zu Wesen und Verhaltensweisen« der Menschen in den Einsatzländern.[265] Hier folgte man weitgehend ungebrochen den an Rassismus grenzenden kolonialen Bemühungen, die geistige Konstitution der *Counterparts* – beispielsweise durch Reflexion über ein »African Mind« – zu kartieren und damit einschätzbarer zu machen.[266]

Beim Sprachunterricht bediente man sich der seinerzeit aktuellsten Technik: dem Sprachlabor.[267] Didaktisch auf dem neuesten Stand veranstaltete man Gesprächsrunden und Planspiele, die immer wieder auch auf die Lösung zwischenmenschlicher Konfliktsituationen abzielten. Hier sollten soziale Qualifikationen eingeübt werden, die für *Hilfe zur Selbsthilfe* als grundlegend galten. Erklärtes Ziel war, den Entwicklungshelfern auch methodisch soziale »Grundlagen für ihr Verhalten beim Zusammenleben mit Menschen einer anderen Kultur zu vermitteln«.[268] Weiter waren Praxiszeiten in Ergänzung zur beruflichen Qualifikation zu absolvieren, beispielsweise im Bereich der Tropenmedizin oder der tropischen Landwirtschaft.[269] Alle Anwärter hatten überdies Sozial- und Hauspraktika zu meistern: Das Sozialpraktikum fand in Heimen für »schwererziehbare« Kinder, Obdachlosenasylen, Altersheimen, »Zigeunerlagern« oder anderen Sozial-

---

263 PA AA Berlin, Auslandsvertretungen Dar es Salaam 8209, DED 1963–1965, Beurteilung der Teilnehmer des 4. Ausbildungslehrganges im Jahr 1964 der für Tanganjika vorgesehenen Entwicklungshelfer, S. 1f.

264 DED, *Erster Bericht*, S. 55, 58. Mitte der 1960er-Jahre sah der Ausbildungsplan für Sprachausbildung 340 Zeitstunden vor, für Unterricht über den DED und die Entwicklungspolitik der Bundesrepublik 28 Stunden, für Praktika 120 Stunden, für Landes- und Kulturkunde und Projektarbeit 50 Stunden, für politische Bildung und Landeskunde 34 Stunden, für Tropenhygiene und Tropenkrankheiten 34 Stunden, für den Erste-Hilfe-Kurs 16 Stunden, für Sport, Freizeitgestaltung und Haushaltsführung insgesamt 50 Stunden.

265 BA Koblenz B 213 BMZ 329 Auswahl und Vorbereitung der GAWI-Experten und Entwicklungshelfer, Vorbereitungslehrgänge, Aufstellung I. Quartal 1971.

266 Vgl. ausführlicher hierzu: Teil I, Kapitel 3 und 4.

267 Vgl. Katz/Fodor, *The Structure*.

268 DED, *Erster Bericht*, S. 48.

269 Ebd., S. 51.

einrichtungen statt. Hierbei sollten sich die zukünftigen Entwicklungshelfer »völlig neuen sozialen Milieus und Arbeitsumgebungen« anpassen und lernen, mit »ungewohnten und schwierigen Situationen fertig zu werden.«[270] Das Hauswirtschaftspraktikum auf Schloss Wächtersbach sollte dazu dienen, in Selbsthilfe Haushaltsführung zu lernen. Denn man unterstellte den Kindern bundesdeutscher Mittelstandsfamilien, sie würden in der Regel weder putzen, kochen noch Wäsche waschen können. Hierbei sollte allerdings auch die »Haushaltsführung in den Tropen« simuliert werden. Es sei unabdingbar, dort auch mit »einfachsten Mitteln zurechtzukommen«. Da die Entwicklungshelfer vor Ort sich »selbständig versorgen« müssten, hätten sie dies zu lernen.[271] Ein allmorgendliches Sportprogramm war Vorschrift. Denn »die Umwelteinflüsse und das oft monotone Arbeitsleben« in den Tropen könnten die körperliche Leistungsfähigkeit absinken lassen, wogegen regelmäßige »Leibesübungen« helfen würden. Sport sei überdies eine »gute Kontaktmöglichkeit zur Bevölkerung« des Gastlandes.[272] Gleiches galt für »Spielen, Musizieren und Werken«, worin ebenfalls Unterricht erteilt wurde.[273] So mancher Entwicklungshelfer lernte, dass er nur »minimalste Erwartungen« mit seinem Einsatz verbinden dürfe und vieles improvisieren müsste.[274]

Die vielfach von den künftigen Entwicklungshelfern geäußerte Kritik an der Vorbereitung des DED auf Schloss Wächtersbach lässt darauf schließen, dass zahlreiche Anwärter sich hier »Dispositiven der Überwachung« ausgesetzt sahen, die auf »Desindividualisierung« und die Ausbildung eines Korpsgeistes abzielten.[275] Dies vermitteln jedenfalls zahlreiche veröffentlichte Erinnerungen. Es wurde moniert, die Ausbildung hätte letztlich doch einen autoritären Stil der Wissensvermittlung kultiviert, der sehr verschult gewesen sei. Überdies hätte es ein strenges Zeitreglement und kaum Möglichkeiten zur eigenen Gestaltung gegeben, zumal der Vorbereitungsvertrag alle zur Teilnahme an sämtlichen Veranstaltungen ausdrücklich verpflichtete.[276] Man hätte bereits vor sieben Uhr am Morgen Frühsport treiben müssen. Auch die Abende seien durch Unterrichts-

---

270 DED, *Erster Bericht*, S. 51.
271 Ebd.
272 Ebd., S. 55.
273 Ebd.
274 »DED – Immer bescheiden«, S. 56.
275 Stiegler, *Von der Biopolitik*, S. 91.
276 Vgl. Benz, *Vor mir*, S. 22f.; Haase, *Zwischen Lenkung*, S. 124f.

einheiten oder »sinnvolle Freizeitgestaltung« verplant gewesen. [277] Der
Stundenplan hätte ob seiner Überfrachtung ganz »einfach sprachlos« gemacht. [278] Schockiert sei von manchem aufgenommen worden, dass ein
Geschäftsführer des DED Axel von dem Bussche, ein ehemaliger Wider-
standskämpfer gegen Hitler, [279] seine Einführungsansprache in der Regel
mit den Worten begann: »Die Devise lautet also: Selbstzucht, meine Herr-
schaften, Selbstzucht und noch einmal Selbstzucht!« Dabei habe er mit
seinem Gehstock auf die Holzdielen des Podiums geklopft. [280] Auch die
Atmosphäre im Schloss Wächtersbach wurde kritisiert: Sie sei mit ihren
Vorschriften zu Ruhezeiten und strikter Geschlechtertrennung der eines
»Altersheims« gleichgekommen. Man hätte überdies immer »ordentlich«
gekleidet erscheinen müssen. Bärte – in den 1960er-Jahren durchaus eine
Signatur der Jugend für progressive Einstellung – waren tabu. Das Personal sei überaus bestimmend gewesen: »Die Wächter von Wächtersbach«,
betitelte eine ehemalige Entwicklungshelferin ihre Erinnerungen an den
Vorbereitungslehrgang. [281] Der Hausherr der Einrichtung Dietrich von
Kalckreuth, ein gelernter Jurist und Landwirt, schien für viele eine ambiva-
lente Persönlichkeit gewesen zu sein: Einerseits hätte er durch »unkon-
ventionelle Methoden zum Nachdenken« angeregt und – durchaus sinnvoll
– darauf hingewiesen, dass mancher noch sehr enttäuscht werden würde.
Denn viele der jungen Leute würden am Einsatzort bitter erfahren müssen,
nicht wirklich gebraucht zu werden. [282] Wenn es jedoch um die Haushaltsführung und »öffentliche Ordnung« auf dem Schloss ging, hätte er andererseits sehr autoritär und ohne Verständnis reagieren können: Um bisweilen
vorgekommene »unmoralische Orgien« zu unterbinden, hätte er »Nacht-
wachen« aufstellen lassen; wenn Abfall ab und an herumlag, hätte er ge-
schimpft, dass das »Verhältnis zum Müll« vieler Kursteilnehmer ein völlig
»gestörtes« sei. [283] Irene Pinkau, die für die Ausbildungspläne und Berichte
über die Anwärter des DED verantwortlich zeichnete, wurde als »resolute«
und etwas »vierschrötige Dame« mit »gusseiserner Dauerwelle« und »stren-

---

277 Benz, *Vor mir*, S. 22f.; Weizenhöfer/Müller, »Es gibt in dieser Welt«, S. 250f.;
    Schmauch, »…doch lieber gleich«.
278 Benz, *Vor mir*, S. 22.
279 Vgl. diverse Aufsätze zu seinem politischen und sozialen Wirken: Medem, *Axel von dem*
    Bussche.
280 Benz, *Vor mir*, S. 25.
281 Ebd., S. 21.
282 Beblo/Frahm/Wöhlk, »Bei Allah«, S. 45 und 50.
283 Ebd., S. 45.

gem, hellgrauen Schneiderkostüm mit weißer Bluse« erinnert, die bei
»Verfehlungen« mit Entlassungsandrohungen nicht gespart hätte.[284] Der
Ausbilder für Sport und Landeskunde Walter J.
Gehring wurde hingegen
als »asketisch« und mit einer »an den Seiten geschorenen Frisur aus dem
Tausendjährigen Reich« beschrieben.[285] Im Sport sei er gnadenlos gewesen,
hätte keine Schwäche geduldet und immer wieder bemerkt, man würde
noch »dankbar« an die Ausbildung zurückdenken, wenn man in einer
»gefährlichen Situation im Busch geschwind davonlaufen« müsse. Im
Landeskundeunterricht hätte er keine Mühen gescheut, seine Behauptung
zu untermauern, dass die afrikanischen *Counterparts* aufgrund ihrer »dunklen Hautfarbe« gerne »die Arbeit schwänzen« würden, »um Tanzorgien zu
feiern«.[286]

Mögen solche Schilderungen auch dem Duktus selbstironischer Erinnerungen geschuldet sei, ist dennoch festzuhalten, dass offensichtlich
vieles an der Vorbereitung im DED zu Unwillen und Kritik führte. In der
Tat brach so mancher die Ausbildung ab.[287]

Die für die Vorbereitung Verantwortlichen monierten hingegen, dass
sich in den Kursen – trotz ausgiebiger Vorauswahl – äußerst problematische Verhaltensweisen der Teilnehmer zeigen würden, wie »psychische
Regression« und das Nachholen der »Spielphase«.[288] Auch seien Besucher
der Ausbildungsstätten häufig durch die allzu »saloppe Kleidung oder zu
unbekümmertes Sich-Geben« vor den Kopf gestoßen worden.[289] Nicht
zuletzt beklagten Psychologen Geschlechter- und Familienproblematiken
innerhalb der Lehrgänge: Begleitende Ehefrauen würden sich bisweilen
extremen Gefühlen hingeben. Die einen seien zu »ängstlich« und würden
ein Gefühl der »Ratlosigkeit und des Nicht-Dazu-Gehörens« pflegen. Die
anderen seien »übertrieben mutig« und würden ständig ihrem Mann dazwi-
schenreden und alles besser wissen.[290] Man habe es überdies mit der geradezu paradoxen Situation zu tun, einerseits Solidarität und Gruppen-
bewusstsein der Teilnehmer untereinander vermitteln zu wollen, andererseits auf das Verständnis der Gruppe zu bauen, wenn Mitglieder als »un-

284 Benz, *Vor mir*, S. 16, 29.
285 Ebd., S. 23.
286 Ebd.
287 BA Koblenz B 213 BMZ 329 Auswahl und Vorbereitung der GAWI-Experten und
    Entwicklungshelfer, BMZ an GAWI vom 10.8.1971.
288 Ebd., Berichte Jochen Schmauch 1971, S. 14.
289 Ebd., S. 11f.
290 Ebd., Referat Odenbruch auf einem Seminar des BMZ und der DSE vom 1.1.1970.

brauchbar ausgemustert« wurden. Immer wieder käme es hier zu »Solidarisierungen mit den Betroffenen« und »Misstrauen gegenüber den Lehrkräften«.[291]

Von konservativer Seite war wiederum zu vernehmen, dass man in der Vorbereitung des DED schier gar nichts mehr lerne: So schrieb beispielsweise Gerhard Preuß, Ministerialrat des BMZ, im Jahr 1970, dass man viel zu viel über die Form der Ausbildung diskutiere, wobei die »konkreten Bedingungen im Gastland« überhaupt nicht zum Tragen kämen. Wichtige Landeskunde und Sprachunterricht würden von den Kursteilnehmern hingegen als »ideologisches Monopolwissen« abgetan.[292]

Interne Papiere des DED wiederum hoben hervor, dass »Aktivismus, Verbalismus oder mangelnde Kooperationsbereitschaft« der Auszubildenden[293] Anlass gäben, über Reformen in der »Lernmotivation« nachzudenken.[294]

Am Klausenhof galten für künftige Entwicklungshelfer der AGEH und der DÜ unter dem damaligen Leiter Schmauch Erziehungsziele zur »Ehrfurcht vor der Würde und der Freiheit des Menschen«,[295] die durchaus auf den Kern der *Hilfe zur Selbsthilfe* abzielten. Ähnlich wie beim DED etablierte man Methoden wie ›learning by doing‹ und Gruppenarbeit, um die Selbstständigkeit zu fördern.[296] Dennoch stellte 1971 ein Bericht des BMZ für Entwicklungshelfer unter der Obhut der AGEH fest, dass die meisten von ihnen am Einsatzort »ohne nötige soziale Kompetenzen« mit einer Art »genialen Dilettantismus« vor sich hin »wursteln« würden und dass das einer mangelhaften Vorbereitung zuzuschreiben sei. Man müsse künftig verstärkt darauf achten, Techniken für die »Recherche und Diagnose sozia-

291 BA Koblenz B 213 BMZ 5376 Arbeitsgruppe »Auswahl und Vorbereitung der Entwicklungshelfer« 1972–1976, Verwaltungsratssitzung des DED vom 27.2.1976, Gegenüberstellung der Auswahlmodalitäten der Entwicklungsdienste.

292 Ebd. 329 Auswahl und Vorbereitung der GAWI-Experten und Entwicklungshelfer, Bericht des BMZ, Ministerialrat Gerhard Preuß zu einem Ausbildungslehrgang des DED November 1970.

293 Ebd. 5376 Arbeitsgruppe »Auswahl und Vorbereitung der Entwicklungshelfer« 1972–1976, Aktennotiz 1974, psychologisches Gutachten zur Motivation künftiger Entwicklungshelfer.

294 Ebd. 329 Auswahl und Vorbereitung der GAWI-Experten und Entwicklungshelfer, Gutachten der Bildungsabteilung des DED 1971, S. 5. Hier Bezug auf: Deutscher Bildungsrat, Gutachten, S. 193ff.

295 Selbstdarstellungspapier der AGEH von 1961, zitiert nach Hein, *Die Westdeutschen*, S. 68.

296 Vgl. Ebd., S. 69.

ler Verhältnisse« im Einsatzland anzutrainieren.[297] Vor dem Hintergrund der Kritik an der Vorbereitung bundesdeutscher Entwicklungsdienste wurde diese seit 1971 sukzessive verändert.

Simulation und ›Slumming‹: Die Vorbereitung ab 1971

So führte die AGEH ab 1971 Intensivkurse durch, die Planspiele mit »aktiver Beteiligung der einheimischen Partner« zum Gegenstand hatten. Hier sollte erlernt werden, »wie man sich Informationen beschafft, wie Menschen ihre eigenen Probleme sehen und artikulieren, wie man Gruppen aktiviert und wie man mit ihnen arbeitet, damit sie selbständig werden.«[298] Unter den Lernpsychologen Rudolf Gramke und Gerd Nikoleit setzten die DÜ auf ähnliche Methoden. Man verzeichnete erste Erfolge: Die Teilnehmer seien nun wesentlich »reflektierter, höflicher« und mehr um das Wohl sowie die Wünsche des Gegenüber bedacht als vorher.[299]

Ebenfalls neue Akzente setzte künftig der DED. [300] Mit Jochen Schmauch als Berater hatte man einen expliziten Verfechter moderner Pädagogik gewonnen, der sich bereits in den 1950er-Jahren für »zeitgemäße Erwachsenenbildung« eingetreten war.[301] Überdies war Schmauch 1967 mit seiner Publikation »Herrschen oder helfen?« als Kritiker von ›top down‹-Entwicklungspraktiken und Verfechter der *Hilfe zur Selbsthilfe* hervorgetreten.[302] Unter ihm bildete sich eine dem BMZ, der GAWI und dem DED gleichermaßen zugeordnete Arbeitsgruppe, die sich immer wieder auf Theoretiker der *Hilfe zur Selbsthilfe* bezog und sich mit Erfahrungsberichten aus der Praxis befasste. Man erklärte, künftig die »Mitwirkung

297 BA Koblenz B 213 BMZ 329 Auswahl und Vorbereitung der GAWI-Experten und Entwicklungshelfer, Gutachten der Bildungsabteilung des DED 1971.
298 Schmauch, »›…doch lieber gleich‹«, S. 11f.
299 BA Koblenz B 213 BMZ 329 Auswahl und Vorbereitung der GAWI-Experten und Entwicklungshelfer, Neue Impulse für DÜ-Kurse, Rudolf J. Gramke, Exemplarisches Lernen und Entwicklung historischer Phantasie, Gutachten und Vermerke vom Januar 1971.
300 Ebd., Mitbestimmung in der Vorbereitung DED Vorbereitungsstätte Wächtersbach I. Quartal 1971.
301 Schmauch, »›…doch lieber gleich‹«. Vgl. Pöggeler/Schmauch, *Freiheit*, S. 30f. Vgl. zur Biographie: Hein, *Die Westdeutschen*, S. 68.
302 Schmauch, *Herrschen*.

und Mitverantwortung« bei den Entwicklungshelfern an der Gestaltung der Ausbildung stärker als bisher zur Geltung bringen zu wollen.[303] Auch für diese Reformen waren die Initiativen des – bereits im Zusammenhang mit der Auswahl und Ausbildung bundesdeutscher Experten erwähnten – BMZ-Referenten und Soziologen Hansjörg Elshorst grundlegend.[304] Man sah es durchaus als ministerielle Angelegenheit an, dass der DED künftig konsequenter bei seinen Entwicklungshelfern die »Fähigkeit zur Anpassung an andere Kulturen« fördere.[305] Durch gezielte und kontrollierte »Verunsicherungen« innerhalb von Gruppengesprächen sollten Tutoren Widerspruch, Eigeninitiative und eine »gruppen-dynamische Mobilisierung« erreichen, die jene »interkulturelle Offenheit« befördern könnten.[306] Die Ausbildung im Einsatzland sollte ausgeweitet werden.[307] So wurde im Dezember 1972 beschlossen, die Vorbereitung im Gastland mindestens vier Wochen lang dauern zu lassen. Hier sollten vermehrt »einheimische« *Counterparts* mitarbeiten. Ziel war die Herstellung einer Situation von »lernenden Lehrenden«, die künftigen möglichen Konflikten und einer »zu starren Rolle« von Entwicklungshelfern als Lehrende vorbeugen sollte.[308] Die Beschwerden besorgter Eltern über die sich nun angeblich eingestellte »Gammelei« beim DED und die »verkrachten Existenzen«, welche die Jugendlichen ausbilden würden,[309] wurden geflissentlich überhört.

Auch das Sprachlabor wurde nun stärker hinterfragt: So berichtete Schmauch 1971, dass bei den Lernenden bereits nach wenigen Wochen »auffällige Repressionserscheinungen« auftreten würden; statt mit den

---

303 BA Koblenz B 213 BMZ 329 Auswahl und Vorbereitung der GAWI-Experten und Entwicklungshelfer, Berichte Jochen Schmauch 1971, S. 13.

304 Vgl. Teil II, Kapitel 1.3.

305 BA Koblenz B 213 BMZ 5483 Berichte über Fachkräfte der technischen Hilfe 1971, Schreiben an das Referat III B/4 vom 23.3.1971.

306 Ebd. B 213 BMZ 329 Auswahl und Vorbereitung der GAWI-Experten und Entwicklungshelfer, Neue Impulse für DÜ-Kurse, Rudolf J. Gramke, Exemplarisches Lernen und Entwicklung historischer Phantasie, Gutachten und Vermerke vom Januar 1971.

307 Kuhn, »Einführungskurse«.

308 BA Koblenz B 213 BMZ 5376 Arbeitsgruppe »Auswahl und Vorbereitung der Entwicklungshelfer« 1972–76, Arbeitsgruppe des DED und des BMZ Beschlussentwurf zur Ausbildung von Entwicklungshelfern vom 14.12.1972; Ebd. 18304 Sitzungen der Arbeitsgruppe »Auswahl und Vorbereitung der Entwicklungshelfer« des DED Verwaltungsrats 1971ff., Zwischenbericht der Regionalgruppe Kenia/Tansania vom 13.11.1975.

309 Ebd., Schreiben Walter M. an das BMZ vom 15.2.1974.

»Bändern zu arbeiten« hätten die künftigen Entwicklungshelfer diese für »allerlei Späße« benutzt; eine solche Flucht in »kindliche Verhaltensweisen« sei ein »offensichtlicher« Hinweis darauf, dass die Studierenden nicht mehr in der Lage gewesen seien, »sich dem ständigen Stress« zu unterwerfen.[310] Die »Unfähigkeit der Maschine, Antworten zu geben« mache das Lernen sehr monoton und einseitig. Ambitionen, sich durch Eigenengagement und Selbsthilfe die Fremdsprache anzueignen, würden dabei im Keim erstickt. Die Fremdsprachenbildung sollte künftig ganz ins Ausland verlagert[311] und mit »Cross-Cultural-Training« erweitert werden, um die Arbeits- und Lebenswelt des Einsatzlandes, die nicht hinreichend »im sozialpsychologischen Labor« Deutschland simuliert werden könne, erfahrbar zu machen.[312]

Bei der Einführung von Debatten über die Erfahrungen ehemaliger Entwicklungshelfer als Ausbildungsinhalt sei überdies aufgefallen, dass die Berichtenden ihre Erzählungen oft dazu »benutzt« hätten, ihre »eigenen Bedürfnisse und Probleme« mitzuteilen. Es habe sich gezeigt, dass man darin gescheitert sei, zwischen der »eigenen Umwelterfahrung«, den daraus resultierenden persönlichen Einstellungen und der »anderer Menschen und Kulturen« zu differenzieren. Eine mehr oder minder »unbewusste Vermischung« von subjektiven mit objektiven, von ichbezogenen und fremdbezogenen Inhalten« sei hier frappierend zu Tage getreten.[313] Besonders in den Ländern, die mit viel »Aura, Mythen und Klischees belastet« seien – wie Tansania mit den Massai, dem Berg Kilimandjaro und der Serengeti mit ihren wilden Tieren – sei es vorgekommen, dass »gerade neu angekommene Entwicklungshelfer bei der Beurteilung von Projektsituationen undifferenzierten« Vorstellungen anhängen würden, die den Prämissen des DED und der *Hilfe zur Selbsthilfe* zutiefst entgegen stünden. Und jene an »Rassismus grenzenden Vorurteile«[314] würden auch erst – wenn überhaupt

---

310 BA Koblenz B 213 BMZ 329 Auswahl und Vorbereitung der GAWI-Experten und Entwicklungshelfer, Berichte Jochen Schmauch 1971, S. 9.

311 Ebd., S. 7.

312 Wald, »Plädoyer«, S. 11. Vgl. BA Koblenz B 213 BMZ 329 Auswahl und Vorbereitung der GAWI-Experten und Entwicklungshelfer, Überlegungen zur Vorbereitungskonzeption von Jochen Schmauch, 10/1971, S. 12.

313 Ebd. 5376 Arbeitsgruppe »Auswahl und Vorbereitung der Entwicklungshelfer« 1972–76, Arbeitsgruppe des DED und des BMZ Beschlussentwurf zur Ausbildung von Entwicklungshelfern vom 14.12.1972, Vorbereitungsteilnehmer des I. Quartals 1974, Änderungsantrag zum »Eignungsgespräch«.

314 Ebd. 329 Auswahl und Vorbereitung der GAWI-Experten und Entwicklungshelfer, Berichte Jochen Schmauch 1971, S. 7.

– sehr langsam abgelegt, so sagte im Jahr 1973 der Leiter der Regionalkonferenz des DED Wolf Henning von Bismarck.[315] Um dem zu begegnen, sollten schon bei der Grundausbildung der Entwicklungshelfer Institutionen und Organisationen der Gastländer stärker eingebunden werden.[316] Das komme zudem den Wünschen der *Counterparts* entgegen, die häufig ihre »Verwunderung« gezeigt hätten, dass sie nur wenig bei der Vorbereitung der jungen Deutschen beteiligt seien.[317] Die Vorbereitungslehrgänge sollten überdies regelmäßig durch externe Psychologen und Beamte des BMZ evaluiert werden.[318]

Im Jahr 1974 erließ die Stabsstelle des DED schließlich ein vierstufiges Seminarverfahren: Ganz im Sinne der Leitlinien von *Hilfe zur Selbsthilfe* artikulierte der DED als Ziel dieser Seminare das Training in Gesprächs- und Verhaltenstechniken zur Hebung des »Selbstwertgefühls« von »Außenseitern« und »unteren Schichten«, damit diese künftig stärker »ihre eigenen Belange in Eigenverantwortung« übernehmen könnten.[319] In einer ersten Stufe sollten durch Planspiele Motivationen geweckt und erlernt werden, die eigene Rolle und die »Fremderwartung« in Projekten einzuschätzen und damit Missverständnissen vorzubeugen.[320]

Noch konkretere projektbezogene psychologische und soziale Fähigkeiten sollten in der zweiten und dritten Stufe der Seminare vermittelt werden: In Gruppenarbeit mit verteilten Rollen sollten die Entwicklungshelfer Techniken der »Bedürfnisanalyse« einüben und »Bedürfnisschwerpunkte« ermitteln.[321] Die Teilnehmer sollten hierbei verschiedene Gruppen der »Betroffenen« darstellen und deren Perspektiven »nachempfinden«. Dabei sollten Grundverfahren der Standardisierung von Projektevaluationen (wie Fragebögen, Protokolle und Statistiken) entwickelt und in der

---

315 BA Koblenz B 213 BMZ 5376 Arbeitsgruppe »Auswahl und Vorbereitung der Entwicklungshelfer« 1972–76, Protokoll der Regional-Konferenz Ostafrika 1973.

316 Ebd., Arbeitsgruppe des DED und des BMZ Beschlussentwurf zur Ausbildung von Entwicklungshelfern vom 14.12.1972, Vorbereitungteilnehmer des I. Quartals 1974, Änderungsantrag zum »Eignungsgespräch«.

317 Wald, »Plädoyer«, S. 12.

318 BA Koblenz B 213 BMZ 5376 Arbeitsgruppe »Auswahl und Vorbereitung der Entwicklungshelfer« 1972–1976, Vorbereitungteilnehmer des I. Quartals 1974, Evaluationen der DED-Vorbereitung vom Quartal I 1974.

319 Ebd. 18261 Arbeitsgruppe »Auswahl und Vorbereitung der Entwicklungshelfer«, DED Stabsstelle Vorbereitung, Curricula für Seminare 1972.

320 Ebd., DED Stabsstelle Vorbereitung, Curricula für Seminare 1972ff., Protokoll zu einem Stufenseminar I vom 13.6.1974.

321 Ebd., Protokoll zu einem Stufenseminar II vom 1.–6.9.1975, S. 2–18.

Praxis erprobt werden.[322] Man machte nicht nur gute Erfahrungen: Von einem solchen Seminar in einem Bildungshaus bei Herrsching am Ammersee im September 1975 wurde berichtet, wie ein solches Planspiel aus dem Ruder gelaufen sei. Teilnehmer, die in die Rolle der Entwicklungshelfer geschlüpft waren, hätten mit »Suggestivfragen« gearbeitet und »arrogant und belehrend« versucht, die anderen zum »Mitmachen zu zwingen«.[323] Man habe gesehen, wie man Gruppenmotivation im Rahmen von *Hilfe zur Selbsthilfe* künftig keinesfalls anpacken dürfe.[324]

In der dritten Stufe sollte diese »Trockenübung« in der »sozialen Realität« erprobt werden. Man sollte hierbei mit Menschen sprechen, mit denen man üblicherweise keinen Kontakt hätte, wie – so hieß es – »Obdachlose, Alte, Kinder, Polizisten, Penner, Rocker usw.«, um deren Selbsteinschätzung und Bedürfnisse näher kennenzulernen.[325] Dabei sollten auch die »eigenen Vorurteile gegenüber unterprivilegierten Menschen kritisch überprüft werden.«[326] Dieser Seminarteil wurde vom DED häufig am *Zentrum für internationale Bildung und Kulturaustausch* in der Nähe des Bonner Kreuzbergs abgehalten.[327] Vorbehalte der Teilnehmer, ob ein solches Vorgehen nicht zu »voyeuristisch« sei, zumal man letztlich über keinerlei Mittel verfügte, die geäußerten Wünsche der Befragten zu erfüllen, wurden übergangen bzw. rasch ausgeräumt.[328]

So schwärmten erstmals im Februar 1974 mit Stiften, Blöcken und Tonbändern ausgestattet Entwicklungshelfer aus, um Wortprotokolle zu »Entwicklungsmißständen« aufzuzeichnen und um hierbei für den Auslandseinsatz brauchbare Techniken der sozialen Erhebung einzuüben.[329] Liest man diese Protokolle, dann scheint es, als würde man akribisch genau mit den Augen des damaligen Betrachters den Weg zur und durch die Behausung der Bedürftigen folgen: Hier war die Rede von »Schmutz und Unrat vor den Wohnhäusern«, von Pappe als Namensschildern, von zer-

---

322 BA Koblenz B 213 BMZ 18261 Arbeitsgruppe »Auswahl und Vorbereitung der Entwicklungshelfer«, DED Stabsstelle Vorbereitung, Curricula für Seminare 1972.
323 Ebd., Protokoll zu einem Stufenseminar II vom 1.–6.9.1975, S. 2–18, hier S. 5f., 16f., 14f., 15.
324 Ebd., S. 14f., 17.
325 Ebd., DED Stabsstelle Vorbereitung, Curricula für Seminare 1972.
326 Ebd., Besuch im Haus Dickobskreuz 1–9, Bonn, am 6.2.1974.
327 Ebd., Protokoll zu einem Stufenseminar III vom 4.–9.2.1974.
328 Ebd.
329 Ebd.

borstenen Fenstern, feuchten Zimmern, »Schimmel an den Wänden«[330] und Rattenplagen.[331] Die Schilderungen waren keineswegs neutral. Hingegen wurde genau taxiert und bewertet, was sich für Mittellose moralisch zieme und was nicht: So wurde von »erstaunlich aufgeräumt und sauberen« Zimmern berichtet, nicht ohne zu urteilen, dass die Familie sich offenbar »für etwas Besseres« halte als »die Alkoholiker in der Nachbarschaft«.[332] Auch monierten die künftigen Entwicklungshelfer »überladene Kammern voller Vögel, Katzen und Nippes«.[333] Sauberkeit war generell ein Thema: Stellte man sie fest, dann gab man sich äußerst überrascht und beeindruckt.[334] Offensichtlich sahen die künftigen Entwicklungshelfer im Normalfall ökonomische Not und hygienische Devianz als kausal verflochten an. Auf solche Beschreibungen folgte die Lebensgeschichte der Betroffenen, die um die Frage kreiste, wie man denn nun in die soziale Notlage gelangt sei: Schilderungen über Familienzwist, kostspielige Krankheiten, Kriegsverluste, »Zigeunerschicksale«, Spielsucht, Drogenabhängigkeit und Alkoholismus wurden detailliert aufgezeichnet.[335] Das »Versagen der Behörden« und nicht genügend Anregungen zur *Hilfe zur Selbsthilfe* – so der Tenor – würden die Mittellosen letztlich zur Untätigkeit verdammen.[336] Wie bereits angeklungen, handelte es sich bei diesen Feldstudien lediglich um Übungen für den Auslandseinsatz, in denen auch korrekte Umgangsformen und soziale Empathie erlernt werden sollten. Eine wie auch immer geartete Konsequenz für die Befragten hatte sie nicht, obwohl diesen vermutlich, um ihre Bereitschaft zur Auskunft zu wecken, die »Verbesserung ihrer Lebenslage« ausdrücklich in Aussicht gestellt wurde.[337]

330 BA Koblenz B 213 BMZ 18261 Arbeitsgruppe »Auswahl und Vorbereitung der Entwicklungshelfer«, DED Stabsstelle Vorbereitung, Besuch in der Villicherstraße 20, Bonn-Beuel, am 6.2.1974.
331 Ebd., Besuch im Haus Dickobskreuz 1–9, Bonn, am 6.2.1974.
332 Ebd., DED Stabsstelle Vorbereitung, Curricula für Seminare 1972.
333 Ebd., Besuch im Haus Dickobskreuz 1–9, Bonn, am 6.2.1974
334 Ebd., Besuch im Haus Meckenheimer Str. 34 d–e und 36 und Hüttenweg 8, Bonn, am 6.2.1974.
335 Ebd., Besuch im Haus Vilicherstraße 20, Bonn-Beuel am 6.2.1974; Protokoll zu einem Stufenseminar III vom 4.–9.2.1974, Besuch im Haus Dickobskreuz 1–9 am 6.2.1974; Besuch im Haus Meckenheimer Str. 34 d–e; Bonn, und 36 und Dransdorfer Weg 41, Bonn, am 6.2.1974.
336 Ebd., Besuche in diversen Obdachlosensiedlungen in Bonn am 6.2.1974.
337 Ebd.

Geradezu klassisch im Genre der Verflechtungen zwischen innerer und äußerer Mission[338] setzten diese Texte die Ursachen und Auswirkungen von Armut ebenso wie heimische mit etwa afrikanischen Verhältnissen in Beziehung: Von deutscher Bürokratie abstrahierte man auf afrikanische (neo-)koloniale Staatlichkeit; mangelnde Angebote zur Selbsthilfe sah man hier wie dort als Ursache für soziale Untätigkeit an, während man immer auch die Schuldfrage nach dem Elend aufwarf. Nur dort, wo man ›unverschuldetes‹ Elend jenseits von Spielsucht, Drogenabhängigkeit und Alkoholismus attestierte, sah man realistische Potenziale für *Hilfe zur Selbsthilfe*.[339] Wenngleich solche Simulationen immer wieder von ihren Erfindern als Neuerung gepriesen wurde, rekurrierten sie stark auf die Praktiken bürgerlicher Philanthropen, die bereits seit den 1850er-Jahren bei beobachtenden Spaziergängen durch Armenviertel, dem sogenannte ›Slumming‹, über Wege der Selbsthilfe für die Bedürftigen nachdachten.[340] So schrieben diese Ausbildungspraktiken des DED das kaum soziale Konsequenzen zeitigende Oszillieren zwischen räumlicher Nähe und kategorisch Fremdem fort, mit dem schon Akteure der Inneren Mission im 19. Jahrhundert ihre ›Wilden der Zivilisation‹ – ihr ›Afrika vor der eigenen Haustür‹ entworfen hatten.[341]

Ein wichtiges Vorbild für solche Vorbereitungspraktiken des DED mag auch die bereits angesprochene ›teilnehmende Beobachtung‹ von Marie Johada, Paul Felix Lazarsfeld und Hans Zeisel im oberösterreichischen Marienthal gewesen sein, die 1933 unter dem Titel »Die Arbeitslosen von Marienthal« erschien und zu einem Klassiker der modernen Sozialforschung wurde.[342] Ein zentraler Befund der Studie war, dass Langzeitarbeitslosigkeit in eine lähmende Resignation führe und Selbsthilfe geradezu verhindere.[343] Diese Feststellung durchzieht denn auch wie ein roter Faden die Aufzeichnungen von Entwicklungshelfern, die sich um 1975 im

338 Vgl. Habermas, »Wissenstransfer«. Vgl. hierzu außerdem ausführlicher: Teil I, Kapitel 4.
339 Das Seminar der Stufe IV widmete sich vor allem der ökonomischen Seite von Unterentwicklung. Hier sollten Strategien der Werbung, des Absatzes, des Anbaus oder der Fertigung von Produkten für den »Fairen Handel« eigenständig entwickelt werden: BA Koblenz B 213 BMZ 18261, DED Stabsstelle Vorbereitung, Curricula für Seminare 1972.
340 Vgl. ausführlicher: Teil I, Kapitel 4. Hier auch zu: Dießenbacher, »Der Armenbesucher«; Habermas, »Wie Unterschichten«; Keating, *Into Unknown*; Koven, *Slumming*.
341 Vgl. Lindner, »Ganz unten«, S. 21f.; vgl. zu entsprechenden zeitgenössischen Texten des 19. Jahrhunderts: Keating, *Into Unknown*.
342 Vgl. hierzu auch Teil I, Kapitel 4. Vgl. Jahoda/Lazarsfeld/Zeisel, *Die Arbeitslosen*.
343 Ebd., insb. S. 75f.

Rahmen ihrer DED-Vorbereitung zu sozialen Erkundungen aufmachten.[344]

Gruppenzusammenhalt ausbilden: Die Vorbereitung der Mitglieder von *Freundschaftsbrigaden*

Die Vorbereitungskurse für die Mitglieder der *Freundschaftsbrigaden* waren – ähnlich wie die Expertenausbildung in der DDR – wesentlich weniger soziologisch und psychologisch durchdrungen als die Ausbildung der Entwicklungshelfer in der Bundesrepublik. Entsprechend dem Konzept der *Internationalen Solidarität* setzte man auf quasi ›natürliche‹ Prozesse menschlicher Interaktion in der sozialistischen Gesellschaft,[345] die allein schon durch ihre Existenz Gruppenzusammenhalt herbeiführen würden. Gemeinsam mit den Brigadeleitern wurden alle »Freunde« zunächst über drei, dann über sechs Monate in Bärenklau bei Berlin ausgebildet.[346] Neben Gruppenarbeit zur Stärkung des Kollektivs standen Sprachunterweisung, »ideologischer Unterricht«, Landeskunde, Fachvermittlung,[347] Exkursionen und Praktika auf dem Programm.[348] Soweit noch nicht vorhanden, waren auch eine medizinische Grundausbildung, der Erwerb des Führerscheins für Kraftfahrzeuge aller Arten und des »Vorführscheins für Filmvorführgeräte« obligatorisch. Auch unter interkulturellen Gesichtspunkten sollte die Ausbildung »auf eine weitgehende Anpassung an die konkreten Lebensbedingungen im jeweiligen Einsatzland ausgerichtet sein.«[349] Man lud

---

344 BA Koblenz B 213 BMZ 18261 Arbeitsgruppe »Auswahl und Vorbereitung der Entwicklungshelfer«, DED Stabsstelle Vorbereitung, Curricula für Seminare 1972ff., Besuch in der Villicherstraße 20, Bonn-Beuel, am 6.2.1974, Besuch im Haus Dickobskreuz 1–9, im Haus Meckenheimer Str. 34 d e und 36 und Hüttenweg 8 und in diversen Obdachlosensiedlungen in Bonn am 6.2.1974.

345 Vgl. hierzu ausführlicher: Teil I, Kapitel 1.

346 BA Berlin Lichterfelde SAPMO DY 24/10658, Unterrichtspläne für die Ausbildung in Bärenklau bei Berlin 1964ff.; PA AA DDR MfAA, Abteilung Afrika A 15073, ad 100–106, Bericht der leitenden Ärzte des Krankenhauses von Chake Chake, Pemba, vom 5.4.1965, S. 7.

347 BA Berlin Lichterfelde SAPMO DY 24/10658, Zentralrat der FDJ an das Politbüro der SED vom 23.12.1964, S. 11.

348 Ebd. 24/744, Bericht über die Entsendung von »Brigaden der Freundschaft« und ihren Einsatz im Jahre 1965, S. 18f.

349 Ebd. 24/10658, Arbeitsgruppe Auslandsinformation bei der Agitationskommission des Politbüros, Vorlage an das Politbüro über Aufbau und Entsendung von »Brigaden der Freundschaft« der DDR in andere Länder, S. 10f.

hierfür regelmäßig beispielsweise Afrikaner nach Bärenklau zu Vorträgen, Gesprächen und gemeinsamen Feiern ein.[350] Wenn der Kurs erfolgreich bestanden war, mussten alle Brigademitglieder vor ihrer Entsendung eine schriftliche Verpflichtung unterzeichnen, künftig »alles zu tun, um die Freundschaft zwischen dem jeweiligen Land und der DDR zu festigen«.[351]

Die Kurse wurden bisweilen durch Fotos dokumentiert, die den Unterricht und Bekundungen politischer Linientreue zeigten. Identitätsstiftend sollten sicher auch Fotoalben in Form von Brigadetagebüchern zu jedem Vorbereitungskurs wirken,[352] die mit Fotos ausgestattet wurden vom einvernehmlichen Zusammenwirken von Ostdeutschen mit ihren *Counterparts*. Hier wurden auch die »Besten« eines Jahrganges präsentiert.[353] Ziel solcher Alben war vermutlich eine erinnernde, materialisierte und damit greifbare Gruppenkultur, die von Bärenklau aus nach ›Übersee‹ ausstrahlen sollte.[354]

Abbildung 7: Ausbildungskurs Bärenklau 1964, Fotoalbum, Feierlichkeiten zum 1. Mai, »Beste Studiengruppe Seminar IV«

(Quelle: BA Berlin Lichterfelde SAPMO, Bildersammlung)

---

350 Siehe Abbildungen 8 und 9: BA Berlin Lichterfelde SAPMO Bildersammlung, Ausbildungskurs Bärenklau 1964, Fotoalbum, Feierlichkeiten zum 1. Mai, Zusammensein mit *Counterparts*.

351 Ebd. SAPMO DY 24/10658, Arbeitsgruppe Auslandsinformation bei der Agitationskommission des Politbüros, Vorlage an das Politbüro über Aufbau und Entsendung von »Brigaden der Freundschaft« der DDR in andere Länder, S. 10.

352 Vgl. Roesler, »Das Brigadetagebuch«; Ders., »Berichtsbuch«; Wolters, »Herzliche Grüße«.

353 Siehe Abbildung 7: BA Berlin Lichterfelde SAPMO Bildersammlung, Ausbildungskurs Bärenklau 1964, Fotoalbum, Feierlichkeiten zum 1. Mai, »Beste Studiengruppe«. Vgl. Merta, »Bedeutung«, S. 292.

354 Vgl. allgemein zu Dingen und sozialem Gedächtnis in der DDR: Ludwig/Kuhn, *Alltag*.

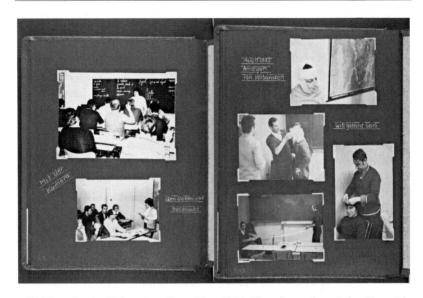

Abbildung 8: Ausbildungskurs Bärenklau 1964, Fotoalbum, theoretischer Unterricht und Ausbildung in »Erster Hilfe«

(Quelle: BA Berlin Lichterfelde SAPMO, Bildersammlung)

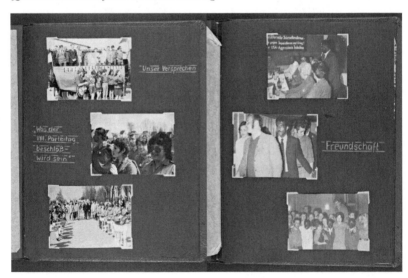

Abbildung 9: Ausbildungskurs Bärenklau 1964, Fotoalbum, Feierlichkeiten zum 1. Mai, Zusammensein mit Counterparts

(Quelle: BA Berlin Lichterfelde SAPMO, Bildersammlung)

Drill und Disziplin: Die Vorbereitung afrikanischer Jugendlicher für die
Hilfe zur Selbsthilfe

Die Ausbildung der Mitglieder afrikanischer Jugenddienste in Tansania,
Togo und Kamerun in den 1960er-Jahren unterschied sich maßgeblich von
den deutschen Verhältnissen: Hier wurden vor allem Grundqualifikationen
erlernt und – ganz in kolonialen Traditionen – mit Drill Tugenden wie
Fleiß und Arbeitsbegeisterung eingeschliffen. Ausbildungscamps begannen
mit einem Morgenappell, bei dem die Jungen und Mädchen mit Liedern
und Parolen auf den Dienst an ihrem Land eingeschworen wurden. Es
folgten Frühsport, gemeinsame Feldarbeit, häufig im Takt eines Antreibers.
In Pausen wurde Landeskunde studiert. Bisweilen wurden Gesprächs- und
Überzeugungstechniken geübt, die den afrikanischen Ausbildern als fundamental für *Hilfe zur Selbsthilfe* galten. Eine sprachliche, soziale oder gar
psychologische Vorbereitung auf die Zusammenarbeit mit ausländischen
Jugendlichen oder einheimischen Armen gab es nicht.[355]

In Tansania wurde die Ausbildung von Jungen und Mädchen der
TANU-*Youth League* meist in kleinen Zentren abgehalten. Man vermittelte
dort Grundkenntnisse in Lesen, Rechnen und Schreiben, Anbautechniken
und Hygiene und schärfte den Jugendlichen ein, ihr Bestes für die Entwicklung der Nation zu geben. Jeder Tag wurde mit dem Hissen der Landesfahne begonnen, bei dem – wie in Schulen des Landes generell üblich –
die Nationalhymne und das Lied »Tansania, Tansania« gesungen wurden.
Es folgten Exerzier- und Marschübungen. Abends holte man die Fahne
wieder ein.[356]

Auf Sansibar war der Drill bei der Ausbildung von Jugendlichen durch
die ASYL gar so vehement, dass ausländische Entwicklungshelfer daran
Kritik übten. So empörten sich Mitglieder der FDJ-*Freundschaftsbrigade* über
das unaufhörliche Exerzieren, über barsche Befehle, die den »Geist der
Selbsthilfe« gar nicht aufkommen lassen würden.[357]

---

355 Vgl. zur Vorbereitung der Mitglieder der TANU-*Youth League* bspw.: TNA Dar es
Salaam, Annua Report of Mbeya Region 1964, S. 13.

356 Vgl. Ebd. Acc. 563 T 40/4, 1968 Health Care Staff Community, Development Staff
Training, Bericht über die Ausbildungsjahrgänge vom 29.9.68, S. 1ff. und 31.12.1968, 1–
5.; Ebd. Acc. 518 D 30/9 Village Development Committee, ad 1 Rundschreiben des
Vizepräsidenten vom 21.5.1963.

357 BA Berlin Lichterfelde SAPMO DY 24/19205 Brigade der Freundschaft Sansibar an
den Zentralrat der FDJ 1967, Erwin S., Bericht der Baugruppe Bambi vom 17.7.1967,
S. 2. Vgl. Ebd. 24/19204 Brigade der Freundschaft Sansibar an den Zentralrat der FDJ
vom 3.3.1966, S. 2.

In Togo wurden seit Billigung des Fünfjahresplans im Juli 1967[358] alljährlich in Glidji bei Anecho und in Tsevie je 150 jugendliche »Pioniere« in Kursen ausgebildet, die von sechs Monaten bis zu zwei Jahren dauern konnten. Der Unterricht bestand aus theoretischen und praktischen Einweisungen in modernen und als ›gut‹ eingeschätzten traditionellen Anbautechniken, aus Sport und Leibesübungen. Veranstaltungen in »nationaler Folklore« – wie Singen und Tanzen – sollten die Bindung zur Heimat fördern.[359] Ein vorrangiges Ziel war, durch Veränderungen innerer Einstellungen die als unmodern angesehen, in Westafrika der Zeit aber übliche Trennung von Ackerbau und Viehzucht zu beseitigen. »Außer zur Feldarbeit« – so ein westdeutscher Beobachter – sollten »die Zöglinge auch zum Dienst in Stall, Geflügelhof und Werkstatt herangezogen werden.«[360]

Ähnlich verhielt es sich in Kamerun, wo in sogenannten *Centres de Formation d'Animateurs Ruraux* für den »Dienst an der Nation« vorbereitet wurde.[361] Als Beispiel für Selbsthilfe im ganzen Land sollten sich diese Zentren bald selbst versorgen.[362] Bisweilen kam die Regierung nicht umhin, Ausländer in die Ausbildung der Jugendlichen einzubeziehen: So wurde in Ebolowa eine Zeltstadt bezogen, die von israelischen *Counterparts* verwaltet wurde.[363] Auf knapp hundert Hektar Land begannen unter Anleitung der Israelis die sogenannten Kameruner »Soldaten der Entwicklung« Mais, Erdnüsse und Ananas anzubauen; auf Experimentierfeldern erprobte man ertragreiche Methoden zur Zucht von Obst, Kaffee und Kakao. Hierbei wurden kaum Maschinen eingesetzt, damit die Jugendlichen das Erlernte in *Hilfe zur Selbsthilfe* an die ›Bauern‹ weitergeben könnten, sodass diese auch mit den »einfachsten Mitteln« an Entwicklungen arbeiten könn-

---

358 République Togolaise, *Plan Quinquennal*.

359 Ebd. Vgl. PA AA Berlin B 58 Ref. III B 2 Technische Hilfe 615 Togo Projekte, Wolfgang B., Beobachtung der deutschen Entwicklungshilfe in Togo. Musterdorf Kambolé, Juni 1968, S. 4; BA Koblenz B 213 BMZ Technische Hilfe Togo 4124 Förderung der Fischerei, Wilhelm S., Landwirtschaftsplan Sylvanus Olympio, Bericht zum Landwirtschaftsplan in Togo Januar 1962, S. 11.

360 Ebd., S. 4.

361 Government du Républic du Cameroun, *Circulaire Nr. 004458*; CAN Jaunde 2 AC 8060 Centres Rureaux, Entwicklungspläne und Ausbildungsanweisungen 1964–1967.

362 Government du Républic du Cameroun, *Circulaire Nr. 004458*.

363 Bereits in den 1950er-Jahren hatte sich in Ebolowa eine Schule für Landwirtschaft befunden: CAN Jaunde 2 AC 8708 Assistent à l'École Rurale du Mefo (Ebolowa) 1956, Primaire Conscription No. 1549/IPS vom 19.11.1956; Ebd. 1 AC 506/3 Fides Budget Special Plan 1949/50 École d'agriculture de Yaoundé Tranche pour Construction 1950.

ten.[364] Theoretischer Unterricht wurde lediglich in Schreiben, Rechnen und Buchführung erteilt. Weiter gab es Unterweisungen in »staatsbürgerlichem Verantwortungsbewußtsein«, das als grundlegend galt für eine »produktive Zukunft«.[365] In strenger militärischer Disziplin wurden Manöverübungen und Wehrsport abgehalten. Jugendliche, welche die Zeltstadt ohne Erlaubnis verlassen hatten oder »keine körperliche Arbeit verrichten wollten«, wurden inhaftiert oder mit Schlägen bestraft. Versorgungsprobleme führten Anfang 1975 dazu, dass die meisten Auszubildenden nach einem lediglich neun Monate dauernden landwirtschaftlichen Kurs »auf Probe« entlassen wurden. Die auf »Bewährung« Entlassenen konnten freiwillig in die Vorbereitung zurückkehren, wenn es Schwierigkeiten in ihrer Wirkungskraft bei der *Hilfe zur Selbsthilfe* gab; bisweilen wurden sie auch wieder zurückbeordert.[366]

Die vorhergehend beschriebene Auswahl und Ausbildung von deutschen und afrikanischen Experten und Entwicklungshelfern sollte die Leistungsfähigkeit des Personalstamms gewährleisten, der die Leitlinien der *Hilfe zur Selbsthilfe* bzw. *Internationalen Solidarität* vor Ort in die Praxis umsetzen sollte. Hierbei wurde – wie im Folgenden gezeigt wird – nicht selten um Entwicklungskonzepte, -planungen und -ziele massiv gerungen.

364 Government du République du Cameroun, *Circulaire Nr. 004458*; CAN Jaunde 2 AC 8060 Centres Rureaux, Entwicklungspläne und Ausbildungsanweisungen 1964–1967.
365 Ebd.
366 Ebd. Vgl. Breuer, »Weltwirtschaft«.

III. Die Praxis

1. Projekte der *Hilfe zur Selbsthilfe*: Zur Theorie und Methodik von Fallstudien

In den folgenden Kapiteln wird es in drei Fallstudien darum gehen, für die 1960er-Jahre west- und ostdeutsche Projekte der *Hilfe zur Selbsthilfe* in Togo, Kamerun und auf der tansanischen Insel Sansibar im Sinne Siegfried Kracauers »Großaufnahme«[1] einmal genauer unter die Lupe zu nehmen.[2] Dabei sollen allerdings nicht globalhistorische Perspektiven verlassen werden, denn das weltumspannende System der Entwicklungsarbeit wirkte bis in einzelne Vorhaben hinein.[3] Diese Fälle wurden ausgewählt, da sie für die Zeitgenossen besonders deutlich zunächst Gelingen und dann Scheitern repräsentierten. Sie sind damit »außergewöhnlich normal«,[4] zeigen sie erstens in sehr dichter Überlieferung, was Praktiken der *Hilfe zur Selbsthilfe* überhaupt bedeuten konnten. Zweitens lassen sie deutlicher als andere Beispiele Rückschlüsse auf den jeweiligen Praxisbezug von Visionen und Zielsetzungen zu. Und drittens gewähren sie umfänglich Einblicke in das Handeln der Akteure – in ihre Zusammenarbeit, ihr Einvernehmen, aber auch in Konflikte und Missverständnisse.

Es bietet sich in diesem Zusammenhang an, die Erfahrungen, Wahrnehmungen und Praktiken der Akteure »dicht zu beschreiben«.[5] So soll – soweit es die Quellenlage zulässt – versucht werden, sich den deutschen Experten, Entwicklungshelfern bzw. FDJ-Brigadisten ebenso anzunähern wie ihren jeweiligen afrikanischen *Counterparts*. Denn zumindest theoretisch war *Hilfe zur Selbsthilfe* vor allem auf eine paritätische Beteiligung aller ausgerichtet.

---

1 Kracauer, *Geschichte*.

2 Zur Mikrogeschichte grundlegend: Medick, »Mikro-Historie«; Lüdtke, »Alltagsgeschichte, Mikro-Historie, historische Anthropologie«.

3 Vgl. Robertson, *Glokalisierung*; Epple, »Lokalität«. Zur Verbindung zwischen Mikro- und Makrogeschichte: Peltonen, »Clues«.

4 Grendi, »Micro-analisi«, S. 512.

5 Geertz, »Dichte Beschreibung«.

Das Konzept der »dichten Beschreibung« geht auf den Ansatz der *thick description* zurück, wie er vor allem in der anglo-amerikanischen Ethnologie konzipiert wurde[6] und heute meist mit Clifford Geertz in Zusammenhang gebracht wird.[7] Geertz erklärte, dass mit *thick description* ein schrittweise deutendes Forschungsmodell verbunden sei, das zunächst die »symbolischen Formen – Worte, Bilder, Institutionen, Verhaltensweisen – mit denen die Leute sich tatsächlich vor sich selbst und vor anderen darstellen« aufzeichne. In einem zweiten Schritt sollten diese »symbolischen Formen« entlang den »selbstgesponnenen Bedeutungsgeweben« beschrieben werden, in denen die Menschen »verstrickt« seien.[8] In einem dritten Schritt sei nach den Beziehungen jener »Bedeutungsgewebe« zu Politik, sozial-kulturellen Mechanismen oder gar Ökonomien zu fragen.[9]

In Anlehnung an diese Analyseschritte sind im Folgenden zunächst Selbstdarstellungen, Erfahrungen, Einschätzungen und Bewertungen von Akteuren im Rahmen *Hilfe zur Selbsthilfe* von Relevanz. Vor allem ist hierbei zu fragen: Welche Praktiken des Mitmachens, Widerstehens und Unterlaufens gab es? Worüber und wie wurde verhandelt? Wer verstand was jeweils unter Gelingen bzw. Scheitern, und welche Ursachen brachte man hiermit in Verbindung? Dabei soll dezidiert eine bewertende Perspektive von außen vermieden werden. Ziel ist hingegen, die Kategorienbildung der beteiligten Zeitgenossen für die Einschätzung der Projekte historisch zu rekonstruieren. Und schließlich wird zu untersuchen sein, welche gesellschaftlichen Formationen oder Verwerfungen Praktiken der *Hilfe zur Selbsthilfe* hervorbrachten und welche Rolle hierbei beispielsweise auch soziale Inklusionen und Exklusionen spielten.

Wenngleich die einzelnen Schritte von Geertz' »dichter Beschreibung« nicht schematisch abgearbeitet werden, versprechen Reminiszenzen an diesen Ansatz doch Perspektiven, welche die bisher in der vorliegenden Studie behandelten eher globalen Diskurse und Leitlinien mit den lokalen Wahrnehmungen und Praktiken vor Ort zusammenbinden. Denn es ist nicht davon auszugehen, dass Theorien überhaupt in der Praxis der Entwicklungsarbeit umgesetzt wurde.

---

6 Vgl. Sokoll, »Kulturanthropologie«.

7 Geertz, *Dichte Beschreibung*. Der Ansatz wurde von Geertz 1972 auf der Grundlage empirischen Materials entwickelt: Ders., »Bemerkungen zum balinesischen Hahnenkampf.«

8 Vgl. Ders., »Aus der Perspektive«, S. 293.

9 Ders., »Dichte Beschreibung«, S. 9, 39ff., 43.

Seit jüngerer Zeit wurde ein solcher Ansatz – wie bereits skizziert – in Anlehnung an Roland Robertson eine »glokale« Perspektive genannt.[10] Denn wenn es auch *Hilfe zur Selbsthilfe* in ihren Leitlinien und Handlungsprämissen häufig um einen weltweiten Anspruch zur ›Verbesserung‹ der Lebensbedingungen ging, bezog sie sich doch grundsätzlich auf überschaubare lokale Zusammenhänge. Soziale bzw. sogar individual-psychologische Erkenntnisprozesse sollten für Universalien eines wie auch immer gearteten Fortschritts mobilisieren. Dort, wo die globale Programmatik der *Hilfe zur Selbsthilfe* in lokale Praktiken überführt, wo ausgehandelt, gestritten und bewertet wurde, lassen sich erst – so die Annahme – konkrete Schlüsse auf die Beziehungen, Übereinstimmungen, Wandlungen und Brechungen zwischen Theorie und Praxis ziehen.[11]

Die Fallstudien sollen schließlich miteinander verglichen werden, um den historischen Strukturen in Praktiken der *Hilfe zur Selbsthilfe* auf die Spur zu kommen. Wie gesagt, wird es dabei weniger darum gehen, die Projekte hinsichtlich vermeintlich allgemeingültiger Indikatoren für Gelingen und Scheitern zu untersuchen. Hingegen soll deren zeitgenössischen Konstruktionen nachgespürt werden. Hier bietet sich ein analytischer Zugriff an, den die Frühneuzeithistorikerin Natalie Zemon Davis »dezentrierendes Vergleichen« genannt hat. Nach diesem Ansatz werden vergleichbare Einzelfälle als Ausgangs- und Bezugspunkt von Analysen zur Geltung gebracht, ohne dass von vornherein von strukturellen Gleichheiten ausgegangen wird. Diese sollten sich hingegen aus dem Vergleich selbst heraus ergeben.[12]

Vergleichbar sind die folgenden Projekte, weil sie für die Zeitgenossen sowohl deutlich Erfolg als auch Misserfolg repräsentierten. Sie stehen einerseits – so jedenfalls vermittelt es die Quellenlage – für das entschiedene Bemühen aller an den Projekten Beteiligten, sich engagiert und umsichtig einzubringen. Sie zeugen andererseits – vielleicht gerade aufgrund dieses allseitigen Engagements – auch von massiven Konflikten. Mit zwei bundesdeutschen und einem ostdeutschen Projekt zu dörflicher Strukturentwicklung, Landwirtschaftsausbildung oder Häuserbau in Togo, Kamerun

---

10 In Anlehnung an: Robertson, »Glokalisierung«. Allgemein zu Verbindung von Globalem und Lokalem: Epple, »Lokalität«. Vgl. in Bezug auf Entwicklungsarbeit auch: Büschel/Speich, »Einleitung«, S. 22.

11 Vgl. Bright/Geyer, »Globalgeschichte«; Robertson, »Glokalisierung«.

12 Zemon Davis äußerte sich beim 17. Kongress historischer Wissenschaften in Madrid 1990 hierzu lediglich mündlich: Medick, »Mikro-Historie«, S. 49. Vgl. zu Fallstudien auch: Pohlig, »Vom Besonderen«.

bzw. auf Sansibar wurden wiederum Fälle mit auf den ersten Blick großen inhaltlichen und regionalen Unterschieden ausgewählt, die sich bei näherer Betrachtung allerdings durchaus als strukturell ähnlich erweisen.

Ein solcher Ansatz wurde in der Geschichtsschreibung zur Entwicklungshilfe bislang kaum angewandt.[13] Daher ist zunächst zu fragen, auf welche Quellen er sich überhaupt beziehen kann.

---

13 Eine Ausnahme ist: Van Beusekom, *Negotiating Development*. Als Vorbild kann die ethnologische Arbeit gelten von: Rottenburg, *Weit hergeholte Fakten*.

2. Das Archiv der Entwicklungspraxis: Kulturtechniken zwischen Peripherie und Zentrum

Einschlägig für die Analysen der Praktiken von *Hilfe zur Selbsthilfe* sind vor allem Antragsunterlagen, Planungsentwürfe, Projekt- und Evaluationsberichte, die das Archiv historischer Praktiken der Entwicklungsarbeit ausmachen.[1] Diese Quellen sollen im Folgenden allerdings weniger – wie in historischen Studien meist üblich – als heuristischer Zugang zur von ihnen erzählten Vergangenheit gelesen werden.[2] Vielmehr sind sie auch als Materialien zu betrachten, die über ihre Entstehung und die damit verbundenen Schreibstrategien, Selbstpositionierungen oder Wissenskonstruktionen Aufschluss geben.[3]

So soll nach den bürokratischen »Kulturtechniken« gefragt werden,[4] welche die Papierflut, die mit Entwicklungsprojekten üblicherweise einherging, hervorbrachten. Kurzum wird es damit mehr um die (bisweilen nur impliziten) Anliegen und Verhältnisse gehen, die Praktiken des Schreibens im Zusammenhang mit Entwicklungsprojekten herstellten oder aushandelten, und weniger über das, worüber eigentlich geschrieben wurde.[5] »Sprechendes Papier« wird hier als das Produkt einer Art »Rationalisierung von Macht und Herrschaft«[6] sozialer Dynamiken gesehen: In Anträgen, Planungen, Berichten und Evaluationen konnten die Ansprüche der *Hilfe zur Selbsthilfe* unterstrichen, aber auch erst verhandelt, reformuliert und verworfen werden. Innerhalb spezifischer Grenzen des Sagbaren reflektieren an Projekten Beteiligte über das Geschehen, stellten sich dar oder erhoben Ansprüche darauf, wahrhaftig, wissenschaftlich fundiert und häufig

---

1 Vgl. zu diesem erweiterten Archiv-Begriff: Ernst, *Das Rumoren.*

2 Vgl. Zimmermann, »Quelle als Metapher«.

3 Zur narrativen Konstruktion von Quellen besonders instruktiv: Ernst, *Das Rumoren*, S. 129. Zu Bedeutung von Wissenskonstruktionen in der Entwicklungsarbeit: Cooper/Packard, »Introduction«.

4 Zum Begriff: Engell/Siegert, »Editorial«.

5 Fabian, »Präsenz«, S. 348.

6 Krüger, »Das ›sprechende Papier‹«, S. 355.

auch für Entwicklungsvorhaben generell gültig zu sprechen. Wie zu zeigen sein wird, wurde hier oftmals erst das ›Eigene‹ und ›Andere‹, sprich das Entwickelte und Unterentwickelte definiert.[7] Damit wurde einerseits eine Legitimationsgrundlage für Praktiken der *Hilfe zur Selbsthilfe* geschaffen und andererseits unterstrichen, wie wichtig Entwicklungsarbeit überhaupt sei.

Der Blick auf »Kulturtechniken« meint in Anlehnung an Lorenz Engell und Bernhard Siegert nicht zuletzt eine Annäherung an Quellen in ihrer Konsistenz als Medien.[8] Betrachtet man in diesem Sinn Anträge, Berichte oder Evaluationen zu *Hilfe zur Selbsthilfe*, dann ist zu bedenken, dass solche Medien kontinuierlich den immensen räumlichen Abstand zwischen Peripherie und Zentrum der Entwicklungsarbeit zu überbrücken hatten. Sie rückten die Verantwortlichen näher aneinander und waren für über Geldmittel zu befindende Beamte in Bonn oder Berlin meist die einzige Möglichkeit, Einblicke in Projekte im weit entfernten Afrika zu bekommen. Man musste sich somit auf solche Dokumente verlassen können. Gleichsam waren Anträge der einzige Weg, Förderungen zu erhalten. Von Berichten und Evaluationen hing ab, ob man das weiterführen konnte, womit man sich häufig schon seit einigen Jahren befasste. Damit standen solche Medien der *Hilfe zur Selbsthilfe* im Kontext einer doppelt asymmetrischen Beziehung: Die Hoheit über Informationen lag auf Seiten der Berichterstatter in Afrika. Die Gewalt über Geldmittel und Ausstattung lag wiederum in der Hand von Beamten und Angestellten der deutschen Geldgeber. Über dieses Spannungsverhältnis waren sich die Beteiligten sehr wohl bewußt. Ausgehandelt wurde dieses Verhältnis über durch festgelegte Standards gerahmte Strategien zur Erzeugung von Notwendigkeit, Plausibilität oder Glaubwürdigkeit.

Antragsteller waren somit häufig bemüht, in all ihren subjektiven Anliegen möglichst objektiv zu argumentieren und damit durchsetzungsstark zu sein. Man beschrieb Zustände möglichst plastisch und sparte auch nicht mit Fotografien, um die Notwendigkeit eines Vorhabens oder auch das schon Erreichte zu dokumentieren. Fotografien fungierten in diesem Zusammenhang auf besondere Art als Beweise. Wann auch immer die Plastizität der Worte nicht auszureichen schien, wurden sie eingesetzt.

---

7 Vgl. in diesem Zusammenhang zu ethnologischen Texten: Fabian, *Time and the Other*; Bunzl, »Synthesen einer kritischen Anthropologie«; Geertz, *Die künstlichen Wilden*, S. 17f., 130.

8 Engell, Siegert, »Editorial«.

Um solche Strategien beurteilen zu können, ist zu fragen, was hier eigentlich vorgegeben war. Welcher Formalitäten und Sprachregelungen hatten sich Verfasser zu unterwerfen? Wo gab es Spielräume? Projektakten zu *Hilfe zur Selbsthilfe* waren beispielsweise in der Bundesrepublik Deutschland Teil einer sogenannten »Programmierung«, die seit den 1960er-Jahren die Vergabe von Entwicklungshilfe-Mitteln regelte und sich dabei auf schriftliche Informationen und Dokumentationen stützte, die schrittweise vorzulegen waren: So folgten auf die Sammlung und Auswertung von Informationen über die Verhältnisse vor Ort die »Erstellung einer entwicklungspolitischen Länderanalyse«, die »Festlegung von Prioritäten« der bundesdeutschen Entwicklungspolitik im Vergleich mit der anderer Länder und der »Entwurf von Richtlinien und Zielsetzungen«, die häufig Praktiken vorgaben. In vielen Schritten wurden der zeitliche Ablauf des Vorhabens geplant und die Modalitäten der Berichterstattung vereinbart. Auf Berichte der Praktiker vor Ort folgten in der Regel interne und externe Evaluationen, die unter Umständen zu Modifikationen oder gar zur Einstellung des Vorhabens führten.[9]

Bemerkenswert ist die Präsenz des Konzepts der Selbsthilfe auch in solchen bürokratischen Prozessen: Kein Projekt konnte beginnen ohne einen vorherigen ausführlichen Antrag durch das Empfängerland, die beteiligten Institutionen und die leitenden Experten.[10] Man hatte somit Engagement zu zeigen, wie später dann auch in der Praxis der Umsetzung. Manche Experten verstanden wiederum selbst das Abfassen von Berichten als eine Art therapeutische Selbsthilfe. So bekannte ein deutscher Fachmann 1966: »Im Busch«, wo man selten über Telefon verfügte und man überdies häufig mit mangelnden Freizeitmöglichkeiten und sozialer Einsamkeit zu kämpfen habe, sei die »Muße«, Berichte zu schreiben, nicht zu unterschätzen. Nicht allein, dass diese Schreiben meist die einzigen Mittel zur Kommunikation mit den Daheimgebliebenen seien. Man könne auch von der unmittelbaren Praxis erzählen, den »Symbolcharakter« der eigenen Tätigkeit oder das »Typische« hervorheben und damit die persönliche Erinnerung stützen. Auch sei man durch jede Darstellung gezwungen, »Ordnung«

---

9 BA Koblenz B 213 BMZ Technische Hilfe Tansania 7676, Besucher/Länderhilfeprogramm Allgemeines, Zeitliche Abfolge der wichtigsten Schritte zur Programmierung der Hilfe für einzelne Entwicklungsländer 1971.

10 Vgl. besonders ausführliche Anträge in bspw.: Ebd.; BA Berlin Lichterfelde SAPMO DY 30 IV 2/2053; TNA Dar es Salaam Acc. 521, D3/6/A, Village Development Committee; Ebd. Acc. 520, P 1/61 1951–65 Self-Help Scheme, Cabinet Office.

in die »eigenen Überlegungen« zu bringen. So könne man »Distanz zum Erlebten gewinnen«, sich »besinnen« und zu »Lösungen« für die Zukunft der alltäglichen Arbeit gelangen.[11]

Die folgenden Ausführungen können freilich nur einen begrenzten Einblick in das Spektrum der Quellen für Praktiken der *Hilfe zur Selbsthilfe* geben. Die Fälle sind exemplarisch ausgewählt und erheben daher keinen Anspruch auf Repräsentativität. Es wird auch keine vergleichende Perspektive eingenommen, die nötig wäre, um eine tiefgreifende Analyse der Schriftkultur von Entwicklungspraktiken in globalen und lokalen Zusammenhängen zu bieten. Vielmehr sollen Möglichkeiten von Ansätzen zur Quelleninterpretation skizziert, besonders deutliche Beispiele vorgestellt und damit die folgenden Fallstudien heuristisch-konzeptionell vorbereitet werden. Dabei werden die Etappen der Projekte und die Beteiligung der jeweiligen Akteure nachvollzogen.

Somit geht es zunächst um die Vorbereitung von Vorhaben und hier die häufig anzutreffende Herstellung von Gültigkeit durch dritte, am Projektablauf nicht unmittelbar beteiligte Experten. Weiter werden Semantiken, Strukturen und Strategien des Planens und Evaluierens zu erörtern sein.

Erforschen, Planen und Evaluieren: Die Herstellung von Evidenz

Repräsentativ für Prosa, die sich in eine Art von *Terrain-Mapping* mit der Bestandsaufnahme von Elend und Entwicklungsproblem befasste, ist beispielsweise eine Studie zum ländlichen Milieu in Kamerun aus dem Jahr 1969, die im Auftrag der UNESCO auch mit westdeutscher Beteiligung verfasst wurde. In welchem Maße Entwicklungshelfer auf solche Feldstudien vorbereitet wurden, ist vorhergehend ausführlich beschrieben worden.[12] Und wie dort vom Elend westdeutscher Obdachlosenasyle die Rede war,[13] so hieß es nun hier, dass jedem die »Armut« in den Dörfern Kameruns »ins Auge falle«: Es gebe nur baufällige Hütten, die im Inneren »mehr als bescheiden« ausgestattet seien. Das Wasser stamme aus verseuchten

---

11 Funke, »Freie Zeit«, S. 50f.
12 Vgl. Teil II, Kapitel 2.3.
13 Ebd.

Brunnen und Quellen; Beleuchtung sei nur mit Petroleumlampen möglich, denn man habe keinen Strom. Es gebe keine Hospitäler und keine Ärzte, allenfalls ein Erste-Hilfe-Zentrum mit einer Krankenschwester. Auch seien kaum Schulen vorhanden. Wenn man überhaupt eine Dorfschule finde, dann pfeife der Wind durch ihre Fenster. Bänke und Tafeln seien abgeschabt und zerborsten. Die Dächer hätten Löcher, durch die es regne. Die Balken seien von Termiten zerfressen. Ziegen würden ungehindert in den Räumen herumlaufen. Viele Eltern könnten ihre Kinder ohnehin gar nicht zum Unterricht schicken, weil sie zuhause bei der Arbeit gebraucht würden. Selbsthilfe sei unter den Leuten allerdings nicht gänzlich unbekannt. So übe die Bevölkerung »gewisse Formen der gegenseitigen Hilfe« bei der Ernte oder beim Häuserbau aus. Da aber die meisten Leute nur über ein Minimum des zum Leben Notwendigen verfügen würden, seien Appelle an mehr Unterstützung untereinander häufig nutzlos. An der Jugendarbeit, an Schulrenovierungen oder an Alphabetisierungskursen würden sich nur wenige beteiligen. Hier brauche es dringend »effektive Projekte« der *Hilfe zur Selbsthilfe*.[14]

Mit Bernard Stiegler könnte man sagen, dass dieser Bericht und andere seiner Art für »Pharmakologien des Wissens«[15] stehen: Hier wurde kontinuierlich Unterentwicklung mit Dürftigkeit und sogar Krankheit gleichgesetzt. Wie in medizinischen Praktiken ging es um Anamnese, um die Diagnose ökonomisch-sozialer und kultureller Verhältnisse und um Empfehlungen zu tiefgreifender Therapie durch *Hilfe zur Selbsthilfe*.

Gutachten hatten dabei – zumindest nach den Richtlinien der GAWI – formale und fachliche Kriterien zu erfüllen, um Evidenz herstellen und Deutungshoheit beanspruchen zu können. Standards waren zu berücksichtigen. Kurz und bündig sollten Vor- und Nachteile abgewogen und Prognosen gestellt werden. Erfüllte ein Gutachten nicht die gestellten Anforderungen und erging sich der Verfasser beispielsweise in unerwünscht »eingehenden Darstellungen« über die klimatischen, landschaftlichen, demographischen, sozialen, wirtschaftlichen oder politischen Gegebenheiten der betreffenden Region, dann wurden Schriftstücke durchaus zur Überarbeitung zurückgegeben.[16]

---

14 Griffiths, »Les Problèmes«, S. 13ff. Vgl. Ndzino, *Equise*, S. 24–27.
15 Stiegler, *Von der Biopolitik zur Psychomacht*, S. 85–95.
16 BA Koblenz B 213 BMZ Technische Hilfe Kamerun 8911, Einrichtung einer Handelsschule, Wum, Ziegeleiprojekt, Lieferung landwirtschaftlicher Produktionsmittel, GAWI-

Entwicklungspläne arbeiteten sich häufig an einem Paradox ab: So baute *Hilfe zur Selbsthilfe* auf spontanen Gesprächen und den darin geäußerten Bedürfnissen der Afrikaner auf. Streng genommen hatten hier vorgefasste Meinungen, Ziele und so auch Planungen nichts zu suchen. Damit gaben sich Planer allerdings nicht zufrieden. Sie verschoben ihre Perspektive und setzten sich nun damit auseinander, wie man denn spontane Artikulation von Wünschen und Bedürfnissen vor Ort möglichst rasch hervorrufen, sie auswerten und in praktische Arbeit überführen könnte.[17] Man entwarf somit auch für *Hilfe zur Selbsthilfe*-Projekte Indikatoren und Maßnahmen, um alle möglichen Entwicklungsziele zu kalkulieren und damit Fortschritt, Stagnation oder Rückschritte messen bzw. steuern zu können. Auch ›Entwicklung von unten‹ sollte in ihrer »Projektrealität« kontrollierbar bleiben.[18]

Wie sah das genau aus? In der Regel wurden Handlungspläne visualisiert, mit Beschriftungen, Tabellen und Statistiken ergänzt, alle möglichen Maßnahmen ausgelotet sowie Geldflüsse und Personaleinsatz prognostiziert. Gerade in der häufig in Diagrammen verbildlichten Konsistenz solcher Pläne lagen Ansprüche auf Übersichtlichkeit und auf eine sich selbst erklärende Logik von geradezu zwangsläufigen Abfolgen.[19] Ein Beispiel sind die Planungen zur bundesdeutschen *Hilfe zur Selbsthilfe* in drei ›Musterdörfern‹ in Togo, ein Projekt, auf das im Folgenden noch näher einzugehen sein wird. Wenngleich die beteiligten Experten die Hochrechnungen des BMZ für das Projekt als zu »statisch« und »nur wenig« dynamisch kritisierten, bestanden auch sie auf »langfristiger und klarer Konzeption«, um »Chaos« aufgrund von »Planlosigkeit« zu vermeiden. Und hierbei sollte das Erreichen psychosozialer Ziele prognostiziert werden, wie beispielsweise die »Abkehr von der Geschenk-Psychose der Afrikaner«.[20]

Gutachtenkommentar zum Bericht 1969 Oskar W. über Projekt W 577, Handelsschule Mutenga/Kamerun.

17 Selbsthilfeprojekte hatten sich in der Regel dem jeweiligen nationalen Entwicklungsplan und seiner Berichterstattung unterzuordnen. Zum Beispiel: The United Republic of Tanzania, *A First Year Progress Report*.

18 Rottenburg, *Weit hergeholte Fakten*, S. 64ff.

19 Vgl. in diesem Zusammenhang zur visuellen Darstellung ökonomischen Wissens: Speich, »Statistische Größen«; Reddy, »Counting«.

20 BA Koblenz B 213 BMZ Technische Hilfe Togo 4113 Musterdörfer, Bd. 3, Drei Musterdörfer – Togo, Bericht für das 4. Quartal 1967 vom 31.12.1967, Planungen, S. 1f., 9, 14.

Auch afrikanische Experten erstellten seit Mitte der 1960er-Jahre Pläne in Tabellenform – ein klares Indiz für die Aneignung europäischer bzw. nordamerikanischer Methoden zur ›kulturtechnischen‹ Konstruktion von Übersichtlich- und Vorausschaubarkeit. Die hier abgebildete vorausschauende Synchronopse, die tabellenförmige Gegenüberstellung der lokalen und temporalen Verteilung von *Hilfe zur Selbsthilfe*-Projekten der VDCs im tansanischen Bezirk Pangani vom November 1964 ist hierfür nur eines von zahllosen Beispielen.[21]

Abbildung 10: Entwicklungsplan des Development Officers Madanga zu unterschiedlichen VDCs der Region von 1965–69 für den Area Commissioner von Pangani vom 18.11.1964

(Quelle: TNA Dar es Salaam Acc. 467 C 5/22 1963-1968 Village Development Committee)

---

21 Vgl. für Tansania weitere solche Pläne in: TNA Dar es Salaam Acc. 563 C 40/14/9 1968–72 Village Development Committee; Ebd. EA 30154096782 BOA National Housing and Building Research Unit Industry of Lands, Housing and Urban Development, Village Housing. Für Togo bspw.: Togo Ministère du Plan, *Rapport*. Für Kamerun: CAN 1 AA 286 1965–1966 Budget et administrative du Plan 1965–1966.

James C. Scott hat überzeugend darauf hingewiesen, dass solche Übersichten weniger als Indizien für wissenschaftliche Praktiken gelten können, sondern vielmehr als Anzeichen für »einen quasireligiösen Glauben an visuelle Zeichen oder Darstellungen von Ordnung«.[22] Laufende Projekte wurden wiederum evaluiert. Man sprach auch von »Projektkontrolle«. Auf bundesdeutscher Seite begaben sich Mitarbeiter der GAWI, des BMZ, der Zentralstellen von Entwicklungsdiensten, der vor Ort ansässige DED-Landesbeauftragte oder Angehörige der Botschaft auf entsprechende Inspektionsreisen.[23]

Evaluationen wurden auch häufig von unabhängigen Experten im Auftrag des *Deutschen Afrika-Vereins* durchgeführt, um – wie es hieß – bei der Projektplanung und -durchführung »eklatante Fehlleistungen« und die »Ursache für spätere Mißerfolge«[24] frühzeitig aufzudecken.[25] Dabei wurde generell geprüft, ob das Projekt den Prämissen der *Hilfe zur Selbsthilfe* (beispielsweise hinsichtlich seiner Anpassung auf lokale Verhältnisse) entspreche, ob die Zusammenarbeit vor Ort reibungslos, freundlich und ohne »menschliches Versagen« vor sich gehe und ob der anvisierte Projektfortschritt eingehalten werde.[26] »Fehlerquellen« sollten hierbei von der Konzeption über die Planung, Einführung, Durchführung bis hin zur »Stabilisierung« von Neuerungen aufgedeckt werden.[27] Dabei bediente man sich Methoden der ›teilnehmenden Beobachtung‹, der psychosozialen Effizienzanalyse sozialen Verhaltens sowie der Kostenertrags- und Kostennutzenanalyse. Auch hier wurde Evidenz durch Visualisierung hergestellt, beispielsweise in Form einer »Matrix«, die Bedingungen von Fortschritt

---

22 Scott, *Seeing*, S. 225.

23 Vgl. bspw. PA AA Berlin Auslandsvertretungen Dar es Salaam 8209 DED 1963–1969, Botschaft Dar es Salaam an das AA am 19.10.1963 und 7.11.1963; Ebd. Auslandsvertretungen Lomé. 6910 Entwicklungshilfe im Allgemeinen DED 1969–1975, DED-Togo, Auswertungstagung, 12.–14.10.1970 Missahöhe bei Palimé, Projekt Kambolé; BA Koblenz B 213 BMZ 4134 Ausbildungs- und Siedlungsprogramm Wum FE 378, Bericht der GAWI an das Bundesministerium für Ernährung, Landwirtschaft und Forsten sowie das BMZ vom 29.12.1969, S. 3.

24 Vgl. Mehner, »Praktische Erfahrungen«.

25 Vgl. bspw. PA AA Berlin B 58 Ref. III B 2 Technische Hilfe 615 Togo Projekte, Wolfgang B., Beobachtung der deutschen Entwicklungshilfe in Togo. Musterdorf Kambolé, Juni 1968; BA Koblenz B 213 BMZ Technische Hilfe Togo 4118 Wolfgang B., Beobachtungen der deutschen Entwicklungshilfe in Togo–Hygiene-Institut Lomé, 14. Teilbericht 2.3.1969.

26 Vgl. Ehrmann, »Die Inspektion«.

27 Vgl. Meier, *Zur soziologischen Problematik*, insb. S. 17ff.

und Stagnation diachron für den Projektverlauf übersichtlich abbildete, aufeinander bezog und damit plausibel machen sollte.[28]

Ähnlich berichteten die Vertretungen der DDR und Entsandte der FDJ über Projekte, wobei hier immer Fragen der politischen Linientreue der Beteiligten eine Rolle spielten.[29] Die afrikanischen Regierungen stützen sich wiederum vor allem auf die Eindrücke der beteiligten *Counterparts*, der lokalen Verwaltung oder auf eigenen Augenschein, wenn sie beurteilten, ob Projekte im Sinne der nationalen Entwicklungsplanungen verliefen.[30] Bereits zeitgenössische Theoretiker, wie der Entwicklungssoziologe Stefan A. Musto, insistierten darauf, dass Praktiken der Evaluation nicht losgelöst von den kulturellen und gesellschaftlichen Bezügen und Hintergründen ihrer Akteure betrachtet werden sollten.[31] So ist auch bei der historischen Analyse solcher Berichte immer zu berücksichtigen, dass es sehr wahrscheinlich schon zum Habitus der Verfasser gehörte, Probleme und Mängel drastisch herauszustellen. Man bewies dadurch eigenes akkurates Arbeiten bzw. Linientreue und bestätigte die Reputation der Institution, von der man entsandt worden war. Beispielsweise fielen die Berichte des *Deutschen Afrika-Vereins* häufig äußerst kritisch aus, währenddessen sie hervorhoben, wie wichtig es doch gewesen sei, das Projekt aus einer »neutralen Außenperspektive« zu evaluieren, wolle man Scheitern abwenden und auch Lehren für weitere Vorhaben ziehen.[32]

Insgesamt können die Kerndokumente eines Projekts vom Antrag bis hin zur Evaluationen in Anlehnung an den Entwicklungswissenschaftler Jonathan Crush als ebenso materialisierte wie kondensierte selbstevidente Machtstrukturen beschrieben werden, die aus Darstellungspraktiken eine

---

28 Vgl. Musto, *Evaluierung*, S. 11f.
29 Vgl. bspw. BA Berlin Lichterfelde SAPMO DY 30 A 2/20962 ZK der SED Internationale Verbindungen, Konsulat der DDR Sansibar an das Ministerium für Auswärtige Angelegenheiten der DDR vom 27.6.1966; Ebd. 24/10658, Zentralrat der FDJ, Vorlage an das Politbüro der SED vom 23.12.1964, S. 18, Arbeitsgruppe Auslandsinformation, Vorlage an das Politbüro über Aufbau und Entsendung von »Brigaden der Freundschaft« der DDR in andere Länder.
30 Vgl. bspw. BA Koblenz B 213 BMZ Technische Hilfe Togo 4111, Musterdörfer, Bericht über das Projekt FE 344, Drei Musterdörfer-Togo von Mitte Juli 1966, S. 1, darin übersetzter Bericht des Landrats von Sokode; ZNA Stone Town AU 16/183 Youth Camps Zanzibar-Pemba, Kambi Ya Bambi Bericht vom 15.1.1969.
31 Musto, *Evaluierung*, S. 11.
32 BA Koblenz B 213 BMZ Technische Hilfe Togo 4118, Wolfgang B., Beobachtungen der deutschen Entwicklungshilfe in Togo–Hygiene-Institut Lomé vom 2.3.1969, S. 14.

so stark plausibilisierte Durchsetzungskraft gewannen, dass sie über Kritik und Zweifel regelrecht als unantastbar erhaben schienen.[33] Projektleiter gingen hier sogar noch weiter. Sie betrieben häufig eine auf Glaubwürdigkeit abgestellte Rhetorik des Erfolgs, die sich bei näherer Betrachtung durchaus als Schönfärberei erweisen kann.

Berichten und Bitten: Von der Kunst, Misserfolge, Errungenschaften und Bedürfnisse plausibel zu machen

So sollte man bei den Selbstberichten zu Projekten berücksichtigten, dass sie bisweilen Fortschritte und Errungenschaften überzogen herausstellten und zwar – wie noch im Folgenden genauer zu zeigen sein wird – auch noch zu einem Zeitpunkt, wo es bereits massive Konflikte mit den *Counterparts* oder Zeitrückstände in der Planerfüllung gab. Besonders häufig findet sich eine solche Strategie im Zusammenhang mit westdeutschen Projekten. Denn in der Bundesrepublik, wo es im Gegensatz zur DDR bei Bewerbungen um Projektmittel häufig einen Wettbewerb gab, waren schriftliche und fotografische Dokumentationen des eigenen Beitrages an der Entwicklung Afrikas geradezu Voraussetzung für eine künftige Förderung.[34] Gelegenheiten boten nicht nur Berichte und Anträge, sondern auch Dankesschreiben an die Mittel verteilenden Institutionen. Von sehr zentraler Bedeutung war dies für kirchliche Projekte, die sich über die *Zentralstelle für Entwicklungshilfe* um finanzielle Zuschüsse bewerben mussten und die beispielsweise mit Projekten des DED konkurrierten.

Das kirchliche Berichts- und Antragswesen war allerdings nicht nur aufgrund des Wettbewerbs um Mittel besonders ausführlich, eingehend und bisweilen emotional aufgeladen. Es scheint, als folgte man hier dem Genre der seit Mitte des 19. Jahrhunderts etablierten Missionsberichte, die in Erzählungen aus der karitativen Tätigkeit in ›Übersee‹ immer auch Bitten um weitere materielle Unterstützung seitens ihrer Adressaten einschlossen.[35]

---

33 Crush, »Introduction«, S. 3.
34 Zu Spendenwerbung in der Bundesrepublik Deutschland bspw.: Lingelbach, »Das Bild des Bedürftigen«.
35 Vgl. bspw. Habermas, »Mission«, S. 630ff.

Ein Beispiel für einen solchen Selbstbericht ist das Schreiben der Missionsärztin Waltraud S.[36] aus dem St. Joseph Hospital in Kagondo, Tansania, vom März 1965 an das Auswärtige Amt. Die Ärztin bedankte sich für den staatlichen Zuschuss für ihr Projekt und betonte, wie glücklich die Menschen in Kagondo nun mit den neuen, »sauberen« Gebäuden der Krankensäle seien, durch deren Dächer in der Regenzeit »endlich nicht mehr das Wasser strömen« würde. Auch von den »frischen« Kleidern, Handtüchern und Moskitonetzen, von lebenswichtigen Instrumenten und Medikamenten war die Rede.[37] All das habe man nun »endlich« anschaffen können. Die Ärztin versicherte, dass die Entwicklungshilfe in Kagondo »wirklich nachhaltig sei«, denn dort werde tatsächlich *Hilfe zur Selbsthilfe* geleistet. So werde aufgebaut, was auf Dauer die Lebensbedingungen der Menschen vor Ort verbessern helfe. Auch bilde man Krankenschwestern und Pfleger aus, die andere anlernen könnten. Überdies trage man dazu bei, die Menschen aus den Dörfern in Lohn und Brot zu halten. All dies ziehe Kreise: So gebe es endlich auch außerhalb der Mission engagierte Leute, die ihren Nachbarn ihrerseits in *Hilfe zu Selbsthilfe* Hygiene und Krankheitsvorsorge vermitteln würden.

S. schrieb außerdem – vermutlich nicht ohne Blick auf konkurrierende Projekte des über religiöse Anliegen erhabenen DED –, dass im Krankenhaus St. Joseph jeder unabhängig von seiner religiösen Zugehörigkeit behandelt werde. Anders als noch vor 50 Jahren, als sich nämlich der Missionsorden der »Weißen Väter« auf einem ›Kagondo‹, einem Platz für religiöse Initiationsriten, niedergelassen hatte, verfolge man keinen missionarischen Eifer mehr. Ganz im Gegenteil, verbiete es sich regelrecht in der »modernen Zeit«, medizinische Hilfe, Behandlung und Vorsorge an irgendwelche Bedingungen zu knüpfen.[38]

Die Ärztin fügte ihrem Schreiben die umseitig abgebildete Fotografie bei. Sie zeigt sie selbst umringt von zahlreichen afrikanischen Müttern,

---

36 Der Name wurde geändert.

37 PA AA Berlin B 92 Kirchliche Entwicklungshilfe 441 Entwicklungshilfe der Kirchen in Tanganjika 1962–1967, Schreiben der Missionsärztin Waltraud S. aus dem St. Joseph Hospital in Kagondo, Tansania, an das AA vom 22.3.1965. Vgl. hier und zum Folgenden: Büschel, »In Afrika helfen«, S. 353f.

38 1911 wurde die Missionsstation erstmals mit »Weißen Schwestern« besetzt. Ebd., Schreiben der Missionsärztin Waltraud S. aus dem St. Joseph Hospital in Kagondo, Tansania, an das AA vom 22.3.1965. Vgl. zur Geschichte des Krankenhauses: Ebd. B 58 Ref. III B 2 Technische Hilfe 1162 Kirchenprojekte Tansania 1963–1972, Schreiben Waltraud S. an die Botschaft Dar es Salaam vom 24.9.1966.

Kindern und Hilfskrankenschwestern.[39] Unverkennbar steht sie als freundliche Beraterin im Zentrum des Geschehens.

S. lächelt verständnisvoll auf diesem Bild und legt die Hände auf ihre Schützlinge, zweifellos eine Geste, die Nähe, Anteilnahme und Sorge vermittelte. Die versammelten Afrikanerinnen repräsentieren wiederum geradezu symbolisch die unterschiedlichen Stadien von Entwicklung: Da sieht man die uniformierten, der modernen Medizin entsprechend gekleideten Krankenschwestern. Die anwesenden Mütter haben nur eine Decke übergeworfen, scheinbar aus Mangel an westlicher Kleidung. Man erahnt die ›primitiven‹ Verhältnisse, aus denen sie stammen – so die Botschaft. Die Kinder wiederum hätten ihre Entwicklung letztlich noch vor sich. Bei ihnen sei noch offen, ob sie dereinst die Tracht einer Krankenschwester tragen könnten oder ob es bei der hastig übergezogenen Decke als Zeichen für ein unterentwickeltes Lebens bleibe.

Abbildung 11: Bild der Missionsärztin Waltraud S. aus dem St. Joseph Hospital in Kagondo, Tansania

(Quelle: Schreiben vom 22.3.1965 an das Auswärtige Amt, PA AA Berlin B 92 Kirchliche Entwicklungshilfe, 441 Entwicklungshilfe der Kirchen in Tanganjika 1962–67)

---

39 Ebd. B 92 Kirchliche Entwicklungshilfe 441 Entwicklungshilfe der Kirchen in Tanganjika 1962–1967, Schreiben der Missionsärztin Waltraud S. aus dem St. Joseph Hospital in Kagondo, Tansania, an das AA vom 22.3.1965. Vgl. zu weiteren Dankesschreiben dieser Art aus dem St. Joseph Hospital: Ebd. B 58 Ref. III B 2 Technische Hilfe 1162 Kirchenprojekte Tansania 1963–1972, Schreiben Waltraud S. und Fidelis M. an die Botschaft Dar es Salaam vom 27.12.1967.

Das Hospital in Kagondo war vor allem als Kinderkrankenhaus bekannt. Man nahm dort zahlreiche unterernährte Säuglinge und Kleinkinder auf und versuchte sie durch Ernährung, Hygiene und Bewegungstherapie am Leben zu erhalten. Den Müttern wurde wiederum Hygiene und Kinderpflege beigebracht nebst anderen Praktiken der Selbsthilfe, wie sie ihr Leben ›besser‹ in die Hand nehmen könnten.[40]

Einem weiteren Brief an das Auswärtige Amt vom Januar 1968 legte die Missionsärztin denn auch »Vorher-Nachher-Bilder« von Kindern bei. Auf der unten abgebildeten Fotografie ist ein am Boden sitzendes, nacktes Kind zu sehen, dessen Körper Spuren einer Hungererkrankung zeigt und daneben stehend ein offensichtlich wohl genährtes, frisch gekleidetes.[41] Deutlicher konnten persönliche Leistungen einer Ärztin und ihres Wirkungsfeldes wohl kaum demonstriert werden.

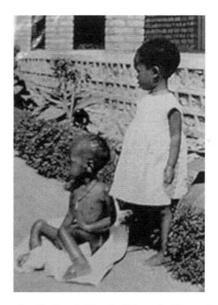

Abbildung 12: Bild aus dem St. Joseph Hospital Kagondo, Tansania

(Quelle: Schreiben vom 26.1.1968, PA AA Berlin B 58 Technische Hilfe, Ref. III B 2 1162 Kirchenprojekte Tansania 1963–72)

---

40 TNA Dar es Salaam Acc. 450 HE 1489/36 1963 Medical Statistics-Kagondo Hospital, Übersicht über Patienten und Behandlungsmethoden des Jahres 1963. Mitte der 1960er-Jahre verfügte das Krankenhaus über 200 Betten: PA AA Berlin B 58 Ref. III B 2 Technische Hilfe 1162 Kirchenprojekte Tansania 1963–1972, Schreiben Waltraud S. an die Botschaft Dar es Salaam vom 24.7.1966.
41 Ebd., Schreiben aus dem St. Joseph Hospital Kagondo an das AA vom 26.1.1968.

Hier wurde sozusagen die verwandelnde Wirkung der eigenen Entwicklungsarbeit dokumentiert – und zwar ganz im Genre kolonialer Missionsberichte bzw. in der Metaphorik der Sozialarbeit des 19. Jahrhunderts: recht reduktionistisch, plakativ und prototypisch.[42] Kinder waren überaus beliebte Objekte solcher Berichte, standen sie einerseits für unverschuldetes Elend und repräsentierten sie andererseits eine sich auszahlende Zukunft. Hier ging es um die künftigen Träger der Selbsthilfe.

Versteht man im Sinne Bourdieus und Boltanskis solche Bilder und ihre Textbezüge als »soziales Protokoll«, als Ausdruck und Symptom der Abbildung, Herstellung und Aufrechterhaltung sozialer Beziehungen,[43] dann wird hier eine dreifache Beziehungsstiftung sichtbar: zum einen eine Beziehung zu den Bedürftigen, die ostentativ in ihrem jeweiligen Entwicklungsstadium ausgestellt wurden, zum zweiten zu den afrikanischen *Counterparts*, die um den Träger des Entwicklungswissens herum gruppiert wurden, und zum dritten zwischen den Praktikern vor Ort und den Geldgebern zuhause.

Dreh- und Angelpunkt eines solchen »sozialen Protokolls« war wiederum die selbstbewusst vorgetragene Forderung nach künftiger Unterstützung. Diese müsse geradezu zwangsläufig eintreten – so das implizite Plädoyer – sehe man doch überdeutlich, dass sich jede Investition in Kagondo auch lohne und nicht vergeudet sei. Waltraud S. war 1968 seit 12 Jahren in Kagondo tätig[44] und rang vermutlich in jedem ihrer Berichte auch um Anerkennung für ihre Arbeit.

Die Häufigkeit solcher Anträge, Berichte und Bilder in Archiven zur Entwicklungshilfe der Bundesrepublik Deutschland[45] spricht dafür, dass es

---

42 Vgl. Koven, »Gustave Doré«, S. 38. Vgl. ausführlicher: Teil I, Kapitel 4.

43 Bourdieu/Boltanski, *Eine illegitime Kunst*, S. 20.

44 PA AA Berlin B 58 Ref. III B 2 Technische Hilfe 1162, Kirchenprojekte Tansania 1963–1972, Schreiben Waltraud S. an die Botschaft Dar es Salaam vom 24.9.1966.

45 Vgl. bspw. ebd. B 92 Kirchliche Entwicklungshilfe 441, Entwicklungshilfe der Kirchen in Tanganjika 1962–1967, Antrag der Missionsschwestern Unserer Lieben Frau von Afrika, Trier, zur Einrichtung einer Zahnstation in Sumbawanga vom 30.9.1964; Ebd. B 92 Kirchliche Entwicklungshilfe 392 Projekte 1961–65, Antrag der Missionare vom Hl. Geist Missionskongregation, Jaunde, Kamerun über Krankenhausausstattung vom 27.7.1962; Ebd. B 92 Kirchliche Entwicklungshilfe 393 Projekte Tansania, Zentralstelle für Entwicklungshilfe Aachen an das AA, Antrag auf Beihilfe zur Durchführung von Neubauten für diverse Dispensarien in Tansania vom 18.9.1962; Ebd. B 92 Kirchliche Entwicklungshilfe 394 Projekte Tanganjika 1961–65; Antrag der Benediktiner Kongregation St. Ottilien für Auswärtige Missionen auf eine Beihilfe für die Modernisierung der mechanischen Werkstätten auf der Hauptstation Uwemba/Tanganjika vom

sich in dieser Art und Weise der Darstellung um einen gängigen Code handelte, der innerhalb standardisierter bürokratischer Prozesse verstanden wurde – wenn er nicht gar eine Grundvoraussetzung für künftige Förderungen war. So boten Anträge, Verwendungsnachweise und Dankesschreiben für das Personal der *Hilfe zur Selbsthilfe* einen Raum, die eigene persönliche Tätigkeit in Szene zu setzen. Und um diesen Raum wurde durchaus gerungen. Denn Anträge durften häufig nur auf knappen Musterbögen gestellt werden, die in der Regel dicht beschrieben wurden.[46]

Berichte aus laufenden Projekten, die Möglichkeiten zur Selbstdarstellung ausschöpften und quasi beweisen sollten, wie gut man sich in die Entwicklungshilfe vor Ort praktisch einbringe, finden sich auch für die FDJ-*Freundschaftsbrigaden*. Wenngleich deren Mitglieder weit weniger wie westliche Entwicklungsexperten oder -helfer unter dem Druck einer Mittelvergabekonkurrenz standen, demonstrierten sie oft mit akribischen Schilderungen die eigenen Leistungen und die damit verbundenen Schwierigkeiten vor Ort.

11.10.1963; Ebd. B 92 Kirchliche Entwicklungshilfe 433 Projekte Kamerun 1963–67, Antrag der Zentralstelle für Entwicklungshilfe Aachen auf Förderung des landwirtschaftlichen Ausbildungszentrums Mayo Ouldeme, Nord-Kamerun, vom 10.11.1965; Ebd. B 58 Ref. III B 2 Technische Hilfe 1129, Kirchenprojekte in Kamerun 1964–1972, Der Bundesschatzminister an das AA, Projektbericht und Beschreibung, Weiterreichung Zuwendungen für entwicklungswichtige Vorhaben der Kirchen in Entwicklungsländern. Errichtung eines Sozial- und Kulturzentrums in Jaunde, Kamerun, vom 7.5.1965; Ebd. B 58 Ref. III B 2 1130, Kirchenprojekte Kamerun 1965–1972, Botschaft Jaunde, Weiterreichung von Berichten an das AA über die finanzielle Förderung von Entwicklungsvorhaben der Kirchen. Beihilfe für den Ausbau und die Einrichtung eines Hospitals in Mbouda/Kamerun vom 5.10.1967; Ebd. B 58 Ref. III B 2 1131, Kirchliche Projekte in Kamerun 1964–1969, Evangelische Zentralstelle für Entwicklungshilfe an das BMZ und das AA, Bericht und Antrag zur Erweiterung einer Oberschule für Jungen und Mädchen in Besongabang, Kamerun, vom 12.1.1968; Ebd. B 92 Kirchliche Entwicklungshilfe 447, Projekte Togo 1964–67, Botschaft Lomé an das AA wegen Errichtung eines Ausbildungszentrums in Kma-Kara vom 24.4.1964.

46 Vgl. solche Anträge in Durchschrift bspw. in: ZNA Stone Town DA 1,144 1961–1969 Technical Assistance General, ad 20 Government of Zanzibar Projects Suitable for Technical Assistance from External Sources, Outline of Scheme 1963.

Bekunden und Bezeugen: Beweise von *Hilfe zur Selbsthilfe*

Am 14. Januar 1967 sandte die Verantwortliche der *Brigaden der Freundschaft* für das Ausbildungsprojekt »Schneiderstube« auf Sansibar Rosi W. einen Bericht an den Zentralrat der FDJ. Sie erzählte, dass nach dem Lehrplan jede Schülerin einen Rock, ein Kleid und eine Bluse anfertigen sollte. Die Leistungen seien allerdings sehr »unterschiedlich« ausgefallen, da elf der Schülerinnen noch Analphabetinnen wären. Gerade bei der »Konstruktion des Rockes« seien Probleme aufgetreten, da man auch auf »keinerlei mathematische Vorkenntnisse« hätte zurückgreifen können. Obwohl alle Schülerinnen immer »bestrebt« seien, »nach ihren Fertigkeiten ihre Aufgaben zu lösen«, sei der Unterricht nicht leicht. Noch dazu stehe man unter einem enormen Zeitdruck, denn die Schneiderstube solle ja nach den Prämissen der *Internationalen Solidarität* möglichst rasch als Selbsthilfe-Projekt ganz in die Hände der Afrikanerinnen übergeben werden.[47] Doch sei noch vieles an »Austausch« zu leisten, denn die Frauen würden häufig zum »ersten Mal in ihrem Leben etwas lernen«, da die »meisten nie eine Schule besucht« hätten.[48] So bestehe die wichtigste Aufgabe darin, das »Denkvermögen zu schulen [und] die Schülerinnen zum selbständigen [...] Handeln« zu bringen, wobei »natürlich« nicht fehlen dürfe, ihnen auch »Ausdauer bei der Arbeit anzuerziehen«. Denn vor allem bei der »Ausführung schwieriger Arbeiten« würden die jungen Frauen »schnell die Lust verlieren«.[49]

---

47 BA Berlin Lichterfelde SAPMO DY 24/19205 Brigade der Freundschaft Sansibar an den Zentralrat der FDJ 1967, Bericht über die Schneiderstube von Rosi W. 14.1.1967. Das Vorhaben ging allerdings nicht auf eine Initiative von Sansibaris zurück, sondern war im November 1964 durch eine von Rudolf Danek geführte Delegation des Zentralrats der FDJ vorgeschlagen worden. Ebd. 24/19203, Brigade der Freundschaft Sansibar an den Zentralrat der FDJ 1964–1965, Bd. 1, Bericht über die Tätigkeit der Delegation des Zentralrates der FDJ in Tansania – Sansibar – Tanganjika vom November 1965, S. 4. Letztlich wurde das Projekt Ende März 1970 an die Afrikanerinnen übergeben: Ebd. 24/19210, Korrespondenz zwischen dem Zentralrat der FDJ und der Brigade der Freundschaft in Sansibar 1970, Abschlussbericht der Schneiderstube vom 30.3.1970.

48 Ebd. 24/19206, Brigade der Freundschaft Sansibar an den Zentralrat der FDJ 1968, 1. Halbjahr, Erfahrungsbericht über die Arbeit der FDJ-Freundschaftsbrigade Sansibar in der Schneiderstube vom 27.2.1968, S. 1.

49 Ebd., S. 4.

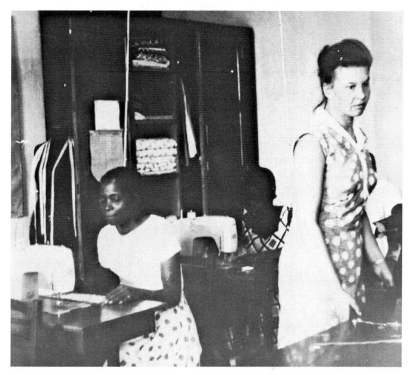

Abbildung 13: Schneiderstube auf Sansibar

(Quelle: BA Berlin Lichterfelde SAPMO, Bildersammlung)

Eine solche Afrikaner im Gefolge kolonial-missionarischer ›Arbeitserziehung‹ deutlich subordinierende Perspektive, die noch dazu auf das
Schneidern rein westlicher Kleidungsstücke abhob, verletzte erstaunlicher
Weise nicht den opportunen Diskurs der *Internationalen Solidarität*, wenngleich man dies bei der allgemeinen rhetorischen Abwehr von neokolonialen Tendenzen streng genommen erwarten müsste.[50] Solche Beschreibungen scheinen hingegen ein gängiges Mittel gewesen zu sein, die Bedeutung
der eigenen Arbeit herauszustellen.[51] Im Fall der ›Schneiderstube‹ auf
Sansibar führten dieser und weitere ähnliche Berichte jedenfalls dazu, dass
im Auftrag der FDJ ein Fotograf die Schneiderin W. mit Afrikanerinnen

---

50 Vgl. hierzu ausführlicher: Erster Teil, Kapitel 1 und 4.
51 Vgl. zur selbstaffirmativen Struktur von DDR-Reiseberichten: Sabrow, »Herrschaft und
   Alltag«, S. 17. Zu Möglichkeiten und Grenzen individueller Narrative in offiziellen Texten der DDR: Jessen, »Diktatorische Herrschaft«; Judt, »Arbeiten mit Texten«.

bei der Arbeit ablichtete und damit ihr Wirken als beispielhaft auszeichnete.

Jener Bericht von der Insel Sansibar ist nur eines von vielen Beispielen für die Art und Weise, wie Mitglieder der *Freundschaftsbrigaden* mit der FDJ korrespondierten. Immer wieder wurden hier die Leitlinien der *Internationalen Solidarität* bekräftigt und davon erzählt, wie sehr man sich bemühe, sie zu Gunsten der ›einheimischen Freunde‹ in die Praxis umzusetzen. So verwies man einerseits auf Eigenständigkeit und gleichberechtigte Freundschaft. Andererseits machte man die afrikanischen Verhältnisse geltend, doch nicht ohne zu betonen, dass man die Afrikaner noch in ihre Selbsthilfe hinein verhelfen müsse, um überhaupt Entwicklungen anzustoßen.

Nach einem ähnlichen Muster waren Tagebücher verfasst, welche die Brigaden zu führen hatten. Hier wurde das Kollektiv einer *Freundschaftsbrigade* gleichermaßen abgebildet wie hergestellt.[52] Solche »Brigadetagebücher« dienten nicht zuletzt auch als Medien, um die Bedeutung der Arbeit der ›Freunde‹ in ›Übersee‹ zuhause publik zu machen. Dabei verdichteten sich unterschiedlichste, miteinander montierte Kulturtechniken, die aus sich selbst heraus Beweiskraft schöpften: »Briefe aus Afrika« beispielsweise schilderten individuell, subjektiv und schienen damit quasi authentisch; in diesem Sinne enthielten sie auch oft Stellungnahmen von Afrikanern, wie gut doch das Zusammenarbeiten mit den Jugendlichen aus der DDR sei.[53] Man sandte die Tagebücher regelmäßig an Partnerbrigaden in der Heimat und an sogenannte *Internationale Clubs* in (Ost-)Berlin, Leipzig, Halle oder Karl-Marx-Stadt, wo Afrikaner mit Deutschen zusammentrafen und »Kulturaustausch« betrieben.[54]

Auch Gruppenfotos der Brigaden waren beliebt. Sie bekundeten Einvernehmen und fungierten als Dankesbezeugung, wenn beispielsweise – wie das nebenstehend abgebildete Schreiben der FDJ-*Freundschaftsbrigade* auf Sansibar an den Zentralrat der FDJ aus dem Jahr 1971 zeigt – für die Verleihung des Ehrentitels »Kollektiv der sozialistischen Arbeit« gedankt

---

52 Vgl. Roesler, »Das Brigadetagebuch«; Ders., »Berichtsbuch«; Wolters, »Das Brigadetagebuch«; Kessler, »Woran denken Sie?«.

53 BA Berlin Lichterfelde SAPMO DY 24/19205 Brigade der Freundschaft Sansibar an den Zentralrat der FDJ 1967, Ingrid S., Bericht über die auslandsinformatorische Tätigkeit der Brigade Sansibar vom 18.10.1967.

54 Ebd. DY 24/19209 Brigade der Freundschaft Sansibar an den Zentralrat der FDJ 1969, 2. Halbjahr, Elisabeth H. an den Zentralrat der FDJ mit einer Mappe über das Pionierleben in Sansibar und der Bitte um Weiterleitung zum Haus der Pioniere, Halle, Klub der Internationalen Freundschaft.

wurde. Gleichermaßen sollte durch visuelle Präsenz bewiesen werden, dass man auf Linie sei, eine solche Auszeichnung daher auch verdient habe und als Ansporn für die künftige Arbeit verstehe.

Abbildung 14: Gruppenbild der FDJ-Freundschaftsbrigade auf Sansibar 1971

(*Quelle: BA Berlin-Lichterfelde SAPMO DY 24 19209*)

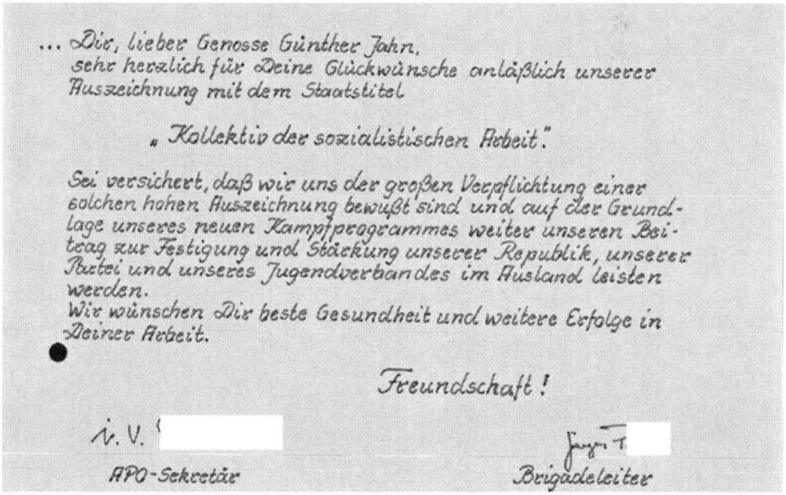

... *Dir, lieber Genosse Günther Jahn,*
sehr herzlich für Deine Glückwünsche anläßlich unserer
Auszeichnung mit dem Staatstitel

„Kollektiv der sozialistischen Arbeit."

Sei versichert, daß wir uns der großen Verpflichtung einer
solchen hohen Auszeichnung bewußt sind und auf der Grund-
lage unseres neuen Kampfprogrammes weiter unseren Bei-
trag zur Festigung und Stärkung unserer Republik, unserer
Partei und unseres Jugendverbandes im Ausland leisten
werden.
Wir wünschen Dir beste Gesundheit und weitere Erfolge in
Deiner Arbeit.

Freundschaft!

i. V.

APO-Sekretär   *Brigadeleiter*

Abbildung 15: Dankesschreiben der FDJ-Freundschaftsbrigade auf Sansibar 1971
(*Quelle: BA Berlin Lichterfelde SAPMO DY 24 19209*)

Sicherlich lassen auch diese Dokumente weniger Rückschlüsse auf das Alltagsleben der *Freundschaftsbrigaden* in Afrika zu, als auf die soziale und politische Ökonomie der Kulturtechniken von Kommunikation. Sie geben Aufschluss über Selbstdarstellungen, affirmative Erzählmuster, Schreibstrategien, Normen des Erwarteten und Gesetze des Genres, wenngleich die Berichterstatter auch noch so beanspruchten, authentisch und persönlich zu erzählen.[55]

Ein mehr oder minder bewusstes Stilmittel, das die Authentizität von solchen Berichten unterstreichen sollte, war die Schilderung angeblich spontaner Aktivitäten und Erfolge mit einer affektgeladenen Sprache, die Mündlichkeit und damit wahrheitsgetreues Engagement demonstrierte, man könnte auch sagen fingierte.[56] In diesem Sinne meldete im Oktober 1966 die Frau des Brigadeleiters der *Freundschaftsbrigade* auf Sansibar Ingrid S. an den Zentralrat der FDJ, sie würde nun außerhalb des »offiziellen Berichts« eine »kleine Begebenheit« schildern, um die »Genossen in der Heimat etwas an der Freude teilnehmen zu lassen«, die man dort erlebe. Die Brigademitglieder hätten nämlich ein ganz eigenes, sich aus den Verhältnissen vor Ort ergebendes Entwicklungsprojekt in die Tat umgesetzt: den Bau einer Wasch- und Duschanlage für die afrikanischen Nachbarn, angebracht an der Wand ihres Brigadehauses. »Schulter an Schulter« mit den Afrikanern habe man die Arbeit erledigt. Alle hätten »tüchtig angepackt«, um diese »kleine Erleichterung für das alltägliche Leben zu schaffen«.[57] »Kinder!«, so S. weiter, »Wie groß war die Freude, als die Arbeit erledigt war.« Die Sansibaris seien »so dankbar« gewesen und hätten erklärt, dass ihnen die »grausamen arabischen Kolonisten«, die das Haus der Brigade vor der Revolution bewohnt hatten, nicht einmal erlaubt hätten, Trinkwasser zu holen.[58]

Hier wie in anderen Texten wurde häufig auch auf die Einschätzung von Afrikanern hingewiesen, wollte man den eigenen Schilderungen besonders Nachdruck und Glaubhaftigkeit verleihen.

---

55 Vgl. Jessen, »Diktatorische Herrschaft«; Judt, »Nur für den Dienstgebrauch«. Vgl. allgemein zum Brief und zu Berichten als Formen von Selbstdarstellung: Van Dülmen, *Die Entdeckung des Individuums*, S. 105–109. Zu Afrika in diesem Zusammenhang: Shula Marks, *Not Either an Experimental Doll*, S. 1.

56 Dabei wurden die Grenzen des Erwarteten deutlich überschritten. Vgl. Jessen, »Diktatorische Herrschaft«; Judt, »Nur für den Dienstgebrauch«. Vgl. allgemein zu ostentativer Mündlichkeit: Goetsch, »Fingierte Mündlichkeit in der Erzählkunst entwickelter Schriftkulturen«, S. 202.

57 BA Berlin Lichterfelde SAPMO DY 24/19204, Schreiben Ingrid S. an den Zentralrat der FDJ vom 18.10.1966, S. 1f.

58 Ebd.

Gerade im Kontext der *Hilfe zur Selbsthilfe* implizierten von Afrikanern selbst verfasste Texte die höchste Aussagekraft, ob ein Projekt nun gelungen oder gescheitert sei. Überdies entfaltete sich hier das Genre von »Africa's Hidden Histories«, das zum einen aufgrund seiner Seltenheit hoch geschätzt und zum anderen immer mit Alphabetisierung, Selbstwerdungsprozessen und vorbildhaft gelebter Selbsthilfe in Zusammenhang gebracht wurde.[59]

Wahrhaftigkeit: Die Bekundungen der Afrikaner

Die Vorstellung von afrikanischen Selbstzeugnissen als Ausweis authentischen Erlebens stand in den 1960er-Jahren schon in einer langen Tradition: Sie ging vor allem auf die erstmals 1938 erschiene Sammlung »Afrikaner erzählen ihr Leben«[60] des deutschen Afrikanisten Diedrich Westermann zurück. Dieser war zwischen 1938–41 Vorsitzender der Berliner Gesellschaft für Anthropologie, Ethnologie und Urgeschichte und seit 1926 ein Direktor des IIALC in London.[61] In einer geradezu prototypischen rassistisch-kolonialen Attitüde schrieb Westermann einleitend zu dieser Publikation, dass die folgenden Texte zeigen würden, dass »selbst der einfache Eingeborene ohne europäische Bildung imstande [sei], von seinem eigenen Dasein Rechenschaft zu geben«. So würde »dem Weißen ein tiefer Einblick in die Art der schwarzen Rasse« gewährt.[62] Im Gefolge Westermanns wurde sogar bisweilen behauptet, Afrikaner hätten im Vergleich zu Europäern einen unbefangeneren Umgang mit Schreiben: Sie würden weniger Zurückhaltung üben, weniger Ausflüchte benützen. Ihre Berichte seien daher auch authentischer und somit glaubhafter.[63] Besonders gelte dies für Afrikaner, die gerade erst Lesen und Schreiben gelernt hätten.[64]

Im Postkolonialismus wurden von Afrikanern selbst verfasste Texte über ihre Erfahrungen von Entwicklung als nahezu unanfechtbare Beweise

---

59 Vgl. Barber, *Africa's Hidden Histories*.

60 Westermann, *Afrikaner erzählen*. Vgl. Onovoh, *Sammlung*.

61 Vgl. Tilley, *Africa as a Living Laboratory*, S. 80–83; Pasch, »Westermann«.

62 Westermann, »Einführung«, S. 5f., 8.

63 Vgl. Schapera, »The Native«, S. 20–28; Ders. *Married Life*.

64 Vgl. bspw. Landau, »Empires of the Visual«, S. 142.

für den Zustand eines Projekts gesehen, und zwar von den afrikanischen Regierungen wie von deutschen Akteuren gleichermaßen.[65] Alphabetisierung als Ausgangspunkt selbstbestimmter Entwicklung steht hier außerdem gewissermaßen für eine Art Selbstheilung, wobei Lesern immer auch Handlungsanweisungen im Sinne einer »medicine of knowledge«[66] gegeben wurden. Hier wurden beispielgebende Wege bezeugt, innere Einstellungen zu ändern und das eigene Leben zu ›verbessern‹.

In diesem Sinne erzählte eine bundesdeutsche Publikation aus den 1970er-Jahren davon, dass zwei Entwicklungshelfern das Tagebuch eines Tansaniers namens Peter Matata übergeben worden sei. Die Aufzeichnungen wolle und könne man den Lesern nicht vorenthalten, da hier ganz exemplarisch ein besonders gelungener Weg zur Selbsthilfe erzählt werde.[67] Liest man Matatas Bekenntnisse, entfaltet sich ein ganzes Panorama dessen, was Eva Illouz ein »therapeutisches Narrativ der Selbstverwirklichung« nennen würde:[68] Es werden Blicke auf die »Komplikationen im Innern« geworfen, auf das, was hindert »glücklich« und »erfolgreich« zu sein. Der Prozess des eigenen Lebens wird als Wandlung erzählt – heraus aus Sinnlosigkeit, Elend oder gar Kriminalität hin zu Sinnhaftigkeit, Wohlstand und gesellschaftlicher Verantwortung. [69] Der tiefere Sinn solcher Erzählungen liegt letztlich in einer beispielhaften Umdeutung vom Verlierer und Opfer der Umstände hin zu einem selbstbestimmten Gewinner und Vorbild, wobei immer wieder Beziehungen zu denjenigen hergestellt werden, die ihren eigenen Entwicklungsweg noch vor sich hätten.[70]

So liest man mit Matatas Tagebuch die Lebensgeschichte eines in der von Dürre und Hungersnot bedrohten Region Zentraltanganjikas geborenen jungen Mannes, der auf der Suche nach Arbeit in die Hauptstadt Dar es Salaam gezogen war. Nachdem er dort keine Anstellung gefunden hätte, sei er gemeinsam mit »Diebeskumpanen« losgezogen, um reiche »weiße« Touristen an den Stränden zu bestehlen. Schließlich sei er eines Tages von der Polizei aufgegriffen und zu zwei Jahren Jugendgefängnis verurteilt worden. Von dort sei er schließlich in ein Projekt der *Hilfe zur Selbsthilfe*

---

65 Vgl. Nkembe, »Was Kamerun«.

66 Vgl. Harries, *Work*, S. 217.

67 Peter Matata, Tagebuch, zitiert nach: Kaese/Schieß, »Ujamaa«, S. 79–83.

68 Vgl. Illouz, *Gefühle*, S. 43.

69 Peter Matata, Tagebuch, zitiert nach: Kaese/Schieß, »Ujamaa«, S. 83.

70 Vgl. Gergen, »Narrative«.

gelangt. Hier sei er mit anderen Häftlingen in Techniken moderner Feldarbeit unterwiesen worden. Auch habe er Lesen und Schreiben gelernt. Nach seiner Entlassung hätte Matata bald eine Anstellung als landwirtschaftlicher Berater in einem *Ujamaa*-Dorf erhalten und lebe nun dort in Lohn und Brot. Besonders »glücklich« sei er darüber, dass er »nun wirklich gebraucht« würde und anderen dabei »helfen könne, sich selbst zu helfen«.[71]

Matatas Tagebuchaufzeichnungen stehen für eine Vielzahl von Erfolgsgeschichten von Afrikanern, die durch Selbsthilfe ihren eigenen Reifungs- und Erkenntnisprozess thematisierten. Immer wieder ist davon die Rede, wie man zunächst hilflos und unwissend gewesen, bisweilen auf die schiefe Bahn geraten sei, sodann sich aber mit der Hilfe anderer und auch deutscher Entwicklungsexperten und -helfer eines Besseren besonnen hätte. Nun sei man glücklich und zufrieden, einen Beitrag zur Entwicklung des Landes zu leisten.

Solche Texte sollten zweifellos auch den Sinn deutscher *Hilfe zur Selbsthilfe* in Afrika bestätigen und anderen Afrikanern ein Beispiel geben, die »allgemeine Dysfunktion« ihres Daseins zu empfinden und daraus Kraft zu schöpfen, sie durch Selbsthilfe zu überwinden.[72] Indem sie häufig als Intertexte in europäischen Publikationen zur Entwicklungshilfe erschienen, fungierten sie dort gleichsam als Beweis für die Funktionslogiken des Konzepts der *Hilfe zur Selbsthilfe*.

Ähnliche wie Matatas Tagebuch lesen sich die Bekenntnisse anderer ›kleiner Leute‹ in Tansania, die ihrerseits von persönlichen Erfahrungen und Aufstiegsgeschichten erzählen. Lesen und Schreiben zu lernen hätte ihnen – so der Tenor – dazu verholfen, sich letztlich selbst zu helfen.[73] Herausgeber einer in diesem Sinne in Englisch und Kiswahili Ende der 1970er- bzw. 1980er-Jahre erschienenen Publikation, die schon in den 1960ern in Zeitschriften veröffentlichte Testimonien aufgriff, war Yussuf Kassam. Dieser war als Professor für Erwachsenenbildung an der Universität von Dar es Saalam und als Direktor des *Tanzanian Institute of Adult Education* einer der Hauptverantwortlichen für Alphabetisierung und *Self Reliance* in Tansania.[74] Grundlage der Schrift waren Tonaufzeichnungen sowie selbst verfasste Texte der Alphabetisierten. Durch die Publikation

71 Peter Matata, Tagebuch, zitiert nach: Kaese/Schieß, »Ujamaa«, S. 81ff.
72 Vgl. Illouz, *Gefühle*, S. 43.
73 Vgl. hierzu auch verschiedene Berichte in der Regierungszeitung »Uhuru«: »Vijiji Vya«.
74 Vgl. Kassam, »Who Benefits«. Zunächst wurden die Texte in Englisch publiziert dann in der Originalsprache Swahili: Kassam, *The Voices*; Ders., *Sauti Ya Wanakisomo*.

dieser Bekenntnisse auch in englischer Sprache kommunizierten sie letztlich auch mit ausländischen Entwicklungsexperten und -helfern, wiesen auf
die Bestrebungen und Erfolge der Tansanier in Selbsthilfe-Projekten hin
und konnten damit auch ein Anreiz für weitere ausländische Investitionen
sein.

So ist von einer ›Bäuerin‹ aus der Nähe von Arusha zu lesen, dass sie
1970 durch ihre erfolgreiche Alphabetisierung nun ihren »großen Wunsch«
erfüllen könne, sich selbstständig mehr Wissen über Landwirtschaft anzueignen.[75] Von einer »Befreiung aus Unwissenheit« und von »Verstand als
Gesundheit« erzählte gar ein Landbewohner aus der Region Morogoro;
nun verstünde er endlich, was »moderne Landwirtschaft« bedeute und was
der Anbau neuer Pflanzen für die Verbesserung der Ernährungssituation
sein könne.[76] Von »Selbstständigkeit« und nicht mehr »blind zu sein«
berichtete eine Hausfrau aus der gleichen Gegend. Sie schrieb: »Unsere
Augen funkeln nun und können sehen.«[77] Jene Bekundungen wurden ge-
rahmt durch Erzählungen, wie man die *Hilfe zur Selbsthilfe* bei der Alphabetisierung möglichst effektiv gestaltet hätte: Alles sei in einer »entspann-
ten und freundschaftlichen Atmosphäre« in gemeinsamen Gesprächen
zwischen Lehrern und Schülern vonstatten gegangen; nur deshalb habe
man so rasche Erfolge erzielen können.[78]

Wie Matatas Erfolgsgeschichte fungierten diese Bekenntnisse wiederum
selbst als eine Art Selbsthilferatgeber, welche die einen zu Praktiken der
Hilfe zur Selbsthilfe anregen und den anderen die hohe Bedeutung vor Augen
führen sollten, sich selbst auf ein Streben nach der ›Verbesserung‹ des eigenen Lebens einzulassen.

Die hier erwähnten Quellen machen auch den Großteil des Materials
aus, auf die sich die folgenden Fallstudien beziehen. Die Perspektivierung
von Berichten, Bitten oder Evaluation ist in der Fallanalyse stets mit zu
lesen, wenngleich sie im Folgenden aus Gründen des Darstellungsflusses
nicht immer ausbuchstabiert wird.

75 Kassam, *Sauti*, S. 14. Vgl. die englische Version: Kassam, *The Voices*, S. 33.
76 Kassam, *Sauti*, S. 25; Kassam, *The Voices*, S. 39.
77 Kassam, *Sauti*, S. 20f.; Kassam, *The Voices*, S. 43.
78 Ebd., S. 16–19.

3. Drei ›Musterdörfer‹ in Togo: Vom Vorzeigeprojekt zur Entwicklungshilferuine

»Im November 1962 kamen wir erstmalig mit dem Geländewagen in [...] Agou-Nyogbo an, nachdem wir eine dreistündige Fahrt auf schlaglochreicher Piste hinter uns hatten. Im Nu hatte sich unsere Anwesenheit herumgesprochen und alle Dorfbewohner kamen, um uns zu begrüßen.«[1]

Mit diesen Worten schilderte der bundesdeutsche Landwirtschaftsexperte Ehrenfried Zillich in der damals weit verbreiteten entwicklungspolitischen Zeitschrift »Afrika« die Gründungsszene eines zunächst immer wieder als gelungen gewürdigten Vorzeigebeispiels der *Hilfe zur Selbsthilfe*, dem Projekt der »drei Musterdörfer« in Togo – der »trois villages pilotes«, zu denen neben Agou-Nyogbo noch Nuatja-Agbalebemé und Kambolé gezählt wurden.[2]

Der erste Leiter des Vorhabens, das vom Herbst 1962 bis Frühjahr 1974 dauerte, war der Landmaschineningenieur Otto Schnellbach, ein seit Juli 1961 durch die GAWI abgestellter technischer Berater der togoischen Regierung, der bereits im *Bureau de Développement* in der Hauptstadt Lomé tätig gewesen war.[3] Auf Schnellbach folgten der Wirtschaftswissenschaftler

---

1 Zillich, »Die drei Musterdörfer«, S. 160.

2 Dabei konnte von *drei* ›Musterdörfern‹ zunächst keine Rede sein: Man arbeitete die ersten Jahre nur in den beiden erstgenannten Dörfern. Erst im Sommer 1965 kam nach längerem Zögern Kambolé hinzu. Vgl. BA Koblenz B 213 BMZ Technische Hilfe Togo 4111, Musterdörfer, Bericht vom 15.4.1965, S. 2.

3 Schnellbach befasste sich im *Bureau de Développement*, das unmittelbar dem togoischen Präsidenten unterstellt war, mit dem Einsatz von technischen Mitteln in der Landwirtschaft und den Möglichkeiten des Aufbaus von ländlichem Handwerk. Vor seinem Aufenthalt in Togo hatte er Erfahrungen in Chile bei der Einführung deutscher Landmaschinen, auf einer Studienreise durch Peru und Guatemala und als Werkstudent in den USA gesammelt, wo er sich mit dem Anbau von Reis, Mais und mit amerikanischen Landmaschinen beschäftigt hatte. In Marokko hatte er eine Lehrwerkstatt für Landmaschinentechniker mit aufgebaut. Vor 1945 war Schnellbach im Reichskuratorium für Technik in der Landwirtschaft befasst gewesen und war in Bulgarien und Rumänien mit Studien zur Rationalisierung der Ernte von Flachs und Hanf beschäftigt. Ebd. B 213

und Agrarökonom Hans von der Decken und darauf Heinz Lähne, ein Schreinermeister. Als weitere deutsche Experten waren Tropenlandwirte und Techniker eingesetzt. Sie waren meist eigenverantwortlich vor Ort tätig und wurden im Projektjargon als »Dorfleiter« bezeichnet. Seit 1965 entsandte der DED Entwicklungshelfer in die Dörfer, die als Schlosser, Maurer, Landwirte, Lehrer oder Sozialhelfer arbeiteten.[4] Das Projekt wurde damit vom BMZ, der GAWI, dem DED und auf togoischer Seite direkt von der Regierung sowie den Dorfbewohnern selbst getragen. Außerdem unterhielt die evangelische Kirche mit der *Norddeutschen Missions-Gesellschaft* Bremen in Naolo bei Agou-Nyogbo ein Krankenhaus und in der Nähe von Nuatja-Agbalebemé ein Sozial- und Landwirtschaftszentrum, das Beratungen zur Selbsthilfe unter ländlichen Familien durchführte.[5]

Im Gegenzug zur deutschen *Hilfe zur Selbsthilfe* hatte die togoische Regierung so genannte »Partnerschaftsleistungen« zu erbringen: Sie sollte finanzielle Zuschüsse für die Ausstattung der Wohnungen der deutschen

---

BMZ Technische Hilfe Togo 4112, Musterdörfer, Abschlussbericht Schnellbach vom Dezember 1965, S. 2f.; Ebd. B 213 BMZ Technische Hilfe Togo 4111, Musterdörfer, Bericht aus den Musterdörfern an die GAWI vom 14.11.1964, S. 9.

4 Am Berg Agou wurden ein Schreiner, ein Kaufmann, ein Schlosser und ein Landwirt eingesetzt. In Nuatja-Akbalebemé waren ein Schlosser, der bald wieder abgerufen wurde, und eine Sozialhelferin tätig. In Kambolé arbeiteten ein Kaufmann und ein Schlosser. Ebd. 4112, Musterdörfer, Abschlussbericht Otto Schnellbach vom Dezember 1965, S. 81f. Erst im August 1968 regelte ein Rahmenabkommen die weitere Entsendung von Freiwilligen des DED. Seit 1968 waren in der Regel um die zehn Entwicklungshelfer in den ›Musterdörfern‹ eingesetzt. Vgl. PA AA Berlin Auslandsvertretungen Lomé 6910, Entwicklungshilfe im Allgemeinen, DED 1969–1975, Rahmenabkommen über die Entsendung von Freiwilligen des DED vom 29.8.1968, Liste der Freiwilligen vom 12.2.1969 mit Verzeichnung der Einsatzorte; Ebd. B 58 Ref. III B 2 Technische Hilfe 698 Togo DED, Deutsche Botschaft Lomé Anfrage zur Entsendung von Entwicklungshelfern in das Dorf Agou-Nyogbo vom 21.7.1964, DED an das AA vom 10.8.1964; DED, Aufstellung von Freiwilligen, die Anfang 1965 in Togo zum Einsatz in den ›Musterdörfern‹ einreisen sollen vom 10.8.1965. BA Koblenz B 213 BMZ Technische Hilfe Togo 3977, Bericht über eine Evaluationsreise an das BMZ nach Senegal, Togo, Dahomé und Obervolta vom 29.3.1968, Anhang über die Entwicklungsvorhaben, S. 7.

5 Ebd. Bericht der Botschaft Lomé, Überprüfung der Ergebnisse der deutschen Entwicklungshilfe vom 15.7.1969, S. 15; Ebd. 4111, Sachstandbericht vom 1.11.1963. Für das Projekt wurden im November 1963 zunächst 1.781.000,-- DM bereitgestellt: PA AA Berlin B 58 Ref. III B 2 Technische Hilfe 615 Togo Projekte, Schreiben der Botschaft Lomé an das AA vom 25.3.1965; Ebd. B 92 Kirchliche Entwicklungshilfe 447 Kirchliche Entwicklungshilfe Projekte Togo 1964–1967, Antrag auf Errichtung eines Landwirtschaftszentrums in Palimé vom 27.7.1965.

Experten zahlen und garantieren, dass Fahrzeuge, Maschinen und Geräte zollfrei eingeführt werden konnten. Die Dorfbewohner erklärten sich einverstanden, das Land und Unterkünfte für die Deutschen bereitzustellen sowie freiwillig mitzuarbeiten.[6] Als oberstes Ziel galt, die Eigeninitiative und damit die Selbsthilfe unter den Dorfbewohnern nachhaltig zu fördern. Man wollte von deutscher Seite nur die vorhandenen »Ressourcen« an Land und Arbeitskraft nutzen, um auf die »Verbesserung« der Landwirtschaft und des ansässigen Handwerks »harmonisch« einzuwirken.[7] Brachliegendes Gemeindeland sollte bebaut, Urwald gerodet und Buschland urbar gemacht werden. Das beim Roden abfallende Holz sollte vor Ort zu Möbeln, Türen und Fensterrahmen weiterverarbeitet werden. Davon versprachen sich die Experten, dass ganz automatisch die große Arbeitslosigkeit in der Region zurückgehen würde.[8] Durch den Anstieg landwirtschaftlicher Erträge würde sich auch die Ernährungslage verbessern. Man hoffte, dass die Dorfbewohner sogar bald auf den Markt gehen könnten, um ihre Überschüsse zu verkaufen.[9]

Bei diesen unmittelbaren Effekten sollte es nicht bleiben. Das Projekt sollte hingegen auf eine tiefgreifende soziale Umgestaltung einwirken: Indem nämlich von den Afrikanern alles in der »sehr mühsamen alt gewohnten Handarbeit« verrichtet werden sollte, könnten sie schnell zum »Empfinden« kommen, mit ihren eigenen Händen auch wirklich »etwas zu leisten«. Das könne sich nur förderlich auf ihr Engagement auswirken.[10] Allein unverzichtbare Werkzeuge und Maschinen, wie Pflüge und Kettensägen, sollten durch das BMZ geschenkt werden. Und das ausschließlich unter der Bedingung, dass die Dorfbewohner nach entsprechender Einweisung fähig und auch willig seien, die Ausrüstung selbstständig in Stand zu halten.[11]

---

6 BA Koblenz B 213 BMZ Technische Hilfe Togo 4112, Musterdörfer, Abschlussbericht Schnellbach vom Dezember 1965, S. 10, S. 31–35. Für den Aufbaufonds stellte die togoische Regierung in den ersten beiden Jahren als Anschubfinanzierung 1,5 Millionen CFA zur Verfügung, was derzeit DM 24.000,-- entsprach: Ebd., S. 35.

7 Von der Decken, »Das Entwicklungsprojekt«, S. 7; Zillich, »Die drei Musterdörfer«, S. 160.

8 Schnellbach, »Probleme«, S. 89.

9 PA AA Berlin B 58 Ref. III B 2 Technische Hilfe 615 Togo Projekte, Wolfgang B., Beobachtung der deutschen Entwicklungshilfe in Togo. Musterdorf Kambolé, Juni 1968, S. 8.

10 BA Koblenz. B 213 BMZ Technische Hilfe Togo 4112, Musterdörfer, Abschlussbericht Schnellbach vom Dezember 1965, S. 20f.

11 Vgl. Schnellbach, »Landwirtschaft«.

Ganz auf Linie mit dem Anspruch der *Hilfe zur Selbsthilfe* wollten die Experten bei alledem lediglich beratend tätig sein. Der erste Projektleiter Schnellbach schrieb allerdings rückblickend: Der »menschliche Kontakt« zwischen den Deutschen und Afrikanern sei sehr wichtig gewesen. Man sei sich bewusst gewesen, dass man die Dorfbewohner erst »dahin bringen« musste, die Entwicklung ihrer Dörfer »nach *ihren* Wünschen und Vorstellungen« anzupacken.[12] Man ist an die Sprache deutscher Missionare des 19. Jahrhunderts und ihre Auslassungen über die ›Erziehung der Afrikaner zur Arbeit‹[13] erinnert, wenn man bei Schnellbach weiter liest: Die Deutschen hätten den Afrikanern erst einmal beibringen müssen, »Entscheidungen selbst zu treffen, zu planen, vorauszuschauen und sich über die Kosten und den Ertrag ihrer Arbeit klar zu werden.«[14] Es sei schon einiges an Überzeugungsarbeit notwendig gewesen, um bei den Dorfbewohnern das »Gefühl reifen« zu lassen, nun zu den »Fortschrittlichen« in Togo zu gehören – im Gegensatz zu den »Anderen«, welche »die neue Zeit noch nicht verstanden« hätten.[15]

Auch die bundesdeutsche Botschaft in Lomé achtete auf die Einhaltung der Prämissen der *Hilfe zur Selbsthilfe*: Sie entsandte Beobachter in die Dörfer, die dann schrieben: Die »Bauern« dürften nicht nur das »Vorgemachte nachmachen«. Man müsste sie hingegen dazu bringen, ganz grundlegend und auch dauerhaft den »Sinn« der freiwilligen und unentgeltlichen Arbeit für sich zu »begreifen«.[16]

Gemäß der allgemeinen Bedeutung, welche die Leitlinien der *Hilfe zur Selbsthilfe* Genossenschaften zumaßen,[17] sollte diese als »einzige soziale Form« auch in den drei Dörfern gefördert werden.[18] Wie andernorts, so

---

12 Schnellbach, »Probleme«, S. 90, 92, 95.

13 Vgl. Teil I, Kapitel 4.

14 Schnellbach, »Probleme«, S. 90, 92, 95. Ein externer Gutachter schrieb ganz ähnlich: Die Afrikaner müssten von den Deutschen erst einmal »in den Stand versetzt werden, […] ihr Denken und ihre Gewohnheiten so zu verändern, dass sie aus eigenem Antrieb zur Verbesserung ihrer Lebensbedingungen« beitragen könnten. PA AA Berlin B 58 Ref. III B 2 Technische Hilfe 615 Togo Projekte, Wolfgang B., Beobachtung der deutschen Entwicklungshilfe in Togo. Musterdorf Kambolé, Juni 1968, S. 8.

15 Schnellbach, »Probleme«, S. 90, 92, 95.

16 PA AA Berlin B 58 Ref. III B 2 Technische Hilfe 615, Togo Projekte, Wolfgang B., Beobachtung der deutschen Entwicklungshilfe in Togo. Musterdorf Kambolé, Juni 1968, S. 14.

17 Vgl. Teil I, Kapitel 4.

18 BA Koblenz B 213 BMZ Technische Hilfe Togo 4112, Musterdörfer, Abschlussbericht Schnellbach vom Dezember 1965, S. 24. Eine vergleichbare Genossenschaft führten

hieß es auch für Togo, dass Genossenschaften den »uralten afrikanischen Traditionen der Großsippe« entsprechen würden, »die auch eine Art von Lebens- und Arbeitsgenossenschaft« gewesen sei.[19] Daher seien genossenschaftsähnliche Sozialverbände auch den Togoern seit langem gut bekannt und würden allseits gut aufgenommen.[20] Wie anderen Afrikanern, so würden Genossenschaften auch ihren »Anlagen« entsprechen: Überall in den Tropen sei »der afrikanische Bauer kein Individualist« wie der »europäische Bauer auf freier Scholle«. Er sei in erster Linie ein Mitglied einer Familie, eines Dorfes, eines »Stammes« und könne sich als Einzelner immer gut einer Gruppe unterordnen.[21] Daher sollten die Genossenschaften des Projekts sich auch an der »gewohnten« Hierarchie der Dörfer orientieren. Dorfobere, Lehrer oder Bewohner mit besonders großem Einfluss sollten zu Vorsitzenden gewählt werden. Damit würden sich »Spannungen« sicherlich vermeiden lassen.[22] Auch würden wohl bald alle erwachsenen Männer und Frauen[23] den Vorsitzenden der Genossenschaften aufgrund ihrer »angestammten Autorität« folgen. Und selbst »Arbeitsscheue« könnten zu »Fleißigen« werden.[24]

Entsprechend der besonderen Wertschätzung, die die bundesdeutschen Entwicklungsagenturen in den 1960er-Jahren *Hilfe zur Selbsthilfe* entgegenbrachten,[25] versprachen sich alle beteiligten deutschen Instanzen von den drei ›Musterdörfer‹ große Erfolge.[26] Diese Hoffnung teilte auch die Regierung von Togo: Da alles auf die »Mentalität« der Dorfbewohner ein-

Entwicklungshelfer der AGEH in Ayengré, Togo: Siebert, »Choukoudou«, S. 16. Vgl. auch zu Genossenschaften in Afrika: Teil I, Kapitel 3.

19 BA Koblenz B 213 BMZ Technische Hilfe Togo 4111, Musterdörfer, Bericht zu den drei Musterdörfern an die GAWI vom 14.11.1964, S. 9.

20 Ebd.

21 Ebd., S. 10.

22 In Agou-Nyogbo wurde denn auch der dort regierende Dorfkönig gewählt. In Nuatja-Agbalebemé fiel das Los auf den Oberlehrer Dominique Agbahay, in Kambolé auf Robert Komlan, einen einflussreichen Landwirt, Kaufmann und Fuhrunternehmer. Ebd. 4112, Musterdörfer, Abschlussbericht Schnellbach vom Dezember 1965, S. 25.

23 Zillich, »Die drei Musterdörfer«, S. 162. Frauen waren hier besonders wichtig, oblag ihnen auch in Togo zu dieser Zeit vor allem die Feldarbeit. Vgl. Davison, *Agriculture, Women, and Land.*

24 Zillich, »Die drei Musterdörfer«, S. 161.

25 Vgl. auch Einleitung und Teil I, Kapitel 2 und 3.

26 BA Koblenz BMZ 213 Technische Hilfe Togo 4111, Sachstandbericht vom 1.11.1963. Vgl. ANT Lomé, Ministère des Affaires Extériere Togolaise Lomé, Accord Commercial.

gestellt sei, könne man sicherlich eine »beschleunigte Entwicklung« erzielen, schrieb 1964 aus Lomé die *Direction du Plan de Développement*.[27] Man ist bei diesem Optimismus an Helmut Bleys Diktum erinnert, dass eines »der großen Hindernisse in der Wahrnehmung der außereuropäischen Kulturen und Gesellschaften in der Moderne« das Phänomen sei, dass westliche Akteure vergessen hätten, wie lange und schwierig sich der Übergang der »eigenen agrarwirtschaftlichen Vergangenheit« in die Moderne vollzogen habe.[28] Es wird im Folgenden zu sehen sein, dass jener Glaube an eine sehr rasche, sich regelrecht selbst dynamisierende reibungslose Entwicklung auch im Zusammenhang der ›Musterdörfer‹ Probleme mit sich brachte. Zunächst wird allerdings erst einmal gefragt werden, warum man in Togo von ›Musterdörfern‹ sprach. Was hatte es mit diesem Begriff auf sich? Welche Vorstellungen waren hiermit verbunden?

Die ›Musterdörfer‹ als Entwicklungslabore

Angeblich waren es zunächst die Dorfbewohner selbst, die den Begriff ›Musterdörfer‹ aufbrachten – und zwar schon zur französischen Treuhandzeit der 1950er-Jahre im Rahmen spätkolonialer Entwicklungsprojekte der *Animation Rurale*.[29] Schon damals, so behauptete ein Gutachter der bundesdeutschen Botschaft, hätten die Afrikaner Profit aus der Aufbauarbeit schlagen, sich vom Rest der Bevölkerung Togos abheben und in besonders gutem Licht dastehen wollen. Man wollte ein Beispiel sein für andere, die eben nicht in solchen ›Musterdörfern‹ lebten.[30]

Die deutschen Experten verbanden mit diesem Begriff wiederum die Vorstellung, aus Erfolgen und Fehlschlägen Prognosen für künftige Selbsthilfeprojekte in Togo und anderswo in Afrika stellen zu können. Dafür

---

27 BA Koblenz B 213 BMZ Technische Hilfe Togo 4111, Musterdörfer, La direction du plan de développement: Memoire sur le projekt de Développement des communautes villagecises ayant por objectiv d'aider les populations a s'aider elles-memes, 16.4.1964. Zum Entwicklungsplan vom Oktober 1962 und hier zu den »villages pilotes« auch: »Présentation par le président Sylvanus Olympio«, S. 173.

28 Bley, »Die Befangenheit«.

29 Vgl. Teil I, Kapitel 4.

30 PA AA Berlin B 58 Ref. III B 2 Technische Hilfe 615, Togo Projekte, Wolfgang B., Beobachtung der deutschen Entwicklungshilfe in Togo. Musterdorf Kambolé, Juni 1968, S. 9.

strebte man eine gewisse Unterschiedlichkeit und gleichzeitig Vergleichbarkeit der Dörfer an: Man hatte drei Siedlungen ausgesucht, die bis zu 300 Kilometer voneinander entfernt nördlich der Hauptstadt Lomé gelegen waren.[31] Die klimatischen, geographischen und ethnologischen Gegebenheiten galten sowohl als hinreichend verschieden als auch als nicht zu unterschiedlich, so dass sinnvolle Vergleiche möglich erschienen. Besonders im Grad ihrer jeweils »ausgesprochen ausgeprägten Unterentwicklung«, der »Primitivität« der landwirtschaftlichen Methoden sowie dem Fehlen von Wasserleitungen und Elektrizität wurden die Dörfer als ähnlich angesehen.[32]

Gewissermaßen wurde hier eine Laborsituation hergestellt, in der getestet, erforscht und prototypische Vorgehens- und Verhaltensweisen entworfen wurden, von denen man sich Aufschlussreiches für künftige Vorhaben versprach.[33] Mit Bruno Latours und Steven Woolgars Worten gesprochen, sollten letztlich »wissenschaftliche Fakten« geschaffen werden, denen man »Mustergültigkeit« zusprechen konnte.[34]

Dabei sollte Agou-Nyogbo mit seinen um die 2.200 Einwohnern[35] das Muster für die anderen beiden Dörfer sein: Es war am einfachsten von Lomé aus zu erreichen. Das Dorf war verkehrstechnisch gut angeschlossen, denn es lag an der vielbefahrenen Autostraße zwischen Agou und Palimé, die nach Lomé führte. Zweimal in der Woche wurden Märkte abgehalten, die Leute aus der ganzen Region besuchten.[36] Es machte somit Sinn, über Wege nachzudenken, den landwirtschaftlichen Ertrag so zu steigern, dass der lokale Handel gestärkt wurde. Auch schien eine Grundsicherung der Ernährungslage in der Region äußerst dringlich: Seit Ende 1961 kamen immer wieder zahlreiche politische Flüchtlinge aus dem be-

31 Agou-Nyogbo lag 110 km nordwestlich von Lomé, Nuatja-Agbalebemé 100 km nördlich. Am meisten abgelegen war Kambolé, das mehr als 380 km nordöstlich der Hauptstadt lag und nur auf Pisten zu erreichen war. Von der Decken, »Das Entwicklungsprojekt«, S. 71.

32 BA Koblenz B 213 BMZ Technische Hilfe Togo 4112, Musterdörfer, Abschlussbericht Schnellbach vom Dezember 1965, S. 12.

33 Vgl. Tilley, *Africa*.

34 Vgl. Latour/Woolgar, *Laboratory Life*.

35 PA AA Berlin B 58 Ref. III B 2 Technische Hilfe 615 Togo Projekte, Wolfgang B., Beobachtung der deutschen Entwicklungshilfe in Togo. Musterdorf Agou-Nyogbo, August 1968, S. 9.

36 ANT Klouto 378, Administration générale et politique. Fiche de village et agglomeratives Agou-Nyogbo 1960.

nachbarten Ghana in die Gegend, was zu dramatischer Nahrungsmittel-knappheit führte.[37]

Außerdem konnten die deutschen Experten für Agou-Nyogbo auf eine Reihe sozialer und wirtschaftlicher Daten zurückgreifen. Denn in der als besonders fruchtbar geltenden Region am Berg Agou hatte die togoische Regierung schon 1960 eine Erhebung zu Entwicklungspotenzialen durch-geführt.[38] Weiter traf man in Agou-Nyogbo auf engster Fläche die ganze landwirtschaftliche Topographie Togos an: Umgeben von dichtem Urwald war das Dorf durch einen Fluss in zwei Teile getrennt. Der näher am Berg liegende Teil mit Namen Delavé war aufgrund von Steigungsregen feuch-ter. Dort gab es seit der Kolonialzeit Plantagen von Kaffee- und Kakao-Stauden, somit *Cash Crops*, die nicht unmittelbar der Ernährung der Ein-wohner dienten. Agbetiko, der andere Teil des Dorfes, lag wiederum in einer Senke, wo Savannenflächen für die Eigenversorgung bestellt wurden.

Trotz dieser Trennung wurden alle in Agou-Nyogbo Einmischen als ›Bauern‹ beschrieben und zu den Ewe gezählt, die den togoischen Beamten wie den deutschen Experten gleichermaßen als »verhältnismäßig fleißig, mit dem Land verwurzelt und strebsam« galten.[39] Zudem lag das Dorf auf dem Gebiet der *Bremer Mission*. Der überwiegende Anteil der Bewohner bekannte sich zum evangelisch-lutherischen Glauben und hatte bereits seit Jahrzehnten Unterweisungen in der protestantischen ›Arbeitsethik‹ der Selbsthilfe erhalten.[40] Auch gab es zwei öffentliche und eine evangelische Grundschule mit jeweils drei Klassen. Über 90 Prozent der Einwohner konnten lesen und schreiben.[41] Eine medizinische Ambulanz wurde von den Dorfbewohnern selbst unterhalten und betrieben. Man ging aufgrund dieser Faktoren von einer verhältnismäßigen Offenheit der Bewohner gegenüber Entwicklungsprojekten aus.[42]

Doch gab es zwischen beiden Dorfteilen immer wieder massive Kon-flikte, die das Dorf für die Deutschen im Sinne eines ›Modells‹ noch inte-ressanter machten:[43] In Delavé herrschte König Ehrenfried Komedza Pebi

---

37 PA AA Berlin B 29 Kirchliche Entwicklungshilfe 391 Katastrophenhilfe 1961–1962, Antrag an die Botschaft in Lomé auf Unterstützung in den Flüchtlingslagern, Bericht über die Situation der Flüchtlinge aus Ghana in Togo vom 23.11.1961.

38 Zillich, »Die drei Musterdörfer«, S. 161.

39 Vgl. Pauvert, *L'évolution politique des Ewé.*

40 Vgl. Weber, *Die Protestantische Ethik*, S. 131. Hierzu ausführlicher: Teil I, Kapitel 4.

41 Zillich, »Die drei Musterdörfer«, S. 161.

42 Ebd.

43 Ebd.

IV., in Agbetiko der Grundbesitzer Edwin Képélété. Daraus erhofften sich die deutschen Experten nicht nur Einsichten in unterschiedliche Leitungsstile in der Entwicklungsarbeit. Sie attestierten auch eine nicht friktionsfreie unterschiedliche »Mentalität« der Bewohner beider Dorfteile, die Rückschlüsse auf die sozialen Konflikte der togoischen Landbevölkerung untereinander erlauben würde: So unterstellte man den Anhängern Pebis einen »gewissen Konservativismus« und eine Affinität zu allem Europäisch-Kolonialen, während die Parteigänger Képélétés als eher auf demokratische Freiheiten bedacht und als kritisch Fremden gegenüber eingestellt galten.[44] Die Aversionen gegeneinander würden sich schon darin zeigen, dass die Märkte in den jeweiligen Dorfteilen voneinander getrennt abgehalten würden und keiner der Einheimischen den Fluss überquere.[45] In einer tief liegenden Feindschaft war man peinlich darauf bedacht, nicht aufeinander zu treffen.[46] Dies ließ wiederum auch auf Argwohn und Neid schließen, auf gegenseitige Verdächtigungen, übervorteilt zu sein, was keineswegs als hinderlich für das Projekt interpretiert wurde. Ganz im Gegenteil könnte sich in Agou-Nyogbo ganz exemplarisch zeigen lassen, wie verfeindete Gruppen von Afrikanern sich bei Entwicklungsvorhaben zueinander verhielten. Wenn man es geschickt anstelle, dann könne man gerade auch vor dem Hintergrund solcher Konflikte Ambitionen wecken, sich gegenseitig zu übertrumpfen.[47]

Das zweite der ›Musterdörfer‹, Nuatja-Agbalebemé, lag im Norden des Landes in einem Notstandsgebiet, in dem häufig Hungersnöte und Seuchen auftraten. Um die Bildung war es ganz anders als am Berg Agou bestellt: Über 80 Prozent der circa 4.000 Einwohner waren Analphabeten.[48] Die »Ackerbauern« seien dort allerdings sehr »arbeitsam«, hieß es von Seiten der deutschen Botschaft.[49] Hier lebten ebenfalls vor allem Ewe. Die Gegend um Nuatja galt für diese sogar als ein mythischer und politisch sehr wichtiger Ort. Sie war im 17. Jahrhundert der Königssitz einer Ewe-

44 Zillich, »Die drei Musterdörfer«, S. 161.
45 ANT Klouto 378, Administration générale et politique. Fiche de village et agglomeratives Agou-Nyogbo 1960.
46 PA AA Berlin B 58 Ref. III B 2 Technische Hilfe 615 Togo Projekte, Wolfgang B., Beobachtung der deutschen Entwicklungshilfe in Togo, Vorlage des AA an den interministeriellen Ausschuss für technische Hilfe vom 9.8.1965, S. 4.
47 Ebd. Vgl. Zillich, »Die drei Musterdörfer«, S. 161.
48 Ebd.
49 PA AA Berlin Auslandsvertretungen Lomé 6909 DED, Bd. I 1963–1966, Bericht der Botschaft Lomé an das AA vom 21.7.1964, S. 2.

Monarchie gewesen, welche die geistliche wie weltliche Macht ausgeübt hatte. Das Siedlungsgebiet der Ewe war bei der Aufteilung Togolands nach dem Ersten Weltkrieg in einen ghanaischen und togoischen Teil getrennt worden, was auch in den 1960er-Jahren immer wieder zu Widerständen gegen die weitgehend nicht von den Ewe dominierte Regierung führte.[50] Deutsche Expertenberichte wählten für die Region Nuatja wohl nicht ohne Absicht den seismologischen Begriff »Epizentrum der Ewe«, der vermutlich für die Annahme stand, von dort könne jederzeit ein politisches Beben ausgehen, das ganz Togo erschüttern würde.[51] Zudem lebten in Nuatja-Agbalebemé viele Kotokoli, die vor allem als Kaufleute, Fuhrunternehmer und Viehzüchter arbeiteten[52] und wenig Landbau und Handwerk im Sinn hatten.[53] Generell seien sie keine »guten Arbeiter« und brächten auch sonst »viel Unruhe« in die Gegend.[54] Im Fall einer Hungersnot erwartete man um Nuatja herum Unruhen und Aufstände. So war der togoischen Regierung ganz besonders daran gelegen, dass dort ein ›Musterdorf‹ eingerichtet wurde,[55] was Regierungsvertreter bei ihren Besuchen in der Gegend immer wieder zum Ausdruck brachten.[56] Die Deutschen versprachen sich ähnlich wie am Berg Agou gerade aus den sozialen Konfliktpotenzialen besonders valide Aufschlüsse für andere Projekte der *Hilfe zur Selbsthilfe*. [57]

Kambolé in Zentraltogo mit rund 3.000 Einwohnern[58] war unter den drei Dörfern am schwierigsten zu erreichen, und zwar nur über holprige, in der Regenzeit unbefahrbare Pisten. Hier gab es allerdings besonders fruchtbaren Waldboden, der durch Rodungen gewonnen werden sollte. Und ähnlich wie in den beiden anderen ›Musterdörfern‹ wurden die Ein-

---

50 Vgl. Pauvert, *L'évolution*, S. 173.
51 BA Koblenz B 213 BMZ Technische Hilfe Togo 4111, Musterdörfer, Bericht an die GAWI vom 14.11.1964, S. 2.
52 Ebd.
53 Ebd. Abschlussbericht Schnellbach vom Dezember 1965, S. 12. Vgl. Alexandre, »Organisation«.
54 PA AA Berlin Auslandsvertretungen Lomé 6909 DED, Bd. I 1963–1966, Botschaft Lomé an das AA, Antrag auf den Einsatz von Entwicklungshelfern des DED, vom 11.1964, S. 3.
55 BA Koblenz B 213 BMZ Technische Hilfe Togo 4112, Musterdörfer, Abschlussbericht Schnellbach vom Dezember 1965, S. 12.
56 PA AA Berlin B 58 Ref. III B 2 Technische Hilfe 615 Togo Projekte, Schreiben der Botschaft Lomé an das AA vom 25.3.1965.
57 BA Koblenz B 213 BMZ Technische Hilfe Togo 4112, Musterdörfer, Abschlussbericht Schnellbach vom Dezember 1965, S. 12.
58 Ebd., Wolfgang B., Beobachtung der deutschen Entwicklungshilfe in Togo. Musterdorf Kambolé, Juni 1968, S. 3.

wohner als »bodenständig und strebsam« eingeschätzt.[59] Im Dorf siedelten vor allem Kabré, die sogar als besonders »vorzügliche Ackerbauern« galten.[60] Man sagte ihnen nach, dass sie die Landwirtschaft in »Besserungslagern« zur Zeit des deutschen Kolonialismus erlernt und dann in ihren Dörfern zu ihrem Vorteil angewandt hätten. Das machte sie vergleichbar mit den Anhängern König Pebis am Berg Agou und lies Erkenntnisse über die Frage erlangen, ob nicht doch die vermeintlich traditionelle Anhänglichkeit der Togoer gegenüber dem deutschen Kolonialismus, der ›Erziehung zur Arbeit‹ von Kolonialbeamten und Missionaren,[61] auch förderlich für das Engagement im Rahmen von *Hilfe zur Selbsthilfe*-Projekten sein könnte.[62] Die Regierung Togos hatte sie in der Umgebung von Sokodé ein paar Jahre vorher angesiedelt und ihnen Land zugeteilt, das sie – so die deutschen Experten – »fleißig bearbeiteten«.[63]

Lobpreisungen

In den ersten Jahren wurde die Entwicklungsarbeit in den drei Dörfern immer wieder als »tatsächlich mustergültig« gepriesen: Der togoische Präsident Sylvanus Olympio beurteilte 1962 das Projekt als überaus »realistisch« und wichtig, besonders weil hier die »Eigeninitiative« der Landbevölkerung geweckt werde.[64]

Zwei Jahre später würdigte der Bezirksvorsteher der Region Agou François Atsu in der regierungsnahen Zeitschrift »Togo Presse« den »glaubhaften Einsatz« der deutschen Experten: Die Deutschen würden immer darauf achten, dass die »fleißigen Bauern mit ihrem guten Willen«

---

59 BA Koblenz B 213 BMZ Technische Hilfe Togo 4112, Musterdörfer, Abschlussbericht Schnellbach vom Dezember 1965, S. 13–17.

60 Ebd. 4111, Musterdörfer, Bericht an die GAWI vom 14.11.1964, S. 2. Vgl. Teil I, Kapitel 1.

61 Vgl. Bayerisch-Togoische Gesellschaft, *1884–1984*; Schmidt Soltau, »Postkoloniale Konstruktion«; Derrick, »The ›germanophone‹ Elite«; Joseph, »The German Question«; Stoecker, »Loyality to Germany«; Ders., »Germanophilie«.

62 BA Koblenz B 213 BMZ Technische Hilfe Togo 4124, Förderung der Fischerei, Wilhelm S., Landwirtschaftsplan Sylvanus Olympio, Bericht zum Landwirtschaftsplan in Togo Januar 1962, S. 8.

63 Ebd. 4111, Musterdörfer, Bericht an die GAWI vom 14.11.1964, S. 2.

64 Ebd., Abschlussbericht Schnellbach mit Zitat eines Schreibens des Präsidenten Olympio an Botschafter Török vom Dezember 1965, S. 9f.

das Projekt bald selbstständig übernehmen könnten. In den »Musterdör-fern« zeige sich ganz deutlich, dass die Entwicklungsexperten nicht mehr wie die französischen *Animateure* in der Treuhandzeit als »versteckte Ausbeuter« handeln und denken würden. Sie seien nun »wirkliche Freunde und Ratgeber«.[65] Ähnlich äußerte sich ein Staatssekretär des togoischen Außenministeriums gegenüber der deutschen Botschaft Lomé.[66] Als Schnellbach 1965 aus der Projektleitung ausschied, überreichte ihm der Staatspräsident sogar den »Mono-Orden«, der nach der Unabhängigkeit Togos zur Auszeichnung besonderer Verdienste um das Land gestiftet worden war.[67]

Die bundesdeutsche Botschaft wiederum, die neben ein paar Mahnungen bald nur noch über den »Fortschritt« in den Dörfern berichtete, wusste ebenfalls zunächst nur lobende Worte und betonte 1963, dass das »Zusammenleben der Deutschen mit den Einheimischen sehr gut« funktioniere.[68]

1966 beurteilte das Projekt auch die renommierte Bochumer Inhaberin des Lehrstuhls für Gesellschaftskunde in den Entwicklungsländern Gabriele Wülker: Die »Musterdörfer« seien zu einem »festen Begriff im Denken der Bevölkerung« Togos geworden, wenn sie auch nur »drei von 3.000 togoischen Dörfern« seien. Und wenn die Formel »Hilfe zur Selbsthilfe« in der Entwicklungshilfe auch »viel zitiert und reichlich strapaziert sei«, dann müsse man doch feststellen, dass in diesen drei Dörfern kein »Druck« auf die Afrikaner ausgeübt werde und man »Freiwilligkeit und Eigeninitiative« wecken wolle.[69] Das Projekt sei sogar so »mustergültig«, dass sich sein »guter Ruf« rasch verbreite. Aus der Nachbarschaft gebe es häufig Anfragen, was dort vor sich gehe. Bald würden die »drei Musterdörfer auf ganz Togo, Afrika und die ganze Dritte Welt ausstrahlen«.[70] In der Tat kamen immer wieder Besuchergruppen aus dem In- und Ausland: Sie besichtigten

65 »Palime: La Cooperation«.
66 PA AA Berlin Auslandsvertretungen Lomé 6909 DED, Bd. I 1963–1966, Schreiben des Außenministeriums von Togo an das AA vom 21.9.1964.
67 BA Koblenz B 213 BMZ Technische Hilfe Togo 4111, Musterdörfer, Bericht an die GAWI vom 15.4.1965, S. 11.
68 PA AA Berlin Auslandsvertretungen Lomé 6909 DED, Bd. I 1963–1966, Bericht der Botschaft Lomé an das AA vom 21.7.1964, S. 2.
69 Wülker, *Togo*, S. 145.
70 Ebd., S. 144.

die Felder und Werkstätten, sprachen mit den Beteiligten und zeigten sich durchwegs begeistert.[71] Selbst deutschen Experten äußerten sich zufrieden: Es sei weitgehend gelungen, innerhalb der Genossenschaften »ein Solidaritätsgefühl zu wecken, das auch über Familien- und Sippenzugehörigkeit hinausgreife«, schrieb im Juli 1965 der Projektmitarbeiter Zillich. Das sehe man schon darin, da viele Genossen den Wunsch nach einem »Abzeichnen oder sogar einer Uniform« geäußert hätten, um »ihre Zugehörigkeit öffentlich zu zeigen.«[72]

1965: Die Wende im Projekt

Zum Ende des Jahres 1965 allerdings wurde immer häufiger und vehementer Kritik laut. Schnellbach schrieb bei seinem Weggang aus Togo in einem Abschlussbericht an die GAWI: Freilich habe man in den der »Musterdörfern« wichtige Erkenntnisse über die Bedeutung des Ansatzes der »Entwicklung von unten« sammeln können. Auch habe man erfahren, wie wichtig *Hilfe zur Selbsthilfe* für die »menschliche Entwicklung« an sich sei.[73] Doch ebenso häufig sei es zu »menschlichen Spannungen«, Enttäuschungen und Missverständnissen zwischen den deutschen Experten und ihren afrikanischen *Counterparts* gekommen. Letztlich könne bei Lichte besehen noch immer keine Rede von »mustergültigen Verhältnissen« in den Dörfern sein.[74]

Im Januar 1966 vermeldete Schnellbachs Nachfolger von der Decken gegenüber der GAWI: Die deutschen Experten seien seit Monaten »ständig überfordert« und könnten ihre Aufgaben nur »durch selbstlosen, idealistischen Einsatz für das Projekt« erfüllen. Es bleibe ihnen kaum noch Freizeit.[75] Im Sommer des gleichen Jahres betonte er, dass es frustrierend sei,

---

71 Auf Einladung der DSE besuchte eine Gruppe von 25 afrikanischen Ärzten, Tierärzten, Genossenschaftlern und leitenden Beamten aus Togo und Dahomey Agou-Nyogbo. BA Koblenz B 213 BMZ Technische Hilfe Togo 4112, Musterdörfer, Abschlussbericht Schnellbach vom Dezember 1965, S. 28f.

72 Zillich, »Die drei Musterdörfer«, S. 162.

73 BA Koblenz B 213 BMZ Technische Hilfe Togo 4112, Musterdörfer, Abschlussbericht Schnellbach vom Dezember 1965, S. 1.

74 Ebd., S. 66, 92–122.

75 Ebd. 4111, Musterdörfer, Schreiben von der Decken an die GAWI vom 31.1.1966.

wie weit im Projekt »Theorie und Praxis« noch voneinander entfernt seien. Alle deutschen Mitarbeiter würden »schlaflose Nächte« aufgrund der schwierigen Verhältnisse haben. Ihre Gesundheit sei durch die »aufreibende und wenig befriedigende Arbeit ernstlich beeinträchtigt«, die enorm »an den Nerven zehre«.[76] Er selbst würde häufig »wider Willen« handeln und müsse als »Palaver- und Gutwettermacher erster Klasse« herhalten, was »wenig lustig« sei, wenn man »produktiv Landwirtschaft und Handwerk in den Dörfern vorantreiben« wolle.[77] Man brauche letztlich mehr »Schlagkraft« im Handeln.[78] Auch hätten die Unterkünfte der Experten zum Großteil selbst ausgestattet werden müssen. Da Togo schlichtweg »pleite« sei, wolle und könne man keine Wohnungen für die Deutschen« stellen. Hier gelte leider endlich einmal der Grundsatz der Selbsthilfe: »help yourself!«, so von der Decken sarkastisch.[79] Die Lebensbedingungen seien besonders in Nuatja-Agbalebemé und Kambolé »katastrophal unwürdig und unhygienisch.«[80] Man sei überdies entsetzt über manche Umgangsformen der Afrikaner untereinander: Die Frauen in den Dörfern hätten viel bei der Projektarbeit zu erdulden. Da Maschinen und arbeitswillige Männer fehlten, müssten sie Sand und andere Baumaterialen in Behältnissen auf dem Kopf aus Flussbetten oder Kiesgruben heranschleppen.[81] Auch der Umgang mit den aus Deutschland geschenkten Maschinen sei untragbar: Sie würden häufig »zweckentfremdet« und somit bald zu »Schrott«; die Afrikaner hätten einerseits kein »Gefühl« für die Technik, andererseits aber »meist einen sechsten Sinn«, die Gerätschaften »betriebsunfähig« zu machen.[82] Qualifizierte *Counterparts* müsse man mit der »Lupe« suchen.[83] Es sei auch unklar, ob die Mitglieder der Genossenschaften schon so weit seien, »wirklich frei und selbstbestimmt« zu handeln. Viele würden nur den »Befehlen des Häuptlings« gehorchen.[84]

Im Juni 1967 entsandte schließlich die GAWI unter dem Vorsitz des Landwirtschaftsökonomen Fritz S. eine Kommission nach Togo, die die

---

76 BA Koblenz B 213 BMZ Technische Hilfe Togo 4111, Musterdörfer, Bericht über das Projekt von Mitte Juli 1966, S. 3.
77 Ebd., S. 2. Unterstreichung im Original.
78 Ebd., Schreiben von der Decken an die GAWI vom Frühjahr 1966, Anlage 6.
79 Ebd. Bericht über das Projekt von Mitte Juli 1966, S. 2–5.
80 Ebd., S. 3.
81 Ebd.
82 Ebd., S. 3f.
83 Ebd., S. 5.
84 Ebd., Bericht aus den Musterdörfern an die GAWI vom 14.11.64, S. 9.

Probleme in den drei ›Musterdörfern‹ dokumentieren und den Erfolg oder Misserfolg des Projekts bewerten sollte: S. kam zum Urteil, dass das Projekt eine »vollständig verfahrene Sache [sei], wie man es sich eigentlich bei deutscher Entwicklungshilfe nicht einmal träumen lassen dürfe.« Die neu angelegten landwirtschaftlichen Kulturen würden nicht mehr abwerfen als die herkömmlichen Felder. Die Handwerksbetriebe seien am Ende und zahlungsunfähig, trotz immenser Investitionen an Geld und Arbeitskraft seitens der Deutschen sowie »sehr energischer« freiwilliger Arbeiten der Afrikaner. Mittlerweile hagele es nur noch »bitterste Vorwürfe [der Afrikaner] über das Versagen der deutschen Hilfe«. Wahrhaft könne keines der Dörfer in irgendwelcher Weise als »Musterdorf« gelten. Man solle daher unverzüglich mit der Verleihung dieses Attributs Schluss machen, denn dabei handele es sich um »Vorschußlorbeeren«, die nicht mehr zu rechtfertigen seien.[85]

Nachdem ein Jahr darauf gar der Bundesminister für wirtschaftliche Zusammenarbeit Hans-Jürgen Wischnewski Agou-Nyogbo besucht hatte, rügte auch er die dort herrschenden, nach seiner Sicht »katastrophalen Zustände«. Die Felder seien verwüstet und mit Unkraut überwuchert. Die Schreinerei gleiche einem »Trümmerhaufen«. Alles in allem sei es unbegreiflich, wie das Dorf ein »Aushängeschild für die deutsche Sache« sein könne.[86]

In den Folgejahren berichteten auch Entwicklungshelfer von chaotischen Verhältnissen und Problemen. So erzählte Manfred Dassio, der für den DED vom Mai 1968 bis April 1970 in Kambolé war:[87] Er habe allmählich seinen ursprünglich ganz »festen Vorsatz« verwerfen müssen, alles das herauszufinden, was dem »subjektiven Bedürfnis und dem Bewusstseinsstand der Bevölkerung« entspreche. Auch die Hoffnung, er

---

85 BA Koblenz B 213 BMZ Technische Hilfe Togo 4112, Musterdörfer, Bericht Fritz S., undatiert, bezogen auf den 1.–6. Juni 1967, an die GAWI, S. 2, 4, 13.

86 Ebd. 3931 Bundesminister Hans-Joachim Wischnewski in Westafrika 1968, undatierter Bericht über die Delegationsreise des Ministers vom 22.4.–4.5.1968 in Westafrika, ad 5.

87 Dassio war in Kambolé mit der »Initiierung und Lenkung der Dorfentwicklung« und mit der »Verbesserung des Hüttenbaus und Brunnenbaus« beauftragt. PA AA Berlin Auslandsvertretungen Lomé 6910 Entwicklungshilfe im Allgemeinen. DED 1969–1975, Schreiben der Botschaft Lomé an den Direktor der nationalen Sicherheit Togo vom 20.2.1969. Weiter wurden als Aufgaben aufgezählt: Landwirtschaftliche Beratung für verbesserte Anbaumethoden, Anspannung von Zugvieh und Tierzucht, Überwachung und Mitarbeit von Absatz- und Einkaufsgenossenschaften, Hygiene, Mütterberatung und Erwachsenenbildung. Ebd. Aufstellung der Projektplanung für Togo vom 26.2.1969 an die Botschaft Lomé vom 26.2.1969.

könne im Dorf »von unten, eine Entwicklung im Gang setzen oder beschleunigen, die der Masse der Bevölkerung zugute komme« hätte sich als Illusion erwiesen.[88] In »zahllosen und unendlichen Gesprächen« hätte man sich zwar über »freiwillige Arbeiten einigen« können. Doch rasch hätte sich gezeigt, dass die Dorfbewohner nur sehr »unregelmäßig und unwillig« zur Arbeit erscheinen würden. Auch habe es immer wieder verbale Ausfälle und gar körperliche Gewalt gegeben – ganz entgegen der obersten Prämisse, dass *Hilfe zur Selbsthilfe* einvernehmlich, harmonisch und auf alle Fälle gewaltlos sein müsse. Dassio schloss seinen Bericht mit den Worten:

»Ich habe erlebt, wie Afrikaner von Afrikanern unterdrückt und ausgebeutet wurden. [...] Ich habe den Rassismus der Weißen erlebt – in den verschiedensten Graden.«[89]

Leitlinien gegen Praktiken?

Wie sind diese Äußerungen einzuschätzen? Verweisen Sie lediglich auf persönliche Wahrnehmungen, auf Zurschaustellung der eigenen doch so wichtigen Rolle in einem schwierigen Projekt, auf kollegiale Konkurrenzen oder letztlich doch auf ein Scheitern des Projekts aus der Perspektive der meisten Beteiligten – auf einen Wandel vom Vorzeigeprojekt hin zu einer Entwicklungsruine? Wurden die Leitlinien der bundesdeutschen *Hilfe zur Selbsthilfe* allmählich aufgegeben oder kamen sie nur eingeschränkt bzw. gar niemals richtig zur Anwendung? Lag es vielleicht sogar am Konzept der *Hilfe zur Selbsthilfe* selbst, an seiner inneren widersprüchlichen Anlage[90] oder an seinen Visionen und Utopien, die allzu ralitätsfremd waren?

Vieles spricht dafür, dass die Grundsätze der *Hilfe zur Selbsthilfe* zumindest vom ersten Projektleiter Schnellbach sehr ernst genommen wurden. Er hatte sich schon lange Zeit vor seinem Einsatz in Togo für Selbsthilfe engagiert, war beispielsweise aktives Mitglied der *Deutschen Landwirtschafts-Gesellschaft* (DLG) und hatte sich dort für gegenseitige Erntehilfe, Genossenschaften und Maschinenringe ausgesprochen. Ein Credo der Gesellschaft war nicht zuletzt, dass die »geistige Erziehung der Bauern« im Sinne

---

88 Dassio, »Einen Blinden«, S. 164, 169f.
89 Ebd., S. 170.
90 Vgl. hierzu Teil I, Kapitel 5.

des Gemeinwohls nicht zu kurz kommen dürfte.[91] Entsprechend der Bedeutung, die Schnellbach ländlicher Selbsthilfe für die deutsche Landwirtschaft zumaß, wurde er auch im Zusammenhang mit den ›drei Musterdörfern‹ in Togo nicht müde, die dortige Rolle des »deutschen Experten als Berater, Helfer und Freund« herauszustellen. Er dürfe nie ein »Vorgesetzter oder Schulmeister« sein.[92] So ermahnte Schnellbach Kollegen, sie müssten diese Prinzipien verinnerlichen, um »zeitgemäß und richtig« zu handeln. Sie dürften nicht mit »falschem Ehrgeiz alles selbst machen und besser wissen zu wollen.«[93] Denn das würde das Vertrauen der Menschen vor Ort »verspielen« und deren Engagement hemmen. Niemandem dürfe etwas »aufgezwungen« werden, auch »wenn es [aus Sicht der deutschen Experten] noch so wichtig und richtig erscheine.«[94] Auch bei seinen Planungen versuchte Schnellbach Prinzipien der *Hilfe zur Selbsthilfe* aufzugreifen, wie Freiwilligkeit und Eigeninitiative. Alles sollte auf Anregung der Dorfbewohner, nach ihren Belangen, Wünschen und Vorstellungen geschehen.[95]

Fragt man nach den Hintergründen für den Wandel des Projekts, sollte man daher nicht allein die geteilten Prämissen der Projektleiter betrachten, sondern einen genaueren Blick auf den Verlauf der Entwicklungsarbeit im Sinne einer »dichten Beschreibung« werfen.[96]

Zur »dichten Beschreibung« des Projektverlaufs

Die Vision von Eigeninitiative schien zumindest anfangs eingelöst: Die Projektberichte erzählen, dass König Pebi sich im Frühjahr 1962 an den

---

91 Schnellbach war unter anderem 1950–1961 Geschäftsführer der Max Eyth Gesellschaft für Agrartechnik, Düsseldorf. Eyth hatte die Deutsche Landwirtschaftsgesellschaft e.V. (DLG) gegründet. Vgl. DLG, *Jahresbericht 2006*, S. 12. Zur DLG allgemein: Uekötter, *Die Wahrheit*, S. 29, 66f., 69–71.

92 BA Koblenz B 213 BMZ Technische Hilfe Togo 4112, Musterdörfer, Abschlussbericht Schnellbach vom Dezember 1965, S. 33.

93 Schnellbach, »Probleme«, S. 89.

94 BA Koblenz B 213 BMZ Technische Hilfe Togo 4112, Musterdörfer, Abschlussbericht Schnellbach vom Dezember 1965, S. 33.

95 Ebd., Abschrift von Planungen, Dezember 1962.

96 Vgl. Geertz, »Dichte Beschreibung«.

Pastor der *Bremer Mission* Erich Viering gewandt habe.[97] Schon seit der Unabhängigkeit Togos von Frankreich Ende April 1960 lebte Viering an den Hängen des Berges und war bemüht, die deutsche Missionsstation wieder mit Leben zu füllen, die im August 1914 nach der Besetzung des Landes durch alliierte Truppen geräumt worden war. Viering war damit im Dorf schon eine Zeitlang wohl gelitten. Pebi soll ausgeführt haben, dass die Gemeinde plane, brach liegendes Land zu bewirtschaften, damit es dem »Dorf auf Dauer besser gehe«. Die Mission solle dafür Traktoren und Geräte zur Verfügung stellen oder bei deren Anschaffung helfen.[98]

Auch der Dorfobere von Nuatja-Agbalebemé wandte sich mit ähnlichen Bitten an Viering. Er betonte, dass die Bewohner sich nunmehr durchgerungen hätten, um Unterstützung bei Selbsthilfe-Projekten zu bitten, obwohl sie lange gegenüber »Reformen in der Landwirtschaft« wenig aufgeschlossen gewesen seien.[99] In Nuatja-Agbalebemé schienen überdies Aktivitäten der Selbsthilfe nicht gänzlich neu zu sein: Seit Beginn des Jahres 1962 arbeiteten dort Mitglieder der togoischen Jugendorganisation an der Instandsetzung von Straßen.[100]

Viering war wiederum gut bekannt mit Schnellbach und unterrichte diesen von den Anfragen. Schnellbach besuchte daraufhin die beiden Dörfer und ließ sich – nach seinen Worten – »rasch überzeugen«, dass die Bewohner wirklich eine eigenständige Entwicklung »von unten her« anstreben würden.[101] In den abgehaltenen Dorfversammlungen hätten sich besonders Frauen, die für den Lebensunterhalt ihrer Familien zu sorgen hätten, und Handwerker, die um ihr tägliches Auskommen kämpften, sehr interessiert gezeigt. Die Gruppen, die es vor allem zu erreichen gelte, wären damit aufgeschlossen. Viele hätten ohne Vorbehalt ihre »freiwillige Mitarbeit« zugesagt.[102]

---

97 BA Koblenz B 213 BMZ Technische Hilfe Togo 11897 Abschlussbericht des Projektleiters Heinz Lähne über das landwirtschaftliche Beratungszentrum Agou/Togo vom 10.4.1974, S. 1. Vgl. Viering, *Togo singt.*

98 BA Koblenz B 213 BMZ Technische Hilfe Togo 11897 Abschlussbericht des Projektleiters Heinz Lähne über das landwirtschaftliche Beratungszentrum Agou/Togo vom 10.4.1974, S. 1.

99 Viering, *Togo singt,* S. 124f.

100 »Nuatja: Vers la refection«

101 BA Koblenz B 213 BMZ Technische Hilfe Togo 4112, Musterdörfer, Abschlussbericht Schnellbach vom Dezember 1965, S. S. 8. Unterstreichung im Original.

102 Ebd., S. 8f., 28.

Nach einer Anfrage aus Kambolé suchte Schnellbach auch dieses Dorf auf. Da man anfangs zögerte, den abgelegenen Weiler aufgrund des schlechten Zustands der Zufahrtsstraßen in das Projekt aufzunehmen, hätten sich die Bewohner sehr entschieden für ihr Anliegen eingesetzt.[103] Im April 1965 sprach sich auch der Landrat des Kreises Sokodé vehement für Kambolé als drittes ›Musterdorf‹ aus.[104] Er erhielt Unterstützung von der deutschen Botschaft, während die Vertretung der USA einen Zuschuss für den Ausbau der Zufahrtsstraßen bewilligte.[105] Daraufhin besuchte Schnellbach das Dorf erneut. Man habe ihm einen »feierlichen original afrikanischen Empfang« bereitet.[106] Sogar mit »prachtvollen Masken verkleidete Stelzengänger« seien begleitet von einem »riesigen Aufgebot von Tam-Tam-Spielern und -tänzern« aufgetreten. Das sei eine große Ehre gewesen, denn dergleichen »Sitten« seien in Togo nahezu »ausgestorben«.[107] So sei Schnellbach sehr »gerührt« gewesen über diese Bekundung des deutlichen Wunsches der Gemeinde, in das Projekt aufgenommen zu werden.[108] Das zeuge doch sehr vom Willen aller Dorfbewohner, unter denen es sogar zu »handgreiflichen Streitigkeiten« über die Frage gekommen sei, wer nun seine Felder für das Projekt zur Verfügung stellen dürfe.[109] Als dann noch zahlreiche Schreiben bei der deutschen Botschaft eingetroffen seien, in denen Bewohner betonten, sie würden »mit aller Kraft« an den Zufahrtswegen zum Dorf arbeiten, hätte man schließlich der Aufnahme Kambolés als ›Musterdorf‹ zugestimmt.[110]

Wenngleich Experten durch solche Schilderungen freilich auch ihre eigene Bedeutung herausstellten, lässt sich dennoch vermuten, dass die Prinzipien der *Hilfe zur Selbsthilfe* (wie Eigeninitiative und der Wunsch nach selbstbestimmter Entwicklung) anfangs sehr wohl eine Rolle spielten. Man erkennt zumindest eine Achtsamkeit auf die Anliegen der Dorfbewohner.

---

103 BA Koblenz B 213 BMZ Technische Hilfe Togo 4111, Musterdörfer, Bericht an die GAWI vom 14.11.1964, S. 1.
104 Ebd., Bericht an die GAWI vom 15.4.1965, S. 1.
105 Ebd., S. 2.
106 Ebd.
107 PA AA Berlin B 58 Ref. III B 2 Technische Hilfe 615 Togo Projekte, Botschaft Lomé an das AA vom 2.6.1965, S. 2.
108 BA Koblenz B 213 BMZ Technische Hilfe Togo 4111, Musterdörfer, Bericht an die GAWI vom 15.4.1965, S. 2.
109 PA AA Berlin B 58 Ref. III B 2 Technische Hilfe 615 Togo Projekte, Schreiben der Botschaft Lomé an das AA vom 2.6.1965.
110 BA Koblenz B 213 BMZ Technische Hilfe Togo 4112, Musterdörfer, Abschlussbericht Schnellbach vom Dezember 1965, S. 13–16f.

Hinsichtlich der Planung der Projekte kann man allerdings wesentlich weniger von ›Entwicklung von unten‹ sprechen. Schnellbach ließ sich auf keine Zusammenarbeit mit den Betreffenden in den Dörfern ein, sondern legte in seinem Regierungsbüro alle Schritte des Entwicklungsprojekts auf einem Dokument fest, das später als »Schnellbach-Plan« bekannt wurde. Offensichtlich gelang es ihm hier, auch Potenziale zur »Selbstverwirklichung und Eigeninitiative« der Menschen vor Ort herauszustellen; jedenfalls würdigte die Regierung Togos diese Punkte in der Planung mit einem entsprechenden Vermerk als »besonders gut und lobenswert« und schickte eine Projektbewerbung an die GAWI.[111] Gleichzeitig richtete der Staatspräsident von Togo einen Antrag an die Bundesrepublik, die Umsetzung des »Schnellbach-Plans« mit Experten, Maschinen und Werkzeugen zu unterstützen.[112]

Das Projekt sollte direkt der Planungsbehörde in Lomé unterstellt werden und nicht wie üblich in die Hierarchie von Landrat, landwirtschaftlichen Berater, Zentralgenossenschaft und Landwirtschaftsministerium eingebunden sein.[113] Auf den ersten Blick scheint es paradox, dass man mit dieser Zuordnung die Erwartung verband, die Bevölkerung vor Ort mehr zur Geltung zu bringen. Auf den zweiten Blick lässt sich allerdings vermuten, dass man hier auch das Ziel verfolgte, die Dorfbewohner von andauernden desillusionierenden Zugriffen der lokalen Eliten zu schützen.

In den ersten Monaten schien alles nach Plan zu laufen: Das Land um die Dörfer wurde »durch freiwillige Arbeiter gründlich saubergemacht«, d.h. gerodet, umgepflügt und so für Pflanzungen und Aussaat vorbereitet.[114] Auch zeigte man den ›Bauern‹ auf »deren eigenen Wunsch« hin, dass sie nicht mehr wie früher alles auf »winzigen Feldstücken durcheinander« anbauen sollten, sondern immer eine Pflanzenart auf einem größeren Feld in einer Reihe, so dass man »zwischen den Reihen hacken« könnte. Man räumte hierbei durchaus Mitspracherechte ein.[115] Den Beginn sollten landesübliche Kulturen machen, die der Eigenversorgung dienten: Mais, Maniok und Yams. Dann sollten schnell wachsende Bohnen, Erdnüsse, Reis und Baumwolle angepflanzt werden, die auf den lokalen Märkten Umsatz

111 BA Koblenz B 213 BMZ Technische Hilfe Togo 4111, Musterdörfer, Schreiben von der Deckens an die GAWI vom 31.1.1966.

112 Ebd. 4112, Musterdörfer, Abschlussbericht Schnellbach vom Dezember 1965, S. 9f. Der Antrag selbst ist nicht überliefert.

113 Ebd., S. 23.

114 Ebd., S. 42.

115 Ebd., S. 20.

brächten. In einem dritten Schritt sollten Ölpalmen, Kaffeesträucher und Kakaobäume als für den Export angebaut werden, die dem Dorf Geldmittel einbringen sollten. Neue Pflanzen wurden in Versuchsgärten erprobt. Innovative Techniken für die Urbarmachung, für das Pflanzen und Säen sollten künftig die Kräfte der ›Bauern‹ schonen und ihre Arbeit »schneller und effizienter« machen. So sollte in naher Zukunft nicht mehr »auf allen Vieren oder mit durchgedrückten Knien und stark gebeugten Rücken« gearbeitet werden, sondern mit Handhacke und Pflügen aufrecht stehend.[116] Die »traditionellen Werkzeuge« sollten weiterhin in Gebrauch bleiben, da die Afrikaner sie gewohnt seien.[117] Hühner, Enten, Schweine, Ziegen und Schafe liefen nicht mehr wie eh und je »frei umher«. Sie wurden nun in Ställen »hygienischer und ertragreicher« gehalten.[118] Auch die Arbeit in den Werkstätten sei vorangegangen: Kleinere Schäden an Landmaschinen und Werkzeugen hätten von den Afrikanern schon selbst repariert werden können. In den Webereien hätte man Stoffe und Teppiche für den Markt hergestellt. In der Schreinerei sei sogar schon ein Großauftrag des Landrats erledigt worden, aus dem Holz der gerodeten Bäume kostengünstig Schulbänke zu zimmern.

Erfolge habe man allerdings vor allem dann erreichen können, wenn nicht zu viele Diskussionen geführt wurden und die deutschen Experten »das Nötigste« dann doch anordneten.[119] Es brauche eben Zeit, den »Geist der Selbsthilfe« unter den Dorfbewohnern reifen zu lassen.[120]

Wenngleich immer wieder die Rede von ›Palavern‹ und Besprechungen war, vermitteln solche Erzählungen doch, dass eine Zusammenarbeit mit den Afrikanern in der Praxis eher die Seltenheit war. Vieles wurde öfters vermittelt, angelernt oder gar ›anerzogen‹.

Doch dieses autoritäre Vorgehen sei gar nicht störend gewesen. Ja ganz im Gegenteil, es sei sogar sehr begrüßt worden und dem Zusammenleben sehr zuträglich gewesen. So habe es keinerlei »Ghettobildung« unter den Deutschen gegeben; Haus an Haus habe man mit den Leuten im Dorf gelebt; die Frauen hätten »freundschaftlich« untereinander Kochrezepte, Ratschläge für die Kindererziehung und für die Gartenarbeit »mit einfa-

---

116 BA Koblenz B 213 BMZ 4112, Musterdörfer, Abschlussbericht Schnellbach vom Dezember 1965, S. 20.
117 Ebd.
118 Ebd. und S. 21f.
119 Ebd., S. 39f.
120 Ebd.

chen Mitteln« ausgetauscht; Familienfeste habe man gemeinsam gefeiert.[121]
Besonders gut hätten sich die DED-Helfer integriert und gar enge Freund-
schaften mit der Dorfjugend geschlossen. [122] Die Harmonie zwischen
»Weiß und Schwarz« – so Schnellbach – hätte sogar Spannungen der Dorfbewohner untereinander beilegen helfen. Damit hätte sich der alte Zwist
zwischen den beiden Dorfteilen oftmals über die jungen Leute abschwächen lassen.[123]

Wenngleich Schnellbach immer wieder den Fortschritt des Projekts
pries und – wohl auch um seine eigenen Erfolge zu dokumentieren – von
›Freundschaft‹, ›Einvernehmen‹ und ›Geltung‹ der Prinzipien der *Hilfe zur
Selbsthilfe* sprach, zeigen sich bei näherer Betrachtung vom Beginn der
Entwicklungsarbeit an in den Dörfern massive Probleme und Konflikte.

Probleme, Lösungsstrategien und unüberbrückbare Konflikte

Selbst Schnellbach räumte anfängliche Vorbehalte unter den ›kleinen Leuten‹ in den Dörfern gegen das Projekt ein: So hätte sich dann doch so
mancher in Agou-Nyogbo zunächst strickt geweigert, an den »freiwilligen«
Rodungs- und Feldarbeiten teilzunehmen. Bisweilen habe man zu sehr auf
die Worte der Dorfvorsteher vertraut, die behaupteten, dass sie stellvertretend für alle sprechen könnten. Rasch sei hingegen deutlich geworden,
dass letzlich doch viele erst für »das Projekt gewonnen werden mussten«;
sie seien sehr misstrauisch gewesen, dass hier ein neuerlicher Versuch
kolonialer »Ausbeutung« durch Zwangsarbeit stattfände oder dass
irgendeine Gesellschaft in Deutschland Profit aus ihrer Arbeitskraft
schlage.[124] In der Auffassung, dass die Meinung der Oberen mit denen aller
deckungsgleich sei,[125] lag somit ein fundamentales Missverständnis. Pebi
beispielsweise übte ein eher auf Distinktion bedachtes symbolisches Regi-

---

121 BA Koblenz B 213 BMZ 4112, Musterdörfer, Abschlussbericht Schnellbach vom
   Dezember 1965, S. 80.
122 Ebd., S. 82f. Vgl. zur Bedeutung, die Jugendlichen in diesem Zusammenhang zugesprochen wurde: Teil II, Kapitel 2.
123 BA Koblenz B 213 BMZ Technische Hilfe Togo 4112, Musterdörfer, Abschlussbericht
   Schnellbach vom Dezember 1965, S. 71.
124 Ebd. 4111, Tätigkeitsbericht über die Musterdörfer Agou-Nyogbo und Nuatja-Agbalebemé vom 1.11.1963, S. 7.
125 Ebd. 4112, Musterdörfer, Abschlussbericht Schnellbach vom Dezember 1965, S. 25.

ment aus und pflegte einen entsprechenden Habitus.[126] Wie seit langer Zeit die Dorfkönige in Togo, so trat er häufig »im vollem Häuptlingsornat mit Toga und Krone« auf und ließ sich »vergoldete Tierfiguren« als Zeichen seiner Würde vorantragen.[127] Hier wurde ein Herrschaftsgestus der Kolonialzeit weiter gepflegt, der sicher auch – gerade im Hinblick auf seinen im anderen Teil des Dorfes herrschenden Konkurrenten – auf Macht abzielte. Denn schon die deutsche Kolonialregierung wie später auch die französische Mandats- und Treuhandverwaltung hatten den Königen am Berg Agou weitreichende Weisungsbefugnisse übertragen,[128] gerade wenn es um die Aufsicht über die Einhaltung von Hygienevorschriften oder über ländliche Entwicklungsprojekte ging.[129] Auch in den anderen »Musterdörfern« legten die Dorfoberen vieles fest und gingen wenig auf die Wünsche und Vorstellungen ihrer Untergebenen ein. Sie sprachen und handelten als Stellvertreter für alle.[130]

Die deutschen Experten sahen diese hierarchischen und paternalistischen Verhältnisse als durchaus problematisch an, entsprachen sie doch gar nicht der Vorgabe von *Hilfe zur Selbsthilfe*, die Entscheidungen und den Willen aller zu berücksichtigen. So hätte man häufig entgegenzusteuern versucht, wie im besonders »konservativen« Nuatja-Agbalebemé, wo ein »strenger Patriarch« geherrscht hätte. Dort habe man sich vielfach bemüht, die »Bauern zu ermutigen, doch einmal ihre eigene Meinung zu äußern«. Diese hätten allerdings immer geschwiegen, seien sehr zurückhaltend gewesen und hätten immer nur ihren König sprechen lassen.[131] Auch in Kambolé und Agou-Nyogbo berief man öfters ›Palaver‹ mit allen Dorfbewohnern ein, um dort »ideelle, rationale und religiöse« Überzeugungsarbeit zu leisten.[132] Am Berg Agou zog man häufig auch Viering hinzu. Man

---

126 Vgl. Bourdieu, *Entwurf*, S. 344.
127 BA Koblenz B 213 BMZ Technische Hilfe Togo 4112, Musterdörfer, Abschlussbericht Schnellbach vom Dezember 1965, S. 25. Vgl. zum distinguierten Herrschaftsstil lokaler Dorfeliten: Ansprenger, »Politische Regime und die Entwicklung von unten«.
128 Vgl. zu ›indirekten Regierungspraktiken‹ durch lokale Eliten im deutschen Kolonialismus: Lindner, *Koloniale Begegnungen*, insb. S. 8–19.
129 ANT Lomé FA Kloto 12, Canton de Dayes Kakpa, Problème de chefferie dans le cercle Arrête portent reorganisation du commandement indigene, Décret portant statut de la chefferie traditionelle, Correspondence diverses, Réforme du commandement indigene dans les cantons de Gadja et d'Agou. Affaire de chefferies dans le cantons Bobo Ahlon, Agou Apegame, Agou-Nyogbo, Delavé vom 2.12.1945.
130 Zillich, »Die drei Musterdörfer«, S. 162.
131 Ebd., S. 161.
132 Ebd., S. 160.

hoffte, dass dann die Leute offener würden, da sie seit 50 Jahren Christen seien. Auch würden sie den Missionar seit längerem von den Gottesdiensten und aus dem Krankenhaus kennen.[133] Mit Vierings Unterstützung habe man dann jede Besprechung und jede Feldarbeit mit einem Gebet begonnen und beendet, um der Sache Nachdruck und Gewicht zu verleihen.[134] Auch hätte man darauf verwiesen, dass Gott es für richtig halte, wenn die »Menschen sich die Erde zum Untertan machen« würden.[135] Eher »verstandesmäßig« hätte man argumentiert, dass das Projekt die Abwanderung der Jungen aus dem Dorf in die Stadt verhindern und somit helfen könne, dass die Dorfgemeinschaft nicht über kurz oder lang »zerbreche«.[136]

Die Afrikaner hätten dies alles recht teilnahmslos hingenommen. Sie hätte vor allem interessiert, warum man für die »freiwillige Arbeiten« kein Geld bekomme. Vergeblich hätten die Deutschen darauf hingewiesen, dass die Selbsthilfe sich dereinst für alle durch »nachhaltigen Wohlstand« auszahlen würde. Außerdem würde gemeinsame unentgeltliche Arbeit doch auch der »guten alten togoischen Sitte der gegenseitigen Fürsorge« entsprechen.[137]

Alles das hätte wenig gefruchtet. So sei man mittlerweile überzeugt, dass das Prinzip der freien Meinungsfindung und des daraus resultierenden Engagements im Rahmen von *Hilfe zur Selbsthilfe* in Togo – wenn überhaupt – nur sehr schwer einzulösen sei.[138]

Gerade um die Frage der Entlohnung in den Genossenschaften gab es bald offenen Streit.[139] Die deutschen Experten berichteten: Um Streik, verbale und auch tätliche Angriffe zu verhindern, müssten in allen Dörfern »Vorschüsse« auf die Gewinne der Genossenschaft gezahlt werden. Denn die Afrikaner würden immer wieder auf einen ihnen angeblich zustehenden Lohn bestehen.[140] Zahle man diesen nicht gleich aus, würden sie schimp-

---

133 Zillich, »Die drei Musterdörfer«, S. 160.

134 BA Koblenz BMZ 213 Technische Hilfe Togo 4111, Tätigkeitsbericht über die Musterdörfer Agou-Nyogbo und Nuatja-Agbalebemé vom 1.11.1963, S. 9.

135 Ebd.

136 Ebd., S. 8; vgl. Zillich, »Die drei Musterdörfer«, S. 160.

137 BA Koblenz BMZ 213 Technische Hilfe Togo 4111, Tätigkeitsbericht über die Musterdörfer Agou-Nyogbo und Nuatja-Agbalebemé vom 1.11.1963, S. 8.

138 Ebd. BMZ 213 Technische Hilfe Togo 4112, Musterdörfer, Schreiben von der Decken an die GAWI vom 31.1.1966, Anlage 2.

139 Ebd. 4111, Tätigkeitsbericht über die Musterdörfer Agou-Nyogbo und Nuatja-Agbalebemé vom 1.11.1963, S. 8.

140 Ebd. 4112, Musterdörfer, Abschlussbericht Schnellbach vom Dezember 1965, S. 118.

fen, dass ihre Familien nun Hunger leiden müssten.[141] Auch hieß es öfters, man kenne solche Genossenschaften nur zu gut aus der französischen Mandats- und Treuhandzeit. Sie seien doch letztlich nur eine Form kolonialer Ausbeutung.[142]

Der Konflikt eskalierte am Berg Agou, als dort im Sommer 1966 die Genossenschaft de facto bankrott gegangen war, und die GAWI sowie das BMZ weitere Zuschüsse verweigerten. Die Beschäftigten wandten sich an ihren König Pebi, der an den mittlerweile nach Deutschland zurückgekehrten Schnellbach schrieb, er solle doch »seine Beziehungen spielen« lassen, sonst würde auch auf ihn als Dorfoberhaupt »große Schande« fallen. Denn er habe ja immer die Versprechungen der Deutschen getragen, die nun offensichtlich nicht eingehalten werden könnten.[143]

Auch in Kambolé, so ein Gutachter des *Deutschen Afrika-Vereins*, sei es nicht möglich gewesen, die »Einheimischen für die unentgeltliche Arbeitsleistung« in der Genossenschaft »zu begeistern«; bald habe man zu Lohnzahlungen übergehen müssen.[144] Togoische Experten, die bei Auseinandersetzungen angereist seien, hätten sich grundsätzlich auf die Seite der Dorfbewohner geschlagen und damit die Kluft zwischen Einheimischen und Deutschen eher verbreitet als überbrückt.[145]

Ab Frühjahr 1966 berichtete von der Decken nun: Die Stimmung in den Dörfern sei »auf dem Nullpunkt«. Man spreche davon, das ausstehende Geld nun durch Streik von den Deutschen »einzutreiben« und beklagte sich über »koloniale Ausbeutung in verfeinerter Form.«[146]

---

141 BA Koblenz B 213 BMZ Technische Hilfe Togo 4112, Musterdörfer, Abschlussbericht Schnellbach vom Dezember 1965, S. 35.
142 Ebd. 11896 Technische Hilfe Togo, Genossenschaftswesen, Botschaft Lomé, Bericht über die Förderung des Genossenschaftswesens in Togo vom 25.4.1972, S. 3.
143 Ebd. 4112, Musterdörfer, Schreiben des Dorfchefs Pebi an Schnellbach vom 4.1.1966: »Il fauderait que le village pilote soit entièrement transformé, c'est à dire que son aspect primitif soit changé.«. Vgl. ebd. Aufstellung der Wünsche von Dorf I Agou an die Deutschen für den Ausbau zum Musterdorf (vorgetragen auf einer Versammlung im August 1966).
144 PA AA Berlin B 58 Ref. III B 2 Technische Hilfe 615 Togo Projekte, Wolfgang B., Beobachtung der deutschen Entwicklungshilfe in Togo. Musterdorf Kambolé, Juni 1968, S. 4.
145 Ebd.
146 BA Koblenz B 213 BMZ Technische Hilfe Togo 4111, Musterdörfer, Schreiben von der Decken an das BMZ vom 8.3.1966.

Streit und Konflikte gab es auch in den Werkstätten und Handwerks-
betrieben: Viele Handwerker beklagten sich über »Hungerlöhne«.[147] Um
die Deutschen vermutlich unter Druck zu setzen, erschienen sie unent-
schuldigt nicht zur Arbeit – und zwar gerade dann, wenn ein wichtiger
Auftrag fertig werden musste.[148] Auch die Vorarbeiter hätten sich vor ihre
Kollegen gestellt und behauptet, niemand im Dorf hätte Kraft und Zeit für
zusätzliche Arbeit ohne Lohn, da man tagtäglich um das Wohlergehen der
eigenen Familie kämpfen müsse.[149]

Bei den Deutschen stellte sich allmählich die Überzeugung ein, dass es
wohl allmählich besser wäre, auf »freiwillige Aufbauleistungen« ganz zu
verzichten und Lohnarbeiter einzustellen.[150] Denn dann könne man auch
»Pünktlichkeit, Ausdauer und Gewissenhaftigkeit« verlangen, um die es
angesichts aller fehlender Druckmittel schlecht bestellt sei.[151] Alle Einwohner würden vehement darauf bestehen, zuerst ihre eigenen Felder zu bestellen und ihre Familie zu versorgen.[152] Sobald man sie auf diese Selbstsucht, ihre Pflichten im Rahmen der Selbsthilfe und auf deren große Bedeutung für die Zukunft anspreche, würden sie empört reagieren. Sie würden behaupten, sie hätten keine Kraft in ihrer »blanken Armut« und dabei
auf »ihre zerrissene Kleidung und nackten Füße« deuten.[153]

Damit sei generell in den ›Musterdörfern‹ »eine Änderung von passiven
zum aktiveren Verhalten in der Selbsthilfe nur bei einigen Wenigen be-
merkbar.«[154] Allmählich gelangten manche der deutschen Experten sogar
zur Einsicht, dass tatsächlich in solchen an Ressourcen knappen Gesellschaften, deren Menschen alltäglich ums Überleben zu kämpfen hätten,
»freiwillige Arbeitsleistung« im Rahmen der Selbsthilfe nur schwierig umgesetzt oder »eben noch nicht abverlangt« werden könnte.[155]

147 BA Koblenz B 213 BMZ Technische Hilfe Togo 4111, Musterdörfer, Schreiben von der
　　Decken an die GAWI vom 28.7.1966, S. 1f.
148 Ebd. 4112, Abschlussbericht Schnellbach vom Dezember 1965, S. 32f.
149 Ebd.
150 Ebd., Schreiben von der Decken an die GAWI vom 31.1.1966, Anlage 2.
151 Ebd. 4111, Tätigkeitsbericht vom 1.11.1963, S. 10.
152 Ebd., S. 7. Vgl. Zillich, »Die drei Musterdörfer«, S. 162.
153 BA Koblenz BMZ 213 Technische Hilfe Togo 4111, Tätigkeitsbericht vom 1.11.1963, S.
　　10.
154 Ebd., S. 7.
155 Ebd., Bericht vom 15.4.1965, S. 10.

Der Bruch

Vor dem Hintergrund jener Konflikte und einer angespannten Haushaltslage beschloss die togoische Planungsbehörde, sämtliche materielle und personelle Förderung für die drei ›Musterdörfer‹ zu streichen. Man schrieb an den deutschen Projektleiter außerdem, dass man nunmehr Vorschläge erwarte, wie die bislang geleisteten Zuschüsse zurückgezahlt werden könnten. Denn man wolle alsbald neue, »besser funktionierende« ›Musterdörfer‹ gründen. Im Übrigen sei man von den Deutschen bitter enttäuscht worden, da man sich sehr viel von diesem Projekt versprochen habe. Auch nicht in einem der Dörfer hätten sich die Lebensbedingungen der Einwohner »verbessert«. Man müsse deshalb den Deutschen eine »reine Verschwendung« togoischer Steuergelder vorwerfen.[156]

Die Direktion des *Service National du Développement Rural* fügte hinzu: Der fruchtbare Boden Togos sei von den deutschen Experten nicht intensiv genug genutzt worden. Man habe zu wenige Zisternen gebaut. Auch habe man den Leuten vor Ort zu geringe Löhne gezahlt, so dass sie »ganz verständlicherweise« zu wenig motiviert worden seien. Togo könne ein »Paradies« werden, doch die Deutschen hätten dafür zu wenig unternommen.[157]

In einer öffentlichen Rede in Agou-Nyogbo bezifferte der Regierungspräsident der Region die »Verluste für Togo« genauer: jährlich Millionen CFA seien an Subventionen gezahlt worden; dabei hätten die Mitglieder der Genossenschaften ganz ohne Entgelt oder nur gegen »Hungerlöhne« arbeiten müssen. Die Vorstände der Genossenschaften seien »verständlicherweise unzufrieden bis zum äußersten«. Sie alle hätten sich bei den für sie zuständigen Regierungspräsidenten beschwert, dass alle erhofften »Verbesserungen« nicht eingetreten seien.[158]

Der deutsche Projektleiter konterte diese Vorhaltungen mit der Bemerkung, dass die Togoer von den »Entwicklungsprojekten« schlichtweg nur »Wunderdinge« erwarten würden. Ihre Vorstellungen und Wünsche seien »völlig unrealistisch, uferlos und naiv.«[159]

---

156 Wörtlich zitiert in: BA Koblenz B 213 BMZ Technische Hilfe Togo 4111, Musterdörfer, Bericht von Mitte Juli 1966, S. 2.
157 Ebd., S. 1.
158 Ebd.
159 Kommentar in: Ebd., S. 2.

Im August 1966 kam es schließlich in Agou-Nyogbo zur offenen Es-
kalation: Zahlreiche Einwohner hatten sich vor dem Haus des deutschen
Projektleiters versammelt und brachten mit erhobener Stimme ihren Unwillen zum Ausdruck. Man habe jahrelang »freiwillig, unbezahlt oder kaum
entlohnt« gearbeitet. Alle Hoffnungen, dass die Genossenschaft »später
einmal viel Geld einbrächte und dem Dorf Wohlstand beschere, [hätten]
sich in nichts aufgelöst«. Man sei kein »Musterdorf« mehr, sondern mittlerweile Zielscheibe des »Gespötts« im ganzen Land.[160]

König Pebi schrieb an Schnellbach, man habe doch wirklich mit dem
Titel ›Musterdorf‹ die feste Hoffnung verbunden, dass die deutschen Experten auch beim Ausbau der Wasserleitungen, der Elektrizität und bei
Telefonanschlüssen helfen würden.[161] Man sei weiter davon ausgegangen,
dass die Zufahrts- und Dorfstraßen geteert würden, ein Versammlungs-
haus und eine neue Schule gebaut. Nun sei man zutiefst enttäuscht, dass
nicht einmal die Entwicklungshelfer des DED die alten baufälligen Hütten
des Dorfes abgerissen und durch neue Häuser ersetzt hätten.[162] Man müsse
doch in Deutschland wissen, dass der Titel ›Musterdorf‹ eine Verpflichtung
mit sich bringe. Man bestehe auf die »Erfüllung der Versprechen.«[163]

Auch Pebi fand sich schließlich vor dem Haus des deutschen Projekt-
leiters ein und hielt unter dem Applaus seiner Gefolgschaft eine empörte
Rede: Die Deutschen hätten den Bewohnern des Dorfes das Land für die
›Musterfelder‹ doch einfach nur »gestohlen«. Auch bei den geschenkten
Maschinen hätten die Togoer draufzahlen müssen. Was die Ernte einge-
bracht hätte, so der König, das könnten auch »einige Frauen pflücken und
auf dem Kopf nach Hause tragen«. Besonders die »kleinen Bauern«, die
»Ärmsten der Armen«, seien übergangen worden. Nicht zuletzt hätten die
Deutschen die »menschliche Seite« im Projekt »sträflich vernachlässigt«. Sie
seien häufig »autoritär, befehlend und unverschämt« im Dorf aufgetre-

---

160 Wörtlich zitiert in: BA Koblenz B 213 BMZ Technische Hilfe Togo 4112, Musterdörfer,
Änderungsvorschläge für die Betriebsführung in Dorf I – Agou, von der Decken vom
8.8.1966, S. 1f.

161 Wiedergabe des Briefes in: PA AA Berlin B 58 Ref. III B 2 Technische Hilfe 615 Togo
Projekte, Bericht über eine Evaluationsreise nach Togo vom 12.9.1967, S. 2f.

162 BA Koblenz B 213 BMZ Technische Hilfe Togo 4112, Musterdörfer, Anlage 2. Aufstellung der Wünsche von Dorf I Agou an die Deutschen für den Ausbau zum Musterdorf
(vorgetragen auf einer Versammlung im August 1966).

163 Wörtlich zitiert in: Ebd. Änderungsvorschläge für die Betriebsführung in Dorf I am
Berg Agou, von der Decken vom 8.8.1966, S. 1.

ten.[164] Pebi schloss seine Ansprache mit dem deutschen Sprichwort »ein Mann – ein Wort«[165] und den Sätzen:

»Die alten Deutschen von 1914 waren gut. Was sie bauten, steht heute noch. Was sie machten, rentierte sich. […] Sind die heutigen Deutschen noch gut? Wenn ja, müssen sie es beweisen.«[166]

Die eigens aus Lomé und Palimé angereisten Vertreter des togoischen Planungsbüros und des Regierungspräsidiums verlangten vor Ort erneut die sofortige Zurückzahlung aller staatlichen Zuschüsse.[167] Man frage sich allmählich, wo all das Geld geblieben sei.[168] Agou-Nyogbo sei ein solcher »Schandfleck in einem sonst rührigen und aufbaufreudigen Bezirk«, dass man doch den Verdacht habe, die Deutschen hätten sich am »Geld des togoischen Volks« bereichert.[169]

Projektleiter von der Decken kam nicht umhin zuzugeben, dass der Anspruch des Projekts, *Hilfe zur Selbsthilfe* zu leisten, auf ganzer Breite gescheitert sei. Trotz »erheblicher Ausgaben« und »immensen menschlichen Anstrengungen« habe man statt »Engagement und nachhaltiger Entwicklung« nur »bad will« erzeugt.[170] Er empfahl eine »radikale Umstellung« am Berg Agou, die nicht etwa dazu diente, die Anliegen der *Selbsthilfe* wieder aufzugreifen, sondern einer sukzessiven Abwicklung gleichkam. Fast alle

---

164 BA Koblenz B 213 BMZ Technische Hilfe Togo 4112, Änderungsvorschläge für die Betriebsführung in Dorf I am Berg Agou, von der Decken vom 8.8.1966, S. 3f.
165 Ebd., S. 4f.
166 Zitiert in: Ebd., S. 2.
167 Für alle drei Dörfer hatte Togo seit 1962 jährlich 2 Millionen CFA zugeschossen, was derzeit ca. 32.000,-- DM entsprach. Andere bezifferten die Summe gar auf 5,7 Millionen CFA (DM 80.000,--): Ebd.
168 Ebd., S. 2 und Abschlussbericht Schnellbach vom Dezember 1965, S. 32.
169 Man berief daraufhin eine Aufsichtsratsversammlung ein, in der die Ausgaben erörtert und nachgewiesen wurden. Ebd., Änderungsvorschläge für die Betriebsführung in Dorf I am Berg Agou, von der Decken vom 8.8.1966, S. 2.
170 Ebd., S. 1. Insgesamt wurden für das Projekt der »drei Musterdörfer« 6.446.000,-- DM ausgegeben. Die Personalmittel für die deutschen Experten und Entwicklungshelfer sind hier nicht eingerechnet. Ursprünglich war man lediglich von 250.000,-- US-Dollar ausgegangen. Ebd. 3931 Länderaufzeichnung zur Republik Togo, Stand 1. Februar 1968 durch die Botschaft Lomé und das BMZ, Aufstellung über Deutsche Entwicklungshilfe in der Republik Togo, Stand 1.1.1968, S. 9f. Zur ursprünglichen Kalkulation: PA AA Berlin, Auslandsvertretungen Lomé 6905 Technische und wirtschaftliche Hilfe für Togo, Aufstellung des Botschafters Török an das AA vom 16.9.1961.

Handwerksbetriebe und Werkstätten sollten umgehend geschlossen werden.[171] Auch in Nuatja-Agbalebemé wurden »Enttäuschungen auf ganzer Linie« festgestellt. 1968 übergab man das Dorfprojekt der togoischen Landwirtschaftsorganisation SORAD.[172] In Kambolé sollten bis 1974 Experten der GAWI und Entwicklungshelfer des DED tätig sein.[173] Erstaunlicherweise hatte es gerade dort, wo ein Deutscher Bewohner sogar tätlich angegriffen hatte, weniger Beschwerden gegeben als in den beiden anderen Dörfern.[174] Doch auch in Kambolé habe sich immer wieder »Enttäuschung unter den Bauern breit machte«, da sie »aufgrund falscher Beratung« nicht die erwünschten Ernteerträge erzielen konnten.[175] Eine Befragung durch einen Experten des *Deutschen Afrika-Vereins* 1968 ergab allerdings, dass man im Dorf »der Arbeit der Deutschen nach wie vor sehr positiv gegenüber« stehe.[176] Das gründete sich allerdings auf einem Missverständnis. Denn auch in Kambolé erwarteten sich die Dorfbewohner durch die Selbsthilfe vor allem eine rasche Steigerung ihrer Geldeinkommen. Man wünsche sich, so der Berichterstatter, die Häuser alsbald mit Wellblechdächern zu decken, um der alljährlichen Erneuerung des Strohdaches aus dem Weg zu gehen. Auch möchte man Konsumgüter wie Radios, Fahrräder oder Kleidung kaufen.[177] Der örtliche Lehrer habe sich aus Einkünften aus dem Projekt die Anschaffung einer Tafel, Schulbänke und Bücher versprochen, um damit den Grundstein für Bildung und nachhaltige Entwicklung zu legen.[178] Gewinne für Ausschüttungen waren

---

171 BA Koblenz BMZ 213 Technische Hilfe Togo 4112, Bericht der Botschaft Lomé, Überprüfung der Ergebnisse der deutschen Entwicklungshilfe vom 15.7.1969, S. 14.

172 PA AA Berlin B 58 Ref. III B 2 Technische Hilfe 615 Togo Projekte, Bericht der Botschaft Lomé an das AA Januar 1968.

173 BA Koblenz B 213 BMZ 3931 Länderaufzeichnung zur Republik Togo, Stand 1. Februar 1968 durch die Botschaft Lomé und das BMZ, Aufstellung über deutsche Entwicklungshilfe in der Republik Togo, Stand 1.1.1968, S. 9f.

174 Vgl. zu den Angriffen: Dassio, »Einen Blinden«, S. 164, 169f. Zur Stimmung in Kambolé: BA Koblenz B 213 BMZ Technische Hilfe Togo 4112, Bericht der Botschaft Lomé, Überprüfung der Ergebnisse der deutschen Entwicklungshilfe, Juli 1969, S. 11. Hier ist die Rede davon, dass das Musterdorf Kambolé eine »große Resonanz in Togo« gefunden habe.

175 PA AA Berlin B 58 Ref. III B 2 Technische Hilfe 615 Togo Projekte, Wolfgang B., Beobachtung der deutschen Entwicklungshilfe in Togo. Musterdorf Kambolé, Juni 1968, S. 6.

176 Ebd., S. 16.

177 Ebd., S. 12.

178 Ebd.

letztlich nicht erwirtschaftet worden. So beugten sich die deutschen Experten schließlich den Forderungen der Dorfbewohner, rückten von der ursprünglichen Konzeption der *Hilfe zur Selbsthilfe* als unentgeltliche Arbeitsleistung ab und zahlte zugeschossene Gehälter aus der Projektkasse. 1970 wurde dann auch in Kambolé ein »Scheitern auf ganzer Ebene« konstatiert: »Freiwillige Gemeinschaftsarbeit« sei letztlich nicht zu erlangen gewesen. [179] Nur mehr noch Deutsche leiteten die landwirtschaftliche Genossenschaft und die handwerklichen Betriebe. An die togoischen Angestellten wurden Gehälter gezahlt.[180]

Insgesamt bekundeten die Einwohner der drei ›Musterdörfer‹, dass ihre Hoffnungen auf die Steigerung von Geldeinkommen, rasche Modernisierung und Entwicklung, die sie aus der Anwesenheit der Deutschen geschöpft hätten, enttäuscht worden seien. Man fühle sich – so ein zusammenfassender Bericht der deutschen Botschaft in Lomé – ausgenutzt, ausgeplündert, um Arbeitskraft und Geld betrogen.[181] Die deutschen Experten wiederum sahen sich in die von ihnen als kolonial eingeschätzten und gerade nicht gewollten Rollen paternalistischer Herren gedrängt. Eine solche Position wollte man ja mit dem Ansatz der *Hilfe zur Selbsthilfe* gerade vermeiden.[182]

Die deutsche Botschaft zog ihre eigenen Schlussfolgerungen und schlug die in Diplomatenkreisen dieser Zeit geradezu typische Rede von afrikanischer Korruption an: Von Beginn an sei das Projekt von togoischen Experten konterkariert, ja sogar sabotiert worden: Diese kämen allesamt aus »einer privilegierten Schicht von Afrikanern«;[183] sie seien durch »Verwandtschaft, gute Beziehungen, Stammeszugehörigkeit und politisches Wohlverhalten« (also keinesfalls aufgrund von Qualifikationen) in Schlüsselstellungen der Entwicklungspolitik des Landes gelangt. Diese »Elite« hätte es verstanden, ihre Verwandten, Freunde und Bekannten immer wieder zu begünstigen. Eine für die *Hilfe zur Selbsthilfe* der Bundes-

---

179 PA AA Berlin Auslandsvertretung Lomé 6910 Entwicklungshilfe im allgemeinen, DED 1969–1975, DED-Togo, Auswertungstagung 1970, 12.–14.10. Missahöhe bei Palimé, Projektplatzbesprechung Kambolé, S. 5f.
180 BA Koblenz BMZ 213 Technische Hilfe Togo 4112, Bericht der Botschaft Lomé, Überprüfung der Ergebnisse der deutschen Entwicklungshilfe, Juli 1969, S. 11.
181 Ebd., S. 11f.
182 Ebd.
183 Ebd.

republik grundlegende gerechte Verteilung der unentgeltlichen Arbeit sei aufgrund dieser Leute nicht durchzusetzen gewesen.[184] Ähnliche Schuldzuweisungen finden sich auch in den Einschätzungen mancher beteiligten deutschen Experten. Diese grenzten bisweilen gar an deutlichen Rassismus, betonten sie die tiefgreifenden Unterschiede zwischen den ›Weißen‹ und den Afrikanern sowie die sich hier unüberbrückbar auftuende Kluft, die jedes konstruktive gemeinsame Handeln trotz aller guten Absichten verunmöglicht hätte.

›Othering‹ und Rassismus: Deutsche Evaluationen des Scheiterns

Schnellbach kommentierte die Konflikte um die ›drei Musterdörfer‹ nach seiner Rückkehr in die Bundesrepublik Deutschland zunächst lapidar:

»Die Weißen hatten sich in dem harten Klima überarbeitet und waren nahe daran, die Nerven zu verlieren, weil es nicht schnell genug voran ging. Die Afrikaner hatten auch keine Geduld mehr mit dem Aufbau und wollten nun schon die Früchte ihrer Arbeit sehen.«[185]

In der Folgezeit befasste er sich allerdings intensiver mit den Hintergründen des Scheiterns in Togo, handelte es sich ja schließlich ursprünglich um sein ureigenes Projekt. Dabei wusste er offensichtlich keine andere Erklärung für die katastrophalen Geschehnisse als die bereits im frühen 20. Jahrhundert von deutschen Kolonialbeamten und Missionaren im Bemühen um die ›Erziehung des Afrikaners‹ vorgebrachten ewig gleichen rassistischen Stereotypen.[186] So ist bei Schnellbach zu lesen, dass »die Afrikaner naturbedingt überhaupt kein Zeitgefühl« hätten. Sie würden sich nur an Sonnenauf- und -untergang orientieren und könnten daher nicht mit den Anforderungen moderner Entwicklungsarbeit umgehen, wie »unvorhergesehenen Programmänderungen«. Auch fände man in den Tropen nahezu »immer etwas Eßbares«. So fehle es den Togoern allein schon aufgrund der Fauna und Flora ihres Landes an »Unternehmergeist und Sparsamkeit«.

---

184 BA Koblenz BMZ 213 Technische Hilfe Togo 4112, Bericht der Botschaft Lomé, Überprüfung der Ergebnisse der deutschen Entwicklungshilfe, Juli 1969.
185 Ebd., Abschlussbericht Schnellbach vom Dezember 1965, S. 66.
186 Ausführlich hierzu: Teil I, Kapitel 4.

Ohne viel Zutun würde »die Natur« doch alles zumindest zum bloßen Überleben bereithalten.[187] Für Afrika sei es auch vollkommen sinnlos, dass Ansätze von *Hilfe zur Selbsthilfe* keine herkömmliche Entwicklungshilfe im Sinne von Geschenken sein wollen:[188] Denn »Dankbarkeit« kenne »der Afrikaner« ohnehin nicht. Er stehe damit auch nicht unter einem Handlungsdruck, wenn Entwicklungshilfe als »Geschenk« geleistet würde. Allenfalls hege er Misstrauen aufgrund möglicher Gegenforderungen.[189] In einer mehr oder minder bewussten Internalisierung von Georg Wilhelm Friedrich Hegels Diktum, dass ›primitive Völker‹ keine Geschichte hätten,[190] führte Schnellbach weiter aus: Nicht zuletzt täten sich Afrikaner generell schwer, in Kategorien der Zukunft zu denken, die so grundlegend für jegliches Entwicklungsengagement seien. Da ihnen »Zeit« nämlich so wenig bedeute, hätten sie kein »Geschichtsbewusstsein«, könnten somit auch nicht auf einer Zeitachse in der Zukunft planen. So sei es »fast unmöglich«, den Afrikanern »begreiflich zu machen«, dass die Deutschen ihren »Lebensstandard durch Fleiß und Mühe im Laufe von Generationen erworben« hätten und dass sich auch die Togoer hieran ein Beispiel für ihre eigene Entwicklung nehmen könnten.[191]

Schnellbach überschrieb diese Äußerungen mit dem Titel »Probleme der Menschenführung in Afrika«[192] und bot sie mehreren entwicklungspolitischen Zeitschriften in der Bundesrepublik zur Veröffentlichung an. Die Verantwortlichen für diese Blätter hielten dergleichen Auslassungen offensichtlich für nicht mehr zeitgemäß und hegten auch Bedenken ob ihres blanken Rassismus.[193] Erst 1967 konnte Schnellbachs Artikel im etwas abseitigen rechtskonservativen Blatt für Agrarexperten »Landtechnische Forschung« erscheinen.[194]

Schnellbachs Nachfolger äußerten sich eher durch ethnologisch-psychosoziale Spekulationen: Die Probleme in den ›drei Musterdörfern‹ seien schon auf die »kulturelle Prägung« der Togoer zurückzuführen. Um ein

---

187 Schnellbach, »Probleme«, S. 92ff., 94f. Vgl. auch: Teil I, Kapitel 3 und 4 sowie Teil II, Kapitel 1.3 und 1.4.
188 Vgl. hierzu ausführlich: Teil I, Kapitel 2.
189 Schnellbach, »Probleme«, S. 92f., 94ff.
190 Hegel, *Vorlesungen*, S. 106. Vgl. Zantorp, *Kolonialphantasien*, S. 189. Vgl. Wolf, *Europe*.
191 Schnellbach, »Probleme«, S. 92.
192 Ebd., S. 92.
193 BA Koblenz BMZ 213 Technische Hilfe Togo 4112, Korrespondenz diverser Zeitschriften mit Schnellbach und entsprechende Gutachten 1966.
194 Schnellbach, »Probleme«.

Entwicklungen zugewandtes, zielgerichtetes und selbstständiges Leben zu führen, müssten sich Afrikaner von ihrem »Abhängigkeitsgefühl« gegenüber ihrer jeweiligen Familie lösen und ihre »traditionellen Ängste« vor den Mitmenschen und der Natur überwinden. Erst dann könne aus »dem Menschen, der sich treiben« lasse und der »kein Verantwortungsgefühl« kenne, eine Persönlichkeit werden, die »mitdenkend für Entwicklungen in ihrer Gemeinschaft« eintrete. Das sei oft ein langer Weg, der viel Unterstützung von außen brauche.[195]

Häufig dienten solche Erklärungen der Entschuldigung für eigene Unzulänglichkeiten und Fehlverhalten: Die Selbstfindung der Afrikaner brauche oft »endlose Palaver«, seien sie doch »geborene Redner«. Für die Deutschen sei die Dauer der Gespräche und die Intensivität der Debatten, in denen alles hin und her abgewogen worden sei, oft zu einer »Belastung ausgeartet«. Man sei zur »Verzweiflung« gebracht worden. Das Resultat sei Ungeduld und Ärger gewesen.[196] Man hätte sich schon viel früher vom Glauben an einen wie auch immer gearteten »Gemeinschaftssinn der Afrikaner« verabschieden sollen.[197]

Schnellbach und seinen deutschen Expertenkollegen stellten somit das Scheitern der *Hilfe zur Selbsthilfe* in den der ›Musterdörfern‹ so dar, als ob es vor allem auf die vermeintliche ›Andersartigkeit afrikanischer Mentalität und Sitten‹ zurückzuführen sei. Denn diese ›Andersartigkeit‹ sei mit Entwicklungsdenken und -handeln schließlich vollkommen unvereinbar. Gerade auf Selbstbestimmung angelegte Formen der Entwicklungsarbeit seien hier völlig fehl am Platz. Hingegen bräuchten die Afrikaner unbedingt strikte Vorgaben und Anleitung.[198] Hinter jenen auf den ersten Blick von platten Vorurteilen und Rassismus durchzogenen Äußerungen stand freilich ein komplexes Konglomerat von Motiven, Hoffnungen, Gefühlen und Erfahrungen vor Ort, das von Leistungsdenken, Arroganz und Selbstüberschätzung ebenso geprägt war wie von Humanitätsidealen und Schuldeingeständnissen. Dominierend war allerdings ein Glauben der deutschen Experten daran, dass Entwicklungen in Richtung moderner europäischer Standards notwendig und unabdingbar seien, solle für die Afrikaner ein

---

195 BA Koblenz BMZ 213 Technische Hilfe Togo 4111, Tätigkeitsbericht über die Musterdörfer Agou-Nyogbo und Nuatja-Agbalebemé vom Dezember 1963, S. 9.
196 Ebd. 4112, Abschlussbericht Schnellbach vom Dezember 1965, S. 27.
197 PA AA Berlin B 58 Ref. III B 2 Technische Hilfe 615 Togo Projekte, Wolfgang B., Bericht zum Musterdorf Agou-Nyogbo vom August 1968, S. 7.
198 Ebd. Vgl. zum ›Othering‹: Hall, »Das Spektakel«, S. 144

>besseres< Leben eintreten. Wenn man sich auch noch so darauf berief, dass *Hilfe zur Selbsthilfe* lokale Praktiken und Traditionen achten, bewahren, ja sogar wiederbeleben sollte, so schien es doch Zeitmanagement, Kosten-Nutzen-Kalkulationen, westliche Hygiene, Landwirtschafts- und Handwerkstechniken zu sein, die ein Dasein ohne Hunger, Kindersterblichkeit oder Epidemien gewährleisten könnten.[199] Die Deutschen scheinen hier vieles an klaren Entwicklungszielen internalisiert zu haben, wenn sie auch auf den Vorstellungen der Afrikaner beharrten.

Diese Vorstellungen deckten sich allerdings recht häufig mit denen der deutschen Experten. Und hier wie dort entsprachen sie gar nicht dem, was *Hilfe zur Selbsthilfe* meinte: So bedauerte König Pebi vom Berg Agou, dass seine Leute ihm nicht mehr folgen würden wie noch in kolonialen Zeiten, wenn er ihnen einfach befehle, sich in die gemeinnützige Arbeit am Dorf einzubringen.[200] Viele hätten noch immer nicht verstanden, was »Arbeit für ihre Zukunft« bedeute.[201] Ein >Othering<[202] gab es somit auch unter Afrikanern. Solche Einschätzungen resultierten vermutlich nicht zuletzt aus Frustration über enttäuschte Hoffnungen. In der Tat war in den drei >Musterdörfern< viel Energie, Zeit und Geld für nahezu keine Ergebnisse aufgewendet worden. Und wenn es an dieser Stelle keineswegs darum gehen soll, von einer vermeintlich objektiven Außenposition das Scheitern des Projekts zu beurteilen,[203] so verhilft doch das Blättern durch alle überlieferten Projektunterlagen zu einer Interpretation des fatalen Untergangs der drei >Musterdörfer< jenseits von Schuldzuweisungen.

Paradoxien der Projektanlage

Vieles weist nämlich darauf hin, dass die Konflikte in den Dörfern schon grundgelegt waren, bevor die eigentliche Arbeit vor Ort begann.[204] Wie bereits ausgeführt, kränkelte der Ansatz der *Hilfe zur Selbsthilfe* oft dran, dass man einerseits auf die Initiative der Empfänger der Hilfe setzte und ihre

---

199 Vgl. Gronemeyer, »Helping«, S. 70.
200 Wörtlich zitiert in: BA Koblenz B 213 BMZ Technische Hilfe Togo 4112 Musterdörfer, Abschlussbericht Schnellbach vom Dezember 1965, S. 26.
201 Ebd.
202 Vgl. Hall, »Das Spektakel«, S. 144
203 Vgl. hierzu: Teil III, Kapitel 1.
204 Vgl. hierzu grundsätzlich: Teil I, Kapitel 5.

Wünsche zur Geltung zu bringen suchte, andererseits strikten Entwicklungsplänen mit klar formulierten Abläufen und Zielen folgte.[205] Alle für das Projekt verantwortlichen Deutschen hielten am sogenannten ›SchnellbachPlan‹ fest. Man war der Meinung, dass es für den Projekterfolg letztlich darauf ankomme, »die Kontinuität zu wahren, denn nichts [sei] wichtiger als eine echte Evolution, nichts abträglicher als Brüche.«[206] Wenn es darum ging, Zeitpläne einzuhalten und Entwicklungsziele nicht aus den Augen zu verlieren, dann war es den Deutschen durchaus recht, wenn sie sich auf die Autorität der Dorfoberen stützen konnten. Hier wurde rasch und bereitwillig das Prinzip einer ›Entwicklung von unten‹ über Bord geworfen, damit »es nur irgendwie voranging.«[207]

Standen die Einheimischen vor bereits vorgefassten Plänen und Zielen, wo doch ihre Wünsche und Vorstellungen ausschlaggebend sein sollten, dann konnte es leicht zu Enttäuschungen und Frustrationen kommen. Erwarteten die Dorfoberen wiederum rasche und gut sichtbare infrastrukturelle Entwicklungen, die ihnen nicht zuletzt selbst zur Ehre gereichen konnten, dann war Ärger kaum vermeidbar, wenn nicht als Geschenk Straßen, Schulen oder Häuser durch die Deutschen selbst gebaut wurden. Wenn dann die Dorfvorstände den Einheimischen die Arbeit befohlen und Druck ausübten, wo doch freiwilliges Engagement angesagt war, und wenn es darüber hinaus noch die schwächsten Glieder der Gesellschaft traf, die sich nicht weigern konnten, dann konnte so mancher rasch den Glauben daran verlieren, dass es bei *Hilfe zur Selbsthilfe* nicht um eine neue Art von Zwangsarbeit handele. Die Crux des Scheiterns der ›Musterdörfer‹ lag somit schon in der Unvereinbarkeit zwischen Theorie und Praxis – in Handlungszwängen, die häufig das scheinbar geringere Übel wählen ließen, nämlich Selbstbestimmung und Freiwilligkeit außer Acht zu lassen, um nur zu sichtbaren Ergebnissen zu gelangen.

Auf eine ganz andere Art und Weise führte das bundesdeutsch-kamerunische Projekt ›Ausbildungszentrum in Wum‹ die Prinzipien der *Hilfe zur Selbsthilfe* ad absurdum, das ebenfalls zunächst als Aushängeschild deutsch-afrikanischer Entwicklungsarbeit galt.

---

205 Vgl. Teil I, Kapitel 5.
206 BA Koblenz BMZ 213 Technische Hilfe Togo 4112 Musterdörfer, Schreiben von der Decken an die GAWI vom 31.1.1966, Anlage 1.
207 Ebd.

4. Das Ausbildungszentrum Wum in Kamerun: Ein Straflager als Selbsthilfeprojekt

Am 20. Oktober 1965 schlossen die Bundesrepublik Deutschland und Kamerun einen Vertrag über den Bau und Betrieb eines landwirtschaftlichen Ausbildungs- und Siedlungszentrums in der Nähe der kleinen Stadt Wum.[1] Die großen, bislang weitgehend ungenutzten Agrarressourcen des Kameruner Graslandes sollten besser ausgeschöpft werden.[2] Für die Selbstversorgung der Bevölkerung sollten vor allem Mais und Reis angebaut werden, für den Export Kaffee, Tee und Tabak.[3] Ziel war nicht zuletzt die Eindämmung der Landflucht. Viele junge Männer waren in den letzten Jahren in die Städte gezogen. Diese sollten nun wieder »aufs Land zurückgeführt« werden, denn – so hieß es in einem Gutachten deutscher Entwicklungsexperten – die »fruchtbaren Landstriche der Hochebene« seien mittlerweile regelrecht »entvölkert«.[4]

Auch das Entwicklungsvorhaben bei Wum galt den Deutschen als *Hilfe zur Selbsthilfe*:[5] Auf einer riesigen Gesamtfläche von 8.500 Hektar sollten Jugendliche aus der näheren Umgebung freiwillig und unentgeltlich Felder anlegen und eine Schule mit angeschlossenem Wohnheim errichten. Beim Bau ihrer Schule könnten die jungen Leute durchaus auch ihre Vorstellun-

---

1 BA Koblenz B 213 BMZ 4133 Ausbildungs- und Siedlungsprogramm Wum FE 378; Ebd. 4134 Ausbildungs- und Siedlungsprogramm Wum FE 378, Notiz des BMZ vom 16.7.1969. Der Vertrag war Teil des zweiten Zusatzabkommens zur wirtschaftlichen und technischen Zusammenarbeit. Das Abkommen ergänzte den Grundlagenvertrag über bundesdeutsch-kamerunische Entwicklungspolitik vom 29. Juni 1962. Das BMZ stellte für die ersten fünf Jahre 7 Millionen DM Fördergelder zur Verfügung: Ebd., Notiz des BMZ vom 16.7.1969.

2 Ebd., Karl T. an das BMZ im Oktober 1965, S. 1. Der Experte schätzte, dass bislang lediglich vier Prozent der landwirtschaftlichen Nutzfläche bewirtschaftet seien.

3 PA des AA Berlin B 58 Ref. III B 2 Technische Hilfe 749 Kamerun 1967–1969, Vermerk des BMZ vom 21.2.1967, S. 5.

4 Ebd. und BA Koblenz B 213 BMZ 4133 Ausbildungs- und Siedlungsprogramm Wum FE 378, Karl T. an das BMZ im Oktober 1965, S. 1, S. 2ff.

5 Vgl. Ebd.

gen einfließen lassen – so die Planungen. Die Eigeninitiative der Afrikaner spare nicht nur Kosten. Sie schaffe zugleich auch mentale und emotionale Bindungen: Denn, was die jungen Leute im »Schweiße ihres Angesichts« selbst geschaffen hätten, das würden sie später auch schätzen, engagiert nutzen und erhalten.[6] In Schule und Internat sollten die »Jungbauern« dann bis zu zwei Jahre lang theoretisch und praktisch ausgebildet werden. Dabei sollten sie sich vieles »spielerisch« selbst erarbeiten. Lokale Gegebenheiten und Traditionen sollten zur Geltung kommen, ebenso wie Ansätze zur ›modernen‹ Ertragssteigerung durch Kunstdünger oder Insektenvertilgungsmitteln.[7]

Insgesamt ging es somit darum, jungen Leuten das Landleben wieder schmackhaft zu machen und ihnen Existenzmöglichkeiten aufzuzeigen, die sie aus eigener Kraft dauerhaft bestreiten könnten. Ähnlich wie die drei ›Musterdörfer‹ in Togo sollte das Ausbildungszentrum bei Wum einen Modellcharakter haben: Nach ihrer Entlassung sollten die jungen Männer Selbsthilfe beim Aufbau und Betrieb ihrer Höfe praktizieren und andere dazu anleiten. Ihr Beispiel solle dabei auf ihre Umgebung »ausstrahlen«.[8]

In einer Projektskizze des mit den Verhandlungen durch die GAWI beauftragten Entwicklungsexperten Karl T. und einigen externen Gutachten schlagen sich deutlich die Leitlinien der bundesdeutschen *Hilfe zur Selbsthilfe* nieder. Die Konzentration des Vorhabens auf die Landwirtschaft wird genauso betont wie die Bedeutung von freien Entscheidungen, Selbstständigkeit und lokalen Traditionen.[9] Das schien innovativ, zeitgemäß und vielversprechend.

Vieles in den Planungs- und Verhandlungsunterlagen erinnert allerdings auch an die Sprache der kolonialen ›Eingeborenenerziehung‹ des 19. Jahrhunderts[10]: So findet sich auch hier der Anspruch, dass Afrikaner die Wertschätzung der Arbeit ›verinnerlichen‹ müssten, genauso wie die Vorstellung, dass es sehr viel Mühe mache, sie so weit zu bringen. Es bedürfe viel »Geduld« und »Hineinversetzen« in die »afrikanische Mentalität«, wenn gelingen solle, dass sich die jungen Männer auch wirklich »psychisch« auf

---

6 PA des AA Berlin B 58 Ref. III B 2 Technische Hilfe 749 Kamerun 1967–1969, Vermerk des BMZ vom 21.2.1967, S. 5; BA Koblenz B 213 BMZ 4133 Ausbildungs- und Siedlungsprogramm Wum FE 378, Karl T. an das BMZ im Oktober 1965, S. 1, S. 2ff.
7 Ebd., S. 1.
8 Ebd.
9 Vgl. Teil I, Kapitel 1., 2. und 3.
10 Vgl. Ebd., Kapitel 4.

das Landleben und die Arbeit auf den Feldern einlassen.[11] Aber das sei notwendig. Denn nur so könne »Nachhaltigkeit« hergestellt werden. So müssten die jungen Afrikaner so lange in der »Obhut des Zentrums« bleiben, bis sie »bewiesen hatten, selbständig handeln zu können« – und zwar auf Dauer.[12] Man kann gar an Bodelschwinghs Anstalten in Bethel und den Usambara-Bergen Anfang des 20. Jahrhunderts denken,[13] wenn man weiter liest: Nur durch tägliche »schwere körperliche Arbeit« würden die jungen Männer vom »Vagabundieren«, von der Landstreicherei und von Kriminalität abgehalten.[14] Man dürfe nicht meinen, dass eine solche »Erziehung zur Landwirtschaft« keine maßgebliche Entwicklungsarbeit bedeute, so urteilte 1968 rückblickend ein Gutachter des *Deutschen Afrika-Vereins*. Sie sei letztendlich keinem geringeren Ziel verpflichtet, als das einer »Entwicklung der Bevölkerung zu einer [...] höheren Gesellschaftsform.«[15]

Und auch der Ansatz vieler deutscher Missionare und Kolonialbeamten um 1900 in Afrika, die Männer zu Feldarbeit zu bewegen,[16] findet sich wieder: Das Projekt bei Wum sei gerade so vielversprechend, weil es endlich einmal *männliche* Jugendliche in die Pflicht nehmen würde, so vermerkte die bundesdeutsche Botschaft in Jaunde 1967. Denn ohne die meist völlig ungenützte Arbeitskraft der afrikanischen Männer sei eine landwirtschaftliche Produktionssteigerung in Kamerun nicht möglich – so wie überall im tropischen Afrika.[17]

Was hielten wohl die Regierungsvertreter von Kamerun von alledem, das ihnen mit solchen durchaus kolonialen Attitüden entgegentrat? Erstaunlicherweise schienen die für das Projekt Wum zuständigen Beamten keineswegs irritiert oder gar abgestoßen gewesen zu sein. Ganz im Gegen-

---

11 BA Koblenz B 213 BMZ 4133 Ausbildungs- und Siedlungsprogramm Wum FE 378, Karl T. an das BMZ im Oktober 1965, S. 1, S. 2ff.; PA AA Berlin B 58 Ref. III B 2 Technische Hilfe 749 Kamerun 1967–1969, Georg H., Gutachten des Afrika-Vereins zum Projekt Wum, Januar 1968, S. 2.

12 Ebd.

13 Vgl. hierzu ausführlich: Teil I, Kapitel 4.

14 PA AA Berlin B 58 Ref. III B 2 Technische Hilfe 749 Kamerun 1967–1969, Vermerk des BMZ vom 21.2.1967, S. 5.

15 Ebd., Bericht des Deutschen Afrika-Vereins über das Ausbildungs- und Siedlungsprogramm Wum vom Januar 1968, S. 2.

16 Vgl. Teil 1, Kapitel 4. Vgl. auch: Conrad, *Deutsche Kolonialgeschichte*, S. 109.

17 PA des AA Berlin B 58 Ref. III B 2 Technische Hilfe 749 Kamerun 1967–1969, Vermerk des BMZ vom 21.2.1967, S. 5. Vgl. zur Rolle von Frauen in der Feldarbeit in Kamerun: Kah, »Governance«, S. 185f.

teil zeigten sie sich gegenüber den deutschen Verhandlungspartnern äußerst interessiert: Man erklärte, das Vorhaben alsbald in die Tat umsetzen
zu wollen. [18] Wie in anderen Postkolonien waren auch in Kamerun
Entwicklungen in der Landwirtschaft ein zentrales Thema. Auch dort
sollte jegliche Entwicklung erst einmal über die ›Verbesserung‹ der Ernährungslage der Bevölkerung ausgehen. [19] Weiter versprach man sich von
diesem Entwicklungsvorhaben in der Nähe von Wum vermutlich ge-
sellschaftsstabilisierende Wirkungen; denn gerade in dieser Region hatte es
immer wieder Konflikte zwischen der Bevölkerung und Vertretern der
Staatsregierung gegeben. [20] Vermutlich nicht zuletzt aufgrund jener Auseinandersetzungen favorisierten die kamerunischen *Counterparts* aus Jaunde
auch eine Vorgehensweise im Rahmen von *Hilfe zur Selbsthilfe*, weil diese
eben eigensinnigen, kritischen und widerständigen Leuten das Gefühl
geben würde, selbst das Sagen zu haben. Das könne sie nur für Entwicklungen einnehmen.[21]

Der mit den Vorbereitungen und Verhandlungen durch die GAWI beauftragte Experte T. attestierte dem Vorhaben die allerbesten Chancen für
ein gutes Gelingen. Dabei hatte es einige Unkenrufe gegeben. Ursprünglich
war eine multilaterale Finanzierung zusammen mit der Europäischen
Wirtschaftsgemeinschaft geplant gewesen. In Brüssel – so ist in einem
Schreiben des Experten an das BMZ vom Oktober 1965 zu lesen – sei das
Projekt allerdings nicht »sehr wohlwollend behandelt worden«. Zu viele
andere Länder hätten mit vergleichbaren Vorhaben Schiffbruch« erlitten.[22]
Doch gerade in dieser Ablehnung lägen ungemeine Chancen. Nun habe die

---

18 Vgl. BA Koblenz B 213 BMZ 4133 Ausbildungs- und Siedlungsprogramm Wum FE
   378, Schreiben Karl T. an das BMZ vom Oktober 1965, S. 1f.
19 Vgl. hierzu ausführlicher: Teil I, Kapitel 2 und 3.
20 Vgl. Kah,»Governance«, S. 187ff.
21 Vgl. BA Koblenz B 213 BMZ 4133 Ausbildungs- und Siedlungsprogramm Wum FE
   378, Schreiben Karl T. an das BMZ vom Oktober 1965, S. 1f. Mit jeweiligen Hinweisen
   auf Entwicklungsvorhaben in der Region Mitte der 1960er-Jahre und den entsprechenden ökonomischen sowie gesellschaftspolitischen Erwägungen: CAN Jaunde JO 67/237
   Decret […] organisant le Ministére du Plan et du Développement (In: J.O. No. 11 du
   1.6.1967, 846); Ebd. JO 69/193 Développement Rural (Secretariat d'Etat), Entwicklungsplan für die Region Wum 1969; Ebd. JO 68/70 Subvention du petit equipement
   rural, 1968; Ebd. JO 69/449 Fonds d'Aide et de Cooperation Compte special Creation
   1969.
22 BA Koblenz B 213 BMZ 4133 Ausbildungs- und Siedlungsprogramm Wum FE 378,
   Schreiben Karl T. an das BMZ vom Oktober 1965, S. 1f. Vgl. mit Zusammenfassung
   der Geschehnisse: Ebd., Schreiben Karl T. vom 13.4.1968, S. 1.

Bundesrepublik allein die Möglichkeit, »ihr Ansehen in Afrika« mit einem solch innovativen Entwicklungsprojekt zu heben. Dabei treffe man gerade im Kameruner Grasland auf »besonders günstige psychologische und politische Voraussetzungen.« Wie wohl kaum woanders in Afrika würden dort Deutschland und die Deutschen ein »sehr hohes Ansehen« genießen. Die Bewohner der Region Wum würden schon ganz »gespannt und ungeduldig auf den Beginn« der Arbeiten warten.[23]

Freilich mögen solche Äußerungen auch der Rhetorik eines Antrags geschuldet sein, die darauf abzielte potenziellen Geldgebern ein Entwicklungsprojekt schmackhaft zu machen.[24] Doch galt das Kameruner Grasland auch noch in den 1960er-Jahren vergleichbar mit Togo vielen Ethnologen und Entwicklungsexperten als Region, in der die Bewohner sich gerne an die deutsche Kolonialzeit zurückerinnern und daher auch eine gewisse Affinität gegenüber den Deutschen hegen würden.[25] Trotz aller Probleme mit der Landflucht seien überdies die ›Bauern‹ in der Region »fleißig« und auch Neuerungen gegenüber verhältnismäßig aufgeschlossen.[26] Man konnte somit davon ausgehen, dass das Projekt in Wum auf gute Resonanz unter der Bevölkerung stoßen würde, wie es für ein gelingendes Vorhaben der *Hilfe zur Selbsthilfe* Voraussetzung war.

Schule der Selbstsorge

Um allerdings zu gewährleisten, dass man die jungen Männer auch wirklich und nachhaltig für die Feldarbeit begeistere, seien einige grundlegende Dinge zu beachten. Denn die Schule an sich sei »für Afrikaner etwas Faszinierendes«; sie würden häufig »Bildung« mit Hoffnungen auf schnellen

---

23 BA Koblenz B 213 BMZ 4133 Ausbildungs- und Siedlungsprogramm Wum FE 378, Schreiben Karl T. an das BMZ im Oktober 1965, 1; CNA Jaunde JO 68/180 Décret [...] du 29.4.1968 autorisant le Ministère du Plan et du Développement à contract avec la Communauté économique Européenne (In: J.O. No. 9 du 1.5.1968, 896) Vgl. zur Bewunderung von Regierungseliten aus Kamerun gegenüber der Bundesrepublik Deutschland: Nkembe, »Was Kamerun«.

24 Vgl. hierzu ausführlicher: Teil III, Kapitel 2.

25 Vgl. Schmidt Soltau, »Postkoloniale Konstruktion«; Derrick, »The ›germanophone‹ Elite«; Joseph, »The German Question«; Stoecker, »Loyality to Germany«; Ders., »Germanophilie«.

26 BA Koblenz B 213 BMZ Technische Hilfe 2127 Buea, Bericht über das Ergebnis einer Evaluationsreise vom 29.9.–13.10.1972, S. 4. Vgl. Schramm, *Kamerun*, S. 47.

»Reichtum« und einen westlichen Lebensstil verbinden. Meist würden sie nach einer Arbeit in einem Geschäft, einer Bank oder einem Büro in der Stadt streben. Es gebe kaum einen jungen Menschen in Kamerun, der nicht bald nach Jaunde oder Douala ziehen wollen würde. Solche ›Versuchungen‹ solle man unterbinden: Daher dürfe das Ausbildungszentrum bei Wum keine herkömmliche Schule sein. Es dürfe nur in »einfachster Form« auf das ländliche Leben vorbereiten.[27] Höhere Mathematik, fortgeschrittene Fähigkeiten im Lesen und Schreiben oder gar Philosophie sollten auf keinen Fall gelehrt werden. Auch sollten keinerlei Zeugnisse und Bescheinigungen ausgestellt werden, mit denen man sich auf Anstellungen außerhalb der Landwirtschaft bewerben könnte.[28]

Die deutschen Lehrer müssten damit auch weniger »Akademiker sein […], sondern in erster Linie Pädagogen, die sich ganz auf die einfache Deckungsweise und Lebensart der jungen Siedler einstellen« könnten.[29] Sie sollten überdies – so die bundesdeutsche Botschaft in Jaunde – ein »angemessenes, auch nach außen beispielhaft wirkendes Familienleben« führen, ausgesprochen bodenständig, naturverbunden, fleißig und strebsam sein. Dies fördere nicht nur ihre Autorität unter den jungen Afrikanern, sondern gebe diesen auch »ein gutes Beispiel« für ihr künftiges Leben auf dem Land.[30]

Man kann aus solchen Äußerungen ein klares biopolitisches Ziel herauslesen: Die Schule in der Nähe von Wum sollte Selbstsorge[31] sehr spezifisch fördern; sie sollte nur einen Lebenslauf auf dem Land eröffnen und Alternativen von vornherein ausschließen.

Dieser Zuschnitt kam nicht von ungefähr. Gutachter des *Deutschen Afrika-Vereins* hatten auf der Suche nach Entwicklungsansätzen in Kamerun ein vergleichbares französisches Projekt ganz in der Nähe von Wum ausgewertet. Sie waren zum Schluss gekommen: Dort habe man die Land-

---

27 PA AA Berlin B 58 Ref. III B 2 Technische Hilfe 749 Kamerun 1967–1969, Georg H., Gutachten des Afrika-Vereins zum Projekt Wum, Januar 1968, S. 2.

28 BA Koblenz B 213 BMZ 4133 Ausbildungs- und Siedlungsprogramm Wum FE 378, Karl T. an das BMZ im Oktober 1965, S. 3f.

29 Ebd., S. 4.

30 PA AA Berlin B 58 Ref. III B 2 Technische Hilfe 749 Kamerun 1967–1969, Deutsche Botschaft Jaunde zum Ausbildungszentrum und Siedlungsvorhaben Wum in Westkamerun vom 21.2.1967; BA Koblenz B 213 BMZ Technische Hilfe Kamerun 12102 Ausbildungs- und Siedlungsprogramm Wum FE 378, Kurzfassung des Berichts über das Ergebnis einer Evaluationsreise in der Zeit vom 29.9. –13.10.1972 nach Kamerun vom 24.10.1972, S. 1.

31 Vgl. Stiegler, *Von der Biopolitik*, S. 90f.

flucht sogar noch verstärkt. Es würde zu viel Allgemeinbildung vermittelt. Die jungen Leute würden beginnen, ein wenig zu »selbständig« zu denken. Das Resultat sei, dass sich alle Absolventen nun in den Städten nach Arbeit umsehen würden. Für das Bestellen von Feldern wäre sich nun jeder zu fein.[32] Solche »unerwünschten Effekte« sollten im deutschen Projekt unbedingt vermieden werden.[33]

Landkämpfe

Karl T. nahm im Herbst 1965 Verhandlungen mit den ansässigen *Chiefs* und ihrem Wortführer Richard Wallang auf. Sie sollten dafür sorgen sollten, dass das benötigte Bau- und Ackerland unentgeltlich und ohne weitere Widerstände der Bevölkerung zur Verfügung gestellt würde. Daher galt es, die *Chiefs* zu überzeugen, dass sich diese Investition schließlich als Strukturentwicklung ihrer Region auszahlen würde. Das Land sei zwar schon längst zum großen Teil Staatseigentum. Doch die »Häuptlinge« – so die bundesdeutsche Botschaft in Jaunde – würden sich »mit ihren Stämmen noch als Eigentümer« allen Bodens sehen. Ohne ihre »Einwilligung und Mitarbeit« sei mit »ständigen Schwierigkeiten zu rechnen.«[34]

Wider Erwarten zogen sich die Verhandlungen in die Länge.[35] Es hatte sich gezeigt, dass viele Felder doch Privateigentümern gehörten. Die Leute dachten nicht daran, das Land ohne Gegenleistung abzugeben. Sie forderten hohe Kaufpreise und bekundeten auch sonst wenig Interesse an dem Ausbildungszentrum.[36] Im Januar 1967 beschwerte sich *Chief* Wallang sogar bei der bundesdeutschen Botschaft in Jaunde: T. hätte bei Verhand-

---

32 PA AA Berlin B 58 Ref. III B 2 Technische Hilfe 749 Kamerun 1967–1969, Georg H., Vertraulicher Bericht über das Ausbildungs- und Siedlungsprojekt Wum (einschließlich der weiteren in Westkamerun vorhandenen Projekte mit ähnlicher Zielsetzung), 2. Teilbericht 1968, Januar 1968, S. 9; vgl. BA Koblenz B 213 BMZ Technische Hilfe Kamerun 12106, Deutsche Botschaft Jaunde an das AA vom 23.5.1966.

33 Ebd. 4134 Ausbildungs- und Siedlungsprogramm Wum FE 378, Schreiben der bundesdeutschen Botschaft Jaunde an das BMZ vom 17.7.1969.

34 PA AA Berlin B 56 Ref. III B 2 Technische Hilfe 749 Kamerun 1967–1969, Deutsche Botschaft Jaunde an das AA vom 21.2.1967, S. 2.

35 Ebd. und BA Koblenz B 213 BMZ 4133 Ausbildungs- und Siedlungsprogramm Wum FE 378, Karl T. an das BMZ im Oktober 1965, S. 2f.

36 Vgl. PA AA Berlin B 56 Ref. III B 2 Technische Hilfe 749 Kamerun 1967–1969, Deutsche Botschaft Jaunde an das AA vom 21.2.1967, S. 2.

lungen mit Dorfbewohnern über die Landfrage häufig »Grenzen überschritten«. Bisweilen sei er sehr ausfallend zu den Kamerunern geworden, hätte ihnen gedroht und sie erpresst. Er brächte nur »Ärger, Streit und gar Krieg« in die Gegend.[37] Dabei führe sich der deutsche Experte wie ein »Politiker« auf und versuche, die Leute gegeneinander auszuspielen oder aufzuwiegeln.[38]

Die Botschaft sprach T. ungeachtet dieser Vorwürfe Mut bei den Verhandlungen zu, riet ihm aber auch, sich vor den »völlig aus der Luft gegriffenen Forderungen« des *Chiefs* und der Landeigentümer »abzuschirmen«. Es liege doch letztlich im Interesse aller Anwohner der Region Wum, ein solches landwirtschaftliches Ausbildungszentrum in der Gegend zu haben. Bald würde jede Familie junge Männer dorthin schicken wollen.[39]

Die Botschaftsmitarbeiter irrten sich: Die Konflikte um das Projekt wurden immer massiver. Sie sind wohl auch vor dem Hintergrund zäher Auseinandersetzungen in der Region zu sehen, die die lokalen *Chiefs* und Gemeinden mit der Regierung in Jaunde seit langem führten. Man hatte sich schon häufiger geweigert, Land für Entwicklungsprojekte zur Verfügung zu stellen. Frauen aus den Dörfern hatten immer wieder vor den Gebäuden der Provinzverwaltung dagegen demonstriert, dass man ihnen mit der Konfiszierung von Land die Lebensgrundlage ihrer Familie entziehe. Die Felder würden dann nur brachliegen oder – nach ihrer Einschätzung – für Vorhaben benutzt, die niemandem nützen und die Fruchtbarkeit des Bodens verderben würden.[40] Auch hatten sich die Einwohner der Region geweigert, ihre Steuern zu zahlen. Die Zentralregierung trieb das Geld rigoros ein und pfändete in den Dörfern Häuser, Grundstücke und Vieh. Diese Arbeit machten oft die gleichen Beamten, die ansonsten Entwicklungsprojekte vorantreiben sollten. Das war kaum förderlich für die Haltung der Bevölkerung solchen Vorhaben gegenüber. Auch hatte es Streitigkeiten unter verschiedenen *Chiefs* gegeben; ein Militärtribunal sprach langjährige Haftstrafen und bisweilen sogar Todesurteile aus.[41] Kurzum herrschten in der Region geradezu bürgerkriegsähnliche Zustände.

37 PA AA Berlin B 56 Ref. III B 2 Technische Hilfe 749 Kamerun 1967–1969, Schreiben Wallang an die Botschaft Jaunde vom 24.1.1967.

38 Ebd.

39 Ebd., Schreiben der Botschaft Jaunde an das BMZ vom 21.2.1967, S. 5.

40 Vgl. Kah, »Governance«, S. 187ff.

41 Aus Wum berichteten die deutschen Experten im Juli 1967, in der Region wären 17 Todesurteile vollstreckt und für 75 Männer lebenslängliche Haftstrafen verhängt wor-

Trotz dieser erschwerten Bedingungen konnte T. im Frühjahr 1967 schließlich doch vermelden, dass die »anfänglichen Schwierigkeiten« mit *Chief* Wallang und den Landeigentümern nun endlich beigelegt worden seien. Jetzt gebe es keinen Zweifel mehr am »besten Willen« der Einwohner. Auch der Premierminister von West-Kamerun habe in Begleitung seines Mitarbeiterstabes das Gelände des Projekts mehrfach besucht. Das Interesse sei überzeugend. Nunmehr habe die Regierung von Kamerun ihre volle Unterstützung bekräftigt.[42] Externe Gutachter nannten diese Einschätzung einen »teilweise übertriebenen Optimismus«. Nach wie vor sei die Zusammenarbeit mit den Bewohnern der umliegenden Dörfer »miserabel und von Argwohn, Vorbehalten, Wut sowie Enttäuschung« geprägt.[43]

Eine Schule ohne Schüler

Das Vorhaben der deutschen *Hilfe zur Selbsthilfe* entsprach damit offensichtlich von vornherein nicht den Vorstellungen der Bevölkerung. Die Experten musste schließlich eingestehen, dass sich keinerlei Freiwillige zum Bau der Ausbildungsstätte gemeldet hätten. »Notgedrungen« habe man nun mit bezahlten Arbeitern[44] die ersten Felder saatfertig gemacht, eine Lagerhalle und Notunterkünfte für die deutschen Fachkräfte errichtet.[45]

Die Kameruner Regierung sparte in den Folgemonaten dennoch nicht mit Lob: »Der Arbeitseifer, die Einsatzfreude und das fachliche Können aller deutschen Bediensteten« sei »bemerkenswert«, hieß es von dort. T. als Projektleiter habe ein »erfreuliches Betriebsklima unter seinen Mitarbeitern

den: BA Koblenz B 213 BMZ 4133 Ausbildungs- und Siedlungsprogramm Wum FE 378, Bericht aus Wum an die GAWI vom 13.7.1967.

42 Ebd., Karl T. an die GAWI am 20.3.1967, S. 1f.

43 PA AA Berlin B 58 Ref. III B 2 Technische Hilfe 749 Kamerun 1967–1969, Georg H., Gutachten des Afrika-Vereins zum Projekt Wum, Januar 1968, S. 1.

44 BA Koblenz B 213 BMZ 4133 Ausbildungs- und Siedlungsprogramm Wum FE 378, Karl T. an die GAWI am 20.3.1967, S. 3f.

45 Ebd.

und ein sehr gutes Verhältnis zur örtlichen Bevölkerung geschaffen.« Gerade in der »sehr unruhigen Gegend« um Wum sei dies begrüßenswert.[46] Die deutschen Experten wiederum hoben gegenüber der GAWI immer wieder das »große Interesse« und die Unterstützung hervor, welche die Beamten aus Jaunde dem Projekt entgegenbrächten.[47] Trotz eines in Kamerun dramatisch vorherrschenden Mangels an »effektiv arbeitenden Verwaltungsbeamten« würden Arbeitskräfte immer pünktlich gestellt und bezahlt, Sachleistungen ohne Verzögerung geliefert.[48]

Auch gegenüber den Entscheidungsträgern vor Ort entspannte sich das Verhältnis etwas. Mittlerweile waren alle Grundstücke von T. gekauft oder gepachtet worden.[49] Von der Botschaft Jaunde wurde er für das Bundesverdienstkreuz vorgeschlagen, denn es sei ihm nach »mehrjährigen vergeblichen Bemühungen der zuständigen westkamerunischen Regierung gelungen, den erbitterten Widerstand der örtlichen Machthaber gegen die Landnahme für das Projekt zu überwinden.«[50]

Im Sommer 1969 waren schließlich die ersten Gebäude fertig gestellt. Darunter waren auch einige Schülerunterkünfte. Doch nach wie vor hatte niemand um die Aufnahme nachgesucht.[51] Die Vorsteher der umliegenden Dörfer hatten sich Werbung unter ihren Leuten verboten. Man hatte große Vorbehalte, die Söhne zu den Deutschen in die Lehre zu geben. Auch Informationsveranstaltungen in den Städten hatten nichts bewirkt.[52] Die Jugendlichen waren nicht zu überzeugen, aufs Land zurückzugehen. Im Spätsommer 1969 waren die deutschen Experten kurz davor, ihre Zelte abzubrechen.[53]

---

46 PA AA Berlin B 58 Ref. III B 2 Technische Hilfe 749 Kamerun 1967–1969, Schreiben der Botschaft Jaunde an das BMZ vom 21.2.1967, S. 5f.

47 BA Koblenz B 213 BMZ 4133 Ausbildungs- und Siedlungsprogramm Wum FE 378, Schreiben Karl T. an die GAWI vom 14.7.1967.

48 Ebd., Schreiben von Karl T. an die GAWI am 20.3.1967, S. 3. Schreiben von Hermann J. an die GAWI, Eingang 20.6.1967, S. 1.

49 PA AA Berlin B 58 Ref. III B 2 Technische Hilfe 749 Kamerun 1967–1969, Georg H., Gutachten des Afrika-Vereins zum Projekt Wum, Januar 1968, S. 3.

50 Ebd., Vorschlag der bundesdeutschen Botschaft Jaunde für die Verleihung des Bundesverdienstordens vom 5.2.1969.

51 BA Koblenz B 213 BMZ 4134 Ausbildungs- und Siedlungsprogramm Wum FE 378, Notiz des BMZ vom 16.7.1969; PA AA Berlin B 58 Ref. III B 2 Technische Hilfe 749 Kamerun 1967-1969, Bauabnahme vom 21.10.1969.

52 Ebd., Durchschrift eines vertrauliches Berichts der GAWI an das Bundesministerium für Ernährung, Landwirtschaft und Forsten sowie an das BMZ vom 29.12.1969, S. 1f.

53 Ebd.

Zwangsarbeit als *Hilfe zur Selbsthilfe*?

Die Kameruner Behörden hatten diese Entwicklung offensichtlich kommen sehen. Man hatte kurzer Hand ursprünglich dem Aufbau des Projekts zugedachte Sachleistungen umgewidmet und in Nachbarschaft der Deutschen ein Gefangenenlager errichtet. Hier wurden nun junge Sträflinge untergebracht, die im deutsch-kamerunischen Ausbildungszentrum zu fleißigen, strebsamen und mit der Landwirtschaft verbundenen Siedlern umerzogen werden sollten. Bereits am Zentrum angestellte afrikanische Ausbilder wurden zu Aufsehern in der Haftanstalt.[54]

Das Gefangenlager befand sich vom Ausbildungszentrum nicht unmittelbar einsehbar hinter einer kleinen Erhebung versteckt.[55] Die Bewohner der umliegenden Dörfer erfuhren jedoch rasch von der Einrichtung. Ihre Wortführer protestierten, dass viele Lohnarbeiter am deutschen Projekt nun von Gefangenen ersetzt würden; die Einkünfte würden den Dörfern fehlen. Überdies seien die Gefangenen »faul« und »interessenlos«. Man könnte sie nicht »umerziehen«. Sie würden kaum jemals zu Vorbildern werden.[56] Die Frauen hätten Angst und würden sich kaum noch auf die Felder trauen, seien die Häftlinge doch häufig aufgrund von Sexualdelikten weggeschlossen worden. Vor allem aber fürchtete man, dass die Ausbildung dieser »minderwertigen« Kriminellen fruchten könnte. Man argwohnte, dass sie Gefallen am Landleben finden und sich sogar in der Gegend von Wum niederlassen könnten. Solche »Asozialen« wolle man aber auf keinem Fall in der Nachbarschaft haben.[57]

Offensichtlich beunruhigt durch diese Entwicklungen und die im deutschen Projekt letztlich als Zwangsarbeiter eingesetzten Häftlinge, entsandte die GAWI einen Gutachter aus Bonn, der mit der deutschen Projektleitung im Oktober 1969 die Haftanstalt besuchte.

Man hatte zu dieser Zeit vermutlich schon akzeptiert, dass das Projekt in der Nähe von Wum sich völlig von den Grundlagen der *Hilfe zur Selbsthilfe* entfernt hatte. Kein Afrikaner hatte hier jemals um Ausbildung nachgesucht, freiwillig mitgearbeitet und Engagement gezeigt. Doch seitdem je-

---

54 PA AA Berlin B 58 Ref. III B 2 Technische Hilfe 749 Kamerun 1967–1969, Durchschrift eines vertrauliches Berichts der GAWI an das Bundesministerium für Ernährung, Landwirtschaft und Forsten sowie an das BMZ vom 21.10.1969, S. 3.
55 Ebd.
56 Ebd., S. 4.
57 Ebd.

den Morgen die jungen Häftlinge zur Arbeit und Unterricht erschienen, dachten die Deutschen auch nicht mehr daran, das Vorhaben einzustellen. Nur war zu fürchten, dass man sich an Menschenrechtsverletzungen mitschuldig machen könnte. Denn die Kameruner Haftanstalten galten als untragbar hinsichtlich der Ernährung der Gefangenen, ihrer Unterbringung und drakonischer Strafen.[58]

Daher wollte man sich von der Lage der Gefangenen, ihrer Unterbringung und Versorgung mit eigenen Augen überzeugen. Man fuhr ins Lager, ließ sich herumführen und fand nichts zu beanstanden. Die insgesamt 60 jungen Männer seien zwar nur in drei Baracken untergebracht und müssten sich zu mehreren eine Pritsche als Schlafstelle teilen. Doch hätte alles einen »sauberen Eindruck« gemacht. Auch seien die Häftlinge »gut genährt«.[59] Die Anstaltsleitung habe nichts zu verbergen: Man hätte sich vollkommen »frei« bewegen und sogar mit den Gefangenen sprechen können.[60]

Auch könne man nun wirklich – so die deutschen Besucher – die Bedenken der Dorfbewohner zerstreuen. Im Lager würden nur junge Männer mit einer Haftstrafe von bis zu drei Jahren untergebracht. Sie hätten sich nur kleinere Diebstahlsdelikte oder Raufereien zuschulden kommen lassen. Die meisten würden aufgrund »guter Führung« schon nach acht Monaten vorzeitig entlassen. »Gefährliche Sittenstrolche« oder Mörder seien gar keine unter ihnen.[61]

Man sei sehr optimistisch, dass auch die Bewohner der umliegenden Dörfer auf Dauer »realistisch« genug seien zu erkennen, dass die jungen und kräftigen Gefangenen eine »kostengünstige, zielgerichtete Lösung« für das Projekt seien. Man werde schon bald einsehen, dass das Vorhaben der landwirtschaftlichen Entwicklung der ganzen Region nutze.[62]

Das Projekt habe sich letztendlich trotz aller Widrigkeiten zum Guten gewendet: Es sei nun eine wirkungsvolle Maßnahme zur »sozialen Rehabilitation« – im Übrigen die erste in ganz Kamerun. »Intensiv« würden die Jugendlichen nun zur Arbeit »herangezogen« und erst einmal daran ge-

---

58 PA AA Berlin B 58 Ref. III B 2 Technische Hilfe 749 Kamerun 1967–1969, Durchschrift eines vertrauliches Berichts der GAWI an das Bundesministerium für Ernährung, Landwirtschaft und Forsten sowie an das BMZ vom 21.10.1969, S. 3ff..

59 Ebd., S. 1.

60 Ebd.

61 Ebd., S. 3.

62 Ebd., S. 4. Vgl. auch: Ebd., Schreiben der Botschaft Jaunde an das AA vom 31.5.1969, S. 2.

wöhnt, überhaupt »regelmäßig zur Arbeit gehen zu müssen.«[63] Eine solche Umerziehungsarbeit als »soziale Reintegrationsmaßnahme« könne nur »Erfolg versprechend« sein. Straffälligen könne man »wirkungsvoll« eine »Entwicklung hin zu tüchtigen und ehrlichen Bauern« angedeihen lassen.[64]

Widerstand und Vertrauenskrisen

Der Widerstand der Anwohner gegen das Projekt legte sich keinesfalls: Er wurde sogar massiver und richtete sich deutlicher als jemals zuvor gegen die Deutschen. Im Herbst 1972 erschienen protestierende Mitglieder der Regierungspartei, Gewerkschaftler, Vertreterinnen von Frauenverbänden, der Regionalpräfekt und *Chief* Wallang auf dem Gelände des Zentrums. Nun zeigten sie sich sogar solidarisch mit den Häftlingen, die schließlich auch Kameruner seien. Aus lauter »Gewinnsucht deutscher Firmen« habe man erleben müssen, wie ein »Konzentrationslager« errichtet wurde, in dem seit vielen Jahren »unsoziales Verhalten und Rassismus«, Druck, Zwang und Gewalt der Deutschen regieren würden. Man fühle sich an die Kolonialzeit erinnert. Das Projekt sei nun endgültig einzustellen. Alle Deutschen müssten endlich ausgewiesen werden.[65]

---

63 BA Koblenz B 213 BMZ 4134 Ausbildungs- und Siedlungsprogramm Wum FE 378, Vertraulicher Bericht der GAWI an das Bundesministerium für Ernährung, Landwirtschaft und Forsten sowie an das BMZ vom 29.12.1969, S. 4.
64 Ebd.
65 Wörtlich zitiert aus: Ebd. 12102 Ausbildungs- und Siedlungsprogramm Wum FE 378, Kurzfassung des Berichts über das Ergebnis einer Evaluationsreise in der Zeit vom 29.9.–13.10.1972 nach Kamerun vom 24.10.1972, S. 1; vgl. Ebd. 2127 Buea, Bericht über das Ergebnis einer Evaluationsreise vom 29.9.–13.10.1972. Auch Ende der 1950er-Jahre hatte es zwischen französischen Arbeitgebern und Kamerunern rassistische Ausfälle in der Region gegeben, die zu Beschwerden führten: CAN Jaunde 2 AC 6821 Bafia, Buea. Colonialisme et Racisme employeé indigenes troublés par leur patrons européens 1957. Es mag eine Rolle gespielt haben, dass kurz vorher ein Produktionsgüterkredit zwischen der Kameruner Regierung und der KfW unterzeichnet worden war, der unter Beamten aufgrund seiner Bedingungen Unwillen erregte: Ebd. JO 72/117 Contrat de DM 14.000.0000,-- P 478, avec la Kreditanstalt für Wiederaufbau Nr. 6 vom 15.3.1972; Ebd. 72/384 Contrat de DM 3.000.0000,-- avec la Kreditanstalt für Wiederaufbau Nr. 6 vom 15.8.1972; Ebd 75/649 Rep. Unie. du Cameroun & Kreditanstalt für Wiederaufbau (KfW) concernant le financement de la rectification de la voie ferrée de entre Yaoundé et Otele (In: J.O. No. 20 du 15.12.1975, 1230).

Tatsächlich hatte es einige Ausfälle unter den Experten gegenüber den Afrikanern gegeben. Bereits im Juli 1969 hatte die Regierung die sofortige Rücksendung des Landwirtschaftslehrers Siegfried S. gefordert, der aufgrund vielfacher »diskriminierender« Äußerungen aufgefallen war. [66] So wurde ihm vorgeworfen, einem afrikanischen Arbeiter zugerufen zu haben: »Wenn Hitler noch am Ruder wäre, würden wir aus eurer Haut Schuhe machen.«[67] Auch sonst habe er immer wieder durch »großspurige Reden im Kolonial- und sogar Hitlerstil« das Missfallen der Einheimischen hervorgerufen.[68] Selbst gegenüber den lokalen Eliten und Regierungsbeamten hätte sich S. für das Entwicklungsprojekt »schädlich, weil anmaßend und wegwerfend« verhalten.[69] Bei ihnen habe er »unweigerlich starke Minderwertigkeitsgefühle« geweckt, was wiederum zu Aggressionen gegenüber allen Deutschen geführt hätte.[70]

Auch nach der Abberufung des betreffenden Experten[71] hatte es immer wieder vergleichbare Zwischenfälle gegeben, besonders im Umgang mit den Strafgefangenen. Gutachter der GAWI sprachen schließlich im Oktober 1972 von einer so »tiefen Vertrauenskrise« zwischen Kamerunern und Deutschen, dass man das Projekt nicht mehr weiterführen könnte.[72] Ein Einschreiten der kamerunischen Regierung, die zusagte »mit harter Hand die Verhältnisse an Ort und Stelle in Ordnung zu bringen«[73] wollte man nicht akzeptieren. Unter diesen Umständen schien es der bundesdeutschen Botschaft dann nicht mehr zielführend, ein ursprünglich als *Hilfe zur Selbsthilfe* angedachtes Entwicklungsprojekt am Laufen zu halten. Man erklärte: Auf Dauer könne die Bundesrepublik Deutschland »keine

---

66 PA AA Berlin B 58 Ref. III B 2 Technische Hilfe 749 Kamerun 1967–69, Telegramm Botschaft Jaunde an das AA vom 2.7.1969. Vgl. Büschel, »Die Moral«, S. 34.

67 PA AA Berlin B 58 Ref. III B 2 Technische Hilfe 749 Kamerun 1967–69, Bericht der Botschaft Jaunde an das AA vom 2.7.1969, S. 2.

68 Ebd.

69 Ebd., Schreiben der Botschaft Jaunde an das an das AA vom 16.7.1969.

70 Ebd.

71 Ebd., Telegramm der Botschaft Jaunde an das AA vom 24.7.1969. Zur Abschiebung europäischer Experten aufgrund von Konflikten und rassistischen Ausfällen: CAN Jaunde 1 AA 694 (2) Expulsions 1961ff. Correspondance relative aux expulsions en République Fédérale du Cameroun 1961f.

72 BA Koblenz B 213 BMZ Technische Hilfe Kamerun 12102 Ausbildungs- und Siedlungsprogramm Wum FE 378, Kurzfassung des Berichts über das Ergebnis einer Evaluationsreise in der Zeit vom 29.9.–13.10.1972 nach Kamerun vom 24.10.1972, S. 1.

73 Ebd., Bericht über das Ergebnis einer Evaluationsreise nach Kamerun vom 29.9.–13.10.1972, S. 4.

Entwicklungshilfe gegen den Willen der als Nutznießer gedachten Bevölkerung durchführen«.[74] Schließlich wurde das Projekt 1976 eingestellt.[75] Man kam nicht umhin, das »Scheitern« eines der vielversprechendsten und ambitioniertesten Vorhaben der bundesdeutschen *Hilfe zur Selbsthilfe* im tropischen Afrika der 1960er-Jahre einzugestehen: Die »Unflexibilität« bei der Planung, die Vorbehalte bei der Bevölkerung und ein bisweilen rassistisches Verhalten der Deutschen seien für den Misserfolg des Projekts verantwortlich.[76]

Durchaus vergleichbare Probleme gab es im Bauprojekt der FDJ-*Freundschaftsbrigade* in Bambi auf Sansibar, ein Unternehmen der *Internationalen Solidarität* der DDR. Auch dieses wurde als zunächst vielversprechend gepriesen, dann aber vorzeitig abgebrochen und als erfolglos verbucht.

---

74 BA Koblenz B 213 BMZ Technische Hilfe Kamerun 12102 Ausbildungs- und Siedlungsprogramm Wum FE 378, Bericht Berichts über das Ergebnis einer Evaluationsreise in der Zeit vom 29.9.–13.10.1972 nach Kamerun vom 24.10.1972, S. 4.

75 Ebd.

76 Ebd. Vgl. auch schon ähnliche frühere Vermerke: PA AA Berlin B 58 Ref. III B 2 Technische Hilfe 749 Kamerun 1967–1969, Aktenvermerk vom 24.7.1967.

5. Das Bauprojekt Bambi auf Sansibar: Anspruch und Realität der ›Völkerfreundschaft‹

Das Bauprojekt der DDR namens Bambi war auf der ostafrikanischen Insel Sansibar gelegen, ungefähr 25 Kilometer von der Hauptstadt Stone-Town entfernt. Bereits vor der Unabhängigkeit von Großbritannien im Dezember 1963 hatte dort eine »moderne« landwirtschaftliche Siedlung errichtet werden sollen, um die Landflucht einzudämmen[1] und den Anbau von Nelken, dem Hauptexportprodukt der Insel, zu fördern.[2] Als nach Eintritt der formellen Unabhängigkeit des Landes ein Sultan als konstitutioneller Monarch die Staatsführung übernommen hatte, wurden die Pläne zunächst auf Eis gelegt. Es kam zu revolutionären Unruhen, die in der Ausrufung der sozialistischen Volksrepublik Sansibar am 12. Januar 1964 durch den künftigen Staatspräsidenten Abeid Karume mündeten.[3] Innerhalb weniger Tage nahmen Sansibar und die DDR diplomatische Beziehungen auf: Bereits am 29. Januar erfolgte die gegenseitige Anerkennung. Knapp eine Woche darauf, am 8. Februar, eröffnete Ost-Berlin in Stone-Town ein Konsulat.[4]

Nun nahm auch die Regierung Karumes die Pläne für Bambi wieder auf. Sie setzte allerdings neue Akzente: Alle Bürger des jungen Staates sollten jetzt »angemessene« Behausungen bekommen. Alles sollte luftig, von Licht durchflutet und gesund sein,[5] hieß es in der Sprache typischer

---

1 Vgl. zu diesem ähnlichen Anliegen in den Entwicklungsprojekten der Bundesrepublik Deutschland in Togo und Kamerun: Teil III, Kapitel 3 und 4.

2 ZNA Stone Town DA 1, 229 Town Planning, New Villages, ad 12 Rundschreiben des Town Planning Office der Regierung Sansibars vom 4.1.1963; Ebd. AU 5/321 Bambi Collective Farm, Bericht vom 17.9.1964.

3 Vgl. Clayton, *The Zanzibar Revolution*; Aumüller, *Dekolonisation*.

4 Institut für Internationale Beziehungen, *Dokumente zur Außenpolitik*, S. 1123.

5 Vgl. ZNA Stone Town DA 2/17 GDR and other Foreign Offering on Contract in Zanzibar, ad 19 Anschreiben der Regierung Sansibars an das Konsulat der DDR vom 7.10.1966 über die Anforderung von Architekten und Bauingenieuren; Ebd. 2/5 German Democratic Republic Housing Scheme, ad 17 Schreiben des GDR Special Housing

postkolonialer afrikanischer Diskurse, welche die Aufgabe von Architektur darin sahen, zukunftsverheißende Lebensräume zu schaffen, mit der kolonialen Vergangenheit zu brechen und »desire[s] for transparency and health« zu befriedigen.[6] Die Landwirtschaft sollte nun weniger dem Export dienen, sondern der Ernährung der Bevölkerung.[7] Man trat mit der DDR in Verhandlungen, die Unterstützung im Rahmen der von ihr propagierten *Internationalen Solidarität* angeboten hatte.

Sansibar war für die DDR aus einigen Gründen besonders attraktiv: Hier konnte man von Beginn an den Aufbau einer sozialistischen Republik unterstützen. Auch versprachen sich die ostdeutschen Diplomaten Einflüsse auf das Festland, das Hauptempfängerland westdeutscher Entwicklungshilfe und zögerlich bei der Ankerkennung der DDR war.[8] Denn im April 1964 war Sansibar mit dem Festland Tanganjika zu Tansania vereinigt worden. Karume wurde nach Nyerere zweiter Präsident des vereinigten Staates, wobei Sansibar weitgehende Autonomierechte behielt.[9]

Schon 1964 begann das Büro des Ostberliner Architekten und Stadtplaners Heinz Willumat mit Planungen: Für mehrere Tausend Bewohner sollten dort in vier Phasen Bungalows, mehrgeschossige Plattenbauten, Sportstätten, Gesundheitseinrichtungen und sogar eine Moschee gebaut werden. 1965 legte Willumat die umseitig und im Folgenden abgebildeten Entwürfe vor, welche die gigantischen Ausmaße des Vorhabens zeigen.[10]

Committee and das Ministry of Communication Works and Power vom 16.7.1969; Ebd. AU 16/183 Youth Camps Zanzibar-Pemba, Kambi Ya Bambi Bericht vom 15.1.1969.

6 Chrinson, *Modern Architecture and the End of Empire*, S. 1.

7 Vgl. ZNA Stone Town DA 2/17 GDR and other Foreign Offering on Contract in Zanzibar, ad 19 Anschreiben der Regierung Sansibars an das Konsulat der DDR vom 7.10.1966 über die Anforderung von Architekten und Bauingenieuren; Ebd. 2/5 German Democratic Republic Housing Scheme, ad 17 Schreiben des GDR Special Housing Committee and das Ministry of Communication Works and Power vom 16.7.1969; Ebd. AU 16/183 Youth Camps Zanzibar-Pemba, Kambi Ya Bambi Bericht vom 15.1.1969.

8 Vgl. hierzu ausführlicher: Teil I, Kapitel 1. Vgl. zur Entwicklungspolitik der DDR auf Sansibar als Überblick: Engel, »Anerkennungsdiplomatie«; Berger, »Die Entwicklungszusammenarbeit«. Zur Entwicklungspolitik auf Sansibar allgemein: Chagage, *Environment*.

9 Vgl. Illife, *A Modern History*.

10 BA Berlin Lichterfelde SAPMO DY 19209, Heinz Willumat, Gesamtplanungen Bambi und Housing Scheme 1965. Vgl. hierzu auch: Willumat, *Beitrag*.

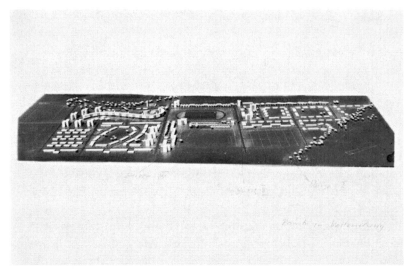

Abbildung 16: Heinz Willumat, Gesamtplanungen für das Bauprojekt Bambi 1965
(Quelle: BA Berlin Lichterfelde SAPMO DY 19209)

Bei einem Blick auf diese Planungsunterlagen ist man erinnert an die Großvorhaben sozialistischen Bauens in der DDR zu jener Zeit, die – nach offizieller Rhetorik – allen Werktätigen zugute kommen sollten.[11] Gleichzeitig lassen sich erstaunliche Ähnlichkeiten mit stadtplanerischen Bemühungen spätkolonialer Bauvorhaben und damit verbundenen biopolitischen Strategien[12] erkennen, die ›Verbesserungen‹ der Lebensbedingungen mit räumlicher Übersichtlichkeit und damit sozialer bzw. politischer Kontrolle verknüpften. Wie beispielsweise so berühmte Architekten wie Le Corbusier im Dienste der französischen Kolonialregierung in Algerien[13] oder Marokko,[14] so versuchte auch Willumat eine harmonische Einheit

11 Vgl. Barth, *Sozialistische Stadt*; Flier, *Gebaute DDR*; Hannemann, *Die Platte*; Hoscislawski, *Bauen*.
12 Vgl. Wallenstein, *Biopolitics*.
13 Vgl. Rabinow, *French Modern*, S. 291. Osten, »In Colonial Worlds«; Çelik, *Urban Forms*, insb. S. 7, 35.
14 Vgl. Eleb, »The Concept«.

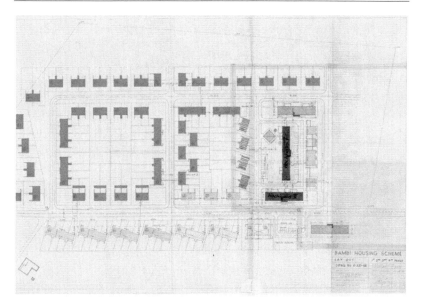

Abbildung 17: Heinz Willumat, Gesamtplanung für das Bauprojekt Bambi mit Bauphasen von 1966

(Quelle: BA Berlin Lichterfelde SAPMO DY 19209)

zwischen europäischer Moderne und afrikanischen Bedürfnissen herzustellen: Alle Wohnungen in Bambi sollten mit zeitgemäßen Annehmlichkeiten (wie fließendem Wasser und elektrischem Strom) ausgestattet werden. Es sollten aber auch kleine Felder und Gärten angelegt werden, um die »sansibarische Sitte« des gemeinsamen Ackerbaus aufrecht zu erhalten oder zu fördern. Auch wollte man mit Korallengestein bauen, denn das entspreche den lokalen Gewohnheiten.[15] Gerade diese für *Hilfe zur Selbsthilfe* typische Verbindung zwischen europäischer Moderne und afrikanischen (bisweilen nur imaginierten) Traditionen[16] sollte gewährleisten, dass die Bevölkerung von Sansibar die Wohnungen beziehen, nutzen und somit auch pflegen würde. Jeder sollte integriert, niemand ausgeschlossen werden. Dieses Ziel sollte nicht zuletzt durch die einander zugewandte Anlage der Gebäude erreicht werden.[17]

---

15 BA Berlin Lichterfelde SAPMO DY 19209, Heinz Willumat, Gesamtplanung für Bambi 1965ff., o. S. Vgl. Willumat, Beitrag, insb. S. 3ff.

16 Vgl. hierzu: Teil I, Kapitel 3.

17 Vgl. Willumat, Beitrag.

Willumat und sein Büro planten weitgehend selbstständig und ohne Beteiligung von außen. Von der Prämisse der *Internationalen Solidarität*, dass bei jeder Entwicklungsarbeit ›Freunde‹ Hand in Hand miteinander arbeiten sollten,[18] war zu diesem Stadium des Projekts nichts zu erkennen. Ebenso verhielt es sich mit dem Anspruch, dass die Wünsche und Vorstellungen der Einheimischen ausschlaggebend sein sollten. Das entsprach durchaus nicht dem sonstigen Vorgehen der Regierung Sansibars, die ihrerseits mit einer sozialistischen Revolution die Einbeziehung der Bevölkerung auf allen Ebenen verband – somit auch bei der Planung und beim Bau von Siedlungen. 1963 war eigens hierfür eine Broschüre mit dem Titel »How to Plan Your Village« herausgegeben worden, die mit Bildern und Zeichnungen auch von »Analphabeten verstanden werden sollte.«[19]

Nicht zuletzt sollte das Leben in der neuen sozialistisch-afrikanischen Stadt gesellschaftlich stabilisierend wirken und die Einwohner für ihren ›revolutionären Kampf‹ für die Entwicklung ihres Landes mobilisieren.[20]

Vermutlich schien das Vorhaben in Bambi zu umfangreich und politisch bedeutsam, um auch hier auf die planerische Beteiligung der ›kleinen Leute‹ zu setzen. Zumindest wurde der mit Nachhaltigkeit in Verbindung gebrachte Gedanke an eine »Architecture that Works«[21] an dieser Stelle nicht weiter verfolgt.[22]

Die Selbsthilfe der Sansibaris begann erst bei der praktischen Umsetzung der Planungen. Im Mai 1966 nahmen schließlich Mitglieder einer ostdeutschen *Freundschaftsbrigade* und sansibarische Jugendliche gemeinsam die Arbeit auf der Baustelle Bambi auf.[23] Die jungen Leute sollten voneinander

---

18 Vgl. hierzu: Teil I, Kapitel 1.
19 ZNA Stone Town DA 1, 229 Town Planning, New Villages, ad 12 Rundschreiben des Town Planning Office der Regierung Sansibars vom 4.1.1963, Punkt 2.
20 Vgl. Willumat, *Beitrag*, S. 3ff. Hierbei handelte es sich sicherlich um ein globales Phänomen modernen Bauens seit den 1950er-Jahren: Kultermann, *Neues Bauen*; Wallenstein, *Biopolitics*; Overy, »White Skins«; Kahn, »Representation«.
21 Vgl. Turner, *Architecture that Works*. Vgl. hierzu ausführlicher Teil I, Kapitel 1.
22 Vgl. Ebd.
23 BA Berlin Lichterfelde SAPMO DY 24/19205 Brigade der Freundschaft Sansibar an den Zentralrat der FDJ 1967, Erwin S., Bericht der Baugruppe Bambi vom 17.7.1967, S. 3. Vgl. ZNA Stone Town DA 2/17 GDR and other Foreign Offering on Contract in Zanzibar, ad 19 Anschreiben der Regierung Sansibars an das Konsulat der DDR vom 7.10.1966 über die Anforderung von Architekten und Bauingenieuren; Ebd. DA 2/5 German Democratic Republic Housing Scheme, ad 17 Schreiben des GDR Special Housing Committee and das Ministry of Communication Works and Power vom 16.7.1969; Ebd. AU 16/183 Youth Camps Zanzibar-Pemba, Kambi Ya Bambi Bericht vom 15.1.1969.

lernen. Den Afrikanern wurde ermöglicht, Facharbeiterabschlüsse in verschiedenen Branchen des Bauhandwerks zu erwerben.[24] Damit sollte nicht nur eine Siedlung als Impuls für die Entwicklung des ganzen Landes entstehen. Jeder Beteiligte sollte einen eigenen individuellen Nutzen aus der Entwicklungsarbeit ziehen und die Chance haben, durch den verbrieften Erwerb beruflicher Qualifikationen sein Leben nachhaltig zu ›verbessern‹.

Freundschaftserzählungen

Die praktische Arbeit auf der Baustelle Bambi war denn auch Gegenstand zahlreicher Erzählungen über die ›Völkerfreundschaft‹ zwischen Sansibar und der DDR, über die hier geübte *Hilfe zur Selbsthilfe* und die daraus erwachsene Freiheit, Selbstständigkeit und Entwicklung. Bambi wurde zu einem der am meisten propagandistisch verwerteten Vorzeigeprojekte der *Internationalen Solidarität* der DDR in Afrika zu jener Zeit.

Unmittelbar nach Aufnahme der diplomatischen Beziehungen war der DEFA-Filmmacher Heinz Reusch auf die afrikanische Insel gereist, um einen Dokumentarfilm zu drehen. Im April 1965 lief dann in ostdeutschen Wochenschauen »Uhura Kwa Sansibar – Freiheit für Sansibar«, in dem das Leben der Sansibaris, ihr Engagement sowie die Entwicklungsarbeit der FDJ farbenfroh in Szene gesetzt wurden.[25]

Bambi sei »ein Kind der Freundschaft zwischen der DDR und Sansibar«, schrieb 1969 der Journalist Christian Richter in der ostdeutschen Wochenzeitschrift »Horizont«. Denn Sansibar brauche dringend endlich »Hilfe ohne Bedingungen«. In Bambi würde nun »ein Stück Zukunft Wirklichkeit«. Was die *Freundschaftsbrigaden* hier zusammen mit den Afrikanern auf den Weg brächten, würde sich dauerhaft auf die »Schöpferkraft und das Selbstbewußtsein eines vom Kolonialismus befreiten Volkes« auswirken.[26] Im gleichen Jahr berichtete der Korrespondent der Allgemeinen Deutschen Nachrichtenagentur Heiner Appel, dass auf Bambi nun »sau-

---

24 BA Berlin Lichterfelde SAPMO DY 24/19209 Brigade der Freundschaft Sansibar an den Zentralrat der FDJ 1969, 2. Halbjahr, Wolfgang Böhme, Ein Tag bei unseren Freunden in Sansibar, S. 5.

25 BA Berlin-Lichterfelde, Filmarchiv, BCSP 2645-2.

26 Richter, »Entdeckungen«.

bcrc Häuser« anstelle »ärmlicher Buchten mit kahler Erde« entstünden.[27] Von der »guten Freundschaft« zwischen Afrikanern und Ostdeutschen und vom »emsigen Treiben« auf der Baustelle erzählte der Journalist Wolfgang Böhme. Man sporne sich gegenseitig an, die »Auswirkungen des imperialistischen Kolonialsystem« bald vergessen zu machen. Bambi »überrage« alle anderen neuen Siedlungen in Afrika. Über hundert afrikanische Lehrlinge hätten dort schon Berufe wie Mauerer, Installateur oder Zimmermann erlernt. Auch Mädchen seien unter ihnen, was in Sansibar, ja sogar in ganz Afrika etwas »ganz Neues« sei. Böhme habe mit eigenen Augen gesehen, wie auf der Baustelle die Worte »Internationalismus, Solidarität und Freundschaft täglich mit Leben erfüllt« würden.[28] 1970 war dann zu lesen, Bambi sei schon auf ganz Sansibar ein »Begriff« geworden.[29] Mehr als hundert Wohnungen seien bezogen. »Dusche, Küche mit moderner Einrichtung, luftige Bauweise bei solider Konstruktion« seien nun auf Sansibar »selbstverständlich« geworden. Bald könnten in Bambi Tausende Sansibaris »gemeinsam ihre Felder der Zukunft« bestellen.[30]

Das Projekt Bambi wurde sogar als besonders gelungenes Beispiel der DDR-Entwicklungsarbeit im Jugendbuchklassiker »Der Sozialismus. Deine Welt« von 1975 beschrieben.[31] Zur Illustration zeigte man das nebenstehend abgebildete Foto eines FDJ-Brigadisten, der zusammen mit jungen Afrikanern die Wand eines Hauses mauert.[32] Das Buch wurde häufig als offizielles Geschenk der Republik bei der Jugendweihe übergeben. Heranwachsende in der DDR sollten sehen, wie »wahre Völkerfreundschaft« gelebt werden könnte.[33]

---

27 BA Berlin Lichterfelde SAPMO DY 24/19234 Korrespondenz zwischen dem Zentralrat der FDJ und der Brigade der Freundschaft in Sansibar 1972, Heiner Appel, »Junge Welt«, ADN Korrespondent, Hausbau mit Korallenstein. Bei der FDJ-Freundschaftsbrigade auf der Kokosinsel Sansibar.

28 Ebd. 24/19209 Brigade der Freundschaft Sansibar an den Zentralrat der FDJ 1969, 2. Halbjahr, Wolfgang Böhme, Ein Tag bei unseren Freunden in Sansibar, S. 4f.

29 Rudolph/Stulz, *Jambo Afrika!*, S. 277.

30 Ebd.

31 Gemkow, *Der Sozialismus*, S. 280.

32 Ebd.

33 Ebd. Flankierend hierzu war ein Jugendroman aus der Feder des Historikers Peter Sebald erschienen, der 1966–68 Direktor des Kultur- und Informationszentrums der DDR auf Sansibar war. Sebald ließ den Helden seines Romans »Verschollen in Afrikas Urwald« Robby Krause nach vielen überstanden Abenteuern an seiner neuen Arbeitsstelle in Bambi ankommen. Dort, wo die »Blauhemden« wären, so die letzten Sätze dieses Romans, würden sie ihren »Mann stehen und wenn es in Afrikas Urwald« sei. Sebald, *Verschollen*, S. 287.

Abbildung 18: »*Eine Freundschaftsbrigade baute gemeinsam mit 130 Jugendlichen Sansibars moderne, helle, Zweifamilienhäuser in Bambi (Tansania)*«
(Quelle: Gemkow, Der Sozialismus, S. 280)

Jenseits solcher offiziellen Propaganda erzählten anfänglich auch interne Berichte von großen Erfolgen. Die Brigadeleiter beteuerten regelmäßig, dass jeder Einzelne im Kollektiv eine »wertvolle Hilfe« sei: Der Dolmetscher erteile den Afrikanern in seiner knapp bemessenen Freizeit Unterricht in Schreiben und Lesen; er treibe zusammen mit den Einheimischen

Sport, man spiele Fußball, lache und verstehe sich bestens.[34] Der Baustel lenleiter würde sogar Swahili lernen, damit er sich mit den »afrikanischen Freunden« besser beraten könne, obwohl ihm das Studium der neuen Sprache sehr schwer falle.[35]

Auch das Konsulat der DDR bestätigte: Die Mitglieder der *Freundschaftsbrigade* seien den Afrikanern wirkliche »Vorbilder in ihrer Konsequenz, ihrer Ruhe und Sicherheit sowie ihren Fähigkeiten, im Kollektiv zu arbeiten«.[36]

Bald hätte sich der gute Ruf von Bambi überall verbreitet: Delegationen vom Festland Tansanias, aus Pakistan und Korea, von der UNESCO und vom britischen Fernsehens wären gekommen.[37] Auch seien viele junge Tansanier vom Festland nach Bambi gereist, um dort mitzuarbeiten. Das sei umso bemerkenswerter, da sie bislang nur westdeutsche Entwicklungshelfer kennengelernt hätten und von diesen sehr gegen die DDR eingenommen worden seien. Nun seien sie ganz begeistert von der guten Zusammenarbeit mit den Ostdeutschen.[38]

Nicht zuletzt Präsident Karume persönlich besuche fast jede Woche die Baustelle, überzeuge sich von den »Fortschritten« und sei von allem, was er sehe, sehr angetan.[39] Gerührt habe er gesagt: Die »Freunde aus der DDR« hätten geholfen, dass man den Kolonialismus überwinde. Nun könne man endlich sagen: »Jetzt bauen wir selber«.[40]

Tatsächlich hielt der Präsident im Oktober 1968 auf der Baustelle eine Rede, in der er betonte, wie sehr ihn »die Freude auf den Gesichtern« aller

---

34 BA Berlin-Lichterfelde SAPMO DY 24/19205 Brigade der Freundschaft Sansibar an den Zentralrat der FDJ 1967, Kurt S., Situationsbericht FDJ-Freundschaftsbrigade Sansibar, Gruppe Baustelle Bambi vom Januar 1967.

35 Ebd., Erwin S., Bericht der Baugruppe Bambi vom 17.7.1967, S. 3f.

36 Ebd. 24/19207 Brigade der Freundschaft Sansibar an den Zentralrat der FDJ 1968, Schreiben des Konsulats der DDR auf Sansibar vom 22.7.1968 an den Zentralrat der FDJ.

37 Ebd. 24/19208 Werner S. Halbjahresbericht 1.1.–30.6.1969 Bauobjekt Bambi vom 27.6.1969, S. 2.

38 Ebd. 24/19210 Korrespondenz zwischen dem Zentralrat der FDJ und der Brigade der Freundschaft in Sansibar 1970, Jürgen P. an den Zentralrat der FDJ vom 5.1.1970, S. 4.

39 Ebd. 24/19204 Brigade der Freundschaft Sansibar an den Zentralrat der FDJ vom 1.6.1966, S. 2; Ebd. 24/19205 Brigade der Freundschaft Sansibar an den Zentralrat der FDJ 1967, Kurt S., Situationsbericht FDJ-Freundschaftsbrigade Sansibar, Gruppe Baustelle Bambi vom Januar 1967.

40 Ebd. Vgl. Richter, »Entdeckungen«, S. 17.

Arbeiter glücklich mache.[41] Man habe ihm gesagt, man könne sich noch gut erinnern, wie man bis vor wenigen Jahren von der »Sultan-Regierung gepeinigt« worden sei. Man sei aus den eigenen Hütten geworfen worden, wie »Antilopen«, die in den Busch getrieben wurden, oder hätte im Unterholz schlafen müssen wie die »Waldmenschen«. Die Zeit der »Hütten aus Holz, Lehm und Palmwedeln« sei nun mit Unterstützung der DDR vorbei. Jeder junge Arbeiter würde davon »träumen, eines Tages in einem eigenen Haus in Bambi zu leben«.[42]

Auch sansibarische Zeitungen berichteten von der »neuen Stadt« und wie gut es dort gelinge, dass »junge Deutsche und Afrikaner unentgeltlich Schulter an Schulter arbeiten.«[43] »Radio Sansibar« strahlte gar fünf Sendungen über die Fortschritte auf der Baustelle aus.[44]

Als im Juli 1968 der erste Brigadeleiter in die DDR zurückgekehrt war, schrieb der Vorsitzende des Jugendverbandes der Regierungspartei Seif Bakari Omar an den Zentralrat der FDJ: Der »Genosse« habe ein »großes Beispiel an Zielstrebigkeit in seiner vorbildlichen Arbeit« abgeben. Er sei immer »kameradschaftlich« aufgetreten, habe ein »revolutionäres Herz« und die »Seele eines Marxisten-Leninisten«. Alle jungen Sansibaris seien durch ihn zu »Geduld und Ausdauer erzogen« worden. Das sei nicht leicht gewesen, habe man eine auf »Kameradschaft« aufbauende Ausbildung in Sansibar bislang nicht gekannt.[45] Auch 1970 beglückwünschte der Verband den Zentralrat der FDJ zu den »befähigten, würdigen und echten Freunden«, die in Bambi so hart mit an der »Zukunft Sansibars« arbeiten würden.[46]

---

41 BA Berlin Lichterfelde SAPMO DY 24/19207 Brigade der Freundschaft Sansibar an den Zentralrat der FDJ 1968, 2. Halbjahr, Abschrift der Rede des Präsidenten vom 21.10.1968.

42 Ebd., Rede des Vorsitzenden des Baukomitees vom 28.9.1968, Abschrift und Übersetzung durch die Brigade.

43 Mwafongo, »Kutowka Kisiwani«, S. 8. Übersetzung in: BA Berlin Lichterfelde SAPMO DY 24/19205 Brigade der Freundschaft Sansibar an den Zentralrat der FDJ 1967, Bericht der Freundschaftsbrigade vom 1.8.1967.

44 Ebd. 24/19207 Brigade der Freundschaft Sansibar an den Zentralrat der FDJ 1968, 2. Halbjahr, Bericht über die auslandsinformatorische Tätigkeit der Brigade im II. Quartal 1968, S. 4.

45 Ebd., Übersetzung und Original des Schreibens von Seif Bakari vom 13.7.1968. Dem Brigadeleiter wurde die Verdienstmedaille der DDR verliehen: Ebd., Schreiben des Konsulats der DDR auf Sansibar vom 22.7.1968 an den Zentralrat der FDJ.

46 Ebd. 24/19211 Korrespondenz zwischen dem Zentralrat der FDJ und der Brigade der Freundschaft in Sansibar 1970, 2. Halbjahr, Jürgen P. an den Zentralrat der FDJ vom 11.4.1970.

Die afrikanischen Auszubildenden selbst bezeugten: In Bambi würde ein gutes Beispiel gegeben für den »Kampf um die Veränderung des Lebens« der Menschen; dort gebe es zwar »Leiter und Geleitete«. Doch würden kaum Unterschiede zwischen ihnen herrschen. Das Prinzip der »Gemeinschaftsarbeit« werde über alles gestellt.[47] Es werde wirklich »gegenseitige Hilfe« geübt, die zur Selbstständigkeit der Afrikaner beitrage.[48] Die Deutschen seien »wahrhaft echte« Freunde.[49]

Folgt man den Selbst- und Fremdbeschreibungen über die Arbeit der *Freundschaftsbrigade* auf Sansibar und den hier immer wieder zitierten Lobpreisungen der Afrikaner,[50] dann könnte man meinen, die Baustelle Bambi wäre geradezu ein Paradies harmonischer Zusammenarbeit und *Hilfe zur Selbsthilfe* gewesen. Von Freundschaft, gemeinschaftlichen Arbeiten und kameradschaftlichen Ansporn war immer wieder die Rede.

Wie noch zu zeigen sein wird, fielen die meisten dieser Äußerungen allerdings zu einer Zeit, als das Projekt Bambi bereits in einer tiefen Krise steckte. Missverständnisse und Auseinandersetzungen unter den Ostdeutschen wie auch mit den Sansibaris waren an der Tagesordnung. Wie konnte es soweit kommen? Wie begann das Projekt? Und wie entwickelte es sich schließlich weiter?

Plattenbauten auf Sansibar: Von Neuberlin bis Bambi

Ende April 1964 – somit knapp vier Monate nach der Unabhängigkeit Sansibars – begab sich eine Delegation der FDJ auf die afrikanische Insel.[51]

---

47 BA Berlin Lichterfelde SAMPO DY 24/19207 Brigade der Freundschaft Sansibar an den Zentralrat der FDJ 1968, 2. Halbjahr, Bericht über ein Treffen der ASYL in Bambi am 13.9.1968.

48 Ebd. 19211 Korrespondenz zwischen dem Zentralrat der FDJ und der Brigade der Freundschaft in Sansibar 1970, 2. Halbjahr, Schreiben der ASYL vom 12.10.1970 in Kiswahili, Übersetzung durch die Brigade der Freundschaft vom 19.10.1970.

49 Ebd. 9210 Korrespondenz zwischen dem Zentralrat der FDJ und der Brigade der Freundschaft in Sansibar 1970, Jürgen P. an den Zentralrat der FDJ vom 5.1.1970, S. 3.

50 Vgl. zum Bezug auf afrikanische Positionen als Beglaubigungsstrategie: Teil III, Kapitel 2.

51 Vgl. BA Berlin Lichterfelde SAPMO DY 24/10658, Zentralrat der FDJ, Vorlage an das Politbüro der SED vom 23.12.1964, S. 18, Arbeitsgruppe Auslandsinformation bei der Agitationskommission des Politbüros, Vorlage an das Politbüro über Aufbau und Entsendung von Brigaden der Freundschaft der DDR in andere Länder, S. 7.

Die Jugendlichen aus der DDR nahmen an den Maifeierlichkeiten teil und trafen sich mit jungen Aktivisten der staatlich-sansibarischen Jugendorganisation. Sie übergaben Schulbücher, Schreibhefte, Fotolabore, Sportartikel und eine Gipsbüste von Karl Marx, die angeblich »mit besonderer Freude« in Empfang genommen und im Hauptquartier der *Youth League* aufgestellt worden sei.[52] Man sprach zusammen über künftige Solidaritätsaktionen, wie den Austausch von Delegationen oder die Bereitstellung von Studienplätzen für Sansibaris an der Jugendhochschule »Wilhelm Pieck« am Bogensee bei Berlin. Nicht zuletzt verhandelte man über den Einsatz von Beratern und »jungen Freunden« im Rahmen von FDJ-*Freundschaftsbrigaden*.[53]

Am 17. Mai des gleichen Jahres schlossen dann die DDR und Sansibar offiziell Verträge über ihre künftige Entwicklungszusammenarbeit.[54] Die sansibarische Parteipresse verkündete: Bald würden junge Leute aus der DDR einreisen, um »gemeinsam und in brüderlicher Atmosphäre mit der Jugend Sansibars am nationalen Aufbau und der revolutionären Entwicklung« arbeiten.[55]

Knapp ein Jahr später nahm eine erste *Freundschaftsbrigade* ihre Arbeit auf.[56] Man errichtete die Plattenbausiedlung »Neuberlin« am Rande von Stone-Town, die 1967 an das »revolutionäre Volk von Sansibar« als Geschenk überreicht wurde.[57] Hier wurden einheimische Arbeitskräfte noch

---

52 BA Berlin Lichterfelde SAPMO DY 24/19204 Brigade der Freundschaft Sansibar an den Zentralrat der FDJ vom 3.3.1966, S. 4. Vgl. zu weiteren Beispielen ostdeutsch-diplomatischer Geschenkkultur als Ausdruck und Bekräftigung von ›Völkerfreundschaft‹: Michaelis, *DDR Souvenirs*, S. 14–57.

53 BA Berlin Lichterfelde SAPMO DY 30/IV A 2/20961, Besuch einer FDJ-Delegation auf Sansibar und Pemba vom 30.4.–8.5.1964.

54 Vgl. Berger, »Die Entwicklungszusammenarbeit«, S. 341. Geplant war zunächst eine Farm in Kama: BA Berlin Lichterfelde SAPMO DY 24/19203 Brigade der Freundschaft Sansibar an den Zentralrat der FDJ 1964–1965, Bd. 1, Anmerkungen über die vorgeschlagene Kollektiv-Farm in Kama, Sansibar, vom 25.7.1964; ZNA Stone Town DA 1, 229 Town Planning, New Villages, diverse Aktennotizen über die Verhandlungen mit der DDR vom Frühjahr 1964. Vgl. zu Entwicklungsprojekten auf Sansibar nach der Unabhängigkeit allgemein: Chachage, *Environment*.

55 BA Berlin Lichterfelde SAPMO DY 24/19203 Brigade der Freundschaft Sansibar an den Zentralrat der FDJ 1964–1965, Bd. 1, Veröffentlichung in der tansanischen Zeitschrift »The Nationalist« vom 11.11.1965, Übersetzung.

56 Ebd. 30/IV 2/2072, Protokoll über die Ansprache mit der Leitung der FDJ-Freundschaftsbrigade im Konsulat der DDR am 22.4.1968.

57 ZNA Stone Town DA 2/5 German Democratic Republic Housing Scheme, ad 184 Delegation und Feierlichkeiten am 28.4.1966 zum Richtfest in Kiwajunii (Neuberlin).

lediglich als Tagelöhner und Handlanger eingesetzt. Man arbeitete nicht wirklich auf Augenhöhe. Auch erhielten junge Afrikaner noch keine Ausbildung. Das sollte sich bei den künftigen Bauvorhaben in der Vorstadt Kilimani und dann schließlich in Bambi ändern. Vor allem in Bambi sollte »wirkliche« *Hilfe zur Selbsthilfe* geleistet werden.[58]

Im Februar 1966 hatte der Revolutionsrat, das oberste Regierungsgremium auf Sansibar, die Planungen des Ost-Berliner Architektenbüros Willumat für Bambi abgesegnet.[59] Man konnte mit der Arbeit beginnen. Bereits seit einigen Jahren gab es in Bambi ein Camp, wo Jugendliche ein Waldstück rodeten.[60] Vorarbeiten waren somit schon gemacht. Auch die Straßenverhältnisse galten als gut. So würde der Transport von Holz, Zement und Steinen für den Bau der Häuser keine größeren Schwierigkeiten machen.[61]

Nach dem Vorbild des »industrialisierten Wohnungsbaus« in der DDR setzte man vor allem auf zementierte Plattenbauweise.[62] Der Revolutionsrat schrieb jedoch vor, dass das traditionelle Erscheinungsbild der häufig aus Korallengestein errichteten sansibarischer Steinhäuser nicht ganz außer Acht gelassen werden solle. Das würde nämlich »sicherlich den Bewohnern mehr zusagen« als in allzu europäisch anmutenden Behausungen zu wohnen.[63] Man einigte sich auf einen Kompromiss: Die aus dem Meer vor der Insel gebrochenen Korallenstöcke wurden zermahlen, mit Beton vermischt und in Bauplatten gegossen.[64] Währenddessen »bereinigten« die Jungen und Mädchen der sansibarischen Jugendorganisation die künftigen Bauflächen von Bäumen und Unterholz. Willumat war mit einem Mitarbeiterstab angereist und begann mit den Vermessungsarbeiten.[65]

---

58 BA Berlin Lichterfelde SAPMO DY 24/19205 Brigade der Freundschaft Sansibar an den Zentralrat der FDJ 1967, Erwin S., Bericht der Baugruppe Bambi vom 17.7.1967, S. 3.

59 ZNA Stone Town AU 5/321 Bambi Collective Farm, Beschluss vom 6.1.1966.

60 Ebd., Bericht vom 17.9.1964.

61 BA Berlin Lichterfelde SAPMO DY 24/19203 Brigade der Freundschaft Sansibar an den Zentralrat der FDJ 1966, Bd. 2, Bericht über das Bauprojekt FDJ-Afro Shirazi Youth League vom 7.2.1968 mit Schilderung des Projektverlaufs, S. 1f.

62 Hannemann, *Die Platte*.

63 ZNA Stone Town AU 5/321 Bambi Collective Farm, Beschluss vom 6.1.1966.

64 BA Berlin Lichterfelde SAPMO DY 24/19203 Brigade der Freundschaft Sansibar an den Zentralrat der FDJ 1966, Bd. 2, Bericht über das Bauprojekt vom 7.2.1968, S. 1f.

65 Ebd., S. 3; ZNA Stone Town DA 2/17 GDR and other Foreign Offering on Contract in Zanzibar ad 216 Anschreiben der Regierung Sansibars an das Konsulat der DDR vom 19.5.1968.

Zunächst sollten in Bambi nur »kleine Häuser« entstehen, für die Karume Mitte Juni 1966 den Grundstein legte.[66] Bereits im September des gleichen Jahres konnte das Richtfest für das erste Haus gefeiert werden.[67] Nachdem bis zum Ende 1966 vor allem eingeschossige Flachbauten errichtet worden waren, begann im Frühjahr 1967 die zweite Phase, die mehrgeschossige Wohnblöcke, eine Kaufhalle, eine Schule und Gesundheitsstationen vorsah.[68] Willumat lieferte entsprechende umseitig abgebildete Planungen, die sich stark an Plattenbauten in der DDR orientierten.[69]

Die Zielvorgaben wurden abgestellt auf die – aus der Perspektive der Experten aus der DDR gegebenen – eigenen Möglichkeiten der Afrikaner, Selbsthilfe zu üben: Die Jugendlichen aus Sansibar sollten sich zunächst nur an »einfachen Bautätigkeiten« beteiligen.[70] Offensichtlich waren die Deutschen mit dem Einsatz der Sansibaris zufrieden: Denn bereits im Januar 1967 vermeldete der Brigadeleiter an den Zentralrat der FDJ, die »besten Afrikaner« seien »bereits in der Lage, selbständig zu arbeiten«.[71] Im Februar 1969 konnten die ersten 55 Facharbeiterzeugnisse an afrikanische Lehrlinge und weitere 15 fertige Wohnhäuser übergeben werden.[72]

Nachdem 1969 anlässlich des 20. Jahrestages der DDR der Zentralrat der FDJ ein »Kampfprogramm« unter den *Freundschaftsbrigaden* ausgerufen hatte, mit dem um den Titel »Brigade der sozialistischen Arbeit gerungen« werden sollte,[73] stellten sich auch die ostdeutschen Jugendlichen auf der

---

66 BA Berlin Lichterfelde SAPMO DY 24/19206 Brigade der Freundschaft Sansibar an den Zentralrat der FDJ 1968, 1. Halbjahr, Erfahrungsbericht über die Arbeit der FDJ-Freundschaftsbrigade Sansibar beim Bau einer ländlichen Wohnsiedlung in Bambi, März 1968, S. 1; Ebd. 24/19204 Brigade der Freundschaft Sansibar an den Zentralrat der FDJ vom 25.6.1966.

67 Ebd., Brigade der Freundschaft Sansibar an den Zentralrat der FDJ vom 21.9.1966, S. 1.

68 Richter, »Entdeckungen«; vgl. Lamm/Kupper, *DDR und Dritte Welt*, S. 258.

69 BA Berlin-Lichterfelde SAPMO DY 19209. Vgl. Hannemann, *Die Platte*.

70 BA Berlin Lichterfelde SAPMO DY 24/19205 Brigade der Freundschaft Sansibar an den Zentralrat der FDJ 1967, Kurt S., Situationsbericht FDJ-Freundschaftsbrigade Sansibar, Gruppe Baustelle Bambi vom Januar 1967.

71 Ebd.

72 Ebd. 19208 Brigade der Freundschaft Sansibar an den Zentralrat der FDJ 1969, Werner S., Halbjahresbericht 1.1.–30.6.1969 Bauobjekt Bambi vom 27.6.1969, S. 1.

73 BA Berlin Lichterfelde SAPMO DY 24/19209 Brigade der Freundschaft Sansibar an den Zentralrat der FDJ 1969, 2. Halbjahr, Werner S., Jürgen P., an den Zentralrat der FDJ vom 22.7.1969, S. 1. Mit dieser Selbsteinschätzung bewarb sich die Brigade um die Auszeichnung, die sie schließlich erhielt. Ebd., Zwischeneinschätzung über die Erfüllung des Kampfprogramms zu Ehren des 20. Jahrestages der DDR vom 26.9.1969, S. 2, 7. Vgl. Ebd. 24/19212 Korrespondenz zwischen dem Zentralrat der FDJ und der Brigade

Baustelle Bambi diesem Wettbewerb. Neben Baufortschritten bekundete der Brigadeleiter die »Einheitlichkeit und Geschlossenheit des Kollektivs« und wie sehr man sich bemühe, zur »Erhöhung des Bewußtseinsstandes und der Arbeitsmoral der [afrikanischen] Jugend« beizutragen.[74]

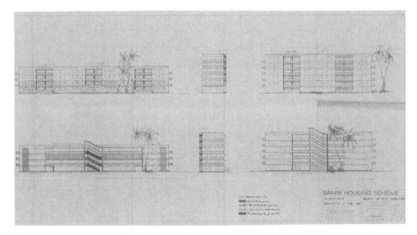

Abbildung 19: Heinz Willumat, Häuserplanungen für das Bauprojekt Bambi
(Quelle: BA Berlin Lichterfelde SAPMO DY 19209)

Bei der technischen Umsetzung der Bauarbeiten hatte es allerdings schon seit längeren massive Probleme gegeben: Bereits im Juni 1968 konnten Wohnungen nicht termingerecht übergeben werden,[75] da Fensterrahmen und Türen nicht geliefert worden waren.[76] Durch die Verzögerungen auf dem Bau konnten weitere Lehrlinge nicht eingestellt werden; afrikanische Facharbeiter mussten pausieren.[77] Währenddessen drang Präsident Karume darauf, die Grundrisse der geplanten mehrgeschossigen Wohnbauten

---

der Freundschaft in Sansibar 1971, Schreiben Jürgen P. und Gerhard M. an den Zentralrat der FDJ vom 15.2.1971.

74 BA Berlin Lichterfelde SAPMO DY 24/19212, Zwischeneinschätzung über die Erfüllung des Kampfprogramms zu Ehren des 20. Jahrestages der DDR vom 26.9.1969, S. 2, 7.

75 Berger, »Die Entwicklungszusammenarbeit«, S. 347.

76 BA Berlin Lichterfelde SAPMO DY 24/19206 Brigade der Freundschaft Sansibar an den Zentralrat der FDJ 1968, 1. Halbjahr, Jahreseinschätzung der Arbeit der FDJ-Freundschaftsbrigade für das Jahr 1967 vom 20.1.1967, S. 3.

77 Ebd. 24/19209 Brigade der Freundschaft Sansibar an den Zentralrat der FDJ 1969, 2. Halbjahr, Schreiben der Brigade Werner S., Jürgen P. vom 21.7.1969, S. 2.

auf das Doppelte zu vergrößern – so jedenfalls der Bericht des Brigade-leiters.[78]

Im Sommer 1970 kam es überdies zu zwei Unfällen: Auf Weisung des sansibarischen Bezirkskommissars wurden im Juni für einen »Großarbeits-einsatz« (es ging um das Betonieren der Zwischendecke am ersten Hoch-haus) mehr als hundert Anwohner zur ›Selbsthilfe‹ nach Bambi gebracht. Man transportierte die Leute, die man vor allem zwangsweise für Handlan-gerdienste auf der Baustelle verpflichtet hatte, auf Lastkraftwägen. Ein Fahrzeug streifte im Urwald Bäume und kam von der Fahrbahn ab. Drei Afrikaner wurden getötet, mehrere schwer verletzt.[79]

Im August hielt eine Treppe in Bambi nicht stand und musste während des Betonierens wieder abgerissen werden. Einheimische Ingenieure war-fen dem DDR-Architekten Willumat vor, er habe die Statik falsch berech-net. Es verbreitete sich das Gerücht, in Bambi wäre »aufgrund ostdeut-schem Pfuschs« ein Haus eingestürzt.[80] Karume bestand darauf, dass über-stehende Decken und Treppen »zusätzlich durch Pfeiler untermauert wer-den, um späterer Rißbildung vorzubeugen.« Auch äußerte der Präsident Sorgen um die Gesundheit der sansibarischen Lehrlinge: Die Arbeit beim Ausheben der Fundamente sei zu schwer. Tätigkeiten mit dem Pressluft-hammer würden das Gehör der jungen Menschen schädigen.[81]

Es scheint, dass jene Probleme durch eine besonders intensive politi-sche Propaganda der Brigade kaschiert werden sollten.

Entwicklungsarbeit als Politik

So legte die FDJ-*Freundschaftbrigade* auf Sansibar sehr großen Wert auf poli-tische Außendarstellung: Man nahm an Festumzügen anlässlich des Natio-

---

78 BA Berlin Lichterfelde SAPMO DY 24/19208 Brigade der Freundschaft Sansibar an den Zentralrat der FDJ 1969, Jürgen P., Werner S., an den Zentralrat der FDJ vom 26.5.1969, S. 3.

79 Ebd. 24/19210 Korrespondenz zwischen dem Zentralrat der FDJ und der Brigade der Freundschaft in Sansibar 1970, Jürgen P., Aktennotiz über einen Verkehrsunfall in Bambi vom 23.6.1970.

80 Ebd. 24/19211 Korrespondenz zwischen dem Zentralrat der FDJ und der Brigade der Freundschaft in Sansibar 1970, 2. Halbjahr, Jürgen P., Brigade der Freundschaft Sansibar an den Zentralrat der FDJ vom 18.8.1970, S. 2.

81 Ebd., Brigade der Freundschaft Sansibar an den Zentralrat der FDJ vom 20.8.1970.

nalfeiertages von Sansibar teil – und zwar mit einem eigenen Wagen, der das »Modell eines Zweifamilienhauses und eine Maschine zur Herstellung von Betonsteinen« zeigte.[82] Zu hohen sozialistischen Feiertagen – wie anlässlich des 100. Geburtstag Lenins – wurde erklärt, dass man sich auch innerhalb der Brigade um die »Erhöhung des Verantwortungsbewußtseins aller Mitglieder und der Klassenwachsamkeit« bemühe.[83]

Man zeigte den afrikanischen Jugendlichen Filme aus der DDR, aus denen sie lernen sollten, wie »freie Bauern« leben könnten.[84] Ausstellungen zu Entwicklungen in Landwirtschaft und Medizin hatten immer auch einen gesellschaftspolitischen Impetus und verwiesen auf die vermeintlichen Vorteile sozialistischer Gesellschaften, wie die der gemeinsamen Bewirtschaftung des Bodens oder des kostenlosen Zugangs zu medizinischer Versorgung.[85] Mehrmals monatlich traf man sich zu politischen Debatten mit Vertretern der ASYL.[86] Bei der Übergabe von Wohnungen wurde immer auch betont, dass dies alles zu »Ehren der DDR« geschehe; und wie im sozialistischen Heimatland, so verlieh man auch auf Sansibar Titel wie »bester Arbeiter« und »bester Lehrling«.[87]

Selbstgewiss berichtete der Brigadeleiter 1967: Aufgrund der Achtung, die man bei den jungen Afrikanern besitze, falle es nicht schwer, »ihre teilweise verworrenen Vorstellungen über bestimmte politische Probleme zu korrigieren«. Fast immer gelinge es, »die Diskussionen in progressive Bahnen zu lenken«. Besonders das »heikle Thema« der Religion, das »bei den Lehrlingen immer wieder diskutiert« würde, benötige »Feingefühl und Rücksicht«. So seien »harte Auseinandersetzungen« immer vermieden worden. Auch empfinde die Brigade es nicht als ihre Aufgabe, die Lehrlinge »von ihrer Religion abzubringen«. Man wolle »keinen Zwiespalt und Gewissenskonflikte hervorrufen«. Aufgrund ihrer fehlenden Kenntnisse über

---

82 BA Berlin Lichterfelde SAPMO DY 24/19205 Brigade der Freundschaft Sansibar an den Zentralrat der FDJ 1967, Kurt S., Situationsbericht Bambi vom Januar 1967.

83 Ebd. 24/19209 Brigade der Freundschaft Sansibar an den Zentralrat der FDJ 1969, 2. Halbjahr, Werner S., Jürgen P. vom 26.9.1969, S. 11.

84 Ebd. 24/19205 Brigade der Freundschaft Sansibar an den Zentralrat der FDJ 1967, Erwin S., Filmbestellung vom 29.5.1967.

85 ZNA Stone Town DL 1/79 Msaada Kutukana NA G.D.R, Landwirtschaftsausstellung der DDR in Stone-Town vom Juni 1964; Ebd. AJ 15/210 Exhibition on Tuberculosis GDR vom 18.5.1968; Ebd. AJ 15/211Ausstellung der DDR über Impfkampagnen.

86 BA Berlin Lichterfelde SAPMO DY 24/19210 Korrespondenz zwischen dem Zentralrat der FDJ und der Brigade der Freundschaft in Sansibar 1970, Aktennotiz vom 12.5.1970.

87 Ebd. 24/19209 Brigade der Freundschaft Sansibar an den Zentralrat der FDJ 1969, 2. Halbjahr, Aufstellung vom 22.6.1969, S. 1.

Naturwissenschaften werde es ohnehin von einer »besseren Schulbildung abhängen«, wann sich diese »meist auf Dörfern aufgewachsenen jungen Menschen von dieser rückständigen Denkweise lösen« würden.[88] Entsprechend der entwicklungspolitischen Konkurrenzen zwischen der DDR und der Bundesrepublik Deutschland, in denen sich auch Mitglieder der *Freundschaftsbrigaden* weisungsgemäß zu positionieren hatten, sprach man immer wieder über die Gefahren »westdeutsch-imperialistische Einflüsse« für Sansibar. [89] Auch die Tendenz junger Sansibaris, aus Sympathie mit chinesischen Kommunisten Mao-Abzeichen zu tragen, ließ man nicht unkommentiert. In »kritischen Debatten« wies man darauf hin, dass der chinesische Kommunismus nur wenig mit dem »menschlichen Sozialismus« der Sowjetunion und der DDR gemein hätte.[90]

Selbstzweifel, Reibungsflächen und Konflikte

Neben diesem Aktionismus gab es unter den Ostdeutschen allerdings schon frühzeitig massive (Selbst-)Zweifel, ob es in Bambi wirklich gelingen könne *Internationale Solidarität* im Sinne von *Hilfe zur Selbsthilfe* zu üben. Bereits 1966 schrieb der Brigadeleiter an den Zentralrat der FDJ: Das »koloniale Erbe der Vergangenheit« laste doch sehr schwer auf den Bewohnern Sansibars; es könne nur »allmählich überwunden werden«. Das zeige sich dann doch ab und an im Verhalten der Afrikaner. So könne man bisweilen Tendenzen erkennen, schwere Arbeit zu vermeiden und über unzweifelhaft anstehende Aufgaben immer wieder zu diskutieren, als ob man immer noch für die Kolonialisten arbeiten würde und nicht um Willen der eigenen Zukunft.[91] In der Kolonialzeit, so ist an anderer Stelle zu lesen, hätte man nämlich kein »praktisches Denken« ausbilden können, da es nur

88 BA Berlin Lichterfelde SAPMO DY 24/19205 Brigade der Freundschaft Sansibar an den Zentralrat der FDJ 1967, Erwin S., Bericht vom 1.8.1967.

89 Ebd. 24/19203 Brigade der Freundschaft Sansibar an den Zentralrat der FDJ 1966, Bd. 2, Bericht vom 7.2.1968, S. 3.

90 Ebd. 24/19208 Brigade der Freundschaft Sansibar an den Zentralrat der FDJ 1969, Werner S., Jürgen P. an das ZK der SED vom 22.4.1969, S. 2.

91 Ebd. 24/19204 Brigade der Freundschaft Sansibar an den Zentralrat der FDJ 1966, Bd. 2, Erwin S. an den Zentralrat der FDJ vom 1.6.1966, S. 3.

darum gegangen sei, »Befehle auszuführen«.[92] Daher seien ältere Arbeiter, welche die Kolonialherrschaft noch erfahren hätten auch oft ein »schlechtes Beispiel« für die Lehrlinge.[93] Wenn überhaupt, dann hätten die Afrikaner bislang vor allem für sich gearbeitet und fühlten sich »nicht für die Entwicklung ihrer Kameraden verantwortlich«.[94] In dieser Hinsicht unterschied sich die Perspektive ostdeutscher Experten auf eine angeblich typisch afrikanische, durch Kolonialerfahrungen zerbrochene Mentalität kaum von der ihrer westdeutschen Kollegen.[95]

So gehe es in Bambi vor allem auch darum, »bewußte und ökonomisch denkende Bürger heranzubilden.«[96] Und ganz in der Attitüde kolonialer ›Erziehung zur Arbeit‹[97] schrieb der Brigadeleiter weiter: Es sei in Afrika einfach so, dass »mangelnde Arbeitsdisziplin und Unpünktlichkeit« häufig vorkommen würden.[98] Die Lehrlinge müssten endlich »begreifen, dass harte und fleißige Arbeit der Schlüssel zum Erfolg sei«.[99] Diese »Erziehungsarbeit« sei überaus schwer: Viele Lehrlinge hätten »nur ganz kurze Zeit oder überhaupt keine Schule« besucht;[100] auch wüssten einige nicht einmal »vom Sehen her, was eine Wasserwage, ein Metermaß oder eine Maurerkelle« sei.[101] So müsse man Regentage, an denen auf der Baustelle

---

92 BA Berlin Lichterfelde SAPMO DY 24/19206 Brigade der Freundschaft Sansibar an den Zentralrat der FDJ 1968, 1. Halbjahr, Erfahrungsbericht, März 1968, S. 4.

93 Ebd. 24/19205 Brigade der Freundschaft Sansibar an den Zentralrat der FDJ 1967, Erwin S., Bericht der Baugruppe Bambi vom 17.7.1967, S. 1f.

94 Ebd. 24/19206 Brigade der Freundschaft Sansibar an den Zentralrat der FDJ 1968, 1. Halbjahr, Bericht über die Erfahrungen bei der zweijährigen Ausbildung von Elektrikern, Klempnern und Schlossern an der Kupaz-Schule, Sansibar, vom März 1968, S. 11.

95 Vgl. Teil III, Kapitel 3.

96 BA Berlin Lichterfelde SAPMO DY 24/19204 Brigade der Freundschaft Sansibar an den Zentralrat der FDJ 1966, Bd. 2, Erwin S., vertrauliches Schreiben Erwin Schröder an den Zentralrat der FDJ vom 1.6.1966, S. 3.

97 Vgl. Teil I, Kapitel 4.

98 BA Berlin Lichterfelde SAPMO 24/19208 Brigade der Freundschaft Sansibar an den Zentralrat der FDJ 1969, Bericht der Bauleitung von Bambi 1. Quartal 1969 vom 20.3.1969, S. 1; vgl. Ebd. 24/19210 Korrespondenz zwischen dem Zentralrat der FDJ und der Brigade der Freundschaft in Sansibar 1970, Aktenvermerk Jürgen P. über eine Beratung mit der Führung der ASYL am 14.2.1970 und 16.2.1970, S. 2.

99 Ebd. 24/19204 Brigade der Freundschaft Sansibar an den Zentralrat der FDJ 1966, Bd. 2, Erwin S., vertrauliches Schreiben an den Zentralrat der FDJ vom 1.6.1966, S. 3.

100 Ebd. 24/19206 Brigade der Freundschaft Sansibar an den Zentralrat der FDJ 1968, 1. Halbjahr, Erfahrungsbericht über die Arbeit der FDJ-Freundschaftsbrigade Zanzibar beim Bau einer ländlichen Wohnsiedlung in Bambi, März 1968, S. 4.

101 Ebd. S. 2.

die Arbeit ruhte, dazu nutzen, um ein »Minimum an theoretischen Kennt-
nissen« zu vermitteln.[102] Vieles müsste man schlichtweg dann doch anordnen.[103] Aufgrund des
Drucks der Planerfüllung habe man für die ganze Baustelle ein »Zyklo-
gramm« erarbeitet, dass jeden Arbeitsschritt und den Termin seiner anvisierten Erledigung nebeneinander stelle. Jeder wisse nun, »ganz exakt, was
er bis wann zu erreichen« habe. Auf die »Eigenheiten der Afrikaner« könne
man hier nicht allzu viel Rücksicht nehmen.[104] Man kämpfe täglich darum,
nicht »den alten Afrikaexperten herauszukehren«[105] und die Rolle »des Antreibers«; doch ab und an werde man richtig in diese hinein gedrängt.[106]

Die afrikanischen Experten und Vorarbeiter würden solche Probleme
gar nicht sehen. Ihr straffer und autoritärer Führungsstil wirke sich »oft
sehr hemmend auf die schöpferische Mitarbeit der gesamten Jugend« aus.
Sie würden sich nur ungenügend um die »Erhöhung des Bewußtseinsstandes und der Arbeitsmoral der Jugend« bemühen.[107] Die Sansibaris folgten
hier allerdings bereits in den letzten Tagen der Kolonialherrschaft formulierten Leitlinien für ihre Entwicklungsarbeit, die besagten, dass Gewaltanwendung bisweilen unerlässlich sei, um die »primitiven Einstellen, die Lethargie und den religiösen Stoizismus« der Menschen zum Wohle aller zu
brechen.[108] Gerade junge Leute bringe man am besten durch Strafen und
Schläge auf Linie, gehe es doch letztendlich darum, eine »Armee« für die
Entwicklung des Landes aufzustellen. Und wie im »Krieg« sei Zwang und
Strafe unerlässlich, damit Menschen einsehen, dass sie für den »Nutzen
aller« Mühen auf sich nehmen müssten.[109]

102 BA Berlin Lichterfelde SAPMO DY 24/19234 Korrespondenz zwischen dem Zentralrat
    der FDJ und der Brigade der Freundschaft in Sansibar 1972, Abschlussbericht Januar
    1972, o.S.
103 Ebd. 24/19207 Brigade der Freundschaft Sansibar an den Zentralrat der FDJ 1968, 2.
    Halbjahr, Quartalsbericht der Arbeitsgruppe Sansibar vom 17.10.1968, S. 5.
104 Ebd. 24/19205 Brigade der Freundschaft Sansibar an den Zentralrat der FDJ 1967,
    Ingrid S., Bericht über die Brigade der Freundschaft aus Sansibar 5.4.1967, S. 2.
105 Ebd., Brigadebericht vom 30.12.1968.
106 Ebd. 24/19208 Brigade der Freundschaft Sansibar an den Zentralrat der FDJ 1969,
    Werner S., Jürgen P., Bericht an den Zentralrat der FDJ vom 1.4.1969, S. 3.
107 Ebd. 24/19209 Brigade der Freundschaft Sansibar an den Zentralrat der FDJ 1969, 2.
    Halbjahr, Werner S., Jürgen P. an den Zentralrat der FDJ vom 26.9.69, S. 2.
108 ZNA Stone Town DA 1, 229 Town Planning, New Villages, ad 12 Rundschreiben des
    Town Planning Office der Regierung Sansibars vom 4.1.1963, Punkt 3., Vermerke vom
    Oktober 1962.
109 Ebd.

Die Brigademitglieder aus der DDR sahen diese harte Linie wiederum kritisch, war sie geradezu das Gegenteil von dem, was ihre *Internationale Solidarität* an Freiwilligkeit und Selbstständigkeit bewirken sollte: »Motivationsprobleme« unter den jungen Leuten seien nur verständlich. Sie seien zudem seit Monaten nicht bezahlt worden und hätten über Monate keinen einzigen freien Tag gehabt.[110] Überdies müssten sie oft mehrere Kilometer zur Arbeit »anmarschieren« und hätten keine »ordentliche« Arbeitskleidung, Schutzhelme oder Schuhwerk. Viele würden unter Erschöpfung und Fußverletzungen leiden; Verbandsstoffe und Medikamente stünden nicht zur Verfügung. Es gäbe keinerlei Verpflegung auf der Baustelle, so dass die Lehrlinge das »Bauwasser« trinken müssten, das »aus einem Tümpel« stamme.[111] Sehr oft müssten die Mitglieder der *Freundschafts-brigaden* diese Zustände monieren. Immer wieder würde darauf hingewiesen, dass man für das Gelingen des Projekts unbedingt »Arbeiter in gutem Gesundheitszustand« brauche.[112]

Es sei der sansibarischen Jugendorganisation auch nicht recht, wenn man versuche, »arbeitsfreudige Lehrlinge« mit »materiellen Anreizen« bei Stange zu halten; Geldprämien oder Geschenke von Kleidung seitens der Deutschen würden nicht gerne gesehen.[113] Nur mühsam habe man die Regel durchsetzen können, dass der von Lehrlingen aufgrund von Fehltagen einbehaltene Lohn an andere »fleißige« in Form von »Leistungsprämien« gezahlt werde.[114] Zu Argwohn habe auch geführt, dass die Brigademitglieder manche Lehrlinge Zuhause in ihren Dörfern besuchten,[115] um »an Ort und Stelle die Lebensbedingungen und die Probleme ihrer

---

110 BA Berlin Lichterfelde SAPMO DY 24/19208 Brigade der Freundschaft Sansibar an den Zentralrat der FDJ 1969, Bericht der Bauleitung von Bambi 1. Quartal 1969 vom 20.3.1969, S. 1.

111 Ebd. 24/19205 Brigade der Freundschaft Sansibar an den Zentralrat der FDJ 1967, Erwin S., Bericht der Baugruppe Bambi vom 17.7.1967, S. 2. Vgl. Ebd. 24/19204 Brigade der Freundschaft Sansibar an den Zentralrat der FDJ vom 3.3.1966, S. 2; Ebd. 30 IV A 2/20962 ZK der SED Internationale Verbindungen, Konsulat der DDR Sansibar an das MfAA vom 27.6.1966, S. 11.

112 ZNA Stone Town DA 2/5 German Democratic Republic Housing Scheme, ad 63 Schreiben des GDR Special Housing Committee and das Ministry of Communication Works and Power vom 1.6.1969.

113 BA Berlin Lichterfelde SAPMO DY 24/19208 Brigade der Freundschaft Sansibar an den Zentralrat der FDJ 1969, Werner S., Jürgen P., Bericht an den Zentralrat der FDJ vom 1.4.1969, S. 3.

114 Ebd. 24/19207 Brigade der Freundschaft Sansibar an den Zentralrat der FDJ 1968, 2. Halbjahr, Karl K., Halbjahresbericht Bauobjekt Bambi 1.1.1968–30.6.1968, S. 3.

115 Ebd., Quartalsbericht Bambi 17.10.1968, S. 2.

Freunde« kennen zu lernen. Man habe allerdings trotz Kritik der sansibarischen Jugendorganisation daran festgehalten, da solche Besuche das »gegenseitige Verständnis und Vertrauen« befördern würden.[116] Bisweilen kam die Brigadeleitung nicht umhin, auch Verfehlungen aus den eigenen Reihen einzugestehen, die den Prämissen der ›Völkerfreundschaft‹ drastisch zuwiderliefen: Einen solchen Anlass boten im Frühjahr 1969 die »schlechten Reden« eines Bauleiters. Die Lehrlinge hätten ihm sogar vorgeworfen, dass er sich wie ein »Westdeutscher« benehme. Vertreter der sansibarischen Jugendorganisation forderten die sofortige Abberufung des Experten.[117] In der Tat müsse man – so die Brigadeleitung – bei diesem Bauleiter »charakterliche Unzulänglichkeiten« zugeben.[118] Auch bei anderen Brigademitgliedern musste man einen »zu laxen Ton auf der Baustelle, Überheblichkeit, Sorglosigkeit, leichtfertiges Handeln« und »untragbare Zeichen von Ungeduld« einräumen.[119] Hier würden sich doch »deutliche charakterliche Schwächen« und eine ständige »Überforderung« zeigen,[120] die zu »Gereiztheit und Mißtrauen« zwischen Afrikanern und Deutschen führe.[121]

Im August 1970 eskalierten schließlich Streitigkeiten zwischen den ostdeutschen und afrikanischen Experten: Mit »unsachlichen und ausfälligen Bemerkungen« hätten die Sansibaris nun ganz offen die »fachlichen Entscheidungen« der *Freundschaftsbrigade* angezweifelt. Man sei sogar als »Lüg-

---

116 BA Berlin Lichterfelde SAPMO DY 24/19206 Brigade der Freundschaft Sansibar an den Zentralrat der FDJ 1968, 1. Halbjahr, Bewußtseinsanalyse Parteigruppe 6 an den Zentralrat der FDJ, Anfang 1968, S. 8.

117 Ebd. 24/19208 Brigade der Freundschaft Sansibar an den Zentralrat der FDJ 1969, Jürgen P., Werner S. an den Zentralrat der FDJ vom 9.6.1969, S. 1f.

118 Ebd.

119 Ebd. 24/19211 Korrespondenz zwischen dem Zentralrat der FDJ und der Brigade der Freundschaft in Sansibar 1970, 2. Halbjahr, Jürgen P. an den Zentralrat der FDJ vom 18.8.1970, S. 4. Vgl. Ebd. 24/19209 Brigade der Freundschaft Sansibar an den Zentralrat der FDJ 1969, 2. Halbjahr, Jürgen P. an den Zentralrat der FDJ vom 6.11.1969, S. 1ff.

120 Ebd. 24/19210 Korrespondenz zwischen dem Zentralrat der FDJ und der Brigade der Freundschaft in Sansibar 1970, 2. Zwischeneinschätzung im Leninaufgebot der FDJ im Zeitraum Januar bis März 1970 (1. Quartal 1970) vom 31.2.1970, S. 2. Vgl. Ebd. 24/19209 Brigade der Freundschaft Sansibar an den Zentralrat der FDJ 1969, 2. Halbjahr, Jürgen P. an den Zentralrat der FDJ vom 6.11.1969, S. 1ff.

121 Vgl. Ebd.

ner« bezeichnet worden, worüber man nach so »vielen Jahren der Gemeinsamkeit« sehr enttäuscht sei.[122] Insgesamt, so musste die Brigadeleitung einräumen, sei mittlerweile von *Internationaler Solidarität* im Sinne von *Hilfe zur Selbsthilfe* keine Rede mehr. In vielerlei Hinsicht sei die Zusammenarbeit mit den Afrikanern »äußerst kompliziert« geworden.[123] Wenn das auch an einem selbst liege, seien doch vor allem die »Eigenheiten« der Sansibaris hierfür verantwortlich.[124] Ihre Bilanz unterschied sich damit kaum von der ihrer westdeutschen Kollegen im Zusammenhang mit den Konflikten in den ›drei Musterdörfern‹ Togos.[125] Hier wie dort wurde die Hauptursache für das Scheitern der Projekte bei den *Counterparts* gesucht.

Das Kollektiv zerfällt

Dabei war es auch um den Zusammenhalt im Kollektiv alles andere als gut bestellt. Missstimmungen und Querelen traten so häufig und massiv auf, dass kaum mit einem gemeinschaftlichen und produktiven Arbeiten zu rechnen war. So vermerkte die Brigadeleitung mehrfach »gewisse Tendenzen des Pessimismus«[126] und eine zunehmende »Kofferpackstimmung« unter »den Freunden aus der DDR«.[127] Eine »Bewußtseinsanalyse« der Brigadeleitung aus dem Jahr 1968 ergab sogar: Man habe alle Illusionen

---

122 BA Berlin Lichterfelde SAPMO DY 24/19211 Korrespondenz zwischen dem Zentralrat der FDJ und der Brigade der Freundschaft in Sansibar 1970, 2. Halbjahr, Jürgen P., Aktennotiz über eine Grundsatzaussprache mit dem Generalsekretär der ASYL und anderen Funktionären in Bambi 19.9.1970, S. 2f.

123 Ebd. 24/19208 Brigade der Freundschaft Sansibar an den Zentralrat der FDJ 1969, Jürgen P., Werner S. an den Zentralrat der FDJ vom 30.3.1969.

124 Ebd. 24/19211 Korrespondenz zwischen dem Zentralrat der FDJ und der Brigade der Freundschaft in Sansibar 1970, 2. Halbjahr, Jürgen P., an den Zentralrat der FDJ vom 18.8.1970, S. 4.

125 Vgl. Teil III, Kapitel 3.

126 BA Berlin Lichterfelde SAPMO DY 24/19207 Brigade der Freundschaft Sansibar an den Zentralrat der FDJ 1968, 2. Halbjahr, Schreiben der Brigade an den Zentralrat der FDJ vom September 1968.

127 Ebd. 24/19210 Korrespondenz zwischen dem Zentralrat der FDJ und der Brigade der Freundschaft in Sansibar 1970, Jürgen P., Gerhard M. an den Zentralrat der FDJ vom 26.5.1970, S. 1; Ebd. 24/19212 Korrespondenz zwischen dem Zentralrat der FDJ und der Brigade der Freundschaft in Sansibar 1971, Schreiben Jürgen P., Gerhard M. an den Zentralrat der FDJ vom 19.3.1971, S. 2.

verloren, wolle nur noch nachhause reisen und hege eine »unduldsame Atmosphäre« gegenüber den Problemen des alltäglichen Lebens auf Sansibar.[128] Seit Dezember 1967 hatten sich die ökonomischen Schwierigkeiten der Regierung Sansibars verstärkt. Die Ernährungslage auf der Insel wurde immer schlechter.[129] Auch die Versorgung der nunmehr 200 Staatsbürger der DDR, die als Diplomaten oder Brigadisten auf Sansibar lebten, galt als nicht mehr sicher. Besondere Sorgen machte man sich um die mitgereisten Kinder.[130] Unwillen lösten auch die Unterkünfte aus. Mehrmals stellte der ortsansässige Vertragsarzt des Ministeriums für Auswärtige Angelegenheiten »gesundheitsschädliche Mängel« in der Unterbringung der *Freundschaftsbrigaden* fest: Die Temperatur in den Schlafräumen sei nachts viel zu hoch. Auch würden Moskitonetze fehlen. Mit Verweis auf das in der DDR gängige »Gesundheitstaschenbuch für die warmen Länder«[131] empfahl der Mediziner dringend die Anschaffung von Klimaanlagen und Netzen.[132]

In diesen Versorgungs- und Ausstattungsproblemen fühlte man sich von der Zentrale der FDJ im Stich gelassen: Von dort ging man weder auf die Empfehlungen des Vertragsarztes ein noch sandte man Lebensmittel. Als 1968 überdies die Weihnachtsgratifikation geringer als im Vorjahr ausfiel, kommentierte dies die Brigadeleitung als »herzloses Verhalten«.[133] Einzelne Brigademitglieder verfassten Beschwerdebriefe an die FDJ und verwiesen darauf, dass »man schließlich nicht zum Vergnügen« auf Sansibar sei. Man leiste alltäglich sehr viel für das Ansehen der DDR.[134]

128 BA Berlin Lichterfelde SAPMO DY 24/19206 Brigade der Freundschaft Sansibar an den Zentralrat der FDJ 1968, 1. Halbjahr, Bewußtseinsanalyse Parteigruppe 6 an den Zentralrat der FDJ, Anfang 1968, S. 12.
129 Ebd. 24/19205 Brigade der Freundschaft Sansibar an den Zentralrat der FDJ 1967, Erwin S. an den Zentralrat der FDJ, Arbeitsgruppe »Brigaden der Freundschaft« vom 19.12.1967, S. 1.
130 Ebd. 24/19206 Brigade der Freundschaft Sansibar an den Zentralrat der FDJ 1968, 1. Halbjahr, Erwin S., an den Zentralrat der FDJ vom 8.4.1968, 2; vgl. zur Rationierung von Lebensmitteln auf Sansibar: Aumüller, *Dekolonisation*, S. 125.
131 Vgl. Horn/Oberdoerster/Opitz, *Gesundheitstaschenbuch*, S. 70.
132 BA Berlin Lichterfelde SAPMO DY 24/19208 Brigade der Freundschaft Sansibar an den Zentralrat der FDJ 1969, MfAA an den Konsul der DDR auf Sansibar vom 3.3.69.
133 Ebd. Schreiben Zentralrat der FDJ, Arbeitsgruppe »Brigaden der Freundschaft« vom 4.2.1969, S. 5.
134 Ebd. 24/19209 Brigade der Freundschaft Sansibar an den Zentralrat der FDJ 1969, 2. Halbjahr, Lothar S. an den Zentralrat der FDJ vom 16.12.1968.

Den Zusammenhalt im Kollektiv bedrohten – zumindest aus der Perspektive der Brigadeleitung – auch vielfache »moralische Verfehlungen und Fehltritte«. Immer wieder musste man »unsaubere« Verhältnisse innerhalb der Brigade[135] und »moralische Verfehlungen« gegenüber Afrikanerinnen einräumen.[136] Ein Experte habe sich sogar auf dem Festland Geld geliehen, das er mit »afrikanischen Frauen leichtsinnig durchgebracht« und nicht einmal ordnungsgemäß zurückgezahlt habe. Umso unangenehmer schien der Vorfall, weil man dies alles von den tansanischen »Sicherheitsorganen« erfahren habe, die viel von westdeutschen Experten halten würden.[137] Aus Eifersucht hätte es unter Eheleuten bisweilen »Zerwürfnisse und Prügeleien« gegeben.[138] Selbst ein Brigadeleiter sei in dergleichen involviert gewesen. Er hätte daher kein Vorbild mehr sein können.[139] Einer Brigade-Dolmetscherin wurde sogar vorgeworfen, zu mehreren Sansibaris sexuelle Beziehungen zu unterhalten,[140] die der Regierung »illoyal gegenüberstehen« würden.[141] Auch einigen männlichen Brigademitgliedern wurde »verstärkter Kontakt zu unerwünschten Personen«, wie Indern oder sogar Angehörigen des US-amerikanischen Konsulats, nachgesagt.[142] Ein »Kamerad« sei unter dem Einfluss solcher Kreise schließlich sogar »republikflüchtig« geworden.[143]

Obwohl man die Betreffenden »schonungslos, in aller Härte und Offenheit zur Verantwortung« gezogen und in die DDR als »untragbar« zu-

---

135 BA Berlin Lichterfelde SAPMO DY 24/19209, Bericht Erwin S. vom 31.5.1967, Anlage.

136 Ebd. 24/19207 Brigade der Freundschaft Sansibar an den Zentralrat der FDJ 1968, 2. Halbjahr, Schreiben der Brigade an den ZR der FDJ September 1968, Schreiben der Brigade an den Zentralrat der FDJ, eingegangen am 29.12.1968, S. 3.

137 Ebd. 24/19210 Korrespondenz zwischen dem Zentralrat der FDJ und der Brigade der Freundschaft in Sansibar 1970, Jürgen P., Gerhard M. an den Zentralrat der FDJ vom 26.5.1970, S. 2f.

138 Ebd. 30 IV 2/20961, Klaus R., Bericht über einen Aufenthalt einer Delegation der FDJ auf Sansibar, 24.1.1969, S. 12; vgl. ebd. DY 24/19208 Brigade der Freundschaft Sansibar an den Zentralrat der FDJ 1969, Schreiben des Konsulats der DDR an den Zentralrat der FDJ vom 25.1.1969, S. 1ff.

139 Ebd., Aktenvermerk des Konsulats vom 3.2.1969, S. 1.

140 Ebd. 24/19214 Korrespondenz zwischen der Abteilung »Brigaden der Freundschaft« und der Abteilung Finanzen im Zentralrat der FDJ zur Vergütung der Mitglieder in den Brigaden der Freundschaft in Sansibar 1967–1968, Personalblatt Roswitha H.

141 Ebd. 24/19208 Brigade der Freundschaft Sansibar an den Zentralrat der FDJ 1969, Aktenvermerk des Konsulats vom 3.2.1969, S. 2.

142 Ebd., Wolfgang B., Bericht der Arbeitsgruppe »Brigaden der Freundschaft« an den Zentralrat der FDJ vom 18.3.1969, S. 4.

143 Ebd., S. 2.

rückgeschickt hätte,[144] sei durch diese Verhältnisse der Zusammenhalt im ganzen Kollektiv zerstört worden. Man sei über die Genossen in den eigenen Reihen enttäuscht, die doch gerade selbst immer nur »moralische Sauberkeit« gepredigt hätten.[145] Schließlich sandte die FDJ aus Ost-Berlin eigene Gutachter nach Sansibar, um dort nach dem Rechten zu sehen. Auch sie kamen zum Schluss: Die Atmosphäre der in Bambi arbeiteten *Freundschaftsbrigade* sei »ernsthaft« gestört und »moralisch zerrüttet«.[146] Anstatt von »Freunden« sprächen die Sansibaris nur noch von »Rumtreibern«.[147] Es heiße, die Ostdeutschen sollten erst einmal ihre eigenen Verhältnisse in Ordnung bringen, bevor sie auf Sansibar »lehren« würden, wie man eine sozialistische Gesellschaft aufbaue. Sie sollten einfach mit ihrer Besserwisserei aufhören und bald von der Insel verschwinden.[148] Tatsächlich forderte Präsident Karume im November 1971 schließlich die sofortige Abreise aller Brigademitglieder.[149]

Ritualisiertes Ende

Bereits im Juli 1971 war in der tansanischen Zeitschrift »The Nationalist« ein Artikel erschienen, in dem Karume erklärte, das »Wirtschaftswunder« auf Sansibar sei nun in vollem Gange. Das habe man »geschafft ohne die Hilfe ausländischer Experten, die mit ihren langfristigen ausgeklügelten Entwicklungsplänen nur Verwirrung gestiftet hätten.« Man hätte deutlich

144 BA Berlin Lichterfelde SAPMO DY 24/19208, Schreiben des Konsulats der DDR an den Zentralrat der FDJ vom 25.1.1969, S. 1ff. Durchschrift Schreiben des Zentralrats der FDJ vom 27.1.1969 an das Konsulat der DDR, S. 1.
145 Ebd. und ebd. 24/19207 Brigade der Freundschaft Sansibar an den Zentralrat der FDJ 1968, 2. Halbjahr, Schreiben der Brigade an den Zentralrat der FDJ, eingegangen am 29.12.1968, S. 3f.
146 Ebd. 24/19208 Wolfgang B., Bericht der Arbeitsgruppe »Brigaden der Freundschaft« an den Zentralrat der FDJ vom 18.3.1969, S. 2ff.
147 Ebd., Aktenvermerk des Konsulats vom 3.2.1969, S. 2.
148 Ebd. 24/19207 Brigade der Freundschaft Sansibar an den Zentralrat der FDJ 1968, 2. Halbjahr, Bericht Jupp S. an den Zentralrat der FDJ vom 26.8.1968.
149 Ebd. DC 20/11627, Ministerrat der DDR, FDJ an den Ministerrat der DDR, vertreten durch Gerhard Weiß am 2.11.1971; Ebd. DY 24/19212 Korrespondenz zwischen dem Zentralrat der FDJ und der Brigade der Freundschaft in Sansibar 1971, Jürgen P., Gerhard M. an den Zentralrat der FDJ vom 5.8.1971, Stellungnahme vom 1.8.1971. Zur Einstellung der Militärzusammenarbeit zwischen der DDR und Sansibar allerdings auch: Storkmann, *Geheime Solidarität*, S. 143.

erfahren, dass Entwicklungshilfe chronisch defizitär sei und in Abhängigkeit von »ausländischer neo-kolonialer Barmherzigkeit« halte. Von gleichberechtigter Zusammenarbeit könne keine Rede sein.[150] Da vor allem die DDR auf Sansibar engagiert war, war nicht zu ignorieren, gegen wen sich diese Erklärung richtete.

Diese Haltung kam sicherlich nicht allein von den Geschehnissen in Bambi. Von Beginn an stand die Entwicklungsarbeit der DDR in Sansibar unter keinem allzu guten Stern. In Folge der Vereinigung Sansibars mit Tanganjika im April 1964 war die sansibarische Regierung trotz ihrer Autonomierechte unter Druck, die Verbindungen mit der DDR wieder zu beenden oder zumindest einzuschränken. Die westdeutsche Drohung, alle diplomatischen Beziehungen mit den Ländern abzubrechen und damit auch Entwicklungshilfe einzustellen, welche die DDR anerkannt hatten, konnte aufgrund der Kontakte Sansibars auch das Festland Tanganjika treffen.[151] Auch wenn es dort 1965 ohnehin zur Exekution der ›Hallstein-Doktrin‹ gekommen war und sich Präsident Nyerere gegen solche ›Erpressung‹ heftig zur Wehr setzte,[152] stand der Abbruch der Beziehungen zwischen der DDR und Sansibar von Anfang an im Raum.

Seit 1967 war die ostdeutsch-sansibarische Entwicklungsarbeit überdies von praktischen Problemen überschattet: Es gab Lieferverzögerungen bei Maschinen, Kleidung und Nahrungsmitteln, welche die Sansibaris aus der DDR geordert hatten. Auch stufte die Regierung von Sansibar gelieferte Güter als unnütz ein und verweigerte die Bezahlung, so dass der Ministerrat der DDR notgedrungen gezwungen war, einen Konsum- und Investitionsgüterkredit im Zusammenhang mit den Lieferungen abzuschreiben.[153]

---

150 »Economy in Zanzibar«.

151 ZNA Stone Town DA 4/5 Aid from UdSSR, East Germany Correspondence vom 1.10.1964, ad 13, S. 2. Vgl. Engel, »Anerkennungsdiplomatie«, S. 12ff. Vgl. auch: Teil I, Kapitel 1.

152 Vgl. Ebd.

153 PA AA Berlin DDR MfAA Abteilung Afrika C 1460/72 Arbeit einer Expertengruppe der DDR in Sansibar 1965–67, ad 5ff. Klaus T., Einschätzung zum Abschluss der Arbeit der Expertengruppe an das MfAA vom 11.5.1967; BA Berlin Lichterfelde, SAPMO DY 30/IV A 2/20958, Bericht vom 16.5.1968. Zur Vertragsgrundlage der Abkommen: ZNA DV 7/1 Zanzibar Government and GDR Treaty vom 30.3.1964; Ebd. AH 73/33 Economic and Technical Agreement GDR-Zanzibar 1965–1974, ad 29 Aktenvermerk des Hauptbuchführers, Treasury Sansibar vom 27.4.1965, ad 33 Aktenvermerk des Finanzministeriums vom 21.1.1961, ad 108 Schreiben des Finanzministers von Sansibar an das Konsulat der DDR über ungenügende Qualität der Lieferungen und Preisnachlässe vom 15.5.1967; Ebd. 73/7 Consumer Goods Credit Agreement between Zanzibar-

Im Januar 1969 verliefen Gespräche zwischen dem ehemaligen Konsul der DDR auf Sansibar Günther Fritsch und Karume so schlecht, dass Zusagen über weitere Entwicklungsprojekte zurückgezogen wurden.[154] Im gleichen Jahr erwog die Regierung von Sansibar sogar, die Beziehungen zur DDR ganz einzustellen.[155] Nicht zuletzt vor dem Hintergrund dieser Spannungen zögerte der Zentralrat der FDJ, die zweite Baustufe in Bambi überhaupt anlaufen zu lassen.[156]

Nach der Einschätzung der *Freundschaftsbrigade* verschlechterten sich die Verhältnisse zwischen Sansibar und der DDR im Frühjahr 1970 noch weiter. Es gab auf Sansibar – so der Brigadeleiter – Auseinandersetzungen zwischen »nationalistisch-konservativen« und »progressiven Kräften«, wobei erstere die Oberhand gewonnen hätten. Die Expertenverträge mit Ärzten und Lehrern der DDR wurden nicht verlängert; das ostdeutsche Konsulat nicht mehr besetzt.[157] Im Oktober 1970 berichtete die Brigade gar, dass auf Sansibar keine ostdeutschen Filme mehr gezeigt und keine Feierlichkeiten zum Nationalfeiertag der DDR abgehalten werden dürften.[158] Bambi sei nur so lange am Leben erhalten worden, weil der »Wohnungs- und Straßenbau« ein »Hobby des Präsidenten« seien.[159]

Als Ende 1971 die vertraglichen Grundlagen für den Einsatz der *Freundschaftsbrigaden* auf Sansibar ausliefen,[160] beschloss die FDJ denn auch, die Arbeit in Bambi zum 28.11.1971 einzustellen.[161] Die Bauvorhaben

---

GDR 1965ff., ad 1 Credit Agreement vom 28.8.1965, ad 158 Aktenvermerk zum Kreditvertrag vom 28.8.1965, ad 195 Schreiben des Generaldirektors der staatlichen Handelskette Bizanje an das Konsulat der DDR über Preisnachlässe und Mängel vom 25.5.1967, ad 218 Aktenvermerk des Finanzministers von Sansibar über »nicht sinnvolle Vereinbarungen« mit der DDR vom 15.8.1967. Vgl. auch BStU Archiv der Zentralstelle Berlin, MfS-Hauptverwaltung Aufklärung 139, ad 247–254 Einzel-Information über einige außen- und innenpolitischen Probleme Tansanias, hier ad 254, S. 8.

154 BA Berlin Lichterfelde SAPMO DY 30/IV A 2/20958, Bericht über den Aufenthalt von Günther Fritsch auf Sansibar von 4.1. bis 29.1.1969.

155 Ebd. 2/20972, Lagebericht zu den Beziehungen zwischen der DDR und Sansibar, undatiert.

156 Ebd. 24/19208 Brigade der Freundschaft Sansibar 1969, Zentralrat der FDJ vom 4.2.1969, S. 2.

157 Ebd. 24/19211 Brigade der Freundschaft Sansibar 1970, 2. Halbjahr, Zwischeneinschätzung im Leninaufgebot der FDJ im Zeitraum April bis Juni 1970, S. 1.

158 Ebd., Schreiben Jürgen P. an den Zentralrat der FDJ vom 13.10.1970, S. 2.

159 Ebd., Schreiben Jürgen P. an den Zentralrat der FDJ vom November 1970.

160 Ebd. 30/A 2/20969, Monatsbrief September und Oktober 1970.

161 Ebd. 20/11627, Protokoll der Arbeitsgruppe Entwicklungsländer im Ministerrat der DDR vom 5.11.1971.

waren nicht annähernd abgeschlossen worden: Die geplanten zwei Hochhäuser, die Kaufhalle und die Moschee wurden nicht mehr errichtet. Mehr als hundert Lehrlinge, die mitten in ihrer Ausbildung standen, erhielten keinen Abschluss.[162]

Man bewahrte Haltung und zog sich auf die gängigen Bekräftigungsrituale der ›Völkerfreundschaft‹ zurück: Am letzten Tag des Jahres 1971 wurde die Arbeit auf der Baustelle mit einem »feierlichen Abschlußappell« niedergelegt. Man holte die über der Baustelle gehisste Landesfahne der DDR ein, hielt Dankesreden und sang gemeinsam mit den Afrikanern sozialistische Lieder.[163] Schließlich übergab die Brigadeleitung alle Baupläne, Maschinen und Werkzeuge dem Jugendverband der Sansibaris.[164] Ein letztes Mal wurde gemeinsam »Nogoma« gehalten – eine traditionelle feierliche Mittagstafel mit afrikanischer Trommelbegleitung.[165] Die Sansibaris dankten der Brigade, schwuren den Ostdeutschen »ewige Freundschaft«[166] und übergaben Abschiedsgeschenke.[167] Die Brigademitglieder bekräftigen, dass sie überzeugt seien, die »afrikanischen Freunde« könnten »nun ihre Häuser selbst bauen« und damit »ihr Land mit eigener Kraft« weiter entwickeln.[168]

Sicherlich handelte es sich hierbei um die üblichen wenig aussagekräftigen Rituale sozialistischer ›Völkerfreundschaft‹.[169] Im gegenseitigen Abschied – sozusagen im ›Schwellenzustand‹[170] – stellte sich bei der Übergabe des Projekts in die Hände der Afrikaner ein letztes Mal performativ die ostdeutsch-sansibarische dem Sozialismus und der *Internationalen Solidarität* anhängende Glaubens- und Arbeitsgemeinschaft her. Politische

---

162 BA Berlin Lichterfelde SAPMO DY 24/19234 Korrespondenz zwischen dem Zentralrat der FDJ und der Brigade der Freundschaft in Sansibar 1972, Abschlussbericht Januar 1972, o.S., Inventur Januar 1972. Vgl. Berger, »Die Entwicklungszusammenarbeit«, S. 347.

163 BA Berlin Lichterfelde SAPMO DY 19/234, Abschlussbericht Januar 1972, o.S.

164 Ebd. 24/19212 Brigade der Freundschaft, Aktennotiz über die offizielle Übergabe der Baustelle Bambi an die ASYL vom 31.12.1971.

165 Ebd., Aktennotiz über ein Freundschaftstreffen zur Verabschiedung der Brigade am 2.1.1972 im neuen Dorf Matemwe.

166 Ebd., Jürgen P. an den Zentralrat der FDJ vom 4.1.1972.

167 Ebd. Vgl. zur Geschenkkultur im Rahmen der DDR-›Völkerfreundschaft‹: Michaelis, *DDR-Souvenirs*, S. 14–57.

168 BA Berlin-Lichterfelde SAPMO DY 24/19212 Brigade der Freundschaft, Offener Brief vom 1.12.1971.

169 Vgl. Rytlewski/Kraa, »Politische Rituale«; Kraa, »Sozialistische Rituale«.

170 Vgl. Turner, *The Ritual Process*, insb. S. 94–95.

Spannungen ließen sich damit zumindest so lange kaschieren bis die Ostdeutschen das Land verlassen hatten. Auch war es zumindest ofiziell zu keinem Affront gekommen.[171] Man konnte sich Perspektiven auf eine spätere erneute Zusammenarbeit trotz aller desaströsen Erfahrungen offenhalten.

Insgesamt konstatierte man allerdings seitens der DDR ein Scheitern auf allen Ebenen: Politische Umstände, die autoritäre Führung der ASYL, menschliche Schwächen und moralische Verfehlungen sowie kulturelle Unterschiede zwischen Afrikanern und Deutschen hätten dazu geführt, dass die *Internationale Solidarität* abgebrochen wurde, bevor sie überhaupt Früchte hätte tragen können.[172]

Die dem Bauprojekt in Bambi von vornherein immanente Paradoxie von infrastruktureller, in kolonialer Tradition stehender Planung einerseits und der Anspruch postkolonialer *Hilfe zur Selbsthilfe* andererseits wurde nicht als eine Ursache für dieses Scheitern diskutiert. Diese Widersprüche, die sich kontinuierlich auch in den Praktiken vor Ort zeigten, unterliefen letztlich eine jede Möglichkeiten zu einer ›echten‹ Entwicklungs*zusammenarbeit*. Hierin unterschied sich das Bauprojekt der DDR auf Bambi kaum von den bundesdeutschen Unternehmungen der drei ›Musterdörfer‹ in Togo und dem Ausbildungsprojekt bei Wum in Kamerun.

---

171 Vgl. zur Kaschierung politisch-diplomatischer Spannungen durch Rituale: Kertzer, *Ritual*, S. 57–76.

172 Bspw.: BA Berlin Lichterfelde SAPMO DY 24/19234 Korrespondenz zwischen dem Zentralrat der FDJ und der Brigade der Freundschaft in Sansibar 1972, Abschlussbericht Januar 1972, o.S.

6. Die Kategorien für Scheitern und Gelingen

Vergleicht man die vorher untersuchten west- bzw. ostdeutsch-afrikanischen Projekte in Togo, Kamerun und auf Sansibar miteinander, dann lassen sich frappierend ähnliche zeitgenössische Kategorien für Scheitern und Gelingen ausmachen, die jenseits regionaler oder systemimmanenter Unterschiede angesiedelt sind. West- und ostdeutsche Experten urteilten hier nicht grundlegend anders. Ihre Einschätzung unterschied sich überdies nur wenig von der ihrer *Counterparts* in Tansania, Togo und Kamerun.

So ist auf der Ebene derer, die Leitungsfunktionen in den Projekten inne hatten, festzustellen: Ein genereller Maßstab, an dem Scheitern und Gelingen gemessen wurde, war die (Nicht-)Erfüllung des Entwicklungsplans, der landwirtschaftliche oder bauliche Zielvorgaben vorgab und sich in Zahlenwerken zu beackerten Hektarflächen oder umbautem Raum erschöpfte.[1] Es wurde bereits darauf hingewiesen, dass *Hilfe zur Selbsthilfe*-Konzepte schon von ihrer Anlage her paradox waren: Man setzte auf die Wünsche und Bedürfnisse der Adressaten, auf ihre Selbstbesinnung und -verständigung sowie ihre freiwillige Beteiligung. Und wie all dies hervorgerufen werden könnte, sollte standardisiert und geplant werden.[2] Man kann daher sagen: Im Konzept der *Hilfe zur Selbsthilfe* lag der von vornherein zum Scheitern verurteilte Versuch, das nicht Planbare planen zu wollen. Und hieraus lässt sich denn auch das übergeordnete Ziel dieses vorgeblich alternativen Entwicklungsprinzips erkennen, in dem es sich keineswegs von herkömmlichen Ansätzen unterschied: Das Erreichen sichtbarer und messbarer ›Entwicklungsfortschritte‹.

Es ist daher kaum verwunderlich, dass auch in der Praxis der bundesdeutschen *Hilfe zur Selbsthilfe* bzw. der ostdeutschen *Internationalen Solidarität* jene ›Fortschritte‹ an oberster Stelle standen, wenngleich sie auch nicht unbedingt mit Modernisierung gleichgesetzt wurden, sondern mit der Her-

---

1 Vgl. zur Kulturtechnik des Planens: Teil III, Kapitel 2.
2 Vgl. ausführlich hierzu: Teil I, Kapitel 5.

stellung prosperierender, auf lokale Belange genau bezogener Lebensbedingungen. Und hiermit konnte eben auch die Wiederbelebung vermeintlich ›guter‹ afrikanischer Traditionen gemeint sein. Das zeigt sich beispielsweise im Fall der drei ›Musterdörfer‹ in Togo besonders deutlich dann, wenn deutsche Experten den Afrikanern nahelegten, ihre Häuser doch weiterhin mit Stroh und Schilf zu decken und nicht mit Wellblech, weil das der afrikanischen ›Kultur‹ näher komme und gleichzeitig die Wartung besser zu bewältigen sei.[3]

Weiter schien man in *Hilfe zur Selbsthilfe*-Praktiken häufig die Auffassung zu vertreten, dass der Zweck alle Mittel heilige: Maßnahmen, die streng genommen die Grundfesten des Entwicklungskonzepts untergruben oder gar ad absurdum führten, wurden von den beteiligten Akteuren keineswegs als Scheitern beschrieben. So verhielt es sich im Fall der togoischen ›Musterdörfer‹ mit der autoritären Rekrutierungspolitik der Dorfvorstände für ›freiwillige‹ Tätigkeiten[4] ebenso wie mit der Zwangsarbeit von Häftlingen in der Nähe der Stadt Wum in Kamerun[5] oder rigiden Formen der Arbeitsdisziplinierung auf der Baustelle Bambi auf der Insel Sansibar.[6] Ein westdeutscher Gutachter sprach im Zusammenhang mit den drei ›Musterdörfern‹ sogar davon, dass es »zu unklare Zielvorstellungen« und »zu wenig »Maßnahmen« gegeben hätte, diese durchzusetzen.[7]

Auch wurden gerade der politische Kontext, die entwicklungspolitischen und diplomatischen Beziehungen sowie nicht zuletzt die vermeintlichen sozialen und kulturellen Unterschiede zwischen Deutschen und Afrikanern als Ursachen dafür angesehen, dass man in der Praxis eben nicht an den Prämissen der *Hilfe zur Selbsthilfe* festhalten könnte. ›Andere Sitten‹ und daraus resultierende Konflikte wurden häufig als so dominierend eingeschätzt, dass sie letztlich auch ›andere‹ Formen bräuchten als das Reden über die Wünsche und Ziele oder die sanfte Förderung von Engagement. Letztlich – so die Schlussfolgerung – müsse doch angeordnet und befohlen werden.

Die strikte ›Gouvernementalität‹ der mittleren und oberen afrikanischen Führungsebenen in Projekten wurde nicht nur hingenommen, sondern

---

3 Vgl. Teil III, Kapitel 3.
4 Vgl. Ebd.
5 Vgl. Ebd., Kapitel 4.
6 Vgl. Ebd., Kapitel 5.
7 Vgl. Ebd., Kapitel 3. Hier zu: PA AA Berlin B 58 Ref. III B 2 Technische Hilfe 615 Togo Projekte, Wolfgang B., Beobachtung der deutschen Entwicklungshilfe in Togo. Musterdorf Agou-Nyogbo vom August 1968, S. 7.

vielfach um Willen der Planerfüllung begrüßt. Allenfalls einzelne Entwicklungshelfer sprachen vom Verlust ihrer Visionen und vom persönlichen Scheitern, wenn sie autoritärem Gehabe oder gar Rassismus gegenüber Afrikanern begegneten oder sich bei dergleichen selbst ertappten.[8]

Afrikanische Experten wiederum waren nicht davon ausgenommen, die Prämissen und Visionen der Hilfe zur Selbsthilfe ad acta zu legen. In allen drei Fallstudien konnte man sehen: Für sie waren es dann typisch ›weiße‹, koloniale, europäische oder deutsche Verhaltensweisen wie Arroganz, Besserwisserei, Unfreundlichkeit oder Rassismus, die ein Miteinander schon von vornherein verunmöglicht hatten. Man ging aber auch häufig Allianzen mit den ausländischen Kollegen ein. So war man sich mit diesen durchaus häufig einig, dass die Mehrzahl von Afrikanern aufgrund ihrer ›Primitivität‹ und Unterentwicklung mit starker Hand und strikten Anweisungen zu eigenständigem Denken und fleißigem Arbeiten gebracht werden müsste. Nur ein besonders deutliches Beispiel ist die Aussage eines tansanischen Dorfkommissars, dass er nur seine Zeit »verschwenden« würden, wenn er den »einfachen Leuten« versuche, die Augen für ihre Unterentwicklung und für die Vorteile der Selbsthilfe zu öffnen. Derlei sei meist vergebens. Man sei besser beraten, gleich zu Zwangsmaßnahmen zu greifen.[9]

Solche Aussagen resultierten sicher auch aus Frustrationen über fehlende Fortschritte. So blieben objektiv messbare ›Erfolge‹ der Entwicklungsbemühungen gleich welcher Art zunächst aus: Aus Tansania wie auch aus Togo und Kamerun gab es Berichte, dass sich seit dem Ende der Mandatszeit die Lebensbedingungen der Menschen trotz oder gerade aufgrund aller Entwicklungsinitiativen eher verschlechtert als verbessert hätten: Überall wuchs die Zahl der Erwerbslosen. Auf dem Land kam es zu Ernährungsengpässen in Folge von Missernten und zu Lücken in der Wasserversorgung; Schulen und Gesundheitsstationen wurden häufig aufgrund von Personalmangel oder fehlender Ausstattung von einem auf den anderen Tag geschlossen. All dies – so beispielsweise die Regierung von Tansania – sei auch, wenn nicht gar vor allem dem fehlenden Engagement der Bevölkerung vor Ort zuzuschreiben. Die Menschen seien einfach noch nicht bereit, sich eigenständig selbst zu helfen.[10] Es wird im Folgenden noch näher gezeigt werden, welche Auswüchse diese Vorstellung haben

---

8 Vgl. Teil III, Kapitel 3. Hier vor allem: Dassio, »Einen Blinden«, S. 164, 169f.

9 TNA Dar es Salaam Annual Report Regional Commission 1963, Mwanza Region, S. 28.

10 Government of Tanganyika, Development Plan. Vgl. Pratt, The Critical Phase, S. 174ff.

konnte. Festzuhalten ist an dieser Stelle: So manchem Regierungsbeamten erschien *Hilfe zur Selbsthilfe* als zu anspruchsvoll und überfordernd in Anbetracht der vermeintlich mangelnden Selbstverantwortung der Bevölkerung. Man konnte sich gar nicht vorstellen, dass vieles nicht scheitern müsse.

Chiefs und Dorf-Könige betonten wiederum im Namen ihrer Untergebenen, sie nähmen keinen Anstoß an Entwicklungshilfe, die als Geschenk geleistet würde. Sie sahen das Scheitern der Projekte vor allem darin, dass im Endergebnis die GAWI, der DED oder die *Freundschaftsbrigaden* nicht im Alleingang Schulen, Straßen oder Häuser errichtet, sondern immer wieder auf der Zusammenarbeit mit den Menschen vor Ort bestanden hätten. Damit würde den Ärmsten der Armen zu viel abverlangt. Sie wären doch auf Zuwendungen angewiesen.[11]

So mancher afrikanischer Beamter hegte überdies ein tiefes Misstrauen gegenüber der Qualität unentgeltlich und freiwillig erbrachter Arbeit. Häufig müsse man feststellen, dass die Ergebnisse solcher Arbeit schadhaft, unsicher oder gar gesundheitsgefährdend seien. Man müsse auf eine striktere Arbeitsorganisation, auf Kontrollen und den Einsatz von Fachleuten achten. Denn nicht jeder unbezahlte Laie könne so ohne weiteres beispielsweise ein Schulgebäude oder eine Sanitätsstation in Selbsthilfe bauen.[12]

Auch die eigentlichen Begünstigten konstatierten ein Scheitern der *Hilfe zur Selbsthilfe* in der Praxis: Man fühle sich an die Zeiten kolonialer Zwangsarbeit erinnert, wenn man letztlich zumindest moralisch genötigt werde, unentgeltlich für die Gemeinschaft zu arbeiten. Dabei müsse man sich zu allererst um die eigenen Felder und um die Versorgung der eigenen Familie kümmern.[13] Beispielsweise hieß es in einem Schreiben von Männern aus dem tansanischen Dorf Mikumi an den *District Office* in Kilosa zu einem anbefohlenen *Self Help Scheme*: Die Zeit, welche die Ehefrauen »gezwungen seien, unbezahlt für die Nation zu arbeiten« fehle ihnen bei der

---

11 Vgl. Teil III, Kapitel 4.

12 TNA Dar es Salaam Acc. 578, IRG/2/II District Council Njombe, 1965 School Inspection Reports General; Ebd. Acc. 516 8 Voluntary Agency Schools, diverse Evaluationsberichte über den Zustand der Schulgebäude, der Ausstattung und des Lehrpersonals 1966–1968; Ebd. Acc. 567 R 20/8/11, 1966–1971 Disctrict Council Njombe, Rural Development District Training Centre, Inspektionsberichte; Ebd. Acc. 563 M 20/9 1968–1971 Medical and Health Rural Services Health Services; Health Staff Community Development Staff Training, ad 70 Rundschreiben Ministry of Health and Social Welfare vom 10.7.1970 über den gesundheitsgefährdenden Zustand von Sanitätsstationen.

13 Vgl. Teil III, Kapitel 3.

Versorgung ihrer Kinder.[14] Ab und an argwöhnte man auch, die Europäer wollten den Afrikanern weiterhin die Annehmlichkeiten der Modernisierung vorenthalten, indem sie diese immer wieder auf Handarbeit und traditionelle Lebensweisen verwiesen.[15] Schließlich erregte die Aussicht auf unliebsame Nachbarn im Zuge von Selbsthilfe-Projekten Widerstand. Wie in Wum, so wehrten sich auch anderswo Dorfbewohner gegen angesiedelte ›Jungbauern‹, ob sie nun aus einer staatlichen Besserungsmaßnahme stammten oder aus einem herkömmlichen Entwicklungsvorhaben.[16] Man wolle keine Kriminellen oder unreifen Jugendlichen in der Nachbarschaft, denn sie könnten auf keinen Fall ein Vorbild für andere sein.[17]

Wie im folgenden Kapitel gezeigt wird, wurde häufig nicht einmal brachiale Gewalt als Scheitern der *Hilfe zur Selbsthilfe* angesehen. Dabei wird das Terrain der deutsch-afrikanischen Entwicklungsarbeit ein wenig verlassen. Hier wird zu zeigen sein, welche Auswüchse Praktiken der *Hilfe zur Selbsthilfe* unter Afrikanern haben konnten. Das auf Gewaltlosigkeit und Freiwilligkeit basierende Entwicklungskonzept konnte sich zu einem fatalen *Perpetuum Mobile* entwickeln, im Namen dessen psychischer und sozialer Druck ausgeübt, Menschen aus Gesellschaften ausgestoßen wurden und bisweilen auch vehemente Gewalt geübt wurde. Deutsche Entwicklungsexperten und -helfer waren bisweilen völlig fassungslos und untätig angesichts der Geister der Selbsthilfe, die sie häufig genug selbst gerufen hatten. Doch allmählich ließ man sich auch hier bisweilen überzeugen, dass Schläge, Beschimpfungen oder soziale Ausgrenzungen passable Mittel zum Zweck seien – notwendige und gerechte Werkzeuge der Arbeitsverteilung und gesellschaftlichen Disziplinierung –, um Entwicklungszielen näherzukommen. Hier bedeutete *Hilfe zur Selbsthilfe* nicht mehr Freiwilligkeit und Engagement, sondern nur noch die Planerfüllung der Entwicklungsziele. Wenn unentgeltliche Arbeitsleistungen ungenügend erbracht wurden, dann schien es hinnehmbar, sie auch durch Druck, Zwang oder Gewalt abzupressen.

---

14 TNA Dar es Salaam Acc. 520 P 1/61 1951–65 Self Help Schemes, Rundschreiben vom 4.11.1964.

15 Vgl. Teil III, Kapitel 3. Vgl. über die Artikulation über Grundversorgung hinausreichender Bedürfnisse: Eckert,»Mehr als das tägliche Brot«.

16 Vgl. Teil III, Kapitel 4.

17 Vgl. Ebd.

7. Nur ein Dorf in Tansania? Gewalt als Mittel zum Zweck

Im April 1968 versammelten sich die Bewohner eines Dorfes im tansanischen Distrikt Handeni, um einem Strafgericht über zwei junge Frauen beizuwohnen – so die Akten des betreffenden *District Councils*. Man klagte die Frauen an, in einem Selbsthilfe-Projekt völlig versagt zu haben. Es ging um mehrere Dutzend tote Hühner. Die Dorfbewohner hatten Geld zusammengelegt und sogar der *District Officer* hatte eine Spende gegeben, womit man für das Dorf einen Hühnerstall finanzierte zur Selbstversorgung mit Eiern und Fleisch.[1] Das Konzept der Selbsthilfe war auch in diesem Winkel Tansanias angekommen. Ausländische Experten, die auf dieses und jenes aufmerksam machten sowie Entwicklungen anschoben, brauchte man hier offensichtlich nicht mehr.

Solche Projekte zur Ernährungsergänzung galten in der Gegend als überlebensnotwendig. Handeni zählte zu den am geringsten entwickelten Regionen des Landes. Nur wenige Leute konnten Lesen und Schreiben. Immer wieder gab es Krankheitsepidemien. Man sprach von chronischer Unterernährung. Häufig traten dort massive Hungerkrisen auf, die besonders unter Kindern viele Todesopfer forderten.[2]

Die Vertreter der Dorfgemeinschaft hatten die beiden jungen Frauen somit mit einer wichtigen Aufgabe betraut. Sie sollten sich Tag und Nacht um die Hühnerfarm kümmern, die Ställe reinigen, für Wasser und Futter sorgen, die Eier einsammeln und an bedürftige Familien verteilen. Bald aber waren die meisten Tiere eingegangen. Nun hielt man Gericht. Die Bewohner versammelten sich in der Mitte des Dorfes. Ihre Vorstände fragten die Frauen, warum sie die Hühner so »sträflich vernachlässigt« hätten. Sie seien schuld, dass die Kinder im Dorf wieder Hunger leiden müssten. Der

---

1 TNA Dar es Salaam Acc. 304, L5/8A/29, Reg. Office Handeni, Zusammenkunft vom 28.4.1968. Vgl. Büschel, »Eine Brücke«, S. 197f. Eine kurze Zusammenfassung des Falles in: Ingle, »Compulsion«, S. 86.
2 Brokensha, »Handeni«, S. 159.

Bericht spricht davon, dass sich die Übeltäterinnen »geschämt« hätten. Sie hätten schweigend zu Boden, dabei aber nichts zu ihrer Verteidigung gesagt. Nun seien die Dorfbewohner wütend geworden. Sie hätten die Frauen als »Schmarotzer« beschimpft, sie an den Haaren gezogen, herumgestoßen und bespuckt.[3] Der Dorfvorsteher versuchte, wieder Ruhe in die Versammlung zu bringen. Er beschwichtigte die Menge und forderte die Frauen auf, einige Passagen aus der »Arusha-Erklärung« des Präsidenten Nyerere aufzusagen. Offensichtlich wollte er sehen, ob sie sich irgendetwas davon gemerkt hatten, was die Regierung unter Entwicklung und Selbsthilfe verstand. Am 5. Februar 1967 hatte der Präsident in der nordtansanischen Stadt Arusha erklärt, jeder Einzelne trage Verantwortung für die Entwicklung seines Landes und das Wohlergehen aller.[4] Jedes Schulkind musste den Text seit seiner Verkündung auswendig lernen. Die beiden Frauen schwiegen aber weiterhin und schauten verschämt zu Boden.[5]

Jetzt fragte der Vorsteher die versammelte Gemeinde, ob man die »Schuldigen« zur »Strafe und Besserung« nicht züchtigen solle. Man könne ihnen mit der »Kiboko« einige Streiche versetzen, der Nilpferdpeitsche, die man seit der Zeit des deutschen Kolonialismus noch aufbewahrte.[6] Alle versammelten Bewohner hätten sogleich zugestimmt. Sie hätten sogar begeistert applaudiert. Auf der Stelle sei die Strafe vollzogen worden.[7]

Niemand protestierte. Keiner setzte sich für die betreffenden Frauen ein. Körperliche Gewalt schien den Leuten offensichtlich durchaus vereinbar mit Selbsthilfe, jenem Entwicklungsprinzip, das zumindest theoretisch mit Freiwilligkeit und strikter Gewaltlosigkeit in Verbindung gebracht wurde und für das man auch immer wieder in Anspruch nahm, aus Misserfolgen und Fehlern zu lernen.[8]

---

3 TNA Dar es Salaam Acc. 304, L5/8A/29, Reg. Office Handeni, Zusammenkunft vom 28.4.1968.

4 Nyerere, »Arusha Declaration«, ins. S. 231f.

5 TNA Dar es Salaam Acc. 304, L5/8A/29, Reg. Office Handeni, Zusammenkunft vom 28.4.1968.

6 Ebd. Vgl. zur Prügelstrafe im deutschen Kolonialismus: Schröder, *Prügelstrafe*; Throta, »Beobachtungen«.

7 TNA Dar es Salaam Acc 304, L5/8A/29, Reg. Office Handeni, Zusammenkunft vom 28.4.1968.

8 Vgl. hierzu ausführlicher Teil I, Kapitel 2 und 3.

Anklagen, Beschimpfen und Schlagen

Die Vorgänge in diesem tansanischen Dorf waren kein Einzelfall: Wenngleich in offiziellen Berichten immer wieder das gute Verhältnis der Bewohner untereinander sowie zu den Dorfoberen und afrikanischen Entwicklungsexperten hervorgehoben wurde,[9] waren sozialer Druck, Zwang und auch körperliche Gewalt in Praktiken der Selbsthilfe an der Tagesordnung. Die Verbindung von Entwicklungsbemühungen mit solcher Gewalt ist vor allem in Bezug auf (Zwangs-)Modernisierungen für Tansania, Algerien und Kenia untersucht worden.[10]

Doch auch in den explizit gewaltfreien Praktiken der *Hilfe zur Selbsthilfe*, die häufig als menschenfreundliche und daher wirkungsvolle Alternative zu obrigkeitsstaatlichen Modernisierungen galten und auf lokale Verhältnisse achten sowie ›gute‹ Traditionen in Afrika berücksichtigen sollten,[11] war die Agenda der Gewalt weitreichend und vielfältig: Sie reichte von Ermahnungen, öffentlichen Schmähungen und Diskriminierungen, Drohungen, dem Ausschluss von sozialen Einrichtungen bis hin zu Peitschenhieben und Schlägen. In Tansania sagte man den »maadui wa maendeleo« – den »Feinden der Entwicklung« – auf diese Weise rigoros den Kampf an, denn sie galten als zu bekämpfende Gegner des Staates und aller seiner Bürger:[12] Säumige, die den freiwilligen Arbeiten nicht im erwarteten Umfang nachgekommen waren, wurden in der Regel vor ein Dorftribunal zitiert, ermahnt oder als »Parasiten« beschimpft. Sie hatten öffentlich Besserung zu geloben, um Stockschläge und Peitschenhiebe abzuwenden.[13] Auch finden sich Berichte über Eltern, denen untersagt wurde, ihre Kinder auf Schulen zu schicken, an deren Bau sie sich nicht beteiligt hatten. Kranken und Verletzten wurde die Inanspruchnahme von Hospitälern oder medizinischen Notfalleinrichtungen verwehrt, wenn man ihnen vorwerfen konnte, dass sie zu wenig zu deren Einrichtung und Unterhalt beigetragen hatten.[14]

Im Jahr 1964 wurde ein besonders gravierender Vorfall aus dem Bezirk Tanga berichtet: Ein tansanischer Entwicklungsexperte schrieb in einem

---

9 Vgl. bspw. TNA Dar es Salaam, Annual Report Regional Commission 1964 Coast Region, S. 4.

10 Vgl. Scott, *Seeing*, S. 223–261; Malinowski, »Eine Million Algerier««; Ders., »Europäische Modernisierungskriege«.

11 Vgl. Teil I, Kapitel 3.

12 TNA Dar es Salaam Acc. 563, 30, 4, 1, Bericht aus Limbangaa vom 29.2.1971.

13 Ebd.

14 Ebd.

seiner Rapporte an die Vorgesetzten, er hätte mit einer Gruppe von Leuten zu tun gehabt, die sich nicht wie alle ihre Nachbarn an der Erntearbeit in gemeinsamer Selbsthilfe beteiligt hätten. Entsprechend schlecht sei ihr Ertrag ausgefallen. Bald hätten sie sich bei ihm gemeldet, um ihn um Nahrungshilfe zu bitten. Daraufhin – so brüstete sich der Experte gegenüber seinen Vorgesetzten – hätte er entgegnet:»Yes, government officers will help you. We'll help bury you after you die of laziness«.[15]

Auch in Togo und Kamerun kam es immer wieder zu solchen verbalen Attacken und körperlicher Gewalt im Zusammenhang mit Selbsthilfe-Projekten:[16] Aus der togoischen Stadt Tsevie wurde beispielsweise berichtet, wie ein Dorfvorsteher auf ›Freiwillige‹ einschlug, weil sie nach seiner Warte nicht schnell genug arbeiteten.[17]

Wie sind solche Berichte zu interpretieren? Sind sie Hinweise dafür, dass Gewaltlosigkeit und Freiwilligkeit als Grundkonstanten der *Hilfe zur Selbsthilfe* für Afrikaner dann letztlich doch nicht entscheidend waren?

Zunächst sollte man berücksichtigen, dass afrikanische Experten, die mit der Beaufsichtigung und Leitung von Entwicklungsarbeiten beauftragt haben, mit Schilderungen von Druck, Zwang und Schlägen auch zum Ausdruck bringen konnten, wie ernst sie die Sache nahmen. Man schien sich gerade hiermit gegenüber Vorgesetzten in ein gutes Licht rücken zu können. Ein Widerspruch mit den Leitlinien der Selbsthilfe wurde offensichtlich nicht gesehen.

Diese Gewalt unter Afrikanern scheint außerdem einen grundlegend anderen Stellenwert gehabt zu haben als die seitens ausländischer Experten: Wie gezeigt, konnten sich ausländische und so auch deutsche Entwicklungsexperten und -helfer bisweilen arrogant und abwertend benehmen. Sie führten rassistische Reden, forderten Afrikaner auf, sich gegenseitig zu verprügeln oder erhoben sogar selbst die Hand gegen ihre *Counterparts*.[18] Ein solches Gebaren war allerdings meistens ein Problem für die Projektverantwortlichen, für Geldgeber, Kollegen oder die beteiligten Afrikaner. Es war unerwünscht, bot Anlass zu vehementer Kritik und konnte auch zur Ausweisung führen.[19]

15 Zitiert nach: Ingle, *From Village to State*, S. 93.

16 Vgl. beispielsweise zu Kamerun: Seely, *Community Development*. Zu Togo: Wülker, *Togo*, S. 159.

17 Ebd., Anm. 129.

18 Vgl. hierzu ausführlicher: Teil II, Kapitel 1.4 und Teil III, Kapitel 3.

19 Vgl. bspw. Ebd., Kapitel 4.

Mit der Gewalt unter Afrikanern verhielt es sich grundlegend anders: Sie scheint durchaus üblich, geduldet, wenn nicht gar bisweilen für gut geheißen worden zu sein. Sie diente als Mittel zum Zweck bei der Durchsetzung und Disziplinierung im Rahmen der Selbsthilfe – und zwar in einem solchen Maße, dass Gewalt geradezu eine Grundkonstante der afrikanisch-postkolonialen Entwicklungspolitik zu sein schien – einer Politik, die als *Self Reliance* immer wieder Gewaltfreiheit und Selbstständigkeit predigte.[20] Wie lässt sich das erklären? Zweifellos wäre es verkürzt, hier ein kulturell-soziales Nachwirken kolonialer Strafpraktiken und Gewaltsamkeit zu konstatieren, etwa in Anlehnung an Achille Mbembes These, dass postkoloniale Gesellschaften in Afrika zutiefst kolonial geprägt waren.[21] Es scheint eher so, dass Afrikaner, die sich bei der Organisation oder Beaufsichtigung von Selbsthilfe-Projekten Gewalt bedienten, auf ein grundsätzliches Problem reagierten: Auf das Dilemma nämlich, dass Dorfbewohner sich kontinuierlich weigerten, zu gemeinsamen Arbeiten zu erscheinen und hierbei betonten, sie hätten einfach keine Kraft und Zeit, sich auch noch für die Allgemeinheit und die Entwicklung des Landes einzusetzen.[22] Hier zeigt sich denn auch deutlich, dass vieles an den Ansprüchen der *Hilfe zur Selbsthilfe* ein Mythos war, der sich rasch verflüchtigte, galt es beispielsweise die angeblich traditionelle, typisch afrikanische gegenseitige Fürsorge in die Praxis umzusetzen.[23] Meist kämpften hingegen Menschen zunächst einmal um ihr eigenes Überleben und das ihrer Nächsten. Sie wollten und konnten sich vielfach nicht in öffentlichen Arbeiten einbringen, was wiederum – ohne dies in irgendeiner Weise entschuldigen zu wollen – zu rigorosen Maßnahmen bei den Verantwortlichen für solche Projekte führte, die das Erreichen der Entwicklungsziele gefährdet sahen.

Wie bereits gezeigt, waren durchaus auch die Regierungen afrikanischer Staaten gegenüber ihren eigenen Entwicklungsexperten kritisch, wenn es um Gewalt ging. Man wollte auf keinen Fall Despoten, die ungebremst ihren Frust und Zorn an ihren Mitbürgern auslebten. Das schien nicht zuletzt für das Engagement aller hinderlich, welches auch in Afrika als letztlich tragendes Element für jede Entwicklung angesehen wurde.[24]

---

20 Vgl. Teil I, Kapitel 1.
21 Vgl. Mbembe, *On the Postcolony*.
22 Vgl. hierzu auch: Teil III, Kapitel 3.
23 Vgl. Teil I, Kapitel 3. Vgl. zu weiteren Beispielen: Warah, »The Development Myth«.
24 Vgl. Teil II, Kapitel 1.4.

Entsprechend sahen die Entwicklungskonzepte der afrikanischen Postkolonien Gewalt auch nicht von vornherein als Mittel der Wahl vor.
Sie war eher das Ergebnis von zahlreichen Bemühungen, die gewissermaßen
über den Weg von *Trial-and-Error* darauf abzielten, Menschen auch über
ihre physischen und psychischen Möglichkeiten hinaus zur unentgeltlichen
Entwicklungsarbeit zu bringen. Gewalt wurde dabei meist erst schrittweise
legitimiert und angewandt. Sie war das Ergebnis von Erfahrungen und
schließlich ein Eingeständnis, dass man bisweilen härterer Maßnahmen
bedürfe als gutes Zureden, wenn sich schlichtweg zu wenige Bürger an den
öffentlichen Einsätzen beteiligten oder sich ihnen zu entziehen suchten.
Das lässt sich wiederum besonders deutlich am Beispiel Tansanias zeigen.

Die Legitimierung von Gewalt als ein Mittel zum Zweck

Noch im Juni 1965 schworen sich Dorfvorsteher des Bezirks Handeni
darauf ein, strikt darauf zu achten, dass »freiwillige Gemeinschaftsarbeit«
nicht die Formen »kolonialer Zwangsarbeit« annehme. Druck und Gewalt
sollten auf keinen Fall ausgeübt werden.[25] Im Februar 1967 traf man sich
erneut. In nahezu jedem Dorf war nicht erreicht worden, was man sich
vorgenommen hatte. Viele Bewohner waren wieder davon abgekommen,
eine Schule zu bauen oder eine Straße anzulegen. Dabei hätte man alles gemeinsam beschlossen. Als es allerdings darum gegangen sei, das »Opfer«
der regelmäßigen Arbeit zu erbringen, hätten viele »Ausreden« vorge-
bracht. Um der Entwicklung der Region willen stimmte nun die Mehrheit
der Dorfoberen dafür, mit öffentlichen Schmähungen und Stockschlägen
nachzuhelfen, damit nicht nur die Säumigen auf Linie gebracht, sondern
auch möglichst viele Bürger abgeschreckt würden, es ihnen nicht gleich zu
tun.[26]
　　Die Dorfoberen von Handeni griffen damit der offiziellen Erlaubnis
der tansanischen Regierung für solche Strafen und Abschreckungsmaß-
nahmen vor: Erst im Oktober 1968 ließ Präsident Nyerere in Regierungs-
zeitungen amtlich verkünden, dass es den Dorfkomitees künftig ausdrücklich gestattet und sogar empfohlen werde, alle diejenigen, die ihrer Pflicht
zur Selbsthilfe nicht nachkämen, aus Gemeinschaftsveranstaltungen auszu-

---

25 TNA Dar es Salaam Acc. 304, L5/8A 29, Zusammenkunft vom 23.6.1965.
26 Ebd., Zusammenkunft vom 11.2.1967.

schließen, ihnen den Zugang zu sozialer Infrastruktur zu verwehren, sie zu ermahnen oder auch durch Schläge zu züchtigen.[27] Auch diese Anordnung war Ergebnis eines längeren Prozesses: Noch 1962 verkündete Nyerere, dass die Arbeit an der Entwicklung des Landes freiwillig geschehen müsse, denn nur so sei sie von Dauer.[28] Man dulde allerdings keine »Schmarotzer«, die auf Kosten anderer Leben würden. Das sei eine alte afrikanische »Sitte«, die auch vor dem Kolonialismus dazu geführt habe, dass sich jeder an der Sorge um den anderen beteiligt hätte. Auch im »freien Tansania« seien »Müßiggänger« unerwünscht.[29] Doch von konkreten Strafmaßnahmen war hier noch keine Rede. Erst 1965 drohte eine Verlautbarung in der Regierungszeitung »Uhuru« Sanktionen für »Schlendrian« in der Selbsthilfe an.[30]

Es zeichnete sich ab, dass die Bemühungen zur Entwicklung des Landes noch nicht die erwünschten Erfolge erlangt hatten. Wie sich der ursprüngliche Ansatz gewaltloser Selbsthilfe ›von unten‹ allmählich in eine brachialen Staatsautokratie ›von oben‹ wandelte, wird besonders deutlich am Beispiel der sogenannten *Ujamaa*-Dörfer.[31]

Litowa: Das Ende einer Utopie und die Gewaltsamkeit der *Ujamaa*-Dörfer

Die ersten der später unter dem Namen *Ujamaa-Vijijini* bezeichneten Dörfer[32] wurden bereits im Spätherbst 1960 von jungen Mitgliedern der TANU gegründet, somit über ein Jahr vor der formellen Unabhängigkeit des Landes.[33] Das allererste Dorf war Litowa in der Region Ruvuma im

---

27 Nyerere, »To Stop«.

28 Nyerere, »The President's Inaugural Adress«, S. 176f.; Ders, »Speech«.

29 Ebd.

30 »Uhuru« vom 21.1.1965, zitiert nach: Brennan, »Blood Enemies«, S. 389.

31 Vgl. Scott, *Seeing*, S. 223–261.

32 Zur umfangreichen Forschung zu den *Ujamaa*-Dörfern bspw.: Coulson, *Tanzania*, S. 235–271; Raikes, »Ujamaa«; Freyhold, *Ujamaa Villages*; Schneider, »Freedom«; Collier, *Labour*; Westerlund, *Ujamaa*; Eckert, *Herrschen und Verwalten*, S. 253–258; Kjekhus, »The Tanzanian Villagization Policy«; Hyden, *Beyond Ujamaa*; Mc Henry, *Tanzania's Ujamaa Villages*; Donner-Reichle, *Ujamaa-Dörfer*; Oppen, »Bauern«.

33 Coulson, »Peasants«; Ders., *Tanzania*, S. 263ff.

Südwesten des Landes an der Grenze zu Mosambik.[34] Ähnlich wie Handeni war Ruvuma ein sehr armer Distrikt, in dem immer wieder Hungersnöte ausbrachen. Am 20. November 1960 hatten Jugendliche am Ufer des Luhira-Flusses ein Camp aufgeschlagen, einige Hütten gebaut und drei Hektar Mais angepflanzt. Sie nannten den Platz Litowa. Die Gründung wurde allerdings schon früh mit sich wiederholenden Löwenangriffen überschattet.[35] Auch Paviane waren nicht zu vertreiben, welche sich über die Setzlinge hermachten. Man konnte absehen, dass die erste Ernte sehr spärlich ausfallen würde. Es schien unmöglich, sich dort auf Dauer niederzulassen, so dass die Siedlung zunächst wieder aufgegeben wurde.[36] Einige Monate später wurde ein neuer Versuch unternommen. Man wollte nun bleiben und ein beispielhaftes Zeichen für die Entwicklung Tanganjikas setzen.

Treibende Kraft war nun der junge TANU-Aktivist Ntimbanjayo Millinga, der nach nur kurzer Zeit in Litowa ans *Kivukoni College* nach Dar es Salaam aufbrach, um dort zunächst einen mehrmonatigen Kurs der Staatspartei zu besuchen. Hier erhielt Millinga eine grundlegende ideologische und landwirtschaftliche Ausbildung. Er wurde auch unterwiesen, wie man Entwicklungsprojekte plane, mit der ansässigen Bevölkerung über ihre Vorstellungen spreche und dann die Leute am geschicktesten für die Selbsthilfe mobilisiere. In Dar es Salaam traf Millinga den britischen Landwirtschaftsexperten Ralph Ibbott, der gerade seine Arbeit als Berater in einem *Community Development*-Projekt in Südrhodesien beendet hatte.[37] Ibbott gehörte der bereits erwähnten britischen NRO *Oxfam* an, die sich ausdrücklich für nachhaltige Entwicklung durch *Hilfe zur Selbsthilfe* einsetzte.[38] Die Ziele von *Oxfam* gingen somit mit denen der Selbsthilfe in Tansania einher. Auch erregte ein Experte der durchaus gegenüber staatlicher Entwicklungspolitik eigenständigen und kritischen NRO keinen Verdacht, ein verlängerter Arm der britischen Regierung zu sein. Es schien somit ausgeschlossen, dass sich die einstige Mandatsmacht über Ibbott in

---

34 Vgl. aus der Perspektive eigenen Erlebens: Ndonde, »Litowa«; Toroka, »Education«; Ndonde, »Litowa. Interview«. Vgl. auch die Memoiren der US-Amerikanerin Kate Wenner: Wenner, *Shamba Letu*.

35 Zu dieser Schilderung der Gründung von Litowa auf der Basis von Augenzeugenberichten ausführlich: Coulson, *Tanzania*, S. 263f.

36 Ebd., S. 263.

37 Ebd., S. 263.

38 Vgl. Teil I, Kapitel 4. Vgl. zu *Oxfam* und seinem Engagement in Tansania sowie den *Ujamaa*-Dörfern: Jennings, *Surrogates*, S. 115–175.

postkoloniale Entwicklungsunternehmungen einmischen könnte, was die
TANU vermutlich unbedingt vermeiden wollte, ging es ihr auch um *Self
Reliance* von den dereinst alles bestimmenden Europäern. Millinga lud jedenfalls Ibbott ein, Litowa einen Besuch abzustatten, um zu sehen, ob er
künftig dort mitarbeiten wolle. Der britische Experte war anscheinend sehr
angetan; denn im Frühjahr 1963 ließ er sich dauerhaft mit seiner Familie in
Litowa nieder.[39]

Es ist schon erstaunlich, was in den Folgejahren in diesem Dorf geradezu aus dem Nichts auf die Beine gestellt wurde: In den ersten Jahren lebten
die Siedler noch am Existenzminimum. Man wohnte in Zelten, Unter-
ständen und Blockhäusern. Nahrung und Trinkwasser waren äußerst
knapp. Die ersten Ziegelbauten wurden erst 1966 errichtet. 1965 spen-
dierte *Oxfam* durch die Vermittlung Ibbotts eine Wasserpumpe und Zink-
leitungen. Die Verlegung übernahmen die Dorfbewohner selbst. Man
pflanzte nun Mais und Hirse zur Selbstversorgung und Tabak für den Export an. Ein Dorfbewohner wurde für drei Monate in das nächstgelegene
Krankenhaus gesandt, um dort Behandlungen zu beobachten und so
schnell wie möglich Erste Hilfe und medizinische Selbstversorgung zu
lernen. Der Angelernte unterwies dann wieder in *Hilfe zur Selbsthilfe* die
restlichen Bewohner in Hygiene, Kinderpflege und der Behandlung von
Krankheiten. Tatsächlich war die Kindersterblichkeit in Litowa recht rasch
auf ein weit unter dem Durchschnitt liegendes Niveau gesunken.[40]

Litowa schien ein Paradebeispiel gelungener afrikanischer Selbsthilfe.
So befand man sich dort Mitte der 1960er-Jahre (noch) ganz auf der Wel-
lenlänge der staatlichen Entwicklungspolitik: Präsident Nyerere setzte bei
seinen Entwicklungsvisionen für Tansania stark auf den Ausbau und die
Neugründung von Dörfern. Bereits in seiner Rede bei der ersten Par-
lamentseröffnung nach Erlangung der formellen Unabhängigkeit Tanganjikas 1962 sprach er sich für die Einrichtung neuer Siedlungen auf dem
Land aus. Hier ging es ihm vor allem darum, dass ›Bauern‹ Zugänge zu
Landmaschinen, fließend Wasser und Elektrizität bekämen, wobei klar war,
dass man dergleichen nicht in jedem abgelegenen Weiler zur Verfügung
stellen könnte. Man müsste sich auf größere, teilweise neu zu gründende
Dörfer konzentrieren.[41]

39 Coulson, *Tanzania*, S. 263.
40 Egero/Henin, *The Population*, S. 181.
41 Nyerere, »President's Inaugural Address«, S. 184. Vgl. Eckert, *Herrschen und Verwalten*,
   S. 254.

Die späteren Siedlungsprojekte der sogenannten *Ujamaa*-Dörfer wurden vor dem Hintergrund dieser und ähnlicher Äußerungen sowie Maßnahmen als Resultat eines autokratischen »Hochmodernismus« interpretiert, der auf Biegen und Brechen das ganze Land möglichst schnell sozialistisch umgestalten und auf das Niveau der europäischen Moderne heben wollte.[42] So einleuchtend diese Deutung auch ist, hat sie ein wenig außer Acht gelassen, dass es Nyerere und seinem Stab zumindest in den ersten Jahren der Entwicklungskampagne nicht nur um den Zugang zu Traktoren und Wasserpumpen ging. So hegte Nyerere bei seinem »Traum von einer besseren Welt«[43] zunächst auch die Vorstellung der Bewahrung, Förderung oder gar Wiederherstellung sogenannter ›guter‹ afrikanischer Traditionen. Es ging quasi im Sinne eines afrikanischen ›Ursozialismus‹ um eine *angepasste* Modernisierung, die auf eine vom Verschwinden bedrohte, als ›heil‹ imaginierte afrikanische traditionelle Wertewelt aufbauen sollte.[44] Die Dörfer sollten damit nicht zuletzt tiefgreifend und nachhaltig in den Einstellungen der Tansanier wirken: Sie sollten die ›guten‹ Traditionen gegenseitiger Fürsorge und Solidarität wiederbeleben, die Einwohner zusammenschweißen, für einander einstehen lassen und zu Selbsthilfe mobilisieren. Das zeigt sich bereits in der Wahl des Etiketts *Ujamaa*, das nicht nur Dorfgemeinschaft sondern gleichzeitig auch Familien- und Gemeinschafts*sinn* meint.

Für die Herstellung und Pflege dieses ›Sinns‹ waren ein paar konkrete Praktiken angedacht, die auch die architektonische Ausstattung eines jeden Dorfes vorgaben: So bewirtschafte man gemeinsam die *Ujamaa*-»Shamba«, ein Gemeinschaftsfeld, das es angeblich schon bei den Urahnen gegeben hätte, um gemeinsame Vorsorge zu treffen und die nicht zur Mitarbeit fähigen Kranken und Alten zu ernähren.[45] Die »Shamba« schloss sich in

---

42 Eckert, *Herrschen und Verwalten*, S. 253–256; Scott, *Seeing*, S. 223–261.

43 Eckert, *Herrschen und Verwalten*, S. 253.

44 Hier trafen sich die Strategien der tansanischen Regierung deutlich mit den Anliegen der deutschen *Hilfe zur Selbsthilfe*. Vgl. Teil I, Kapitel 3.

45 Vgl. Nyerere, »Socialism and Rural Development«, S. 365. Vgl. auch: TNA Dar es Salaam Acc. 563, 30, 4, 1 Kijiji Ujamaa Taira/New Socialism Village Taira 1972, Aufstellung der Dorfbewohner von Taira, Bericht und Aufgabenverteilung zu Taira 13.7.1972, Bericht des Dorfvorstandes von Sauri Moro vom 12.6.1972. Nahe den *Ujamaa*-Dörfern wurden häufig Experimentierfarmen eingerichtet, auf denen neue Pflanzenkulturen erprobt wurden. Ebd. Acc. 563 A 30/5 1970f. Experimental Farms 1970f., Schreiben des Landwirtschaftsministeriums an den Landrat von Pangani zur Einrichtung einer Experimentierfarm vom 21.6.1972; Ebd. Acc. 562 D 3/17/1a 1969–1971

der Regel unmittelbar an die Siedlung an. Sie sollte von jedem gut zu Fuß erreichbar sein, was zur Erleichterung der gemeinschaftlichen Arbeit gedacht war. Alle Bewohner des Dorfes, die körperlich hierzu im Stande waren, sollten außerdem an bestimmten Arbeitstagen Zufahrtsstraßen anlegen, Brunnen bohren und Schulhäuser einrichten.[46] Nicht zuletzt sollte jedes Dorf eine große Gemeinschaftshalle erbauen, in der Feierlichkeiten und regelmäßig Versammlungen abzuhalten waren. Auch diese Halle bezog sich auf afrikanische Traditionen wie die großen Gehöfte von ›Stammeshäuptlingen‹: Als ein traditionelles Sinnbild politisch, sozialer und ökonomischer Macht sollte sie zeigen, wie sehr diese nun in die Eigenverantwortlichkeit des ›Volkes‹ übergegangen sei. So war es Anspruch jeder *Ujamaa*-Halle, ein Forum zu bieten für den ständigen Austausch, für Debatten über Entwicklungsvorhaben und für möglichst basisdemokratische Meinungs- und Entscheidungsfindung.[47]

Dabei gab es einige feststehende Rahmenbedingungen, die bereits in den ersten Jahren das Leben in den *Ujamaa*-Dörfer regelten: So durfte sich niemand am Anbau von *Cash-Crops* persönlich bereichern. Keiner sollte seinen Nachbarn gegen Lohn für sich arbeiten lassen. Gemeinsames Eigentum, Verpflichtung aller zur Arbeit, gegenseitige Achtung und Fürsorge für die Schwächeren waren Grundprinzipien.[48] Auch sollte möglichst jeder Einwohner an Unterweisungen der tansanischen Entwicklungsexperten zu Hygiene und Gesundheitsvorsorge teilnehmen und sich dann in Selbsthilfe üben.[49] Damit hing die *Ujamaa*-Ideologie der Vorstellung an, dass eine erfolgreiche Gesellschaft nur wenig von außen geplant werden könnte: Auf der Grundlage einiger weniger Regeln müsse eine jede Gemeinschaft an

---

5-Years Development-Plan Handeni 12 Ujamaa Villages, Planungsaufstellung vom 28.3.1969.

46 Nyerere, »President's Inaugural Address«, S. 176ff. Vgl. Eckert, *Herrschen und Verwalten*, S. 254.

47 Vgl. Wenner, *Shamba Letu*, TNA Dar es Salaam Acc. 563 A 30/5 1970f. Experimental Farms 1970f., Schreiben des Landwirtschaftsministeriums an den Landrat von Pangani zur Einrichtung einer Experimentierfarm vom 21.6.1972; Ebd. Acc. 562 D 3/17/1a 1969–1971 5-Years Development-Plan Handeni 12 Ujamaa Villages, Planungsaufstellung vom 28.3.1969.

48 Vgl. Saul, »Nyerere on Socialism«; Eckert, *Herrschen und Verwalten*, S. 253; Scott, *Seeing*, S. 230.

49 TNA Dar es Salaam Acc. 450 HED/40/14 Ujamaa Villages, Rundschreiben des Ministry of Health vom 24.11.1970.

ihrer eigenen Entwicklung bauen und aus Rückschlägen, Misserfolgen und auch Erfolgen lernen. Denn dies sei am wirkungsvollsten.[50]

So deckten sich die Verlautbarungen und Maßnahmen im Zusammenhang mit den *Ujamaa*-Dörfern in Bezug auf Freiwilligkeit, Gewaltlosigkeit, die Einbindung aller Bürger und die Pflege ›guter‹ afrikanischer Traditionen stark mit den Prämissen der *Hilfe zur Selbsthilfe* – und zwar in der Art und Weise wie sie vom globalen Norden und auch von den deutschen Entwicklungsexperten in den 1960er-Jahren propagiert wurde.[51] Sie erinnerten gleichsam an das, was bereits in Zeiten der Missionierung und des Kolonialismus im langen 19. Jahrhundert an *Hilfe zur Selbsthilfe* propagiert wurde.[52] Damit stand *Ujamaa* keineswegs für ein originär afrikanisches postkoloniales Entwicklungskonzept, sosehr darauf auch der Anspruch erhoben wurde. Ganz im Gegenteil basierte *Ujamaa* nicht nur durch seine Reminiszenzen an den Sozialismus maßgeblich auf Gesellschaftsentwürfen und Sozialtechnologien Europas, wie sie dort seit der Aufklärung zu finden waren.

Auch in Litowa, dem ersten aller *Ujamaa*-Dörfer und damit einer Art Prototyp und Pilotprojekt, traf man sich zweimal wöchentlich in der Gemeinschaftshalle zum Essen und zum Debattieren. Anstehende Arbeiten wurden besprochen, Aufgaben verteilt und Streitigkeiten geschlichtet. Selbst den Kindern vermittelte der Dorflehrer in der Schule, welche die Bewohner selbst errichtet hatten, eine »Erziehung zur Eigenständigkeit«. Denn sie sollten dereinst nicht untätig abwarten, sondern wie schon ihre Eltern mit eigener Hände Arbeit ihr Leben anpacken.[53]

Insgesamt stand somit Litowa wie andere *Ujamaa*-Dörfer der ersten Jahre zunächst für ein basisdemokratisches Entwicklungsprojekt, das auf den ersten Blick tatsächlich funktionierte und voll und ganz vom Prinzip der Selbsthilfe getragen zu sein schien. Die Resonanz war in der Tat sehr gut: Es hatte sich in der Gegend herumgesprochen, dass in Litowa die Kindersterblichkeit geringer war als woanders, sich die Bewohner nach nur zwei Ernten selbst versorgen konnten und auch sonst in bescheidenem Wohlstand lebten. Viele ›Bauern‹ der umliegenden Dörfer zogen in das

---

50 Cliffe/Cunningham, *Ideology*, S. 138.
51 Vgl. Teil I, Kapitel 2 und 3.
52 Vgl. Ebd., Kapitel 4.
53 Vgl. Ndonde, »Litowa«.

allseits gerühmte Dorf, so dass man dort im Herbst 1963 bereits mehr als sechzig Familien zählen konnte.[54]

Litowa war so gewachsen und bekannt geworden, dass es das Zentrum der *Ruvuma Development Association* (RDA) wurde, einer Genossenschaft von mehr als zehn Dörfern, deren Bewohner sich gegenseitig unterstützen sollten. Der einstige Initiator von Litowa Milinga wurde zum Vorstand der RDA. Sein Freund und Vertrauter, der OXFAM-Aktivist Ibbot, fungierte als ›Berater‹.[55] Zunächst wurde die RDA durch die tansanische Regierung als gelungene Institution der Selbsthilfe sehr begrüßt und durch Zuschüsse in Form von Düngemitteln sowie Landmaschinen unterstützt. Als Nyerere im August 1965 Litowa aufsuchte, gab es nichts zu bemängeln: Nahezu alle Dörfer, die in der RDA organisiert waren, konnten sich selbst versorgen und waren auf keinerlei staatliche Zuschüsse angewiesen. Kam es zu Engpässen, dann half man sich untereinander. Man hielt regelmäßig Treffen der Dorfvertreter in der Gemeinschaftshalle von Litowa ab, erklärte sich gemeinsam für alles verantwortlich und plante größere regionale infrastrukturelle Entwicklungsvorhaben wie den Bau eines Krankenhauses. Auch hatte man Jugendliche für eine *Social and Economic Revolutionary Armee* (SERA) rekrutiert, eine Art ›Task Force‹ junger afrikanischer Sozialisten, die sich als »Soldaten einer friedlichen ökonomischen Entwicklung« sahen und Leuten dabei helfen sollten, sich selbst aus »den Klauen der Unwissenheit, Armut und Krankheit« zu befreien.[56]

In nicht allzu langer Zeit, bereits im Jahr 1969, fiel die RDA bei der Staatspartei TANU allerdings in Ungnade. Einige in der Genossenschaft organisierte Dörfer und ›Bauern‹ hatten immer wieder versucht, sich staatlichen Vorgaben zu widersetzen. 1969 beschloss schließlich das Zentralkomitee der Staatspartei die Auflösung und das Verbot der Genossenschaft. Ihr Vermögen wurde eingezogen.[57]

Damals übte die Regierung Tansanias immer wieder »sporadisch Zwang« auf ›Bauern‹ aus, sich in *Ujamaa*-Dörfern zusammenzuschließen.[58] Hatte man anfangs in vielerlei Hinsicht den lokalen Vereinigungen der TANU-*Youth League* freie Hand gelassen, so sollte sich dies nun ändern. Nach der sogenannten »Arusha-Erklärung« des Präsidenten vom 5. Feb-

---

54 Coulson, *Tanzania*, S. 264f.
55 Vgl. Ebd., S. 264; Feierman, *Peasant Intellectuals*, S. 236f.
56 So die Satzung der SERA, zitiert nach: Coulson, *Tanzania*, S. 264.
57 Eckert, *Herrschen und Verwalten*, S. 256.
58 Ebd.

ruar 1967[59] nahm der obrigkeitsstaatliche Zugriff auf die Dörfer und Siedlungsprojekte kontinuierlich zu: Nyerere hatte die schleppende ökonomische Entwicklung Tansanias zum Anlass genommen,[60] um einerseits massiver das gemeinschaftliche Wirtschaften in den *Ujamaa*-Dörfern zu propagieren und andererseits auf die bereits bestehenden Siedlungen stärkeren Zugriff zu nehmen.[61] Noch im gleichen Jahr entwarf die tansanische Regierung einen Plan zur landesweiten Verbreitung der Dörfer.[62] Wenn auch weiterhin die Ansiedlung aus freien Stücken erfolgen sollte, so ließ Nyerere verlautbaren, dann müsse man die ›Bauern‹ wohl auch ab und an zu ihrem Glück zwingen.[63] Denn diese ließen sich kaum noch freiwillig in den neuen Dörfern nieder. Viele Bewohner unterliefen auch die Gemeinschaftsprinzipien der Siedlungen, in dem sie verbotenerweise neben der »Shamba« eigene Felder unterhielten, um durch das Anpflanzen von *Cash Crops* etwas dazu zu verdienen oder auch durch den Anbau von Hirse und Mais Vorräte anzulegen, die nur der eigenen Familie vorbehalten sein sollten.[64] Offenbar setzte man wenig Vertrauen in die neue Lebensform.

Regelmäßig sahen nun Staatsbeamte in den Dörfern nach dem Rechten.[65] Sie berichteten immer wieder von desaströsen Zuständen: Die meisten Siedlungen seien de facto bankrott. Die Gemeinschaftskassen seien leer, man hätte kaum Kapital ansparen können für schlechte Zeiten. Zur Verfügung gestellte Maschinen würden verrotten. Und immer wieder war auch die Rede von der »Faulheit« der Bewohner und der »Selbstsucht« mancher, die nur auf ihren eigenen Profit aus seien.[66] Missernten führten wiederum zu einer prekären Zuspitzung der Ernährungslage. So musste man im Frühjahr 1969 feststellen, dass aufgrund von Mangelernährung

---

59 Nyerere, »Arusha Declaration«.

60 Feierman, *Peasant Intellectuals*, insb. S. 231ff.

61 Pratt, *The Critical Phase*, S. 174ff.; Coulson, *Tanzania*, S. 179ff.

62 Vgl. Eckert, *Herrschen und Verwalten*, S. 253–260; Scott, *Seeing*, S. 223–261; Schneider, »Colonial Legacies«.

63 Nyerere, *Socialism and Rural Development*, S. 356. Vgl. Eckert, *Herrschen und Verwalten*, S. 255.

64 Vgl. bspw. TNA Dar es Salaam Acc. 467 C 5/22, 1963–68, VDC, Schreiben des Büros des Unterbezirks Madanga an das Bezirksbüro Pangani vom 3.1.1968.

65 Ebd. Acc. 513 D 3/14 Visits Ujamaa Villages, Bericht des Landrates von Tanga vom 29.8.1968.

66 Bspw. Ebd. Acc. 513 D 3/14/88 Visits Ujamaa Villages, Pläne und Berichte über Dörfer im Bezirk Handeni vom 23.11.1969.

mehr als drei Viertel von den Einwohnern der *Ujamaa*-Dörfer nicht voll arbeitsfähig seien.[67] Dergleichen Berichte wurden allerdings nicht zum Anlass genommen, von den Siedlungsprojekten wieder Abstand zu nehmen. Ganz im Gegenteil wurden diese nun forciert und Zwangsmaßnahmen zu ihrer Besiedlung angeordnet. So zeichnete sich nun deutlich ab, dass sich in Tansania – wie Nyerere selbst sagte – der »honeymoon of independence« dem Ende zuneigte.[68] Man hegte in den Ministerien immer mehr Zweifel, dass ›Freiheit‹ und Entwicklung ohne Disziplinierung der nach wie vor als unverständig eingeschätzten breiten Bevölkerung überhaupt möglich sei.[69] Anstöße mag ein Gutachten der US-amerikanischen Consulting-Firma McKinsey & Co. gegeben haben, die von der Regierung Tansanias beauftragt worden war, die ländliche Entwicklung zu bewerten. McKinsey sah Konzepte wie ›Entwicklung von unten‹ als überfordernd und daher wirkungslos an. Die Berater sprachen sich für eine straffere, zentral organisierte Entwicklungspraxis aus.[70]

Spätestens ab Dezember 1973 wandelte sich die ursprüngliche Vision von Selbsthilfe, Freiwilligkeit und Freiheit der *Ujamaa*-Dörfer dann vollends in eine rigorose staatlich gesteuerte Siedlungspraxis:[71] In einer landesweit übertragenen Rundfunkansprache verkündete nun der Präsident, dass innerhalb von drei Jahren die gesamte ländliche Bevölkerung Tansanias in *Ujamaa*-Dörfern zusammenleben sollte. Denn es habe sich erwiesen, dass die ›Bauern‹ auf ihren Gehöften »faul« geblieben und ländlichen Entwicklungen gegenüber nicht ausreichend aufgeschlossen seien. Durch die Gemeinschaft in den Dörfern solle sich dies nun ändern.[72]

Spätestens mit der sogenannten *Operation Planned Villages* entfaltete sich dann in der Tat das, was Scott einen »staatlich autoritären Hochmodernismus« nannte:[73] Nach standardisierten, durchaus ›top-down‹ angelegten Schemata sollten die *Ujamaa*-Dörfer nunmehr weniger als Selbsthilfe-Projekte entstehen, sondern unter strikter staatlicher Aufsicht geplant, erbaut

67 PA AA Berlin B 34 Politische Abteilung 862 Tansania gesamte politische Berichte 1972, Schreiben der Botschaft Dar es Salaam an das AA vom 9.6.1969, S. 2.

68 Ruthenberg, *Agricultural Development*, S. 136.

69 Nyerere, »Freedom and Development«. Vgl. Ingle, *From Village to State*, S. 99.

70 Eckert, *Herrschen und Verwalten*, S. 245. Vgl. Nyerere, *Decentralization*, S. 72f.

71 Eckert, *Herrschen und Verwalten*, S. 256; Coulson, *Tanzania*, S. 249; Scott, *Seeing*, S. 234.

72 So äußerte sich Nyerere in einer Rundfunkansprache im Dezember 1973, zitiert nach: Eckert, *Herrschen und Verwalten*, S. 256. Vgl. Hyden, *Beyond Ujamaa*, S. 130.

73 Scott, *Seeing*, S. 223–261.

und schließlich besiedelt werden.[74] Das schlug sich allein schon im äußeren Erscheinungsbild der Siedlungen nieder: Der dänische Entwicklungsexperte Jannik Boesen, der 1975 eine Vielzahl von *Ujamaa-Vijijini* besucht hatte, schrieb: In »geraden Linien« und »Block-Bebauung« würden durch ein obrigkeitliches Entwicklungsregime in solchen Siedlungen Gemeinschaft regelrecht aufoktroyiert.[75]

Nun kam es zu Zwangsumsiedlungen, die häufig auch sehr gewalttätig abliefen: Polizisten durchkämmten die Slums der Städte, um dort lebende Mittellose für eine Zwangsumsiedlung aufzuspüren.[76] Es galt, diese »wahuri« (»Unerwünschten«) oder »mnyonyaii« (»diejenigen, die vom Schweiß anderer leben«) genannten Armen zu ›nützlichen‹ Bürgern ›umzuerziehen‹.[77] Von Soldaten der Armee wurden ›Bauern‹ mit Stockschlägen auf Lastwägen getrieben; sie mussten häufig ihr Hab und Gut zurücklassen. Man brannte ihre Gehöfte ab, damit sie nicht zurückkehren konnten. Häufig über mehrere Tagreisen und mit nur unzureichender Verpflegung wurden diese Leute zu ihrem neuen Bestimmungsort gefahren. Vor den Transporten trennte man meist Nachbarn voneinander, um soziale Beziehungen aufzubrechen und keine vereinten Widerstände aufkommen zu lassen. Entsprechend dem Konzept der Selbsthilfe waren die *Ujamaa*-Siedlungen meist nicht fertig gestellt. Die künftigen Bewohner kampierten in Zeltdörfern und hatten ihre Behausungen selbst zu bauen.[78] In dieser Situation versprach man sich aus der sozialen Tabula Rasa vermutlich eine stärkere Wirkungsmacht der neuen Dorfgemeinschaft, in der dann alle in einem Boot saßen: Viele der neuen Siedler kannten einander nicht. Sie alle befanden sich in der Zwangslage, ein neues Dorf rasch aufbauen zu müssen, wollte man überhaupt ein Dach über dem Kopf haben. Notgedrungen müsste man sich miteinander arrangieren und aufeinander einlassen. Staatsdiener achteten darauf, dass sich diese Vorstellung auch erfüllte und überwachten das alltägliche Leben in den Dörfern.[79]

Alle diese Missstände sprachen sich wie ein Lauffeuer durchs Land und erregten in vielen ländlichen Regionen Widerstände und Empörung gegen

74 Vgl. Mc Henry, *Tranzania's Ujamaa Villages*, S. 136.

75 Jannik Boesen, zitiert nach: Coulson, *Tanzania*, S. 254. Vgl. Scott, *Seeing*, S. 237 f.; Eckert, *Herrschen und Verwalten*, S. 257.

76 Vgl. Ebd., S. 225. Dabei handelte es sich bei der Ansiedlung in Vorstädten häufig um explizit selbstbestimmte Überlebensstrategien: Eckert, »Afrika: urbane Traditionen«.

77 Namara, *Huduma*, S. 1.

78 Vgl. Schneider, »Freedom«; Ders., »Colonial Legacies«.

79 Eckert, *Herrschen und Verwalten*, S. 257.

die Umsiedlungen sowie gegen Entwicklungsmaßnahmen der Regierung generell. Wie Andreas Eckert schreibt, entstand eine ganze »Arena komplexer Auseinandersetzungen zwischen Bauern und Staat bezüglich der Verfügung über Ressourcen wie Geldeinkommen, Entwicklungshilfe und Land«.[80] Solche Reaktionen könnte man auch als ein Indiz dafür lesen, dass Selbsthilfe bei der ländlichen Bevölkerung Tansanias schon längst gang und gäbe war.

So scheint es, als habe die Regierung Tansanias mit ihren Verlautbarungen Anfang der 1960er-Jahre wie ein ›Zauberlehrling‹ Kräfte generiert, die sich letztlich gegen sie wenden sollten. Man hatte unterschätzt, wie stark sich die Landbevölkerung mittlerweile selbst zu helfen wusste und wie sehr sie vor allem zu ihren eigenen Vorstellungen von Entwicklung im Sinne von individueller Absicherung und Wohlstand gekommen war. Diese Vorstellungen sollten nun wiederum mit Gewalt gebrochen und auf die Linie des Staates ausgerichtet werden, die nicht zuletzt Sozialismus und Gemeinschaftseigentum bedeutete.[81] Schnelles Handeln, Druck und physisch gewaltsame Vorgehensweise wurden von vielen Staatsbeamten Tansanias der Zeit als Mittel zum Zweck gesehen, um bald das ›Beste‹ für die Bevölkerung zu erreichen.[82]

Ausländische Beobachter sahen die Vorkommnisse mit Besorgnis, wenn nicht gar Entsetzen: Die westdeutschen Botschaftsberichte dieser Zeit schildern mit Bezug auf Augenzeugenaussagen drastisch die Gewalt der Umsiedlungsmaßnahmen.[83] ›Bauern‹, die sich weigerten, ihre brennenden Gehöfte zu verlassen, hätten sich lebensgefährliche Brandwunden zugezogen. Viele wären auf dem Transport verdurstet oder an den schlechten hygienischen Bedingungen in den Siedlungen gestorben. Unter der Bevölkerung Tansanias hätte sich eine »allgemeine Ratlosigkeit und Unzufriedenheit« ob der »ständig zunehmenden staatlichen Zwangsmaßnah-

---

80 Eckert, *Herrschen und Verwalten*, S. 257. Vgl. Oppen, »Bauern«.

81 Dass es Nyerere um die Durchsetzung sozialistischer Arbeits- und Lebensweisen ging betonte er ausdrücklich in seiner Radioansprache vom Dezember 1973. Vgl. Eckert, *Herrschen*, S. 256; Hyden, *Beyond Ujamaa*, S. 130.

82 Eckert, *Herrschen*, S. 246; Coulson, »Agricultural Policies«, S. 74.

83 BA Koblenz B 213 BMZ Technische Hilfe Tansania 7682 Ujamaa Botschaft Dar es Salaam an das AA 24.2.1975, 4ff.; Dornis, »Tansania«, S. 14. Vgl. Eckert, *Herrschen und Verwalten*, S. 257.

men« breitgemacht, so berichtete wiederum ein westdeutscher Entwicklungsexperte.[84]

Bis zum Ende der Kampagne 1976 wurden mindestens fünf Millionen Menschen – meist unter massivem Zwang – umgesiedelt.[85] Nicht zuletzt aufgrund ihrer Gewaltsamkeit galten die *Ujamaa*-Dörfer und die mit ihnen zusammenhänge Umsiedlungspolitik als eine in jeder Hinsicht gescheiterte Utopie und Vision von afrikanisch-staatlicher *Hilfe zur Selbsthilfe*.[86] Von Gewaltlosigkeit, Selbstbestimmung bis hin zu basisdemokratischen Ansätzen wurde letztlich allmählich alles über Bord geworfen, was *Self Reliance* und Entwicklung ursprünglich beinhalten sollte.[87]

Ethnisierte Gewalt und soziale Exklusion

Wie bereits angesprochen, richtete sich Gewalt im Rahmen von Selbsthilfe auch oft gegen solche sogenannten ›Stämme‹,[88] die als besonders resistent oder widerständig gegen Entwicklungsbemühungen angesehen wurden.[89]

Welche große Rolle in diesem Zusammenhang soziale Exklusion in Verbindung mit *Hilfe zur Selbsthilfe* spielte, zeigt folgender Fall eines deutschen Entwicklungsprojekts im Norden Tansanias. Im September 1965 schrieb die bundesdeutsche evangelische *Zentrale für Entwicklungshilfe* an das BMZ: Die Massai, »der konservativste und traditionsgebundenste Stamm« in Tansania, sei ein Problem für jegliche Entwicklung des Landes. Die bisherigen Bemühungen der tansanischen Regierung, die Massai sesshaft zu machen, von »Hirten zu Ackerbauern umzuziehen« und dazu zu bringen, sich in ihrer Entwicklung selbst zu helfen, seien allesamt gescheitert. Besonders problematisch sei, dass die Massai weder aus eigener Kraft – wie von der tansanischen Regierung gewünscht – Bildungsanstalten gebaut hätten, noch ihre Kinder überhaupt zur Schule schicken würden. Nun scheine sich allerdings in jüngster Zeit auch unter den Massai die Erkennt-

---

84 BA Koblenz B 213 BMZ Technische Hilfe Tansania 7679, Bericht Rudolf S., Arzt am Machame Hospital, an die GAWI vom 20.12.1971.

85 Eckert, *Herrschen und Verwalten*, S. 253.

86 Scott, *Seeing*, S. 247.

87 Eckert, *Herrschen und Verwalten*, S. 258ff.

88 Vgl. zum Begriff Ethnizität und dessen Konstruktion: Lentz, *Die Konstruktion*; Eckert, »Ethnizität«; Ders., »Historiography«.

89 Vgl. Teil I, Kapitel 3 und 4.

nis durchgesetzt zu haben, dass es wichtig sei, ihren Nachkommen »eine ordentliche Schulausbildung« zu ermöglichen. Sie hätten ihren Widerstand weitgehend aufgegeben. Daher wolle man nun durch die Entsendung deutscher Experten und Entwicklungshelfer die Massai anregen, dass sie aus eigener Kraft einige Grundschulen errichten würden. Denn wenn die Massai eigenständig etwas für die Ausbildung ihrer Kinder geleistet hätten, dann würde sie ihnen auch mehr bedeuten und »nachhaltiger« angenommen werden.[90]

Als sich letztlich die Massai in den Augen der tansanischen Regierung nicht genügend beim Bau jener Schulen eingesetzt hatten, verweigerte man ihren Kindern jedoch den Unterrichtsbesuch.[91] Die Kritik der deutschen Entwicklungsexperten, die zunächst eine solche Exklusionspolitik – so zumindest ihrer Aussage nach – nicht für sinnvoll hielten, bewirkte keine Änderung der Bestimmungen. Die Regierung beharrte auf ihrer Bildungshoheit.[92] Hingegen siedelte man Angehörige der Massai häufig um und zwar – wie es bereits die deutschen Kolonialbeamte und britischen Mandatsherren unternommen hatten – fernab von jeglicher Siedlung. Damit unterband man jeden möglichen Versuch von vornherein, infrastrukturelle Einrichtungen zu nutzen, zu welchen die Massai angeblich zu wenig oder nichts beigetragen hätten.[93] Im Zuge der im November 1967 angelaufenen

90 PA AA Berlin B 58 Ref. 3 B 2 Technische Hilfe 1165, Kirchenprojekte Tansania 1965–71, Antrag der Zentralstelle für Entwicklungshilfe e. V. zur Bezuschussung der Errichtung von 13 Volksschulen für die Massai an das BMZ vom 3.9.1965, S. 1f. Vgl. dazu ähnlich bei der Ausbildung von Entwicklungshelfern des DED: BA Koblenz B 213 BMZ 18304, Sitzungen der Arbeitsgruppe »Auswahl und Vorbereitung der Entwicklungshelfer« des DED-Verwaltungsrates 1971ff., Völkerkunde Tansanias, II. Quartal 1975, S. 25. Erstaunen über ersten Schulen der Massai äußerte: Pätzig, *Noch einmal*, S. 51. Vgl. in diesem Sinne auch britische Debatten über die Entwicklung der Massai: BNA Kew CO 822/1997 The Masai Tribe, Kenya and Tanganyika, Colonial Office, East African Conference 1961, Special Minority Problems vom 9.1.1961.
91 PA AA Berlin B 58 Ref. 3 B 2 Technische Hilfe 1165 Kirchenprojekte Tansania 1965–71, Antrag der Zentralstelle für Entwicklungshilfe e. V. zur Bezuschussung der Errichtung von 13 Volksschulen für die Massai an das BMZ vom 3.9.1965, S. 1f., Bericht über die Schulpraxis im Massai-Land, undatiert.
92 Ebd.
93 Zu Umsiedlungen im Rahmen der Anlage der Naturparks Serengeti und Ngorongoro-Krater: TNA Dar es Salaam Acc. 599 GD/13/60 Part I 1965–1968 Massai Range Development Commission, Rundschreiben des Principal Game Warden Arusha an lokale Stellen über die Durchführung von Zwangsumsiedlungen vom 6.5.1968. Zur kolonialen Tradition der Zwangsumsiedlungen: Hughes, Moving The Maasai; Schneider, »Colonial Legacies«. TNA Dar es Salaam Acc. 471 949/1/II 1952–53 Massai Development Plan

sogenannten »Operation Dress Up« durften Kinder der Massai Schulgebäude meist nicht einmal mehr betreten. Aufgrund angeblich »ungesunder und unanständiger« Kleidung war den Massai künftig ein Aufenthalt in öffentlichen Räumen untersagt.[94]

Das sei nur gerecht, so die tansanische Regierung, hätten doch die Massai bislang nichts zum Aufbau öffentlicher Einrichtungen beigetragen. Nun sollten sie hieraus auch keine Vorteile ziehen.[95]

Schließlich waren nach längerem Hin- und Her auch die deutschen Experten, die 1965 den Bau der Schulen für die Massai propagiert hatten, überzeugt, dass das Handeln der tansanischen Staatsregierung eine gewisse Sinnhaftigkeit habe: In aller ihrer Rigidität führe sie doch den Massai einmal mehr deutlich vor Augen, wie wichtig es wäre, sich selbst zu entwickeln und »geistig« zu öffnen.[96] Diese Sichtweise war durchaus global anerkannt: So war beispielsweise 1973 in einem Bericht der *Food and Agriculture Organization of the United Nations* (FAO), zu lesen, es sei nur legitim, dass die Regierung von Tansania von einem »Stamm, der sich so lange um nichts gekümmert hat und körperliche Arbeiten verabscheut« erwarte, dass er endlich einen »Beitrag zur Entwicklung seines Landes« leiste.[97]

Die Massai in Tansania waren hinsichtlich der Verknüpfung von staatlichen Selbsthilfeansprüchen und sozialer Exklusion kein Einzelfall: Ähnlich wie sie wurden beispielsweise auch die Gogo in Tansanias Dodoma-

---

Estimates, ad 316 Aktenvermerk Development Organization, Dar es Salaam und Schreiben an den Provincial Commissioner der Northern Province Arusha, Ref. No. DC 3025/245 vom 1.5.1955. Zum spätkolonialen Entwicklungsplan für die Massai: TNA Dar es Salaam Acc. 471 949/1/III 1952–53, District Office Arusha, Massai Development Plan Estimates vom 10.9.1954.

94 Schneider, »The Massai's New Clothes«, S. 105. Vgl. Galaty, »»The Eye««; Ross, *Clothing*, S. 162.

95 Vgl. Schneider, »The Massai's New Clothes«, S. 105.

96 PA AA Berlin B 58 Ref. 3 B 2 Technische Hilfe 1165 Kirchenprojekte Tansania 1965–71, Antrag der Zentralstelle für Entwicklungshilfe e. V. zur Bezuschussung der Errichtung von 13 Volksschulen für die Massai an das BMZ vom 3.9.1965, S. 1f., Aktenvermerk, undatiert.

97 FAO, Propositions préliminaires pur une approche intégrée du development à long terme de la zone sahélienne de l'Afrique de l'Ouest, Document de Travail de la FAO WS-D7494, zitiert nach: Horowitz, »Ideology«, S. 257.

Region behandelt,[98] die Kotokoli in Zentral-Togo[99] oder die Baka, eine so genannte ›Pygmäen-Ethnie‹ im Südosten Kameruns.[100] Durch Beschimpfungen, Zwangsmaßnahmen, Schläge und die soziale Ausgrenzung von Gruppen der Bevölkerung wurden letztlich alle tragenden Elemente der *Hilfe zur Selbsthilfe* in der Praxis ad absurdum geführt. Offensichtlich hatte sich gerade bei Afrikanern unter Afrikanern gezeigt, dass dieses so hehre Entwicklungskonzept nicht umsetzbar war, ging es um rasche Ergebnisse in an Ressourcen enorm knappen Gesellschaften, deren Angehörigen meist nicht anders konnten, als sich gegen die Zumutung unentgeltlichen Arbeitens zu verwehren. Man hatte keine überschüssige Kraft hierfür, daher sah man eher auf das eigene Wohlergehen und das der engsten Familie. Gemeinnützige Arbeit, die als Investition in eine weite und ungewisse Zukunft gedacht war, schien als nicht erbringbarer Luxus. Wieder einmal mehr zeigt sich, wie fraglich und dysfunktional das vermeintlich ›beste‹ Entwicklungskonzept aller Zeiten war, wenn es sich in Praktiken unter denen beweisen sollte, denen es nützen sollte: den Ärmsten der Armen.

---

98 Vgl. Maddox, »The Ironies«, S. 28; Eckert, *Herrschen und Verwalten*, S. 177.
99 Vgl. BA Koblenz B 213 BMZ Technische Hilfe Togo 4111, Musterdörfer, Bericht an die GAWI vom 14.11.1964, S. 2.
100 Vgl. Abega, »Marinaux«.

Schluss

Im Jahr 1956 schrieb der französische Ethnologe Georges Balandier, die Vernetzungen zwischen dem Norden und dem Süden der Welt, die durch Missionierung und Kolonialismus immer dichter geworden seien, hätten in der Rückschau langfristig vor allem zweierlei bewirkt: Die »unterentwickelten Gesellschaften« in Lateinamerika, Asien und Afrika seien sich ihres »Elends« erst bewusst geworden, als sie den wohl genährten, gut gekleideten Europäern begegneten, die es mit allerlei technischen Raffinessen verstanden, sich ihrer zu bemächtigen.[1] Zugleich sei es den Repräsentanten des globalen Nordens nicht mehr möglich gewesen, die himmelschreiende Armut zu übersehen, der man in »Übersee« allenthalben begegnete.[2] Beide Seiten – die Menschen im Norden wie im Süden – hätten geradezu handeln *müssen*, um der Unterentwicklung ein Ende zu bereiten.

Ohne dies genau zu thematisieren, traf Balandier mit diesen Aussagen den Kern des Entwicklungsansatzes der *Hilfe zur Selbsthilfe* in den 1960er-Jahren, dem Gegenstand der vorliegenden Arbeit. So stand und steht *Hilfe zur Selbsthilfe* – zumindest auf dem Papier – für die kritische Selbsterkenntnis der Menschen in der sogenannten Dritten Welt, einem daraus resultierenden Handlungsantrieb, ihre Lebenslage zu ›verbessern‹ und einer ethisch-moralischen Verantwortlichkeit Europas und Nordamerikas, hierbei beratend und unterstützend tätig zu werden.[3] Wie in keinem anderen Entwicklungsansatz rückten in *Hilfe zur Selbsthilfe* globale Beziehungen in den Blick, sollten durch ›Zusammenarbeit‹ und ›Partnerschaft‹ genutzt, nicht zuletzt auch in Frage gestellt und dadurch immer wieder neu verhandelt werden.[4]

---

1 Balandier, »La Mise«, insb. S. 122f. Vgl. Kalter, *Die Entdeckung*, S. 476.
2 Balandier, »Reconnaissance«.
3 Vgl. Einleitung sowie Teil I, Kapitel 1, 2 und 3.
4 Vgl. Ebd., Kapitel 2.

Als es darum ging, ein Buch über die Geschichte der *Hilfe zur Selbsthilfe* in der Entwicklungsarbeit der Bundesrepublik Deutschland und der DDR während der 1960er-Jahre in Afrika zu schreiben, schien es daher nur dem Gegenstand angemessen, hier eine globalhistorische Perspektive einzunehmen. Gewissermaßen entlang der zeitgenössischen Konzeption, Leitlinien und Visionen der *Hilfe zur Selbsthilfe* wurde in den vorhergehenden Kapiteln weniger nach deutsch-deutschen Verhältnissen oder transnationalen Beziehungen zu afrikanischen Ländern gefragt. Im Fokus standen hingegen immer wieder weltumspannende Übertragungen, ›Übersetzungen‹, Aushandlungen und Aneignungen.

Wichtig schien hierbei, niemanden auszuschließen und den Blick immer wieder weg von den entwicklungspolitischen ›Metropolen‹ hin in die ›Peripherien‹ zu lenken. Es wurde somit nicht nur untersucht, was sich Bürokraten in Bonn oder Ost-Berlin zu *Hilfe zur Selbsthilfe* ausdachten, sondern auch danach gefragt, woher sie ihre Vorstellungen und Gewissheiten hatten und wie ihre Kollegen in Dar es Salaam, Jaunde und Lomé mit ihren Vorschlägen umgingen. *Hilfe zur Selbsthilfe* speiste sich in den Vorstellungen dieser Gestalter nicht zuletzt aus einem ständigen Lernprozess und Wandel, der von Entwicklungsexperten und -helfern getragen werden und sich aus konkreten Situationen im ›Feld‹ der Entwicklungsarbeit sowie der dortigen Interaktion mit den ›kleinen‹ Leuten vor Ort ergeben sollte.[5] Eine Geschichte zu diesem Ansatz hatte somit diese Akteure wie ihre konkreten Praktiken in den Blick zu nehmen. Wann immer möglich, wurden hierbei auch die Perspektiven der beteiligten Afrikaner eingenommen, deren Wahrnehmungen berücksichtigt und ihre Handlungen nachvollzogen. Das Ziel waren gemeinsame und geteilte Geschichten.[6] Auch dies entsprach dem Gegenstand der Studie. Denn *Hilfe zur Selbsthilfe* beanspruchte ausdrücklich, die Aktivitäten derjenigen, denen sie zugute kommen sollte, anzuregen und letztlich auf der Eigeninitiative der Hilfsbedürftigen aufzubauen.[7]

Man könnte freilich meinen, bei *Hilfe zur Selbsthilfe* handelte es sich um eine Besonderheit in der Entwicklungsarbeit der langen 1960er-Jahre, so dass ein so umfangreiches Buch über diesen Ansatz ein wenig übertrieben erscheint. Allerdings war das Gegenteil der Fall: *Hilfe zur Selbsthilfe* war in

---

5 Vgl. Teil I, Kapitel 2 und 3.

6 Vgl. zu diesem Ansatz: Conrad/Randeria, »Geteilte Geschichten«; Randeria, »Entangled History«; Dies., »Geteilte Geschichte«.

7 Vgl. Teil I, Kapitel 2.

der modernen Entwicklungspolitik des globalen Nordens gegenüber den Ländern der sogenannten Dritten Welt bereits kurz nach dem Zweiten Weltkrieg omnipräsent: Das legendäre »Point-Four-Program« des amerikanischen Präsidenten Harry S. Truman von 1949 besagte beispielsweise, das Ziel der ›entwickelten‹ Welt müsse es sein, »to help underdeveloped nations to help themselves«.[8] Auch die Vereinten Nationen propagierten *Hilfe zur Selbsthilfe* seit den 1950er-Jahren.[9] So verfolgten nahezu alle Gebernationen diesen Entwicklungsansatz bei ihrem Engagement in Ländern der sogenannten Dritten Welt.[10] Einen entsprechend zentralen Stellenwert hatte *Hilfe zu Selbsthilfe* auch in beiden deutschen Staaten, die mit einer jeweils wirkungsvolleren Entwicklungspolitik um außenpolitische Anerkennung und Einflussnahme rangen.[11] In der DDR wurde in diesem Zusammenhang euphemistisch von *Internationaler Solidarität* gesprochen.[12]

Das globale Einvernehmen: Das ›beste‹ Entwicklungskonzept aller Zeiten

Die große Bedeutung von *Hilfe zur Selbsthilfe* rührte nicht zuletzt von den Hoffnungen und Visionen, die auf diesen Ansatz projiziert wurden: So erklärten viele Politiker und Experten in den 1960er-Jahren, dass mit diesem Entwicklungskonzept wirklich eine menschlichere und gerechtere Welt geschaffen werde – eine Welt ohne Ungleichheit, Armut und Elend, in der jeder Mensch sein Recht auf angemessene Lebensbedingungen erfüllt wissen könne. Freiheit, Gleichberechtigung, Gewaltlosigkeit, Menschenrechte und die ökomische, politische, kulturelle und soziale Entwicklung hin zu ›besseren‹ Lebensbedingungen könnten durch *Hilfe zur Selbsthilfe* allesamt eintreten.[13] Dabei würden freiheitliche Sozialmodelle wie Subsidiarität[14] und Solidarität vereint.[15]

8 Harry Truman, *Years*, S. 227.
9 Vgl. Einleitung und Teil I, Kapitel 1 und 2.
10 Vgl. Einleitung und Teil I, Kapitel 1, 2 und 3.
11 Ebd., Kapitel 1.
12 Ebd.
13 Vgl. Ebd., Kapitel 2.
14 Vgl. Nörr/Oppermann, *Subsidiarität*; Blickle/Hüglin/Wyduckel, *Subsidiarität*; Buck, *Aspekte*.
15 Vgl. Rauscher, »Solidarität«; Valdés, »Ringen«.

Alle Probleme herkömmlicher Entwicklungsarbeit würde *Hilfe zur Selbsthilfe* nicht kennen: Hier gebe es keine asymmetrische Reziprozität[16] und damit kein Machtgefälle zwischen Gebern und Empfängern.[17] Denn es würden weder hohe Summen an Geld noch teure Maschinen und Gerätschaften geschenkt werden. Man stehe weniger in der Schuld des anderen und sei kaum zu Dank verpflichtet. Damit könnten viele kontraproduktive Effekte vermieden werden, die Entwicklungshilfe in der Regel anhaften würden: So käme es bislang häufig zu Abwehrreaktionen, weil die Empfänger das Gefühl hätten, unter Druck gesetzt und erpresst zu werden. Auch fühlten sich die Bürger mancher Entwicklungsländer in ihrer Kultur und ›Identität‹ bedroht. Und nicht zuletzt würden Geschenke und Alimentierung häufig zu einer Scheinsicherheit führen, die in soziale Lähmung – bis hin zu völliger Untätigkeit – bei den Beschenkten münde.

Hilfe zur Selbsthilfe sei hingegen eine Unterstützung zu Eigenständigkeit. Hier dürften die Menschen in der Dritten Welt nicht nur nach ihren Vorstellungen und Wünschen selbst mit anpacken. Sie müssten dies auch. Daher sei *Hilfe zur Selbsthilfe* auch ›nachhaltiger‹ als jeder andere Entwicklungsansatz: Denn was man mit eigenen Willen und eigenen Händen aufgebaut habe, das werde man künftig auch hegen und pflegen.[18]

Zum Anspruch der ›Nachhaltigkeit‹ gehörte es auch, dass *Hilfe zur Selbsthilfe* nicht wie nahezu alle anderen Entwicklungsansätze Modernisierung nach europäischen Maßstäben zum Ziel hatte: Man würde auf regionale Verhältnisse eingehen und viele ›guten‹ Traditionen fördern oder wieder beleben. Das würde nicht nur einer möglichen Abwehr gegen Modernisierungen vorbeugen, sondern auch die Identifikation der Menschen vor Ort mit den Entwicklungsvorhaben befördern. Sie würden sich schlichtweg mehr einbringen und kümmern, wenn sie den Eindruck hätten, dass ein Projekt wirklich ›zu ihnen gehöre‹.

Vor dem Hintergrund dieser Heilsversprechen avancierte *Hilfe zur Selbsthilfe* zu dem verheißungsvollsten Konzept moderner Entwicklungspolitik – nicht zuletzt auch für Afrika, diesem immer wieder als am meisten bedürftig und unterentwickelt angesehenen Kontinent.

---

16 Vgl. Teil I, Kapitel 2 und hier bspw. zu: Simmel, *Untersuchungen über die Formen der Vergesellschaftung*; Mauss, *Die Gabe*.

17 Vgl. hierzu und zum Folgenden: Teil I, Kapitel 2.

18 Vgl. Teil I., Kapitel 2.

Wenn Postkolonien keine Entwicklungshilfe wollen: *Hilfe zu Selbsthilfe* in Afrika als Ausweg

Vor allem aus den afrikanischen Regionen südlich der Sahara und den dort entstandenen jungen Nationalstaaten war in den 1960er-Jahren immer wieder von Hungerkatastrophen und Krankheitsepidemien die Rede, die nicht zuletzt von struktureller Unterentwicklung herrühren würden.[19] Viele Politiker des globalen Nordens waren der Meinung, dass die Welle der Dekolonisierung in Afrika zu rasch gekommen sei. Die Regierungen der neuen Nationalstaaten könnten mit diesen Problemen noch nicht hinreichend umgehen. Kontinuierlich sei man von politischer Instabilität bedroht: Armut biete sozialen Sprengstoff und könne rasch in Chaos und Gewalt münden. Auch hätten die Regierungen der Postkolonien noch unzureichend bürokratische Strukturen ausgebildet, um Entwicklungsrückstände und -hemmnisse aufzudecken, zu analysieren und Konsequenzen daraus zu ziehen. Man sei von sozialer Absicherung weit entfernt. So seien die jungen Nationen in Afrika weiterhin auf Hilfe von außen angewiesen. Diese könne auch dazu dienen, die politisch äußerst wankelmütigen afrikanischen Staatsführer politisch auf Kurs zu bringen.[20]

Währenddessen hegten die meisten afrikanischen Staatsregierungen eine Art trotzige Abwehr gegen ausländische Einflüsse – besonders gegen solche aus Europa und Nordamerika. Man wollte eigentlich mit den einstigen Kolonialherren und ihren Verbündeten überhaupt nichts mehr zu tun haben.[21] Das schloss auch die Entwicklungshilfe des globalen Nordens mit ein, der häufig – bisweilen nicht zu Unrecht – erpresserische neokolonial-politische Einflussnahme oder rücksichtslose, eurozentrische ›Zwangsmodernisierung‹ attestiert wurde.[22] *Hilfe zur Selbsthilfe* – so warben die Verfechter dieses Ansatzes – könne jegliche Bedenken in dieser Hinsicht zerstreuen. Denn sie stehe für ›wahrhafte‹ Entwicklungs*zusammen*arbeit, die den Afrikanern keinerlei Vorschriften machen würde. Die Gebernationen und ihre Repräsentanten würden nur noch beratend den Afrikanern bei ihren selbstgewählten Entwicklungswegen beistehen.[23] Mit Besserwisserei, Arroganz und Überheblichkeit[24] der nördlichen Hemisphäre hätte *Hilfe zur*

---

19 Vgl. bspw. Eckert, »Only Bad News«.
20 Vgl. Teil I, Kapitel 1 und 3.
21 Vgl. Ebd. und Teil II, Kapitel 1.
22 Vgl. Teil I, Kapitel 1.
23 Vgl. Ebd. und Kapitel 2 und 3.
24 Zu diesen Zuschreibungen für Entwicklungsexperten: Lepenies, »Lernen«.

Selbsthilfe somit nichts zu tun: Man habe im globalen Norden mittlerweile umgedacht, wolle auf keinen Fall mehr wie ein Mähdrescher durch die Länder Afrikas preschen und alles auf den Kopf stellen,[25] sondern helfen, dass man sich dort – auf eine für Entwicklungen produktive Art und Weise – selbst finde.

Entsprechend setzte *Hilfe zur Selbsthilfe* ›von unten‹ an, bei den ›kleinen Leuten‹ in den armen Vorstädten und Dörfern. Davon versprach man sich ein ›Empowerment‹ aller Bürger und besonders derjenigen, die bislang weit davon entfernt gewesen seien, überhaupt über die ›Verbesserung‹ ihrer Lebensbedingungen nachzudenken. Und dies könne den neuen Regierungen der afrikanischen Postkolonien nur entgegenkommen, seien sie doch dringend auf die Mitarbeit aller ihrer Bürger an Entwicklungen angewiesen.[26]

Auch im Bezug auf die Bewahrung und Förderung von Traditionen galt *Hilfe zur Selbsthilfe* gerade für Afrika als besonders geeignet: Dort warte letztlich ein ganzer Schatz voller ›guter‹ alter ›Sitten‹ und ›Gebräuche‹ darauf, wieder entdeckt und zum Leben erweckt zu werden. Durch Missionierung, Kolonialismus und andere fatale Kontakte mit Europäern und ihren ›Zivilisierungsmissionen‹ seien beispielsweise Formen urafrikanischer gegenseitiger Für- und Vorsorge vernichtet und bedroht worden oder zumindest in Vergessenheit geraten. Hier werde nun *Hilfe zur Selbsthilfe* ansetzen und die Afrikaner unterstützen, zu ihren Wurzeln zurückzufinden und von dort ausgehend, an ihrer Zukunft zu arbeiten.[27]

Damit galt *Hilfe zur Selbsthilfe* ihren Verfechtern als Quintessenz einer umsichtigen, philanthropischen und humanitären postkolonialen Entwicklungsarbeit, die besonders geeignet sei für die schwierigen Bedingungen, die man in Afrika südlich der Sahara vorfinden würde.[28]

Tatsächlich stimmten auch die Staatsführungen vieler afrikanischer Länder – und so auch die Präsidenten der in dieser Studie in den Blick genommenen Länder Tansania, Togo und Kamerun – in den Lobgesang zur *Hilfe zur Selbsthilfe* ein.[29] Offensichtlich war man auch hier der Meinung, dass dieses Entwicklungskonzept wirklich unverdächtig hinsichtlich des neo-kolonialen oder imperialistischen Machtgebarens der Europäer und

---

25 Zu diesem Bild: Ferguson, *Anti-Politics Machine.*

26 Vgl. Teil I, Kapitel 3.

27 Vgl. Ebd.

28 Vgl. Ebd. und Kapitel 1.

29 Vgl. Einleitung sowie Teil I, Kapitel 1 und 3.

Amerikaner sei.[30] Dafür sollten zu viele Anstrengungen seitens der Afrikaner unternommen werden und zu wenig Mittel aus dem globalen Norden fließen. Wofür sollte man somit erpresst werden oder über alle Maßen dankbar sein? Auch passte *Hilfe zur Selbsthilfe* hervorragend zu dem Ziel der Regierungen afrikanischer Nationalstaaten, im Sinne von *Self Reliance* breite Bevölkerungskreise für die Entwicklungsarbeit zu mobilisieren. Man konnte durchaus meinen, dass dieser Entwicklungsansatz in der Tat über kurz oder lang innere Selbstständigkeit und Unabhängigkeit befördern könnte. So riefen die Staatsführungen Tansanias, Togos und Kameruns immer wieder alle ihre Bürger auf, sich künftig in Selbsthilfe an Entwicklungsarbeiten zu beteiligen und sich hierbei von den Ausländern unterstützen und beraten zu lassen. Man war sich bewusst, dass man auf die freiwillige und unentgeltliche Arbeit aller Bürger angewiesen war, um überhaupt Entwicklung vorantreiben zu können. Denn für größere infrastrukturelle Investitionen fehlten schlichtweg die personellen und finanziellen Mittel.[31]

Aufgrund einer Provokation eine Geschichte schreiben

Die vorliegende Arbeit nahm die Bedeutung der *Hilfe zur Selbsthilfe* und die mit ihr verbundenen Lobpreisungen zum Ausgangspunkt. Denn die mit jenem Entwicklungskonzept verbundenen visionären Verheißungen der 1960er-Jahre provozieren doch geradezu, führt man sich vor Augen, unter welchen desaströsen Lebensbedingungen die meisten Menschen südlich der Sahara heute leben müssen. So stellte sich die Frage: Was hatte es eigentlich auf sich mit diesem vermeintlich ›besten‹ Entwicklungskonzept aller Zeiten? Lässt sich hier in der Tat die Erfolgsgeschichte eines in den 1960er-Jahren neuartigen und überaus wirkungsvollen Entwicklungsansatzes schreiben, wie es die Zeitgenossen in einem fort behaupteten? Oder war dieser Ansatz vielleicht gar nicht so neu? Hatte er vielleicht gar Wurzeln bis hinein in den Kolonialismus, so dass man vermuten kann, dass es mit diesem allseits gepriesenen Instrument dezidiert postkolonialer Entwicklungsarbeit doch nicht so weit her war. Erweist sich hingegen das Reden über *Hilfe zur Selbsthilfe* bei näherer Betrachtung als ein Traum von

---

30 Vgl. Teil I, Kapitel 1.
31 Vgl. Ebd. und Kapitel 3, Teil II, Kapitel 1.4 sowie Teil III, Kapitel 7.

einer besseren Welt, der entweder von vornherein niemals real werden konnte oder wie eine Seifenblase zerplatzte, wenn er sich in der Praxis beweisen musste? Wenn ja: Was heißt dann eigentlich Desillusionierung in diesem Zusammenhang? Wie schätzten die an *Hilfe zur Selbsthilfe*-Projekten Beteiligten Gelingen und Scheitern ein? Und welche Rückschlüsse können hieraus auf die Möglichkeiten und Grenzen dieses Entwicklungsansatzes im Afrika der 1960er-Jahre gezogen werden?

Mit diesen Leitfragen verfolgte die vorliegende Arbeit zwei Perspektiven: Sie lotete einerseits die Konstruktion der Deutungsmacht von *Hilfe zur Selbsthilfe* diachron und in globalen Zusammenhängen aus. So wurden neben dem Schwerpunkt auf die west- und ostdeutsche Entwicklungsarbeit in Afrika der 1960er-Jahre auch Blicke auf das ›lange‹ 19. Jahrhundert sowie auf amerikanische, britische und französische Aktivitäten in den USA, Europa und in ›Übersee‹ geworfen. Andererseits wurde anhand ausgewählter Projekte synchron nach den Übereinstimmungen aber auch Brüchen zwischen Ansprüchen und Praktiken der *Hilfe zur Selbsthilfe* gefragt.

In einem ersten Teil wurde das Konzept der *Hilfe zur Selbsthilfe* näher vorgestellt und nach seiner Bedeutung für die Bundesrepublik Deutschland, die DDR, für Tansania, Togo und Kamerun gefragt. Auch ging es um die Geschichte dieses Ansatzes und um seine teilweise widersprüchliche Grundanlage. Der zweite Teil befasste sich mit den Praktikern, die *Hilfe zur Selbsthilfe* in den 1960er-Jahren betrieben: Anders als in bislang vorliegenden Studien zu Entwicklungspolitik und Entwicklungshilfe wurde hierbei strikt darauf geachtet, möglichst alle Beteiligten einzubeziehen. So wurden Institutionen, die hinter Experten und Entwicklungshelfern standen, und Zuschreibungen, Auswahl und Ausbildung der Akteure nicht allein für die beiden deutschen Staaten untersucht, sondern auch für Tansania, Togo und Kamerun. Denn auch dort gab es bereits seit dem Spätkolonialismus Behördenstrukturen und zahlreiche Praktiker, die sich mit Entwicklungsarbeit befassten. Der dritte Teil analysierte schließlich einige Projekte der west- und ostdeutschen *Hilfe zur Selbsthilfe*. Hier wurden nicht nur der Projektverlauf, die gegenseitigen Wahrnehmungen und Erwartungen der Beteiligten analysiert, sondern es wurde auch danach gefragt, wie jeweils Gelingen und Scheitern bewertet wurden.

Damit versucht die vorliegende Arbeit, den Weg von der Entstehung der globalen Deutungsmacht der *Hilfe zur Selbsthilfe* bis hinein in die Evaluationen und Auswertungen von Praktiken historisch nachzuzeichnen.

Welche Schlussfolgerungen konnten hierbei nun gezogen werden? Was
sind kurzgefasst die Hauptergebnisse der Analysen?

Das Konzept: Kalter Krieg und globaler Austausch

Als sich Anfang der 1960er-Jahre Politiker und Beamte in der Bundesrepublik Deutschland und der DDR daran machten, ein entwicklungspolitisches Programm für Länder der ›Dritten Welt‹ zu entwerfen, ging es
nicht zuletzt auch um politische Anerkennung und Einvernahme.[32]
In diesem Zusammenhang waren die jungen Nationalstaaten in Afrika
besonders interessant: In diesen als am ärmsten und meisten unterentwickelt klassifizierten Regionen der Welt konnte man scheinbar zweckfreie
›wahrhaft‹ humanitäre Hilfe leisten, die nicht unter dem Verdacht stand,
Ausbeutungsstrategien zu verfolgen. Man konnte außerdem den mittlerweile erreichten Wohlstand und die eigene Wirtschaftskraft beweisen,
wenn man in den Kreis der entwicklungspolitischen Gebernationen eintrat.
Alles dies konnte sich nützlich erweisen, um auf dem Parkett der internationalen Politik ernst genommen zu werden, wie es ein Ziel der beiden
deutschen Staaten im Zeitalter des Kalten Krieges war. Gleichzeitig handelte es sich bei Tansania, Togo und Kamerun um Territorien, die auf
deutschen Kolonialbesitz zurückgingen. Durch eine geschickte Entwicklungspolitik bot sich für die beiden deutschen Staaten die Chance, der
Weltöffentlichkeit zu beweisen, wie weit man von der eigenen kolonialen
Vergangenheit, vom nationalsozialistischen Kolonialrevisionismus und von
Rassismus entfernt war. Überdies konnte man an traditionelle Anhänglichkeit an die einstigen Kolonialherren anknüpfen, die es erstaunlicherweise
ab und an gab.[33] Die Abwehr und der Hass gegen die Europäer richteten
sich nämlich eher gegen die unmittelbar vorausgegangenen Kolonialherren,
die britische und französische Treuhandmacht. Die immensen Verbrechen
in den sogenannten ›Schutzgebieten‹ schienen bei den Tansaniern, Togoern
und Kamerunern weitgehend in Vergessenheit geraten zu sein oder
rückten in den Hintergrund, um mit den Deutschen zumindest inoffiziell

---

32 Vgl. hier und für das Folgende: Einleitung und Teil I, Kapitel 1.
33 Vgl. Bayerisch-Togoische Gesellschaft, *1884–1984*; Schmidt Soltau, »Postkoloniale Konstruktion«; Derrick, »The »germanophone« Elite«; Joseph, »The German Question«;
Stoecker, »Loyality to Germany«; Ders., »Germanophilie«.

entwicklungspolitische Allianzen gegen die Briten und Franzosen zu schmieden. Und nicht zuletzt gab es weltweit kaum eine Region, in der politisch so viel offen war: So stand in den Zeiten des Kalten Krieges in den Sternen, auf welches Lager sich die neuen Regierungen der afrikanischen Postkolonien schlagen würden. Beide deutschen Staaten sahen sich offensichtlich berufen, hier Einflüsse auszuüben: So verfolgte die Bundesregierung das Ziel, durch Entwicklungshilfe südlich der Sahara eine »rote Gefahr«[34] abzuwenden und ihren Alleinvertretungsanspruch für Deutschland zu sichern, während das ZK der SED auf die Entstehung sozialistischer afrikanischer Gesellschaften und auf diplomatische Anerkennung durch ihre *Internationale Solidarität*[35] abzielte.

Die Entwicklungspolitik der Bundesrepublik Deutschland und der DDR war nicht nur von ähnlichen Motiven und Zielen geleitet. Sie stand auch in direkter Konkurrenz zueinander, was sich deutlich aus der kontinuierlichen gegenseitigen Beobachtung jeglicher Aktivitäten in Afrika erkennen lässt. Zu dieser Konkurrenz gehörte auch die Suche nach einem ›besseren‹ Entwicklungskonzept, was bundesdeutschen Diplomaten und Politikern am meisten beim britischen *Community Development* und seinem Kern der *Hilfe zur Selbsthilfe* einleuchtete. Entsprechend war *Community Development* auch ein Vorbild für die westdeutschen entwicklungspolitischen Konzeptionen der 1960er-Jahre. Auf Initiative des Bonner BMZ setzten sich Ethnologen, Soziologen und Ökonomen intensiv damit auseinander, wie man ein geeignetes Leitkonzept erstellen könne: Man war sich rasch einig, dass dies *Hilfe zur Selbsthilfe* sein sollte. Der freiheitliche auf Gleichberechtigung abzielende Anspruch dieses Ansatz sollte auch dazu dienen, jegliche Vorwürfe von machtpolitischer Einflussnahme und Neokolonialismus im Keim zu ersticken, wie sie seitens der DDR aber auch von afrikanischen Staatsführungen wie der Tansanias gegenüber der Bundesrepublik Deutschland behauptet wurden.[36]

Ostdeutsche Funktionäre bestanden wiederum darauf, dass die DDR ohnehin keine neokolonial-politische Einflussnahme ausüben würde. Man entschied sich gerade gegen eine wissenschaftlich fundierte Konzeption eines Entwicklungsansatzes, da man dergleichen Aktivitäten vermutlich für nicht nötig oder auf manipulative Strategien gegenüber den Partnern in ›Übersee‹ angelegt ansah. Hingegen galt die *Internationale Solidarität* mit ih-

---

34 Breyer, *Moskaus Faust*, S. 266f.
35 Vgl. Teil I, Kapitel 1.
36 Vgl. Ebd.

rem Anspruch von ›Freunden für Freunde‹ *Hilfe zur Selbsthilfe* zu leisten regelrecht als selbstverständlich und naturgemäß für einen sozialistischen Staat.[37]

Trotz dieser unterschiedlichen Ansätze und Vorgehensweisen wurde in beiden deutschen Staaten behauptet, man habe ein völlig neuartiges, wirkungsvolles Entwicklungskonzept geschaffen, das besonders für die Problemlagen in Afrika südlich der Sahara geeignet sei.

Ein alter Wein in neuen Schläuchen

Man irrte sich hierbei gewaltig: Bevor *Hilfe zur Selbsthilfe* überhaupt nach ›Übersee‹ kam, hatte sie schon eine überaus lange Vergangenheit in Europa und den USA hinter sich. Spätestens seit Mitte des 18. Jahrhunderts befassten sich Theologen, bürgerliche Philanthropen oder Erzieher mit der Frage, wie man die Armen dazu bringen könnte, sich selbst aus ihrer Misere herauszuarbeiten.[38] Aufklärerische Pädagogik, die ›protestantische Ethik‹[39] und auch das katholische Subsidiaritätsprinzip[40] erklärten gleichermaßen, dass es vor allem auf Einfühlung und Verständnis beruhende Anleitungen sein könnten, die bewirken würden, dass die Armen ihre Bedürftigkeit erkennen und aus dieser Erkenntnis heraus aufstünden, um sich aus der Misere herauszuarbeiten. Ob es nun Pfarrer waren, die predigten, dass Gott dem helfe, der sich selbst helfe, oder Lehrer Besserungsanstalten einrichteten, in denen eine sanfte Hinführung in die Einsicht des Werts von Arbeit praktiziert wurde: Man war gleichermaßen der Auffassung, das wirkungsvollste – wenn nicht gar das einzige – was man zum Wohle der ›Gefallenen‹, Armen und Bedürftigen tun könne, sei *Hilfe zur Selbsthilfe*.

Mit dem Beginn der christlichen Missionierung in den 1850er-Jahren ›wanderte‹ *Hilfe zur Selbsthilfe* schließlich in afrikanische Regionen südlich der Sahara. Vor allem waren es deutsche Missionare, die dort die ›Erziehung der Eingeborenen zur Arbeit‹ als ihre ›Zivilisierungsmission‹ auffassten: Durch ihr vorbildhaftes Beispiel, durch gutes Zureden und

---

37 Vgl. Teil I, Kapitel 1.
38 Vgl. Ebd., Kapitel 4.
39 Vgl. Weber, *Die Protestantische Ethik*, S. 131.
40 Vgl. Nörr/Oppermann, *Subsidarität*; Nuscheler, *Sicherheitsinteressen*.

Einfühlen wollten sie die durchwegs als arbeitsscheu und störrig imaginierten Afrikaner für den Wert und die Moral der Arbeit und damit auch für ein christliches Leben aufschließen. Denn ein solches Leben würde ihnen nur selbst von Nutzen sein. Diese Bemühungen sprachen sich bald überall auf der Welt und so auch bis nach Amerika herum. So lehnte sich in Alabama auch Booker T. Washington bei seinem Ansatz zur ›Arbeitserziehung‹ von Afro-Amerikanern an die deutschen Missionare in Afrika an. Sein Tuskegee-Institute gab wie die Maßnahmen der Missionare wiederum Impulse für deutsche Kolonialbeamte in den afrikanischen ›Schutzgebieten‹, die Alternativen zur nunmehr diskreditierten Sklaven- und Zwangsarbeit suchten. Mit Abgesandten Washingtons wurde in Togo ein Experiment unternommen, das auf Überzeugung anstatt Strafmaßnamen setzte.[41] Wenngleich solche ›sanften‹ kolonialen Bemühungen zur Inwert-Setzung des ›Humankapitals‹ in den ›Schutzgebieten‹ zwar nicht von Dauer waren und man auch weiterhin zur Peitsche griff, so lässt sich hier doch zweierlei festhalten: Zum ersten war bereits vieles angedacht, was das postkoloniale Entwicklungsprinzip der *Hilfe zur Selbsthilfe* an Gewaltlosigkeit, Überzeugungsarbeit und Selbstfindung beinhaltete. Zum zweiten lässt sich sehen, wie global solche Ansätze bereits zu Beginn des 20. Jahrhunderts konzipiert und verhandelt wurden: Deutsche Missionare brachten sie aus der ›Inneren Mission‹ in Bethel oder Berlin nach Afrika, von dort ›reisten‹ sie nach Alabama und dann wieder zurück nach Afrika.

Zentral für diese ›Reisen‹ war ein beständiger Ausbau von Wissen über Afrika und *die* Afrikaner. So machten sich seit dem 19. Jahrhundert Missionare, Kolonialbeamte und allmählich auch Ethnologen daran, sich Kenntnisse über die ›Sitten‹ und ›Gebräuche‹ der Afrikaner, ihre Traditionen, die sie als ›gut‹ oder ›schlecht‹ klassifizierten, und über das anzueignen, was sie als ›Psyche der Eingeborenen‹ bezeichneten.[42] Diese seit dem 19. Jahrhundert stetig zunehmende Wissensakkumulation war von eigenen Erfahrungen europäischer Akteure und von der andienenden Informationspolitik afrikanischer Informanten getragen. Hier ging es darum ›Fremdes‹ und Unbekanntes zu fassen, Welten, die – mit Johannes Fabian gesprochen – für viele Forscher der Zeit »out of their minds« lagen.[43] Afrika wurde zu

---

41 Vgl. Teil I., Kapitel 4 und hier zu: Zimmerman, »A German Alabama«; Ders., »Alabama«.

42 Vgl. Teil I, Kapitel 4.

43 Vgl. Fabian, *Out of Our Minds*.

einem »living laboratory«[44] sozial-politischer Forschungen, die als grundlegend für die angeblich auf Kenntnis beruhenden – letztlich allerdings stark strategischen und manipulativen – Elemente der *Hilfe zur Selbsthilfe* angesehen wurden.

Wie Fabian einleuchtend herausgestellt hat, lag in diesen Forschungen etwas »Fieberhaftes«, ein geradezu »wahnhaftes« wissenschaftliches Streben, durch Feldbeobachtung übertragbare Empirie und Prognosen vorzulegen.[45] Es ging schließlich nicht nur um die Frage, wie man über die ›Arbeitserziehung‹ für das Christentum aufschließen oder den Wert der Kolonien heben könne, sondern auch um die Abwehr der aus Not und Elend geborenen politischen Sprengkraft kolonialer Räume.

Bereits zu jener Zeit verfestigte sich die homogenisierende Sicht auf vielfältige kulturelle bzw. soziale afrikanische Verhältnisse, die auch die moderne Entwicklungsarbeit prägen sollte. Und nicht zuletzt kam hier die Vorstellung auf, dass sich *die* Afrikaner aufgrund ihrer traditionellen Lebenswelten in einem ständigen Konflikt mit der Moderne befänden. Wenn man ihnen zu rasche Modernisierung zumute, so die Denkfigur, dann würden sie vor Erschrecken gelähmt und letztlich sogar psychisch krank.[46] *Hilfe zur Selbsthilfe* mit ihrem Anspruch lokal angepasster und entschleunigter Modernisierung sollte hier Abhilfe schaffen. Auch dieser Aspekt postkolonialer Entwicklungsarbeit stammte damit aus dem 19. Jahrhundert.

Ein wichtiges Resultat der Forschungen in Afrika war die Konstruktion der Adressaten von Entwicklung, die gleichermaßen die Trägerschicht von *Hilfe zur Selbsthilfe* sein und auch bis in die 1960er-Jahren hinein bleiben sollten: Man redete seit der Jahrhundertwende von afrikanischen ›Bauern‹, die als besonders traditions- und erdverbunden, konservativ, auf eigenen Willen bedacht aber auch als fleißig galten. Diese Schicht hatte es allerdings so nie gegeben, woraus deutlich wird, welch eurozentrischen Klassifikationen solche Forschungen folgten, die gerade europäische Vorannahmen überwinden wollten.[47]

Besonders Jugendliche sollten zu solchen ›Bauern‹ erzogen werden. Diese galten nämlich als Repräsentanten und Gestalter der Zukunft Afrikas

---

44 Vgl. Tilley, *Africa*.
45 Vgl. Fabian, *Im Tropenfieber*.
46 Vgl. Teil I, Kapitel 3.
47 Vgl. Ebd.

und auch als offener für interkulturelle Kontakte.[48] Denn – so die Vorstellung der Verfechter von *Hilfe zur Selbsthilfe* in Afrika seit Mitte des 19. Jahrhunderts – die Landwirtschaft sei ein nicht ausgeschöpftes Kapital, das die Grundlage für jegliche weitere Entwicklung legen müsste. Durch die Arbeit der ›Bauern‹ – so die Annahme – könnten Hungersnöte ein Ende nehmen. Und nur wer ausreichend Nahrung habe, könne sich in Entwicklungsarbeit einbringen.

Bei der wissenschaftlichen Auseinandersetzung über *Hilfe zur Selbsthilfe* waren seit dem Fin de Siècle auch Fragen zur Art und Weise der praktischen Umsetzung zentral. Auch hier lässt sich wieder eine globale ›Reise‹ erkennen: Erfahrungen aus der europäischen und nordamerikanischen Sozialarbeit in der Zwischenkriegszeit wurden auf afrikanische Verhältnisse übertragen. So formierte sich die Gewissheit, dass *Hilfe zur Selbsthilfe* dem Menschsein überall auf der Welt ebenso wie lokalen Verhältnissen entsprechen könne, da sie auf Jahrzehnte langer Expertise gegründet sei. Die Professionalisierung der Sozialwissenschaften in den 1960er-Jahren bewirkte in diesem Zusammenhang keine grundlegende Neujustierung sondern lediglich, dass auch die Praxis der *Hilfe zur Selbsthilfe* zunehmend standardisiert wurde, um ihre weltweite Übertragbarkeit und Wirksamkeit zu stärken: So legte die UNO bereits 1953 die schrittweise Abfolge von Gesprächen bis hin zu Auswertungen fest, an die sich ausländische wie einheimische Entwicklungsexperten und -helfer künftig halten sollten und die sich in der Tat dann auch in den Konzepten der Bundesrepublik Deutschland und der DDR wieder findet.[49]

Hilfe zur Selbsthilfe als praktisch angewandter Teil der modernen Entwicklungspolitik in Afrika nach 1945 hatte wiederum ganz unmittelbare Vorläufer in spätkolonialen Entwicklungsansätzen, etwa dem britischen *Community Development* und der französischen *Animation Rurale*, die vor allem in den afrikanischen Mandats- und Treuhandgebieten angewandt wurden. Nachdem Tanganjika, Togo und Kamerun vom Deutschen Reich gelöst und zu britischen und französischen Mandatsgebieten geworden waren, wurden dort Formen von *Hilfe zur Selbsthilfe* eingeführt, die bereits – wie das spätere postkoloniale Entwicklungskonzept – auf die unentgeltliche Arbeit von Afrikanern aus freien Stücken unter Berücksichtigung ihrer Wünsche und Ziele setzten.[50] Besonders der Ansatz des *Community Develop-*

---

48 Vgl. Teil I, Kapitel 3 und Teil II, Kapitel 2 und 2.2.
49 Bspw.: UN, *Durch Hilfe zur Selbsthilfe*. Vgl. Teil I., Kapitel 1.
50 Vgl. Ebd., Kapitel 4.

ment, der mehr Freiräume für die Empfänger der Hilfe als die *Animation Rurale* einräumte, avancierte nicht zuletzt über entsprechende Projekte der UNO seit Ende der 1940er-Jahre zu einem weltweit als ›gut‹ angesehenen und somit vorbildhaften, weil den lokalen Verhältnissen angepassten und daher nachhaltigen Entwicklungskonzept.[51] Es war nur folgerichtig, dass sich die Bundesrepublik Deutschland in ihrer Suche nach effizienten Entwicklungsansätzen hieran orientierte.

Betrachtet man die *longue durée* der Geschichte von *Hilfe zu Selbsthilfe* insgesamt, dann ist festzustellen, dass dieser Ansatz immer dann besonders propagiert wurde, wenn soziale Krisen eine Dimension erreichten, die Zweifel aufkommen ließen, ob Fürsorge und Alimentierung der Armen noch zu leisten sei oder sich auszahle. *Hilfe zur Selbsthilfe* war vor allem kostengünstig und steht damit auch für den Rückzug aus staatlicher, kirchlicher, privater oder supranationaler Fürsorge und Verantwortlichkeit. Mit allen Reden über Eigenverantwortung und Freiheit wurde vor allem eine Last auf diejenigen übertragen, die Hilfe bedurften. Von der Entstehung des Pauperismus in der Industriellen Revolution im Europa und Nordamerika des 19. Jahrhunderts bis hin zur modernen Entwicklungspolitik der 1960er-Jahre baute *Hilfe zur Selbsthilfe* vor allem auf die Arbeitskraft der Hilfsbedürftigen auf.[52]

Die Praktiker: Mit *Hilfe zur Selbsthilfe* über sich hinauswachsen

Bei den hochgegriffenen Ansprüchen der *Hilfe zur Selbsthilfe* in den 1960er-Jahren war rasch klar, dass man in der Bundesrepublik Deutschland wie in der DDR beim Aufbau eines eigenen ›Stammes‹ von Entwicklungsexperten[53] ganz besondere Menschen brauchte, die auch nur annähernd der Herausforderung gewachsen sein könnten, das Entwicklungskonzept in der Praxis umzusetzen.

Die nach dem Zweiten Weltkrieg und den Dekolonisierungen in vielen Ländern der ›Dritten Welt‹ aufkommende starke Abwehr und Kritik gegen Ausländer richtete sich vornehmlich auch gegen Experten, die im Auftrag der Kolonial- bzw. Treuhandregierungen Entwicklungen vorantreiben

---

51 Vgl. Teil I, Kapitel 1 und Kapitel 4.
52 Vgl. Ebd.
53 Hüsken, *Der Stamm*.

sollten. Besonders kritisch war hier die Haltung der Regierungen afrikanischer Postkolonien: In der Regel mussten Angehörige des kolonialen Establishments nach Eintreten der formellen Unabhängigkeit unverzüglich ausreisen.[54] In der Zeit jenes überaus angespannten Klimas gegenüber Ausländern und vor allem Entwicklungsexperten begannen die Bundesrepublik Deutschland und die DDR erst mit dem Aufbau ihrer eigenen Entwicklungspolitik. Klar war, dass man nicht ohne Experten auskommen würde. So wurde nun intensiv geforscht, erörtert und erklärt, wie denn ein idealer deutscher ›Freund‹ und ›Berater‹ für die Länder der Dritten Welt sein müsse. Man konnte sich hier durchaus international und nicht zuletzt an denjenigen Afrikanern selbst orientieren, die bereits im Spätkolonialismus als Entwicklungsexperten ihrer Länder eingesetzt waren. Hier gab es allerdings auch einiges auszugleichen, wenn man an den Prinzipien der Selbsthilfe festhalten wollte: Denn in Tansania, Togo und Kamerun waren Experten allesamt in durchaus noch kolonialen strikten Strukturen organisiert, an deren oberster Spitze staatliche Behörden standen, die über Entwicklungspläne Anordnungen trafen. Auch gab es bei den afrikanischen Entwicklungsexperten keinen Elitenwechsel, so dass viele eher aus persönlichen Beziehungen denn aus fachlichem Können oder zwischenmenschlichen Qualifikationen an ihre Posten gekommen waren.[55] Die deutschen Experten sollten hier durch ihr Fachwissen und vor allem auch durch Charaktereigenschaften unterstützend wirken: So wurde bei der Einstellung auf menschliche Reife, interkulturelle Offenheit und charakterliche Eigenschaften wie Ausgeglichenheit und Duldsamkeit geachtet. Arroganz, ›Besserwisserei‹ und Rassismus waren ausdrücklich unerwünscht.[56] Doch musste man unter den alten ›Haudegen‹ der deutschen Afrika-Expertise, die häufig im Nationalsozialismus sozialisiert worden waren und entsprechend auftraten, erst einmal seltene Ausnahmen auftun, die diesen Anforderungen entsprechen konnten. Das Interesse des akademischen Nachwuchses an einem Einsatz in Afrika war in Zeiten der Vollbeschäftigung, aufgrund der zu erwartenden Probleme in ›Übersee‹ und vor dem Hintergrund der mangelnden Honorierung solcher Einsätze durch anschließende mögliche deutsche Arbeitergeber gering.[57] Die Zeit drängte und so bereitete man ältere Experten meist recht kurz und oberflächlich

---

54 Vgl. Teil II, Kapitel 1.
55 Vgl. Ebd., Kapitel 1.1 und 1.4.
56 Vgl. Ebd., Kapitel 1.2 und 1.3.
57 Vgl. Ebd., Kapitel 1.1.

auf ihren Einsatz vor und empfahl ihnen, kontinuierlich in Selbsthilfe weiter an sich selbst zu arbeiten.[58] Die in den Dienst der Bundesrepublik Deutschland und der DDR gestellten Entwicklungsexperten hegten freilich weiterhin einen sehr distinktiven Habitus, der sich bis hin zu blankem Rassismus auswachsen konnte und äußerst kontraproduktiv war für die auf Zusammenarbeit angelegte Entwicklungspraxis.[59] Nichts desto trotz gingen afrikanische Experten häufig Allianzen mit ihren deutschen Kollegen ein: Man verständigte sich rasch darüber, mehr als der Rest der Bevölkerung zu wissen und dadurch den Ton angeben zu können. Hieraus erwuchsen oft autoritäres Gehabe, psychische oder gar physische Gewalt, die jene ›Entwicklungsfront‹ ausübte, wie betroffene Afrikaner bisweilen die ›weißen‹ wie afrikanischen Experten gleichermaßen nannten.[60] Häufig waren es gerade die Experten, die durch ihr Auftreten so manche Initiative im Keim erstickten und nur Widerstand ernteten, obwohl sie doch zur Selbsthilfe anregen sollten.

Der Ausweg aus diesem Dilemma sollten Jugendliche sein, die als Entwicklungshelfer bzw. Mitglieder der *Freundschaftsbrigaden* nach ›Übersee‹ entsandt wurden – und zwar nicht zuletzt mit dem Ziel, die Spannungen und Konflikte zwischen Experten und lokaler Bevölkerung abzuschwächen und beizulegen.[61] In Togo, Kamerun und Tansania galten Jugendliche ohnehin schon seit den 1940er-Jahren als die Repräsentanten einer ›besseren‹ Zukunft.[62] Dort waren schon von den Treuhandmächten Jugenddienste angeregt worden, die Entwicklungsarbeiten in Selbsthilfe verrichten sollten. Hierzu bildeten nun der DED und die *Freundschaftsbrigaden* der FDJ Gegenparts.[63] Man versprach sich, dass die Zusammenarbeit von Jugendlichen untereinander weniger belastet von kolonialen Attitüden und rassistischen Vorurteilen sei. Entsprechend setzte auch die Rekrutierung der jungen Leute in den beiden deutschen Staaten auf menschliche Qualifikationen wie auch ihre Auswahl und Ausbildung. Festzustellen ist hierbei, dass sich zumindest in der Bundesrepublik Deutschland seit 1971 die Vorbereitung immer mehr intensivierte und auf die Vorbeugung interkultureller Konflikte ausrichtete: Dies konnte so weit gehen, dass man sich

---

58 Vgl. Teil II, Kapitel 1.3
59 Vgl. Ebd., Kapitel 1.4.
60 Vgl. Ebd. und hier zu: Cliffe/Saul, *The District Development Front*, S. 1.
61 Vgl. Ebd., Kapitel 2.
62 Vgl. Teil I, Kapitel 4.
63 Vgl. Teil II, Kapitel 2.1.

an soziale Brennpunkte begab und in einer Art Trockenübung erlernte, wie Bedürftige nach ihren Wünschen und Vorstellungen zu befragen und zur Selbsthilfe anzuregen seien.

In beiden deutschen Staaten setzte man überdies auf frühzeitige Kontakte der jungen Leute mit Afrikanern, damit gegenseitiges Verstehen der ›Anderen‹ in Gang komme. Wenn auch Geduld, Einfühlungsvermögen und Offenheit für ›fremde‹ Kulturen schon bei Kolonialbeamten als Voraussetzung für einen gelungenen Einsatz in ›Übersee‹ galten,[64] so war an der west- wie ostdeutschen Ausbildung von Entwicklungshelfern bzw. Brigadisten in den 1960er-Jahren die große Bedeutung neu, die hier nicht nur der Vermittlung des Geistes der *Hilfe zur Selbsthilfe* zugeschrieben wurde. Die Praktiken der Selbsthilfe sollten selbst angeeignet und erlernt werden, was bereits ein maßgeblicher Anteil der Vorbereitung war.[65]

Anwerbung, Auswahl und Vorbereitung schienen sich zu lohnen: In der Tat wurden die jungen Leute aus der Bundesrepublik Deutschland bzw. der DDR selbst von den kritischen Einheimischen oftmals gelobt für ihren Enthusiasmus, ihre Lebensfreude, ihre interkulturelle Offenheit und ihr Bemühen, sich auf die Verhältnisse vor Ort wirklich einzulassen. Wie stand es nun mit den Projekten vor Ort? Wie setzten Experten und Entwicklungshelfer die *Hilfe zur Selbsthilfe* konkret um?

In der Praxis durchgefallen?

Im dritten Teil der vorliegenden Studie wurden unter dieser Leitfrage drei Fallstudien gebildet: Es wurden die bundesdeutschen Projekte »Drei Musterdörfer in Togo«, das landwirtschaftliche Ausbildungszentrum bei Wum in Kamerun und das ostdeutsche Projekt zum Bau der Mustersiedlung Bambi auf Sansibar analysiert. Die Auswahl der Fallstudien resultierte aus der Dichte der Überlieferung zu den jeweiligen Projekten und aus dem Befund, dass es sich hier um »normale Ausnahmefälle« handelt,[66] die besonders deutlich Gelingen und Scheitern der Entwicklungsarbeit thematisieren lassen. Es ließ sich zeigen: Alle drei Projekte wurden auf den ersten Blick strikt nach den konzeptionellen Prämissen der *Hilfe zur Selbsthilfe* bzw.

---

64 Vgl. Teil II, Kapitel 1.3 und Teil I, Kapitel 4.
65 Vgl. Ebd., Kapitel 1.3. und 2.3.
66 Vgl. Teil III, Kapitel 1 und hier zu: Grendi, »Micro-analisi«, S. 512.

der *Internationalen Solidarität* zumindest teilweise mit Vertretern der Empfängerländer geplant, wurden zunächst allseits sehr gelobt und avancierten so zu Vorzeigeprojekten.

Im Verlauf der Vorhaben kam es allerdings immer wieder zu Konflikten sowie zu großen Widerständen und Kritik bei den Afrikanern, die Nutzen aus den Entwicklungsvorhaben ziehen sollten: So beschwerten sich die Bewohner der drei ›Musterdörfer‹ in Togo, dass sie schlichtweg keine Ressourcen an Zeit und Kraft hätten, um sich unentgeltlich in Arbeiten für die Gemeinschaften einzubringen, wollte man nicht riskieren, dass die eigene Familie darunter leide. Dorfobere beklagten sich wiederum, dass der Ansatz der Selbsthilfe und das Insistieren auf Traditionen nur dazu dienen würden, den Afrikanern Geschenke und die Wohltaten der europäischen Moderne vorzuenthalten.[67]

In der Nähe von Wum meldeten sich schon von vornherein gar keine jungen Leute freiwillig, um sich zu ›Bauern‹ ausbilden zu lassen. Die Regierung von Kamerun errichtete daraufhin ein Straflager in der Nähe des Entwicklungsprojekts und verpflichtete kurzerhand die Gefangenen zur Mitarbeit und Ausbildung im bundesdeutschen Projekt der *Hilfe zur Selbsthilfe*. Die deutschen Projektleiter waren über diese Uminterpretation ihrer Ansätze, die auf Freiwilligkeit abzielten, zu einem erzwungenen Besserungsinstrument zunächst alles andere als erfreut. Nachdem man sich allerdings von den Lebensbedingungen der Häftlinge überzeugt hatte und sah, dass das Projekt allmählich entsprechend der anvisierten Ziele voran schritt, gab man sich zufrieden. Und so galt auch das Ausbildungsprojekt in der Nähe von Wum alsbald als überaus gelungen. Das kam einem regelrechten Skandal gleich, denn letztlich war hier jegliche Prämisse der *Hilfe zur Selbsthilfe* – von Freiwilligkeit bis hin zu dauerhaftem Engagement – obsolet geworden. Auch strahlte das Entwicklungsprojekt nicht auf die umliegende Gegend aus, wie man es sich von vergleichbaren Vorhaben erhoffte. Ganz im Gegenteil: Die Bewohner der umliegenden Dörfer protestierten gegen die Sträflinge und erklärten, dass man von diesen sicherlich nichts lernen wolle und werde. Denn Verbrecher könnten doch keine Vorbilder für die Entwicklung des Landes sein.[68]

Auf der Baustelle der DDR in Bambi auf der Insel Sansibar monierten schließlich nach anfänglichem Einvernehmen die afrikanischen Experten Planungsmängel seitens ihrer ostdeutschen Kollegen. Mitglieder der *Freund-*

---

67 Vgl. Teil III, Kapitel 3.
68 Vgl. Ebd., Kapitel 4.

schaftsbrigaden waren wiederum entsetzt, wie ihre jugendlichen *Counterparts* aus Sansibar zur Arbeit gezwungen wurden und unter welchen Bedingungen sie zu hausen hatten. Schließlich gab es so massive Konflikte, dass die Bauvorhaben gestoppt wurden und die Brigade vorzeitig die Insel wieder zurück in Richtung DDR verließ.[69]

So ließen sich im Rahmen der Fallstudien Probleme und Dilemmata bei der Verhandlung von Entwicklungspraktiken erkennen bis hin zu offen ausgetragenen Konflikten. Der Wandel vom Gelingen zum Scheitern eines Projekts ließ sich jeweils deutlich nachvollziehen.

Erstaunlicherweise sahen die beteiligten Akteure selbst auch massivste Konflikte nicht als Scheitern der auf Harmonie, Eintracht und Zusammenarbeit angelegten *Hilfe zur Selbsthilfe* an. Durchwegs wurde ein Projekt daran bemessen, ob technische Ziele – wie der Bau von Häusern oder die Anlage von Feldern – erreicht worden waren oder eher nicht. So wurde der Verlust von Planbarkeit, das Entgleiten der Kontrolle als Scheitern beschrieben, aber nicht Streitereien, Missverständnisse oder gar Prügel.[70]

Dabei kam es häufig zu Gewalt in Form von sozialer Exklusion, Vorwürfen, Beschimpfungen oder selbst Schlägen. Dies wurde allenfalls sporadisch kritisch kommentiert. Niemand von den Verantwortlichen setzte sich zur Wehr gegen solche Vorkommnisse oder legte gar die Arbeit aus Protest nieder. Auch wurden Projektmittel in Folge von Gewaltanwendungen keineswegs eingefroren.

Bis zu brachialer Gewalt

Als die eingangs dieser Studie zitierten ostdeutschen Reiseschriftsteller Fritz Rudolph und Percy Stulz Ende der 1960er-Jahre eine Schule der Massai im Norden Tansanias und die dortigen Möglichkeiten zu eigenständiger Entwicklung und Selbstverwirklichung würdigten,[71] wussten sie vermutlich nichts davon, dass wenige Meilen entfernt Massai-Kindern

---

69 Vgl. Teil III, Kapitel 5.

70 Vgl. ebd., Kapitel 6.

71 Vgl. Einleitung und hier zu: Rudolph/Stulz, *Jambo Afrika!*, S. 205.

der Unterrichtsbesuch verwehrt wurde, da sich ihre Eltern nicht daran beteiligt hatten, das Schulgebäude in Selbsthilfe aufzubauen.[72] Wahrscheinlich war auch dem Vorsitzenden der CDU in der DDR, Gerald Götting, unbekannt – als er 1964 von den »sauberen« Häusern in Dar es Salaam berichtete, die die »Einwohner in freiwilliger, unbezahlter Arbeit selbst« gebaut hätten[73] –, dass für solche Projekte auf den Straßen der tansanischen Städte Obdachlose zusammengetrieben und zwangsverpflichtet worden waren. Wie gezeigt, beschimpfte man sie öffentlich als »Unerwünschte« und zwang sie, Slums einzureißen sowie Siedlungen in Selbsthilfe zu errichten. Wenn sie nicht gehorchten, drohte ihnen die Deportation in eines der *Ujamaa*-Dörfer.[74]

Als die bundesdeutsche SPD-Abgeordnete Lenelotte von Bothmer Mitte der 1970er Jahre nach der Besichtigung einer mit deutscher *Hilfe zur Selbsthilfe* errichteten Landwirtschaftsschule in den tansanischen Usambara-Bergen schrieb, dass den Menschen in Tansania endlich Wege eröffnet worden seien, »sich selber zu helfen«[75], nahm sie wahrscheinlich billigend in Kauf, dass die Schüler solcher Institutionen oftmals mit Druck verpflichtet und mit Drill ›erzogen‹ wurden[76] – wenn sie überhaupt darüber unterrichtet war.

Und als der Theologe Wilfried Warnek von seiner *Hilfe zur Selbsthilfe* für den *Weltfriedensdienst* im südkamerunischen Dorf Nkpwang in den 1960er-Jahren mit Begeisterung berichtete,[77] schienen die Repressalien für ihn offensichtlich nachgeordnet, mit der die kamerunische Jugendorganisation *Action Paysanne* Arbeitslose aus Kamerun verpflichtete, in vergleichbaren Projekten mitzuarbeiten.[78] Vielleicht war ihm auch entgangen, dass nicht weit entfernt von seinem Wirkungsfeld Angehörige der sogenannten ›Baka-Pygmäen‹ als ›primitiv‹ und nicht ›entwickelbar‹ etikettiert, von sozialen Einrichtungen ausgeschlossen, immer wieder zwangsumgesiedelt und ihrer

---

72 Vgl. Teil III, Kapitel 7 und hier zu: PA AA Berlin B 58 Ref. B 2 Technische Hilfe 1165 Kirchenprojekte Tansania 1965–1971, Antrag der Zentralstelle für Entwicklungshilfe e. V. zur Bezuschussung der Errichtung von 13 Volksschulen für die Massai an das BMZ vom 3.0.1965, Bericht über die Schulpraxis im Massai-Land, undatiert.

73 Vgl. Einleitung und hier zu: Götting, *Land*, S. 11f.

74 Vgl. Teil III., Kapitel 7. Hier zu: Namara, *Huduma*, S. 1.

75 Vgl. Einleitung. Hier zu: Bothmer, *Projekt Afrika*, S. 40. BA Koblenz B 213 BMZ Technische Hilfe Tansania 7678 Evaluationen der Entwicklungshilfe, Betreuerbericht vom 8.12.1973.

76 Vgl. Teil II, Kapitel 2.3.

77 Vgl. Einleitung und hier zu: Warneck, »Kameradschaft«, S. 101f.

78 Vgl. Teil II, Kapitel 2.3.

Lebensgrundlagen beraubt wurden. Jene ›unzivilisierten Waldmenschen‹ galten als nicht einmal im Stande, sich selbst zu entwickeln, wenn sie es auch nur gewollt hätten.[79] Wie stark die koloniale Vergangenheit in solche Gewalt hineinwirken konnte, zeigte besonders das Beispiel eines tansanischen Entwicklungsexperten, der in einem Dorf des Regierungsbezirks Handeni 1968 die Nilpferdpeitsche des einstmals deutschen Kolonialbeamten zog, um Frauen für ihre angeblich selbstverschuldeten Fehler zu züchtigen, die sie im Rahmen eines Selbsthilfe-Projekts begangen hätten.[80] Dass jenes koloniale Strafinstrument über fünfzig Jahre in besagtem Dorf aufbewahrt und möglicherweise für dergleichen Maßnahmen immer wieder gebraucht wurde, steht geradezu sinnbildlich für die kolonialen Traditionslinien postkolonialer *Hilfe zur Selbsthilfe*. Hier wurde eine Art von Gewalt angewandt, die missionarische oder koloniale ›Arbeitserziehung der Afrikaner‹ bereits im 19. Jahrhundert hinter sich lassen wollte.[81]

Wie lässt sich nun diese Gewalt interpretieren und auch die Tatsache, dass deutsche Experten und Entwicklungshelfer sie allenfalls kritisch kommentierten, doch niemals massiv gegen sie einschritten? Es scheint, als hätten die deutschen wie afrikanischen Projektverantwortlichen gleichermaßen einen Zweckopportunismus geteilt, dass es eben zur praktischen Durchsetzung des quasi höheren Ziels der Selbsthilfe ab und an rigoroser Maßnahmen bedürfe.[82] Dass man hier mittlerweile von den Prämissen der *Hilfe zur Selbsthilfe*, der Freiwilligkeit und Gewaltlosigkeit dieses Ansatzes, meilenweit entfernt war, scheint nachgeordnet gewesen zu sein.

Ein ›zweideutiges Moralprinzip‹

So hat die vorliegende Studie immer wieder auch eine Geschichte der Desillusionierung von Ansprüchen geschrieben, gerade wenn es darum ging *Hilfe zur Selbsthilfe* in der Praxis zu erproben. Dies ist umso bemerkenswer-

---

79 Vgl. Teil III, Kapitel 7.
80 Vgl. Teil III, Kapitel 7 und hier zu: TNA Dar es Salaam Acc. 304, L5/8A/29, Reg. Office Handeni, Zusammenkunft vom 28.4.1968. Vgl. Büschel,»Eine Brücke am Mount Meru«, S. 197; Ingle, *Compulsion*, S. 86.
81 Vgl. Teil I, Kapitel 4.
82 Vgl. Teil III, Kapitel 6.

ter, waren doch die 1960er-Jahre die Zeit, in der gerade dieser Entwicklungsansatz immer wieder gepriesen, in einem fort bekräftigt und ausdifferenziert wurde – und zwar besonders auch von Politikern und Experten der beiden deutschen Staaten auf ihrer Suche nach dem ›besten‹ Entwicklungsansatz aller Zeiten.[83]

Dabei bargen bereits die Theoriebildung der *Hilfe zur Selbsthilfe* und die ständigen Versuche, an ihren Leitlinien und Zielsetzungen festzuhalten, tiefgreifende Widersprüche in sich. Ein erster Widerspruch findet sich im Bemühen, kontinuierlich gerade das zu planen und zu kontrollieren, was streng genommen nicht geplant werden sollte. Entwicklungsexperten und -helfer hatten sich an prototypische Schritte, Maßnahmen und Techniken zu halten, um die Menschen in den Entwicklungsländern dazu zu bringen, ihre Gefühle und Wünsche zu äußern. So versuchten bundesdeutsche Soziologen, Psychologen und Ethnologen alle Schritte festzulegen, mit denen das Nicht-Planbare doch geplant werden könnte. Es wurden Techniken der Bedarfsanalyse, der Gesprächsführung und ›Animation‹ entwickelt, mit denen das Reden über Bedürfnisse hervorgerufen und in engagiertes Handeln überführt werden sollte. Ähnlich manipulativ war die *Internationale Solidarität* der DDR angelegt: Wenn man sich hier auch auf die Geltendmachung der Wünsche der afrikanischen ›Brüder‹ berief, verfolgte man gleichzeitig klare Strategien, den Afrikanern die Augen zu öffnen für ihr Elend. Unter dem Deckmantel der Freiheitlichkeit versuchte man zu beeinflussen, wo auch immer es nötig erschien. Dabei traten immer wieder Probleme auf, da auch noch so ausgefeilte Psychotechniken bisweilen nicht bewirken konnten, dass afrikanische Dorfbewohner Fremden gegenüber ihr Herz ausschütteten. Dass man über den gegenwärtigen Zustand des Lebens zufrieden sein könnte, sich gar nicht mit den Entwicklungsexperten zusammensetzen und befassen wollte, war letztlich in der konzeptionellen Anlage der *Hilfe von Selbsthilfe* gar nicht vorgesehen. *Hilfe zur Selbsthilfe* zwar damit zutiefst gespalten im Anspruch, menschliche Freiheit und lokale Bedürfnisse zur Geltung zu bringen einerseits und der dringenden – gar nicht freiheitlichen – Aufforderung andererseits, dass die Notleidenden dieser Welt diese Freiheit auch einsetzten müssten, um ihre Lebensbedingungen zu ›verbessern‹.[84]

Zweitens hatten die Experten (zumindest im Hinterkopf) oft eine klare Vorstellung davon, was man an Wünschen hören wollte: Entwicklung

---

83 Vgl. Einleitung und Teil I, Kapitel 1, 2 und 3.
84 Vgl. Teil I, Kapitel 5.

sollte im Sinne von Fortschritt messbar sein – durch den Anstieg ökonomischer Prosperität, die Eindämmung der Kindersterblichkeit oder den Rückgang des Analphabetismus. Man erhoffte sich hierbei meist zunächst, dass vor allem Universalien des menschlichen Lebens als Wünsche der Afrikaner zur Sprache kämen, wie etwa sauberes Wasser und gehaltvolle Nahrung. Wenn dem nicht so war, Dorfbewohner sich beispielsweise vorstellten, repräsentative Gebäude zu errichten statt Brunnen zu bohren, dann ernteten sie Empörung, Spott und Unverständnis.

Hier zeigt sich dann auch ein dritter Widerspruch der *Hilfe zur Selbsthilfe*: So setzte man einerseits auf den Ausbau qualitätsvoller interkultureller Beziehungen in Harmonie und Einvernehmen, stieß aber rasch an seine Grenzen, wenn Widerstände und Meinungsverschiedenheiten auftraten. Ein Beispiel ist die immer wieder aufgeworfene Auseinandersetzung mit vermeintlich kulturellen Unterschieden, die eben keineswegs an situativen und individuellen Verhältnissen gemessen, sondern in verhältnismäßig statischen, sich gegenüberstehenden Kollektiven von Entwickelten versus Unterentwickelten gedacht wurden.[85]

Viertens tendierte *Hilfe zur Selbsthilfe* dazu, von Menschen in Not Leistungen über Gebühr abzuverlangen: So blendeten deutsche und afrikanische Entwicklungsexperten und -helfer gleichermaßen oft aus, dass manche Menschen in ihrem täglichen Überlebenskampf schlichtweg keinerlei überschüssige Ressourcen hatten, um sich bei Selbsthilfe-Arbeiten einbringen zu können. Nicht-Können wurde hier oft mit Nicht-Wollen gleichgesetzt. Und man empörte sich, dass alle Angebote zur Eigenständigkeit und Freiheit ausgeschlagen würden.[86] Ein Resultat war bisweilen die Legitimation von Gewalt, die letztlich diese Unwilligen zu ihrem eigenen Nutzen zu Selbsterkenntnis und Handeln bringen sollte.

So könnte man in Anlehnung an Wilhelm Wundts Worte von 1912 die *Hilfe zur Selbsthilfe* im Rahmen der deutschen Entwicklungsarbeit in Afrika in den 1960er-Jahren durchaus als »zweideutiges Moralprinzip« bezeichnen.[87] Immer dann erwies sich dieser Ansatz als wertlos, wenn den Begünstigten der »Willen und die Kraft« fehlte, sich selbst zu helfen.[88] Und in er Tat konnte das Reden und Praktizieren der *Hilfe zur Selbsthilfe* auch zu

---

85 Vgl. bspw. besonders deutlich: Teil III, Kapitel 3.
86 Vgl. Ebd.
87 Wundt, *Ethik*, S. 274.
88 Ebd.

einem »Verbrechen« werden,[89] wenn es dazu diente, Geld zu sparen, sich aus der Verantwortlichkeit für globale Ungleichheit zu stehlen, wenn man schwieg und wegschaute, wenn Menschen zu Selbsthilfe gezwungen wurden, oder wenn man gar selbst aburteilte, beschimpfte und zuschlug, um angeblich ›freiwillige‹ Arbeit abzupressen. Und dies geschah oft genug.[90]

Die Kritik am Entwicklungsansatz der *Hilfe zur Selbsthilfe*, die die historischen Analysen dieser Arbeit immer wieder mehr oder minder explizit geübt haben, kann und soll nicht die Sinnhaftigkeit von Entwicklungsbemühungen in Afrika insgesamt in Frage stellen. Auch und vielleicht gerade durch *Hilfe zur Selbsthilfe* konnten Menschen überleben, in dem sie an genießbares Wasser kamen, Hungersnöten weniger ausgesetzt waren oder Krankheiten eingedämmt wurden. Das ist unstrittig.

Doch kann vielleicht gerade eine Arbeit zu einem so verheißungsvollen Entwicklungsansatz – wie dem der *Hilfe zur Selbsthilfe* – einen Anstoß geben für kritische Reflexionen über die Grenzen und Dilemmata der Entwicklungshilfe in ihren Bemühungen um Standardisierungen, Planungen und Kontrollen im Spannungsfeld zu individuellen Vorstellungen und Wünschen ihrer Empfänger. Sie könnte möglicherweise auch zu mehr Sensibilität anregen, dass gerade Entwicklungsansätze, die unantastbar scheinen, eine Legitimierung von rigorosen Durchsetzungspraktiken gegenüber denjenigen begünstigen können, die sie nicht mittragen. Und nicht zuletzt sollte diese Studie ein Bewusstsein für Menschen wecken, die nach ihrer eigenen Einschätzung keine Ressourcen haben, ihr Leben in Selbsthilfe zu ›verbessern‹. Eine Weigerung, sich selbst zu helfen, kann eben auch daher rühren, dass man das Dasein – so wie es ist – ohnehin nur mit dem Einsatz aller Kräfte bestreiten kann. *Hilfe zur Selbsthilfe* gründete und gründet letztlich immer auf die Vorstellung eines Überflusses der Hilfsbedürftigen. So konnte und kann im Appell »Hilf Dir selbst!« auch die Zumutung liegen, schlichtweg Unmögliches leisten zu sollen.

---

89 Ebd.
90 Vgl. Teil II, Kapitel 1.4 und Teil III, Kapitel 3 und 7.

Abbildungsverzeichnis

Abkürzungen

AA	Auswärtiges Amt
Acc.	Accession Number
AfS	Archiv für Sozialgeschichte
AGEFOM	L'Agence Économique des Territoires Africains sous Mandate
AGEH	Arbeitsgemeinschaft für Entwicklungshilfe
AHR	American Historical Review
ANT	Archives Nationales du Togo
APO	Außenpolitischer Offizier
ASP	Afro-Shirazy-Party
BA	Bundesarchiv
BMZ	Bundesministerium für Wirtschaftliche Zusammenarbeit
BNA	British National Archives
BStU	Bundesbehörde für die Stasi-Unterlagen
CAOM	Centres des Archives d'Outre-Mer
CCC	Civilian Conservation Corps
CD	Community Development Centre
CDC	Colonial Development Corporation
CDD	Community Development Division
CFAR	Centres de Formation d'Animateurs Rurale
CFDT	Compagnie française pour le développement des fibres textiles
CI	Critical Inquiry
CIC	Center of Intercultural Communications
CIDR	Compagnie Internationale pour le Développement Rurale
CNA	Archives Nationales du Cameroun
CNU	Cameroon National Union
CO	Colonial Office
CUT	Co-operative Union of Tanganyika
DDC	District Development Committee
DDPC	District Development and Planning Committee
DED	Deutscher Entwicklungsdienst
DETA	Department of Education in Tropical Areas

DGB	Deutscher Gewerkschaftsbund
DLG	Deutsche Landwirtschaftsgesellschaft
DMO	District Medical Officer
DSE	Deutsche Stiftung für Entwicklungsländer
DÜ	Dienste in Übersee
DWC	District Working Committee
EKD	Evangelische Kirche in Deutschland
EMAR	Équipes mobiles d'animation
EWG	Europäische Wirtschaftsgemeinschaft
EWLP	Experimental World Literacy Programme
FA	Fonds Allemande
FAO	Food and Agriculture Organization of the United Nations
FDGB	Freier Deutscher Gewerkschaftsbund
FDJ	Freie Deutsche Jugend
FES	Friedrich-Ebert-Stiftung
Fides	Fonds l'Investissements pour le Développement Économique et Social
FM	Fonds ministériels
GAWI	Garantie-Abwicklungs-Gesellschaft/Deutsche Förderungsgesellschaft für Entwicklungsländer
GFE	Gemeinnützige Gesellschaft für wirtschaftliche und soziale Entwicklung mbH
GG	Geschichte und Gesellschaft
GTZ	Gesellschaft für Technische Zusammenarbeit
HA	Historische Anthropologie
HZ	Historische Zeitschrift
IAO	Internationale Arbeitsorganisation
IIALC	International Institute for African Languages and Culture
ILO	International Labour Office
IPP	Institut Panafricain pour Développement
IRAT	Institut de recherches agronomiques tropicale
KfW	Kreditanstalt für Wiederaufbau
Masch.	Maschinenschriftlich
MfS	Ministerium für Staatssicherheit
NEL	National Executive Committee
NF	Neue Folge
NRO	Nichtregierungsorganisation
NUTA	National Union of Tanganyika Workers
ORSTOM	Office de la recherche scientifique d'outremer
PA	Politisches Archiv
PRO	Public Record Office
OXFAM	Oxford Committee for Famine Relief

R	Reichskolonialamt
Ref.	Referat
Reg.	Regional
RH	Rhodes House
SAPMO	Stiftung Archiv der Parteien- und Massenorganisationen
SORAD	Sociétés Regionales d'Aménagement et de Développement
SPAR	Société Publique d'Action Rurale
TANU	Tanganyika National Union
TAPA	Tanganyika African Parents' Association
TNA	Tanzania National Archives
TNAD	Tanzanian National Agricultural Department
UN	United Nations
UNESCO	United Nations Educational, Scientific and Cultural Organization
UNO	United Nations Organization
UTC	Union des Travailleurs Camerounaise
UWT	Union of Tanganyika Women
VDC	Village Development Committee
VPZ	Verfahren und Probleme der Zusammenarbeit
VSO	Voluntary Service Overseas
WFMH	World Federation for Mental Health
WHO	World Health Organization
ZACC	Zones d'Activités Culturelles et Communautaires
ZfG	Zeitschrift für Geschichtswissenschaften
ZK	Zentralkomitee
ZNA	Zanzibar National Archives

Quellen- und Literaturverzeichnis*

*Wenn Druckschriften als Quellen und Sekundärliteratur verwendet wurden, werden sie sowohl unter Quellen als auch unter Literatur aufgeführt.

Quellen

Archivalien

Bundesarchiv Koblenz (BA Koblenz)

B 161 Deutsche Afrika-Gesellschaft e. V. 93
B 213 BMZ 329, 1330, 1338, 1342, 1357, 2127, 1943, 3931, 3977, 4133, 4134, 5376, 5396, 5456, 5459, 5483, 5496, 12680, 18304, 18261
B 213 BMZ Technische Hilfe/Tansania 7655, 7656, 7664, 7671, 7672, 7673, 7675, 7678, 7679, 7682
B 213 BMZ Technische Hilfe/Togo 3977, 4111, 4112, 4113, 4118, 4124, 11894, 11895, 11896
B 213 BMZ Technische Hilfe/Kamerun 8911, 8914, 12102, 12106, 12112
Bundeskanzleramt 136/3001

Politisches Archiv des Auswärtigen Amtes Berlin (PA AA Berlin)
Auslandsvertretungen

Dar es Salaam, Tansania 8209, 8210
Lomé, Togo 6905, 6909, 6910, 11896
B 2 (Technische Hilfe)
447, 547, 548, 585, 615, 670, 698, 749, 1028, 1067, 1128, 1129, 1130, 1131, 1160, 1161, 1162, 1163, 1164, 1165
B 34 (Politische Abteilung)
107, 188, 389, 390, 630, 862

B 58 (Allgemeine Grundsätze der Entwicklungshilfe)
749, 784, 868, 924, 925, 943, 945, 947, 1685, 1688, 1689
B 92 (Kirchliche Entwicklungshilfe)
322, 366, 391, 392, 394, 433, 441, 447
Ministerium für Auswärtige Angelegenheiten der DDR (DDR MfAA)
Abteilung Afrika
A 14583, 15067, 15073, 15077, 15078, 15081
C 772/74, 1164/75, 1436/75, 1437/75, 1460/72, 1461/71, 1671/67
Ausschuss für auswärtige Politik
LS-A 342, 12
Konsulat Sansibar
C 771/71, 881/81

Bundesarchiv Berlin Lichterfelde (BA Berlin Lichterfelde)

Reichskolonialamt (R)
R 2/ 2978, 1001/3327, 2301/6840

Stiftung Archiv der Parteien und Massenorganisationen (SAPMO)

E 8034
DC 20/11627
DY 24/106, 744, 10658, 13292, 19203, 19204, 19205, 19206, 19207, 19208,
19209, 19210, 19211, 19212, 19214, 19234
30 IV/2/2053, 2055, 2056, 2057, 2072
30/J IV 2/2/682, 3/676
30 A 2/20292, 20857, 20956, 20957, 20958, 20960, 20961, 20962, 20965,
20966, 20969, 20972

Filmarchiv

BCSP 2645-2

Bundeszentrale für die Unterlagen der Staatssicherheit Zentralsstelle Berlin
(BStU Berlin)

MfS Aufklärung 139, 141, 148, 163, 211, 221, 231, 267
HA II 29698
HA XX/4 2977
ZATG 1861

Archiv des Deutschen Instituts für tropische und subtropische Landwirtschaft GmbH Witzenhausen

Reinhold Köster, Die Deutsche Kolonialschule GmbH, Witzenhausen. Rückblick und Ausblick, [masch.] Witzenhausen 1946.

United Nations Archives New York (UN Archives New York)

S-0175-0079-02, S-0175-0079-03, S-0175-0079-04, S-0175-0080-01, S-0175-0080-02, S-0175-0081-01, S-0175-0081-03, S-0175-1929-07, S-0175-1944-09, S-0175-1945-01, S-0175-1945-02, S-0175-1945-03, S-0441-0085, S-0441-0504, S-0441-0505, S-0441-0506, S-0441-0508, S-0441-1119, S-0441-1119, S-0441-1545, S-0441-1545, S-1021-0183-15

British National Archives Kew Public Record Office (BNA PRO Kew)

BW 9324
CO 323/1356/4, 533/370/1, 533/501/3, 533/421/1, 583/316/4, 649/18, 691/208, 822/654, 822/1716, 822/1997, 852/867/1, 859/169/2, 859/308, 859/352, 859/1362, 859/1365, 885/130, 927/172/4, 967/108, 968/2179, 1045/1376
OD 10/3, 10/6, 17 366, 371/185049
DO 163/22, 163/23, 3842

University of Oxford, Bodleian Library of Commonwealth & African Studies, Rhodes House (RH Oxford)

MSS Brit. s. Emp.
Fabian Colonial Bureau
365 Box 78/2; 89/1
MSS Afr. s. 685
Margery Perham
9

Centre des Archives d'Outre-Mer Aix-en-Provence (CAOM Aix-en-Provence)

AGEFOM 882/2471
1 AL/510/20
ANOM 61COL2689, 91 COL423, 91COL431, 91 COL111, 92COL248

Fonds ministériels
1 Fides 7, 13, 54, 66
2 Fides 4, 7, 500, 501, 548, 808, 883, 18 G 232.
675 L 3/55, 675 L 3/65
Affaires politiques fonds moderne
176140
Rapport periodique gouvernement general
14 MIOM 1832, 1846, 2691
14 MI 2407/176348

Tanzanian National Archives Dar es Salaam (TNA Dar es Salaam)

Papers of the Government of Tanganyika
3894/II
Annual Reports of Regional Commissions
1963 Mwanza Region, Souther Region
1964 Iringa Region, Coast Region, Tanga Region, Iringa Region, West Lake
Region, Mbeya Region.
Secretariat Files
Acc. 257 Ministry of Agriculture
26/060, 257 26/077 a, b
Acc. 304 District Office Tanga, Urban
A2/12, A2/49, L5/8a/29
Acc. 450 Ministry of Health and Labor
HC 1424, 62, HE 1008/2 Vol. I und Vol. II, HE 1489/36, HED 40/14, HET
30/20, HET 40/46, HL 46/75, HEU 1008/2
Acc. 467 District Office Pangani
C 5/22
Acc. 469 Ministry of Commerce and Cooperatives
CIC 2/18/095, CIC 64/010, Part A
Acc. 471 District Office Arusha
949/1/II
Acc. 481 District Office Tanga (Rural)
A 3/63
P 4/11
R 3/2, 3/3
S 1/2
Acc. 513 District Office Handeni (Rural)
D 3/14
D 3/14/88
P 4/10/1

Acc. 516 Handeni (Urban)
8
Acc. 518 District Office Kilimanjaro – Pare District Moshi
D 30/9, D 30/11, D 30/14 II
Acc. 520 District Office Kilosa
P 1/61
Acc. 521 District Office Mwanza
D3/6/A
Acc. 556 Moshi Town Council
TC 28/3
Acc. 562 Regional Office Tanga
D 3/17/1a
E 1/13
M 1/13
Acc. 563 District Office Pangani
A 30/5
C 40/14/9
M 20/9, 20/11
30, 4, 1
T 40/4
Acc. 567 District Council Njombe
R 20/8/11
Acc. 578 District Office Kilimanjaro
IRG/2/II, 2/VI 1969-72
E. 10/24
Acc. 580 District Council Njombe
E 10/21
Acc. 593 Information Service Tanganyika
C 1/3/7
ED/5/7
Acc. 597 Ministry of External/Foreign Affairs
FA/E 90/10, FA/E 160/11 (Part C), FA/F/1/5/4, FA/H 10/2 (Part A), FA/H 19/2
Acc. 599 Ministry of Natural Resources and Wildlife Department
GD 1/19 Volume V.

Tanzanian National Library Dar es Salaam (TNL Dar es Salaam)

EA 30154096782 BOA

Zanzibar National Archives Stone Town (ZNA Stone Town)

AK 4/99, 4/111

AH 72/78, 73/7
AJ 14/12, 15/54, 15/166, 15/210, 15/211, 15/365
AU 5/321, 16/180, 16/183
BA 16/19, 31/2, 108/27
DA 1/144, 1/229, 2/5, 2/16, 2/17, 2/35, 2/54, 4/5
DL 1/79
DO 2/1/1964-67, 2/2
DV 7/1

Archives National du Togo Lomé (ANT Lomé)

Fonds Allemande (FA)
Atakpame 174, 175, 221, 283
Klouto 12, 164, 378

Ministère des Affaires Extérière Togolaise Lomé
Accord Commercial RFA-Togo 1960

Archives National du Cameroun Jaunde (CAN Jaunde)

1 AA 286, 694 (2), 770
1 AC 501, 506/1, 506/3, 510/1, 510/3, 511/1, 511/2, 656, 1267, 2362, 3262, 3849, 4522, 8145, 8924
2 AC 53, 2526, 5930, 5995, 6276, 6510, 6821, 8060, 8708, 9494
Archives Politiques et Administrative (APA)
1043/F, 10416/6, 11015/0, 11168, 11176/L, 11552, 11984, 12056
Vt 6/90, Vt 29/249, Vt 33/33, Vt 39/112
Journal Officiel Matière (JO)
67/237, 68/25, 68/70, 68/180, 68/236, 68/2338, 69/157, 69/193, 69/211, 69/214, 69/302, 69/449, 70/85, 70/219, 72/117, 72/365, 75/649, 77/194, 78/21
Décret No 72/438 du 1er septembre 1972.

Archives National du Cameroun Buea (CAN Buea)

RPAID/WA Student Report 1981/82

Gedruckte Quellen

»A Survey of Mass Education in British Africa Colonies«, in: *Mass Education*, 1 (1949), S. 4–18.

Aal Jilek, Louise, »Geisteskrankheiten und Epilepsie im tropischen Afrika«, in: *Fortschritte der Neurologie, Psychiatrie und ihrer Grenzgebiete* 32,5 (1964), S. 213–259.

Acker, Amandus, »Die Erziehung der Eingeborenen zur Arbeit in Deutsch-Ostafrika«, in: *Jahrbuch über die deutschen Kolonien* 1 (1908), S. 117–124.

Adelhold, Karl/Rolf Becker/Herbert Landmann, *Komm wieder, Doktor! Als Arzt in Urwald und Wüste*, Leipzig 1965.

Adholla, S.E. Migot, »Power Differentiation and Resource Allocation. The Cooperative Tractor Project in Maswa District«, in: Goran Hyden (Hg.), *Co-Operatives in Tanzania. Problems of Organization*, Dar es Salaam 1976, S. 39–57.

Adult and Mass Education Sub-Committee, *Mass Education in African Society*, H.M.S.O, *Colonial Nr. 186*, London 1943.

Advisory Commitee on Education in the Colonies, *Memorandum on the Education of African Communties. Command Papers London. H.M.S.O. Colonial No. 103*, London 1935.

Afro-Asiatisches Solidaritätskommittee in der DDR, *Der Neokolonialismus in der westdeutschen Bundesrepublik*, Dresden 1965.

»Agouegan un habitat rural verra bientôt le jour«, in: *Togo Presse* vom 2.4.1968, o.s.

Ahidjo, Amadou, *Contribution to National Construction*, Paris 1964.

– *Nation et Développement dans l'Unité et la Justice*, Paris 1969.

Alexandre, Pierre, »Organisation politique des Kotokoli du Nord-Togo«, in: *Cahiers d'Etudes Africaines* 14,4 (1963), S. 228–274.

»Amerikanische Neger über Negererziehung in Afrika«, in: *Koloniale Rundschau* 1 (1909), S. 498.

Amin, Samir, *Accumulation in a World Scale*, New York 1974.

Arbeitswissenschaftliches Institut, »Die eingeborenen Lohnarbeiter in der Produktionswirtschaft Ostafrikas«, in: *Das Neue Protokoll*, November 1938, S. 117–122.

– »Sozialpolitik im afrikanischen Kolonialraum«, in: *AWI-Jahrbuch* 1938, I, S. 577–634.

Arbenz, Peter, »Gedanken zur Auswahl und Ausbildung von Experten«, in: *Experten-Bulletin* 6 (1967), S. 18.

Armstrong, Samuel Chapman, »Industria Training [1890]«, in: Isabel C. Barrows (Hg.), *First Mohonk Conference on the Negro Question*, New York 1969, S. 12–15.

Ascroft, Joseph, »Konspiration der Höflichkeit«, in: *E + Z* 15, 2 (1974), S. 16ff.

»Au déjeuner du président Lübke: La general Eyadema a rappellé les liens historiques qui unissent nos deux pays«, in: *Togo Presse* vom 15.5.1968, o. S.

»Auch schon Verräter«, in: *Der Spiegel* 32 (1972), S. 32ff.

Auger, George A., *Tanzania Education since Uhuru. A Bibliography 1961–1971*, Dar es Salaam 1973.

»Ausbildung für die Tropenlandwirtschaft in Witzenhausen«, in: *Staatsanzeiger für das Land Hessen* 43 vom 27. Oktober 1956, S. 1112.

Axt, Friedrich, »Ein Freiraum für afrikanische Erziehung«, in: *E + Z* 15, 4 (1974), S. 7f.

Balandier, Georges, »La mise en rapport des sociétés »différentes« et la probème du sous-développement«, in: Ders., *Monde*, Paris 1956, S. 119–132.

– »Reconnaissance du problème«, in: Ders., *Monde*, Paris 1956, S. 21f.

– »Gemeinsame Merkmale der afrikanischen Évolués«, in: Peter Heintz (Hg.), *Soziologie der Entwicklungsländer*, Konstanz 1962, S. 201–210.

– »Sociologie des Brazzavilles Noires«, in: *Cahiers de la Fondation nationale des Sciences Politiques*, Paris 1955, S. 249–260.

Balldin, Bo/Richard Hard/Rolf Huenges/Zier Versluys, *Child Health. A Manual for Medical Assistants and other Rural Health Workers*, Moshi 1975.

Bandmann, P. J., »Akklimatisierung und Tropendiensttauglichkeit«, in: *Zeitschrift für Tropenmedizin und Parasitologie* 5 (1965), S. 1–16.

Banfield, Edward C., *The Moral Basis of a Backward Society*, Glencoe (IL) 1958.

Bang, Ruth, *Hilfe zur Selbsthilfe. Für Klient und Sozialarbeiter*, München, Basel 1963.

Bardeleben, Manfred, *Grundsätze für die Förderung von Selbsthilfeorganisationen*, Bonn 1979.

»Barrieren zur fremden Kultur überwinden. Abbau von Vorurteilen im ›Uhlhof‹«, in: *E + Z* 9, 9 (1968), S. 32ff.

Bartlett, Frederic Charles, »Psychological Methods and Anthropological Problems«, in: *Africa: Journal of the International African Institute* 10, 4 (1937), S. 401–420.

Bayerisch-Togoische Gesellschaft, 1884–1984. *Togo und Deutschland. Freundschaft mit Tradition*, München 1984.

Beblo, Lothar/Klaus Frahm/Günter Wöhlk, »Bei Allah! Das ist doch eine Ungerechtigkeit! Mitarbeiter erinnern sich«, in: Willi Erl/Hans-Dietrich Pallmann (Hg.), *Betrifft: Zusammenarbeit. 25 Jahre Deutscher Entwicklungsdienst*, Berlin 1988, S. 45–50.

Beetz, Dietmar, *Visite in Guiné-Bissau*, Berlin (Ost) 1975.

Benedict, Ruth, *Patterns of Culture*, Cambridge (Mass.) 1934.

Benz, Karen, *Vor mir die Welt*, Norderstedt 2010.

Berger, Franziska, »Interview mit Ruth Radvani. Zwei Jahre als Ärztin auf Pemba, geführt am 5. Oktober 2008 in Berlin«, in: Ulrich van der Heyden/Franziska Berger (Hg.), *Kalter Krieg in Ostafrika. Die Beziehungen der DDR zu Sansibar und Tansania*, Münster, Berlin 2009, S. 335–340.

Bergvin, Paul u.a., *Adult Education Procedures: A Handbook of Tested Patterns for Effective Participation*, New York 1962.

Bernard-Ouedraogo, Lédéa, »Une expérience d'animation rurale«, in: Henri Destoche/Placide Rambaud, *Villages en Développement*, Paris 1971.

Biddle, William W., »The ›Fuziness‹ of Definition of Community Devleopment«, in: *Community Development Journal*, April 1966, S. 5–12.

Billerbeck, Klaus, *Die Auslandshilfe des Ostblocks für die Entwicklungsländer: Analysen und Prognosen*, Hamburg 1960.

– *Mobilisierung des asiatischen und afrikanischen Arbeitskräfte-Potentials*, Hamburg 1961.

– *Reform der Entwicklungshilfe auf der Basis der bisherigen Erfahrungen*, Hamburg 1961.

Bischof, Henrik, »Die Entwicklungshilfe der DDR«, in: *E + Z* 11, 1 (1970), S. 8ff.

BMZ (Hg.), *Wie sie die Deutschen sehen. Meinungen aus Asien, Afrika und Iberoamerika*, Herrenalb 1965.

Bodelschwingh, Friedrich von, *Ausgewählte Schriften* Bd. 2 [1884] Bielefeld 1964, S. 432f.

– *Die Wanderarmen und die Arbeitslosen*, Bielefeld 1895.

– »Die ostafrikanische Mission und die Bielfelder Anstalten der inneren Mission«, in: *Nachrichten aus der ostafrikanischen Mission* 4 (1890), S. 135–140, S. 148ff.

Bodelschwingh, Gustav von, *Friedrich von Bodelschwingh. Ein Lebensbild*, Bielefeld 1922.

Boesch, Ernst E., *Zwiespältige Eliten. Eine sozialpsychologische Untersuchung über administrative Eliten Thailands*, Bern 1970.

Böll, Winfried, »25 Jahre – und immer noch ein Versuch«, in: Wili Erl/Hans-Dietrich Pallmann (Hg.), *Betrifft: Zusammenarbeit. 25 Jahre Deutscher Entwicklungsdienst*, Berlin 1988, S. 29–43.

– »Konzeption und Praxis der deutschen Entwicklungspolitik, ein Beitrag zur Zieldiskussion«, in: Kübel-Stiftung (Hg.), *Entwicklungshilfe zwischen Restauration und Revolution. Ein Dialog zwischen Verantwortlichen der Entwicklungshilfe und ihren Kritikern*, Bensheim 1970, S. 9–30.

– »Vorwort«, in: Hofmann, *Vom Kolonialexperten*, o. S.

Bonn, Gisela, *Afrika verlässt den Busch. Kontinent der Kontraste*, Düsseldorf, Wien 1965.

Borel, Maurice, *Kommunikationsprobleme des Experten im Entwicklungsland*, Schriften der DSE I, Berlin 1964.

Bothmer, Lenelotte von, *Projekt Afrika. Hilfe zur Selbsthilfe?*, Würzburg 1981.

Brain, James L., »A Bridge in Meru«, in: *Community Development Journal* 4, 1 (1969), S. 17–23.

– »The Kwere of the Eastern Province«, in: *Tanzanian National Report* 58/59 (1962), S. 232.

Bräker, Hans, »Lenin und die Entwicklungsländer«, in: *E + Z* 11, 4 (1970), S. 20f.

Breier, Horst, »Das Thema ist kontrovers. Einige Anmerkungen zum Problem der Vorbereitung von Entwicklungshelfern«, in: *DED Brief*, Oktober-Dezember 1975, S. 14.

Brévie, Jules, »Science et Colonisation«, in: *Trois Études de Monsieur le Gouverneur Général Brévié*, Dakar 1936.

Breyer, Karl, *Moskaus Faust in Afrika*, Stuttgart 1979.

Bricke, Dieter, »Probleme der Gemeindewesenentwicklung dargestellt am Beispiel LIDEP«, in: *E + Z* 15, 2 (1974), S. 10–13.

Brinkschulte, Birgit, *Formen und Funktionen wirtschaftlicher Kooperation in traditionellen Gesellschaften Westafrikas*, Meisenheim 1976.

Britsch, Klaus, »Verfahren der Personalbeschaffung und -auswahl der Entwicklungshilfeorganisationen«, in: Winfried Schneider (Hg.), *Arbeitsfeld Entwicklungshilfe. Organisation, Verfahren, Rechtsfragen, Vorbereitung, Betreuung, Information und Kritik*, Wuppertal 1974, S. 57–68.

Brokensha, David, »Handeni Revisited«, in: *African Affairs* 70, 279 (1971), S. 159–168.

– Peter Hodge, *Community Development. An Interpretation*, San Francisco 1969.

Brown, Cynthia, »Literacy in 30 Hours: Paulo Freire's Process in Norheast Brazil«, in: *Social Policy* 5 (1974), S. 26.

Brown, Edgar, *The CCC and Colored Youth*, Washington (DC) 1941.

Bruhl, Lucien Lévy, *Die Seele der Primitiven*, Wien, Leipzig 1930 [1927].

Bruns, Wilhelm, *Die Außenpolitik der DDR*, Berlin (Ost) 1985.

Buchner, Charles, »Die Mithilfe der Mission bei der Erziehung der Eingeborenen zur Arbeit«, in: Redaktionsausschuß (Hg.), *Verhandlungen des Deutschen Kolonialkongresses 1905 zu Berlin am 5., 6. und 7. Oktober 1905*, Berlin 1906, S. 427–442.

Buell, Raymond Leslie, *The Native Problem in Africa*, New York 1928.

Bulletin des Presse- und Informationsamtes der Bundesregierung vom 17.5.1968.

Bureau International du Travail, *L'animation rurale dans les pays de l'Afrique francophone*, Genf 1970.

Büttner, Kurt, »Zum apologetischen Charakter westdeutscher Theorien über Afrika«, in: *Geschichte und Geschichtsbild in Afrika. Beiträge der Arbeitstagung für neuere und neueste Geschichte Afrikas am 17. und 18. April 1959 in Leipzig*, Berlin (Ost) 1960, S. 189–202.

– Christian Rachel, *Zehn Lügen über Afrika*, Berlin 1974.

Büttner, Thea, *Geschichte Afrikas. Von den Anfängen bis zur Gegenwart*. Teil I: Afrika von den Anfängen bis zur territorialen Aufteilung Afrikas durch die imperialistischen Kolonialmächte, Berlin 1976.

Bwatwa, Yussuf D. M., *Adult Education Methods: A Guide for Educators*, Dar es Salaam 1960.

Callaway, Helen, *Research for Development: Adult Learners Within Their Cultural Setting: A Paper presented at the International Converence on Adult Education and Development*, Dar es Salaam 1976.

Cameron, Donald, *My Tanganyika Service, and Some Nigeria*, London 1939.

Carins, John C., *Bush and Boma*, London 1959.

Carothers, John C., »Some Speculations on Insanity in Africans, and in General«, in: *East African Medical Journal* 27 (1940), S. 101f.

– *The African Mind in Health and Disease: A Study in Ethnopsychiatry*, Genf 1953.

– *The Psychology of Mau Mau*, Nairobi 1954.

Ceasar, Knud, »Experten-Müdigkeit« und Gegenvorschläge. Wandlungen in der Bereitschaft der Entwicklungsländer zur Entgegennahme Technischer Hilfe«, in: *E + Z* 10,5 (1969), S. 3f.

Césaire, Aimé, *Discours sur le colonialisme*, Paris 1989 [1950].

Chagulla, Wilbert, *The Role of the Elite, the Intelligentsia, and the Educated East Africans in the Development of Uganda, Kenya and Tansania*, Nairobi 1966.

Chantran, Pierre, *La Vulgarisation agricole en Afrique et à madagascar. Techniques agricoles et productions tropicales*, Paris 1972.

Chodak, Szymon, »The Birth of an African Peasantry«, in: *La Revue Canadienne des Etudes Africaines* 5 (1971), S. 327–347.

Cliffe, Lionel, u.a. (Hg.), *Rural Cooperation in Tanzania*, Dar es Salaam 1975.

Cohen, Abner, *The Politics of Elite Culture. Explorations in the Dramaturgy of Power in a Modern African Society*, Berkeley 1981.

Cohen, Erik, »Expatriate Communities«, in: *Current Sociology* 24 (1977), S. 5–90.

Colin, Roland, *»Animation« and Development in French-Speaking Black Africa*, Paris 1966.

Colonial Office, *Community Development. A Handbook*, London 1958.

Colquhoun, Patrick, *A Treatise on Indigence*, London 1806.

Commission Economique pour l'Afrique, *Rapport de la Mission d'Evaluation de la CEA dans le domaine de l'animation rurale et du développement communautaire au Cameroun*, Jaunde 1967.

Conring, Warner, »So fing es an…«, in: Le Coutre (Hg.), *Unterwegs zur einen Welt*, S. 15–25.

Cory, Hans, *Sukuma Law and Costums*, London, New York, Toronto 1953.

Czaya, Eberhard, »Die alt- und neokolonialistischen Propagandaorganisationen und Interessenverbände des deutschen Imperialismus«, in: *DWI-Berichte* 17, 11 (1966), S. 250–258.

D'Angelo, Erhard, »Die ›Witzenhäuser‹ feiern Geburtstag«, in: *Auslandskurier* 14, 5 (1973), S. 17–20.

Damann, Ernst, »Gedanken eines alten Missionars über Gewalt in der Mission in Schwarafrika«, in: Ulrich van der Heyden/Jürgen Becher (Hg.), *Mission und Gewalt. Der Umang mit christlicher Mission mit Gewalt und die Ausbreitung des Christentums in Afrika und Asien in der Zeit von 1792 bis 1918/19*, Stuttgart 2000, S. 169–178.

Dams, Theodor, »Marginalität« – *Motivierung und Mobilisierung von Selbsthilfegruppen als Aufgabe der Entwicklungspolitik*, Bensheim 1970.

Dankwortt, Dieter, »Die Zukunft der Freiwilligendienste«, in: *E + Z* 9, 5 (1968), S. 27ff.

– *Zur Psychologie der deutschen Entwicklungshilfe*, Bonn 1962.

Dassio, Manfred, »Einen Blinden über die Straße bringen«, in: Ries, *Entwicklungshelfer*, S. 158–172.

DED (Hg.), *10 Jahre Deutscher Entwicklungsdienst*, Bonn 1973.

– (Hg.), *40 Jahre DED. Ein Rückblick – Bilder, Festreden, Impressionen*, Bonn 2003.

– (Hg.), *Entwicklungshilfe zum Mitmachen – Entwicklungsdienste in der Bundesrepublik*, Berlin ²1970.

DED (Hg.), *Mit anderen Augen. Entwicklungshelfer sehen die Dritte Welt*, Berlin 1989.

DED, *40 Jahre DED, DED-Brief* 40 (2003).

- *Erster Bericht,* Bad Godesberg 1966.

- *Was Sie wissen müssen. 10 Fragen. 10 Antworten. Entwicklungshelfer im Deutschen Entwicklungsdienst,* Bonn 1963.

»DED – immer bescheiden«, in: *Der Spiegel* 12 (1967), S. 54–56.

Defoe, Daniel, *Giving Alms no Charity, and Employing the Poor. A Grievance to the Nation,* Whitefisch (MT) 2004 [1704].

- *Robinson Crusoe,* München 1978 [1719].

Dehmel, Hans u.a. (Hg.), *Gespräche und Aktion in Gruppe und Gesellschaft, 1919–1969,* Frankfurt/M. 1970.

Delafosse, Maurice, *Broussard ou les états d'ame d'un colonial,* Paris 1923.

- *Les civilisations disparues, les civilisations négro-africaine,* Paris 1925.

Delavignette, Robert, *Les Paysans Noirs,* Paris 1931.

- *Service Africain,* Paris 1946.

Delius, Siegfried, *Grüße aus Afrika! Blicke in Negerbriefe und Negerherzen,* Bethel 1911.

Department of Community Development, *West Cameroon. Annual Report 1968–1969,* Buea 1970.

Department of Public Information United Nations, *Yearbook of the United Nations 1953,* New York 1954.

- *Yearbook of the United Nations 1954,* New York 1955.

- *Yearbook of the United Nations 1955,* New York 1956.

- *Yearbook of the United Nations 1956,* New York 1957.

Deutscher Bildungsrat, *Gutachten und Studien der Bildungskommission. Bd. 4: Begabung und Lernen,* Stuttgart 1968.

Deutscher Bundestag, Verhandlungen des Deutschen Bundestages. *Stenographische Berichte. 2. bis 7. Wahlperiode,* Bd. 119, Bonn 1969, Drucksache 2696.

- Verhandlungen des Deutschen Bundestages. *Stenographische Berichte. 2. bis 7. Wahlperiode,* Bd. 127, Bonn 1969, Drucksache 3783.

Dewey, John, Democrazy and Education: *An Introduction to the Philosophy of Education,* New York 1916.

- James Tufts, *Ethics,* New York 1908.

Dickson, Mora, *A Chance to Serve: Alec Dickson,* London 1976.

- *A World Elsewhere. Voluntary Service Overseas,* Chicago u.a. 1964.

- Alec Dickson, *Count us in: A Community Service Handbook,* London 1967.

DIE, *Tätigkeitsbericht* 1964–1968, Berlin 1968.

- *Tätigkeitsbericht* 1977, Berlin 1977.

»Dienste in Übersee anerkannt«, in: *Auslandskurier* 11, 3 (1970), S. 32.

Dikoumé, Cosme, »Les Obstacles Psycho-Sociaux au Développement«, in: Hans F. Illy (Hg.), *Kamerun. Strukturen und Probleme der Sozio-Ökonomischen Entwicklung,* Mainz 1974, S. 65–85.

Direction de l'Animation et du Développement Rural, *Notes et observations sur les stages de recyclage à l'intention des animateurs Ruraux qui se sont dèroules de Nov. 1966 à Juin 1967,* Jaunde 1967.

Dittmann, Freya, »Sind wir mit einer funktionalen Expertenvorbereitung überfordert?«, in: *E + Z* 11, 7 (1970), S. 38f.

Diziain, Roland, *Andrée Cambon, Berufswahl und Stammenszugehörigkeit in new Bell-Douala (Kamerun). Insitut für soziale Zusammenarbeit,* Freiburg 1962. DLG e.V. (Hg.), *Jahresbericht 2006,* Frankfurt/M. 2007.

Döring, Paul, *Morgendämmerung in Deutsch-Ostafrika. Ein Rundgang durch die ostafrikanische Mission,* Berlin 1899.

Dolph, Werner, »Entwicklungshilfe: Ersatzbefriedigung der Reichen«, in: *Die Zeit* 17.5.1974, http://www.zeit.de/1974/21/ersatzbefriedigung-fuer-die-reichen.

– »Die ungeliebten Experten«, in: *Die Zeit* vom 15.6.1973, http://www.zeit.de/1973/25/die-ungeliebten-experten.

– »Von teuren Geschenken zur nützlichen Entwicklungshilfe. Gedanken zur Reform der personellen Entwicklungshilfe«, in: *E+Z* 6 (74), S. 24ff.

Dore, Rondald F., »Modern Cooperatives in Traditional Communities«, in: Peter Worsley (Hg.), *Two Blades of Grass. Rural Cooperatives in Agricultural Modernization,* Manchester 1971, S. 43–60.

Dornis, Jürgen, »Tansania: Schwierigkeiten beim Aufbau des Sozialismus«, in: *E + Z* 15, 12 (1974), S. 14ff.

Drascher, Warhold, *Die Vorherrschaft der Weißen Rasse. Die Ausbreitung des abendländischen Lebensbereiches auf die überseeischen Erdteile,* Stuttgart, Berlin 1936.

– *Schuld der Weißen? Die Spätzeit des Kolonialismus,* Tübingen 1960.

Dreesmann, Bernd V., »Bensheimer Preis 1969 für Bumbuli/Tanzania«, in: *E + Z* 10, 7 (1969), S. 34.

DSE, *Alphabétisation fonctionelle dans le cadre de l'Education des adultes,* Bonn 15.–25.8.1973, Bonn 1973.

– *Auswahl und Vorbereitung von deutschen Fachkräften für die Tätigkeit in Entwicklungsländern. Empfehlungen der Teilnehmer aus zwei Arbeitstagungen im Oktober 1960,* Berlin 1961.

– *Genossenschaftsförderung in Entwicklungsländern. Bericht über eine deutsche Tagung vom 9. bis 12. März 1964,* Berlin, Bonn 1964.

– *Inhalt und Methodik kurzfristiger Vorbereitungskurse für Fachkräfte, die in Entwicklungsländer gehen. Protokoll eines Expertengesprächs am 24./25. Mai 1961,* Dok 35/61, E 6/61, 11, Berlin 1961.

– *Jahresbericht 1962,* 1964–1969, Berlin 1963, 1965–1970.

– *Probleme der Entsendung junger Hilfskräfte nach Übersee. Kurzbericht über eine Expertenbesprechung am 3. und 4. Februar 1961,* Berlin 1961.

Du Bois, William E. B., *Of the Dawn of Freedom,* London 2009 [1903].

Dubois, Cora, »Culture Shock«, in: *To Strengthen World Freedom. Institute of International Education, Special Publications series* 1 (1951), S. 22ff.

Dülfer, Eberhard, »Aufgaben und Struktur von Genossenschaften in Entwicklungsländern«, in: DSE (Hg.), *Genossenschaftsförderung in Entwicklungsländern. Bericht über eine deutsche Tagung vom 9. bis 12. März 1964,* Berlin, Bonn 1964, S. 13–44.

Dumpleton, Charles W., »Colonial Development Corporation«, in: *Fabian Research Series 14 (1956-1957)*, S. 277–306.

Dupront, Alphonse, »De l'acculturaion«, in: *Rapports du comité international des sciences historiques*, Bd. 1, Wien 1965, S. 7ff.

Durkheim, Èmile, *De la Division du travail social*, Paris 1960 [1893].

Eboue, Felix, *La Nouvelle Politique Indigène pour l'Afrique Equatoriale Française*, Paris 1941.

»Economy in Zanzibar«, in: *The Nationalist* vom 17.7.1971, o.S.

Edding, Cornelia, »Expertenvorbereitung auf dem Uhlhof in Bad Honnef«, in: *E + Z* 11, 6 (1970), S. 39f.

Edwards, Michael, *Arriving where we Started*, London 1983.

Ehlert, Willi/Heinz Joswig/Willi Luchterhand (Hg.), *Wörterbuch der Ökonomie des Sozialismus*, Berlin (Ost) 1968.

Ehrmann, Willi, »Die Inspektion von Ausbildungsprojekten«, in: *E + Z* 10, 7 (1969), S. 20ff.

Eich, Hans/Hans Frevert (Hg.), *Freunde in aller Welt*, Baden-Baden 1963.

Eirene (Hg.), *40 Jahre – Eine Chronik. 1957–1997. Hoffnungsbrot? Brücken? Trugschlüsse?* Neuwied 1997.

»Ekoum: L'Animation Urbaine, un combat pour le progrès«, in: *La Presse du Cameroun* vom 27.12.1973, S. 4.

»Entwicklungshelfer: Häßliche Deutsche«, in: *Der Spiegel* 38 (1971), S. 46–49.

»Entwicklungshelfer-Gesetz verabschiedet. Hohe Anforderungen beim Dienst zur Ausbreitung des Friedens/Soziale Gleichstellung mit Inlandsbeschäftigung«, in: *E + Z* 10, 2 (1969), S. 17f.

»Entwicklungshilfe als Beruf? Ergebnisse eines Expertengesprächs«, in: *Entwicklung und Zusammenarbeit (E + Z)* 9, 9 (1968), S. 21–25.

Erdmann, Gero, *Jenseits des Mythos. Genossenschaften zwischen Mittelklasse und Staatsverwaltung in Tanzania und Kenia*, Freiburg/Br. 1996.

Erhard, Ludwig, »Wir helfen, wie uns geholfen wurde. Grundzüge deutscher Entwicklungshilfe«, in: *Indio-Asia* 1, 2 (1959), S. 111–114.

Erler, Brigitte, *Tödliche Hilfe. Bericht von meiner letzten Dienstreise in Sachen Entwicklungshilfe*, Freiburg 1985.

Ernst, Klaus, *Tradition und Fortschritt im afrikanischen Dorf. Soziologische Probleme der nichtkapitalistischen Umgestaltung der Dorfgemeinde in Mali*, Berlin (Ost) 1973.

Erny, Antoinette, *Le Budget du Foyer*, Versailles 1974.

Etinger, Jakov J., *Bonn greift nach Afrika*, Berlin (Ost) 1961.

Éyadéma, Étienne Gnassingbé, »Discours prononcé à l'occasion de la fête nationale de la Libération, le 13 Janvier 1973«, in: Secrétariat administratif du Rassemblement du Peuple Togolais (Hg.), *Allocutions et Discours Prononcés par le Général Gnassingbé Éyadéma*, Lomé 1973, S. 1.

Fallers, Lloyd A., »Are African Cultivfaters to be called ›peasants‹?«, in: *Current Anthropology* 110 (1961), S. 108ff.

Fanon, Frantz, *Die Verdammten dieser Erde*, Frankfurt/M. 2008 [1961].

Fanon, Frantz, *Schwarze Haut – weiße Masken*, Hamburg 1985 [1968].

Faure, Edgar, *Wie wir leben lernen, Grundlagen eines Weltbildungsplanes*, Reinbek bei Hamburg 1973 [1952].

FDGB-Bundesvorstand, »Unser Herz und unsere Hände den afrikanischen Kollegen«, in: *Tribüne Berlin*, 9.1.1960, o.S.

Fellenberg, Philipp Emanuel von, *Darstellung der Armenanstalt von Hofwyl*, Aarau 1813.

– *Vues relatives à l'agriculture de la Suisse et aux moyens de la perfectionner*, Genf 1808.

Field, Margaret J., *Search for Security. An Ethno-Psychiatric Study of Rural Ghana*, London 1960.

Figueroa, Dimas, *Paulo Freire zur Einführung*, Hamburg 1989.

Fischer, Wolfgang E., »Probleme der personellen Hilfe – Erfahrungen in Ostafrika«, in: *E + Z* 14, 2 (1973), S. 8–11.

Fischer-Barnicol, Hans, *Handlanger Gottes. Ein Bericht über den Bauorden*, Frankfurt/Main 1958.

Fondjo, Maurice, »Douala/Kamerun«, in: *DED-Brief* 8 (1972), S. 11.

Forster, George M., *Traditional Cultures and the Impact of Technical Change*, New York 1962.

Fortes, Meyer, »Anthropological Training for Colonial Officials«, in: *Man* 46 (Juli, August 1946), S. 94.

– Edward E. Evans Pritchard (Hg.), *African Political Systems*, Oxford 1940.

Fosbrooke, Henry A., »Government Sociologists in Tanganyika. A Sociological View«, in: *Journal of African Administration* 4, 3 (1952), S. 103–105.

Foster, George M., *Peasant Society and the Image of Limited Good, in: American Anthropologist*, 67 (1965), S. 293–315.

Freire, Paulo, *Pädagogik der Unterdrückten, Reinbek/Hamburg* 1973 [1970].

Friedländer, Paul/Hartmut Schilling, *Kolonialmacht Westdeutschland. Zum Wesen, zu den Besonderheiten und Methoden des westdeutschen Neokolonialismus*, Berlin 1962.

Fritz, Gerhard, *Entwicklungspolitik als Aufgabe. Grundsätze, Maßnahmen, Vorschläge*, Bonn 1962.

Funke, Johann W., »Freie Zeit in fernen Zonen«, in: Norbert Zimmer/Alexander Funkenberg (Hg.), *Deutsche in Entwicklungsländern. Erfahrungsberichte von Sachverständigen und Fachkräften in Afrika, Asien und Lateinamerika*, Hofheim/Ts. 1966; S. 47–52.

Fürstenberg, Peter von, »Vom Duplikat eigenverantwortlichen Partner. Wandlungen des Counterpart-Begriffs«, in: *E + Z* 15, 10 (1974), S. 8f.

Further Source of Information on Education in Tanzania, Institute of Education, University of Dar es Salaam [Masch], Dar es Salaam 1971.

Gäbel, Rudolf, »Erfahrungen mit Afrikanern«, in: Norbert Zimmer/Alexander Funkenberg (Hg.), *Deutsche in Entwicklungsländern. Erfahrungsberichte von Sachverständigen und Fachkräften in Afrika, Asien und Lateinamerika*, Hofheim/Ts. 1966, S. 59–65.

Gabelmann, Ekkhart, *Die Genossenschaften in Kamerun: ihre Entwicklung und ihre Bedeutung für die wirtschaftliche und soziale Entwicklung des Landes*, Marburg 1969.

Galtung, Johan, *Towards Self Reliance and Global Interdependence. Reflections on a New International Order and North-South Cooperation*, Ottawa 1978.

GAWI-Rundbrief, *Zusammenfassung der bis Ende 1971 erschienenen Rundbriefe*, Frankfurt/M. 1972.

Gedat, Gustav-Adolf, *Europas Zukunft liegt in Afrika*, Stuttgart 1954.

Gemkow, Heinrich u.a., *Der Sozialismus. Deine Welt*, Berlin (Ost) 1975.

Gerstenmaier, Eugen, »Das neue Arika«, in: *Afrika heute*, Bonn 1960, S. 3ff.

Giesecke, Helmut, »Überlegungen für die Strategie kirchlicher Entwicklungsprogramme«, in: Günter Linnebrink (Hg.), *Kirchlicher Entwicklungsdienst. Erste Bilanz/Loccumer Konferenz. Berichte und andere Texte*, Frankfurt/M., Berlin 1970, S. 41–57.

Gluckman, Max, »Ethnographic Data in British Social Anthropology«, in: *The Sociological Review* 9 (1961), S. 5–17.

Gmelin, Wolfgang, »Neue Impulse für die Bildungshilfe?«, in: *E + Z* 11, 6 (1970), S. 12f.

Goarnisson, Joan, Claude Blanc, *Guide de Puériculture et de Pédiatrie tropicale*, Versailles 1966.

Godwin, Francis W. u.a. (Hg.), *The Hidden Force: A Report on the International Conference on Middle Level Man Power, San Juan, Puerto Rico, October 10–12, 1962*, New York 1963.

Golovensky, David I., »The Marginal Man Concept. An Analysis and Critique«, in *Social Forces* 30 (1952), S. 333–339.

Götting, Gerald, *Land unter dem Kilimandscharo*, Berlin (Ost) 1964.

Goussault, Yves, *Interventions Éducatives et Animation dans les Développements agraires*, Paris 1970.

– *Report sur l'Animation Rurale*, Tanarive 1960.

– »Rural Animation and Rural Participation in French Speaking Africa«, in: *International Labour Review* 97 (1968), S. 525–550.

– *Interventions éducatives et animation dans les déveloptments agraires (Afrique et Amériques Latine)*, Paris 1970.

Governement du République du Cameroun, *Décret No. 63/DF/138 du 24 avril 1963 portant création d'organes régionaux d'ecécution du Plan de Développement*, Jaunde 1963.

– *Circulaire Nr 004458/MINPD/ADR du 28 Setembre 1967*, Jaunde 1967.

Government of Tanganyika, *Development Plan for Tanganyika 1961/62 to 1963/64*, Dar es Salaam 1961.

Government of Tanzania, *Tanganyika Five Years Plan for Economic and Social Development*, Vol I, Dar es Salaam 1964.

– *TANU Guidelines*, Dar es Salaam 1971.

Griaule, Marcel, *Dieu d'Eau. Entrétiens avec Ogotommélli*, Paris 1948.

Griffiths, Victor L., »Les Problèmes de l'enseignement en milieu rural«, in: *Unesco-Institute international de planification de l'éducation*, Paris 1969, S. 13ff.

Grohs, Gerhard, *Stufen afrikanischer Emanzipation*, Stuttgart 1967.

GTZ (Hg.), *Gutachten – Studien – Berichte. Beiträge aus 20 Jahren internationaler Zusammenarbeit im ländlichen Raum*, Eschborn 1977.

Gugeler, Walter, »Auswahl und Vorbereitung«, in: Le Coutre (Hg.), *Unterwegs zur einen Welt*, S. 49–56.

Guggisberg, Kurt, »Philipp Emanuel von«, in: *Neue Deutsche Biographie*, Bd. 5, Berlin 1961, S. 71.

Gundlach, Gustav, u.a. (Hg.), *Die sozialen Rundschreiben Leos XIII. und Pius XI.*, Paderborn ³1960.

Gutkind, Peter, »Are the Poor Politically Dangerous? Some Thoughts on Urbanism, Urbanites, and Political Consciousness«, in: Lucy Mair (Hg.), *Colonialism and Change*, Den Haag 1975, S. 85–113.

Gutmann, Bruno, *Das Recht der Chagga*, München 1926.

– *Das Stammesleben der Chagga*, Bd. 1, München 1932.

Haase, Ingo, *Zwischen Lenkung und Selbstbestimmung. Geschichte und Gegenwart des Deutschen Entwicklungsdienstes*, Berlin 1966.

Haller, Ernst von, *Gesundheitsbüchlein für die Tropen. Ratschläge für Auswanderer sowie Regeln zur hygienischen Lebensweise und zur Verhütung von Krankheiten und gesundheitlichen Schäden in den warmen Ländern*, Stuttgart 1951.

Hallet, Jean-Pierre, Alex Pelle, *Pygmy Kitabu*, New York 1973.

Händel, Heribert, »Vorwärts mit dem Entwicklungshelfer Gesetz«, in: *E + Z* 9, 3 (1968), S. 26.

Hardin, Garrett, »The Tragedy of the Commons«, in: *Science* 162 (1968), S. 1243–1248.

Hardy, Georges, »Rapport Général«, in: *Congrès International et Intercolonial de la Société Indigène. Exposition Coloniale Internationale de Paris*, 5–10 October 1931, Paris 1931.

Harkort, Friedrich, *Bemerkungen über die Hindernisse der Civilisation und Emancipation der unteren Klassen*, Elberfeld 1844.

Harmand, Jules, *Domination et colonisation*, Paris 1910.

Hartwieg, Wolf, »Entwicklungshilfe – und was dazu gehört. Bemerkungen zum sozialen Wandel«, in: *E + Z* 8, 10 (1967), S. 12–14.

Hegel, Georg Wilhelm Friedrich, *Vorlesungen über die Philosophie der Geschichte*, Stuttgart 1997 [1848].

Heinrich, Ulrich-Ernst, »Zehn Jahre Arbeitsgemeinschaft ›Dienste in Übersee‹«, in: *Auslandskurier* 8,1 (1968), S. 17f.

Hernández, Jesús, *Pädagogik des Seins: Paulo Freires praktische Theorie einer emanzipatorischen Erwachsenenbildung*, Aschenbach 1977.

Herskovits, Melville, *Acculturation. A Study of Culture Contact*, New York 1938.

– *Man in his Works*, London 1948.

– »The Cattle Complex in East Africa«, in: *American Anthropologist* 28 (1926) S. 230–72, S. 361–88, S. 494–528, S. 633–664.

– *The Economic Life of Primitive Peoples*, New York 1940.

Herskovits, Melville, *The Human Factor in Changing Africa*, New York 1962 [1958].

Herzog, Jürgen, *Geschichte Tansanias*, Berlin (Ost) 1986.

Himmelheber, Hans, *Der gute Ton bei den Negern*, Heidelberg 1957.

Hirschmann, Albert O., *The Strategy of Economic Development*, Boulder (Col.) 1988 [1958].

Hollands-Fox, Marlies/Elisabeth Spengler, »Was heißt Hilfe zur Selbsthilfe? Lernen und Entwicklungshilfe«, in: Elisabeth Spengler (Hg.), *Von und mit der Dritten Welt lernen Heft 2: Hilfe zur Selbsthilfe*, Bonn 1987, S. 4–28.

Holzer, Werner, »Manpower-Planung in Tansania«, in: $E + Z$ 11, 8 (1970), S. 35.

– »Westafrika – der Balkan des schwarzen Kontinents. Nationalismus, Neid und falsche Freunde verhindern Zusammenarbeit«, in: *Auslandskurier* 9, 1 (1968), S. 4ff.

Honecker, Erich, »Zu den Brigaden der Freundschaft«, in: *Neues Deutschland*, 16.8.1979, S. 1.

– *Zur Jugendpolitik der SED. Reden und Aufsätze von 1945 bis zur Gegenwart*, Bd. 2, Berlin (Ost) 1985.

Horn, Herwarth, *Friedrich Oberdoerster, Bernhard Opitz, Gesundheitstaschenbuch für die warmen Länder. Tropenärztliches Vademecum für Reise und Beruf*, Berlin (Ost) 1960.

Huber, Ekehart, »Über den Umgang mit fremden Völkern«, in: Norbert Zimmer/Alexander Funkenberg (Hg.), *Deutsche in Entwicklungsländern. Erfahrungsberichte von Sachverständigen und Fachkräften in Afrika, Asien und Lateinamerika*, Hofheim/Ts. 1966; S. 53–57.

Hunter, Guy, *The New Societies of Tropical Africa. A Selective Study*, London, New York, Ibadan 1962.

Illich, Ivan, *Almosen und Folter. Verfehlter Fortschritt in Lateinamerika*, München 1970 [1970].

– »Entmündigende Expertenherrschaft«, in: Ders. (Hg.), *Entmündigung durch Experten. Zur Kritik der Dienstleistungsberufe*, Reinbek/Hamburg [1977] 1979, S. 7–35.

– *Fortschrittsmythen*, Reinbek/Hamburg 1978.

Incorporating a Study of Tanzania Today and Yesterday and a Guide to Further Source of Information on Education in Tanzania, Institute of Education, University of Dar es Salaam, Dar es Salaam 1971.

Inkeles, Alex, »The Modernization of Man«, in: Myron Weiner (Hg.), *Modernization: The Dynamics of Growth*, New York 1966, S. 151–166.

Institut für Internationale Beziehungen (Hg.), *Dokumente zur Außenpolitik der Regierung der Deutschen Demokratischen Republik 1964*, Bd. XII, Berlin (Ost) 1966.

Jacobs, Alfred, »Die Pläne der Entwicklungsländer«, in: Hans Besters/Hans Hermann Walz (Hg.), *Entwicklungspolitik. Handbuch und Lexikon*, Berlin 1962, Sp. 645–666.

Jahoda, Gustav, »Social Aspirations, Magic and Witchcraft in Ghana: A Social Psychological Interpretation«, in: Paul C. Loyd (Hg.), *The New Elites in Tropical Africa*, Oxford 1966, S. 199–215.

Jahoda, Marie/Paul Felix Lazarsfeld/Hans Zeisel, *Die Arbeitslosen von Marienthal. Ein soziologischer Versuch über die Wirkungen der langandauernden Arbeitslosigkeit*, Frankfurt/M. 1975 [1933].

James, Wendy, »The Treatment of African Ethnography in L'Année Sociologique (I–XII)«, in: *L'Année Sociologique* 48 (1998), S. 193–207.

Jeunesse rurale, »S'intégrer dans l'effort de renouveau«, in: *Effort camerounais*, 432 vom 22.3.1964, o.S.

Joerges, Bernward, *Community Development in Entwicklungsländern*, Stuttgart 1969.

– »Community Development«, in: Hans Besterm/Ernst E. Boesch (Hg.), *Entwicklungspolitik. Handbuch und Lexikon*, Berlin, Mainz 1966, Sp. 1063–1074.

– »Experten«, in: Hans Besters/Hans Hermann Walz (Hg.), *Entwicklungspolitik. Handbuch und Lexikon*, Berlin 1962, Sp. 1127–1135.

Johanssen, Ernst, *Ruanda. Kleine Anfänge, große Aufgaben der evangelischen Mission im Zwischenseegebiet Deutsch-Ostafrikas*, 2. Auflage Berlin 1915.

Jones, Gwyn E., »Rural Development and Agricultural Extension: A Sociological View«, in: *Community Development Journal* 2, 6 (1967), S. 26–33.

Kaese, Hermann/Manfred Schieß, »Ujamaa – Unsere menschliche ›Sozialversicherung‹«, in: Pater, *Etwas geben*, S. 79–83.

Kalinjuma, Alfred, »Literacy and Related Programmes«, in: Yosia Bwatwa u.a. (Hg.), *Adult Education. The Tanzanian Experience*, Nairobi 1989, S. 22–49.

Kamugisha, J. B., *Factors Contributing to the Success or Failure of Self-Help Schemes: Study of Two Contrasting Areas in Bukoba District* [Diss. masch.], Dar es Salaam 1969.

Kassam, Yussuf O., *Illiterate No More. The Voices of New Literates from Tanzania*, Dar es Salaam 1979.

– *Sauti Ya Wanakisomo*, Dar es Salaam 1982.

– *The Adult Education Revolution in Tansania*, Nairobi 1978.

»Katholische personelle Entwicklungshilfe – Neuordnung der AGEH«, in: *Epd Entwicklungspolitik* 1 (1972), S. 17f.

Katz, Jerold J./Jerry A Fodor, *The Structure of Language*, Prentice Hall 1964.

Kaufmann, Herbert, *Afrikas Weg in die Gegenwart*, Braunschweig 1963.

Kipling, Rudyard, »The United States and the Philippine Islands«, in: *McClure's Magazine* 12 (1899), o. S.

Knall, Bruno, *Grundsätze und Methoden der Entwicklungsplanung*, Wiesbaden 1969.

Knayer, Manfred, »Nahrung, Kleidung, Schlaf und Sport in tropennahen Ländern«, in: Norbert Zimmer/Alexander Funkenberg (Hg.), *Deutsche in Entwicklungsländern. Erfahrungsberichte von Sachverständigen und Fachkräften in Afrika, Asien und Lateinamerika*, Hofheim/Ts. 1966, S. 92ff.

Kodjo, Samuel, »Die gefährlichen Aspekte der Entwicklungspolitik«, in: *E + Z* 14, 9 (1973), S. 7ff. ·

– *Probleme der Akkulturation in Afrika: Die entwicklungspolitischen Auswirkungen moderner Schulbildung und Kommunikationsmedien*, Meisenhein 1973.

Kodjo, Samuel, »Wenn der weiße Mann alles weiß. Außenseiter und Hauptakteur. Deutsche Entwicklungsexperten in der Sicht der Entwicklungsländer«, in: *Auslandskurier* 13, 5 (1972), S. 19f.

Koos, Malte, »Irgendwie haben wir es doch geschafft«, in: Ries, *Entwicklungshelfer*, S. 145–157.

Kowalski, Werner (Hg.), *Westdeutscher Neokolonialismus*, Berlin (Ost) 1963.

Kratzenstein, Eduard, »Erziehung der Naturvölker zur Arbeit. Bemerkungen des Berliner Missionsinspektors Kratzenstein auf der Missionskonferenz der Provinz Sachsen am 15. Februar 1887«, in: *Allgemeine Missions-Zeitschrift* 14 (1887), S. 169–181.

Krause, Karla, *Weiße Experten nicht gefragt. Selbsthilfe in indonesischen Dörfern, Protokolle*, Reinbek/Hamburg 1981.

Kraut, Heinrich, »Entwicklungshilfe auf dem Ernährungsgebiet«, in: *E + Z* 8, 9 (1967), S. 10–13.

Kroeber, Alfred Louis, *An Anthropologist looks at History*, Berkeley 1963.

Krugmann, Inga, »Die ideale Experten-Ehefrau«, in: *E + Z* 10, 6 (1969), S. 28.

Krugmann-Randolf, Inga, »Die Zukunft des Deutschen Entwicklungsdienstes«, in: *E + Z* 13, 7 (1972), S. 10ff.

– »Ein Experten-Mutterhaus in der Bundesrepublik? Eppler diskutierte mit Experten über Sinn und Unsinn der auslandskundlichen Vorbereitung«, in: *E + Z* 11, 10 (1970), S. 17.

– »Neue Trends in der BMZ-Politik«, in: *E + Z* 14, 9 (1973), S. 3.

– »Von der Schizophrenie der Entwicklungshilfe. GAWI-Rückkehrertreffen ohne Kriegervereins-Nostalgie«, in: *E + Z* 14, 9 (1973), S. 10.

Kühl, Klaus/Helmut Weyers (Hg.), *Was wollt ihr von uns? Erlebnisse und Einsichten junger Deutscher in Asien, Afrika, Lateinamerika*, Tübingen u.a. 1970.

Kuhn, Günter, »Einführungskurse im Gastland für Freiwillige des Deutschen Entwicklungsdienstes«, in: *Bild und Erziehung* 5 (1969), o. S.

Kühn, Joachim, »Professor Heinrich Kraut 70 Jahre«, in: *Zeitschrift für Lebensmitteluntersuchung- und Forschung* A, Volume 125 (1963), S. 103–106.

Kuitenbrower, Jan, *Continuity and Discontinuity in Community Development Theory*, Den Haag 1973.

Külz, Ludwig, »»Zur Erziehung des Negers zur Arbeit« – Blätter und Briefe eines Arztes aus dem tropischen Deutschafrika, Berlin 1906«, in: Horst Gründer (Hg.), »*da und dort ein junges Deutschland gründen«. Rassismus, Kolonien und kolonialer Gedanke vom 16. bis 20. Jahrhundert*, München 1999, S. 271–272.

Kurrath, Wienfried, »Ein Weg mit Hindernissen – 25 Jahre AGEH-Geschichte«, in: Manfred Sollich (Hg.), *Probezeit ausgeschlossen. Erfahrungen und Perspektiven der personellen Entwicklungszusammenarbeit*, Mainz 1984, S. 38–63.

Küsken, Erhard, »Counterparts in der Agrarhilfe«, in: *E + Z* 11, 6 (1970), S. 30f.

L'intervention du B.D.P.A. dans le plan quinquenne, in: *Togo Presse* vom 27.4.1968, o. S.

La Brasse-Cour en zone tropicale, Versailles 1966.

»La campagne de vaccination anti-variole et anti-rougole es terminée dans la region«, in: *Togo Presse* vom 5.3.1968, o. S.

»La jeunesse togolaise et sa movement ›retour à la terre‹«, in: *Togo Presse* vom 2.4.1968, o. S.

Labouret, Henri, *Paysans d'Afrique Occidentale*, Paris 1941.

– »L'Éducation des masses en Afrique Occidentale Française«, in: *Africa* 8 (1935), S. 98–102.

»Landwirtschaftsausbildung in Witzenhausen«, in: *Staatsanzeiger für das Land Hessen* 47 vom 23. November 1957, S. 1185.

Lassalle, Ferdinand, »Offenes Antwortschreiben an das Central-Comité zur Berufung eines Allgemeinen deutschen Arbeiter-Congresses zu Leipzig. 1.3.1863«, in: Eduard Bernstein (Hg.), *Ferdinand Lassalle's Reden und Schriften*, Bd. 2, Berlin 1893, S. 416–443.

Laubach, Frank C., »The Key Method of Teaching Illiterates«, in: *The International Review of Missions* 25 (1936), S. 235–249.

Le Coutre, Eberhard (Hg.), *Unterwegs zur einen Welt. Aus der Arbeit von »Dienste in Übersee«*, Stuttgart 1970.

Lederer, William J./Eugene Burdick, *The Ugly American*, New York 1965.

Legêne, Susan, »Johannes van den Bosch«, in: *Biografisch Woordenboek van het Socialisme en de Arbeidersbeweging in Nederland*, Bd. 8, Amsterdam 2001, S. 12–17.

Leo XIII., *Rerum Novarum Pius XI.*, 01.12.2011, http://www.uibk.ac/theol/leseraum/texte/320.html.

Leo, D., »Die Arbeiterfrage in unseren afrikanischen Kolonien«, in: *Beiträge zur Kolonialpolitik und Kolonialwirtschaft* 4 (1902/3), S. 31–34, 44–35.

Leroi-Gourhan/André. Jean Poirer, *L'Ethnologie de l'Union Française*, Paris 1953.

Les jardin en zone tropicale, Versailles 1973.

Leskien, Jürgen, *Das Brot der Tropen*, Berlin (Ost) 1982.

– *Ondjango. Ein angolanisches Tagebuch*, Berlin (Ost) 1980.

– »Schreiben über das nahe Fremde«, in: Ulrich van der Heyden/Ilona Schleicher/Hans-Georg Schleicher (Hg.), *Engagiert für Afrika. Die DDR und Afrika II*, Münster 1994, S. 278–290.

– *Shilumbu. Was will er in Afrika!*, Berlin (Ost) 1988.

Leveugle, Jacques, *Institutionalisation de l'animation, in: Archives Internationales de Sociologie de la Coopération* 23 (1968), S. 252–265.

Lévi-Strauss, Claude, *Das wilde Denken*, Frankfurt/M. 1968 [1962].

– *Traurige Tropen*, Frankfurt/M. 1978 [1955].

Lindorf, Hans-Karl, *Modell eines Community-Development-Programms, dargestellt an einem Forschungsergebnis aus Kamerun, erstellt im Auftrage der Bundesregierung, vertreten durch das Bundesministerium für wirtschaftliche Zusammenarbeit in Bonn. Aus dem Institut für Agrarpolitik und Marktforschung der landwirtschaftlichen Fakultät der Rheinischen Friedrich-Wilhelms-Universität zu Bonn* [Masch.], Bonn 1964.

Linnenbrink, Günter (Hg.), *Kirchlicher Entwicklungsdienst. Erste Bilanz/Loccumer Konferenz*, Frankfurt/M., Berlin 1970.

Lippens, Philippe, »Réflexions sur une expérience d'animation urbaine à Douala«, in: *Terre Entière*, 46 (1971), S. 97–112.

Littlewood, Richard G. u.a. (Hg.), »Introduction«, in: Dies. (Hg.), *Cultural Psychiatry and Medical Anthropology*, London 2000, S. 10.

Lüders, Carl-Heinz, »Zur Einführung«, *in: Afrika und Europa. Politische Probleme des Zusammenlebens von Schwarz und Weiß. Experten-Vorträge einer Informationstagung der Europa-Union, veranstaltet in Zusammenarbeit mit der Deutschen Afrika-Gesellschaft in Frankfurt a. M. am 27. und 28. Juni 1958* [Masch.], Bonn o. J. [1958].

Lumley, Edward Kenneth, *Forgotten Mandate. A British District Officer in Tanganyika*, London 1976.

Luther, Martin, *Von der Freiheit eines Christenmenschen*, Gütersloh 2006 [1520].

Maddox, Gregory H., »The Ironies of History Mila na Desturi za Wagogo«, in: Ders., Mathias E. Mnyampala (Hg.), *The Gogo. History, Customs and Tradition*, Armonk, New York 1995 [1954], S. 1–34.

– »*Leave Wagogo! You Have No Food!« Famine and Survival in Ugogo, Central Tanzania, 1916–1961* [Diss. masch.], Evanston 1988.

Mähler, Paul, *Mit den wilden Massai zu den Urwaldzwergen*, Berlin 1912.

Maintel, Deidre A., »Strangers, Homecomers and Ordinary Men«, in: *Anthropological Quarterly* 46, 1 (1973), S. 47–58.

Mair, Lucy, »What Anthropologists are After«, in: *Uganda Journal* 3, 2 (1939), S. 88.

Malcom, Donald W., *Sukumaland. An African People and Their Country. A Study of Land Use in Tanganyika*, London, New York, Toronto 1953.

Malinowski, Bronislaw, *Argonauten des westlichen Pazifik. Ein Bericht über Unternehmungen und Abenteuer der Eingeborenen in den Inselwelten von Melanesisch-Neuguinea*, Frankfurt/M. 1978 [1922].

– *Das Geschlechtsleben der Wilden*, Leipzig, Zürich 1930.

– »Die Funktionaltheorie [1939]«, in: Ders., *Eine wissenschaftliche Theorie der Kultur*, Frankfurt/M. 2005, S. 19–44.

– *Myth in Primitive Psychology*, London 1926.

– »Native Education and Culture Contact«, in: *The International Review of Mission* 9 (1906), S. 248–251.

– »The Anthropology of the Changing African Cultures«, in: *Methods of Study of Culture Contact in Africa* 1 (1938), S. 46.

Mannoni, Octave, *Prospero et Caliban. Psychologie de la Colonisation*, Paris 1950.

Mapuri, Omar R., *The 1964 Revolution: Achievements and Prospects*, Nairobi 1996.

Martonne, Édouard de, *Le Savant Colonial*, Paris 1930.

Marx, Karl/Friedrich Engels, *Werke*, Bd. 23, Berlin (Ost) 1966.

Mascarenhas, Adolfo C., »The Wagogo of Dodoma Disctrict, Tanzania«, in: *Economic Geography* 53, 4 (1977), S. 376–380.

Mason, Henry, »Progress in Pare«, in: *Corona* 4 (1952), S. 212–219.

Mass Education Bulletin 1 (1949).

Mauss, Marcel, »Die Gabe. Form und Funktion des Austauschs in archaischen Gesellschaften« [1923], in: Ders., *Soziologie und Anthropologie*, Bd. 2, Frankfurt/M. 1968, S. 1–144.

– »L'Ethnographie en France et à l'Etranger«, in: *Revue de Paris* (1913), 537–560.

Mc Gowan, Patrick J./Patrick Bolland, *The Political and Social Elite of Tanzania. An Analysis of Social Background Factors*, New York 1971.

Mead, Margaret, »Mental Health in World Perspective«, in: Marvin K. Opler (Hg.), *Culture and Mental Health. Cross-Cultural Studies*, New York 1959, S. 501–516.

– »Preface«, in: Dies. (Hg.), *Cultural Patterns and Technical Change*, New York 1955, S. 6f.

Medem, Gevinon von (Hg.), *Axel von dem Bussche*, Mainz 1994.

Mehner, Harald, »Praktische Erfahrungen bei der Projektkontrolle«, in: *E + Z* 10, 7 (1969), S. 21f.

Meier, Horst, *»Die geplante Misere« – Zur soziologischen Problematik fehlgeschlagener Entwicklungsprojekte*, Meisenheim 1971.

Meisel, James H., *The Myth of the Ruling Class*, Ann Arbor 1962.

Meister, Albert, *Participation, Animation et Dévelopment, à partir d'une étude rurale en Argentine*, Paris 1969.

Meister, Albert, »Participation, Animation et développement«, in: *Anthropos* 1970, S. 161–218.

Memmi, Albert, *Der Kolonisator und der Kolonisierte. Zwei Portraits*, Hamburg 1980 [1957].

Merensky, Alexander, *Wie erzieht man am besten den Neger zur Plantagenarbeit*, Berlin 1886.

– *Was lehren uns die Erfahrungen, welche andere Völker bei Kolonisationsversuchen in Afrika gemacht haben*, Berlin 1890.

– *Deutsche Arbeit am Njassa, Deutsch-Ostafrika*, Berlin 1894.

– »Zur Frage der Negererziehung«, in: *Deutsche Kolonialzeitung* 4, 4 (1887), S. 325f.

– *Welches Interesse und welchen Anteil hat die Mission an der Erziehung der Naturvölker zur Arbeit?* Berlin 1887.

– *Deutschlands Pflicht gegenüber den Heiden und dem Heidentum in den Kolonien*, Berlin 1905.

– »Schreckliche Grausamkeiten, verübt an den Eingeborenen im Kongo-Staat«, in: *Der Missions-Freund* 58, 8 (1903), S. 63.

– »Die Mission – der Anwalt der Eingeborenen«, in: *Allgemeine Missionszeitung* 29, 29 (1902), S. 153–170.

– *Die Stellung der Mission zum Volkstum der Heidenvölker*, Berlin 1901.

Merker, Moritz, *Die Masai. Ethnographische Monographie eines ostafrikanischen Semitenvolkes*, Berlin 1904.

Michel, Walter, »Solidarität«, in: *Jugend und Technik* 4 (1976), S. 276–280.

Migdal, Joel S., *Peasants, Politics and Revolution. Pressures toward Political and Social Change in the Third World*, Princeton (NJ) 1974.

Milikan, Max F., *Bericht an Shepard Stone, Ford Foundation, über die Aussichten verschiedener Tätigkeiten in Berlin, die sich mit Entwicklungsländern befassen*, Cambridge (Mass.) 1963.

Ministère de la Jeunesse et des Sports, *Aperçu sur L'animation*, Jaunde 1971.

Ministry of Co-Operatives and Community Development, Department of Community Development, *Policy Statement. Nov. 1964*, Jaunde 1964.

Ministry of Planning and Territorial Development, *IIIrd Five Year Economic and Social Development Plan*, 1971–1976, Jaunde 1971.

Mirbt, Carl, *Mission und Kolonialpolitik in den deutschen Schutzgebieten*, Tübingen 1910.

Missions-Ordnung der Gesellschaft zur Beförderung der evangelischen Mission unter den Heiden zu Berlin, Berlin 1882.

Moldenhauer, Klaus, »Sozialisation und Schulerfolg«, in: Deutscher Bildungsrat, *Gutachten und Studien der Bildungskommission, Bd. 4, Begabung und Lernen*, Stuttgart 1968.

Montessori, Maria, *Grundlagen meiner Pädagogik und weitere Aufsätze zur Anthropologie und Didaktik*, Wiesbaden 1988 [1910].

Morgan, Barton u.a., *Methods in Adult Education*, Danville 1975.

Müller, Hans, »Als DDR-Tierarzt in Tansania«, in: Ulrich van der Heyden/ Franziska Berger (Hg.), *Kalter Krieg in Ostafrika. Die Beziehungen der DDR zu Sansibar und Tansania*, Münster 2009, S. 99–110.

Müller, Hans, »Der Grundgedanke der Genossenschaftsbewegung und ihr internationaler Charakter«, in: *Geschichte der internationalen Genossenschaftsbewegung*, Halberstadt 1924, S. 9ff.

Müller, Julius Otto (Hg.), *Gesellschaftliche Konzeption der Förderung durch Selbsthilfe durch Fremdhilfe in Afrika. Theorie und Praxis im Text konkreter Vorhaben*, Marburg 1981.

Müller, Samuel, *Ärzte helfen in aller Welt. Das Buch der ärztlichen Mission*, Stuttgart 1957.

Mumford, Walt Bryant, »The Problem of Mass Education in Africa«, in: *Africa* 11 (1938), S. 187–207.

Musto, Stefan A., *Evaluierung sozialer Entwicklungsprojekte*, Berlin 1972.

Muthesius, Alexander, *Die Afrikanerin*, Düsseldorf 1959.

Mwafongo, Godfrey, »Kutowka Kisiwani – Mji Mpaya Bambi«, in: *Nchi Yetu* 42, Juli 1967, S. 8f.

Mwama, Zuberi I., *The Foreign Policy of the United Republic of Tanzania from 1964 to 1969*, Ann Arbor 1972.

Mwapwele D. W. K. (Hg.), A *Decade of Progress: 1961–1971. Notes and Records. A Journal of Tanzania Society*, Dar es Salaam 1975.

N'dumbe III, Kum'a, »Die Flucht des jungen Matlala [1976]«, in: *Erkundungen. 27 afrikanische Erzähler*, Berlin (Ost) 1978, S. 104–118.

Na, Hadhimi/Richard Mwathojo/Pcha Na/James Paikah, »Heko vikongozi wa nyumba kumi kumi Temeke«, in: *Uhuru* 23.5.1963, S. 7f.

Namara, Joseph A., *Huduma Serikalini na Siasa ya Kujitegemea*, Dar es Salaam 1967.

Namgalies, Ursula, *Schwarzer Bruder in Tanganyika*, Kassel 1960.

Ndondc, Emil, »Litowa«, in: Lionel Cliffe u.a. (Hg.), *Rural Cooperation in Tanzania*, Dar es Salaam 1975, S. 360–369.

– »Litowa. Interview with Emil Nonde«, in: Lionel Cliffe u.a. (Hg.), *Rural Cooperation in Tanzania*, Dar es Salaam 1975, S. 360–369.

Ng'wanakilaa, Nkwabi, *Mass Communication and Development of Socialism in Tanzania*, Dar es Salaam 1981.

Niblock, Timothy C., *Aid and Foreign Policy in Tanzania*, 1961–1868 [British Thesis Service D 21328], London 1968.

Nickel, Herbert J., »Marginalität als theoretischer Ansatz zur Erklärung von Unterentwicklung«, in: *Sociologus* NF (21) 1971, S. 37.

Nijs, Gaston, *Santé et Secourisme. Le Don Précieux de la Santé*, Versailles 1974.

Nkembe, Henry E., »Was Kamerun von der Bundesrepublik Deutschland lernen kann«, in: *E + Z* 11, 11 (1970), S. 11f.

Nnoli, Okdwudiba, *Self-Reliance and Foreign Policy in Tanzania. The Dynamics of the Diplomacy of a New State. 1961 to 1971*, New York 1978.

»Nous sommes tous victimes de tabous alimentaires«, in: *Togo Presse* vom 10.7.1968, o. S.

Nuatja, »Vers la réflection de la route Atchave-Kouve«, in: *Togo Presse* vom 11.6.1968, o. S.

Nyerere, Julius K., »[Radioansprache] Things must correct, 9.12.1968«, in: Ders., *Freedom and Development/Uhuru na Maendeleo. A Selection from Writings and Speeches 1968–1973*, Dar es Salaam u.a. 1968, S. 72–79.

– »Arusha Declaration«, in: Ders., *Freedom and Socialism. A Selection from Writings and Speeches 1965–1967*, Dar es Salaam 1968, S. 231–250.

– »Decentralization, Mai 1972«, in: Ders., *Freedom and Development/Uhuru na Maendeleo. A Selection from Writings and Speeches 1968–1973*, Dar es Salaam u.a. 1968, S. 72–79.

– »Education for Self Reliance«, in: Ders., *Freedom and Socialism: A Selection from Writings and Speeeches 1965–1967*, Oxford 1968, S. 267–290.

– »Einleitung«, in: Leader Stirling, *Missionsarzt in Afrika. Ein Lebensbericht*, Berlin (Ost) 1986 [1977], S. 9–11.

– »Freedom and Development«, in: Ders., *Freedom and Development, Dar es Salaam 1973*, S. 60.

– *Freedom and Unity/Uhuru na Umoja. A Selection from Writings and Speeches 1942–1965*, Dar es Salaam usw. 1966, S. 162–171.

– »Good Leaders«, in: *The Standard* vom 3.1.1968, S. 1.

– »President's Inaugural Address«, in: Ders., *Freedom and Unitiy: A Collection from Writing and Speeches 1952–1962*, Oxford 1966, S. 176–187.

– »Principles and Development«, in: Ders., *Freedom and Socialism/Uhuru na Maendeleo. A Selection from Writings and Speeches 1968–1973*, Dar es Salaam u.a. 1973, S. 187–206.

Nyerere, Julius K.,»Socialism and Rural Development«, in: Ders., *Freedom and Socialism/Uhuru na Ujamaa. A Selection from Writings and Speeches 1965–1967*, Dar es Salaam 1973, S. 337–366.

– »Speech at the Opening of the University College Campus Dar es Salaam«, in: Ders., *Freedom and Unitiy/Uhuru na Ujamaa. A Selection from Writings and Speeches 1952–1965*, Dar es Salaam 1966, S. 11–17.

– »TANU Ten Years After Independence«, in: *A Decade of Progress: 1961–1971. Tanzania Notes and Records* 76 (1975), S. 1–50.

– »The Intellectual needs Society, 29.2.1968«, in: Ders., *Freedom and Development/Uhuru na Ujamaa. A Selection from Writings and Speeches 1965–1967*, Dar es Salaam 1968, S. 23–29.

– »The Varied Paths to Socialism, 10. April 1967«, in: Ders., *Ujamaa. Essays on Socialism*, Dar es Salaam u.a. 1968, S. 76–90.

– »To Stop Shirkers: President's Measures«, in: *The Standard* vom 18.10.1968, S. 1.

– »Ujamaa – The Basis of African Socialism«, in: Julius K. Nyerere, *Ujamaa-Grundlage des afrikanischen Sozialismus. Aus Reden und Schriften von Julius K. Nyerere, Afrikanischer Sozialismus*, Frankfurt/M. ⁴1978, S. 12.

– »Wir fordern das Recht, uns selbst zu entwickeln«, in: *E + Z* 17, 6 (1976), S. 4f.

– *Ujamaa. Essays on Socialism*, Dar es Salaam u. a. 1968.

O'Kelly, Elizabeth,»Administrative Problems in Community Development in the Southern Cameroons«, in: *Journal of African Administration* 12, 1 (1960), S. 29–33.

Oberg, Kalvero, *Culture Shock*, Washington (DC) 1954.

Oeser, Oscar Adolph/Frederick Edmund Emery, *Information, Decision and Action – A Study of Changes in Farming Techniques*, London 1958.

Oldenbruch, Günter,»Emanzipatorische Erwachsenenbildung als Problem«, in: DSE, *Jahresbericht 1970*, Berlin 1971, S. 28.

Oppenheimer, Franz, *Die soziale Bedeutung der Genossenschaft*, Berlin 1899.

Oppenheimer, Ludwig Yehuda,»Grundbedingungen für den Beginn wirtschaftlicher Entwicklung. W.W. Rostows Theorie der wirtschaftlichen Entwicklung und die Praxis der heutigen Entwicklungspolitik«, in: *Offene Welt* 80 (1963), S. 262–282.

Organisations-Abteilung der FDJ (Hg.), *Handbuch des Jugendleiters*, Berlin (Ost) 1961.

Osner, Karl,»Bedingungen und Grundsätze personeller Entwicklungshilfe«, in: *E + Z* 9, 1 (1968), S. 4ff.

Otablea, Hubert,»Rule des Régionaux de Développement«, in: *Bulletin Trimestriel d'information du Plan 5* (1965), S. 81–84.

– *Structure de l'animation rurale au Cameroun*, Inades 1965.

Overseas Food Corporation, *Report and Accounts*, 1948 to 1954–55, London 1955.

Owen, Robert, *The Life of Robert Owen. Written by himself*, New York 1967 [1857f.].

Oxford Englisch Dictionary, 2. Ausgabe, *http://www.oed.com/view/Entry/80912?rskey=D1Pvkg&result=5&isAdvanced=false#*.

»Palime: La cooperation agricole et artisanale d'Agou. Nyongo a tenu sa séance constitutive«, in: *Togo Presse* 27.11.1964, o. S.

Parin, Paul/Fritz Morgenthaler/Goldy Parin-Matthèy, *Die Weißen denken zu viel. Psychoanalytische Untersuchungen bei den Dogon in Westafrika 1963*, Zürich 1963.

Pater, Siegfried (Hg.), *Etwas geben – viel nehmen. Entwicklungshelfer berichten*, Bonn 1982.

Pätzig, Max, *Noch einmal in Tanganyika*, Erlangen 1961.

Pätzold, Björn, »Revolution, Entwicklungspolitik und Rätedemokratie – Versuch der Konzeption einer sozialistischen Alternative«, in: Kübel-Stiftung (Hg.), *Entwicklungshilfe zwischen Restauration und Revolution. Ein Dialog zwischen Verantwortlichen der Entwicklungshilfe und ihren Kritikern*, Bensheim 1970, S. 69–83.

Paulme, Denise, »Adornment and Nudity in Tropical Africa«, in: Antony Forge (Hg.), *Primitive Art and Society*, London 1973, S. 11–24.

Pawelzik, Fritz, »Was einem Afrikaner so auffällt«, in: *Der Überblick* 4 (1969), S. 17.

Pearson, Lester B., *Der Pearson-Bericht. Bestandsaufnahme der Kommission für Internationale Entwicklung*, Wien, München, Zürich 1969 [1969].

Perham, Margery, *Bilanz des Kolonialismus*, Stuttgart 1963 [1963].

– »Some Problems of Indirect Rule«, in: Margery Perham (Hg.), *Colonial Sequence, 1930 to 1949: A Chronological Commentary Upon British Colonial Policy Especially in Africa*, London 1967, S. 91–118.

Pestalozzi, Johann Heinrich, *Lienhard und Gertrud. Ein Buch für das Volk*, Bd. 4, Leipzig 1869 [1787].

Pflaumer, Gerd, »Die Krise der personellen Entwicklungshilfe«, in: *Das Parlament* 5 (1976), S. 30.

Phelps Stokes, »Anson, Readings«, in: David G. Scanon (Hg.), *Traditions of African Education, Classics in Education*, New York 1964, S. 73ff.

Pius XI., *Quadrogesimo Anno*, 01.12.2011, http://www.uibk.ac/theol/leseraum/texte/319.html.

Pöggeler, Franz/Jochen Schmauch, *Freiheit der Bildung, Freiheit der Erwachsenen*, Osnabrück 1959.

Polanyi, Karl, *The Great Transformation. Politische und ökonomische Urspsrünge von Gesellschaften und Wirtschaftssystemen*, Frankfurt/M. 1978 [1944].

Porter, Arthur, *Creoldom: A Study of the Development of Freetown Society*, London 1963.

Pressestatements Angela Merkel und Kofi Anan in Berlin, 10.9.2010, http://www.bundeskanzlerin.de/Content/DE/Mitschrift/Pressekonferenzen/2010/09/2010-09-10-merkel-annan.html.

»Présentation par le président Sylvanus Olympio du Plan de développement économique du Togo, Discours prononcé par le président Olympio le 25 avril 1961, à l'occasion du premier anniversaire de l'indipéndance, à la séance solennelle de l'Assemblée nationale, Allocution présidentielle du 28 juillet 1961«, in: Têtêvi Godwin Tété-Adjalogo, *Histoire du Togo. Le Régime et l'Assassinat de Sylvanus Olympio (1960–1963)*, Paris 2002, S. 170–175, 188–195, 201–206.

Pscherer, Rainer, »Gibt es den idealen Entwicklungshelfer? Zur Auswahl beim Deutschen Entwicklungsdienst«, in: *E + Z* 14, 12 (1973), S. 16.

Rabe, Otto, »Landwirtschaftliches Genossenschaftswesen«, in: Paul Parey (Hg.), *Verhandlungen des Königlichen Landes-Ökonomie-Kollegiums vom 6. – 8. Februar 1913. III. Tagung der XII. Sitzungsperiode*, Berlin 1913, S. 323–336.

Raiffeisen, Friedrich Wilhelm, »Die Darlehenskassen-Vereine [1885]«, in: Helmut Faust (Hg.), *Genossenschaftliches Lesebuch. Zeugnisse aus hundert Jahren*, Frankfurt/M. 1967, S. 59–64.

Rapport du Stage-Terrain »Découverte de l'Animation au Niveau du Déartement de Kribi«, document rédigé par un édudiant de la 1ére promotion en novembre 1966, Douala 1966.

Raum, Otto F., *Umgang mit Völkern:* Bantu, Nürnberg 1957.

Redfield, Robert, *Peasant Society and Culture*, Chicago 1956.

– »Melville Herskovits u.a., A Memorandum for the Study of Acculturation«, in: *Man* 35 (1935), S. 145–148.

Redmon, Coates, *Come as you are. The Peace Corps Story*, San Diego u.a. 1986.

Rees, John Rawling, »Introductory Note«, in: Mead, *Cultural Patterns*, S. 8.

Reichwein, Adolf, Ein Arbeitslager, in: *Volkshochschulblätter für Thüringen* (10, 1) 1928–29, S. 14–19.

Reisch, Ingeborg, »Vorbereitung für Ehefrauen«, in: Norbert Zimmer/Alexander Funkenberg (Hg.), *Deutsche in Entwicklungsländern. Erfahrungsberichte von Sachverständigen und Fachkräften in Afrika, Asien und Lateinamerika*, Hofheim/Ts. 1966, S. 12ff.

République Togolaise, *Plan Quinquennal de Développement*, 1966–70, Lomé 1965.

Rhinesmith, Stephen H., *An Analysis of the Educational Program of the German Development Institute*, Cambridge (Mass.) 1970.

– *Bring Home the World. A Management Guide for Community Leaders of International Programs*, New York 1975.

Richard, Pierre/Pierre Paquet, *L'Education permanente et ses concepts périphériques, recherches documentaires*, Paris 1973.

Richards, Audrey, *Hunger in a Savage Tribe. A Functional Study of Nutrition among the Southern Bantu*, London 1932.

Richter, Christian, »Entdeckungen auf der ›Märcheninsel‹«, in: *Horizont* 7 (1969), S. 17.

Riebel, Franz Hermann, »Das Seminar für ländliche Entwicklungshilfe in Witzenhausen«, in: *Zeitschrift für ausländische Landwirtschaft* 5 (1966), S. 245–280.

Riebel, Franz Hermann, *Die Ausbildung von Agrartechnikern am Seminar für ländliche Entwicklungshilfe. Didaktische und methodische Grundfragen. Deutsche Stiftung für Entwicklungsländer*, DOK 272-ZL 3 65, Feldafing 1965.

– »Spezifische Berufsvorbereitung für Erwachsene – Konzept und Gestalt der Ausbildung von Entwicklungshilfe-Experten«, in: Ernst Prokop/Georg M. Rückriem (Hg.), *Erwachsenenbildung. Grundlagen und Modelle*, Weinheim 1969, S. 265.

Ries, Ulrike (Hg.), *Entwicklungshelfer. Deutsche in der Dritten Welt*, Hannover 1971.

– »Vorwort«, in: Dies. (Hg.), *Entwicklungshelfer*, S. 7–17.

Ries, Ulrike, »Die deutschen Entwicklungsdienste«, in: Dies. (Hg.), *Entwicklungs-helfer*, S. 19–46.

Rigby, Peter, *Cattle and Kingship among the Gogo. A Semi-Pastoral Society of Central Tanzania*, Ithaca 1967.

Rodenwaldt, Ernst, »Allgemeine Rassenbiologie des Menschen«, in: Gerhard Just u.a. (Hg.), *Handbuch der Erbbiologie des Menschen*, Berlin 1940, S. 645–678.

– »Das Geschlechtsleben der europäischen Frau in den Tropen«, in: *Archiv für Rassen- und Gesellschafts-Biologie* 26 (1932), S. 173.

– »Das Rassenmischungsproblem«, in: *Reichsgesundheitsblatt* 52 (1938), Beiheft 4, S. 70–73.

– »Die Anpassung des Menschen an ein seiner Rasse fremdes Klima«, in: *Klinische Wochenschrift* 17 (1938), S. 1569.

– »Die Rückwirkung der Rassenmischung in den Kolonialländern auf Europa«, in: *Archiv für Rassen- und Gesellschafts-Biologie* 32 (1938), S. 385.

– *Ein Tropenarzt erzählt sein Leben*, Stuttgart 1957.

– »Rassenbiologische Probleme in Kolonialländern«, in: *Deutsche Medizinische Wochenschrift* (1939), S. 1029–1032.

– »Rassenbiologische Probleme«, in: *Verhandlungen der Deutschen Gesellschaft für Rassenforschung* 10 (1940), S. 1–17.

– »Rassenhygiene und Kolonialpolitik. Nationalsozialistische Rassenerkenntnis als Grundlage für die koloniale Betätigung des neuen Europas«, in: *Deutscher Kolonial-Dienst* 4, 7 (1939), S. 180–185.

– *Tropenhygiene. Lebenshaltung und Lebensführung in den warmen Ländern*, Stuttgart 1957.

– »Vom Seelenkonflikt des Mischlings«, in: *Zeitschrift für Morphologie und Anthropologie* 34 (1934), S. 364–375.

– »Wie bewahrt der Deutsche die Reinheit seines Blutes in Ländern mit farbiger Bevölkerung«, in: *Der Auslandsdeutsche* 19 (1936), S. 623–628.«

Rodney, Walter, *How Europe Underdeveloped Africa*, London 1972.

Rölinghoff, Werner, »Gesundheitliche Vorbereitung des Aufenthalts in den warmen Ländern«, in: Norbert Zimmer/Alexander Funkenberg (Hg.), *Deutsche in Entwicklungsländern. Erfahrungsberichte von Sachverständigen und Fachkräften in Afrika, Asien und Lateinamerika*, Hofheim/Ts. 1966, S. 40–46.

– »Erhaltung und Pflege der Gesundheit in den warmen Ländern«, in: *Merkblätter für Auslandstätige und Auswanderer* 23 (1962), S. 3–11.

– »Psychische Probleme der sogenannten Tropentauglichkeit«, in: *Texte zur Arbeit von »Dienste in Übersee«* 1 (1969), S. 3–14.

Röpke, Wilhelm, *Gesellschaftskrise der Gegenwart*. Teil I, Zürich 1941.

Rohrbach, Paul, *Deutschland unter den Weltvölkern. Materialien zur auswärtigen Politik*, Berlin 1903.

– *Das deutsche Kolonialwesen*, Leipzig 1911.

Rosenstock-Huessey, Eugen, »Das Arbeitslager für Jungarbeiter, Jungbauern und Jungakademiker in Löwenberg vom 14.–31. März 1928«, in: *Freie Volksbildung (Neue Folge des Archivs für Erwachsenenbildung)* 3 (1928), S. 217–224.

- Carl Dietrich von Trotha (Hg.), *Das Arbeitslager. Berichte aus Schlesien von Arbeitern, Bauern, Studenten,* Jena 1931.
- *The Christian Future or The Modern Mind Outrun,* New York 1946.
- *Dienst auf dem Planeten. Kurzweil und Langeweile im Dritten Jahrtausend,* Stuttgart u.a. 1965.

Rossi, Aurelio, *Zwischen Elefanten und Pygmäen,* Berlin 1932.

Rostow, Walt W., *Stadien wirtschaftlichen Wachstums. Eine Alternative zur marxistischen Entwicklungstheorie,* Göttingen 1960 [1960].

- *The Stages of Economic Growth. A Non-Communist Manifesto,* Cambridge (Mass.) 1960.

Roupnel, Gaston, *Histoire de la campagne française,* Paris 1932.

»Rourkela: Sieg der Deutschen«, in: *Der Spiegel* 3 (1966), S. 68ff.

Rousseau, Jean-Jacques, *Emile oder über die Erziehung,* Paderborn 1971 [1762].

Rudolph, Fritz/Percy Stulz, *Jambo Afrika! DDR-Afrika-Expedition zwischen Kongo und Sansibar,* Leipzig 1970.

Ruthenberg, Hans, *Agricultural Development in Tanganyika,* Berlin, Göttingen, Heidelberg, New York 1964.

Sanders, Irwin T., »The Contribution of the Spezialist to Community Development«, in: *Journal of Education Sociology* 29 (1955), S. 151–163.

Sarraut, Albert, *La Mise En Valeur des Colonies Française,* Paris 1923.

Sartre, Jean Paul, »Vorwort«, in: Fanon, *Die Verdammten,* S. 7–28.

Saul, John S., »Marketing Co-Operatives in a Developing Country. The Tanzanian Case«, in: Paul Worsley (Hg.), *Two Blades of Grass. Rural Cooperatives in Agricultural Development,* Manchester 1971, S. 247–370.

- »Nyerere on Socialism«, in: Lionel Cliffe/John Saul (Hg.), *Socialism in Tanzania. An Interdisciplinary Reader, Bd. 1: Politics,* Nairobi 1972, S. 180–186.
- Roger Woods, »African Peasants«, in: Theodor Shanin (Hg.), *Peasant Societies,* London 1971, S. 103–114.

Schaafhausen, Irma, *Entwicklung durch Selbsthilfe am Beispiel Israels,* Hamburg 1963.

Schaffer, Bernhard B., (Hg.), *Administrative Training and Development. A Comparative Study of East Africa, Zambia, Pakistan, and India,* New York 1974.

Schanz, Moritz, *Die Kolonialschule in Witzenhausen. Der Tropenpflanzer, Beiheft,* 14, 9 (1910).

- »Negererziehung in Nordamerika und Booker T. Washington«, in: *Der Tropenpflanzer* 12 (1908), S. 214–226.
- »Die Negerfrage in Nordamerika«, in: *Der Tropenpflanzer* 13 (1909), S. 573–585.

Schapera, Isaac, *Married Life in an African Tribe,* New York 1941 [1940].

- »The Native as Letter Writer«, in: *The Critic* 2,1 (1933), S. 20–28.

Scheel, Walter, »Entwicklungspolitik braucht Menschen«, in: *Entwicklungspolitik* vom 27.4.1965, S. 6.

Schiller, Otto, »Das genossenschaftliche Prinzip in der Landreform der Entwicklungsländer«, in: Wirtschaftspolitische Gesellschaft von 1947 (Hg.), *Entwicklung von unten,* Köln, Opladen 1966, S. 105–110.

Schmaltz, Otto, »75 Jahre Ausbildungsstätte für internationale Agrarwirtschaft in Witzenhausen«, in: *Der Tropenlandwirt* 74 (1973), S. 7.

Schmauch, Jochen, »… doch lieber gleich eine anständige Vorbereitung!« Zwischenbilanz eines noch immer umstrittenen Unternehmens: die Vorbereitung der Entwicklungshelfer«, in: *DED-Brief,* Juli-September 1974, S. 11–20.

– *Herrschen oder helfen? Kritische Überlegungen zur Entwicklungshilfe,* Freiburg im Breisgau 1967.

Schnee, Heinrich (Hg.), *Deutsches Koloniallexikon,* Bd. 1–3, Leipzig 1920.

Schneider, Wilhelm, *Die Culturfähigkeit des Negers,* Frankfurt/M. 1885.

Schnellbach, Otto, »Landwirtschaft und Gewerbe ergänzen sich – Drei Musterdörfer in Togo«, in: *Landtechnik* 15 (1965), S. 544.

– »Probleme der Menschenführung in Afrika. Kritische Betrachtung eines Landmaschineningenieurs in Entwicklungsdiensten«, in: *Landtechnische Forschung* 17,4 (1967), S. 89–96.

Schnurer, Josef, »Nationalismus und Nationalbewußtsein in Afrika«, in: *E + Z* 10, 2 (1969), S. 25.

Schramm, Josef, *Kamerun,* Bonn 1964 [1958].

Schramm-Macdonald, Hugo, *Der Weg zum Erfolg durch eigene Kraft. Nach dem Muster der »Self-Help« von Samuel Smiles,* Heidelberg 1895.

– *Weg zum Wohlstand. Nach dem Muster von Samuel Smiles' Christ,* Heidelberg 1892.

Schulze-Delitzsch, Hermann, »Das Genossenschaftsprinzip, seine wirtschaftliche und soziale Bedeutung«, in: *Die Genossenschaften in einzelnen Gewerbszweigen,* Leipzig 1873, S. 2–5.

Schulze-Gävernitz, Gerhart von, »Das Glaubensbekenntnis der Genossenschaften [1890]«, in: Helmut Faust (Hg.), *Genossenschaftliches Lesebuch. Zeugnisse aus hundert Jahren,* Frankfurt/M. 1967, S. 107–113.

Schumacher, Carl, »Die Genossenschaften in Afrika«, in: *Afrika Heute. Jahrbuch der Deutschen Afrika-Gesellschaft,* Köln 1962, S. 333–345.

Sebald, Peter, *Verschollen in Afrikas Urwald,* Berlin (Ost) 1974.

Seely, A. J., »Community Development in the Southern Cameroons«, in: *African World,* Sept. 1960.

Seibel, Hans-Dieter, »Genossenschaften in der traditionellen afrikanischen Gesellschaft«, in: *Vierteljahrsberichte der Friedrich-Ebert-Stiftung* 28 (1970), S. 182–190.

– »Landwirtschaftliche Entwicklung in Afrika: durch Einführung moderner oder Modernisierung traditioneller Genossenschaften?«, in: *Zeitschrift für ausländische Landwirtschaft* 7 (1968), S. 219–232.

Seligman, Charles G., »Temperament, Conflict and Psychosis in a Stone Age Population«, in: *British Journal of Medical Psychology* 9 (1929), S. 187–202.

Senghor, Léopold Sédar, *Liberté I. Négritude et humanisme,* Paris 1964.

Shaftesbury, Antony Earl of, *Charakteristicks of Man, Manners, Opinions, Times*, Bd. 1, London 1968 [1714].

Siebert, Karl Rüdiger, »Deutsche Krankenschwestern in der Fieber-Bucht«, in: *Auslandskurier* 14, 11 (1973), S. 14f.

- »Choukoudou und Partnerschaft. Beobachtungen und Anmerkungen über menschliche Kontakte in deutschen Entwicklungsprojekten«, in: *E + Z* 14, 1 (1973), S. 16f.

Smiles, Samuel, *Self-Help*, Edinburgh 1859.

Solidaritätskomitee (Hg.), *Internationale Solidarität – grundlegendes Prinzip der DDR-Politik*, Berlin (Ost) 1978.

- *Solidarität – Staatspolitik und Herzenssache*, Berlin (Ost) 1977.

Sollich, Manfred (Hrg.), *Probezeit ausgeschlossen. Erfahrungen und Perspektiven der personellen Entwicklungszusammenarbeit*, Mainz 1984.

Sombart, Werner, »Sinn und Bedeutung der Genossenschaftsbewegung«, in: Vahan Totomianz (Hg.), *Anthologie des Genossenschaftswesen*, Berlin 1922, S. 273–275.

Sonnenhol, Gustav Adolf, »Glanz und Elend der Entwicklungshilfe«, in: Hermann Ziock (Hg.), *Entwicklungshilfe – Baustein für die Welt von morgen*, Frankfurt/M., Berlin 1966, S. 69–76.

Sperling, Jan Bodo, *Die Rourkela-Deutschen. Probleme der Verhaltensweisen deutscher Techniker auf einer Großbaustelle in Indien*, Aachen 1965.

- *The Human Dimension of Technical Assistance. The German Experience in Rourkela, India*, Ithaka, London 1969.

- »Verhaltensweisen deutscher Techniker auf einer Großbaustelle in Indien«, in: Norbert Zimmer/Alexander Funkenberg (Hg.), *Deutsche in Entwicklungsländern. Erfahrungsberichte von Sachverständigen und Fachkräften in Afrika, Asien und Lateinamerika*, Hofheim/Ts. 1966; S. 119–123.

Spicer, Edward H., *Human Problems in Technical Change*, New York 1952, S. 18.

Spitzer, Leo, *The Creoles of Sierra Leone: Responses to Colonialism 1870–1945*, Madison (Wisc.)1974.

Stackelberg, Georg Karl von, *»Alle Kreter lügen«. Vorurteile über Menschen und Völker, Düsseldorf*, Wien 1965.

Staewen, Christoph, *Kulturelle und psychologische Bedingungen der Zusammenarbeit mit Afrikanern. Ansatzpunkte für eine komplementäre Partnerschaft*, München u.a. 1991.

Stanford, George/Andrew E. Roark, *Human Interaction in Education*, New York 1974.

Stein, Howard, »Theories of the State in Tanzania. A Critical Assassement«, in: *Journal of Modern African Studies* 23 (1985), S. 105–123.

Stirling, Leander, *Missionsarzt in Afrika. Ein Lebensbericht*, Berlin 1986.

Stolper, Wolfgang F., *Planning Without Facts: Lessons in Resource Allocation from Nigeria's Development*, Cambridge (Mass.) 1966.

Stuhlmann, Franz, *Handwerk und Industrie in Ostafrika. Kulturgeschichtliche Betrachtungen, nebst einem Anhang: Die Gewinnung des Eisens bei den Nyamwez*, Hamburg 1910.

TANU Constitution, Dar es Salaam 1954.

Tasch, Dieter, »Tropendienst beginnt im Gewächshaus. Ehemalige Kolonialschule für künftige Entwicklungshelfer«, in: *Hannoversche Allgemeine Zeitung* vom 22./23.6.1963, S. 3.

Tendler, Judith, *Inside Foreign Aid*, Baltimore 1975.

Thomas, Hildegard, »»Kinder sind interessant«. Versuchskindergarten in Kamerun«, in: Le Coutre (Hg.), *Unterwegs zu einen Welt*, S. 135–139.

Thöne, Karin, »Arbeitsmöglichkeiten in der Entwicklungshilfe«, in: Winfried Schneider (Hg.), *Arbeitsfeld Entwicklungshilfe. Organisationen, Verfahren, Rechtsfragen, Vorbereitung, Betreuung. Information und Kritik*, Wuppertal 1974, S. 13–25.

Thurnwald, Richard, *Der Mensch geringer Naturbeherrschung. Sein Aufstieg zwischen Vernunft und Wahn*, Berlin 1950.

–   *Economics in Primitive Communities*, London 1932.

–   »Kolonialwirtschaftliche Betriebe«, in: *Jahrbücher für Nationalökonomie und Statistik* 148 (1938), S. 48–62.

Tillmann, Heinz/Solidaritätskomitee (Hg.), *Der Neokolonialismus der westdeutschen Bundesrepublik*, Berlin (Ost) 1965.

–   Werner Kowalski (Hg.), *Westdeutscher Neokolonialismus. Untersuchungen über die wirtschaftliche und politische Expansion des westdeutschen Imperialismus in Afrika und Asien*, Berlin (Ost) 1963.

Tönnies, Ferdinand, *Gemeinschaft und Gesellschaft. Grundbegriffe der reinen Soziologie*, Darmstadt 1963 [1887].

Tongue, Dauncey, »The Contact of Races in Uganda«, in: *British Journal of Psychology*, 25, 3 (1935), S. 357.

Tordoff, William, *Government and Politics in Tanzania*, Nairobi 1967.

Toroka, Suleiman, »Education« for Self-Reliance: The Litowa Experiment«, in: Lionel Cliffe/John S. Saul (Hg.), *Socialism in Tanzania. Vol. 2: Policies*, Nairobi 1973, S. 264–271.

Torre, Mottram (Hg.), *The Selection of Personnel for International Service, World Federation for Mental Health*, New York 1964.

Touré, Sékou, »Der politische Führer als Vertreter einer Kultur«, in: Ruprecht Paqué (Hg.), *Afrika antwortet Europa. Vorträge und Aufsätze führender Afrikaner*, Frankfurt/M. 1967, S. 86–102.

Townsend, Joseph, *An Essay on the Poor Laws*, Berkeley 1971 [1786].

Trappe, Paul, *Die Entwicklungsfunktion des Genossenschaftswesens am Beispiel ostafrikanischer Stämme*, Neuwied am Rhein, Berlin 1966.

Trappe, Paul, »Genossenschaften«, in: Hans Besters/Ernst E. Boesch (Hg.), *Entwicklungspolitik. Handbuch und Lexikon*, Berlin, Mainz 1966, Sp. 1179–1185.

–   »Stammesrecht«, in: Hans Besters/Ernst E. Boesch (Hg.), *Entwicklungspolitik. Handbuch und Lexikon*, Berlin, Mainz 1966, Sp. 1566f.

Tröscher, Tilmann, »Witzenhausen als Zentrum internationaler Zusammenarbeit«, in: *Der Tropenlandwirt* 73 (1972), S. 109–115.

Trowell, Hugh C., »The Medical Training of Africans«, in: *East African Medical Journal* 2 (1934/35), S. 338–353.

Truman, Harry, *Years of Trial and Hope: Memoirs, Vol. 2*, Garden City (NY) 1956.

Truner, John F. C./Robert Fichter (Hg.), *Freedom to Build*, New York 1972.

Tschajanow, Alexander, *Die Lehre von der bäuerlichen Wirtschaft* [1923], Frankfurt/M. 2007.

Turnbull, Colin M., *Wayward Servants. The Two Worlds of the African Pygmies*, Garden City 1965.

Turner, John F. C., »Architecture that Works«, in: *Ekistics* 27, 158 (1969), S. 40–44.

– »The Squatter Settlements: An Architectur that Works«, in: *Architectural Design* 8 (1968), S. 355–360.

– *Housing by People. Towards Autonomy in Building Environments*, London 1976.

Tylor, Edward B., *Primitive Culture. Researches into the Development of Mythology, Philosophy, Religion, Art, and Costume 1*, London 1871.

Ullrich, Klaus u.a. (Hg.), *Afrika im Aufbruch*, Leipzig 1980.

Umbach, Rolf, »Über Motivation von Entwicklungshelfern«, in: *E + Z* 9, 6 (1968), S. 25–30.

– »Vorschläge zur Verbesserung der Personalauslese bei Entwicklungshelfern. Eignung und Eignungsvoraussage mit Hilfe von Beurteilungsbogen und Bewährungskatalog«, in: *E + Z* 11, 2 (1970), S. 10ff.

UNO, *Durch Hilfe zur Selbsthilfe. Die technische Hilfe der Vereinten Nationen*, New York 1953.

– *Economic and Social Council. Official Records, 9th Session, Supplement I.*, New York 1949.

Unesco, *Analphebétisme et les droits de l'homme, publié à l'occasion de l'Année internationale des droits de l'homme*, Paris 1968.

– *Literacy 1972–1976*, Paris 1980.

– *The Experimental World Literacy Programme: A Critical Assessement*, Paris 1976.

United Republic of Tanganyika and Zanzibar, National Housing Corporation, Ministry of Local Government and Housing, *Wewe na familia yako Mnaweza kuishi katika nyumba yenu jenga nyumba yako kwa »kujitolea«. You and your family can live in a house of your own build it by »self help«*, Dar es Salaam 1964.

United Republic of Tanzania and Zanzibar, *Ministry of Lands, Settlement and Water Development, The Rural Settlement Commission: A Report on the Village Settlement Commission to 31st December, 1965*, Dar es Salaam 1966.

United Republic of Tanzania, *Report of the Presidential Special Committee of Enquiry into the Co-Operative Movement and Marketing Boards*, Dar es Salaam 1966.

Valdés, Gabriel, »Ringen um weltumfassende Solidarität«, in: *E + Z* 16, 9 (1975), S. 14f.

Verfassung der DDR vom 9. April 1968, in: http://www.verfassungen.de/de/ddr/ddr49-i.htm.

Vialon, Friedrich Karl, *Die Kunst der Entwicklungshilfe*, Baden-Baden 1962.

– *Entwicklungspolitik. Zwölf Fragen – Zwölf Antworten*, Bonn 1966.

Viering, Erich, *Togo singt ein neues Lied, Equipen im Mono-Gebiet*, Erlangen 1969.

Vignon, Louis, *Les colonies Françaises. Leur commerce – leur sitation économique – leur utilité pour la metropole – leur avenir*, Paris 1886.

– *Un programme de politique coloniale: Les question indigène*, Paris 1919.

»Vijiji Vya Ujamaa Vinatu Wezesha Kuishi Pamoja«, in: *Uhuru*, 31.1.1975, S. 9f.

Vincent, Fernand, »Formation des Hommes et Développement«, in: Hans F. Illy (Hg.), *Kamerun. Strukturen und Probleme der Sozioökonomischen Entwicklung*, Mainz 1974, S. 87–104.

Viorst, Milton (Hg.), *Making a Difference. The Peace Corps at Twenty-Five*, New York 1986.

Vogel, Martin/Peter Oel, *Gemeinde und Gemeinschaftshandeln. Zur Analyse der Begriffe Community Organization und Community Development*, Stuttgart 1966.

Vogel, Rudolf, *Entstehung der Hilfe für die Entwicklungsländer und die Gründung der »Deutschen Stiftung für Entwicklungshilfe«*, Melle 1959.

Von der Decken, Hans, »Das Entwicklungsprojekt ›Drei Musterdörfer – Togo‹«, in: *Zeitschrift für ausländische Landwirtschaft* 8, 1 (1969), S. 71–77.

Wald, Hermann J., »DSE-Zentralstelle für Auslandskunde sucht neue Wege. Teilweise Verlängerung der Vorbereitung deutscher Fachkräfte in Entwicklungsländern angestrebt«, in: *E + Z* 2 (1974), S. 11f.

– »Kritik an Experten ernst nehmen«, in: *Der Auslandskurier* 3, 15 (1974), S. 30.

– »Plädoyer für Vorbereitung von Fachkräften im Ausland«, in: *E + Z* 3 (1971), S. 11f.

– »In-country – Vorbereitung von Entwicklungsexperten«, in: *E + Z* 16, 3 (1975), S. 23f.

– »Der häßliche Entwicklungsexperte«, in: *Die Zeit* vom 9.8.1974, S. 8, http://www.zeit.de/1974/33/der-hässliche-entwicklungsexperte.

Warneck, Gustav, »Nachwort«, in: Ders., (Hg.), *Erziehung der Naturvölker zur Arbeit*, Gütersloh 1889, S. 171–184.

Warneck, Wilfried, »Kameradschaft in Kamerun«, in: Eich/Frevert (Hg.), *Freunde*, S. 99–102.

Washington, Booker T., *The Future oft the American Negro*, Boston 1899.

– *Character Building*, New York 1902.

– (Hg.), *Tuskegee and Its People*, New York 1905.

– *Working with the Hands*, New York 1904.

Weizenhöfer, Inge/Gerhard Müller, »Es gibt in dieser Welt nichts zu verbessern außer der eigenen Sicht.« Vorbereitung im DED, in: Willi Erl, Hans-Dietrich Pallmann (Hg.), *Betrifft: Zusammenarbeit. 25 Jahre Deutscher Entwicklungsdienst*, Berlin 1988, S. 250–254.

Wenner, Kate, *Shamba Letu, Kibbuz in Afrika*, Erlangen 1971 [1970].

Werner, David, *Mahali Pasipo Na Daktari…Kitabu cha Mafunzo ya Afye Vijijini*, Dar es Salaam 1978.

– *Where there is no Doctor*, Paolo Alto 1975.

Westermann, Diedrich, *Afrikaner erzählen ihr Leben. Elf Selbstdarstellungen afrikanischer Eingeborener aller Bildungsgrade und Berufe und aus allen Teilen Afrikas*, Berlin (Ost) 1952 [1938].

– *The African Today and Tomorrow*, London, New York, Toronto [1934] 1949.

– »The Missionary as an Anthropological Field-Worker«, in: *Afrika: Journal of the International African Institute* 4,2 (1931), S. 164–177.

White, Paul, *Doktor von Tanganjika*, Wuppertal 1960 [1957].

Wichern, Johann Hinrich, »Hamburgs wahres und geheimes Volksleben«, in: Ders., *Sämtliche Werke*, Bd. 4/1, hg. von Peter Mainhold, Hamburg 1958, S. 32–56.

– *Sämtliche Werke*, Bd. 4/1, 4/2, 7, hg. von Peter Mainhold, Hamburg 1958.

– *Jahresbericht des Verwaltungsrats der Rettungsanstalt für sittlich verwahrloste Kinder in Hamburg*, Hamburg 1839ff.

Wildhagen, Karl-Heinz, »Deutsche Ingenieure und Facharbeiter in Entwicklungsländern«, in: Norbert Zimmer/Alexander Funkenberg (Hg.), *Deutsche in Entwicklungsländern. Erfahrungsberichte von Sachverständigen und Fachkräften in Afrika, Asien und Lateinamerika*, Hofheim/Ts. 1966, S. 124–130.

Willumat, Heinz, *Beitrag zu städtebaulichen Planungsgrundlagen für die Verbesserung von Wohnbedingungen in Städten der Entwicklungsländer am Beispiel des Wohnungsbaus in Tansania*, Weimar 1975.

Wilson, Gordom M., »The African Elite«, in: Stanley Diamond/Fred G. Burke (Hg.), *The Transformation of East Africa. Studies of Political Anthropology*, London, New York 1966, S. 431–461.

Wittwer Hesse, Denise, *Die Familie von Fellenberg und die Schulen von Hofwyl. Erziehungsideale, »Häusliches Glück« und Unternehmertum einer Bernischen Patrizierfamilie in der ersten Hälfte des 19. Jahrhunderts*, Bern 2002.

World Bank Report, *The Economic Development of Tanganyika*, Baltimore 1961.

Wulff, Erich, *Psychiatrie und Klassengesellschaft*, Frankfurt/M. 1972.

Wundt, Wilhelm, *Ethik. Eine Untersuchung der Tatsachen und Gesetze des sittlichen Lebens*, 4. umgebarbeitete Auflage, Stuttgart 1912.

Wylie, Laurence, *Dorf in der Vaucluse. Der Alltag einer französischen Gemeinde*, Frankfurt/M. 1978 [1957].

Zentralrat der FDJ (Hg.), *Handbuch des FDJ-Gruppenleiters*, Berlin (Ost) 1984 [1975].

Zillich, Ehrenfried, »Die drei Musterdörfer in Togo«, in: *Afrika Heute*, 1.7.1965, S. 160–162.

Zimmer, Norbert/Alexander Funkenberg (Hg.), *Deutsche in Enwicklungsländern. Erfahrungsberichte von Sachverständigen und Fachkräften in Afrika, Asien und Lateinamerika*, Hofheim/Ts. 1966.

Zischka, Anton, *Afrika. Europas Gemeinschaftsaufgabe Nr. 1*, Oldenburg 1951.

ZK der SED (Hg.), *Dokumente der SED, BD. IV*, Berlin (Ost) 1954.

Zolberg, Aristide R., *Creating Political Order: The Party-States of West Africa*, Chicago 1966.

Zwiefelhofer, Hans, »Modernisierung oder Entwicklung«, in: *E + Z* 1, 1 (1960), S. 4f.

Literatur

Adam, Alfred, »Bodelschwingh, Friedrich Christian Carl«, in: *Neue Deutsche Biographie* (NDB), Bd. 2, Berlin 1955, S. 352.

Adam, Leonhard, »In Memorian: Richard Thurnwald«, in: *Oceania* 25, 3 (1955), S. 145–155.

Adams, Melinda, »Colonial Policies and Women's Participation in Public Life: The Case of British Southern Cameroons«, in: *African Studies Quarterly* 8 (2006), http://www.africa.ufl.edu/asq/v8/v8i3a1.htm.

Agamben, Giorgio, *Was ist ein Dispositiv?* Zürich, Berlin 2008.

Agostino, Anna, »Post-Developement. Unveiling Clues for a Possible Future«, in: Aram Ziai (Hg.), *Exploring Post-Development: Theory and Practice, Problems and Perspectives*, London 2007, S. 197–211.

Albertini, Rudolf von, *Dekolonisation. Die Diskussion über Verwaltung und Zukunft der Kolonien 1919–1960*, Köln, Opladen 1966.

– *Europäische Kolonialherrschaft 1880–1940*, Zürich 1976.

Allen, Tim, »Taking Culture Seriously«, in: Ders., Alan Thomas (Hg.), *Poverty and Development in the 1990s*, Oxford 1992, S. 331–346.

Alkemeyer, Thomas/Gunilla Budde/Dagmar Freist, »Einleitung«, in: Dies. (Hg.), *Selbst-Bildungen. Soziale und kulturelle Praktiken der Subjektivierung*, Bielefeld 2013, S. 9–30.

Altena, Thorsten, *»Ein Häuflein Christen mitten in der Heidenwelt des dunklen Erdteils«. Zum Selbst- und Fremdverständnis protestantischer Missionare 1884–1918*, Münster 2003.

– »Missionare und einheimische Gesellschaft. Zur Kulturbegegnung der Bethel-Mission in Deutsch-Ostafrika 1890–1916«, in: Matthias Benad (Hg.), *Bethels Mission (1). Zwischen Epileptischenpflege und Heidenbekehrung* (= Beiträge zur Westfälischen Kirchengeschichte Bd. 19), Bielefeld 2001, S. 1–74.

Altmann, Gerhart, *Abschied vom Empire. Die innere Dekolonisation Großbritanniens 1945–1985*, Göttingen 2005.

Amin, Julius A., *The Peace Corps in Cameroon*, Kent (OH) 1992.

Amin, Julius A., »Serving in Africa: US Peace Corps in Cammeroon«, in: *Africa Spectrum* 1 (2013), S. 71–87.

Amin, Samir, *Accumulation in a World Scale*, New York 1974.

Andersen, Uwe, »Deutschlands Entwicklungspolitik im internationalen Vergleich«, in: *Informationen zur politischen Bildung* 286 (2005), S. 54–65.

– »Entwicklungspolitik/-hilfe«, in: Wichard Woyke (Hg.), *Handwörterbuch Internationale Politik*, 11. überarbeitete Auflage, Bonn 2008, S. 94–105.

Anderson, Benedict, *Imagined Communities*, New York 1983.

Anderson, David, »Depression, Dust Bowl, Demography and Drought: The Colonial State and Soil Conservation in East Africa during the 1930s«, in: *African Affairs* 83 (1984), S. 339ff.

Andrew, Christopher/Vasili Mitrokhin, *The World Was Going Our Way. The KGB and the Battle for the Third World*, New York 2005.

Anker, Josef, »Rohrbach, Paul Carl Albert«, in: *Neue Deutsche Biographie* (NDB), Bd. 22, Berlin 2005, S. 5f.

Ansprenger, Franz, *Auflösung der Kolonialreiche*, München 1966.

– »Politische Regime und die Entwicklung von unten«, in: Wirtschaftspolitische Gesellschaft von 1947 (Hg.), *Entwicklung von unten*, Köln, Opladen 1966, S. 111–120.

– »Über Sinn und Unsinn von Regionalstudien unter besonderer Berücksichtigung Tansanias«, in: Werner Pfennig/Klaus Voll/Helmut (Hg.), *Entwicklungsmodell Tansania. Sozialismus in Afrika. Geschichte, Ökonomie, Politik, Erziehung*, Frankfurt/M., New York 1980, S. 6–10.

Appadurai, Arjun, *Modernity at Large. Cultural Dimensions of Globalization*, Minneapolis 2001.

Apphia, Kwame Anthony, *Der Kosmopolit. Philosophie des Weltbürgertums*, München 2007 [2006].

– *In My Fathers House. Africa in the Philosophy of Culture*, New York 1992.

Applbaum, Arthur Isaak, »Forcing a People to Be Free«, in: *Philosophy and Public Affairs*, 35, 4 (2007), S. 359–400.

Arendt, Hannah, *Vita activa oder vom tätigen Leben*, München 2002 [1958, 1960].

Arndt, Karl J. R., *George Rapp's Harmony Society 1785–1847*, Philadelphia 1965.

Asam, Walter H. u.a., *Hilfe zur Selbsthilfe. Ein Konzept zur Unterstützung von Selbsthilfegruppen*, München 1989.

Atangana, Martin, *French Investment in Colonial Cameroon. The Fides Era (1946–1957)*, New York u.a. 2009.

Attikpoe, Kodjo, »Folgenschwere Konstrukte. Beobachtungen zu Afrika-Bildern in weißen Köpfen«, in: Katja Böhler/Jürgen Hoeren (Hg.), *Afrika. Mythos und Zukunft*, Bonn 2003, S. 18–28.

Auger, George A., *Tanzania Education since Uhuru. A Bibliography 1961–1971. Incorporating a Study of Tanzania Today and Yesterday and a Guide to Further Source of Information on Education in Tanzania, Institute of Education, University of Dar es Salaam*, Dar es Salaam 1971.

Aumüller, Ingeborg, *Dekolonisation und Nationwerdung in Sansibar: Prozesse zur Unabhängigkeit und territorialen Integration*, München, London 1980.

Axster, Felix, »Die Angst vor dem *Verkaffern* – Politiken der Reinigung im deutschen Kolonialismus«, in: *Werkstatt Geschichte* 39 (2005), S. 39–53.

Bakoubayi Billy, Jonas, *Musterkolonie des Rassenstaates. Togo in der kolonialpolitischen Propaganda und Planung Deutschlands 1919–1943*, Dettelbach 2011.

Baldus, Rolf B., *Zur operationalen Effizienz der Ujamaa Kooperative Tansanias*, Göttingen 1976.

Balibar, Etienne, »Is there a ›Neo-Racism?‹«, in: Ders., Immanuel Wallerstein (Hg.), *Race, Nation, Class. Ambiguous Identities*, London, New York 1991, S. 17–28.

Ballif, Noël, *Les Pygmées de la grande forêt*, Paris 1992.

Balsen, Werner/Karl Rössl, *Hoch die internationale Solidarität. Zur Geschichte der Dritte-Welt-Bewegung in der Bundesrepublik Deutschland*, Köln 1986.

Barber, Karin (Hg.), *Africa's Hidden Histories: Everyday Literacy and Making of Self*, Bloomington (Ind.) 2006.

Barth, Holger (Hg.), *Sozialistische Stadt. Beiträge zur Bau- und Planungsgeschichte der DDR*, Berlin 1998.

Baum, Eckhard, *Daheim und überm Meer. Von der Deutschen Kolonialschule zum Deutschen Institut für Tropische und Subtropische Landwirtschaft in Witzenhausen*, Witzenhausen 1997.

Baumann, Ursula, *Protestantismus und Frauenemanzipation in Deutschland 1850 bis 1920*, Frankfurt/M. 1992.

Bautz, Friedrich Wilhelm, »Grundtvig, Nikolai Frederik Severin«, in: *Biographisch-Bibliographisches Kirchenlexikon*, Bd. 2, Sp. 373–375.

– »Bodelschwingh, Friedrich von«, in: *Biographisch-Bibliographisches Kirchenlexikon*, Bd. 1, Sp. 643–649.

Bayerisch-Togoische Gesellschaft, *1884–1984. Togo und Deutschland. Freundschaft mit Tradition*, München 1984.

Bayly, Christopher, *Die Geburt der modernen Welt. Eine Globalgeschichte 1780–1914*, Frankfurt/M. 2006 [2004].

Beck, Alois J., *Theorie und Praxis der »Animation Rurale« im frankophonen Afrika. Ländliche Entwicklung im Departement Zinder (Republik Niger) 1962–1977*, Bochum 1981.

Beck, Ann, *A History of the British Medical Administration of East Africa, 1900–1950*, Cambridge (Mass.) 1970.

Beckert, Sven, »Von Tuskegee nach Togo. Das Problem der Freiheit im Reich der Baumwolle«, in: *GG* 31 (2005), S. 505–545.

Beer, Max, *Geschichte des Sozialismus in England*, Stuttgart 1913.

Benrath, Gustav Adolf/Reinhard Deichgräber/Walter J. Hollenweger, »Erweckung/Erweckungsbewegung«, in: *Theologische Realenzyklopädie* 10 (1982), 205–227.

Benzig, Brigitte/Thilo C. Schadeberg, »Zur Interpretation politischer Begriffe in der Swahili-Version der Entschließung von Arusha«, in: Gerhard Grohs (Hg.), *Theoretische Probleme des Sozialismus in Afrika. Negritude und Arusha-Deklaration*, Hamburg 1971, S. 245–257.

Berends, R. (Hg.), *Arbeid ter Disciplinering en Bestraffing, Veenhuizen als onvrije kolonie van de Maatschappij van Weldadigheid 1823–1859*, Zutphen 1984.

Berger, Franziska, »Die Entwicklungszusammenarbeit der DDR in Sansibar/Tansania«, in: Ulrich van der Heyden/Franziska Berger (Hg.), *Kalter Krieg in Ostafrika. Die Beziehungen der DDR zu Sansibar und Tansania*, Münster 2009, S. 341–389.

Berkholz, Stefan, *Goebbels' Waldhof am Bogensee. Vom Liebesnest zur DDR-Propagandastätte*, Berlin 2004.

Berman, Marshall, *All That is Solid Melts Into Air: The Experience of Modernity*, New York 1988.

Bernard-Ouedraogo, Lédéa, »Une expérience d'animation rurale«, in: Henri Desroche/ Placide Rambaud (Hg.), *Villages en Développement*, Paris 1971, S. 259–270.

Bernet, Claus, »Pierre Ceresole«, in: *Biographisch-Bibliographisches Kirchenlexikon*, Bd. 24, Nordhausen, Sp. 432–443.

Berndt, Hagen, »Frieden und Demokratisierung: Fast hundert Jahre freiwillige Friedensdienste«, in: Aktiongsgemeinschaft Dienst für den Frieden (Hg.), *Gewaltfrei streiten für einen gerechten Frieden*. Oberursel 2008, S. 70–77.

Bernstein, Henry, »African Peasantries: A Theoretical Framework«, in: *Journal of Peasant Studies* 11 (1984), S. 139–154.

Bestor, Arthur Eugene, *Backwoods Utopias: The Sectarian and Owenite Phases of Cummunitarian Socialism in America 1663–1829*, Philadelpha 1950.

Betts, Raymond F., *Decolonization*, London, New York 1998.

Bhabha, Homi K., »Culture's In-Between«, in: Stuart Hall/Paul du Gay (Hg.), *Questions of Cultural Identity*, London 1996, S. 53–60.

– *The Location of Culture*, New York, London 1994.

– »Remembering Fanon: Self, Psyche and the Colonial Condition«, in: Patrick Williams/Laura Chrisman (Hg.), *Colonial Discourse and Post-Colonial Theory: A Reader*, New York 1986, S. 112–124.

Bienen, Henry, *Tanzania. Party Transformation and Economic Development*, Princeton (NJ) 1967.

Bitterli, Urs, *Die Wilden und die Zivilisierten*, München 1976.

Black, Margareth, *A Cause for Our Times: Oxfam the First 50 Years*, Oxford 1992.

Blackburn, Susan, *Practical Visionaries: A Study of Community Aid Abroad*, Melbourne 1993.

Blackbourn, David, *The Long Nineteenth Century. A History of Germany, 1780–1918*, New York, Oxford 1997.

Bley, Helmut, »Die Befangenheit in der eigenen Gegenwart macht die übrige Welt fremder als sie ist. Ein Plädoyer für die Möglichkeit, Weltgeschichte mit universalen Kategorien zu beschreiben«, in: Jörg Calließ (Hg.), *Europa und das Fremde. Die Entwicklung von Wahrnehmungsmustern, Einstellungen und Reaktionsweisen in der Geschichte unserer Kultur*, Loccum 1997, S. 272–284.

Blickle, Peter/Thomas Hüglin/Dieter Wyduckel (Hg.), *Subsidiarität als rechtliches und politisches Ordnungsprinzip in Kirche, Staat und Gesellschaft*, Berlin 2002.

Blommaert, Jan, »Intellectuals and Ideological Leadership in Ujamaa Tanzania«, in: *African Languages and Cultures* 10, 2 (1997), S. 129–144.

– *State Ideology and Language in Tanzania*, Köln 1999.

– »Ujamaa and the Creation of the New Swahili«, in: David Parkin (Hg.), *Continuity and Autonomy in Swahili Communication. Inland Influences and Strategies of Self-Determination*, Wien, London 1994, S. 65–81.

Böckelmann, Frank u.a., *Eugen Moritz Friedrich Rosenstock-Huessey (1888–1973)*, Wien 1995.

Böhlke, Jens, *Zur Geschichte der Deutschen Kolonialschule in Witzenhausen. Aspekte ihres Entstehens und Wirkens*, Witzenhausen 1995.

Bösch, Frank, *Öffentliche Geheimnisse: Skandale, Politik und Medien in Deutschland und Großbritannien 1880–1914*, München 2009.

Boesen, Jannik/Birgit Störgad Madsen/Tony Moody, *Ujamaa Socialism from Above*, Uppsala 1977.

Bohnsack, Fritz, *John Dewey. Ein pädagogisches Portrait*, Weinheim 2005.

Booz, Rüdiger Marco, *»Hallsteinzeit«. Deutsche Außenpolitik 1955–1972*, Bonn 1995.

Borstelmann, Thomas, *The Cold War and the Color Line. Policy in the Era of Globalization*, Cambridge (Mass.) 2002.

Bosma, Ulbe, »Dutch Imperial Anxieties about Free Labour, Penal Sanctions and the Right to Strike«, in: Alessandrio Stanziani (Hg.), *Labour, Coercion, and Economic Growth in Eurasia, 17th–20th centuries,* Leiden 2012, S. 63–86.

Bourdieu, Pierre, *Die feinen Unterschiede. Kritik der gesellschaftlichen Urteilskraft*, Frankfurt/M. 1982 [1979].

– *Entwurf einer Theorie der Praxis auf der ethnologischen Grundlage der kabylischen Gesellschaft*, Frankfurt/M. [1972] 1976.

– Luc Boltanski, *Eine illegitime Kunst. Die sozialen Gebrauchsweisen der Photographie*, Hamburg 2006.

Brahm, Felix, *Wissenschaft und Dekolonisation. Paradigmenwechsel und institutioneller Wandel in der akademischen Beschäftigung mit Afrika in Deutschland und Frankreich, 1930–1970*, Stuttgart 2010.

Brecht, Martin (Hg.), *Die Basler Christentumsgesellschaft*, Göttingen 1982.

Brennan, James, »Blood Enemies. Exploitation and Urban Citizenship in the National Political Thought of Tanzania, 1958–1975«, in: *Journal of African History* 47 (2006), S. 389–413.

Breuer, Siegfried, »Weltwirtschaft am Jahreswechsel – Kamerun«, in: *Mitteilungen der Bundesstelle für Außenhandelsinformationen*, Beilagen zu den NfA 29 (1979), S. 2.

Bright, Charles/Michael Geyer, »Globalgeschichte und die Einheit der Welt im 20. Jahrhundert [1994]«, in: Sebastian Conrad/Andreas Eckert/Ulrike Freitag (Hg.), *Globalgeschichte. Theorien, Ansätze, Themen,* Frankfurt, New York 2007, S. 53–80.

Brittain, Vera, *The Rebel Passion: a History of Some Pioneer Peace-Makers*, London 1964.

Brody, Eugene B., »The World Federation for Mental Health: Its Origins and Contemporary Relevance to WHO and WPA Policies«, in: *World Psychiatry* 3, 1 (2004), S. 54f.

Brog, Hildegard, *Handel statt Hilfe. Die entwicklungspolitischen Vorstellungen in der Havanna-Charta 1947/47*, Frankfurt/M. 1990.

Brohensha, David, »Development: Social-anthropological Aspects«, in: Neil J. Smelser/Paul B. Baltes (Hg.), *International Encyclopedia of Social & Behavioral Sciences*, Bd. 6, Amsterdam 2001, S. 3587–3592.

Buck, Gerhard, »Aspekte der historischen Herausbildung des Subsidiaritätsprinzips seit dem 19. Jahrhundert«, in: Rudolf Bauer (Hg.), *Die Liebe Not. Zur historischen Kontinuität der »Freien Wohlfahrtspflege«,* Weinheim, Basel 1984, S. 52–71.

Buck, Gerhard,»Die Entwicklung der Freien Wohlfahrtspflege von den ersten Zusammenschlüssen der freien Verbände im 19. Jahrhundert bis zur Durchsetzung des Subsidiaritätsprinzips in der Weimarer Fürsorgesetzgebung«, in: Rolf Landwehr/Rüdiger Baron (Hg.), *Geschichte der Sozialarbeit. Hauptlinien ihrer Entwicklung im 19. und 20. Jahrhundert,* Weinheim, Basel 1983, S. 139–172.

Bude, Udo,»Ruralisation-Information-Partizipation«, in: $E + Z$ 14, 6 (1973), S. 33f.

Bunzl, Matti,»Johannes Fabians ›Time and the Other‹. Synthesen einer kritischen Anthropologie«, in: *HA* 5 (1997), S. 268–287.

Burback, Jane/Frederick Cooper (Hg.), *Empires in World History: Power and the Politics of Difference,* Princeton (NJ) 2011.

Burton, Andrew, *African Underclass. Urbanisation, Crime and Colonial Order in Dar es Salaam, Tanzania,* Oxford 2005.

– »The ›Heaven of Peace‹ Purged: Tackling the Undesirable and Unproductive Poor in Dar es Salaam, c. 1954–1985«, in: *International Journal of African Historical Studies* 40 (2007), S. 119–151.

Büschel, Hubertus/Daniel Speich (Hg.), *Entwicklungswelten. Globalgeschichte der Entwicklungszusammenarbeit,* Frankfurt/M., New York 2009.

– Daniel Speich,»Einleitung – Konjunkturen, Probleme und Perspektiven der Globalgeschichte von Entwicklungszusammenarbeit«, in: Büschel/Speich, *Entwicklungswelten,* S. 6–29.

– »Das Schweigen der Subalternen – Die Entstehung der Archivkritik im Postkolonialismus«, in: Anja Horstmann/Vanina Kopp (Hg.), *Archiv – Macht – Wissen. Organisation und Konstruktion von Wissen und Wirklichkeiten in Archiven,* Frankfurt/M. 2010, S. 73–88.

– »Die Moral der Expert/Innen: Krise und Reformen in der westdeutschen ›Entwicklungshilfe‹ und der ostdeutschen ›Solidarität‹ in Afrika südlich der Sahara der 1960er und 1970er Jahre«, in: *Journal für Entwicklungspolitik 26 (2010),* S. 29–49.

– »Eine Brücke am Mount Meru – Zur Globalgeschichte von Hilfe zur Selbsthilfe und Gewalt in Tanganjika«, in: Büschel/Speich (Hg.), *Entwicklungswelten,* S. 175–206.

– »Geschichte der Entwicklungspolitik«, Version: 1.0. in *Docupedia-Zeitgeschichte,* 11.2.2010,https://docupedia.de/zg/Geschichte_der_Entwicklungspolitik?oldid=75517.

– »Im Tropenkoller – Hybride Männlichkeit(en) in ethnologischen Texten 1900–1960«, in: Ulrike Brunotte/Rainer Herrn (Hg.), *Produktion und Krise hegemonialer Männlichkeit in der Moderne,* Bielefeld 2008, S. 241–256.

– »In Afrika helfen. Akteure westdeutscher ›Entwicklungshilfe‹ und ostdeutscher ›Solidarität‹ 1955–1975«, in: *AfS* 48 (2008), S. 333–365.

– »Sparzwang und Vorsorge als Techniken der Menschenführung im tropischen Afrika, 1920–1975«, in: *Zeitschrift für Kulturwissenschaften* 1 (2011), S. 55–71.

Büschel, Hubertus,»»The Native Mind‹ – Rassismus in den ›Humanitären‹ Entwicklungswissenschaften zu Afrika südlich der Sahara 1920–1940«, in: *Werkstatt Geschichte* 59 (2011), S. 35–54.

Bruchhausen, Walter, *Medizin zwischen den Welten. Geschichte und Gegenwart des medizinischen Pluralismus im südöstlichen Tansania,* Göttingen 2006.

Calder, Angus,»Livingstone, Self-Help and Scotland«, in: National Portrait Gallery (Hg.), *David Livingstone and the Victorian Encouter with Africa,* London 1996, S. 109–135.

Calhoun, Craig,»Imagining Solidarity: Cosmopolitanism, Constitutional Patriotism, and the Public Sphere«, in: *Public Culture* 14 (2002), S. 147–171.

Callaham, Michael D.,»Mandated Territories are not Colonies‹: Britain, France, and Africa in the 1930s«, in: Roger M. Douglas/Michael D. Callahan/Elizabeth Bishop (Hg.), *Imperialism on Trial. International Oversight of Colonial Rule in Historical Perspective,* Lanham u.a. 2006, S. 1–19.

– *A Sacred Trust. The League of Nations and Africa, 1914–1931,* Brighton 2004.

– *Mandates and Empire. The League of Nations and Africa, 1914–1931,* Brighton 1999.

Canning, Kathleen,»Problematische Dichotomien. Erfahrung zwischen Narrativität und Materialität«, in: *HA* 10 (2002), S. 163–182.

Castel, Robert,»Die Fallstricke des Exklusionsbegriffs«, in: Heinz Bude/Andreas Willisch (Hg.), *Exklusion. Die Debatte über die »Überflüssigen«,* Frankfurt/M. 2008, S. 69–86.

Çelik, Zeynep, *Urban Forms and Colonial Confrontations. Algiers und French Rule,* Berkeley 1997.

Certeau, Michel de, *Kunst des Handelns,* Berlin 1988 [1980].

Chachage, Chaglige Seithy L., *Environment, Aid and Politics in Zanzibar,* Dar es Salaam 1996.

Chakrabarty, Dipesh, *Humanismus in einer globalen Welt,* in: Ders., *Europa als Provinz. Perspektiven postkolonialer Geschichtsschreibung,* Frankfurt/M., New York 2010 [2008], S. 149–168.

– »Romantic Archives: Literature and the Politics of Identity in Bengal«, in: *CI* 30 (2004), S. 654–683.

– »Place and Displaced Categories, or How We Translate Ourselves into Global Histories of the Modern«, in: Doris Bachmann-Medick (Hg.), *The Trans/National Study of Culture. A Translational Perspective (= Concepts of the Study of Culture Bd. 4),* Berlin 2014, S. 53–68.

Chambers, Robert, *Rural Development. Putting the Last First,* Harlow 1983.

Cherki, Alice, *Frantz Fanon. Ein Porträt,* Hamburg 2002.

Chodak, Szymon,»The Birth of an African Peasantry«, in: *La Revue Canadienne des Etudes Africaines* 5 (1971), S. 327–347.

Chrinson, Mark, *Modern Architecture and the End of Empire,* Aldershot (UK) 2003.

Clayton, Anthony, *The Zanzibar Revolution and its Aftermath,* London 1981.

Cliffe, Lionel u.a. (Hg.), *Rural Cooperation in Tanzania,* Dar es Salaam 1975.

Cliffe, Lionel/Griffiths L. Cunningham, »Ideology, Organisation and the Settlement Experience in Tanzania«, in: Lionel Cliffe/John S. Saul (Hg.), *Socialism in Tanzania.* Vol. 2: Policies, Dar es Salaam 1973, S. 131–140.

– John S. Saul, *The District Development Front in Tanzania,* Leiden 1970.

Clifford, James, »Power and Dialogue in Ethnography. Marcel Griaule's Initiation«, in: George W. Stocking Jr. (Hg.), *Observers Observed,* Madison 1983, S. 121–156.

– *The Predicament of Culture. Twentieth Century Ethnography, Literature, and Art,* Cambridge (Mass.) 1988.

Clyde, David F., *History of the Medical Services in Tanganyika,* Dar es Salaam 1962.

Cobbs Hoffman, Elizabeth, *All you need is Love. The Peace Corps and the Spirit of the 1960s,* Cambridge (Mass.) 1998.

Cohen, Mike, »Early Years of the Colonial Development Corporation. British State Enterprise Overseas during Late Colonialism«, in: *African Affairs* 83 (1984), S. 63–75.

Cohen, William B., »Introduction«, in: William B. Cohen (Hg.), *Robert Delavignette on the French Empire: Selected Writings,* Chicago 1977, S. 1–18.

– *Rulers of Empire: The French Colonial Service in Africa,* Stanford 1971.

– »Maurice Delafosse, le Berrichon Conquis par l'Afrique by Louise Delafosse«, in: *The International Journal of African Historical Studies,* 11, 2 (1978), S. 302–305.

Cole, Fay-Cooper/Fred Eggan/Robert Redfield, »1897–1958«, in: *American Anthropologist* 61 (1959), S. 652–662.

Cole, George-Douglas-Howard, *The Life of Robert Owen,* London 1965 [1925].

Collier, Paul, *Labour and Poverty in Rural Tanzania, Ujamaa and Rural Development in the United Republic of Tanzania,* Oxford, New York 1991.

Collini, Stefan, *Public Moralists. Political Thought and Intellectual Life in Britain 1850–1930,* Oxford 1991.

Comaroff, John/Jean Comaroff (Hg.), *Civil Society and the Political Imagination in Africa. Critical Perspectives,* Chicago, London 1999.

Conklin, Alice, *A Mission to Civilize: The Republican Idea of Empire in France and West Africa, 1895–1930,* Stanford 1997.

Conrad, Sebastian, »›Eingeborenenpolitik‹ in Kolonie und Metropole. ›Erziehung zur Arbeit‹ in Ostafrika und Ostwestfalen«, in: Jürgen Osterhammel/Ders. (Hg.), *Das Kaiserreich transnational: Deutschland in der Welt 1871–1914,* Göttingen 2006, S. 107–128.

– »›Education for Work‹ in Colony and Metropole: The Case of Imperial Germany, c. 1880–1914«, in: Harald Fischer-Tiné/Susanne Gehrmann (Hg.), *Empires and Bounderies: Rethinking Race, Class, and Gender in Colonial Settings,* London 2009, S. 23–40.

– »Wissen als Ressource des Regierens in den deutschen und japanischen Kolonien des 19. Jahrhunderts«, in: Thomas Risse/Ursula Lehmkuhl (Hg.), *Regieren ohne Staat? Governance in Räumen begrenzter Staatlichkeit,* Baden-Baden 2007, S. 134–153.

Conrad, Sebastian, »Doppelte Marginalisierung. Pädoyer für eine transnationale Perspektive auf die deutsche Geschichte«, in: *GG* 28 (2002), S. 146–169.

– Andreas Eckert, »Globalgeschichte, Globalisierung, multiple Modernen: Zur Geschichtsschreibung der modernen Welt«, in: Sebastian Conrad/Andreas Eckert/Ulrike Freitag (Hg.), *Globalgeschichte. Theorien, Ansätze, Themen*, Frankfurt/M., New York 2007, S. 7–54.

– Shalini Randeria, »Geteilte Geschichten – Europa in einer postkolonialen Welt«, in: Dies. (Hg.), *Jenseits des Eurozentrismus. Postkoloniale Perspektiven in den Geschichts- und Kulturwissenschaften*, Frankfurt/M., New York 2002, S. 9–49.

– *Globalisierung und Nation im Deutschen Kaiserreich*, München 2006.

– *Globalgeschichte. Eine Einführung*, München 2013.

– *Deutsche Kolonialgeschichte*, München 2008.

Constantine, Stephen, *The Making of British Colonial Development Policy, 1914–1940*, London 2005.

Conze, Eckart/Peter Hayes/Moshe Zimmermann, *Das Amt und die Vergangenheit. Deutsche Diplomaten im Dritten Reich und in der Bundesrepublik*, München 2010.

Cooper, Frederick u.a., *Confronting Historical Paradigms: Peasants, Labour, and the Capitalist World System in Africa and Latin America*, Madison 1993.

– Ann Laura Stoler (Hg.), *Tensions of Empire. Colonial Cultures in a Bourgois World*, Berkeley 1997.

– *Africa Since 1940. The Past of the Present*, Cambridge (UK) 2002.

– »Africa's Past and Africa's History«, in: *Canadian Journal of African Studies* 34, 2 (2000), S. 298–336.

– *Colonialism in Question*, Berkeley 2007.

– »Moderne«, in: Ders., *Kolonialismus denken. Konzepte und Theorien in kritischer Perspektive*, Frankfurt/M./New York 2012 [2007], S. 194–252.

– »Conflict and Connection. Rethinking Colonial African History«, in: *AHR* 99 (1994), S. 1516–1545.

– *Decolonization and African Society. The Labour Question in French and British Africa*, Cambridge (UK) 1996.

– »Modernizing Bureaucrats, Backward Africans, and the Development Concept«, in: Ders., Richard Packard (Hg.), *International Devleopment and the Social Sciences. Essays on the History and Politics of Knowledge*, Berkeley 1997, S. 64–92.

– Randall Packard, »Introduction«, in: Dies. (Hg.), *International Development and the Social Sciences*, Berkeley 1997, S. 1–41.

– »Development, Modernization and the Social Sciences in the Era of Decolonization: the Examples of British and French Africa«, in: *Revue d'Histoire des Sciences Humaines* 10 (2004), S. 9–38.

– »What is the Concept of Globalization Good For? An African Historian's Perspective«, in: *African Affairs* 100 (2001), S. 189–213.

– »Writing the History of Development«, in: *Journal of Modern European History* 8, 1 (2010), S. 5–23.

Coulson, Andrew, »Peasants and Bureaucrats«, in: *Review of African Political Economy* 3 (1975), S. 53–58.

– »Agricultural Policies in Mainland Tanzania«, in: *Review of African Political Economy* 10 (1977), S. 74–100.

– *Tanzania. A Political Economy*, Oxford 1982.

Cowen, Michael/Robert Shenton (Hg.), *Doctrines of Development*, London 1996.

– Robert Shenton, »The Invention of Development«, in: Jonathan Crush (Hg.), *Power of Development*, London 1995, S. 27–43.

Crewe, Emma/Elizabeth Harrison, *Whose Development? An Ethnography of Aid*, New York 1998.

Croizer, Anna, *Practicing Colonial Medicine: The British Colonial Medical Service in British East Africa*, London 2007.

Crowder, Michael, *Colonial West Africa*, London 1978.

– »Independence as a Goal in French West African Politics: 1944–1960«, in: William H. Lewis (Hg.), *French-Speaking Africa. The Search for Identity*, New York 1965, S. 15–41.

Crush, Jonathan, »Introduction: Imagining Development«, in: Ders. (Hg.), *Power of Development*, London 1995, S. 1–23.

Därmann, Iris, *Theorien der Gabe zur Einführung*, Hamburg 2010.

Damann, Ernst, »Merensky, Alexander«, in: *Bibliographisch-Biographisches Kirchenlexikon*, Bd. 5, Hamburg 1993, Sp. 1294f.

Darwin, John, *The Empire Project. The Rise and Fall of the British World System, 1930–1970*, Cambridge (UK) 2009.

Davison, Jean (Hg.), *Agriculture, Women, and Land: The African Experience*, Boulder 1988.

Davis, Mike, *Die Geburt der Dritten Welt: Hungerkatastrophen und Massenvernichtung im imperialistischen Zeitalter*, Berlin 2005 [2001].

Dean E. Mc Henry, *Tanzania's Ujamaa Villages. The Implementation of a Rural Development Strategy*, Berkeley 1979.

Deemon, Donald/Adam Kuper, »Nationalist Historians in Search of a Nation: the ›New Historiography‹ in Dar es Salaam«, in: *African Affairs* 69 (1970), S. 329–349.

DeLancey, Mark W./Mark Dike DeLancey, *Historical Dictionary of the Republic of Cameroon*, Maryland, London 2000.

Dening, Greg, »A Poetic for Histories«, in: Ders., *Performances*, Chicago 1996, S. 35–63.

Derrida, Jacques, »Archive Fever. A Freudian Impression«, in: *Diacritics* 25, 2 (1995), S. 9–63.

Derrick, Jonathan, »The ›germanophone‹ Elite of Douala under the French Mandate«, in: *Journal of African History* 2 (1980), S. 266–278.

Deutsch, Jan-Georg, »Vom Bezirksamtmann zum Mehrparteiensystem – Transformationen politischer Herrschaft im kolonialen und nachkolonialen Tanzania«, in: Ulrich van der Heyden/Achim von Oppen (Hg.), *Tanzania: Koloniale Vergangenheit und neuer Aufbruch*, Münster 1996, S. 21–46.

Dicks, Henry V., *Fifty Years of the Tavistock Clinic*, London 1970.

Dießenbacher, Hartmut, »Der Armenbesucher. Missionar im eigenen Land«, in: Christoph Sachße/Florian Tenstedt (Hg.), *Soziale Sicherheit und soziale Disziplinierung. Beiträge zu einer historischen Theorie der Sozialpolitik*, Frankfurt/M. 1986, S. 209–244.

Dimier, Véronique, »Bringing the Neo-Patrimonial State Back to Europe. French Decolonization and the Making of the European Development Aid Policy«, in: *AfS* 48 (2008), S. 433–457.

Dirks, Nicholas, »Annales of the Archives: Ethnographic Notes on the Sources of History«, in: Brian Keith Axel (Hg.), *From the Margins. Historical Anthropology and Its Futures*, Durham, London 2002, S. 47–65.

– »Colonial Histories and Native Informants. Biography of an Archive«, in: Carol A. Breckenridge (Hg.), *Orientalism and the Postcolonial Predicament. Perspectives on South Asia*, Philadelphia 1993, S. 279–313.

Dirlik, Arif, *Global Modernity: Modernity in the Age of Global Capitalism*, Boulder 2007.

Diziain, Roland/Andrée Cambon, *Berufswahl und Stammenszugehörigkeit in New Bell-Douala (Kamerun). Institut für soziale Zusammenarbeit*, Freiburg 1962.

DLG e.V. (Hg.), *Jahresbericht 2006*, Frankfurt/M. 2007.

Donner-Reichle, Carola, *Ujamaa-Dörfer in Tanzania. Politik und Reaktionen der Bäuerinnen*, Hamburg 1988.

Dryden, Stanley, *Local Administration in Tanzania*, Nairobi 1968.

Dudek, Peter, *Erziehung durch Arbeit. Arbeitslager und Freiwilliger Arbeitsdienst 1920–1935*, Opladen 1988.

Dückers, Daniel, »Nachhaltiges Wohlbefinden – Koordinaten entwicklungstheoretischer Grundlagenforschung«, in: Stefan Kadelbach (Hg.), *Effektiv oder gerecht? Die normativen Grundlagen der Entwicklungspolitik*, Frankfurt/M. 2013, S. 119–151.

Dübgen, Franziska, »Respect the Poor? Postkoloniale Perspektiven auf Armut«, in: *Peripherie* 30 (2010), S. 425–477.

Dupront, Alphonse, »De l'acculturation«, in: *Rapports du comité international des sciences historiques*, Bd. 1, Wien 1965.

Durkheim, Èmile, *De la Division du travail social [1893]*, Paris 1960.

Easterly, William Russel, *The Elusive Quest for Growth. Economists' Adventure and Misadventures in the Tropics*, Cambridge (Mass.) 2002.

– *The White Man's Burden. Why the West's Efforts to aid the Rest Have Done so Much Ill and So Little Good*, New York 2006.

Eberlie, Richard F., »The German Achievement in East Africa«, in: *Tanganyika Notes and Records* 55 (1960), S. 181–21.

Eckart, Wolfgang U., »Generalarzt Ernst Rodenwaldt«, in: Gerd R. Ueberschär (Hg.), *Hitlers militärische Elite. Von den Anfängen des Regimes bis Kriegsbeginn*, Bd. 1, Darmstadt 1998, S. 210–222.

– *Medizin und Kolonialimperialismus – Deutschland 1884–1945*, Paderborn 1997.

Eckert, Andreas, »Disziplin und Tränen«. Erziehung, Verwaltung und koloniale Ordnung in British-Tanganyika«, in: Abert Wirz/Andreas Eckert/Katrin Bromber (Hg.), *Alles unter Kontrolle. Disziplinierungsprozesse im kolonialen Tansania (1850–1960)*, Köln 2003, S. 183–202.

– »Panafrikanismus, afrikanische Intellektuelle und Europa im 19. und 20. Jahrhundert«, in: *Journal of Modern European History* 14,2 (2006), S. 224–240.

– »Fitting Africa into World History. A Historical Exploration«, in: Eckhardt Fuchs/Benedikt Stuchtey (Hg.), *Writing World History, 1800–2000*, Oxford 2003, S. 255–270.

– »Die Verheißung der Bürokratie. Verwaltung als Zivilisationsagentur im kolonialen Westafrika«, in: Boris Barth/Jürgen Osterhammel (Hg.), *Zivilisierungsmissionen. Imperiale Weltverbesserung seit dem 18. Jahrhundert*, Konstanz 2005, S. 269–283.

– »We are all planners now«. Planung und Dekolonisation in Afrika«, in: *GG* 34, 3 (2008), S. 375–397.

– »Europa, Sklavenhandel und koloniale Zwangsarbeit – einleitende Bemerkungen«, in: *Journal of Modern European History* 7,1 (2009), S. 28–38.

– »Globale Perspektiven auf die Geschichte und Gegenwart der Arbeit – eine Skizze«, in: Helmut König/Julia Schmidt/Manfred Sicking (Hg.), *Die Zukunft der Arbeit in Europa. Chancen und Risiken neuer Beschäftigungsverhältnisse*, Bielefeld 2009, S. 226–246.

– »What is Global Labour History Good for«, in: Jürgen Kocka (Hg.), *Work in a Modern Society. The German Historical Experience in Comparative Perspective*, Oxford 2010, S. 226–246.

– »Abolitionst Rhetorics, Colonial Conquest, and the Slow Death of Slavery in Germany's African Empire«, in: Marcel van der Linden (Hg.), *Humanitarian Intervention and Changing Labour Relations. The Long-Term Consequences of the Abolition of the Slave Trade*, Leiden, Boston 2011, S. 351–381.

– »Julius Nyerere, Tanzanian Elites and the Project of African Socialism«, in: Jost Dülffer/Marc Frey (Hg.), *Trajectories of Decolonization. Elites and the Transformation from the Colonial to the Postcolonial*, New York 2011, S. 216–240.

– »Der langsame Tod der Sklaverei. Unfreie Arbeit und Kolonialismus in Afrika im späten 19. und frühen 20. Jahrhundert«, in: Elisabeth Hermann-Otto (Hg.), *Sklaverei und Zwangsarbeit zwischen Akzeptanz und Widerstand*, Hildesheim 2011, S. 309–322.

– »Nation, Staat und Ethnizität in Afrika im 20. Jahrhundert«, in: Arno Sonderegger u.a. (Hg.), *Afrika im 20. Jahrhundert. Geschichte und Gesellschaft*, Wien 2011, S. 40–59.

Eckert, Andreas, »Only Bad News from Radio Africa. Das nachkoloniale Afrika als Kontinent in der Dauerkrise«, in: Thomas Mergel (Hg.), *Krisen Verstehen. Historische und kulturwissenschaftliche Annäherungen*, Frankfurt/M. 2012, S. 83–97.

– »Anti-Western Doctrines of Nationalism«, in: Jon Breuilly (Hg.), *The Oxford Handbook of the History of Nationalism*, Oxford 2013, S. 56–74.

– »We must run while others walk«: African Civil Servants, State Ideologies and Bureaucratic Practices in Tanzania, from the 1950s to the 1970s«, in: Thomas Bierschenk/Jean-Pierre Olivier de Sardan (Hg.), *States at Work. Dynamics of African Bureaucracies*, Leiden 2014, S. 205–219.

– »Aspekte einer Globalgeschichte der Arbeitspolitik«, in: Hans-Jürgen Burchardt u.a. (Hg.), *Arbeit in globaler Perspektive. Facetten informeller Beschäftigung*, Frankfurt/New York 2013, S. 79–96.

– Albert Wirz, »Wir nicht, die Anderen auch. Deutschland und der Kolonialismus«, in: Sebastian Conrad/Shalini Randeria (Hg.), *Jenseits des Eurozentrismus. Postkoloniale Perspektiven in den Geschichts- und Kulturwissenschaften*, Frankfurt/Main 2002, S. 372–392.

– »Dekolonisierung der Geschichte? Die Institutionalisierung der Geschichtswissenschaft in Afrika nach dem Zweiten Weltkrieg«, in: Matthias Middell/Gabriele Lingelbach/Frank Hadler (Hg.), *Historische Institute im internationalen Vergleich*, Leipzig 2001, S. 451–476.

– »Exportschlager Wohlfahrtsstaat? Europäische Sozialstaatlichkeit und Kolonialismus in Afrika nach dem Zweiten Weltkrieg«, in: *GG* 32 (2006), S. 467–488.

– *Herrschen und Verwalten. Afrikanische Bürokraten, staatliche Ordnung und Politik in Tanzania, 1920–1970*, München 2007.

– »Historiker, ›nation building‹ und die Rehabilitierung der afrikanischen Vergangenheit. Aspekte der Geschichtsschreibung in Afrika nach 1945«, in: Wolfgang Küttler u.a. (Hg.), *Geschichtsdiskurs V. Globale Konflikte, Erinnerungsarbeit und Neuorientierungen nach 1945*, Frankfurt/M. 1999, S. 162–187.

– »Schwacher Staat, krimineller Staat, verfallender Staat? Bilder des Staates in Afrika seit der Entkolonialisierung«, in: *Sozialwissenschaftliche Informationen* 29, 4 (2000), S. 276ff.

– »Familie, Sklaverei, Lohnarbeit: Kinder und Arbeit in Afrika im 19. und 20. Jahrundert«, in: *Sozialwissenschaftliche Informationen* 28, 2 (1999), S. 131–136.

– »Afrika: urbane Traditionen und Strategien des Überlebens«, in: *Sozialwissenschaftliche Informationen* 31, 1 (2002), S. 62–70.

– »Mehr als das tägliche Brot. Bedürfnisse im afrikanischen Kontext«, in: *Sozialwissenschaftliche Informationen* 24, 4 (1995), S. 253–257.

– »Sauberkeit und ›Zivilisation‹: Hygiene und Kolonialismus in Afrika«, in: *Sozialwissenschaftliche Informationen* 26, 1(1997), S. 16–19.

– »Nationalgeschichtsschreibung und koloniales Erbe. Historiographien in Afrika in vergleichender Perspektive«, in: Christoph Conrad/Sebastian Conrad (Hg.), *Die Nation schreiben. Geschichtswissenschaft im internationalen Vergleich*, Göttingen 2002, S. 78–111.

Eckert, Andreas, »Predigt der Gewalt? Betrachtungen zu Frantz Fanons Klassiker der Dekolonisation«, in: *Zeithistorische Forschungen/Studies in Contemporary History*, Online-Ausgabe, 3 (2006), H. 1, URL: <http://www.zeithistorische-forschungen.de/ 16126041-Eckert-1-2006>.

– »Regulating the Social: Social Security, Social Welfare and the State in Late Colonial Tanzania«, in: *Journal of African History* 45 (2004), S. 467–489.

– »Spätkoloniale Herrschaft, Dekolonisation und internationale Ordnung. Einführende Bemerkungen«, in: *AfS* 48 (2008), S. 3–20.

– »Kolonialismus, Moderne und koloniale Moderne in Afrika«, in: Jörg Baberowski u.a. (Hg.), *Selbstbilder und Fremdbilder. Repräsentationen sozialer Ordnungen im Wandel*, Frankfurt/M. 2008, S. 53–66.

– »Britische Agrarpolitik und ›Entwicklung‹ in Tanzania nach dem Zweiten Weltkrieg«, in: Ulf Engel u.a. (Hg.), *Navigieren in der Weltgesellschaft. Festschrift Rainer Tetzlaff*, Münster, Hamburg 2005, S. 14–26.

– »Tradition-Ethnizität-Nationsbildung. Zur Konstruktion politischer Identitäten in Afrika im 20. Jahrhundert«, in: *AfS* 40 (2000), S. 1–27.

– »Afrikanische Nationalisten und die Frage der Menschenrechte von den 1940er bis zu den 1970er Jahren«, in: Stefan-Ludwig Hoffmann (Hg.), *Moralpolitik. Geschichte der Menschenrechte im 20. Jahrhundert*, Göttingen 2010, S. 312–336.

– »Bringing the ›Black Atlantic‹ into Global History: The Project of Pan-Africanism«, in: Sebastian Conrad/Dominik Sachsenmeier (Hg.), *Competing Visions of World Order: Global Moments and Movements, 1880s–1930s*, New York 2007, S. 237–257.

– »Vom Segen der (Staats-)Gewalt? Staat, Verwaltung und koloniale Herrschaftspraxis in Afrika«, in: Alf Lüdtke/Michael Wildt (Hg.), *Staats-Gewalt. Ausnahmezustand und Sicherheitsregime. Historische Perspektiven*, Göttingen 2008, S. 145–165.

– »Wohlfahrtsmix, Sozialpolitik und ›Entwicklung‹ in Afrika im 20. Jahrhundert«, in: Gerhard Melinz/Johannes Jäger/Susan Zimmermann (Hg.), *Sozialpolitik in der Peripherie. Entwicklungsmuster und Wandel in Lateinamerika, Afrika, Asien und Osteuropa*, Wien, Frankfurt/M. 2001, S. 99–116.

– »An African Statesman. A Portrait of Julius Nyerere as Politician, 1950s to 1980s«, in: Laurence Marfaing/Brigitte Reinwald (Hg.), *Afrikanische Beziehungen, Netzwerke und Räume – Festschrift für Leonhard Harding*, Hamburg, Münster 2001, S. 309–325.

– »Ethnizität und Nation in der Geschichtsschreibung zu Afrika seit 1960«, in: *Comparativ* 11, 4 (2001), S. 17–30.

– »Historiography on a ›Continent without History‹: Anglophone Africa, 1880s to 1940s«, in: Eckhardt Fuchs/Benedikt Stuchtey (Hg.), *Across Cultural Borders: Historiography in Global Perspective*, Boulder u.a. 2002, 99–118.

– »Arbeitergeschichte und die Geschichte der Arbeit in Afrika«, in: *AfS* 39 (1999), S. 502–530.

Eckert, Andreas, »Widerstand, Kooperation, Nationalismus. Afrikanische Politik in der Kolonialzeit zwischen den 1880er und 1950er Jahren«, in: Walter Schicho u.a. (Hg.), *Afrika. Geschichte und Gesellschaft im 19. und 20. Jahrhundert*, Wien 2000, S. 177–193.

– »Tradition – Ethnizität – Nationsbildung. Zur Konstruktion politischer Identitäten in Afrika im 20. Jahrhundert«, in: *AfS* 40 (2000), S. 1–27.

– »Zeit, Arbeit und die Konstruktion von Differenz. Über die koloniale Ordnung in Afrika«, in: *Comparativ* 10, 3 (2000), S. 61–73.

– »Kulturelle Makler. Zwei afrikanische Bürokraten im kolonialen Tansania«, in: Petra Heidrich/Heike Libau (Hg.), *Akteure des Wandels. Lebensläufe und Gruppenbilder an Schnittstellen von Kulturen*, Berlin 2001, S. 179–201.

– »Cultural Commuters: African Employees in Late Colonial Tanzania«, in: Benjamin N. Lawrance u.a. (Hg.), *Intermediaries, Interpreters and Clerks: African Employees in the Making of Colonial Africa*, Madison (Wisc.) 2006, S. 248–269.

– »Koloniale und administrative Eliten in Tansania – Begriff, Konzept und methodische Probleme von Herrschaft und Alltag«, in: Heike Liebau/Dietrich Reetz (Hg.), *Globalisierung und Akteure des Wandels in der Geschichte. Quellen und Methoden*, Berlin 1997, S. 35–60.

– »Soziale Sicherung im kolonialen Afrika. Staatliche Systeme und lokale Strategien«, in: *Peripherie* 69/70 (1998), S. 46–66.

– »Widerstand, Protest und Nationalismus«, in: Albert Wirz/Jan-Georg Deutsch (Hg.), *Geschichte in Afrika. Grundprobleme und Debatten*, Berlin 1998, S. 129–148.

Edgerton, Robert B., *Trügerische Paradiese. Der Mythos von den glücklichen Naturvölkern*, Hamburg 1994 [1992].

Egero, Bertil/Roushdi Henin, *The Population of Tanzania: An Analysis of the 1967 Population Census. Census Volume* I, Bureau of Resource Assessment and Land Use Planning, Dar es Salaam 1973.

Eifert, Christiane/Angelika Schaser (Hg.), *Erinnerungskartelle. Zur Konstruktion von Autobiographien nach 1945*, Bochum 2003.

Eisenstadt, Shmuel, *Die Vielfalt der Moderne*, Weilerswist 2000.

– »Multiple Modernities«, in: *Daedalus* 129 (2000), S. 1–30.

Eleb, Monique, »The Concept of Habitat: Écochard in Marocco«, in: Tom Avermaete u.a. (Hg.), *Colonial Modern. Aesthetics of the Past Rebellions for the Future*, London 2010, S. 153–160.

El-Houssie, Majid, *Albert Memmi: l'Aveu, le Plaidoyer*, Rom 2004.

Elke Pryswitt, *Die Funktion der Deutschen Kolonialschule in Witzenhausen (1898–1943) bei der Auswanderung nach Übersee* [Mag. Masch.], Göttingen 1993.

Ellerman, David, *Helping People Help Themselves*, Ann Arbor 2005.

Engel, Ulf, »›I will not recognise East Germany just because Bonn is stupid‹. Anerkennungsdiplomatie in Tansania, 1964 bis 1965«, in: Ulrich van der Heyden/Franziska Berger (Hg.), *Kalter Krieg in Ostafrika. Die Beziehungen der DDR zu Sansibar und Tansania*, Münster 2009, S. 9–30.

Engel, Ulf, *Die Afrikapolitik der Bundesrepublik Deutschland 1949–1999. Rollen und Identitäten*, Münster 2000.

– Hans-Georg Schleicher, *Die beiden deutschen Staaten in Afrika: Zwischen Konkurrenz und Koexistenz 1949–1990*, Hamburg 1998.

Engell, Lorenz/Bernhard Siegert, »Editorial«, in: *Zeitschrift für Medien und Kulturforschung* 2, 1 (2010), S. 1f.

Engerman, David C. u.a. (Hg.), *Staging Growth: Modernization, Development, and the Global Cold War*, Amherst 2003.

Epple, Angelika, »Lokalität und die Dimensionen des Globalen. Eine Frage der Relationen«, in: *HA* 21 (2013, 1), S. 4–25.

Erdheim, Mario, »Fritz Morgenthaler und die Entstehung der Ethnopsychoanalyse in Zürich«, in: Mario Erdheim (Hg.), *Psychoanalyse und Unbewußtheit in der Kultur*, Frankfurt/M. 1988, S. 83–98.

Ernst, Wolfgang, *Das Rumoren der Archive. Ordnung aus Unordnung*, Berlin 2002.

Esaje, Djomo, »Eine Bildungsstätte für Kulturpioniere ohne Betätigungsfeld. Die Deutsche Kolonialschule zu Witzenhausen an der Werra in der Weimarer Republik«, in: Sven Halse (Hg.), *Worte, Blicke, Träume. Beiträge zum deutschen Kolonialismus in Literatur, Fotografie und Ausbildung*, Kopenhagen 2007, S. 165–186.

Esch, Arnold, »Überlieferungs-Chance und Überlieferungs-Zufall als methodisches Problem des Historikers«, in: *HZ* 240 (1985), S. 529–570.

Escobar, Arturo, *Encountering Development: The Making and Unmaking of the Third World*, Princeton (NJ) 1995.

– »Post-development‹ as Concept and Social Practice«, in: Aram Ziai (Hg.), *Exploring Post-development. Theory and Practice. Problems and Perspectives*, London/New York 2007, S. 18–31.

– *Power and Visibility. The Invention and Management of Development in the Third World*, Ann Arbour 1986.

Evangelou, Phylo, *Livestock Development in Kenya's Maasailand, Pastoralists' Transition to a Market Economy*, Boulder 1984.

Eyongetah, Tambi, *Robert Brain, a History of the Cameroon*, Harlow (UK) 1981.

Fabian, Johannes, *Im Tropenfieber. Wissenschaft und Wahn in der Erforschung Zentralafrikas*, München 2001 [2000].

– *Out of Our Minds. Reason and Madness in the Exploration of Central Africa*, Berkeley 2000.

– »Präsenz und Repräsentation. Die anderen und das anthropologische Schreiben«, in: Eberhard Berg/Martin Fuchs (Hg.), *Kultur als soziale Praxis, Text. Die Krise der ethnographischen Repräsentation*, Frankfurt/M. 1993, S. 235–364.

– *Time and the Other: How Anthropology makes its Object*, London 1983.

Feierman, Steven, »African Histories and the Dissolution of World History«, in: Robert H. Bates/V. Y. Mudimbe/Jean F. O'Barr (Hg.), *Africa and the Disciplines*, Chicago 1993, S. 167–212.

– *Peasant Intellectuals. Anthropology and History in Tanzania*, Wisconsin 1990.

Feierman, Steven, »The Comaroffs and the Practice of Historical Ethnography«, in: *Interventions* 3 (2001), S. 24–30.

Ferguson, James, »Decomposing Modernity. History and Hierarchy after Development«, in: Ders. (Hg.), *Global Shadows. Africa in the Neoliberal World Order*, Durham 2006, S. 176–193.

– *The Anti-Politics Machine. Development, Depoliticization, and Bureaucratic Power*, Cambridge (Mass.) 1990.

Fernandez, James W., »Tolerance in a Repugnant World: The Cultural Relativism of M. J. Herskovits«, in: *Ethos* 18 (1990), S. 140–164.

Figueroa, Dimas, *Paulo Freire zur Einführung*, Hamburg 1989.

Filostrat, Christian, »La Négritude et la ›Conscience raciale et révolutionaire sociale‹ d'Aimé Césaire«, in: *Présence Francophone* 21 (1980), S. 119–130.

Finnemore, Martha, »Redefining Development at the World Bank«, in: Frederick Cooper/Randall Packard (Hg.), *International Development and the Social Sciences: Essays on the History and Politics of Knowledge*, Berkeley 1997, S. 203–227.

Firth, Raymond, »Audrey Richards 1899–1984«, in: *Man, New Series* 20, 2 (1985), S. 341–344.

Fisch, Jörg, »Zivilisation, Kultur«, in: Otto Brunner/Werner Conze/Reinhart Koselleck (Hg.), *Geschichtliche Grundbegriffe. Historisches Lexikon zur politisch-sozialen Sprache in Deutschland*, Bd. 7, Stuttgart 1992, S. 679–774.

Fischer, Fritz, *Making Them Like Us: Peace Corps Volunteers in the 1960s*, Washington (DC) 1998.

Fischer-Tiné, Harald, *Pidgin-Knowledge. Wissen und Kolonialismus*, Zürich 2013.

Fiske, John, *Power Plays – Power Works*, London 1993.

Flier, Bruno, *Gebaute DDR. Über Stadtplaner, Architekten und die Macht 1990–1997*, Berlin 1998.

Fonkeng, George Epah, *The History of Education in Cameroon, 1844–2004*, New York 2007.

Foucault, Michel, *Die Geschichte der Gouvernementalität*, Bd. 1: Sicherheit, Territorium, Bevölkerung. Vorlesung am Collège de France 1977–1978, Frankfurt/M. 2004.

– *Die Sorge um sich* (= Sexualität und Wahrheit, Bd. 3), Frankfurt/M. 1986.

– *Dits et Ecrits: Schriften* Bd. III, Paris 1994.

– »Für eine Kritik der politischen Vernunft«, in: *Lettre International* 1 (1988) [1979], S. 58–66.

– »Gouvernmentality«, in: *Ideology and Consciousness* 6 (1979), S. 5–19.

– *Hermeneutik des Subjekts*. Vorlesung am Collège de France [1981/82], Frankfurt/M. 2004.

– *In Verteidigung der Gesellschaft*. Vorlesungen am Collège du France (1975–1976), Frankfurt/M. 1999.

– »Omnes et singulatim: Towards a Criticism of Political Reason«, in: Sterling M. Mc Murrin (Hg.), *The Tanner Lectures in Human Values* 2, Salt Lake City usw. 1981 (1979), S. 225–254.

– *Überwachen und Strafen. Die Geburt des Gefängnisses*, Frankfurt/M. 1976 [1975].

Frey, Marc, »Indoktrination, Entwicklungshilfe und ›State Building‹. Die USA in Südostasien 1945–1960«, in: Boris Barth/Jürgen Osterhammel (Hg.), *Zivilisierungsmissionen. Imperiale Weltverbesserung seit dem 18. Jahrhundert*, Konstanz 2005, S. 335–362.

– Sönke Kunkel, »Writing the History of Development. A Review of the Recent Literature«, in: *Contemporary European History* 20, 2 (2011), S. 215–232.

Freyhold, Michaela von, *Ujamaa Villages in Tanzania – Analysis of a Social Experiment*, New York/ etc. 1979.

– *Government Staff and Ujamaa Villages*, Dept. of Economics, University of Dar es Salaam, Dar es Salaam, o. J.

Frie, Ewald, »Katholische Wohlfahrtskultur im Wilhelminischen Reich. Der Charitasverband für das katholische Deutschland, die Vinzenzvereine und der Kommunale Sozialliberalismus«, in: Jochen-Christoph Kaiser/Wilfried Loth (Hg.), *Soziale Reform im Kaiserreich. Protestantismus, Katholizismus und Sozialpolitik*, Stuttgart u.a. 1997, S. 184–201.

Fried, Mortan F., *The Notion of Tribe*, Menlo Park (Cal.) 1975.

Füssel, Marian, »Die Kunst der Schwachen. Zum Begriff der ›Aneignung‹ in der Geschichtswissenschaft«, in: *Sozial.Geschichte* 21, 3 (2006), S. 7–28.

Gailey, Harry A., *Sir Donald Cameron. Colonial Governor*, Stanford 1974.

Galaty, John G., »›The Eye that Wants a Person, Where Can It not See?‹: Inclusion, Exclusion, and Boundary Shifters in Maasai Identity«, in: Thomas Spear/Richard Waller (Hg.), *Being Maasai. Ethnicity & Identity in East Africa*, Oxford 1993, S. 174–193.

Gans, Herbert, *The War Against the Poor. The Underclass and Anti-Poverty-Policy*, New York 1995.

Gardinier, David E., »The British in the Cameroons, 1919–1939«, in: Prosser Gifford/Roger Louis (Hg.), *Britain and Germany in Africa: Imperial Rivalry and Colonial Rule*, New Haven 1967, S. 513–555.

Geertz, Clifford, »Deep play‹: Bemerkungen zum balinesischen Hahnenkampf (1972)«, in: Ders., *Dichte Beschreibung. Beiträge zum Verstehen kultureller Systeme*, Frankfurt/M. 1983, S. 289–309.

– »Aus der Perspektive des Eingeborenen. Zum Problem des ethnologischen Verstehens (1977)«, in: Ders., *Dichte Beschreibung. Beiträge zum Verstehen kultureller Systeme*, Frankfurt/M. 1983, S. 289–309.

– »Dichte Beschreibung. Bemerkungen zu einer deutenden Theorie der Kultur [1973]«, in: Ders., *Dichte Beschreibung. Beiträge zum Verstehen kultureller Systeme*, Frankfurt/M. 1983, S. 7–43.

– *Die künstlichen Wilden. Der Anthropologe als Schriftsteller*, München, Wien 1990 [1988].

– *Local Knowledge. Further Essays in Interpretive Anthropology*, New York 1983.

– *The Interpretation of Culture*, London 1975.

Geider, Thomas, »Swahilisprachige Ethnographien (ca. 1890–heute). Produktionsbedingungen und Autoreninteressen«, in: Thomas Geider/Heike Behrend (Hg.), *Afrikaner schreiben zurück. Texte und Bilder afrikanischer Ethnographen*, Köln 1998.

Geiss, Imanuel, *Panafrikanismus. Zur Geschichte der Dekolonisation*, Frankfurt/M. 1968.

Gerhard, Martin, *Johann Hinrich Wichern. Ein Lebensbild*, 3 Bde., Hamburg 1927ff.

Gnewekow, Dirk/Thomas Hermsen, *Die Geschichte der Heilsarmee: Das Abenteuer der Seelenrettung. Eine sozialgeschichtliche Darstellung*, Opladen 1993.

Genova, James E., *Colonial Ambivalence, Cultural Authenticity, and the Limitations of Mimicry in French-Ruled West Africa, 1914–1956*, New York 2004.

Gergen, Kennetz J./Mary M. Gergen, »Narrative and the Self as Relationship«, in: Leonhard Berkowitz (Hg.), *Advances in Experimental Social Psychology*, Bd. 21, New York 1988, S. 18.

Gifford, Prosser/Roger Louis (Hg.), *France and Britain in Africa. Imperial Rivalry and Colonial Rule*, New Haven, London 1971.

Gilman, Nils, *Mandarins of the Future. Modernization Theory in Cold War America*, Baltimore u.a. 2003.

– »Modernization Theory, the Highest Stage of American Intellectual History«, in: David C. Engerman/Nils Gilman/Mark H. Haefele/Michael E. Latham (Hg.), *Staging Growth. Modernization, Development, and the Global Cold War*, Amherst 2003, S. 47–80.

Gilchrist, Ruth/Tony Jeffs (Hg.), *Settlements, Social Change, and Community Action: Good Neigbours*, London/Philadelpha 2001.

Ginio, Ruth, *French Colonialism Unmasked. The Vichy Years in French West Africa*, Lincoln, London 2006.

Ginzburg, Carlo, *Mikro-Historie. Zwei oder drei Dinge, die ich von ihr weiß*, in: HA 1 (1993), S. 169–182

Gladstone, Jo, »Significant Sister: Autonomy and Obligation in Audrey Richards' Early Fieldwork«, in: *American Ethnologist* 13, 2 (1986), S. 338–362.

Goankar, Dilip Parameshwar, »On Alternative Modernities«, in: Ders. (Hg.), *Alternative Modernities*, Durham 2001, S. 1–23.

Gödeke, Ulrike, *Zwischen brüderlicher Hilfe und allseitiger Stärkung der DDR. Die Freundschaftsbrigaden der FDJ in Afrika 1964 bis 1990* [Masch. Diplomarbeit], Berlin 2002.

Goetsch, Paul, »Fingierte Mündlichkeit in der Erzählkunst entwickelter Schriftkulturen«, in: *Poetica* 17 [1985], S. 202–218.

Goldschmidt, Walter, »The Failure of Pastoral Economics Development Programs in Africa«, in: John G. Galaty (Hg.), *The Future of Pastoral Peoples* (Proceedings of a conference held in Nairobi, Kenya 4–8 August 1980), Ottawa 1981, S. 157–164.

Göser, Helmut,»Förderung von Selbsthilfe in Kamerun – die ›Centres de Formation du Developpement Cummunautraire‹ und der Beitrag des deutschen Entwicklungsdienstes (DED)«, in: Julius Otto Müller (Hg.), *Gesellschaftspolitische Konzeption der Förderung von Selbsthilfe durch Fremdhilfe in Afrika – Theorie und Praxis im Text konkreter Vorhaben*, Marburg 1981, S. 81–94.

Gotschlich, Helga (Hg.), *»Links und links und Schritt gehalten…«. Die FDJ: Konzepte – Abläufe – Grenzen*, Berlin 1994.

Gouaffo, Albert, *Wissens- und Kulturtransfer im kolonialen Kontext. Das Beispiel Kamerun – Deutschland (1884–1919)*, Würzburg 2007.

Gould, Carol C., »Transnational Solidarities«, in: *Journal of Social Philosophy* 38 (2007), S. 148–164.

Goulet, Denis, *Development Ethics at Work. Explorations 1960–2002*, New York 2006.

Grawert, Elke, »Self-Help, Self-Organization, and Empowerment of Disadvantaged Rural and Urban Population Groups. An Introduction«, in: Karl Wohlmuth u.a. (Hg.), *Empowerment and Economic Development in Africa (= African Development Perspectives Yearbook, Bd. 7)*, Münster 1999, S. 3–7.

Gray, William, *Germany's Cold War. The Global Campaign to Isolate East Germany 1949–1969*, Chapel Hill 2003.

Grendi, Edoardo, »Micro-analisi e storia sociale«, in: *Quaderni Storici* 35 (1977), S. 506–520.

Greyerz, Kaspar von/Hans Medick/Patrice Veit (Hg.), *Von der dargestellten Person zum erinnerten Ich. Europäische Selbstzeugnisse als historische Quellen (1500–1850)*, Köln, Weimar, Wien 2001.

Griesecke, Birgit u.a. (Hg.), *Kulturgeschichte des Menschenversuchs im 20. Jahrhundert*, Frankfurt/M. 2009.

Grohs, Gerhard, *Stufen afrikanischer Emanzipation*, Stuttgart 1967.

– »Tanzania – Zur Soziologie der Dekolonisation«, in: Ders./Bassam Tibi (Hg.), *Zur Soziologie der Dekolonisation in Afrika*, Frankfurt/M. 1973, S. 123–145.

Gronemeyer, Marianne, »Helping«, in: Wolfgang Sachs (Hg.), *The Development Dictionary. A Guide to Knowledge as Power*, London, New York 2010, S. 55–73.

Grosse, Pascal, »Psychologische Menschenführung und die deutsche Kolonialpolitik, 1900–1940«, in: Paul Mecheril/Thomas Teo (Hg.), *Psychologie und Rassismus*, Reinbek/Hamburg 1997, S. 19–41.

– *Kolonialismus, Eugenik und bürgerliche Gesellschaft in Deutschland 1850–1918*, Frankfurt/M. 2000.

Grote, Hendrik, »Von der Entwicklungshilfe zur Entwicklungspolitik. Voraussetzungen, Strukturen und Mentalitäten der bundesdeutschen Entwicklungshilfe, 1949–1961«, in: *Vorgänge* 2 (2004), S. 24–35.

Grotefeld, Stefan, »Siegmund-Schultze, Friedrich Wilhelm«, in: *Neue Deutsche Biographie* (NDB), Band 24, Berlin 2010, S. 367 f.

Gugeler, Walter, »Auswahl und Vorbereitung«, in: Le Coutre (Hg.), *Unterwegs zur einen Welt*, S. 49–56.

Gundlach, Gustav, u.a. (Hg.), *Die sozialen Rundschreiben Leos XIII. und Pius XI.*, Paderborn 1960.

Haase, Ingo, *Zwischen Lenkung und Selbstbestimmung. Geschichte und Gegenwart des Deutschen Entwicklungsdienstes*, Berlin 1996.

Habermas, Rebekka, »Der Kolonialskandal Atakpame – eine Mikrogeschichte des Globalen«, in: *HA* 17 (2009), S. 205–319;

– »Mission im 19. Jahrhundert. Globale Netze des Religiösen«, in: *HZ* 56 (2008), S. 629–679.

– »Wie Unterschichten nicht dargestellt werden sollten. Debatten um 1890 oder ›Cacatum non est pictum‹«, in: Rolf Lindner/Lutz Musner (Hg.), *Unterschichten. Kulturwissenschaftliche Erkundungen der ›Armen‹ in Geschichte und Gegenwart*, Freiburg im Breisgau 2008, S. 97–122.

– »Wissenstransfer und Mission. Sklavenhändler, Missionare und Religionswissenschaftler«, in: *GG* 36, 2 (2010), S. 257–284.

– Richard Hölzl, »Mission global – Religiöse Akteure und globale Verflechtung seit dem 19. Jahrhundert. Einleitung«, in: Dies. (Hg.), *Mission global. Eine Verflechtungsgeschichte seit dem 19. Jahrhundert*, Köln, Weimar, Wien 2014, S. 9–28.

Hahn, Hans Peter, »Durkeim und die Ethnologie«, in: *Paideuma* 58 (2012), S. 261–282.

– *Ethnologie. Eine Einführung*, Frankfurt/M. 2013.

Hahn, Manfred, *New Harmony oder Die Versuche des praktischen Beweises gegen die kapitalistische Gesellschaft. Vormarxistischer Sozialismus als communities*, Bremen 1983.

Hall, Hessel Ducan, *Mandates, Dependencies and Trusteeship*, Washington (DC) 1948.

Hall, Catherine, *Civilising Subjects. Metropole and Colony in the English Imagination 1830–1867*, Chicago 2002.

Hall, Stuart, »Das Spektakel des ›Anderen‹«, in: Ders., *Ideologie, Identität, Repräsentation. Ausgewählte Schriften 4*, Hamburg 2004, S. 167–187.

– »Der Westen und der Rest: Diskurs und Macht«, in: Ders., *Rassismus und kulturelle Identität. Ausgewählte Schriften 2*, Hamburg 1994, S. 80–122.

– »Die Frage des Multikulturalismus«, in: Ders., *Ideologie, Identität, Repräsentation. Ausgewählte Schriften 4*, Hamburg 2004, S. 188–227.

Hall, Stuart, »Die Konstruktion von ›Rasse‹ in den Medien«, in: Ders., *Ideologie – Kultur – Rassismus. Ausgewählte Schriften*, Bd. 1, Hamburg 1989, S. 150–171.

– »Kulturelle Identität und Rassismus«, in: Christoph Burgmer (Hg.), *Rassismus in der Diskussion*, Berlin 1998, S. 146–171.

– »Rassismus als ideologischer Diskurs«, in: Nora Räthzel (Hg.), *Theorien über Rassismus*, Hamburg 2000, S. 7–16.

– »The Question of Cultural Identity«, in: Stuart Hall/David Held/Tony McGrew (Hg.), *Modernity and Its Futures*, London 1992, S. 273–325.

Hamburger Stiftung für Sozialgeschichte des 20. Jahrhunderts (Hg.), *Sozialstrategien der Deutschen Arbeitsfront*, München, London, New York, Paris 1986.

Hannemann, Christine, *Die Platte. Industrialisierter Wohnungsbau in der DDR*, Braunschweig 1996.

Hannerz, Ulf, »Cosmopolitans and Locals in World Culture«, in: Mike Feather-stone (Hg.), *Global Culture: Nationalism, Globalization and Modernity*, London 1990, S. 237–252.

Harding, Leonhard, *Geschichte Afrikas im 19. und 20. Jahrhundert*, München 1999.

Hargreaves, John D., *Decolonization in Africa*, London 1988.

Harlan, Louis R., »Booker T. Washington and the White Man's Burden«, in: *AHR* 71, 2 (1966), S. 441–467.

– Booker T. Washington. The Making of A Black Leader, 1856–1901, London 1972.

– Booker T. Washington. The Wizard of Tuskegee, 1901–1915, London 1983.

Harries, Patrick, *Work, Culture, and Identity. Migrant Laborers in Mozambique and South Africa, c. 1860–1910*, Portsmouth (NH) etc. 1994.

– Butterflies and Barbarians: Swiss Missionaries and Systems of Knowledge in South-East Africa, Athens (OH) 2007.

Harrison, John Fletcher Clews, *Robert Owen and the Owenites in Britain and America*, London 1969.

Hartwig, Elisabeth, »Economic Self-Activities – A Base for Self-Organization«, in: Karl Wohlmuth u.a. (Hg.), *Empowerment and Economic Development in Africa (= African Develpment Perspectives Yearbook, Bd. 7)*, Münster 1999, S. 57–79.

Hawkins, Hugh (Hg.), *Booker T. Washington and His Critics*, Boston 1965.

Heidtmann, Dieter, *Die personelle Zusammenarbeit der Kirchen. Kirchliche Entwicklungs-konzepte und ihre Umsetzung durch AGEH, DÜ und CFI*, Frankfurt/M. 1994.

Heimer, Armin, *Die Pygmäen. Menschenforschung im afrikanischen Urwald*, München, Leipzig 1995.

Hein, Bastian, *Die Westdeutschen und die Dritte Welt. Entwicklungspolitik und Entwick-lungsdienste zwischen Reform und Revolte 1959–1974*, München 2006.

Henecka, Hans Peter, »Nell-Breuning (SJ), Oswald von«, in: Wilhelm Berns-dorf/Horst Knospe (Hg.), *Internationales Soziologenlexikon*, Bd. 2, Stuttgart 1984, S. 614ff.

Hennemuth, Maren, *Tropenlandwirtschaftliche Ausbildung in Witzenhausen. Der Wandel von der Kolonialschule zur Lehranstalt für tropische und subtropische Landwirtschaft 1938–1964* [Masch. Mag.], Gießen 2012.

Herbert, Ulrich, »Europe in High Modernity. Reflections on a Theory of the 20th Century«, in: *Journal of Modern European History* 5, 1 (2007), S. 5–21.

Hernández, Jesús, *Pädagogik des Seins: Paolo Freires praktische Theorie einer emanzipatori-schen Erwachsenenbildung*, Aschenbach 1977.

Herren, Madeleine, *Internationale Organisationen seit 1865. Eine Globalgeschichte der internationalen Ordnung*, Darmstadt 2009.

Herth, Walter, »Mise en valeur« und Weltwirtschaftskrise. Koloniale Entwicklungspolitik in Kamerun unter französischer Herrschaft 1916–1938, Zürich 1988.

Herzfeld, Michael, »Developmentalism«, in: Michael Herzfeld (Hg.), *Anthropology. Theoretical Practice in Culture and Society*, Oxford 2001, S. 152–170.

Hetherington, Penelope, *British Paternalism and Africa. 1920–1940*, London 1978.

Hilger, Andreas (Hg.): *Die Sowjetunion und die Dritte Welt. UdSSR, Staatssozialismus und Antikolonialismus im Kalten Krieg 1945–1991*, München 2009.

Hillebrand, Ernst, *Das Afrika-Engagement der DDR*, Frankfurt 1987.

Hinze, Heribert, *Erwachsenenbildung und Entwicklung in Tanzania. Eine Darstellung und Analyse ihrer konzeptionellen Vorstellungen und praktischen Maßnahmen*, Hamburg 1979.

Hobsbawm, Erik, »Peasants and Politics«, in: *The Journal of Peasant Studies* 1 (1973), S. 3–22.

Hodge, Joseph Morgan, *Triumph of the Expert. Agrarian Doctrines of Development and the Legacies of British Colonialism*, Athens 2007.

Hodgson, Dorothy L., *Once Intrepid Warriors. Gender, Ethnicity, and the Cultural Politics of Maasai Development*, Bloomington 2001.

Hoffmann, Walter K. H., *Vom Kolonialexperten zum Experten der Entwicklungszusammenarbeit. Acht Fallstudien zur Geschichte der Ausbildung von Fachkräften für Übersee in Deutschland und in der Schweiz*, Saarbrücken 1980.

Hofmeier, Rolf, »Möglichkeiten und Grenzen deutscher Entwicklungspolitik gegenüber Afrika«, in: Helmut Bley/Rainer Tetzlaff (Hg.), *Afrika und Bonn. Versäumnisse und Zwänge deutscher Afrika-Politik*, Reinbek/Hamburg 1978, S. 192–253.

Hoinacki, Leo/Carl Mitcham (Hg.), *The Challenges of Ivan Illich*, New York 2002.

Hong, Young-Sun, »›The Benefits of Health Must Spread Among All‹: International Solidarity, Health, and Race in the East German Encounter with the Third World«, in: Katherine Pence/Paul Betts (Hg.), *Socialist Modern. East German Everyday Culture and Politics*, Ann Arbor 2011, S. 183–210.

Hopper, Paul, *Understanding Development*, Cambridge (UK) 2012.

Horridge, Glenn K., *The Salvation Army. Origins and Early Days 1865–1900*, Godalming 1993.

Horowitz, Michael M., »Ideology, Policy and Praxis in Pastoral Livestock Development«, in: Ders./Thomas M. Painter (Hg.), *Anthropology and Rural Development in West Africa*, Boulder 1986, S. 251–272.

Hoskyns, Catherine, »Africa's Foreign Relations. The Case of Tanzania«, in: *International Affairs* 44, 3 (1968), S. 446–462.

Hoscislawski, Thomas, *Bauen zwischen Macht und Ohnmacht. Architektur und Städtebau in der DDR*, Berlin 1991.

Howard, Jane, *Margaret Mead: A Life*, New York 1984.

Hughes, Lotte, *Moving the Maasai: A Colonial Misadventure*, Basingstoke 2006.

Humphreys, Robert, *Poor Relief and Charity 1869–1945. The London Charity Organization Society*, Houndsmills, New York 2001.

Hundt, Wulf D., »Die Köper der Bilder der Rassen. Wissenschaftliche Leichenschändung und rassistische Entfremdung«, in: Ders. (Hg.), *Entfremdete Körper, Rassismus als Leichenschändung*, Bielefeld 2009, S. 13–79.

– *Negative Vergesellschaftung. Dimensionen der Rassismusanalyse*, Münster 2006.

Huppuch, Willibald, *Eugen Rosenstock-Huessey (1888–1973) und die Weimarer Republik. Erwachsenenbildung, Industriereform und Arbeitslosenproblematik*, Hamburg 2004.

Hüsken, Thomas, *Der Stamm der Experten. Rhetorik und Praxis des Interkulturellen Managements in der deutschen staatlichen Entwicklungszusammenarbeit*, Bielefeld 2006.

Hyam, Ronald, »Bureaucracy and ›Trusteeship‹ in the Colonial Empire«, in: Judith Brown/Roger Louis (Hg.), *The Twentieth Century. The Oxford History of the British Empire* Bd. 4, Oxford 1999, S. 255–279.

Hyden, Goran, *Beyond Ujamaa in Tanzania. Underdevelopment and an Uncaptured Peasantry*, Berkeley 1980.

– *No Shortcuts to Progress. African Development Management in Perspective*, Berkeley 1983.

Ihne, Hartmut/Jürgen Wilhelm, »Grundlagen der Entwicklungspolitik«, in: Dies. (Hg.), *Einführung in die Entwicklungspolitik*, Bonn 2013, S. 5–40.

Iliffe, John (Hg.), *Modern Tanzanians. A Volume of Biographies*, Nairobi 1973.

– *A Modern History of Tanganyika*, Cambridge (UK) 1979.

– *East African Doctors: A History of the Modern Profession*, Cambridge (UK) 1988.

– »Introduction«, in: Ders. (Hg.), *Modern Tanzanians*, S. V–IX.

– *The African Poor*, Cambridge (UK) 1987.

Illouz, Eva, *Die Errettung der modernen Seele: Therapien, Gefühle und die Kultur der Selbsthilfe*, Frankfurt/M. 2011 [2008].

Illy, Hans F., »Ausbildung mittlerer Führungskräfte in Afrika. Das ›Institut Panafricain pour le Développement‹ in Douala, Kamerun«, in: *E + Z* 11, 8 (1970), S. 36f.

– *Politik und Wirtschaft in Kamerun. Bedingungen, Ziele und Strategien der staatlichen Entwicklungspolitik*, München 1976.

Imbusch, Peter, »Überflüssige‹. Historische Deutungsmuster und potentielle Universalität eines Begriffs«, in: Heinz Bude/Andreas Willisch (Hg.), *Exklusion. Die Debatte über die »Überflüssigen«*, Frankfurt/M. 2008, S. 195–212.

Ingle, Clyde R., »Compulsion and Rural Development in Tanzania«, in: *Canadian Journal of African Studies/Revue Canadienne des Études Africaines* 4, 1 (1970), S. 77–100.

– *From Village to State in Tanzania. The Politics of Rural Development*, Ithaca 1972.

Ingle, Clyde R., »The Ten-House Cell System in Tanzania. A Consideration of an Emerging Village Institution«, in: *Journal of Developing Areas* 6 (1972), S. 211–226.

International Archives, »Der erste internationale Zivildienst im Dorf Esnes bei Verdun 1920/21, 19. März 2001«, in: http://*www.service-civil-international*.*org*/uploads/documents/PRodriguez%202001%20the1stSCICamp-Esnes%20Artikel.pdf.

Iriye, Akira, »Culture«, in: *Journal of American History* 77 (1990), S. 99–107.

Jackson, Walter, »Melville Herskovits and the Search for Afro-American Culture«, in: George W. Stocking Jr. (Hg.), *Malinowski, Rivers, Benedict and Others: Essays on Culture and Personality*, Madison (Wisc.) 1986, S. 95–126.

James, Wendy, »The Treatment of African Ethnography in L'Année Sociologique (I–XII)«, in: *L'Année Sociologique* 48 (1998), S. 193–207.

Jansen, C. Jan/Jürgen Osterhammel, *Dekolonisation. Das Ende der Imperien*, München 2013.

Jenkinson, Hilary, »Reflections of an Archivist«, in: Maygene F. Daniels/Timothy Walch (Hg.), *A Modern Archives Reader: Basic Readings on archival Theory and Practice*, Washington (DC) 1984, S. 15–21.

Jennings, Michael, »»We Must Run While Others Walk‹: Popular Participation and Development Crisis in Tanzania 1961–9«, in: *Journal of Modern African Studies* 41 (2003), S. 163–187.

– *Surrogates of the State. NGOs, Development and Ujamaa in Tanzania*, Bloomfield (CT) 2008.

Jessen, Ralph, »Diktatorische Herrschaft als kommunikative Praxis. Überlegungen zum Zusammenhang von ›Bürokratie‹ und Sprachnormierung in der DDR-Geschichte«, in: Alf Lüdtke/Peter Becker (Hg.), *Akten, Eingaben, Schaufenster – die DDR und ihre Texte. Erkundungen zu Herrschaft und Alltag*, Berlin 1997, S. 57–75.

John, David H., »Tanzania«, in: Timothy M. Shaw/Olajdo Aluko (Hg.), *The Political Economy of African Foreign Policy*, Aldershot 1984, S. 263–282.

Joseph, Richard A., »The German Question in French Cameroon«, in: *Comparative Studies in Society and History* 1 (1975), S. 84–96.

Judt, Matthias, »»Nur für den Dienstgebrauch‹ – Arbeiten mit Texten einer deutschen Diktatur«, in: Alf Lüdtke/Peter Becker (Hg.), *Akten. Eingaben. Schaufenster. Die DDR und ihre Texte. Erkundungen zu Herrschaft und Alltag*, Berlin 1997, S. 29–38.

Juillerat, Bernhard, »Richard Thurnwald et la Mélanésie. Réciprocités, Hiérarchies, Évolution«, in: *Gradhiva* 14 (1993), S. 15–39.

Kabou, Axelle, *Weder arm noch ohnmächtig. Eine Streitschrift gegen schwarze Eliten und weiße Helfer*, Basel 2001 [1993].

Kadelbach, Stefan, »Einführung: Normative Bedingungen der Entwicklungszusammenarbeit«, in: Ders. (Hg.), *Effektiv oder gerecht? Die normativen Grundlagen der Entwicklungspolitik*, Frankfurt/M. 2013, S. 9–26.

Kah, Henry Kam, »Governance and Land Conflict: The Case of Aghem-Wum«, in: Tangie Nsoh Fochingong/John Bobuin Gemandze (Hg.), *Cameroon. The Stakes and Challenges of Governance and Development*, Bamenda 2009, S. 185–198.

Kahn, Andrea, »Representation and Misrepresentation: On Architectural Theory«, in: *Journal for Architectural Education* 47, 3 (1994), S. 162–168.

Kalter, Christoph, »»Le Monde va de l'Avant. Et vous êtes en Marge‹. Dekolonisierung, Dezentrierung des Westens und die Entdeckung der ›Dritten Welt‹ in der radikalen Linken in Frankreich in den 1960er-Jahren«, in: *AfS* 48 (2008), S. 99–132.

– *Die Entdeckung der Dritten Welt. Dekolonisierung und neue radikale Linke in Frankreich* (= Globalgeschichte Bd. 9), Frankfurt/M. 2011.

Kammerer, Gabriele, *Aktion Sühnezeichen: Aber man kann es einfach tun,* Göttingen 2008.

Kapoor, Ilan, »Capitalism, Culture, Agency: Dependency versus Postcolonial Theory«, in: *Third World Quarterly* 23 (2002), S. 647–664.

Katz, Michael B., *The Undeserving Poor. From the War on Poverty to the War on Welfare,* New York 1989.

Kaufmann, Doris, »Primitivismus«. Zur Geschichte eines semantischen Feldes 1900 – 1930«, in: Wolfgang Hardtwig (Hg.), *Ordnungen in der Krise. Zur politischen Kulturgeschichte Deutschlands 1900–1933,* München 2007, S. 425–448.

– »Zur Genese der modernen Kulturwissenschaft. ›Primitivismus‹ im transdisziplinären Diskurs des frühen 20. Jahrhunderts«, in: Jürgen Reulecke/Volker Roelcke (Hg.), *Wissenschaften im 20. Jahrhundert. Universitäten in der modernen Wissenschaftsgesellschaft,* Stuttgart 2008, S. 41–53.

Kearney, Michael, *Peasants in Anthropology, in: International Encyclopedia of the Social and Behavioral Sciences,* Bd. 16, Oxford (UK) 2001, S. 11169ff.

– *Reconceptualizing the Peasantry: Anthropology in Global Perspective,* Boulder 1996.

Keating, Peter (Hg.), *Into Unknown England 1866–1913. Selections from the Social Explorers,* Glasgow 1976.

Keller, Richard, »Taking Science to the Colonies: Psychiatric Innovation in France and North Africa«, in: Sloan Mahone/Megan Vaughan (Hg.), *Psychiatry and Empire,* Cambridge (Mass) 2007, S. 17–40.

Kelly, Debra, *Autobiography and Independence. Selfhood and Creativity in North African Postcolonial Writing in French,* Liverpool 2005.

Kertzer, David I., *Ritual, Politics, and Power,* New Haven 1988.

Kessler, Christian, »Woran denken Sie bei ›Kollektiv?‹ Kollektivität als gesellschaftlicher Wert in der DDR und seine kommunikativen Zusammenhänge in Texten«, in: Ruth Reiher/Antja Baumann (Hg.), *Vorwärts und nichts vergessen. Sprache in der DDR. Was war, was ist, was bleibt,* Berlin 2004, S. 184–194.

Kevelaer Pfarrgemeinderat (Hg.), *Pax Christi 1948 – Kevelaer 1988. Die Anfänge der Pax-Christi-Bewegung in Deutschland,* Kevelaer 1988.

Kilian, Werner, *Die Hallstein-Doktrin. Der diplomatische Krieg zwischen BRD und DDR 1955–1973. Aus den Akten der beiden deutschen Außenministerien,* Berlin 2001.

Kimambo, Isaria N., *Penetration & Protest in Tanzania. The Impact oft the World Economy on the Pare 1860–1960,* London, Dar es Salaam 1961.

Kiminius, Manuela, *Ernst Rodenwaldt. Leben und Werk* [masch. Diss.], Heidelberg 2002.

Kjekhus, Helge, »The Tanzanian Villagization Policy. Implementation Lessons and Ecological Dimensions«, in: *Canadian Journal of African Studies* 11, 1 (1977), S. 269–282.

Klee, Ernst, *Das Personenlexikon zum Dritten Reich: Wer war was vor und nach 1945,* Frankfurt/M. 2005.

Knöbl, Wolfgang, *Spielräume der Modernisierung. Das Ende der Eindeutigkeit,* Weiserswist 1991.

Knöbl, Wolfgang, *Die Kontingenz der Moderne. Wege in Europa, Asien und Amerika*, Frankfurt/M. 2007.

Kocka, Jürgen, *Das lange 19. Jahrhundert. Arbeit, Nation und bürgerliche Gesellschaft* (= Gebhardt Handbuch der deutschen Geschichte, Bd. 13), Stuttgart 2001.

– *Weder Stand noch Klasse. Unterschichten um 1800*, Bonn 1990.

Kohler, Robert E.,»Finders, Keepers. Collecting Sciences and Collecting Practices«, in: *History of Sciences* 45, 4 (2007), S. 428–454.

Konings, Piet, *Labour Resistance in Cameroon. Managerial Strategies & Labour Resistance in the Agro-Industrial Plantations of the Cameroon Development Corporation*, Leiden 1993.

Korff, Rüdiger,»Der Stellenwert der Entwicklungspolitik der BRD«, in: Hans-Jörg Bücking (Hg.), *Entwicklungspolitische Zusammenarbeit in der Bundesrepublik Deutschland und in der DDR*, Berlin 1998, S. 37–48.

Köllmann, Wolfgang:»Harkort, Friedrich«, in: *Neue Deutsche Biographie (NDB)*, Bd.7, Berlin 1966, S. 675ff.

Kößler, Reinhart, *Entwicklung*, Münster 1998.

– Henning Melber (Hg.), *Globale Solidarität? Eine Streitschrift*, Frankfurt/M. 2002.

Koven, Seth,»Gustave Doré und Dr. Barnardo. Zur Darstellung der Armut im viktorianischen London«, in: Werner Michael Schwarz/Margarethe Szeless/ Lisa Wögenstein (Hg.), *Ganz unten. Die Entdeckung des Elends*. Wien, Berlin, London, Paris, New York, Wien 2007, S. 35–43.

– *Slumming. Sexual and Social Politics in Victorian London*, Princeton (NJ), Oxford 2004.

Kraa, Detlev,»Sozialistische Rituale und kulturelle Überlagerung in der DDR«, in: Rüdiger Voigt (Hg.), *Symbole der Politik. Politik der Symbole*, Opladen 1989, S. 197–210.

Kracauer, Siegfried, *Geschichte von den letzten Dingen*, Frankfurt/Main 1971 [1968].

Krämer, Martin,»Die Chronik des Afrika-Vereins 1934–1984«, in: Afrika-Verein (Hg.), *Afrika 1983. 50 Jahre Wirtschaftspartnerschaft*, Hamburg 1984, S. 11–42.

Kratzenstein, Otto,»Eduard Kratzenstein«, in: *Allgemeine Deutsche Bibliographie* 51 (1906), S. 362ff.

Kruck, Werner, *Franz Oppenheimer – Vordenker der Sozialen Marktwirtschaft und Selbsthilfegesellschaft*, Berlin 1997.

Krüger, Gesine,»Das ›sprechende Papier‹. Schriftgebrauch als Zugang zur außereuropäischen Geschichte«, in: *HA* 11 (2003), S. 355–369.

– *Schrift – Macht – Alltag. Lesen und Schreiben im kolonialen Südafrika*, Köln, Weimar, Wien 2009.

Krusenstjern, Benigna von,»Was sind Selbstzeugnisse? Begriffskritische und quellenkundliche Überlegungen anhand von Beispielen aus dem 17. Jahrhundert«, in: *HA* 3 (1994), S. 462–471.

Kuchenbuch, David, *Das Peckham-Experiment. Eine Mikro- und Wissensgeschichte des Londoner »Pioneer Health Centre« im 20. Jahrhundert* [masch.], Gießen 2013.

Kühne, Winrich, *Die Politik der Sowjetunion in Afrika. Bedingungen und Dynamik ihres ideologischen, ökonomischen und militärischen Engagements*, Baden-Baden 1983.

Kultermann, Udo, *Neues Bauen in der Welt*, Tübingen 1963.

Kundrus, Birthe, »Weiß und herrlich«. Überlegungen zu einer Geschlechterge-schichte des Kolonialismus«, in: Annegret Friedrich u.a. (Hg.), *Projektionen, Rassismus und Sexismus in der visuellen Kultur*, Marburg 1997, S. 41–50.

Kuper, Adam, *The Invention of Primitive Society. Transformations of an Illusion*, London, New York 1988.

Lässig, Simone, »Übersetzungen in der Geschichte – Geschichte als Übersetzung? Überlegungen zu einem analytischen Konzept und Forschungsgegenstand für die Geschichtswissenschaft«, in: *GG* 38 (2012,), S. 189–216.

L'Estoile, Benoît de, »Internationalization and ›scientific nationalism‹: The International Institute of African Languages and Cultures between the Wars«, in: Helen Tilley/Robert J Gordon (Hg.), *Ordering Africa. Anthropology, European Imperialism, and the Politics of Knowledge*, Manchester, New York 2007, S. 95–116.

– »Rationalizing Colonial Domination? Anthropology and Native Policy in French-Ruled Africa«, in: Benoît de L'Estoile/Frederico Neiburg/Lygia Sigaud (Hg.), *Empires, Nations, and Natives, Durham*, London 2005, S. 30–57.

La Fontaine, Jean Sybil, »Audrey Isabel Richards 1899–1984«, in: *Africa: Journal of the International African Institute (1985)*, S. 201–206.

Lamm, Hans Siegfried, »Methoden der politischen Einflussnahme«, in: Ders./Kupper, *DDR und Dritte Welt*, S. 63–89.

– Siegfried Kupper (Hg.), *DDR und Dritte Welt*, München, Wien 1976.

Landau, Paul S., »Empires of the Visual: Photography and Colonial Administration in Africa«, in: Ders./Deborah D. Kaspin (Hg.), *Images and Empires: Visuality in Colonial and Postcolonial Africa*, Berkeley 2002, S. 141–171.

Latham, Michael E., »Introduction: Modernization, International History, and The Cold War«, in: David C. Engerman/Nils Gilman/Mark H. Haefele/Michael E. Latham (Hg.), *Staging Growth. Modernization, Development, and the Global Cold War*, Amherst 2003, S. 1–22.

– *Modernization as Ideology. American Social Science and »Nation Building« in the Kennedy Era*, Chapel Hill (NC) 2000.

Latour, Bruno/Steven Woolgar, *Laboratory Life: The Construction of Scientific Facts*, Princeton (NJ) 1986.

Le Vine, Victor T./Roger P. Nye, *Historical Dictionary of Cameroon*, London 1974.

– *The Cameroon Federal Republic*, Ithaca, London 1971.

Leclerc, Gérard, *Anthropologie und Kolonialismus*, München 1976 [1972].

Leeuwies, Cees, *Communication for Rural Innovation: Rethinking Agricultural Extension*, Oxford 2004.

Leimgruber, Walter, *Kalter Krieg um Afrika. Die amerikanische Außenpolitik unter Präsident Kennedy 1961–1963*, Stuttgart 1990.

Lemarchand, René, »Village by Village Nation Building in Tanzania«, in: *Africa Report* 10 (1965), S. 11–15.

Lentz, Carola, »»Tribalismus« und Ethnizität in Afrika«, in: *Leviathan* 23 (1995), S. 115–145.

– *Die Konstruktion von Ethnizität. Eine politische Geschichte Nord-West Ghanas, 1870–1990*, Köln 1998.

Lepenies, Philipp H., »Lernen vom Besserwisser: Wissenstransfer in der ›Entwicklungshilfe‹ aus historischer Perspektive«, in: Büschel/Speich (Hg.), *Entwicklungswelten*, S. 33–59.

– »An Inquiry into the Roots of the Modern Concept of Development«, in: *Contribution to the History of Concepts* 4 (2008), S. 202–225.

Levine, Katherine, »The TANU-Ten-House Cellsystem«, in: Lionel Cliffe/John Saul (Hg.), *Socialism in Tanzania*, Vol. 1, Dar es Salaam 1972, S. 329ff.

Lévi-Strauss, Claude, *Das wilde Denken*, Frankfurt/M. 1968 [1962].

Lewis, Joanna, »»Tropical East Ends‹ and the Second World War. Some Contradictions in Colonial Office Welfare Initiatives«, in: *Journal of Imperial and Commonwealth History* 26 (2000), S. 42–66.

Liauzu, Claude, *Aux origins des tiers-mondismes: Colonisés et anticolonialistes en France, 1919–1939*, Paris 1982.

– »Intellectuels du tiers monde et intellectuels française: les années algériennes des Éditions Maspero«, in: Jean Pierre Rioux/Jean-François Sirinelli (Hg.), *La guerre d'Algérie et les intellectuels français*, Paris 1998, S. 155–174.

Liebenow, J. Gus, *Colonial Rule and Political Development in Tanzania: The Case of the Makonde*, Evaston 1971.

Liebersohn, Harry, *The Return of the Gift. European History of a Global Idea*, Cambridge (UK) 2010.

Lindenberger, Thomas, »Die Diktatur der Grenzen. Zur Einleitung«, in: Ders. (Hg.), *Herrschaft und Eigen-Sinn in der Diktatur. Studien zur Gesellschaftsgeschichte der DDR*, Köln 1999, S. 13–44.

Lindner, Rolf, »Ganz unten. Ein Kapitel aus der Geschichte der Stadtforschung«, in: Werner Michael Schwarz/Margarethe Szeless/Lisa Wögenstein u.a. (Hg.), *Ganz unten. Die Entdeckung des Elends*. Wien, Berlin, London, Paris, New York, Wien 2007, S. 19–25.

Lindner, Rolf, »»Unterschicht«. Eine Gespensterdebatte«, in: Ders./Lutz Musner (Hg.), *Unterschicht. Die Entdeckung der »Armen« in Geschichte und Gegenwart*, Freiburg 2008, S. 9–17.

– (Hg.), *»Wer in den Osten geht, geht in ein anderes Land«. Die Settlementbewegung in Berlin zwischen Kaiserreich und Weimarer Republik*, Berlin 1997.

Lingelbach, Gabriele, »Das Bild des Bedürftigen und die Darstellung von Wohltätigkeit in den Werbemaßnahmen bundesrepublikanischer Wohltätigkeitsorganisationen«, in: *Archiv für Kulturgeschichte* 89 (2007), S. 345–365.

Linne, Karsten, *Deutschland jenseits des Äquators? Die NS-Kolonialplanungen für Afrika*, Berlin 2008.

Linne, Karsten, »Koloniale Infrastruktur. Witzenhausen: ›Mit Gott, für Deutschlands Ehr, daheim und überm Meer‹. Die Deutsche Kolonialschule«, in: Ulrich van der Heyden/Joachim Zeller (Hg.), *Kolonialismus hierzulande*. *Eine Spurensuche in Deutschland*, Erfurt 2007, S. 125–136.

Lipsitz, George, *The Progressive Investment in Whiteness. How White People Profit from Identity Politics*, Philadelphia 1998.

Littlewood, Richard, u.a. (Hg.), »Introduction«, in: Dies. (Hg.), *Cultural Psychiatry and Medical Anthropology*, London 2000, S. 10.

Liviga, Athumani J., »Local Development in Tanzania. Partner in Development or Administrative Agent of the Central Government«, in: *Local Government Studies* 18, 3 (1992), S. 208–225

– »The Over-Centralized State and its Limitations to Participation in Tanzania«, in: *The African Review* 22 (1995), S. 140–159.

Lloyd, Peter C., »Introduction: The Study of the Elite«, in: Ders. (Hg.), *The New Elites in Tropical Africa*, Oxford 1966, S. 1–65.

Lohmeier, Jochen, *Tanzania. Eine politische Ökonomie der Regionalentwicklung*, Hamburg 1982.

Long, Norman/Ann Long (Hg.), *The Battlefields of Knowledge. The Interlocking of Theory and Practice in Social Research and Development*, London 1992.

Lonner, Walter J./Susanna A. Hayes (Hg.), *Discovering Cultural Psychology. A Profile and Selected Readings of Ernest E. Boesch*, Charlotte 2007.

Lorenzini, Sara, *Due Germanie in Africa: la cooperahzione alla sviluppo e la competizione per i mercati materie prime e tecnologia*, Florenz 2003.

Loth, Heinrich, »Christian Mission between Conformity to and Criticism of Colonialism«, in: *Asia – Africa – Latin America, Special Issue, Bd. 16: Colonialism, Neo-Colonialism and Africa's Path to a Peaceful Future*, Berlin 1985, S. 178ff.

Low, D. Anthony/John Lonsdale, »Introduction«, in: Ders./Alison Smith (Hg.), *History of East Africa*, Bd. 3, Oxford 1976, S. 1–63.

Lowie, Robert, »Richard Thurnwald, 1869–1954«, in *American Anthropologist* 56 (1954), S. 862–867.

Ludwig, Andreas/Gerd Kuhn (Hg.), *Alltag und soziales Gedächtnis. Die DDR-Objektkultur und ihre Musealisierung*, Eisenhüttenstadt 1997.

Lüdtke, Alf u.a., »Die Farbe Weiß: Race in der Geschichtswissenschaft«, in: *Werkstatt Geschichte* 39 (2005), S. 3–6.

– »Alltagsgeschichte, Mikro-Historie, historische Anthropologie«, in: Hans-Jürgen Goertz (Hg.), *Geschichte. Ein Grundkurs*, Reinbek/Hamburg 1998, S. 557–578.

– »Stofflichkeit, Macht-Lust und Reiz der Oberflächen. Zu den Perspektiven von Alltagsgeschichte«, in: Winfried Schulze (Hg.), *Sozialgeschichte, Alltagsgeschichte, Mikro-Historie. Eine Diskussion*, Göttingen 1994, S. 65–80.

– *Eigen-Sinn. Fabrikalltag, Arbeitererfahrungen und Politik. Vom Kaiserreich bis in den Faschismus*, Hamburg 1994.

Luhmann, Niklas, *Soziologische Aufklärung 6: Die Soziologie des Menschen,* Opladen 1996.

Luig, Ulrich, »Weltfriedensdienst im Zeitraffer – die ersten 10 Jahre (1959–1969). Wie alles begann«, in: *Querbrief. Zeitschrift des Weltfriedensdienst e.V.* 1 (2009), S. 4–7.

Lutkehaus, Nancy C., *Margaret Mead. The Making of an American Icon,* Princeton (NJ) 2008.

Lyotard, Jean-François, *Das postmoderne Wissen. Ein Bericht,* Wien 2005 [1979].

Mählert, Ulrich/Gerd-Rüdiger Stephan, *Blaue Hemden – Rote Fahnen. Die Geschichte der Freien Deutschen Jugend,* Opladen 1996.

Maceay, David, *Frantz Fanon: A Biography,* New York 2000.

Maguire, George Andrew, *Toward ›Uhuru‹ in Tanzania: The Politics of Participation,* Cambridge (UK) 1969.

Mahone, Sloan, »East African Psychiatry and the Practical Problems of Empire«, in: Ders./Megan Vaughan (Hg.), *Psychiatry and Empire,* Cambridge (UK) 2007, S. 41–66.

Maier, Charles S., *Among Empires. American Ascendancy and Its Predecessors,* Cambridge (Mass.) 2006.

– »Introduction«, in: Ders. (Hg.), *Changing Boundaries of the Political. Essays in the Evolving Balance between the State and Society, Public and Private in Europe,* New York 1987, S. 1–24.

– »Leviathan 2.0. Die Erfindung moderner Staatlichkeit«, in: Akira Iriye/Jürgen Osterhammel/Emily Rosenberg (Hg), *Geschichte der Welt. 1870–1945: Weltmärkte und Weltkriege,* München 2012, S. 33–286, S. 1000–1016.

Malinowski, Stephan, »Europäische Modernisierungskriege? Development, Modernisierung und der spätkoloniale Kampf um die ›Herzen und Seelen‹ in Kenia und Algerien 1952–1962«, in: *Archiv für Sozialgeschichte* 48 (2008), S. 213–248.

– Moritz Feichtinger, »Eine Million Algerier lernen im 20. Jahrhundert zu leben‹. Umsiedlungslager und Zwangsmodernisierung im Algerienkrieg 1954–1962«, in: *Journal of Modern History* 8 (2010), S. 107–133.

Manela, Erez, *The Wilsonian Moment. Self Determination and the International Origin of Anticolonial Nationalism,* Oxford 2007.

Manning, Patrick, *Francophone Sub-Saharan Africa 1880–1995,* Cambridge (UK) 1998.

Markmiller, Anton, *›Die Erziehung des Negers zur Arbeit‹. Wie die koloniale Pädagogik afrikanische Gesellschaften in die Abhängigkeit führte,* Berlin 1995.

Marks, Shula, *Not Either an Experimental Doll: The Separate Worlds of Three South African Women,* Indiana 1988.

Martin, Guy, »Revisiting Fanons's Life, Times, and Thought«, in: *African Studies Review* 47 (2004), S. 165–171.

Martinek, Michael, *Die Verwaltung der deutschen Entwicklungshilfe und ihr Integrationsdefizit. Eine verwaltungswissenschaftliche Struktur- und Funktionsanalyse,* Bad Honnef 1981.

Marwick, Arthur, *The Sixties. Social and Cultural Transformation in Britain, France, Italy and the United States, 1958–1974*, New York 1999.

Marx, Christoph, *Geschichte Afrikas. Von 1800 bis zur Gegenwart*, Paderborn 2004.

Maß, Sandra, »Eine Art sublimierter Tarzen«. Die Ausbildung deutscher Entwicklungshelfer und -helferinnen als Menschentechnik in den 1960er Jahren«, in: *Werkstatt Geschichte* 43 (2006), S. 77–89.

Maul, Daniel, *Menschenrechte, Sozialpolitik und Dekolonisation: die internationale Arbeitsorganisation (IAO) 1940–1970*, Essen 2007.

Mauss, Marcel, »Die Gabe. Form und Funktion des Austauschs in archaischen Gesellschaften [1923]«, in: Ders., *Soziologie und Anthropologie*, Bd. 2, Frankfurt/M. 1968, S. 1–144.

Mawhood, Philip, »The Search for Participation in Tanzania«, in: Philip Mawhood (Hg.), *Local Government in the Third World. The Experience of Decentralisation in Tropical Africa*, Pretoria 1993, S. 74–108.

Max, John A. O., *The Development of Local Government in Tanzania*, Dar es Salaam 1991.

Mbembe, Achille, *On the Postcolony*, Berkeley, Los Angeles, London 2001.

– Sarah Nuttall, »Writing the World from an African Metropolis«, in: *Public Culture* 16, 3 (2004), S. 347–372.

Mbilinyi, Marjorie J., »The State of Women in Tanzania«, in: *Canadian Journal of African Studies* 6, 2 (1972), S. 371–377.

McCay, Bonnie J./James M. Acheson, »Human Ecology of the Commons«, in: Dies. (Hg.), *The Question of the Commons. The Culture and Ecology of Communal Resources*, Tuscon 1987, S. 1–36.

McCrackers, John, »Terence Ranger: A Personal Appreciation«, in: *Journal of Southern African Studies* 23 (1997), S. 178.

McCulloch, Jock, *Colonial Psychiatry and ›The African Mind‹*, Cambridge (UK) 1995.

McDougall, Alan, *Youth Politics in East Germany. The Free German Youth Movement 1946–1968*, Oxford 2004.

McEnnerney, Dennis/Frantz Fanon, »The Resistance, and the Emergence of Identity Politics«, in: Sue Peabody/Tyler Stovall (Hg.), *The Color of Liberty. Histories of Race in France*, Durham 2003, S. 259–281.

McHenry Jr., Dean E., *Limited Choices. The Political Struggle for Socialism in Tanzania*, Boulder 1994.

– *Tanzania's Ujamaa Villages. The Implementation of a Rurual Development Strategy*, Berkeley 1979.

McWilliam, Michael, *The Development Business. A History of the Commonwealth Development Corporation*, New York 2001.

Medick, Hans, »Missionare im Ruderboot? Ethnologische Erkenntnisweisen als Herausforderung an die Sozialgeschichte«, in: Alf Lüdtke (Hg.), *Alltagsgeschichte. Zur Rekonstruktion historischer Erfahrungen und Lebensweisen*, Frankfurt/M. 1989, S. 48–84.

Medick, Hans, »Entlegene Geschichte? Sozialgeschichte und Mikro-Historie im Blickfeld der Kulturanthropologie«, in: Joachim Matthes (Hg.), *Zwischen den Kulturen? Die Sozialwissenschaften vor dem Problem des Kulturvergleichs*, Göttingen 1992, S. 167–178.

– »Mikro-Historie«, in: Winfried Schulze (Hg.), *Sozialgeschichte, Alltagsgeschichte, Mikro-Historie*, Göttingen 1994, S. 40–53.

Meisel, James H., *The Myth of the Ruling Class*, Ann Arbor 1962.

Melk-Koch, Marion, *Auf der Suche nach der menschlichen Gesellschaft: Richard Thurnwald*, Berlin 1989.

Menzel, Ulrich, »Das Ende der ›Dritten Welt‹ und das Scheitern der großen Theorie. Zur Soziologie einer Diziplin in auch selbstkritischer Absicht«, in: *Politische Vierteljahresschrift* 20,1 (1991), S. 4–33.

– *Das Ende der Dritten Welt und das Scheitern der großen Theorie*, Frankfurt/M. 1992.

– *Geschichte der Entwicklungstheorie. Einführung und systematische Bibliographie*, Hamburg 1995.

Mergel, Thomas, »Geht es weiterhin voran? Die Modernisierungstheorie auf dem Weg zu einer Theorie der Moderne«, in: Ders./Thomas Welskopp (Hg.), *Geschichte zwischen Kultur und Gesellschaft. Beiträge zur Theoriedebatte*, München 1997, S. 203–232.

Merriam, Allan P., »Melville Herskovits«, in: *American Anthropologist* 66 (1964), S. 83–109.

Merta, Klaus-Peter, »Bedeutung und Stellenwert des Auszeichnungswesens in der Gesellschaft der DDR«, in: Dieter Vorsteher (Hg.), *Parteiauftrag: Ein Neues Deutschland. Bilder, Rituale und Symbole der frühen DDR*, Berlin 1997, S. 290–305.

Metraux, Rhoda, »Margaret Mead: A Biographical Sketch«, in: *American Anthropologist* 82 (1980), S. 262–269.

Metz, Karl H., »Selbsthilfe‹. Anmerkungen zu einer viktorianischen Idee«, in: Bernd Weisbrod (Hg.), *»Victorian Values«. Arm und Reich im Viktorianischen England*, Bochum 1987, S. 98–125.

Meyns, Peter, »Grundsätze der Außenpolitik Tansanias«, in: Werner Pfennig/Klaus Voll/Helmut Weber (Hg.), *Entwicklungsmodell Tansania. Sozialismus in Afrika. Geschichte, Ökonomie, Politik, Erziehung*, Frankfurt, New York 1980.

Michaelis, Andreas, *DDR Souvenirs…und sie nannten es ›Sonderinventar‹*, Köln 1994.

Middleton, John, »Peasants«, in: Ders. (Hg.), *New Encyclopedia of Africa*, Bd. 4, New York 2008, S. 107–117.

Migdal, Joel S., *Peasants, Politics and Revolution. Pressures toward Political and Social Change in the Third World*, Princeton (NJ) 1974.

Miles, Robert, »Geschichte des Rassismus«, in: Christoph Burgner (Hg.), *Rassismus in der Diskussion. Gespräche*, Berlin 1999, S. 9–26.

Mills, David, »Anthropology at the End of Empire. The Rise and Fall of the Colonial Social Science Research Council, 1944–1962«, in: Benoît de L'Estoile/Frederico Neiburg/Lygia Sigaud (Hg.), *Empires, Nations, and Natives*, Durham, London 2005, S. 135–166.

Ministère de la Coopération, *L'assistance technique française (1960–2000). Rapport d'Étude*, Paris 1994.

Mitcham, Carl, »The Challenges of This Collection«, in: Leo Hoinacki/Carl Mitcham (Hg.), *The Challenges of Ivan Illich*, New York 2002, S. 9–32.

Mitchell, Timothy, *Rule of Experts: Egypt, Techno-Politics, Modernity*, Berkeley 2002.

– »Introduction«, in: Ders. (Hg.), *Questions of Modernity*, Minneapolis 2000, S. xi–xvii.

Möller, Harald, *DDR und Dritte Welt: die Beziehungen der DDR mit Entwicklungsländern. Ein neues theoretisches Konzept, dargestellt anhand der Beispiele China und Äthiopien sowie Irak/Iran*, Berlin 2004.

Moore, Sally Falk, *Anthropology and Africa: Changing Perspectives on a Changing Science*, Charlottesville 1994.

Morgan, David John, *The Official History of Colonial Development. 5 Bde.*, London, Basinstoke 1980.

Mouralis, Bernard (Hg.), *Robert Delavignette, Savant et Politique (1897–1976)*, Paris 2003.

Moyo, Damisa, *Dead Aid: Why Aid is not Working and How There is a Better Way for Africa*, Oxford 2009.

Mühlen, Patrik von zur, »Entwicklungspolitische Paradigmenwechsel am Beispiel der Friedrich-Ebert-Stiftung vom Ende der 1950er- bis zu den 1990er-Jahren«, in: *AfS* 48 (2008), S. 411–432.

Müller, Fritz Ferdinand, *Kolonien unter der Peitsche*, Berlin (Ost) 1960.

Münkel, Daniela, »Bilder von Bauern – eine Einleitung«, in: Dies./Frank Uekötter (Hg.), *Das Bild des Bauern – Selbst- und Fremdwahrnehmungen vom Mittelalter bis ins 21. Jahrhundert*, Göttingen 2012, S. 9–19.

Münkler, Herfried, »Perspektiven der Befreiung. Die Philosophie der Gewalt in der Revolutionstheorie Frantz Fanons«, in: *Kölner Zeitschrift für Soziologie und Sozialpsychologie* 33 (1981), S. 437–468.

Mveng SJ, Enbelbert, *Histoire du Cameroun, Présence Africaine*, Paris 1963.

Mwaikusi, Jwani T., »Local Government Policies in Tanzania. The Political Guinea-Pig«, in: Donald Rothschild (Hg.), *Strengthening African Local Initiative: Local Self-Governance, Decentralisation and Accountability*, Hamburg 1996, S. 59–74.

Nagel, Jürgen G., »Der Missionar und die andere Religion«, in: Ulrich van Heyden/Andreas Feldkeller (Hg.), *Missionsgeschichte als Geschichte der Globalisierung von Wissen. Transkulturelle Wissensaneignung und -vermittlung durch christliche Missionare im 17., 18. und 19. Jahrhundert*, Stuttgart 2012, S. 235–248.

Napo, Pierre Ali, *Togo. Land of Tuskegee Institute's International Technical Assistance Experimentation, 1900–1909*, Accra 2002.

Nardin, Terry, »The Humanitarian Imperialism«, in: *Ethics and International Affairs* 19, 2 (2005), S. 21–26.

Ndi, A., »The Second World War in Southern Cameroon and its Impact on Mission-State Relations, 1939–1950«, in: David Killingray/Richard Rathbone (Hg.), *Africa and the Second World War*, London 1986, S. 206–209.

Ndumbe III., Kum'a, *Was will Bonn in Afrika? Zur Afrikapolitik der Bundesrepublik Deutschland*, Pfaffenweiler 1992.

Ndzino, Joseph, *Equise d'une Philosophie Camerounaise de l'Education*, Jaunde 1977, S. 24–27.

Nederveen Pieterse, Jan, *White on Black: Images of Africa and Blacks in Western Popular Culture*, New Haven, London 1992.

Nestvogel, Renate, »Der kamerunische Nationaldienst – ein Trampolin in die Entwicklung?«, in: *E + Z* 16, 6 (1975), S. 15f.

Neubert, Dieter, »Von der traditionellen Solidarität zur Nicht-Regierungsorganisation. Eine steuerungstheoretische Analyse von Formen der Solidarität in Kenya«, in: Karl-Heinz Kohl u.a. (Hg.), *Die Vielfalt der Kultur. Ethnologische Aspekte von Verwandtschaft, Kunst und Weltauffassung*, Berlin 1990, S. 548–571.

Ng'wanakilaa, Nkwabi, *Mass Communication and Development of Socialism in Tanzania*, Dar es Salaam 1981.

Ngware, Suleiman/Martin Haule, *The Forgotten Level. Village Government in Tanzania*, Hamburg 1993.

Niblock, Timothy C., *Aid and Foreign Policy in Tanzania, 1961–1968* [Diss. masch.], Sussex 1971.

Niederhut, Jens, *Die Reisekader. Auswahl und Disziplinierung einer privilegierten Minderheit in der DDR*, Leipzig 2005.

Niethammer, Lutz, *Egohistoire und andere Erinnerungsversuche*, Wien 2002.

Nipperdey, Thomas, *Religion im Umbruch. Deutschland 1870–1918*, München 1988.

Nnoli, Okwudiba, *Self-Reliance and Foreign Policy in Tanzania. The Dynamics of the Diplomacy of a New State, 1961–1971*, New York 1978.

Nörr, Knut W./Thomas Oppermann (Hg.), *Subsidiarität: Idee und Wirklichkeit. Zur Reichweite eines Prinzips in Deutschland und Europa*, Tübingen 1997.

Nohlen, Dieter, »Entwicklung (Entwicklungszusammenarbeit)«, in: Ders. u.a. (Hg.), *Politische Begriffe* Bd. 7, München 1998, S. 147–150.

– Franz Nuscheler, »Was heißt Entwicklung?«, in: Dies. (Hg.), *Handwörterbuch der Dritten Welt. Grundprobleme, Theorien, Strategien*, Bd. 1, Bonn 1992, S. 55–75.

Norris, Edward Graham, *Die Umerziehung des Afrikaners. Togo 1895–1938*, München 1993.

Nuscheler, Franz, *Entwicklungspolitik*, Bonn 2005 [2004].

– »Entwicklungspolitik«, in: Everhard Holtmann (Hg.), *Politiklexikon*, München 2000, S. 153–157.

– *Sicherheitsinteressen über dem Entwicklungsinteresse. Rückblick auf ein halbes Jahrhundert Entwicklungspolitik*, 01.12.2011, http://www.entwicklungspolitik.org/home/0-007-01/.

Nützenadel, Alexander, *Stunde der Ökonomen. Wissenschaft, Politik und Expertenkultur in der Bundesrepublik 1949–1974*, Göttingen 2005.

O'Barr, Jean F., »Cell Leaders in Tanzania«, in: *African Studies Review* 15, 3 (1972), S. 437–465.

– Joel Samoff (Hg.), *TANU Cell Leaders in Tanzania*, Nairobi 1974.

O'Kelly, Elizabeth,»Corn Mill Societies in the Southern Cameroon«, in: *African Women* 3 (1955), S. 33ff.

– *Aid and Self Help: A General Guide to Overseas Aid*, London 1975.

Odonga, Alexander Mwa, *The First Fifty Years of the Makerere University Medical School: and the Foundation of Scientific Medical Education in East Africa*, Kisubi 1989.

Olschewiski, Margit, *Landwirtschaftspolitik in Togo 1967–1987 und ihre Auswirkungen auf die Kleinbauern*, Münster 1993.

Olumulaa, Osaak A., *Disease in the Colonial State: Medicine, Society, and Social Change Among the Abonyole of Western Kenya*, London 2002.

Onyemechi Onovoh, Paul, *»Afrikaner erzählen ihr Leben«: Sammlung afrikanischer Autobiographien als Ereignis der späten dreißiger Jahre*, Bayreuth 1998.

Oppen, Achim von,»Bauern, Boden und Bäume. Landkonflikte und ihre ökologische Wirkungen in tanzanischen Dörfern nach Ujamaa«, in: *Afrika Spectrum* 28, 2 (1993), S. 227–254.

– »Dorf, Siedlung, Gemeinschaft«, in: Jan-Georg Deutsch/Albert Wirz (Hg.), *Geschichte in Afrika. Einführung in Probleme und Debatten*, Berlin 1997, S. 231–260.

Osswald Klaus-Dieteru.a., *Frankreichs Entwicklungshilfe. Politik auf lange Sicht*, Köln 1967.

Osten, Marion von,»In Colonial Worlds«, in: Tom Avermaete u.a. (Hg.), *Colonial Modern. Aesthetics of the Past Rebellions for the Future*, London 2010, S. 16–37.

Osterhammel, Jürgen,»The Great Work of Uplifting Mankind‹. Zivilisierungsmission und Moderne«, in: Ders./Boris Barth (Hg.), *Zivilisierungsmissionen: Imperiale Weltverbesserung seit dem 18. Jahrhundert*, Konstanz 2005, S. 363–426.

– *Kolonialismus. Geschichte, Formen, Folgen*, München 1995.

– *Die Verwandlung der Welt. Eine Geschichte des 19. Jahrhunderts*, München 2009.

Overy, Paul,»White Skins: Cosmopolitanism and Colonialism in Inter-war Modernist Architecture«, in: Kobena Mercer u.a. (Hg.), *Cosmopolitan Modernism*, Cambridge (MA) 2005, S. 50–67.

Owona, Théophile, *Die Souveränität und Legitimität des Staates Kamerun*, München 1991.

Pakendorf, Gunther,»Mission als Gewalt. Die Missionsordnung im 19. Jahrhundert«, in: Ulrich van der Heyden/Jürgen Becher (Hg.), *Mission und Gewalt. Der Umgang mit christlicher Mission mit Gewalt und die Ausbreitung des Christentums in Afrika und Asien in der Zeit von 1792 bis 1918/19*, Stuttgart 2000, S. 237–250.

Pasch, Helma, »Westermann, Diedrich Hermann«, in: *Biographisch-Bibliographisches Kirchenlexikon*, Bd. 24, Nordhausen 2005, Sp. 1531–1547.

Patel, Kiran Klaus, *»Soldaten der Arbeit«: Arbeitsdienste in Deutschland und den USA 1933–1945*, Göttingen 2003.

Pauvert, Jean-Claude,»L'évolution politique des Ewé«, in: *Cahiers d'Études Africaines* 1 (1960), S. 161–192.

Peltonen, Matti,»Clues, Margins, and Monads: The Micro-Macro Link in Historical Research«, in: *History and Theory* 40 (2001), S. 347–359.

Pesek, Michael, *Das Ende eines Kolonialreiches: Ostafrika im Ersten Weltkrieg*, Frankfurt/M. 2010.

Peter, Mayo, *Politische Bildung bei Antonio Gramsci und Paulo Freire: Perspektiven einer verändernden Praxis*, Hamburg 2006.

Peterson, Derek R., *Creative Writing, Translation, Bookkeeping, and the Work of Imagination in Colonial Kenya*, Portsmouth 2004.

Petersson, Niels P., »»Großer Sprung nach vorn‹ oder ›natürliche Entwicklung?‹ Zeitkonzepte der Entwicklungspolitik im 20. Jahrhundert«, in: Hubertus Büschel/Daniel Speich (Hg.), *Entwicklungswelten. Globalgeschichte der Entwicklungszusammenarbeit*, Frankfurt/M., New York 2009, S. 89–112.

Pethes, Nicolas u.a. (Hg.), *Menschenversuche. Eine Anthologie 1750–2000*, Frankfurt/M. 2008.

Picard, Louis A., »Attitudes and Development. The District Administration in Tanzania«, in: *African Studies Review* 23, 3 (1989), S. 49–67.

Pieter, Josef, »Systematische Einführung in die Enzyklika Quadrogesimo anno«, in: Ders./Berthold Wald (Hg.), *Werke in acht Bänden*, Ergänzungsband 1, Hamburg 2004, S. 61ff.

Plamper, Jan, »Vergangene Gefühle. Emotionen als historische Quelle«, in: *Aus Politik und Zeitgeschichte* 63, 32–33 (2013), S. 12–19.

Pogge von Strandmann, Hartmut, »›Deutsches Land in fremder Hand‹ – Der Kolonialrevisionismus«, in: Ulrich van der Heyden/Joachim Zeller (Hg.), *Kolonialmetropole Berlin. Eine Spurensuche*, Berlin 2002, S. 232–238.

Pohlig, Matthias, »Vom Besonderen zum Allgemeinen? Die Fallstudie als geschichtstheoretisches Problem«, in: *HZ* 297, 2 (2013), S. 297–319.

Pompe, Hedwig/Leander Scholz (Hg.), *Archivprozesse: Die Kommunikation der Aufbewahrung*, Köln 2002.

Pottier, Johann/Alan Bicker/Paul Sillitoe (Hg.), *Negotiating Local Knowledge. Power and Identity of Development*, London 2003.

Prass, Rainer, »Das Kreuz mit den Unterschriften. Von der Alphabetisierung zur Schriftkultur«, in: *HA* 9 (2001), S. 384–404.

Pratt, Clayton, »African Reaction to the Rhodesian Crisis«, in: *International Journal* 21, 2 (1966), S. 186–198.

Pratt, Cranford, *The Critical Phase in Tanzania 1945–1968. Nyerere and the Emergence of a Socialist Strategy*, Cambridge (UK) 1976.

Pratt, Mary Louise, *Imperial Eyes. Travel Writing und Transculturation*, London 1992.

Preiss, Jack, *Camp William James*, Essex (VT) 1978.

Pressler, Florian, *Die erste Weltwirtschaftskrise. Eine kleine Geschichte der Großen Depression*, München 2013.

Prince, Rayond, »John Colin D. Carothers (1903–1989) and African Colonial Psychiatry«, in: *Transcultural Psychiatric Research Review* 33 (1996), S. 226–240.

Prochaska, Frank, *Women and Philantropy in Nineteenth-Century England*, Oxford 1980.

– *Christianity and Social Service in Modern Britain. The Disinherited Spirit*, Oxford 2006.

Przyrembel, Alexandra, *Verbote und Geheimnisse. Das Tabu und die Genese der europäischen Moderne*, Frankfurt/M., New York 2011.

– »Wissen auf Wanderschaft«. Britische Missionare, ethnologisches Wissen und die Thematisierung religiöser Selbstgefühle um 1830«, in: *HA* 9, 1 (2011), S. 31–53.

Rabinow, Paul, *French Modern: Norms and Forms of the Social Environment*, Cambridge (MA) 1989.

Raden, Friedhelm, *Christliche Hilfswerke im Kalten Krieg*, Herbolzheim 2000.

Raehlmann, Irene, *Arbeitswissenschaft im Nationalsozialismus: eine wissenschaftssoziologische Analyse*, Wiesbaden 2005.

Rahnema, Majid, *The Post-Development Reader*, London 2008.

Raikes, Paul L., »Ujamaa and Rural Socialism«, in: *Review of African Political Economy* 3 (1975), S. 33–52.

Randeria, Shalini, »Entangled Histories of Uneven Modernities. Civil Society, Caste Solidarities and the Post-Colonial State in India«, in: Yehuda Elkana u.a. (Hg.), *Unravelling Ties*, Frankfurt/M. 2002, S. 284–311.

– »Geteilte Geschichte und verwobene Moderne«, in: Jörn Rüsen u.a. (Hg.), *Zukunftsentwürfe. Ideen für eine Kultur der Veränderung*, Frankfurt/M. 1999, S. 87–96.

Ranger, Terence/Eric Hobsbawm (Hg.), *Invention of Tradition*, Cambridge (UK) 1983.

– »Kolonialismus in Ost- und Zentralafrika. Von der traditionellen zur traditionalen Gesellschaft: Einsprüche und Widersprüche«, in: Jan-Heeren Grevemeyer (Hg.), *Traditionale Gesellschaften und europäischer Kolonialismus*, Frankfurt/M. 1981, S. 16–46.

– »The Invention of Tradition in Colonial Africa«, in: Hobsbawm/Ranger, *The Invention of Tradition*, S. 211–262.

– *The Recovery of African Initiative in Tanzania History*, Dar es Salaam 1969.

Raphael, Lutz, »Die Verwissenschaftlichung des Sozialen als methodische und konzeptionelle Herausforderung für eine Sozialgeschichte des 20. Jahrhunderts«, in: *GG* 22, 2 (1996), S. 165–193.

– »Ordnungsmuster der ›Hochmoderne‹? Die Theorie der Moderne und die Geschichte der europäischen Gesellschaften im 20. Jahrhundert«, in: Ute Schneider/Lutz Raphael (Hg.), *Dimensionen der Moderne. Festschrift für Christoph Dipper*, Frankfurt/M. 2008, S. 73–91.

Rapley, John, *Understanding Development*, Boulder 2007.

Rauch, Theo, »Von Basic Needs zu MDGs: Vier Jahrzehnte Armutsbekämpfung in Wissenschaft und Praxis und kein bisschen weiter«, in: *Peripherie* 27 (2007), S. 216–245.

Rauscher, Anton, »Solidarität«, in: *Staatslexikon*, Bd. 4, Freiburg, Basel, Wien 1988, S. 1191.

Reddy, Sanjay, »Counting the Poor. The Truth about World Poverty Statistics«, in: *Socialist Register* 42 (2006), S. 169.

Reichel, Thomas, »*Sozialistisch Arbeiten, Lernen und Leben*«. *Die Brigadebewegung in der DDR (1959–1989)*, Köln, Weimar, Wien 2011.

Reichmayr, Johannes, *Ethno-Psychoanalyse. Geschichte, Konzepte, Anwendungen*, Gießen 2003.

Reinhard, Wolfgang, *Geschichte der europäischen Expansion*, Bd. 3, Stuttgart 1988.

Rempe, Martin, »Crashkurs zum europäischen Entwicklungsexperten? Das Praktikantenprogramm der EWG-Kommission für afrikanische Beamte in den 60er Jahren«, in: Veronika Lipphardt/Kiran Klaus Patel/Lorraine Bluche (Hg.), *Der Europäer – ein Konstrukt. Wissensbestände, Diskurse, Praktiken*, Göttingen 2009, S. 207–228.

Riesz, János/Leopold Sedar Senghor. *Der afrikanische Aufbruch im 20. Jahrhundert*, Wuppertal 2006.

Rimmer, Douglas, »African Development in Economic Thought«, in: Ders. (Hg.), *The British Intellectual Engagement with Africa in the Twentieth Century*, Basingstoke 2000, S. 231–259.

Rist, Gilbert, *The History of Development. From Western Origins to Global Faith*, London 1997.

Robertson, Roland, »Glokalisierung. Homogenität und Heterogenität in Raum und Zeit [1995]«, in: Ulrich Beck (Hg.), *Perspektiven der Weltgesellschaft*, Frankfurt/M. 1998, S. 192–220.

Rodney, Walter, *How Europe Underdeveloped Africa*, London 1972.

Röper, Ursula/Carola Jüllig, *Die Macht der Nächstenliebe. Einhundertfünfzig Jahre Innere Mission und Diakonie 1848–1998*, Berlin 1998.

Roesler, Jörg, »Das Brigadetagebuch. Betriebliches Rapportbuch, Chronik des Brigadelebens oder Erziehungsfibel?«, in: Evemarie Badstübner (Hg.), *Befremdlich anders. Leben in der DDR*, Berlin 2000, S. 151–166.

– »Berichtsbuch, Beschwerdeschaft oder Bilderfolge? Unterschiedliche Vorstellungen zum Inhalt von Brigadetagebüchern in den Anfangsjahren der ›sozialistischen Kollektive‹«, in: Ruth Reiher/Antja Baumann (Hg.), *Vorwärts und nichts vergessen. Sprache in der DDR. Was war, was ist, was bleibt*, Berlin 2004, S. 206–214.

Roller, Kathrin, »»Statt dessen schwang sie eine andere Waffe«. Gewalt und Geschlecht in Texten der Berliner Mission aus der Zeit um 1900«, in: Ulrich van der Heyden/Jürgen Becher (Hg.), *Mission und Gewalt. Der Umgang christlicher Mission mit Gewalt und die Ausbreitung des Christentums in Afrika und Asien in der Zeit von 1792 bis 1918/19*, Stuttgart 2000, S. 301–326.

Rosenberg, Emily S., »Transnationale Strömungen in einer Welt, die zusammenbricht«, in: Akira Iriye/Jürgen Osterhammel/Emily Rosenberg (Hg), *Geschichte der Welt. 1870–1945: Weltmärkte und Weltkriege*, München 2012, S. 815–998, S. 1063–1078.

Rothermund, Dietmar, *Dehli, 15. August 1947. Das Ende kolonialer Herrschaft*, München 1998.

Rottenburg, Richard, *Weit hergeholte Fakten. Eine Parabel der Entwicklungshilfe*, Stuttgart 2002.

Roudie, Philippe, »Aspects du développement récent de l'économie togolaise«, in: *Cahiers d'Outre-Mer* 124 (1978), S. 250–374.

Rubin, Neville, *Cameroun – An African Federation*, London 1971.

Rubinstein, William, »The Secret of Leopold Amery«, in: *Historical Research* 73 (2000), S. 175–196.

Rüger, Adolf, »Der Kolonialrevisionismus der Weimarer Republik«, in: Helmut Stoecker (Hg.), *Drang nach Afrika. Die koloniale Expansionspolitik und Herrschaft im deutschen Imperialismus in Afrika von den Anfängen bis zum Ende des Zweiten Weltkrieges*, Berlin 1977, S. 234–279.

Rusch, Günter, *Politische Stellung, Programm und Organisation der ehemaligen Kolonialschulen in Witzenhausen, Rendsburg und Bad Weilbach* [Staatsexamensarbeit masch.] Hamburg 1970.

Ruthenberg, Hans, *Agricultural Development in Tanganyika*, Berlin u.a. 1964.

Rytlewski, Ralf/Detlev Kraa, »Politische Rituale in der Sowjetunion und der DDR«, in: *Politik und Zeitgeschichte* 3 (1987), S. 33f.

Sabrow, Martin, »Herrschaft und Alltag in der DDR«, in: Regine Falkenberg u.a. (Hg.), *Parteidiktatur und Alltag in der DDR*, Bonn 2007, S. 10–19.

Sachs, Wolfgang (Hg.), *The Development Dictionary*, London 1992.

Sachsenmaier, Dominic, »Searching for Alternatives to Western Modernity – Cross Cultural Approaches in the Aftermath of the Great War«, in: *Journal for Modern European History* 4, 2 (2006), S. 241–259.

Sadji, Amadou Booker, *Das Bild des Negro-Afrikaners in der deutschen Kolonialliteratur (1884–1945). Ein Beitrag zur literarischen Imagologie Schwarzafrikas*, Berlin 1985.

Sadowsky, Jonathan, *Imperial Bedlam. Institutions of Madness in Colonial Southwest Nigeria*, Berkeley, Los Angeles, London 1999.

– »Psychiatry and Colonial Ideology in Nigeria«, in: *Bulletin of the History of Medicine* 71 (1997), S. 94–111.

Said, Edward, *Orientalismus*, Frankfurt/M. 1981 [1978].

Salmond, John A., *The Civilian Conservation Corps, 1933–1942: A New Deal case study.* Durham (NC) 1967.

Samoff, Joel, *Tanzania. Local Politics and the Structure of Power*, Madison (Wisc.) 1974.

Satjukow, Silke/Rainer Gries, »Feindbilder des Sozialismus. Eine theoretische Einführung«, in: Dies. (Hg.), *Unsere Feinde. Konstruktionen des Anderen im Sozialismus*, Leipzig 2004, S. 13–70.

Saul, John S., »From Marketing Co-Operative to Producer Co-Operative«, in: Lionel Cliffe u.a. (Hg.), *Rural Cooperation in Tanzania*, Nairobi 1975, S. 287–307.

– Roger Woods, »African Peasants«, in: Theodor Shanin, *Peasant Societies*, London 1971, S. 103–114.

Saville, John, *The Politics of Continuity: British Foreign Policy and the Labour Government, 1945–46*, London 1993.

Schaffer, Bernd B., »Comparisons, Administration, and Development«, in: *Political Studies* 19, 3 1971, S. 327–337.

Schafstetter, Susanne, »A Nazi Diplomat Turned Apologist for Apartheid: Gustav Sonnenhol. Vergangenheitsbewältigung and West German Policy Towards South Africa«, in: *German History* 28, 1 (2010), S. 44–66.

Schempp, Hermann, *Gemeinschaftssiedlungen auf religiöser und weltanschaulicher Grundlage*, Tübingen 1969.

Schieder, Wolfgang, »Sozialgeschichte der Religion im 19. Jahrhundert. Bemerkungen zur Forschungslage«, in: Ders. (Hg.), *Religion und Gesellschaft im 19. Jahrhundert*, Stuttgart 1993, S. 11–61.

– »Säkularisierung und Sakralisierung der religiösen Kultur in der europäischen Neuzeit«, in: Hartmut Lehmann (Hg.), *Säkularisierung, Dechristianisierung, Rechristianisierung im neuzeitlichen Europa. Bilanz und Perspektiven der Forschung*, Göttingen 1997, S. 308–313.

Schildt, Axel/Detlef Siegfried, *Deutsche Kulturgeschichte. Die Bundesrepublik Deutschland von 1945 bis zur Gegenwart*, München 2009.

Schleicher, Hans-Georg, »Entwicklungszusammenarbeit und Außenpolitik der DDR: Das Beispiel Afrika«, in: Hans-Jörg Bücking (Hg.), *Entwicklungspolitische Zusammenarbeit in der Bundesrepublik Deutschland und der DDR*, Berlin 1998, S. 98–110.

– »Afrika in der Außenpolitik der DDR«, in: Ulrich van der Hayden/Ilona Schleicher/Hans-Georg Schleicher (Hg.), *Die DDR und Afrika. Zwischen Klassenkampf und neuem Denken*, Münster 1993, S. 10–30.

Schleicher, Ilona, »Elemente entwicklungspolitischer Zusammenarbeit von FDGB und FDJ«, in: Hans-Jörg Bücking (Hg.), *Die entwicklungspolitische Zusammenarbeit in der Bundesrepublik und der DDR*, Bonn 1998, S. 111–138.

– *Zwischen Herzenswunsch und politischem Kalkül. DDR-Solidarität mit dem Befreiungskampf im südlichen Afrika. Annäherungen an ein Erbe*, Berlin 1998.

Schloz, Rudof, *Deutsche Entwicklungspolitik. Eine Bilanz nach 25 Jahren*, München 1979.

Schmidt Soltau, Kai, »Postkoloniale Konstruktion der kolonialen Begegnung. Die deutsche Kolonialzeit im Blick des anglophonen Kamerun«, in: Marianne Bechhaus-Gerst/Reinhard Klein-Arendt (Hg.), *Die (koloniale) Begegnung. AfrikanerInnen in Deutschland 1880–1945. Deutsche in Afrika 1880–1918*, Frankfurt/M. 2003, S. 269–282.

Schmidt, Heide-Irene, »Pushed to the Front: The Foreign Assistance Policy of the Federal Republic of Germany, 1958–1971«, in: *Contemporary European History* 12 (2003), S. 473–507.

Schmuhl, Hans-Walter, *Senfkorn und Sauerteig. Die Geschichte des Rauen Hauses zu Hamburg 1833–2008*, Hamburg 2008.

– *Friedrich von Bodelschwingh*, Reinbek/Hamburg 2005.

Schneider, Leander, »Freedom and Unfreedom in Rural Development: Julius Nyerere, Ujamaa Vijijini, and Villagization«, in: *The Canadian Journal of African Studies* 38 (2004), S. 344–393.

– »The Massai's New Clothes: A Developmentalist Modernity and Its Exclusions«, in: *Africa Today* 53, 1 (2006), S. 101–129.

– »The Tanzania National Archives«, in: *History in Africa* 30 (2003), S. 447–454.

Schneppen, Heinz, *Sansibar und die Deutschen: Ein besonderes Verhältnis 1844–1966*, Münster 2003.

Schockert, Eric, »Undercover Explorations of the ›Other Half‹ Or Writer as Class Transvestite«, in: *Representations* 64 (1998), S. 110.

Schröder, Martin, *Prügelstrafe und Züchtigungsrecht in den deutschen Schutzgebieten Schwarzafrikas*, Münster 1997.

Schubert, Michael, *Der schwarze Fremde. Das Bild des Schwarzafrikaners in der parlamentarischen und publizistischen Kolonialdiskussion in Deutschland von den 1870er bis in die 1930er Jahre*, Stuttgart 2003.

Schulz, Brigitte H., *Development Policy in the Cold War Era. The Two Germanies and Sub-Saharan Africa, 1969–1985*, Münster 1995.

Schulze, Winfried, »Ego-Dokumente. Annäherungen an den Menschen in der Geschichte? Vorüberlegungen für die Tagung ›Ego-Dokumente‹«, in: Ders. (Hg.), *Ego-Dokumente. Annäherung an den Menschen in der Geschichte*, Berlin 1996, S. 11–30.

Schwarz, Thomas, »Der Diskurs des kolonialen Begehrens. Ein deutscher Sonderweg?«, in: Alexander Honold/Oliver Simons (Hg.), *Kolonialismus als Kultur. Literatur, Medien, Wissenschaft in der deutschen Gründerzeit des Fremden*, Tübingen 2002, S. 85–104.

– »Exotismus. Eine begriffsgeschichtliche Revision«, in: *German Studies in India. Beiträge aus der Germanistik in Indien*, NF 2, München 2010, 9f.

– »Kolonialer Ekel und die Kultur der Gewalt. Zur strategischen Allianz von Tropen- und Rassenhygiene mit der deutschen Kolonialliteratur«, in: Sven Halse (Hg.), *Worte, Blicke, Träume. Beiträge zum deutschen Kolonialismus in Literatur, Fotografie und Ausbildung*, München, Kopenhagen 2007, S. 23–49.

Scotland, Nigel, *Squires in the Slums: Settlements and Missions in Late-Victorian London*, London/New York 2007.

Scott, James C., *Seeing Like a State. How Certain Schemes to Improve the Human Condition Have Failed*, New Haven, London 1998.

– *Weapons of the Weak. Everyday Forms of Peasant Resistance*, London 1986.

Sebald, Peter, »7,5 Kilogramm westafrikanische Korrespondenz 1843–1887. Der Foliant der Königsfamilie Lawson, Aneho, Togo«, in: Axel Fleich/Dirk Otten (Hg.), *Sprachkulturelle und historische Forschungen in Afrika. Beiträge zum 11. Afrikanistentag Köln, 19.–21. September 1994*, Köln 1995, S. 267–281.

– *Togo 1884–1914. Eine Geschichte der deutschen ›Musterkolonie‹ auf der Grundlage amtlicher Quellen*, Berlin (Ost) 1988.

Seely, Amber J., »Community Development in the Southern Cameroon«, in: *African World* 9 (1960), S. 15f.

Semjonow, Juri N., *Glanz und Elend des französischen Kolonialreichs*, Berlin 1942.

Sen, Amartya, *Developement as Freedom*, Oxford 1999.

— »The Concept of Development«, in: Thomas Pogge/Keith Horton (Hg.), *Global Ethics*, St. Paul 2008, S. 157–180.

Shikwati, James, »Fehlentwicklungshilfe. Mit eigenständigen Lösungen kann Afrika eine neue Rolle spielen«, in: *Internationale Politik* 61 (2006), S. 6–15.

Sibeud, Emanuelle, »The Elusive Bureau of Colonial Ethnography in France, 1907–1925«, in: Helen Tilley/Robert J. Gordon (Hg.), *Ordering Africa. Anthropology, European Imperialism, and the Politics of Knowledge*, Manchester, New York 2007, S. 49–65.

Sicard, Sigvard von, »Understanding of Church and Mission under the Berlin Missionaries in the Southern Highlands of Tanzania«, in: *African Theological Journal* 20, 3 (1991), S. 223–237.

Sieberg, Herward, *Colonial Development. Die Grundlegung moderner Entwicklungspolitik durch Großbritannien, 1919–1949*, Stuttgart 1985.

Sikkink, Kathryn, »Development Ideas in Latin America: Paradigm Shift and the Economic Comission for Latin America«, in: Frederick Cooper/Randall Packard (Hg.), *International Development and the Social Sciences: Essays on the History and Politics of Knowledge*, Berkeley 1997, S. 228–256.

Simmel, Georg, *Untersuchungen über die Formen der Vergesellschaftung*, Frankfurt/M. 1992 [1908].

Simpson, George Eaton, *Melville J. Herskovits*, New York 1973.

Sippel, Harald, »Wie erzieht man am besten den Neger zur Plantagenarbeit?‹ Die Ideologie der Arbeitserziehung und ihre rechtliche Umsetzung in der Kolonie Deutsch-Ostafrika«, in: Kurt Beck/Gerd Spittler (Hg.), *Arbeit in Afrika* (= Beiträge zur Afrikaforschung Bd. 12), Hamburg 1996, S. 311–333.

Sklair, Leslie, »The Transnational Capitalist Class«, in: James G. Carrier/Daniel Miller (Hg.), *Virtualism. A New Political Economy*, Oxford (UK), S. 135–159.

Skyba, Peter, *Vom Hoffnungsträger zum Sicherheitsrisiko. Jugend in der DDR und Jugendpolitik der SED 1949–1961*, Köln 2000.

Slater, Henry, »The Production of Historical Knowledge at Dar es Salaam: Thought on two Recent Histories of Tanzania«, in: *Tanzania Zamani* 1 (1992), S. 116.

Smith, Page, *Killing the Spirit: Higher Education in America*, New York 1990.

Smyth, Annie/Adam Seftel, *Tanzania. The Story of Julius Nyerere. Through the Pages of DRUM*, Dar es Salaam 1998.

Smyth, Rosalyn, »The Roots of Community Development in Colonial Office Policy and Practice in Africa«, in: *Social Policy and Administration* 38 (2004), S. 418–436.

So, Alvin Y., *Social Change and Development. Modernization, Dependency, and World Systems Theories*, London 1990.

Sokoll, Thomas, »Kulturanthropologie und Historische Sozialwissenschaft«, in: Thomas Mergel/Thomas Welskopp (Hg.), *Geschichte zwischen Kultur und Gesellschaft. Beiträge zur Theoriedebatte*, München 1997, S. 233–272.

Sommer, Karl L., *Humanitäre Auslandshilfe als Brücke zu atlantischer Partnerschaft: CARE, CRALOG und die Entwicklung der deutsch-amerikanischen Beziehungen nach Ende des Zweiten Weltkrieges*, Bremen 1999.

Sondereger, Arno, »Rasse und Rassismus im wissenschaftlichen Diskurs: Eine Skizze«, in: Bea Comes/Walter Schicho/Arno Sonderegger (Hg.), *Rassismus. Beiträge zu einem vielgesichtigen Phänomen*, Wien 2008, S. 10–26.

Spear, Thomas, *Mountain Farmers. Moral Economies of Land and Agricultural Development in Arusha and Meru*, Oxford 1997.

– »Neo-Traditionalism and the Limits of Invention in British Colonial Africa«, in: *Journal of African History* 44 (2003), S. 3–27.

Speich Chassé, Daniel, »Statistische Größen. Zum Zahlenraum der Makroökonomie«, in: Iris Därmann/Anna Echterhölter (Hg.): *Zwischenraum*, Zürich, Berlin 2012, S. 31–44.

– *Die Erfindung des Bruttosozialprodukts. Globale Ungleichheit in der Wissensgeschichte der Ökonomie*, Göttingen 2013.

– »The Use of Global Abstractions. National Income Accounting in the Age of Imperial Decline«, in: *Journal of Modern History* 6, 1 (2011), S. 7–28.

– »Fortschritt und Entwicklung, Version 1.0«, in: Docupedia-Zeitgeschichte, 21.9.2012, URL: http://docupedia.de/zg/

Spencer, Paul, *Time, Space, and the Unknown: Maasai Configurations of Power and Providence*, London 2003.

Sperber, Klaus W. von, *Public Administration in Tanzania*, München 1970.

Spittler, Gerd, »Ethnologische Arbeitsforschung in Afrika«, in: Ders./Kurt Beck (Hg.), *Arbeit in Afrika*, Hamburg 1996, S. 25–48.

– »Passivität statt sozialer Bewegung. Familiäre Subsistenzwirtschaft als Basis für defensive Strategien der Bauern und Passivität der Verwaltung«, in: Rolf Hanisch (Hg.), *Soziale Bewegungen in Entwicklungsländern*, Baden Baden 1983, S. 45–73.

– »Tschajanow und die Theorie der Familienwirtschaft«, in: Alexander Tschajanow, *Die Lehre von der bäuerlichen Wirtschaft, Reprint der Ausgabe von 1923*, Frankfurt/M. 1987, S. VII–XXVIII.

– »Armut, Mangel und einfache Bedürfnisse«, in: *Zeitschrift für Ethnologie* 116 (1991), S. 65–89.

Spivak, Gayatri C., »The Rani of Sirmur. An Essay« in: *Reading the Archives, History & Theory* 24, 3 (1985), S. 247–272.

Spranger, Hans Ulrich/Lothar Brock, *Die beiden deutschen Staaten in der Dritten Welt. Die Entwicklungspolitik der DDR. Eine Herausforderung für die Bundesrepublik Deutschland?*, Opladen 1987.

Stahl, Kathleen M., *The History of the Chagga People in Kilimanjaro*, Den Haag 1964.

Stambolis, Barbara, »Jugendbewegung«, in: *Europäische Geschichte Online (EGO)*, hg. vom Institut für Europäische Geschichte (IEG), Mainz 2011-03-16. URL: http://www.ieg-ego.eu/stambolisb-2011-de URN: urn:nbn:de:0159-2011020 151 [2014-03-03].

Staffa, Christian, »Die ›Aktion Sühnezeichen‹. Eine protestantische Initiative zu einer besonderen Art der Wiedergutmachung«, in: Hans Günther Hockerts/ Christiane Kuller (Hg.), *Nach der Verfolgung. Wiedergutmachung nationalsozialistischen Unrechts in Deutschland?*, Göttingen 2003, S. 139–156.

Stein, Howard, »Theories of the State in Tanzania. A Critical Assassment«, in: *Journal of Modern African Studies* 23 (1985), S. 105–123.

Steinmetz, George, »Decolonizing German Theory: An Introduction«, in: *Postcolonial Studies* 9 (2006), S. 3–13.

Stiegler, Bernard, *Von der Biopolitik zur Psychomacht*, Frankfurt/M. 2009 [2008].

Stocking Jr., George W./Kubary Maclay, »Malinowski: Archetypes from the Dreamtime of Anthropology«, in: George W. Stocking Jr. (Hg.), *Colonial Situations: Essays on the Contextualization of Ethnographic Knowledge*, Madison (Wisc.) 1991, S. 9–74.

Stoecker, Helmuth, »Loyality to Germany‹ in Cameroon: 1914–1939«, in: Alexandre Kum'a Ndumbe (Hg), *L'Afrique et l'Allemagne: de la colonisation à la Cooperation, 1884–1986*, Jaunde 1986.

– »Germanophilie und Hoffnung auf Hitler in Togo und Kamerun zwischen den Weltkriegen«, in: Peter Heine/Ulrich van der Heyden (Hg.), *Studien zur Geschichte des deutschen Kolonialismus in Afrika*, Pfaffenweiler 1995, S. 495–500.

Stöger-Eisig, Viktoria, »Ujamaa Revisted. Indigenous and European Influences in Nyerere's Social and Political Thought«, in: *Africa* 70, 1 (2000), S. 118–143.

Stoler, Ann Laura, *Race and the Education of Desire. Foucault's ›History of Sexuality‹ and the Colonial Order of Things*, Durham, London 1995.

– »Colonial Archives and the Art of Governance«, in *Archival Science* 2 (2002), S. 87–109.

– *Along the Archival Grain. Epistemic Anxieties and Colonial Common Sense*, Princeton (NJ) 2010.

Stoller, Paul, *Ebodying Colonial Memories. Spirit Possession, Power and the Hauka in West Africa*, New York, London 1995.

Stonus, Dagmar, »Do ut des‹. Herkunft und Funktion eines Erklärungsbegriffs«, in: *Jahrbuch für Volkskunde* 19 (1996), S. 41–59.

Storkmann, Klaus, *Geheime Solidarität. Militärbeziehungen und Militärhilfen der DDR in die »Dritte Welt«*, Berlin 2012.

Stuchtey, Benedikt, *Die europäische Expansion und ihre Feinde. Kolonialiskritik vom 18. bis in das 20. Jahrhundert* (= Studien zur internationalen Geschichte 24), München 2010.

Sturmer, Martin, *Sprachpolitik und Pressegeschichte in Tanzania*, Wien 1995.

Szöllösi-Janze, Margit, »Wissensgesellschaft – ein neues Konzept zur Erschließung der Geschichte der Bundesrepublik und der DDR?«, in: Hans Günther Hockerts (Hg.), *Koordinaten deutscher Geschichte in der Epoche des Ost-West-Konflikts*, München 2004, S. 277–305.

– »Wissensgesellschaft in Deutschland. Überlegungen zur Neubestimmung der deutschen Zeitgeschichte über Verwissenschaftlichungsprozesse«, in: *GG* 30 (2004), S. 275–311.

Taylor, Charles, »Two Theories of Modernity«, in: Dilip Parameshwar Goankar (Hg.), *On Alternative Modernities*, Durham 2001, S. 172–196.

Thamm, Folker, *Friedensdienst in der Nachkriegszeit. Paul Gentner und Eirene: Zeichen setzen für gewaltfreie Konfliktlösung, Frieden und Entwicklung*, Münster 2013.

Thibaut, Bernhard, »Entwicklung«, in: Dieter Nohlen (*Hg.), Lexikon Dritte Welt. Länder, Organisationen, Theorien, Begriffe, Personen*, Reinbek/Hamburg 2002, S. 227–233,

Tilley, Helen, *Africa as a Living Laboratory. Empire, Development, and the Problem of Scientific Knowledge 1870–1950*, Chicago, London 2011.

Tipps, Dean, »Modernization Theory and the Comparative Study of Societies. A Critical Perspective«, in: *Comparative Studies in Society and History*, 15 (1973), S. 199–226.

Tißberger, Martina, »Die Psyche der Macht, der Rassismus der Psychologie und die Psychologie des Rassismus«, in: Dies. u.a. (Hg.), *Weiß – Weißsein – Whiteness. Kritische Studien zu Gender und Rassismus*, Frankfurt/M. etc. 2006, S. 13–29.

Tordoff, William, *Government and Politics in Tanzania*, Nairobi 1967.

Toulabor, Comi M., *Le Togo sous Éyadéma*, Paris 1986.

Traue, Boris, *Das Subjekt der Beratung: Zur Soziologie einer Psycho-Technik*, Bielefeld 2010.

Triest, Eric L., (Hg.), *The Social Engagement of Social Science: a Tavistock Anthology*, Bd. 1, London 1990.

Trotha, Trutz von, »One for the Kaiser‹. Beobachtungen zur politischen Soziologie der Prügelstrafe am Beispiel des ›Schutzgebiets Togo‹«, in: Peter Heine/Ulrich van der Heyden (Hg.), *Studien zur Geschichte des deutschen Kolonialismus in Afrika*, Pfaffenweiler 1995, S. 521–551.

Turner, Victor, *The Ritual Process. Structure and Anti-Structure*, Chicago 1969.

Uekötter, Frank, *Die Wahrheit ist auf dem Feld. Eine Wissensgeschichte der deutschen Landwirtschaft*, Göttingen 2010.

Unger, Corinna R., »Histories of Development and Modernization: Findings, Reflections, Future Research«, in: *H-Soz-u-Kult* 09.12.2010, http://hsozkult. geschichte.hu-berlin.de/forum/2010-12-001.

– »Rourkela, ein ›Stahlwerk im Dschungel‹. Industrialisierung, Modernisierung und Entwicklungshilfe im Kontext von Dekolonisation und Kaltem Krieg«, in: *AfS* 48 (2008), S. 367–388.

Vahsen, Urban, *Eurafrikanische Entwicklungskooperation. Die Assoziierungspolitik der EWG gegenüber dem subsaharischen Afrika in den 1960er Jahren*, Stuttgart 2010.

Van Beusekom, Monica M./Dorothy L. Hodgson, »Lessons Learned? Development Experiences in the Late Colonial Period«, in: *Journal of African History* 41, 1 (2000), S. 29–33.

- »Colonisation indigène: French Rural Development Ideology at the Office du Niger, 1920–1940«, in: *The International Journal of African Historical Studies*, 30 (1997), S. 299–323.

- *Negotiating Development. African Farmers and Colonial Experts at the Office du Niger, 1920–1960*, Portsmouth (NH) 2002.

Van der Heyden, Ulrich/Ilona Schleicher/Hans-Georg Schleicher (Hg.), *Die DDR und Afrika. Zwischen Klassenkampf und neuem Denken*, Münster 1993.

- »Der Missionar Alexander Merensky als Wissenschaftler«, in: Rebekka Habermas/Alexandra Przyrembel (Hg.), *Von Döfern, Märkten und Menschen. Kolonialismus und Wissen in der Moderne*, Göttingen 2013, S. 49–60.

- »Alexander Merensky und die ›Zivilisation‹ der Afrikaner«, in: *ZfG* 6 (1993), S. 508–512.

- »Rassistische Motiviationen der Missionare der Berliner Missionsgesellschaft in der zweiten Hälfte des 19. Jahrhunderts und ihre politischen Konsequenzen«, in: Wilfried Wagner u.a. (Hg.), *Rassendiskriminierung – Kolonialpolitik und ethnischnationale Identität, Münster*, Hamburg 1992, S. 533–542.

- »Zu den politischen Hintergründen der Njassa-Expedition von Alexander Merensky«, in: Winfried Brose/Ulrich van der Heyden, *Mit Kreuz und deutscher Flagge. 100 Jahre Evangelium im Süden Tansanias. Zum Wirken der Berliner Mission in Ostafrika*, Hamburg, Münster 1993, S. 89–95.

- »Die Berliner Missionsgesellschaft«, in: Ders./Joachim Zeller (Hg.), *Kolonialmetropole Berlin. Eine Spurensuche*, Berlin 2002, S. 63–66.

Van Dülmen, Richard, *Die Entdeckung des Individuums 1500–1800*, Frankfurt/M. 1997.

Van Laak, Dirk, »»Ist je ein Reich, das es nicht gab, so gut verwaltet worden?‹ Der imaginäre Ausbau der imperialen Infrastruktur in Deutschland nach 1918«, in: Birte Kundrus (Hg.), *Phantasiereiche. Zur Kulturgeschichte des deutschen Kolonialismus*, Frankfurt/M. 2003, S. 71–90.

- *»Weiße Elefanten«. Anspruch und Scheitern technischer Großprojekte im 20. Jahrhundert*, Stuttgart 1999.

- »Afrika vor den Toren. Deutsche Raum- und Ordnungsvorstellungen nach der erzwungenen ›Dekolonisation‹«, in: Wolfgang Hardtwig (Hg.), *Ordnungen in der Krise. Zur politischen Kulturgeschichte Deutschlands 1900–1933*, München 2007, S. 95–112.

- »Deutschland in Afrika. Der Kolonialismus und seine Nachwirkungen«, in: *Aus Politik und Zeitgeschichte* 4 (2005), S. 3–11.

- »Entwicklungspolitik, Entwicklungshilfe und Entwicklungskooperation in der Ära Adenauer. Traditionen und Neuansätze«, in: Eckart Conze (Hg.), *Die Herausforderung des Globalen in der Ära Adenauer*, Bonn 2010, S. 156–178.

Van Laak, Dirk,»Im Tropenfieber. Deutschlands afrikanische Kolonien zwischen kollektivem Verlangen und Vergessen«, in: Jörn Leonhard/Rolf G. Renner (Hg.), *Koloniale Vergangenheiten – (post-)imperiale Gegenwart*, Berlin 2010, S. 87–98.

– *Imperiale Infrastruktur. Deutsche Planungen für eine Erschließung Afrikas, 1880–1960*, Paderborn 2004.

– »Kolonien als ›Laboratorien der Moderne‹?«, in: Sebastian Conrad/Jürgen Osterhammel (Hg.), *Das Kaiserreich transnational. Deutschland in der Welt 1871–1914*, Göttingen 2006, S. 257–279.

– »NS-Colonialism«, in: Prem Poddar/Rajeev Patke/Lars Jensen (Hg.), *Historical Compendium to Postcolonial Literatures: Continental Europe and its Empires*, Edinburgh 2008, S. 248ff.

– »Planung, Planbarkeit und Planungseuphorie«, Version: 1.0, in: *Docupedia-Zeitgeschichte*, 16. 2.2010, URL: https://docupedia.de/zg/Planung?oldid=75532

– »Planung. Geschichte und Gegenwart des Vorgriffs auf die Zukunft«, in: *GG* 34 (2008), S.305–326.

Van Melis, Damian, *Republikflucht. Flucht und Abwanderung aus der SBZ/DDR 1945 bis 1961*, München 2006.

Van Velzen, Hendrik Thoden, *Staff, Kulaks and Peasants: A Study of a Political Field*, Leiden 1970.

– »Staff, Kulaks and Peasants: A Study of a Political Field«, in: Lionel Cliffe/John S. Saul (Hg.), *Socialism in Tanzania Vol. 2 Policies*, Dar es Salaam 1973, S. 153–179.

Verdier, Raymond, »Le Rassemblement du Peuple Togolais«, in: *Revue Française d'études politiques africaines*, 13 (1978), S. 86–97.

Vergès, Françoise, »Chains of Madness, chains of colonialism: Fanon and Freedom«, in: Alan Read (Hg.), *The Fact of Blackness: Frantz Fanon and Visual Representation*, London 1996, S. 46–76.

Vernon, James, *Hunger. A Modern History*, Cambridge (Mass. 2007).

Voß, Reinhard J., »Geschichte der Friedensdienste in Deutschland«, in: Tilman Evers (Hg.), *Ziviler Friedensdienst. Fachleute für den Frieden. Idee, Erfahrungen, Ziele*, Opladen 2000, S. 127–144.

Walgenbach, Katharina, »Zwischen Selbstaffirmation und Distinktion: Weiße Identität, Geschlecht und Klasse in der Zeitschrift ›Kolonie und Heimat‹«, in: Andreas Hepp u.a. (Hg.), *Medienidentitäten. Identität im Kontext von Globalisierung und Medienkultur*, Köln 2003, S. 136–152.

Wallenstein, Sven-Olov, *Biopolitics and the Emergence of Modern Architecture*, Princeton (NJ) 2009.

Wallerstein, Immanuel, »The Range of Choice: Constraints on the Policies of Governments of Contemporary African Independent States«, in: Michael F. Lofchie (Hg.), *The State of the Nations: Constraints on Development in Independent Africa*, Berkeley, Los Angeles, London 1971, S. 19–33.

Wallis, Brian, »Black Bodies, White Science. Louis Agassiz's Slave Daguerrotypes«, in: Coco Fusco/Brian Wallis (Hg.), *Only Skin Deep. Changing Visions of the American Self*, New York 2003, S. 163–181.

Warah, Rasna, »The Development Myth«, in: Dies. (Hg.), *Missionaries, Mercenaries and Misfits. An Anthology*, Milton Keynes 2008, S. 3–20.

Waschkuhn, Markus, »Empowerment of Amall Entrepreneurs – An Introduction«, in: Karl Wohlmuth u.a. (Hg.), *Empowerment and Economic Developement in Africa (= African Development Perspectives Yearbook, Bd. 7)*, Münster 1999, S. 119–163.

Weber, Claus, »›Wohlfahrt‹, ›Philanthropie‹ und ›Caritas‹. Deutschland, Frankreich und England im Begriffsgeschichtlichen Vergleich«, in: Rainer Liedtke/Claus Weber (Hg.), *Religion und Philanthropie in den europäischen Zivilgesellschaften. Entwicklungen im 19. und 20. Jahrhundert*, Paderborn 2009, S. 19–27.

Weber, Max, *Die Protestantische Ethik I.* [1904–1905]. Eine Aufsatzsammlung, Johannes Winckelmann (Hg.), Hamburg 1965.

Wehling, Peter, *Die Moderne als Sozialmythos. Zur Kritik sozialwissenschaftlicher Modernisierungstheorien*, Frankfurt/M. 1992.

Weisbrod, Bernd (Hg.), *Historische Beiträge zur Generationenforschung*, Göttingen 2009.

Wellenreuther, Hermann, »Pietismus und Mission. Vom 17. bis zum Beginn des 20. Jahrhunderts«, in: Hartmut Lehmann/Ruth Albrecht (Hg.), *Geschichte des Pietismus. Glaubenswelt und Lebenswelten*, Göttingen 2004, S. 168–193.

Wendt, Wolf Rainer, *Geschichte der sozialen Arbeit*, Stuttgart 1990.

Wertmann, Katja, »Marcel Griaule«, in: Christian Feest/Karl-Heinz Kohl (Hg.), *Hauptwerke der Ethnologie*, Stuttgart 2001, S. 148–152.

West, Michael O., »The Tuskegee Model of Development in Africa. Another Dimension of the Africa/African-American Connection«, in: *Diplomatic History* 16 (1992), S. 371–387.

Westad, Odd Arne, *The Global Cold War: Third World Interventions and the Making of Our Times*, Cambridge (Mass.) 2006.

Westerlund, David, *Ujamaa na dini: A study of Some aspects of Society and Religion in Tanzania, 1961–1977*, Stockholm 1980.

White, John, *German Aid. A Survey of the Sources, Policy, and Structure of German Aid*, London 1965.

White, Louise, *Speaking with Vampires. Rumor and History in Colonial Africa*, Berkeley 2000.

White, Sara, »Thinking Race, Thinking Development«, in: *Third World Quarterly* 23 (2002), S. 407–419.

Wierling, Dorothee, »Youth as Internal Enemy: Conflicts in the Education Dictatorship of the 1960s«, in: Katherine Pence/Paul Betts (Hg.), *Socialist Modern. East German Everyday Culture and Politics*, Ann Harbor 2011, S. 157–182.

Wilder, Gary, *The French Imperial Nation-State. Negritude and Colonial Humanism between the Two World Wars*, Chicago 2005.

Wildt, Andreas, »Solidarität – Begriffsgeschichte und Definition heute«, in: Kurt Bayertz (Hg.), *Solidarität. Begriff und Problem*, Frankfurt/M. 1998, S. 202–216.

Winrow, Gareth M., *The Foreign Policy of the GDR in Africa*, Cambridge (UK) 1990.

Witschorke, Jens, *Arbeiterfreunde. Soziale Mission im dunklen Berlin 1911–1933*, Frankfurt/M. 2013.

Wolf, Eric R., *Europe and the People Without History*, Berkeley, Los Angeles 1982.

Wolff, Peter, »Deutsche Ingenieurschule für Tropenlandwirtschaft in Witzenhausen – ein Rückblick«, in: *Der Tropenlandwirt. Zeitschrift für die Landwirtschaft in den Tropen und Subtropen*, Beiheft 21, Witzenhausen 1984.

– »Die Lehranstalt für tropische und subtropische Landwirtschaft in Witzenhausen – ein Rückblick«, in: *Der Tropenlandwirt. Zeitschrift für die Landwirtschaft in den Tropen und Subtropen* 84 (1983), S. 228–240.

– *Tropenlandwirtschaftliche Ausbildungsstätten in Witzenhausen. Die Entwicklung von der Deutschen Kolonialschule zum Fachbereich Internationale Agrarwirtschaft der Gesamthochschule Kassel*, Witzenhausen 1990.

Wolle, Stefan, *Die heile Welt der Diktatur. Alltag und Herrschaft in der DDR 1971– 1984*, Berlin 1998.

Wollfrad, Eske, »Der Weißheit letzter Schluss: Zur Dekonstruktion von ›Weißsein‹«, in: *polylog. Forum für interkulturelles Philosophieren* 4 (2003), http://them. polylog.org/ 4/cwe-de.htm.

Wolters, Angelika, »Herzliche Grüße von deinem Lada‹. Das ›Brigadetagebuch‹. Eine DDR-spezifische Textsorte«, in: Ruth Reiher/Antja Baumann (Hg.), *Vorwärts und nichts vergessen. Sprache in der DDR. Was war, was ist, was bleibt*, Berlin 2004, S. 215–224.

Wood, Herbert George, *Henry T. Hodgkin: A Memoir*, London 1937.

Wülker, Gabriele, *Togo – Tradition und Entwicklung*, Stuttgart 1966.

Zahar, Renate, *Kolonialismus und Entfremdung. Zur politischen Theorie Frantz Fanons*, Frankfurt/M. 1969.

Zantorp, Susanne M., *Kolonialphantasien im vorkolonialen Deutschland*, Berlin 1999 [1997].

Zemon Davis, Natalie, »Global History, Many Histories«, in: Max Kerner (Hg.), *Eine Welt – Eine Geschichte? Berichtsband 43. Deutscher Historikertag in Aachen, 26. – 29. Sept. 2000*, München 2001, S. 373–380.

Ziai, Aram, »Postkoloniale Perspektiven auf Entwicklung«, in: *Peripherie* 120 (2010), S. 399–426.

– »The Ambivalence of Post-Developement: Between Reactionary Populism and Radical Democracy«, in: *Third World Quarterly* 25 (2004), S. 1045–1060.

– *Imperiale Repräsentationen. Vom kolonialen zum Entwicklungsdiskurs* (2004), 07.12.2011, http://www.sopos.org/aufsaetze/408aa83c3940/1.phtlm.

– *Globale Strukturpolitik? Die Nord-Süd-Politik der BRD und das Dispositiv der Entwicklung im Zeitalter neoliberaler Globalisierung und neuer Weltordnung*, Münster 2007.

– »Rassismus und Entwicklungszusammenarbeit«, in: Bea Comes/Walter Schicho/Arno Sonderegger (Hg.), *Rassismus. Beiträge zu einem vielgesichtigen Phänomen*, Wien 2008, S. 191–213.

Ziai, Aram, *Zwischen Global Governance und Post-Development. Entwicklungspolitik aus diskursanalytischer Perspektive*, Münster 2006, S. 33–41.

Zilboorg, George, *A History of Medical Psychology*, New York 1941.

Zimmerer, Jürgen, *Deutsche Herrschaft über Afrikaner. Staatlicher Machtanspruch und Wirklichkeit im kolonialen Namibia*, Hamburg 2004.

Zimmerman, Andrew, »A German Alabama in Africa: The Tuskegee Expedition to German Togo and the Transnational Origins of West African Cotton Growers«, in: *AHR* 110 (2005), S. 1362–1398.

– *Alabama in Africa: Booker T. Washington, the German Empire, and the Globalization of the New South*, Princeton (NJ) 2010.

– *Anthropology and Antihumanism in Imperial Germany*, Chicago 2001.

Zimmermann, Michael, »Quelle als Metapher. Überlegungen zur Historisierung einer historiographischen Selbstverständlichkeit«, in: *HA* 5 (1997), S. 268–287.

Zolberg, Aristide R., *Creating Political Order: The Party-States of West Africa*, Chicago 1966.

– »The Structure of Political Conflict in the New States of Tropical Africa«, in: *The American Political Science Review* LXII (1968), S. 70–88.

Zurmühl, Ute, *Der »Koloniale Blick« im entwicklungspolitischen Diskurs. Welt-Bilder und Bilder-Welten in der Entwicklungszusammenarbeit*, Saarbrücken 1995.

Namensregister

Sachregister

Projektbericht und Dank

Globalhistorische Forschung kann ungemein bereichernd, aufregend, aber auch anstrengend und aufreibend sein. So führten mich die Recherchen zu diesem Buch über weite Teile unserer Welt von Deutschland nach England, Frankreich, in die USA und vor allem auch nach Afrika – in die Länder Tansania, Togo und Kamerun. Das wohl größte Abenteuer, bei dem ich viel lernte, brachte mein Forschungsaufenthalt im Jahr 2008 auf der Insel Sansibar mit sich. Wie ich erst am Hafen von Dar es Salaam erfuhr, hatten die dortigen Bewohner schon seit mehreren Wochen keinen Strom, da das einzige Seekabel, das die Insel vom Festland versorgt, unterbrochen worden war. Auf Sansibar dann war nicht zu überhören, dass es Elektrizität nur noch aus ein paar wenigen knatternden Benzingeneratoren gab. Die Touristen waren abgereist. Die Nelkenfabriken hatten geschlossen. Die Bewohner von Sansibar hatten keine Arbeit, bekamen kein Gehalt und litten noch mehr Not als sonst. Die Regierung befürchtete eine Revolte. Überall waren Soldaten unterwegs. Ab Einbruch der Dunkelheit herrschte Ausgangssperre.

Zu meiner Überraschung war das Archiv geöffnet. Man bedeutete mir allerdings, es wäre besser, zu einer anderen Zeit wieder zu kommen. Außerdem bräuchte ich eine Forschungserlaubnis der sozialistischen Teilrepublik Sansibar. Das Dokument vom Festland sei nicht gültig.

Ich redete lange mit dem Leiter des Archivs. Er war sehr freundlich und verständnisvoll, dass ich nicht wieder so einfach unverrichteter Dinge nach Deutschland zurückfliegen wollte. Er schrieb mir einen Brief, mit dem ich mich aufmachte in das Haus eines Offiziers, der mir schließlich die Forschungserlaubnis gleich an der Türschwelle ausstellte. Mit den Mitarbeitern des Archivs einigte ich mich, dass ich auf dem Markt einige Taschenlampen kaufen sollte, denn im fensterlosen Aktenlager herrschte seit dem Stromausfahl tiefste Nacht. So suchten die freundlichen und hilfsbereiten Archivarinnen und Archivare nun, mit diesen spärlichen Lichtern bewaffnet, die Akten, die ich gerne sehen wollte. Wie sie mir erst bei meiner Abreise lachend sagten, hatte sich viel giftiges Ungeziefer in der Dunkelheit zwischen den Archivalien versteckt. Die Mitarbeiterinnen und Mitarbeiter des Archivs haben dennoch weitergemacht und sich mir gegenüber nichts anmerken lassen. Diesen Helden bin ich sehr dankbar.

Ich lief jeden Tag zu Fuß zum Archiv über die breite Tagente, an deren Seiten die DDR zusammen mit Bürgern Sansibars riesige Plattenbauten errichtet hatte. Gegenüber dem Archivgebäude liegt das Gefängnis von Sansibar, die Straße hinunter auf der rechten Seite die psychiatrische Anstalt. Ich wähnte mich in einem Foucaultschen Dreieck. »Überwachen und Strafen« und Achille Mbembes »Postcolony« wurde mir jeden Mittag um zwölf vor Augen geführt, wenn ich durch die Fenster des Archivs im Gefängnishof die Häftlinge zur Musik einer Blaskapelle auf und abmarschieren sah. Die Melodien klangen wie britische Kolonialmusik.

Die Kinder zeigten lachend auf mich, den »Muzungu«, den tollpatschigen, etwas ängstlichen großen Weißen, wenn ich abends in die Stadt zurückging. Die Misere der Arbeitslosen war allenthalben sichtbar und entsetzlich. Auf dem Markt verfaulten in der Hitze die Fische, weil es kein Eis gab. Mir kam die Arroganz der »Marienthal-Studie« aus den 1930er-Jahren in den Sinn, in der zu lesen ist, dass man innerer Lähmung in Folge von Arbeitslosigkeit entrinnen könne, wenn man sich nur selbst zu helfen wüsste. Wie sollten sich diese Leute selbst helfen, wenn ihre Existenz an einem Stromkabel hing, das eine infrastrukturelle Großinvestition notwendig gemacht hätte, für die es aber keine staatlichen Mittel gab? Vielleicht machte es doch auch (entwicklungs-)politische Sinn, ein kritisches Buch über die Geschichte der *Hilfe zur Selbsthilfe* zu schreiben.

An einem Sonntag machte ich mich auf nach Bambi, das eine Fallstudie in meiner Arbeit werden sollte. Im Archiv war ich auf das Projekt der DDR aufmerksam geworden, das der Siedlung den Namen gab. Ich quetschte mich in einen überfüllten kleinen VW-Bus und fuhr durch endlose Palmen- und Nelkenhaine, die Erben der kolonialen Monokulturen. Als ich an dem Ort, wo Bambi sein sollte, angekommen war, verdunkelte sich der Himmel. Ein tropisches Gewitter zog auf. Was für ein Omen! Ich stand mitten im Dschungel vor einigen verfallenen Plattenbauten, in denen Menschen ohne Fenster, Stromanschluss oder Wasser hausten. Es gab einen Brunnen, jemand kochte auf einem offenen Feuer Tee. Die Kinder und Jugendlichen waren zusammengelaufen. Und auch einige Ältere kamen, um zu sehen, was ich wohl bei ihnen wollte. Ich fragte sie, ob sie sich an die *Freundschaftsbrigaden* aus der DDR erinnerten und ob sie wüssten, dass sie in von den Ostdeutschen geplanten und mit errichteten Häusern wohnten. Man lächelte mich an, schüttelte den Kopf und bot mir freundlich Tee und Früchte an. Die DDR war offensichtlich vergessen. Dass der verrotende Baukomplex von Bambi, in denen die Menschen nun leben, eine Entwicklungsruine der *Internationalen Solidarität* der DDR ist, sagte ich nicht.

Am nächsten Tag, wieder im Archiv, fragte ich den Aufseher des Lesesaals, warum denn diese Leute trotz der schwierigen Umständen in Bambi bleiben würden. Er lachte und sagte, dass seien »Savages«, die es nicht anders wollen und verstehen würden. Man müsse sie am besten alle einsammeln und in die psychiatrische Anstalt neben dem Archiv stecken, um sie »umzuerziehen«. Aber dafür fehle der Regierung wohl das Geld. Das war das erste Mal, dass ich in Afrika solche Worte eines Afrikaners über Afrikaner hörte. Sie gaben mir lange zu denken und ich habe viel aus ihnen gelernt, vor allem dass Stuart Halls Diktum von »The West and the Rest« nicht so einfach aufgeht, dass es eben auch Afrikaner gibt, die sich zum »West« zählen und andere Afrikaner zum »Rest«.

Ich könnte ein zweites Buch schreiben über die Abenteuer, welche die Forschungen zur *Hilfe zur Selbsthilfe* mit sich brachten. Doch soll diese Geschichte aus Sansibar genügen und vielleicht anregen, dass mehr Forscherinnen und Forscher sich auf die Reise begeben, die Globalgeschichte als Grundlage hat. Denn mehr als dreißig Jahre nachdem sich allmählich herauskristallisierte, was man heute unter Historikerinnen und Historiker als Globalgeschichte versteht, haben wir viel zu wenige Studien, die sich auf empirische Quellen aus Archiven in der sogenannten Dritten Welt stützen. Wenn auch dieses Buch, wie andere schon vor ihm, Lust macht auf die Abenteuer in ›Übersee‹, dann hätte es für mich seinen Sinn fast schon erfüllt. Ein weiteres Ziel dieser Studie sehe ich darin, dass sie vielleicht einige Impulse zum Nachdenken bietet über die Visionen und die Abgründe der Entwicklungspolitik und zwar gerade dort, wo wir nur Geglücktes und Humanitäres vermuten, wie in der *Hilfe zur Selbsthilfe*. Es ist schon erstaunlich, dass in unserer Zeit ein Konzept zukunftsverheißend, einzig richtig und unantastbar genannt wird, was in seiner Geschichte zahllose Probleme mit sich brachte. Genauso erstaunlich ist, dass *Hilfe zur Selbsthilfe* immer wieder als neuartig gepriesen wurde und bis heute wird. Ohne belehren zu wollen, würde ich mich daher freuen, wenn so mancher Entwicklungsexperte oder -helfer mein Buch in die Hand nehmen würde und ein wenig ins Grübeln gerät, ob nicht das, was er gerade in Afrika, Asien oder Lateinamerika treibt, doch recht stark an das Handeln von Missionaren und Kolonialbeamten des 19. Jahrhunderts erinnert – und was dies bedeutet.

Meine Forschungen wurden durch die Finanzierung einer »Eigenen Stelle« erst ermöglicht und durch großzügige Reisekostenzuschüsse: Ich bin der DFG, der Universität Potsdam, dem Zentrum für Zeithistorische Forschung (ZZF) Potsdam und dem International Graduate Centre for the Study of Culture (GCSC), Gießen, nicht nur deshalb zu großem Dank verpflichtet.

Dieses Buch ist aus einer Habilitationsschrift hervorgegangen, die ich im Sommer 2012 an der Justus-Liebig-Universität eingereicht habe. Das Verfahren konnte im Dezember des gleichen Jahres abgeschlossen werden. Ich danke den Gutachtern Dirk van Laak, Andreas Eckert und Michael Knipper, den anderen Mitgliedern des Habilitationsgremiums, den Mitgliedern der »Gemeinsamen Kommission Geisteswissenschaften«, Ute Rittinger vom Prüfungsamt und allen Mitarbeitern des Dekanats am Fachbereich Geschichts- und Kulturwissenschaften, dass sie mir das reibungslose und zügige Weiterkommen ermöglichten. Auch für viele Anregungen habe ich zu danken. Bei der Fertigstellung des Buchmanuskripts konnte ich viel von den Gutachten profitieren.

Danken möchte ich zahlreichen Kolleginnen, die mich unterstützt haben und immer daran glaubten, dass das Buch über *Hilfe zur Selbsthilfe* auch eines Tages fertig wird: Die Idee zu einer Habilitationsschrift über deutsche Entwicklungshilfe entstand in unzähligen Gesprächen mit Rebekka Habermas, Stephan Malinowksi, Sandra Maß, Margrit Pernau, Alexandra Przyrembel, Martin Sabrow und Bernd Stöver. Die Mitarbeiterinnen und Mitarbeiter des ZZF haben erste Fassungen gelesen und kommentiert. Stellvertretend für alle wichtigen Anregungen möchte ich die von Patrice Poutrus nennen. Sehr bereichernd waren für mich auch die Kommentare von Paul Betts und Young-Sun Hong, mit denen ich eine Zeitlang gemeinsam am ZZF sein durfte. Sie beide haben in dieser frühen Phase des Projekts auf vieles aufmerksam gemacht, das ich später wieder aufgreifen konnte.

Neben ihrer Gutachtertätigkeit gaben mir Dirk van Laak und Andreas Eckert immer wieder wichtige Hinweise. Ich bin ihnen sehr zu Dank verpflichtet.

Am GCSC und an der JLU bekam ich jede Unterstützung, die ich mir nur wünschen konnte. Man hielt mir oft genug den Rücken frei, damit ich meine Habilitation zügig abschließen konnte. Vor allem möchte ich mich bei Horst Carl, Wolfgang Hallet, Andreas Langenohl und nicht zuletzt dem geschäftsführenden Direktor des GCSC, Ansgar Nünning, bedanken. Ihre Freude über den Abschluss meiner Habilitation war mir eine große Ehre. Viele Kolleginnen und Kollegen haben mich unterstützt und mir ihre Freundschaft bewiesen: Stellvertretend möchte ich hier Doris Bachmann-Medick, Michael Bassler, Beatrice Michaelis, Christine Schwanecke, Kai Sicks und Martin Zierold danken. Besonders dankbar bin ich Ann van de Veire, die nicht nur immer an das Projekt geglaubt und die komplizierte Übertragung der Reisekosten von der Universität Potsdam an die JLU bewerkstelligt hat, sondern mir auch ab und an sagte, dass es einmal Zeit sei, eine Arbeitspause einzulegen.

Zu danken habe ich den vielen Mitarbeiterinnen und Mitarbeitern in Archiven und Bibliotheken, die mich immer freundlich, verständnisvoll und tatkräftig unterstützt haben. In Jaunde ließ sich eine pensionierte Archivrätin sogar aus dem Ruhestand zurückrufen, weil sie die Spezialistin für die Akten war, die ich einsehen wollte. Andreas Eckert, Matthias Middell und Peter Sebald haben mir wichtige Kontakte in Tansania, Kamerun und Togo vermittelt, die mir die Arbeit um so vieles erleichterten. Danke auch dafür!

Bei vielen Vorträgen konnte ich das Projekt vorstellen und habe hilfreiche Anregungen erhalten. Stellvertretend für viele andere möchte ich mich bei herzlich bedanken bei Frederick Cooper, Birte Förster, Marc Frey, Madeleine Herren-Overesch, Gesine Krüger, Christoph Marx, Daniel Maul, Thomas Mergel, Johannes Paulmann, Richard Rottenburg, Iris Schröder, Kapepwa Tambila, David Simo, Corinna Unger und Achim von Oppen.

Mein besonderer Dank gilt Daniel Speich-Chassé, der weite Teile der Arbeit gelesen und kommentiert hat. Von dem Austausch und der Freundschaft mit ihm konnte ich immer ungemein profitieren.

Zu Dank verpflichtet bin ich auch allen, die an diesem Projekt mitarbeiteten. Sie alle haben ihren Beitrag geleistet: Kokou Azamede, Stephan Becker, Christian Mentel, Martin Rempe, Ann-Kathrin Rose, Sophia Sabrow und Swantje Schendel.

Besonders bedanken möchte ich mich bei Benjamin Brendel und Lisa Kempus. Sie haben nicht nur den Satz für die Druckfassung des Manuskripts bewerkstelligt, sondern mich auch auf viele holprige Formulierungen aufmerksam gemacht, die einem als Autor irgendwann nicht mehr auffallen. Vielen herzlichen Dank! Ohne diese Unterstützung und Arbeit hätte das Buch noch nicht erscheinen können.

Herzlich bedanken möchte ich mich auch bei den Herausgebern der Reihe »Globalgeschichte« beim Campus-Verlag, Frankfurt/M., Sebastian Conrad, Andreas Eckert, Ulrike Freitag und Margrit Pernau, dass sie das Erscheinen meines Buches in dieser Reihe möglich gemacht haben. Jürgen Hotz und Joachim Fischer vom Campus-Verlag möchte ich danken für die professionelle und engagierte Begleitung beim Erscheinen des Bandes, die immer sehr unterstützend und hilfreich war und weit über das üblicherweise zu erwartende Maß hinausging.

Meine Familie und Freunde haben den Weg begleitet, ertragen und wann immer möglich unterstützt, der zu diesem Buch geführt hat. Besonders möchte ich Claas de Boer danken.

Der Druck dieser Arbeit wird durch großzügige Zuschüsse der DFG, der FAZIT-Stiftung und der Geschwister Boehringer Ingelheim Stiftung unterstützt. Auch hierfür bedanke ich mich sehr herzlich.

Gewidmet sei dieses Buch allen Menschen in Afrika, die immer noch und tagtäglich zu wenig unsere Unterstützung erfahren. Möge es uns eines Tages gelingen, die Welt doch ein wenig gerechter zu machen.

Globalgeschichte

Hubertus Büschel
Hilfe zur Selbsthilfe
Deutsche Entwicklungsarbeit
in Afrika 1960–1975
2014. Ca. 530 Seiten. Band 16
ISBN 978-3-593-50074-4

Michaela Hampf, Simone Müller-Pohl (eds.)
Global Communication Electric
Business, News and Politics
in the World of Telegraphy
2013. 386 pages. Vol. 15
ISBN 978-3-593-39953-9

Georg Fischer, Christina Peters,
Stefan Rinke, Frederik Schulze (Hg.)
Brasilien in der Welt
Region, Nation und Globalisierung 1870–1945
2013. 351 Seiten. Band 14
ISBN 978-3-593-39815-0

Martin Aust (Hg.)
**Globalisierung imperial
und sozialistisch**
Russland und die Sowjetunion in
der Globalgeschichte 1851–1991
2013. 464 Seiten. Band 13
ISBN 978-3-593-39850-1

Sönke Kunkel, Christoph Meyer (Hg.)
Aufbruch ins postkoloniale Zeitalter
Globalisierung und die außereuropäische
Welt in den 1920er und 1930er Jahren
2012. 277 Seiten. Band 12
ISBN 978-3-593-39760-3

Nadin Heé
Imperiales Wissen und koloniale Gewalt
Japans Herrschaft in Taiwan 1895–1945
2012. 289 Seiten. Band 11
ISBN 978-3-593-39675-0

Christoph Kalter
Die Entdeckung der Dritten Welt
Dekolonisierung und neue
radikale Linke in Frankreich
2011. 567 Seiten. Band 9
ISBN 978-3-593-39480-0
*Ausgezeichnet mit dem Walter-Markov-Preis
für Geschichtswissenschaften 2011*

Nina Elsemann
Umkämpfte Erinnerungen
Die Bedeutung lateinamerikanischer
Erfahrungen für die spanische
Geschichtspolitik nach Franco
2011. 372 Seiten. Band 8
ISBN 978-3-593-39519-7
*Ausgezeichnet mit dem Ernst-Reuter-Preis der
Freien Universität Berlin 2011*

campus

Frankfurt. New York

Globalgeschichte

Serge Gruzinski
Drache und Federschlange
Europas Griff nach Amerika und China 1519/20
2014. Ca. 380 Seiten. Gebunden. ISBN 978-3-593-50080-5

John Darwin
Das unvollendete Weltreich
Aufstieg und Niedergang des Britischen Empire 1600–1997
2013. 482 Seiten. Gebunden. ISBN 978-3-593-39808-2

Jane Burbank, Frederick Cooper
Imperien der Weltgeschichte
Das Repertoire der Macht vom alten Rom und China bis heute
2012. 612 Seiten. Gebunden. ISBN 978-3-593-39670-5

John Darwin
Der imperiale Traum
Die Globalgeschichte großer Reiche 1400–2000
Sonderausgabe 2012. 544 Seiten. ISBN 978-3-593-39785-6

Ian Morris
Wer regiert die Welt?
Warum Zivilisationen herrschen oder beherrscht werden
Sonderausgabe 2012. 656 Seiten. ISBN 978-3-593-39710-8

Christopher A. Bayly
Die Geburt der modernen Welt
Eine Globalgeschichte 1780–1914
Studienausgabe 2008. 650 Seiten. ISBN 978-3-593-38724-6

Frankfurt. New York